永州市地方志丛书

永州市人民代表大会志

（1996—2016）

永州市人民代表大会志编纂委员会　编

方志出版社
Publishing House of Local Records

图书在版编目（CIP）数据

永州市人民代表大会志：1996—2016/ 永州市人民代表大会志编纂委员会编 .—北京：方志出版社，2021.1
ISBN 978-7-5144-4542-8

Ⅰ . ①永… Ⅱ . ①永… Ⅲ . ①地方各级人民代表大会—工作概况—永州—1996-2016 Ⅳ . ① D624.643

中国版本图书馆 CIP 数据核字（2020）第 252098 号

永州市人民代表大会志（1996—2016）

编　　者： 永州市人民代表大会志编纂委员会
责任编辑： 陈 菁、刘 珊
出 版 者： 方志出版社
地址　北京市朝阳区潘家园东里 9 号（国家方志馆 4 层）
邮编　100021
网址　http://www.zgfzcb.cn
发　　行： 方志出版社图书经销中心
电话（010）67110500
经　　销： 各地新华书店
印　　刷： 永州市湘华印务有限公司
开　　本： 889 × 1194　　1/16
印　　张： 50
字　　数： 993 千
版　　次： 2021 年 1 月第 1 版　2021 年 1 月第 1 次印刷
印　　数： 0001 ~ 1000 册
ISBN 978-7-5144-4542-8　　**定价：** 600. 00 元

《永州市人民代表大会志》编纂委员会

主　　　任：严　华

常务副主任：王　雄

副　主　任：周小驹　袁火林　周益志　李农妹　胡先荣
艾艳君　魏湘江　杨海河　蒋千红　贺一夫

成　　　员：（按姓氏笔画排名）

邓小阳　兰卫平　刘志强　严　俊　李章发
杨胜贮　吴庚辛　吴剑林　张明贵　张　波
欧阳涛　易盛章　周龙江　周良英　封立辉
赵七秀　钟敦北　贺永景　秦小国　徐志华
唐冬华　唐荣成　黄志坚　黄志亮　黄和平
龚跃林　彭新蓉　雷燕平　廖树清

《永州市人民代表大会志》编纂委员会办公室

主　　　任：周小驹

副　主　任：蒋千红

副主任（执行）：赵七秀

成　　　员：（按姓氏笔画排名）

邓　洪　朱振华　沈京生　赵国平　贺永景
蒋　煦

《永州市人民代表大会志》编辑部

主　　编：贺永景

副 主 编：朱振华

编纂人员：（按姓氏笔画排名）

万新远　王一武　艾德华　冯文明　冯永成
朱振华　刘怡丹　刘思悟　刘　雯　苏永江
张　斌　周凤团　周新华　段可杭　贺加贝
唐雨军　唐爱华　唐瑛娉　陶永福　黄　荣
彭亚文　曾白冰　曾湘明　雷　磊

《永州市人民代表大会志》审稿人员

蒋政平　高　波

凡　例

一、本志坚持以马克思列宁主义、毛泽东思想、邓小平理论、“三个代表”重要思想、科学发展观、习近平新时代中国特色社会主义思想为指导，坚持辩证唯物主义和历史唯物主义的立场、观点和方法，全面、客观地记述人民代表大会制度在永州的实践历史。

二、本志上限始于1996年，下限止于永州市第四届人民代表大会换届完成，个别事项可上溯下延。

三、本志采用横排竖写的方法，运用语体文、记述体，寓观点于史实之中。志首设总述，志中设大事记、代表、代表大会、常务委员会、立法、决议决定、选举与人事任免、监督工作、代表工作、常委会日常工作、历届市人大常委会主任会议组成人员简历、县区人民代表大会等主要篇目，另附录。

四、市人民代表大会及其常务委员会的重要工作事项和重大活动，在本志有关章节作详细记述。市人大常委会工作报告只录入永州市第一届人民代表大会第一次会议筹备工作情况报告和第二届、第三届、第四届、第五届人民代表大会一次会议工作报告。

五、本志体例和行文，均按中国地方志指导小组制定的《地方志书质量规定》和《湖南省志编写行文通则》《永州市志书编纂工作细则》执行。采用公元纪年 。组织、机构、单位、会议等名称，第一次出现用全称，再次出现按习惯用语简称。

六、本志采用资料主要来源于档案、图书、报刊、统计资料、专著等。由于资料欠缺，亦有部分口碑资料，均经多方考证、严格鉴别后采用，一概不再注明出处。

七、永州市人民代表大会的前身是零陵地区人大工作委员会。为保持永州市人民代表大会制度发展历史的连续性，本志附录零陵地区人民代表会情况。相关资料原文摘自《零陵地区志》。

八、为保持全市人民代表大会制度发展历史的全面性，本志附录辖区内县区人民代表大会简志。各县区简志上限起于各地各届人民代表大会，下限止于2016年12月。

九、国家法律名称一律使用习惯性简称，法规以及规章名称使用全称。法律法规及规章第一次使用原则上用全称。部分专项工作、部门工作等有关工作的主题表述，因时间久远暂未查证，所编内容按收集的原始资料编入志书。

永州市行政区划图

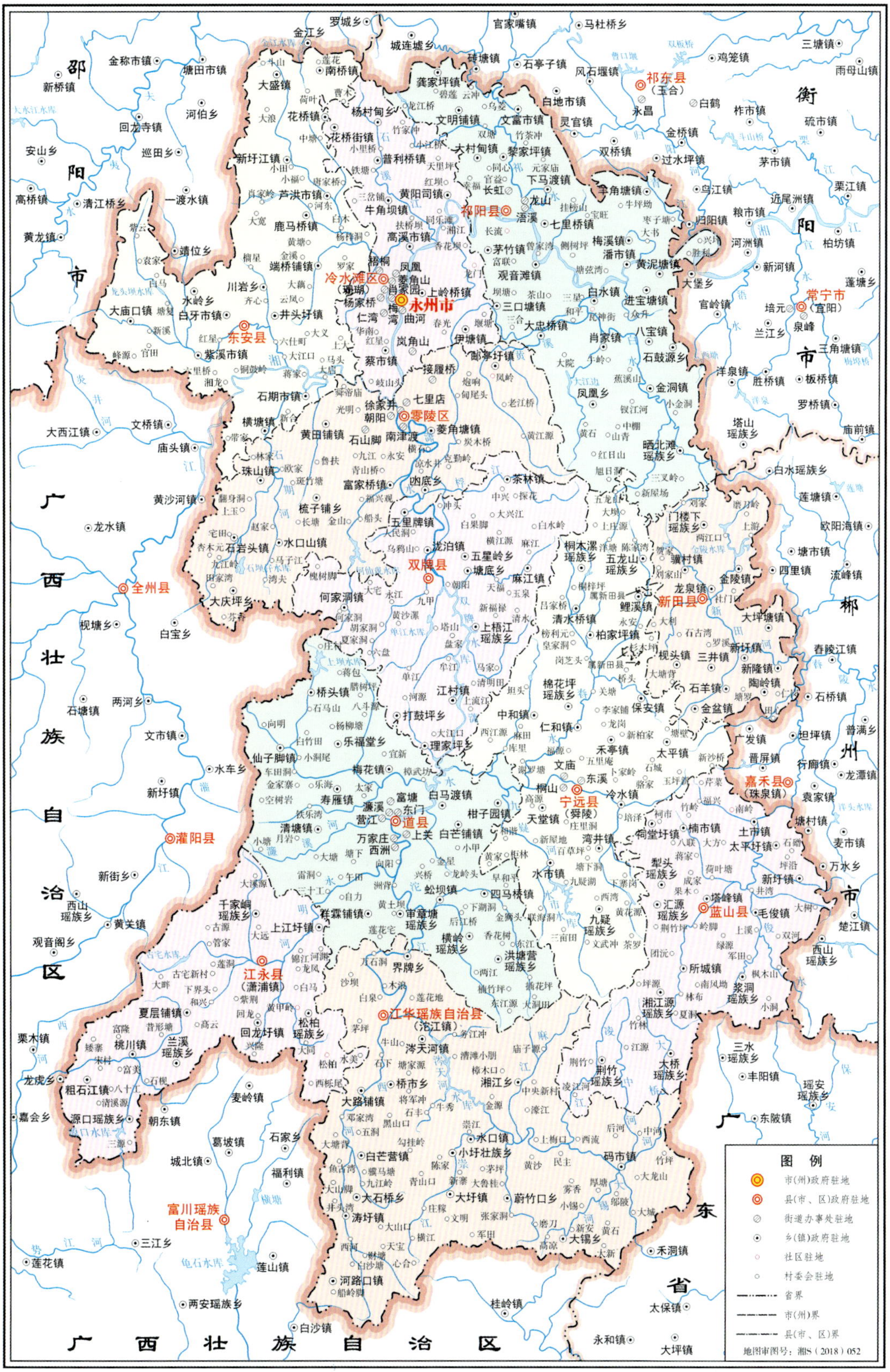
邵阳市
衡阳市
郴州市
广西壮族自治区
广东省
永州市
冷水滩区
零陵区
祁阳县
东安县
双牌县
道县
宁远县
新田县
江永县
（潇浦镇）
江华瑶族自治县
（沱江镇）
蓝山县
嘉禾县
（珠泉镇）
祁东县
（玉合）
常宁市
（宜阳）
全州县
灌阳县
富川瑶族自治县
图例
市(州)政府驻地
县(市、区)政府驻地
街道办事处驻地
乡(镇)政府驻地
社区驻地
村委会驻地
省界
市(州)界
县(市、区)界
地图审图号：湘S（2018）052

1996年4月23日市委副书记谢朝月与市一届人大常委会主任郑邦淳为永州市人大常委会揭牌

领导关怀

1996 年 4 月永州市市委书记邹金鹭参加永州市一届人民代表大会第一次会议主席团会议

2001 年 6 月 30 日永州市市委书记曾庆炎参加永州市二届人民代表大会一次会议第五次全体会议

2009 年 1 月永州市市委书记黄天锡看望永州市三届人大三次会议道县代表团代表

2013 年元月永州市市委书记张硕辅参加永州市四届人大二次会议主席团会议

2013 年 10 月 16 日永州市市委书记陈文浩陪同全国人大代表永州小组到江永县调研九嶷山区域纳入国家集中连片扶贫开发区问题

①

②

③

① 2003年全市纪念《中华人民共和国全国人民代表大会和地方各级人民代表大会代表法》颁布实施十周年大会

② 2005年2月25日永州市委召开人大工作会议

③永州市纪念人民代表大会制度建立50周年大会

代表大会

1996 年 4 月 24 日市一届人大一次会议举行

2001 年 6 月 23 日市二届人大一次会议举行

2007 年 1 月 20 日市三届人大一次会议举行

2012 年 1 月 4 日市四届人大一次会议举行

常委会会议

1996 年 4 月 24 日第一届人大常委会第一次会议召开

1996 年 6 月 25 日第一届人大常委会第二次会议上常委会组成人员举手表决重大事项

第一届人大常委会举行颁发任命书大会

第二届人大常委会组成人员合影

2004 年 10 月 25 日第二届人大常委会第二十八次会议会场

2005 年 6 月 28 日第二届人大常委会第三十四次会议电子表决工作报告

2005 年 10 月 31 日市二届人大第三十六次常委会会议召开

2008 年 4 月市三届人大常委会部署评议工作

2016 年 4 月 28 日市四届人大常委会第三十八次会议召开

2008 年 8 月 26 日市三届人大常委会听取和审议市人民政府专项工作报告

组织提请任命人员参加法律知识考试

2016 年 7 月 9 日市四届人大常委会新任职人员向《中华人民共和国宪法》宣誓

2016 年 12 月 15 日市四届人大常委会颁发任命书

主任会议

第一届人大常委会主任会议成员

第二届人大常委会主任会议成员

2005 年 10 月 24 日市三届人大常委会第三十六次主任会议召开

2013 年 12 月 2 日市四届人大常委会第四十四次主任会议会场一角

常委会履职活动

1999 年第一届人大常委会组成人员视察长丰集团

2003 年市二届人大常委会部分人大代表视察“非典”防治工作及医疗防控体系建设

2003 年市二届人大常委会召开“永州环保世纪行”总结表彰暨启动仪式

2004 年 4 月 17 日市二届人大常委会领导在主任信访接待日接待上访群众

2004 年 10 月市二届人大常委会第二十八次会议召开述职评议大会

2005年1月市二届人大五次会议召开旁听公民座谈会

2005年7月1日市人大常委会开展《中华人民共和国劳动法》执法检查

2008年6月30日市三届人大常委会预约接访会议召开

2009年1月市三届人大三次会议预算审查代表座谈会召开

2012年3月27日永州市农产品质量安全行电视电话会议召开

2012年10月19日市四届人大常委会组织市人大代表视察创卫工作

2014年8月27日市四届人大常委会第二十二次会议就中心城区小区建设与管理工作开展专题询问

代表工作

2001年11月28日市二届人大代表培训班学员

2002年1月省市人大代表视察民族交通工作

2003年度全市人大先进代表小组优秀代表表彰大会召开

2003年1月市二届人大三次会议代表举手通过决议

2004年6月市二届人大代表第三期培训班结业

2004年12月部分全国省市人大代表视察双牌林区

2006 年 2 月 9 日市三届人大代表审查政府工作报告

2007 年 8 月 4 日全国省市县（区）乡镇五级人大代表视察水库移民安置工作

2008 年 6 月 2 日市三届人大部分代表调研冷水滩区城市管理工作

2012 年 8 月 30 日市四届人大部分代表视察中心城区创卫工作

2015 年 6 月 11 日市四届人大部分代表参加学习培训

2016 年 6 月市人大代表赴县区开展《中华人民共和国预算法》执法检查

常委会自身建设

1998 年市人大常委会举办全市人大制度理论研讨活动

2001 年市人大常委会机关开展解放思想大讨论活动

2003 年 9 月市二届人大常委会举办全市人大系统首届人大知识电视竞赛

2004 年 3 月市二届人大常委会机关传达贯彻十届全国人大二次会议精神

2004 年市人大机关党的群众路线教育实践活动专题民主生活会召开

2005 年市人大常委会机关开展保持共产党员先进性教育活动

2005 年 10 月全市人大系统第十二届体育运动会在零陵举行

2006 年 11 月 13 日市人大常委会承办全省人大系统第十二届老年门球赛

2006 年 12 月 22 日全市人大宣传工作会议召开

2007 年 1 月 11 日全市县区人大主任座谈会召开

2007 年 1 月 11 日永州市人大工作先进个人表彰会召开

2009 年 4 月 14 日市县（区）人大常委会主任联系会议召开

2013 年 3 月市人大常委会机关干部职工参加植树造林活动

市人大常委会机关刊物

2015 年 6 月市人大常委会机关党员干部参观蒋先云烈士故居

目 录

概 述

零陵专署（行署）属省政府派出机构，当地解放前未设议会。中华人民共和国成立后到1995年，零陵地区先后设有地区人大联络处、零陵地区人大联络工作委员会、零陵地区人大工作委员会。1996年4月，零陵地区建制撤销，地级永州市成立，零陵地区人大工作委员会亦被撤销。1996年4月24日，永州市第一届人民代表大会第一次会议选举产生永州市第一届人民代表大会常务委员会。至2016年12月止，永州市人民代表大会历经四届。

人民代表大会制度是中国共产党领导的人民民主制度。坚持和完善人民代表大会制度，最根本的是坚持党的领导、人民当家作主、依法治国有机统一，核心是坚持党的领导。历届中共永州市委高度重视和关心人大工作，积极支持市人民代表大会（以下简称市人大）及其常务委员会（以下简称常委会）依法行使职权。20年来，历届市人大及其常委会把始终坚持党的领导作为根本原则和根本保证，摆在人大工作和建设的首要位置；始终高举中国特色社会主义伟大旗帜，认真贯彻党的路线方针政策，将党的绝对领导贯穿于人大依法履职整个过程，落实到人大工作各个方面，确保人大工作始终朝着正确的政治方向发展。

永州市第一届人民代表大会至第四届人民代表大会的二十年时间里，共选举产生市人大代表1768名，其中一至四届市人大代表分别为446名、437名、442名、443名；共召开人民代表大会24次、常委会会议176次。二十年来，历届市人大及其常委会坚持以推进市委决策部署落地落实为中心，依法履行宪法和法律赋予的各项职权，人大工作和建设不断取得重大进展、收到显著成效，为推进全市民主法治进程和经济社会发展做出重要贡献。

一

历届市人大及其常委会坚持根据党中央、全国人大常委会、省委、市委的工作部署，按照法定程序，选择若干关系改革发展稳定大局和人民群众切身利益、社会普遍关注的重大问题，有计划地安排听取和审议市人民政府、市中级人民法院、市人民检察院（以下简称“一府两院”）的专项工作报告。“一府两院”的专项工作报告不仅安排在常委会全体会议上听取，而且安排分组会议审议，常委会组成人员对专项工作报告的审议意见还交由“一府两院”研究处理，“一府两院”将研究处理情况向常委会提出书面报告，常委会视具体情况对专项工作报告作出决议，“一府两院”在决议规定的期限内将执行决议的情况向常委会报告。此外，围绕专项工作报告的主题，市人大有关专门委员会认真开展前期调研，为常委会听取审议专项工作报告做好准备。20年来，市人大常委会对“一府两院”专项工作进行监督形成“选题、听取、审议、审议意见的转交、办理情况的反馈、向社会公开”等一系列的工作制度和工作流程，有效地督促和推进“一府两院”工作的落实。如市第一届人大常委会听取和审议市人民政府关于整顿和规范市场经济秩序情况的汇报，推动政府及相关部门加大全市市场经济秩序的整顿和规范的力度；市第二届人大常委会听取和审议市人民政府关于贯彻落实市二届人大四次会议《关于加快建设永州历史文化名城的议案》情况的报告，推动政府及相关部门对永州历史文化名城宣传力度不够、议案办理进度不快、招商引资效果不好等实际问题的解决；市第三届人大常委会通过听取和审议市人民政府关于生态新城规划建设工作情况的报告，直接推动生态新城规划建设工作提质加速；市第四届人大常委会听取和审议市人民政府关于扶贫开发工作情况的报告，有力促进贫困群体自我发展能力不强、政府扶贫开发投入不足等问题的解决；等等。

历届市人大及其常委会坚持通过听取和审议国民经济和社会发展计划、预算的执行情况报告、决算报告和审计工作报告，审查批准决算等，加强对政府计划、财政的监督，切实为人民管好“钱袋子”。从1997年起，市人民政府每年在第二季度将上一年度的财政决算草案提请市人大常委会审查批准，在第三季度向市人大常委会报告本年度上一阶段国民经济和社会发展计划、预算执行情况。常委会在审查和批准决算同时，听取和审议关于上一年度预算执行情况和其他财政收支的审计工作报告，并在年底听取和审议审计查出问题整改情况的报告。2008年，常委会改进预算草案初步审查方式，在代表大会前到市直单位开展调研，及时掌握有关情况，分析收支规模，并根据调查情况，向市财政局提出当年市本级预算草案编报工作的建议。当年，市人民代表大会授权市人大常委会审查批准部门预算草案、基金预算草案和科技三项费用、教育费附加、土地出让金使用计划等，将人大的决定权与监督权结合在一起，把全部财政性资金纳入人大监督之内，并使之成为市人大预算监督的一种惯例，极大地加强人大预算监督工作。从2009年开始，常委会加强地方政府债务资金监督，督促市人民政府对由财政部代理发行的地方政府债券资金，每年都纳入财政预算管理，如进行预算调整应报市人大常委会审批。在审查过程中，常委会还结合审计查出的问题确定决算调查重点，听取相关单位的解释，询问整改计划情况。决算审查结束后，人大常委会对批复决算决议的意见进行跟踪督办，确保落实到位。

历届市人大及其常委会坚持围绕推进党委中心工作的重大问题、法律法规实施中的突出问题、社会发展和人民群众普遍关心的热点难点问题开展执法检查。市人民代表大会成立之初，注重扩展执法检查广度。第一届、第二届人大常委会共对54部法律或条例贯彻执行情况进行检查。第三届、第四届人大期间，执法检查工作有力度、有深度。如：2007—2009年，市人大常委会连续三年开展《湖南省非税收入管理条例》执法检查；2007—2008年，市人大常委会连续两年开展《中华人民共和国中小企业促进法》《湖南省实施〈中华人民共和国中小企业促进法〉办法》执法检查；2014年至2016年，连续三年组织开展《中华人民共和国大气污染防治法》《中华人民共和国水污染防治法》执法检查及问题整改督查。在执法检查的基础上，2015年，常委会组织部分驻永全国、省人大代表，对境内湘江流域生态环境治理与保护情况进行集中视察，向省人大常委会提出《关于建立湘江上游生态补偿机制的建议》；2016年对湘江、潇水干流及主要支流水污染防治和饮用水水源保护情况开展检查，并向市人民政府交办五大方面30个问题。在历次执法检查过程中，市人大及其常委会坚持学习先行，坚持方式创新，坚持跟踪问效。每次确定好检查内容后，都及时组织执法检查组成员认真开展学习，掌握相关法律知识和工作程序、要求，并全方位、多角度地了解群众意见和建议，从中梳理出具体问题，确定执法检查的重点，对法律、法规实施主管机关整改认识不到位、措施不得力、成效不明显的问题，以及审议提出的重点难点问题加大监督力度。对不认真落实市人大常委会审议意见或决议、决定的，给予严肃批评教育，积极开展跟踪检查，并采取必要的刚性监督手段。如，2014年，市人大常委会在开展《中华人民共和国大气污染防治法》贯彻实施情况的执法检查中，事前深入开展调查，在听取和审议市人民政府贯彻落实《中华人民共和国大气污染防治法》自查自纠情况的报告后，及时向市人民政府交办审议意见。当年底，市人大常委会专门听取和审议市人民政府关于《中华人民共和国大气污染防治法》执法检查审议交办意见整改情况的报告，使执法检查达到理想的效果。

历届市人大及其常委会坚持多种监督方式灵活运用、综合发力。在开展执法检查、听取和审议专项工作报告的基础上，针对不同的监督对象和内容，灵活运用专题询问、专项视察、特定问题调查、工作评议、述职评议、工作审议、规范性文件备案审查等多种方式方法，形成监督合力，严格依法进行正确监督、有效监督。其中，2008—2009年，市人大常委会对市人民政府取缔潇湘平湖上固定专营餐厅、保护湘江水质不力的工作展开特定问题调查，最终促成相关问题的全面解决；2014—2015年，市人大常委会连续对中心城区住宅小区建设与管理工作开展专题询问，助推中心城区住宅小区综合整治；1996年4月起至2016年12月止，市人大常委会先后对42个（次）政府组成部门和“两院”开展工作评议、工作审议，对17个（次）政府组成部门和“两院”负责人的工作开展述职评议，对“一府两院”的72项（次）重大项目和重要工作开展专题视察，提高人大监督实效。

二

人大依法行使重大事项决定权，是充分彰显人大工作的政治性、法律性、人民性和权威性的重要方式和渠道。历届市人大及其常委会紧扣发展大局，紧紧围绕经济社会发展的中心工作依法作出决议决定。一是围绕中共永州市委高度重视的重大事项，把决策及时转化为决议决定。始终坚持正确政治方向，通过法定程序把党委主张凝聚成人民的共同意愿，鲜明地确立聚焦富民的发展取向和工作导向。二是围绕法律赋权的重大事项，严格依法作出决议决定。每年都依法审议并作出关于批准国民经济和社会发展计划、年度财政预算执行和审计情况、年度财政决算等决议，保证计划和财政工作法制化、规范化；按照实事求是的原则，作出批准部分计划指标调整的决议，为经济转型升级留下足够空间。三是围绕人民群众期盼的重大事项，针对热点难点问题作出决议决定。四是围绕“一府两院”工作中的薄弱事项，紧贴全市实际作出决议决定。市人大及其常委会把重大事项决定权与监督权紧密结合起来，运用法定监督手段进行督办，促进决议决定落实。一是听取和审议实施决定的专项工作报告。每项决议决定实施一段时间后，人大常委会都责成“一府两院”或相关部门就重大事项决定后的实施情况向人大常委会作专题报告，并组织常委会委员进行审议，审议意见特别是整改意见及时收集整理反馈给相关的单位，并要求限期报告整改情况。二是组织人大代表进行执法检查或专题调研。三是对重大问题开展专题询问。四是对不执行决议决定或执行决议决定不力造成严重后果的，人大及其常委会通过询问、质询、特定问题调查等方式加强监督。1996—2016年，市人大及其常委会共作出各项决议决定333项，有效促进全市的改革开放、经济发展和社会稳定。如，市第一届人大常委会于1997年1月5日作出关于修建永连公路的决定，推动永州到广东的快速通道建设；市第三届人大常委会于2008年6月24日作出关于组织特定问题调查委员会对潇湘平湖“得月舫”游轮有关问题开展调查的决定，加快湘江污染治理和保护力度。市第四届人大常委会于2013年作出关于批准《市人民政府关于提请审议永州市凤凰园经济开发区恢复设立县级金库的议案》的决定，作出《关于永州机场搬迁的决定》《关于创建国家卫生城市的决定》等；2014年，为落实市委中心城区三年扩容提质战略，作出《关于同意市人民政府将湘江西岸棚户区改造项目回购款列入财政预算的决定》；2015年，为支持政府加快组建本土商业银行，作出《关于政府出资置换两区信用联社不良贷款的决议》；为加快新型城镇化进程，作出《关于同意祁阳县、道县撤县设市的决议》等，都为促进市委决策部署落地落实提供强劲的人大力量。

三

历届市人大及其常委会的选举任免工作，始终坚持依据法律有关规定，按照每次会议通过的《永州市人民代表大会会议选举办法》或《永州市人民代表大会会议补选办法》进行，由主席团或代表联名提出候选人，代表团酝酿，确定正式候选人，无记名投票选举，进行各项人事选举。1996 年 4 月 22 日，市第一届人大常委会第一次会议审议通过《永州市人大常委会人事任免工作暂行办法》，明确市人大常委会人事任免工作按照党委考核推荐、人大常委会主任会议或“一府两院” 提名有关机构负责人到会介绍情况、拟任人员到会作任职前发言或述职报告、常委会组成人员分组或全会进行审议、（对审议意见很不一致的拟任对象，经主任会议研究后，由提请任命机关收回提名）无记名投票表决、颁发任命书等程序进行。2009 年，市人大常委会修改任免办法，明确规定在届期内必须对被任命人员进行一次考核。2010 年，探索开展被任命人员的任后监督工作，对被任命人员进行履职调查，调查的对象是市人大常委会任命的“一府两院”工作人员，考核内容主要是依法履行职责、依法行政、公正司法、执行宪法和法律，执行本级和上级人大及其常委会的决议、决定，办理代表建议，勤政廉政情况。考核方式，由常委会派出考核组，对被考核人员民主测评，个别谈话，征求代表意见，向主任会议报告，必要时要求其到常委会述职并接受询问。1996—2016 年，市人民代表大会共进行选举事项 434 人次，依法任免国家机关工作人员 1257 人次，保证党委的人事安排意图圆满实现。

四

永州市人民代表大会于 2016 年获得立法权后，依据自身特点和需求制定地方性法规，有针对性地解决相应问题，拓展全市依法治理的空间，促进全市经济社会持续健康法治化。2016 年，市人大及其常委会在中共永州市委的领导下，围绕中心、服务大局，全市地方立法从无到有，高起点、高水平推进，当年不仅制定全市五年立法规划，而且完成《永州市公园广场管理条例》的起草、论证、修改、审议和报审工作。《永州市公园广场管理条例》是永州市人大行使地方立法权以来制定的第一部地方性法规，开启永州市地方立法的新实践、新征程，为推动全市改革开放和经济社会全面进步，推进经济社会各个方面制度化、规范化、法制化，促进永州经济社会和各项事业持续健康发展提供法制保障。

在依法行使地方立法权的过程中，市人大及其常委会认真学习贯彻中央和中共湖南省委关于党领导立法工作的指示精神，自觉将党的领导贯穿于地方立法的全过程；坚持突出问题导向，从项目确定到制度设计都围绕“针对问题立法、立法解决问题”的目标，着力突出解决本行政区域经济和社会发展中的重点、难点、热点问题，为又好又快发展提供立法支持和法制保障；坚持开门立法，对于涉及重大问题和较大意见分歧的，广泛听取各方意见，积极主动地与相关部门进行沟通协调，确保立法成果顺民意、接地气。在省人大常委会举行的“讲好立法故事·纪念地方立法 40 周年”宣讲活动中，永州市人大选送的关于《永州市公园广场管理条例》的立法故事获得一等奖。

五

市人大及其常委会始终把代表工作摆在人大工作的重要位置，采取多种形式密切同代表的联系，加强对代表活动的指导，支持代表依法履行职责，充分发挥作用。1984 年，零陵地区有各级人大代表 43192 名，按区域和战线、行业，分别组建代表小组和代表联络小组。1996 年永州市人民代表大会建立之后，在总结完善代表联系制度的基础上，制定《代表小组活动办法》，建立各专门委员会和相关代表联系制度，进一步密切与代表的联系。20 年来，市人大常委会根据代表执行职务的要求大力加强代表培训。除对在县区的市人大代表委托县区人大常委会培训外，还组织市人大代表中的农民代表到市进行集中培训，把市直机关的市人大代表集中起来进行培训，有效提高代表的政治业务素质和执行职务的能力。市人大常委会组成人员和人大各专门委员会及常委会工作机构，分别与代表建立联系走访制度，组织市直机关的市代表特别是领导干部中的代表到选区直接与选民见面，为选民服务，除听取意见和提出建议外，代表们根据各自实际，帮助选区解决一些实际问题。市人大常委会每年组织代表集中开展视察活动，并不断总结经验，改进方式，代表视察质量水平不断提高。各级代表注重走访选民，广泛联系群众，积极反映人民群众的意见和要求。在组织市人大代表开展专题视察或到选区视察、调查的活动中，代表们涌跃参加，特别是领导干部代表，想方设法抽出时间深入选区，调查研究，听取意见，推动解决实际问题。在参与和管理国家政治、经济和社会事务中，市人大代表充分体现主人翁精神，彰显代表的担当作为。

历届市人大常委会积极为代表联系群众、履行职责创造好条件，在充分发挥代表作用、密切同人民群众联系上不断推出新举措。市人大常委会为提高代表提出议案和建议、批评和意见的质量水平，除平时加强代表培训，组织开展调查研究外，特别就代表提出议案和建议、批评和意见的注意事项作出书面要求，推动代表议案和建议、批评和意见质量不断提高。在代表议案和建议、批评和意见督办工作中，市人大常委会积极探索实践，改进督办方式，有效提高代表所提议案及建议的办理实效。从2010年开始，市人大常委会建立人大常委会主任、副主任牵头督办重点建议制度，每年从代表建议中选取10件以上重点建议进行督办，提高建议办理解决率和满意率。2012年，市人大常委会开始推行代表建议督办“回头看”机制，并在建议交办之后，按满意、基本满意和不满意向建议领衔代表和联名代表征求意见。2013年起，市人大常委会实施大督办机制，所有常委会主任会议成员和专门委员会都参加督办工作，在具体督办措施上不断推出创新做法。比如：督办意见书面交办，重点建议反复督办，对承办的建议代表不满意较多的单位进行面对面询问，对办理不满意的单位，采取通报等措施。特别是常委会建立并推行建议督办倒逼机制，每年将建议办理工作写入年度工作报告，市人民政府工作部门将建议办理工作写入本单位年度工作报告，向市人大常委会报告；常委会重点督办建议的办理工作写入人大和“一府两院”的工作报告，向市人民代表大会报告，以此倒逼承办单位认真负责办理好代表建议，有效增强督办措施的刚性和督办工作的权威。市人大常委会注重加强基层人大代表联络站建设，强化代表联系群众常态化的阵地保障。其中，四届人大期间，全市共创建代表联系平台120多个，平台建设的成功经验在《中国人大》专题推介。20年来，市人大代表依法履职的意识不断增强，履职能力逐步提高。20年间，市人大代表累计提出议案和建议、批评和意见4805件。

六

市人大常委会主任会议根据《中华人民共和国宪法》《中华人民共和国地方各级人民代表大会和地方各级人民政府组织法》《中华人民共和国监督法》等法律的有关规定，坚持党的领导原则，坚持依法办事原则，坚持民主议事原则，围绕“提出属于市人大常委会职权范围内的议案，提出对市人民政府、市中级人民法院、市人民检察院的质询案，向市人大常委会提议组织关于特定问题的调查委员会，提名代表资格审查委员会组成人员人选，决定议案是否提交常委会全体会议审议，决定质询案答复的方式和时间，决定市人大常委会会议议程草案和日程安排，讨论、决定常委会工作机构和人大专门委员会的重要事项”等，先后召开会议420次。市人大常委会主任会议注重会议质量，形成行之有效的议事规则。主要有：主任会议的议题事先作计划，特殊情况临时调整；有关专门委员会或工作机构对主任会议讨论的议题，事前组织视察、检查、调研，掌握实情，为主任会议研究处理问题提供可靠的决策依据；对主任会议听取的专题汇报、提请常委会审议的有关事项、提出的议案等，都认真把关，形成较为规范的文件草案，在会前送主任会议组成人员；在会议中充分发扬民主，广泛听取主任会议组成人员的意见，最终就研究的事项达成共识；根据会议内容需要，安排“一府两院”有关人员列席主任会议，听取意见；听取“一府两院”专题汇报形成会议纪要，及时送交“一府两院”研究处理；主任会议结束后，由办事机构对会议记录进行整理，有关专门委员会、工作机构认真落实主任会议决定的事项，并对“一府两院”落实情况跟踪督查，等等。这些议事规则的执行，有力地提升主任会议履行职责的水平，保证人大及其常委会依法、正确、高效行使职权。

市人大常委会建立以来，高度重视人民群众的来信来访。市人大成立当年，常委会就安排各专门委员会负责各自职责联系范围内的来信来访案件，重大的来信来访案件由市人大常委会办公室牵头，会同各专门委员会研究处理。从2002年开始，市人大机关初步形成一系列依法信访的工作制度。先后制定《信访工作制度》《领导信访接待制度》《联系会议制度》《信访工作通报制度》《首问责任制制度》《律师参与信访接待制度》《听证制度》《来信登记、交办、转办、督办制度》《人大代表收集群众意见制度》。这些规章制度的建立和完善，为人大信访工作有序运行奠定坚实基础。市人大常委会建立健全主任信访接待日制度，市人大常委会主任、副主任通过直接接访、重点走访和现场办公，为上访群众解决实际问题。第三届人大期间，常委会建立和实行主任会议集体约访机制，得到全国人大办公厅、省人大常委会的肯定和推介。二十年来，市人大及其常委会依法处理一大批涉法涉诉信访问题，充分发挥人大信访工作在构建和谐社会中的重要作用。

七

市人大常委会设立以来，坚持围绕中心、服务大局，围绕工作机关、代表机关“两个机关”建设目标，按照人大工作高质量发展的要求，大力加强人大自身建设，努力打造一支依法履职、勇于担当、善于作为的人大工作队伍。

第一届人大期间，常委会立足于人大工作起好步开好局，把加强自身建设作为基础工程来抓。在思想政治方面，坚持不懈地抓好党的基本路线和邓小平理论的学习，认真开展讲学习、讲政治、讲正气“三讲”教育，学习和实践“三个代表”重要思想，始终在思想政治上与党中央保持高度一致，始终保持较强的政治敏锐性和政治鉴别力，始终把人大工作作为党的工作的重要组成部分置于中共永州市委的领导之下。在工作业务方面，不仅人大机关开展经常性的业务学习与培训，还推行主任会议组成人员轮流办会，机关干部竞争上岗和岗位轮换，在实践中掌握人大工作的基本方法。在作风建设方面，积极倡导求真务实的思想作风，深入基层、深入群众调查研究的工作作风，清正廉洁的良好风气。在制度建设方面，围绕依法履职行权，建立《工作规则》《人事任免办法》《向“一府两院”交办事项的反馈办法》《信访处理制度》等规章；围绕加强机关内部管理，明确市人大各专门委员会、常委会办事机构工作范围和职责，建立和完善政治理论业务学习和会议办理制度，文书办理和处理制度，车辆管理、后勤接待、财务管理和离退休人员服务、管理等制度，推动常委会和机关各项工作走上制度化、规范化的轨道。

第二届人大期间，市人大常委会通过多种行之有效方式，提高履职能力和水平。在抓好学习教育的基础上深入开展调查研究。届内，常委会先后开展林农、林业、林区“三林”问题、全市旅游业发展、乡镇人大工作、构建农民增收长效机制等专题调查32项，32个高质量的调研报告全部在市以上报刊发表。其中，关于“三林”问题的专题调查报告引起国务院、省政府的重视，被全国人大《联络动态》、省政府《工作参考》全文刊发。注重加强人大理论研究和宣传工作。常委会主要领导每年到市委党校讲授人民代表大会制度，宣传人大工作；举办全市性的人大知识电视竞赛和报刊答题赛，并编印《人大知识500问》，创建永州人大网站，组织开展全市宣传人大制度好新闻评选活动，编印《民主的丰碑——永州市纪念人民代表大会制度建立五十周年画册》，在《永州通讯》开辟《民主与法制》宣传专栏。届内，常委会机关工作人员在省以上报刊发表关于人大制度、人大工作的新闻作品170多篇，其中多篇在全国、全省宣传人大制度好新闻评选中获一、二等奖。坚持在服务大局中提升素质和本领。常委会领导联县联村联企业，参与联系国企改革，联系永连公路、衡枣高速、邵永高速等重点工程建设，参与防治非典、抗洪抢险、抗旱救灾、招商引资、小城镇建设，等等，都取得显著成效。这一时期，常委会还注重加强与全国兄弟市州人大联系，扩大交流；注重对县区人大工作的指导，促进县区人大工作的平衡发展。

第三届人大期间，市人大常委会以主任会议成员和党组成员为重点，以常委会组成人员为主体，以创建“四型机关”（学习型、创新型、效能型、廉洁型）为目标，不断加强先进性建设，全面提高科学、民主、依法履职能力。这一时期，常委会会议坚持会前集中学法制度，举办监督法等人大业务学习班，开展解放思想大讨论，选派人员到党校培训，组织常委会组成人员到外地学习考察，有效提高常委会组成人员的业务水平；根据贯彻实施监督法的要求，先后修改制定常委会工作规程、常委会人事任免办法、常委会讨论决定重大事项规定、常委会规范性文件备案审查办法、常委会会议审议事项票决制等制度，促进常委会工作的规范化、制度化；按照市委的统一部署，认真开展学习实践科学发展观和创先争优主题活动，加强机关党组织和党员先进性建设，具体做法和成效得到市委和省委、中央检查组的好评；坚持把党风廉政建设摆到重要位置，突出抓好机关干部队伍的廉政教育，建立经费包干制度，完善机关财务、小车、接待制度，加强内部管理，堵塞漏洞，从源头上预防消极腐败现象的发生，确保人大机关廉洁高效运行。

第四届人大期间，市人大常委会从严从实抓班子、带队伍，提素质、树形象，着力打造忠诚、干净、担当的人大队伍。常委会始终将思想政治建设摆在首位，扎实开展党的群众路线教育实践、严以修身、严以用权、严以律己；谋事要实、创业要实、做人要实“三严三实”、学党章党规、学系列讲话，做合格党员“两学一做”等主题活动，深入查摆与纠正形式主义、官僚主义、享乐主义和奢靡之风“四风”和“不严不实”方面存在的问题。认真贯彻执行中央八项规定、省委九项规定和市委十项规定，坚持用制度管人管事管钱，完善机关经费、接待、物资和车辆使用管理，杜绝铺张浪费，切实促进干部转变作风，提高执行力。以学习贯彻《中国共产党章程》《中国共产党廉洁自律准则》和《中国共产党纪律处分条例》为重点，以建设为民、务实、清廉人大机关为目标，深入开展党风廉政建设，从严落实党组主体责任和纪检监督责任，人大机关正风肃纪成效明显。主动适应新形势、新任务、新要求，加强常委会组成人员履职管理，制定出台《永州市人大常委会组成人员履职评价暂行办法》，按百分制精细化考核常委会组成人员的履职活动。严肃会风会纪，规范请假报告制度，会议期间与会人员关闭手机，会后及时通报出席会议和审议发言情况。努力改进人大新闻宣传工作，永州人大网、《永州人大》杂志的宣传效果持续增强，联合省、市媒体推出一批监督民生问题解决的深度报道，提高全市人大工作的透明度和影响力。

八

永州市人民代表大会设立以来的20年，在时间上大体与中共十五大、十六大、十七大、十八大的20年重叠。20年来，在中共永州市委的坚强领导下，市人大及其常委会忠诚担当、依法履职，在推进全市经济社会发展和民主法治建设过程中发挥重要作用。回顾市人大及其常委会建立二十年来的发展历程，主要经验和体会是：

始终坚持党的领导。中国共产党领导是中国特色社会主义最本质的特征。坚持党的领导是人民代表大会制度的本质要求和最大优势，是做好人大工作的根本保证和关键所在。必须旗帜鲜明讲政治，牢固树立政治意识、大局意识、核心意识、看齐意识，坚持党对人大工作的全面领导，坚决维护习近平总书记的核心地位，坚决维护党中央权威和集中统一领导，自觉在思想上政治上行动上同党中央保持高度一致，严格执行向党委请示报告制度，坚决贯彻落实党的路线方针政策和党中央重大决策部署，通过人民代表大会制度，把坚持党的领导、人民当家作主、依法治国三者真正打通、有机统一起来。落实到人大工作和建设的实践中，就是要坚持党的领导这个核心不动摇，主动向市委请示报告重要事项，积极落实市委决策部署，自觉通过法定程序把党的主张、人民意愿转化为国家意志；始终坚持在市委领导下开展工作，将中央、省委和市委的要求贯穿于行使职权的全过程，落实到依法履职的各层面，确保人大工作正确的政治方向。

始终坚持服从服务工作大局。20年来，市人大及其常委会坚持深度融入全市改革发展进程，积极履职，勇于担当，以迎难而上、敢打硬仗的胆略和气魄，保障深化改革，促进经济社会全面健康发展。特别是在城市小区整治、闲置土地清理、生态环境治理、食品安全整顿等工作中，不推诿、不懈怠，深入一线直面问题，以负责任的态度依法行使职权，体现地方国家权力机关的地位和权威。这一实践和成效充分说明，做好新时代的地方人大工作，必须坚持在全局工作中定好位、服好务，正确把握与"一府两院"的关系，寓支持于监督之中，既监督"一府两院"依法行政、公正司法，又对政府推进发展、深化改革、改善民生、维护稳定以及"两院"公正司法、司法改革等工作予以大力支持，有力保障行政和司法机关依法行使职权，始终保持与地方工作大局同向发力，让人民代表大会制度的优越性得到充分发挥。

始终坚持人民当家做主。人民当家做主是社会主义民主政治的本质和核心。人民代表大会制度是人民当家作主的重要途径和最高实现形式。市人大既是地方国家权力机关，也是履行宪法和法律赋予各项职能的工作机关，更是保持同人民群众密切联系的代表机关。必须始终坚持以习近平新时代中国特色社会主义思想为指导，按照市委部署要求，坚持代表主体地位，发挥代表主体作用。要高度重视代表工作。深刻认识肩负的崇高使命和重大职责，深刻认识做好代表工作的重要性和紧迫性，切实保障代表权利，依法加大代表议案审议及建议、批评和意见督办力度，更好地调动代表的积极性、主动性、创造性。要切实发挥代表作用。坚持和深化人大常委会组成人员直接联系代表制度，扩大代表对常委会和专门委员会工作的参与，更好地发挥代表在立法、监督工作中的作用。要提高代表履职能力。加强人大代表学习培训，积极探索切合实际、行之有效的代表履职方法，密切代表与群众联系，善于利用网络、新媒体等平台手段，拓宽知情知政和利民为民渠道，不断提高代表履职能力和水平。

始终坚持全面依法治市。全面依法治国是中国特色社会主义的本质要求和重要保障。必须坚持走中国特色社会主义法治道路，坚持党对全面依法治国的领导，加快建设中国特色社会主义法治体系，建设社会主义法治国家。要以宪法为根本活动准则，加强宪法宣传教育和全面贯彻实施工作，维护宪法尊严和权威。要坚持立法先行，抓住提高立法质量这个关键，充分行使好地方人大的立法权，始终做到科学立法、民主立法，立管用的法，以良法促进发展、保障善治。要加强对宪法法律实施的监督，坚决纠正违宪违法行为，促进国家机关严格依法行使权力、履行职责。要深入开展法治宣传教育，建设社会主义法治文化，在全社会形成遵法学法守法用法的氛围。

始终坚持民主集中制。民主集中制是中国国家组织形式和活动方式的基本原则。必须坚持人民通过民主选举产生自己的代表，通过代表反映人民的意见和要求，通过人民代表大会代表人民决定国家和地方的大事。坚持人民代表大会统一行使国家权力，实行决策权、执行权、监督权既有合理分工又有相互协调，保证国家机关在党的领导下依法协调高效开展工作。人大及其常委会要按照民主集中制原则，充分发扬民主，严格依法按程序办事，集体行使职权，确保制定的法律法规和作出的决议决定符合实际，具有权威性和合法性。

始终坚持加强"两个机关"建设。切实增强履职尽责和使命担当意识，完善市人大及其常委会的各项议事决策规则，高标准严要求抓好人大机关作风建设，努力把市人大常委会建设成为全面担负起宪法法律赋予各项职责的工作机关。必须坚持把加强代表思想政治作风建设、提高代表素质能力摆在突出位置，重视发挥代表主体作用，规范代表履职管理，努力把市人民代表大会建设成为同全市人民群众保持密切联系的代表机关。必须坚持在务实中创新，在创新中务实，大力推进观念创新、工作创新和制度创新，在强化监督实效、提高会议审议质量、加强代表议案和建议办理、激励委员和代表履职等方面，不断探索行之有效的新做法，以创新的思维推进各项工作，保持人大工作的生机与活力，切实担负起宪法和法律赋予的职责。

大 事 记

1996 年

4 月 20 日 市第一届人民代表大会第一次会议在芝山区工人文化宫开幕。

4 月 24—25 日 市第一届人民代表大会常务委员会第一次会议在潇湘宾馆举行。

4 月 25 日 市人大常委会审议通过《永州市人民代表大会常务委员会关于加强自身建设的决定》《永州市人民代表大会常务委员会工作规程（试行）》《永州市人民代表大会常务委员会人事任免办法（试行）》。

4 月 零陵地区人大工作委员会撤销。永州市第一届人民代表大会第一次会议选举成立永州市人民代表大会常务委员会。

5 月 市人大常委会组织检查《中华人民共和国科技进步法》《湖南省技术市场管理条例》《湖南省民营科技企业管理条例》《湖南省科技成果推广条例》《湖南省企业专利工作条例》的贯彻执行情况。

6 月 25—28 日 市第一届人民代表大会常务委员会第二次会议举行。

6 月 28 日 市人大常委会举行颁发任命书大会，对市人民政府组成人员颁发任命书。零陵撤区建市后政府组成人员的职务正式确立。

7 月 22 日 全市县区人大财经委主任会议召开。

8 月 市人大常委会下发《关于在全市各级人大代表中深入开展“人民选我当代表，我当代表为人民”竞赛活动的意见》。

8 月 28—30 日 市第一届人民代表大会常务委员会第三次会议举行。

9 月 7 日 市人大常委会开展“三湘环保世纪行”执法检查活动。

10 月 28—30 日 市第一届人民代表大会常务委员会第四次会议举行。

10 月 31 日 市人大常委会审议通过《关于继续深入开展法制宣传教育的决议》。

10 月 市人大常委会开展《中华人民共和国预算法》《湖南省预算外资金管理条例》贯彻实施情况大检查。

10 月 市人大常委会组织市直机关代表到选区开展“了解政情、体察民情、服务基层”活动。

11 月 4 日 永州市第一期人大代表培训班开学。

11 月 18 日 全市乡镇人大主席培训班开学。

12 月 19 日 全市人大民族华侨外事工作经验交流会召开。

12 月 23—27 日 市第一届人民代表大会常务委员会第五次会议举行。

12 月 市人大常委会组织开展代表集中视察活动。

1997 年

1 月 5 日 市第一届人民代表大会常务委员会第六次会议举行。会议作出关于修建永连公路的决定。

2 月 23 日 市第一届人民代表大会常务委员会第七次会议举行。

3 月 9—10 日 市第一届人民代表大会常务委员会第八次会议举行。

3 月 18 日 市第一届人民代表大会第二次会议开幕。

4 月 2 日 市人大常委会纪念《中华人民共和国全国人民代表大会和地方各级人民代表大会代表法》颁布实施五周年座谈会召开。

4 月 27—29 日 市第一届人民代表大会常务委员会第九次会议举行。

5 月中旬 市人大开展“1997 永州环保世纪行”宣传活动。

6 月 24—28 日 市第一届人民代表大会常务委员会第十次会议举行。

6 月 28 日 市人大常委会作出修改《永州市人民代表大会常务委员会人事任免办法（试行）》的决定。

7 月 省辖市州人大城建工作第八次联席会议在永州召开。

8 月 19—21 日 市第一届人民代表大会常务委员会第十一次会议举行。

8 月 24 日 市人大常委会召开代表评议大会。

8 月 市人大常委会开展市、县（区）两级城市规划执法检查。

10 月 22—25 日 市第一届人民代表大会常务委员会第十二次会议举行。

11 月 17 日 市第一届人民代表大会常务委员会第十三次会议举行。

12 月 15—17 日 市第一届人民代表大会常务委员会第十四次会议举行。

12 月 28 日 市人大常委会召开市人大代表表彰会，表彰 51 名优秀代表。

12 月 29 日 市第一届人民代表大会第三次会议开幕。

1998 年

3 月 3—5 日 市第一届人民代表大会常务委员会第十五次会议举行。

3月5日 市人大常委会审议通过《永州市凤凰园开发区总体规划（草案）》。

3月9日 市人大常委会召开颁发法官任命书大会，向高扬舜等11名新任命的法官颁发任命书。

4月27—30日 市第一届人民代表大会常务委员会第十六次会议举行。

5月18日 全市人大教科文卫工作会议召开。

6月18日 全市人大农经工作会议召开。

6月24—26日 市第一届人民代表大会常务委员会第十七次会议举行。

6月26日 市人大常委会批准1997年市本级财政决算。

6月 市人大常委会开展《湖南省计划生育条例》贯彻实施情况检查。

8月26—28日 市第一届人民代表大会常务委员会第十八次会议举行。

9月15日 市人大民族法律法规研讨会议召开。

9月22日 市人大常委会举办人大制度理论研讨会。

10月16日 全市人大联络工作会议召开。

10月27—29日 市第一届人民代表大会常务委员会第十九次会议举行。

10月29日 市第一届人民代表大会常务委员会作出关于实行依法治市的决议。

10月 市人大常委会开展《中华人民共和国消防法》《中华人民共和国刑法》贯彻实施情况检查。

12月21—24日 市第一届人民代表大会常务委员会第二十次会议举行。

12月24日 市人大常委会审议通过《永州市人民代表大会常务委员会关于人大代表小组活动办法（试行）》。

12月 市人大常委会开展《中华人民共和国档案法》贯彻实施情况检查。

1999年

1月 全市乡镇人大换届选举工作结束。

3月4—5日 市第一届人民代表大会常务委员会第二十一次会议举行。

3月21日 市第一届人民代表大会常务委员会第二十二次会议举行。同日，市人大常委会召开优秀人大代表和先进市人大代表小组表彰会，表彰48名优秀市人大代表、11个先进市人大代表小组。

3月22日 市第一届人民代表大会第四次会议开幕

3月23日 市人大代表科技兴农座谈会召开。

4月27—30日 市第一届人民代表大会常务委员会第二十三次会议举行。

6月1日 全市乡镇人大主席培训班开学。

6 月 28—30 日 市第一届人民代表大会常务委员会第二十四次会议举行。

7 月 市人大常委会开展《广播电视管理条例》贯彻实施情况检查。

8 月 30 日—9 月 1 日 市第一届人民代表大会常务委员会第二十五次会议举行。

9 月 10 日 市第一届人民代表大会常务委员会第二十六次会议举行。

9 月 市人大常委会开展《中华人民共和国水法》《中华人民共和国防洪法》《中华人民共和国森林法》《中华人民共和国水土保持法》贯彻实施情况综合检查。

10 月 23 日 永州市人大系统第六届体育运动会开幕。

10 月 27—29 日 市第一届人民代表大会常务委员会第二十七次会议举行。

10 月 市人大常委会开展《中华人民共和国行政诉讼法》贯彻实施情况检查。

10 月 市人大常委会开展“永州市民族团结进步行”活动，举办“庆国庆五十周年和迎中央民族工作会议召开”文艺晚会。

11 月 17 日 全市人大民族华侨外事宗教和对台工作培训班开学。

12 月 15 日 市人大教科文卫委、民侨外委向市人大常委会报告落实《加强义务教育执法力度，巩固普九成果》议案的调查情况。

12 月 27—29 日 市第一届人民代表大会常务委员会第二十八次会议举行。

2000 年

2 月 23—24 日 市第一届人民代表大会常务委员会第二十九次会议举行。

3 月 8 日 市人大常委会在市建工局开展的依法行政试点工作结束。

3 月 21 日 市第一届人民代表大会第五次会议开幕。

4 月 26—28 日 市第一届人民代表大会常务委员会第三十次会议举行。

4 月 28 日 市人大常委会作出关于全面推进依法行政和公正司法的决定。

4 月 29 日 市人大常委会组织召开全市工业污染物达标排放整治工作和 2000 年“三湘环保世纪行”动员大会。

5 月 11 日 全市贯彻实施《湖南省乡镇财政管理条例》动员大会召开。

5 月 11 日 市人大常委会和市中级人民法院联合召开“解决人民法院执行难专项活动”动员大会。

6 月 27—28 日 市第一届人民代表大会常务委员会第三十一次会议举行。

6 月 28 日 市人大常委会审议通过《关于创建卫生城市的决议》。

7 月 市人大常委会开展减轻农民负担工作执法检查。

7 月 市人大常委会开展《中华人民共和国村民委员会组织法》贯彻实施情况检查。

8 月 29—31 日 市第一届人民代表大会常务委员会第三十二次会议举行。

8月 市人大常委会“村务公开专题调查”活动结束。

9月 市人大常委会“治理经济发展环境综合执法检查”活动结束。

10月25—27日 市第一届人民代表大会常务委员会第三十三次会议举行。会议审查通过市本级2000年财政预算调整方案和《关于殡葬管理的决议》。

10月 市人大常委会开展“永州农民健康行”活动。

12月27—29日 市第一届人民代表大会常务委员会第三十四次会议举行。

2001年

3月2日 市第一届人民代表大会常务委员会第三十五次会议举行。

4月25日 市第一届人民代表大会常务委员会第三十六次会议举行。

5月25日 市第一届人民代表大会常务委员会第三十七次会议举行。

6月12日 市第一届人民代表大会常务委员会第三十八次会议举行。

6月23日 市第二届人民代表大会第一次会议开幕。

7月15—23日 市人大常委会开展《湖南省爱国卫生条例》贯彻实施情况检查。

7月27日 市二届人大常委会第一次会议举行。

9月3日 市人大常委会开展《中华人民共和国残疾人保障法》和《湖南省实施〈中华人民共和国残疾人保障法〉办法》贯彻落实情况检查。

9月11—14日 市第二届人民代表大会常务委员会第二次会议举行。

9月18日 市人大常委会举行颁发任命书大会，对市人民政府各工作部门的局长、委员会主任颁发任命书。

9月25—28日 市人大常委会开展《中华人民共和国人民警察法》《中华人民共和国治安管理处罚条例》贯彻落实情况检查。

10月12—18日 市人大常委会就全市农村卫生改革与发展情况开展调查。

10月23日 全市人大办公室工作会议召开。

10月29—30日 市第二届人民代表大会常务委员会第三次会议举行。

10月30日 市人大常委会作出关于进一步加强法制宣传教育的决议。

10月31日 市人大常委会审议通过《永州市人民代表大会常务委员会关于实施法官、检察官任前公示的暂行规定》。

11月6日 全市人大联络工作会议召开。

11月23日 全市人大财经工作会议召开。

11月28日 市二届人大代表第一期培训班开学。

12月21日 全市人大民族华侨外事宗教对台和旅游工作座谈会议召开。

12月25—26日 市第二届人民代表大会常务委员会第四次会议举行。

2002年

2月28日至3月1日 市第二届人民代表大会常务委员会第五次会议举行。

3月26日 市第二届人民代表大会第二次会议开幕。

3月30日 市第二届人民代表大会第二次会议作出关于撤销永州市人民代表大会农业农村与城乡建设环境资源保护委员会，设立永州市人民代表大会农业与农村委员会、永州市人民代表大会城乡建设与环境资源保护委员会的决定。

4月12日 全市优化经济环境综合执法检查动员大会召开。

4月29日 市第二届人民代表大会常务委员会第六次会议举行。

4月30日 市第二届人民代表大会常务委员会第七次会议举行。

4月 全市纪念《中华人民共和国全国人民代表大会和地方各级人民代表大会代表法》颁布实施十周年大会召开。

6月7日 全市人大城建环资工作座谈会召开。

6月17—27日 市人大常委会开展《中华人民共和国母婴保健法》《中华人民共和国母婴保健法实施办法》实施情况检查。

6月25日 市第二届人民代表大会常务委员会第八次会议举行。

7月21日 市第二届人民代表大会常务委员会第九次会议举行。

8月3日 全市县区人大工作经验交流会召开。

8月10日 全市乡镇人大主席培训班结业。

8月12—14日 市人大常委会开展《湖南省散居少数民族工作条例》贯彻执行情况检查。

8月27—29日 市第二届人民代表大会常务委员会第十次会议举行。

8月 市人大常委会开展《中华人民共和国传染病防治法》贯彻实施情况检查。

9月3—5日 市人大常委会开展《中华人民共和国动物防疫法》贯彻实施情况检查。

9月9—10日 市人大常委会开展《中华人民共和国人民防空法》贯彻实施情况检查。

9月12—13日 市人大常委会开展国务院《城市市容和环境卫生管理条例》贯彻实施情况检查。

10月28—30日 市第二届人民代表大会常务委员会第十一次会议举行。

11月29日 市人大常委会审议通过《永州市人大常委会关于讨论决定重大事项的规定》。

12月29日 市第二届人民代表大会常务委员会第十二次会议举行。

12 月 25 日 市第二届人民代表大会常务委员会第十三次会议举行。

2003 年

1 月 2 日 市第二届人民代表大会常务委员会第十四次会议举行。

1 月 3 日 市第二届人民代表大会第三次会议开幕。

2 月 24—26 日 市第二届人民代表大会常务委员会第十五次会议举行。

2 月 26 日 市人大常委会审议通过《永州市人民代表大会及其常务委员会关于公民旁听市人民代表大会及其常务委员会会议的暂行规定》。

3 月 26—28 日 市第二届人民代表大会常务委员会第十六次会议举行。

3 月 28 日 市人大常委会审议通过关于《永州市城市总体规划修编（草案）》的决议。

4 月 20—24 日 市人大常委会开展《中华人民共和国种子法》贯彻实施情况检查。

4 月 25—26 日 市第二届人民代表大会常务委员会第十七次会议举行。

4 月 市人大常委会对市中级人民法院、市人民检察院开展办案质量调查。

5 月 27—6 月 5 日 市人大常委会开展《中华人民共和国大气污染防治法》《中华人民共和国固体废物污染环境防治法》贯彻实施情况检查。

5 月 市人大常委会组织人大代表视察防治“非典”和城市卫生工作。

5 月 市人大常委会启动开展“永州农产品质量安全行”活动。

6 月 13—20 日 市人大常委会开展《中华人民共和国工会法》《湖南省实施〈中华人民共和国工会法〉办法》贯彻实施情况检查。

6 月 16—20 日 市人大常委会开展《宗教活动场所管理条例》《湖南省宗教事务管理条例》贯彻实施情况检查。

6 月 27—28 日 市第二届人民代表大会常务委员会第十八次会议举行。

6 月 29 日 全市人大内务司法工作座谈会召开。

6 月 市人大常委会开展《中华人民共和国公路法》《湖南省实施〈中华人民共和国公路法〉办法》《湖南省高等级公路管理条例》贯彻实施情况检查。

7 月 4 日 市人大常委会开展《中华人民共和国野生动物保护法》贯彻实施情况检查。

7 月 10 日 市第二届人大代表第二期培训班结业。

7 月 17—19 日 市人大常委会赴祁阳县晒北滩瑶族乡调查村委会和村民上访情况。

7 月 23—25 日 市人大常委会开展《中华人民共和国城市房地产管理法》贯彻实施情况检查。

7 月 市人大常委会开展《中华人民共和国土地管理法》《中华人民共和国农业法》《中华人民共和国劳动法》及相关法规贯彻实施情况检查。

8 月 20—21 日 市第二届人民代表大会常务委员会第十九次会议举行。

8 月 22 日 市人大常委会批准永州市人民政府《关于建立国家开发银行贷款偿还等问题的报告》，审议通过《永州市人大常委会关于加强和改进会议审议工作的规定》《永州市人大常委会关于加强市人民代表大会代表工作的决定》。

10 月 14 日 市人大常委会开展《中华人民共和国防洪法》贯彻实施情况检查。

11 月 4—7 日 市第二届人民代表大会常务委员会第二十次会议举行。

11 月 25 日 市第二届人民代表大会常务委员会第二十一次会议举行。

12 月 7—11 日 市人大常委会组织部分省、市人大代表开展民族地区经济和社会发展情况专题视察。

12 月 12 日 永州市人大常委会官方网站“永州人大网”开通。

12 月 29—30 日 市第二届人民代表大会常务委员会第二十二次会议举行。会议通过关于批准永州市人民政府《关于教育项目打捆申请国家开发银行贷款的报告》有关问题的决议。

2004 年

2 月 3 日 市第二届人民代表大会第四次会议开幕。是日，市人大常委会召开市人大先进代表小组和优秀代表表彰会。

2 月 7 日 市人大常委会审议通过市人民政府加快推进永州工业化进程议案的决议。

2 月 20 日 市第二届人民代表大会常务委员会第二十三次会议举行。

2 月 23—24 日 市第二届人民代表大会常务委员会第二十四次会议举行。

3 月 9—12 日 市人大常委会开展《中华人民共和国动物防疫法》《湖南省实施〈中华人民共和国动物防疫法〉办法》贯彻实施情况检查。

3 月 29 日至 4 月 1 日 市人大常委会开展《中华人民共和国人口与计划生育法》《湖南省人口与计划生育条例》贯彻实施情况检查。

4 月 19—23 日 市人大常委会开展《中华人民共和国归侨侨眷权益保护法》《中华人民共和国台湾同胞投资保护法》贯彻实施情况检查。

4 月 市人大常委会对中心城市建设维护资金管理和使用情况开展专题调查。

4 月 28—30 日 市第二届人民代表大会常务委员会第二十五次会议举行。

6 月 12—23 日 市人大常委会开展《湖南省森林公园管理条例》贯彻实施情况检查。

6 月 18 日 全市人大信访工作会议召开。

6 月中旬 市人大常委会对市本级住房公积金、住房资金管理和使用整改情况进行调查。

6 月 23—25 日 市第二届人民代表大会常务委员会第二十六次会议举行。

8 月 25—27 日 市第二届人民代表大会常务委员会第二十七次会议举行。

8—11 月 市人大常委会开展《中华人民共和国老年人权益保障法》及《湖南省实施〈中华人民共和国老年人权益保障法〉办法》贯彻执行情况检查。

9 月 15 日 全市庆祝人民代表大会制度建立 50 周年纪念大会召开。

9 月 20 日 全市纪念《中华人民共和国民族区域自治法》颁布实施二十周年座谈会召开。

10 月 25—29 日 市第二届人民代表大会常务委员会第二十八次会议举行。

11 月 3 日 全国瑶族自治县人大常委会第四次联席会在江华瑶族自治县召开。

12 月 15 日 市第二届人民代表大会常务委员会第二十九次会议举行。会议通过《永州市人民代表大会常务委员会关于接待人民代表大会代表来信来访暂行办法》《永州市人民代表大会常务员会关于加强与市人民代表联系暂行办法》。

12 月 21 日 市第二届人民代表大会常务委员会第三十次次会议举行。

2005 年

1 月 15 日 市第二届人民代表大会常务委员会第三十一次会议举行。

1 月 17 日 市第二届人民代表大会第五次会议开幕。

1 月 20 日 市第二届人民代表大会第五次会议通过《永州市人民政府关于创建卫生文明城市的议案》的决议。

2 月 25 日 市委人大工作会议召开。市委书记曾庆炎出席会议并讲话。

2 月 25—27 日 市第二届人民代表大会常务委员会第三十二次会议举行。

4 月 27 日 市第二届人民代表大会常务委员会第三十三次会议举行。

5 月 23—27 日 市人大常委会开展《中华人民共和国水法》《湖南省实施〈中华人民共和国水法〉办法》贯彻实施情况检查。

6 月 1—6 日 市人大常委会开展《中华人民共和国民族区域自治法》贯彻实施情况检查。

6 月 28—29 日 市第二届人民代表大会常务委员会第三十四次会议举行。

8 月 23—24 日 市第二届人民代表大会常务委员会第三十五次会议举行。

8 月 29 日 市人大常委会述职评议工作动员会召开。

9 月 6—7 日 市第二届人民代表大会常务委员会第三十六次会议举行。

12 月 13—14 日 市人大常委会组织部分市人大代表对市中心城市社会治安和公交秩序进行专题视察。

12 月 27—29 日 市第二届人民代表大会常务委员会第三十七次会议举行。会议同意刘爱才辞去永州市人民政府市长职务，任命龚武生为市人民政府代市长。

12 月 市人大常委会出台《永州市人民代表大会常务委员会关于实行人民代表大会常务委员会会议审议票决制的规定（试行）》。

2006 年

1 月 1 日 市人大常委会印发《永州市人大常委会关于加强机关新闻宣传和理论研究工作的意见》。

1 月 24 日 市第二届人民代表大会常务委员会第三十八次会议举行。

2 月 8 日 市第二届人民代表大会第六次会议开幕。

2 月 23—24 日 市第二届人民代表大会常务委员会第三十九次会议举行。

4 月 3 日 全市“三湘农民健康行”和传染病防治执法检查动员会召开。

4 月 24—25 日 市第二届人民代表大会常务委员会第四十次会议举行。

5 月 12 日 市人大常委会《中华人民共和国环境保护法》执法检查动员会暨 2006 年“永州环保世纪行”启动仪式举行。

6 月 26—27 日 市第二届人民代表大会常务委员会第四十一次会议举行。

4—6 月 市人大常委会开展《中华人民共和国环境保护法》及相关法律法规贯彻实施情况检查。

7 月 12—17 日 市人大常委会开展《中华人民共和国民族区域自治法》贯彻实施情况检查。

7 月 18 日 全市县区人大常委会办公室工作座谈会召开。

7 月 24—27 日 市人大常委会开展《湖南省大中型水库移民条例》贯彻实施情况检查。

8 月 10 日 “永州农产品质量安全行”活动总结表彰大会召开。

8 月 29—30 日 市第二届人民代表大会常务委员会第四十二次会议举行。

9 月 18 日 市第二届人民代表大会常务委员会第四十三次会议举行。

9 月 30 日 市第二届人民代表大会常务委员会第四十四次会议举行。

10 月 31 日至 11 月 1 日 市第二届人民代表大会常务委员会第四十五次会议举行。

12 月 29—30 日 市第二届人民代表大会常务委员会第四十六次会议举行。

2007 年

1 月 10 日 市第二届人民代表大会常务委员会第四十七次会议举行。

1月20日 市第三届人民代表大会第一次会议开幕。

2月28日 市第三届人民代表大会常务委员会第一次会议举行。会议通过《永州市第三届人民代表大会常务委员会组成人员守则》。

3月29—30日 市第三届人民代表大会常务委员会第二次会议举行。

4月13日 全市人大城乡建设与环境资源保护委员会同政府对口部门联系会议召开。

4月25日 全市人大民侨外委第一次联席会议召开。

4月29日 市第三届人民代表大会常务委员会第三次会议举行。会议通过《永州市人民代表大会常务委员会关于市人民代表大会代表联系原选举单位的意见》。

5月21日 2006年"永州环保世纪行"总结暨2007年"永州环保世纪行"启动仪式会议召开。

5月28日 市人大机关作风整顿动员会召开。

6月13日 全市县区人大常委会主任联席会议召开。

6月28—30日 市第三届人民代表大会常务委员会第四次会议举行。

6月 市人大常委会开展《中华人民共和国妇女权益保障法》《湖南省实施〈中华人民共和国妇女权益保障法〉办法》贯彻实施情况检查。

7月10日 全市人大联络工作第六次联席会议召开。

8月30—31日 市第三届人民代表大会常务委员会第五次会议举行。

8月31日 市人大常委会批准2006年永州市本级财政决算。

9月4日 全市人大办公室、研究室联席会议召开。

10月23日 全市县区人大常委会主任联席会议召开。

10月30—31日 市第三届人民代表大会常务委员会第六次会议举行。

11月21—22日 市第三届人民代表大会常务委员会第七次会议举行。

11月22日 市人大常委会批准2007年永州市本级财政预算调整方案。

12月12—13日 市第三届人民代表大会常务委员会第八次会议举行。

12月27日 市第三届人民代表大会第二次会议开幕。

2008年

1月16日 市人大常委会举办驻永湖南省十一届人大代表培训班。

2月26—27日 市第三届人民代表大会常务委员会第九次会议举行。

2月27日 市人大常委会批准2008年永州市本级部门预算草案和基金预算草案的决议，作出关于修改《永州市人民代表大会常务委员会工作规程》和《永州市人民代表大会常务委员会关于讨论决定重大事项的规定》《永州市人民代表大会常务委员会人事任免办法》的决定。

3月7日 全市县区人大常委会主任座谈会召开。

3月14日 全市县区人大农业与农村工作第二次联席会议召开。

3月26日 全市县区人大城乡建设与环资工作第十一次联席会议召开。

3月27日 全市县区人大内务司法工作第十三次联席会议召开。

3月28日 全市人大教科文卫工作联席会议召开。

4月23日 市人大常委会对市公安局、市林业局、市卫生局、市工商行政管理局及其所属单位开展工作评议动员会召开。

4月24—25日 市第三届人民代表大会常务委员会第十次会议举行。

4月25日 市人大常委会批准永州市本级2008年教育费附加、科技三项费用和社会保险基金预算草案。

6月23—24日 市第三届人民代表大会常务委员会第十一次会议举行。

6月24日 市人大常委会通过关于依法制止和查处中心城区违法建筑的决议。

7月16日 全市县区人大常委会主任会议召开。

8月25—26日 市第三届人民代表大会常务委员会第十二次会议举行。

8月26日 市人大常委会批准2007年永州市本级财政决算草案，通过关于推进承接产业转移工作的决议。

8月27—28日 市人大常委会对市公安局、市林业局、市卫生局、市工商行政管理局工作评议大会召开。

9月18日 市人大常委会举办全市县区领导干部学习《中华人民共和国各级人民代表大会常务委员会监督法》培训班。

9月23日 全市县区人大常委会机关工作联系会议召开。

10月7日 市人大机关解放思想大讨论座谈会召开。

10月29—31日 市第三届人民代表大会常务委员会第十三次会议举行。

10月31日 市人大常委会批准2008年全市国民经济和社会发展计划部分调整方案报告。

10月31日 市人大常委会作出关于组织特定问题调查委员会对潇湘平湖“得月舫”游轮有关问题开展调查的决定。

12月5日 市第三届人民代表大会常务委员会第十四次会议举行。会议通过《永州市第三届人民代表大会常务委员会会议审议议事票决制暂行办法》《永州市人大常委会信访工作暂行办法》。

12月25—26日 市第三届人民代表大会常务委员会第十五次会议举行。

2009 年

1 月 5 日 市第三届人民代表大会第三次会议开幕。

1 月 5 日 市第三届人民代表大会常务委员会第十六次会议举行。

2 月 23—24 日 市第三届人民代表大会常务委员会第十七次会议举行。

2 月 24 日 市人大常委会审议通过关于《潇湘平湖“得月舫”游轮有关问题特定问题调查委员会〈关于“得月舫”游轮问题的调查报告〉》。

3 月 27 日 市人大机关开展深入学习实践科学发展观活动动员大会召开。

4 月 13 日 市人大常委会组织部分驻永全国和省、市人大代表视察永州市中小企业贷款难问题。

4 月 22 日 贯彻实施《中华人民共和国企业国有资产法》座谈会召开。

4 月 29—30 日 市第三届人民代表大会常务委员会第十八次会议举行。

5 月 27 日 市人大常委会开展《中华人民共和国刑法》《中华人民共和国刑事诉讼法》执法检查动员会召开。

6 月 25—26 日 市第三届人民代表大会常务委员会第十九次会议举行。

7 月 28—29 日 市第三届人民代表大会常务委员会第二十次会议举行。

8 月 20—21 日 市第三届人民代表大会常务委员会第二十一次会议举行。

8 月 21 日 市人大常委会批准 2008 年永州市本级财政决算草案。

8 月 24 日 庆祝《湖南省非税收入管理条例》颁布实施五周年电视电话会议召开。

8—9 月 市人大常委会开展《中华人民共和国食品安全法》贯彻实施情况检查。

9 月 22 日 庆祝中华人民共和国成立 60 周年暨地方人大设立常委会 30 周年座谈会召开。

9 月 23 日 全市县区人大常委会机关工作联系会议召开。

10 月 29—30 日 市第三届人民代表大会常务委员会第二十二次会议举行。

10 月 30 日 市人大常委会批准 2009 年永州市本级财政预算调整方案。

12 月 28—29 日 市第三届人民代表大会常务委员会第二十三次会议举行。

2010 年

1 月 14 日 市第三届人民代表大会第四次会议开幕。

2 月 1—2 日 市第三届人民代表大会常务委员会第二十四次会议举行。

3 月 16 日 全市人大教科文卫工作联席会暨科技创新与特色产业发展研讨会议

召开。

3 月 30 日 市人大代表建议和政协委员提案交办会召开。

4 月 2 日 全市人大民侨外委第四次联席会议召开。

4 月 11 日 全市“三湘农民健康行”活动联席会议召开。

4 月 22—23 日 市第三届人民代表大会常务委员会第二十五次会议举行。

6 月 1 日 市第三届人民代表大会常务委员会第二十六次会议举行。

6 月 18 日 市人大常委会组织部分省市区人大代表对潇湘河道采砂管理工作进行视察。

6 月 27—29 日 市第三届人民代表大会常务委员会第二十七次会议举行。

7 月 28—30 日 市第三届人民代表大会常务委员会第二十八次会议举行。

8 月 22—24 日 市第三届人民代表大会常务委员会第二十九次会议举行。

8 月 23 日 市人大常委会批准 2009 年永州市本级财政决算草案。

10 月 17—19 日 市第三届人民代表大会常务委员会第三十次会议举行。

10 月 19 日 市人大常委会批准 2010 年永州市本级财政预算调整方案，审议通过关于加快对接东盟工作的决议。

11 月 22 日 市第三届人民代表大会常务委员会第三十一次会议举行。

11 月 22 日 市第三届人民代表大会常务委员会第三十二次会议举行。

12 月 9—10 日 市第三届人民代表大会常务委员会第三十三次会议举行。

2011 年

1 月 5 日 市第三届人民代表大会常务委员会第三十四次会议举行。

1 月 10 日 市第三届人民代表大会第五次会议开幕。

2 月 21—22 日 市第三届人民代表大会常务委员会第三十五次会议举行。

3 月 10 日 全市县区人大常委会主任第九次联系会召开。

4 月 8 日 全市县区人大农业与农村工作第五次联席会议召开。

4 月 25—26 日 市第三届人民代表大会常务委员会第三十六次会议举行。

4 月 26 日 市人大常委会审议通过关于大力开展植树造林的决议。

4—5 月 市人大常委会开展《中华人民共和国食品安全法》贯彻实施情况检查。

6 月 23—24 日 市第三届人民代表大会常务委员会第三十七次会议举行。

8 月 2—3 日 市第三届人民代表大会常务委员会第三十八次会议举行。

9 月 1—2 日 市第三届人民代表大会常务委员会第三十九次会议举行。

9 月 2 日 市人大常委会批准 2010 年永州市本级财政决算草案，批准 2011 年永州市本级财政预算调整方案。

9月30日 市第三届人民代表大会常务委员会第四十次会议举行。

9月30日 市第三届人民代表大会常务委员会第四十一次会议举行。

10月27—28日 市第三届人民代表大会常务委员会第四十二次会议举行。

11月9日 永州市人大政协换届选举工作会议召开。

11月17—18日 市第三届人民代表大会常务委员会第四十三次会议举行。

12月5日 市第三届人民代表大会常务委员会第四十四次会议举行。

12月27日 市第三届人民代表大会常务委员会第四十五次会议举行。

2012年

1月4日 市第四届人民代表大会第一次会议开幕。

1月7日 市第四届人民代表大会常务委员会第一次会议举行。

1月 市四届人大一次会议主席团审议决定，将《关于扎实做好“五城同创”努力构建和谐永州的议案》作为大会议案，交付市人大城环委牵头审议并督促办理。

2月23日 市人大机关作风建设座谈会召开。

2月 市人大常委会下发《关于组建市四届人大代表小组和代表开展代表活动的通知》。

3月27—29日 市第四届人民代表大会常务委员会第二次会议举行。

3月29日 市四届人大常委会颁发任命书大会召开。

4月20日 中共永州市人大常委会机关党委换届会议召开。

4月26日 市人大常委会“五城同创”议案工作座谈会召开。

4月26—27日 市第四届人民代表大会常务委员会第三次会议举行。

4月 市人大常委会启动《中华人民共和国食品安全法》贯彻实施情况检查。常委会副主任杨海河、袁满娥、袁火林、郑柏顺、李俊湘带组分赴有关部门和县区开展执法检查。

5月3日 市人大常委会党组向中共永州市委报告工作。

5月3日 市人大常委会工作审议动员大会召开。

5月21日 市人大常委会举行议案交办会。

5月24日 市四届人大常委会县区人大常委会主任第一次联系会议召开。

5月25—26日 全市县区人大常委会主任联席会议召开。

6月13日 全省人大农业与农村工作第九次联席会议在永州宁远县召开。

6月14日 全市县乡两级换届选举工作座谈会召开。

6 月 25—26 日 市第四届人民代表大会常务委员会第四次会议举行。

6 月 26 日 市人大常委会组织市人大代表开展履职培训。

7 月 23—25 日 市第四届人民代表大会常务委员会第五次会议举行。

8 月 28—29 日 市第四届人民代表大会常务委员会第六次会议举行。

10 月 23—25 日 市第四届人民代表大会常务委员会第七次会议举行。

11 月 13 日 全市县区人大常委会机关工作联系会议召开。

11 月 13 日 市人大常委会执法检查年计划项目调研座谈会召开。

12 月 5 日 市人大常委会组织市规划建设局、文广新局、旅游局等部门前往零陵区视察督促东山景区建设工作。

12 月 11—14 日 市第四届人民代表大会常务委员会第八次会议举行。

12 月 27 日 市第四届人民代表大会第二次会议开幕。

2013 年

1 月 23 日 市人大常委会举行驻永州市省人大代表培训班。

1 月 市四届人大二次会议主席团审议决定，将市人民政府提出的《关于加快推进“六城同创”的议案》，毛国忠等代表提出的《“六城同创”建设和美永州，法治应先行，管理应到位》两件议案合并作为大会议案，交由市人大城乡建设与环境资源保护委员会牵头督促办理。

2 月 27—28 日 市第四届人民代表大会常务委员会第九次会议举行。

3 月 29 日 召开市人大机关干部职工大会，对 2011 年度市人大常委会机关优秀党员、公务员和先进工作者进行表彰，推荐 2012 年度的优秀党员、公务员和先进工作者。

4 月 15 日 市人大常委会党组向中共永州市委报告人大工作情况。

4 月 15—16 日 市第四届人民代表大会常务委员会第十次会议举行。

5 月 21 日 市第四届人民代表大会常务委员会第十一次会议举行。

5 月 22 日 市第四届人民代表大会第三次会议开幕。

6 月 26—27 日 市第四届人民代表大会常务委员会第十二次会议举行。

7 月 24—26 日 市第四届人民代表大会常务委员会第十三次会议举行。

8 月 26—28 日 市第四届人民代表大会常务委员会第十四次会议举行。

9 月 18 日 市人大常委会结对帮扶灾后重建募捐会召开。

10 月 22—24 日 市第四届人民代表大会常务委员会第十五次会议举行。

12 月 9—12 日 市第四届人民代表大会常务委员会第十六次会议举行。

2014 年

1 月 8 日　市第四届人民代表大会常务委员会第十七次会议举行。

1 月 12 日　市第四届人民代表大会第四次会议开幕。

1 月　市四届人大四次会议主席团审议决定，将市人民政府提出的《关于加快创建国家卫生城市的议案》等三件议案共同作为大会议案。

2 月 19—21 日　市第四届人民代表大会常务委员会第十八次会议举行。

3 月 18 日　市人大代表议案、建议交办会在市人民政府二楼二会议室召开。

4 月 21 日　市第四届人民代表大会常务委员会第十九次会议举行。

6 月 23—24 日　市第四届人民代表大会常务委员会第二十次会议举行。

6 月 30 日　市人大常委会举行人大机关庆祝建党 93 周年表彰会。

7 月 9 日　市第四届人民代表大会第五次会议开幕。

7 月 28—29 日　市第四届人民代表大会常务委员会第二十一次会议举行。

7 月　市人大常委会启动《中华人民共和国大气污染防治法》贯彻实施情况检查。常委会副主任袁满娥、袁火林、李俊湘等带组分赴全市 11 个县区、永州经济技术开发区和市发改委等九个部门开展执法检查。

8 月 7 日　中心城区住宅小区建设与管理问题整改调度会在市人大机关后栋三楼会议室召开。

8 月 18 日　全市召开推进新型城镇化工作会议，对批而未供和闲置土地清理处置工作进行动员部署。

8 月 25—27 日　市第四届人民代表大会常务委员会第二十二次会议举行。

8 月 27 日　市人大常委会就中心城区住宅小区建设与管理工作开展专题询问。

9 月 9 日　中心城区住宅小区建设与管理问题整改调度会在南华大酒店三楼一会议室召开。

9 月 23 日　全市县区人大常委会办公室工作联系会在南华大酒店召开。

10 月 28—29 日　市第四届人民代表大会常务委员会第二十三次会议举行。

10 月 30 日　市人大常委会召开代表建议办理工作评议测评会。

11 月 4 日　市人大常委会召开中心城区住宅小区建设与管理突出问题整改调度会，听取专项检查组工作进展情况汇报。

11 月 20—21 日　市第四届人民代表大会常务委员会第二十四次会议举行。

11 月 21 日　市人大常委会听取和审议市人民政府关于《中华人民共和国大气污染防治法》执法检查审议交办意见整改情况的报告。

12 月 2 日 市第四届人民代表大会常务委员会第二十五次会议举行。

12 月 25—26 日 市第四届人民代表大会常务委员会第二十六次会议举行。

12 月 26 日 市人大常委会通过《永州市人大代表在代表大会期间履职评价暂行办法》。

2015 年

1 月 19 日 市第四届人民代表大会常务委员会第二十七次会议举行。

1 月 21 日 市第四届人民代表大会第六次会议开幕。

1 月 市四届人大六次会议主席团审议决定，将《关于加快创建国家森林城市的议案》《关于加快创建国家交通模范城市的议案》作为大会议案交市人大内司委审议督办。

3 月 2—4 日 市第四届人民代表大会常务委员会第二十八次会议举行。

3 月 13 日 全市人大民侨外委第四次座谈会召开。

4 月 23—24 日 市第四届人民代表大会常务委员会第二十九次会议举行。

4 月 市人大常委会在浙江大学举办市人大代表培训班。

5 月 市人大常委会启动《中华人民共和国水污染防治法》贯彻实施情况检查。执法检查组重点对湘江、潇水干流及主要支流水污染防治和饮用水源保护情况进行检查。

6 月 24—25 日 市第四届人民代表大会常务委员会第三十次会议举行。

7 月 29—31 日 市第四届人民代表大会常务委员会第三十一次会议举行。

8 月 18 日 市第四届人民代表大会第七次会议开幕。

8 月 24—25 日 市第四届人民代表大会常务委员会第三十二次会议举行。

9 月上旬 市人大常委会组织部分市人大代表，分 8 个小组深入 103 个住宅小区视察调研。

10 月 21—23 日 市第四届人民代表大会常务委员会第三十三次会议举行。

10 月 22 日 市人大常委会听取和审议市人民政府关于《中华人民共和国水污染防治法》执法检查审议交办意见整改情况的报告。

10 月 23 日 市人大常委会法制工作委员会设立。

10 月 市人大常委会开展中心城区住宅小区建设与管理问题整治工作专题询问。

11 月 4 日 市人大机关工会工作会议召开。

11 月 22—24 日 市第四届人民代表大会常务委员会第三十四次会议举行。

12 月 27—28 日 市第四届人民代表大会常务委员会第三十五次会议举行。

2016 年

1 月 10 日 市第四届人民代表大会常务委员会第三十六次会议举行。

1 月 12 日 市第四届人民代表大会第八次会议开幕。

1 月 市四届人大八次会议主席团审议决定，将《关于加大宋家洲环境综合治理力度，加快开发建设的议案》作为大会议案，交由市人大城乡建设与环境资源保护委员会审议督办。

2 月 24—26 日 市第四届人民代表大会常务委员会第三十七次会议举行。

3 月 4 日 省立法授权考核工作会议在永州市友谊万喜登酒店召开。

3 月 9 日 省人大常委会联工委县乡人大换届选举工作调研会在永州召开。

3 月 30 日 永州市人大及其常委会获得地方立法权。

4 月 27—28 日 市第四届人民代表大会常务委员会第三十八次会议举行。

4 月 市人大常委会开展《中华人民共和国食品安全法》《湖南省食品生产加工小作坊和食品摊贩管理条例》贯彻实施情况检查。

5 月 5 日 全市县区领导班子换届工作座谈会在冷水滩召开。

5 月 25 日 永州人大网新版上线运行。

6 月 26—27 日 市第四届人民代表大会常务委员会第三十九次会议举行。

6 月中下旬 市人大常委会副主任郑柏顺等组织部分市人大常委会委员、专门委员会委员、市县区人大代表等，深入 11 个县区和市直重点预算单位开展《中华人民共和国预算法》贯彻实施情况检查。

7 月 19—20 日 市第四届人民代表大会常务委员会第四十次会议举行。

8 月 25—26 日 市第四届人民代表大会常务委员会第四十一次会议举行。

9 月 26 日 市第四届人民代表大会常务委员会第四十二次会议举行。

10 月 23—25 日 市第四届人民代表大会常务委员会第四十三次会议举行。

11 月 21—23 日 市第四届人民代表大会常务委员会第四十四次会议举行。

12 月 15 日 市第四届人民代表大会常务委员会第四十五次会议举行。

12 月 15 日 市四届人大履职优秀代表表彰会议召开。

12 月 25—27 日 市第四届人民代表大会常务委员会第四十六次会议举行。

第一篇

永州市人民代表大会代表

第一章　代表的产生和构成

1996—2016 年，依照《中华人民共和国全国人民代表大会和地方各级人民代表大会选举法》的有关规定并参照军队选举办法的有关规定，永州市人民代表大会代表采用间接选举的办法产生。全市选举产生四届市人大代表共 1768 名。其中，市第一届人民代表大会代表名额为 457 名，实际分配选举的代表名额 446 名，保留机动名额 11 名；市第二届人民代表大会代表名额为 460 名，实际分配选举的代表名额 437 名，保留机动名额 23 名；市第三届人民代表大会代表名额为 460 名，实际分配选举的代表名额 442 名，保留机动名额 18 名；市第四届人民代表大会代表名额为 460 名，实际分配选举的代表名额 443 名，保留机动名额 17 名（代表名单见永州市人民代表大会代表第二章）。

第一至第四届市人大代表中，非中共党员代表分别为 113 名、111 名、140 名、129 名，占比分别为 25.34%、25%、31.67%、29.10%；妇女代表分别为 123 名、100 名、107 名、79 名，占比分别为 27.58%、22.52%、24.21%、17.8%；少数民族代表分别为 41 名、52 名、49 名、42 名，占比分别为 9.19%、11.71%、11.09%、9.5%；工人代表分别为 55 名、47 名、52 名，占比分别为 12.33%、10.59%、11.76%；农民代表分别为 111 名、102 名、90 名、77 名，占比分别为 24.89%、22.95%、20.36%、17.6%；知识分子代表分别为 71 名、71 名、83 名，占比分别为 15.92%、15.99%、18.78%；干部代表分别为 193 名、205 名、181 名，占比分别为 43.27%、46.17%、40.95%；解放军方面代表分别为 9 名、9 名、7 名，占比分别为 2.02%、1.58%、1.58%；其他方面代表分别为 7 名、12 名、29 名，占比分别为 1.57%、2.7%、6.56%。

1996-2016 年永州市人民代表大会代表构成情况一览表

表 1-1　　单位：名，%

	第一届		第二届		第三届		第四届		备注
省定名额	457		460		460		460		
实际选举名额	446		437		442		443		
非中共党员代表	113	25.34	111	25	140	31.67	129	29.10	
妇女代表	123	27.58	100	22.52	107	24.21	79	17.8	
少数民族代表	41	9.19	52	11.71	49	11.09	42	9.5	
工人代表	55	12.33	47	10.59	52	11.76			
农民代表	111	24.89	102	22.95	90	20.36	77	17.6	
知识分子代表	71	15.92	71	15.99	83	18.78			
干部代表	193	43.27	205	46.17	181	40.95			
解放军方面代表	9	2.02	9	1.58	7	1.58	5	1.13	
其他方面代表	7	1.57	12	2.7	29	6.56			

分选区构成情况（届内代表人数）

	数量	占比	数量	占比	数量	占比	数量	占比	
冷水滩区	38	8.48	42	9.41	40	9.05	44	9.93	
零陵（芝山）区	45	10.04	44	9.87	44	9.95	42	9.48	
祁阳县	61	13.62	61	13.68	61	13.80	64	14.45	
东安县	44	9.82	43	9.64	43	9.73	42	9.48	
双牌县	23	5.13	23	5.16	24	5.43	20	4.51	
道县	46	10.28	45	10.09	45	10.18	50	11.29	
江永县	26	5.80	28	6.28	28	6.33	24	5.42	
江华县	38	8.48	36	8.52	36	8.14	36	8.13	
宁远县	51	11.38	50	11.21	49	11.09	54	12.19	
蓝山县	32	7.14	31	6.95	31	7.01	30	6.77	
新田县	35	7.81	34	7.62	34	7.69	32	7.22	
解放军	9	2.01	9	2.02	7	1.58	5	1.13	
合 计	448		446		442		443		

第二章　代表名单

第一节　第一届人民代表大会代表名单

（按选举单位第一次代表大会选举产生的代表名单以姓氏笔画为序，共计446名）

冷水滩区（38名）

王书贵 王道生 王群路（女） 尹建喜 邓春林（女） 冯建设 吕芳村 朱元顺
刘　杰 刘宏来 刘新普 李良铁 李金云 李建新 李承科 李朝巍 杨　清
何明伶（女） 宋学义 陈玉政 林遵槐 欧阳芳（女） 罗友娣（女） 周仁贵
周明礼 周美玉（女） 屈金秀（女） 赵　健 胡安根 唐仙云（女） 唐冬生
唐兴国 黄大东 章升春 蒋美姣（女） 童清明（女） 熊凤银（女） 熊智明

芝山区（45名）

于乐清 邓文波 史兆良 朱日明 朱泽民 刘双凤（女） 刘湘萍（女） 孙佳柱
李开俊 李本道 杨秋林 肖八妹（女） 邹梅渲 张昌林 张春友 张淑贞（女）
陈凤英（女） 陈文兰（女） 罗怀青 和江梅（女） 周扬军 周芳春（女）
周秀英（女） 周满玉（女） 郑山明 姜雄华（女） 秦卫国 高家月 唐于君
唐少德 唐月国 唐付轩 唐立文（女） 唐伍元 唐松成 唐昌庭 黄彬兰 黄淑华（女）
盘远明 彭顺生 董劲松 蒋凤娥（女） 蒋玉玲（女） 蒋明华 曾石林

祁阳县（61名）

于美桂（女） 王小阳（女） 王延斌 王芳明 王连生 文建宇 文柏谷 甘明德
朱来明 刘冬秀（女） 刘昌宇 刘建明 刘祥云 许功寿 许恒农 李　焰 李友生
李中元 李仁胜 李丙文 李兴虎 李运松 李克勤 杨庆华（女） 杨贵娥（女）
肖雪玉（女） 肖惠黎 邹金鹫 汪亚雄 张良元 张爱瑛（女） 陈华雄 陈金荣（女）
陈越来 周和平 周秋莲（女） 郑纯发 郑菊生 赵志民 赵甫月（女） 赵翠英（女）
胡庆夏 胡菊香（女） 胡隆福 聂中阳 桂雪梅（女） 徐千华 凌展秀（女）
唐水池 唐安群 唐雪花（女） 唐嗣德 陶亚平（女） 崔永平 蒋生元 蒋仲敏
蒋农生 曾秀莲（女） 曾祥富 雷鉴儒 熊建国

东安县（44名）

王巨明 王春莲（女） 文干英（女） 文先赵 文贻宣 邓爱翠（女） 艾玉双（女）
卢新春 史兆永 宁丁森 伍彩金（女） 刘放明 李万里 李小兰（女） 李国良
李章德 杨祈贵 张太平 陈明忠 易树生 易爱香（女） 罗胜春 罗清辉 周小艳（女）
周晓明 周辉秀 赵光华 赵翠英（女） 荣亚胖 胡贤吉 胡学安 唐昆明 唐国文
唐解瑛（女） 陶桂连 黄海星（女） 曹爱生 龚珍云（女） 常翠兰（女） 蒋凤艳（女）
蒋明生 蒋菊生 谢康龙 魏友能

双牌县（23名）

毛鼎欧 邓荣卿 刘庆义 刘锦坤 花向群（女） 杨社顺 吴东元 何生富 邹庚来
周先瑛 胡参政 贺翠莲（女） 唐三玲（女） 唐绩祚 唐德恭 盘继来 盘富元
蒋吉秀（女） 曾庆富 曾武清 谢交亮 谢朝月（女） 谭红一（女）

道县（46名）

王月保 王成瑞 毛秀英（女） 文　泉 邓美兰（女） 朱克凡 刘宣菊（女）
刘　燚 严吉春 李顺阳 李耀德 杨仕吉 杨荣兆 杨润花（女） 何玉莲（女）
何四珍（女） 何进旺 何　和 何能林 何满琴（女） 张新菊（女） 陈秀秀（女）
陈祖拾 武俊瑶 罗中福 罗　宏 周万月 周利娟（女） 周英平 郑邦淳 胡亚东
贺永明 聂兰田 聂明赐 贾来生 黄天佑 黄平玉（女） 曹玲菊（女） 龚武生
盛展生 盘卫花（女） 彭致敏 蒋米田 蒋建勋 程凌云 曾平英

江永县（26名）

义菊英（女） 王芳贵 朱建柏 伍美构 关寅生 汤琼湘 李华科 杨克祥 肖建文
吴庚辛 何永珠（女） 何加忠 陈延许 陈继红 陈解娟（女） 罗良冬 赵冬翠（女）
贺梅楚 莫明甫 唐长久 黄朝喜 曹小华（女） 程　伶（女） 谢世英（女）
雷统夏 滕　斌

江华瑶族自治县（38名）

王明生 贝贤平 毛秋元 邓丁凤（女） 邓庆林 甘桂英（女） 龙永莲（女） 龙桂英（女）
冯生玉 伍　军 任　川 任翠相 苏仕华 李　宏 李扬坤 李进清 杨树林 旷美纯（女）
何己华 何先云 张跃进 陈少全 罗惠英（女） 郑秀英（女） 赵仁秀（女）
赵代生 赵辛保 荣燕明 莫顺桂（女） 倪云辉 徐肇玲（女） 唐朝阔 黄　敏
黄金瑞 蒋先柏 蒋丽珍（女） 鲁显焦 鄢宗呈

宁远县（51 名）

王本俊 王成英（女） 王财富 王应鼎 王良胜 王建民 邓竹清 乐汉林 成石华
刘理艳（女） 李才迎 李友清 李正世 李吉祥 李延姿（女） 李运生 李丽娟（女）
李德勋 杨见苟 杨敦县 肖满英（女） 何顺佩 谷明光 沈根元（女） 张土运
张丽芝（女） 张复卿 陈国章（女） 奉茂堂 欧阳毛山 欧阳怀贵 欧阳国斌
欧阳美英（女） 欧阳楼生 欧学佳 欧学宣 罗文中 罗丽菊（女） 周松云
郑慧荣（女） 赵堂秀（女） 柏爱翠（女） 唐安成 唐纯雨 唐桂荣（女）
黄才生 黄光洪 盘富斌 彭小兵 蒋先国 曾昭薰

新田县（35 名）

王生权 文建茂 文锦菊（女） 邓土龙 伍文胜 刘冬云（女） 刘春游 杨怀康
肖亚飞（女） 肖应林 肖晓星（女） 肖德门 何国强 陈上杰 陈益富 欧建雄
郑真文 胡火生 骆满凤（女） 卿荣秀（女） 唐世恭 唐代建 黄乃兵 黄少军
黄崇远 曹承斌 曹桂秀（女） 盘文斌 彭传国 蒋龙俊 程　彦 谢田种 谢承年
谢新柳 谭　政

蓝山县（32 名）

孔宪访 邓宝英（女）成绍平 成晓莉（女）刘伟华 李　钢（女）李国日 李荼生
李美婷（女） 李续荣 肖增武 张明淮 张继丛 陈五秀（女） 陈六经 陈顺姣（女）
金国奇 周进堂 赵永旺 赵乔保 骆金勇 高增遗 黄柳恒（女） 黄培劲 盘雪姣（女）
彭忠盛 蒋金生 蒋政平 曾洁云（女） 谢五龙 雷纯涛 廖才耀

解放军和武警、消防（9 人）

刘俭旺 李建军 何代林 陈和平 陈新文 季建军 周初连 段湘南 唐先秋

第二节　第二届人民代表大会代表名单

（按选举单位第一次代表大会选举产生的代表名单以姓氏笔画为序，共计 437 名）

芝山区（44 名）

王先友 邓水玉 邓忠新 左秋玲（女，瑶族） 吕芳村 吕定智 朱三好 伍　琳
刘幼平（女） 刘建源 孙佳柱 李永华 李本道 李时云 李美珍（女） 何春玉（女）

沈秀科 张昌林 张国隆 张爱民 张继云 陈宗华 周大武 郑桂荣 姜雄华 贺石旺
秦卫国 秦灵生 卿镇平 高家月 唐　定 唐甫忠 唐顺甲 唐颂之 黄明华 黄树林
曹凌湘 崔永平 崔永琴（女） 蒋金龙 曾小玲 曾石林 谢亚娟（女） 熊春明

冷水滩区（42名）

王小林 王建国 王建琼 王新国 王群路（女） 文笃松 邓宝英（女，壮族）
卢飞勇 兰光清 伍玉生 伍爱云（女） 刘宏来 刘和生 刘岳泉 刘爱才 刘慧敏（女）
阳诚首 李君秀（女） 李建新 李良柱 李朝巍 李增华 肖幸福 宋金秀（女）
张亚萍（女） 陆才子 陈　英 陈益富 易陆豪 周小林 周进盛 周进堂 周芳瑜
胡安根 胡忠林 胡新华 袁屈艳（女） 黄连英 蒋德贵 焦衡忠 管文明 潘苏林

祁阳县（61名）

王归山 王祥华 王淑玲（女） 文先赵 文楚南 尹显乾 田富生 吕宏再 伍文化
刘光华 刘晓春 杨庆华（女） 杨迎春 李　微 李中元 李良铁 李秧田 李建军
肖雪玉 吴先雄 邹小林 汪亚雄 汪顺宝 汪耀云 张小惠 张复卿 陈玉春（女）
陈华雄 际连生 陈金荣（女） 陈昌令 陈建亮 陈桂赟（女） 罗济民 郑纯发
柏木生 柏曼红（女） 胡必寿 桂三虎 桂富生 聂葆生 卿民华 郭晓阳 唐　碚
唐云春（女） 唐水池 唐冬生 唐安宝 唐佑生 唐际绍 陶亚平（女）
盘春妹（女，瑶族） 彭新民 蒋　祁 蒋仲敏 曾庆炎 曾祥富 谢铁山 雷小青（女）
雷静霞（女） 蔡松云（女）

东安县（43名）

王仁元 王满元 毛　冠 文干英（女） 文水平（女） 邓经见 卢简游 卢新春
史兆永 刘大平 刘仲炬 刘阿玲（女） 刘莉霞（女） 杨祈贵 花向群（女）
李衡山 严　俊 张毅梅（女） 陈　军（女） 陈红斌 陈建玲（女） 陈美红（女）
罗小林 罗胜春 胡建瑞 赵翠英（女，瑶族） 钟世洪 洪福生 姚芳明 徐荣元
唐伯平 唐松成 唐定奇 唐美珊（女） 宾跃文 黄定德 黄海星（女） 黄慧奎
蒋龙生 蒋秀莅 曾照薰 谭德亨 翟启龙

双牌县（23名）

王天保 方青宝（女，瑶族） 邓荣卿 邓娥英（女） 卢作明 全建国 刘和平
杨诲和 李明清 金颖春 赵清茂 段成雄 卿明学 郭暑生 陶祖芳 盘德平 蒋伍林
蒋吉秀（女） 蒋荣葆 蒋崇虎 蒋雄斌 谢文亮 雷鉴坤

道县（45 名）

王巨明 王成瑞 毛秀英（女，回族） 乌进甫 文 泉 邓爱群 申建国 朱超凡
杨荣兆 杨建国 李 平 李世旺 吴志教 吴昌球 何永清 何 新（女） 何善科
陈立志 陈辉权 周万月 周小平 周双花（女） 周克利 周明秀（女） 周忠清
郑邦淳 胡好贤 胡昌旺（瑶族） 赵文旺 唐卫红 黄仕尧 龚武生 盘卫花（女，瑶族）
梁红英（女） 彭三元 彭 峰（女） 彭俊卿 蒋政平 蒋桃生 蒋新祥 蒋儒华
雷细生 谭明顺 熊华清（女） 熊建生

江永县（28 名）

王建国（瑶族） 邓三龙 田胜全（瑶族） 伍 军 孙仁姣（女，瑶族） 杨迪松
李一凡 何丁山 何永珠（女，瑶族） 何永湘（瑶族） 张冬生 张爱国 林国雄
欧学勤 欧阳小泉 周 晋 周秀英（女） 周明祥 胡美月（女，瑶族） 赵光华
聂昌禹（瑶族） 蒋玉清 曾佑桥 谢世英（女，瑶族） 谢宜芝（女） 谢承年
蒲兰英（女，瑶族） 谭红一（女）

宁远县（50 名）

王先文 申爱虎 冯军胜 宁尚辉 朱土旺 伍安华 刘新普 刘群英（女） 杨 力
杨克祥 杨伯荣 杨慎忠 李四妹（女） 李劲涛 李忠明 李笃学 李陶社 李德勋
肖八妹（女） 肖红梅（女） 肖满英（女） 吴友文 张丽芝 张利平（女）
张明贵 陈国章（女） 陈勇军 奉平旺 欧吉太 欧庆忠 欧桂兰（女） 欧阳毛山
欧阳国斌 欧阳柳珍（女） 欧阳楼生 周腊梅（女） 周辉秀 郑林凡（女）
赵国华（瑶族） 钟佩章 黄生鸿 王光红 蒋进红 蒋效拉 蒋善生 蒋景萍 谢胜民
谢朝月（女） 樊土胜

蓝山县（31 名）

王铁良 刘四清 刘在龙 李云望（瑶族） 李林凤（女） 李茶生（瑶族） 李续荣
吴庚辛 吴恢才 张立新 陈 广 罗其辉 罗绪善 郑玉林（土家族）
赵七秀（女，瑶族） 钟芝莉（女） 高增遗 唐长久 唐建国 唐艳兰（女）
唐基雄 黄程宏 黄雄鹰 盘晓红（女，瑶族） 彭忠盛 彭德陆 董先林 蒋新华
谢五龙 廖仁旺 谭平玉

新田县（34 名）

王生权 文建茂 文柏佑 文锦菊（女） 龙灶生 伍文胜 刘井庄（女） 刘春游

刘城友 杨怀康 李进军（女） 宋振平 陈小顺 陈金国 林遵槐 周永亮 周礼功
郑山明 郑智新 胡土舜 胡石发 赵 丽（女，瑶族） 禹满玉（女） 钱荣堂
唐 莉（女） 唐红专（女） 黄崇远 蒋美成 程晨曦 曾安生 谢四仙（女）
谭 政（土家族） 熊伟平

江华瑶族自治县（36 名）

贝小义（瑶族） 石燕飞 卢 臻（女，瑶族） 冯生玉（瑶族） 任 涛
任翠尚（瑶族） 刘继贵 杨树林 杨显茂（瑶族） 李大双（瑶族） 李玉玲（女）
李勇东（瑶族） 李振兵（瑶族） 李祥军 何先云 余华生（瑶族） 张新民 陈江平（女）
周绍萍（女） 胡永奇 荣燕明 赵 云（女，瑶族） 赵 荣（瑶族） 赵盘保（瑶族）
赵福东（瑶族） 钟珍华（瑶族） 秦平生（壮族） 莫明甫（瑶族） 唐代建
唐祖才（瑶族） 黄小明（瑶族） 黄世贵（瑶族） 盘登仁（瑶族） 蒋柏元
蒙卯花（女，瑶族） 熊金星（女） 邓昌禄 江华庆 李启华 陈再余 周初连
高雨田 黄寒斌

第三节 第三届人民代表大会代表名单

（按选举单位第一次代表大会选举产生的代表名单以姓氏笔画为序，共计 442 名）

冷水滩区（40 名）

王振勇 毛国忠 毛秋元 邓荣卿 吕绍双 伍爱云（女） 刘宁波 刘夏明
李 宁（女） 李良树 李林凤（女） 吴老四 邹剑华 陈平衡 陈朝光 周小林
周友元 周龙江（瑶） 周景胜 胡忠林 胡承建 胡勇刚 赵亚辉（女） 袁满娥（女）
徐正祥 唐之好 唐友妹（女） 唐德新 陶桂秀（女） 黄绍祯 龚武生 蒋建辉
蒋善生 蒋群峰 蒋德贵 焦衡忠 曾令富 蔡方年 熊宏贵 熊善国

零陵区（44 人）

左秋玲（女，瑶族） 吕芳村 阳升远 陈 萍（女） 陈军江 陈丽萍（女）
陈明旺 陈昌令 杨 洁（女） 杨时隽 杨建明 杨爱民 杨维荣（女） 李 钢（女）
李一凡 吴庚辛 张小翠（女） 张先腾 张改林 张昌林 张青松（女） 张金凤（女）
张树明 柏 菁 胡乃湘 姜雄华（女） 姚春艳（女） 徐时荣 唐长久 唐动发
唐国云 唐颂之 唐朝晖 黄小明 黄青柳 黄树林 黄海英（女） 蒋月英（女）

蒋凤鸾（女） 蒋映群（女） 释志明（女） 蔡松云（女） 滕购新 魏仙君（女）

祁阳县（61 名）

于红霞（女） 王际和 王祯松 邓晓阳 申满元 朱振华 伍小艳（女） 伍保生
伍新闻 任志杰 刘子明 刘光华 刘恒魁 杨东万 杨林民 李友生 李中元
肖八妹（女） 汪顺宝 陈 瑶（女） 陈云生 陈文英（女） 陈金荣（女）
陈建华 陈桂元 林遵槐 欧小辉 周太平 郑绿云（女） 柏木生 柏兴春 胡顺花（女）
赵冬英（女，瑶族） 段成雄 段湘南 俞艳梅（女） 饶启林 桂来上 桂金菊（女）
桂富生 聂葆生 唐 江（女） 唐 定 唐水池 唐华明 唐寿生 唐佑生 陶宗胜
黄海平 盘贵元（瑶族） 蒋 涛 蒋 琳（女） 蒋金元 曾庆炎 曾海燕（女）
谢铁山 谢银花（女） 詹中和 蔡松林 廖新春 熊金星（女）

东安县（43 名）

万爱平 王满元 王群路（女） 文水平（女） 文林春（女） 龙素兰（女） 申爱虎
刘 艳（女） 刘大平 刘湘凌 杨祈贵 李卫林 李谋献 吴教平 张济意 陈兴吾
陈利平 陈利民 陈满豪 易柳州 易海青（女） 周云玲（女） 周象品 屈春苟
柏春红（女） 胡贤吉 赵勇军（瑶族） 施小兵 秦恩德 席静冰（女） 唐能武
黄 敏（女） 黄江峰 黄慧奎 蒋龙生 蒋素华（女） 谢康龙 谢朝月（女） 雷 耸
雷久娜（女） 雷鉴坤 漆长军 谭红一（女）

双牌县（24 名）

邓明义 邓娥英（女） 吕保和 朱元生 伍昊平 刘 明 刘伟华 江双喜 杨迪波
杨海河 李旦梅（女） 李农妹（女，瑶族） 何先云 何彩玲（女，瑶族） 张智勇
陈光正 陈益富 周顺召 骆长云 钱荣棠 唐清才 盘伟君（女，瑶族） 蒋启文
谢交亮

道县（45 名）

王巨明 王肖然 乌进甫 朱远生 刘子阳 江新才 许永忠 杨赤耀 杨金花（女）
杨逢跃 李牛华 吴田清（瑶族） 吴志教 何 欣（女） 何 雁（女） 何上福
何开华 何江鸿 何庭阳 何继产 沈建媛（女，瑶族） 张新学 陈 一 陈军信
陈秀云（女） 陈颖川 易光明 罗其辉 周吉长 周纯花（女） 柏国春 赵清茂
夏志凌 高建华 唐冬元 唐高见 唐祥兴 容彰凤（女） 黄胜贤 曹政军 蒋云宝
蒋建璋 谭香萍（女） 熊学军 魏文美（女）

江永县（28 名）

卢文庆（瑶族） 伍　军 刘事青 杨军元 杨迪松（瑶族） 李　杰 何绍云
何勉才（瑶族） 何真强（瑶族） 何雪英（女，瑶族） 陈东平 陈仕军 陈景茂
欧阳小泉 欧阳贵忠（瑶族） 周　平（瑶族） 段顺英（女，瑶族） 段绵贵（瑶族）
唐孟冲 唐建国 黄军莲（女） 龚　峰（瑶族） 盛俊荣 盘文发（瑶族） 蒋大文
蒋立新 谢开军 谢吉生（瑶族）

江华瑶族自治县（36 名）

王生权 贝小义（瑶族） 邓华玲（女） 左艳玲（女） 朱跃陆 任　涛（瑶族）
任翠尚（瑶族） 刘岳泉 李行某（瑶族） 李宋元 李俊湘（瑶族） 李勇东（瑶族）
严　俊 张小惠 张辉林 陈月红（瑶族） 欧毅凯 周　剑 周小驹 赵　荣（瑶族）
赵大武（瑶族） 钟世发（瑶族） 钟珍华（瑶族） 禹满玉（女） 袁　林（壮族）
高　文 唐　军（女） 黄世 （瑶族） 黄冬珍（女，瑶族） 盘美莲（女，瑶族）
董石桂 蒋九生 蒋凤莲（女，瑶族） 蒋珍凤（女，瑶族） 黎志凌（瑶族）
黎明柳（瑶族）

宁远县（49 名）

王青松 王建华（瑶族） 王建琼 邓丽华（女） 邓　建 成兴旺 朱衡宁 刘庚旺
刘繁荣 江翠娥（女） 杨春中 杨慎忠 李之会 李友才 李世英（女） 李光富
李志新 李学群 李续荣 何国雄 张丽芝（女） 张利平（女） 张尚雄 陈勇军
欧吉太 欧桂兰（女）欧阳小丽（女）欧阳小芳（女）欧阳展云（女）欧阳楼生
罗庆华（女） 周辉秀 胡顺发 胡绵仁 赵凤云（女，瑶族） 饶志辉 唐　勇
唐松成 唐淑娥（女） 黄国顺 曹志国 盘日妹（女，瑶族） 蒋　平 蒋玉明（女）
蒋进红 程金兰（女） 程晨曦 谢胜民 蔡旺成

新田县（34 名）

王丽萍（女）邓成胜 邓丽华（女）龙启群 乐文胜 尧红旗 刘小平 杨怀康 李祥佐
肖龙斌 肖祥发 何二虹（女） 何昌雄 宋　军 陈楚广 罗飞招 周良登 周德睿
郑土祥 郑文飞（女）郑石明 郑柏顺 赵富国（瑶族）钟　伟 侯小红（女）贺晓福
徐文军 唐　龙 唐春竹（女） 黄仁甫 曾革新（女） 谢承年 谢高和 戴碧芬（女）

蓝山县（31 名）

王芳福 文先赵 刘丽红（女） 刘国发 许旭阳（女） 许洋名 李　群

李云望（瑶族） 李年友 李良铁 严兴德 肖艳云（女） 吴吓水 邱业昌
易萍萍（苗族） 周作生 胡松旺 封金祥 赵玉嫦（女，瑶族） 钟国操 段灶芳
徐小明 唐志雄 唐善清 宾登军 盘晓红（女，瑶族） 董先林 蒋吉秀（女）
雷大力 廖仁旺 廖明知

解放军、武警部队（7 名）

乐春庆 刘　洁（瑶族） 李合理 张美学 张　智 郑黎明 黄寒冰

第四节　第四届人民代表大会代表名单

（按选举单位第一次代表大会选举产生的代表名单以姓氏笔画为序，共计 443 名）

冷水滩区（44 名）

王三红 王振勇 王新权 毛国忠 尹小青 邓春艳（女） 邓菊发 申　旺 伍爱云（女）
刘夏明 杨军元 苏小康 李卫林 李安国 李传秒 李兴军 李伶春 严兴跃 何冲龙
宋跃辉 张文风 张秋平 陈　英 林　文（女） 周　刚 屈晓燕（女） 柏建军
胡习军 胡安根 胡勇刚 袁火林 袁满娥（女） 桂今喜 唐英波 唐鹏飞 唐德文
黄爱华 曹新苗 章陵邵 曾跃进 谭红一（女） 谭显明 熊宏贵 魏旋君（女）

零陵区（42 名）

尹之军 石茂清 冯湘琳（女） 吕爱华 朱映红 伍　军 刘小明 刘正云 杜中运
李　钢（女） 杨　虎 杨凤云（女） 杨时隽 吴立平（女） 吴庚辛 何卫忠
张先腾 张新建 陈　萍（女） 陈平衡 罗广林 周木清 周翠云（女） 郑和生
柏　菁 胡乃湘 贺晓福 桂金玉（女） 徐时荣 高建华 唐　龙 唐小红（女）
唐会国 唐顺甲 唐跃军 唐智杰 蒋　华 蒋竹琴（女） 蒋先荣 蒋晓娟（女）
雷　斌 谭群英（女）

祁阳县（64 名）

于红霞（女） 王春林 王海涛 王振华 王裕文 邓红霞（女） 邓海波 甘小玲（女）
申洪祁 申满元 朱跃陆 伍四平 伍新闻 刘小里 刘汉平 刘善清 许永忠 许伦中
杨林民 杨胜贮 李　果 李志伟 李朝玲（女） 吴巨培 何云山 张月惠（女）
张学军 张学明 张常明 张硕辅 张耀平 陈　瑶（女） 陈卫平 陈祚华 陈桂元

奉　毅 郁康明 罗新民 周太平 周重陵 郑绿云（女） 柏　林 柏兴春
赵运红（女，瑶） 段湘南 祝 群 饶启林 桂双喜 桂发生 聂鹏举 唐　定
唐卫平 唐双喜 唐刚民 唐显武 黄化宏 黄海平 黄慧才 蒋友名 蒋金元 蒋富生
蒋鹏飞 程晨曦 曾志远

东安县（42名）

王祯松 王满元 文　中 文　植 邓利元 叶　舟 冯仁锋 吕　明 刘湘凌 刘端生
杨金砖 李良铁 李谋献 严　俊 张济意 陈宇荣 陈海荣 郑海斌 屈春荀
胡秋平（女） 胡慧川 胡遵柏 施小兵 姚芳明 秦剑元 秦恩德 徐 亮 席建军
唐月程 唐孟玲（女） 唐振宇 唐晓淑（女） 唐新柱 唐德光 黄江锋 蒋素华（女）
蒋　涛 谢开军 谢景林 雷　耸 廖红伟 魏远松

双牌县（20名）

邓娥英（女） 吕保和 吕新陵 朱元生 江双喜 花　明 杨海河 何银国 周宏春（瑶）
郑安陵（女） 郑柏顺 卿汝武 唐　志 唐顺球 唐清才 黄青柳 龚　文 蒋千红
傅芳萍（女） 蔡松云（女）

道　县（50名）

王竹娥（女） 王宇斌 毛兵忠 文清秀（女） 艾久华 朱云雁 朱远生 向粪军
刘四清 刘林花（女） 阳剑波 阳碧云 严兴朝 杨　艳（女） 杨安良 杨英治
李牛华 李文军（瑶） 李章发（瑶） 吴卫东 吴志教 何上福 何江鸿 何景新
何谢望 陈福芳 陈新娥（女） 陈耀明 林志刚 周吉长 孟南兴 胡先荣 胡昌启（瑶）
钟　伟 钟敦北（女，瑶） 莫春恩 唐　理 黄玉梅（女，瑶） 黄金翠（女）
蒋　华（瑶） 蒋　斌 蒋云宝 蒋友桃（瑶） 蒋江陵 蒋建璋 蒋善生 裴德华
廖振树 魏文美（女） 魏芗娥（女）

江永县（24名）

王中燕 王转平（瑶） 邓　辉（瑶） 石艳萍（女） 龙建鑫 申爱虎 田国建
朱平治 朱振华 邬双飞（瑶） 刘建能 杨美良（瑶） 何小春 张国峰 张朝杰
陈景茂 周玉英（女） 赵玉芳（女，瑶） 段振花（女，瑶） 唐宜耀 唐玲萍（女）
谭宏志（瑶） 潘恩华 魏和胜

江华瑶族自治县（36 名）

卜华松　王恩榜（布依）　邓铁成　左华生（瑶）　左艳玲（女）　叶义万　伍继承（瑶）
刘少兵　杨　敏（女、壮）　杨文灿　李行某（瑶）　李俊湘（瑶）　李祥红（瑶）
吴淑华（女）　吴震欧　张辉林　范贵明（瑶）　尚　佳（女）　罗建华　金锦云（瑶）
周小驹　周龙江（瑶）　周生来（瑶）　宫继军　莫业湘（壮）　唐小辉　唐玲萍（女）
唐海君　唐湘林　章义平　蒋大文　蒋凤莲（女，瑶）　蒋建军（瑶）　蒋珍凤（女，瑶）
廖树清（瑶）　熊江萍（女，瑶）

宁远县（54 名）

尹国军　邓传文　邓丽华（女）　叶立生　刘卫华　刘国胜　刘繁荣　成兴旺　严兴德
何江权　何国雄　杨春中　李　杰　李小安　李刚华　李学群　李忠明　宋志雄　沈京生
肖八妹（女）　张尚雄　陈仁辉　陈华增　陈海燕（女）　周　俊　周少清　周正河
欧小胜　欧阳杰　欧阳国春　欧阳毛山　欧阳春燕（女）　欧阳维秀　欧阳群合　胡绵仁
赵三妹（女，瑶）　赵凤云（女、瑶）　赵和英（女、瑶）　骆国旺　唐　勇　唐良荣
唐松成　唐顺文　黄安成　黄成和　黄松平　盘日妹（女，瑶）　程金兰（女）　蒋　煦
蒋冬妹（女）　蒋崇庆　雷竹英（女）　谭运松　魏京萍（女）

新田县（32 名）

邓成胜　付海兵　尧红旗　刘　丽（女）　刘卫群　刘志强　肖祥发　何建生　宋红英（女）
张桂华　陈军军　陈建军　欧荣军　罗飞招　周　涛　周加良　周建晶　周德睿　郑　程
郑　辉　郑土祥　赵荣学（瑶）　赵海燕（女，瑶）　胡文波　胡志云　郭金霖　唐　烨
秦建莉（女）　龚新智　章尚辉　蒋长春　谢华丽（女）

蓝山县（30 名）

龙继平　冯德校　李年友　李志扬　杨晋雄　吴友忠　陈丽萍（女）　封立辉
赵土凤（女，瑶）　柏国平　钟延彪　钟国操　唐　翔　唐胡嫣（女）　唐朝晖　唐筱勇
黄光华　黄克钢　黄树新　盘晓红（女，瑶）　梁有余　彭　翰　董石桂　蒋双元
谢先喜　雷巧英（女）　雷武军　廖国光　谭圣权　魏湘江

解放军（5 名）

刘德顺　张韶峰　陆　鸿　陈丁丁（侗）　段祥军

第三章　代表异动

第一节　第一届人民代表大会代表异动

1996 年 4 月至 1997 年 3 月

调离本行政区域 2 名 : 李元贵　龙文培

辞职 1 名：李晓坤

补选 5 名：王道生　邹庚来　唐先秋　陈和平　高增遗

增加 2 名：谭红一　彭传国

1997 年 4 月至 1998 年 3 月

调离本行政区域 1 名：卞翠屏

1998 年 4 月至 1999 年 3 月

调离本行政区域 6 名：王道生　赵　健　蒋菊生　刘建明　武俊瑶　黄培劲

辞职 1 名：陈明忠

死亡 2 名：朱日明　鄢宗呈

补选 11 名：

刘爱才　张小惠　孙湘敏　彭善新　杨根连　唐定奇　蒋效拉　王先文　赵新胜（瑶族）

胡新华　张虎南

1999 年 4 月至 2000 年 3 月

调离本行政区域 3 名：胡参政　徐肇玲　陈和平

2000 年 3 月至 2001 年 2 月

调离本行政区域 2 名：蒋善生　段湘南

第二节　第二届人民代表大会代表异动

2002 年

因工作变动 48 名，其中

江永县 3 名：周明祥　何永湘　欧阳小泉

芝山区 5 名：邓忠新　朱三好　李永华　秦灵生　曹凌湘

祁阳县 4 名：李秧田　李良铁　刘和平　郭晓阳

冷水滩 6 名：卢飞勇　李增华　肖幸福　周进堂　易陆豪　邓立国

蓝山县 4 名：刘在龙　李茶生　张立新　彭忠盛

双牌县 5 名：邓荣卿　李明清　盘德平　刘和平　胡好贤

东安县 4 名：文干英　唐伯平　唐定奇　黄定德

宁远县 5 名：宁尚辉　蒋　萍　蒋效拉　王芳柏　陈运祥

新田县 6 名：程晨曦　熊伟平　文柏佑　宋振平　曾安生　谢宗春

道　县 5 名：何永清　周克利　胡好贤　蒋政平　彭三元

解放军代表团 1 名：陈再余

2003 年 1 月

调离本行政区域 5 名：宁尚辉　蒋效拉　蒋景萍　彭三元　陈再余

罢免 1 名：史兆永

补选 14 名：

邓厚汉　孔　敏　王芳柏　陈运祥　高建华　李牛华　徐时荣　马伯良　严俊寿

邓沛合　陈仕军　乐才明　郑日生　李年友

2003 年 12 月

调离本行政区域 1 名：何善科

死亡 1 名：黄明华

补选 2 名 ：谢恩祥　符征良

2003 年 12 月

宁远县第十四届人民代表大会第二次会议选出代表 1 名：唐淑娥

2004 年 2 月 28 日

江华瑶族自治县第十四届人民代表大会第二次会议选出代表 1 名：周小驹

2005 年 12 月 27 日

调离本行政区域 4 名：刘爱才 李 微 孔 敏 邓三龙

罢免 1 名：李振兵

辞去 1 名：奉平旺

死亡 1 名：周芳瑜

补选 2 名：陈东平 袁新文

2006 年 8 月 29 日

市二届人大常委会第四十二次会议决定

罢免 2 名：文建茂 刘春游

2006 年 4 月 24 日

中止代表资格 1 名：陈 广（未经批准，两次不出席人大会议）

第三节　第三届人民代表大会代表异动

2008 年

调离本行政区域 4 名：徐文军 张智勇 李宋元 刘事青

死亡 1 名：王生权

罢免 1 名：蒋 平

补选 11 名：

李刚华 邓海波 张 正 黄安成 李四清 徐鹏程 李太福 彭俊卿 郑安陵（女）
蒋双生 范宝坤

2009 年

调离本行政区域 1 名：杨光荣

辞去代表职务 4 名：禹满玉（女） 易光明 夏志凌 焦衡忠

罢免 1 名：徐小明

补选代表 2 名：吴三成 唐筱勇

2010 年

调离本行政区域 3 名：张美学　范宝坤　邓建华

辞去代表职务 6 名：陈兴吾　谢交亮　陈文英　唐长久　王青松　蔡方年

补选 11 名：

何冲龙　李向斌　傅芳萍（女）　朱映红　张俊杰　刘　群　雷武军　胡先荣　蒋建俊　李贤良　吴巨培

2011 年

调离本行政区域 3 名：徐鹏程　陈东平　刘江洲

补选 3 名：杨文灿　杨胜贮　田洁（女）

第四节　第四届人民代表大会代表异动

2012 年

调离本行政区域 7 名：

胡习军　王三红　何银国　吴巨培　向粪军　唐智杰　陈丁丁

辞职 45 名：

邓　辉　杨美良　桂双喜　王新权　胡勇刚　章陵邵　唐英波　徐时荣　唐顺甲　柏　菁　杨时隽　胡乃湘　蒋晓娟　段湘南　于红霞　邓红霞　陈　瑶　屈春苟　李牛华　吴志教　何江鸿　蒋　华　胡昌启　陈新娥　王转平　周生来　杨　敏　伍继承　蒋大文　莫业湘　邓丽华　何国雄　刘繁荣　邓成胜　付海兵　尧红旗　李年友　梁有余　李谋献　唐新柱　胡慧川　唐振宇　唐月程　秦恩德　李祥红

补选 60 名：

唐满平　肖惠黎　周立夫　杨彦华　孙高峰　屈仁宝　赵　东　唐荣成　张国材　蒋炳忠　胡自力　唐顺国　周文誉　周可云　黄春华　谭元明　文启社　吕　乐　何谋云　文高平　唐冬华　周林生　周良英　朱阳辉　秦志军　陈林静　蒋芳炳　毛长江　郑旭亮　张建钢　杨小江　黄智亮　吴红燕　周　辉　陈槐权　龙飞凤　周银兵　韦代喜　王臣波　胡华清　刘　群　张明贵　蒋大文　曹桂秀　黄　薇　唐　军　欧阳韶勇　贺朝群　谭平玉　陈志玛　刘繁荣　黄清平　陈柳华　唐世义　郑　剑　张一波　罗　平　邓建华　陈朝光　秦朝文

2013 年

辞去代表职务 22 名：

吕　乐 李　果 聂鹏举 王满元 张济意 邓娥英 黄青柳 周吉长 杨文灿 章义平 李忠明 郭金霖 盘晓红 吕保和 唐清才 周建晶 唐德文 杨　虎 何建生 邓铁成 石茂清 申爱虎

调离本行政区域 12 名：

廖振树 魏旋君 曹新苗 张硕辅 张建钢 宫继军 周德睿 刘湘凌 段祥军 赵　东 江双喜 卜华松

代表资格自然消失 1 名：

蒋建璋

补选 30 名：

杨建国 陈文浩 曾海燕 于福元 陶宗胜 谢喜明 严志辉 艾可想 易佳良 胡红灯 颜海林 周红霞 刘俊顺 黄河清 舒　平 张恒洲 吴新桥 陈庆延 辛玉泉 陈军江 郭松燕 唐导国 谭庆朝 伍志军 范明川 唐琪钧 胡有群 欧阳救荣 黄守平 黄邵兰

2014 年

调离本行政区域 1 名：

周林生

辞去代表资格 3 名：

李刚华 严志辉 陈耀明

补选 7 名：

谢慧毅 谭显光 熊忠东 杨　勇 向曙光 欧阳元初 周海鹰

2015 年

代表资格终止和辞职 27 名：

尹小青 孙高峰 杨军元 张常明 桂发生 蒋千红 朱阳辉 范明川 陈景茂 龚新智 刘德顺 张韶峰 杨彦华 谢开军 谭红一 蒋　涛 蔡松云 魏京萍 蒋芳炳 李卫林 郑和生 黄慧才 陈宇荣 林志刚 张国峰 胡志云 秦朝文

补选 31 名：

金　彪 李一红 周新辉 王小波 潘　华 秦功军 刘勇会 周　亮 朱江民 杨三信 唐德荣 赵文旺 桂砺锋 秦山成 吴昶君 唐远军 蒋千红 雷燕平 张　严 王　剑 唐能武 陈　捷 黄文德 郭国平 蒋建俊 欧阳英 唐　英 沈　阳 李勖川 胡剑涛 陈　军

2016 年

代表资格终止和辞职 7 名：

吴新桥 朱映红 舒　平 冯仁锋 陈建军 董石桂 李志扬

补选 4 名：

邓　洪 杨　永 吴志雄 向曙光

第二篇

永州市人民代表大会

第一章　永州市人民代表大会会议

1996—2016 年，永州市共召开人民代表大会会议 24 次。其中四届人大期间，因遇市人民政府市长等变动，临时召开 3 次市人民代表大会会议。会议的日期，同全国人大会议基本一样，大都在每年第一季度。每次会议的时间长短不一，根据需要讨论和决定议题的多少而定，会期 2~8 天。

第一节　第一届人民代表大会会议

一届人大一次会议　1996 年 4 月 20—24 日，在芝山区工人文化宫举行。出席会议的市人大代表应到 446 人，实到 445 人（解放军代表团 1 人，因调离本行政区域，未出席），列席会议人员 85 人，另应邀列席会议的市委、市人民政府、市政协、军分区领导及老干部等 228 人。会议听取永州市第一届人民代表大会筹备工作委员会工作报告；审议通过《永州市第一届人民代表大会第一次会议选举办法》（草案）；选举产生市第一届人大常委会主任、副主任、秘书长、常务委员会委员，市人民政府市长、副市长，市中级人民法院院长、市人民检察院检察长（报请省人大常委会批准）；审议通过关于设立永州市第一届人民代表大会专门委员会的决定，通过永州市第一届人民代表大会各专门委员会主任委员、副主任委员名单；审议通过关于授权市人大常委会审议市人民政府 1996 年国民经济和社会发展计划、财政预算的决议。会议共收到 10 名以上代表联名提出的议案 0 件（大会秘书处没有要求代表提议案），收到代表提出的建议、批评和意见 99 件。

一届人大二次会议　1997 年 3 月 18—23 日，在永州市委礼堂举行。出席会议的市人大代表应到 448 人，实到 448 人，列席会议人员 360 人。会议听取和审议市人民政府市长王道生关于政府工作报告和市计划委员会主任谭明顺关于永州市 1996 年国民经济和社会发展计划执行情况与 1997 年国民经济和社会发展计划草案的报告；审查和批准永州市 1996 年国民经济和社会发展计划执行情况与 1997 年国民经济和社会发展计划；听取和审议市财政局局长沈根元关于永州市 1996 年财政预算执行情况和 1997 年财政预算草案的报告；审议市人大常委会副主任吕芳村受一届人大一次会议的委托所作的关于永州市1996年国民经济和社会发展计划、财政预算的执行决定情况的报告；听取和审议市人大常委会主任郑邦淳关于永州市人大常委会工作报告；听取和审议市中级人民法院院长贺梅楚关于永州市中级人民法院工作报告；听取和审议市人民检察院检察长赵光华关于永州市人民检察院工作报告；审议通过《永州市人民代表大会议事规则（草案）》；审议通过《永州市第一届人民代表大会第二次会议补选办法（草案）》；听取和审查市人大常委会秘书长谢承年关于《永州市人民代表大会议事规则（草案）》的说明；听取和审议市人大财政经济委员会主任委员李续荣关于1996年国民经济和社会发展计划的执行情况与1997年计划草案的审查报告以及关于1996年财政预算执行情况和1997年市本级财政预算草案的审查报告。审议通过接受卞翠屏辞去市人民政府市长职务的决定；补选永州市人民政府市长和4名永州市第一届人民代表大会常务委员会委员。会议共收到10名以上代表联名提出的议案46件，收到代表建议、批评和意见122件。

一届人大三次会议 1997年12月29日至1998年1月2日，在永州市委礼堂举行。出席会议的市人大代表应到447人，实到447人，应邀列席会议的市委、市人民政府、市政协、军分区领导及老干部、各县区主要负责人等438人。出席、列席会议人员共计885人。会议听取和审议市人民政府市长王道生关于永州市人民政府工作报告、市计划委员会主任谭明顺关于1997年国民经济和社会发展计划执行情况和1998年国民经济和社会发展计划草案的报告、市财政局局长沈根元关于永州市1997年财政决算和1998年财政预算草案的报告、市人大常委会主任郑邦淳关于市人大常委会工作报告、市中级人民法院院长贺梅楚关于市中级人民法院工作报告、市人民检察院检察长赵光华关于市人民检察院工作报告，并分别作出决议。会议通过有关人事事项决定，选举永州市出席湖南省第九届人民代表大会正式代表。会议共收到10名以上代表联名提出的议案42件，收到代表提出的建议、批评和意见55件。

一届人大四次会议 1999年3月22—26日，在永州市委礼堂举行。出席会议的市人大代表应到454人，实到454人，列席会议人员441人（包括邀请的市委、市人民政府、市政协、军分区领导及老干部等）。会议听取和审议市人民政府市长王道生关于市人民政府工作的报告和市计划委员会主任谭明顺关于永州市1998年国民经济和社会发展计划执行情况与1999年国民经济和社会发展计划草案的报告；审查和批准永州市1998年国民经济和社会发展计划执行情况与1999年国民经济和社会发展计划；听取和审议市财政局局长沈根元关于永州市1998年财政预算执行情况和1999年财政预算草案的报告；审查和批准永州市1998年财政预算执行情况和1999年财政预算；听取和审议市大常委会主任郑邦淳关于永州市人大常委会工作报告；听取和审议市中级人民法院院长贺梅楚关于永州市中级人民法院工作报告，市人民检察院检察长赵光华关于永州市人民检察院工作报告，并分别作出决议。听取和审议市人大财政经济委员会主任委员李续荣关于1998年国民经济和社会发展计划执行情况和1999年计划草案的审查报告以及关于1998年财政预算执行情况与1999年市本级财政预算草案的审查报告；通过《永州市人民代表大会议事规则》（草案）；审议通过《永州市第一届人民代表大会第四次会议补选办法》（草案）。审议通过有关人事事项的决定，补选市第一届人民代表大会常务委员会副主任1名和市第一届人民代表大会常务委员会委员3名。会议收到10名以上代表联名提出的议案78件，收到代表提出的建议、批评和意见93件。

一届人大五次会议 2000年3月21—25日，在永州市委礼堂举行。出席会议的市人大代表应到456人，实到456人，列席会议人员410人（包括邀请的市委、市人民政府、市政协、军分区领导及老干部等）。会议听取和审议市人民政府代市长刘爱才关于政府工作报告和市计划委员会主任谭明顺关于永州市1999年国民经济和社会发展计划执行情况与2000年国民经济和社会发展计划草案的报告；审查和批准永州市1999年国民经济和社会发展计划执行情况与2000年国民经济和社会发展计划；听取和审议市财政局局长沈根元关于永州市1999年财政预算执行情况和2000年财政预算草案的报告；审查和批准永州市1999年财政预算执行情况和2000年财政预算；听取和审议市人大常委会主任郑邦淳关于永州市人大常委会工作报告；听取和审议市中级人民法院院长贺梅楚关于永州市中级人民法院工作报告；听取和审议市人民检察院检察长赵光华关于永州市人民检察院工作报告，并分别作出决议。听取和审议市人大财政经济委员会主任委员李续荣关于1999年国民经济和社会发展计划执行情况与2000年计划草案的审查报告以及关于1999年财政预算执行情况和2000年市本级财政预算草案的审查报告；通过《永州市人民代表大会议事规则》（草案）；审议通过《永州市第一届人民代表大会第五次会议补选办法》（草案）。审议通过有关人事事项决定，选举永州市人民政府市长1名、市第一届人民代表大会常务委员会委员2名。会议共收到10名以上代表联名提出的议案107件，收到代表建议、批评和意见115件。

第二节 第二届人民代表大会会议

二届人大一次会议 2001年6月23—30日，在永州市委礼堂举行。出席会议的市人大代表应到444人，实到437人，列席人员467人。

会议听取和审查市人民政府市长刘爱才关于政府工作报告，市计划委员会主任谭明顺关于永州市2000年国民经济和社会发展计划执行情况与2001年计划草案的报告，市财政局局长沈根元关于永州市2000年财政预算执行情况和2001年市本级财政预算草案的报告；审查和批准全市国民经济和社会发展“十五”计划纲要；听取和审查市一届人大常委会主任郑邦淳关于永州市第一届人民代表大会常务委员会工作报告，市中级人民法院院长贺梅楚关于永州市中级人民法院工作报告，市人民检察院检察长赵光华关于永州市人民检察院工作报告，并分别作出决议。会议选举产生市人大常委会主任、副主任、秘书长和常委会委员，选举市人民政府市长、副市长，选举市中级人民法院院长、市人民检察院检察长（报请省人大常委会批准）；表决通过关于永州市第二届人民代表大会设立民族华侨外事委员会、内务司法委员会、财政经济委员会、教育科学文化卫生委员会、农业农村与城乡建设环境资源保护委员会五个专门委员会以及各专门委员会主任委员、副主任委员、委员名单的决定。会议共收到代表10人以上联名提出的议案155件，收到代表建议、批评和意见152件。

二届人大二次会议 2002年3月26—30日，在永州市委礼堂举行。出席会议的市人大代表应到446人，实到442人，列席人员85人。

会议听取和审查市人民政府市长刘爱才关于政府工作报告，市发展计划委员会主任李德勋关于永州市2001年国民经济和社会发展计划执行情况与2002年计划草案的报告，市财政局局长刘尤碧关于永州市2001年全市及市本级预算执行情况与2002年市本级预算草案的报告；听取和审查市人大常委会主任谢朝月关于永州市人民代表大会常务委员会工作报告，市中级人民法院院长李微关于永州市中级人民法院工作报告，市人民检察院检察长赵光华关于永州市人民检察院工作报告，并分别作出决议。审议通过《永州市第二届人民代表大会关于优化经济发展环境的决议》《永州市第二届人民代表大会关于撤销永州市人民代表大会农业农村与城乡建设环境资源保护委员会，设立永州市人民代表大会农业与农村委员会、永州市人民代表大会城乡建设与环境资源保护委员会的决定》；补选和另选市人大常委会委员；通过有关人事事项的决定。会议共收到代表10人以上联名提出的议案131件，收到代表建议、批评和意见118件。

二届人大三次会议 2003年1月3—7日，在永州市委礼堂举行。出席会议的市人大代表应到454人，实到451人，列席人员110人。

会议听取和审查市人民政府市长刘爱才关于政府工作报告，市发展计划委员会主任李德勋关于永州市2002年国民经济和社会发展计划执行情况与2003年计划草案的报告；市财政局局长刘尤碧关于永州市及市本级2002年财政预算执行情况和2003年市本级财政预算草案的报告；听取和审查市人大常委会主任谢朝月关于永州市人民代表大会常务委员会工作报告，市中级人民法院院长李微关于永州市中级人民法院工作报告，市人民检察院检察长赵光华关于永州市人民检察院工作报告，并分别作出决议。审议通过《永州市第二届人民代表大会关于加速发展开放型经济的决议》；选举产生湖南省第十届人民代表大会代表，补选市人大常委会委员；通过有关人事事项的决定；市委书记曾庆炎作了讲话。会议共收到代表10人以上联名提出的议案78件，收到代表建议、批评和意见76件。

二届人大四次会议　2004年2月3—7日，在永州市委礼堂举行。出席会议的市人大代表应到456人，实到452人，列席人员200人。

会议听取和审查市人民政府市长刘爱才关于政府工作的报告，市发展计划委员会主任李德勋关于永州市2003年国民经济和社会发展计划执行情况与2004年计划草案的报告，市财政局局长刘尤碧关于2003年全市预算执行情况和2004年市本级预算草案的报告；听取和审查市人大常委会主任谢朝月关于永州市人民代表大会常务委员会工作报告，市中级人民法院院长李微关于永州市中级人民法院工作报告，市人民检察院检察长赵光华关于永州市人民检察院工作报告，并分别作出决议。审议通过《关于加快推进永州工业化进程的决议》；补选市二届人大常委会委员1名；通过有关人事任免的决定。会议共收到代表10人以上联名提出的议案97件，收到代表建议、批评和意见79件。

二届人大五次会议　2005年1月17—20日，在永州市委礼堂举行。出席会议的市人大代表应到457人，实到453人，列席人员110人，特邀市级单位10名不同职业的公民到会旁听。

会议听取和审查市人民政府市长刘爱才关于政府工作的报告，市发展和改革委员会主任李德勋关于永州市2004年国民经济和社会发展计划执行情况与2005年计划草案的报告，市财政局局长刘尤碧关于2004年全市预算执行情况和2005年市本级预算草案的报告；听取和审查市人大常委会主任谢朝月关于永州市人民代表大会常务委员会工作报告，市中级人民法院院长李微关于永州市中级人民法院工作报告，市人民检察院检察长赵光华关于永州市人民检察院工作报告，并分别作出决议。审议通过《创建卫生文明城市的决议》。会议共收到代表10人以上联名提出的议案94件，收到代表建议、批评和意见51件。

二届人大六次会议　2006年2月8—13日，在永州市委礼堂举行。出席会议的市人大代表应到452人，实到449人，列席人员119人，特邀市级单位10名不同职业的公民到会旁听。

会议听取和审查关于永州市国民经济和社会发展“十一五”规划纲要的报告，市发展和改革委员会主任李德勋关于永州市2005年国民经济和社会发展计划执行情况与2006年计划草案的报告，市财政局局长刘尤碧关于2005年全市预算执行情况和2006

年市本级预算草案的报告；审查批准永州市国民经济和社会发展“十一五”规划纲要；听取和审查市人大常委会主任谢朝月关于永州市人民代表大会常务委员会工作报告，市中级人民法院代院长熊春明关于永州市中级人民法院工作报告，市人民检察院代检察长王蓟零关于永州市人民检察院工作报告，并分别作出决议。选举产生市人民政府市长、市中级人民法院院长熊春明、市人民检察院检察长王蓟零（报请省人大常委会批准），补选市二届人大常委会委员 1 名；通过有关人事事项的决定。会议共收到代表 10 人以上联名提出的议案 69 件，收到代表建议、批评和意见 68 件。

第三节　第三届人民代表大会会议

三届人大一次会议　2007 年 1 月 20—24 日，在永州市委礼堂举行。出席会议的人大代表应到 442 人，实到 437 人，列席人员 503 人（政协委员 388 人），特邀人员 93 人。会议听取和审查关于市人民政府工作的报告，市发展和改革委员会主任李德勋关于永州市 2006 年国民经济和社会发展计划执行情况与 2007 年国民经济和社会发展计划草案的报告，市财政局局长刘尤碧关于永州市 2006 年财政预算执行情况与 2007 年市本级财政预算草案的报告，市二届人大常委会主任谢朝月关于永州市人民代表大会常务委员会工作的报告，市中级人民法院院长熊春明关于市中级人民法院工作的报告，市人民检察院检察长王蓟零关于市人民检察院工作的报告，并分别作出决议。会议选举产生市第三届人民代表大会常务委员会主任、副主任、秘书长和常委会委员。选举产生市人民政府市长、市人民政府副市长和市中级人民法院院长、市人民检察院检察长（报请省人大常委会批准）。会议通过关于设立永州市第三届人民代表大会民族华侨外事委员会、内务司法委员会、财政经济委员会、教育科学文化卫生委员会、农业与农村委员会、城乡建设与环境资源保护委员会 6 个专门委员会的决定及永州市第三届人民代表大会各专门委员会主任委员、副主任委员、委员名单。会议共收到 10 人以上代表联名提出的议案 151 件，收到代表建议、批评和意见 77 件。

三届人大二次会议　2007 年 12 月 27 日至 2008 年 1 月 1 日，在永州市委礼堂举行。出席会议的人大代表应到 457，实到 452 人，列席人员 501 人（市政协委员 388 人），特邀参加会议人员 103 人。会议听取和审查关于永州市人民政府工作的报告，市发展和改革委员会主任张建亮关于永州市 2007 年国民经济和社会发展计划执行情况与 2008 年计划草案的报告，市财政局局长刘尤碧关于永州市 2007 年预算执行情况与 2008 年市本级财政预算草案的报告，市人大常委会主任李良铁关于永州市人民代表大会常务委员会工作报告，市中级人民法院院长熊春明关于永州市中级人民法院工作报告，市人民检察院检察长王蓟零关于永州市人民检察院工作报告，并分别作出决议。补选市第三届人民代表大会常务委员会委员 2 名，选举应由永州市选举的湖南省第十一届人民代表大会代表 56 名，通过永州市第三届人民代表大会教育科学文化卫生委员会主任委员名单。会议共收到 10 名以上代表联名提出的议案 115 件，收到代表建议、批评和意见 71 件。

三届人大三次会议　2009 年 1 月 5—9 日，在永州市委礼堂举行。出席会议的人大代表应到 457 人，实到 452 人，列席人员 508 人（市政协委员 390 人），特邀参加会议人员 77 人。会议听取和审查关于永州市人民政府工作报告，市发展和改革委员会主任张建亮关于永州市 2008 年国民经济和社会发展计划执行情况与 2009 年计划草案的报告，市财政局局长刘尤碧关于永州市 2008 年预算执行情况与 2009 年市本级财政预算草案的报告，市人大常委会主任李良铁关于永州市人民代表大会常务委员会工作报告，市中级人民法院院长熊春明关于永州市中级人民法院工作报告，市人民检察院检察长王蓟零关于永州市人民检察院工作报告，并分别作出决议。会议补选永州市第三届人民代表大会常务委员会委员 2 名。会议共收到 10 名以上代表联名提出的议案 115 件，收到代表建议、批评和意见 72 件。

三届人大四次会议　2010 年 1 月 14—18 日，在永州市委礼堂举行。出席会议的人大代表应到 455 人，实到 453 人，列席人员 497 人（市政协委员 389 人），特邀参加会议人员 104 人。会议听取和审查关于市人民政府工作报告，市发展和改革委员会主任张建亮关于永州市 2009 年国民经济和社会发展计划执行情况与 2010 年计划草案的报告，市财政局局长刘尤碧关于永州市 2009 年预算执行情况与 2010 年市本级财政预算草案的报告，市人大常委会主任李良铁关于永州市人民代表大会常务委员会工作报告，市中级人民法院院长熊春明关于永州市中级人民法院工作报告，市人民检察院检察长王蓟零关于永州市人民检察院工作报告，并分别作出决议。会议补选市第三届人民代表大会常务委员会副主任 1 名、常务委员会委员 2 名。会议共收到代表 10 人以上联名提出的议案 99 件，收到代表建议、批评和意见 51 件。

三届人大五次会议　2011 年 1 月 10—14 日，在永州市委礼堂举行。出席会议的人大代表应到 459 人，实到 457 人，列席人员 503 人（市政协委员 390 人），特邀参加会议人员 109 人。会议听取和审查关于市人民政府工作报告，市发展和改革委员会主任张建亮关于永州市 2010 年国民经济和社会发展计划执行情况与 2011 年计划草案的报告，市财政局局长李光富关于永州市 2010 年预算执行情况与 2011 年市本级财政预算草案的报告，市人大常委会主任李良铁关于永州市人民代表大会常务委员会工作报告，市中级人民法院院长熊春明关于永州市中级人民法院工作报告，市人民检察院检察长王蓟零关于永州市人民检察院工作报告，并分别作出决议。审查和批准永州市国民经济和社会发展第十二个五年规划纲要。补选市人民政府副市长 1 名、市三届人大常委会委员 2 名，通过市三届人大民族华侨外事委员会主任委员、财政经济委员会主任委员。会议共收到代表 10 人以上联名提出的议案 85 件，共收到代表建议、批评和意见 66 件。

第四节　第四届人民代表大会会议

四届人大一次会议　2012 年 1 月 4—7 日，在永州市委礼堂举行。出席会议的人大代表应到 443 人，实到 436 人，列席人员 525 人（含市政协委员 395 人），特邀人员 139 名。会议听取和审查市人民政府代市长魏旋君关于政府工作报告，审查和批准市发展和改革委员会主任张建亮关于永州市 2011 年国民经济和社会发展计划执行情况及 2012 年国民经济和社会发展计划草案的报告，市财政局局长李光富关于 2011 年全市财政预算执行情况和 2012 年市本级财政预算草案的报告，听取和审查市三届人大常委会主任李良铁关于市人民代表大会常务委员会工作报告，市中级人民法院院长熊春明关于市中级人民法院工作报告，市人民检察院检察长王蓟零关于市人民检察院工作报告，并作出相应决议。会议选举产生永州市第四届人大常委会主任、副主任、秘书长、委员共 37 名，市人民政府市长、副市长共 8 名，市中级人民法院院长，市人民检察院检察长（报请省人大常委会批准）。会议审议通过市第四届人民代表大会第一次会议关于设立永州市第四届人民代表大会专门委员会的决定（草案）以及市第四届人民代表大会各专门委员会主任委员、副主任委员、委员名单。会议共收到代表 10 人以上联名提出的议案 131 件，收到代表建议、批评和意见 80 件。

四届人大二次会议　2012 年 12 月 27—30 日，在永州市委礼堂举行。出席会议的代表应到 451 人，实到 445 人，列席人员 517 人（含市政协委员 396 人），特邀人员 143 名。会议听取和审查市人民政府市长魏旋君关于政府工作报告，审查和批准市发展和改革委员会主任文绍涛关于永州市 2012 年国民经济和社会发展计划执行情况及 2013 年国民经济和社会发展计划草案的报告，市财政局局长李光富关于 2012 年全市财政预算执行情况和 2013 年市本级财政预算草案的报告，听取和审查关于市人民代表大会常务委员会工作报告，市中级人民法院院长熊春明关于市中级人民法院工作报告，市人民检察院检察长文兆平关于市人民检察院工作报告，并作出相应决议。会议选举应由永州市选举的湖南省第十二届人民代表大会代表 60 名，补选永州市第四届人民代表大会常务委员会委员 5 名。会议共收到代表 10 人以上联名提出的议案 115 件，收到代表建议、批评和意见 70 件。

四届人大三次会议 2013 年 5 月 22—23 日，在永州市委礼堂举行。出席会议的代表应到 438 人，实到 425 人，列席人员 37 人，特邀人员 41 人。会议选举严志辉为永州市人民政府市长。

四届人大四次会议 2014 年 1 月 12—15 日，在永州市委礼堂举行。出席会议的代表应到 449 人，实到 436 人，列席人员 671 人（含市政协委员 410 人），特邀人员 123 人。会议听取和审查市人民政府市长严志辉关于政府工作报告，审查和批准市发展和改革委员会主任文绍涛关于永州市 2013 年国民经济和社会发展计划执行情况及 2014 年国民经济和社会发展计划草案的报告，市财政局局长李光富关于 2013 年全市财政预算执行情况和 2014 年市本级财政预算草案的报告，听取和审查关于市人民代表大会常务委员会工作报告，市中级人民法院院长熊春明关于市中级人民法院工作报告，市人民检察院检察长文兆平关于市人民检察院工作报告，并作出相应决议。会议补选市第四届人民代表大会常务委员会委员 3 名。会议共收到代表 10 人以上联名提出的议案 87 件，收到建议、批评和意见 103 件。

四届人大五次会议 2014 年 7 月 9—10 日，在永州市委礼堂举行。出席会议的代表应到 449 人，实到 435 人，列席人员 142 人，特邀人员 123 人。会议选举向曙光为永州市人民政府市长。

四届人大六次会议 2015 年 1 月 21—24 日，在永州市委礼堂举行。出席会议的代表应到 453 人，实到 434 人，列席人员 548 人（含市政协委员 410 人），特邀人员 124 人。会议听取和审查市人民政府市长向曙光关于政府工作报告，审查和批准市发展和改革委员会关于永州市 2014 年国民经济和社会发展计划执行情况与 2015 年国民经济和社会发展计划草案的报告，市财政局局长杨军元关于 2014 年全市财政预算执行情况和 2015 年市本级财政预算草案的报告，听取和审查关于市人民代表大会常务委员会工作报告，市中级人民法院代院长罗重海关于市中级人民法院工作报告，市人民检察院检察长文兆平关于市人民检察院工作报告，并作出相应决议。会议补选市中级人民法院院长，补选市第四届人民代表大会常务委员会委员 2 名。会议共收到代表 10 人以上联名提出的议案 90 件，收到代表建议、批评和意见 150 件。

四届人大七次会议 2015 年 8 月 18—19 日，在永州市委礼堂举行。出席会议的代表应到 446 人，实到 430 人，列席人员 125 人，特邀人员 122 人。会议选举易佳良为永州市人民政府市长，蒋千红为永州市第四届人民代表大会常务委员会秘书长，雷燕平为永州市第四届人民代表大会常务委员会委员。会议审议通过永州市第四届人民代表大会有关专门委员会主任委员名单。

四届人大八次会议 2016 年 1 月 12—15 日，在永州市委礼堂举行。出席会议的代表应到 451 人，实到 433 人，列席人员 546 人（含市政协委员 410 人），特邀人员 129 人。会议听取和审查市人民政府市长易佳良关于政府工作报告，审查和批准市发展和改革委员会主任陈宇荣关于永州市 2015 年国民经济和社会发展计划执行情况及 2016 年国民经济和社会发展计划草案的报告，市财政局局长杨军元关于 2015 年全市财政预算执行情况和 2016 年市本级财政预算草案的报告，听取和审查关于市人民代表大会常务委员会工作报告，市中级人民法院院长罗重海关于市中级人民法院工作报告，市人民检察院检察长文兆平关于市人民检察院的工作报告，并作出相应决议。会议通过关于设立永州市人民代表大会法制委员会的决定，审议通过市人民代表大会法制委员会主任委员、委员名单。会议共收到代表 10 人以上联名提出的议案 63 件，收到代表建议、批评和意见 120 件。

第二章 人民代表大会专门委员会

第一节 人民代表大会专门委员会的设置

市第一届人民代表大会设立财政经济委员会、内务司法委员会、教育科学文化卫生委员会、农村经济委员会、民族华侨外事委员会 5 个专门委员会。市第二届人民代表大会设立民族华侨外事委员会、内务司法委员会、财政经济委员会、教育科学文化卫生委员会、农业农村与城乡建设环境资源保护委员会 5 个专门委员会。2002 年 3 月 30 日，市第二届人民代表大会第二次会议根据地方组织法有关规定，撤销市人大农业农村与城乡建设环境资源保护委员会，设立农业与农村委员会、城乡建设与环境资源保护委员会。市第三届人民代表大会设立民族华侨外事委员会、内务司法委员会、财政经济委员会、教育科学文化卫生委员会、农业与农村委员会、城乡建设与环境资源保护委员会 6 个专门委员会。2016 年 1 月 15 日，永州市第四届人大民代表大会第八次会议通过关于设立永州市人民代表大会法制委员会的决定。市第四届人民代表大会设立民族华侨外事委员会、内务司法委员会、财政经济委员会、教育科学文化卫生委员会、农业与农村委员会、城乡建设与环境资源保护委员会、法制委员会 7 个专门委员会。

附：人民代表大会各专门委员会负责人名录

第一届永州市人民代表大会各专门委员会负责人名录

民族华侨外事委员会

主 任 委 员：赵仁秀

副主任委员：张昌林（1996.4—1996.10）　王生权（1997.8—2001.6）

内务司法委员会

主 任 委 员：周松云

副主任委员：林遵槐

财政经济委员会

主 任 委 员：李续荣

副主任委员：周辉秀（1996.4—2001.6）　何先云（1997.8—2001.6）

教育科学文化卫生委员会

主 任 委 员：李友清

副主任委员：邓宝英（1996.4—2001.6）　张昌林（1996.4—2000.12）

农村经济委员会

主 任 委 员：陈少全

副主任委员：滕　斌（1996.4—1998.10）　张小惠（2000.10—2001.6）

第二届永州市人民代表大会各专门委员会负责人名录

民族华侨外事委员会

主 任 委 员：余华生

副主任委员：王生权

内务司法委员会

主 任 委 员：林遵槐

副主任委员：谭红一

财政经济委员会

主 任 委 员：蒋新华

副主任委员：何先云

教育科学文化卫生委员会

主 任 委 员：李笃学

副主任委员：邓宝英（2001.6—2004.4） 王群路（2004.2—2007.2）

农业农村与城乡建设环境资源委员会

主 任 委 员：蒋柏元

副主任委员：周辉秀 张小惠

农业与农村委员会（2002.4 设立）

主 任 委 员：蒋柏元

副主任委员：周辉秀

城乡建设与环境资源保护委员会（2002.4 设立）

主 任 委 员：蒋龙生

副主任委员：张小惠

第三届永州市人民代表大会各专门委员会负责人名录

民族华侨外事委员会

主 任 委 员：周辉秀（2007.1—2010.10） 李旦梅（2010.12—2011.12）

副主任委员：周龙江

内务司法委员会

主 任 委 员：蒋龙生

副主任委员：谭红一

财政经济委员会

主 任 委 员：毛秋元（2007.1—2010.10） 蔡松云（2011.1—2012.1）

副主任委 员：吴庚辛

教育科学文化卫生委员会

主 任 委 员：何开华（2007.1—2007.11） 姜雄华（2008.1—2012.1）

副主任委员：李旦梅（2007.3—2010.12）

农业与农村委员会

主 任 委 员：李友生

副主任委员：唐善清

城乡建设与环境资源保护委员会

主 任 委 员：张昌林

副主任委员：王生权（2007.1—2008.8） 贺晓福（2008.10—2012.1）

第四届永州市人民代表大会各专门委员会负责人名录

民族华侨外事委员会

主 任 委 员：钟敦北

副主任委员：周龙江（2012.1—2015.7）　邓　洪（2016.6—2017.1）

内务司法委员会

主 任 委 员：谭红一（2012.1—2015.7）　雷燕平（2015.7—2017.1）

副主任委员：沈京生

财政经济委员会

主 任 委 员：蔡松云（2012.1—2015.7）　刘志强（2015.7—2017.1）

副主任委员：严兴朝

教育科学文化卫生委员会

主 任 委 员：封立辉

副主任委员：赵玉芳

农业与农村委员会

主 任 委 员：刘志强（2012.1—2015.7）　周龙江（2015.7—2017.1）

副主任委员：秦建莉

城乡建设与环境资源保护委员会

主 任 委 员：李章发

副主任委员：贺晓福

法制委员会

主 任 委 员：杨胜贮（2016.1—2017.1）

第三篇

永州市人民代表大会常务委员会

第一章　人民代表大会常务委员会构成

第一节　第一届人民代表大会常务委员会构成

1996年4月22日，第一届人民代表大会第一次会议选出常务委员会组成人员31人，其中主任1人，副主任8人，秘书长1人，委员21人。其主要结构为：妇女9人，少数民族2人。常务委员会副主任中，届中补选1人。常委会委员会中，届中补选6人。

永州市第一届人大常委会主任、副主任、秘书长名录

主　任：郑邦淳

副主任：胡参政　郑纯发　冯生玉（瑶族）　谢田种　吕芳村　李本道　杨祈贵　陶祖芳（1999.3补）　曹小华（女）

秘书长：谢承年

永州市第一届人大常委会委员名录

（共计27人，按姓氏笔画为序）

王本俊　王延斌　伍彩金（女）　许功寿　李友清　李建新　李续荣　杨克祥　肖晓星（女）　邹庚来（1997.3补）　邹梅渲　张新菊（女）　陈少全　武俊瑶　周秀英（女）　周初连　周松云　赵仁秀（女，瑶族）　贺翠莲（女）　徐肇玲（女）　高增遗（1997.3补）　唐先秋（1997.3补）　蒋吉秀（女）　蒋效拉（2000.3补）　蒋善生（1999.3补）　曾石林（2000.3补）　曾平英

第二节　第二届人民代表大会常务委员会构成

2001年6月23—30日，第二届人民代表大会第一次会议选出常务委员会组成人员31人，其中主任1人、副主任8人、秘书长1人、委员21人。其主要结构为：妇女5人；少数民族2人。常委会委员中，届中补选5人。

永州市第二届人大常委会主任、副主任、秘书长名录

主　任：谢朝月（女）
副主任：吕芳村 杨祈贵 钱荣棠 陈益富 邓荣卿 文先赵 李续荣 赵　荣
秘书长：谢承年

永州市第二届人大常委会委员名录

（共计 26 人，按姓氏笔画为序）

万爱平（2002.3 补） 王建琼 刘慧敏（女） 杨克祥 李建新 李笃学 吴先雄
何先云 余华生 张昌林 张美学（2002.3 补） 陈东平（2006.2 补） 林遵槐
金颖春 周秀英（女） 胡必寿 唐建国 唐淑娥（女，2004.2 补） 黄莲英（女）
蒋玉清 蒋龙生 蒋柏元 蒋新华 熊金星（女） 黄小明（2001.6—2005.12）
孔　敏（2003.1 补）

第三节　第三届人民代表大会常务委员会构成

2007 年 1 月 20—24 日，永州市第三届人民代表大会第一次会议选出常务委员会组成人员 41 名，其中主任 1 名，副主任 8 名，秘书长 1 名，委员 31 名，其主要结构为：妇女 8 名，少数民族 2 名。常委会委员中，届中补选 8 人。

永州市第三届人大常委会主任、副主任、秘书长名录

主　任：李良铁
副主任：程晨曦 邓荣卿 赵　荣（瑶族） 赵清茂 杨怀康 杨海河 唐建国
袁满娥（女）
秘书长：周作生

永州市第三届人大常委会委员名录

（共计 39 名，按姓氏笔画为序）

万爱平 王生权 王建琼 毛秋元 邓海波（2011.1 补） 朱衡宁 刘恒魁

许洋名（2009.1 补）杨军元 李友生 李旦梅（女） 吴庚辛 吴湘波（2008.1 补）
何开华 何银国（2010.1 补） 张小惠 张昌林 张树明 张美学 陈东平 林遵槐
周龙江（瑶族 2010.1 补）周辉秀 封金祥 钟　伟 姜雄华（女、2008.1 补）
骆长云 唐　军（女） 唐孟冲 唐淑娥（女） 唐善清 蒋龙生 蒋立新 蒋金元
蒋　涛（2011.1 补） 雷鉴坤 蔡松云（女、2009.1 补） 谭红一（女） 熊金星（女）

第四节　第四届人民代表大会常务委员会构成

2012 年 1 月 4—7 日，永州市第四届人民代表大会第一次会议选举常务委员会组成人员 37 名，其中主任 1 名，副主任 7 名，秘书长 1 名，委员 28 名。其主要结构为：妇女 9 名，少数民族 5 名。常委会委员中，届中辞职 9 名，补选 11 名。届末实有组成人员 39 名。

永州市第四届人大常委会主任、副主任、秘书长名录

主　任：高建华
副主任：程晨曦（2012.1—2016.12）杨海河 袁满娥（女，2012.1—2016.12）
　　　　周小驹 袁火林 郑柏顺 李俊湘（瑶族）
秘书长：魏京萍（女，2012.1—2015.4） 蒋千红（2015.4—2016.12）

永州市第四届人大常委会委员名录

（共计 39 名，按姓氏笔画为序）

邓海波 邓菊发 刘志强 朱阳辉（2013.1 补）严　俊 吴红燕（女，2013.1 补）
吴庚辛 张国峰 李　钢（女）李刚华 李章发（瑶）杨胜贮（2013.1 补） 何银国
沈京生 陆　鸿 陈丽萍（女） 周　亮（2015.1 补）周龙江（瑶）周林生（2013.1 补）
周建晶 封立辉 贺晓福 赵玉芳（女，瑶） 钟　伟 钟敦北（女，瑶） 唐　翔
唐朝晖 桂金玉（女） 黄　薇（女，2013.1 补）黄爱华 蒋　煦 雷燕平（2015.8 补）
谢慧毅（2014.1 补） 熊忠东（2014.1 补） 蔡松云（女） 廖振树 谭红一（女）
谭显光（2014.1 补） 潘　华（2015.1 补）

第二章 人民代表大会常务委员会工作机构

1996年5月，永州市一届人大常委会决定设立常委会办公室和代表联络工作委员会等工作机构。永州市第二届人大一次会议后，市人大常委会先后设立办公室、研究室、选举任免联络工作委员会等办事机构和工作机构。

第一节 历届工作机构负责人名录

一届人大常委会工作机构负责人名录

办公室

副秘书长、主任：高增遗

副秘书长：蒋龙生

副 主 任：何先云（1996.4—1997.8） 姜雄华（女 1998.10—2001.7）

代表联络工作委员会

主 任：王本俊

副主任：雷鉴坤

二届人大常委会工作机构负责人名录

办公室

主任（副巡视员，秘书长）：谢承年（2002.4—2007.1）蒋龙生（2001.7—2002.4）

副秘书长、研究室主任：蒋龙生（2001.7—2002.4） 王先文（2002.4—2007.2）

副主任：王先文（2001.7—2002.4） 姜雄华（女 2001.7—2008.1）

蔡松云（女 2002.12—2007.1）

研究室

主 任：王先文

副 主 任：吴庚辛

选举任免联络工作委员会：

主　　任：张昌林

副主任：雷鉴坤

三届人大常委会工作机构负责人名录

办公室

主　　任：周作生

副秘书长：张小惠（2007.2—2011.1）　封金祥（2007.2—2009.8）

谭红一（女 2011.6-2012.1）

副 主 任：蔡松云（女 2007.1—2011.1）　李四清（2008.10—2010.10）

彭俊卿（2010.10—2011.6）　吴庚辛（2011.6—2012.1）

选举任免联络工作委员会

主　任：林遵槐

副主任：严　俊

研究室

主　任：雷鉴坤（2008.10）

副主任：王群路（女 2007.2—2008.2）　邓海波（2007.8—2012.1）

四届人大常委会工作机构负责人名录

办公室

主　　任：魏京萍（女 2012.1—2015.4）　蒋千红（2015.4—2016.12）

副秘书长：陈丽萍（女 2012.1—2016.9）　赵七秀（女、瑶族 2016.9—2016.12）

副 主 任：杨胜贮（2012.1—2016.1）　蒋　煦（2012.1—2019.12）

赵国平（2016.9—2016.12）

选举任免联络工作委员会

主　任：吴庚辛

副主任：严　俊

研究室

主　任：邓海波

副主任：朱振华

法制工作委员会

主　任：杨胜贮

第三章　人民代表大会常务委员会会议

1996—2016 年，永州市人民代表大会常务委员会举行会议 176 次。

第一节　第一届人民代表大会常务委员会会议

永州市第一届人民代表大会常务委员会自 1996 年 4 月至 2001 年 6 月，举行会议 38 次。

第一次会议　1996 年 4 月 24—25 日在潇湘宾馆举行。31 名常委会组成人员出席会议。会议学习《中华人民共和国宪法》和有关法律法规；宣布常委会主任会议成员分工；审议和通过《市一届人大常委会关于加强自身建设的决定》；审议和通过《市一届人大常委会工作规程（试行草案）》；审议和通过《市一届人大常委会人事任免办法（试行草案）》；审议和通过《市一届人大常委会代表资格审查委员会组成人员名单》；表决通过有关人事事项。

第二次会议　1996 年 6 月 25—28 日举行。会议听取和审查市人民政府关于永州市 1996 年国民经济和社会发展计划（草案）的报告；审议和通过《永州市人民代表大会常务委员会关于批准永州市 1996 年国民经济和社会发展计划的决议》；听取和审议市人民政府《关于保护耕地的决定（草案）》的议案；审议和通过永州市人民代表大会常务委员会关于《永州市关于保护耕地的决定》；审议和通过市一届人大一次会议至二次会议期间常委会工作计划要点；表决通过有关人事事项。

第三次会议　1996 年 8 月 28—30 日举行。会议听取和审议市人大常委会主任会议关于检查《中华人民共和国科技进步法》贯彻实施情况的报告，听取和审查市人民政府关于 1996 年永州市本级财政预算（草案）的报告，审议和通过《永州市人民代表大会常务委员会关于永州市 1996 年财政预算的决议》，听取和审议市人民政府关于减轻农民负担情况的汇报，市人大常委会主任郑邦淳作关于《坚持讲政治，不断深化人大工作》的报告。

第四次会议　1996 年 10 月 28—31 日举行。会议听取和审议市人大常委会主任会议关于检查《中华人民共和国预算法》和《预算外资金管理条例》贯彻实施情况的汇报；

听取和审议市人民政府关于1996年国民经济和社会发展计划执行情况的汇报；听取和审议市人民政府关于永州市民族工作情况的汇报；听取和审查市人民政府关于继续深入开展法制宣传教育的决议（草案），审议和通过《永州市人大常委会关于继续深入开展法制宣传教育的决议》；听取和审议市人民政府关于开展严打斗争情况的汇报；表决通过有关人事事项。

第五次会议　1996年12月23—27日举行。会议听取市人大常委会主任郑邦淳关于《认真贯彻落实全省人大工作会议精神，努力开创全市人大工作新局面》的报告；审议和通过《永州市第一届人民代表大会常务委员会关于召开永州市第一届人民代表大会第二次会议的决定》；听取和审查市人民政府关于市本级1996年财政预算执行及预算调整情况的报告，审议和通过《永州市第一届人民代表大会常务委员会关于批准永州市1996年市本级财政预算调整方案的决定》；听取和审查市人民政府关于城市建设总体规划（草案）编制情况的报告，审议和通过《永州市第一届人民代表大会常务委员会关于原则通过永州市城市总体规划（草案）的决议》；听取和审议市人民政府关于市人大常委会交办的减轻农民负担几个问题办理情况的汇报；听取和审议市人民政府关于市一届人大一次会议代表建议、批评和意见办理情况的汇报；表决通过有关人事事项。

第六次会议　1997年1月5日举行。会议听取和审议市人民政府关于提请审议《关于修建永连公路的决定（草案）》的议案；审议和通过《永州市人大常委会关于修建永连公路的决定》。常委会全体组成人员出席会议，市人民政府副市长朱泽民、市中级人民法院、市人民检察院主要负责人以及有关部门主要负责人列席会议。

第七次会议　1997年2月23日举行。表决通过有关人事事项。

第八次会议　1997年3月9—10日举行。会议听取和审议市人民政府关于“扫黄打非”工作情况汇报；听取市人民政府关于永连公路募捐活动开展情况的汇报；听取常委会主任会议关于市一届人大二次会议筹备工作的汇报；审议和原则通过永州市人民代表大会常务委员会工作报告；审议和通过市人大常委会代表资格审查委员会关于补选代表资格的审查报告；审议和原则通过市一届人大二次会议议程、日程（草案）；审议和原则通过市一届人大二次会议主席团和秘书长名单、主席团常务主席名单、执行主席分组名单、邀请在主席台就座人员名单、副秘书长名单、列席人员名单（草案）；审议和原则通过市一届人大二次会议代表提出议案的截止时间；审议和原则通过市一届人大二次会议补选办法（草案）；审议和原则通过《永州市人民代表大会议事规则（草案）》；表决通过有关人事事项。

第九次会议　1997年4月27—29日举行。市中级人民法院、市人民检察院和市人民政府组成部门主要负责人向市人大常委会递交1997年工作目标承诺书；审议和通过

《永州市人大常委会1997年工作计划要点》；听取和审议市审计局关于1996年永州市本级财政预算执行情况的审计工作报告；审议《江华瑶族自治县林业条例》；表决通过有关人事事项。

第十次会议 1997年6月24—28日举行。会议听取和审议市人民政府关于春夏严打整治行动情况的汇报；听取和审议市人民政府关于夏季农业开发情况的汇报；听取和审查市财政局关于永州市1996年财政总决算的报告，审议和批准《永州市第一届人民代表大会常务委员会关于批准1996年度市本级财政决算的决定》；听取和审议市人民政府关于代表建议、批评和意见办理情况的汇报；审议和修改《永州市人民代表大会常务委员会人事任免办法（试行）》；审议和通过常委会主任会议关于《永州市人大常委会向“一府两院”交办事项反馈办法（草案）》；听取和审议市人大财经委、教科文卫委关于市一届人大二次会议主席团交付审议的议案办理情况审议结果的报告；表决通过有关人事事项。

第十一次会议 1997年8月19—21日举行。会议听取和审议市人民政府关于1997年上半年国民经济和社会发展计划执行情况的报告；听取和审议市人民政府关于1997年全市及市本级财政预算执行情况的报告；听取和审议市监察局关于市直单位反腐倡廉情况的汇报；听取和审议市中级人民法院、市人民检察院和市人民政府各组成部门关于1997年工作目标承诺书报告情况的汇报；审议和通过市一届人大常委会第十次会议《关于修改〈永州市人民代表大会常务委员会人事任免办法（试行）的决定〉第一次修正》；表决通过有关人事事项。

第十二次会议 1997年10月22—25日举行。会议听取和审议市人民政府关于市区非农业建设用地清查情况的汇报；听取和审议市人民政府关于贯彻执行《永州市关于切实保护耕地的决定》情况的汇报；听取和审议市人民政府关于《中华人民共和国乡镇企业法》执法情况的汇报；听取和审查市财政局关于永州市本级1997年财政预算调整情况的汇报，审议和通过《永州市人民代表大常务委员会关于批准市本级1997年财政预算调整方案的决定》；听取和审议市人民检察院关于反贪污贿赂情况的汇报；听取和审议市人大民侨外委关于《中华人民共和国归侨侨眷权益保护法》执法检查情况的汇报；审议和通过《永州市第一届人民代表大会常务委员会关于召开永州市第一届人民代表大会第三次会议的决定》；表决通过有关人事事项。

第十三次会议 1997年11月17日举行。会议表决通过有关人事事项。

第十四次会议 1997年12月15—17日举行。会议听取和审议市人大常委会主任会议关于召开永州市第一届人民代表大会第三次会议筹备情况的报告以及有关问题的说明；听取和审议市人民政府关于预算外资金管理条例执行情况的汇报；听取和审议市人民政府关于城市建设规划执行情况的汇报；听取和审议市人民政府关于芝山区将城建税用于人员经费问题的情况汇报和关于禁止中小学生进入“两室三厅”（即电子游戏机室、桌台球室、卡拉 OK 厅、舞厅、录像厅）进行娱乐活动的情况汇报；听取和审议市人民政府农监办关于永州市减轻农民负担情况的汇报；审议和原则通过市人大常委会在永州市一届人大三次会议上的工作报告；审议和原则通过永州市一届人大三次会议议程（草案）；审议和原则通过永州市一届人大三次会议日程（草案）；审议和原则通过市一届人大三次会议主席团和秘书长名单（草案）；审议和原则通过市一届人大三次会议主席团常务主席名单（草案）；审议和原则通过市一届人大三次会议主席团执行主席分组名单（草案）；审议和原则通过市一届人大三次会议副秘书长名单（草案）；审议和通过市一届人大三次会议邀请在主席台就座人员名单（草案）；审议和通过市一届人大三次会议列席人员名单（草案）；审议和原则通过市一届人大三次会议选举办法（草案）；审议和原则通过市一届人大三次会议关于代表十人以上联合提出应由永州市选举产生的出席省九届人民代表大会候选人名单截止时间的通知（草案）；审议和原则通过市一届人大三次会议各代表团第一召集人、召集人名单。

第十五次会议　1998 年 3 月 3—5 日举行。会议听取市人大常委会主任郑邦淳传达贯彻省九届人大一次会议精神；审议和通过市一届人大三次至四次会议期间常委会工作计划要点；听取和审议市人大常委会代表资格审查委员会关于新当选的市人大代表的代表资格审查报告；听取和审议市人民政府关于人大代表评议意见办理情况的汇报；听取和审议市卫生局、市医药管理局关于人大代表评议市卫生局、市医药管理局工作后整改情况的汇报；听取和审议市建委关于永州市凤凰园经济开发区总体规划（草案）编制情况的报告；听取和审议市规划局关于永州市凤凰园经济开发区总体规划（草案）的说明；审议和通过《永州市人大常委会关于通过永州市凤凰园开发区总体规划（草案）的决议》；表决通过有关人事事项。

第十六次会议　1998 年 4 月 27—30 日举行。会议听取市人大常委会主任郑邦淳传达九届全国人大一次会议精神；听取市中级人民法院和市人民政府组成部门主要负责人关于 1997 年度工作目标承诺书兑现情况的汇报；对市人民检察院、市审计局主要负责人工作述职进行评议；市人民政府组成部门和“两院”主要负责人向市人大常委会递交 1998 年工作目标承诺书；召开人大代表评议市卫生局、市医药管理局工作总结会议；审议和通过《永州市人大常委会关于撤销宁远县第十三届人民代表大会第一次会议宣布李友才当选为县人民法院院长的决定》；表决通过有关人事事项。

第十七次会议　1998 年 6 月 24—26 日举行。会议听取关于《中华人民共和国审计法》《中华人民共和国预算法》的辅导报告；听取市审计局关于 1997 年永州市本级财政预算执行情况的审计工作报告；听取和审查市财政局关于永州市 1997 年财政总决算的报告；审议和通过《永州市第一届人民代表大会常务委员会关于批准 1997 年市本级财政决算的决议》；听取和审议市人民政府关于开展社会保险工作情况的报告；听取和审议市人民政府关于办理市一届人大三次会议代表建议、批评和意见情况的报告；听取和审议市人大财经委关于市一届人大三次会议主席团交付审议的议案审议结果的报告；听取和审议市人大农经委关于市一届人大三次会议主席团交付审议的议案审议结果的报告；审议和批准市人民检察院关于请求许可对张明淮依法进行刑事审判的报告。

第十八次会议 1998年8月26—28日举行。会议听取和审议市计委关于1998年上半年国民经济和社会发展计划执行情况的报告；听取和审议市财政局关于1998年上半年财政预算执行情况的报告；听取和审议市人民政府关于全市旱情和抗旱工作情况的报告；听取和审议市外经委关于招商引资和外经外贸工作情况的汇报；听取和审议市公安局关于《中华人民共和国人民警察法》贯彻实施情况的汇报；听取和审议市人民检察院关于《中华人民共和国检察官法》贯彻实施情况的汇报；听取和审议市中级人民法院关于《中华人民共和国法官法》贯彻实施情况的汇报；听取和审议市司法局关于《中华人民共和国监狱法》贯彻实施情况的汇报；听取和审议市防空办关于人民防空工作情况的汇报；审议和通过关于对市中级人民法院法官进行法律知识测试和执法情况检查的实施意见；审议和通过市人大常委会关于《关于永州市殡葬管理规定（草案）的议案》的审议意见；表决通过有关人事事项。

第十九次会议 1998年10月27—29日举行。会议听取和审议市人大常委会主任会议关于《中华人民共和国刑法》执法检查情况的汇报；听取和审议市科委关于科技成果转化情况的汇报；听取和审查市财政局关于市本级1998年财政预算调整情况的汇报，审议和通过《永州市第一届人民代表大会常务委员会关于批准永州市1998年市本级财政预算调整方案的决定》；听取中国人民银行永州分行关于金融体制改革和银行资金营运情况的汇报；听取和审议市农委关于农村扶贫工作情况的汇报；听取和审议市人民政府贯彻执行市人大常委会《关于修建永连公路的决议》的情况汇报；听取和审议市质量技术监督局执法情况的汇报；审议和通过《永州市人大常委会关于依法治市的决议》；表决通过有关人事事项。

第二十次会议 1998年12月21—24日举行。会议听取和审议市经委关于国有企业改革情况的汇报；听取和审议市财委关于商业流通体制改革情况的汇报；听取和审议市人大内司委关于对市中级人民法院法官进行法律知识测试和执法检查情况的汇报；听取和审议市农委关于减轻农民负担情况的汇报；审议和通过《永州市人民代表大会常务委员会关于召开永州市第一届人民代表大会第四次会议的决定》；审议和通过《永州市人民代表大会常务委员会关于人大代表小组活动办法（试行）》；表决通过有关人事事项。

第二十一次会议 1999年3月4—5日举行。会议听取市人大常委会主任郑邦淳传达省九届人大二次会议精神；审议和通过《永州市第一届人民代表大会常务委员会第四次会议至第五次会议期间常委会工作计划要点》；听取和审议市人大常委会主任会议关于市一届人大四次会议筹备工作方案；听取和审议市人民政府关于整治经济环境情况的汇报；审议和通过关于接受胡参政辞去市一届人大常委会副主任、徐肇玲辞去市一届人大常委会委员职务的决定；审议和原则通过市人大常委会在市一届人大四次会议上的工作报告（草案）；审议和原则通过《永州市第一届人民代表大会第四次会议补选和另选办法（草案）》；审议和原则通过市一届人大四次会议副秘书长名单（草案）；审议和原则通过市一届人大四次会议关于代表二十人以上联合提名候选人截止时间（草案）；报告市一届人大四次会议应邀在主席台就座人员名单和列席人员名单。

第二十二次会议　1999 年 3 月 21 日举行。会议审议和通过市一届人大常委会代表资格审查委员会关于补选和另选的市人大代表的代表资格审查报告；审议和原则通过市一届人大四次会议主席团和秘书长名单（草案）；审议和原则通过市一届人大四次会议主席团常务主席名单（草案）；审议和原则通过市一届人大四次会议执行主席名单（草案）。

第二十三次会议　1999 年 4 月 27—30 日举行。会议听取和审议市人民政府、市中级人民法院、市人民检察院关于依法治市实施方案的汇报；听取和审议市财政局关于财源建设和税收征管情况的汇报；听取和审议市工商行政管理局关于发展非公有制经济情况的汇报；听取和审议市国土局关于评议期间整改情况的汇报；听取和审议市中级人民法院、市人民检察院和市人民政府组成部门主要负责人关于 1998 年工作目标承诺兑现情况的汇报；对市林业局局长蒋柏元进行述职评议；听取和审议市人民政府关于永州市人民政府机关驻地搬迁的议案及说明；审议和通过《永州市人大常委会关于永州市人民政府驻地迁移的决议》；市中级人民法院、市人民检察院和市人民政府组成部门主要负责人向市人大常委会递交 1999 年度工作目标承诺书；表决通过有关人事事项。

第二十四次会议　1999 年 6 月 28—30 日举行。会议听取和审议市民政局关于贯彻中共十五届三中全会决定，落实村级四个民主情况的汇报；听取和审议市农委关于对市人大常委会关于减轻农民负担交办意见办理情况的汇报；听取和审议市审计局关于 1998 年市本级财政预算执行情况的审计报告；听取和审查市财政局关于 1998 年市本级财政决算的报告，审议和通过《永州市第一届人民代表大会常务委员会关于批准 1998 年市本级财政决算的决议》；听取和审议市人大财经委关于城市规划调查情况的汇报；审议和通过市人大内司委关于对市人民检察院检察官进行法律知识测试和办案质量抽查的实施意见；表决通过有关人事事项。

第二十五次会议　1999 年 8 月 30 日—9 月 1 日举行。会议听取和审议市劳动局关于实施《中华人民共和国劳动法》和国有企业下岗职工基本生活保障及再就业工作情况的汇报；听取和审议市计委关于1999年上半年国民经济和社会发展计划执行情况的汇报；听取和审议市财政局关于1999年上半年财政预算执行情况的汇报；听取和审议市环保局关于市城区环境保护情况的汇报；听取和审议市人大财经委关于市一届人大四次会议主席团交付的代表议案办理情况的审议结果汇报；听取和审议市人民政府关于代表建议、批评和意见办理情况的汇报；听取和审议市中级人民法院关于代表建议、批评和意见办理情况的汇报；听取和审议市人民政府关于对市人大常委会关于贯彻实施《湖南省道路运输条例》，搞好全市道路客运市场秩序整顿工作的建议意见办理情况的汇报；表决通过有关人事事项。

第二十六次会议 1999年9月10日举行。会议表决通过有关人事事项。

第二十七次会议 1999年10月27—29日举行。会议听取和审议市水利水电局关于全市水利水电工作情况的汇报；听取和审议市计委关于农村电网建设和改造情况的汇报；听取和审议市民委关于帮助山区少数民族脱贫情况的汇报；听取和审查市财政局关于1999年市本级财政预算调整方案的汇报；审议和通过《永州市第一届人民代表大会常务委员会关于批准永州市1999年本级财政预算调整方案的决定》；听取和审议市人大财经委关于检查税收法律法规实施情况的汇报；听取和审议市人大内司委关于《中华人民共和国行政诉讼法》执法检查情况的汇报；听取和审议市人大常委会秘书长谢承年关于《中华人民共和国行政处罚法》执法检查情况的汇报；表决通过有关人事事项。

第二十八次会议 1999年12月27—29日举行。会议学习全国人大常委会委员长李鹏在省、自治区、直辖市人大常委会负责人座谈会上的讲话；市人大常委会主任郑邦淳传达全省州、市人大常委会主任会议精神，提出2000年人大工作的目标和任务；听取依法行政有关法制辅导讲座；听取和审议市人民政府关于依法行政工作情况的汇报；听取和审议市法制局关于依法行政情况的汇报；听取和审议市司法局《关于深入开展法制宣传教育的决议》实施情况的汇报；听取和审议关于加快中心城市和小城镇建设情况的汇报；听取和审议市交通局关于交通建设情况的汇报；听取和审议市人大教科文卫委关于办理代表议案情况的汇报；听取和审议市人大民侨外委关于《中华人民共和国外国人入境管理法》和《中华人民共和国公民出入境管理法》执法检查情况的汇报；听取和审议市人大内司委关于对市人民检察院检察官进行法律知识测试和办案质量抽查情况的汇报；审议和通过《永州市人民代表大会常务委员会关于召开市一届人大五次会议的决定》；审议和通过市人大常委会代表资格审查委员会关于补选的市一届人大代表的代表资格审查报告；表决通过有关人事事项。

第二十九次会议 2000年2月23—24日举行。会议听取市人大常委会主任郑邦淳传达省九届人大三次会议精神；听取和审议市人民政府关于科教兴市战略实施情况的汇报；审议和原则通过市人大常委会在市一届人大五次会议上的工作报告（草案）；审议和原则通过《永州市第一届人民代表大会第五次会议补选办法（草案）》；审议和原则通过市一届人大五次会议主席团和秘书长名单（草案）；审议和原则通过市一届人大五次会议主席团常务主席名单（草案）；审议和原则通过市一届人大五次会议执行主席分组名单（草案）；审议和原则通过市一届人大五次会议副秘书长名单（草案）；报告市一届人大五次会议应邀在主席台就座人员名单；报告市一届人大五次会议列席人员名单；审议和原则通过市一届人大五次会议代表二十人以上联合提名候选人截止时间的通知（草案）；表决通过有关人事事项。

第三十次会议　2000 年 4 月 26—28 日举行。会议听取市人大常委会主任会议关于《市一届人大五次会议至二届人大一次会议期间常委会工作计划要点及说明》，审议和通过《市一届人大五次会议至二届人大一次会议期间常委会工作计划要点》；听取和审议市人大各专门委员会关于对市人民政府组成部门、“两院”主要负责人 1999 年工作目标承诺兑现情况审议意见的汇报；“两院”和市人民政府组成部门主要负责人向市人大常委会递交为国企改革服务的承诺书；听取和审议市人民政府关于推行依法行政的议案；听取和审议市中级人民法院、市人民检察院关于公正司法的议案；审议和原则通过市人民政府、市中级人民法院、市人民检察院关于推行依法行政、公正司法的若干规定，并根据委员们的审议意见，授权常委会主任会议对修改后的“三个若干规定”进行审议和通过；审议和通过《永州市人大常委会关于依法行政和公正司法的决定》；审议和通过市人大常委会主任会议关于治理经济发展环境综合执法检查的实施方案；听取国有企业改革有关法律、政策讲座。

第三十一次会议　2000 年 6 月 27—28 日举行。会议听取和审议市人民政府关于《政府工作报告》提出的九件实事实施情况的汇报；听取和审议市外经委关于 1996 年以来永州市招商引资工作情况的汇报；听取和审议市旅游局关于全市发展旅游事业情况的汇报；听取和审议市人民政府关于提请审议《永州市殡葬管理规定（草案）的议案》及说明；听取和审议市人大内司委关于对《永州市殡葬管理规定（草案）》审议结果的报告；审议和通过《永州市人大常委会关于殡葬改革的决议》；审议和通过《永州市人民代表大会常务委员会关于接受邹庚来辞去永州市第一届人民代表大会常务委员会委员职务的决定》；表决通过有关人事事项。

第三十二次会议　2000 年 8 月 29—31 日举行。会议听取和审查市审计局关于 1999 年市本级财政预算执行情况的审计报告；听取和审议市财政局关于 1999 年市本级财政决算报告和 2000 年上半年财政预算执行情况的报告；听取市人大财经委关于永州市 1999 年市本级财政决算的审查报告；审议和通过《永州市第一届人民代表大会常务委员会关于批准永州市1999年市本级财政决算的决议》；听取和审议市计委关于2000年上半年国民经济和社会发展计划执行情况的汇报；听取和审议市人大农经委关于《中华人民共和国村民委员会组织法》执法检查情况的汇报；听取和审议市人大财经委关于检查国企法规政策实施情况的汇报；听取和审议市法制局、市公安局、市公安局冷水滩分局关于依法行政实施情况的汇报；听取和审议市中级人民法院、市科委、市民委、市财政局、市劳动局、市林业局关于为国企改革服务情况的汇报；听取和审议市人民政府、市中级人民法院、市人民检察院关于市一届人大五次会议代表议案和建议、批评、意见办理情况的汇报；表决通过有关人事事项。

第三十三次会议 2000年10月25—27日举行。会议听取和审议市财政局关于2000年市本级财政预算调整（草案）的报告；听取市人大财经委关于市本级2000年财政预算调整方案的审查报告；听取和审议市中级人民法院关于全市“开展解决人民法院执行难专项活动”情况的汇报；听取和审议市人大常委会主任会议关于治理经济发展环境综合执法检查情况的汇报；听取和审议市人大财经委关于市一届人大五次会议主席团交付审议的代表议案办理情况审议结果的报告；听取和审议市人大农经委关于市一届人大五次会议主席团交付审议的代表议案办理情况审议结果的报告；听取和审议市人大教科文卫委关于市一届人大五次会议主席团交付审议的《关于“科技兴市”议案》办理情况审议结果的报告；听取和审议市建委关于贯彻实施《中华人民共和国招标投标法》情况的汇报；听取和审议市人民政府关于创建卫生城市实施方案的汇报；听取市人民政府关于提请审议《永州市创建卫生城市实施方案》的议案及说明；听取市人大教科文卫委关于《永州市创建卫生城市实施方案》审议结果的报告；听取市人大常委会主任会议关于提请任命的报告；听取市人民政府市长关于提请免职人员的报告；听取市中级人民法院院长关于提请任命法律职务的报告；审议和通过《永州市第一届人民代表大会常务委员会关于批准永州市2000年市本级财政预算调整方案的决议》；审议和通过《永州市人民代表大会常务委员会关于创建卫生城市的决议》；表决通过有关人事事项。

第三十四次会议 2000年12月27—29日举行。会议听取和审议“一府两院”关于治理经济发展环境综合执法检查整改情况的汇报；听取和审议“一府两院”关于贯彻落实市人大常委会依法行政、公正司法决定情况的汇报；听取和审议市人民政府组成部门、“两院”为国企改革服务承诺兑现情况的汇报；表决通过有关人事事项。

第三十五次会议 2001年3月2日举行。会议听取和审议关于永州市国民经济和社会发展“十五”计划纲要（草案）；听取和审议关于发展市本级经济情况的汇报；听取和审议关于2000年农村电网改造情况的汇报；听取和审议关于2001年市本级财政预算初步安排意见的汇报；表决通过有关人事事项。

第三十六次会议　2001 年 4 月 25 日举行。会议听取和审议市人民政府关于冷水滩西区土地清理情况的汇报；听取和审议市人民政府关于 1997 年以来涉农案件处理情况的汇报；听取和审议市人民政府关于发展高新技术产业情况的汇报；听取和审议市人民政府贯彻落实市人大常委会《关于创建卫生城市的决议》情况的汇报；听取和审议市公安局关于“打黑除恶”情况的汇报；听取和审议市人大常委会主任会议关于市一届人大常委会在二届一次人代会上的工作报告；听取和审议市人大常委会主任会议关于市人大常委会换届前的工作计划要点和换届后的工作计划建议；表决通过有关人事事项。

第三十七次会议　2001 年 5 月 25 日举行。会议听取和审议关于机构改革情况的汇报；听取和审议关于整顿和规范市场经济秩序情况的汇报；听取和审议关于对市人大常委会第三十五次会议交办事项落实情况的汇报；审议通过市人大常委会主任会议《关于召开永州市第二届人民代表大会第一次会议的决定（草案）》；表决通过有关人事事项。

第三十八次会议　2001 年 6 月 12 日举行。会议审议和原则通过永州市第二届人民代表大会第一次会议议程（草案）；审议和原则通过永州市第二届人民代表大会第一次会议日程（草案）；审议和原则通过永州市第二届人民代表大会第一次会议选举办法（草案）；审议和通过市人大常委会代表资格审查委员会关于永州市第二届人民代表大会代表的代表资格审查报告；原则通过永州市第二届人民代表大会第一次会议主席团和秘书长等有关名单（草案）；审议和原则通过永州市第二届人民代表大会第一次会议关于设立本次会议议案审查委员会和计划、预算审查委员会的决定（草案）；审议和原则通过永州市第二届人民代表大会第一次会议关于设立永州市第二届人民代表大会专门委员会的决定（草案）。

第二节　第二届人民代表大会常务委员会会议

永州市第二届人民代表大会常务委员会自 2001 年 6 月 30 日起至 2007 年 1 月 10 日止，举行会议 47 次。

第一次会议　2001 年 7 月 27 日举行。会议研究通过有关人事事项。

第二次会议　2001 年 9 月 11—14 日举行。会议听取和审议市人民政府关于永州市 2001 年上半年国民经济和社会发展计划执行情况，关于 2000 年市本级财政决算及 2001 年上半年财政预算执行情况的报告和市审计局关于 2000 年市本级财政预算执行和其他财政收支情况的审计工作报告；表决通过有关人事事项。

第三次会议 2001年10月29—30日举行。会议听取和审议《市人民政府关于全市农村卫生改革与发展情况的汇报》和《市人大常委会主任会议关于检查预算法和湖南省乡镇财政管理条例实施情况的汇报》；表决通过有关人事事项。

第四次会议 2001年12月25—26日举行。会议听取和审议《市人民政府关于建立和实施执法责任制的情况汇报》《市中级人民法院关于建立和实施违法审判责任追究制和审判方式改革的情况汇报》《市人民检察院关于建立和实施错案追究制和检察改革的情况汇报》《“一府两院”关于永州市第二届人大一次会议议案和建议批评意见办理情况的汇报》；表决通过有关人事事项。

第五次会议 2002年2月28日至3月1日举行。会议传达省九届人大五次会议精神，听取和审议永州市第二届人大二次会议筹备工作方案，审议和原则通过永州市第二届人大二次会议各类名单（草案），审议和原则通过《永州市第二届人民代表大会第二次会议选举办法（草案）》；审议和原则通过市人大常委会工作报告；审议和原则通过市人大常委会主任会议关于撤销和设立市人民代表大会有关机构的议案；审议通过市人大常委会关于接受周初连辞去永州市第二届人民代表大会常务委员会委员职务的决定；表决通过有关人事任免事项。

第六次会议 2002年4月29—30日举行。听取和审议市人大常委会代表资格审查委员会关于代表资格的审查报告；听取和审议市人大农环委关于永州市第二届人大一次会议主席团交付的《关于在全市发起保护潇湘母亲河行动的议案》办理情况审议结果的报告。

第七次会议 2002年5月29—30日举行。会议听取和审议市人民政府关于永州市应对加入世界贸易组织的情况汇报，永州市第二届人大二次会议至三次会议期间常委会工作计划要点的说明，市人民政府关于旅游业总体规划编制情况的说明，市人大常委会主任会议关于市人大常委会开展优化经济环境综合执法检查的实施方案的说明；表决通过有关人事任免事项。

第八次会议 2002年6月26日举行。会议听取和审议永州市优化经济环境执法检查报告。听取和审议市人民政府关于推进部门预算编制改革情况的汇报；听取和审议市人民政府关于贯彻落实《城镇低保条例》情况的汇报；听取和审议市人民政府关于《中华人民共和国教育法》《中华人民共和国义务教育法》《中华人民共和国教师法》贯彻实施情况的汇报；听取和审议市人大有关专门委员会关于向市人民政府交办永州市第二届人大二次会议议案交办意见的汇报；表决通过有关人事任免事项。

第九次会议 2002年7月21日举行。会议听取和审议市人民政府关于抗灾救灾保增收的情况汇报，听取和审议市人大常委会主任会议关于双牌水库淹没区洪灾及贫困情况的调查报告；表决通过有关人事任免事项。

第十次会议　2002 年 8 月 27—29 日举行。会议集中学习《中华人民共和国民族区域自治法》《湖南省县级以上人大常委会述职评议工作条例》；听取和审议市人民政府2002年上半年计划执行报告；2001年市本级财政决算及2002年上半年预算执行报告；关于《传染病防治法》执法检查情况的汇报；关于《民族区域自治法》《湖南省散居少数民族工作条例》贯彻实施的情况汇报，关于 2002 年上半年全市国民经济和社会发展计划执行情况报告；审议通过关于对市经委等六个部门主要负责人进行述职评议的实施方案；审议通过代表资格审查报告和蒋吉秀辞职报告；听取和审议市人民政府关于退耕还林工程实施情况的汇报；听取和审议市审计局审计工作报告；表决通过有关人事任免事项。

第十一次会议　2002 年 10 月 28—30 日举行。会议听取和审议市人民政府关于农村产业结构调整“八个一”工程实施情况的汇报，“一府两院”贯彻落实市人大常委会关于优化经济环境决议情况的汇报，关于治理保护潇湘母亲河工作情况的汇报，关于全市国有企业改革进展情况汇报，关于 2002 年市本级财政预算调整情况的汇报，市人大常委会主任会议关于市人民政府城市基础设施打捆项目贷款偿还等问题报告批复情况的报告；市人民政府、市中级人民法院关于永州市第二届人大二次会议议案和建议、批评、意见办理情况报告；会议对市经委主任张建亮、市农业局局长周进松、市环保局局长邓子云、市文化局局长王一冰、市劳动和社会保障局局长何明玲、市旅游外事侨务局局长黄冰进行述职评议。

第十二次会议　2002 年 11 月 29 日举行。会议听取和审议市人民政府关于全市招商引资情况的汇报；听取和审议市人民政府关于全市重点基础设施项目建设情况的汇报；审议《永州市人大常委会关于讨论决定重大事项的规定（草案）》；审议市人大常委会主任会议关于召开永州市第二届人大三次会议的决定（草案）；表决通过有关人事任免事项。

第十三次会议　2002 年 12 月 25 日举行。会议审议和原则通过《永州市人大常委会工作报告》；审议《永州市第二届人民代表大会第三次会议选举办法（草案）》；审议永州市第二届人民代表大会第三次会议主席团等有关名单（草案）；审议永州市第二届人民代表大会第二次会议日程（草案）；审议永州市第二届人大二次会议代表议案办理情况的报告；表决通过有关人事任免事项。

第十四次会议　2003 年 1 月 2 日举行。会议听取市二届人大常委会代表资格审查委员会关于补选另选市二届人大代表的代表资格审查报告。

第十五次会议　2003 年 2 月 24—26 日举行。会议传达省十届人大一次会议精神；审议通过《永州市第二届人大三次会议至四次会议期间常务委员会工作计划要点》；

审议通过市人大常委会关于《中华人民共和国公路法》和《湖南省实施〈中华人民共和国公路法〉办法》执法检查实施方案；审议通过《永州市人大常委会关于公民旁听人民代表大会、人民代表大会常务委员会会议的若干规定》；听取和审议市人民政府关于中心城区建设总体规划修编和城市建设重点项目建设情况的汇报；听取市经委、市劳动和社会保障局、市农业局、市文化局、市环保局、市旅游外事侨务局主要负责人关于述职评议整改情况的汇报；表决通过有关人事任免事项。

第十六次会议 2003 年 3 月 26—28 日举行。会议传达学习十届全国人大一次会议精神；听取审议市人民政府关于《永州市城市总体规划修编（草案）》的报告和关于城市重点项目建设情况的汇报；审议通过市人大常委会关于《永州市城市总体规划修编（草案）》的决议。

第十七次会议 2003 年 4 月 25—26 日举行。会议审议市人大常委会关于开展对市中级人民法院、市人民检察院办案质量抽查的实施方案；听取和审议市人民政府关于全市旅游业总体规划编制情况的报告；听取和审议市人民政府关于人防工作情况的汇报；听取和审议市人民政府办公室关于住房公积金管理和使用情况的汇报；听取和审议市教育局关于教育专项资金管理使用情况的汇报；听取和审议市劳动和社会保障局关于医疗、失业、基本养老保险基金管理和使用情况的汇报；听取和审议市人民政府关于市本级城市维护建设资金管理和使用情况的汇报；表决通过有关人事任免事项。

第十八次会议 2003 年 6 月 27—28 日举行。会议听取和审议市人大常委会主任会议关于《公路法》《湖南省实施〈公路法〉办法》《湖南省高等级公路管理条例》执法检查情况汇报；听取和审议市人民政府关于防治“非典”工作情况汇报；听取和审议市人大常委会主任会议关于《加强和改进审议工作的规定（草案）》的议案。

第十九次会议 2003 年 8 月 20—21 日举行。会议听取和审议市人民政府关于 2003 年上半年全市国民经济和社会发展计划执行情况的报告；听取和审议市人民政府关于 2002 年全市及市本级财政总决算和 2003 年上半年全市财政预算执行情况的报告；听取和审议市审计局关于 2002 年度市本级预算执行和其他财政收支的审计工作报告；审议市人大常委会关于对市发展计划委员会等 6 个政府工作部门的主要负责人进行述职评议的实施方案（草案）；听取和审议市人大常委会主任会议关于义务教育执法检查情况的报告；听取和审议市人民政府关于全市乡镇工业园区建设情况的汇报；关于修改《永州市人民代表大会常务委员会人事任免办法》的议案，关于再次提请审议关于《加强和改进会议审议工作的规定（草案）》的说明，关于《加强市人民代表大会代表工作的决定（草案）》；表决通过有关人事任免事项。

第二十次会议 2003 年 11 月 4—7 日举行。会议听取和审议市人民政府关于 2003 年市本级财政预算调整情况的报告、市人大财经委关于 2003 年市本级财政预算调整方案的审查报告，评议市人民政府各个工作部门主要负责人的述职报告；表决通过有关人事任免事项。

第二十一次会议 2003 年 11 月 25 日举行。会议听取市中级人民法院关于接受市人大常委会开展办案质量抽查情况的报告、市人民检察院关于接受市人大常委会开展办案质量抽查情况的报告，市人大常委会主任会议关于对市中级人民法院、市人民检察院开展办案质量抽查情况的报告；表决通过有关人事任免事项。

第二十二次会议 2003 年 12 月 29—30 日举行。会议审议市人民政府关于全市招商引资情况的报告，市人民政府关于全市土地年度使用计划和执行情况的报告，市人大常委会工作报告；表决通过有关人事任免事项。

第二十三次会议 2004 年 2 月 20 日举行。会议审议确认宁远县另行选举的永州市第二届人大代表的代表资格，听取和审议《永州市人大常委会代表资格审查委员会关于另行选举市人大代表的代表资格审查报告》。

第二十四次会议 2004 年 2 月 23—24 日举行。会议传达省十届人大二次会议精神；听取市人大常委会主任会议关于永州市第二届人大四次会议至五次会议期间常委会工作计划要点的说明，听取和审议市人民政府关于办理市人大常委会义务教育执法检查交办函情况的报告、市人民检察院关于对犯罪嫌疑人李某某采取拘留和逮捕措施的报告。

第二十五次会议 2004 年 4 月 28—30 日举行。会议传达贯彻十届全国人大二次会议精神；听取市人民政府关于 2003 年度市本级城市维护建设资金管理和使用情况的报告、市人民政府关于 2003 年度城市最低生活保障资金管理和使用情况的报告、市人民政府关于 2003 年度基本养老保险基金管理和使用情况的报告、市人大常委会代表资格审查委员会关于代表资格的审查报告；听取发展计划委员会主任李德勋、市教育局局长刘宏来、市人事局局长唐立文、市交通局局长廖秋文、市乡镇企业局局长唐运军述职评议整改情况的汇报；表决通过有关人事任免事项。

第二十六次会议 2004 年 6 月 23—25 日举行。会议举行《中华人民共和国土地管理法》（以下简称土地管理法）法制讲座；审议通过市人大常委会关于《中华人民共和国土地管理法》执法检查方案；听取和审议市人民政府关于全市国民经济和社会发展“十五”计划前三年执行情况的报告、市人民政府关于实施《中华人民共和国行政许可法》准备工作情况的报告、市人民政府关于民办教育发展情况的报告、市人民政府关于市本级医疗保险和失业保险资金管理和使用情况的书面报告，审议市人民政府关于市本级教育资金管理和使用情况的书面报告、市人民政府关于市本级住房公积金和住房资金管理和使用整改情况的报告，审议通过《市人大常委会关于对市人民政府 3 名副市长进行书面述职评议和对市民政局等 5 个政府工作部门主要负责人以及市中级人民法院、市人民检察院有关庭、处主要负责人进行会议述职评议的公告》。

第二十七次会议 2004年8月25—27日举行。会议听取和审议市人大常委会主任会议关于《中华人民共和国土地管理法》执法检查情况的报告；审议通过《永州市人民代表大会常务委员会关于对市民政局等5个政府工作部门主要负责人以及市中级人民法院，市人民检察院有关庭、处主要负责人进行述职评议和对市人民政府3名副市长进行书面述职评议的实施方案》；听取和审议市人民政府关于2004年上半年全市国民经济和社会发展计划执行情况的报告；听取和审议市人民政府关于2004年上半年全市及市本级财政预算执行情况和2003年市本级财政决算的报告；审查和批准2003年市本级财政决算；听取和审议市人民政府关于全市农产品质量安全工作情况的报告；听取和审议市中级人民法院关于公正司法情况的报告；听取和审议市人民检察院关于公正司法情况的报告；听取和审议市人民政府关于2003年市人大常委会《中华人民共和国公路法》执法检查情况继续整改情况的报告。

第二十八次会议 2004年10月25—29日举行。会议对市民政局等5个政府工作部门主要负责人以及市中级人民法院，市人民检察院有关庭、处主要负责人进行会议述职评议和对市人民政府3名副市长进行书面述职评议；听取和审议市人民政府关于2004年市本级财政预算调整情况的报告；听取和审议市人民政府关于招商引资签约项目履约情况的报告；听取和审议市人民政府关于全市环境保护工作情况的报告；听取和审议“一府两院”关于永州市第二届人大四次会议代表建议、批评和意见办理情况的报告。

第二十九次会议 2005年12月15日举行。会议听取和审议《永州市人民代表大会常务委员会关于接待人民代表大会代表来信来访暂行办法》《永州市人民代表大会常务员会关于加强与市人民代表联系暂行办法》等。

第三十次会议 2004年12月29日举行。会议听取和审议市人民政府关于贯彻落实《永州市第二届人民代表大会第四次会议关于通过市人民政府加快推进永州工业化进程议案的决议》的情况报告；听取和审议市人民政府关于《市二届人大四次会议关于加快建设永州历史文化名城的议案》办理情况的报告；听取和审议市人民政府关于潇湘平湖总体规划情况的报告；听取和审议市人民政府关于潇湘广场规划、设计、建设情况的报告；听取和审议市人民政府关于零陵中路（黄泥井铁路道口至家家福超市段）的整治改造，中心城市市政基础设施配套建设和城市管理情况的报告；听取和审议市人民政府关于国债资金、城市基础设施建设打捆贷款资金使用和管理情况的报告；审议《永州市人大常委会工作报告（草案）》；审议永州市第二届人民代表大会第五次会议主席团组成人员等有关名单（草案）；听取和审议市二届人大常委会代表资格审查委员会关于补选代表的代表资格审查报告。

第三十一次会议 2005年1月15日举行。会议听取和审议市人民政府关于提请任命钱国平、周长光同志的议案；表决通过有关人事任免事项。

第三十二次会议　2005年2月27日举行。会议传达学习省十届人大三次会议精神；审议永州市第二届人大五次会议至市三届人大一次会议期间常委会工作计划要点；听取和审议市人民政府关于中心城区社会治安情况汇报；表决通过有关人事任免事项。

第三十三次会议　2005年4月举行。会议听取和审议市人民政府关于市本级城市维护建设资金、污染治理资金、医保、失业、最低生活保障、基本养老保险基金、住房公积金、教育专项资金管理和使用情况的书面报告；听取和审议市中级人民法院关于审判人员违法审判责任追究制落实情况的报告；听取和审议市人民检察院关于错案追究制落实情况的报告；听取和审议市人民政府关于土地管理执法检查交办整改的情况报告。

第三十四次会议　2005年6月28—29日举行。会议听取和审议市人民政府关于《电力法》执法检查交办整改情况，全市水污染防治及中心城市环境保护情况，2004年12月代表专题视察交办意见办理情况的报告；审议市人民政府关于2004年市本级医疗保险、失业保险、基本养老保险基金及教育专项资金管理和使用情况的书面汇报；听取和审议市人大常委会主任会议关于提请交办李振华上访案件的报告。

第三十五次会议　2005年8月23—24日举行。会议听取和审议市人民政府关于2005年上半年全市和市本级财政预算执行情况、2004年市本级财政预算执行情况和其他财政收支情况的审计工作报告；听取贯彻中央一号文件、提高全市农业综合生产能力、市“两院”关于案件质量考核考评情况报告；听取和审议《永州市人大常委会关于对“一府两院”开展述职评议的实施方案》。

第三十六次会议　2005年9月6—7日举行。会议听取和审议市人民政府关于全市工业园区建设管理和民营工业发展情况报告；听取和审议永州市第二届人大五次会议代表建议、批评和意见办理情况报告；对市科技局、市民宗委、市林业局、市物价局等四个政府工作部门主要负责人以及市中级人民法院、市人民检察院各一名副职进行述职评议。

第三十七次会议　2005年12月27—29日举行。会议听取和审议市人民政府关于贯彻落实永州市第二届人大四次会议《关于加快建设永州历史文化名城的议案》情况报告；听取和审议市人民政府关于中心城区土地清理和土地年度使用规划及执行情况报告；听取市人民政府关于全市年度招商引资签约项目履约情况报告。

第三十八次会议　2006年1月24日举行。会议审议永州市第二届人民代表大会第六次会议议程（草案）；审议永州市第二届人民代表大会第六次会议主席团和秘书长名单（草案）；审议永州市第二届人民代表大会第六次会议主席团执行主席分组名单（草案）；审议永州市第二届人民代表大会第六次会议列席人员名单（草案）；审议永州市第二届人民代表大会第六次会议补选办法（草案）；审议永州市第二届人大常委会工作报告。

第三十九次会议 2006 年 2 月 23—24 日举行。会议审议通过永州市第二届人大六次会议至市三届人大一次会议期间常委会工作计划要点；听取市人民政府 4 个工作部门主要负责人述职评议整改交办意见办理情况的报告；听取市劳动和社会保障局关于市人大常委会《中华人民共和国劳动法》执法检查交办意见整改情况的报告。

第四十次会议 2006 年 4 月 24—25 日举行。会议传达学习十届全国人大四次会议精神；举行《中华人民共和国广告法》讲座；听取和审议市人民政府关于整治非法、虚假广告情况的报告；审议永州市第二届人大常委会关于《中华人民共和国环保法》执法检查实施方案；审议市人民政府 4 名副市长书面述职报告。

第四十一会议 2006 年 6 月 26—27 日举行。会议听取和审议市人民政府关于市人大常委会关于中心城市社会治安、公交秩序问题整改意见的交办函办理情况的报告；审议市人民政府关于 2005 年市本级医疗保险、失业保险、基本养老保险基金、教育专项资金管理和使用情况书面报告；听取和审议市人民政府 7 个工作部门主要负责人及“两院”部分副职关于市人大常委会书面述职评议整改交办函办理情况的报告。

第四十二次会议 2006 年 8 月 29—30 日举行。会议听取和审议市人民政府关于 2006 年上半年全市国民经济和社会发展计划执行情况报告；听取和审议市人民政府关于 2005 年市本级财政决算及 2006 年上半年全市和市本级财政预算执行情况报告，审查批准市人民政府关于 2005 年市本级财政决算；听取和审议市审计局关于 2005 年市本级财政预算执行情况和其他财政收支情况的审计工作报告；听取和审议市人民政府 4 名副市长述职评议整改交办函办理情况报告；审议通过《永州市人大常委会主任会议关于设立永州市人大常委会研究室的议案》。

第四十三次会议 2006 年 9 月 18 日举行。会议听取和审议湖南省人民检察院《关于提请许可对周永亮刑事立案并采取强制措施的报告》；通过《永州市人民代表大会常务委员会关于许可湖南省人民检察院对周永亮刑事立案并采取法律强制措施的决定》。

第四十四会议 2006 年 9 月 30 日举行。会议听取和审议市公安局《关于提请许可对李永华采取法律强制措施的报告》；通过《永州市人民代表大会常务委员会关于许可永州市公安局对李永华采取法律强制措施的决定》。

第四十五次会议 2006 年 10 月 31 日至 11 月 1 日举行。会议听取和审议市人民政府、市中级人民法院关于永州市第二届人大六次会议代表建议、批评和意见办理情况报告；听取和审议市人民政府关于“五五”普法的议案；审议市人民政府关于 2005 年市本级住房公积金管理和使用情况书面报告；审议市人民政府关于 2005 年市本级排污费收取和使用情况书面报告。

第四十六次会议　2006 年 12 月 29—30 日举行。会议传达全省《中华人民共和国各级人民代表大会常务委员会监督法》学习班会议精神；听取和审议市人民政府关于《永州历史文化名城保护规划（草案）》的报告；审议通过《永州市人民代表大会常务委员会关于召开永州市第三届人民代表大会第一次会议的决定》；审议和原则通过《永州市第三届人民代表大会第一次会议日程》（草案）；审议和原则通过《永州市第三届人民代表大会第一次会议有关名单》（草案）；审议和原则通过《永州市第三届人民代表大会第一次会议选举办法》（草案）；审议和原则通过《永州市人民代表大会常务委员会工作报告》。

第四十七次会议　2007 年 1 月 10 日举行。会议听取市人大常委会第四十七次会议各项议程的报告；集中审议永州市第二届人民代表大会常务委员会代表资格审查委员会关于永州市第三届人民代表大会代表资格审查的报告；审议永州市第三届人民代表大会第一次会议有关名单（草案）；确认永州市第三届人民代表大会代表资格；原则通过永州市第三届人民代表大会第一次会议有关名单（草案）。

第三节　第三届人民代表大会常务委员会会议

永州市第三届人民代表大会常务委员会自 2007 年 2 月起至 2011 年 12 月止，举行会议 45 次。

第一次会议　2007 年 2 月 28 日举行。会议审议通过《永州市第三届人民代表大会第一次会议至第二次会议期间常务委员会工作计划要点》《永州市人民代表大会常务委员会组成人员守则（草案）》《永州市第三届人民代表大会常务委员会代表资格审查委员会主任委员、副主任委员、委员名单》。会议学习《永州市人民代表大会常务委员会工作规程》《永州市人民代表大会常务委员会议事规则》《永州市人民代表大会常务委员会人事任免办法》《永州市人民代表大会常务委员会关于讨论决定重大事项的规定》；表决通过有关人事事项。

第二次会议　2007 年 3 月 29—30 日举行。会议听取和审议市人民政府市长关于提请决定任命议案的报告、市中级人民法院院长熊春明关于提请任免议案的报告、市审计局关于市人民政府提请市人大常委会任命人员任期经济责任审计情况的报告。市人民政府组成单位拟任职人员发言；表决通过有关人事事项。

第三次会议　2007 年 4 月 29 日举行。会议开展《中华人民共和国组织法》《中华人民共和国环保法》学习讲座；听取和审议市人民政府关于《中华人民共和国环境保护法》及相关法律法规执法检查情况审议意见的交办函办理情况的报告，市人大常委会主任会议关于提请修改《永州市人民代表大会常务委员会工作规程》《永州市人民代表大会常务委员会关于讨论决定重大事项的规定》的议案；通过《永州市人民代表大会常务委员会关于市人民代表大会代表联系原选举单位的意见》《永州市人民代表大会常务委员会关于实行人民代表大会常务委员会会议审议票决制的规定〈试行〉》；审议通过永州市人民代表大会常务委员会关于《湖南省非税收入管理条例》执法检查方案。表决通过有关人事事项。

第四次会议 2007年6月28—29日举行。会议开展《中华人民共和国预算法》《湖南省县级以上人民代表大会常务委员会预算审查监督条例》《湖南省非税收入管理条例》学习讲座；听取和审议市人大常委会主任会议关于《湖南省非税收入管理条例》执法检查情况的报告、市人民政府关于2006年城市维护建设资金管理和使用情况的报告、2006年基本养老保险基金、市本级医疗、失业等社会保险基金管理和使用情况的报告、2006年排污费管理和使用情况的报告、2006年住房公积金管理和使用情况的报告、2006年教育专项资金管理和使用情况的报告、2006年全市土地年度使用计划和执行情况的报告；表决通过有关人事事项。

第五次会议 2007年8月30—31日举行。会议听取和审议市人民政府关于加强少数民族地区人才培养，促进民族地区经济和社会发展的报告；听取和审议2006年市本级预算执行和其他财政收支情况的审计工作报告、2007年上半年国民经济和社会发展计划执行情况的报告、2006年市本级财政决算草案和2007年上半年预算执行情况的报告；审查和批准2006年市本级决算；听取和审议市人民检察院关于提请许可对市人大代表蒋平立案并采取强制措施的报告；市人大常委会关于开展《中华人民共和国中小企业促进法》《湖南省实施〈中华人民共和国中小企业促进法〉办法》执法检查实施方案。表决通过有关人事事项。

第六次会议 2007年10月30—31日举行。会议学习贯彻中共十七大精神；听取和审议市人大民族华侨外事委员会关于市三届人大一次会议主席团交付审议的《关于加快我市旅游产业发展的议案》办理情况审议结果的报告；市人民政府、市中级人民法院关于市三届人大一次会议代表建议、批评和意见办理情况的报告；市人大常委会代表资格审查委员会关于代表资格审查的报告；市人民政府关于发展现代农业、推进社会主义新农村建设的报告，关于对市人大常委会《关于检查〈湖南省非税收入管理条例〉贯彻实施情况的报告》及审议意见的办理情况的报告；市中级人民法院关于民商案件审执情况的报告。

第七次会议 2007年11月21—22日举行。会议开展《中华人民共和国物权法》《中华人民共和国城乡规划法》学习讲座；听取和审议市人民政府关于2007年市本级财政预算调整、通乡通村公路改造、出省跨境公路建设、加强基础能力建设、促进全市职业教育发展情况的报告；听取和审议市人民检察院关于办理渎职侵权案件情况的报告；表决通过《永州市人民代表大会常务委员会关于召开永州市第三届人民代表大会第二次会议的决定》及有关人事事项。

第八次会议 2007 年 12 月 12—13 日举行。会议听取和审议市人大常委会主任会议关于开展《中华人民共和国中小企业促进法》《湖南省实施〈中华人民共和国中小企业促进法〉办法》执法检查情况的报告；听取和审议市人民政府关于以园区建设为平台、推进新型工业化建设，市三届人大一次会议代表建议、批评和意见办理情况的报告；听取和审议市三届人大二次会议有关事项。表决通过有关人事事项。

第九次会议 2008 年 2 月 26—27 日举行。会议开展《中华人民共和国土地管理法》《中华人民共和国城市房地产管理法》学习讲座；传达省十一届人大一次会议精神；听取和审议市人民政府关于永州市 2008 年市本级部门预算草案及基金预算草案的报告；审查批准 2008 年永州市本级部门预算草案和基金预算草案；审议《永州市第三届人民代表大会第二次会议至第三次会议期间常务委员会工作计划要点（草案）》《永州市人民代表大会常务委员会关于对市公安局、市林业局、市卫生局、市工商行政管理局开展工作评议的实施方案》；听取和审议市人大常委会主任会议关于提请审议《永州市人民代表大会常务委员会关于实行人民代表大会常务委员会会议票决制的规定》的议案；表决通过关于修改《永州市人民代表大会常务委员会工作规程》的决定、关于修改《永州市人民代表大会常务委员会关于讨论决定重大事项的规定》的决定、关于修改《永州市人民代表大会常务委员会人事任免办法》的决定及有关人事事项。

第十次会议 2008 年 4 月 24—25 日举行。会议开展预算知识学习讲座；听取和审议市人民政府关于全市土地总体规划修编情况，2007 年全市土地年度使用计划执行情况，抗冰救灾资金及物资安排使用情况；2008 年教育费附加、科技三项费用和社会保险基金预算草案；对市人大常委会《关于“永州环保世纪行”调研采访需要整改的交办意见》办理情况的报告；审议《永州市人大常委会关于检查〈湖南省非税收入管理条例〉贯彻执行情况的实施方案（草案）》；表决通过《永州市人大常委会关于在全市推行设立人大代表收集群众意见箱的意见（试行）》及有关人事事项。

第十一次会议 2008 年 6 月 23—24 日举行。会议开展《中华人民共和国刑法》学习讲座；听取和审议市人民政府关于中小企业促进法执法检查整改情况，中心城区卫生、市容市貌管理情况的报告和市三届人大常委会代表资格审查委员会关于补选市人大代表的代表资格审查报告；听取市人民政府关于全市“惠农”政策落实情况、新型农村合作医疗工作情况、第七次村民委员会换届选举工作进展情况和城镇居民医疗保险工作情况的报告；审查市人民政府关于依法制止和查处中心城区违法建筑的议案，并通过《市人大常委会关于依法制止和查处中心城区违法建筑的决议》；审议《关于永州市人民代表大会常务委员会预约接访暂行办法》的议案。

第十二次会议 2008年8月25—26日举行。会议开展《中华人民共和国审计法》《湖南省行政事业性收费管理条例》学习讲座；听取和审议市人民政府关于全市2008年上半年国民经济和社会发展计划执行情况的报告、2007年市本级财政决算草案和2008年上半年财政预算执行情况的报告、2007年市本级预算执行和其他财政收支的审计工作报告、2007年全市节能减排工作情况的报告、全市少数民族地区经济社会发展情况的报告、长丰工业园区路网工程项目建设贷款还贷资金列入财政预算的报告、市人民检察院关于侦查监督工作情况的报告、市人大常委会主任会议关于检查《湖南省非税收入管理条例》贯彻实施情况的报告。

第十三次会议 2008年10月29—31日举行。会议开展《中华人民共和国刑事诉讼法》学习讲座；听取和审议市人民政府关于2008年全市国民经济和社会发展计划部分调整方案，市本级财政预算调整方案、中心城区洗车行业、“水上乐园”、“得月舫”问题交办意见办理情况、农民工培训示范基地建设项目申请国家开发银行贷款的报告；听取和审议市人民政府、市中级人民法院关于市三届人大二次会议人大代表建议、批评和意见办理工作情况报告；听取和审议市人大城环委《关于贯彻〈中华人民共和国城乡规划法〉，加强中心城区规划建设管理》的议案办理情况审议结果的报告；书面听取市人大教科文卫委关于体育“一法一条例”执法检查情况、农业委关于林业“一法一条例”执法检查情况的报告。通过市人大常委会《关于批准2008年全市国民经济和社会发展计划部分调整方案的决议》《关于批准2008年市本级财政预算调整方案的决议》《关于批准〈永州市人民政府关于农民工培训示范基地建设项目申请国家开发银行贷款的报告〉的决定》。会议对中心城区洗车行业、“水上乐园”、“得月舫”问题交办意见办理情况进行了满意度测评。表决通过有关人事事项。

第十四次会议 2008年12月5日举行。会议审议通过《永州市规范性文件备案审查办法》《永州市人民代表大会常务委员会关于实行人民代表大会常务委员会会议审议事项票决制暂行办法（三审稿）》《永州市人民代表大会常务委员会信访工作暂行办法（草案·二审稿）》《永州市人民代表大会常务委员会关于召开永州市第三届人民代表大会第三次会议的决定》（草案）；审议市人大常委会工作报告，市三届人大三次会议议程（草案），市三届人大三次会议主席团和秘书长名单（草案），市三届人大三次会议主席团常务主席名单（草案），市三届人大三次会议执行主席分组名单（草案），市三届人大三次会议副秘书长名单（草案），市三届人大三次会议日程（草案），市三届人大三次会议选举办法（草案），市三届人大三次会议关于接受代表议案截止时间，市三届人大三次会议代表提出议案、质询案、建议、批评和意见的注意事项、市三届人大三次会议列席人员名单（草案）和特邀人员名单（草案）。同意刘事青辞去永州市人民政府副市长职务，报永州市第三届人民代表大会第三次会议备案；表决通过有关人事事项。

第十五次会议　2008 年 12 月 25—26 日举行。会议听取和审议市人民政府关于全市交通基础设施建设、市本级非税收入执法检查整改、市中级人民法院关于行政审判工作的报告；听取和审议市公安局、市林业局、市卫生局、市工商行政管理局关于工作评议整改情况的报告；表决通过有关人事事项。

第十六次会议　2009 年 1 月 5 日举行。会议听取和审议市三届人大常委会代表资格审查委员会关于补选、另选市人大代表的代表资格审查报告。

第十七次会议　2009 年 2 月 23—24 日举行。会议开展《中华人民共和国劳动法》《中华人民共和国劳动合同法》学习讲座；听取和审议市人大常委会特定问题调查委员会关于对潇湘平湖“得月舫”游轮有关问题调查情况的报告、市人民政府关于全市义务教育“两免一补”工作情况、全市食品药品监督工作情况的报告；审议和通过《关于对潇湘平湖“得月舫”游轮有关问题调查报告的决议》《永州市第三届人民代表大会第三次会议至第四次会议期间常务委员会工作计划要点》《关于对市国土资源局、市规划建设局、市城市管理行政执法局、市公用事业管理局、市房产局开展工作审议的实施方案》《关于开展全市医疗收费执法检查的实施方案》；接受骆长云辞去永州市第三届人民代表大会常务委员会委员职务和永州市第三届人民代表大会财政经济委员会委员职务；表决通过有关人事事项。

第十八次会议　2009 年 4 月 29—30 日举行。会议听取和审议市人民政府关于 2008 年市本级城市维护建设资金管理与使用情况、2008 年全市住房公积金管理与使用情况，2008 年市本级排污费管理与使用情况，2009 年市本级教育费附加、城市维护费、科技三项费用、政府性基金和社会保险基金预算草案编制情况，2008 年全市土地年度使用计划及执行情况，将永州市农副产品加工基地基础设施建设工程项目还贷资金列入财政预算的报告；通过永州市人民代表大会常务委员会《关于批准 2009 年永州市教育费附加、城市维护费、科技三项费用、政府性基金和社会保险基金预算草案的决议》；通过《市三届人大常委会代表资格审查委员会关于代表资格的审查报告》《永州市人大常委会关于开展刑法、刑事诉讼法执法检查实施方案》。

第十九次会议　2009 年 6 月 25—26 日举行。会议开展《湖南省行政程序规定》学习讲座；审议通过 2008 年市本级社会保险基金管理和使用情况、2008 年市本级土地出让金管理和使用情况、2008 年市本级教育费附加管理和使用情况、洗车行业整改情况的报告；听取和审议市人大常委会执法检查组关于全市医疗收费执法检查情况的报告、市三届人大常委会代表资格审查委员会关于补选市人大代表的代表资格的审查报告、市人民政府关于质量监督工作情况、“得月舫”游轮处理情况、有关工程项目申请贷款的报告；通过关于批准永州市人民政府申请贷款的有关决定；任命许洋名为永州市第三届人民代表大会常务委员会代表资格审查委员会委员；表决通过有关人事事项。

第二十次会议 2009年7月28—29日举行。会议听取和审议市国土资源局、市规划建设局、市城市管理行政执法局、市公用事业管理局、市房产局的工作报告。

第二十一次会议 2009年8月20—21日举行。会议听取和审议市人民政府关于2009年上半年国民经济和社会发展计划执行情况、2008年市本级财政决算草案和2009年上半年全市财政预算执行情况、2008年市本级预算执行和其他财政收支情况的审计工作报告；听取和审议市人大财经委《关于2008年市本级财政决算草案的审查报告》。会议对财政预算执行和决算草案进行审查，通过《永州市人民代表大会常务委员会关于批准2008年永州市本级财政决算的决议》；听取和审议市人大常委会执法检查组关于《中华人民共和国刑法》《中华人民共和国刑事诉讼法》执法检查情况的报告；审议《永州市人民代表大会常务委员会关于常务委员会会议审议意见办理程序的规定》；书面审议市人大教科文卫委关于全市人口与计划生育执法检查情况的报告；表决通过有关人事事项。

第二十二次会议 2009年10月29—30日举行。会议听取和审议市人民政府关于农村水利基础设施建设情况、外事工作情况、2009年地方政府债券资金安排及市本级财政预算调整方案、《关于贯彻〈中华人民共和国城乡规划法〉加强中心城区规划建设管理的议案》继续办理情况、《关于加强凤凰园经济开发区建设，加大承接产业转移力度的议案》办理情况的报告；分别听取和审议市人民政府、市中级人民法院、市人民检察院关于市三届人大三次会议代表建议、批评和意见办理情况的报告；听取市三届人大常委会代表资格审查委员会关于补选市人大代表的代表资格的审查报告、市人大常委会联工委关于市三届人大三次会议代表建议重点督办情况、市人大财经委关于市三届人大三次会议代表议案审议结果的报告；通过《永州市人民代表大会常务委员会关于批准2009年永州市本级财政预算调整方案的决议》《永州市人民代表大会常务委员会关于召开永州市第三届人民代表大会第四次会议的决定》；表决通过有关人事事项。

第二十三次会议 2009年12月28—29日举行。会议听取和审议市国土资源局、市规划建设局、市城市管理行政执法局、市公用事业管理局、市房产局关于工作审议整改情况的报告及市人大常委会5个工作审议调查组的审议发言；通过市人民政府关于市三届人大三次会议代表建议、批评和意见继续办理情况的报告及永州富园经济适用住房等3个建设项目申请国家开发银行贷款的报告；审议并原则通过市人大常委会工作报告、市三届人大四次会议的有关事项；通过《关于提前召开永州市第三届人民代表大会第四次会议的决定》；确认市三届人大常委会代表资格审查委员会关于补选市人大代表的代表资格的审查报告，报永州市第三届人民代表大会第四次会议备案。表决通过有关人事事项。

第二十四次会议　2010 年 2 月 1—2 日举行。会议开展《中华人民共和国民法通则》学习讲座；听取和审议市人民政府关于《永州市人大常委会〈听取和审议全市医疗收费执法检查报告的审议意见〉办理情况的报告》；审议通过《永州市第三届人民代表大会第四次会议至第五次会议期间常务委员会工作计划要点》《永州市人民代表大会常务委员会关于对市教育局、民政局、商务局、人口和计划生育委员会、质量技术监督局开展工作审议的实施方案》；表决通过有关人事事项。

第二十五次会议　2010 年 4 月 22—23 日举行。会议开展《中华人民共和国民事诉讼法》《中华人民共和国行政诉讼法》学习讲座；听取和审议市人民政府关于 2009 年全市土地年度使用计划执行情况、全市承接产业转移工作情况、“生态新城”建设筹备情况、关于《市三届人大常委会第十九次会议审议意见》办理情况的报告；通过《永州市人民政府关于 2009 年全市土地年度使用计划执行情况的报告》《永州市人大常委会关于开展刑法、刑事诉讼法与治安管理处罚法执法检查的实施方案》；听取市三届人大常委会代表资格审查委员会《关于补选市人大代表的代表资格的审查报告》；确认补选市人大代表的代表资格；表决通过有关人事事项。

第二十六次会议　2010 年 6 月 1 日举行。会议作出关于许可对王某某、蔡某某采取法律强制措施的决定。

第二十七次会议　2010 年 6 月 27—29 日举行。会议组织常委会组成人员集中视察中心城市建设；听取和审议市人民政府关于城市总体规划修改、潇湘河道采砂管理、市本级公务员管理、人口与出入境管理、医药卫生体制改革、“五五”普法依法治理工作情况的报告；听取市三届人大常委会代表资格审查委员会《关于另选和补选市人大代表的代表资格的审查报告》，确认另选、补选代表的代表资格；书面审议市人民政府关于《永州市人大常委会关于农村水利基础设施建设情况的审议意见》《永州市人大常委会关于外事工作情况的审议意见》办理情况的报告；决定任命舒平为永州市人民政府副市长，同意王芳柏辞去永州市人民政府副市长职务，报永州市第三届人民代表大会第五次会议备案；表决通过有关人事事项。

第二十八次会议　2010 年 7 月 28—29 日举行。会议听取和审议市教育局、市民政局、市商务局、市人口和计划生育委员会、市质量技术监督局的工作报告。

第二十九次会议　2010 年 8 月 22—24 日举行。会议听取和审议市人大常委会执法检查组关于《中华人民共和国刑法》《中华人民共和国刑事诉讼法》与《中华人民共和国治安管理处罚法》执法检查情况的报告，市人民政府关于 2010 年上半年国民经济和社会发展计划执行情况，2009年市本级财政决算草案和2010年上半年全市财政预算执行情况的报告；听取和审议关于2009年市本级预算执行和其他财政收支情况的审计工作报告；听取关于省直管县财政体制改革有关情况的报告；通过《永州市人民代表大会常务委员会关于批准2009年永州市本级财政决算的决议》；市人大常委会代表资格审查委员会关于补选市人大代表的代表资格的审查报告，确认补选代表资格。

第三十次会议 2010年10月17—19日举行。会议开展《中华人民共和国治安管理处罚法》《中华人民共和国人民警察法》学习讲座；听取和审议市人民政府关于加快对接东盟工作的议案、全市农业产业化经营发展情况、市本级政府性债务管理工作情况、2010年地方政府债券资金安排及市本级财政预算调整方案；听取市人民政府、市中级人民法院关于市三届人大四次会议代表建议、批评和意见办理情况的报告；听取市三届人大常委会代表资格审查委员会关于中止个别市人大代表的代表资格的报告，市人大常委会联工委关于市三届人大四次会议代表建议重点督办情况的报告，市人大财经委关于2010年市本级财政预算调整方案（草案）的审查报告；通过《永州市人民代表大会常务委员会关于加快对接东盟工作的决议》《永州市人民代表大会常务委员会关于批准2010年市本级财政预算调整方案的决议》《永州市人民政府关于市三届人大四次会议代表建议、批评和意见办理情况的报告》《永州市中级人民法院关于市三届人大四次会议代表建议、批评和意见办理情况的报告》；表决通过有关人事事项。

第三十一次会议 2010年11月22日举行。会议听取和审议市人民政府《关于永州市城市总体规划修改工作情况的报告》；书面审议市人大城环委《关于市人民政府提请对宋家洲用地性质适度调整的调研报告》；同意唐松成辞去永州市人民政府副市长职务，报永州市第三届人民代表大会第五次会议备案。

第三十二次会议 2010年11月22日举行。会议决定任命周德睿为永州市人民政府副市长。

第三十三次会议 2010年12月9—10日举行。会议听取和审议市人民政府关于永州市国民经济和社会发展"十二五"规划纲要（草案）编制情况、市三届人大二次会议《关于贯彻〈城乡规划法〉，加强中心城区规划建设管理的议案》继续办理情况、市三届人大四次会议《关于加大综合治理力度，着力创建省级卫生城市的议案》办理情况的报告；听取和审议市人大城环委关于市三届人大二次会议主席团《关于贯彻〈城乡规划法〉加强中心城区规划建设管理的议案》继续办理情况审议结果的报告、市人大教科文卫委关于市三届人大四次会议主席团《关于加大综合治理力度，着力创建省级卫生城市的议案》办理情况审议结果的报告、市人大常委会代表资格审查委员会关于补选市人大代表的代表资格审查的报告；通过《关于召开市三届人大五次会议的决定》，确认补选代表资格；听取和审议市教育局、市民政局、市商务局、市人口和计划生育委员会、市质量技术监督局关于工作审议整改情况的报告，并进行测评；书面审议关于对市国土资源局、住房和城乡规划建设局、城市管理行政执法局、公用事业管理局、房产局工作审议后继续整改跟踪督查情况的报告。

第三十四次会议 2011 年 1 月 5 日举行。会议听取和审议市人大常委会代表资格审查委员会关于补选市人大代表的代表资格审查报告；审议市三届人大五次会议议程（草案）等文件、市三届人大五次会议主席团和秘书长名单（草案）及其他名单（草案）、市三届人大五次会议有关报告材料、市三届人大常委会委员履职报告；作出接受周辉秀、毛秋元、唐军辞去市三届人大常委会委员职务，朱映红辞去永州市人民政府副市长职务的决定，报永州市第三届人民代表大会第五次会议备案；表决通过有关人事事项。

第三十五次会议 2011 年 2 月 21—22 日举行。会议传达省十一届人大五次会议精神；听取和审议市人民政府关于建设绿色永州的议案及群众文化建设情况、保障性安居工程建设情况的报告、“一府两院”关于 2010 年刑法、刑诉法、治安管理处罚法执法检查报告的审议意见办理情况的报告；通过《永州市第三届人民代表大会第五次会议至第四届人民代表大会第一次会议期间常务委员会工作计划要点）》《永州市人民代表大会常务委员会关于对市交通运输局、市水利局、市农业局、市环境保护局、市畜牧水产局开展工作审议的实施方案》；表决通过有关人事事项。

第三十六次会议 2011 年 4 月 25—26 日举行。会议开展《中华人民共和国行政许可法》《中华人民共和国行政处罚法》《中华人民共和国行政复议法》学习讲座；听取和审议市人民政府关于大力开展植树造林积极建设绿色永州的议案、2011 年市本级社会保险基金预算草案编制情况的报告；通过永州市人大常委会《关于大力开展植树造林积极建设绿色永州的决议》《关于批准 2011 年市本级社会保险基金预算的决议》《关于开展〈中华人民共和国治安管理处罚法〉〈中华人民共和国行政复议法〉〈湖南省信访条例〉执法检查的实施方案》；听取和审议市人大常委会代表资格审查委员会关于补选市第三届人大代表的代表资格审查报告，确认补选代表资格，作出接受陈东平辞去市人大常委会委员职务的决定，报永州市第三届人民代表大会备案；表决通过有关人事事项。

第三十七次会议 2011 年 6 月 23—24 日举行。会议开展《中华人民共和国国家赔偿法》《湖南省信访条例》学习讲座；听取和审议市人民政府关于全市少数民族地区基础设施建设情况、生态新城规划建设工作情况、驻外办事处工作情况的报告；书面审议并肯定市教育局、市民政局、市商务局、市人口和计划生育委员会、市质量技术监督局关于工作审议后续整改情况的报告；市人大常委会食品安全法执法检查组关于全市《中华人民共和国食品安全法》执法检查情况的报告；表决通过有关人事事项。

第三十八次会议 2011 年 8 月 2—3 日举行。会议听取和审议市交通运输局、市水利局、市农业局、市环境保护局、市畜牧水产局的工作报告。

第三十九次会议 2011年9月1—2日举行。会议开展《中华人民共和国食品安全法》《中华人民共和国农产品质量安全法》学习讲座；听取和审议市人民政府关于2011年上半年国民经济和社会发展计划执行情况、2010年全市及市本级财政决算草案和2011年上半年全市财政预算执行情况、2011年永州市地方政府债券资金安排及市本级预算调整方案（草案）的报告及2010年市本级预算执行和其他财政收支情况的审计工作报告；听取市人大财经委关于2010年市本级财政决算草案的审查报告、关于2011年市本级预算调整方案（草案）的审查报告；通过永州市人民代表大会常务委员会《关于批准2010年永州市本级财政决算的决议》《关于批准2011年永州市本级预算调整方案的决议》。

第四十次会议 2011年9月30日举行。会议表决通过有关人事事项。

第四十一次会议 2011年9月30日举行。会议作出关于接受张正辞去永州市人民政府副市长职务的决定。

第四十二次会议 2011年10月27—28日举行。会议开展《中华人民共和国公司法》《中华人民共和国合同法》学习讲座；听取和审议市人民政府《关于继续深入开展法制宣传教育的议案》；听取和审议市人民政府《关于加快我市中心城区“菜篮子”工程建设的议案》办理情况、市人大农业委《关于加快我市中心城区“菜篮子”工程建设的议案》办理情况审议结果的报告，市人民政府及市中级人民法院关于市三届人大五次会议代表建议、批评和意见办理情况的报告，市人大常委会联工委关于市三届人大五次会议代表建议重点督办情况的报告，市人民检察院关于贯彻实施省人大常委会《关于加强人民检察院对诉讼活动法律监督工作的决议》情况的报告。通过《永州市人民代表大会常务委员会关于召开永州市第四届人民代表大会第一次会议的决定》《永州市人民代表大会常务委员会关于继续深入开展法制宣传教育的决议》。

第四十三次会议 2011年11月17—18日举行。会议听取和审议市交通运输、水利、农业、环保、畜牧水产五个部门工作审议整改情况的报告，并进行满意度测评。测评得票的结果为：市交通运输局满意加基本满意票率97.1%；市水利局满意加基本满意票率88.2%；市农业局满意加基本满意票率94.1%；市环保局满意加基本满意票率100%；市畜牧水产局满意加基本满意票率91.2%。依照审议工作方案的规定，5个部门测评结果均为满意。

第四十四次会议 2011年12月5日举行。会议组织常委会组成人员视察中心城区“菜篮子”工程；听取和审议市人大常委会执法检查组关于《中华人民共和国治安管理处罚法》《中华人民共和国行政复议法》《湖南省信访条例》执法检查情况的报告。

第四十五次会议 2011年12月27日举行。会议听取和审议市人大常委会代表资格审查委员会关于市四届人大代表的代表资格的审查报告；审议市人大常委会工作报告（草案）；市人民政府工作报告（草案）、市发展和改革委员会关于永州市2011年国民经济和社会发展计划执行情况与2012年国民经济和社会发展计划（草案）的报告及永州市2012年国民经济和社会发展计划（草案），市财政局关于永州市2011年预算执行情况与2012年市本级预算草案的报告及2012年市本级预算（草案），市中级人民法院工作报告（草案），市人民检察院工作报告（草案）；市四届人大一次会议议程（草案）等文件，市四届人大一次会议主席团和秘书长名单（草案）及其他名单（草案）；表决通过有关人事事项。

第四节 第四届人民代表大会常务委员会会议

永州市第四届人民代表大会常务委员会自2012年1月至2016年12月，举行会议46次。

第一次会议 2012年1月7日举行。会议表决通过人事任免事项，依法任免市四届人大常委会工作机构负责人。

第二次会议 2012年3月27—29日举行。会议学习《永州市人民代表大会常务委员会工作规程》《永州市人民代表大会常务委员会人事任免办法》《永州市人民代表大会常务委员会关于讨论决定重大事项的规定》《永州市人民代表大会常务委员会关于实行人民代表大会常务委员会审议票决制的规定》；审议通过《永州市第四届人民代表大会第一次会议至第二次会议期间常务委员会工作计划要点（草案）》；审议通过《永州市第四届人民代表大会常务委员会代表资格审查委员会主任委员、副主任委员、委员名单（草案）》；表决通过有关人事事项。

第三次会议 2012年4月26—27日举行。听取《中华人民共和国各级人民代表大会常务委员会监督法》《中华人民共和国食品安全法》学习讲座；听取和审议市人民政府关于扶贫开发工作情况的报告；审议通过《永州市人大常委会关于对市科技局、市司法局、市物价局、市人防办、市地税局开展工作审议的实施方案（草案）》；审议通过《永州市人大常委会关于开展〈中华人民共和国食品安全法〉执法检查方案（草案）》；表决通过有关人事事项。

第四次会议 2012年6月25—26日举行。会议听取和审议市人大常委会代表资格审查委员会关于补选市四届人大代表的代表资格的审查报告；听取和审议市中级人民法院关于执行工作情况的报告；书面审议上年度专题工作审议交办意见后续整改情况的报告；开展《中华人民共和国全国人民代表大会和地方各级人民代表大会选举法》《中华人民共和国全国人民代表大会和地方各级人民代表大会代表法》学习讲座；表决通过有关人事事项。

第五次会议 2012年7月23—25日举行。会议听取和审议市科技局、市司法局、市物价局、市人防办、市地税局工作报告。

第六次会议 2012年8月28—29日举行。会议开展《中华人民共和国预算法》《中华人民共和国审计法》学习讲座；听取和审议市人民政府关于2012年上半年全市国民经济和社会发展计划执行情况的报告；听取和审议市人民政府关于2011年全市及市本级财政决算草案和2012年上半年全市财政预算执行情况的报告；审查和批准2011年永州市本级财政决算草案；听取和审议市人民政府关于2011年市本级预算执行和其他财政收支的审计工作报告；表决通过有关人事事项。

第七次会议 2012年10月23—25日举行。会议开展《中华人民共和国检察官法》学习讲座；听取和审议市人民检察院关于反渎职侵权工作情况的报告；听取和审议市人民政府关于城市投资融资及建设情况的报告；听取和审议市人大常委会执法检查组关于《中华人民共和国食品安全法》执法检查情况的报告；听取和审议市人民政府关于2012年永州市本级财政预算调整方案（草案）的报告，审查和批准2012年市本级财政预算调整方案（草案）；审议市人大常委会关于召开市四届人大第二次会议的决定（草案）；表决通过有关人事事项。

第八次会议 2012年12月11—14日举行。会议听取和审议市科技局、市司法局、市物价局、市人防办、市地税局关于工作审议整改情况的报告；听取和审议市四届人大一次会议议案和代表建议、批评和意见办理情况的报告；听取和审议市人大常委会代表资格审查委员会关于选举的市四届人大代表的代表资格审查报告；听取和审议市审计局关于2011年度审计工作报告指出问题的纠正情况和处理结果的报告；听取和审议市人民政府关于《永州市历史文化名城保护规划（2006—2020）（2011年修改）》情况的报告；审议市人大常委会工作报告（草案），市人民政府工作报告（草案）；市中级人民法院工作报告（草案）；市人民检察院工作报告（草案）；审议市发展和改革委员会关于永州市2012年国民经济和社会发展计划执行情况与2013年国民经济和社会发展计划（草案）的报告及永州市2013年国民经济和社会发展计划（草案）、市财政局关于永州市2012年预算执行情况与2013年市本级预算（草案）的报告及2013年市本级预算（草案）；审议市四届人大二次会议议程（草案）等文件；审议市四届人大二次会议主席团和秘书长名单（草案）及其他名单（草案）；审议市四届人大二次会议选举办法（草案）；表决通过有关人事事项。

第九次会议 2013年2月27—28日举行。会议听取《中华人民共和国城乡规划法》

学习讲座；审议通过《永州市第四届人民代表大会第二次会议至第三次会议期间常务委员会工作计划要点（草案）》；审议通过《永州市人大常委会关于对市人社局、市安监局、市国税局工作开展审议的实施方案（草案）》；听取和审议市人大常委会代表资格审查委员会关于市四届人大代表的代表资格的审查报告；审议《市人民政府关于提请审议永州市凤凰园经济开发区恢复设立县级金库的议案》；表决通过有关人事事项。

第十次会议　2013 年 4 月 15—16 日举行。会议听取《中华人民共和国义务教育法》《湖南省大中型水库移民条例》学习讲座；听取和审议市人民政府关于中心城区义务教育阶段学位建设情况的报告；听取和审议市人民政府关于 2011 年审计工作报告指出问题的纠正情况和处理结果的报告；审议市人大常委会关于召开市四届人大第三次会议的决定（草案）；审议市四届人大三次会议议程（草案）等文件；审议市四届人大三次会议主席团和秘书长名单（草案）及其他名单（草案）；审议市四届人大三次会议补选办法（草案）；表决通过有关人事事项。

第十一次会议　2013 年 5 月 21 日举行。会议审议和通过市四届人大三次会议议程（草案）；审议和通过市四届人大三次会议列席和特邀人员名单（草案）；审议和通过市四届人大三次会议应邀在主席台就座人员名单（草案）；听取和审议市人大常委会代表资格审查委员会关于补选市四届人大代表的代表资格的审查报告；审议和通过《市人大常委会 2013 年“双联”工作方案（草案）》；表决通过有关人事事项。

第十二次会议　2013 年 6 月 26—27 日举行。会议听取和审议市人民政府关于社会救助工作情况的报告；听取和审议市人民政府关于《中华人民共和国城乡规划法》贯彻实施情况的报告；听取和审议 2012 年工作审议交办意见后续整改情况的报告；表决通过有关人事事项。

第十三次会议　2013 年 7 月 24—26 日举行。会议听取和审议市人社局、市安监局、市国税局工作报告。

第十四次会议　2013 年 8 月 26—28 日举行。会议开展《中华人民共和国物权法》《物业管理条例》学习讲座；听取和审议市人民政府关于 2013 年上半年全市国民经济和社会发展计划执行情况的报告；听取和审议市人民政府关于 2012 年全市及市本级财政决算草案和 2013 年上半年全市财政预算执行情况的报告；审查和批准 2012 年市本级财政决算草案；听取和审议市人民政府关于 2012 年市本级预算执行和其他财政收支的审计工作报告；听取和审议市人民政府关于搬迁永州机场的议案；听取和审议市人民政府关于中心城区住宅小区物业管理自查自纠情况的报告；听取和审议市人民政府关于中心城区有线电视网络收费与服务自查自纠情况的报告

第十五次会议　2013 年 10 月 22—24 日举行。会议开展《中华人民共和国刑事诉

讼法》学习讲座；听取和审议市人民政府关于2011年审计工作报告指出问题的纠正情况和处理结果的报告；听取和审议市人民检察院关于全市监所检察工作情况的报告；听取和审议市人民政府关于2013年永州市本级财政预算调整方案（草案）的报告，审查和批准2013年市本级财政预算调整方案（草案）；听取和审议市人民政府关于2012年《中华人民共和国食品安全法》执法检查审议交办意见整改情况的报告；听取和审议市人大常委会执法检查跟踪督查组关于《中华人民共和国食品安全法》执法检查跟踪督查情况的报告；听取和审议市四届人大二次会议代表建议、批评和意见办理情况的报告。

第十六次会议 2013年12月9—12日举行。会议审议和通过市人大常委会关于召开市四届人民代表大会第四次会议的决定（草案）；审议和通过市人大常委会工作报告（草案）；审议市四届人大四次会议议程（草案）等文件；审议市四届人大四次会议主席团和秘书长名单（草案）及其他名单（草案）；审议市四届人大四次会议补选办法（草案）；审议和通过市四届人大四次会议列席人员名单（草案）；听取和审议市人民政府关于创建国家卫生城市的议案及说明；听取和审议市人社局、市安监局、市国税局关于工作审议整改情况的报告；听取和审议市四届人大二次会议《关于加快推进“六城同创”的议案》办理情况的报告；听取和审议市人民政府关于专项审议整改情况的报告；听取和审议市人民政府关于2012年审计工作报告指出问题纠正情况和处理结果的报告；听取和审议市人大常委会代表资格审查委员会关于选举的市四届人大代表的代表资格的审查报告；表决通过有关人事事项。

第十七次会议 2014年1月8日举行。会议听取和审议市人大常委会代表资格审查委员会关于市四届人大代表的代表资格的审查报告。

第十八次会议 2014年2月19—21日举行。会议听取市人民政府工作部门2013年度工作情况的报告；审议通过《永州市第四届人民代表大会第四次会议至第五次会议期间常务委员会工作计划要点（草案）》；审议通过《永州市人大常委会关于对市文广新局、市旅游外事侨务局工作开展审议的实施方案（草案）》；表决通过有关人事事项。

第十九次会议 2014年4月21日举行。会议开展《中华人民共和国保密法》学习讲座；听取和审议市人民政府关于2013年审计工作报告指出问题的纠正情况和处理结果的报告；审议通过《市人大常委会关于开展〈中华人民共和国大气污染防治法〉执法检查方案（草案）》。

第二十次会议 2014年6月23—24日举行。会议听取《中华人民共和国大气污染防治法》学习讲座；听取和审议市人民政府关于中心城区规划实施和调整情况的报告；听取和审议市人民检察院关于民事行政检察工作情况的报告；听取和审议2013年工作审议交办意见后续整改情况的报告；表决通过有关人事事项；听取和审议市人大常委会代表资格审查委员会关于补选市四届人大代表的代表资格的审查报告；审议市人大常委会关于召开市四届人大第五次会议的决定（草案）；审议市四届人大五次会议议程（草案）等文件；审议市四届人大五次会议主席团和秘书长名单（草案）及其他名单（草案）；审议市四届人大五次会议补选办法（草案）。

第二十一次会议　2014 年 7 月 28—29 日举行。会议听取和审议市文广新局工作报告；听取和审议市旅游外事侨务局工作报告；听取和审议市人民政府关于提请将湘江西岸棚户区改造项目回购款列入财政预算的议案。

第二十二次会议　2014 年 8 月 25—27 日举行。会议开展《中华人民共和国税收征收管理法》学习讲座；听取和审议市人民政府关于 2014 年上半年全市国民经济和社会发展计划执行情况的报告；听取和审议市人民政府关于全市“十二五”规划中期实施情况的报告；听取和审议市人民政府关于 2013 年全市及市本级财政决算草案和 2014 年上半年全市财政预算执行情况的报告；审查和批准 2013 年市本级财政决算草案；听取和审议市人民政府关于 2013 年市本级预算执行和其他财政收支的审计工作报告；听取和审议市人大常委会执法检查组关于《中华人民共和国大气污染防治法》执法检查情况的报告；开展市中心城区住宅小区建设与管理工作专题询问；表决通过有关人事事项。

第二十三次会议　2014 年 10 月 28—29 日举行。会议传达学习中国共产党第十八届中央委员会第四次全体会议精神、习近平总书记在庆祝全国人民代表大会成立 60 周年大会上的讲话精神；听取和审议市人民政府关于国家基本公共卫生服务项目实施情况的报告；听取和审议市中级人民法院关于司法公开工作的报告；听取和审议市人民政府关于 2014 年全市地方政府债券资金安排及市本级预算调整（草案）的报告，审查和批准 2014 年市本级财政预算调整（草案）；听取和审议市四届人大四次会议代表建议、批评和意见办理情况的报告；审议和通过《市人大常委会组成人员履职考核暂行规定》等制度（草案）；表决通过有关人事事项。

第二十四次会议　2014 年 11 月 20—21 日举行。会议审议和通过市人大常委会关于召开市四届人大第六次会议的决定（草案）；听取和审议市人民政府关于《中华人民共和国大气污染防治法》执法检查审议交办意见整改情况的报告；听取和审议市文广新局、市旅游外事侨务局工作审议整改情况的报告并进行测评。

第二十五次会议　2014 年 12 月 2 日举行。会议听取和审议市人民政府关于将长沙银行贷款和融资租赁偿还资金纳入财政预算的议案。

第二十六次会议　2014 年 12 月 25—26 日举行。会议听取和审议市四届人大四次会议《加快创建国家卫生城市议案》办理情况的报告；听取和审议市人民政府关于

2014 年审计工作报告指出问题纠正情况和处理结果的报告；听取和审议《市人民政府关于提请审议〈解放南路历史文化街区保护规划〉〈老埠头历史文化街区保护规划〉〈柳子街历史文化街区保护规划〉的议案》及说明；听取市住建局、市城建投公司关于办理代表建议整改情况的报告并对整改情况进行测评；审议和通过《市人大常委会组成人员履职评价暂行办法（草案）》《市人大代表在代表大会期间履职评价暂行办法（草案）》《市人民代表大会代表建议、批评和意见的提出与办理办法（草案）》《市人大常委会关于对“一府两院”有关国家机关工作人员任后履职测评的暂行办法（草案）》《市人大常委会人事任免办法（修正草案）》《市人大常委会关于加强和改进会议审议工作的规定（修正草案）》等制度（草案）；审议和通过市人大常委会工作报告（草案）；审议市人民政府工作报告（草案）；审议市发展和改革委员会关于永州市 2014 年国民经济和社会发展计划执行情况与2015年国民经济和社会发展计划（草案）的报告；审议市财政局关于永州市 2014 年预算执行情况与 2015 年市本级预算（草案）的报告，市本级 2015 年各部门预算（草案）；审议市中级人民法院工作报告（草案）；审议市人民检察院工作报告（草案）；审议市四届人大六次会议议程（草案）等文件；审议市四届人大六次会议主席团和秘书长名单（草案）及其他名单（草案）；审议市四届人大六次会议补选办法（草案）；审议和通过市四届人大六次会议列席人员、特邀人员名单（草案）。

第二十七次会议 2015 年 1 月 19 日举行。会议表决通过有关人事事项；听取和审议市人大常委会代表资格审查委员会关于补选的市四届人大代表代表资格的审查报告。

第二十八次会议 2015 年 3 月 2—4 日举行。会议听取市人民政府工作部门主要负责人 2014 年度履职情况的报告并对市人民政府工作部门主要负责人 2014 年度履职情况进行测评；听取和审议《永州市人民政府关于将香樟和杜鹃确定为我市市树和市花的议案》及说明；审议通过《永州市第四届人民代表大会第六次会议至第七次会议期间常务委员会工作计划要点（草案）》；审议通过《永州市人大常委会关于对市经信委、市民宗委、市统计局、市食品药品监督管理局工作开展审议的实施方案（草案）》。

第二十九次会议 2015 年 4 月 23—24 日举行。会议听取市人民政府关于住房公积金管理情况的报告；听取市人民政府关于城建投融资平台建设情况的报告；审议通过《永州市人大常委会关于开展〈中华人民共和国水污染防治法〉执法检查方案（草案）》；听取和审议市人大常委会代表资格审查委员会关于补选的市四届人大代表的代表资格审查报告；表决通过有关人事事项。

第三十次会议 2015 年 6 月 24—25 日举行。会议听取和审议市四届人大六次会议《加快创建国家森林城市议案》办理情况的报告；听取和审议市人大常委会执法检查组关于《中华人民共和国水污染防治法》执法检查情况的报告；听取和审议 2014 年工作审议交办意见后续整改情况的报告；听取和审议市中级人民法院关于人民陪审员决定执行和人民陪审员工作情况的报告；表决通过有关人事事项。

第三十一次会议　2015 年 7 月 29—31 日举行。表决通过有关人事事项；听取和审议市人大常委会代表资格审查委员会关于补选的市四届人大代表代表资格的审查报告;审议通过市人大常委会关于召开市四届人大第七次会议的决定（草案）；审议市四届人大七次会议议程（草案）等文件；审议市四届人大七次会议主席团和秘书长名单（草案）及其他名单（草案）；审议市四届人大七次会议补选办法（草案）；听取和审议市经信委工作报告；听取和审议市民宗委工作报告；听取和审议市统计局工作报告；听取和审议市食品药品监督管理局工作报告。

第三十二次会议　2015 年 8 月 24—25 日举行。会议听取和审议市人民政府关于 2015 年上半年全市国民经济和社会发展计划执行情况的报告；听取和审议市人民政府关于 2014 年全市及市本级财政决算（草案）和 2015 年上半年全市财政预算执行情况的报告；审查和批准 2014 年市本级财政决算（草案）；听取和审议市人民政府关于 2014 年市本级预算执行、部门预算执行和其他财政收支的审计工作报告；听取和审议市人民政府关于城市总体规划实施情况的报告；听取和审议市人民政府关于出资置换两区信用联社不良贷款的议案及说明；表决通过有关人事事项；开展《中华人民共和国立法法》学习讲座。

第三十三次会议　2015 年 10 月 21—23 日举行。会议听取和审议市四届人大六次会议《加快创建国家交通管理模范城市议案》办理情况的报告；听取和审议市四届人大六次会议代表建议、批评和意见办理情况的报告；听取和审议市人民政府关于提请冷水滩城区（含经开区）11 片控制性详细规划予以备案的议案及说明；听取和审议市人大常委会主任会议关于设立市人大常委会法制工作委员会的议案及说明；听取和审议《中华人民共和国水污染防治法》执法检查审议交办意见整改情况的报告；审议和表决《市人大常委会关于组织实施宪法宣誓制度的办法（草案）》；听取和审议市人民政府关于祁阳县、道县撤县设市的议案及说明；听取市人民政府关于《中华人民共和国预算法》宣传贯彻情况的报告；听取和审议市人民政府关于 2015 年市本级财政预算调整（草案）的报告，审查和批准 2015 年市本级财政预算调整（草案）；听取和审议市人民检察院关于查办和预防职务犯罪工作情况的报告；通过有关人事事项；开展中心城区住宅小区建设与管理存在问题整治工作专题询问。

第三十四次会议　2015 年 11 月 22—24 日举行。会议审议和通过市人大常委会关于召开市四届人大第八次会议的决定（草案）；听取和审议市四届人大四次会议《关于加快中心城区闲置土地处置力度，进一步推进节约集约用地的议案》办理情况的报告;通过有关人事事项；听取和审议市人大常委会重点督办建议承办单位建议办理情况的报告并进行测评；听取和审议市经信委、市民宗委、市统计局、市食品药品监督管理局工作审议整改情况的报告并进行测评。

第三十五次会议 2015年12月27—29日举行。会议听取和审议市人民政府关于2014年度审计工作报告指出问题纠正情况和处理结果的报告；审议和通过市人大常委会工作报告（草案）；审议市人民政府工作报告（草案）；审议永州市国民经济和社会发展第十三个五年规划纲要（草案）；审议永州市2015年国民经济和社会发展计划执行情况与2016年国民经济和社会发展计划草案的报告（草案）；审议永州市2015年预算执行情况与2016年市本级预算草案的报告（草案），市本级2016年各部门预算（草案）；审议市中级人民法院工作报告（草案）；审议市人民检察院工作报告（草案）；审议市四届人大八次会议议程（草案）等文件；审议市四届人大八次会议主席团和秘书长名单（草案）及其他名单（草案）；审议市四届人大八次会议补选办法（草案）；审议和通过市四届人大八次会议列席人员、特邀在主席台和大厅就座人员名单（草案）；听取和审议市人大常委会代表资格审查委员会关于补选的市人大代表代表资格的审查报告；表决通过有关人事事项。

第三十六次会议 2016年1月10日举行。会议表决通过有关人事事项。

第三十七次会议 2016年2月24—26日举行。会议听取市人民政府工作部门2015年度工作情况的报告并进行评价；听取市中级人民法院副院长、市人民检察院副检察长2015年度工作情况的报告并进行评价；书面听取市中级人民法院、市人民检察院有关业务庭（局）、处2015年度工作情况的报告；审议通过《永州市第四届人民代表大会第八次会议至永州市第五届人民代表大会第一次会议期间常务委员会工作计划要点（草案）》；审议通过《永州市人大常委会关于对市发改委、市财政局、市审计局工作开展审议的实施方案（草案）》；表决通过有关人事事项。

第三十八次会议 2016年4月27—28日举行。会议听取和审议市人民政府关于环境状况和环境保护目标完成情况及《中华人民共和国水污染防治法》执法检查再交办意见落实情况的报告；听取和审议市人民政府关于全市“六五”普法工作情况的报告；审议和通过《永州市人大常委会关于开展〈中华人民共和国食品安全法〉和〈湖南省食品生产加工小作坊和食品摊贩管理条例〉执法检查方案（草案）》；审议《永州市制定地方性法规工作规程（草案）》《永州市地方立法技术规范（草案）》。

第三十九次会议 2016年6月26—27日举行。会议听取和审议市中级人民法院关于《中华人民共和国行政诉讼法》贯彻实施情况的报告；听取和审议市人民政府关于城乡规划年度计划实施情况的报告；听取和审议市经信委、市民宗委、市统计局、市食品药品监督管理局2015年工作审议交办意见后续整改情况的报告；听取和审议市人大常委会代表资格审查委员会关于个别市人大代表辞职的代表资格审查报告；审议《永州市地方立法论证办法（草案）》《永州市地方立法听证办法（草案）》；表决通过有关人事事项。

第四十次会议　2016 年 7 月 19—20 日举行。会议听取和审议市人民政府关于贯彻实施《中华人民共和国预算法》情况的报告；听取和审议市人大常委会代表资格审查委员会关于补选的市四届人大代表代表资格的审查报告；表决通过有关人事事项；听取和审议市发改委的工作；听取和审议市财政局的工作；听取和审议市审计局的工作。

第四十一次会议　2016 年 8 月 25—26 日举行。会议听取和审议市人民政府关于 2016 年上半年全市国民经济和社会发展计划执行情况的报告；听取和审议市人民政府关于 2015 年度市本级预算执行和其他财政收支的审计工作报告；听取和审议市人民政府关于 2015 年全市及市本级财政决算（草案）和 2016 年上半年全市财政预算执行情况的报告；审查和批准 2015 年市本级财政决算（草案）；听取和审议市人民政府《关于加快中心城区闲置土地处置力度，进一步推进节约集约用地的议案》后续办理情况的报告；听取和审议市人民政府关于贯彻实施《中华人民共和国食品安全法》和《湖南省食品生产加工小作坊和食品摊贩管理条例》情况的报告；听取和审议市人民政府关于《永州市公园广场管理条例（草案）》的议案及说明。

第四十二次会议　2016 年 9 月 26 日举行，会议听取和审议市人大常委会代表资格审查委员会关于补选的市四届人大代表代表资格的审查报告；表决通过有关人事事项。

第四十三次会议　2016 年 10 月 23—25 日举行。会议听取和审议市四届人大八次会议代表建议、批评和意见办理情况的报告；审议《永州市公园广场管理条例（草案·二审稿）》；听取和审议市人民政府关于精准扶贫工作情况的报告；听取和审议市人民检察院关于深化检务公开、规范执法行为工作情况的报告；审议和表决《永州市人大常委会关于加强市级预算审查监督工作的若干意见（草案）》；听取和审议市四届人大六次会议《加快创建国家交通管理模范城市议案》办理情况的报告；表决通过有关人事事项。

第四十四次会议　2016 年 11 月 21—23 日举行。会议审议和通过《永州市公园广场管理条例（草案）》；审议和表决《关于建立和完善审计查出问题整改情况向市人大常委会报告机制的意见（草案）》；审议和通过《市人大常委会关于召开市五届人大一次会议的决定（草案）》；听取和审议市四届人大八次会议《关于加大宋家洲环境综合治理力度，加快开发建设的议案》办理情况的报告；听取和审议市人民政府关于 2016 年市本级财政预算调整（草案）的报告，审查和批准 2016 年市本级财政预算调整（草案）；听取和审议市发改委、市财政局、市审计局工作审议整改情况的报告并进行测评。

第四十五次会议　2016 年 12 月 15 日举行。会议听取和审议市人大常委会代表资格审查委员会关于市五届人大代表代表资格的审查报告；表决通过有关人事事项。

第四十六次会议　2016 年 12 月 25—27 日举行。会议听取和审议市人民政府关于 2015 年度审计工作报告指出问题的纠正情况和处理结果的报告；审议和通过市人大常委会工作报告（草案）；审议市人民政府工作报告（草案）；审议永州市 2016 年国民经济和社会发展计划执行情况与 2017 年国民经济和社会发展计划草案的报告（草案）；审议永州市 2016 年财政预算执行情况与 2017 年市本级财政预算草案的报告（草案），审议市本级 2017 年各部门财政预算（草案）；审议市中级人民法院工作报告（草案）；审议市人民检察院工作报告（草案）；审议市五届人大一次会议议程（草案）等文件；审议市五届人大一次会议主席团和秘书长名单（草案）及其他名单（草案）；审议市五届人大一次会议选举办法（草案）；审议和通过市五届人大一次会议列席人员、应邀在主席台和大厅就座人员名单（草案）；听取和审议市人大常委会代表资格审查委员会关于补选的市五届人大代表代表资格的审查报告；表决通过有关人事事项；听取和审议市人大常委会重点督办建议承办单位建议办理情况的报告并进行测评。

第四篇

立法工作

2014 年 10 月，中共十八届四中全会作出《中共中央关于全面推进依法治国若干重大问题的决定》（以下简称《决定》），提出完善立法体制的要求。这是党中央从建设中国特色社会主义法治体系、建设社会主义法治国家的总目标出发，在中国特色社会主义法律体系已经形成的新的历史起点上提出的一项重要的制度建设要求，对形成完备的法律法规体系，加强和改进立法工作，提高立法质量，坚持立法先行、发挥立法的引领和推动作用，全面推进依法治国，意义重大。《决定》提出要依法赋予设区的市地方立法权。2015 年 3 月，第十二届全国人民代表大会第三次全体会议作出修改立法法的决定，修改后的立法法规定设区的市人民代表大会及其常务委员会可以对城乡建设与管理、环境保护、历史文化保护等方面的事项制定地方性法规。中共湖南省委、省人大及其常委会为贯彻落实中央决策部署，及时出台贯彻落实意见。

2015 年 6 月，中共永州市委成立由市委书记任组长的筹备领导小组，市人大常委会成立由主任任组长的工作小组，市人大设立法制委，市人大常委会设立法工委，及时开展各项立法筹备工作。

2016 年 3 月 30 日，湖南省十二届人大常委会第二十一次会议表决通过《湖南省人民代表大会常务委员会关于确定邵阳市、张家界市、永州市、怀化市、娄底市、湘西土家族苗族自治州人民代表大会及其常务委员会开始制定地方性法规的决定》，决定公布之日起，包括永州市在内的有关市州获得立法权，可以开始制定地方性法规。

永州市人大常委会获得地方立法权后，坚持市委对人大立法工作的领导，坚持科学立法、民主立法，主动适应我市改革发展需要，充分发挥立法的引领和推动作用，为建设品质活力永州提供有力的法治保障。2016 年 11 月，《永州市公园广场管理条例》经市人大常委会三审通过，上报省人大常委会批准。这是永州市行使地方立法权以来制定的第一部地方性法规，开启了永州市地方立法的新实践、新征程。

第一章　立法筹备

地方立法是中国特色社会主义法律体系的重要组成部分，是法治永州建设的重要内容。拥有地方立法权，对进一步做好地方自我治理，改善法治环境，激活自身活力，加快推进治理体系和治理能力现代化，具有里程碑式的意义。自 2015 年年初起，市人大及其常委会在中共永州市委的领导下，启动立法筹备工作。

（注：2017 年 3 月 31 日，湖南省第十二届人民代表大会常务委员会第二十九次会议高票审查批准《永州市公园广场管理条例》；该条例自 2017 年 7 月 1 日起施行。）

第一节　地方立法筹备工作领导小组的成立

2015 年 5 月，市四届人大常委会第七十三次主任会议研究决定，成立以市人大常委会主任任组长的永州市人大常委会地方立法筹备工作领导小组。是年 6 月，中共永州市委常委会议同意成立永州市地方立法筹备工作领导小组，由市委书记陈文浩任组长，市人大常委会党组书记、主任，市委常委、常务副市长易佳良，市人大常委会副主任杨海河任副组长，市编办、市委组织部、市人大内司委等相关单位和部门负责人为成员。领导小组下设办公室，办公室主任由市人大常委会办公室主任兼任，负责立法机构成立前的各项筹备工作。

第二节　地方立法筹备工作的策划

2015 年 6 月 19 日，市四届人大常委会第七十四次主任会议通过永州市人大常委会立法筹备工作方案，明确从 4 个方面推进立法筹备工作。一是加强宣传，提高认识。将《中华人民共和国立法法》（以下简称《立法法》）列入市人大常委会会前学法内容，纳入全市 2015 年普法教育内容。二是积极汇报，争取支持。市人大常委会党组向市委专题汇报，争取市委对贯彻实施《中华人民共和国立法法》工作的重视，同意申报成立市人大法制委员会、市人大常委会法规工作委员会，增补立法人员编制，同时批准成立永州市地方立法筹备工作领导小组；及时向省人大衔接汇报，争取省有关部门尽快批复永州市设立人大法制工作机构。三是加强调研，储备项目。开展全市规范性文件清理工作，全面掌握规范性文件现状；坚持问题导向，围绕《中华人民共和国立法法》规定的立法权限范围，组织开展永州市城乡建设与管理、环境保护、历史文化保护方面的立法项目调研，筹备一批立法项目。四是加强学习培训，提高立法能力。组织开展全市法律人才储备情况调查摸底，建立人才信息库；组织立法筹备工作人员外出学习借鉴立法工作经验，有针对性的参加立法培训，跟班学习，快速提升立法能力。市四届人大常委会第三十二次会议会前学习法律知识，邀请省人大常委会法工委主任肖迪明做《中华人民共和国立法法》专题辅导。参会人员除市人大常委会组成人员外，还扩大到各县区人大常委会、市人民政府法制办、市城管执法局等相关部门负责人及部分市人大代表。

第三节　地方立法权的申请评估和确认

2015年6月，市人大常委会组织开展调研，分析全市人口数量、地域面积、经济发展情况3个因素的立法相关性。经过前期调研论证，认为永州市具有强烈的立法需求，原因有三：一是城乡建设与管理任务繁重。永州是农业大市，城市建设历史较短，基础薄弱。随着经济社会发展，城镇化进程不断推进，城市规模不断膨胀，城市人口资源环境压力越来越大，城市管理难度剧增。新农村建设和农村综合环境治理工作不断推向纵深，涌现出新情况、新问题，引发各种错综复杂的经济社会关系，亟需通过地方性法规予以规范。二是环境保护压力较大。永州地处湘江源头，现有8个国家森林公园、4个国家级自然保护区、3个国家湿地公园、4个AAAA级旅游景区，丰富的环境资源需要立法予以保护。三是历史文化名城保护亟待入法。永州古称零陵，迄今已有2200多年建制历史，是湖南省四大历史文化名城之一。拥有27处国家级文物保护单位，5个国家级非物质文化遗产，5个中国历史文化名村，8个中国传统村落，众多历史文化遗迹的保护与开发需要立法统一规范。市人大常委会将调研情况形成《永州市行使地方立法权评估确认申请报告》，呈报省人大常委会申请评估确认授权。2016年3月4日，省人大常委会行使地方立法权评估组一行到永州市实地评估行使地方立法权条件。评估组实地察看并召开情况汇报会，听取有关情况汇报。市人大常委会主任主持汇报会，省人大常委会法工委主任肖迪明、省政府法制办副主任张建华、市委副书记张严、市人大常委会副主任杨海河出席会议。

第四节　地方立法权机构的组建

2015年6月22日，中共永州市委常委会议研究同意向省编办呈报成立永州市人民代表大会法制委员会和永州市人大常委会法规工作委员会（正处级机构）（以下简称法工委）。其中，法制委设主任委员1名，副主任委员2名（1名由法工委主任兼任）；法工委设主任1名，副主任1名，下设综合科、立法科和规范性文件备案审查科，每个科设科长1名，综合科另设副科长1名，需新增行政编制8名。是年7月9日，市编办向省编办行文申报。是年9月30日，省编办下发《关于永州市人大法制机构设置事项的通知》，明确批复：同意永州市设置人大法制委员会、人大常委会法制工作委员会，合署办公，正处级。核定人大法制委主任委员兼法工委主任职数 1 名（正处级）、副主任委员兼副主任职数 1 名（副处级）。是年 10 月 23 日，永州市第四届人大常委会第三十三次会议作出《关于设立永州市人大常委会法制工作委员会的决定》。2016 年 1 月 10 日，永州市第四届人大常委会第三十六次会议决定任命杨胜贮为永州市人民代表大会常务委员会法制工作委员会主任。2016 年 1 月 15 日，永州市第四届人大民代表大会第八次会议通过关于设立永州市人民代表大会法制委员会的决定，通过法制委主任委员、委员名单，杨胜贮为永州市人民代表大会法制委员会主任委员，杨金砖、金彪、桂金玉、唐翔、熊忠东为永州市人民代表大会法制委员会委员。

第五节　地方立法相关制度的建立

2015 年 12 月、2016 年 4 月、2016 年 6 月，市人大常委会主任会议分别通过《永州市人大常委会立法咨询专家库管理办法》《永州市地方立法工作规程》及《永州市地方立法技术规范》等工作制度性规定。其中，《永州市制定地方性法规工作规程》根据《中华人民共和国立法法》等有关法律、法规，结合工作实际，对立法规划和立法计划的编制、地方性法规的起草、地方性法规的审议以及地方性法规的公布、解释和立法后评估等作出制度性规定。《永州市地方立法技术规范》突出规范地方立法技术，提高地方立法质量和立法工作效率，对地方立法的名称、题注和目录，正文的结构形式和内容构成，主要条款表述，地方立法语言，地方立法相关文件等作出技术规范。

第六节　地方立法项目库的建立

2015 年 8 月，由立法筹备办牵头，多渠道征集立法项目，积极开展立法项目库建设和计划编制工作。一是对近五年市人大和市人民政府形成的规范性文件进行清理，形成清理工作报告，对是否存在合法性问题进行分析处理，对立法条件成熟的项目列入立法项目库。二是刊登公告征集。在《永州日报》、永州新闻网、永州人大网刊登《关于公开征集永州市地方立法项目建议的公告》。三是向代表函告征集。在市四届人大七次会议期间向市人大代表发送《关于向永州市人大代表征集地方立法项目建议的函》445 份。

四是面向各单位征集。向市直、中央省驻永各单位及各县区人大常委会发出《关于公开征集地方立法项目建议的通知》68份。通过整理归类和筛选，形成由21个立法项目构成的立法项目库，其中城乡建设与管理类11个，环境保护类7个，历史文化保护类3个。

2015年永州市立法项目库项目一览表

表4–1

序号	建议立法项目	建议单位或个人
一、城乡建设与管理		
1	城乡规划管理条例	市住建局
2	公园管理条例	东安县人大
3	城市管理行政执法条例	市城管执法局
4	市容市貌管理条例	市城管执法局
5	查处违法建设条例	市国土资源局
6	市政环卫基础设施管理条例	市城管执法局、双牌县人大
7	加强管线建设管理条例	市住建局
8	房地产开发项目停车位租售管理办法	市房产局
9	保障性公租房管理条例	市房产局
10	城市供水用水管理规定	市城管执法局
11	农村垃圾处理办法	市住建局、市卫计委
二、环境保护		
1	牲畜养殖业污染防治条例	祁阳县人大
2	扬尘污染防治条例	市环保局、宁远县人大
3	市区饮食娱乐服务业环境管理条例	市质监局、冷水滩区人大
4	涔天河水库水源保护管理条例	市涔天河管理局、江华县人大
5	潇水湘江永州市段水源水质保护管理条例	蓝山县人大
6	生态建设保护管理条例	江华县人大
7	永州市噪声污染防治条例	市环保局
三、历史文化保护		
1	历史文化名城保护条例	毛国忠代表
2	传统乡土建筑保护管理条例	市住建局、新田县人大
3	非物质文化遗产保护条例	市文体广新局、江永县人大

2015 年 9 月 7 日，立法筹备工作领导小组办公室下发《关于开展立法专家库人才信息采集的通知》（以下简称《通知》），正式启动市本级专家遴选工作。《通知》对入选专家库人选，提出严格的条件和要求。通过层层摸底、个人申报、单位推荐和立法筹备办审核等程序，共确定市本级专家人选 36 人。

第二章　立法实践

第一节　立法计划

2016 年 1 月 27 日，市四届人大法制委员会第一次全体会议讨论通过《2016 年度工作计划要点》，明确当年七大工作任务，即：一是开展制定地方性法规的前期工作。制定《永州市历史文化名城保护条例（草案）》，计划由市人民政府负责起草，由市人大教科文卫委初审，2016 年 8 月提请市人大常委会一审；制定《永州市人民代表大会及其常务委员会制定地方性法规条例（草案）》，计划由市人大常委会法工委负责起草，市人大法制委负责初审，2016 年 10 月提请市人大常委会一审。二是建立立法机制和制度。起草《永州市人大常委会立法咨询专家库管理办法（草案）》《永州市地方立法技术规范（草案）》《永州市制定地方性法规工作规程（草案）》《永州市人民代表大会常务委员会立法听证办法（草案）》《永州市人民代表大会常务委员会立法论证办法（草案）》《永州市人大常委会立法工作联系点制度》，适时提请市人大常委会主任会议、常务委员会审议通过。三是开展 2017—2021 年立法规划的调研论证工作。四是开展规范性文件备案审查工作。五是督办代表提出的本委职责范围内的议案、建议、批评和意见。六是配合省人大法制委、省人大常委会法工委做好相关立法工作。七是开展调研工作。重点开展《潇水湘江永州市段水源水质保护管理条例》的立法调研工作，积极配合省人大做好土壤污染防治条例、散居少数民族工作条例（修订）、有色金属综合回收与再生利用条例等立法项目的调研论证工作。

2016 年 4 月，调整完善后的《永州市人大常委会 2016 年立法计划（草案）》获得市委常委会会议审议通过。列入 2016 年立法计划的工作主要有 4 项，分别为：1. 适时提请市人大常委会会议审议《永州市公园广场管理条例（草案）》。由市人民政府提出议案，市人大城环委初审，8 月提请市人大常委会会议初次审议。2. 适时提请市人民代表大会审议《永州市人民代表大会及其常务委员会制定地方性法规条例（草案）》；

市人大常委会法工委起草《永州市人民代表大会及其常务委员会制定地方性法规条例（草案）》，寄发给全体市人大代表，征求意见建议并作进一步修改完善，2016年8月提请市人大常委会会议审议；在市五届人大一次会议上，提请大会审议。3.对预备项目《潇水湘江永州市段水源水质保护管理条例》等开展前期调研。由市人大常委会法工委组织相关职能部门做好预备项目的调研论证工作，为后期审议奠定基础。4.配合立法调研。积极配合省人大常委会法工委做好土壤污染防治条例、散居少数民族工作条例、有色金属综合回收与再生利用条例等立法调研论证。

《永州市人大常委会2016年立法计划（草案）》认为，制定《永州市公园广场管理条例》具有必要性和可行性：一是规范公园和广场管理是发展的必然要求。城市公园和广场是城市重要的基础设施，是城市生态人居环境、文明程度的重要窗口。规范公园和广场管理直接关系广大市民群众切身利益，有利于全面持久地做好城市管理工作，有利于促进文明城市和国家园林城市创建，有利于加快品质活力永州建设。二是加强管理的现实需要。城市公园和广场管理问题较多，矛盾十分突出，亟需进行规范化管理。现行的国务院《城市绿化条例》《湖南省实施〈城市绿化条例〉办法》等法规有关条款比较原则和宏观，难以满足城市公园和广场管理中具体问题和矛盾的解决。三是立法条件基本成熟。2014年，市人民政府出台《永州市公园管理办法》等有关规范性文件。

第二节　法规草案起草

2016年1月，市人大常委会在立法计划中确定将《永州市公园广场管理条例》（以下简称《条例》）列入当年的立法项目。根据立法计划安排，市人大常委会法工委负责牵头督促计划的落实，市住建局为起草单位，市城市园林局负责条例起草的具体工作。是年4月29日，市人大常委会法工委组织市人民政府法制办和市城市园林局召开《条例》起草工作协调会，明确工作步骤、程序和目标要求等问题。市城市园林局迅速成立起草领导小组和起草工作小组，制定起草工作计划，落实起草工作任务，研究相关法律、法规和政策。是年5月上旬，起草单位通过实地考察、发放征求意见函、网站调研、召开专题座谈会等形式广泛征求社会各界的意见和建议，共收集意见和建议139条，基本掌握了《条例》起草重点要解决的问题。5月中旬，起草单位依据《中华人民共和国立法法》《中华人民共和国行政处罚法》，国务院《规章制定程序条例》《城市绿化条例》《城市市容和环境卫生管理条例》等相关法律法规，参照《湖南省实施〈城市绿化条例〉办法》《湖南省实施〈城市市容和环境卫生管理条例〉办法》等行政规章，参阅广州市、北京市等城市公园（广场）管理条例的基础上，草拟《条例》草案初稿。5月下旬，起草单位先后4次组织市园林系统、“三区”园林行政主管部门就《条例》草拟稿相关条款反复斟酌、修改。6月上旬，市人大法制委组织相关人员专程到西安、洛阳等城市进行学习调研，汲取一些先进经验和做法，再次对《条例》草拟稿作出修改。至2016年8月上旬，《永州市公园广场管理条例》草案起草工作完成。

第三节　起草论证

2016年6月24日，市人大常委会、市城市园林局召开《永州市公园广场管理条例（草案稿）》（以下简称《条例》）立法起草论证会。市人大常委会法工委、市人民政府法制办、市城市园林局、公园、广场管理和法学领域的专家、学者，市住建局、城管执法局、环保局、公安局、质监局、财政局、市委老干局、市编办等单位分管负责人，对《永州市公园广场管理条例（草案稿）》中的重点难点问题，如条例管理范围是否科学合理，各职能部门职责如何划分；公园和广场应当禁止哪些商业服务设施和商业活动，可以建设哪些配套商业服务设施，如何规范各类活动的开展；关于对打陀螺、广场舞、歌唱、高分贝音响设施使用等产生噪音的活动在音量控制、活动时间限定和经常性的噪声监测等方面的规定是否合理可行；关于禁止擅自在公园、广场内摆摊设点、张挂广告、强行向游客兜售物品、影响公园秩序的规定是否合理可行；关于禁止携带犬只以及其他有碍人身安全、公共秩序、环境卫生的宠物的规定是否合理可行；关于禁止燃放烟花爆竹、放孔明灯、焚烧冥纸、香烛等规定是否具有可操作性；关于当游客数量超过设计容量时，公园和广场管理机构应当采取限制游客入园、入场等有效措施的规定是否可行；对公园和广场违法行为设定的罚款幅度是否合理适当，执法主体的设定是否合理，哪些违法行为应从重处罚，哪些违法行为应从轻处罚等，进行讨论研究。与会人员充分发表意见，对《永州市公园广场管理条例（草案稿）》给予肯定，认为条例草案以立法法为依据，借鉴外地设区市制定立法条例好的做法和经验，并结合永州实际，有一定特色，有一些创新，总体上是可行的；同时，对条例草案中的一些条文、一些问题，共提出30多条修改意见和建议。

市人大常委会法工委根据科学立法、民主立法的要求，认真消化、吸收论证会各方面提出的意见，按照提出的意见对条例草案进行认真修改、完善，提请市人大常委会会议审议。

第四节 立法听证

为进一步发扬立法民主，提高立法质量，广泛听取社会各界的意见和建议，使法规规定更具有科学性、合理性和可行性，切实解决社会焦点问题，提升全市公园和广场管理和服务水平，充分保障广大市民的合法权益，《永州市公园广场管理条例（草拟稿）》起草单位市城市园林局组织召开立法听证会。2016 年 6 月 8 日，市城市园林局发布相关立法听证会的公告，确定 20 名听证参加人名额并向社会公开接受报名。本次听证会安排听证陈述人 20 人，按照与听证事项有无利害关系、持不同观点的各方人数基本相当的原则和报名先后顺序，经遴选后确定市民、法人、其他组织代表 16 名，邀请听证陈述人 4 名。听证会设立旁听席，旁听人员 10 人，旁听人员通过报名遴选方式产生。因自愿报名的市民、法人或者其他组织负责人较多，市城市园林局通过公开随机抽签的方式，最终确定邀请于友文、王华第、汤美容、肖文星、肖庆、杨忠明、罗厚广、钟建国、唐勋家、涂宏明、黄素英、蒋建文、蒋吉林、曾纪仁 14 人参加听证会。同时，听证会邀请市人大代表雷燕平、法律专家张青松。是年 6 月 30 日，《永州市公园广场管理条例（草拟稿）》立法听证会在市城市园林局召开。本次听证会主要针对《永州市公园广场管理条例（草案稿）》中公众关心的问题进行听证。听证的主要议题包括“城市公园和广场管理的范围”“如何规范公园和广场内文化、体育、娱乐、商业活动”“如何解决噪音扰民问题”“如何规范摆摊设点”“如何规范宠物入园”“如何管理燃放烟花爆竹、放孔明灯等行为”以及听证报名者提出的其他较为集中的问题等进行听证。听证会上，法律专家张青松提出修改意见 17 条，其他听证陈述人提出“活动规范和经营管理”方面的意见 3 条、“噪声控制”方面的意见 8 条、“宠物进入公园、广场”方面的意见 2 条、“车辆进入公园、广场”方面的意见 2 条，对其他较为集中的问题提出意见 5 条，对燃放烟花爆竹、放孔明灯等行为规范方面以及行政处罚是否适当方面要求通过专家论证，对“公园和广场内开展歌唱、播放音乐等产生强噪音的各类活动时间”“是否禁止打陀螺”2 个争议问题统一意见。

第五节 审议立法草案

2016 年 8 月，市四届人大常委会第四十一次会议听取和审议市人民政府关于《永州市公园广场管理条例（草案）》的议案及说明，并进行第一次审议。2016 年 10 月，市四届人大常委会第四十三次会议第二次审议《永州市公园广场管理条例（草案）》。2016 年 11 月，市四届人大常委会第四十四次会议对《永州市公园广场管理条例（草案）》第三次审议并通过。其间，市人大常委会组织专门力量，共召开立法听证会、论证会、座谈会 50 余次，并多次赴各县区公园和广场进行实地调研。草案经市人大常委会三次审议通过后，依法报请省人大常委会批准。

第五篇

决议决定

第一章　人民代表大会决议决定

1996—2016年，永州市人民代表大会会议依法讨论和决定重大事项，作出重大决议、决定141项。

第一节　第一届人民代表大会决议决定

永州市第一届人民代表大会会议期间作出重大决议、决定29项。

1996年4月20日，第一届人民代表大会第一次会议作出《关于永州市第一届人民代表大会第一次会议选举办法的决议》。

1996年4月23日，第一届人民代表大会第一次会议作出《关于设立市人民代表大会专门委员会的决定》。会议决定设立永州市第一届人民代表大会内务司法委员会、财政经济委员会、教育科学文化卫生委员会、农村经济委员会、民族华侨外事委员会5个专门委员会。

1996年4月23日，关于授权市人大常委会审议永州市1996年国民经济和社会发展计划、财政预算的决议。

1997年3月23日，永州市第一届人民代表大会第二次会议作出《关于政府工作报告》的决议，决定批准王道生市长代表市人民政府所作的工作报告。

1997年3月23日，永州市第一届人民代表大会第二次会议作出《关于永州市人民代表大会常务委员会工作报告》的决议，决定批准市人大常委会主任郑邦淳所作的工作报告。决定要求，市人大常委会要坚持以经济建设为中心，充分发挥地方国家权力机关的职能作用，动员全市人民更加紧密团结在以江泽民为核心的党中央周围，为贯彻“稳中求进”的指导方针，实现永州市国民经济持续、快速、健康发展和社会全面进步，进一步加强社会主义精神文明建设和民主法制建设做出新的贡献。

1998年1月2日，永州市第一届人民代表大会第三次会议作出《关于政府工作报告》的决议，会议决定批准王道生市长代表市人民政府所作的工作报告。要求全市各级人民政府全面贯彻落实中共十五大和省委经济工作会议以及市委一届五次全会精神，紧紧围绕经济建设中心，进一步解放思想，抓住机遇，努力实施既定的发展战略，以改革为动力，大力调整经济结构，进一步扩大开放引进，加强经济体制和经济增长方式的转变，切实加强精神文明建设和廉政建设，坚持依法治市，保持社会稳定，推动永州经济持续快速健康发展和社会的全面进步。

1998 年 1 月 2 日，永州市第一届人民代表大会第三次会议作出《关于永州市人民代表大会常务委员会工作报告》的决议，会议决定批准市人大常委会主任郑邦淳所作的工作报告。要求常委会要坚持以邓小平理论和党的基本路线为指导，以中共十五大精神为指针，紧紧围绕经济建设这个中心，认真行使宪法和法律赋予的各项职权，切实加强社会主义民主法制建设，积极推进依法治市进程，为建设富强、民主、文明的永州做出新的更大贡献。

1999 年 3 月 26 日，永州市第一届人民代表大会第四次会议作出《关于政府工作报告》的决议，会议决定批准王道生市长代表市人民政府所作的工作报告。

1999 年 3 月 26 日，永州市第一届人民代表大会第四次会议作出《关于永州市人民代表大会常务委员会工作报告》的决议，会议决定批准市人大常委会主任郑邦淳所作的工作报告。要求常委会坚持以邓小平理论和党的基本路线为指导，以中共十五大精神为指针，在中共永州市委的领导和省人大常委会的指导下，以经济建设为中心，以依法治市为主线，认真行使宪法和法律赋予的各项职权，切实加强人民代表大会制度建设，努力促进全市经济发展和社会稳定，为建设富强、民主、文明的永州更好地发挥地方国家权力机关的职能作用。

2000 年 3 月 25 日，永州市第一届人民代表大会第五次会议作出《关于政府工作报告》的决议，会议决定批准刘爱才代市长代表市人民政府所作的工作报告。会议认为政府工作报告对 1999 年工作的总结是实事求是的，提出的 2000 年工作指导思想、主要目标任务是符合中央和省委的重要精神，措施是积极可行的。要求全市各级政府高举邓小平理论的伟大旗帜，全面贯彻落实中央和省委一系列重要会议精神，紧紧围绕经济建设这个中心，进一步解放思想，抓住机遇，深化改革，继续扩大开放，加大发展，实现经济和社会协调发展。

2000 年 3 月 25 日，永州市第一届人民代表大会第五次会议作出《关于永州市人民代表大会常务委员会工作报告》的决议，会议决定批准市人大常委会主任郑邦淳所作的工作报告。要求常委会坚持以经济建设为中心，以依法治市为主线，认真行使宪法和法律赋予的各项职权，努力促进全市的改革、发展和社会稳定，为建设富强、民主、文明的永州更好地发挥地方国家权力机关的职能作用。

1996—2000 年永州市第一届人民代表大会决议决定一览表

表 5–1

类别	时间	决议、决定
第一届 人民代表大会 第一次会议	1996 年 4 月 20—24 日	关于永州市第一届人民代表大会第一次会议选举办法的决议 关于设立永州市人民代表大会专门委员会的决定 关于授权市人大常委会审议市人民政府 1996 年国民经济和社会发展计划、财政预算的决议 关于通过市人大各专门委员会主任委员、副主任委员和委员人选的决议
第一届 人民代表大会 第二次会议	1997 年 3 月 18—23 日	关于永州市人民政府工作报告的决议 关于永州市 1996 年国民经济和社会发展计划执行情况及 1997 年国民经济和社会发展计划的决议 关于永州市 1996 年财政预算执行情况及 1997 年财政预算的决议 关于永州市人民代表大会常务委员会工作报告的决议 关于永州市中级人民法院工作报告的决议 关于永州市人民检察院工作报告的决议 关于《永州市人民代表大会议事规则》的决定
第一届 人民代表大会 第三次会议	1997 年 12 月 29 日 — 1998 年 1 月 2 日	关于永州市人民政府工作报告的决议 关于永州市 1997 年国民经济和社会发展计划执行情况预计及 1998 年国民经济和社会发展计划的决议 关于永州市 1997 年财政预算执行情况预计及 1998 年财政预算的决议 关于永州市人民代表大会常务委员会工作报告的决议 关于永州市中级人民法院工作报告的决议 关于永州市人民检察院工作报告的决议
第一届 人民代表大会 第四次会议	1999 年 3 月 22—26 日	关于永州市人民政府工作报告的决议 关于永州市 1998 年国民经济和社会发展计划执行情况及 1999 年国民经济和社会发展计划的决议 关于永州市 1998 年财政预算执行情况及 1999 年财政预算的决议 关于永州市人民代表大会常务委员会工作报告的决议 关于永州市中级人民法院工作报告的决议 关于永州市人民检察院工作报告的决议
第一届 人民代表大会 第五次会议	2000 年 3 月 21—25 日	关于永州市人民政府工作报告的决议 关于永州市 1999 年国民经济和社会发展计划执行情况及 2000 年国民经济和社会发展计划的决议 关于永州市 1999 年财政预算执行情况及 2000 年财政预算的决议 关于永州市人民代表大会常务委员会工作报告的决议 关于永州市中级人民法院工作报告的决议 关于永州市人民检察院工作报告的决议

第二节 第二届人民代表大会决议决定

永州市第二届人民代表大会会议期间作出重大决议、决定 44 项。

2001年6月30日,永州市第二届人民代表大会第一次会议作出《关于政府工作报告》的决议。会议决定批准市人民政府市长刘爱才代表市人民政府所作的《政府工作报告》。会议认为:《政府工作报告》对市一届人民政府五年来的工作总结是实事求是的,提出的今后五年工作的指导思想和目标任务,全面贯彻了市二次党代会精神,是符合永州实际,切实可行的。会议强调,今后五年,是永州市经济社会发展的重要时期。2001 年是新世纪的开局之年,各级政府要以邓小平理论和党的基本路线为指导,努力实践“三个代表”的重要思想,认真贯彻落实中共永州市委第二次党代会精神,突出经济建设中心,抢抓机遇打基础,调整结构创特色,改革开放添活力,科技创新增效益,大力发展生态环保效益型经济,大力推进精神文明建设和民主法制建设,正确处理改革、发展、稳定的关系,加快实现富民强市目标。会议要求,各级政府要始终贯彻党中央、国务院关于新时期现代化建设的根本方针,紧密结合永州实际,立足于赶超,突出经济结构的战略性调整,力创生态环保效益型经济特色,加快永州经济的发展。要积极发展生态高效农业,大力推进农业产业化;要坚持环保效益型工业发展方向,走工业强市之路;要着力开发旅游业,带动第三产业发展;要努力建设生态园林城市,不断提高城镇化水平;要加强基础设施建设,强化经济社会发展的支撑;要加快改革开放和科技创新步伐,增强经济社会发展动力;要切实加强财源建设和财税管理,努力实现财政状况的明显好转;要不断提高人民生活水平,逐步完善社会保障体系;要下大力气整顿规范市场经济秩序,优化经济发展环境;要加强社会主义精神文明建设,全面发展各项社会事业;要大力推进依法治市,切实维护社会稳定;要自觉接受人大及其常委会的监督,不断改进政府工作;要从严治政,狠抓工作落实,全面实现“十五”计划纲要确定的目标和任务。

2001 年 6 月 30 日,永州市第二届人民代表大会第一次会议作出《关于永州市国民经济和社会发展“十五”计划纲要的决议》。会议决定批准《永州市国民经济和社会发展“十五”计划纲要》。会议强调,实现“十五”计划纲要的各项目标任务,必须认真贯彻落实市第二次党代会精神,围绕发展生态环保效益型经济,着力做好生态建设、环保工程和绿色产业三篇文章,大力推进经济结构的战略性调整。要始终坚持把发展生态高效农业作为农村经济的战略重点来抓,加快农业产业化进程;要始终坚持环保效益型工业的发展方向，实现工业发展的良性循环；要按照城市发展和生态建设双赢的要求，以提高城镇建设的起点和品位；要把开发旅游业作为第三产业的支柱和新的增长点来抓，带动相关及新兴产业的发展。会议认为：落实科教兴市战略，是完成“十五”计划各项任务的重要保证。要加快科技体制改革，优化政策环境、法制环境和用人环境，大力发展高新技术产业，大力推进科技创新。要坚持教育优先发展的思想，深化教育体制改革，巩固和发展“普及九年制义务教育”成果，全面推进素质教育。要全面发展各项社会事业，实现社会、人口、资源、环境协调发展。会议要求，要进一步加强社会主义民主法制建设，大力推进依法治市，加强社会治安综合治理，确保全市社会政治大局稳定。要大力加强社会主义精神文明建设，广泛开展多种形式的精神文明创建活动，弘扬优秀历史文化，培育和倡导永州精神，努力开创全市社会主义精神文明建设的新局面。

2001 年 6 月 30 日，永州市第二届人民代表大会第一次会议作出《关于永州市人民代表大会常务委员会工作报告》的决议。会议决定批准市人大常委会主任郑邦淳所作的工作报告。会议肯定市一届人大常委会认真履行宪法和法律赋予的职权。会议强调，永州市第二届人民代表大会常务委员会要努力实践“三个代表”的重要思想，认真行使宪法和法律赋予的职权，切实做好人大的各项工作。要紧紧围绕生态环保效益型经济发展战略，突出重点，注重实效，切实加强工作监督；要大力推进依法治市，促进依法行政和公正司法，为经济发展营造良好的法制环境；要依法行使任免权，加强对所任命干部的监督，促进国家机关工作人员廉洁从政，勤政为民；要积极组织代表依法执行职务、履行职责，充分发挥好代表的主体作用；要切实加强自身建设，加强上下级人大之间的联系和指导，努力提高人大工作整体水平，为构建生态环保效益型经济新格局，促进全市改革、发展、稳定，推进社会主义民主法制建设，实现富民强市目标做出新的贡献。

2002 年 3 月 30 日，永州市第二届人民代表大会第二次会议作出《关于永州市人民政府工作报告的决议》。决定批准市长刘爱才代表市人民政府所作的《政府工作报告》。会议对市人民政府一年来的工作给予充分肯定。会议指出：“加入世界贸易组织”以后，挑战和机遇同在，困难与希望并存。要贯彻“积极、灵活、务实、有为”的方针，坚持以经济建设为中心，围绕建立生态环保效益型经济格局，大力推进工业化、农业产业化、城镇化进程，正确处理改革、发展和稳定的关系，努力维护经济和社会稳定，大力加强社会主义精神文明建设，促进社会全面进步。会议强调，要紧紧抓住加快发展这个主题，坚决突破观念性、体制性、环境性障碍，千方百计刺激投资与消费增长，加快经济结构的战略性调整。以深化国有企业改革为重点，培育壮大优势产业和骨干企业，积极扶持中小企业发展，大力推进工业化进程。要加快农业结构调整步伐，突出发展生态农业，大力发展订单农业，认真抓好农村税费改革，加大扶贫开发力度，大力推进农业产业化进程。要切实搞好中心城市的建设、经营和管理，抓好县城和小城镇建设，不断拓宽第三产业发展领域，大力推进城镇化进程。要想方设法增加投入，加快基础设施建设步伐。要适应“入世”新形势，积极做好应对工作，进一步扩大开放引进。要努力增加城乡居民收入，切实改善财政状况。进一步整顿和规范市场经济秩序，着力优化经济发展环境。加强精神文明建设和民主法制建设，努力维护社会稳定。要切实转变政府职能，大力改进政府工作，不断改进领导方式和方法，提高领导经济工作的水平。

2002年3月30日，永州市第二届人民代表大会第二次会议作出《关于永州市人民代表大会常务委员会工作报告的决议》。会议决定批准市人大常委会主任谢朝月所作的工作报告。会议指出：市二届人大二次会议至三次会议期间，常委会要围绕市委确定的“十件大事”，进一步明确监督工作任务，强化监督职能，完善监督机制，加大监督力度，提高监督实效，紧紧围绕优化经济发展环境，把监督工作的重点转到督促解决影响永州经济社会发展的观念性障碍、体制性障碍和环境性障碍上来，切实推进全市“三化”进程。要充分发扬民主，依法做好人事任免工作，按照有关法律和《永州市人大常委会人事任免办法》，依法任免“一府两院”有关干部，并建好干部档案，加强任后监督。要深入贯彻《中华人民共和国全国人民代表大会和地方各级人民代表大会代表法》，进一步完善代表议案及建议、批评和意见承办制度，做好代表工作，支持人民当家作主。要按照上级人大和市委的部署，切实加强工作指导，确保县区人大和村委会换届选举工作依法进行。要不断增强党性观念，增强《中华人民共和国宪法》意识、政治意识、大局意识和责任意识，努力加强学习，与时俱进，提高工作水平。要进一步加强领导班子的思想作风建设、党风廉政建设和干部队伍建设。同时加强人大制度理论研究和宣传工作，推动人民代表大会制度的进一步完善和发展，推动全市人大工作再上新台阶。

2002年3月30日，永州市第二届人民代表大会第二次会议作出《关于优化经济发展环境的决议》。优化经济发展环境刻不容缓，环境就是生产力、竞争力。全市上下必须形成共识，树立“个个都是投资环境，人人都是永州形象”的浓厚意识。改革审批制度，推行政务公开。各级政府要切实转变职能，把优化经济发展环境，整顿和规范经济秩序作为重要工作摆上议事日程。加强综合治理，杜绝“四乱”现象。控制检查评比，减轻基层负担。规范经济秩序，维护合法权益。突出工作重点，注重治理成果。坚持依法行政、公正司法。加大监督力度，增强监督实效。各级人民政府及其工作部门、人民法院、人民检察院依据本决议，制定优化经济发展环境的具体实施办法，报同级人大常委会审查备案。

2003年1月7日，永州市第二届人民代表大会第三次会议作出《关于永州市人民政府工作报告的决议》，决定批准市长刘爱才代表市人民政府所作的《政府工作报告》。会议对市人民政府2002年的工作给予充分肯定。会议指出：2003年是全面建设小康社会的开局之年。要以邓小平理论和江泽民同志“三个代表”重要思想为指导，全面贯彻落实中共十六大精神，突出发展这个执政兴国第一要务，突破观念性、体制性、环境性障碍，努力推进新型工业化、城镇化、农业产业化，加速发展开放型经济，切实维护社会稳定，加强政治文明和精神文明建设，促进社会全面进步。会议强调，要按照“发展要有新思路，改革要有新突破，开放要有新局面，各项工作要有新举措”的总要求，认清形势，增强紧迫感，牢固树立追赶意识，一心一意谋发展。要突出发展工业，推动“三化”进程。大力推进工业化进程，继续深化国有企业改革，培育壮大优势产业和骨干企业，着力抓好“一区两园”建设，走新型工业化的路子。大力推进农业产业化进程，加快龙头企业发展和农业基地建设，增加农民收入。大力推进城市化进程，突出抓好重点工程，全面建设中心城市，继续抓好县城和重点乡镇建设。要进一步建立健全市场机制，加快推进各项改革，增强经济发展活力。要加快发展以旅游业为重点的第三产业。要进一步扩大开放，加速发展开放型经济。要夯实基础，加快重大基础设施建设。要进一步优化经济发展环境，整顿和规范市场秩序。要千方百计扩大就业和再就业，加强社会保障体系建设，加大扶贫攻坚力度，不断改善人民生活。要推进政治文明和精神文明建设，努力维护社会稳定，要切实转变政府职能，大力改进政府工作，不断改进领导方式，提高领导经济工作的水平。

2003年1月7日，永州市第二届人民代表大会第三次会议作出《关于永州市人民代表大会常务委员会工作报告的决议》。会议决定批准市人大常委会主任谢朝月所作的工作报告。会议认为：市二届人大二次会议以来，较好地发挥了地方国家权力机关的职能作用，为推进全市经济社会发展和民主法制建设做出了新的贡献。会议强调，常委会要坚持以发展为第一要务，进一步加强监督工作，围绕突破“三个障碍”，推进“三化”进程，开展工作监督；围绕依法办事，优化经济环境，开展法律监督；加强制度建设，提高监督质量，讲求监督实效。要认真做好人事任免工作，实现党的领导、人民当家作主和依法办事的有机统一，加强任后监督。要进一步加强和改进代表工作，支持代表依法执行职务，支持人民当家做主。要进一步加强自身建设，不断完善监督机制，优化监督环境，提高监督水平，推动全市人大工作再上新台阶。

2003年1月7日，永州市第二届人民代表大会第三次会议作出《关于加快发展开放型经济的决议》。发展开放型经济是实现跨越式发展的战略选择。突出发展开放型经济的工作重点，必须坚持“引进来”和“走出去”相结合，大胆吸收借鉴先进的经营理念、经营方式和管理方法，有效利用国内外的资金、人才和先进技术，做大做强支柱产业，发展新兴产业，培植壮大新的经济增长点，使永州市成为沿海地区产业梯度转移的承接基地、面向发达地区的劳务输出基地、对外加工贸易基地。通过若干年的努力，把永州市建成全省开放型经济发达的地区之一。要大力拓展对外开放领域。从总体上讲，永州没有不可开放的地区，没有不可开放的领域，没有不可开放的产业。要打破行业垄断，加快各行各业的开放步伐，坚决冲破人才、资源部门所有，切实解决部门利益至上的问题；坚持“但求所在，不求所有”，舍得将优势企业、优良资产出售出让，进行合资合作，实现资源的优化配置。要切实加强招商引资工作，构建全民招商的工作格局。要大力发展劳务经济，努力扩大出口。充分发挥园区带动作用。从战略的高度重视工业园区建设，加快开发区和各类园区的整合，建立区域性引进外资、集聚产业的开放型经济载体。高起点规划、高标准建设好凤凰园经济开发区、长丰汽车配套工业园和萍洲高科技园。各县区创办的工业小区，也要根据实际情况，制定相应的优惠政策措施，努力为发展开放型经济提供良好服务。发展开放型经济是全市各级各部门的共同责任。各级领导要尽快熟悉和掌握世贸组织规则，进一步创新领导方式和工作方式，提高驾驭开放型经济的能力。加大监督检查力度。各级人大及其常委会要认真履行宪法和法律赋予的职权，运用执法检查、视察、评议等法定手段，加强对“一府两院”促进开放型经济发展的工作监督和法律监督。各级人民政府及其工作部门、人民法院、人民检察院、驻永中央、省属单位，依据本决议制定加快发展开放型经济的具体实施办法，报同级人大常委会审查备案，接受监督。

2004年2月7日，永州市第二届人民代表大会第四次会议作出《关于永州市人民政府工作报告的决议》，决定批准市长刘爱才代表市人民政府所作的《政府工作报告》。会议对市人民政府过去一年来的工作给予充分肯定。会议指出：2004年是全面贯彻落实中共十六届三中全会精神的重要一年，也是实现“十五”计划的关键一年。要认清当前发展形势，增强发展紧迫感，牢固树立科学发展观，一心一意谋发展。要以大力推进工业化为核心，突出发展先进制造业，并以旅游业为龙头，迅速提升第三产业发展水平。围绕增加农民收入，大力发展农村经济。积极筹措建设资金，加大重点项目实施力度，加快推进城镇建设，加强全市基础设施建设。以国有企业改革为重点，加快改革和制度创新步伐，构建与市场经济相适应的运行机制。进一步创新招商引资的思路和环境，狠抓招商引资，大力发展开放型经济。进一步加强民主法制建设，大力推进社会主义精神文明建设，全面发展各项社会事业。坚持以民为本，切实抓好就业再就业、城镇帮贫解困和农村扶贫救灾工作。按照建设为民、务实、清廉政府要求，进一步转变政府职能，全面加强自身建设，努力提高依法行政能力和工作水平。

2004年2月7日，永州市第二届人民代表大会第四次会议作出《关于永州市人民代表大会常务委员会工作报告的决议》，会议决定批准市人大常委会主任谢朝月所作的工作报告。会议认为：市二届人大三次会议以来，常委会认真履行宪法和法律赋予的各项职权，较好地发挥地方国家权力机关的职能作用，为促进全市民主法制建设和经济社会发展作出了贡献。会议指出：市二届人大四次会议至五次会议期间，常委会要紧紧围绕全市工作大局，紧扣发展这个第一要务，以推进“三化”进程为重点，切实加强工作监督和法律监督。坚持党的意图与人民意志的有机统一，依法进行人事任免。维护人民群众根本利益，依法讨论决定重大事项。依法履行代表职务，进一步深化代表工作。加强常委会自身建设，进一步推动全市人大工作再上新台阶。

2004 年 2 月 7 日永州市第二届人民代表大会第四次会议作出《关于加快推进永州工业化进程的决议》。会议强调，加快推进工业化进程是全市各级各部门的共同责任，各级领导要从实践“三个代表”重要思想的高度，牢固树立“工业强市”的思想，真正把加快推进工业化进程摆到经济发展的首要位置，要加快国企改革步伐。大力发展民营工业，加大招商引资力度，加大对工业的投入，大力发展高新技术产业，改造传统产业，以信息化带动工业化，进一步优化工业发展环境，着力解决影响工业化进程的突出问题，形成推进工业化进程的良好氛围和强大合力。 会议号召，全市上下要统一思想认识，采取切实有力的措施，加快推进工业化进程。各级人大及其常委会要认真履行宪法和法律赋予的职权，加强对“一府两院”促进加快推进工业化进程的工作监督和法律监督。各级人大代表要增强主人翁意识，认真执行代表职务，督促各级国家机关工作人员为加快工业化尽职尽责。“一府两院”要依法行政、公正司法，强化内部监督制约机制。各类新闻媒体要大力宣传推进工业化进程的典型，充分发挥舆论监督作用。会议要求，各级人民政府及其工作部门，人民法院，人民检察院，驻永州中央、省属单位，要认真贯彻执行市人民政府议案的意见，并依据本决议结合本部门实际，认真制定加快推进工业化进程的产业规划和具体实施方案，报同级人大常委会审查备案，接受监督。

2005 年 1 月 20 日，永州市第二届人民代表大会第五次会议作出《关于永州市人民政府工作报告的决议》。决定批准市长刘爱才代表市人民政府所作的《政府工作报告》。会议对市人民政府过去一年来的工作给予充分肯定。会议指出：2005 年是全面实现“十五”计划目标，衔接“十一五”计划的重要一年，要突出工作重点，推动经济快速平稳发展。坚持工业主导，大力提升“三化”水平；坚持统筹发展，培育壮大县域经济；坚持扩大投入，增强持继发展后劲。要继续深入改革，全面推进对外开放。狠抓国有企业改革，深化农村配套改革，推进财政和投融资体制改革，进一步扩大招商引资。要坚持以人为本，努力构建和谐社会。注重协调发展，推动社会事业全面进步；高度关注民生，尽力为民多办实事；推进民主政治建设，深入开展精神文明创建活动；加强综合治理，确保社会大局稳定。要加强自身建设，提高政府行政能力。坚持科学理政，坚持依法行政，坚持务实勤政，坚持从严治政，努力创建人民满意政府。

2005 年 1 月 20 日，永州市第二届人民代表大会第五次会议作出《关于永州市人民代表大会常务委员会工作报告的决议》。会议决定批准市人大常委会主任谢朝月所作的工作报告。会议认为：市二届人大四次会议以来，扎实有效的开展工作，较好地发挥地方国家权力机关的职能作用，为促进物质文明、政治文明、精神文明“三个文明”建设协调发展，构建永州和谐社会作出了应有的贡献。会议指出：市二届人大五次至市三届人大一次会议期间，常委会要紧扣发展这个第一要务，以加快推进工业化进程为重点，依法行使监督权，促进经济社会发展；依法行使重大事项决定权，促进民主科学决策；依法行使任免监督权，促进勤政廉政建设；加强代表工作，促进代表依法执行职务；注重自身建设，促进常委会和机关各项工作，推动全市人大工作再上新台阶。

2005 年 1 月 20 日，永州市第二届人民代表大会第五次会议作出《关于创建卫生文明城市的决议》。会议强调，创建卫生文明城市是贯彻落实科学发展观，加快三个文明建设进程，推动经济社会全面协调快速发展的重要举措，是全市人民的共同心愿。各级各部门要从实践“三个代表”重要思想的高度，从全面建设小康永州的大局出发，把创建卫生文明城市作为提升城市品位、塑造城市形象、聚集发展要素、加快永州发展的一项战略任务摆到突出位置，狠抓组织实施。要拓宽投融资渠道，加大资金投入力度，全面推进城市基础设施配套建设；要加大城市建设管理执法力度，切实解决脏、乱、差突出问题，美化净化城市环境；要强化社会治安综合治理，依法打击各类犯罪，营建良好的法治环境；要进一步理顺城市管理体制，全面落实环卫责任制，充分发挥基层组织的积极作用；要重视加强市民的道德素质教育，广泛深入开展卫生文明城市创建活动，形成齐抓共管的良好氛围和强大合力。会议号召，全市上下要统一思想认识，采取切实有力措施，积极投身于创建卫生文明城市的实践。各级人大及其常委会要认真履行宪法和法律赋予的职权，加强对“一府两院”的工作监督和法律监督，支持和推动创建卫生文明城市工作的顺利实施。各级人民政府及其工作部门、人民法院、人民检察院，驻永中央和省属单位，要认真贯彻执行市人民政府提出的议案要求，紧密结合本部门实际，研究制定实施方案，报同级人大常委会审查备案，接受监督。

2006 年 2 月 13 日，永州市第二届人民代表大会第六次会议作出《关于永州市国民经济和社会发展第十一个五年规划纲要及关于纲要报告的决议》，批准市人民政府《关于永州市国民经济和社会发展第十一个五年规划纲要的报告》。

2006 年 2 月 1 3 日，永州市第二届人民代表大会第六次会议作出《关于永州市人民代表大会常务委员会工作报告的决议》，会议决定批准市人大常委会主任谢朝月所作的工作报告。

2001—2006 年永州市第二届人民代表大会重大决议决定一览表

表 5–2

类别	时间	决议、决定
第二届人民代表大会第一次会议	2001 年 6 月 23—30 日	关于永州市人民政府工作报告的决议 关于永州市国民经济和社会发展第“十五”计划纲要的决议 关于永州市 2000 年国民经济和社会发展计划执行情况及 2001 年国民经济和社会发展计划的决议 关于永州市 2000 年财政预算执行情况和 2001 年市本级财政预算的决议 关于永州市人大常委会工作报告的决议 关于永州市中级人民法院工作报告的决议 关于永州市人民检察院工作报告的决议 关于设立永州市人民代表大会专门委员会的决定 关于市人大各专门委员会主任委员、副主任委员和委员人选的决议
第二届人民代表大会第二次会议	2002 年 3 月 26—30 日	关于永州市人民政府工作报告的决议 关于永州市 2001 年国民经济和社会发展计划执行情况及 2002 年国民经济和社会发展计划的决议 关于永州市 2001 年全市及本级财政预算执行情况和 2002 年全市及市本级财政预算的决议 关于永州市人民代表大会常务委员会工作报告的决议 关于永州市中级人民法院工作报告的决议 关于永州市人民检察院工作报告的决议 关于撤销市人大农业农村与城乡建设环境资源保护委员会，设立市人大农业与农村委员会、市人大城乡建设与环境资源保护委员会的决定 关于优化经济发展环境的决议
第二届人民代表大会第三次会议	2003 年 1 月 3—7 日	关于永州市人民政府工作报告的决议 关于永州市 2002 年国民经济和社会发展计划执行情况与 2003 年国民经济和社会发展计划的决议 关于永州市 2002 年全市及市本级财政预算执行情况和 2003 年全市及市本级财政预算的决议 关于永州市人民代表大会常务委员会工作报告的决议 关于永州市中级人民法院工作报告的决议 关于永州市人民检察院工作报告的决议 关于加快发展开放型经济的决议

续表 **5-2**

类别	时间	决议、决定
第二届 人民代表大会 第四次会议	2004 年 2 月 3—7 日	关于永州市人民政府工作报告的决议 关于永州市 2003 年国民经济和社会发展计划执行情况与 2004 年国民经济和社会发展计划的决议 关于永州市 2003 年全市及市本级财政预算执行情况和 2004 年全市及市本级财政预算的决议 关于永州市人民代表大会常务委员会工作报告的决议 关于永州市中级人民法院工作报告的决议 关于永州市人民检察院工作报告的决议 关于推进工业化进程的决议
第二届 人民代表大会 第五次会议	2005 年 1 月 17—20 日	关于永州市人民政府工作报告的决议 关于永州市 2004 年国民经济和社会发展计划执行情况及 2005 年国民经济和社会发展计划的决议 关于永州市 2004 年全市及市本级财政预算执行情况与 2005 年全市及市本级财政预算的决议 关于永州市人民代表大会常务委员会工作报告的决议 关于永州市中级人民法院工作报告的决议 关于永州市人民检察院工作报告的决议 关于创建卫生文明城市的决议
第二届 人民代表大会 第六次会议	2006 年 2 月 8—13 日	关于永州市国民经济和社会发展第十一个五年规划纲要报告的决议 关于永州市 2005 年国民经济和社会发展计划执行情况与 2006 年国民经济和社会发展计划的决议 关于永州市 2005 年全市及市本级财政预算执行情况与 2006 年全市及市本级财政预算的决议 关于永州市人民代表大会常务委员会工作报告的决议 关于永州市中级人民法院工作报告的决议 关于永州市人民检察院工作报告的决议

第三节　第三届人民代表大会决议决定

永州市第三届人民代表大会会议期间作出重大决议、决定 34 项。

2007 年 1 月 24 日，永州市第三届人民代表大会第一次会议经认真审查，决定批准《永州市人民政府工作报告》。根据永州市第三届人民代表大会第一次会议计划、预算审查委员会的审查报告，决定批准市人民政府提出的 2007 年国民经济和社会发展计划，批准《关于永州市2006年国民经济和社会发展计划执行情况与2007年计划草案的报告》。根据永州市第三届人民代表大会第一次会议计划、预算审查委员会的审查报告，决定批准市人民政府提出的2007年市本级财政预算，通过《关于2006年全市财政预算执行情况和2007年市本级预算草案的报告》。会议决定授权市人大常委会审查批准2007年市本级部门预算草案、各项基金预算草案、非税收入预算草案和土地出让金收支计划、社会保险基金收支计划及基本建设、教育费附加、科技三项费用的预算方案。

2007年1月24日，永州市第三届人民代表大会第一次会议经过认真审查，决定批准市第二届人大常委会主任谢朝月所作的《永州市人民代表大会常务委员会工作报告》、市中级人民法院院长熊春明所作的《永州市中级人民法院工作报告》、市人民检察院检察长王蓟零所作的《永州市人民检察院工作报告》。

2008年1月1日，永州市第三届人民代表大会第二次会议经认真审查，决定批准《永州市人民政府工作报告》。根据永州市第三届人民代表大会财政经济委员会的审查报告，决定批准市人民政府提出的2008年国民经济和社会发展计划，批准市发展和改革委员会主任张建亮受市人民政府委托所作的《关于永州市2007年国民经济和社会发展计划执行情况与2008年计划草案的报告》。根据永州市第三届人民代表大会财政经济委员会的审查报告，决定批准市人民政府提出的2008年市本级财政预算，通过《关于2007年全市财政预算执行情况和2008年市本级预算草案的报告》。会议决定授权市人大常委会审查批准2008年市本级部门预算草案、各项基金预算草案、非税收入预算草案和土地出让金收支计划、社会保险基金收支计划及基本建设、教育费附加、科技三项费用的预算方案。

2008年1月1日，永州市第三届人民代表大会第二次会议经过认真审查，决定批准市人大常委会主任李良铁所作的《永州市人民代表大会常务委员会工作报告》、市中级人民法院院长熊春明所作的《永州市中级人民法院工作报告》、市人民检察院检察长王蓟零所作的《永州市人民检察院工作报告》。

2009年1月9日，永州市第三届人民代表大会第三次会议经认真审查，决定批准《永州市人民政府工作报告》。根据永州市第三届人民代表大会财政经济委员会的审查报告，决定批准市人民政府提出的2009年国民经济和社会发展计划，批准市发展和改革委员会主任张建亮受市人民政府委托所作的《关于永州市2008年国民经济和社会发展计划执行情况与2009年计划草案的报告》。根据永州市第三届人民代表大会财政经济委员会的审查报告，决定批准市人民政府提出的2009年市本级财政预算，通过《关于2008年全市财政预算执行情况和2009年市本级预算草案的报告》。会议决定授权市人大常委会审查批准2009年市本级部门预算草案、各项基金预算草案、非税收入预算草案和土地出让金收支计划、社会保险基金收支计划及基本建设、教育费附加、科技三项费用的预算方案。

2009 年 1 月 9 日，永州市第三届人民代表大会第三次会议经过认真审查，决定批准市人大常委会主任李良铁所作的《永州市人民代表大会常务委员会工作报告》、市中级人民法院院长熊春明所作的《永州市中级人民法院工作报告》、市人民检察院检察长王蓟零所作的《永州市人民检察院工作报告》。

2010 年 1 月 18 日，永州市第三届人民代表大会第四次会议经认真审查，决定批准《永州市人民政府工作报告》。根据永州市第三届人民代表大会财政经济委员会的审查报告，决定批准市人民政府提出的 2010 年国民经济和社会发展计划，批准市发展和改革委员会主任张建亮受市人民政府委托所作的《关于永州市 2009 年国民经济和社会发展计划执行情况与 2010 年计划草案的报告》。根据永州市第三届人民代表大会财政经济委员会的审查报告，决定批准市人民政府提出的 2010 年市本级财政预算和市本级部门预算，如有变动，需按规定报市人大常委会批准。通过《关于 2009 年全市财政预算执行情况和 2010 年市本级预算草案的报告》。

2010 年 1 月 18 日，永州市第三届人民代表大会第四次会议经过认真审查，决定批准市人大常委会主任李良铁所作的《永州市人民代表大会常务委员会工作报告》、市中级人民法院院长熊春明所作的《永州市中级人民法院工作报告》、市人民检察院检察长王蓟零所作的《永州市人民检察院工作报告》。

2011 年 1 月 14 日，永州市第三届人民代表大会第五次会议经认真审查，决定批准《永州市人民政府工作报告》。同意市第三届人民代表大会财政经济委员会的审查报告，决定批准市人民政府提出的《永州市国民经济和社会发展第十二个五年规划纲要草案》。根据永州市第三届人民代表大会财政经济委员会的审查报告，决定批准市人民政府提出的 2011 年国民经济和社会发展计划，批准市发展和改革委员会主任张建亮受市人民政府委托所作的《关于永州市 2010 年国民经济和社会发展计划执行情况与 2011 年计划草案的报告》。根据永州市第三届人民代表大会财政经济委员会的审查报告，决定批准市人民政府提出的 2011 年市本级财政预算和市本级部门预算草案，批准市财政局局长李光富受市人民政府委托所作的《关于 2010 年全市财政预算执行情况和 2011 年市本级预算草案的报告》。授权永州市第三届人民代表大会常务委员会审查批准 2011 年市本级社会保险基金预算。

2011 年 1 月 14 日，永州市第三届人民代表大会第五次会议经过认真审查，决定批准市人大常委会主任李良铁所作的《永州市人民代表大会常务委员会工作报告》，市中级人民法院院长熊春明所作的《永州市中级人民法院工作报告》、市人民检察院检察长王蓟零所作的《永州市人民检察院工作报告》。

2007—2011 年永州市第三届人民代表大会决议决定一览表

表 5-3

类别	时间	决议、决定
第三届 人民代表大会 第一次会议	2007 年 1 月 20—24 日	关于设立本次会议议案审查委员会和计划、预算审查委员会的决定 关于设立永州市人民代表大会专门委员会的决定 关于永州市人民政府工作报告的决议 关于永州市 2006 年国民经济和社会发展计划执行情况与 2007 年国民经济和社会发展计划的决议 关于 2006 年全市财政预算执行情况与 2007 年市本级预算的决议 关于永州市人民代表大会常务委员会工作报告的决议 关于永州市中级人民法院工作报告的决议 关于永州市人民检察院工作报告的决议 关于通过市人大各专门委员会主任委员、副主任委员和委员人选的决议
第三届 人民代表大会 第二次会议	2007 年 12 月 27 日 — 2008 年 1 月 1 日	关于永州市人民政府工作报告的决议 关于永州市 2007 年国民经济和社会发展计划执行情况与 2008 年国民经济和社会发展计划的决议 关于 2007 年全市财政预算执行情况与 2008 年市本级预算的决议 关于永州市人民代表大会常务委员会工作报告的决议 关于永州市中级人民法院工作报告的决议 关于永州市人民检察院工作报告的决议
第三届 人民代表大会 第三次会议	2009 年 1 月 5—9 日	关于永州市人民政府工作报告的决议 关于永州市 2008 年国民经济和社会发展计划执行情况与 2009 年国民经济和社会发展计划的决议 关于 2008 年全市财政预算执行情况与 2009 年市本级预算的决议 关于永州市人民代表大会常务委员会工作报告的决议 关于永州市中级人民法院工作报告的决议 关于永州市人民检察院工作报告的决议
第三届 人民代表大会 第四次会议	2010 年 1 月 14—18 日	关于永州市人民政府工作报告的决议 关于永州市 2009 年国民经济和社会发展计划执行情况与 2010 年国民经济和社会发展计划的决议 关于 2009 年全市财政预算执行情况与 2010 年市本级预算的决议 关于永州市人民代表大会常务委员会工作报告的决议 关于永州市中级人民法院工作报告的决议 关于永州市人民检察院工作报告的决议
第三届 人民代表大会 第五次会议	2011 年 1 月 10—14 日	关于永州市人民政府工作报告的决议 关于永州市国民经济和社会发展第十二个五年规划纲要的决议 关于永州市 2010 年国民经济和社会发展计划执行情况与 2011 年国民经济和社会发展计划的决议 关于 2010 年全市财政预算执行情况与 2011 年市本级预算的决议 关于永州市人民代表大会常务委员会工作报告的决议 关于永州市中级人民法院工作报告的决议 关于永州市人民检察院工作报告的决议

第四节　第四届人民代表大会决议决定

永州市第四届人民代表大会会议期间作出重大决议、决定 34 项。

2012 年 1 月 7 日，永州市第四届人民代表大会第一次会议经过认真审查，决定批准市人民政府代市长魏旋君所作的《永州市人民政府工作报告》。根据永州市第四届人民代表大会第一次会议计划、预算审查委员会的审查报告，决定批准市人民政府提出的 2012 年国民经济和社会发展计划，批准《关于永州市 2011 年国民经济和社会发展计划执行情况与 2012 年计划草案的报告》。根据永州市第四届人民代表大会第一次会议计划、预算审查委员会的审查报告，决定批准市人民政府提出的 2012 年市本级财政预算（草案），批准《关于 2011 年全市财政预算执行情况和 2012 年市本级预算草案的报告》。

2012 年 1 月 7 日，永州市第四届人民代表大会第一次会议经过认真审查，决定批准市三届人大常委会主任李良铁所作的《永州市人民代表大会常务委员会工作报告》、市中级人民法院院长熊春明所作的《永州市中级人民法院工作报告》、市人民检察院检察长王蓟零所作的《永州市人民检察院工作报告》。

2012 年 12 月 30 日，永州市第四届人民代表大会第二次会议经过认真审查，决定批准市人民政府市长魏旋君所作的《永州市人民政府工作报告》。根据永州市第四届人民代表大会财政经济委员会的审查报告，决定批准市人民政府提出的 2013 年国民经济和社会发展计划，批准《关于永州市 2012 年国民经济和社会发展计划执行情况与 2013 年计划草案的报告》。根据永州市第四届人民代表大会财政经济委员会的审查报告，决定批准市人民政府提出的 2013 年市本级财政预算（草案），批准《关于 2012 年全市财政预算执行情况和 2013 年市本级预算草案的报告》。

2012 年 12 月 30 日，永州市第四届人民代表大会第二次会议经过认真审查，决定批准《永州市人民代表大会常务委员会工作报告》、市中级人民法院院长熊春明所作的《永州市中级人民法院工作报告》、市人民检察院检察长文兆平所作的《永州市人民检察院工作报告》。

2014 年 1 月 15 日，永州市第四届人民代表大会第四次会议经过认真审查，决定批准市人民政府代市长严志辉所作的《永州市人民政府工作报告》。根据永州市第四届人民代表大会财政经济委员会的审查报告，决定批准市人民政府提出的 2014 年国民经济和社会发展计划，批准《关于永州市 2013 年国民经济和社会发展计划执行情况与 2014 年计划草案的报告》。根据永州市第四届人民代表大会财政经济委员会的审查报告，决定批准市人民政府提出的2014年市本级财政预算（草案），批准《关于2013年全市财政预算执行情况和2014年市本级预算草案的报告》。

2014年1月15日，永州市第四届人民代表大会第四次会议经过认真审查，决定批准《永州市人民代表大会常务委员会工作报告》、市中级人民法院院长熊春明所作的《永州市中级人民法院工作报告》、市人民检察院检察长文兆平所作的《永州市人民检察院工作报告》。

2015年1月24日，永州市第四届人民代表大会第六次会议经过认真审查，决定批准永州市人民政府市长向曙光所作的《永州市人民政府工作报告》。根据永州市第四届人民代表大会财政经济委员会的审查报告，决定批准市人民政府提出的2015年国民经济和社会发展计划，批准《关于永州市2014年国民经济和社会发展计划执行情况与2015年计划草案的报告》。根据永州市第四届人民代表大会财政经济委员会的审查报告，决定批准市人民政府提出的2015年市本级财政预算（草案），批准《关于2014年全市财政预算执行情况和2015年市本级预算草案的报告》。

2015年1月24日，永州市第四届人民代表大会第六次会议经过认真审查，决定批准《永州市人民代表大会常务委员会工作报告》、市中级人民法院代院长罗重海所作的《永州市中级人民法院工作报告》、市人民检察院检察长文兆平所作的《永州市人民检察院工作报告》。

2016年1月15日，永州市第四届人民代表大会第八次会议经过认真审查，决定批准永州市人民政府市长易佳良所作的《永州市人民政府工作报告》。根据永州市第四届人民代表大会财政经济委员会的审查报告，决定批准市人民政府提出的《永州市国民经济和社会发展第十三个五年规划纲要（草案）》。根据永州市第四届人民代表大会财政经济委员会的审查报告，决定批准市人民政府提出的2016年国民经济和社会发展计划，批准《关于永州市2015年国民经济和社会发展计划执行情况与2016年计划草案的报告》。根据永州市第四届人民代表大会财政经济委员会的审查报告，决定批准市人民政府提出的2016年市本级财政预算（草案），批准《关于2015年全市财政预算执行情况和2016年市本级预算草案的报告》。

2016年1月15日，永州市第四届人民代表大会第八次会议经过认真审查，决定批准《永州市人民代表大会常务委员会工作报告》、市中级人民法院院长罗重海所作的《永州市中级人民法院工作报告》、市人民检察院检察长文兆平所作的《永州市人民检察院工作报告》。

2016年1月15日，永州市第四届人民代表大会第八次会议决定设立永州市第四届人民代表大会法制委员会。法制委员会由主任委员一名、副主任委员一名、委员若干名组成。

2012—2016 年永州市第四届人民代表大会决议决定一览表

表 5-4

类别	时间	决定、决议
第四届人民代表大会第一次会议	2012 年 1 月 7 日	关于永州市人民政府工作报告的决议 关于永州市 2011 年国民经济和社会发展计划执行情况与 2012 年国民经济和社会发展计划的决议 关于 2011 年全市财政预算执行情况与 2012 年市本级财政预算的决议 关于永州市人民代表大会常务委员会工作报告的决议 关于永州市中级人民法院工作报告的决议 关于永州市人民检察院工作报告的决议 关于设立本次会议议案审查委员会和计划预算审查委员会的决定 关于设立永州市人民代表大会专门委员会的决定
第四届人民代表大会第二次会议	2012 年 12 月 30 日	关于永州市人民政府工作报告的决议 关于永州市 2012 年国民经济和社会发展计划执行情况与 2013 年国民经济和社会发展计划的决议 关于 2012 年全市财政预算执行情况与 2013 年市本级财政预算的决议 关于永州市人民代表大会常务委员会工作报告的决议 关于永州市中级人民法院工作报告的决议 关于永州市人民检察院工作报告的决议
第四届人民代表大会第四次会议	2014 年 1 月 15 日	关于永州市人民政府工作报告的决议 关于永州市 2013 年国民经济和社会发展计划执行情况与 2014 年国民经济和社会发展计划的决议 关于 2013 年全市财政预算执行情况与 2014 年市本级财政预算的决议 关于永州市人民代表大会常务委员会工作报告的决议 关于永州市中级人民法院工作报告的决议 关于永州市人民检察院工作报告的决议
第四届人民代表大会第六次会议	2015 年 1 月 24 日	关于永州市人民政府工作报告的决议 关于永州市 2014 年国民经济和社会发展计划执行情况与 2015 年国民经济和社会发展计划的决议 关于 2014 年全市财政预算执行情况与 2015 年市本级财政预算的决议 关于永州市人民代表大会常务委员会工作报告的决议 关于永州市中级人民法院工作报告的决议 关于永州市人民检察院工作报告的决议
第四届人民代表大会第八次会议	2016 年 1 月 15 日	关于永州市人民政府工作报告的决议 关于永州市国民经济和社会发展第十三个五年规划纲要的决议 关于永州市 2015 年国民经济和社会发展计划执行情况与 2016 年国民经济和社会发展计划的决议 关于 2015 年全市财政预算执行情况与 2016 年市本级财政预算的决议 关于永州市人民代表大会常务委员会工作报告的决议 关于永州市中级人民法院工作报告的决议 关于永州市人民检察院工作报告的决议 关于设立永州市人民代表大会法制委员会的决定

注：第四届人民代表大会第三、五、七次会议均为补选市人民政府市长。

第二章 人民代表大会常务委员会决议决定

1996—2016 年，市人民代表大会常务委员会会议依法讨论和决定重大事项，作出决议决定 192 项次。

第一节 第一届人大常委会决议决定

永州市第一届人民代表大会常务委员会会议共作出决议、决定 47 项。其中，关于人大工作 9 项，人事变动 17 项，民主法制建设 6 项，财政经济工作 8 项，城乡建设和环境保护工作 3 项，教育科学文化卫生工作 3 项，农业和农村工作 1 项。

1996 年 4 月 25 日，市一届人大常委会第一次会议通过永州市人民代表大会常务委员会工作规程。规程共七章、41 条。主要明确市人大常委会的工作原则、职责以及常务委员会会议、主任会议、市人民代表大会各专门委员会及常务委员会各工作机构、市人民代表大会代表和下级人民代表大会常务委员会的联系等方面的工作程序。

1996 年 4 月 25 日，市一届人大常委会第一次会议通过永州市第一届人民代表大会常务委员会关于加强自身建设的决议。决议要求，要坚持党的基本路线，坚持四项基本原则，坚持和维护党的领导，坚持以经济建设为中心，服从服务于经济建设这个大局。坚持人民代表大会制度，全面履行宪法和法律赋予的职权。切实加强同人大代表和人民群众的密切联系。认真学习政策法律和法规，不断提高政治思想理论水平、依法办事的自觉性和搞好本职工作的能力。努力把人大常委会建设成为团结协作、步调一致、富有战斗力和凝聚力的领导集体。

1996 年 6 月 26 日，市一届人大常委会第二次会议通过关于保护耕地的决定。决定指出，保护耕地是目前全市面临的一项重大而又十分紧迫的任务，全市各级政府要高度重视，切实加强耕地保护。

1996 年 10 月 31 日，市一届人大常委会第四次会议通过关于继续深入开展法制宣传教育的决议。要求全市一切有接受教育能力的公民接受法制教育；各级领导干部要学习宪法和法律知识，模范遵守宪法和法律。各级政府要切实加强领导，制定规划和实施细则，健全普法办事机构，确保普法工作顺利进行。国家机关、部队、各社会团体和企业事业单位应当认真向本系统、本单位的公民进行法制宣传教育，结合实际，采取有力措施，使这项工作逐步走向制度化，在全市范围内形成学法、用法、守法、依法办事的社会风尚，为改革开放、稳定社会、促进社会主义物质文明和精神文明建设创造良好的法制环境。

1997 年 1 月 5 日，市一届人大常委会第六次会议通过关于修建永连公路的决定。会议要求，各级人民政府要广开财源，励行节约，积极筹集资金投入公路建设。会议号召，干部、职工和人民群众发扬艰苦奋斗和无私奉献的精神，为公路建设积极募捐。同时要拓宽思路，在法律法规和政策许可的范围内，多渠道筹集资金。市人民政府要加强对工程建设的领导，抓紧做好前期准备工作，积极创造条件，争取尽快开工，按照百年大计，质量第一的要求，切实保证公路建设的高质量，同时要严格财务管理，发挥审计、监察部门的监督职能作用，保证工程经费的合理有效使用，确保永连公路建设顺利进行。

1997 年 6 月 28 日，市一届人大常委会第十次会议通过关于修改永州市人民代表大会常务委员会人事任免办法（试行）的决定。

1998 年 3 月 15 日，市一届人大常委会第十五次会议通过关于《永州市凤凰园开发区总体规划（草案）》的决议。会议根据市人大财经委的审查意见，决定通过市人民政府提出的《永州市凤凰园经济开发区总体规划（草案）》，由市人民政府向省人民政府申报。

1998 年 10 月 29 日，市一届人大常委会第十九次会议通过关于实行依法治市的决定。决定要求加强在市属各机关、企事业单位和全社会范围内开展遵纪守法的宣传教育工作，开创依法治市的良好工作局面，为永州市社会安定、人民群众的生命财产安全，提供可靠的法律保证。

1999 年 10 月 29 日，市一届人大常委会第二十七次会议通过关于永州市 1999 年本级财政预算调整方案的决定。

2000 年 4 月 28 日，市一届人大常委会第三十次会议，通过关于全面推进依法行政和公正司法的决定。决定规定市属国家机关和工作机构以及各企事业单位，要严格依法办事，在全社会形成争当遵法、守法、执法的模范代表。

2000 年 10 月 27 日，市一届人大常委会第三十三次会议通过关于创建卫生城市的决议。会议认为：创建卫生城市是社会主义精神文明建设的重要内容，是人民群众的迫切愿望，也是现代城市发展的内在要求。搞好创建工作，对于改善全市投资环境，促进经济社会发展，提高市民生活质量和健康水平，有着十分重要的意义。会议指出：城区各级各部门、各行各业、全体市民必须共同努力。市、区政府和凤凰园管委会要建立领导班子和工作机构，政府有关职能部门应自觉把创建工作列入重要议事日程，其它各部门应积极参与、密切配合，保证创建工作的顺利推进。市人大常委会和芝山、冷水滩两区人大常委会要把创建工作列入监督重点，运用法律赋予的监督手段，依法促进创建工作。市人民政府要建立健全内部督促检查机制，确保各项创建工作落到实处，取得实效。各新闻媒体要加大对创建工作的宣传报道力度，促进创建工作的平衡发展。全体市民要自觉投身到创建卫生城市的各项社会实践中去，为全面实现创建目标而努力奋斗。

1996—2000 年永州市第一届人大常委会决议决定一览表

表 5–5

类别	时间	决议、决定
人大工作	1996 年 4 月 25 日 第一次会议	关于永州市人民代表大会常务委员会工作规程（试行）的决定 关于永州市第一届人民代表大会常务委员会关于加强自身建设的决议
	1996 年 12 月 23 日 第五次会议	关于永州市人民代表大会常务委员会人事任免办法的决定 关于召开永州市第一届人民代表大会第二次会议的决定
	1997 年 6 月 28 日 第十次会议	关于修改永州市人民代表大会常务委员会人事任免办法（试行）的决定
	1997 年 10 月 22 日 第十二次会议	关于召开永州市第一届人民代表大会第三次会议的决定
	1998 年 12 月 24 日 第二十次会议	关于召开永州市第一届人民代表大会第四次会议的决定 永州市人民代表大会常务委员会关于人大代表小组活动办法（试行）的决议
	1999 年 12 月 27 日 第二十八次会议	关于召开永州市第一届人民代表大会第五次会议的决定
人事变动	1997 年 2 月 23 日 第七次会议	关于接受卞翠屏同志辞去永州市人民政府市长职务的请求的决定
	1997 年 3 月 9 日 第八次会议	关于任命王道生同志为永州市人民政府副市长、代理市长的决定
	1997 年 8 月 21 日 第十一次会议	关于接受周建国同志辞去永州市人民政府副市长职务的请求的决定，关于任命蒋桃生为永州市人民政府副市长的决定
	1997 年 10 月 25 日 第十二次会议	关于任命崔永平为永州市人民政府副市长的决定 关于免去谢梦阳、朱泽民永州市人民政府副市长职务的决定
	1997 年 11 月 17 日 第十三次会议	关于接受林克屏同志辞去永州市人民政府副市长职务的请求的决定 关于任命刘新普同志为永州市人民政府副市长的决定
人事变动	1998 年 3 月 5 日 第十五次会议	关于任命邓三龙同志为永州市人民政府副市长的决定
	1999 年 3 月 26 日 第二十二次会议	关于接受胡参政辞去市一届人大常委会副主任职务的请求的决定、徐肇玲辞去市一届人大常委会委员职务的请求的决定
	1999 年 6 月 30 日 第二十四次会议	关于任命陶祖芳同志为永州市第一届人民代表大会常务委员会代表资格审查委员会主任委员；蒋善生为永州市第一届人民代表大会常务委员会代表资格审查委员会委员的决定
	1999 年 9 月 10 日 第二十六次会议	关于接受王道生辞去永州市人民政府市长职务的请求的决定，武俊瑶、蒋菊生辞去永州市第一届人民代表大会常务委员会委员职务的请求的决定； 关于任命刘爱才为永州市人民政府副市长、代理市长的决定
	2000 年 2 月 24 日 第二十九次会议	关于接受蒋善生辞去永州市第一届人民代表大会常务委员会委员职务的请求的决定
	2000 年 10 月 27 日 第三十三次会议	关于接受邓三龙辞去永州市人民政府副市长职务的决定

续表 5–5

类别	时间	决议、决定
民主法制	1996 年 10 月 31 日 第四次会议	永州市第一届人民代表大会常务委员会关于继续深入开展法制宣传教育的决议
	1998 年 10 月 29 日 第十九次会议	永州市第一届人民代表大会常务委员会关于实行依法治市的决定
	2000 年 4 月 28 日 第三十次会议	永州市人民代表大会常务委员会关于全面推进依法行政和公正司法的决定 审议和原则通过永州市人民政府关于推进公正司法的若干规定 审议和原则通过永州市中级人民法院关于推进公正司法的若干规定 审议和原则通过永州市人民检察院关于推进公正司法的若干规定
财政经济	1997 年 6 月 24 日 第十次会议	永州市第一届人民代表大会常务委员会关于永州市 1996 年财政决算的决定
	1997 年 10 月 22 日 第十二次会议	永州市第一届人民代表大会常务委员会关于永州市 1997 年财政预算调整方案的决定
	1998 年 6 月 26 日 第十七次会议	永州市第一届人民代表大会常务委员会关于永州市 1997 年财政决算的决定
	1998 年 10 月 29 日 第十九次会议	永州市第一届人民代表大会常务委员会关于永州市 1998 年财政预算调整方案的决定
	1999 年 6 月 28 日 第二十四次会议	永州市第一届人民代表大会常务委员会关于永州市 1998 年财政决算的决定
	1999 年 10 月 29 日 第二十七次会议	永州市第一届人民代表大会常务委员会关于永州市 1999 年本级财政预算调整方案的决定
	2000 年 8 月 29 日 第三十二次会议	永州市第一届人民代表大会常务委员会关于永州市 1999 年市本级财政决算的决定；永州市第一届人民代表大会常务委员会关于永州市 2000 年市本级财政预算调整方案的决定
城乡建设与环境保护	1996 年 12 月 26 日 第五次会议	永州市第一届人民代表大会常务委员会关于原则通过《永州市城市总体规划（草案）》的决议
	1997 年 1 月 5 日 第六次会议	永州市第一届人民代表大会常务委员会关于修建永连公路的决定
	1998 年 3 月 15 日 第十五次会议	永州市第一届人民代表大会常务委员会关于通过《永州市凤凰园开发区总体规划（草案）》的决议
教育科学文化卫生	2000 年 6 月 28 日 第三十一次会议	永州市第一届人民代表大会常务委员会关于殡葬管理的决议 永州市殡葬管理规定
	2000 年 10 月 27 日 第三十三次会议	永州市第一届人民代表大会常务委员会关于创建卫生城市的决议
农业与农村经济	1996 年 6 月 26 日 第二次会议	永州市第一届人民代表大会常务委员会关于保护耕地的决定

第二节 第二届人大常委会决议决定

永州市第二届人民代表大会常务委员会共作出决议、决定41项。其中，关于人大工作8项，人事变动14项，民主法制建设6项，财政经济工作5项，城乡建设和环境保护工作3项，教育科学文化卫生工作2项，农业和农村工作3项。

2001年10月30日，永州市第二届人民代表大会常务委员会第三次会议通过《关于进一步加强法制宣传教育的决议》。决定从2001年到2005年在全市公民中继续实施法制宣传教育第四个五年规划。

2003年3月28日，永州市第二届人民代表大会常务委员会第十六次会议作出《关于永州市城市总体规划修编（草案）的决议》，由市人民政府依法向省人民政府申报。会议认为：地改市后，市委、市人民政府十分重视城市规划工作，1996年组织编制的永州市城市总体规划，1999年5月经省人民政府批准实施后，对指导和促进永州中心城市建设发展起到重要作用。会议建议：对总体规划修编评审和审议中提出的重要建设性意见，要认真采纳，及时论证，进一步修正和补充完善，使之更加科学、全面；切实加大控制性和修建性详细规划工作力度，依法规范区域性建筑和小区建设，增强城市的整体美感，突出"山、水、洲、城"和生态园林城市的特色；尤其要加强城市重点景区景点的恢复、维修和保护，重视加强对湖南省历史文化名城的修缮和保护，不断扩大永州的知名度；切实加强公共设施用地的管理，不得任意占用或变更停车场、垃圾站、公厕及绿化用地。会议要求，永州市城市总体规划修编依法批准实施后，市人大常委会要加强对规划实施的监督，坚决维护其法律地位。市人民政府要坚持依法办事，按规划建设，杜绝随意性和短期行为，确保规划的严肃性和权威性；要切实加大规划执法力度，确保规划的正确实施。在组织实施中，需对规划进行局部调整，应严格按照《中华人民共和国城市规划法》的要求及时履行法律手续。控制性详细规划应报市人大常委会备案。

2003年4月26日永州市第二届人民代表大会常务委员会第十七次会议审议通过市人民政府提出的《湖南省永州市旅游发展总体规划（草案）》。会议建议：要实行旅游资源保护和环境保护及开发相结合的方针，在保护的前提下进行开发，以开发促保护。要树立"大旅游、大产业、大市场"的观点，加大投入，抓好重点景点景区建设，大力改善交通、通讯、信息等基础设施建设，改善旅游环境，完善旅游服务体系建设。通过采取"政府主导，多种所有制参与，公司运作"的方式，加大招商引资力度，激活本地民间资本进行投资，打造旅游精品，成为湖南省一块新兴的旅游热土，会议要求，要认真按规划实施，并切实抓紧实施旅游景区、景点建设项目的详细规划，杜绝随意性和短期行为，确保规划的严肃性和权威性。

2006年11月1日，永州市第二届人民代表大会常务委员会第四十五次会议作出《关于继续深入开展法制宣传教育的决议》。决定从2006年到2010年在全市组织实施公民法制宣传教育第五个五年规划。要突出重点内容，全面实施以宪法为核心的法律法规的宣传教育；要突出重点对象，分层次抓好学法用法；要突出普法效果，着力提高社会各项事业的法治化管理水平。要采取切实措施，强化大众传播媒体和新闻通讯单位的社会责任；要加强组织领导，形成法制宣传教育工作的整体合力；要认真履行职责，加强对法制宣传教育工作的监督。

2001—2006年永州市第二届人大常委会决议决定一览表

表5-6

类别	时间	决议、决定
人大工作	2002年11月29日 第十二次会议	市人大常务委员会关于讨论决定重大事项规定的决定
	2003年2月26日 第十五次会议	市人民代表大会及其常务委员会关于公民旁听市人民代表大会及其常务委员会会议的暂行规定的决定
	2003年8月21日 第十九次会议	市人大常务委员会关于加强和改进会议审议工作的规定的决定 市人大常务委员会关于加强市人民代表大会代表工作的决定
	2004年12月15日 第二十九次会议	市人大常务委员会关于加强与市人民代表大会代表联系暂行办法的决定 市人大常务委员会关于加强机关新闻宣传和理论研究工作的意见的决定
	2005年9月7日 第三十六次会议	关于市人大五次会议代表建议、批评和意见办理的决议
	2006年12月30日 第四十六次会议	关于召开市第三届人民代表大会第一次会议的决议
人事变动	2002年3月1日 第五次会议	关于接受周初连辞去市第二届人民代表大会常务委员会委员职务的决定
	2002年4月30日 第七次会议	关于任命刘湘凌为市人民政府副市长的决定；免去陈金荣市人民政府副市长职务
	2002年6月26日 第八次会议	关于任命高建华为永州市人民政府秘书长的决定
	2002年8月29日 第十次会议	关于接受蒋吉秀辞去市第二届人民代表大会常务委员会委员、市第二届人民代表大会内务司法委员会委员职务的决定
	2002年11月29日 第十二次会议	关于接受蒋效拉辞去市第二届人民代表大会常务委员会委员职务的决定
	2002年12月25日 第十三次会议	关于任命蒋政平为市人民政府秘书长的决定
	2003年11月7日 第二十次会议	关于撤销盘德力的市司法局局长职务的决定
	2003年11月25日 第二十一次会议	关于任命荣燕明为永州市人民政府副市长的决定

续表 **5–6**

类别	时间	决议、决定
人事变动	2005 年 2 月 27 日 第三十二次会议	关于接受孔敏辞去永州市第二届人民代表大会常务委员会委员职务的决定
	2005 年 4 月 29 日 第三十三次会议	关于接受刘新普辞去市人民政府副市长职务的决定 关于接受李微辞去永州市中级人民法院院长职务的决定 关于接受黄小明辞去市第二届人民代表大会常务委员会委员职务的决定
	2005 年 12 月 29 日 第三十七次会议	关于接受刘爱才辞去永州市人民政府市长职务的决定 关于任命副市长龚武生为市人民政府代理市长的决定
民主法制	2001 年 10 月 30 日 第三次会议	关于进一步加强法制宣传教育的决议
	2001 年 10 月 30 日 第三次会议	关于实行法官、检察官任前公示的暂行规定的决议
	2003 年 4 月 26 日 第十七次会议	关于开展对市中级人民法院、市人民检察院办案质量抽查的决定
	2004 年 8 月 27 日 第二十七次会议	关于市中级人民法院、市人民检察院公正司法的决定
	2005 年 2 月 第三十二次会议	关于中心城区社会治安整治的决定
	2006 年 11 月 1 日 第四十五次会议	关于继续深入开展法制宣传教育的决议
财政经济	2002 年 8 月 29 日 第十次会议	关于 2001 年市本级财政决算及 2002 年上半年预算执行情况的决议
	2003 年 8 月 22 日 第十九次会议	关于建立国家开发银行贷款偿债专项资金和财政兜底担保贷款偿还等问题的报告的决议
	2003 年 12 月 30 日 第二十二次会议	《关于教育项目打捆申请国家开发银行贷款的报告》有关问题的决议
	2004 年 8 月 27 日 第二十七次会议	关于 2004 年上半年市本级财政预算执行情况和 2003 年市本级财政决算的决议
	2005 年 8 月 .24 月 第三十五次会议	关于永州市 2005 年上半年市本级财政预算和 2004 年市本级财政预算执行情况的决议
城乡建设与环境保护	2003 年 3 月 28 日 第十六次会议	关于《永州市城市总体规划（草案）》的决议
	2003 年 4 月 26 日 第十七次会议	关于《湖南省永州市旅游发展总体规划（草案）》的决议
	2005 年 12 月 29 日 第三十七次会议	关于《加快发展建设永州历史文化名城的议案》的决定
教育科学文化卫生	2003 年 6 月 28 日 第十八次会议	关于防治” 非典” 工作的决定
	2005 年 6 月 29 日 第三十四次会议	关于 2004 年本级医疗保险、失业保险、基本养老保险基金及教育专项资金管理和使用情况的决议
农业和农村工作	3 项（资料缺失）	

第三节 第三届人大常委会决议决定

永州市第三届人民代表大会常务委员会共作出决议、决定 67 项。其中，关于人大工作 10 项，人事变动 27 项，民主法制建设 2 项，财政经济工作 17 项，城乡建设和环境保护工作 3 项，教育科学文化卫生工作 1 项，农业和农村工作 1 项，其他 6 项。

2007 年 4 月 29 日，永州市第三届人民代表大会常务委员会第三次会议通过《永州市人大常委会关于市人民代表大会代表联系原选举单位的意见》。意见指出，加强代表工作是人大常委会的一项重要任务，必须把代表工作列入人大常委会的议事日程。要求市人大代表要保持与选举单位和人民群众的密切联系，听取和反映各方面的意见，认真履行职责，努力为人民服务。

2008 年 4 月 25 日，永州市第三届人民代表大会常务委员会第十次会议通过《关于在全市推行设立人大代表收集群众意见箱的意见（试行）》（以下简称《意见》）。永州市在祁阳县、道县开展设立人大代表收集群众意见箱试点，探索提出人大代表关注民生、了解民情、反映民意、维护民权、化解矛盾、履行代表职责的新途径和新方法。《意见》明确意见箱的名称与设置范围，意见箱的形状与开启要求，意见的处理办法以及组织领导等工作。

2008 年 6 月 24 日，永州市第三届人民代表大会常务委员会第十一次会议作出《关于依法制止和查处中心城区违法建筑的决定》。会议指出：当前市中心城区违法建筑问题，虽经治理仍未得到有效遏制，且呈蔓延趋势。违法建筑行为，严重影响《中华人民共和国城乡规划法》《中华人民共和国土地管理法》的贯彻实施和中心城区规划建设管理，严重侵占社会公共资源，侵犯公共利益，有的甚至直接危及居民的生产生活安全，必须依法予以制止和严肃查处。市人民政府及其有关部门要站在全面贯彻科学发展观、坚持依法治市的高度，从大局和整体利益出发，在规划建设中立足长远，把依法制止和查处中心城区违法建筑这项工作抓紧抓好，抓出成效来，切实维护法律的严肃性，维护社会公共利益，保障永州市中心城区经济社会健康有序发展。要广泛宣传，统一思想。依法行政，全面整治，强化监管，严肃法纪。要精心组织，整体联动，齐抓共管，依法办事，确保制止和查处市中心城区违法建筑工作的顺利进行。

2008 年 8 月 26 日，永州市第三届人民代表大会常务委员会第十二次会议通过《关于推进承接产业转移工作的决定》。会议认为：经济全球化和区域经济一体化势不可挡，承接沿海地区产业转移时不我待。市人民政府适时提出议案十分必要，议案中的工作目标和重点符合全市实际，各项措施积极可行。会议指出：加快推进承接产业转移是省委、省政府和市委的战略部署，是应对当前形势，着眼长远发展的一项根本举措。能否抓住这一轮承接产业转移的历史机遇，决定着永州未来的发展。全市上下一定要从讲政治的高度，充分认识加快推进承接产业转移工作的重要意义。会议强调，加快推进承接产业转移工作，要坚持市场主导与政府推动相结合，优势互补与互利双赢相结合，生态环保与科学发展相结合，优化升级与集聚带动相结合，扩大就业与促进和谐相结合，确保各项工作沿着正确的方向前进，促进永州经济社会又好又快发展。会议要求，全市各级、各部门要认真贯彻落实决定，对承接产业转移工作再动员、再部署、再落实，明确目标任务，合理规划布局，加大政策扶持，优化承接环境，务必取得成效。会议号召，全市人民要在市委、市人民政府领导下，进一步解放思想，坚定信心，抢抓机遇，开拓创新，扎实抓好承接产业转移的各项工作，为把永州建设成为全省承接产业转移示范基地和对外开放的排头兵而努力奋斗。

2008 年 10 月 30 日，市三届人大常委会第十三次会议作出《关于组织特定问题调查委员会，对潇湘平湖“得月舫”游轮有关问题进行调查的决定》。这是永州市首次开展特定问题调查这项刚性监督工作。特定问题调查委员会，由主任委员一人，副主任委员两人，委员十人组成。调查委员会在市人大常委会领导下开展工作。本着实事求是，客观公正的原则，依法进行调查。尊重事实和证据，不直接处理问题。必要时，调查委员会可以责成市人民政府及有关职能部门协助调查“得月舫”游轮某些专门问题。调查委员会进行调查，有关国家机关、企事业单位、社会团体和公民都有义务如实提供情况和材料，调查涉及的部门、单位和个人不得拒绝，不得妨碍调查工作的正常开展。提供情况和材料的单位、个人要保密的，调查委员会对材料来源予以保密。调查委员会在调查过程中，可以不公布调查的情况和材料。调查结束后，由调查委员会向市人大常委会提出调查报告。必要时，由市人大常委会根据调查报告作出相应决定。

2008 年 12 月 5 日，永州市第三届人民代表大会常务委员会第十四次会议通过《永州市人民代表大会常务委员会规范性文件备案审查办法》，共十九条，主要对规范性文件的备案范围、审查的主要内容、职责与分工、审查的程序和时限、审查结果的处理、撤销的程序等方面作出具体规定。

2008 年 12 月 5 日，永州市第三届人民代表大会常务委员会第十四次会议通过《永州市人民代表大会常务委员会会议审议事项票决制暂行办法》。为适应形势和工作的需要，根据有关法律、规定，制订暂行办法。这是根据前两次审议的意见形成的第三稿，共九条，规定市人民代表大会常务委员会会议实行审议票决的主要事项，会议票决事项的议案提出、审议及撤回。常务委员会会议审议事项表决采取无记名投票或电子表决的方式，以获得常委会全体组成人员的过半数通过。表决结果由会议主持人当场宣布。

未获通过的审议事项应当在下次常务委员会会议上重新报告，经两次报告实行票决，仍未获通过的审议事项,人民代表大会常务委员会可通过会议决定,依法采取其他监督方式。

2009年2月24日，永州市第三届人民代表大会常务委员会第十七次会议通过《关于潇湘平湖“得月舫”游轮有关问题特定问题调查委员会〈关于“得月舫”游轮问题的调查报告〉的决议》。会议认为：特定问题调查委员会依法履行职责，对“得月舫”游轮问题的调查全面深入细致，事实基本查清；提出的意见和建议客观、公正、可行，符合有关法律法规的规定。会议决定同意这个调查报告。会议要求，市人民政府要采取果断措施，依法处置“得月舫”游轮问题，对有关部门及相关责任人启动问责程序，促进工作落实。6月,市三届人大常委会第十九次会议听取“得月舫”游轮处理情况汇报。

2010年10月19日，永州市第三届人民代表大会常务委员会第三十次会议通过《关于加快对接东盟工作的决议》。会议认为：经济全球化和区域经济一体化是大势所趋，与东盟等国际经济区域和新兴市场多层次、多方式、多领域的合作，完善产业配套、延伸产业链条，对于促进永州与东盟国家共同繁荣发展，构建多元化的国际合作格局有着极其重要的战略意义。会议指出：加快对接东盟是省委、省政府和市委的战略部署，是应对当前形势，着眼长远发展的一项根本举措。抓住启动中国—东盟自由贸易区的战略机遇，进一步加快推进永州的开放开发，将决定永州未来经济发展的质量。全市上下一定要从永州未来发展的高度，坚决落实好省委、省政府的指示精神。会议强调，加快深化与东盟经贸合作，要遵循科学发展观，按照《中华人民共和国与东亚国家联盟全面经济合作框架协议》的要求，创新工作机制，搭建合作平台，拓宽合作领域，提升合作水平，通过与东盟各国在产业、能源、科技、教育等领域的合作，把永州市建设成为湖南对接东盟的桥头堡。会议要求，全市各级、各部门要认真贯彻落实市委关于深化与东盟经贸合作的有关意见，完善工作联络和协调机制，夯实合作平台，明确目标任务，加大政府统筹指导与扶持服务力度，优化经济环境，务必取得成效。

2011年4月26日,永州市第三届人民代表大会常务委员会第三十六次会议通过《关于大力开展植树造林积极建设绿色永州的决议》。会议认为：建设绿色永州是中共永州市委作出的重大决策，市人民政府适时提出议案十分必要，议案中的工作目标和重点符合全市实际，各项措施积极可行，会议决定批准该议案。会议指出：大力开展植树造林，积极建设绿色永州是深入贯彻落实科学发展观，走生产发展、生活富裕、生态良好的文明发展道路的重大战略举措，是一项功在当代、利在千秋的民心工程，完全符合永州经济社会发展实际，意义重大而深远。会议强调，要广泛开展创建生态县、区、绿色社区、环境优美乡镇等活动，建立有效的公众参与机制，不断增强全社会的生态环境保护意识和公德意识，促进生产、生活方式和消费观念的转变，大力营造建设绿色永州的良好社会环境。会议要求，各级政府要切实加强对建设绿色永州的领导，切实解决建设中存在的问题，为建设绿色永州提供坚强的组织保证。要充分发挥财政政策和资金的导向作用，把建设绿色永州的资金列入各级财政专项预算，并积极引导社会资金投入植树造林。要建立义务植树登记卡制度，依法依规收缴、使用义务植树绿化费。要制定、完善乡规民约，集约绿化林地，禁止山地抛荒。要研究制订鼓励生态建设环境保护政策，推进全市植树造林进程。要建立和完善管护机制，依法严厉打击各类毁林犯罪行为，扩大和巩固造林绿化成果。各县、区人民代表大会常务委员会要依法支持和监督同级人民政府全面实施绿色永州建设规划，加强对生态环境保护建设法律法规执行情况的检查监督，为大力开展植树造林，积极建设绿色永州创造良好的法治环境。

2011 年 10 月 28 日，永州市第三届人民代表大会常务委员会第四十二次会议通过《关于继续深入开展法制宣传教育的决议》。决定从 2011 年到 2015 年在全市公民中组织实施法制宣传教育第六个五年规划。会议要求，要突出重点内容，全面实施以宪法为核心的法律法规的宣传教育。要明确重点对象，分层次抓好学法用法。要切实推进地方、行业和基层的依法治理，提高全社会的法治化管理水平。要创新法制宣传教育方式方法，增强法制宣传教育工作实效。要加强组织领导，完善体制机制。要认真履行职责，加强监督检查，保证本决议贯彻落实。

2007—2011 年永州市第三届人大常委会决议决定一览表

表 5–7

类别	时间	决议、决定
人大工作	2007 年 2 月 28 日 第一次会议	永州市人民代表大会常务委员会组成人员守则
	2007 年 4 月 29 日 第三次会议	关于市人民代表大会代表联系原选举单位的意见
	2007 年 11 月 22 日 第七次会议	关于召开永州市第三届人民代表大会第二次会议的决定
	2008 年 2 月 27 日 第九次会议	关于修改《永州市人民代表大会常务委员会工作规程》的决定 关于修改《永州市人民代表大会常务委员会人事任免办法》的决定
	2008 年 4 月 25 日 第十次会议	关于在全市推行设立人大代表收集群众意见箱的意见（试行）
	2009 年 10 月 30 日 第二十二次会议	关于召开永州市第三届人民代表大会第四次会议的决定
	2009 年 12 月 29 日 第二十三次会议	关于提前召开永州市第三届人民代表大会第四次会议的决定
	2010 年 12 月 9 日 第三十三次会议	关于召开永州市第三届人民代表大会第五次会议的决定
	2011 年 10 月 28 日 第四十二次会议	关于召开永州市第四届人民代表大会第一次会议的决定

续表 5–7

类别	时间	决议、决定
人事变动	2007 年 8 月 31 日 第五次会议	关于许可对蒋平采取法律强制措施的决定
	2007 年 12 月 13 日 第八次会议	关于接受张美学辞去永州市第三届人民代表大会常务委员会委员职务的决定
	2008 年 12 月 5 日 第十四次会议	关于接受刘事青辞去永州市人民政府副市长职务的决定 关于接受杨军元辞去永州市第三届人民代表大会常务委员会委员职务的决定 关于接受魏湘江辞去湖南省第十一届人民代表大会代表职务的决定
	2009 年 2 月 24 第十七次会议	关于接受骆长云辞去永州市第三届人民代表大会常务委员会委员和永州市第三届人民代表大会财政经济委员会委员职务的决定
	2009 年 6 月 26 日 第十九次会议	关于任命许洋名为永州市第三届人民代表大会常务委员会代表资格审查委员会委员的决定
	2009 年 8 月 21 日 第二十一次会议	关于接受荣燕明辞去永州市人民政府副市长职务的决定 关于接受封金祥辞去永州市第三届人民代表大会常务委员会委员职务的决定
	2009 年 12 月 29 日 第二十三次会议	关于接受邓荣卿辞去永州市第三届人民代表大会常务委员会副主任职务的决定
	2010 年 6 月 1 日 第二十六次会议	关于许可对王青松、蔡方年采取法律强制措施的决定
	2010 年 6 月 29 日 第二十七次会议	关于接受王芳柏辞去永州市人民政府副市长职务的决定
	2010 年 10 月 19 日 第三十次会议	关于接受周辉秀、毛秋元分别辞去民族华侨外事委员会主任委员、财政经济委员会主任委员职务的决定
	2010 年 11 月 22 日 第三十二次会议	关于接受唐松成辞去永州市人民政府副市长职务的决定
	2011 年 1 月 5 日 第三十四次会议	关于接受朱映红辞去永州市人民政府副市长职务的决定 关于接受周辉秀、毛秋元、唐军辞去市第三届人大常务委员会委员职务的决定
	2011 年 2 月 22 日 第三十五次会议	关于接受张小惠辞去市人大常委会委员职务的决定
	2011 年 4 月 26 日 第三十六次会议	关于接受陈东平辞去市人大常委会委员职务的决定
	2011 年 6 月 24 日 第三十七次会议	关于接受吴湘波辞去市人大常委会委员职务的决定
	2011 年 9 月 30 日 第四十次会议	关于接受戴菊芳辞去永州市人民政府副市长职务的决定 关于接受张正辞去永州市人民政府副市长职务的决定
	2011 年 12 月 27 日 第四十五次会议	关于接受李良铁辞去湖南省第十一届人民代表大会代表职务的决定 关于接受龚武生辞去永州市人民政府市长的决定 关于魏旋君为永州市人民政府副市长的决定 关于魏旋君副市长为永州市人民政府代理市长的决定 关于接受张建亮辞去湖南省第十一届人民代表大会代表职务的决定 关于魏旋君当选为湖南省第十一届人民代表大会代表职务的决定

续表 5–7

类别	时间	决议、决定
民主法制	2008 年 12 月 5 日 第十四次会议	永州市人民代表大会常务委员会规范性文件备案审查办法
	2011 年 10 月 28 日 第四十二次会议	关于继续深入开展法制宣传教育的决议
财政经济	2007 年 8 月 31 日 第五次会议	关于批准 2006 年永州市本级财政决算的决议
	2008 年 2 月 27 日 第九次会议	关于批准 2008 年永州市本级部门预算草案和基金预算草案的决议
	2008 年 4 月 25 日 第十次会议	关于批准《永州市人民政府关于提请将湘江水道治理及湘江西路北段建设工程项目建设贷款还款资金列入财政专项预算的报告》的决定
	2008 年 8 月 26 日 第十二次会议	关于批准 2007 年永州市本级财政决算草案的决议 关于推进承接产业转移工作的决议 关于批准《永州市人民政府关于将长丰工业园区路网工程项目建设贷款还贷资金列入财政预算的报告》的决定
	2008 年 10 月 31 日 第十三次会议	关于批准 2008 年全市国民经济和社会发展计划部分调整方案报告的决议 关于批准 2008 年永州市本级财政预算调整方案的决议 关于批准《永州市人民政府关于农民工培训示范基地建设项目申请国家开发银行贷款的报告》的决定
	2009 年 4 月 30 日 第十八次会议	关于批准 2009 年永州市本级教育费附加、城市维护费、科技三项费用、政府性基金和社会保险基金预算草案的决议
	2009 年 10 月 30 日 第二十二次会议	关于批准 2009 年永州市本级财政预算调整方案的决议
	2010 年 8 月 23 日 第二十九次会议	关于批准 2009 年永州市本级财政决算草案的决议
	2010 年 10 月 19 日 第三十次会议	关于批准 2010 年永州市本级财政预算调整方案的决议 关于加快对接东盟工作的决议
	2011 年 4 月 26 日 第三十六次会议	关于 2011 年永州市本级社会保险基金预算的决议
	2011 年 9 月 2 日 第三十九次会议	关于批准 2010 年永州市本级财政决算草案的决议 关于批准 2011 年永州市本级财政预算调整方案的决议
城乡建设与环境保护	2008 年 6 月 24 日 第十一次会议	关于依法制止和查处中心城区违法建筑的决议
	2008 年 10 月 31 日 第十三次会议	关于组织特定问题调查委员会对潇湘平湖“得月舫”游轮有关问题调查的决定
	2009 年 2 月 24 日 第十七次会议	关于《潇湘平湖“得月舫”游轮有关问题特定问题调查委员会〈关于“得月舫”游轮问题的调查报告〉》的决议
教育科学文化卫生	2008 年 4 月 25 第十次会议	关于批准永州市本级 2008 年教育费附加、科技三项费用和社会保险基金预算草案的决议
农业与农村经济	2011 年 4 月 26 日 第三十六次会议	关于大力开展植树造林积极建设绿色永州的决议
其他	6 项	

第四节 第四届人大常委会决议决定

永州市第四届人民代表大会常务委员会共作出决议、决定76项。其中，人大工作13项，人事变动32项，民主法制建设2项，财政经济工作12项，城乡建设和环境保护工作3项，教育科学文化卫生1项，其他13项。

2013年8月28日，永州市第四届人民代表大会常务委员会第十四次会议听取和审议市人民政府《关于搬迁永州机场的议案》，同意市人民政府对永州机场进行整体搬迁。

2014年12月26日，永州市第四届人民代表大会常务委员会第二十六次会议根据《永州市人民代表大会常务委员会工作规程》的有关规定，为加强常委会组成人员自身建设，进一步转变工作作风，认真依法参加履职，提高常委会会议审议质量，本着简单易行、务实管用的原则，通过《永州市人大常委会组成人员履职评价暂行办法》。

2014年12月26日，永州市第四届人民代表大会常务委员会第二十六次会议根据《中华人民共和国全国人民代表大会和地方各级人民代表大会代表法》的有关规定，为加强市人民代表大会代表自身建设，促进依法履职，通过《永州市人大代表在代表大会期间履职评价暂行办法》。

2014年12月26日，永州市第四届人民代表大会常务委员会第二十六次会议，为加强对市人大常委会任命的国家机关工作人员的监督，促进依法行政、公正司法，依据相关法律的规定，结合永州市实际，制定《关于“一府两院”有关国家机关工作人员任后履职测评的暂行办法》。

2014年12月26日，永州市第四届人民代表大会常务委员会第二十六次会议第五次修正《永州市人民代表大会常务委员会人事任免办法》。

2015年10月22日，永州市第四届人民代表大会常务委员会第三十三次会议通过《关于组织实施宪法宣誓制度的办法》，规定市人民代表大会及其常务委员会选举或者任命的国家工作人员以及市人民政府、市中级人民法院、市人民检察院任命的国家工作人员，在就职时应当公开进行宪法宣誓。

2012—2016年永州市第四届人大常委会决议决定一览表

表 5-8

类别	时间	决议、决定
人大工作	2012年10月25日 第七次会议	关于召开永州市第四届人民代表大会第二次会议的决定
	2013年4月16日 第十次会议	关于召开永州市第四届人民代表大会第三次会议的决定
	2013年12月10日 第十六次会议	关于召开永州市第四届人民代表大会第四次会议的决定
	2014年6月24日 第二十次会议	关于召开永州市第四届人民代表大会第五次会议的决定
	2014年11月21日 第二十四次会议	关于召开永州市第四届人民代表大会第六次会议的决定
	2014年12月26日 第二十六次会议	永州市人大常委会组成人员履职评价暂行办法 永州市人大代表在代表大会期间履职评价暂行办法 关于“一府两院”有关国家机关工作人员任后履职测评的暂行办法 第五次修订永州市人民代表大会常务委员会人事任免办法 关于加强和改进会议审议工作的规定
	2015年7月30日 第三十一次会议	关于召开永州市第四届人民代表大会第七次会议的决定
	2015年11月23日 第三十四次会议	关于召开永州市第四届人民代表大会第八次会议的决定
	2016年11月22日 第四十四次会议	关于召开永州市第五届人民代表大会第一次会议的决定
人事变动	2013年4月16日 第十次会议	关于接受魏旋君辞去永州市人民政府市长职务的决定 关于严志辉副市长为永州市人民政府代理市长的决定
	2013年5月21日 第十一次会议	关于接受周德睿辞去永州市人民政府副市长职务的决定 关于接受任辉辞去永州市人民政府副市长职务的决定
	2013年12月12日 第十六次会议	关于接受黄爱华辞去湖南省第十二届人民代表大会代表职务的决定 关于接受李刚华辞去永州市第四届人民代表大会常务委员会委员职务的决定 关于许可祁阳县公安局对王春林采取刑事强制措施的决定
	2014年2月21日 第十八次会议	关于接受冯仁锋辞去永州市第四届人民代表大会城乡建设与环境资源保护委员会委员职务的决定

续表 **5–8**

类别	时间	决议、决定
人事变动	2014 年 6 月 24 日 第二十次会议	关于接受严志辉辞去永州市人民政府市长职务的决定 关于接受严志辉辞去湖南省第十二届人民代表大会代表职务的决定 关于向曙光副市长为永州市人民政府代理市长的决定
	2015 年 1 月 19 日 第二十七次会议	关于接受肖惠黎、杨文灿、周海林辞去湖南省第十二届人民代表大会代表职务的决定 关于接受熊春明辞去永州市中级人民法院院长职务的决定 关于永州市中级人民法院副院长罗重海为永州市中级人民法院代理院长的决定
	2015 年 6 月 25 日 第三十次会议	关于接受向曙光辞去永州市人民政府市长职务的决定 关于接受向曙光辞去湖南省第十二届人民代表大会代表职务的决定 关于接受魏京萍辞去永州市第四届人民代表大会常务委员会秘书长职务的决定 关于接受谭红一辞去永州市第四届人民代表大会内务司法委员会主任委员职务的决定 关于接受蔡松云辞去永州市第四届人民代表大会财政经济委员会主任委员职务的决定 关于接受谭红一、蔡松云辞去永州市第四届人民代表大会常务委员会委员职务的决定
	2015 年 7 月 30 日 第三十一次会议	关于易佳良副市长为永州市人民政府代理市长的决定 关于接受刘志强辞去永州市第四届人民代表大会农业与农村委员会主任委员职务的决定
	2015 年 11 月 23 日 第三十三次会议	关于接受黄青柳辞去湖南省第十二届人民代表大会代表职务的决议 关于接受郭金霖辞去湖南省第十二届人民代表大会代表职务的决议
	2015 年 12 月 29 日 第三十五次会议	关于接受魏旋君同志辞去湖南省第十二届人民代表大会代表职务的决定 关于许可祁阳县公安局对周太平采取刑事强制措施的决定 关于许可永州市公安局对冯仁锋采取刑事强制措施的决定
	2016 年 12 月 15 日 第四十五次会议	关于接受程晨曦、袁满娥辞去市人大常委会副主任职务的决定 关于接受文兆平辞去永州市人民检察院检察长职务的决定 关于吴秋菊副检察长为永州市人民检察院代理检察长的决定
	2016 年 12 月 27 日 第四十六次会议	关于接受李光富、李明清、唐满平同志辞去湖南省第十二届人民代表大会代表职务的决定 关于蔡振红、李晖、张勇、秦功智、周亮当选为湖南省第十二届人民代表大会代表职务的决定
民主法制	2015 年 10 月 22 日 第三十三次会议	关于设立永州市人大常委会法制工作委员会的决定 关于组织实施宪法宣誓制度的办法

续表 **5-8**

类别	时间	决议、决定
财政经济	2012 年 8 月 29 日 第六次会议	关于批准 2011 年市本级财政决算草案的决议
	2012 年 10 月 24 日 第七次会议	关于批准 2012 年永州市本级财政预算调整方案的决议
	2013 年 2 月 28 日 第九次会议	关于批准《市人民政府关于提请审议永州市凤凰园经济开发区恢复设立县级金库的议案》的决定
	2013 年 8 月 27 日 第十四次会议	关于 2012 年市本级财政决算草案的决议
	2013 年 10 月 24 日 第十五次会议	关于 2013 年永州市本级财政预算调整方案的决议
	2014 年 7 月 29 日 第二十一次会议	关于同意将湘江西岸棚户区改造项目回购款列入财政预算的决定
	2014 年 8 月 26 日 第二十二次会议	关于 2013 年市本级财政决算草案的决议
	2014 年 10 月 29 日 第二十三次会议	关于批准 2014 年永州市本级财政预算调整方案的决议
	2014 年 12 月 2 日 第二十五次会议	关于同意将长沙银行贷款和融资租赁偿还资金纳入财政预算的决定
	2015 年 8 月 25 日 第三十二次会议	关于 2014 年市本级财政决算草案的决议 关于批准市人民政府出资置换两区信用联社不良贷款的决议
	2016 年 8 月 25 日 第四十一次会议	关于 2015 年市本级财政决算草案的决议
城乡建设与环境保护	2013 年 8 月 28 日 第十四次会议	关于永州市人民政府搬迁永州机场的决议
	2013 年 12 月 10 日 第十六次会议	关于通过《永州市人民政府关于创建国家卫生城市议案》的决定
	2015 年 10 月 23 日 第三十三次会议	关于同意祁阳县、道县撤县设市的决议
教育科学文化卫生	2015 年 3 月 4 日 第二十八次会议	关于将香樟树和杜鹃花确定为永州市市树和市花的决定
其他	13 项	

第六篇

选举与人事任免

第一章 人民代表大会选举事项

1996年4月至2016年12月，永州市人民代表大会共选举产生市人大常委会主任4人次、副主任32人次、秘书长5人次、常委会委员131人次；市人民政府市长10人次，副市长24人次；市中级人民法院院长6人次；市人民检察院检察长5人次（报省人大常委会批准），选举湖南省人民代表大会代表231人次。

1996—2016年永州市人民代表大会选举事项及人次情况一览表

表6-1 单位：人次

选举事项内容	选举事项人次				
	第一届人大	第二届人大	第三届人大	第四届人大	合计
市人大常委会主任	1	1	1	1	4
市人大常委会副主任	9	8	8	7	32
市人大常委会秘书长	1	1	1	2	5
市人大常委会委员	27	26	39	39	131
市人民政府市长	3	2	1	4	10
市人民政府副市长	6	5	6	7	24
市中级人民法院院长	1	2	1	2	6
市人民检察院检察长	1	2	1	1	5
出席湖南省人民代表大会代表	57	56	58	60	231
合计	106	103	116	123	448

第一节 “一府两院”负责人名录

（按当选时间先后为序，连续多次当选的只列第一次当选时间）

市人民政府市长

卞翠屏（1996.4） 王道生（1997.3） 刘爱才（2000.3） 龚武生（2007.1）

魏旋君（女，2012.1） 严志辉（2013.5） 向曙光（2014.7） 易佳良（2015.8）

市人民政府副市长

朱泽民（1996.4） 周建国（1996.4） 张　维（1996.4） 林克屏（1996.4）
谢梦阳（1996.4） 钱荣棠（1996.4） 崔永平（2001.6） 刘新普（2001.6）
程晨曦（2001.6） 陈金荣（女，2001.6） 赵清茂（2001.6） 唐松成（2007.1）
刘事青（2007.1） 荣燕明（2007.1） 戴菊芳（女，2007.1） 王芳柏（2007.1）
朱映红（2007.1） 唐能武（2011.1） 周德睿（2012.1） 蒋善生（2012.1）
刘尤碧（2012.1） 舒　平（2012.1） 罗双全（女，2012.1） 蒋建湘（2012.1）

市中级人民法院院长

贺梅楚（1996.4） 李　薇（女，2001.6） 熊春明（2006.2） 罗重海（2015.1）

市人民检察院检察长

赵光华（1996.4） 王蓟零（2006.2） 文兆平（2012.1）

第二节　出席湖南省人民代表大会代表名录

永州市出席湖南省第九届人民代表大会正式代表名单（57人）

王克英　王道生　韦素青（女，壮族）毛秀英（女，回族）左雪飞　冯军胜（瑶族）
朱日明　刘仲炬　刘春游　刘慧敏（女）　杨云萍（女）　李大双（瑶族）
李玉华（女）李运雪　李建新　李俊峰　李福兴（瑶族）　吴先雄　吴昌球
何兆述　何忠全（瑶族）余冬菊（女，瑶族）　余华生（瑶族）　邹金鷟
邹庚来　沈秀科　沈根元（女）张小萍（女）张光栋　张翠菊（女）陆建萍
陈金荣（女）　陈铸亮　武俊瑶　欧巨烽（女）欧阳国斌　周进盛　周明祥
郑邦淳　郑安陵（女）　胡正扬　胡旭晟　胡金亮　赵文英（女，瑶族）
徐荣元　陶祖芳　陶艳君（女）　黄子峰　黄崇远　盘永远（瑶族）　蒋伍林
蒋显礼　蒋美荣（女）谢世英（女，瑶族）谢交美　戴君惕　刘爱才（2000.3补选）

永州市出席湖南省第十届人民代表大会正式代表名单（56 人）

颜永盛 邹育文 余柏青 赵龙江 易 强 曾福生 余华生（瑶族） 王伍云（女）
韦素青（女，壮族） 毛秀英（女，回族） 邓沛合（瑶族） 邓厚汉 邓娥英（女）
乐才明 冯军胜（瑶族） 伍 军 伍助亮 刘尤碧 刘事青 刘岳泉 刘春游
刘爱才 刘翔浩 杨桐春 李牛华 李运雪 李桂萍（女） 李祥红（女） 李德勋
严俊寿 何尧高（瑶族） 张小萍（女） 陈 一 陈运祥 陈建平 欧 琳（女）
罗良冬 罗其辉 周秀英（女）郑柏顺 胡忠林 赵七秀（女，瑶族）赵文英（女，瑶族）
钟世洪 桂夏生 袁满娥（女） 聂秀英（女） 徐时荣 徐荣元 唐 莉（女）
唐德柱 盘海文（瑶族） 蒋 涛 蒋燕飞（女） 曾庆炎 谢朝月（女）

永州市出席湖南省第十一届人民代表大会正式代表名单（58 人，含补选 2 人）

宁和球 许云昭 余华生（瑶族）张仁福 周红军（满族）曾福生 谢 勇 潘桂妹（女）
王满元 王新权（2008.12 补选） 邓水玉（女） 邓成胜 邓丽华（女） 邓娥英（女）
朱光葵 伍爱云（女）刘尤碧 杨赤耀 李 冀 李牛华 李年友 李良铁（2011.12 辞职）
李林凤（女） 李谋献 李瑞霞（女） 岑凤花（女，壮族） 何永丽（女，瑶族）
张建亮（瑶族） 张俊球 陈光正 陈军江 陈景茂 苗海鹰 欧 琳（女）罗济民
周生来（瑶族） 周吉长 周秀英（女） 郑石明 郑燕琼 赵小艳（女，瑶族）
赵吉永（瑶族） 赵纯军 钟珍华（瑶族） 段湘南 骆长云 袁 凤（女，瑶族）
徐时荣 唐清才 陶宗胜 高建华（2011.12 补选）黄青柳 龚武生 盘红艳（女，瑶族）
蒋加平 曾庆炎 雷大力 魏湘江（2008.12 辞职）

永州市出席湖南省第十二届人民代表大会正式代表名单（60 人）

于来山 马天禄 王满元 毛茂斌 文绍涛 邓娥英（女） 乐根成 冯德校
吕 乐（女，瑶族）朱江玉（女，瑶族） 朱光葵 刘桂清 向德伟 杨文灿
杨积龙（瑶族） 李 蔚 李刚华 李光富 李明清 李忠明 李俊湘（瑶族）
肖余胜 肖惠黎 吴晓轮 张明贵 张四玲（女） 张济意 张硕辅 陈宇荣
陈槐权（瑶族） 欧 琳（女） 罗其辉 周立夫 周吉长 周海林 郑燕琼
胡 欣（女，瑶族） 侯 曦 秦志军 聂鹏举 郭远军 郭金霖 高建华
唐 军（女） 唐冬华 唐树成 唐荣成 唐满平 殷海清 黄青柳 黄树发

黄春华　黄爱华　盘晓红（女，瑶族）　章义平　谢　勇　蒋冬林　曾卫中　董岳林　魏旋君（女）

第二章　人民代表大会常务委员会人事任免事项

1996 年 4 月至 2016 年 12 月，永州市人民代表大会常务委员会共任免国家工作人员 1257 人次，其中，任命 815 人次，免职 343 人次，接受辞职 24 人次，批准任免 40 人次，批准辞免 24 人次，决定代理 5 人次，撤销职务 3 人次，其他任免 6 人次；其中市人大机关 104 人次，市人民政府及其组成部门 256 人次，“两院”897 人次。

1996—2016 年永州市市人大常委会人事任免事项统计表

表 6–2　　单位：人次

届次	人事任免批次	任命职务	免去职务	接受辞职	批准任命	批准辞免	决定代理	撤销职务	其他任免	总人次			
											人大	一府	“两院”
一	32	225	64	20	1	10	2	2	6	330	25	67	238
二	18	189	91	3	0	0	0	1	0	284	11	27	246
三	27	173	95	0	15	11	0	0	0	294	31	78	185
四	30	228	93	1	24	3	3	0	0	349	37	84	228
合计	107	815	343	24	40	24	5	3	6	1257	104	256	897

第一节　第一届人民代表大会常务委员会人事任免事项

第一届人大常委会第一次会议人事任免事项

决定任命：

高增遗为市人大常委会办公室主任；

蒋龙生、何先云为市人大常委会办公室副主任；

王本俊为市人大常委会选举任免联络工作委员会主任。

第一届人大常委会第二次会议人事任免事项

决定任命：

谭明顺为市计划委员会主任；
孙吉祥为市经济委员会主任；
林祥胜为市农村经济委员会主任；
周忠信为市教育委员会主任；
李笃学为市科学技术委员会主任；
陶祖芳为市建设委员会主任；
秦伍生为市公安局局长；
李绍陶为市国家安全局局长；
钟佩章为市司法局局长；
易树生为市监察局局长；
李晓坤为市审计局局长；
盘德力为市民政局局长；
沈根元为市财政局局长；
廖永雄为市人事局局长；
易远宣为市劳动局局长；
吴筱祥为市交通局局长；
张缘麟为市农业局局长；
蒋柏元为市林业局局长；
李作林为市水利水电局局长；
周训凡为市文化局局长；
周道烈为市计划生育委员会主任；
韦代瑛为市民族事务委员会主任；
批准任命朱刚为冷水滩区人民检察院检察长；
批准伍拱伸辞去冷水滩区人民检察院检察长。

第一届人大常委会第四次会议人事任免事项

决定任命：

杨仕吉为市体改委主任；

宋广芬为市审计局局长；

张昌林为市人大教育科学文化卫生委员会副主任委员；

李振湘、唐治生、周清平、唐跃华、蒋跃兵、秦 慧、吴玲君、乔晋楠、郑冬平、伍希永、高和平、刘明跃、张益民、唐小红、汪云星为市中级人民法院审判员。

撤销：

李晓坤市审计局局长的职务。

第一届人大常委会第五次会议人事任免事项

决定任命：

吴增桂、胡友珍为市中级人民法院审判委员会委员；

龙国民为市中级人民法院刑事审判庭第二庭庭长；

廖美爱为市中级人民法院审判监督庭庭长；

廖解元为市中级人民法院审判员、执行庭庭长；

邬玉福为市中级人民法院立案庭庭长；

郭红艳、李双贵为市中级人民法院刑事审判第一庭副庭长；

祝 群为市中级人民法院刑事审判第二庭副庭长；

郑会昭为市中级人民法院立案庭副庭长；

唐建华为市中级人民法院经济审判庭副庭长；

赵金华为市中级人民法院执行庭副庭长；

雷显龙为市中级人民法院审判员、执行庭副庭长；

张跃坤为市中级人民法院审判员、行政审判庭副庭长；

谭兴伟为市中级人民法院审判员、审判监督庭副庭长；

宾登军、赵秋生、谭少华、唐 文、何时槐为市中级人民法院审判员；

曹智华、刘繁荣、黄和平为市人民检察院检察员。

免去：

魏芳余、胡友珍、唐文、廖美爱、龙国民、邬玉福、雷显龙、谭兴伟、张跃坤的市中级人民法院告诉申诉审判庭庭长、少年审判庭庭长、少年审判庭副庭长、申诉审判庭副庭长、刑事审判第一审判庭副庭长、执行庭庭长、经济审判庭副庭长、行政审判庭副庭长、告诉申诉审判庭副庭长的职务；李玉成的市人民检察院检察员职务。

第一届人大常委会第七次会议人事任免事项

决定：

接受卞翠屏辞去市人民政府市长职务的请求。

决定任命：

王道生为市人民政府副市长、代理市长。

第一届人大常委会第八次会议人事任免事项

决定：

接受杨东万、蒋联英、李安昌、郑枝福、秦政、刘昌茂分别辞去宁远县、江华瑶族自治县、蓝山县、新田县、双牌县、祁阳县人民检察院检察长职务的请求。

决定：

接受杨东万辞去宁远县人民检察院检察长职务；

蒋联英辞去江华瑶族自治县人民检察院检察长职务；

李安昌辞去蓝山县人民检察院检察长职务；

郑枝福辞去新田县人民检察院检察长职务；

秦政辞去双牌县人民检察院检察长职务；

刘昌茂辞去祁阳县人民检察院检察长职务。

第一届人大常委会第九次会议人事任免事项

决定：

接受周建国辞去市人民政府副市长职务的请求。

决定任命：

蒋桃生为市人民政府副市长；

文先赵为市人民政府秘书长；

唐绩祚为市财贸委员会主任；

徐绍智为市中级人民法院副院长；

李建社为市中级人民法院审判委员会委员；

周吉明为市中级人民法院林业审判庭庭长。

免去：

郑国治的市中级人民法院副院长、审判委员会委员、审判员职务；

戚洪德的市人民检察院副检察长、检察委员会委员、检察员职务；
李建社的市中级人民法院林业审判庭庭长职务。

决定任命：

张少文为芝山区人民检察院检察长；
全跃进为双牌县人民检察院检察长；
付玲玲为道县人民检察院检察长；
黄仁甫为江华瑶族自治县人民检察院检察长；
滕购新为宁远县人民检察院检察长；
赵荣义为新田县人民检察院检察长；
郑枝福为蓝山县人民检察院检察长；
杨东万为祁阳县人民检察院检察长。

决定：

接受张楚清辞去道县人民检察院检察长职务的请求；
接受候昌燕辞去芝山区人民检察院检察长职务的请求。

第一届人大常委会第十次会议人事任免事项

决定任命：

赵宏斌为市对外贸易经济合作委员会主任；
徐绍智为市中级人民法院审判委员会委员；
肖达明为市中级人民法院副院长、审判委员会委员、审判员；
周进柱为市人民检察院副检察长、检察委员会委员；
侯昌燕为市人民检察院检察员。

免去：

周进柱的市中级人民法院副院长、审判委员会委员、审判员职务；
张少文的市人民检察院检察员、检察委员会委员职务；
肖达民的市人民检察院检察员职务。

第一届人大常委会第十一次会议人事任免事项

决定任命：

崔永平为市人民政府副市长；
高增遗为市人民代表大会常务委员会副秘书长；

何先云为市人民代表大会财政经济委员会副主任委员；
王生权为市人民代表大会民族华侨外事委员会副主任委员；
雷鉴坤为市人大常委会选举任免联络工作委员会副主任。

免去：

谢梦阳的市人民政府副市长职务，
何先云的市人民代表大会常务委员会办公室副主任职务。

第一届人大常委会第十二次会议人事任免事项

决定任命：

李宏为市民族事务委员会主任；
周明礼为市计划生育委员会主任。

免去：

朱泽民的市人民政府副市长职务；
韦代瑛的市民族事务委员会主任职务；
周道烈的市计划生育委员会主任职务。

第一届人大常委会第十三次会议人事任免事项

决定：

接受林克屏辞去市人民政府副市长职务的请求；

任命：

刘新普为市人民政府副市长。

第一届人大常委会第十五次会议人事任免事项

决定任命：

邓三龙为市人民政府副市长。

张少文、付玲玲、杨东万、郑枝福、黄仁甫、李冀龙、朱刚、黄先觉分别为芝山区、道县、祁阳县、蓝山县、江华瑶族自治县、东安县、冷水滩区、江永县人民检察院检察长；

高扬舜、谭少华、宾登军、赵秋生、张跃坤、唐治生、唐跃华、艾久华、朱海平、蒋跃兵、欧贤志分别为市中级人民法院审判委员会、刑事审判第一庭庭长、刑事第二庭庭长、经济审判庭庭长、立案庭庭长、行政审判庭副庭长、民事审判庭副庭长、林业审判庭副庭长、行政审判庭副庭长、经济审判庭副庭长、立案审判庭副庭长。

免去：

文德友、高扬舜、龙国民、蒋崇和、邬玉福、赵金华、谭少华、宾登军、赵秋生、张跃坤、盘福德的市中级人民法院经济审判庭庭长、刑事审判第一庭庭长、刑事审判第二庭庭长、行政审判庭庭长、立案庭庭长、执行庭副庭长、经济庭副庭长、刑事审判第一庭副庭长、民事审判庭副庭长、行政审判庭副庭长、审判员职务。

第一届人大常委会第十六次会议人事任免事项

撤销：

宁远县第十三届人民代表大会第一次会议宣布李友才当选为县人民法院院长的决定。

决定任命：

周进松为市农业局局长；

邓存忠为市中级人民法院审判员、执行庭副庭长，江素萼、毛成次、胡明华、黄宁、唐小辉为市中级人民法院审判员；周玉斗、陈明湖、郑洋辉、屈旭平、候昌燕为市人民检察院检察委员会委员；丁日凌、严建林、何爱华、陈世标、唐大立、黄满蓉、蒋丽萍、徐志福为市人民检察院检察员。

免去：

张缘麟的市农业局局长职务。

第一届人大常委会第十八次会议人事任免事项

决定任命：

欧守冬为市中级人民法院审判员、审判委员会委员；

滕购新为市人民检察院检察员。

免去：

曾长安的市中级人民法院审判员职务。

第一届人大常委会第十九次会议人事任免事项

决定任命：

胡建瑞为市经济委员会主任；

姜雄华为市人大常委会办公室副主任。

免去：

孙吉祥的市经济委员会主任职务；

滕　斌的市人大农村经济委员会副主任委员职务。

第一届人大常委会第二十次会议人事任免事项

决定任命：

张新民、陈连明、于朝辉、刘锦英、宋楷贵为市中级人民法院审判员。

免去：

杨昌辉市人民检察院副检察长、检察委员会委员、检察员职务；

胡志辉、周辉南市人民检察院检察员职务。

第一届人大常委会第二十一次会议人事任免事项

决定：

接受胡参政辞去市一届人大常委会副主任职务的请求；

接受徐肇玲辞去市一届人大常委会委员职务的请求。

第一届人大常委会第二十三次会议人事任免事项

决定任命：

左东林为市农村经济委员会主任；

唐治生为市中级人民法院行政审判庭庭长；

张胜广、雷显龙、吴玲君、伍希永、陈连明分别为市中级人民法院刑一庭、民事审判庭、立案庭、审判监督庭、执行庭副庭长；

唐　英、唐铁年、张明林、何国雄、黎友兵为市中级人民法院审判员；

周伟平、欧阳群亮、潘振仕分别为宁远县、新田县、双牌县人民检察院检察长。

免去：

林祥胜的市农村经济委员会主任职务；

唐治生、雷显龙、郑会昭、李双贵的市中级人民法院行政审判庭、执行庭、立案庭、刑一庭副庭长职务。

第一届人大常委会第二十四次会议人事任免事项

决定任命：

陶祖芳为市第一届人民代表大会常务委员会代表资格审查委员会主任委员；

蒋善生为市第一届人民代表大会常务委员会代表资格审查委员会委员；

周作生为市水利水电局局长；

张国权为市卫生局局长。

免去：

李作林的市水利水电局局长职务；

傅铁荣的市卫生局局长职务；

汪云星的市中级人民法院审判员职务。

第一届人大常委会第二十五次会议人事任免事项

决定任命：

蒋龙生为市第一届人民代表大会常务委员会副秘书长；

张少文为市人民检察院副检察长。

免去：

蒋龙生的市第一届人民代表大会常务委员会办公室副主任职务；

邓建飞的市人民检察院检察员职务。

第一届人大常委会第二十六次会议人事任免事项

决定：

接受王道生辞去市人民政府市长职务的请求；

武俊瑶、蒋菊生辞去市第一届人民代表大会常务委员会委员职务的请求。

决定任命：

刘爱才为市人民政府副市长、代理市长。

第一届人大常委会第二十七次会议人事任免事项

决定任命：

谷明光为市建设委员会主任；

张建亮为市经济委员会主任；

滕购新为市人民检察院检察委员会委员；

杨福华、王跃林、万少元、卿飞舟、秦远林、刘绪清、程晖、胡远陵为市人民检察院检察员。

免去：

陶祖芳的市建设委员会主任职务；

胡建瑞的市经济委员会主任职务；

张德禄的市人民检察院检察委员会委员职务；

肖仲荣的市中级人民法院审判员、林业审判庭副庭长职务。

决定：

接受张少文辞去芝山区人民检察院检察长职务的请求。

第一届人大常委会第二十九次会议人事任免事项

决定：

接受蒋善生辞去市第一届人民代表大会常务委员会委员职务的请求。

第一届人大常委会第三十一次会议人事任免事项

决定：

接受邹庚来辞去市第一届人民代表大会常务委员会委员职务的请求。

决定任命：

王先文为市第一届人民代表大会常务委员会办公室副主任；

廖秋文为市交通局局长。

免去：

王本俊的市第一届人民代表大会常务委员会选举任免联络工作委员会主任职务；

吴筱祥的市交通局局长职务。

决定任命：

邓忠新为芝山区人民检察院检察长。

第一届人大常委会第三十二次会议人事任免事项

决定：

刘念湘、罗厚庆、夏旭东、赵勇坚、屈中平、潘衡湘、周辉、成建华为市人民检察院检察员。

第一届人大常委会第三十三次会议人事任免事项

决定：

接受邓三龙辞去市人民政府副市长职务的请求。

决定任命：

张小惠为市第一届人民代表大会农村经济委员会副主任委员；

曾红艳、唐向东、廖江宏、黄文德、贾冬衡、黄校军、郑 霓为市中级人民法院审判员。

第一届人大常委会第三十四次会议人事任免事项

决定任命：

张昌林为市人大常委会选举任免联络工作委员会主任。

免去：

张昌林的市第一届人民代表大会教育科学文化卫生委员会副主任委员职务。

批准撤销：

谭湘林江华瑶族自治县人民法院院长职务。

第一届人大常委会第三十五次会议人事任免事项

决定任命：

祝珍明为市人民检察院副检察长、检察委员会委员、检察员；

高和平为市中级人民法院审判委员会委员；

龙建辉、吴昭明、欧阳韶勇、彭 凯、成大辉为市中级人民法院审判员。

免去：

何萃清、汤毅的市人民检察院检察员职务。

第一届人大常委会第三十六次会议人事任免事项

决定任命：

顾能辉为市中级人民法院审判员、审判委员会委员。

第一届人大常委会第三十七次会议人事任免事项

决定任命：

李 微为市中级人民法院审判员、审判委员会委员、副院长。

撤销：

谭少华的市中级人民法院刑事审判第一庭庭长职务。

第二节 第二届人民代表大会常务委员会人事任免事项

第二届人大常委会第一次会议人事任免事项

决定任命：

蒋龙生为市人民代表大会常务委员会副秘书长、办公室主任；

姜雄华、王先文为市人民代表大会常务委员会办公室副主任；

张昌林为市人民代表大会常务委员会选举任免联络工作委员会主任；

雷鉴坤为市人民代表大会常务委员会选举任免联络工作委员会副主任。

免去：

高增遗的市人民代表大会常务委员会副秘书长、办公室主任职务。

第二届人大常委会第二次会议人事任免事项

决定任命：

李德勋为市发展计划委员会主任；

张建亮为市经济委员会主任；

刘宏来为市教育局局长；

姜加军为市科学技术局局长；
秦伍生为市公安局局长；
易树生为市监察局局长；
高增遗为市民政局局长；
盘德力为市司法局局长；
唐立文为市人事局局长；
何明玲为市劳动和社会保障局局长；
雷细生为市规划建设局局长；
廖秋文为市交通局局长；
周作生为市水利局局长；
周进松为市农业局局长；
史一民为市对外贸易经济合作局局长；
屈松林为市计划生育委员会主任；
杨美兆为市卫生局局长；
王一冰为市文化局局长；
易远宣为市审计局局长；
邓子云为市环境保护局局长；
毛秋元为市统计局局长；
刘锦坤为市粮食局局长；
唐运军为市乡镇企业局局长；
黄冰为市旅游外事侨务局局长；
龙楚元为市城市管理局局长。

第二届人大常委会第三次会议人事任免事项

决定任命：
唐定奇为市国土资源局局长；
刘玉明为市林业局局长。

第二届人大常委会第四次会议人事任免事项

决定任命：
陈扬革为市中级人民法院副院长；

肖达明为市中级人民法院副院长；
曹云红为市中级人民法院副院长、审判委员会委员、审判员；
王蓟零为市人民检察院副检察长；
周进柱为市人民检察院副检察长；
张少文为市人民检察院副检察长；
祝珍明为市人民检察院副检察长。

免去：

郁广林的市中级人民法院副院长、审判委员会委员、审判员职务；
徐绍智的市中级人民法院副院长、审判委员会委员、审判员职务；
李建社、吴增桂、胡友珍、颜华岳的市中级人民法院审判委员会委员、审判员职务；
吴荣启、唐明珠、文厚淑、郑会昭、邬玉福、唐铁军、江素莩、刘锦英、李锋林、李　铭的市中级人民法院审判员职务；
周玉斗、屈旭平、唐金轩、侯昌燕的市人民检察院检察委员会委员、检察员职务；
王应国、吴富祥、张德禄、蒋登志、杨国英、李宏镇、谢序重、唐三民、邓厚德、吕国财、黄满蓉、徐志福、于作荣的市人民检察院检察员职务。

第二届人大常委会第五次会议人事任免事项

决定任命：

顾能辉为市中级人民法院审判员、民事审判第二庭庭长、审判委员会委员；
高和平为市中级人民法院审判员、民事审判第一庭庭长、审判委员会委员；
张胜广为市中级人民法院审判员、刑事审判第一庭庭长；
何国雄为市中级人民法院审判员、刑事审判第二庭庭长；
唐治生为市中级人民法院审判员、行政审判庭庭长；
谭兴伟为市中级人民法院审判员、立案庭庭长；
艾久华为市中级人民法院审判员、林业审判庭庭长；
郭红艳为市中级人民法院审判员、审判监督庭庭长；
唐跃华为市中级人民法院审判员、刑事审判第一庭副庭长；
周清平为市中级人民法院审判员、刑事审判第一庭副庭长；
张晓龙为市中级人民法院审判员、刑事审判第二庭副厅长；
祝群为市中级人民法院审判员、民事审判第一庭副庭长；
曾红艳为市中级人民法院审判员、民事审判第一庭副庭长；
李振香为市中级人民法院审判员、民事审判第二庭副厅长；

黄校军为市中级人民法院审判员、民事审判第二庭副庭长；

唐英为市中级人民法院审判员、行政审判庭副庭长；

吴玲君为市中级人民法院审判员、立案庭副庭长；

伍希永为市中级人民法院审判员、立案庭副庭长；

伍绍儒为市中级人民法院审判员、审判监督庭副庭长；

唐向东为市中级人民法院审判员、审判监督庭副庭长；

于朝晖为市中级人民法院审判员、林业审判庭副庭长；

欧守冬、赵秋生、杨爱民、唐 文为市中级人民法院审判员、审判委员会委员；

文德友、魏芳余、高场舜、廖美爱、郭宝元、何时槐、管文元、朱海平、宾登军、龙建辉、张明林、乔晋楠、唐小辉、吴昭明、欧阳韶勇、黄文德、蒋跃兵、成大辉、秦 慧、邹东胜、唐建华、吴道东、刘锦权、周吉明、欧贤志、廖解元、邓存忠、陈连明、李双贵、唐小红、刘明跃、张新民、廖江宏、贾冬衡、胡明华、黎友兵、赵金华、毛成志、张益民、郑 霓、郑冬平、黄宁、朱元生、胡勇军、宋楷贵为市中级人民法院审判员。

陈明湖、郑泽辉、滕购新为市人民检察院检察员、检察委员会委员；

郝桂安、屈芳玲、刘绪清、章陵邵、冯湘琳、莫社平、罗厚庆、潘衡湘、严建林、屈中平、赵勇坚、刘宁波、杨志强、胡远陵、秦远林、唐慧明、周辉、宋改秀、邓雪云、黄和平、王跃林、成建华、邹铁生、唐世斌、蒋丽斌、何爱华、杨福华、涂云英、张志宏、刘定成、高学良、卿赛群、夏旭东、唐阳生、蒋正义、卢锦江、曹晓风、于辉、程晖、李振国、杨满清、石青山、丁日凌、王开贵、陶联松、熊学军、唐大立、唐楚改、万少元、王明安、王党生、樊开义、唐高清、曹智华、卿飞舟、刘念湘、何泽华、杨建国为市人民检察院检察员。

免去：

赵秋生的市中级人民法院经济审判庭庭长职务；

吴道东的市中级人民法院民事审判庭庭长职务；

宾登军的是中级人民法院刑事审判第二庭庭长职务；

周吉明的市中级人民法院林业审判庭庭长职务；

廖美爱的市中级人民法院审判监督庭庭长职务；

张耀坤的市中级人民法院审判员、立案庭庭长职务；

廖解元的市中级人民法院执行庭庭长职务；

张胜广的市中级人民法院刑事审判第一庭副庭长职务；

郭红艳的市中级人民法院刑事审判第一庭副庭长职务；

邹东胜的市中级人民法院刑事审判第二庭副庭长职务；

祝群的市中级人民法院刑事审判第二庭副庭长职务；

刘锦权的市中级人民法院民事审判庭副庭长职务；
雷显龙的市中级人民法院审判员、民事审判庭副庭长职务；
唐跃华的市中级人民法院民事审判庭副庭长职务；
唐建华的市中级人民法院经济审判庭副庭长职务；
蒋跃兵的市中级人民法院刑事审判庭副庭长职务；
谭兴伟的市中级人民法院审判监督庭副庭长职务；
伍希永的市中级人民法院审判监督庭副庭长职务；
欧贤志的市中级人民法院立案庭副庭长职务；
艾久华的市中级人民法院林业审判庭副庭长职务；
邓存忠的市中级人民法院执行庭副庭长职务；
陈连明的市中级人民法院执行庭副庭长职务；
王书太、彭凯、谭少华的市中级人民法院审判员职务；
刘运成、陈世标的市人民检察院检察员职务。

第二届人大常委会第七次会议人事任免事项

决定任命：

刘湘凌为市人民政府副市长；
王明生为市民族宗教事务委员会主任；
刘尤碧为市财政局局长；
吴昌高为市物价局局长。

免去：

陈金荣的市人民政府副市长职务。

任命：

谢承年为市人大常委会办公室主任；
王先文为市人大常委会副秘书长。

免去：

蒋龙生的市人大常委会副秘书长、办公室主任职务；
王先文的市人大常委会办公室副主任职务；
邬成做的市中级人民法院审判员职务；
王仕平的市中级人民法院审判员职务。

第二届人大常委会第八次会议人事任免事项

决定任命：

高建华为市人民政府秘书长。

第二届人大常委会第十次会议人事任免事项

决定：

接受蒋吉秀辞去市二届人民代表大会常务委员会委员、市二届人民代表大会内务司法委员会委员职务。

第二届人大常委会第十一次会议人事任免事项

决定：

接受蒋效拉辞去市二届人民代表大会常务委员会委员的职务。

第二届人大常委会第十三次会议人事任免事项

决定任命：

蒋政平为市人民政府秘书长；

蔡松云为市人大常委会办公室副主任；

龙国明为市中级人民法院审判员、审判委员会委员；

管文元为市中级人民法院刑事审判第二庭庭长；

秦慧为市中级人民法院刑事审判第一庭副庭长；

欧阳韶勇为市中级人民法院刑事审判第二庭副庭长；

王文德为市中级人民法院民事审判第一庭副庭长。

免去：

杨爱明的市中级人民法院审判员、审判委员会委员职务；

唐文的市中级人民法院审判员、审判委员会委员职务；

何国雄的市中级人民法院审判员、刑事审判第二庭庭长职务；

宾登军的市中级人民法院审判员职务；

周清平的市中级人民法院刑事审判第一庭副庭长职务；

张晙龙的市中级人民法院刑事审判第二庭副庭长职务；
祝　群的市中级人民法院民事审判第一庭副庭长职务。

第二届人大常委会第十五次会议人事任免事项

决定任命：
周伟平、邓忠新、潘振仕为市人民检察院检察委员会委员、检察员；
唐高清、章陵邵为市人民检察院检察委员会委员；
李冀龙为市人民检察院检察员。
免去：
郑泽辉、滕购新的市人民检察院检察委员会委员、检察员职务；
刘繁荣、刘宁波、熊学军的市人民检察院检察员职务。

第二届人大常委会第十六次会议人事任免事项

决定任命：
万爱平、张美学为市二届人民代表大会内务司法委员会委员。

第二届人大常委会第十七次会议人事任免事项

决定任命：
杨世清为市中级人民法院审判员。

第二届人大常委会第十八次会议人事任免事项

决定任命：
熊金星为市二届人民代表大会民族华侨外事委员会委员；
蒋玉清为市二届人民代表大会财政经济委员会委员；
吴先雄为市二届人民代表大会农业与农村委员会委员；
杨克祥为市二届人民代表大会城乡建设与环境资源保护委员会委员。
撤销：
盘德力的市司法局局长职务。

第二届人大常委会第二十一次会议人事任免事项

决定任命：

荣燕明为市人民政府副市长。

第二届人大常委会第二十二次会议人事任免事项

决定任命：

蒋崇和为市中级人民法院审判员。

免去：

周进柱的市人民检察院副检察长、检察委员会委员职务；

曾红艳的市中级人民法院民事审判第一庭副庭长、审判员职务；

胡勇军的市中级人民法院审判员职务；

乐振华的市中级人民法院审判员职务。

第二届人大常委会第二十五次会议人事任免事项

决定任命：

郭红艳为市中级人民法院审判委员会委员；

周清平为市中级人民法院审判委员会委员；

吴昭明为市中级人民法院刑事审判第二庭副庭长；

唐向东为市中级人民法院民事审判第一庭副庭长；

唐爱明为市中级人民法院民事审判第一庭副庭长；

田光耀为市中级人民法院审判监督庭副庭长；

彭样平为市中级人民法院审判员；

唐军杰为市中级人民法院审判员；

屈中亚为市中级人民法院审判员；

刘运成为市人民检察院检察员；

陈世标为市人民检察院检察员；

欧林刚为市人民检察院检察员。

免去：

唐向东的市中级人民法院审判监督庭副庭长职务；

吴道东的市中级人民法院审判员职务；
刘锦权的市中级人民法院审判员职务；
毛成志的市中级人民法院审判员职务；
陶联松的市人民检察院检察员职务；
蒋正义的市人民检察院检察员职务；
莫社平的市人民检察院检察员职务；
罗厚庆的市人民检察院检察员职务。

第二届人大常委会第三十一次会议人事任免事项

决定任命：
钱国平为市商务局局长；
周长光为市安全生产监督管理局局长。

第二届人大常委会第三十二次会议人事任免事项

决定：
接受孔敏辞去市第二届人民代表大会常务委员会委员职务。

第三节 第三届人民代表大会常务委员会人事任免事项

第三届人大常委会第一次会议人事任免事项

决定任命：
周作生为市人民代表大会常务委员会办公室主任；
林遵槐为市人民代表大会常务委员会选举任免联络工作委员会主任；
张小惠为市人民代表大会常务委员会副秘书长；
封金祥为市人民代表大会常务委员会副秘书长；
王群路为市人民代表大会常务委员会研究室副主任。
决定免去：
张昌林的市人民代表大会常务委员会选举任免联络工作委员会主任职务；
王先文的市人民代表大会常务委员会副秘书长职务；

吴庚辛的市人民代表大会常务委员会研究室副主任职务。

第三届人大常委会第二次会议人事任免事项

决定任命：

刘锦坤为市人民政府秘书长、市人民政府办公室主任；
张建亮为市发展和改革委员会主任；
蒋千红为市经济委员会主任；
郑山明为市教育局局长；
姜加军为市科学技术局局长；
王明生为市民族宗教事务委员会主任；
刘建宽为市公安局局长；
蒋玉清为市监察局局长；
高增遗为市民政局局长；
何建民为市司法局局长；
刘尤碧为市财政局局长；
唐立文为市人事局局长；
唐树成为市劳动和社会保障局局长；
黄海淞为市国土资源局局长；
雷细生为市规划建设局局长；
欧阳元初为市交通局局长；
冯德校为市水利局局长；
雷土明为市农业局局长；
刘玉明为市林业局局长；
钱国平为市商务局局长；
李小星为市文化局局长；
史兆良为市卫生局局长；
屈松林为市人口和计划生育委员会主任；
易远宣为市审计局局长；
邓子云为市环境保护局局长；
唐巍为市统计局局长；
欧道明为市粮食局局长；
吴昌高为市物价局局长；

蒋跃鹰为市旅游外事侨务局局长；
王爱国为市城市管理行政执法局局长；
周长光为市安全生产监督管理局局长。

免去：

周清平的市中级人民法院审判委员会委员职务；
高和平的市中级人民法院民事审判第一庭庭长职务；
郭红艳的市中级人民法院审判监督庭庭长职务；
张胜广的市中级人民法院刑事审判第一庭庭长职务；
顾能辉的市中级人民法院民事审判第二庭庭长职务；
管文元的市中级人民法院刑事审判第二庭庭长职务；
谭兴伟的市中级人民法院立案庭庭长职务；
艾久华的市中级人民法院林业审判庭庭长职务；
唐治生的市中级人民法院行政审判庭庭长职务；
唐跃华的市中级人民法院刑事审判第一庭副庭长职务；
黄文德的市中级人民法院民事审判第一庭副庭长职务；
欧阳韶勇的市中级人民法院刑事审判第二庭副庭长职务。

任命：

田光耀为市中级人民法院审判委员会委员；
张晓龙为市中级人民法院刑事审判第一庭庭长；
张胜广为市中级人民法院刑事审判第二庭庭长；
顾能辉为市中级人民法院民事审判第一庭庭长；
祝群为市中级人民法院民事审判第二庭庭长；
唐小辉为市中级人民法院审判监督庭庭长；
管文元为市中级人民法院行政审判庭庭长；
谭兴伟为市中级人民法院林业审判庭庭长；
唐跃华为市中级人民法院立案庭庭长；
刘久平为市中级人民法院民事审判第一庭副庭长。

第三届人大常委会第三次会议人事任免事项

任命：

王青松为市第三届人民代表大会民族华侨外事委员会委员

第三届人大常委会第四次会议人事任免事项

任命：

吴玲君为市中级人民法院刑事审判第一庭副庭长；
黄珮玮为市中级人民法院刑事审判第一庭副庭长；
伍希永为市中级人民法院刑事审判第二庭副庭长；
唐英为市中级人民法院民事审判第一庭副庭长；
唐向东为市中级人民法院民事审判第二庭副庭长；
秦慧为市中级人民法院审判监督庭副庭长；
蒋跃兵为市中级人民法院行政审判庭副庭长；
曾辉为市中级人民法院行政审判庭副庭长；
屈中亚为市中级人民法院立案庭副庭长；
彭样平为市中级人民法院立案庭副庭长；
文远贵为市人民检察院检察员；
唐建球为市人民检察院检察员。

免去：

秦慧的市中级人民法院刑事审判第一庭副庭长职务；
唐向东的市中级人民法院民事审判第一庭副庭长职务；
李振湘的市中级人民法院民事审判第二庭副庭长职务；
伍绍儒的市中级人民法院审判监督庭副庭长职务；
唐英的市中级人民法院行政审判庭副庭长职务；
伍希永的市中级人民法院立案庭副庭长职务；
吴玲君的市中级人民法院立案庭副庭长职务。

第三届人大常委会第五次会议人事任免事项

决定任命：

邓海波为市第三届人民代表大会常务委员会研究室副主任。

第三届人大常委会第七次会议人事任免事项

决定免去：

蒋千红的市经济委员会主任职务。

任命：

张胜广为市中级人民法院审判委员会委员；

刘伟华为市中级人民法院审判员、审判委员会委员；

宾登军为市中级人民法院审判员；

唐寿生为市中级人民法院审判员；

黄绍祯为市中级人民法院审判员；

高文为市中级人民法院审判员；

免去：

祝群的市中级人民法院民事审判第二庭庭长、审判员职务；

唐小辉的市中级人民法院审判监督庭庭长、审判员职务；

艾久华的市中级人民法院审判员职务。

第三届人大常委会第八次会议人事任免事项

决定任命：

文绍涛为市经济委员会主任。

免去：

陈扬革的市中级人民法院副院长职务；

吴昭明的市中级人民法院刑事审判第二庭副庭长职务；

唐英的市中级人民法院民事审判第一庭副庭长职务；

秦慧的市中级人民法院审判监督庭副庭长职务；

章陵邵的市人民检察院检察委员会委员、检察员职务；

秦远林的市人民检察院检察员职务。

任命：

欧守冬为市中级人民法院副院长；

郭红艳为市中级人民法院副院长；

柏国春为市中级人民法院审判员、审判委员会委员、副院长；

刘伟华为市中级人民法院民事审判第二庭庭长；

朱海平为市中级人民法院审判监督庭庭长；

卢锦江为市人民检察院检察委员会委员；

卿飞舟为市人民检察院检察委员会委员；

熊学军为市人民检察院检察委员会委员、检察员；

杨东万为市人民检察院检察员；
杨仁兴为市人民检察院检察员；
葛文玲为市人民检察院检察员；
黄娟为市人民检察院检察员；
李湘沅为市人民检察院检察员。

批准：

刘宁波辞去冷水滩区人民检察院检察长职务；
杨东万辞去祁阳县人民检察院检察长职务；
熊学军辞去道县人民检察院检察长职务；
蒋大文辞去江永县人民检察院检察长职务；
朱跃陆辞去江华瑶族自治县人民检察院检察长职务；
黄仁甫辞去新田县人民检察院检察长职务；
徐小明辞去蓝山县人民检察院检察长职务。
滕购新为零陵区人民检察院检察长；
章陵邵为冷水滩区人民检察院检察长；
朱跃陆为祁阳县人民检察院检察长；
屈春苟为东安县人民检察院检察长；
刘明为双牌县人民检察院检察长；
蒋江陵为道县人民检察院检察长；
刘繁荣为宁远县人民检察院检察长；
吕新陵为江永县人民检察院检察长；
蒋大文为江华瑶族自治县人民检察院检察长；
蒋长春为新田县人民检察院检察长；
唐筱勇为蓝山县人民检察院检察长。

第三届人大常委会第九次会议人事任免事项

决定免去：

姜雄华的市人大常委会办公室副主任职务；
王群路的市人大常委会研究室副主任职务。

第三届人大常委会第十次会议人事任免事项

免去：

黄珮玮的市中级人民法院刑事审判第一庭副庭长职务；

唐向东的市中级人民法院民事审判第二庭副庭长职务。

任命：

邓述荣为市中级人民法院刑事审判第一庭副庭长；

张新民为市中级人民法院刑事审判第二庭副庭长

刘明跃为市中级人民法院民事审判第一庭副庭长

黄珮玮为市中级人民法院民事审判第二庭副庭长

唐向东为市中级人民法院民事审判第三庭副庭长

陈久余为市中级人民法院审判监督庭副庭长。

第三届人大常委会第十三次会议人事任免事项

决定免去：

刘锦坤的市人民政府秘书长、市人民政府办公室主任职务；

欧阳元初的市交通局局长职务；

雷鉴坤的市人民代表大会常务委员会选举任免联络工作委员会副主任职务。

决定任命：

欧阳元初为市人民政府秘书长、市人民政府办公室主任；

雷鉴坤为市人民代表大会常务委员会研究室主任；

李四清为市人民代表大会常务委员会办公室副主任。

任命：

贺晓福为市第三届人民代表大会城乡建设与环境资源保护委员会副主任委员；

缪斌为市人民检察院检察员、检察委员会委员、副检察长；

黄绍祯为市中级人民法院审判委员会委员。

免去：

张胜广的市中级人民法院刑事审判第二庭庭长职务；

高文的市中级人民法院审判员职务。

第三届人大常委会第十四次会议人事任免事项

决定任命：

张正为市人民政府副市长。

第三届人大常委会第十五次会议人事任免事项

决定任命：

李明清为市交通局局长；

严俊为市人大常委会选举任免联络工作委员会副主任。

任命：

廖辉为市中级人民法院刑事审判第二庭庭长；

魏蓉为市中级人民法院审判员；

卢勇为市中级人民法院审判员。

批准：

滕购新辞去零陵区人民检察院检察长职务。

第三届人大常委会第十七次会议人事任免事项

批准：

冯湘琳为零陵区人民检察院检察长。

任命：

屈芳玲为市人民检察院检察委员会委员；

藤购新为市人民检察院检察员；

蒋利清为市人民检察院检察员；

谭泽林为市人民检察院检察员；

黄志岗为市人民检察院检察员；

免去：

冯湘琳的市人民检察院检察员职务。

第三届人大常委会第十九次会议人事任免事项

任命：

吴湘波为市第三届人民代表大会内务司法委员会委员；

何银国为市第三届人民代表大会财政经济委员会委员；

徐鹏程为市第三届人民代表大会农业与农村委员会委员；

刘江洲为市第三届人民代表大会农业与农村委员会委员。

免去：

严俊的市第三届人民代表大会农业与农村委员会委员职务。

任命：

朱海平为市中级人民法院审判委员会委员。

免去：

朱海平同志的市中级人民法院审判监督庭庭长职务；

刘伟华同志的市中级人民法院民事审判第二庭庭长职务；

管文元同志的市中级人民法院行政审判庭庭长职务。

第三届人大常委会第二十一次会议人事任免事项

决定任命：

刘尤碧为市人民政府副市长；

封金祥为市科学技术局局长。

决定免去：

封金祥的市第三届人民代表大会常务委员会副秘书长职务；

姜加军的市科学技术局局长职务。

第三届人大常委会第二十二次会议人事任免事项

免去：

陈扬革的市中级人民法院审判委员会委员职务。

第三届人大常委会第二十四次会议人事任免事项

决定任命：

蒋建湘为市公安局局长；

李光富为市财政局局长；

唐运军为市水利局局长；

唐巍为市审计局局长；

周友元为市环境保护局局长；

段灵利为市统计局局长；

雷廷玉为市城市管理行政执法局局长。

决定免去：

刘建宽的市公安局局长职务；

刘尤碧的市财政局局长职务；

冯德校的市水利局局长职务；

易远宣的市审计局局长职务；

邓子云的市环境保护局局长职务；

唐巍的市统计局局长职务；

王爱国的市城市管理行政执法局局长职务。

第三届人大常委会第二十五次会议人事任免事项

任命：

唐高见为市第三届人民代表大会城乡建设与环境资源保护委员会委员；

陈波为市人民检察院检察员。

第三届人大常委会第二十七次会议人事任免事项

决定任命：

舒平为市人民政府副市长。

任命：

宾登军为市中级人民法院立案庭庭长；

盘树高为市中级人民法院刑事审判第一庭副庭长；

卢勇为市中级人民法院刑事审判第一庭副庭长；
陈久余为市中级人民法院民事审判第二庭副庭长；
彭样平为市中级人民法院民事审判第三庭副庭长；
郑冬平为市中级人民法院民事审判第三庭副庭长；
曾辉为市中级人民法院审判监督庭副庭长；
黄馨瑶为市中级人民法院审判员。

免去：

唐跃华的市中级人民法院立案庭庭长职务；
曾辉的市中级人民法院行政审判庭副庭长职务；
陈久余的永州中级人民法院法院审判监督庭副庭长职务；
黄校军的市中级人民法院民事审判第一庭副庭长职务；
彭样平的市中级人民法院立案庭副庭长职务；
邓述荣的市中级人民法院刑事审判第一庭副庭长职务。

免去：

石青山的市人民检察院检察员职务；
唐阳生的市人民检察院检察员职务。

第三届人大常委会第三十次会议人事任免事项

决定任命：

彭俊卿为市人民代表大会常务委员会办公室副主任。

决定免去：

李四清的市人民代表大会常务委员会办公室副主任职务。

决定免去：

文绍涛的市经济委员会主任职务；
唐立文的市人事局局长职务；
唐树成的市劳动和社会保障局局长职务；
雷细生的市规划建设局局长职务；
李明清的市交通局局长职务。

决定任命：

文绍涛为市经济和信息化委员会主任；
唐立文为市人力资源和社会保障局局长；
雷细生为市住房和城乡规划建设局局长；

李明清为市交通运输局局长；
廖永东为市食品药品监督管理局局长。

任命：

李振湘为市中级人民法院审判委员会委员；
黄文德为市中级人民法院审判委员会委员；
黄馨瑶为市中级人民法院立案庭副庭长；
李湘沅为市中级人民法院审判员；
文勇辉为市中级人民法院审判员；
周文静为市中级人民法院审判员；
陈　姬为市中级人民法院审判员；
禹楚丹为市中级人民法院审判员；
吴　斌为市中级人民法院审判员；
徐国贤为市中级人民法院审判员。

第三届人大常委会第三十二次会议人事任免事项

决定任命：

周德睿为市人民政府副市长。

第三届人大常委会第三十四次会议人事任免事项

批准：

刘明辞去双牌县人民检察院检察长职务；
吕新陵辞去江永县人民检察院检察长职务。

第三届人大常委会第三十五次会议人事任免事项

免去：

张小惠的市人大常委会副秘书长职务；
蔡松云的市人大常委会办公室副主任职务；
李旦梅的市人民代表大会教育科学文化卫生委员会副主任委员职务。

批准任命：

吕新陵为双牌县人民检察院检察长；

胡远陵为江永县人民检察院检察长。

任命：

刘明为市人民检察院检察员；

胡晓华为市人民检察院检察员；

金毅为市人民检察院检察员；

刘年贵为市人民检察院检察员；

廖建新为市人民检察院检察员；

吴蓉为市人民检察院检察员；

何城为市人民检察院检察员；

李安为市人民检察院检察员。

免去：

胡远陵的市人民检察院检察员职务；

樊开义的市人民检察院检察员职务；

杨仁兴的市人民检察院检察员职务。

第三届人大常委会第三十六次会议人事任免事项

任命：

田洁为市人民代表大会教育科学文化卫生委员会副主任委员。

决定任命：

任辉为市人民政府副市长。

刘志军为市审计局局长。

决定免去：

唐巍的市审计局局长职务。

任命：

唐慧为市中级人民法院审判员、审判委员会委员；

何明华为市中级人民法院审判员、审判监督庭副庭长；

杨继军为市中级人民法院审判员、行政审判庭副庭长。

免去：

陈扬革的市中级人民法院审判员职务；

高扬舜的市中级人民法院审判员职务；

文德友的市中级人民法院审判员职务；

肖达明的市中级人民法院审判员职务；

蒋崇和的市中级人民法院审判员职务；
李双贵的市中级人民法院审判员职务；
邬成做的市中级人民法院审判员职务；
邬玉福的市中级人民法院审判员职务；
雷显龙的市中级人民法院审判员职务；
唐铁军的市中级人民法院审判员职务；
吴道东的市中级人民法院审判员职务；
刘锦权的市中级人民法院审判员职务；
毛成志的市中级人民法院审判员职务。

任命：

文兆平为市人民检察院检察员、检察委员会委员、副检察长。

免去：

缪斌的市人民检察院检察员、检察委员会委员、副检察长职务。

第三届人大常委会第三十七次会议人事任免事项

决定任命：

谭红一为市人大常委会副秘书长。
吴庚辛为市人大常委会办公室副主任；

免去：

谭红一的市人大内务司法委员会副主任委员职务；
吴庚辛的市人大财政经济委会员副主任委员职务。

决定免去：

彭俊卿的市人大常委会办公室副主任职务。

决定任命：

蔡建军为市物价局局长。

决定免去：

吴昌高的市物价局局长职务。

任命：

罗厚清为市人民检察院检察员、检察委员会委员、副检察长；
周辉为市人民检察院检察委员会委员；
刘紫林为市人民检察院检察员；
杨玉为市人民检察院检察员；

李健一为市人民检察院检察员；
李明荣为市人民检察院检察员；
唐晓荣为市人民检察院检察员；
杨雅淳为市人民检察院检察员；
廖晓芳为市人民检察院检察员。

免去：

潘振仕的市人民检察院检察委员会委员职务；
李冀龙的市人民检察院检察员职务；
万少元的市人民检察院检察员职务。

第三届人大常委会第三十八次会议人事任免事项

决定任命：

罗双全为市人民政府副市长。

第三届人大常委会第四十五次会议人事任免事项

决定任命：

魏旋君为市人民政府副市长。

第四节　第四届人民代表大会常务委员会人事任免事项

第四届人大常委会第一次会议人事任免事项

决定任命：

魏京萍为市人大常委会办公室主任；
陈丽萍为市人大常委会副秘书长；
蒋煦为市人大常委会办公室副主任；
吴庚辛为市人大常委会选举任免联络工作委员会主任；
邓海波为市人大常委会研究室主任；
朱振华为市人大常委会研究室副主任。

决定免去：

周作生的市人大常委会办公室主任职务；

谭红一的市人大常委会副秘书长职务；

吴庚辛的市人大常委会办公室副主任职务；

林遵槐的市人大常委会选举任免联络工作委员会主任职务；

雷鉴坤的市人大常委会研究室主任职务。

第四届人大常委会第二次会议人事任免事项

决定任命：

欧阳元初为市人民政府秘书长、市人民政府办公室主任；

文绍涛为市发展和改革委员会主任；

周新辉为市经济和信息化委员会主任；

郑山明为市教育局局长；

封金祥为市科学技术局局长；

李农妹为市民族宗教事务委员会主任；

蒋建湘为市公安局局长；

肖余胜为市民政局局长；

何建民为市司法局局长；

李光富为市财政局局长；

唐树成为市人力资源和社会保障局局长；

黄海淞为市国土资源局局长；

李明清为市交通运输局局长；

廖荣良为市水利局局长；

周善生为市农业局局长；

艾艳君为市林业局局长；

翟方奇为市商务局局长；

李小星为市文化广电新闻出版局局长；

史兆良为市卫生局局长；

周长光为市人口和计划生育委员会主任；

刘志军为市审计局局长；

周友元为市环境保护局局长；

段灵利为市统计局局长；

李旦梅为市粮食局局长；
蔡建军为市物价局局长；
龙向洋为市旅游外事侨务局局长；
雷廷玉为市城市管理行政执法局局长；
蒋俊林为市安全生产监督管理局局长；
廖永东为市食品药品监督管理局局长；
蒋明清为市人民防空办公室主任。

第四届人大常委会第三次会议人事任免事项

决定任命：

许洋名为市监察局局长。

第四届人大常委会第四次会议人事任免事项

批准：

胡远陵辞去江永县人民检察院检察长职务；
周辉为江永县人民检察院检察长。

任命：

丁思宇为市人民检察院检察员；
杜以鹏为市人民检察院检察员；
盘四菊为市人民检察院检察员；
肖闻为市人民检察院检察员；
郑亮为市人民检察院检察员；
邝凌云为市人民检察院检察员；
廖君为市人民检察院检察员；
张翼飞为市人民检察院检察员。

免去：

周辉的市人民检察院检察委员会委员、检察员职务；
杨东万的市人民检察院检察员职务；
刘运成的市人民检察院检察员职务；
黄和平的市人民检察院检察员职务。

第四届人大常委会第六次会议人事任免事项

免去：

谭兴伟的市中级人民法院林业审判庭庭长职务；

盘树高的市中级人民法院刑事审判庭副庭长、审判员职务；

邹东胜的市中级人民法院审判员职务。

第四届人大常委会第七次会议人事任免事项

决定任命：

李黎武为市住房与城乡规划建设局局长。

批准：

朱跃陆为冷水滩区人民检察院检察长；

冯湘琳为零陵区人民检察院检察长；

唐筱勇为祁阳县人民检察院检察长；

刘繁荣为东安县人民检察院检察长；

杨建国为双牌县人民检察院检察长；

蒋江陵为道县人民检察院检察长；

蒋大文为宁远县人民检察院检察长；

周辉为江永县人民检察院检察长；

胡华清为江华瑶族自治县人民检察院检察长；

蒋长春为新田县人民检察院检察长；

吕新陵为蓝山县人民检察院检察长。

第四届人大常委会第八次会议人事任免事项

任命：

张晓龙为市中级人民法院审判委员会委员；

黄文德为市中级人民法院刑事审判庭第一庭庭长；

吴昭明为市中级人民法院林业审判庭庭长；

秦慧为市中级人民法院行政审判庭庭长；

屈中亚为市中级人民法院立案庭庭长；

夏宁春为市中级人民法院审判员；
黄勇为市中级人民法院审判员；
黄素为市中级人民法院审判员；
李秋云为市中级人民法院审判员；
王兰青为市中级人民法院审判员。

免去：

宾登军的市中级人民法院立案庭庭长职务；
张晓龙的市中级人民法院刑事审判第一庭庭长职务；
屈中亚的市中级人民法院立案庭副庭长职务；
陈久余的市中级人民法院民事审判第二庭副庭长职务；
张新民的市中级人民法院刑事审判第二庭副庭长职务。

任命：

章陵邵为市人民检察院检察委员会委员、检察员；
屈春苟为市人民检察院检察员；
盘树高为市人民检察院检察员。

免去：

陈明湖的市人民检察院检察委员会委员、检察员职务；
涂云英的市人民检察院检察员职务；
杨建国的市人民检察院检察员职务；
彭卫民的市人民检察院检察员职务。

第四届人大常委会第九次会议人事任免事项

任命：

吴红燕为市第四届人民代表大会内务司法委员会委员；
周林生为市第四届人民代表大会财政经济委员会委员；
李志扬为市第四届人民代表大会财政经济委员会委员；
陈福芳为市第四届人民代表大会财政经济委员会委员；
朱阳辉为市第四届人民代表大会农业与农村委员会委员；
郑剑为市第四届人民代表大会农业与农村委员会委员。

第四届人大常委会第十次会议人事任免事项

决定任命：

严志辉为市人民政府副市长。

严志辉副市长为代理市长。

任命：

肖明为市中级人民法院副院长、审判委员会委员、审判员；

唐爱明为市中级人民法院刑事审判第一庭副庭长；

黄校军为市中级人民法院刑事审判第二庭副庭长；

禹楚丹为市中级人民法院民事审判第二庭副庭长；

黄勇为市中级人民法院审判监督庭副庭长；

王兰青为市中级人民法院立案庭副庭长。

免去：

唐爱明的市中级人民法院审判监督庭副庭长职务。

（第十一次会议中，任命易佳良为副市长是以常委会决定的形式，不是决定任命的形式，故不统计入内）

第四届人大常委会第十二次会议人事任免事项

任命：

曹晓风为市人民检察院检察委员会委员；

贺晓峰为市人民检察院检察员；

张明为市人民检察院检察员；

王勇为市人民检察院检察员。

免去：

王蓟零的市人民检察院检察委员会委员、检察员职务；

宋改秀的市人民检察院检察员职务。

第四届人大常委会第十六次会议人事任免事项

任命：

彭卫民为市中级人民法院审判员；

周艳君为市中级人民法院审判员；
吕伟文为市中级人民法院审判员；
李飞为市中级人民法院审判员。

免去：

唐慧的市中级人民法院审判员、审判委员会委员职务；
何时槐的市中级人民法院审判员职务；
唐建华的市中级人民法院审判员职务。

任命：

涂晓震为市人民检察院检察员；
雷景国为市人民检察院检察员。

免去：

付玲玲的市人民检察院副检察长职务；
卿赛群的市人民检察院检察员职务。

第四届人大常委会第十八次会议人事任免事项

决定任命：

张常明为市人民政府副市长；
文绍涛为市人民政府秘书长、市人民政府办公室主任；
龚新智为市发展和改革委员会主任；
杨军元为市财政局局长；
龚跃林为市审计局局长。

决定免去：

舒平的市人民政府副市长职务；
欧阳元初的市人民政府秘书长、市人民政府办公室主任职务；
文绍涛的市发展和改革委员会主任职务；
周新辉的市经济和信息化委员会主任职务；
李光富的市财政局局长职务；
刘志军的市审计局局长职务。

任命：

刘林花为市第四届人民代表大会内务司法委员会委员；
雷耸为市第四届人民代表大会内务司法委员会委员；
雷斌为市第四届人民代表大会内务司法委员会委员；

伍志军为市第四届人民代表大会城乡建设与环境资源保护委员会委员；
张国材为市第四届人民代表大会城乡建设与环境资源保护委员会委员；
谢慧毅为市第四届人民代表大会城乡建设与环境资源保护委员会委员。

任命：

程晖为市人民检察院检察委员会委员。

第四届人大常委会第二十次会议人事任免事项

决定任命：

向曙光为市人民政府副市长。

向曙光副市长为代理市长。

免去：

肖明的市中级人民法院副院长、审判委员会委员、审判员职务；
管文元的市中级人民法院审判员职务；
宋楷贵的市中级人民法院审判员职务；
赵金华的市中级人民法院审判员职务。

第四届人大常委会第二十二次会议人事任免事项

任命：

朱振华为市第四届人民代表大会民族华侨外事委员会委员。

第四届人大常委会第二十三次会议人事任免事项

决定任命：

谭立宏为市经济和信息化委员会主任；
邓群为市商务局局长；
唐海涌为市旅游外事侨务局局长。

决定免去：

翟方奇的市商务局局长职务；
龙向洋的市旅游外事侨务局局长职务。

任命：

文彦娟为市人民检察院检察员；

房强盛为市人民检察院检察员；
李和河为市人民检察院检察员。
免去：
屈春苟的市人民检察院检察员职务；
邹铁生的市人民检察院检察员职务。

第四届人大常委会第二十六次会议人事任免事项

通过《市人民代表大会常务委员会人事任免办法》

第四届人大常委会第二十七次会议人事任免事项

决定任命：
刘新良为市人民政府副市长、市公安局局长。
决定免去：
蒋建湘的市人民政府副市长、市公安局局长职务；
郑山明的市教育局局长职务。
任命：
罗重海为市中级人民法院副院长、审判委员会委员、审判员。
免去：
曹云红的市中级人民法院副院长、审判委员会委员、审判员职务；
唐寿生的市中级人民法院审判员职务；
龙国明的市中级人民法院审判员职务；
郭宝元的市中级人民法院审判员职务；
邓存忠的市中级人民法院审判员职务。

第四届人大常委会第二十九次会议人事任免事项

决定任命：
蒋千红为市第四届人民代表大会常务委员会办公室主任。
决定免去：
魏京萍的市第四届人民代表大会常务委员会办公室主任职务。
任命：

雷燕平为市第四届人民代表大会内务司法委员会委员；
张先腾为市第四届人民代表大会内务司法委员会委员；
刘志强为市第四届人民代表大会财政经济委员会委员；
周龙江为市第四届人民代表大会农业与农村委员会委员；
周亮为市第四届人民代表大会农业与农村委员会委员；
潘华为市第四届人民代表大会常务委员会代表资格审查委员会委员。

免去：

周龙江的市第四届人民代表大会民族华侨外事委员会副主任委员职务。

决定任命：

龚新智为市发展和改革委员会主任；
蒋俊林为市教育局局长；
雷廷玉为市司法局局长；
彭晓东为市住房和城乡规划建设局局长；
秦功智为市交通运输局局长；
周善生为市农业委员会主任；
邓　群为市商务和粮食局局长；
李小星为市文体广电新闻出版局局长；
欧阳德群为市卫生和计划生育委员会主任；
王衡平为市环境保护局局长；
李旦梅为市统计局局长；
张建坤为市城市管理行政执法局局长；
段灵利为市安全生产监督管理局局长；
兰卫平为市人民政府法制办公室主任；
曾宪孝为市人民政府金融工作办公室主任。

决定免去：

何建民的市司法局局长职务；
李黎武的市住房和城乡规划建设局局长职务；
李明清的市交通运输局局长职务；
周善生的市农业局局长职务；
邓群的市商务局局长职务；
李小星的市文化广电新闻出版局局长职务；
史兆良的市卫生局局长职务；
周长光的市人口和计划生育委员会主任职务；

周友元的市环境保护局局长职务；
段灵利的市统计局局长职务；
李旦梅的市粮食局局长职务；
蔡建军的市物价局局长职务；
雷廷玉的市城市管理行政执法局局长职务；
蒋俊林的市安全生产监督管理局局长职务。

第四届人大常委会第三十一次会议人事任免事项

决定任命：

唐湘林为市人民政府副市长。

决定：

易佳良副市长为代理市长。

第四届人大常委会第三十二次会议人事任免事项

任命：

宾登军为市中级人民法院审判委员会委员；
李卫林为市中级人民法院审判员、审判委员会委员；
郑和生为市中级人民法院审判员、刑事审判第一庭庭长、审判委员会委员；
吴昭明为市中级人民法院民事审判第一庭庭长；
李湘沅为市中级人民法院民事审判第二庭庭长；
李振湘为市中级人民法院民事审判第三庭庭长；
曾辉为市中级人民法院行政审判庭庭长；
成大辉为市中级人民法院林业审判庭庭长；
徐国贤为市中级人民法院刑事审判第一庭副庭长；
唐爱民为市中级人民法院民事审判第一庭副庭长；
黄素为市中级人民法院民事审判第二庭副庭长；
陈姬为市中级人民法院行政审判庭副庭长；
黄馨瑶为市中级人民法院审判监督庭副庭长；
吕伟文为市中级人民法院审判监督庭副庭长；
吴斌为市中级人民法院立案庭副庭长；
罗晖为市中级人民法院审判员；

张海燕为市中级人民法院审判员；
谢琼为市中级人民法院审判员；
王焕江为市中级人民法院审判员；
蒋胜毅为市中级人民法院审判员。

免去：

黄文德的市中级人民法院审判委员会委员、刑事审判第一庭庭长、审判员职务；
顾能辉的市中级人民法院民事审判第一庭庭长职务；
唐军杰的市中级人民法院民事审判第二庭庭长职务；
唐向东的市中级人民法院民事审判第三庭庭长职务；
秦慧的市中级人民法院行政审判庭庭长职务；
吴昭明的市中级人民法院林业审判庭庭长职务；
唐爱民的市中级人民法院刑事审判第一庭副庭长职务；
刘明跃的市中级人民法院民事审判第一庭副庭长职务；
禹楚丹的市中级人民法院民事审判第二庭副庭长职务；
蒋跃兵的市中级人民法院行政审判庭副庭长职务；
曾辉的市中级人民法院审判监督庭副庭长职务；
黄勇的市中级人民法院审判监督庭副庭长职务；
黄馨瑶的市中级人民法院立案庭副庭长职务；
唐英的市中级人民法院审判员职务。

任命：

刘高为市人民检察院检察员、检察委员会委员、副检察长。

免去：

付玲玲的市人民检察院副检察长、检察委员会委员、检察员职务；
李振国的市人民检察院检察员职务。

第四届人大常委会第三十三次会议人事任免事项

决定任命：

陈宇荣为市发展和改革委员会主任；
肖东民为市食品药品监督管理局局长；
张国政为市工商行政管理局局长；
高守凯为市质量技术监督局局长。

决定免去：

龚新智的市发展和改革委员会主任职务；
廖永东的市食品药品监督管理局局长职务。

第四届人大常委会第三十四次会议人事任免事项

任命：
辛玉泉为市第四届人民代表大会财政经济委员会委员；
金彪为市第四届人民代表大会财政经济委员会委员；
唐顺球为市第四届人民代表大会财政经济委员会委员。
任命：
唐世斌为市人民检察院检察委员会委员；
唐春荣为市人民检察院检察员；
余海燕为市人民检察院检察员；
吴建华为市人民检察院检察员；
李永康为市人民检察院检察员；
蒋竑为市人民检察院检察员；
艾圆圆为市人民检察院检察员；
黄静为市人民检察院检察员；
杨正海为市人民检察院检察员；
刘伶俐为市人民检察院检察员；
郭凤为市人民检察院检察员；
邹丹为市人民检察院检察员。
免去：
唐高清的市人民检察院检察委员会委员职务。

第四届人大常委会第三十五次会议人事任免事项

决定任命：
严兴德为市人民政府副市长；
张国峰为市监察局局长。
决定免去：
唐能武的市人民政府副市长职务；
许洋名的市监察局局长职务。

第四届人大常委会第三十六次会议人事任免事项

决定任命：

杨胜贮为市人民代表大会常务委员会法制工作委员会主任。

决定免去：

杨胜贮的市人民代表大会常务委员会办公室副主任职务。

第四届人大常委会第三十七次会议人事任免事项

批准：

周辉为宁远县人民检察院检察长；

沈阳为江永县人民检察院检察长；

周辉辞去江永县人民检察院检察长职务。

第四届人大常委会第三十九次会议人事任免事项

任命：

邓洪为市第四届人民代表大会民族华侨外事委员会副主任委员。

第四届人大常委会第四十次会议人事任免事项

决定任命：

刘 鹏为市人民政府副市长。

任命：

袁曙光为市第四届人民代表大会财政经济委员会委员。

第四届人大常委会第四十二次会议人事任免事项

决定任命：

赵七秀为市人民代表大会常务委员会副秘书长；

赵国平为市人民代表大会常务委员会办公室副主任。

决定免去：

陈丽萍的市人民代表大会常务委员会副秘书长职务。

任命：

卢勇为市中级人民法院刑事审判第三庭庭长；

王兰青为市中级人民法院行政审判第二庭庭长；

唐治生为市中级人民法院民事审判第四庭庭长；

黄勇为市中级人民法院审判监督第一庭庭长；

郑江云为市中级人民法院审判监督第二庭庭长；

曾辉为市中级人民法院行政审判第一庭庭长；

郑冬平为市中级人民法院刑事审判第一庭副庭长；

周艳君为市中级人民法院刑事审判第三庭副庭长；

蒋胜毅为市中级人民法院刑事审判第三庭副庭长；

李秋云为市中级人民法院民事审判第一庭副庭长；

张海燕为市中级人民法院民事审判第三庭副庭长；

魏蓉为市中级人民法院民事审判第四庭副庭长；

李飞为市中级人民法院民事审判第四庭副庭长；

陈姬为市中级人民法院行政审判第一庭副庭长；

吕伟文为市中级人民法院审判监督第二庭副庭长；

王焕江为市中级人民法院行政审判第二庭副庭长；

谢琼为市中级人民法院审判监督第一庭副庭长；

卿庭荣为市中级人民法院审判员；

周纯为市中级人民法院审判员；

滕敏艳为市中级人民法院审判员；

奉继松为市中级人民法院审判员；

陈俊为市中级人民法院审判员；

龚建为市中级人民法院审判员；

曾忞为市中级人民法院审判员；

刘志军为市中级人民法院审判员。

免去：

屈中亚的市中级人民法院立案庭庭长职务；

郑江云的市中级人民法院审判监督庭庭长职务；

曾辉的市中级人民法院行政审判庭庭长职务；

卢勇的市中级人民法院刑事审判第一庭副庭长职务；

王兰青的市中级人民法院立案庭副庭长职务；

吴斌的市中级人民法院立案庭副庭长职务；
唐爱民的市中级人民法院民事审判第一庭副庭长职务；
郑冬平的市中级人民法院民事审判第三庭副庭长职务；
黄馨瑶的市中级人民法院审判监督庭副庭长职务；
吕伟文的市中级人民法院审判监督庭副庭长职务；
陈姬的市中级人民法院行政审判庭副庭长职务。

任命：

刘繁荣为市人民检察院检察员、检察委员会委员；
蒋长春为市人民检察院检察员、检察委员会委员；
唐建球为市人民检察院检察委员会委员。

免去：

程晖的市人民检察院检察委员会委员、检察员职务；
刘定成的市人民检察院检察员职务；
杨福华的市人民检察院检察员职务。

第四届人大常委会第四十三次会议人事任免事项

任命：

祝群为市中级人民法院审判员、审判委员会委员；
艾久华为市中级人民法院审判员、审判委员会委员；
柏国平为市中级人民法院审判员、审判委员会委员；
王臣波为市中级人民法院审判员、审判委员会委员；
唐向东为市中级人民法院民事审判第一庭庭长。

免去：

吴昭明的市中级人民法院民事审判第一庭庭长、审判员职务。

第四届人大常委会第四十五次会议人事任免事项

批准：

胡华清为冷水滩区人民检察院检察长；
杨建国为零陵区人民检察院检察长；
冯湘琳为祁阳县人民检察院检察长；
唐小辉为东安县人民检察院检察长；

周涛为双牌县人民检察院检察长；

沈阳为道县人民检察院检察长；

欧阳旭勇为江永县人民检察院检察长；

程晖为江华瑶族自治县人民检察院检察长；

周辉为宁远县人民检察院检察长；

朱诺为新田县人民检察院检察长；

曲军为蓝山县人民检察院检察长。

任命：

吴秋菊为市人民检察院副检察长、检察委员会委员。

第七篇

监督工作

20 年来，常委会用好用足监督法规定的监督形式，共听取和审议“一府两院”专项工作报告 102 项次，听取和审议国民经济和社会发展计划、预算的执行情况报告、决算报告和审计工作报告，审查批准决算 158 项次，对 72 部法律执行情况开展执法检查，同时，历届人大及其常委会还综合运用多种形式开展监督工作。

第一章　听取和审议专项工作报告

1996—2016 年，市人大常委会共听取和审议专项工作报告 102 项次。

第一节　第一届人大常委会听取和审议专项工作报告

1996 年 6 月 25—28 日，市一届人大常委会第二次会议听取和审议市人民政府《关于保护耕地的决定（草案）》的议案。会议认为：该议案符合国家土地管理的有关法律法规的要求，符合永州市的现实情况。各级政府要坚持不懈地进行法制教育、土地国情和市情教育，定期听取保护耕地的情况汇报，研究保护耕地的重大事宜，并对保护耕地的情况进行年度目标管理，把保护耕地工作持久深入开展，作为领导干部政绩的重要内容。会议提出以下审议意见：实行行政首长责任书，切实加强对保护耕地的领导。各县（区）长签订保护耕地的目标管理责任制，都要采取相应的行政措施；增强保护耕地的法律意识，加大对保护耕地的宣传力度，在全社会形成保护耕地的良好风气；对耕地不合理的减少负有主要责任的领导、干部要严肃处理，决不姑息迁就，对直接损害耕地的责任人，要按耕地管理的有关法律法规进行处罚，直至追究刑事责任；各级政府要十分珍惜和合理利用每寸土地，切实把保护耕地作为基本国策，确保社会稳定和经济持续发展。

1996 年 10 月 28—31 日，市一届人大常委会第四次会议听取和审议市人民政府关于开展严打斗争情况的汇报。会议充分肯定市人民政府在严打斗争中所做的工作。会议提出以下审议意见：坚持党的领导，提高思想认识，继续把严厉打击各种犯罪的斗争深入持久地开展下去；坚持有法必依、执法必严、违法必究的原则，从快从严地惩处犯罪分子；加快法制建设，加大依法治国的宣传力度，在全社会形成争当遵纪守法模范的良好局面；各级政府要高度重视打击犯罪的斗争，积极支持司法机关依法独立办案，杜绝说情风和干扰依法办案的人与事；提高干警的政治素质，加强干警队伍建设，从教育入手，培养全体干警的思想觉悟，打造一支精通业务、能征善战、不负使命的优秀干警队伍，为经济社会稳定、健康发展，提供可靠的法制保证。

1996 年 12 月 23—27 日，市一届人大常委会第五次会议听取和审议市人民政府关于市人大常委会交办的减轻农民负担几个问题办理情况的汇报。会议认为各县区高度重视，及时召开一系列会议，进一步加强减负工作，取得较好效果。一是各级党政领导减负意识增强；二是乱收费、乱罚款、乱摊派“三乱”现象得到一定遏制；三是加强农民负担资金监督管理。会议肯定市人民政府所做的工作，同时提出以下审议意见：认识要进一步到位。通过各种形式，采取各种措施进行广泛地宣传发动，引导基层干部增强减负意识；政策要进一步到位。通过抓政策到位，进一步落实农民的合理负担，克服某些领导的违规违纪行为；工作要进一步到位。把工作做到家，把好事办好；农民负担的乡统筹、村提留资金由乡镇经管站管理要到位。乡统筹、村提留资金是农民的集体资金，一律由乡镇农经站统一提取管理和监督使用，实行“一个漏斗向下”的原则，严禁任何部门挪用和截留。

1997 年 3 月 9—10 日，市一届人大常委会第八次会议听取和审议市人民政府关于“扫黄打非”的工作情况汇报。会议提出以下审议意见：坚持从严打击犯罪的方针，竭力维护社会政治稳定；坚持从快从严惩处的办事风格，高度重视这类严重损害国家和人民利益的刑事犯罪行为，开展集中打击“黄、毒、赌”的专项行动，有效地遏制这类案件高发势头；提高思想觉悟，在全市范围内开展广泛深入的宣传，让广大人民群众充分认识“黄、毒、赌”对国家和社会的严重危害性；坚持社会综合治理的方针，从源头上杜绝“黄、毒、赌”的蔓延渠道，进一步完善治安防控体系建设，开展群防群治工作，整合社会资源，维护社会治安；坚持从严治警，把队伍建设作为公安工作的根本和保证，进一步提高公安队伍的整体素质。

1997 年 8 月 19—21 日，市一届人大常委会第十一次会议听取和审议市监察局关于市直单位反腐倡廉情况的汇报。会议对市监察局反腐倡廉所取得的成效给予充分肯定，并提出以下审议意见：市监察局要深入基层调查研究，及时掌握情况，为市人大常委会听取和审议工作汇报提供法律依据；开展执法检查，积极努力促进法律法规更好地贯彻实施；强化个案监督，努力促进市监察局严格执法；加大反腐倡廉的宣传力度，积极参与普法宣传，组织法律知识测试，增强领导和群众的法制观念和法律意识；加强政治和业务学习，不断提高市监察局广大干部队伍的自身素质，努力打造一支精通业务，懂法、守法、执法的精明能干队伍。

1997 年 10 月 22—25 日，市一届人大常委会第十二次会议听取和审议市人民检察院关于反贪污贿赂情况的汇报。会议认为：全市检察院系统开展反贪污、反贿赂等打击经济犯罪斗争的指导思想明确，措施得力，效果显著，为全市大局的稳定和经济发展作出积极贡献。但部分检察人员对反腐败的斗争在认识上还存在差距，一些单位和部门制度还不健全等问题。会议提出以下审议意见：全市检察机关广大干警要围绕党和国家的工作大局，进一步解放思想，开拓进取，励精图治，勤奋务实，力争把工作搞得更好一点，让领导和群众更满意一点；注重加强自身建设，提高政治思想觉悟，提高业务素质，努力提高整体的工作水平，提升司法干警的责任意识和办案水平；进一步加大查办贪污贿赂犯罪和渎职侵权犯罪的力度，营造良好的反贪污贿赂犯罪和反渎职侵权犯罪执法环境，从重从快从严惩处经济犯罪的人与事；抓好内部执法秩序的整顿，强化责任、健全制度，落实加强队伍管理的责任制，充分调动广大干警办案的积极性；树立长期作战的思想，坚持从严惩处的方针，稳、准、狠地打击犯罪分子，把打击经济犯罪的斗争深入持久地开展下去。提高干警素质，适应打击与各类犯罪行为作斗争的需要，努力培养一支能征善战、精明强干的干警队伍。

1998 年 3 月 3—5 日，市一届人大常委会第十五次会议听取和审议市建委关于永州市凤凰园经济开发区总体规划（草案）编制情况的报告。会议对凤凰园经济开发区总体规划持肯定意见，编制凤凰园经济开发区总体规划是实施永州市城市总体规划的要求，必将促进全市城市建设的展开和永州市中心城市的形成。会议提出以下审议意见：凤凰园经济开发区总体规划的控制范围需要作出详细圈定；凤凰园经济开发区的街道主干线的命名、宽度、红线控制和街道横断面的设计总体情况，应当在总体规划修编时解决。

1998 年 8 月 26—28 日，市一届人大常委会第十八次会议听取和审议市外经委关于招商引资和外经外贸工作情况的汇报。会议肯定全市招商引资工作的基本做法：更新观念，加强领导，把开放带动作为加速全市经济发展的战略措施来抓；从实际出发，开拓永州市招商引资工作的新路子；形成合力，优化招商引资的环境。会议指出以下问题：签约项目的落实工作抓得不紧；跨国公司和大财团来永州市投资数量太少；外贸经济比较单一，出口渠道比较狭窄；外贸企业经营困难；投资软环境仍需花大力气改善。会议建议：针对东南亚金融危机的影响，调整全市外贸发展战略，采取积极可行的措施，努力扩大实行市场多元化战略，拓宽出口渠道；进一步调整外贸发展战略，加大对欧美地区招商引资的力度；办好现有三资企业，抓好重点签约项目的落实；突出发展三来一补业务，研究制定永州市发展三来一补的优惠政策，调整产业和产品结构，不断提高贸易产品的资本数量和技术含量。

1998 年 12 月 21—24 日，市一届人大常委会第二十次会议听取和审议市财委关于商业流通体制改革情况的汇报。会议认为在市委、市人民政府的高度重视下，在市人大的大力支持和各部门的配合下，永州市的商业流通企业克服自身困难，狠抓内部管理，加大改革力度，取得阶段性成效。会议指出永州市商业流通体制改革也面临不少困难和问题:对改革的认识不够深刻,缺乏必胜信心;粮改结果不尽人意;产权改革难以突破;下岗职工面广人多，再就业困难。会议提出以下审议意见:统一思想，提高认识，积极投身改革大潮；积极探索，勇于创新，深化商业流通体制改革；加强领导，完善管理，积极巩固改革成果。

1999 年 3 月 4—5 日，市一届人大常委会第二十一次会议听取和审议市人民政府关于整治经济环境情况的汇报。会议肯定市人民政府把改善环境作为 1998 年经济工作需要着重把握的四个要点之一，提出要营造“远者明，近者悦”的发展环境。会议指出存在以下问题：一是认识还不够深刻；二是工作开展不平衡；三是查处问题不够有力。会议提出以下建议和意见：一要坚持以经济建设为中心，正确把握好全局利益与部门利益的关系。二要坚持“三个有利于”标准，把执行政策文件与永州的实际有机结合，能活的则活，能宽的则宽，能让的则让，千方百计地促发展。三要坚持全心全意为人民服务的宗旨不变，增强公仆意识，为人民做些实事。四要增强“人人都是投资环境，个个都是永州形象”意识，把整治活动与“三讲、三增强、两改进”教育紧密地结合在一起。五是坚持标本兼治。六要进一步建立健全规范化管理制度。七是实行分级负责，担负起改善经济发展环境的领导责任，实行分管领导和主管部门负责制。

1999 年 4 月 27—30 日，市一届人大常委会第二十三次会议听取和审议市财政局关于财源建设和税收征管情况的汇报。会议肯定市本级财源建设和财税征管工作所取得的成效。会议指出以下问题：财源结构不优，收入增长质量不高；财源效益难体现，工作积极性不高；征管环境偏紧，依法治税有待加强。会议提出以下建议和意见：加强财源建设和财税征管的措施；统一思想认识，增强抓财源建设紧迫感；加大工作力度，狠抓财源建设规划落实；坚持依法治税，切实优化财税征管环境；强化征管措施，确保财政收入稳定增长，确保财政收入任务的完成。

1999 年 4 月 27—30 日，市一届人大常委会第二十三次会议听取和审议市工商行政管理局关于发展非公有制经济情况的汇报。会议充分肯定市工商行政管理局发展非公有制经济所取得的成效并提出以下建议：狠抓政策落实，优化政策环境；坚决遏制“三乱”，切实减轻个体私营企业负担；强化工作管理，确保个体私营经济持续快速健康发展。

1999 年 6 月 28—30 日，市一届人大常委会第二十四次会议听取和审议市民政局关于落实村级四个民主情况的汇报。会议认为全市各级人民政府在农村以民主选举、民主决策、民主管理、民主监督为主要内容的民主政治建设方面做了大量工作，收到较好的效果。会议指出以下问题：一是一些地方认识不高，特别是一些基层乡镇领导认识上没有到位。二是少数地方领导思想僵化，“怕”字当头。三是有些乡镇的村级财务混乱，长期没有清理公布，群众意见大。四是一些地方对实行村民自治缺乏引导，建章建制工作跟不上来，造成个别的村干部进不去，工作无人做，任务完不成，成了事实上的“霸王村”。会议提出以下审议意见：进一步提高认识，统一思想，加强领导；巩固村务公开成果，进一步健全公开制度；建立和健全各项规章制度，完善民主管理机制；夯实民主基础，加强村民自治的领导和引导。

1999 年 8 月 30 日—9 月 1 日，市一届人大常委会第二十五次会议听取和审议市劳动局关于实施《中华人民共和国劳动法》（以下简称《劳动法》）和国有企业下岗职工基本生活保障及再就业工作情况的汇报。会议认为全市劳动部门坚持以《劳动法》为统领，全面推进劳动制度改革和劳动事业发展，贯彻实施《劳动法》的工作取得初步成效。会议指出以下问题：相当一部分人的劳动法制意识仍非常淡薄；由于目前许多企业经济效益不好，《劳动法》关于工资支付等方面的规定很难落实；劳动合同制在一些企业流于形式，合同内容并没有得到执行，劳动纠纷呈上升势头；劳动工作面临前所未有的压力，如就业岗位严重不足、再就业资金筹集困难、扩大社会保险覆盖面的工作进展缓慢、社会保险费拖欠严重、生产事故仍时有发生等等。会议提出以下建议：加强对这一工作的领导，按照企业谁主管、谁负责的原则，实行分级管理、层层负责的领导责任制；大胆探索，建立机制，进一步完善国有企业下岗职工基本生活保障和再就业工作制度；多方筹资，强化管理，确保特困下岗职工的基本生活；协调一致，齐抓共管，动员全社会的力量都来关心、支持下岗职工基本生活保障和再就业工作；以舆论为导向，加大政策扶持，帮助下岗职工多途径实现再就业。

1999 年 8 月 30 日—9 月 1 日，市一届人大常委会第二十五次会议听取和审议市环保局关于市城区环境保护情况的汇报。会议充分肯定市环保局在加强环境保护法律、法规和环保知识宣传方面所做的工作。会议指出以下问题：垃圾乱堆乱倒现象严重，城区卫生状况差，环保执法难度大，环保投入严重不足，环境欠帐太多。会议提出以下审议意见：集中全力，建好污水处理厂；加强城区“烟尘控制区”的整治力度；积极开展对车辆尾气的治理工作，对尾气排放不合格的车辆实行强制处理，对城区加油站进行清理登记，逐步制止含铅汽油、柴油的出售，以减轻机动车对城区空气质量的影响；突出重点，抓好工业污染源达标排放工作；切实加强城区新建项目的审批管理；继续做好人大代表议案和建议、批评、意见办理和人民群众来信来访处理工作，更耐心调处各类污染和污染事故，保证做到人民群众的来信来访，件件有答复，次次有结果。

1999 年 10 月 27—29 日，市一届人大常委会第二十七次会议听取和审议市民委关于帮助山区少数民族脱贫情况的汇报。会议肯定全市各级政府所做的工作：深入调查研究，开展现场办公；制定优惠政策，加大资金投入；组织定点扶贫，改善基础设施。会议认为少数民族群众脱贫进展缓慢，民族地区特别是山区仍然面临贫困与返贫现状。其重要原因有：基础设施建设滞后；林木过伐，木材价格下跌；产业结构调整缓慢，产品单一；劳动者素质偏低。会议提出以下审议意见：加大定点扶贫力度，确保扶贫工作落到实处；不断增加资金投入，帮助改善生产条件；实行民族优惠政策，尽快制定跨世纪的新政策措施；抓好教育和抓好科技培训，努力提高劳动者素质。

1999年10月27—29日，市一届人大常委会第二十七次会议听取和审议市人大财经委关于检查税收法律法规实施情况的汇报。会议肯定市有关部门所采取的措施和取得的成效：高度重视对税法的学习和宣传工作；改善依法征税环境；认真开展自查自纠，效果比较明显；执法部门严格依法行政，执法水平有所提高。会议指出存在的问题：还有个别地方严重存在收过头税现象；暴力抗税时有发生，严重影响了税法的贯彻执行，这些涉税抗税行为，危害了法律的尊严；税务执法部门的执法水平和内部管理有待进一步提高。会议提出以下审议意见：进一步加强对税收法律法规的宣传，加大税收执法力度，完善监管机制，逐步改善税收执法环境，提高执法队伍的人员素质，使全市的税收工作逐步走上法制化的轨道；市人民政府要继续抓好涉税文件的清理工作；在市直各单位全面开征个人所得税；抓好收清欠和防止摊税、征过头税两项工作；政府财税部门要依法办事，公正执法，维护法律的严肃性。

1999年10月27—29日，市一届人大常委会第二十七次会议听取和审议市中级人民法院和市人民检察院的工作汇报。会议充分肯定市中级人民法院和市人民检察院所作的工作。会议指出以下问题：有些审判人员的素质较弱，亟待加强提高；干警队伍个别人严重违法违纪；在执法过程中，一些干警顶不住人情风，不作为、乱作为，严重损害党和国家的形象，损害国家和人民群众利益。会议提出以下审议意见：要进一步提高思想认识，努力提高各级司法和行政执法人员的法律素质，更深入地开展法制宣传教育，重视对公民、法人进行权利和义务的教育；要纯洁干警队伍，坚持从严惩处的方针，严厉打击知法犯法的违法犯罪行为，真正做到有法必依、执法必严、违法必究。保障人民群众的根本利益，为经济建设和社会稳定提供最好的工作环境；要恪尽职守，勤奋工作，狠抓政治、业务培训，提高综合素质，树立公正廉洁、执法如山、秉公办案的良好形象，努力实现所承诺的工作目标；各级政府要积极支持司法机关依法独立办案，牢固树立执法为民、公正执法的思想。

2000年2月23—24日，市一届人大常委会第二十九次会议听取和审议市人民政府关于“科教兴市”战略实施情况的汇报。会议认为市人民政府高度重视“科教兴市”战略，取得初步成效，充分肯定市人民政府所做的工作。会议指出以下问题：一是科教意识有待进一步增强，少数地方和单位的领导还没有充分树立抓科教就是抓经济的思想；二是科教法规政策落实不够；三是科技人员流失严重；四是教育发展的整体水平特别是高中阶段以上教育，还不适应经济建设和社会发展的需要；五是农业科研和农技推广体制不顺，国有企业的技术创新陷入困境。会议提出以下审议意见：进一步加强科技兴市工作的领导；加大执法力度，依法增加科教投入；全面深化科教体制改革，促进科技、教育与经济的紧密结合；加强科教队伍建设；严格规范各种收费，为教育事业的发展创造一个宽松的环境。

2000年12月27—29日，市一届人大常委会第三十四次会议听取和审议“一府两院”关于贯彻落实市人大常委会依法行政、公正司法决定情况的汇报。会议肯定有关部门所做的工作：明确组织领导，全面建立和推行行政执法责任制；确认行政执法主体资格单位，依法制定政府规范性文件；加强行政执法队伍建设，切实提高执法人员的素质；强化监督机制，增强依法行政的实效。会议指出以下问题：一是行政执法责任制工作发展不平衡；二是行政执法仍存在不规范的现象；三是落实行政复议制度困难较多；四是政府法制机构建设不适应依法行政工作的需要。会议提出以下审议意见：组织力量对全市行政执法责任制执行情况进行全面检查考评，并通报考评情况，对检查中发现的重大问题进行严肃查处，该追究领导责任的追究领导责任；加强对行政执法人员的培训教育，全面提高执法人员的素质；加强政府法制机构和队伍建设；进一步做好行政复议工作，维护人民群众利益。

2001年3月2日，市一届人大常委会第三十五次会议听取和审议市人民政府关于2000年农村电网改造情况的汇报。会议肯定全市在农网建设与改造进展所取得的成效：农网建设与改造的步伐大大加快；线损下降，电价降低，用电量上升；减轻农民负担效果明显。会议指出以下问题：资金到位慢，已严重影响全市农网建设与改造进度；一些地方农网建设与改造和乡镇电管站管理体制改革后，不能及时降价；外部环境不够宽松。会议提出以下审议意见：改善环境，为农网建设与改造工作保驾护航；创造条件，争取农网建设改造资金尽早足额到位；加大力度，加快农网建设改造工程进度；加强管理，确保农网建设工程投资用到实处；继续加大农电体制改革和限价同价工作的力度，确保改造和改革的同步进行和同价目标的顺利实现。

2001年4月25日，市一届人大常委会第三十六次会议听取和审议市人民政府关于发展高新技术产业情况的汇报。会议肯定市人民政府为发展高新技术产业所采取的措施：组织调研，制定永州市高新技术产业发展规划；开展服务，推动高新技术产业起步；制定措施，加强保障。会议指出以下问题：一是各级各部门对发展高新技术产业了解不够，认识不足，表现为信心不强，心存疑虑，不知劲往何处使。企业则对本行业科技进步尚不清楚，发展定位不准，所选项目仍然缺乏创新；二是科技人才特别是高科技人才短缺，发展高新技术产业显得底气不足。引进高层次人才又缺少资金和相关基础条件；三是资金短缺。省科技厅要求各市州建立高新技术引导资金与省里配套，由于永州市财力十分困难，一时还没建立起来，民间资金注进高新技术产业领域的动力不足，渠道不通，银行贷款难落实。会议提出以下建议和意见：统一思想，明确思路；

加强领导，落实责任；落实政策，增加投入；优化环境，集聚人才。

2001 年 4 月 25 日，市一届人大常委会第三十六次会议听取和审议市人民政府贯彻落实市人大常委会《关于创建卫生城市的决议》情况的汇报。会议肯定市人民政府在创建工作中所做的工作和取得的成效：爱卫组织管理得到加强；健康教育工作深入开展；市容市貌显著变化；环境保护工作有新的进展；食品卫生、公共场所与饮水卫生得到改善。会议指出以下问题：创建班子未建立，管理体制未理顺；硬件建设投入不足，环卫设施差距大；城市管理力度不够；除“四害”经费不足，难度大；环境保护还有待加强。会议提出以下建议：进一步加大宣传教育力度，不断提高市民创建意识；千方百计筹措资金，加强城区基础设施建设；继续开展以灭鼠为重点的除“四害”活动，为创建卫生城市打基础；继续开展食品卫生整治大行动；尽快成立创建卫生城市领导小组及其办公室，健全市爱卫办的工作职能。

2001 年 5 月 25 日，市一届人大常委会第三十七次会议听取和审议市人民政府关于整顿和规范市场经济秩序情况的汇报。会议认为：全市整顿和规范市场经济秩序工作取得较大的成效，通过一年的集中整治，一是使非法生产经营活动及制售假冒产品行为滋生蔓延的势头得到明显遏制；二是直接关系人民群众生命财产安全，反映强烈，影响恶劣的重点领域和突出问题得到彻底整治；三是严重破坏市场经济的犯罪分子得到严厉惩处；四是市场经济秩序得到根本好转；五是广大消费者和经营者的合法权益切实得到保障。会议指出以下问题：一是全市商品市场、文化市场的违法违章经营现象十分普遍，可能影响经营者的积极性，导致人走场空，形成空壳市场。二是一些地方、一些部门的负责人保护主义思想较浓，在打假工作中阻力较大。三是一些地方的制假售假分子与一些执法人员内外勾结、共同作案，打假工作难度大。会议提出以下审议意见：加强领导，健全工作机构；明确职责，加强协作，形成整体合力；以点带面，推动全盘；加强督查和信息报送，落实责任追究制。

第二节　第二届人大常委会听取和审议专项工作报告

2001 年 10 月 29—30 日，市二届人大常委会第三次会议听取和审议市人民政府关于《全市农村卫生改革与发展情况》的报告。会议认为在农村卫生方面：乡镇卫生院、县区防疫站、县区保健站等三项建设取得较大成效，农村初级卫生保健进一步加强，农村卫生院改革试点初见成效。会议在充分肯定成绩的同时，指出一些不容忽视的问题，分析产生这些问题的原因，提出审议建议。

2002年6月25日—26日，市二届人大常委会第八次会议听取和审议市人大常委会主任会议关于优化经济环境综合执法检查情况的报告。会议认为，近年来市委、市政府高度重视优化经济环境工作，尤其今年市二届人大二次会议通过《关于优化经济发展环境的决议》后，政府和“两院”认识提高，领导加强，工作力度加大，“四乱”现现象明显减少，整治工作取得成效，但还不能估计过高。会议建议：一、执法部门要进一步深化认识，统一思想，树立大局观念，增强服务意识，学习浙江等发达地区执法人员新观念，为纳税人服务，多宣传，少设卡，多服务，少罚款，正确处理好严格执法与优化经济环境的关系。二、要坚持不懈地治理经济环境。三、优化环境是当前经济发展的重要工作，要以优化求发展，尤其要为个体私营经济大开绿灯。四、要解决体制问题。五、查处重点案件，增强警示效果。

2002年6月25日—26日，市二届人大常委会第八次会议听取和审议市人民政府关于推行部门预算编制改革问题情况的报告。会议认为，政府及部门有的领导对部门预算编制改革没有引起足够重视，认识不到位，宣传力度不够，工作进度较慢。会议建议：一、市政府要加强领导，加大宣传力度，统一各部门、各单位的思想，从推进依法理财、民主理财、科学理财和规范政府行为、加强廉政建设的高度来认识改革的重要性，消除各种畏难情绪和抵触情绪。二、加大试点力度。三、在制定标准上下功夫，拿出切实可行的标准。四、加快工作进度。五、要统筹考虑预算编制改革与国库集中拨付制度配套改革。六、从实际出发，积极稳妥地推进部门预算编制改革。

2002年6月25日—26日，市二届人大常委会第八次会议听取和审议市人民政府关于《城市居民最低保障条例》情况的报告。会议认为，我市城市低保制度逐步建立，低保面逐年扩大，较好地解决弱势群体的生活困难，维护了社会稳定，但问题也不少。会议建议：一、宣传要加强，提高社会认同感。二、政府要抓低保。三、资金要落实。四、办事力量要保证。五、管理要规范化。六、要查处吃空冒领的人。

2002年6月25日—26日，市二届人大常委会第八次会议听取和审议市人民政府关于贯彻落实《教育法》《义务教育法》《教师法》情况的报告。会议认为，我市在贯彻实施“三法“过程中，虽然做了许多工作，但从全市的情况看，仍然存在一些问题。会议建议：一、加大对教育百年大计的宣传力度，使各级领导干部进一步重视教育。二、抓住税费改革的机遇，确保教师工资发放，分几年消化年“ 普九”拖欠工资。三、尽快发展高等教育。四、加快培养骨干教师队伍。五、加快农村教育改革步伐，激活教育资源，尽快解决特困教师问题。六、各级政府、各有关部门要各负其责，努力为发展教育创造一个良好的外部环境。

2002年7月21日，市二届人大常委会第九次会议听取和审议市人民政府《关于抗灾救灾保增收情况的汇报》。会议认为，在中共永州市委领导下，我市抗洪救灾宏观决策正确，指挥科学果断，各方配合紧密，取得了重大的胜利。会议建议：一、下决心加快中心城市和县区城市的防洪工程建设，从现在起就要列入议程，作出规划，分步实施。二、重点工程建设一定要注意搞好水土保持，做到“三同时”，即重点工程与水土保持工程同时设计、同时施工、同时验收。三、要配备好水利设施。四、市人民政府应向省如实充分地汇报我市洪灾情况及水利基础设施的现状，争取省里加大支持力度。

2002年8月26日—29日市二届人大常委会第十次会议听取和审议市人民政府关于2002年上半年全市国民经济和社会发展计划执行情况的汇报。会议认为，一是汇报不够全面，措施不够得力。二是灾害损失严重，统计数字不一。三是农村经济形势严峻，对农民增收估计过高。四是国企改革进展缓慢，经济发展环境不容乐观。会议建议：一、要高度重视农业、农村、农民“三农”问题，切实做好救灾保增收的各项工作，确保政治社会大局稳定；二、要继续深化优化经济环境工作，大力推进国企改制步伐。

2002年8月26日—29日市二届人大常委会第十次会议听取和审议市人民政府关于2001年市本级财政预算及2002年上半年财政预算执行情况的报告，2001年市本级财政预算执行和其他财政收支情况的审计工作报告。市政府及财政部门克服各种困难，在财源建设、财政管理与改革，入库征收、转移支付等方面做了大量工作，取得一定成绩。审计部门工作力度大，效果好。但也还存在一些问题。会议建议，市政府及有关部门要加强对财政预算执行和财政收支管理中所存在问题的研究和分析，切实加大整改力度。

2002年8月26日—29日市二届人大常委会第十次会议听取和审议市人民政府关于《中华人民共和国民族区域自治法》和《湖南省散居少数民族工作条例》贯彻实施情况的报告。会议认为，我市在贯彻《民族区域自治法》和《湖南省散居少数民族工作条例》（以下简称“一法一条例”）中，取得了一定成绩，但也存在一些问题。会议建议：一、要进一步加大宣传力度，把各级领导的认识统一到“一法一条例”上来，切实抓好民族工作这一严肃的政治工作。二、要因地制宜，选准路子，进一步加大对少数民族地区的扶贫工作力度。三、要大力改善和发展少数民族地区的各项社会事业，提高少数民族地区人口文化素质、身体素质，切实改变旧的观念。四、要认真做好受灾少数民族地区的抗灾救灾工作。五、对居住条件极为恶劣的少数民族群众，要有计划地组织他们迁移到条件较好的地方，实行相对集中安置。

2003年3月26—28日，市二届人大常委会第十六次会议听取和审议市人民政府关于《永州市城市总体规划修编》的报告。会议认为：市人民政府编制的《城市总体规划修编》，符合《中华人民共和国城市规划法》和建设部《城市规划编制办法》等有关法律、法规的要求。会议建议：对总体规划的局部进一步修改完善；切实加大控制性详细规划工作力度；抓紧城市道路和街道命名工作；严格城市规划执法。

2003 年 4 月 25—26 日，市二届人大常委会第十七次会议听取和审议市人民政府关于人防工作情况的报告。会议对市人民政府和相关部门所做的工作给予充分肯定。同时也指出存在的问题。会议建议：适应现代战争特点，加强人防工程建设。对群众反映强烈的冷水滩河西中心花坛人防工程抓紧施工，力争在承诺期内完工；要加大人防费征收力度。

2003 年 4 月 25—26 日，市二届人大常委会第十七次会议听取和审议市人民政府关于住房公积金和教育专项资金管理与使用情况的报告。会议对市人民政府和相关部门所做的工作给予充分肯定，同时也指出存在的问题。会议建议：一是加大住房公积金归集力度。对实行财政拨款单位的单位缴付部分，应列入预算范围，进行强制性归集收缴；二是加大监管力度确保资金安全。加强财政监管，确保专款专用；三是城市教育费附加要坚持“分季度拨付”原则，按附加入库进度及时拨付用于教育开支；四是对农村“普及九年义务教育”欠下的债务，各级政府要作出还款计划，逐年解决；五是按原有的政策规定每年从城建税中安排教育专项经费 200 万元。

2003 年 6 月 27—28 日，市二届人大常委会第十八次会议听取和审议市人民政府关于防治“非典”工作情况的汇报。会议对市人民政府及相关部门在防治“非典”过程中所做的工作及取得的成效给予充分肯定，同时也指出存在的主要问题。会议建议：以防“非典”为契机，强化疾病防控、救治体系建设。一是认真总结这次防“非典”工作的成功经验，加强疾病防控体系工作的领导，加大市县乡村四级疾控网络建设力度；二是大力加强城市卫生管理，理顺城区环卫管理体制，不断完善城市基础设施；三是加强宣传教育、引导，革除不卫生的陈规陋习；四是大力加强食品生产、流通环节的监管，确保食品安全，防止病从口入。

2004 年 10 月 25—29 日，市二届人大常委会第二十八次会议听取和审议市人民政府关于全市招商引资情况的报告。会议充分肯定市人民政府及有关部门在上述议题中所做的工作，同时指出存在的主要问题。会议建议：要明确专门机构加强对引进市外内资的统计核实工作；要以项目真正落户永州市开始生产、经营为标准来考察招商引资成果，切实抓好项目的兑现；要创新招引思路，既要抓大项目，又要抓中小规模项目，既要吸引外商投资，又要引进市外内资；招商引资要与生态环境保护结合起来；加强对招商项目的跟踪服务。

2005 年 4 月 27—30 日，市二届人大常委会第三十三次会议听取和审议市人民政府关于中心城区社会治安情况的报告。会议充分肯定市人民政府及有关部门在上述议题中所做的工作，同时指出存在的主要问题：当前，芝冷两区的社会治安总体是平稳的，但受多种消极因素的综合影响，两区的社会治安形势仍然比较严峻。会议建议：要严厉打击刑事犯罪；要加强城区社会治安防控体系建设；要加强治安管理，防止重特大事故的发生；要加强宣传教育和队伍管理。

2005 年 11 月 1—3 日，市二届人大常委会第三十六次会议听取和审议市人民政府关于全市工业园区建设管理和民营工业发展情况的报告。会议认为市人民政府高度重视上述议题，工作力度较大，取得明显的成效。但还存在一些问题：已进入工业园内的企业规模普遍偏小，科技含量不高，带动作用不强，产品竞争力差；工业园区发展环境需要进一步优化，人文环境较差，优惠政策执行不够到位；本地原材料供应基地缺乏，难以满足本地企业生产发展的需要；融资困难，管理机制有待完善。会议提出以下审议意见：加大招商引资力度，着力引进大的项目企业，提升园区档次和规模；加大企业原材料基地建设力度，满足生产需要；进一步优化发展环境，转变职能，加大服务力度，加强环境治理；拓宽筹资渠道，加强资金使用监管；建立长效管理机制，提高工作效率，加快园区发展。

2005 年 12 月 27—29 日，市二届人大常委会第三十七次会议听取和审议市人民政府关于贯彻落实市二届人大四次会议《关于加快建设永州历史文化名城的议案》情况的报告。会议认为市、区政府有关部门做了大量工作，有效推进永州历史文化名城建设与申报。但还存在一些亟待解决的问题：对永州历史文化名城宣传力度不够，外界影响不大，许多干部群众对建设历史文化名城认识不足；办理进度较慢，目前历史文化名城还没有进入实质性建设阶段；建设名城资金投入不足。会议提出如下审议意见：加大宣传力度，提升永州历史文化名城的社会知名度；加强组织领导协调，成立永州历史文化名城保护与建设领导小组，负责申报、保护、规划制定等工作的协调和督促实施；加大招商引资力度，积极筹措建设资金，增加规划审批落实建设的资金投入。

2006 年 8 月 29 日—30 日市二届人大常委会第四十二次会议听取和审议市人民政府关于 2006 年上半年全市国民 经济和社会发展计划执行、2005 年市本级财政决算及 2006 年上半年全市和市本级财政预算执行情况的报告，市审计局关于 2005 年市本级财政预算执行情况和其他财政收支情况的审计工作报告。会议建议：1、要高度重视市本级财源建设，培植壮大财源经济，促进财政经济发展。2、要继续加大向上级争取资金和项目力度，重点支持工业园区基础建设和产业项目经济发展，弥补我市社会事业发展所需资金缺口。3、要加大财政债权的清收力度，对清收难度大的要积极运用法律手段予以清收。4、财政、审计部门要进一步加强打捆贷款、重点项目建设资金等重点财政性资金的监管和审计，规范财政管理，维护财政资金安全，提高资金使用效益，确保建设工程质量。会议听取和审议关于环保执法检查的工作报告。会议建议：1、加强环保法律法规的学习宣传，提高全社会的环保理念和法治意识。2、搞好项目审批和环境评价。3、抓好重点污染源的整治。4、要通过积极向上争取污染治理资金，呼吁建立生态资源补偿机制，争取上级对我市环保的支持，以外援环保资金的投入，进一步推进我市区域性环境生态保护和环境污染治理。

第三节 第三届人大常委会听取和审议专项工作报告

2007 年 4 月 29 日，市三届人大会常委会第三次会议听取和审议市人民政府关于《中华人民共和国环境保护法》（以下简称环境保护法）及相关法律法规执法检查审议意见交办函办理情况的报告。会议认为：市人民政府对市人大常委会的交办意见非常重视，办理认真。职能部门配合积极，对能改的问题积极进行整改，取得初步成效。但整改到位还有差距：一是在个别地方的矿区非法开采，甚至偷采乱挖现象还时有发生，现已破坏的矿区植被以及废弃的采坑、废渣治理恢复工作难度大。二是部分县区建设项目环境影响评价和“三同时”制度执行不足 70%，排污费征收不足 60%，一些企业法人环境意识淡薄，擅自闲置环保设施，靠非法排污赚钱的行为还时有发生。三是全社会普遍遵守和执行《环境保护法》及相关法规的意识不强。会议建议：市人民政府督促相关部门依法依规，加大对重点矿区的整治力度，强化日常监管，堵疏结合，整合资源，优化布局，做到依法有序开采，逐步实现矿业权管理市场化、规范化；市人民政府要支持环保部门认真行使“环保第一审批权”，各有关部门要配合做好环境影响评价和“三同时”制度，加强对企业环保工作的监督管理，严格按照法律法规的要求，督促企业全面落实环保措施正常运行和足额缴纳排污费；进一步加强环境保护法律法规宣传普及力度，并常抓不懈，使宣传工作进一步制度化。

2007 年 6 月 27—29 日，市三届人大常委会第四次会议听取和审议市人民政府关于 2006 年城市维护建设资金管理和使用情况的报告。会议认为城市维护建设资金来源较为明晰，使用效益有所体现，但存在三个突出问题：城市维护建设资金预算不完整，两区环卫处支出没有纳入，烟厂维护建设税与税基不相符，采砂权拍卖收入没有体现；预算调整 2103 万元，未经市人大常委会批准；城市维护建设资金用于城市维护的资金比重太低。会议建议：该列入预算的收支都要反映在预算中，确保城市维护建设资金预算的完整性；预算调整要编制调整方案，并报市人大常委会审查批准；城市维护建设资金应坚持先维护后建设的原则，不能本末倒置；坚持维护建设资金专款专用。

2007 年 6 月 27—29 日，市三届人大常委会第四次会议听取和审议市人民政府关于 2006 年城市排污费管理和使用情况的报告。会议认为按照“污水不进江河，烟囱不冒黑烟，油泥不进街道，噪音不进家庭”的要求，永州市污染治理主要存在三个问题：

排污费用于污染防治的资金比例太少；该收的排污费没有收，如设在江湖上的游船和滨江道上洗车点没有收排污费。会议建议：排污费要用在环境污染防治上；该收的排污费应收尽收；对污染市区自来水的项目要坚决取缔。

2007 年 6 月 27—29 日，市三届人大常委会第四次会议听取和审议全市住房公积金管理和使用情况的报告。会议认为全市在住房公积金管理和使用上强化归集基础工作，健全运行监控机制，规范贷款发放程序，保证公积金安全营运成效明显。但还存在一些问题：在安全上，放贷存在潜在风险；在效益上，增值效果不佳。会议建议：加大条例宣传力度，扩大覆盖面；强化风险防范意识，杜绝大额贷款；为确保住房公积金保值增值，可购买一级市场的国债。

2007 年 6 月 27—29 日，市三届人大常委会第四次会议听取和审议 2006 年全市各项社会保险基金管理和使用情况的报告。会议认为该项工作涉及面广，工作量大，征缴困难，管理使用有序，社保部门做了大量工作。但还存在一些问题，主要是各类企业和个体工商户拒缴、欠缴和不缴现象严重，存在潜在的发放危机；征缴扩面受到制约，特别是民营企业和个体工商户，社保意识薄弱。会议建议：加大条例宣传力度，营造强大的社保氛围；扩大征缴面，寻找基金新的增长点；加大争取上级支持的力度；提高社保队伍素质。

2007 年 6 月 27—29 日，市三届人大常委会第四次会议听取和审议市人民政府关于 2006 年全市教育专项资金管理和使用情况的报告。会议认为资金使用比较合理，监管措施比较得力，投入效果比较明显。但还存在一些问题：预算不完整，教育费附加与税基不相符；两区义务教育投入不足。会议建议：征足教育费附加，重点用于两区的义务教育投入；认真抓好中心城区中小学的布局；争取上级支持，缓解义务教育投入不足的压力。

2007 年 6 月 27—29 日，市三届人大常委会第四次会议听取和审议市人民政府关于 2006 年全市土地年度使用计划和执行情况的报告。会议认为土地年度使用计划确保了中心城市基础产业、重点工程、重大招商引资项目用地需求，确保了耕地占补平衡，确保了土地征收利益各方的合法权益。但还存在一些问题：土地出让金拖欠严重；农村集镇集体建设用地政策没有用好用活；办理土地手续效率太低。会议建议：用好用活用足土地政策，拓展建设用地空间，保障全市建设用地需求；改进作风，提高办事效率。

2007 年 8 月 30—31 日，市三届人大常委会第五次会议听取和审议市人民政府关于加强少数民族人才培养选拔、促进民族地区经济社会发展的报告。会议认为：永州市立足实际，重视民族工作，注重少数民族人才培养，较好地促进了民族地区经济社会发展。但由于多方面的原因，目前仍存在不少困难需引起重视并逐步解决：少数民族人才总量仍然偏少；少数民族人才素质依然偏低；少数民族人才结构不够合理；少数民族干部在同级干部中所占比例仍然偏低等。会议建议：进一步提高认识，把少数民族人才工作纳入人才兴市、科教兴市的战略范畴；进一步加大民族教育投入，努力提升少数民族人才素质；进一步落实民族政策，优化少数民族人才成长环境；进一步落实少数民族干部培养使用的政策法规，加大少数民族干部的培养交流力度。

2007 年 10 月 29—31 日，市三届人大常委会第六次会议听取和审议市人民政府关于发展现代农业，推进社会主义新农村建设的报告。会议认为：市人民政府认真贯彻 2007 年中央 1 号文件精神，努力发展现代农业，推进社会主义新农村建设，现代农业产业发展步伐加快，农业综合生产能力进一步提高，农村科技和社会事业进一步发展，农产品质量安全扎实推进，但资金投入不足，农业服务体系不健全，农业生产条件薄弱，农产品加工龙头企业带动能力不强。会议建议：加大资金投入。认真研究国家农业产业政策和资金投向，努力争取项目资金，并做好项目资金配套，同时随着财政的增长，逐步增加资金投入；加强农业技术推广体系建设；严格落实支农惠农政策，大力发展农村公益事业，进一步加快推进农业基础设施建设的步伐；加大龙头企业的扶持力度，增强龙头企业的带头作用。

2007 年 10 月 29—31 日，市三届人大常委会第六次会议听取和审议关于市中级人民法院民商事案件审执情况的报告。会议认为：市中级人民法院坚持正确的司法方向，加强民商事案件的审判和执行，全市民商事审执工作基本上稳步协调发展。但是民商审执工作存在不少问题，少数案件质量不高，执行工作还存在薄弱环节，法官整体素质有待提高，法律监督不够到位。会议建议：坚持调判结合，以调解为主，坚持案结事了，以事了为主，坚持主动接受监督，自觉争取支持；进一步加强审判管理，确保办案质量和效率；进一步加强执行力度，创新执行形式，清理排查执行积案；进一步加强队伍建设，切实提高队伍整体素质；进一步加强法律监督，切实维护司法公正和权威。

2007 年 11 月 21—22 日，市三届人大常委会第七次会议听取和审议市人民检察院关于办理渎职侵权案件情况的报告。会议认为：全市检察机关加强对办理渎职侵权案件的组织领导，努力提高办案能力，突出查办与人民群众最关心、最直接、最现实利益相关的渎职侵权案件，取得较好的工作成效。但全市还存在对渎职侵权犯罪危害性的认识不足，机关单位和群众配合不够，案件查办的难度大，查办渎职侵权犯罪的能力弱，队伍力量不够，以行政处分代替刑事处罚的现象。会议建议：进一步加强反渎职侵权工作的宣传力度，提高认识；进一步加大查办渎职侵权犯罪案件力度，突出市直部门单位、司法机关、国有企业和建设领域渎职侵权案件的查处，注重对合法外衣下渎职侵权案的查处；进一步加强反渎职侵权办案队伍建设，努力提升办案质量。

2007 年 11 月 21—22 日，市三届人大常委会第七次会议听取和审议市人民政府关于加强基础能力建设促进全市职业教育发展情况的报告。会议认为：近几年来，市人民政府积极发挥主导作用，大力加强职业学校硬件建设，努力优化专业设置，永州市职业教育得到长足发展。但仍然存在对职业教育的认识不高，机制不顺，投入不足，招生、培训秩序比较混乱，一些职业教育资源闲置，职业学校毕业生直接服务于本地经济不够等问题。会议建议：要进一步提高对职业教育的认识，明确思路，着眼长远，服务于本地经济的发展；加强招生、培训秩序的管理，严格办学准入，建立职业教育分级评价制度，并向社会公布；进一步加大职业教育的投入；加强统筹兼顾，形成部门协调、资源共享的职业教育体系；加强职业教育服务于永州市经济社会发展的指导工作。

2007 年 11 月 21—22 日，市三届人大常委会第七次会议听取和审议关于全市农村和出省跨境公路建设情况的报告。会议认为：全市近几年交通事业发展较快，农村公路和出省跨境公路建设全面推进，公路里程快速增长，公路等级较大提高，人民群众出行条件日益改善，为区域经济快速发展奠定了基础。但是存在的困难和问题仍然较多，严重影响和制约公路建设事业的又好又快发展，突出表现在：地方自筹资金难度大，项目资金拨付滞后；出省跨境公路建设问题多，进展缓慢，建设环境不如人意，建后管理难度大。会议建议：科学规划，统筹协调，促进平衡发展；加大力度，努力争取省里的支持；加强资金调度，保障建设资金及时足额拨付到位，降低建设成本；进一步理顺建设管理体制，加强在建项目质量监管力度，抓好建成公路的管理与养护。

2008 年 2 月 26—27 日，市三届人大常委会第九次会议听取和审议市人民政府关于永州市 2008 年市本级部门预算草案及基金预算草案的报告。会议认为：市人民政府提出的 2008 年市本级部门预算草案和基金预算草案，重点支出保障有力，预算透明度增强，坚持依法理财、收支平衡、综合预算原则，体现了科学发展观的要求，但也存在一些问题和不足，主要是：部门预算编制不够完整，有的单位没有编报。部门预算编制不够规范，有的单位缺报表、缺数字。部门预算编制不够完善，有的单位收支计划与实际情况有较大差距。部门预算编制不够科学，预算编制沿用老的基数，与实际情况脱节；同类部门编制的支出标准不尽一致；一些经费定额偏低，与实际支出有很大出入；有的支出结构还不尽合理，项目支出不够细化。会议建议：财政部门对各部门的预算超过核定标准和不合理的部分要做出调整。进一步细化预算，不断提高部门预算的质量。进一步优化支出结构，增强项目支出的透明度，建立项目数据库，实行项目评审制度。科学制定预算定额标准，逐步提高公用经费支出水平，减少公用经费临时追加，避免出现挤占挪用专项资金的现象。进一步加强非税收入监管，加大调控力度，逐步缓解部门之间苦乐不均的现象。进一步强化各部门的预算意识，坚持“先预算，后支出”原则，部门预算未经审批，不准拨款，部门预算变更，要按规定程序报批。进一步加强对基金的监管，确保资金的使用效益和安全。

2008年4月24—25日，市三届人大常委会第十次会议听取和审议市人大常委会《关于“永州环保世纪行”调研采访需要整改的交办意见》办理情况的报告。会议充分肯定相关部门所作的工作，指出存在的问题，提出建议意见。市人民政府及有关部门要重视存在的问题，按照建议意见认真研究处理，并及时报告市人大常委会。

2008年4月24—25日，市三届人大常委会第十次会议听取和审议市人民政府关于全市土地总体规划修编情况的报告。会议认为：在市人民政府的主持下，全市土地总体规划修编指导思想明确，重点突出，措施有力，工作进展顺利。但也存在发展不平衡、各类规划之间的衔接不协调等问题。建议：正确处理重点项目与公益事业用地的关系，合理布局并留足公益事业用地。注意中心城区与周边集镇建设用地的区别，用好用活集镇建设用地政策。科学规划城郊结合部集镇和村庄居民点建设。协调处理各类规划之间的关系，努力实现合理规划配置土地资源的目的。

2008年4月24—25日，市三届人大常委会第十次会议听取和审议关于2007年全市土地年度使用计划执行情况的报告。会议认为：2007年市人民政府及其国土资源部门科学安排项目用地，服务经济建设成效明显；耕地保护工作得到加强，全市土地利用执行工作总体良好。但也存在着用地指标偏紧、部分开发土地闲置、农村违法用地尚未有效制止、新增耕地质量较差等问题。建议：积极向上争取多批用地指标，增加土地储备存量；科学合理确定控制指标，加强土地使用管理，提高土地利用价值；采取措施，切实遏制农村建设占用耕地现象，用好农村集体建设用地政策，推动小城镇发展；提高新增耕地质量，真正做到占补平衡。

2008年4月24—25日，市三届人大常委会第十次会议听取和审议2008年教育费附加、科技三项费用和社会保险基金预算草案的报告。会议认为：3个预算草案安排的指导思想和原则符合国家有关法律法规的规定，符合中央、省有关政策，体现了落实科学发展观和构建和谐社会的要求。但也存在一些问题，主要是：收入总量小，支出压力大，收支矛盾突出；有的支出安排尚不具体，需要进一步细化；有的数据尚未填报，需要进一步完善。会议建议：一是教育费附加要提高中心城区小学学校建设支出比例，切实解决小学学位紧张问题；要加大职业教育投入，逐步解决职业技术人才紧缺问题；要重视学校债务，逐步解决历史包袱问题；要把钱用在刀刃上，尽量减少工作经费。二是科技3项费用要严格项目评审，项目主体资格不符的、重复性的项目要作出调整；要进一步优化投入结构，重点突出产学研一体化项目，优先突出实用型项目的推广使用，避免资金分散安排；注意科技项目的绩效评价，努力提高使用效益。三是社保基金要尽可能扩大覆盖面，特别要加强对民营企业社保基金的征缴工作；要健全社保体系，加强审计监督，切实保障基金安全。

2008年6月23—24日，市三届人大常委会第十一次会议听取和审议中心城区卫生、市容市貌管理情况的报告。会议认为：市、区两级积极探索中心城区环境卫生、市容市貌管理的有效办法，积累一些经验，取得一定的成效。但存在的问题也较突出，主要是体制尚未完全理顺，存在市、区间不协调现象；机制不够灵活，尚未走向市场化运作；管理、整治力度不够大，“脏、乱、差”现象仍然存在；人员冗杂、财政负担过重等。会议建议：市人民政府要把中心城区环境卫生、市容市貌管理的体制机制作为一件大事来抓，认真研究分析；要面向市场、面向社会，进一步完善城市环卫机制；要解决多头管理问题，建立权、责、利统一的运行体制；要加大投入，不断完善城市管理各项基础设施；要把落实“门前三包”与加大整治力度结合起来，按照创建省级文明卫生城市的要求，把中心城区建设成宜居城区。

2008年8月25—26日，市三届人大常委会第十二次会议听取和审议市人民政府关于2007年全市节能减排工作情况的报告。会议认为：市人民政府及其有关部门对节能减排工作高度重视，精心部署，狠抓落实，各项工作取得显著成绩。但还存在结构性污染矛盾突出、基础工作和激励机制不够完善、主要污染物减排形势严峻等问题。会议建议：要加大宣传力度，让公众充分认识到建设资源节约型、环境友好型社会的重要性和紧迫性；牢固树立科学发展观，严格项目准入，从源头上筑牢“绿色防线”；加快关停并转、淘劣汰小，狠压能耗和污染总量；加快污水处理厂建设，保护潇湘母亲河。

2008年12月25—26日，市三届人大常委会第十五次会议听取和审议市人民政府关于全市交通基础设施建设情况的报告。会议认为：市人民政府及有关部门以科学发展观为指导，加强领导，加大交通固定资产投入，加快重点项目建设，全市交通基础设施建设取得显著成绩。但工作中也存在不少困难和问题：资金调度困难，配套资金压力大，特别是永连公路省拨资金和市承诺资金未到位；征地拆迁任务重，矛盾协调难度大；农村通畅工程计划少，一些县城到办事处公路得不到改造。会议建议：要进一步努力争取通畅工程的政策和计划，加大公路建设资金的争取和配套力度，加强项目建设协调管理力度，促进全市交通基础设施建设取得新的更大成绩。

2008年12月25—26日，市三届人大常委会第十五次会议听取和审议市中级人民法院关于行政审判工作的报告。会议认为：全市法院依法履行职责，不断提高行政审判水平和案件质量，不断探索行政审判工作新机制，不断规范行政非诉案件的执行工作，着力提升队伍整体素质，妥善化解一批行政争议纠纷，为维护社会和谐稳定作出不懈努力。但仍存在一些问题和困难，需引起重视并加以解决：一是少数法院对履行行政审判职责存在畏难情绪；二是少数法院化解行政争议的措施不够有力，有效解决纠纷的能力需要进一步增强；三是行政审判管理、审判程序还不够完善；四是行政审判的内外司法环境还不够宽松。会议建议：市中级人民法院高度重视，采取有效措施，进一步加大行政审判工作的宣传力度，提高案件的质量和效率，加强联系沟通，努力促进依法行政。

2009 年 2 月 23—24 日，市三届人大常委会第十七次会议听取和审议市人民政府关于全市义务教育“两免一补”工作情况的报告。会议认为：近年来，通过市人民政府及其教育部门的努力工作，全市义务教育“两免一补”政策得到较好落实，有效巩固和提高全市“普及九年义务”教育的成果。但也还存在一些困难和问题：一些贫困县区的乡镇学校需要救助的贫困生很多，而补助资金和指标又很有限，出现“僧多粥少”现象，在偏远山区和少数民族地区尤为突出；部分群众对“两免一补”政策缺乏足够了解，给学校依规收费带来一定影响。会议建议：要积极争取资金，扩大补助面，力争做到应补尽补。同时，要逐步提高补助标准，补助资金要适当向偏远山区、少数民族地区倾斜，尽量减少按比例分指标的做法，力争全市不出现适龄少年儿童因贫困而失学；要加强监管，防止学校乱收费现象出现反弹。

2009 年 2 月 23—24 日，市三届人大常委会第十七次会议听取和审议市人民政府关于全市食品药品监管工作情况的报告。会议认为：近年来，市食品药品监管部门加强服务，规范管理，全市食品药品安全保持持续稳定；全市食药监队伍建设明显加强，各项工作取得新的成效。但还存在药品虚假广告整治不到位等问题。会议建议：要进一步强化监控手段，把好医药销售资质关，尤其要加大对农村医疗市场和城区少数药店销售假药坑害患者行为的打击力度；要进一步加强医疗单位药品和器械使用方面的管理和监控，确保人民群众医疗安全；要加大食品药品检测中心建设的支持力度。

2009 年 4 月 29—30 日，市三届人大常委会第十八次会议听取和审议市人民政府关于 2008 年市本级城市维护建设资金管理与使用情况的报告。会议认为：市人民政府充分发挥市与区两个积极性，加大征收和管理力度，在城市维护建设资金总量不大的情况下，科学安排，精心监管，提高市政维护项目支出占预算总支出的比重和预算编制水平、资金的使用效率有所提升。但还存在中心城区基础设施不配套、不完善，环卫设施缺乏，中心城区有的街道管理秩序和公交秩序比较乱，城市管理措施不够到位，创建卫生文明城市差距较大等问题。会议建议；集中资金办大事，力争每年解决 1~2 个突出问题；加强资金监控管理，发挥资金使用的最大效益；加大投入，创建省级卫生文明城市。

2009 年 4 月 29—30 日，市三届人大常委会第十八次会议听取和审议市人民政府关于 2008 年全市住房公积金管理与使用情况的报告。会议认为：市人民政府及有关部门加大宣传力度，狠抓归集扩面，新增缴存单位较多，加大资金使用和管理，积极开展专项治理活动，强化监督和规范化建设，全市住房公积金工作有新的进步。但还存在以下几个问题：扩面不快，县区缴存标准不高；借贷手续繁琐，职工办事不方便。会议建议：进一步加大政策宣传力度，积极扩面提标；加大资金管理和部门协调力度，确保资金安全和保值增值；调整和完善贷款政策，提供优质服务。

2009年4月29—30日，市三届人大常委会第十八次会议听取和审议市人民政府关于2008年市本级排污费管理与使用情况的报告。会议认为：2008年，全市加大环保法律法规的宣传力度，严格征收程序，支持企业发展，排污费征收管理和使用有一些进步。但也存在排污费征收不到位、排污费用于专项治理的比例太小、事业费占用排污费等老问题。会议建议：排污费应做到应收尽收；支持企业加强污染治理；排污费要做到专款专用，不能挪作他用。

2009年4月29—30日，市三届人大常委会第十八次会议听取和审议市人民政府关于2008年全市土地年度使用计划及执行情况的报告。会议认为：市人民政府及有关部门坚持发展第一要务，积极申报，保证重点工程和项目建设用地的需要，有力地支持经济发展。加大耕地保护力度，认真实施土地开发整理工程，实现耕地占补平衡。市国土部门提高办事效率，优质服务比较好。但还存在土地利用率不高、已报批的闲置土地较多、农村建房占用耕地等问题。会议建议：降低建设用地报批成本，为全市经济社会发展节约资金；切实保护基本农田，严厉打击乱占耕地行为；积极实施《湖南省集体建设用地管理暂行办法》，加快村、镇建设步伐；采取措施，清理和处置中心城区闲置土地，推动城市建设；节约用地，提高土地集约使用效率。

2009年6月25—26日，市三届人大常委会第十九次会议听取和审议2008年市本级社会保险基金管理和使用情况的报告。会议认为：2008年，市劳动保障部门从保增长、保民生、保稳定的高度出发，认真履行职责，不断强化社会保险扩面征缴工作，加强各项基金管理，落实各项保险待遇，基金规模持续扩大，管理使用比较规范。但也存在以下问题：社会保险政策体系还不完善，社保机构征缴、清欠的强制力不够；目前的基金征缴与今后的支出矛盾十分突出；基金监督管理难度较大，冒领基本养老保险金的现象时有发生；社保经办机构建设滞后。会议建议：加大基金征缴、清欠力度，积极争取上级资金；提高基金管理水平，探索基金保值增值办法，确保基金安全高效运行；加强社保经办机构建设。

2009年6月25—26日，市三届人大常委会第十九次会议听取和审议2008年市本级土地出让金管理和使用情况的报告。会议认为：2008年，市人民政府有关部门实行市本级国有土地使用权出让金收支预算编制管理，强化土地出让金收入征管力度，千方百计筹集资金，有力地支持中心城区基础设施建设。但还存在收支预算执行不够规范，收入总量少、支出压力大、收支矛盾突出，没有对农业土地开发及国有土地收益基金实行专账管理等问题。会议建议：建立健全年度土地出让金收支预决算管理制度，进一步提高预算编制的科学性和准确性；科学合理利用土地，千方百计降低拆迁、建设成本；严格支出管理，确保资金运转规范高效，对重要工业项目征地拆迁的补偿费用应坚持公开、公平、公正原则，严格按规定办理；按规定对农业土地开发及国有土地收益基金实行专账管理。

2009 年 6 月 25—26 日，市三届人大常委会第十九次会议听取和审议 2008 年市本级教育费附加管理和使用情况的报告。会议认为：2008 年，教育费附加预算执行工作不断加强，征管突出重点，逐步解决两区小学学位紧张问题，缓解就学压力，改善中心城区中小学办学条件，加快职业教育发展步伐。同时还存在一些问题：收入总量少，支出压力大，收支矛盾突出；征收中还存在只收“三税”而不附征教育费附加的现象；未做到专款专用，在支出中安排部分教育行政管理经费；部分项目资金使用效益不高。会议建议：依法征收，应收尽收，做大教育费附加总量；明确市本级教育费附加的使用范围，专款专用，不得挤占和挪用；规范项目审批程序，加强资金管理，提高使用效益。

2009 年 10 月 29—30 日，市三届人大常委会第二十二次会议听取和审议市人民政府关于农村水利基础设施建设情况的报告。会议认为：市人民政府按照“全面规划、统筹安排、标本兼治、综合治理”的原则，加强领导，加大项目争取力度，大力开展农田水利基础设施建设，全力实施农村饮水安全工程，进一步改善农村生产、生活条件和生态环境，提高防灾减灾能力，全面完成各项水利建设任务，成效明显。存在的主要问题是：全市病险水库较多，抗灾能力不强；塘库淤积严重，蓄水量明显减少；渠系和排灌不配套，机电提灌设施老化，灌溉效益衰减；机制不活，农民投入农田水利的热情不高，“等、靠、要”的思想严重。会议建议：加大依法治水宣传和行政执法力度；创新投入机制，整合涉农资金，捆绑投入农田水利设施建设，加强资金管理，确保工程质量、资金安全；搞好土地流转，鼓励耕地向种粮大户集中，促进农田水利设施建设；坚持“一事一议”制度，充分调动农民兴修水利的积极性；深化水管单位体制改革，落实“两费”，充实专业人才队伍，充分发挥基层水管队伍的作用。

2010 年 4 月 22—23 日，市三届人大常委会第二十五次会议听取和审议市人民政府关于“生态新城”建设筹备情况的报告。会议认为：生态新城建设为永州发展增加新动力，是永州发展的新亮点，要齐心协力把这件大事办好。会议建议：坚持规划先行，要高起点，高标准地作好规划；解决好班子、路子、票子问题，千方百计加大投入、加强管理；市人大城环委牵头做好调查研究工作，市人大常委会在适当时候作出建设生态新城的决议。

2010 年 4 月 22—23 日，市三届人大常委会第二十五次会议听取和审议市人民政府关于 2009 年全市土地年度使用计划执行情况。会议认为：2009 年，全市认真贯彻国家用地、耕地保护等政策，严格执行土地使用计划，实现耕地总量动态平衡，为全市经济社会发展提供用地保障。会议建议：要进一步完善《永州市中心城市市政公用基础设施项目代建承揽实施意见》，严格把住代建制项目准入关；要严格按照土地规划和行业标准征地和供地，大力推进节约集约用地。

2010年4月22—23日，市三届人大常委会第二十五次会议听取和审议市人民政府关于全市承接产业转移工作情况的报告。会议认为：市人民政府认真贯彻执行市人大常委会《关于加快承接产业转移，大力发展加工贸易的决议》，抢抓机遇，积极承接沿海发达地区产业转移，外向型经济快速健康发展，招商引资来势较好。会议建议：进一步加大产业转移承接力度，扎扎实实上一批新的项目；坚持科学发展，坚持有所为有所不为，确保引进先进产业项目，避免落后淘汰产能落户永州。

2010年6月27—29日，市三届人大常委会第二十七次会议听取和审议市人民政府关于城市总体规划修改情况的报告。会议认为：市人民政府及有关部门对城市总体规划的修改进行认真地研究，总结过去城市建设的经验和教训，贯彻科学发展观，体现《促进中部地区崛起规划》对永州城市发展的新要求。会议建议：努力提高总体规划的品位，在滨江景观上下功夫、出亮点，形成城市特色，提升城市品位，使总体规划有匠心、有高度、有深度；坚决维护总体规划的严肃性。市人民政府要适时向市人大常委会报告总体规划的实施情况，接受监督；进一步贯彻科学发展观，妥善解决规划涉及的民生问题；城市公共用地的安排要着眼长远，服务市民，2009年已批准的宋家洲（岛）规划体现以人为本，符合广大人民群众的利益，不要轻易修改；复兴大桥接线工程要加快施工进度，争取尽快通车。

2010年6月27—29日，市三届人大常委会第二十七次会议听取和审议市人民政府关于医药卫生体制改革情况的报告。会议认为：市人民政府从2009年启动医药卫生体制改革工作以来，加强领导，精心组织，积极推进，取得一定成绩。全市基本医疗保障扩面进展较快，参保率有所提高，基本做到应保尽保。基本药物制度试点工作成效比较明显，有效缓解群众看病贵的问题。基层医疗卫生机构建设投入加大，人才队伍建设明显改观，公共卫生服务均等化也有新的进展。存在的主要问题是医改资金落实难度大，各级财政配套难；基层医疗卫生机构建设仍然滞后，难以满足人民群众就医需要；医疗卫生人才严重匮乏，基层尤其突出。会议建议：要总结医改试点经验，积极开展扩面工作，并尽快制定切实可行的全市医改方案，真正将惠民政策落到实处；调整财政支出结构，切实将医改配套资金纳入各级财政预算；要以医改为契机，进一步加大向上争资金争项目力度；以县区中心医院为重点，进一步加强基层医疗卫生机构体系建设；整合社会医疗资源，科学规划布局，加快城市社区卫生服务中心建设速度。

2010年6月27—29日，市三届人大常委会第二十七次会议听取和审议市人民政府关于“五五”普法依法治理工作情况的报告。会议认为：“五五”普法依法治理工作着力在“强化领导抓保障、突出重点抓落实、广泛宣传抓深入、普法结合抓提高”上下功夫，有组织、有计划、有步骤地实施第五个五年普法规划，取得较好成绩。但也存在法律法规普及的针对性不够强、普法依法治理工作成效有待提高、依法治理工作的保障机制有待加强等问题。会议建议：有针对性地开展重点人群、重点区域的普法工作，增强普法的实效性；加强领导，健全、落实普法依法治理工作保障机制；全面开展“法治永州”创建活动；科学制定“六五”普法依法治理工作规划。

2010年10月17—19日，市三届人大常委会第三十次会议听取和审议市人民政府关于全市农业产业化经营发展情况的报告。会议认为：全市各级政府及相关部门认真贯彻实施“一化三基”战略，按照“整体推进、重点突破”的要求，不断加大工作力度，突出建立优质农产品生产基地，积极培育优质农产品品牌，大力扶植龙头企业，农业主导产业快速发展，产业化经营步伐明显加快，取得显著成效，龙头企业建设走在全省前列。存在的主要问题是：龙头企业总体规模不大，带动能力不强；农产品品牌知名度不高，精深加工的不多；企业融资难度大，资金问题严重困扰企业发展，基地建设滞后；扶持发展政策难落实，农业产业化机构与发展要求不相适应。会议建议：提高认识，准确定位永州农业产业化的发展格局；出台农业产业化发展的具体办法，建立全市农业产业化发展的考核机制，加速推进农业产业化又好又快发展；加强市农业产业化局的机构建设，强化工作职能；安排专项资金，重点扶持龙头企业和农产品基地建设。

2011年2月21—22日，市三届人大常委会第三十五次会议听取和审议市人民政府关于群众文化建设情况的报告。会议认为：全市文化基础设施建设投入不断加大，群众文化活动开展日益丰富，群众文化环境逐步净化、规范，文化产业发展较快，网吧文化整治取得明显成效。但也存在一些问题：投入严重不足，场馆建设严重滞后；好节目、好作品不多，开展群众文化活动的阵地欠缺；用人机制不活，艺术人才缺乏。会议建议：落实有关政策，建立健全经费投入保障机制；进一步加强群众文化基础设施建设；建立适应市场模式的文化人才机制。

2011年2月21—22日，市三届人大常委会第三十五次会议听取和审议市人民政府关于保障性安居工程建设工作情况的报告。会议认为：市人民政府认真贯彻落实党中央、国务院的部署，把解决城市低收入家庭住房困难作为民生工程来抓，多渠道、多形式筹措建设配套资金，大力推进保障性安居工程建设，取得较好成绩。存在的主要问题是：建设进度偏慢；资金来源有限，建设资金缺口较大；保障覆盖面小，距离“人人有房住”的目标还有较大的差距。会议建议：多方筹措资金，加大安居工程建设的投入；进一步加大对保障性安居工程建设的领导和协调，形成工作合力，共同做好项目建设相关保障和配套工作，加快建设进度；健全保障体系，确保保障性安居工程建设这一惠民政策真正落实到位；坚持公开、公平、公正，将保障性安居工程打造成阳光工程。

2011 年 4 月 25—26 日，市三届人大常委会第三十六次会议听取和审议市中级人民法院关于加强内外监督促进公正司法情况的报告。会议认为：市中级人民法院注重加强内外监督，大力推进公正司法，取得明显成效。会议建议：加强责任感。要加强队伍建设，不断提高对加强审判工作监督重要性的认识，增强自觉接受监督、坚持司法为民的主动性和积极性；注重规范化。要建立健全各项监督制度，完善审判和执行工作监督机制，落实惩治和预防腐败制度及有关审判工作公开的各项制度，切实加强规范化管理；突出实效性。要站在“监督就是支持，监督就是鞭策，监督就是纠错”的高度，充分认识监督的必要性，真心实意推进监督工作，认真落实各项监督措施，以实际成效取信于民。

2011 年 6 月 23—24 日，市三届人大常委会第三十七次会议听取和审议市人民政府关于全市少数民族地区基础设施建设情况的报告。会议认为：市人民政府大力贯彻落实党和国家对少数民族地区的帮扶政策，不断改善民族地区基础设施，在交通、水利、电力、社会事业、城镇建设等各个方面都取得重要成绩。会议建议：一是加大民族地区公路建设力度。加快对民族地区过境国道、省道的升级提质步伐，高度重视公路养护；二是加快民族地区水利建设步伐。重点解决民族地区 20 万人的饮水困难和不安全的问题；建设一批骨干水利工程，加快病险水库修复加固步伐；突出加强民族地区中小河流的综合治理，提升防洪抗灾的能力；三是扶持民族地区电力建设。推进电力体制改革，突破电力管理的体制性障碍，积极促成江华岭东地区电网尽早并入国家电网，并进行农网改造；四是引导林区分散居住的少数民族适度集中居住。制定扶持和鼓励政策，整合项目资源，搞好规划，积极支持和引导居住过于分散的村民，在尽量不改变原生产方式的前提下，适度集中居住。

2011 年 6 月 23—24 日，市三届人大常委会第三十七次会议听取和审议市人民政府关于生态新城规划建设工作情况的报告。会议认为：经过一年多的努力，生态新城规划建设取得积极进展。规划设计坚持以人为本的理念，描绘生态新城“千湖之城、千景之城、千园之城”的未来发展愿景，彰显较高的建设标准和生活环境质量标准；项目实施进度较快，已实施 8 个，其中在建项目 6 个，总投资约 65 亿元。会议建议：高水平规划。要以生态、文化、可持续的人居环境为主题，突出功能分区、空间布局和城市特色，实现城市总体发展目标；高标准建设。要按照中心城区总体规划和生态新城的规划，严格实施，不能破山截水，组团之间绿地属强制性内容，不得随意修改；突出建设重点。近期要集中力量搞好永州大道建设，并配套建设给排水工程、11 万伏变电站等重点基础设施；争取做好机场的搬迁工作；结合湘江母亲河治理，把湘江东路、湘江西路纳入近期建设；永州大道安装太阳能、风能路灯的问题要吸取教训，科学论证，慎重决策。

2011 年 6 月 23—24 日，市三届人大常委会第三十七次会议听取和审议市人民政府关于驻外办事处工作情况的报告。会议认为：市人民政府驻外办事处深入贯彻落实科学发展观，务实创新、开拓进取，在信访维稳、内外联络、接待服务、招商引资等方面做了大量卓有成效的工作，并实现资产保值增值、效益回升向好的目标。但还存在人员结构不优、交流不畅、内部管理粗放和办公、接待条件有待改善等问题。会议建议：准确定位驻外办事处的职能，突出联络和服务功能，该留的留，该撤的撤；进一步加强管理。市人民政府要加强对驻外办事处的领导和管理，优化人员结构，安排合理的经费并发挥效益。驻外办事处要加强内部管理，建立健全财务管理制度，加强国有资产管理，防止资产流失；充分发挥驻外办事处的作用，通过拓宽联络领域，搜集、汇聚信息，力争引进更多的客商、资金和项目。

2011 年 10 月 27—28 日，市三届人大常委会第四十二次会议听取和审议市人民政府《关于继续深入开展法制宣传教育的议案》办理情况的报告。会议认为：市人民政府及零陵、冷水滩区人民政府对议案办理工作比较重视，采取一些措施，提出一些思路，取得一些成绩。但还存在一定的问题：思想认识不到位，雷声大雨点小，部门协调配合不够。会议要求：提高认识，加强协调，加大办理工作力度。会议决定：市人大常委会年内组织一次代表视察活动，并将此议案移交下一届人大常委会督办，必要时提出询问和质询。

2011 年 10 月 27—28 日，市三届人大常委会第四十二次会议听取和审议市人民检察院贯彻实施省人大常委会《关于加强人民检察院对诉讼活动法律监督工作的决议》（以下简称《决议》）情况的报告。会议认为：全市检察机关认真贯彻实施《决议》，更新监督理念，创新监督方式，提升监督能力，对诉讼活动的法律监督工作取得一定成效。会议建议：检察机关进一步深化认识，强化措施，以落实《决议》为动力，不断加强和改进诉讼监督工作，维护社会公平正义，促进公正廉洁执法，为“法治永州”建设做出新的贡献。

第四节 第四届人大常委会听取和审议专项工作报告

2012 年 4 月 27 日，市四届人大常委会第三次会议听取和审议市人民政府关于扶贫开发工作情况的报告。会议指出：全市上下坚持开发式扶贫，贫困地区基础设施建设得到加强，贫困群众自我发展能力有所提升；实施整村推进，切实改善重点贫困村基本生产生活条件；强化产业扶贫，贫困群众收入和生活水平不断提高。但全市贫困面较大，贫困人口偏多，贫困群体自我发展能力不强，返贫现象仍然严峻，扶贫开发投入还不足，与非贫困地区发展差距呈拉大趋势。会议建议：科学规划，不断强化扶贫开发攻坚力度，不断改进和优化政策扶持机制、工作运行机制、社会帮扶机制和扶贫方式，将扶贫开发列入重要民生工程，纳入各级政府绩效考核重要内容；加大投入，建立健全扶贫开发投入长效机制，坚持“政府主导、社会参与、自力更生、开发扶贫”的方针，积极争取政策和资金，以政府投入为主导，广泛动员社会力量参与扶贫开发；增强造血功能，完善创新扶贫开发工作新机制，把培育发展主导产业作为整体脱贫的主渠道，调整优化贫困地区农业和农村经济结构，逐步形成“一村一品、一乡一业”的产业发展格局。

2012年6月26日，市四届人大常委会第四次会议听取和审议市中级人民法院关于执行工作情况的报告。会议认为：市中级人民法院坚持以公正司法为目标，牢固树立执法为民的理念，大胆推行执行工作改革，积极探索执行工作新方式，强化执行措施，认真开展集中清理执行案件专项活动，努力攻克“执行难”，执行工作取得一定成效。会议指出当前执行工作中存在的主要问题：一是个别法官服务意识还不够强，司法能力与新时期要求尚有距离。二是执行工作的外部环境还不尽人意，法治环境有待于进一步改善。三是执行力量与繁重的执行任务不相适应，案多人少矛盾比较突出。四是社会综合矛盾不断产生，社会诚信缺失，从根本上解决执行难问题还需不断努力。会议建议：要进一步强化司法职能，切实加强和改进执行工作，更好地以司法工作促进社会和谐稳定，更好地为经济平稳较快发展提供司法保障；要正确处理审判与执行的关系，在公正审判的基础上，强化司法执行职能，依法行使好执行权；要认真总结执行工作经验，积极研究解决执行工作中出现的新情况新问题，不断完善执行工作长效机制；要进一步加强执行队伍建设，加强社会主义法治理念教育，加强学习，努力实践，推进改革，着力提高司法执行工作能力。

2012年10月24—25日，市四届人大常委会第七次会议听取和审议市人民检察院关于反渎职侵权工作情况的报告。会议认为：市人民检察院以执法办案为中心，认真履行查办和预防渎职侵权犯罪的职责，不断深化认识，健全机制，加大工作力度，受理和查处一批案件，为保障全市经济社会稳定健康发展作出积极贡献。会议指出存在的主要问题是：轻刑化问题较为突出，难以起到惩治和警示作用，震慑犯罪的效果欠佳；社会认知度不高，部门和单位协查机制不够健全，致使案件查办难度加大。会议建议：加强宣传教育，进一步提高全社会的反渎意识；突出工作重点，依法查办处理案件，切实克服轻刑化现象；加强部门联动，进一步增强反渎职工作合力；深化教育培训，进一步提升反渎职队伍素质。

2012年10月24—25日，市四届人大常委会第七次会议听取和审议市人民政府关于城市投资融资及建设工作情况的报告。会议认为：市人民政府高度重视中心城区城市投融资和建设工作，及时调整体制机制，通过各类渠道筹措资金，开工建设一批重点工程，完成一批民生项目，做大城投总资产，完善中心城区基础设施，惠及全市人民。会议指出存在的问题，主要是：城投管理体制尚未理顺，企业法人治理结构不明晰；融资平台运行机制不够灵活，缺乏自主经营、滚动发展的能力；偿债能力比较脆弱，债务风险逐渐加大。会议建议：尽快理顺体制，搞活机制，搭建一个符合资本市场运作规律的城市建设投融资平台；加快资产整合，不断扩大融资规模，加快城市建设步伐，打造亮点工程；完善城建项目立项审批管理，建立目标考核和责任追究制度；健全机构，加强财政和审计监管，确保资金发挥最大效益，防止国有资产流失；对2010年以来招商引资签订合同的履约及土地供应情况进行调查摸底，挖掘、激活资产潜力。

2013年4月16日，市四届人大常委会第十一次会议听取和审议市人民政府关于中心城区义务教育阶段学位建设情况的报告。会议认为：市、区两级不断加大中心城区学位建设力度，通过各种措施，增加学位近2万个，并千方百计降低大班额，成效比较明显。但学校学生超规模、大班额、教育资源配置不平衡的问题仍然突出，严重影响教学质量、学校管理和师生身心健康，安全隐患大。会议建议：进一步理顺市、区两级学位建设机制，制定中心城区义务教育学位建设三年行动计划，两城区每年分别新建1~2所学校，改扩建2~3所学校，并将中心城区义务教育学位建设纳入市人民政府对两区政府年度绩效考核范畴；年内要完成中心城区中小学布局专项规划修编；进一步加大投入，要足额征收、提取教育费附加、城市建设维护费、城市基础设施配套费、土地出让收益，落实永政发〔2011〕20号文件中房地产商按10元/平方米的面积分摊出资建设规定，资金要用于中心城区义务教育学位建设；进一步盘活现有优良教育资源。充分利用零陵区的市建校、财税中专、公安干校，冷水滩区的市潇湘技师学院老校区、永州八中等现有教育资源，减少资源浪费。

2013年6月26—27日，市四届人大常委会第十二次会议听取和审议市人民政府关于《中华人民共和国城乡规划法》贯彻实施情况的报告。会议认为：自《中华人民共和国城乡规划法》颁布以来，市人民政府及其相关部门重视该法的贯彻实施，坚持将城乡规划作为促进经济社会发展、有效配置公共资源、保护生态环境、协调利益关系、维护社会公平的重要工作来抓，通过加强法律宣传，加快规划编制，规范审批程序，积极推进规划实施，加大行政执法等手段，推进全市城乡规划管理工作，取得一定成效。同时，会议指出：全市总体规划编制水平不高，专项规划编制进展缓慢，规划审批后修改频繁，管理队伍素质偏低，规划执法不严等方面问题。会议建议：一要进一步加大城乡规划法律的宣传力度。二要进一步提高城乡规划的编制水平。三要进一步严格城乡规划管理。四要进一步形成规划执法合力。五要进一步加强干部队伍建设。六要自觉接受市人大常委会的法律监督。

2013 年 6 月 26—27 日，市四届人大常委会第十二次会议听取和审议市人民政府关于社会救助工作情况的报告。会议认为：市人民政府及有关部门坚持构建和谐社会理念，以保障和改善民生为核心，不断健全社会救助机制，努力提高困难群众基本生活保障水平，全市社会救助事业健康发展，为维护社会稳定做出应有的贡献。会议指出：社会救助工作还存在一些问题，一些地方政府把低保作为福利手段或处理上访维稳、征地拆迁等疑难问题的安抚措施，违规将某一特殊群体纳入低保。部分不符合救助条件的人员采取种种手段骗保，少数工作人员违规办保；救助工作各部门之间缺乏沟通，衔接协调不力，贫困标准认定不统一，救助的随意性较大，“人情救助”“平均救助”以及漏救和重复救助现象仍然存在，难以实现特困特保、重灾重助；城乡保障方面，城市低保与农村低保在年人均保障标准、救助比例、救助项目方面差距较大，城市救助对象初步形成以低保救助为主，以医疗、住房、教育、水、电、气等专项救助为辅的救助格局，而农村救助对象只有低保单一的救助形式。会议建议：严格执行低保政策法规，加强正面宣传和引导，努力遏制福利低保、安抚低保行为，切实遏制恶意骗保；进一步健全“政府领导、部门主管、协作配合、社会参与”的社会救助管理运行工作机制；加快城乡制度对接。认真研究措施，逐步缩小城乡救助差别，使制度保障真正起到协调城乡共同进步，促进经济社会可持续发展的积极作用。

2013 年 8 月 27—28 日，市四届人大常委会第十四次会议听取和审议市中心城区有线电视网络收费与服务自查自纠情况的报告。会议认为：市中心城区有线电视网络公司虽然在规模、手段和能力等方面有大的提高和发展，但市人民政府及其职能部门对有线电视网络收费与服务工作缺乏有效指导、有效监管。有线电视网络公司自律意识不强，缺乏危机感，服务理念不牢，服务质量不高，收费存在不规范行为，企业管理缺乏行之有效的措施和手段。会议建议：一是规范收费，严格按照相关法律法规和相关政策文件规定的范围和标准收费，在收费大厅和相关媒体公开各项收费流程、标准和优惠政策，整改 2009 年 7 月 1 日之后向新房业主收取有线电视安装费行为。二是优化服务，认真落实物价政策，畅通“96531”客户热线，改进欠费告知方式。三是强化管理，加大改革力度，建立、完善现代企业管理制度，提高制度执行力。四是加大宣传力度，不断增强员工的紧迫感和忧患意识，树立良好的企业形象，努力提高客户的认可度和满意率。

2013 年 10 月 22—24 日，市四届人大常委会第十五次会议听取和审议市人民政府关于 2013 年永州市地方政府债券资金安排情况的报告。会议认为：市本级地方债券资金的安排符合中央政策的有关规定，资金用在与民生民本相关的基础性、公益性项目的建设上，符合永州实际，预算调整方案可行。会议建议：一是继续加大争取债券资金的工作力度，缓解基础设施建设的资金压力。二是加大对债券资金使用的监管，建立绩效考核和跟踪反馈制度，确保资金使用安全、高效。

2013 年 10 月 22—24 日，市四届人大常委会第十五次会议听取和审议市人民检察院关于全市监所检察工作情况的报告。会议认为：近年来，全市监所检察资源得到整合，机构日益健全，制度逐步完善，工作规范有序。会议指出监所检察工作还存在一些问题：监所检察工作重配合、轻监督，事前、事中监督效果不明显；刑罚执行监督不力，对刑罚变更执行案件的同步监督不到位；对监所管理的监督不到位。会议建议：强化责任意识，增强监督主动性；加强网络信息及基础设施建设，构筑扎实的监督平台；改进监督方式，增强监督实效。注重事前监督和事中监督并重，完善一整套监督监所程序；加强纠违力度，规范监所行为。

2013 年 12 月 10—12 日，市四届人大常委会第十六次会议听取和审议市人民政府关于“六城同创”议案办理情况的报告。会议认为：创建活动启动以来，市人民政府高度重视，相关责任部门积极推进，成效明显，但“六城同创”三年实现创建目标，时间已经过去大半，创建任务仍然艰巨。会议建议：要进一步统一创建认识，锁定目标，重点创建，整体推进；要进一步加强协调，整合各方面资源，形成创建合力；要进一步健全制度，巩固创建成果，完善城市功能，提升城市形象，促进经济社会健康发展。

2014 年 6 月 23—24 日，市四届人大常委会第二十次会议听取和审议市人民政府关于中心城区规划实施和调整情况的报告。会议认为：市人民政府及相关部门 2012 年以来高度重视中心城区规划实施工作，建立较为完善的规划审批、管理程序和制度，依法依规依程序调整规划，在提高中心城区品味，改善人居环境，加强历史文化名城保护等方面取得明显成效。但同时也存在规划体系还不能满足城市发展的需要、规划编后实施管理不严格、随意改变规划条件和违规建设等问题。会议建议：进一步加快中心城区规划体系建设，切实发挥规划引领作用。构建覆盖全区域、层次清晰、分类合理、目标明确、管理有序、相互衔接的城乡规划体系；进一步加强对规划执行的监管，切实增强规划刚性。加大对以国土挂牌出让方式取得的居住、商业、办公类等建设项目规划条件调整的监管，加大对随意改变规划和违规建设的各类违法建设行为的查处和打击力度，加大对政府相关部门及工作人员滥用职权、玩忽职守、执法不严等行为的问责、追究力度，确保规划的刚性执行、全面实施；进一步树立科学发展理念，加强生态文明建设与历史文化名城保护。要树立生态优先理念，结合现代化生态旅游宜居城市的建设，构建多层次的特色景观系统。

2014 年 6 月 23—24 日，市四届人大常委会第二十次会议听取和审议市人民检察院关于民事行政检察工作情况的报告。会议认为：全市检察机关认真履行宪法和法律赋予的法律监督职责，积极开展民事行政检察工作，依法办理民事行政申诉案件，为维护公正司法和法制统一、维护社会和谐稳定发挥积极作用。但仍然存在一些不容忽视的问题：民事行政检察工作认识还有差距，民事行政检察工作宣传力度不够，社会各界和群众知晓度不高，民事行政检察工作职能发挥不够；各县区民事行政检察工作发展不平衡，监督机制不健全，监督方式比较单一。建议：提高认识，加强和改善对民事行政检察工作的领导，解决民事行政检察工作中遇到的困难和问题，切实把民事行政检察工作作为检察机关服务民生、保障发展的重要途径；加强宣传，努力提高民事行政检察工作的知晓度；强化措施，努力提高民事行政检察工作的能力和水平。

2014 年 10 月 28—29 日，市第四届人大常委会第二十三次会议听取和审议市中级人民法院关于司法公开工作的报告。会议认为：市中级人民法院以科学发展观为统领，坚持“以公开促公正、以公开提效率、以公开树形象”，通过加大立案、审判、执行等环节的公开力度、建设便民诉讼中心、实施信息化建设、发扬司法民主等措施，努力保障人民群众的知情权、参与权、表达权和监督权，法院工作的透明度大大增加，司法公信力和人民满意度进一步提升。但还存在一些问题：一是认识不够。部分法院对司法公开的认识还不够，在满足民众对司法公开新期待方面，举措不多。二是创新不足，公开程度不够。当前基层法院司法公开中对审判管理工作以及与审判工作有关的其他管理活动的审务信息，公开程度不够，范围狭窄，民意沟通不畅，法院很多司法公开举措还处于一种静态的、单向的、封闭或半封闭状态，缺乏与民众的互动和交流。三是工作开展不平衡。上下级法院之间局限于指导关系，在司法公开的平台建设和工作进度上没有统一标准和要求。四是配套装备和技术人才不够。会议建议：进一步深化司法公开的理念；进一步拓展司法公开的广度和深度；进一步完善民意沟通表达机制；进一步均衡发展司法公开工作；加大司法公开的物质和技术保障。

2014 年 10 月 28—29 日，市第四届人大常委会第二十三次会议听取和审议市人民政府关于国家基本公共卫生服务项目实施情况的报告。会议认为：项目实施六年来，全市基本公共卫生服务工作已取得一定成绩，为 2022 年全面构建基本公共卫生服务体系打下了基础。会议指出实施国家基本公共卫生服务项目还存在一些问题：项目宣传不够深入。医疗机构对开展基本公共卫生服务宣传不积极，应付了事，基层医护人员公共卫生服务意识淡薄；经费挪用严重。全市 11 个县区都将基本公共卫生服务经费变成“人头费”，未能做到专款专用，也未能实现“花钱买服务”的政策目的；乡村医生队伍结构不合理。人员配备严重不足，学历和职称太低，年龄结构老化严重；项目服务落实不够。预防疾病、保障健康的项目都落实不够，居民健康档案、慢性病和重性精神病管理等基本处于“闭门造车”的状况，影响项目的实施，也很难让群众直接从项目中受惠。会议建议：提高思想认识，强化政府责任；增强部门履职，加强项目管理。

2014 年 12 月 25 日，市四届人大常委会第二十六次会议听取和审议市人民政府关于市四届人大四次会议《加快创建国家卫生城市议案》办理情况的报告。会议建议：进一步加大投入。加快提质改造进度，健全城市道路交通网络，加强城市管网建设，加强城市功能配套建设，继续完善配套城市公园；进一步推进城中村和农村环境综合整治。突出城中村和城乡接合部整治重点，继续开展城中村和城乡结合部集中整治行动，延续创卫期间的好做法，加大整治力度，并确保整治效果。加大农村环境综合整治，加强饮用水水源地和上游区域的监管力度；进一步强力整治市容市貌。加快网格化建设速度，落实责任，严管重罚。要遏制乱搭乱建、乱种乱养、乱停乱摆乱丢等现象的死灰复燃。积极开展控违拆违集中整治，坚决打击违法建筑行为；进一步规范市民行为。引导、规范市民的文明卫生习惯，加大宣传力度，利用广播、电视、报纸、网站等媒体，广渠道、多视角地开展健康卫生知识的宣传工作；进一步完善长效机制。优化完善考核体系，按照属地原则，重点考核街道办事处和社区，建立好长效机制，出台一批规范性文件，进一步规范城市管理办法，全方位巩固创卫成果，全力建设品质活力永州。

2015 年 6 月 24—25 日，市四届人大常委会第三十次会议听取和审议市中级人民法院关于人民陪审员决定执行和人民陪审员工作情况的报告。会议认为：人民陪审员认真履行法定职责，较好地发挥陪审作用，为促进司法民主和司法公正做出积极贡献。会议指出人民陪审员工作仍然存在一些问题：一是陪审员制度认识有待提高；二是陪审员使用管理亟待加强；三是陪审员参加陪审不够规范；四是陪审员的履职保障尚需改善；五是陪审员的监督约束措施乏力。会议建议：以学习《全国人大常委会关于完善人民陪审员制度的决定》为契机，深化对陪审员制度重要性的认识；以选用培训为途径，提高人民陪审员队伍的整体素质；以保障参审权利为目标，规范参审工作；以制度建设为载体，建立健全陪审员考核约束机制；以强化保障为基础，激发陪审员的工作热情。

2015 年 10 月 22—23 日，市四届人大常委会第三十三次会议听取和审议市人民检察院关于查办和预防职务犯罪工作情况的报告。会议认为：全市检察机关依法查办贪污贿赂和渎职侵权犯罪案件，结合办案，积极开展预防职务犯罪工作，始终坚持打防并举，为推进反腐倡廉、促进经济发展、维护社会稳定发挥积极作用。会议指出，全市查处和预防职务犯罪工作，离工作要求及人民的期待还有一定的差距：职务犯罪的查处力度有待进一步加大；职务犯罪的预防措施有待进一步加强；执法质量有待进一步提高；保障机制有待进一步完善。会议建议：突出重点，关注民生，切实加大办案力度。紧紧围绕人民群众的新期待、新要求，抓住人民群众最关心、反映最强烈的问题，切实查处一批影响人民群众切身利益的职务犯罪案件和损害经济发展环境的职务犯罪案件；多措并举，加强预防，突出治本。一是结合办案延伸预防。二是加强预防体系建设，形成部门联动的反腐预防机制。三是整章建制，堵塞漏洞；加强能力建设，提升查办和预防实效。要加强队伍建设，增强办案能力。要加强制度建设，规范执法行为。要强化后勤保障，努力改善办案环境。

2016年6月26—27日，市四届人大常委会第三十九次会议听取和审议市人民政府关于城乡规划年度计划实施情况的报告。会议认为：市人民政府及其相关部门高度重视规划实施工作，围绕建设品质活力永州的总体目标，在提高中心城区品质，改善人居环境，加快历史文化名城保护等方面取得明显成效。会议指出：规划编制主体分散且相对滞后、规划实施调整过频过多、规划管理执法不够严格等问题仍然存在，必须引起高度重视。会议建议：进一步完善规划实施年度计划。规划年度实施计划与年度投资计划和年度土地供应计划应相衔接，统筹安排重点城乡基础设施、公共服务设施、公共安全设施和中低收入居民住房的建设；进一步重视城乡规划战略研究。强化规划的前瞻性和连续性，有序推进城市经济社会发展规划、土地利用总体规划、城乡建设总体规划的“三规合一”；进一步加大规划管理执法力度。一是进一步强化规划和建设方案公示制度。二是进一步加大规划实施监管力度。三是进一步理顺规划执法管理体制。四是进一步加强规划工作的建设管理。

2016年6月26—27日，市四届人大常委会第三十九次会议听取和审议市中级人民法院关于《中华人民共和国行政诉讼法》（以下简称《行政诉讼法》）贯彻实施情况的报告。会议认为：市中级人民法院认真贯彻实施《行政诉讼法》，发挥审判职能，保障合法权益；加大改革力度，创新审判机制；延伸监督职能，助推依法行政。切实维护公民、法人和其他组织的合法权益，解决行政争议，监督行政机关依法行使职权，行政审判工作取得新进展。会议指出行政审判工作还存在一些问题：一是《行政诉讼法》的宣传实效不够理想；二是行政机关的依法行政水平仍需提高；三是行政机关配合行政审判的工作有待改进；四是行政相对败诉率较高且案结事难了；五是行政审判职能作用发挥仍存欠缺；六是行政审判力量相对薄弱等。会议建议：一要加大宣传力度。二要实施行政机关负责人出庭应诉制度。三要正确把握立案登记制度。四要落实司法为民，保护合理诉求。五要强化行政审判对依法行政的引导作用，从源头上减少行政纠纷。六要加强队伍建设。

2016年7月19—20日，市四届人大常委会第四十次会议听取和审议市人民政府关于贯彻实施《中华人民共和国预算法》（以下简称《预算法》）情况的报告。会议认为：市人民政府及财税、审计等有关部门认真学习宣传贯彻实施新修正的《预算法》，全面深化财税改革，不断强化预算管理，切实做到依法行政，着力抓好增收节支，为推动永州经济社会加速稳步健康发展提供了积极有为、支撑有力、安全有效的财政保障。会议指出在贯彻实施过程中还存在一些问题：认识的广度和深度不够，还存在惯性思维，预算编制不够完整，预算支出把关不严，预算约束刚性不强，预算管理有待加强，对出现的新情况、新问题调研破解不够及时。会议建议：一是牢固树立预算意识，高度重视《预算法》的学习宣传，准确把握《预算法》的原则规定；二是务必做实财政收入，抓好“营改增”税制改革，加快税收保障信息平台建设；三是强化预算收支约束，政府全部收支要纳入预算，力求预算内容精准细化；四是健全透明预算制度，扩大预算信息公开内容，细化公开项目，严格公开时间，健全公开机制。

第二章　听取和审议国民经济和社会发展计划、预算执行情况报告、决算报告和审计工作报告，审查批准决算

第一节　第一届人大常委会

1996 年 8 月 28—30 日，市一届人大常委会第三次会议审查市人民政府关于 1996 年永州市市本级财政预算（草案）的报告，审议和通过《永州市人民代表大会常务委员会关于永州市 1996 年财政预算的决议》。12 月 23—27 日，市一届人大常委会第五次会议审查市人民政府关于市本级 1996 年财政预算执行及预算调整情况的报告，审议和通过永州市第一届人民代表大会常务委员会关于批准《永州市 1996 年市本级财政预算调整方案的决定》。

1997 年 6 月 24—28 日，市一届人大常委会第十次会议审查市财政局关于永州市 1996 年财政总决算的报告。8 月 19—21 日，市一届人大常委会第十一次会议审查市人民政府关于 1997 年全市及市本级财政预算执行情况的报告。10 月 24 日晚，市人大常委会主任会议审查关于 1997 年市本级财政预算调整方案的决定(草案)。10 月 22—25 日，市一届人大常委会第十二次会议审查和通过《永州市人民代表大常务委员会关于批准市本级 1997 年财政预算调整方案的决定》。

审议关于永州市 1996 年财政总决算报告。常委会会议建议：认真贯彻中共十四届五中、六中全会和中共永州市委工作会议精神，继续实行适度从紧的财政政策，促进经济结构的调整和优化；进一步强化税收征管，促进财政收入稳定增长；坚持“量入为出，收支平衡”的原则，从严控制支出总量，优化支出结构，保证工资、正常运转和重点支出的基本需要，进一步压缩财政赤字；继续大力整顿财经秩序，完善财税改革，促进国民经济持续快速健康发展和社会的全面进步。

1998 年 6 月 24 日，市一届人大常委会第十七次会议听取市审计局关于永州市 1997 年市本级财政预算执行情况的审计工作汇报和市财政局关于永州市 1997 年市本级财政预算执行情况的汇报，对 1997 年财政决算进行审查。审查认为，1997 年市人民政府及其财税部门积极培植财源，强化财税收入征管，严格财政支出管理，完成了市人大批准的财政预算。但市本级各项目收入结构不合理趋势未有好转：财政基础性收入、工商税收入和企业有关收入占当年收人的 81.6%，比上年所占比重下降 1.4%；罚没收入和行政性收费占当年收入的 16.8%，比上年所占比重上升 1.2%；财政年终砍账之前，在未向人大常委会汇报的情况下动用当年超收 1563 万元。当日，市人大常委会经严格审查，通过《市财政局关于永州市 1997 年市本级财政决算的审查报告》《永州市第一届人民代表大会常务委员会关于批准 1997 年市本级财政决算的决议》。8 月 26—28 日，市一届人大常委会第十八次会议听取和审查关于市本级 1998 年财政预算调整方案的审议意见。10 月 27—29 日，市一届人大常委会第十九次会议听取和审查市财政局关于市本级 1998 年财政预算调整情况的汇报，审议和通过《永州市第一届人民代表大会常务委员会关于批准永州市 1998 年本级财政预算调整方案的决定》。审查同意关于向市人民政府交办教育费附加征收管理使用意见的函、学校收费纳入综合财政预算等问题的意见。

审议关于永州市 1997 年财政总决算的报告。常委会会议肯定市财政经济工作委员会所作的年终工作总结，认为 1997 年虽然全市经济形势偏紧，但市人民政府及其财税部门积极培植财源，强化财税收入征管，严格财政支出管理，基本完成了市人大批准的财政预算。会议提出以下审议意见：一是在今后年终砍账时，如果动用当年超收收入增加预算支出的数额较大时，应征求市人大常委会的意见；二是进一步抓好重点财源建设，尤其要搞好国有企业改革，实现扭亏增盈，切实规范执法部门的执收执罚行为，优化经济环境，促进财政收入的良性发展。

1999 年 10 月 27—29 日，市一届人大常委会第二十七次会议听取和审查市财政局关于 1999 年市本级财政预算调整方案的汇报，审议和通过《永州市第一届人民代表大会常务委员会关于批准永州市 1999 年本级财政预算调整方案的决定》。

审议关于 1998 年全市上半年国民经济和社会发展计划执行情况的报告。常委会会议认为全市 1998 年上半年计划执行取得较好的成果：农村经济形势较好，基地建设步伐加快；工业生产增速平缓，非国有工业发展势头好；固定资产投资止跌回升，重点建设力度加大；乡镇企业持续快速发展，产权改革有新突破。会议充分肯定有关部门所作的工作，同时指出以下主要问题：国有企业速度效益不佳；农民增收难度较大；重点建设进度缓慢；金融资金运作步履艰难；财政形势喜忧参半；下岗失业人员继续增加。会议提出以下建议：以国企改革为突破口，加快工业发展；加大投资拉动力度，努力扩大投资需求；加强财政工作，积极启动消费需求；大力发展个体私营经济，再创乡镇企业新辉煌；加大招商引资力度，千方百计扩大外贸出口；广开门路，积极筹集建设资金；切实抓好再就业工程，促进社会事业全面发展。全面实施可持续发展战略，努力完成年初市人代会确定的教育、科技、环保、文化、卫生、广电等社会事业计划目标，使之与经济建设协调发展。

审议关于1998年市本级财政决算的报告。常委会会议肯定1998年市本级财政决算所取得的成效：各项工商税收完成8488万元，为预算的91.8%；其他财政收入完成9782万元，为预算的113.7%，增收1176万元。会议指出：预算管理不太到位，预算收入未及时解缴入库；有的部门挤占挪用专项资金；个别单位滥发补贴、虚列办公支出；税收成本偏高等。会议建议：加强领导，进一步提高财税管理工作；切实抓好财源建设，尤其要狠抓重点财源项目的建设；坚持依法治税，大力组织财政收入，确保市本级今年财政预算收支任务的完成；加强预算支出的管理，树立过紧日子的思想，发扬艰苦奋斗的创业精神，厉行节约；加大对专项资金的监管力度，严肃财经纪律，堵塞开支漏洞，提高资金使用效益；规范财政分配，加强预算约束；对违法违纪的问题进行严肃处理。

审议关于永州市国民经济和社会发展“十五”计划纲要（草案）。常委会会议充分肯定全市在执行“九五”计划以来所取得的成效。会议指出：经济社会生活中仍然存在着不少矛盾和问题，经济增长速度相对放慢；经济结构性矛盾突出，整体素质不高；财政收入增长速度不快，质量不高，收支矛盾突出；城镇化水平不高，中心城市集聚力和辐射力不强，农村富余劳动力转移缓慢；下岗职工增多，就业压力加大，农民收入和部分城镇居民收入增长缓慢，社会保障体系落后于经济发展步伐。会议提出：加快改革步伐，全面建立和完善社会主义市场经济体制；加大经济结构调整力度，优化经济布局；扬长避短，发挥特色，加快发展县域经济；拓宽经济发展空间，大力发展非国有经济；努力搞好市场，积极引导消费；努力增加固定资产投入，切实加强重点项目建设；加强财源建设，为经济发展提供财政保障；积极制定地方性政策，创造良好经济环境；建立人才辈出的激励机制，形成崇尚科学，尊重人才的良好风气；坚持“两手”都要硬的方针，确保社会稳定。

2000年8月29—31日，市一届人大常委会第三十二次会议听取和审议市审计局关于1999年市本级财政预算执行情况的审计报告；审议市财政局关于1999年市本级财政决算报告和2000年上半年财政预算执行情况的报告；听取市人大财经委关于永州市1999年市本级财政决算的审查报告；审议通过《永州市第一届人民代表大会常务委员会关于批准永州市1999年市本级财政决算的决议》。10月23日，市人大常委会主任会议听取和审议市财政局2000年财政预算调整情况的汇报。10月25—27日，市一届人大常委会第三十三次会议审查市财政局关于市本级财政调整预算（草案）的报告；审查市人大财经委关于市本级2000年财政预算调整方案的审查报告。

第二节 第二届人大常委会

审议关于永州市2001年上半年国民经济和社会发展计划执行情况的报告。常委会会议对2001年上半年所做的工作和成效给予充分肯定，并对面临的形势、存在的问题及主要原因进行分析，主要表现为：经济结构矛盾突出，运行质量不高，全市GDP增长依赖少数中央、省属企业，市级优势支柱产业尚未形成，经济增长的基础脆弱；经济增长速度过慢，与沿海及周边地区差距进一步拉大；经济发展环境不佳，市场需求持续低速，经济发展难出低谷；财政收入增长缓慢，财源后劲严重不足，收支矛盾日益突出；财政管理有待加强，资金使用效率尚须提高。

审议关于2003年市本级财政预算调整情况的报告。常委会会议对在上述议题中所做的工作及取得的成绩给予充分肯定，同时就存在的主要问题提出意见和建议：继续加强财源建设，强化财税征管，努力使财政收入再上新台阶；市人民政府及财政部门要加强信息收集和研究，及时调整工作思路，研究措施，不断提高财政工作水平；将2003年预算调整中末安排的住房公积金补助纳入2004年财政预算，落实住房公积金有关补助政策；市代表活动经费是1996年确定的标准，已不能满足代表活动的需要，市财政要适当提高活动经费标准，使之达到全省中等水平；各级财政要采取措施解决“非典”期间承诺一些单位购买医疗设备的补助资金。

审议关于2005年上半年全市国民经济和社会发展计划执行情况的报告。常委会会议充分肯定市人民政府及有关部门在上述议题中所做的工作，同时指出存在的主要问题：农业发展困难凸显，工业运行效益欠佳，经济发展环境有待进一步改善。会议建议：各级各部门要增强发展的责任感和使命感，落实好各项惠农政策，积极调整农业产业结构，抓好农业项目建设；加大规划编制和项目衔接力度；加大项目建设落实力度，抓好二广高速公路开工建设；加强国家产业政策研究和国家宏观经济政策的研究，争取上大项目、好项目。

审议关于2004市本级财政决算及2005年上半年全市和市本级财政预算执行情况的报告。常委会会议认为：市人民政府在财政收入不高，支出压力大的情况下，较好的完成并执行财政预决算任务。会议提出以下审议意见：要进一步加大招商引资力度，扩大投资，培育消费热点；千方百计抓财源建设，深入研究财政政策，加大向上争取资金力度；进一步加强财政管理，从严控制一般性支出。

审议关于2006年上半年全市国民经济和社会发展计划执行、2005年市本级财政决算及2006年上半年全市和市本级财政预算执行情况的报告。常委会会议充分肯定市人民政府及有关部门所做的工作，针对存在的突出问题，提出以下审议意见：要高度重视市本级财源建设，增加财政收入；继续加大向上级争取资金和项目力度，重点支持工业园区基础建设和重大产业项目建设；加大财政债权的清收力度，对清收难度大的要积极运用行政、纪律和法律手段予以清收；审计部门要进一步加强打捆贷款、重点项目资金的监管和审计，规范资金管理，维护资金安全。

审议关于2006年市本级预算执行和其他财政收支情况的审计工作报告。常委会会议认为：2006年市本级预算执行和其他财政收支情况的审计工作报告客观真实，把握总体情况，指出存在的问题，分析原因，提出对策建议，促进财政预算的规范管理。会议建议：审计的范围要进一步扩大，加大对部门决算的审计力度，加强对国债和社保基金的审计力度，对个别重点项目要实行重点审计；认真落实审计措施和审计建议；市人民政府要加大对审计出来的问题的查处力度，加强对审计成果的研究和运用。

审议关于2006年市本级财政决算草案和2007年上半年财政预算执行情况报告。常委会会议认为：2006年市人民政府及财税部门，加强财源建设，加强收入征管，积极争取上级财政补助，努力深化财政改革，提高依法理财水平，不断优化支出结构，全市财政收支平衡，财政预算执行基本正常。会议指出财政决算和预算执行存在的主要问题：预算管理不够规范；预决算草案不够透明；重点项目和专项基金监管不够严。会议建议：改进预算编制方法，进一步细化预算编制，按照政府收支分类改革科目设置的要求向市人大提交预算草案；严格执行人大批准的预算，强化预算约束，动用超收收入追加支出要向市人大常委会报告；加大对社保基金的征缴扩面工作，加强对各种基金的监管，加大对财政兜底担保资金的监管力度，努力防范财政风险；加强民生问题的解决力度，使经济发展成果更多体现在改善民生上。

第三节 第三届人大常委会

审议关于永州市2007年上半年国民经济和社会发展计划执行情况的报告。常委会会议认为：上半年全市经济保持较快的增长势头，社会事业协调发展，但是经济社会发展还存在一些困难和问题：重点项目开工不足；发展环境亟待改善。会议建议：进一步加大工业投入，特别是抓紧搞好重点项目建设和管理，搞好矿产资源的深度开发管理；进一步优化结构，加快推进重点节能工程建设及重点节能技术改造，努力发展生态环保效益型经济；进一步优化经济发展环境，特别是抓好重点项目施工环境整治；进一步加强调查研究，用好国家宏观政策，促进永州经济社会又好又快发展。

审议关于2007年市本级财政预算调整报告。常委会会议认为：市人民政府及财政部门贯彻落实科学发展观，积极开源节流，努力增收节支，财政收支均保持较快增长，预算调整报告具有现实性、合理性、必要性。但是市级财政收入能力偏弱，财政蛋糕不大，抗风险的能力不强。会议建议：加大对有发展前景的中小企业的扶持力度，确保税收收入持续稳定增长；加大教育、科技、文化，特别是职业教育的投入，努力增强永州发展后劲；加大森林防火、林业基础设施建设的投入，设立司法救助资金，促进社会和谐稳定。

审议关于2007年市本级预算执行和其他财政收支的审计工作报告。常委会会议认为：2007年全市财政收入保持较快增长，财政分配机制进一步完善，重点支出得到基本保障，依法理财水平不断提高。但也存在财政部门预算编制不合规定，预算收入、预算支出和专项资金管理不规范，税务部门征管不到位、税收减免手续不规范，未按规定管理、使用资金等问题。会议建议：严肃执行《中华人民共和国预算法》，增强预算刚性，维护预算权威；坚持依法理财，提高财政资金使用效益；加强国有资产管理，防止国有资产流失。

审议关于2007年市本级财政决算草案和2008年上半年财政预算执行情况的报告。常委会会议认为：2007年市人民政府及财税部门坚持以科学发展观为指导，加强财源建设和财税征管，深化财政体制改革，提高依法理财水平，较好地完成了市三届人大一次会议批准的市本级预算收支任务。但也存在地方财政收入总量少，收入结构不优，可用财力不多；工业化程度偏低，主体财源缺乏，财政增收后劲不足；减收增支因素多，财政预算收支平衡困难等问题。会议建议：积极承接沿海产业转移，加速推进新型工业化，大力培植主体财源；破解融资难题，加强服务，提升重点项目及房地产拉动经济发展的能力；强化征管，增收节支，确保2008年财政预算任务的完成。

审议关于2008年全市上半年国民经济和社会发展计划执行情况的报告。常委会会议认为：全市上下以科学发展观为指导，克服冰灾、洪灾和其他不利因素的影响，继续保持经济平稳较快发展势头。但经济运行中也出现一些困难和问题，主要表现是：资金筹措难度加大，消费价格居高不下、人民群众的生产生活受到一定影响，几个主要经济指标离年初目标任务差距较大。会议建议：千方百计化解融资难题，加大投资力度，加快重点项目和基础设施建设；优化经济发展环境，积极承接沿海产业转移；加强基础产业建设，强力推进新型工业化，坚持不懈抓好农业生产；积极稳定物价，确保民生改善和社会稳定。

审议关于 2008 年市本级预算执行和其他财政收支情况的审计工作的报告。常委会会议认为：2008 年市人民政府加强对市本级财政预算执行和决算的审计工作，对规范财政征管秩序、深化财政改革、保障重点支出起到较好的推动作用。审计工作报告比较真实地反映 2008 年市本级财政预算执行和其他财政收支情况，肯定成绩，也客观地指出问题。会议建议：加大对重点项目、贷款项目的审计力度，确保重点项目、重要投资领域资金的安全高效；加大对历次审计工作报告涉及问题整改力度，防止同类问题重复出现。

审议关于 2009 年全市上半年国民经济和社会发展计划执行情况的报告。常委会会议认为：上半年，面对严峻复杂的国内外环境，市人民政府积极应对经济下滑风险，在努力落实国家一系列刺激经济增长政策措施方面，取得明显成效，全市经济社会呈现出乘势而上、加快发展的良好势头。下半年的各项措施也具体得当。会议建议：加大投入力度，确定的重点项目要全部开工，确保投资拉动增长的实效；在促进生产发展方面狠下功夫，发挥现有产能，调整产业结构，促进产业升级；加强财政监管和税收征管，确保财政收入稳步增长。

审议关于 2010 年全市上半年国民经济和社会发展计划执行情况的报告。常委会会议认为：市人民政府坚决贯彻中央和省各项决策部署，坚持以项目建设为第一抓手，以扩大投入为第一推动力，“抓投入、促增长、调结构、强基础、优环境、惠民生、保稳定”的总体要求得到较好落实，全市经济呈现出企稳回升、好于预期、加快发展、后发赶超的良好势头，实现时间过半完成任务过半的目标。对下半年面临的经济形势研判充分，各项工作措施具体得当。会议建议：抓好基础设施建设。重点抓好涔天河水库、永蓝高速、空港物流等项目，加强城镇基础设施建设，促进房地产市场健康发展；抓好基础产业发展。大力推进新型工业化，抓好骨干企业的生产，加快园区建设速度；大力发展现代农业，推进新农村建设；改善民本民生。落实好各项惠民政策，实施好社会事业建设重点项目，努力提高社会保障水平；切实破解发展中的难题。要认真研究金融、财政、土地等方面的新情况，用好用活国家宏观调控政策，有效解决融资、土地供应等方面的困难。

审议关于 2009 年市本级财政决算草案和 2010 年上半年全市财政预算执行情况的报告。常委会会议认为：2009 年，市人民政府认真贯彻落实国家宏观调控政策，较好地完成了市三届人大三次会议批准的财政预算任务。同时，加大财政预算执行和其他财政收支的审计力度，对上年度审计中发现的问题进行认真整改，并取得较好的效果。会议指出 2009 年市本级预算中存在的问题，主要是：收入总量小，收入结构有待进一步优化，收支矛盾依然突出；预算编制不够细化和完整，管理不够严格，部门决算与市本级财政总决算有些科目口径不一致；政府性投资建设资金缺乏审计监督；政府债务管理比较薄弱。会议建议：增强预算编制的完整性、准确性，将相对固定的上级转移支付补助纳入年初预算，减少切块资金和代编预算；努力培植财源，优化收入结构，不断降低非税收入比重和税收成本，加大争取转移支付力度，确保上级补助收入不减少；严格预算管理，减少预算调整幅度，从严控制公用支出，大力压缩一般性支出，保障民本民生、机关运转、社会稳定；加强专项资金包括政府性投资建设资金的审计监管，确保专项资金专款专用，提高投资效益。

审议关于2009年市本级政府性债务管理工作情况的报告。常委会会议认为：市人民政府及有关部门多渠道筹集资金，为加快中心城区基础设施建设和各项社会事业发展发挥了巨大作用。但也存在一些问题，主要是：债务数额较大。市本级政府性债务达45亿元，其中直接债务近30亿元，政府担保债务15亿元；举债主体较乱。有政府直接借贷的，也有部门举债的，还有业主单位举债政府担保的，由于举债主体较乱，导致出现多头管理、各自为政的现象；风险意识较差。因尚未制定政府性债务管理办法，对债务的举借、使用、偿还、监管缺乏有效约束，造成债务风险日益向政府财政集中，而市本级财政还没有足够的财力用于偿还债务。会议建议：进一步加强领导，成立全市政府性债务管理领导小组，并建立相应的管理机构；进一步加强管理，制定出台债务管理办法，政府性重大投资项目应经市人大常委会审议通过；进一步加强监督，财政、审计部门要加强资金管理，开展投资效益跟踪检查。

审议关于永州市国民经济和社会发展“十二五”规划纲要（草案）编制情况的报告。常委会会议认为：“十一五”以来，全市以项目建设为抓手，大力承接产业转移，战胜特大冰冻、洪涝等重大自然灾害，有效应对国际金融危机的巨大冲击，各项任务完成较好，要认真总结。全市“十二五”规划编制工作谋划早，进展快，调查研究扎实，上下衔接紧密，确定的指导思想、发展目标比较合符实际。

审议关于2011年全市上半年国民经济和社会发展计划执行情况的报告。常委会会议认为：市人民政府坚持以项目建设为第一抓手，以扩大投入为第一推动力，大力推进“四化两型”（新型工业化、新型城镇化、农业现代化、信息化和资源节约型、环境友好型），加快调结构、转方式步伐，全市经济继续保持平稳较快增长，社会事业全面进步，成效比较明显。对下半年形势研判准确，重点突出，措施得当。会议建议：强力推进工业项目建设，能投产的要尽量建成投产，形成新的产能拉动GDP增长；大力推动重点项目开工，力争涔天河水库扩建工程、广汽长丰20万辆轿车生产线等项目年内开工建设；用好、用活政策，推动房地产市场健康稳步发展；抓住旱情缓解机会，狠抓以晚稻田间管理为主的农业生产。

审议关于2010年全市及市本级财政决算草案和2011年上半年全市财政预算执行情况的报告。常委会会议认为：2010年，市人民政府以强基础、兴产业、惠民生、促和谐为重点，加大投入，培植税源，依法理财，收入增幅较快，财政保障能力增强，有力地促进了全市经济和社会各项事业的平稳健康发展。会议指出以下问题：收入总量偏小，收入结构仍然不够合理；预、决算差距较大，部分开支未经过预算；城市基础设施项目建设程序不规范；政府债务累积风险增大。会议建议：努力培植财源，加强征管，做到应收尽收，并不断提高收入质量；科学编制预算，严格预算执行，减小预算调整幅度，增强预算的严肃性和权威性；注重部门预算的合理性，努力解决部门之间苦乐不均的问题；规范城市基础设施项目建设程序，开展项目绩效管理；做好债务预算，严加债务监管，防范债务风险；加大蔬菜基地建设投入力度，确保财政资金到位。

审议关于2011年永州市地方政府债券资金安排及市本级预算调整方案的报告。常委会会议认为：2011年省财政转贷永州市地方债券规模适度，资金安排合理，确保全市重大公益性在建项目的配套需要，预算调整方案积极可行。会议建议：要严格执行预算调整方案，充分发挥地方政府债券资金对全市经济社会发展的促进作用；要加强债券资金的管理，加强审计监督，确保资金使用安全、高效。

审议关于2011年市本级预算执行和其他财政收支情况的审计工作的报告。常委会会议认为：2011年，市人民政府坚持以科学发展观为指导，认真落实中央宏观经济政策，沉着应对各种困难和挑战，市级预算执行和其他财政收支情况总体较好。审计工作报告较好地反映2011年市本级财政预算执行和其他财政收支情况，比较全面、客观、实在，抓住重点，肯定成绩，也指出存在的问题。会议建议：市人民政府要加大专项资金的监管力度，要充分利用好审计成果，加大对审计工作报告涉及问题的整改力度，并及时向市人大常委会报告整改情况；对重点问题，市人大常委会将跟踪调查整改情况，对整改不到位的要再次听取报告。

审议关于2011年市本级财政决算草案和2012年上半年全市财政预算执行情况的报告。常委会会议认为：2011年，市人民政府及其财税部门以强基础、兴产业、促承接、惠民生为重点，加大投入，培植税源，勤征细管，不断推出财政管理各项措施，实现收入增幅回升，增强财政保障能力，较好地完成市三届人大五次会议批准的财政预算任务，财政预算执行和其他财政收支总体情况良好。同时，会议指出2011年市本级预算执行中存在的问题：收入总量较小，工业经济对财政的支撑作用有所弱化；财政收入结构不优，非税收入所占比重较高；预算编制不够科学，与预算执行的差距继续扩大，预算的约束力有待加强等。上半年财政收入虽比年初预期要好，实现时间过半、完成任务过半的目标，但全市收入发展不平衡，税收收入增长缓慢，市本级骨干财源企业短收严重。会议建议：坚定不移促发展，不断夯实财源基础，大力培植市本级骨干财源；全力抓好收入，做到应收尽收；严格预算管理，减少预算调整的幅度，增强预算的严肃性和权威性；依法理财，加强专项资金、财政债务和国有资产的监管，切实提高管理绩效。

第四节　第四届人大常委会

审议关于2012年全市上半年国民经济和社会发展计划执行情况的报告。常委会会议认为：市人民政府面对复杂的宏观经济环境，坚持以稳中求进为目标，以湘南承接产业转移示范区建设为总抓手，加快调结构、转方式，全力推进“四化两型”建设，全市经济总体实现较快发展，取得可贵的成绩；对下半年面临的经济形势研判较为充分、准确，各项工作措施具体得当。会议建议：第一，强基础，突出交通、水利等重点项目建设，以优化城市基础设施为突破口，认真抓好基础设施建设；第二，壮产业，积极培育发展重点支柱产业，强力推进新型工业化，稳步发展农业产业化，加速发展第三产业；第三，增投入，把增投入作为稳增长的第一抓手，竭尽全力争取资金，增加投资，千方百计多上项目，上好项目，上大项目；第四，优环境，以开展“四深入”（深入学习、深入调研、深入讨论、深入走访）活动为抓手，切实优化政务环境、法制环境、社会环境，切实解决重点项目阻工、无理取闹等问题。

审议关于永州市2012年预算执行情况与2013年市本级预算草案的报告。常委会会议认为：市人民政府及财税部门认真落实积极的财政政策，全力以赴抓收入，攻坚克难稳增长，突出重点保民生，迎难而上，科学理财，圆满完成了市四届人大一次会议批准的财政预算，实现市本级财政收支平衡、略有结余的目标。同时，还存在一些问题：财源不足，结构不优，可持续增长压力大；增收乏力，财政收支矛盾仍然突出；税收征管机制有待完善，征收成本偏高。会议建议：要进一步明确经济发展的重点，培育壮大重大财源、税源；要进一步科学编制预算，严格执行预算；要进一步规范财政引导专项资金的使用，做到专款专用，充分发挥作用；要进一步加强征管工作，降低征收成本，做到应收尽收；要厉行节约。

审议关于2011年度审计工作报告指出问题的纠正情况和处理结果的报告。常委会会议认为：审计部门将上年度审计报告指出问题的整改情况向市人大常委会会议进行报告。存在的主要问题是，有些问题年年提年年得不到有效解决。会议建议：要规范管理，减少乃至杜绝违规使用资金的现象；要加强整改，凡是问题整改不到位的部门单位，都要继续认真整改；对再整改情况，审计和相关部门要在2013年上半年向市人大常委会报告。

审议关于 2011 年审计工作报告指出问题的再纠正情况和处理结果的报告。常委会会议认为：市人民政府及有关部门根据 2010 年 12 月市四届人大常委会第八次会议审议意见，认真研究整改措施，加大整改工作力度，审计工作报告指出问题的纠正和处理取得一定成绩。会议对审计工作报告给予充分肯定。会议建议：进一步加强对重点、重大问题的整改，市人大常委会将跟踪督办，一抓到底；理清责任，分头整改，市人大常委会会议将再次听取市人民政府及国土、财政、审计等部门的整改情况和处理结果。

审议关于 2013 年全市上半年国民经济和社会发展计划执行情况的报告。常委会会议认为：市人民政府有效应对错综复杂的宏观经济形势，全市经济总体实现平稳发展，取得难能可贵的成绩；对下半年面临的经济形势研判较为充分、准确，各项工作措施具体得当。会议建议：一是加大重点项目建设。加强重大项目的开发，扎实推进项目建设，争取上级支持，强力推进“十百千工程”，支撑经济平稳发展。二是强力推进工业发展。认真实施好“四年倍增计划”，加大传统基础产业的转型升级，积极培育发展新的支柱产业，加快推进示范园区建设，突出发展凤凰园经济开发区和滨江新城。三是优化发展环境。精简办事程序，提高办事效率，加大服务和执行力度，切实为项目建设和经济发展营造良好环境。

审议关于 2013 年上半年全市财政预算执行情况和 2012 年市本级预算执行和其他财政收支的审计报告。常委会会议认为：2012 年，市人民政府及其财税部门完成了市四届人大一次会议批准的财政收支预算任务，财政预算执行和其他财政收支总体情况较好。2013 年上半年财政收入虽然实现时间过半、完成任务过半目标，但收入结构不优、质量不高，税收收入增长缓慢，市本级重点税源企业税收严重滞增。会议建议：大力培植市级骨干财源、税源。市直各部门，包括两区和凤凰园经济开发区，要筹资金、想办法、出措施，大力培植市本级重点财源，强化收入征管；强化预算管理，进一步完善政府预算体系，全口径编制政府预算与决算；强化专项资金管理，尽快出台相关专项资金的管理办法，规范专项资金的安排使用、监督行为，真正做到专款专用，发挥资金使用效益；强化债务监管。

审议市财政局、市国土资源局关于 2011 年审计工作报告指出问题的纠正情况和处理结果的报告。常委会会议认为：市人民政府对审计指出问题的整改高度重视，认识到位，市财政局、市国土局整改工作客观务实，成效也较为明显。会议建议：进一步加大力度抓好整改。按照整改报告提出的建议抓好落实，对逾期的欠款和借款，要通过经济、法律、行政等强有力的手段进行追缴，及时报告各项欠款、借款清收情况；认真建章建制，完善管理，避免出现类似现象。

审议关于 2012 年审计工作报告指出问题的纠正情况和处理结果的报告。常委会会议认为：市人民政府对审计工作报告指出问题的整改较为认真，报告反映的情况较为客观实在，涉及的22个问题，大部分已经得到整改。有些部门在整改过程中还建立完善相关管理办法和规章制度，收到了实际效果。但有些问题的整改效果不理想，还停留在“拟”“将”解决的层面上。会议建议：对审计发现的问题，必须认真整改。对一些短期内无法一步整改到位的要客观对待，进一步加大整改力度，力求在报告确定的时间内逐步整改到位。要进一步规范管理，建章建制，防止再出现类似问题。

审议关于2013年审计工作报告指出问题的纠正情况和处理结果的报告。常委会会议认为：2013年，审计指出的问题再次纠正取得一定的成效，但是还有一些问题仍然没有纠正到位，主要是思想重视不够、纠正工作力度不够大。会议建议：强化纠正意识。审计是依法审计，其指出的问题，政府及各个部门要在思想上高度重视，切实强化纠正意识；真纠实改。对能纠正的每一个问题，要明确一名领导牵头负责，要有纠正处理的具体方案和时间表，下次会议书面向市人大常委会报告再次纠正情况；建立长效机制。市人民政府要明确审计机关与被审计部门在纠正中的责任，明确被审计指出问题单位必须依法纠正的责任，对于拖延、推诿，甚至拒不纠正的，要加大追责力度。要进一步加强制度建设，完善内部监控和管理机制，规范资金的合理使用，杜绝类似问题再次发生。

审议关于2014年上半年国民经济和社会发展计划执行情况的报告。常委会会议认为：市人民政府在宏观发展环境形势严峻复杂、经济下行的情况下，沉着应对，措施得力，全市经济和社会发展呈现稳中略进的态势。但2014年的经济发展形势不容乐观，突出表现为中小企业利润薄微，传统产业全线下滑，冶炼行业停产企业多，工业用电负增长等。会议建议：稳增长。要拿出具体的措施，抓好重大项目的争取，拓宽融资渠道，加快保障性住房建设，扶持中小企业发展；扩内需。加快项目建设进度，扩大有效投资，释放消费能力，大力发展文化、健康、信息等新兴消费；调结构。加快推进产业升级，强化创新驱动，发展新能源、新型环保、生物医药等新兴产业，进一步淘汰落后产能，强化节能减排；抓重点。进一步深化行政管理体制改革，实施简政放权，加快推进新型城镇化，抓好中心城市三年扩容提质计划的落实；惠民生。大力实施民生基础设施建设项目，提高社会保障水平。

审议关于国民经济和社会发展第十二个五年计划中期实施情况的报告。常委会会议认为：“十二五”规划实施以来，面对错综复杂的发展环境和形势，市人民政府围绕经济发展的主题、主线，认真贯彻落实规划确定的各项任务，中期实施情况总体较好。但是存在部分指标完成与预期差距较大的现象，特别是后两年，全市经济进入发展的换档期，增速回落，要完成预期指标的难度加大。会议建议：加快转型发展步伐。全力推进新型工业化，扶植新兴产业发展，促进传统产业改造升级，培育一批示范性好、带动力强的龙头企业；推进城乡统筹发展。加大中心城市建设力度，抓好中心城市三年扩容提质计划的落实，统筹城乡发展规划，大力推进新农村建设；全面深化改革开放。有重点、有次序地推进行政管理体制、农村产权制度、社会治理机制等各项改革，突出抓好国企改革；大力发展民生事业。抓好教育、文化、卫生、体育等各项社会事业的基础设施建设，切实为民办事，解决好老百姓反映强烈、要求迫切的突出问题。

审议关于2013年市本级财政决算草案和2014年上半年全市财政预算执行情况的报告。常委会会议认为：2013年，财政完成了年初的收支预算任务，2014年上半年的财政预算执行情况较好，取得的成绩很不容易，但也存在一些问题，主要是：后续财源严重不足，结构不优，质量不高，税收占比较低，部门预算编制不实，财政资金沉淀多，未发挥应有的效益，部分专项资金使用效益发挥不够，使用不规范等。会议建议：培植财源强征管。狠抓税源培值，开辟新的财源，培植稳定性税源；专项资金要专款专用。明确专项资金的使用范围，规范申报、审批程序，建立科学合理的专项资金绩效管理机制；继续推进部门预算改革。部门预算编制要结合单位工作实际做到科学、合理，切实缩小预算与决算的差距；加强预算单位存量资金清理，盘活用好财政资金；推进国库集中支付改革。建立与之配套的内部控制制度，根据单位性质和业务工作量，明确授权支付范围，科学合理核定授权支付额度，切实提高财政直接支付比例。

审议关于2013年市本级预算执行和其他财政收支的审计报告。常委会会议认为：审计工作报告较好地反映了2013年市本级财政预算执行和其他财政收支情况，审计报告在肯定成绩的同时，反映问题不遮不掩，提出解决问题的建议和意见操作性、针对性很强。会议建议：市人民政府要加强审计工作，市人大常委会要支持审计工作；要加强对民生资金和重大专项资金的审计力度，尤其是民生和社会保障方面的资金；审计报告中提出的问题要逐条整改，并适时向人大再次报告整改的情况；对屡审屡犯的单位，市人大常委会将听取该单位的整改情况报告，或开展质询，并对整改结果实行票决。

审议关于2014年全市及市本级财政决算草案和2015年上半年全市财政预算执行情况的报告。常委会会议认为：2014年市人民政府继续实施积极的财政政策，积极推进财税改革，加强预算管理，狠抓增收节支，确保重点支出需要，财政预算执行和其他财政收支总体情况是好的，同时还存在一些问题：税收增长后劲不足，财政收支矛盾突出；部门预算编制不完整，预算执行科目调剂较多；财政预算绩效评价指标体系不完善，绩效评价结果应用与预算编制的有机结合机制不健全；专项资金预算管理不够规范，使用效益有待提高；地方政府性债务偿债压力较大等。会议建议：加快推进财税体制改革。建立全口径预算管理体系，健全各项财经管理制度，加大资金统筹使用力度，优化资源合理配置；始终坚持培财聚财双轮驱动，充分发挥好财政支持和引导产业发展资金的作用；着力加强预算管理。严格预算约束，规范预算执行，完善决算报告内容；努力提高债务防风险能力。规范地方政府债务管理，加快政府融资平台转型，建立地方政府性债务风险评估和预警机制、应急处置机制以及责任追究制度，切实防范债务风险；切实加大审计工作报告指出问题的整改力度。建立监督长效机制，健全问责刚性制度，严肃财经纪律，加大对财经违法违规行为查处力度。

审议关于2014年市本级预算执行、部门预算执行和其他财政收支的审计工作报告。常委会会议建议：加快推进财税体制改革，切实抓好中央、省、市委深化财税体制改革各项措施贯彻落实，建立全口径预算管理体系，健全各项财经管理制度；始终坚持培财聚财双轮驱动，积极推广和运用PPP模式（“政府和民营企业合作”模式），鼓励社会和民间资本参与重点项目建设，加快涉税信息平台建设，完善协税护税联动机制，增强收入征管合力；着力加强预算管理；努力提高债务防风险能力；切实加大审计工作报告指出问题的整改力度。

审议关于2015年度市本级预算执行和其他财政收支审计情况的报告。常委会会议认为：审计工作报告反映2015年度市本级财政预算执行和其他财政收支情况，审计工作深入细致扎实，其监督的针对性、实效性比较明显。审计工作报告揭示了预决算编制、公共财政收支、土地出让基金收支、重点专项资金使用及管理、绩效评价管理、部门预算执行中存在的问题，所提出的审计建议切合实际。会议建议：市人民政府要高度重视审计查出的问题和提出的建议，要认真研究，落实责任，强化督查，扎实整改，年底前向市人大常委会报告整改情况。

审议关于2015年市本级财政决算草案和2016年上半年全市及市本级财政预算执行情况的报告。常委会会议认为：2015年财政基本完成年初的收支预算任务，2016年上半年的财政预算执行情况较好。同时还存在一些问题：预决算编制有待进一步规范和完善，收入征缴有的不够规范，一些专项资金使用绩效有待提高，有的部门和单位存在挤占挪用财政专项资金等问题，地方政府性债务风险不容忽视等等。会议建议：完善预算决算编报。加强全口径预算管理，细化预算编制；严格预算收支管理。进一步优化财政支出结构，重点提高基本公共服务，切实保障和改善民生；提高财政资金使用绩效。推进预算绩效管理全覆盖，创新预算绩效评价管理新体系，实现绩效评价结果与预算安排和社会监督的有机结合；加强财源建设。转变观念，增强共识，形成群策群力齐抓财源建设的氛围和机制；加大审计查出问题整改力度。建立健全审计查出问题整改机制，切实把审计监督与追责、问责结合起来。

审议关于2016年上半年全市国民经济和社会发展计划执行情况的报告。常委会会议认为：市人民政府紧紧围绕全面建成小康社会总体目标，积极应对经济下行压力，抢抓发展机遇，努力攻艰克难，全市经济社会发展呈现稳步向好。但全市经济发展仍然面临一些困难和问题，突出表现为产业结构仍然不优，部分经济指标持续下滑，增长动力不足，投资增速放缓，完成年初目标压力加大等。会议建议：扩大有效投资。

大力推进2016年重大项目投资计划，加大要素保障力度，优化项目建设环境，提供高效优质服务，实施项目绩效评价，确保尽快形成投资效应；优化产业结构。以转型促升级，培育经济增长新动能。大力发展新兴产业、现代农业、现代服务业；补好发展短板、工业短板、基础设施建设短板、金融短板，扎实推进供给侧结构性改革；深化各项改革。加快资源要素市场改革，形成产能过剩行业企业市场退出机制。加强财税、投融资体制改革，应对“营改增”税制改革带来的新变化。完善农村产权制度改革，促进农村产业结构调整和农业集约化经营。推进医疗、公车改革，确保按既定的路线图和时间表落实到位；发展民生事业。全力推进“名学校、名校长、名教师”工程、学位建设、幼儿师专创建等教育优先重点工作，着力提升创业就业、社会保障、文化休闲民本民生幸福指数，不断完善机关事业单位养老保险机制，切实把惠民生与稳增长紧密结合起来。

第三章 执法检查

1996—2016年，市人大及其常委会共对72部法律和条例的贯彻落实情况进行检查。

第一节 第一届人大常委会执法检查

《中华人民共和国科技进步法》和《技术市场管理条例》《民营科技企业管理条例》《科技成果推广条例》《企业专利工作条例》贯彻实施情况检查。1996年5月2—10日，市人大常委会在全市组织开展《中华人民共和国科技进步法》和《技术市场管理条例》《民营科技企业管理条例》《科技成果推广条例》《企业专利工作条例》“一法四条例”贯彻实施情况的执法检查。执法检查工作分为南北两大组，对全市13个县区场23个单位进行全面检查。通过检查发现，各有关部门单位在开展“一法四条例”的工作过程中，贯彻实施有关法律法规和决定决议做了大量工作，取得一定成效。但还存在许多问题：如有的机关干部对推广“一法四条例”认识不足，没有高度的责任感；推广科技体系建设投入不足，管理体系不顺；有关领导对民营企业支持和关心不够，认识其重要性过浅；有关单位在市场管理方面制度不完善等。通过“一法四条例”的执法检查活动后，市人大常委会提出以下建议：领导和有关部门单位要大力宣传“一法四条例”的重要性；改善工作环境；大力培养科技人才；加大科技资金的投入；支持民营企业的发展；建立健全各项管理制度；采取措施，发展经济。

减轻农民负担情况检查。1996年7月29日至8月7日，就农民负担问题，市人大常委会组成执法检查组，到冷水滩区上岭桥镇、东安县井头圩镇、祁阳县大村甸镇进行专题调查。听取县区和乡镇的情况汇报，分别到3个镇听取部分村组干部和农民的意见，查看账目和农民负担卡，全面了解农民负担情况。通过执法检查认为，各级党委、政府为减轻农民负担采取了一些行之有效的措施，收到一些效果。如1996年来，祁阳县调整、充实减负领导小组的力量，加强对减负工作的领导，县委和县政府开了4个会，颁布3个文件和一个公告，并组织力量对农民负担情况进行检查，认真处理下马渡、肖家村镇等地一些农民反映农民负担过重的问题。县人大在加强对农民负担工作监督中，把农民承担费用和财务管理条例细则作为乡镇领导法律测试的内容，要求乡镇人大主席和乡镇人大代表加强对农民负担工作的监督。通过减轻农民负担的执法检查，市人大常委会提出以下几点建议：各级各部门一定要从讲政治、讲党性、讲稳定的高度来认识减轻农民负担的重要性，增强做好“减负”工作的紧迫感和责任感，加强执法检查，严肃查处违法违纪案件。对农民负担费用和劳务用工要按照规定，不准增加项目，不准超标收费，不准平调，不准层层加码。

民族法规政策贯彻实施情况检查。1996年9月中下旬，市人大组织执法检查组，对江华等5个县和市直10个单位贯彻落实民族法规政策进行全面督查。从执法检查的情况看，各县区和市直各单位在贯彻实施民族法律法规、政策方面，做了大量工作，取得一定的成效。会议提出以下意见和要求：一要进一步提高对民族工作的认识，切实加强领导。二要实行领导负责制。各级政府主要领导为第一责任人，分管领导是直接责任人，一级抓一级，一级促一级，层层抓落实。三要加大工作力度，把民族法规政策落到实处。四要继续开展定点扶贫，加快民族地区的经济发展。五要大力发展民族教育，为民族地区培养急需人才。

《中华人民共和国预算法》《湖南省预算外资金管理条例》贯彻执行情况检查。1996年10月4—11日，市人大常委会和市人民政府联合组织4个执法检查组，在各县区开展自查的基础上，到祁阳县、冷水滩区、道县、江永县和市财政局、市国土局、市计生委、市林业局、市劳动服务公司等6个市直单位，贯彻实施《中华人民共和国预算法》（以下简称《预算法》）和《湖南省预算外资金管理条例》（以下简称“一法一条例”）的情况进行重点检查。检查组所到之处，听取当地政府或被检单位负责人关于执行“一法一条例”的情况汇报，召开由审计、监察、财委、三查办的负责人，部分市县区的人大代表和部分执收单位的负责人参加的座谈会，充分听取他们对贯彻实施“一法一条例”情况的看法；检查一些单位、乡镇，查看些材料，了解些案例。

但仍存在以下问题：一是预算的编制还不能达到《预算法》的要求；二是有的县预算调整没有依法办事；三是有的乡镇财政预算及报告批准不符合《预算法》的要求；四是市本级财政预算执行的形势严峻；五是预算外资金管理远没有达到《条例》的要求；六是查处问题处理力度不够。检查组根据存在的问题，提出以下建议：进一步开展“一法一条例”的学习宣传活动；采取有效措施来规范预算外资金的管理；进一步完善乡级财政预算管理体制；对这次执法检查中查出的一些问题，市人民政府要组织力量，在查清事实的基础上，分别作出处理；把加强对预算外资金管理的监督工作列入市人大常委会二次会议至三次会议期间的工作要点，人大常委会综合运用听取汇报，组织视察，调查研究，提出询问和质询或组织专项调查办法，加强对预算外资金管理的监督。

《中华人民共和国档案法》贯彻执行情况检查。1998 年 12 月至 1999 年 2 月，为深入贯彻执行《中华人民共和国档案法》，强化全社会的档案意识和档案法制观念，市人大教科文卫委员会会同市档案局组成检查组，由市人大常委会副主任李本道、原市委助理巡视员刘桂阳等领导带队，于 1998 年 12 月 7 日至 1999 年 2 月 11 日（历时两个月），先后对新田、江华、江永、冷水滩、芝山、祁阳、双牌 7 个县区和 128 个市直副处以上机关事业单位进行检查。检查组充分肯定全市档案工作，认为市、县（区）两级档案业务建设已初步走上规范化、标准化轨道，管理工作进一步得到加强，但同时存在以下主要问题：个别县区和部分单位档案法制观念不强，社会档案意识薄弱；档案经费严重不足，一些县区没有完全按照国家财政预算收支科目规定的款项给档案事业拨付必需的经费，致使档案工作无力支撑；部分档案库房狭小、破旧、无防火防盗防霉设施，不符合保管条件，使档案安全受到严重影响；乡镇档案工作比较落后，村级档案工作尚未起步；少数单位的档案人员素质不高，业务不熟，兼职过多，工作变动频繁，影响档案工作的正常运转。市人大常委会建议：各级、各部门要高度重视档案工作，要按照档案法规政策有关规定和要求，认真总结经验，巩固现有成果，针对各自存在的问题，采取切实可行措施，加强整改力度，在逐步改善和规范市、县（区）两级档案管理的同时，重视和加强乡、村两级档案工作，为进一步推动全市档案事业的健康发展，创造良好的法制环境和工作环境。

《中华人民共和国水法》《中华人民共和国防洪法》《中华人民共和国森林法》《中华人民共和国水土保持法》贯彻执行情况检查。1999 年 8 月 24 日，市人大常委会主任会议专题研究制定《中华人民共和国水法》《中华人民共和国防洪法》《中华人民共和国森林法》《中华人民共和国水土保持法》（以下简称“四法”）执法检查实施方案，并于当日将实施方案传真至各县（区）和有关部门，要求认真组织自查自纠。8 月 31 日，市委、市人大、市人民政府又召开专题电话会议，作进一步动员部署。9 月 3—6 日，市人大常委会组织 2 个检查组共 14 人，分别由市人大常委会副主任带队，重点抽查江华、冷水滩、芝山3个县（区）。检查组采取听取汇报与实地察看，走访座谈，查阅档案资料相结合的方法进行，既全面了解情况，又突出检查重点，既听取专业部门的意见，又听取其他部门和群众的意见。据统计，检查组共召开座谈会6次，察看实地15处，走访基层干部、群众80余人次，查阅档案1万余字。对检查中发现的突出问题，在与当地政府交换意见时，实事求是地予以指出，要求迅速采取措施，认真解决。各县（区）对这次检查也很重视，成立相应的领导机构，按要求认真开展自查自纠工作。通过执法检查，市人大常委会认为全市为贯彻实施上述四部法律做了大量工作，取得一定成绩，但同时指出还存在乱砍滥伐森林、侵占河道、人为设障、行政干预多、执法阻力大、法律法规不配套、工作难度大等问题。提出以下建议：从战略高度出发，加大对湘江源头的治理，彻底解决上游干旱，下游洪涝的问题；尽快制定和完善封山植树、退耕还林特别是生态林的经济补偿政策，切实解决林农口粮问题；加大对现有水利工程维修改造的投入力度；尽快出台与4部法律相配套的地方性法规，健全四部法律网络体系。

《中华人民共和国刑法》（以下简称《刑法》）贯彻执行情况检查。1999年9月8日，市人大常委会主任会议专题研究组织开展新《刑法》贯彻实施情况的执法检查。常委会组织三个执法检查组，由杨祈贵、冯生玉、谢田种3名副主任带队，于9月底至10月初，分别到道县、祁阳、冷水滩和市公、检、法3家进行重点抽查。在抽查期间，3个组分别听取县区人大常委会和公安、检察、法院的情况汇报；召开了14次、共130多人参加的座谈会，听取他们对贯彻实施刑法的感受、体会和建议、意见；重点了解和询问13个案件的情况，有的进行了交办。整个执法检查于10月上旬结束。检查组认为全市在贯彻实施新《刑法》上做了大量卓有成效的工作，为新刑法的贯彻实施奠定了坚实的基础，但还存在司法解释滞后，不便实际操作；执法不够严格，降格处理时有出现等问题。市人大常委会针对上述情况和问题提出以下意见和建议：要进一步加强对法律的学习宣传，增强法律意识；要始终坚持严格执法、公正司法；要继续加大投入，改善办案条件；要切实加强监督、指导、协调工作。

《中华人民共和国母婴保健法》《湖南省实施〈中华人民共和国母婴保健法〉办法》《中华人民共和国红十字会法》《湖南省实施〈中华人民共和国红十字会法〉办法》贯彻执行情况检查。1999年8—9月，市人大常委会研究决定，对全市贯彻实施《中华人民共和国母婴保健法》《湖南省实施〈中华人民共和国母婴保健法〉办法》（以下简称《母婴保健法》和《办法》）和《中华人民共和国红十字会法》《湖南省实施〈中华人民共和国红十字会法〉办法》（以下简称《红十字会法》和《办法》）的情况开展执法检查。市人大常委会组织人大代表组成执法检查组，重点抽查道县、宁远、祁阳、芝山4个县区。通过执法检查，市人大常委会对全市所取得的成绩，给予充分肯定，同时指出存在的问题和不足：各级政府对妇幼保健工作重视还不够；农村妇幼保健工作环境还较差，必要的经费投入不足；部门配合不够默契，影响了“法律”的全面贯彻落实；作为“法律”执法主体的卫生行政部门在工作中还缺乏与有关部门联系的主动性，碰到一些矛盾和问题，协调解决的少，相互埋怨的多；各级妇幼保健医疗单位对分内的工作还缺乏一定的积极主动性，责任性不高。市人大常委会根据存在的问题，提出以下意见：要进一步加强对妇幼保健工作的领导，各级人大有关专门机构和工作机构对“法律”实施监督要进一步加强；要进一步加大宣传的力度，提高全市人民对妇幼保健工作重要性的认识；要进一步加大对妇幼保健工作的资金投入，逐步改善妇幼保健的工作环境；要进一步加强全体妇幼保健工作干部和职工的素质教育，提高业务水平，增强责任感。

《计划生育条例》等贯彻执行情况检查。1999 年 4 月，市人大常委会开展《计划生育条例》等有关法规、政策实施情况的执法检查。根据市人大常委会的安排，5 月，各县区根据执法检查通知要求进行自查自纠。6 月中旬，市人大科教文卫委会同计生、财政、卫生等部门，分成 4 个检查小组，由市人大常委会副主任李本道、政府副市长钱荣棠等领导带队，分别检查了 11 个县区计划生育的情况。检查期间，还组织 30 多名计生业务骨干，对全市 14 个重点管理乡镇的计生工作整改情况作了抽样调查。通过执法检查，市人大常委会肯定永州市计划生育工作所取得的成效，同时发现一些问题：一些地方存在执法不严、工作发展不平衡、基层管理不规范、工作作风不扎实、服务措施不到位。市人大常委会根据发现的问题，向有关单位提出以下意见和要求：继续深入持久地宣传计划生育这一基本国策，提高全市人民对这一基本国策的认识，促进计划生育法规和政策的贯彻落实；严肃行业规范，进一步优化执法环境，加大对违法违纪的惩处力度；加强计划生育工作的领导，健全各项制度，落实责任制，实行计划生育责任目标管理，保证计划生育工作的顺利进行；切实做好人口与计划生育工作综合治理，加强协调，做好宏观控制，坚决防止不作为或乱作为现象发生；提高执法和服务水平，提高人口与计划生育队伍素质，依法落实计划生育的各项奖惩政策。

《中华人民共和国教育法》贯彻执行情况检查。1999 年 5 月上旬，市人大会同市人民政府办、市教委、市卫生局、市监察局、市物价局等部门研究制定检查方案，开展对《中华人民共和国教育法》（以下 简称《教育法》）的执法检查。按照省里的要求和省电视电话会议精神，并向对口单位的 60 名各级人大代表发放征求意见信。在 7 月各县区自查自纠基础上，9 月中旬，市人大常委会主任郑邦淳任检查组组长，带队检查 11 个县区贯彻执行《教育法》的情况，并听取市直与教育有关的 8 个部门在执行义务教育法律法规及履行义务教育职责基本情况、基础教育管理体制、保障义务教育投入、改善办学条件、普及义务教育和扫盲、教育违规收费及查处等情况的汇报。通过执法检查，市人大常委会认为全市各级党委、政府高度重视教育工作，真正把教育摆到优先发展的战略地位，教育投入不断增强，办学条件明显改善，教师队伍不断优化，教学质量有所提高。但也还存在一些不可忽视的问题，主要表现在以下几个方面：中小学生的流失情况严重；依法保证教育投入有差距；“普及九年义务教育”工程扫尾和教学设施的配套还存在问题；教育内部管理存在薄弱环节。为了进一步巩固“普及九年义务教育”成果，市人大常委会提出以下意见和要求：各级领导要进一步提高对科教兴市的认识，继续加大对教育的投入，确保“普及九年义务教育”成果的巩固；加大对《教育法》的执法力度；要进一步加强和改革城乡教育费附加的征收、管理工作。

《广播电视管理条例》贯彻执行情况检查。1999年8月中旬，市人大教科文卫委与市广播电视局联合下文，在全市范围内开展《广播电视管理条例》贯彻执行情况的检查。各县区于7月下旬至8月上旬分别组织自查，并写出书面汇报材料。8月10—15日，由市人大常委会副主任李本道带队，市人大教科文卫委的3名正副主任委员与市广播电视局的有关负责人及工作人员组成两个执法检查小组，分别深入东安、江永、江华、宁远、芝山、冷水滩等县区以及羊毛岭、铜山岭两个高山电视转播台进行重点抽查。市人大常委会通过执法检查，肯定市广播电视局的成绩：加大学习、宣传、贯彻《条例》的力度；加快广播电视事业的发展步伐；加强行业管理和治散治滥工作。同时，在执法检查中发现以下问题：乡镇有线广播电视站管理比较混乱；县级教育电视台还没有走上规范化轨道，有待加强管理；执法难的问题比较突出；管理体制尚未理顺，阻碍了广电事业的健康发展。市人大常委会根据存在的问题，提出以下意见和建议：要进一步加大执法监督力度；要进一步规划县级教育台，加大乡镇有线电视站及网络建设的管理力度；要进一步保质保量，实现村村通；要进一步加大广播电视事业经费的投入。

《中华人民共和国行政诉讼法》（以下简称《行政诉讼法》）贯彻执行情况检查。1999年10月，根据市人大常委会工作计划要点和主任会议的安排，市人大常委会组织执法检查小组，深入市中级人民法院和江华、宁远、东安等县，对《行政诉讼法》的贯彻实施情况进行执法检查。检查组认为，全市贯彻实施《行政诉讼法》做了大量工作，取得很大的成绩，有力地促进全市的改革开放和经济建设，但同时存在以下问题：对贯彻《行政诉讼法》的意义认识不太统一；行政审判人员的业务素质与行政审判的发展不相适应；现行管理体制与行政审判的实际不尽相符合；外部干预制约行政审判的正常发展。市人大常委会根据以上问题，提出以下意见和建议：深化认识，提高质量意识；加强培训，提高业务水平；继续推进审判方式改革，规范程序管理；加强业务指导和监督检查；加大宣传力度，优化审判执法环境；各级人大要加强对人民法院行政审判的监督。

2000年6月1—2日，由市人大监督，市人民政府组织工商、公安、卫生、技监、药监等行政执法部门在芝山区、冷水滩区、凤凰园经济开发区等三城区范围内同时开展以打击非法生产经营食品、药品和制售假冒伪劣食品、药品的不法行为为主的执法活动。经过两天的突击检查，共查处非法经营药品窝点 4 个、非法生产食品窝点 7 个，查获药品、药材 143 件，价值 40 万元，其中假劣药品 13 种；查获各类假冒伪劣食品：蛋筒 250 箱、食醋 139 箱、醋精 46 箱、药酒原料 1000 公斤、饮料 4000 袋、食品原料 400 公斤、食品 270 公斤以及部分制假设备、工具和大量的假冒商标，价值达 3 万多元。市人大常委会认为，本次检查领导重视，部署周密；听从指挥，行动一致；严格执法，各司其职，时间虽短，但打击的重点突出，经过新闻曝光后，影响面宽，教育面广，达到预期目的和效果。但是仍面临着缺乏对消费市场的监督和管理，一些管理部门和执法部门还存在重收费、轻管理、执法不力的问题。今后打假的任务艰巨，对消费市场的管理还有待进一步加强，行政执法力度还有待进一步加大。

《中华人民共和国村民委员会组织法》贯彻执行情况检查。2000 年 7 月 4—10 日，市人大常委会在全市上下联动、开展规范村务公开专项活动的基础上，对《中华人民共和国村民委员会组织法》（以下简称《村民委员会组织法》）贯彻实施情况进行执法检查。检查组由常委会副主任杨祈贵、冯生玉带队，从市人大农经委、民侨外委、内司委、市民政、市农委等部门和单位抽调人员组成。先分两个小组检查冷水滩区和蓝山县，每个县区抽查 2 个乡镇，每个乡镇检查 2 个村。检查的重点内容是民主选举和村务公开。采取听汇报与实地察看结合，座谈走访与查阅资料相结合的方法进行。最后检查市农委，集中听取市民政局和市农委的情况汇报。检查组认为，全市贯彻实施《村民委员会组织法》的情况良好，各级各部门做了大量的工作，成效明显，广大干部、群众的民主意识和法制观念不断增强，基层民主政治建设得到进一步加强，农民的积极性较好地得到保护，调动和推进农业和农村经济持续发展，农村社会稳定。但同时存在许多村没有制定相关的制度，有些虽然制定一些制度，但不完善，也没有很好地执行；乡村公开的管理运行机制和监督制约机制都不规范，没有到位等问题。检查组根据问题，提出以下建议和意见：对全市的村委会换届选举和村务公开工作全面进行检查；认真清理整顿村级财务；切实规范村务公开。市人大常委会希望各级政府和全社会都要严格依法办事，尽快解决存在的问题，为农村经济持续发展，农村社会稳定，作出不懈地努力。

检查冷水滩区、蓝山县的减轻农民负担工作。每个县区抽查 2 个乡镇，每个乡镇抽查 2 个村，走访具有代表性的农户 10 户。听取市农经委主任左东林关于全市减轻农民负担工作情况的汇报。检查组认为，各级各部门对减轻农民负担工作是高度重视的，普遍加大工作力度，采取一些措施，取得一定的成效。但是，存在的问题也比较多，主要表现在：少数干部对减负政策的认识没有到位；部分地方依然平摊农业税收；提前收取农民负担资金；农民负担资金管理混乱；少数乡镇的少数村土地承包关系未理顺；农村建房乱收费比较严重；收取农民负担资金的难度较大。市人大常委会就存在的问题和矛盾，提出以下意见和建议：把解决农民负担存在的问题纳入县级“三讲”教育整改的重要内容；充分发挥农民负担监督卡的作用；加强对涉农税费的专项治理；切实管好用好农民负担资金；加强督促检查；加强农民负担监督管理的基本队伍建设。

第二节 第二届人大常委会执法检查

《中华人民共和国民族区域自治法》（以下简称《民族区域自治法》）贯彻执行情况检查。2001 年 4 月 16—21 日，市人大常委会民族华侨外事委员会配合省人大常委会《民族区域自治法》执法检查组到江华瑶族自治县进行检查。检查组首先认真听取《关于全市贯彻实施民族区域自治法的情况汇报》和湖南省实施《中华人民共和国民族区域自治法》的若干规定的修改建议和意见，接着到江华瑶族自治县听取该县人民政府及其有关部门的情况汇报，还深入到江华的贝江、码市等乡镇走访一些农户，调查一些群众的生产生活情况，并实地查看江华岭东的小水电开发和电网建设情况。检查组对各部门民族意识不断增强，民族经济文化事业不断发展，基础设施条件日趋改善，文化教育卫生事业迈出新的步伐，少数民族干部逐步成长等成绩给予充分肯定；对民族地区存在的返贫现象严重、贫困面大、贫困程度深、政府负债重、财政十分困难、基础设施滞后、小水电开发扶贫贷款等问题，与江华县委、人大、政府领导共同讨论研究具体办法和措施。通过这次执法检查，江华的困难与问题引起省里主要领导的高度重视，促进一些困难与问题的妥善解决。

《中华人民共和国母婴保健法》（以下简称《母婴保健法》）贯彻执行情况检查。2001 年 6 月，市人大组织全市《母婴保健法》执法大检查。市人民政府及各相关部门积极配合参加，对照《母婴保健法》进行自查自纠，对执法检查中查出的问题认真进行整改，确保工作落实。市人大在对有关单位进行重点检查后，6 月 28 日召开《母婴保健法》贯彻实施情况座谈会，市人民政府领导及相关部门参加会议。

《中华人民共和国残疾人保障法》（以下简称《残疾人保障法》）贯彻执行情况检查。2001 年 9 月 3—18 日，市人大内司委对《残疾人保障法》贯彻实施情况开展历时半个月的执法检查。11 月 1—8 日，市人大内司委参加由市委组成的 5 个督查组，下到县区对全市“四五”普法启动和依法治理工作进行督查。

《中华人民共和国人民警察法》《治安管理处罚条例》（以下简称“一法一条例”）贯彻执行情况检查。2001 年 9 月 25—28 日，市人大常委会副主任杨祈贵带领市人大内司委、芝山、冷水滩两区人大分管的副主任及人大内司工委的负责人，重点对市公安局所属的冷水滩、芝山、凤凰园3个公安分局和芝山的朝阳、冷水滩的菱角山、凤凰园的凤凰园3个派出所贯彻实施“一法一条例”情况进行执法检查。通过听、看、查阅案卷等形式，先后听取被检单位贯彻执行“一法一条例”的执法情况汇报，抽查城区三个派出所近百个治安案卷和20多本学习笔记。各县区人大内司工委根据通知精神，都展开检查，并向市人大内司委上报汇报材料。

《中华人民共和国传染病防治法》（以下简称《传染病防治法》）《中华人民共和国药品管理法》（以下简称《药品管理法》）《湖南省农村初级卫生保健条例》贯彻执行情况检查。2001年10月，围绕《传染病防治法》《药品管理法》《湖南省农村初级卫生保健条例》及《国务院办公厅转发国务院体改办等部门关于农村卫生改革与发展指导意见的通知》，市人大常委会领导率领县区人大领导分别对祁阳、蓝山、宁远、冷水滩进行抽查，邀请当地部分市、县区两级人大代表和召集政府部门负责人进行座谈，视察4县的黎家坪、黄泥塘等19个乡镇卫生院、防疫站、妇幼保健站，深入较偏远的11个村，进行民情访问。同时，11个县区进行自查。调查结束后，市人大常委会递交报告，形成5条审议意见，组织各级人大代表进行执法检查。同时，开展对全市上半年经济运行形势和《湖南省乡镇财政管理条例》《中华人民共和国预算法》（以下简称《预算法》）的贯彻实施情况以及春节期间让人民吃上放心食品为内容的执法检查和执法调研。参加由省人大统一部署，市人大常委会组织、有关部门参加的《预算法》《湖南省乡镇财政管理条例》贯彻实施情况的执法检查。

《中华人民共和国城市规划法》（以下简称《城市规划法》）《湖南省城市规划法实施办法》和《中华人民共和国动物防疫法》（以下简称《动物防疫法》）贯彻执行情况检查。2001年，市人大常委会配合省人大环资委、农业委组织开展《城市规划法》《湖南省城市规划法实施办法》和《动物防疫法》的执法检查。是年10月10—17日，市人大农业委组织市规划建设局、市人民政府法制办，并邀请部分市人大代表，在县区自查自纠的基础上，深入到江永、道县、祁阳、东安等县和市直有关单位对《城市规划法》贯彻执行情况进行执法检查，撰写出检查报告，对强化城市规划、城市经营和城市管理工作起到积极的推动作用。10月下旬，又会同市畜牧水产局组织开展《动物防疫法》的执法检查，对一些地方防疫执法不到位、定点屠宰不规范、生猪词料加瘦肉精、畜禽加水销售等问题，进行重点检查，对个别地方以企业行为代替行政行为的问题，在执法检查后加大跟踪问效的力度。

《中华人民共和国气象法》贯彻执行情况检查。2002年4月17—22日，市人大农业与农村委员会从市人民政府办、法制办、气象局等单位抽调干部，组成两个执法检查组，分别对祁阳、东安、双牌、道县、江永、新田县和市直有关部门进行抽查。各县区人大农经工委先后召开专题会议研究部署，制定执法检查的实施方案，并按省市要求组织有关部门进行认真自查，并召开气象法执法检查座谈会，市、县政府、气象局及相关部门都写出执法检查的自查报告。对照省人大农业与农村委员会通知中提出的5项检查内容，总结成绩，寻找问题，及时整改，基本达到执法检查的预期目的。

检查全市优化经济环境情况。2002年4月12日，市人大召开全市优化经济环境综合执法检查动员大会，印发《关于开展优化经济环境综合执法检查的实施方案》。执法检查活动自4月中旬开始到10月底结束，共分组织发动和自查自纠、重点检查、整改落实3个阶段，分6个检查组，每个组由一位常委会副主任带队，各专门委员会、工作机构负责人及部分市人大代表参加。各组都制定调查、检查方案，拟出具体的工作日程。《永州日报》上公布举报电话，把执法检查置于广大人民群众的监督之下，增强工作的透明度。

《中华人民共和国归侨侨眷权益保护法》和《中华人民共和国台湾同胞投资保护法》贯彻执行情况检查。2002年6月15—26日，市人大民族华侨外事委员会会同市对台办、市侨联和市旅游外事侨务局对《中华人民共和国归侨侨眷权益保护法》和《中华人民共和国台湾同胞投资保护法》贯彻执行情况进行检查。全市共有海外华人华侨3264人，其中新移民125人，归侨113人，侨眷1508户、4363人；共有解放前夕去台人员近万人，包括二、三代在内的约4万人，台属20余万人。在台人员中，政治上有地位、社会上有影响、经济上有实力、学识上有造诣的400多人。2001—2012年，全市共接待侨眷及台胞16000人次，其中回国还乡10批次、3000余人。

《传染病防治法》贯彻执行情况检查。2002年7月，市人大常委会发出在全市范围内对实施《传染病防治法》开展自查的通知，制定执法检查的实施方案。全市各县区及市直有关部门进行自查，并写出自查报告。8月上旬，由市人大常委会一位副主任和两位原副主任带队，专门委员会组织部分全国、省、市人大代表和卫生部门的工作人员分3个检查组对市人民政府办和祁阳县、宁远县、市卫生局、市教育局、市公安局、市财政局、市规划建设局、市城市管理局等23个部门和酒家、市场、摊点进行抽查。检查的方式以采取听汇报、开座谈会、抽样调查、实地视察的方式进行。各检查组集中交流执法检查的情况，形成综合汇报材料，市人大常委会主任会议专题听取和审议执法检查的综合情况汇报，研究确定要求重点解决的几个问题。

《中华人民共和国律师法》（以下简称《律师法》）《湖南省基层法律服务所条例》（以下简称《条例》）贯彻执行情况检查。2002年8月12日，市人大常委会执法检查组对全市各县区贯彻执行《律师法》《条例》进行为期11天的执法检查。执法检查组先后听取市司法局贯彻执行的情况汇报，召开市直和芝、冷两区的公、检、法有关部门负责人参加的座谈会，重点抽查冷水滩、芝山、东安、道县4个县区以及5个市直律师事务所，抽查双牌、祁阳、江永、江华等5个县，分别听取各县区司法局律师事务所，基层法律服务所贯彻执行《律师法》《条例》情况的书面汇报，查阅律师事务所和基层法律服务所办案的案卷材料，走访有关部门调查和核实有关投诉事件。各县区人大分管领导和内司工委负责配合开展这次执法检查。

《中华人民共和国人民防空法》（以下简称《防空法》）贯彻执行情况检查。2002年9月9日，省人大环资委主任委员张声标率领检查组到永州市检查《人民防空法》的贯彻执行情况。检查组听取市人民政府及市财政局、市物价局、市规划建设局等市直有关部门的汇报，实地检查市国税局、市广播中心、永州商业广场和冷水滩河西中心花坛等人防工程建设情况，与市委、市人民政府领导交换意见。在此之前，市人大常委会领导带队，市人大常委会办公室、市人大城环委、市人民政府办公室、永州军分区司令部、市人防办等部门组成联合执法检查组，对中央、省驻永单位市直有关单位和人防办的工作进行检查，并于8月12—16日，由市人大常委会领导陶祖芳带队，对14个单位进行《人民防空法》的执法检查。

《中华人民共和国种子法》贯彻执行情况检查。2003年4月20—24日，市人大农业与农村委员会组织开展《中华人民共和国种子法》执法检查。

《中华人民共和国大气污染防治法》（以下简称《大气污染防治法》）和《中华人民共和国固体废物污染环境防治法》（以下简称《固体废物污染环境防治法》）贯彻执行情况检查。2003年5月27日—6月5日，市人大城环委开展《大气污染防治法》和《固体废物污染环境防治法》执法检查。执法检查采取市执法检查组直接深入部分县区检查与县区自查相结合的办法。市执法检查组先后深入新田、宁远、蓝山、祁阳县和中心城区进行检查，听取县政府和市经委、市环保局、市规划建设局、市城市管理局、市乡镇企业局的情况汇报，共检查8家医院、10家企业、1所学校和4个县中心城区主要街道的环境卫生。对存在的问题提出整改建议。

《中华人民共和国义务教育法》贯彻执行情况检查。2003年6月，市人大常委会组成6个检查组，分赴冷水滩、芝山、祁阳、道县、新田等县区进行义务教育执法检查，采取听汇报、查资料、实地查看、走访教师学生、召开村民座谈会等形式，对全市贯彻落实义务教育法律法规的情况进行全面检查，对取得的工作成绩给予肯定，对存在的问题提出建议。

《中华人民共和国公路法》（以下简称《公路法》）贯彻执行情况检查。2003年6月2至6日，市人大常委会决定以市人大财经委为主，组织两个执法检查小组，对芝山、祁阳、东安、双牌、宁远、蓝山、道县进行《公路法》执法检查。从检查情况反映，自《公路法》颁布实施以来，全市各级政府及交通、公路部门做了大量工作，取得较大成效。贯彻法律法规总的情况是好的，但是存在的问题也相当突出。市人大常委会十九次会议根据执法检查组的情况汇报和委员们的审议意见，就公路沿线违法建房、马路市场和交通规费征缴不规范等突出问题向市人民政府发了交办函。市人大财经委跟踪督查，并于12月中旬组织市人大代表进行专题视察，对整改情况向市人大常委会第二十二次会议写出专题调查报告，肯定成绩，指出存在问题，提出进一步整改的建议。

《中华人民共和国工会法》（以下简称《工会法》）《湖南省实施工会法办法》贯彻执行情况检查。2003年6月13—20日，市人大内司委组织部分市人大常委会委员、市人大代表对全市贯彻实施《工会法》《湖南省实施工会法办法》的情况进行检查。重点检查市财政局、市房产局、市广播局、市教育局、市人民医院、长丰集团、友谊大酒店、南华大酒店等23个市直单位及冷水滩、芝山、祁阳、道县4个县区，对检查中发现的问题以函的形式提出整改意见。

《中华人民共和国城市房地产管理法》《城市房屋拆迁管理条例》（以下简称“一法一条例”）贯彻执行情况检查。2003年7月23日—25日，市人大城环委组织开展“一法一条例”执法检查，重点检查市房产局、冷水滩云湖小区新建街、三多亭居委会住宅楼的开发建设与物业管理情况和多福房地产中介服务机构的中介情况，检查采取听取汇报、座谈走访、查阅资料、实地察看等形式，对贯彻实施“一法一条例”进行全面、深入的了解。检查结束时，分别与有关单位交换意见。

《中华人民共和国电力法》（以下简称《电力法》）贯彻执行情况检查。2003年9月23—26日，市人大财经委组织两个执法检查小组，对芝山、冷水滩、祁阳、宁远、江华、道县等地执行《电力法》情况进行检查，共检查30多座变电站和300多条输配电线路的电力设施保护情况，调查了解50多家客户拖欠电费和电力企业优质服务情况，检查电价及收费情况，勘察电力设施被盗和长期挂线用电、拒不交纳电费的现象。东安、双牌、蓝山、新田、江永等县认真开展自查自纠并上报汇报材料。

《中华人民共和国防洪法》（以下简称《防洪法》）贯彻执行情况检查。2003年10月14—17日，市人大农业与农村委员会组织开展《防洪法》执法检查，先后到祁阳、冷水滩、蓝山、江华4县区进行抽查，听取4县区人民政府和市人民政府关于贯彻实施《防洪法》情况的汇报，检查组经过听取汇报、查阅相关资料、走访部分群众、查看有关现场后，与4县区人民政府分管的领导及其相关部门的负责人交换意见，提出一些意见、建议和批评。

《中华人民共和国科学技术进步法》贯彻执行情况检查。2004年针对少数单位科技三项经费不到位问题，执法检查组多次“察看”“回头看”“回头查”督办，实现全市科技三项经费到位率一年一个新台阶，一年一个新突破。

《中华人民共和国动物防疫法》贯彻执行情况检查。2004年3月农业与农村委员会会同畜牧水产局组成检查组，在各县区开展自查自纠的基础上分别抽查了新田、江华、蓝山、道县贯彻的情况；还配合省人大农业委开展湖南省森林公园管理条例的执法检查。

《湖南省住房公积金管理条例》贯彻执行情况检查。2004年4月，市人大城环委组织开展《住房公积金管理条例》的执法检查。检查组先后听取市住房公积金管理中心和市财政局的汇报，并深入到祁阳，双牌和芝、冷二区开展执法检查。对检查中发现的问题，督促和支持县、区政府结合实际，制定措施加以解决。

《中华人民共和国土地管理法》和湖南省《基本农田保护条例》贯彻执行情况检查。2004年5月，根据省人大环资委关于对《中华人民共和国土地管理法》和湖南省《基本农田保护条例》贯彻执行情况进行执法检查的精神，市人大常委会成立执法检查组对全市贯彻执行情况开展执法检查。江永、江华、道县、宁远、蓝山五个县，对开展自查自纠的情况进行专题督查，对存在的问题提出整改意见，同年6月成立22个执法检查小组，检查25个县直单位27个乡镇新村，检查综合材料报市人大常委会执法检查办公室。

《中华人民共和国农业法》综合执法检查。2004年6月–7月，根据省人大常委会召开的《农业法》综合执法检查电视电话动员会议精神，市人大常委会主任会议经过认真研究，及时制定了《农业法》及我省相关法规执法检查实施方案，共组织了37个执法检查组193人，39个乡镇，86个村进行执法检查。提出了改革农业投人政策，促进落后地区农业发展；加强农村电网改造，减轻农民负担；搞好消赤减债，确保基层政权正常运转；省政府应制定和调整政策，妥善解决农口部门在乡镇的站所存在的突出问题，充分发挥其职能作用4点建议。

《中华人民共和国律师法》贯彻实施情况检查。2005年市人大内司委组织开展《中华人民共和国律师法》贯彻实施情况检查，发现存在一些问题：一是法律服务市场不规范，影响律师正常执业；二是律师私自受案和私自收费现象严重，导致律师事务所业务收入少，发展缺乏后劲；三是律师执业中会见难，问卷难、调查取证难等问题仍然存在；四是少数律师与法官关系不正常，防碍司法公正的现象还不同程度的存在。对此，市人大内司委在向省人大内司报告《律师法》执法检查情况的同时，针对存在的问题向有关机关提出了整改建议。

《中华人民共和国农业法》等相关法规的执法检查。2005年5月，市人大农业委在全市开展《农业法》及我省相关法规的执法检查。7月上旬，市人大组织6个检查组对部分县区和市直有关单位进行执法检查；8月18日组织召开了全市《农业法》及我省相关法规法执法检查汇报会，对前段执法检查工作认真开展回头看。我市贯彻实施《农业法》及我省相关法规中应切实加以解决的保护农民合法权益、农产品质量安全管理、基层涉农服务站所建设、加大农业的投入、“个高粱”的铲除等问题，向市政府发了交办函。

《中华人民共和国民族区域自治法》及《湖南省实施〈中华人民共和国民族区域自治法〉的若干规定》的贯彻实施情况进行执法检查。2005年6月1日至6日，市人大民族华侨外事委对全市《中华人民共和国民族区域自治法》及《湖南省实施〈中华人民共和国民族区域自治法〉的若干规定》的贯彻实施情况进行执法检查。检查期间，听取了市政府及其民宗委、发改委、交通、水利、财政、农业、扶贫办和市农行关于贯彻实施”一法一规定”的情况汇报。重点对江华瑶族自治县、道县、宁远县进行抽查。针对执法检查中了解到的情况和问题，多次召开会议，进行研究和讨论。

《湖南湖南省劳动法》执法检查。2005年5–7月，市人大常委会主任、副主任带队，组织七个组集中听取市人民政府及劳动、财政、规划建设、卫生、工商等部门和市中级人民法院、市总工会、市妇联等单位关于贯彻实施劳动法律法规情况的汇报，深入到11个县区，调查市直、县区23个执法单位和39个用工单位，采取召开座谈会、现场视察、个别走访、查阅文件报表的办法，共召开各种会议29个，走访120人，掌握大量情况，通过边听边看边议，对一些深层次的问题进行研究和探讨。针对存在的主要问题提出8条意见和建议。

《中华人民共和国环境保护法》及相关法律法规贯彻实施情况执法检查。2006年4–8月，根据省人大常委会的统一安排部署，市人大常委先后多次召开主任会议，专题研究《环保法》执法检查工作。6月28日市人大常委会组成人员及市人大执法检查组的成员，集中听取了市政府及13个工作部门的自查情况汇报。组成6个执法检查组，对市直有关部门和11个县区的30个企事业单位和15个矿区矿点及7个矿山企业进行抽查，召开座谈会35场（次），个别走访130余人。检查结束后，主任会议专题听取6个执法检查组汇报，分析当前全市环境保护形势，指出存在的突出问题，剖析产生问题根源，初步确定下步整改的重点。常委会第42次会议听取环保法执法检查情况汇报。建议：进一步加大执法力度。一要严把项目审批关；二要加强环境监督管理；三要抓好重点污染源的整治。进一步完善环保立法。在加大环保执法力度的同时，应加快进一步完善环保立法步伐。

《中华人民共和国民族区域自治法》贯彻实施情况进行执法检查。2006年6–8月，根据省人大常委会办公厅关于开展《中华人民共和国民族区域自治法》（以下简称《自治法》）执法检查的通知精神，由市人大常委会主任谢朝月、副主任赵荣带队、原市人大常委会副主任冯生玉参加，重点对江华瑶族自治县、蓝山和新田进行抽查，并听取市政府及21个有关部门关于贯彻实施《自治法》的情况汇报。8月1日至8月5日省人大民族区域自治法执法检查组对我市开展了重点抽查。省市检查组深人到江华瑶族自治县林区的水口、贝江、花江、蓝山县犁头民族乡镇，重点调查林区农民的生产生活情况，实地察看水、电、路、讯等基础设施及民族乡政府、中学、中心小学、医院，分别召开各种不同类型的座谈会，先后听取市、县、乡各级人民政府的情况汇报。提出要进一步加大对《民族区域自治法》的宣传贯彻力度，切实提高全社会的民族法律意识；采取有效措施，认真解决“三林”问题；增加投入，改善民族地区的基础设施条件；加大对非国家扶贫地区少数民族的政策扶持；实行倾斜政策，加大对少数民族资金投入；大力发展民族地区社会事业的意见和建议。

第三节 第三届人大常委会执法检查

《湖南省非税收入管理条例》贯彻执行情况检查。2007—2009年，市人大常委会连续三年开展《湖南省非税收入管理条例》执法检查。

2007年4月，市三届人大常委会第三次会议通过执法检查方案，召开执法检查动员大会，各级各部门认真开展自查自纠，市直相关单位和各县区都及时上报自查自纠报告。5月，市人大常委会组织8个检查组，对市财政局、物价局等40个市直单位和祁阳、东安两县进行重点检查，形成综合检查报告。2007年6月29日，市三届人大常委会召开第四次会议，听取和审议市人民政府关于《湖南省非税收入管理条例》执法检查情况的报告。市人大常委会根据报告和委员们的审议意见，向市人民政府发出《关于转交关于检查〈湖南省非税收入管理条例〉贯彻实施情况的报告及审议意见的函》。2007年10月29—31日，市三届人大常委会召开第六次会议，听取和审议市人民政府《关于检查〈湖南省非税收入管理条例〉贯彻实施情况的报告》及审议意见的办理情况的报告。会议认为：市人民政府及有关部门对非税收入执法检查审议意见高度重视，行动迅速，措施有力，整改工作取得明显成效。但个别单位还存在乱收乱罚现象，征管还存在薄弱环节，存在减免随意开口子的现象，非税收入预算管理也还有待深化。会议建议：要进一步严格程序，规范管理，减免做到公开、公平、公正；要依法拓宽征缴领域，加大征收力度，做到应收尽收；非税收入检查发现的问题，要抓紧整改，并将继续作为2008年非税收入执法检查的重点内容进行检查。

2008年上半年，市人大常委会召开动员大会，组织、抽调64名常委会委员、人大代表和工作人员，组成8个执法检查组，对16家市直单位进行重点检查，并写出执法检查报告。

2008年8月25—26日，市三届人大常委会召开第十二次会议，听取和审议市人民政府关于检查《湖南省非税收入管理条例》贯彻实施情况的报告。会议认为：市人民政府高度重视去年执法检查中发现的问题，加强整改，加强征管，市直部门非税收入增长较大，管理也进一步规范。但还存在减免缓退不够规范、乱摊派乱收费、资金管理不够严格、票据管理不够完善等问题。会议建议：尽快建立规范性文件备案审查制度，对“两办”《关于批转市残联关于〈在全市范围内开展爱心助残募捐活动的方案〉的通知》予以审查；认真执行非税收入收费公示制度，强化预算约束机制；狠抓征管“死角”和薄弱环节；对这次检查查出的问题要整改到位。

2009 年 2 月 24 日，市三届人大常委会第十七次会议通过《关于检查〈湖南省非税收入管理条例〉贯彻实施情况的方案》，对全市医疗收费情况进行执法检查，切实解决群众反映强烈的看病贵的问题。常委会抽调 200 多人，组织 41 个专门检查组，深入 193 个医疗单位开展执法检查，查实涉及价格违法金额达 1711.07 万元。

2009 年 6 月 26 日，市三届人大常委会第十九次会议，听取和审议《关于全市医疗收费执法检查情况》的报告。会议认为：全市各级人民政府及其有关行政管理部门加强医疗收费管理，取得一定成效。但同时也发现一些不容忽视的问题，超过规定的差价率销售药品，擅自提高或变相提高标准收费，自立项目收费，多计住院天数收费，超过最高限价销售血液制品。会议建议：加快公立医院改革步伐，改变以药养医机制，从根本上解决好“看病贵”的问题；建立健全对医疗卫生事业的投入补偿机制，完善乡镇医疗机构的财政保障机制；完善药品集中招标采购机制；进一步加强医德医风建设。

《中华人民共和国中小企业促进法》以下简称《中小企业促进法》》《湖南省实施〈中华人民共和国中小企业促进法〉办法》贯彻执行情况检查。2007 年至 2008 年，市人大常委会连续两年开展《中小企业促进法》《湖南省实施〈中华人民共和国中小企业促进法〉办法》执法检查。

2007 年 12 月 12—13 日，市三届人大常委会召开第八次会议，听取和审议市人大常委会主任会议关于开展《中小企业促进法》《湖南省实施〈中小企业促进法〉办法》执法检查情况的报告。会议认为：“一法一办法”颁布实施以来，全市各级各部门高度重视，认真落实政策，完善社会化服务，努力促进结构调整，改善发展环境，推动全市中小企业发展，推进新型工业化进程。但中小企业发展融资难、用地难的问题仍未得到有效缓解，发展环境不优，中小企业管理体制没有理顺，中小企业本身存在诸多问题和不足。会议建议：进一步优化发展环境，坚决制止“三乱”现象，严厉打击各种危害企业正常经营的违法犯罪行为，继续加强交通等硬件建设；抓好产业结构调整，把好园区工业项目入口关；完善服务体系，用好用活政策，帮助企业解决融资难，用地难的问题；加大招商引资力度，加强对中小企业人才队伍的培养，增强发展后劲；争取在永州市设立海关。

2008 年 6 月 23—24 日，市三届人大常委会第十一次会议，听取和审议市人民政府关于中小企业促进法执法检查整改情况的报告。会议认为：2007 年 12 月市三届人大常委会第八次会议就市人民政府贯彻执行《中小企业促进法》提出整改意见后，市人民政府及相关职能部门高度重视，制定整改方案，研究落实措施。通过大力调整产业结构，完善服务体系，帮助企业破解融资、用地、用工等方面的难题，全市中小企业得到较快发展；但也还存在法律法规宣传不够、优惠政策落实不够、中小企业融资难仍然没有根本缓解等问题。会议建议：要进一步加大"一法一办法"的宣传力度，认真学习外地发展中小企业的先进经验，千方百计帮助中小企业化解矛盾，切实解决中小企业融资难题，落实中小企业优惠政策，不断优化中小企业发展环境，推动中小企业又好又快发展。

2008 年 7 月，向省人大常委会中小企业促进法执法检查领导小组汇报永州市执法检查情况，提出四点建议：一是加大对中小企业的扶持力度；二是切实解决中小企业融资难题；三是要简化中小企业和园区用地审批手续；四是建立健全中小企业工作体系和服务体系。

《中华人民共和国刑法》（以下简称《刑法》）《中华人民共和国刑事诉讼法》（以下简称《刑事诉讼法》）贯彻执行情况检查。2009 年至 2010 年，市人大常委会连续两年开展《刑法》《刑事诉讼法》的执法检查。

2009 年 4 月 30 日，市三届人大常委会第十八次会议通过执法检查实施方案，对本次执法检查进行全面安排部署。各县区人大常委会制定执法检查方案，成立专门的执法检查组。5 月 27 日，市人大常委会召开全市电视电话动员大会，对执法检查提出具体要求。通过永州人大网向社会公布执法检查方案及举报电话和电子邮箱，确定检查重点。检查期间，执法检查组听取被检单位自查自纠情况汇报，召开人大代表和社会各界人士座谈会，实地调查，调阅案件和走访当事人，全面了解情况。到县区进行督促检查和指导，到监狱、劳教所、看守所、派出所等场所进行实地调查。市公、检、法、司四家单位成立迎检办公室，紧密结合职能特点认真自查自纠，解决一些突出问题。

2009 年 8 月 21 日，市第三届人民代表大会常务委员会第二十一次会议，听取和审议关于《刑法》《刑事诉讼法》执法检查情况的报告。会议认为：市人大常委会开展"两法"检查组织周密、认真细致、措施有力，比较全面地掌握全市"两法"执行的情况。会议决定，对于检查中发现的问题，市人大常委会要向有关部门下发专门的整改交办意见，并跟踪督办，一些突出问题得到整改和纠正。

《刑法》《刑事诉讼法》《中华人民共和国治安管理处罚法》（以下简称《治安管理处罚法》）贯彻执行情况检查。2010 年，市人大常委会开展《刑法》《刑事诉讼法》《治安管理处罚法》的执法检查。

2010 年 4 月 23 日，市第三届人民代表大会常务委员会第二十五次会议，通过关于开展《刑法》《刑事诉讼法》《治安管理处罚法》执法检查的实施方案。5—7 月，分五个检查组，对永州市贯彻实施情况进行跟踪检查，听取被检单位的整改情况汇报，召开人大代表和社会各界人士座谈会，深入到监狱、劳教所、看守所、派出所等场所进行实地调查，开展问卷调查，调阅典型案件和走访当事人，到宁远、东安、冷水滩、零陵等县区抽查，全面了解“三法”执行情况。各县区人大常委会制定具体实施方案并组织开展检查，及时上报执法检查报告。公安、检察、法院、司法组织专门力量对去年检查中提出的交办事项进行整改落实。

2010 年 8 月 22—24 日，市三届人大常委会第二十九次会议，听取和审议执法检查报告。会议认为：市人大常委会开展“三法”检查组织周密、认真细致、措施有力，比较全面地掌握全市“三法”执行的情况。公安、检察、法院、司法四个部门本着司法为民、依法履职的原则，对上年检查中提出的交办事项进行整改落实。但还存在以下几个问题：1. 执行《刑法》《刑诉法》《治安管理处罚法》存在重实体、轻程序，量刑失衡，刑事附带民事诉讼执行难，检察机关监督成效不明显等现象。2. 司法鉴定工作管理不到位，有些鉴定结果互相矛盾。3. 队伍素质参差不齐，基础设施建设滞后，执法保障存在差距。会议建议：1. 加强队伍建设，强化内部管理，牢固树立司法为民理念，坚决杜绝办关系案、人情案、金钱案现象。2. 坚持有法必依、执法必严，认真贯彻执行《刑法》《刑诉法》《治安管理处罚法》，检察机关要加强执法监督工作。3. 加强执法保障工作，确保县区政法部门翌年真正吃上皇粮。4. 整顿、规范司法鉴定工作，明确执法机关各自管理职责，有效解决多头、重复鉴定问题。5. 研究解决打击特殊人群犯罪的问题。常委会对于检查中发现的问题，进行交办及跟踪督办，维护司法公正。

《中华人民共和国治安管理处罚法》《中华人民共和国行政复议法》（以下简称《行政复议法》）、《湖南省信访条例》贯彻执行情况检查。2011 年 4 至 12 月，开展《治安管理处罚法》《行政复议法》《湖南省信访条例》（以下简称“两法一条例”）执法检查。2011 年 4 月 26 日，市三届人大常委会第三十六次会议通过执法检查实施方案，安排部署执法检查工作。2011 年 5 月 11 日，市人大常委会召开动员大会，明确检查重点和步骤。检查期间，执法检查组听取被检单位自查自纠情况汇报、召开人大代表和社会各界人士座谈会、实地调查、调阅档案和走访当事人，深入到县区进行督促检查和指导，全面了解“两法一条例”在永州市贯彻实施的情况。对发现的问题，及时与被检单位交换意见，提出整改要求。

2011 年 12 月 5 日，市三届人大常委会召开第四十四次会议，听取和审议市人大常委会执法检查组关于全市《治安管理处罚法》《行政复议法》《湖南省信访条例》执法检查的报告。会议认为：“两法一条例”贯彻实施以来，全市各级政府坚持以科学发展观为指导，遵循“合法、公正、公开、及时、便民”的原则，积极履职，依法行政，在学习宣传培训、建立健全制度、创新工作方法和加强队伍建设等方面做了大量工作，取得明显成效。会议同时指出执法工作中存在的主要问题。行政复议法方面：一是行政复议的保障机制不够健全，人员、经费还不能适应工作需要。二是行政复议作用还没有得到应有的发挥，少数单位存在畏难情绪，受理案件数量偏少，办案质量不高。治安管理处罚法方面：一是执法工作不够规范，还存在办人情案、关系案，重实体、轻程序，重罚款、轻教育，重发证、轻管理的现象。二是执法工作力度不够到位，对流动人口、特种行业、娱乐场所、网吧等治安工作重点、难点的整治和管理仍需加强。信访条例方面：分流渠道不够通畅，少数职能部门对信访办理程序掌握不够全面，解决信访问题的措施不多。会议建议：一是要加大学习培训力度，增强针对性和实效性，全面提升队伍素质。二是要执法与服务结合，全面提升执法质量。三是要完善硬件配套和技术装备，逐步改善执法条件，全面提升执法环境。四是要进一步创新工作方式，全面提升执法水平。

第四节　第四届人大常委会执法检查

《中华人民共和国食品安全法》贯彻实施情况检查。2012 年 4 月，市人大常委会启动《中华人民共和国食品安全法》（以下简称《食品安全法》）贯彻实施情况的执法检查。常委会副主任杨海河、袁满娥、袁火林、郑柏顺、李俊湘分别率五个执法检查组赴市直有关部门和县区开展执法检查。检查发现以下问题：食品安全意识不强。有些部门对食品安全的重要性认识不高，抓食品安全工作责任感和紧迫感不强，工作疲于应付，工作力度不大；食品安全形势仍然严峻。小企业、小作坊、小餐饮食品安全隐患比较突出，餐厨废弃物处理不到位，初级农产品源头治理任务艰巨，部分食用农产品中农药、兽药残留超标及有毒、有害物质超标，重金属污染的问题仍然存在；职能部门履职不够到位。监管部门职能交叉重叠、界限不清、监管缺位，相互支持配合不够紧密，联动效应和执法合力不够。同时，检测水平不高，专业技术人员有限，监管手段不硬。检查组要求：加强宣传教育。一是切实提高全民特别是各级政府及其部门的食品安全意识；二是加强舆论宣传，通过电视等媒体有序曝光一批问题食品，接受全社会监督。完善食品安全监管体制机制。一是在市人民政府独立设置市食品安全委员会办公室，统筹协调食品安全工作；二是建立食品安全工作考核评估机制，完善食品安全行政问责制等规章制度；三是建立餐厨废弃物无害化处理和资源化利用的长效机制，制定出台管理办法；四是建立落实食品安全群众举报奖励制度。强化部门履职尽责。一是认真解决好分段监管中的衔接问题，减少监管交叉，消除监管空白，实现各监管部门之间监管职能的无缝对接；二是加大食品安全重点领域和薄弱环节的监管力度，加强食品安全源头监管，确保农产品质量安全。加快食品安全检测检验体系建设。一是选择一家设备比较齐全、技术力量较强的检测机构作为全市权威性、综合性的食品安全检验检测中心，并提高部门专业检测能力，协调建立部门间信息沟通平台，实现食品安全信息互联互通和资源共享；二是加大食品安全工作财政经费保障，将购买样品费、检验费和风险监测经费列入财政预算，由市食安办统一年度检测计划，统一核发检测经费，统一发布检测信息；三是加大抽样检验频次和风险监测覆盖面。

2013 年 10 月 22—24 日，市四届人大常委会召开第十五次会议，听取和审议市人民政府关于 2012 年《食品安全法》执法检查审议交办意见整改情况的报告。会议认为：审议意见交办后，市人民政府及其有关职能部门高度重视，认真研究，扎实整改，全市食品安全监管工作有力推进，没有发生一起食源性食品安全事故，食品安全形势总体平稳，整改工作取得阶段性成效。一是强化培训和宣传工作，社会各界食品安全意识有所增强；二是探索、创新各项管理制度，优化日常监管，食品安全监管工作的体制机制逐步理顺；三是狠抓重点区域、重点时段食品安全执法检查，严厉打击各类食品安全违法犯罪，食品安全重点整治活动持续开展；四是加大投入，添置检验检测设施，食品安全工作的保障措施得到基本落实。会议建议：继续强化食品安全宣传教育，营造全社会重视食品安全的良好氛围；继续保持监管工作的高压态势，依法打击非法生产经营食品的黑工厂、黑作坊、黑窝点；继续加大检验检测能力建设。要强化财政经费保障，加快检验检测资源整合，积极引进专业人才。

《中华人民共和国大气污染防治法》贯彻实施情况检查。2014 年，市人大常委会聚焦环境保护，以开展执法检查为主要形式，监督和推动政府加强大气污染防治工作。7 月，市人大常委会启动《中华人民共和国大气污染防治法》（以下简称《大气污染防治法》）贯彻实施情况的执法检查。市人大常委会副主任袁满娥、袁火林、李俊湘带队，常委会秘书长、专委会主任委员为组长，部分常委会委员、专门委员会委员和市人大代表、专家为成员组成四个检查组，先后赴全市十一个县区、永州经济技术开发区和市发改委等九个部门就贯彻实施《大气污染防治法》进行检查。其间，检查组听取所到县区政府及有关部门贯彻实施《大气污染防治法》情况的汇报，召开企业、社区、乡镇负责人及市、县人大代表等参加的座谈会，实地考察一些企业、建筑工地，查阅相关资料，对《大气污染防治法》的实施情况进行调查了解。

8 月 26 日，市第四届人大常委会召开第二十二次会议，听取和审议市人民政府贯彻落实《大气污染防治法》自查自纠情况的报告。会议认为，自 2000 年 9 月修订施行《大气污染防治法》以来，全市各级政府及相关职能部门把大气污染防治作为一项重要民生工程来抓，以环境空气质量改善为目标，以减少污染物排放总量和提高环境容量为主线，扎实推进大气污染防治工作，取得一定成效。但同时还存在环保法律意识不强、大气污染治理不力、部门协调配合不够、环保能力建设不足等问题，并且存在高能耗企业污染、机动车尾气污染、建筑扬尘及餐厨油烟污染和农村大气污染扩大的趋势。会议建议：进一步强化大气污染防治意识，各级政府及其有关部门要加大宣传，将大气污染防治知识纳入“十三五”普法和各级各类干部培训的学习内容。进一步加快淘汰落后产能，分门别类制定行业调整方案，提出产能淘汰的时间表，尽快落实产能置换政策，鼓励地方提高淘汰标准，调动地方和企业工作积极性。进一步加大大气环境综合整治，要切实削减工业烟气污染，强化扬尘治理，强化机动车尾气污染防治，大力整治农村大气污染，加强城市绿化隔离带建设。进一步健全大气污染防治工作机制，着力加强能力建设，制定大气污染防治的有关政策，理顺工作机制。

9 月 26 日，市人大常委会以《市四届人大常委会会议审议意见》文件形式，向市人民政府交办关于《大气污染防治法》实施情况的审议意见。11 月上旬，市人大常委会副主任袁火林带队，对审议意见的办理落实情况及整改进行跟踪检查。检查组一行在听取市环保局等有关部门工作汇报的基础上，深入中心城区、双牌县、祁阳县、金洞管理区等地，实地检查重点企业环境治理整改情况、建筑扬尘治理以及空气自动监测站建设情况等。

11 月 21 日，市四届人大常委会召开第二十四次会议，听取和审议市人民政府关于《大气污染防治法》执法检查审议交办意见整改情况的报告。会议认为：市人民政府在进一步强化大气污染防治意识、加快淘汰落后产能、加大大气环境综合整治、健全大气污染防治工作机制等方面做了很多工作，下了很大功夫，取得明显成效。会议指出：由于点多、面广、涉及部门多等原因，市人民政府及有关部门对高能耗、高排放企业没有按市人大常委会审议意见要求，分门别类制定行业调整方案，明确产能淘汰的时间表；环境监管力量配备不足，大气污染监控体系尚未完全建立，缺乏联防联控机制，对排污行为不能做到全方位、全天候的无缝监督；基层环保监管网络体系不健全，致使非法小造纸、小冶炼、小开采等污染企业在一些偏远地区出现反弹。针对存在的突出问题，会议提出，要抓紧淘汰落后产能，促进产业结构调整，提升经济发展质量；要加大综合整治力度，继续组织开展各种专项检查活动，加大对环境违法行为的惩治力度；要进一步增加财政资金投入，市人民政府要加大对大气污染防治的投入力度，制定秸秆综合利用、落后产能淘汰等方面的支持政策，将空气质量监测站点建设及其运行和监管经费纳入财政预算。

《中华人民共和国水污染防治法》贯彻执行情况检查。2015 年，市人大常委会继续聚焦环境保护，以开展执法检查为主要形式，监督和推动政府加强水污染防治工作。5 月，市人大常委会启动《中华人民共和国水污染防治法》（以下简称《水污染防治法》）

贯彻实施情况执法检查。检查组先后赴全市十四个县区（管理区、经开区）和市发改委等十二个部门，听取相关县区及部门贯彻实施《水污染防治法》情况汇报，重点对湘江、潇水干流及主要支流水污染防治和饮用水水源保护情况进行实地检查。6月5—12日，市人大常委会副主任袁火林带领执法检查办成员，组织永州电视台、永州日报社、永州新闻网、永州新报社等新闻单位的记者对中心城区潇湘干流两岸直排口截污，湘江沿线禽畜养殖退出、“十五小”（重点是小造纸厂、小冶炼）企业治理和污水处理厂、垃圾填埋场运转情况开展暗访。在深入调查研究的基础上，6月24—25日，市四届人大常委会召开第三十次会议，听取和审议市人民政府关于《水污染防治法》实施情况的报告。会议认为，近年来，市、县（区）两级政府和相关部门认真贯彻实施《水污染防治法》，切实按照《湘江污染防治三年行动计划》的要求，坚持以水污染防治目标为主线，以污染减排和环保专项行动为抓手，不断加大投入，强化监管，在保护和改善水环境方面取得一定成效。会议指出：饮用水源保护不力、城市和农村饮用水水质存在隐患、农业面源污染严重、水环境监管能力薄弱等问题，特别是城镇地下管网及污水处理设施建设滞后、工业污染有所反弹、农村垃圾处理简单粗放，对水环境安全的威胁已严重影响生态永州建设目标的实现。会议建议：提高认识，进一步深入贯彻实施水污染防治法；突出重点，进一步明确水污染防治工作任务；加强监管，进一步加大水环境监测能力建设；落实责任，进一步查处水污染违法犯罪行为。

《中华人民共和国食品安全法》（以下简称《食品安全法》）和《湖南省食品生产加工小作坊和食品摊贩管理条例》贯彻执行情况检查。2016年4月，市人大常委会与全国、省人大常委会联动，在全市范围内开展对《中华人民共和国食品安全法》《湖南省食品生产加工小作坊和食品摊贩管理条例》（以下简称“一法一条例”）实施情况的执法检查，由市人大常委会主要负责人担任执法检查领导小组组长。

5月3日，市人大常委会召开食品安全“一法一条例”执法检查动员会。市人大常委会副主任袁满娥作动员报告，市人民政府副市长刘尤碧作讲话，全面部署执法检查工作。执法检查中，市人大常委会主任、副主任和秘书长分别带领9个小组，前往各个县区和管理区开展执法检查。

8月25—26日，市四届人大常委会第四十一次会议，听取和审议市人民政府食品安全“一法一条例”贯彻实施情况的报告。会议认为：自《食品安全法》实施以来，市人民政府及相关部门不断提高认识，强化措施，做了大量工作，全市食品安全状况有所改善，没有发生重大食品安全事件，食品安全形势基本平稳可控。会议指出：全市食品安全工作依然存在一些突出问题，主要是执法不够严格到位，最严格的法律没有得到最严肃的执行，违法犯罪行为没得到最严厉的惩处，全市食品安全形势仍然比较严峻。会议建议：进一步增强食品安全意识，要广泛深入开展普法宣传工作，使各级领导、广大食品生产经营者、社会各界深刻领会食品安全“一法一条例”的精神和要义，自觉增强守法意识；进一步强化政府责任，要全面推行食品安全层级管理制度，落实各级政府负总责的监管机制，坚决执行“四个最严”标准（最严谨的标准、最严格的监管、最严厉的处罚、最严肃的问责）；进一步强化监管工作，要加强食用农产品源头管理、综合治理、加大监管频次，确保食品安全监管无盲区、全覆盖；进一步提高检验检测能力，要充实监管力量、提升监管队伍素质，规范执法程序，提高执法水平和监管能力。

《中华人民共和国预算法》（以下简称《预算法》）贯彻执行情况检查。2016年6月中下旬，在市人大常委会副主任郑柏顺的带领下，由市人大财经委牵头，组织部分市人大常委会委员、专门委员会委员、市县区人大代表及市财政、审计、税务等部门相关人员，深入11个县区和市直重点预算单位开展以预算编制管理、收入征管、支出管理、政府债务管理、预算信息公开和审计监督为主要内容的《预算法》执法检查。通过采取召开座谈会、听取汇报、查阅资料、重点走访等方式，广泛了解全市《预算法》贯彻实施情况，认真听取社会各界的意见和建议。

第四章　规范性文件备案审查

2007年1月，《中华人民共和国各级人民代表大会常务委员会监督法》施行。市人大常委会随即开展规范性文件备案审查调研工作。2008年5月6日，市人大常委会组织召开永州市规范性文件备案审查工作协调会，传达全省规范性文件备案审查工作会议精神，启动永州市规范性文件备案审查工作。市人大内司委经过一年的调研、考察，在细化《湖南省规范文件审查备案条例》并参照外地经验和做法的基础上，草拟《永州市人民代表大会常务委员会规范性文件备案审查办法（草案）》。2008年12月5日，市人大常委会第十四次会议通过《永州市人民代表大会常务委员会规范性文件备案审查办法》（以下简称办法）。《办法》共十九条，主要对规范性文件的备案范围、审查的主要内容、审查的程序和时限、审查结果的处理等方面作出具体规定。该《办法》规定2009年1月1日起，市人民政府及办公室根据《中华人民共和国政府信息公开条例》《湖南省行政程序规定》发布的决定、命令、规定、意见、通告、会议纪要、以及其他涉及公民、法人和其他组织权利义务，具有普遍约束力的规范性文件，县（区）人民代表大会及其常务委员会作出的决议、决定等规范性文件在发布三十日之内，应当报送市人大常委会备案。市人大内司委负责对规范性文件进行接收、登记、分类、归档，并根据职责分工，分送有关市人大专门委员会或常委会工作机构备案审查。在登记备案后，市人大内司委单独或联合相关委（室）对规范性文件进行初审，发现存在违法或不适当情形的直接向制定机关发出规范性文件初审意见书，建议制定机关对规范性文件进行修改、废止或者作出必要的说明。

2009 年，市人大常委会规范性文件备案审查办公室设在市人大内司委。全市县区人大内务司法工作第十四次联席会议，部署安排全市规范性文件备案审查工作，明确机构、职责和人员，要求各县区人大常委会规范性文件备案审查工作机构设在内司工委，专项经费预算，专人负责。当年，永州市规范性文件备案审查工作基本步入正轨。年底，对市人民政府及其办公室、各县（区）人民代表大会及其常务委员会报送的决议、决定、规定、意见、通告、会议纪要等规范性文件 56 件进行备案登记，并按所涉及内容分送相关委室审查，永州市人大常委会规范性文件 7 件报送省人大常委会规范性文件备案审查工作机构备案审查。

2010 年修订完善规范性文件备案审查操作程序及一整套报表，督促报备，认真审查。对市人民政府及其办公室、各县（区）人民代表大会及其常务委员会报送的决议、决定、规定、意见、通告、会议纪要等规范性文件 72 件进行备案审查。对 2010 年永州市人大常委会做出的关于加快对接东盟工作的决议等规范性文件 3 件报送省人大常委会规范性文件备案审查工作机构备案审查。

2011 年，市人大配备规范性文件备案审查专职科长，添置专用电脑。

市三届人大常委会共备案审查市人民政府及其办公室、各县（区）人民代表大会及其常务委员会报送的规范性文件 196 件，市人大常委会规范性文件按规定全部报送省人大常委会审查备案。

2012 年，市人大常委会修订完善规范性文件备案审查操作程序及整套报表。全年共审查市人民政府及其办公室、各县区人民代表大会及其常务委员会报送的 72 件规范性文件。

2013 年，全年共审查市人民政府及其办公室、各县（区）人民代表大会及其常务委员会报送的 65 件规范性文件。同年 3 月，举办备案审查工作培训班，对全市各县区人大分管内司工委工作的人大常委会副主任、内司工委主任进行业务培训。

2014 年，全年共审查市人民政府及其办公室、各县区人民代表大会及其常务委员会报送的 45 件规范性文件。

2015 年，共审查规范性文件 65 件。对规范性文件备案审查工作开展专题调研，提出加强宣传培训、抓实主动审查、改革审查模式、完善责任追究等方面建议，得到省人大常委会充分肯定。对 2010—2015 年市人民代表大会及其常务委员会制定的规范性文件进行清理，督促市人民政府法制办对市人民政府及其办公室制定的规范性文件进行清理。

2016年，市四届人民代表大会第八次会议召开后，市人大法制委、常委会法工委成立。市人大常委会规范性文件备案审查的机构和职能由内司委移交至法制委。是年7月起，市人大常委会在全市范围内对各县区2008年以来本级人大及其常委会所作的决议、决定进行全面清查。要求各县区人大常委会按法定程序和要求及时报送备案资料，极大提高县区人大对备案审查工作的重视程度，各县区在备案审查工作上更加积极主动。年底，针对全市规范性文件备案审查工作不够规范的情况，市人大法工委对各县区人大常委会规范性文件备案审查工作进行现场督查和实地调研，在进一步摸清情况的基础上，明确工作要求，助推各县区人大常委会备案审查机构在规范性文件的接收登记审查等方面做到制度化和规范化。当年，市人大常委会共接收市人民政府规范性文件备案件共36件、县级人大规范性文件21件，所有备案件均完成登记并按法定程序分送各专门委员会进行审查，并统一立卷归档。

第五章　专题询问

2014年，市人大常委会开展中心城区小区建设与管理工作专题询问。

6月至8月，市人大常委会针对市中心城区103个小区的规划问题，办证问题，水、电、气、路、电梯等配套设施问题，消防和治安安全问题，环境卫生问题，物业公司服务问题等6个议题，分别成立6个调研组，由市人大常委会副主任带领相关委室实施，同时邀请部分人大代表参与。调研工作历时两个多月，共召开各类座谈会60余场，综合形成询问议题50个。8月27日，市四届人大常委会召开第二十二次会议开展专题询问。会议邀请部分小区业主参会，市人大常委会委员和代表现场提问，“一府两院”14个单位的负责人现场回答，电视台全程录播。专题询问后，常委会随即召开集中交办会，向市人民政府、市人民政府向相关职能部门、职能部门以及103个小区的房地产开发商和物业管理公司，面对面交办问题清单，明确整改责任单位、责任人和整改时限。为督促交办问题的整改落实，常委会成立5个大组和10个小组，对交办的规划、办证、水电气及电梯、消防治安、环境卫生、物业管理等6个方面1123个问题进行跟踪督办。同时，实行一月一督办工作机制，由市人大常委会主要领导召集“一府两院”及相关部门负责人，每月召开一次督促整改工作调度会，通报上月整改情况，安排当月工作。当年，市人民政府职能部门共进行规划实测和规划条件核实小区77个，清理物业服务企业208家，依规取消物业企业资质32家，大部分小区用水用电用气、电梯运行和维护，消防、绿化、物管等问题得到妥善解决。

2015年9月，市人大常委会领导组织部分市人大代表，分8个小组深入到103个小区进行视察调研。10月，市四届人大常委会召开第三十三次会议，开展中心城区住宅小区建设与管理存在问题整治工作专题询问，24位代表、委员及公民向市住建局、房产局、城管局、质监局等11个部门负责人进行询问，永州电视台进行全程录播，政府及相关部门向社会公开作出整改承诺。经过两年的努力，小区整治工作取得明显成效。到2015年年底，中心城区共办理分户房产证51112套、土地分户证50979套，一大批用电、消防、电梯、房屋质量等安全隐患得以集中消除，供水、供气等民生问题得到集中改善，小区公共秩序明显好转；103个小区新增停车位5541个、绿化面积3.1万平方米，拆除违法建筑4816平方米，小区建设和管理制度逐步规范。此次小区整治，另处理处分党政干部60名，分类处理参与房地产开发或集资购地的党员干部1731名，依法追究不法开发商30人（刑拘28人），共追缴各类税费5.08亿元。

第六章　特定问题调查

2007年1月20—24日，市第三届人大一次会议上，部分人大代表就潇湘平湖水面办水上乐园和餐厅的问题提出书面建议，要求市人民政府进行清理整顿。10月，永州环保世纪行组委会对水上乐园和“得月舫”游轮问题专题向政府提出交办。11月，市人民政府对这项工作进行安排部署，由交通海事部门牵头对下游的水上乐园进行取缔，由市旅游部门牵头对上游的“得月舫”进行整改。市交通海事部门及时把下游的两艘餐饮船迁出湘江水面并进行整体拆除，而“得月舫”游轮没有整改到位，仍然在经营餐饮。市人大常委会两次听取“得月舫”游轮整改情况汇报都不满意。

2008年10月29—31日，市三届人大常委会召开第十三次会议，听取和审议市人民政府《关于中心城区洗车行业、“水上乐园”“得月舫”问题交办意见办理情况》报告。市人大常委会组成人员认为，对整改“得月舫”的问题，有关承办单位虽然做了很多工作，采取一些措施，但整改效果不明显。会议上，常委会组成人员对该问题的办理效果进行满意度测评，表决结果为1票赞成、35票反对、1票弃权；市人大常委会组成人员要求政府坚决、迅速取缔潇湘平湖上固定的专营餐厅，并表决通过《关于组织特定问题调查委员会对潇湘平湖“得月舫”游轮有关问题调查的决定》和《关于特定问题调查委员会主任委员、副主任委员、委员名单》，决定开展特定问题调查。

11 月 2 日，市人大常委会特定问题调查委员会组织 48 人分 6 个小组依法开展调查。调查组围绕“‘得月舫’游轮的形成过程、‘得月舫’轮船整改过程、整改不到位的原因”等问题，分别深入到政府办、发改委、旅游、交通海事、环保、工商、卫生、税务等部门以及潇湘平湖旅游开发有限责任公司和潇湘平湖水上乐园有限公司（即“得月舫”），广泛听取意见，查看有关文件，收集书证材料。

2009 年 1 月，关于潇湘平湖“得月舫”游轮有关问题的调查工作完成。2 月 24 日，市人大常委会秘书长周作生受主任会议委托，向市第三届人民代表大会常务委员会第十七次会议报告潇湘平湖“得月舫”游轮特定问题调查委员会《关于“得月舫”游轮的调查情况》。特定问题调查委员会提出，市人民政府要明确目标，痛下决心，对在平湖上办固定水上餐厅的轮船，按政府整改的初衷落实到位；要采取有力措施确保“得月舫”安全度汛，不危及下游宋家洲大坝；要对“得月舫”项目的有关文件再次进行审查；要规范许可，不留隐患，对潇湘平湖上轮船（包括“得月舫”）经营内容和范围要有明确、统一的意见，解决许可不严谨的问题；要启动问责，促进落实，对有关部门的责任作出具体结论，并按照 2008 年 5 月 8 日永府阅〔2008〕23 号纪要精神启动问责制。4 月 17 日，市人民政府副市长朱映红主持召开有关部门的专题会议，制定《关于“得月舫”游轮安全度汛工作方案》和《“得月舫”游轮后期处理方案》。5 月，市卫生局注销了“得月舫”的“食品卫生许可证”，市人民政府办废止《关于同意成立永州市潇湘平湖旅游开发有限责任公司的批复》。6 月 9 日，市人民政府第四十次常务会议按照市人大常委会的要求，决定启动行政问责程序和行政诉讼程序，市纪委监察局按有关程序立案。同月，市人民政府抽调专门人员，就解决相关问题与“得月舫”业主协商谈判。6 月 25—26 日，市三届人大常委会召开第十九次会议，听取和审议《关于“得月舫”游轮处理情况》的报告。会议认为，市三届人大常委会第十七次会议通过对潇湘平湖“得月舫”游轮特定问题调查报告的决议后，市人民政府高度重视，态度坚决，措施得力，做了大量基础性工作，已有初步成效，下一步工作计划也比较明确。但游轮仍然滞留江面，影响市容市貌和度汛安全。会议建议，市人民政府要抓紧处置，进一步清理审查有关批文，分清责任，按期处理到位。会议结束后，市人民政府认真落实市人大常委会决定，清理相关文件并进行依法处置，对“得月舫”先是拖离水源区，后向冷水滩区法院提起诉讼，最后拆解船体，进行相关责任赔偿；市监察局启动问责程序，对有关当事人进行查处。

关于“得月舫”游轮处理的特定问题调查是市人大常委会首次开展特定问题调查。调查期间，市级媒体多角度跟踪宣传报道，《人民日报》《法制日报》《检察日报》等 40 多家国家省级媒体专题推介报道，《检察日报》设专版 6000 多字并摘编进入《领导参考》参阅件。

第七章 工作评议

1997 年评议市卫生局、市医药管理局工作

1997 年，市人大常委会组织人大代表评议市卫生局、市医药管理局工作。4 月 22 日，市人大常委会主任会议明确评议的主要目的，为解决市卫生局和医药管理局之间工作协调配合不好的问题，进一步打击和整治医药市场销售假药劣药行为。5 月 19 日，市人大常委会召开各县区人大常委会有关负责人、两个受评单位和市直有关部门参加的评议工作动员会，对整个评议活动作出安排部署。6—7 月，市人大常委会组织驻市的全国人大代表和部分省、市人大代表到市卫生局、医药管理局两个单位开展调查、视察。8 月上中旬，评议会议召开。是时，参会的 15 名人大代表对卫生、医药部门的工作进行面对面的评议。评议工作坚持一分为二的观点，在肯定成绩的同时，指出两局在体制、廉政建设、医德医风、乱收费、行业管理以及农村卫生等方面存在的突出问题。评议会议建议两单位领导班子成员要认真学习《中华人民共和国药品管理法》（以下简称《药品管理法》）《医疗机构管理条例》，把认识统一到依法办事，依法行政上来，进一步端正业务指导思想；要根据《药品管理法》《医疗机构管理条例》等法律法规，建立好全市医药卫生管理体制；要依法规范审批发证和监督管理行为，营造良好的依法行政、依法管理的社会环境。

1998 年评议市国土局工作

1998 年，市人大常委会组织人大代表评议市国土局工作。6 月 26 日，市人大常委会召开人大代表评议市国土局工作动员大会。会议由市人大常委会副主任吕芳村主持，市人大常委会组成人员、市人民政府分管领导、市中级人民法院、市人民检察院以及政府组成部门的主要负责人参加会议。会议明确评议的主要内容有四个方面。一是关于《中华人民共和国贯彻土地管理法》（以下简称《土地管理法》），坚持有法必依、执法必严、违法必究的原则，加强对土地审批、土地监察、耕地保护等方面的管理情况；二是关于土地交易市场的建设，对土地划拨、出让、转让、出租、抵押等行为的管理以及清理土地隐形市场，防止国有土地资产流失，制止土地非法交易行为的情况；三是关于执行国家对建设用地要坚持占一开一，先开后用的政策，搞好遣地费的征收与管理，发挥资金效益，保持耕地总量动态平衡的情况；四是关于对群众关心的热点问题和群众反映强烈的违法案件的处理情况。10 月下旬，评议会议召开。会前，市人大常委会采取市人大代表与各级人大代表视察相结合、寄发征求意见表与代表走访选民

收集意见相结合、集体检查与个别视察相结合、全面了解情况与核实重点问题相结合、听取汇报与实地察看与查阅有关资料相结合等多种方式，广泛收集人民群众对国土工作的意见。评议会上，人大代表对市国土局的相关工作情况给予充分肯定，指出存在的问题和不足。针对调查、视察发现的突出问题，代表建议市国土局，总结经验教训，强化精神文明建设，抓好全体干部职工的政治和业务学习，进一步树立全心全意为人民服务的思想；加强对所属二级机构的财务管理和监督力度，严格规范财务管理行为，严格按财务制度办事，坚决制止公款送礼，公款私分、公款买人身保险等严重违反财经纪律的行为；进一步强化国土管理，有效保护好耕地，加大对新《土地管理法》的宣传力度，要严肃执法，做到有法必依、执法必严、违法必究，在政策和法律面前人人平等，防止以言代法的行为发生，为保证永州市的社会稳定和经济发展做出更大的贡献。

1999 年评议市直内务司法机关 1998 年工作目标承诺兑现情况

1999 年 4 月 28 日，市人大常委会对市直内务司法机关 1998 年工作目标承诺兑现情况开展评议。会前，市人大常委会组织部分省、市人大代表通过深入走访调研、发放问卷、召开座谈会等形式了解相关工作情况，听取意见和建议。评议会上，代表们认为，市直内务司法机关恪尽职责、勤奋工作、依法行使职权，为社会稳定和经济发展作出了贡献，所取得的成绩应充分肯定。代表们提出，有关部门和单位要对突出问题高度重视、抓好整改。需要整改的突出问题主要是：执法不严，办案不公；对于贪污、贿赂犯罪和渎职犯罪打击不力，处理过宽；刑释解教安帮工作比较被动，两劳人员重新犯罪率高；法律服务市场混乱局面还没从根本上解决；社会养老保险还存在不少隐患；用人上的不正之风，社会反映强烈。

1999 年评议市公安局及所属单位的工作

1999 年 10 月，市人大常委会组织部分全国和省、市人大代表，对市公安局及所属单位的工作进行评议。评议活动经过组织发动和制定方案、代表调查视察和受评单位自查自纠、代表评议和受评单位集中整改、反馈和评议总结等五个阶段，历时五个月。

市人大常委会认为，这次工作评议达到预期目的。具体表现在以下几个方面：

一、评议工作准备充分。市一届人大常委会 1997 年组织人大代表评议市卫生局、医药管理局的工作，1998 年评议市国土管理局的工作，对工作评议积累了一定的工作经验。1999 年评议市公安局工作，常委会经过慎重考虑、反复研究，事先进行了调查研究。在制定评议工作实施方案过程中，主任会议组成人员充分酝酿，认真讨论，反复修改；为了抓好实施方案的落实，市人大常委会以评议办公室的名义，向驻市的全国、省人大代表和全体市人大代表发出 500 多封信，请他们调查走访，收集情况、意见。各县区人大常委会也参照这一办法，发动代表积极参与评议工作。很多代表自觉履行代表职责，挤出时间，考察、走访选民，收集意见，及时给评议办作了反映。在此基础上，市人大常委会又组织市直和芝山、冷水滩两区的部分全国、省、市人大代表，分成五个组，到芝山、冷水滩和凤凰园开发区，对公安局、交警队等单位进行了为期5~7天的集中调查、视察。各县区人大代表开展了相应的活动。据不完全统计，全市参加视察、调查的各级人大代表530多人，除听取公安部门的情况汇报外，还到单位和乡镇，个别走访近200人次，召开座谈会115场次，参与调查870多人次，收集各类意见、建议280余条。经过分析研究，各视察组都形成评议发言材料，并提交视察组的成员讨论，确定发言代表。14个发言材料报送到市人大评议办公室后，逐个进行审阅，从材料结构、观点、内容和具体提法都通过细致的斟酌、修改。代表的评议发言基本上做到依法、有据，对公安部门肯定成绩恰如其份，指出问题实事求是，提出建议针对性和操作性强。

二、受评单位积极配合。市公安局及所属单位为迎接代表评议，做了大量扎实的组织工作。一是向部分人大代表和警风警纪监督员发出征求意见函；二是采取召开座谈会和登门个别走访等形式，当面听取代表意见；三是公开举报电话，设置举报箱，方便代表和群众提出意见、举报问题；四是市公安局及9个县局分别由领导带队，下到基层单位，对迎评工作作了检查；五是自上而下开展自查自纠，做到未评先改，边评边改；六是根据代表在评议会上提出的意见，归纳整理，梳成辫子，责任到人整改。做到工作环环扣紧，问题逐个核实，整改毫不含糊，反馈疏导，全力维护公安机关的形象。

三、公安干警主动参与。对人大代表评议公安工作，少数民警开始出现过“无所谓”态度和消极的思想。通过学习动员、座谈走访和听取代表的评议后，干警们表示今后要自觉接受监督，坚持依法行政的工作作风，热情搞好服务，创造徐家井派出所式的人民满意单位。

四、问题整改成效明显。市公安部门以代表评议为契机，以严格执法为重点，以提高干警素质为目标，针对代表和群众提出的问题，认真开展自查自纠并集中整改。根据代表复函和评议，市公安局和市局下属三个分局解决执法不严、打击不力、处理不当的一些案件和少数干警明显违纪的问题，交警部门着重解决乱收费、乱扣车、乱罚款和对无证车辆管理不严、对少数道路交通事故处理不当的一些问题，消防部队解决某些退休干部违规搞检查、借机推销质次价高的消防器材的一些问题；各县公安局也根据代表意见，着重解决群众反映大、社会影响大的一些具体问题。同时，公安部门的领导坚持一手抓迎评，一手抓业务，把两者紧密结合起来，用迎评促进业务工作的开展，用业务的成绩来体现迎评的效果，有效地调动广大民警的积极性、责任性，纪律、作风大有改进和加强，办案进度加快，工作效率明显提高。

市人大常委会认为，这次工作评议时间安排紧、任务重、要求高，代表们在调查、视察中了解的问题还不够全面、不够深入，并对公安部门继续抓好整改、巩固评议成果提出四个方面的要求。

一要继续抓紧解决评议指出的遗留问题。代表们对公安工作提出的批评、意见和建议，大部分问题迅速得到解决和纠正，但也有少数问题还未解决或解决得不够深透，不令人完全满意。公安部门的领导要认真进行分析研究，将没有解决或解决不够好的问题列出清单，并逐一确定人员进行调查核实，按照时间和质量要求，认真解决好。

二要坚持从严治警，加强队伍建设。代表们在评议中提出的问题有很多涉及到干警素质问题。虽然这些问题是出在少数干警身上，但影响不好。公安部门应认真吸取教训，高度重视问题，继续下大力加强队伍建设，提高整体素质。特别是要继续组织干警认真学理论、学法律业务，深入开展“三讲”教育，深化学徐家井派出所的争创活动。坚持从严治警的方针，用《中华人民共和国人民警察法》严肃民警的行为，对于少数违法违纪的干警，一经发现，必须坚决查处。

三要始终坚持严格执法。对代表们提出的个别干警执法不严、不公、不廉的问题，公安部门应敢于正视，下定决心，克服困难，做到为人民群众执法办事。要热爱群众，尊重群众，服务于群众。特别要认真学法、懂法，提高法律水平；加强廉政建设，防止司法腐败；增强群众观念，改进工作作风，把本职工作做好，让人民群众满意。

四要增强公仆意识，自觉接受监督。要始终把自己置于人民群众的监督之下。按照宪法和法律的规定，在人大及其常委会的监督下，努力为党、为民办事。

2008 年评议市公安局、林业局、卫生局、工商局工作

2008 年 2 月 26—27 日，市三届人大常委会第九次会议，通过对市公安局、市林业局、市卫生局、市工商局及其所属单位开展工作评议的《实施方案》。《实施方案》明确主要评议受评单位 2006 年以来依法行政、队伍建设、工作作风等方面的工作。评议共分五个阶段，第一阶段制定方案、宣传发动；第二阶段调查视察、自查自纠；第三阶段组织评议、进行交办；第四阶段集中整改、跟踪监督；第五阶段总结经验、巩固成果。市人大常委会成立工作评议领导小组，并设立工作评议办公室和四个工作评议组。各县区人大常委会也相应地成立领导班子，配合这次评议活动。各受评单位高度重视，一把手负总责，分管领导具体抓。

4 月，召开动员大会，对评议工作进行全面部署。市委常委、副市长刘事青，市人大常委会主任李良铁作动员讲话。共开展 4 个月的调查视察和自查自纠工作。4 个评议组由市人大常委会领导带队，组织部分全国、省、市人大代表到 4 个受评单位和各个县区，采取调查走访、开座谈会、明察暗访、查看资料等形式，广泛收集社会各界的意见。据不完全统计，召开大小座谈会 105 场次、调查走访 1100 人次，发放调查问卷 1200 份，收集各类意见建议 615 条。

8月下旬，召开评议大会。4个评议组每组1人作主体评议发言，两名人大代表做补充发言，4个受评单位分别自查自纠发言。市委常委、副市长唐松成，市委常委、副市长张正，市人大常委会主任李良铁讲话。市人大常委会根据评议会上提出的问题形成交办意见，向4个受评单位下达交办函。各受评单位按照交办意见认真研究，积极主动地采取一系列整改措施。各评议组督促受评单位狠抓整改方案的制定和整改措施的落实。

12月25—26日，市三届人大常委会召开第十五次会议，听取和审议市公安局、市林业局、市卫生局、市工商局关于工作评议整改情况的报告。会议对4个受评单位工作评议整改情况进行测评，4个受评单位都是满意票。

会议认为，市公安局评议整改工作实行领导负责，项目化管理，措施有力，以整改促工作，公安队伍整体素质明显提高，社会治安状况明显好转，人民群众对公安工作的信任度明显增强。建议对交办整改没有到位的问题继续抓好整改落实。对整改尚未办结的个案进一步加大力度，力争早日结案。加强对艾滋病人等特殊人群犯罪的调查研究，制定可行的处置措施。畅通人民警察进出通道的问题单靠公安自身的力量难以解决，有待党委、政府重视，各职能部门大力支持。建立驾驶员考点的问题，建议政府进一步加强协调力度，妥善处置遗留问题，争取早日开工建设。交警及九县公安公用经费保障没有达标，存在“明脱暗挂”的问题，建议政府加强研究，尽快解决。

会议认为，市林业局评议整改工作态度端正，措施到位，成效明显：行政违法案件得到有效查处，森林火灾明显减少，生态环境明显改善，退耕还林管护措施大多得到落实，木竹加工市场秩序明显好转，木竹采伐指标发放逐步规范，林业队伍素质有了提高。但整改中也还存在问题。如植被恢复费征收的问题，木竹加工企业的管理工作不平衡的问题，木竹加工企业清理整顿问题，退耕还林后扶问题等，都需要努力不懈地工作，采取更加强有力的措施加以解决，保证永州林业可持续发展。

会议认为，市卫生局评议整改工作，领导重视整改，整改责任到位，重点突出，整改效果明显：医疗市场有新起色，医疗服务有新亮点，新农合有新举措，公共卫生有新成效，项目建设有新进展。虽然卫生部门在整改中做了大量工作，取得明显成效，但仍然存在一些薄弱环节和问题：城乡医疗卫生发展不够平衡，新型农村合作医疗保障制度不够健全，医院管理体制和运行机制不够完善，市直医疗机构建设与管理相对落后，卫生技术队伍建设较为滞后。建议深入推进医疗卫生体制改革，加强卫生人才队伍建设，加强公立医疗机构人员编制核定的动态管理，加快市直医疗机构改革和资源整合，加快推进基本医疗保障制度建设，推动和谐永州建设。

会议认为，市工商局评议整改工作，认识高，措施实，整改比较到位。查处假冒伪劣商品取得新成效，广告市场监管有新手段，打击传销和变相传销取得新突破，查处非法垄断经营行为有新举措，收费行为得到较好的规范。为进一步巩固评议整改成果，更好地改善经济发展环境，促进永州经济的发展，建议：进一步加强学习，不断提高执法人员素质；进一步规范收费行为，严格按照政策标准规定阳光收费；进一步规范市场经济秩序，保护好广大消费者权益；进一步加大食品安全专项整治力度，加强食品质量监测，加强食品安全检测技能的培训和市场规范化管理，不断提高食品安全监测水平；加大对农资市场的打假力度，确保全市农资市场规范有序；进一步规范执法行为，提高依法行政水平。

2009年审议市国土资源局、规划建设局、城管执法局、公用事业管理局、房产局工作

2009年，市人大常委会对市国土资源局、规划建设局、城管执法局、公用事业管理局、房产局5个部门开展工作审议。工作审议经过宣传发动、视察调查、会议审议、集中整改、总结测评5个阶段的工作，历时10个月。

2月23—24日，市三届人大常委会第十七次会议通过《关于对市国土资源局、市规划建设局、市城市管理行政执法局、市公用事业管理局、市房产局开展工作审议的实施方案》。2月26日，市人大常委会召开动员大会，对评议工作进行全面部署。动员大会召开后，市人大常委会工作审议办公室向全体市人大代表发函，征求对5个被审议部门工作的意见。各工作审议调查组由市人大常委会领导带队，组织市人大常委会组成人员和部分全国、省、市人大代表参加，分别到市直有关单位和部分县区开展视察、调查，广泛收集意见和建议。调查组到接受审议部门，与干部职工逐个谈话，听取退休老干部的意见；深入街道、市民家里，征求服务对象的建议和意见；采取信函、电子邮件、人大代表收集群众意见箱等方式，广泛征求群众的意见。是时，共召开各类座谈会800多场次，参加人数6600多人；实地走访300多个基层单位，寄发征求意见信函5200多封，收集各方面的意见建议1266条，做到情况明、底子清、心中有数。5个接受审议的部门采取“走出去听，请进来谈”的方式，认真听取干部职工和服务对象的意见，及时查找工作中存在的问题。7月28—29日，市人大常委会召开工作审议大会。5个部门作工作报告，5个调查组作中心发言，市代表作补充发言，常委会组成人员作审议发言，5个局又作表态发言，市委常委、常务副市长唐松成，市人大常委会主任李良铁讲话。12月28—29日，市三届人大常委会第二十三次会议，听取和审议市国土资源局、市规划建设局、市城市管理行政执法局、市公用事业管理局、市房产局关于工作审议整改情况的报告及市人大常委会5个工作审议调查组的审议发言。会议认为，市国土资源局、市规划建设局、市城市管理行政执法局、市公用事业管理局、市房产局5个部门认真接受市人大常委会的工作审议，全力以赴抓整改，通过4个月的努力，整改工作取得较好的成效，有力地促进中心城市建设。5个部门的工作审议整改情况的报告均高票获得通过。此次常委会会议指出，整改工作还存在城市交通秩序较乱，脏乱差的现象仍然突出；规划更改频繁，违法建筑仍然较多；部门协同不力，办事效率还是不高等问题，并建议相关部门进一步加大宣传教育力度，增强广大市民的法制意识、城市意识；完善基础设施，齐抓共管，尽快扭转城区卫生在全省落后的状况；巩固整改成果，全面加强整改，防止出现反弹。

2010 年审议市教育局、民政局、商务局、计生委、质量技术监督局工作

2010 年，市三届人大常委会对市教育局、民政局、商务局、计生委、质量技术监督局开展工作审议。

2 月 1—2 日，市三届人大常委会第二十四次会议通过《关于对市教育局、民政局、商务局、计生委、质量技术监督局开展工作审议的实施方案》。3 月 5 日，市人大常委会召开工作审议动员会，市委常委、副市长周德睿，市人大常委会主任李良铁分别作动员报告，5 个被审议部门的主要负责同志都作表态性发言。动员会后，5 个调查组及接受审议的 5 个部门，采取听、问、查、访等多种形式，深入开展调查研究。是时，参加调研的人大代表达 605 人次，共走访单位 156 个，召开座谈会 103 场次，征求群众意见 1652 人次，收集各类意见、建议 1456 条。7 月 28—29 日，市人大常委会第二十八次会议集中审议 5 个部门的工作。市人民政府副市长刘尤碧、市人大常委会主任李良铁讲话。会议充分肯定 5 个单位工作成绩，帮助查找和分析问题及原因，分别提出审议意见。

对市教育局工作的主要意见是：（一）关于学校布局和基础设施建设。要加强全市城乡学校布局调研，提出科学合理并切实可行的方案，促进教育资源合理配置。认真解决中心城区班额过大、学位严重不足的问题，尽快启动河东文家小学建设，加快永州四中搬迁及菱角山实验小学建设速度。认真研究贯彻实施《中华人民共和国教育法》的相关措施，努力实现教育“三个增长”，加大财政投入，解决冷水滩三多亭小学等中心城区学校基础设施差影响正常教学秩序的问题。研究分析农村中小学校接收寄宿生挂账负债的问题，拿出解决办法。（二）关于教育质量和师德师风。要严格实行中小学校教学质量监控制度，认真开展学生评老师、老师评校长、家长评学校活动。扎实开展教研教改，提高课堂教学效率。规范作业批改，实现教学相长。按照德智体全面发展的方针，解决部分学校不按教学要求开齐课程的问题。加强品牌学校建设，发挥品牌学校的示范辐射作用。整顿教师作风，严肃教师纪律。加强教师培训，提高教师的政治素质和业务水平。建立健全教师激励机制，调动教师教书育人的积极性。大力表彰优秀校长和优秀教师，不断提高教师的政治、经济待遇，减少优秀教师的流失。当年内要对“勤工俭学”和“停薪留职”教师离岗外出进行专项清理整顿，限期归队任教。（三）关于职业教育和学前教育。要调整高中阶段招生计划，扩大职高招生规模，力争普职招生比达1：1。切实加强幼儿教育领导，制定全市“十二五”幼儿教育发展规划。加强公办示范性幼儿园建设，冷水滩城区要尽快建好1~2所规模达到300个学位的公办示范性幼儿园。认真履行教育行政主管部门的职责，整顿当前无证办幼儿园的状况，尤其是对不符合办园条件、有安全隐患的幼儿园要限期整改，整改后仍不合格的，要责令停办，取消办园资格。核定并颁布学费标准，规范收费行为，解决幼儿园收费过高的问题。（四）关于学校安全和日常管理。要深化教育改革，理顺体制机制。逐步实行对学校校长公开招聘，制定任内目标，实行目标考核和校长任期制。认真整治有偿“家养家教”行为，严肃查处乱收费现象。整顿学生食堂经营和各类学生教辅资料的发行征订，实行公开、公平、公正阳光操作。规范学校商店进货渠道，确保食品安全。强化在校学生安全教育，加强学校安全保卫工作，努力减少学生安全事故和非正常死亡现象。

对市民政局工作的主要意见是：（一）关于社会救助。要继续加大向上争取民政资金和项目的力度。要加强对民政专项资金使用和发放的监管，加大对违规发放社会救助资金的查处力度，确保民政资金真正用在扶贫济困的事业上。要加强调查研究，认真解决社会救济救助提标与扩面的矛盾，坚决杜绝“关系保、人情保、权力保”的现象，真正让社会贫困群体得到更多救助，提高社会救助的实效性。政府要加强民政、卫生、公安、城管等相关部门的统筹协调，稳妥解决街道流浪乞讨人员特别是精神病人的管理和救助问题，切实改变街道流浪乞讨人员“无人管、无法管”的局面。（二）关于殡葬行业监管。要会同有关部门加强对经营性公墓成本核算及价格监管，通过价格听证会等形式合理确定公墓价格，控制公墓价格过快上涨。指导尝试分期付款等多种购墓方式，减轻消费者一次性购墓经济负担。会同城管等相关部门加强对城区摆设灵堂和送葬队伍游街等现象的综合治理，广泛开展宣传教育，推行殡葬新风新俗。（三）关于民政公益性设施建设。要加强全市老年公寓和敬老院的规划、指导和监管，严格按规划加快市福利中心建设进度；研究出台引导民间资金投资建设老年公寓的政策，扩宽老年人事业资金渠道，满足不同层次的养老需求。要将公益性民政服务设施建设纳入城市总体规划，在土地供给、政策优惠等方面，加大支持力度，不断增强民政服务设施的功能和水平。（四）关于民政自身建设。要进一步建立健全“政府主导、部门协作、上下联动、社会参与”的民政工作机制，增强局机关干部职工的工作责任感和使命感，不断提高工作能力和业务水平。进一步加强社区、乡镇民政工作的指导和硬件建设，切实改变个别社区租房办公现象。进一步加强基层民政专干的法律和业务培训，努力提高素质，不断适应新形势下日益繁重的基层民政工作需要。

对市商务局工作的主要意见是：（一）关于增强招商引资实效。要转变招商引资理念，在指导好县区招商引资工作的同时，重点抓好市本级招商引资工作，办好市本级工业园。要注重“招大引强”，引进国内外战略投资者，力争每年有 1~2 个产业关联度大、带动性强、产业链长、财税贡献率高的综合项目落户市本级工业园，助推全市新型工业化进程。要进一步完善招商引资考核办法，改进考核方式，注重考核项目落地情况，提高项目到位率，推动全市招商引资工作。要加强对重大签约项目的跟踪服务，促成项目及早落地建设。要加大对在建项目的督促力度，促使项目尽快竣工投产受益。（二）关于加强市场监管。要严格按照中心城市最新总体规划修改的要求，认真研究中心城区商业网点布局规划，加强与相关职能部门的沟通衔接，确保规划的严肃性和有效实施。要强化市场监测调控，加大对县区和监测企业数据上报的督促力度，确保各类数据的准确性，为政府宏观管理和科学决策提供科学依据。要加强市场日常监管，继续加大酒类、生猪屠宰、成品油等行业的监管和服务力度，主动联合工商、公安等有关职能部门严厉打击城乡接合部、乡镇市场劣酒、假酒和注水肉、病害肉交易行为，确保全市人民喝上“放心酒”、吃上“放心肉”。要治理整顿中心城区生猪屠宰场，重点扶持湖南恒惠食品有限责任公司做大做强，力争肉食品深加工屠宰线年内投产，发挥其在肉食品市场中的调节作用。要加大惠农政策的实施力度，继续做好汽车下乡、家电下乡、汽车以旧换新等惠农活动的宣传推广工作，严厉打击借家电下乡销售伪劣产品的行为，督促扩大网点直补范围，简化补贴兑现手续，完善售后服务，让更多的农民得到实惠。（三）关于拓展对外贸易。要针对外贸出口绝对值低、劳务输出量少面窄等问题，组织各类企业参加各种博览会等境内外商品展销活动，不断拓展境外销售平台，增加外贸出口总量；要积极引导外派劳务基地与国内外外派劳务企业进行对接，不断扩大永州市外派劳务规模，逐步推动外派劳务事业向专业化、品牌化方向发展。（四）关于加强自身建设。要针对学习风气不够浓、纪律要求不够严、联系沟通不够好等问题，积极开展创建学习型机关活动，提高工作人员的政治素质和业务水平。要强化内部管理，进一步完善督查、考核、问责等制度，严格执行党风廉政建设责任有关制度，实行用制度管人、用制度管事，不断转变工作作风。要加强上下联动和横向协调，形成工作合力。

对市人口和计划生育委员会工作的主要意见是：（一）关于规范流动人口计生工作管理。要进一步加强对流动人口计划生育工作的综合治理，履行牵头职责，协调相关部门建立齐抓共管的综合管理有效机制，不断完善流动人口管理服务体系。落实现居住地管理原则，加强流出人口的监控工作。进一步完善人口信息管理工作，建立流动人口信息互通平台。（二）关于严格控制出生人口性别比。要加强法规政策宣传，引导群众树立正确的生育观。要着力解决出生人口性别比偏高问题，协调卫生、药监、公安、法院等综合治理部门，加大对非医学需要的选择性别生育和非法终止妊娠等行为的打击力度，不让违法生育对象有机可乘，维护法律的权威性和严肃性。（三）关于加大社会抚养费征收力度。要严格执行政策法规，强化社会抚养费征管工作力度。出台符合永州实际、行之有效的征收办法，建立计划生育非诉案件专门执行机构，积极运用司法强制措施保障社会抚养费的征收，着力破解当前社会抚养费征收难题。（四）关于基层基础薄弱。要加强培训，提高执法人员的素质和依法行政水平。要充实基层计生力量，加强乡镇村计生队伍建设，突出“村为主”计生工作思路，加强村委会、社区居委会基础工作，支持关心基层开展计生工作，解决好基层计生工作经费。让基层从疲于应付频繁检查的状态中解脱出来，集中精力和时间做好基层基础工作。

对市质量技术监督局工作的意见主要是：（一）关于支持企业发展。要在加强监管的同时，本着“企业兴衰我兴衰”的服务宗旨，积极创新工作思路，支持企业发展壮大。要加强技术机构建设，多向上争取对永州市产业影响较大并急需的检验检测项目，为企业发展提供准确的检测技术和快捷的检测方法。要加强企业创建名牌基础性工作的指导，主动提供技术和信息服务，注重培育和扶持科技含量较高、具有发展前景和地方特色的中小企业，激励和帮助更多的企业创建一批名牌产品。要进一步规范企业检测收费项目，公示收费标准，增加收费透明度。要进一步完善行政办理和行政许可的“绿色通道”，简化办事程序，提高办事效率，不断提升服务水平。（二）关于加大打假治劣执法力度。要进一步加强生产领域的执法监管，加大对涉及人民群众心身健康和生命财产安全的食品、农资、建材等生产领域里制假造劣案件的查处力度。积极加强与工商、卫生、农业等有关部门的协调配合，坚持开展专项整治与经常打击处理相结合，建立打假治劣长效机制。加强企业产品质量的执法监管，坚持惩处与教育并重的执法理念，区分技术质量与故意制假的界限，对因生产技术问题出现的批量次劣产品的企业，以教育为主，切实帮助整改到位；对故意制假造劣者应从重从严查处。（三）关于规范自由裁量权。要积极推行行政执法处罚自由裁量基准制度，严格执行已制定的行政执法自由裁量权实施办法和执行标准，切实规范自由裁量权的行使。要加强对行政执法处罚的监督，对滥用自由裁量权的人和事，要依规依纪作出处理，从根本上纠正滥用自由裁量权以及同案不同罚等不规范行为。（四）关于队伍建设。要按照科学发展观的要求，进一步加强干部职工的政治理论、法律法规学习和勤政廉政教育，不断提高政治素质；进一步完善各项规章制度，强化内部执法监管，实行用制度管人、管事，不断转变工作作风。

审议结束后，市人大常委会以交办函的形式向 5 个受审议单位交办审议意见。

针对自身工作存在的问题和市人大常委会审议意见，5 个受审单位主动整改。其中，市教育局把交办函中明确需要整改的 4 类情况，梳理细化成 25 个具体问题，按照“一个问题，一名局领导挂帅，一个整改方案，一名科室负责人，一个队伍专抓，一抓到底”的要求，落实整改工作措施。市民政局将整改问题层层细化分解，制定限期整改目标，并设立督查督办组抓落实；对群众反映强烈的问题，还成立特别问题调查组，专项调查解决。市商务局专门召开整改动员大会，针对4个方面的问题分别排出整改验收时间表，并在媒体上刊发整改工作进展情况，接受人民群众监督。市人口和计划生育委员会敢于正视问题，根据交办函的意见，建立了一本5类17项工作任务的整改台账，出台25条整改措施，并逐一实行销号制。市质量技术监督局将交办函明确的问题逐一分解到科室，并由局党组成员分别带队，走访了120多家企业，对号入座解决问题，真心实意、扎扎实实进行整改。

12月9—10日，市三届人大常委会第三十三次会议，听取和审议市教育局、市民政局、市商务局、市人口和计划生育委员会、市质量技术监督局关于工作审议整改情况的报告。会议肯定有关部门所做的工作，分析存在的问题，提出意见和建议。会议进行测评，市教育局、市民政局、市人口和计划生育委员会、市质量技术监督局为满意单位，市商务局为基本满意单位。当次会议还书面审议关于对市国土资源局、住房和城乡规划建设局、城市管理行政执法局、公用事业局、房产局工作审议后继续整改跟踪督查情况的报告。

2011年审议市交通运输局、水利局、农业局、环境保护局、畜牧水产局工作

2011年，市人大常委会对市交通运输、水利、农业、环境保护、畜牧水产5个部门的工作进行审议。

2月21—22日，市三届人大常委会第三十五次会议审议通过《关于对市交通运输局、市水利局、市农业局、市环境保护局、市畜牧水产局开展工作审议的实施方案》；明确审议工作分制定方案、宣传发动（2—3月），视察调查、自查自纠（4—6月），组织审议、进行交办（7月），集中整改、跟踪监督（8—10月），总结经验、巩固成果（11月）5个阶段进行；明确工作审议的主要内容为4个方面，即：（一）发挥职能作用，履行职责，服务大局的情况；（二）执行法律法规、特别是以本部门本单位为执法主体的法律法规的贯彻实施情况；（三）执行本级人大及其常务委员会的决定决议，承办代表议案，办理代表建议、批评和意见的情况；（四）加强自身建设，改进工作作风的情况。根据当次人大常委会会议精神，市人大常委会成立工作审议领导小组，由市人大常委会主任李良铁任组长，巡视员、市人大常委会副主任程晨曦为副组长，主任会议组成人员为成员。领导小组下设办公室，由市人大常委会秘书长周作生兼任办公室主任，林遵槐任办公室常务副主任，邓海波、严俊、彭俊卿等为副主任。办公室设在联工委。市人大5个专门委员会分别成立工作审议调查组，各自承担一个部门的工作调查，即市人大民侨外委负责市交通运输局、市人大内司委负责市水利局、市人大教科文卫委负责市农业局、市人大农业委负责市环境保护局、市人大城环委负责市畜牧水产局的工作审议调查。3—7月，5个部门和5个审议调查组采取函、听、问、查、访等多种形式，深入实地调查，掌握实情。其间，参加调研的人大代表和公民达828人次，五个审议调查组共走访单位203个，召开座谈会112场次，征求群众意见2512人次，收回调查问卷2560张，收集各类意见、建议1238条。8月2—3日，市三届人大常委会第三十八次会议听取和审议市交通运输局、水利局、农业局、环境保护局、畜牧水产局的工作报告。此次会议在充分肯定上述5个单位工作成绩、帮助查找分析问题的基础上，分别提出以下审议意见。

对市交通运输局工作的意见主要是：（一）规范城市客运秩序。要加强城市客运交通基础设施建设，合理设置停车场、营运线路、停靠站点、出租车招呼站，在两年内，要建设、维护好主要线路的基础设施；加强对城市公交线路牌的管理，认真总结公交线路牌有偿出让的教训，对出让的线路使用权要有期限要求，对无限期使用的线路牌要坚决收回，确保公共资源为社会公众服务；改善城市公交车辆的服务质量，采取有力措施，对城市公交车辆，特别对民营挂靠车辆的服务质量进行技术监控、工作评比，好的要奖励，差的要处罚，直至吊销营业执照；加大财政投入力度，建立规范的成本费用评价制度和政策性亏损评估制度，对公共交通企业的成本和费用进行年度审计与评价，合理界定和计算政策性亏损，对公共交通企业承担社会福利和完成政府指令性任务所增加的支出，定期进行专项经济补偿；认真分析研究城市客运执法体制问题，将行政管理职能与执法职能整合起来，形成管理合力，提高管理效率。（二）加快干线公路建设进度。要积极向省反映永州市贫困地区财政困难、配套资金难以筹集的实际情况，争取交通建设补助标准有所提高；调整财政支出结构，盘活改造公路两旁可开发土地，多渠道筹措配套资金，使已列入省里计划的干线公路尽快开工；积极主动协调建设过程中的矛盾，营造良好施工环境，推进项目顺利实施。（三）促进农村公路平衡发展。要针对山区公路不如农区、部分县乡道路不如村道的情况，加强调研，摸清底数，采取措施，加以解决，特别对流量大的路、通往景区和重点矿区的路，要适当提高技术等级；按照《湖南省农村公路养护管理办法》的要求，明确责任，完善机构，落实资金，细化措施，切实做好农村公路养护工作。

对市水利局工作的意见主要是：（一）加强水利设施建设。要切实做好水利项目的前期规划、设计和包装，带领县区“跑部进厅”，大力争取项目，增加投资；加大资金整合力度，将农业综合开发、农田水利、烟水配套、土地整理、国债、扶贫和以工代赈等用于水利建设的资金捆绑使用，最大限度发挥投资效益；加快中小流域治理重点县实施步伐，在规定时间内完成任务；广泛发动群众，大力开展小型水利工程建设，积极引入市场机制，大力发展民营水利，实现投资主体多元化。（二）加大项目建设监管力度。要加强项目资金监管，提高资金使用效益，严防挤占、挪用；加强招标管理，既要公平公正，又要提高工作效率，确保项目及时开工建设；加强项目质量监管，防止出现豆腐渣工程。（三）加强水政执法工作。要加强河道采砂监管，严厉查处无证采砂，乱采滥挖、乱堆乱弃、非法买卖河道采砂权等行为，对采后治理工作要建立切实可行的办法和措施，常抓不懈，根除隐患；规范水资源费收缴，简化取水许可办事程序，全面优化水资源环境。（四）加大基础保障力度。要加强水利技术队伍建设，要招聘一批水利专业人才，对现有非专业人员积极开展培训，使他们尽快成为懂业务的内行；落实中央、省有关文件精神，解决好基层水管队伍的工资和经费问题。

对市农业局工作的意见主要是：（一）迅速扭转蔬菜生产滞后的局面。要贯彻落实中央关于市长负责菜篮子的要求，尽快制定中心城市蔬菜生产的扶持政策，大力发展专业蔬菜基地，有效增加蔬菜供应，提高本地蔬菜自给率，迅速遏制中心城区蔬菜种植面积减少、本地蔬菜市场供应下降的趋势。（二）加大农产品质量安全监控力度。要增加经费投入，加大农产品市场抽检密度，特别要充分利用检测成果，通过舆论引导消费，使问题产品无人问津，让问题商家颜面扫地；建立健全农产品市场准入制度，强化源头监管，使农产品质量安全保障关口前移。（三）努力提高耕地质量。要依法加强耕地质量管理，普及测土配方施肥技术，加强有机肥料建设，逐步解决全市耕地地力下降和农业污染加重等问题；对新增耕地，农业部门要积极配合国土部门，严把质量关。（四）加强农技推广体系和产业化建设。要根据中央、省有关文件要求，落实好基层农技员待遇和工作经费，努力提高自身农技推广水平，建立起一支稳定的专业化基层农技队伍推广新品种，加强种业建设；市农科所和市柑桔示范场等市属农技研究推广机构要建立健全科研成果转化的激励机制，积极促进农业科研成果与产业对接融合，加强农业科技成果的转化利用；培育龙头企业，发展专业合作组织，建设农业基地。

对市环境保护局工作的意见主要是：（一）加大城市污染源的治理力度。要加强中心城市水源污染的治理，切实抓好城区污水处理管网配套建设，使污水进入污水处理厂进行净化处理，对中心城区内的养殖场要有计划、有步骤地搬迁，杜绝污水直排湘江，确保居民用水安全；加强对中心城区噪声、粉尘、气味等污染的治理，特别是对群众反映强烈的造纸厂、特种水泥厂要尽快拿出搬迁方案，从根本上解决污染问题；加强重污企业监管，督促企业遵守环保法律法规，自觉建设污染防治和监控设施，确保正常运行。对擅自停运污染治理设施的，要依法严肃处理，追究责任；尽快解决中心城区小医院、小诊所和县区的医疗废物集中处理问题。对不送医疗废物到处理中心处理而造成污染的单位，要从重处罚，依法追究责任；建立严格的环评审批制度、部门联动机制和公众监督机制，形成监督合力。（二）加大环保执法力度。要加大处罚力度，对未批先建、未经验收擅自生产、偷排直排、拒缴排污费、拒绝排污申报或谎报环境事件等违法行为，坚决依法从严查处，从根本上改变“守法成本高、违法成本低”

的问题，让破坏环境者得不偿失、身败名裂；继续开展油烟噪声扰民专项整治，对小餐馆、小锅炉、歌舞厅进行集中整治；加强环境信访工作，落实领导干部开门接访、带案下访责任制，完善“12369”环保热线制度，提高环境监管快速反应能力，提高全民环保意识。（三）加强农村污染的治理。要将治理农村面源污染纳入环保工作的重要内容高度重视；积极防治农村土壤污染，认真开展普查、检测工作，加大治理力度；加大农村生活污染治理力度，重点治理“脏、乱、差”问题，大力推行生产、生活垃圾集中收集处理的试点作法，努力改善居住环境；加强畜禽养殖污染防治，对不能达标排放的畜禽养殖企业进行标准化改造综合治理，治理不好的要坚决搬迁。（四）加强机关队伍建设。要加强硬件设施建设，提高科技监管能力；抓好市环境监测站用房建设，加强环境监测、监察能力建设，大力推进监察、监测标准化建设；加强环保队伍建设。加强队伍专业培训，引进专业技术人才，提高技术水平；加强作风建设、宗旨教育和反腐倡廉教育，完善督查、考核、问责等制度，不断改进行业作风。

对市畜牧水产局工作的意见主要是：（一）合理布局养殖产业。要加强对畜禽水产养殖污染的监管，经常开展明查暗访，及时发现问题，采取各种措施，督促畜禽养殖场开展排污自治；加大对饮用水源保护区、城区内等禁养区域养殖场污染治理力度，适时启动退出或搬迁机制，彻底根除畜禽养殖污染；严查向库区及其支流水体投放化肥和动物性饲料行为；根据有关法律法规尽快研究制定《永州市畜禽养殖管理办法》，规范畜禽养殖管理，明确部门监管职责，科学划定“禁养区”“限养区”“适养区”，严格养殖场地规划建设报批程序。（二）加强质量安全监管。要认真落实各项工作责任制度。强化产前、产中、产后的把关，特别对全市规模畜禽养殖场的饲养、诊疗、用药、免疫、消毒、病死畜禽处理等环节，要实行定人、定场、定期巡视，监管责任落实到人；加强对养殖投入品的管理，对全市饲料、兽药、添加剂生产经营进行检查整治，加大对使用违禁饲料添加剂、兽药以及逃避检疫、收购、售销病死畜禽等不法行为的查处力度，规范生产经营行为；健全畜禽产品质量安全监测检验体系，完善市县区畜禽产品质量安全监测检验中心建设，有效实施监测检验，进一步提高畜禽产品质量安全水平。（三）加大行政执法力度。要加强与工商、商务、食品药品监督、质监、公安等部门执法的配合，开展专项整治与经常巡查相结合，保持对违法生产经营行为的高压态势；狠抓薄弱环节，加强对环境敏感区的执法力度，建立重点水域巡查制度，开展非法捕捞专项整治，坚决查处电鱼、炸鱼和小目网捕鱼等违法行为；加强舆论宣传工作，特别对违法生产经营企业，要在新闻媒体曝光，让违法生产经营者得不偿失，名誉扫地。（四）加强自身建设。要加快市县区兽医管理体制改革，建立健全兽医行政管理、兽医执法监督和动物疾病预防控制中心三大体制，提高动物卫生监管执法水平和动物预防公共服务能力；加强畜牧水产队伍建设，不断改善基层防疫员的工作环境和福利待遇，稳定和发展基层防疫服务队伍；加强法律法规和政策、业务知识培训，提高队伍素质，尤其要提高专业技术水平；加强机关勤政效能建设，建立和完善管理、督查、考核、问责等制度，不断改进行业作风。

审议结束后，市人大常委会以交办函的形式向5个受审议单位交办审议意见。

针对自身工作存在的问题和市人大常委会审议意见，5个受审单位高度重视，立即行动，实施整改。市交通运输局及时制定整改方案，层层分解整改任务，逐一研究整改措施，勤抓巡查促服务，集中整顿树形象，加大力度争投入，转变作风解难题。市水利局迅速成立整改工作班子，细化梳理问题，层层分解到领导、到科室、到责任人。市农业局围绕交办问题，认真研究，细化分解，明确责任，提出整改要求和时限，重点加强专业蔬菜基地建设，加强农产品质量安全监管，加强耕地建设管理，加强农业产业化建设。市环保局高度重视整改工作，市、县区环保部门一把手亲自抓，分管领导具体抓，责任科股室参与抓，把4个方面、19条意见分解细化，建立台账，一周一调度，一月一检查，一月一通报，督促整改落实。市畜牧水产局精心组织、上下联动，抓住要害、突出重点，细化问题、分解任务，定时评议、按时督促，采取“三集中、三结合、三挂勾”的措施，全面落实整改责任，推动整改。

11月18日，市人大常委会第四十三次会议，听取和审议市环保局、农业局、水利局、交通运输局、畜牧水产局5个部门审议整改工作情况的报告。市人民政府副市长唐能武、市人大常委会主任李良铁在会上作了讲话。会议书面审议关于对市环保局、市农业局、市水利局、市交通运输局、市畜牧水产局5个部门工作审议后继续整改跟踪督查情况的报告。肯定有关部门所做的工作，分析存在的问题，提出意见和建议。会议进行测评，市环保局、农业局、水利局、交通运输局、畜牧水产局5个部门均被评为满意单位。

2012年审议市科技局、司法局、物价局、人防办、地税局工作

2012年7月24—25日，市四届人大常委会第五次会议听取和审议市科技局、市司法局、市物价局、市人防办、市地税局的工作报告。此次会议在充分肯定上述5个单位工作成绩、帮助查找分析问题的基础上，分别提出以下审议意见。

对市科技局工作的意见主要是：一要解决科技经费使用效率低的问题。加强对政府科技经费使用的监管，促进其使用效率的提高，对五年来，特别是近两年来的项目资金安排使用情况进行“回头看”，查找问题，认真整改；出台科技项目管理办法，科学、合理、重点、有效配置使用资金，避免今后科技经费使用“撒胡椒面”和挪用科技经费的做法；二要解决科技成果转化率低的问题。大力发展和规范管理各类科技中介组织和行业协会，采取有效措施引导、鼓励企业自主创新，加大知识产权、专利申请和成果转化力度，改变成果转化率低、申请专利不多、研发能力弱的现状，实现国家级自主创新产品零的突破。努力加大科技推广力度，特别是加强农业科普知识和农村科技推广工作。

对市司法局工作的意见主要是：加强对法律中介服务的监管。一要加大对律师执业监管的力度。加强对律师的教育管理，严肃查处违法违纪律师。严格把好律师年检关，进一步完善律师诚信档案。年内在中心城区举行一次评议律师活动。公开监管举报热线，向社会公布律师执业情况，接受社会和舆论监督；二要加大对司法鉴定监管的力度。加强对司法鉴定机构规范化建设的监管，督促建立健全内部规章制度。加大教育培训力度，努力提高司法鉴定水平。整顿超越自身业务范围提供鉴定服务及乱收费的司法鉴定机构；三要加大对法律中介机构违纪违规行为的查处力度，规范执业行为，依法取缔和整顿无牌无照非法执业及跨区域办案的法律中介机构。

对市物价局工作的意见主要是：一要加强重要民生价费监管。依法监管小区物业服务管理收费，清理整顿水、电、气、有线电视、网络宽带等开户费，做好投诉举报查处工作。依法合理制定中心城区经营性公墓销售指导价格。二要加大中心城区明码标价工作力度。开展明码实价试点工作，加强商品房明码标价管理。开展创建明码标价示范一条街活动，争取三年内完成中心城区明码标价工作。

对市人防办工作的意见主要是：一要解决好“结建”人防工程建设滞后问题。对近五年来特别是近两年来“结建”人防工程建设进行一次“回头看”，对承诺应建未建、缓建的依法查处；对依法宜建人防工程的新建民用建筑，改变重收费、轻建设的情况，做到应建必建；二要加强对县级人防工作协调指导，促进县级人防工作正常开展。

对市地税局工作的意见主要是：认真解决擅自减免缓和收关系税、人情税问题，做到应收尽收。要开展一次税务检查清理，摸清底子，并做好整改；要加强税收执法监督，加大对违法违纪行为的查处力度；要切实加强队伍教育管理，强化效能问责和绩效考核。

12 月 12—14 日，市四届人大常委会召开第八次会议，听取和审议市科技局、市司法局、市物价局、市人防办、市地税局关于工作审议整改情况，并对接受工作审议的五个部门整改情况进行测评。测评的结果为，市人防办满意票 30 张，占 96.77%，基本满意票 1 张，占 3.23%，满意加基本满意票率 100%；市物价局满意票 29 张，占 93.55%，基本满意票 2 张，占 6.45%，满意加基本满意票率 100%；市司法局满意票 23 张，占 74.19%，基本满意票 8 张，占 25.81%，满意加基本满意票率 100%；市科技局满意票 22 张，占 70.96%，基本满意票 8 张，占 25.81%，满意加基本满意票率 96.77%；市地税局满意票 19 张，占 61.29%，基本满意票 12 张，占 38.71%，满意加基本满意票率 100%。依照审议工作方案的规定，5 个部门测评结果均为满意。

2013 年审议市人社局、市安监局、市国税局工作

2013 年 7 月 25—26 日，市四届人大常委会第十三次会议听取和审议市人社局、市安监局、市国税局的工作报告。此次会议在充分肯定上述 3 个单位工作成绩、帮助查找分析问题的基础上，分别提出以下审议意见。

对市人社局工作的意见主要是：一要强化社保扩面征缴。全市社保基金每年收支存在巨大的风险隐患，必须引起高度重视，采取强有力的应对措施。1. 扩大社保覆盖面。积极引导以进城务工人员、大学毕业生和灵活就业人员为主体的广大城乡居民踊跃参保，提高缴费参保率。2. 加大清欠力度。整合市、区劳动监察力量，重点检查非公企业和园区企业，加大对拒缴、拖欠社保基金行为的处罚力度。3. 实施社保补贴。对“4050”灵活就业人员继续给予养老、医疗、失业保险补贴；对被征地农民社保费缴纳情况进行全面清理，力争被征地农民社保费足额到位。4. 落实财政配套。大力争取中央、省就业、社保补助资金和其他专项资金；积极争取市、县（区）将就业和社保财政配套资金纳入预算，保障上级安排的配套任务及时到位。5. 加强基金监管。组织开展基金管理使用情况检查；加强对定点医疗机构的监管，严控医保基金流失，确保基金安全和保值增值。二要强化劳动监察执法。相当数量的用工企业特别是私营企业，不签劳动合同、不买社会保险、拖欠农民工工资的现象较为普遍，人社部门对劳动违法行为查处力度不够。为解决这一问题，必须坚持依法行政。认真贯彻落实《中华人民共和国劳动合同法》，督促企业与职工依法签订劳动合同、缴纳社会基本保险，及时足额发放工资；凡不按规定在银行预存农民工工资保障金的建筑企业，一律不核发施工许可证。必须加大执法力度。正确处理劳动执法与优化环境的关系，加强劳动保障监察执法，清理整顿人力资源市场秩序，加大对拖欠工资、非法用工等违法行为的查处力度，改变企业劳动违法成本低的状况。必须注重法规宣传。加大对人力资源社会保障政策法规的宣传力度，让更多的劳动者了解并运用法律法规维护自身的合法权益。三要强化人事人才管理。规范公务员管理。坚持“凡进必考”，继续实施公务员遴选制度。推进事业单位改革。与编制部门通力合作，2013 年内完成市本级事业单位分类登记；完善事业单位公开招聘办法，规范事业单位进人程序；进一步完善事业单位“凡进必考”的制度，加强对县区事业单位进人考试的监管力度。完善引进人才措施。不能片面强调高学历，而是更看重工作经验与能力；引进的各类人才，应尽量充实到专业对口的事业单位；高度关注工程技术人才紧缺现状；着力解决人社部门业务经办机构力量严重不足的问题。严格人事管理，规范人事审批，严守人事纪律，杜绝违规进人。四要高度重视机关社保问题。1998 年，全市已全面试点机关事业单位养老保险制度，纳入财政预算的机关事业单位，其单位缴纳部分列入了财政预算，个人缴纳部分由财政代扣代缴。2005 年 4 月，《中华人民共和国公务员法》颁布，2005 年 9 月起，市本级大部分党政机关和 50% 左右的全额拨款事业单位停缴，造成已缴和未缴的不平衡、不公平。机关事业单位养老保险事关机关事业单位干部职工的切身利益，市人社局高度重视，紧密跟踪国家养老保险政策新的走向，提出市直机关事业单位实施养老保险的具体方案，报市人民政府研究解决。

对市安监局工作的意见主要是：一要严格执法，解决生产安全事故追责处罚不到位问题。对2008—2012年，特别是近两年来全市生产安全事故查处情况进行“回头看”，总结反思，查找问题，加以整改。按照法规要求和“四不放过”原则，加大生产安全事故追责力度，从严查处违法违规行为，公开事故相关信息，通报事故查处情况，切实改变目前生产安全事故查处中失之以宽、失之以软、追责不严厉、处罚避重就轻、追究刑事责任“心慈手软”等现状。二要形成合力，强化安全生产综合监管职能。市人民政府要进一步增强安委会的工作职能，创新指导协调、综合监管工作机制，提高安监部门安委办工作能效，加强城乡私人建房、乡村公路、校车管理、小区安全、高楼消防、燃气氧气储存运销等行业、领域安全生产综合监管和检查督办，集中开展非煤矿山、烟花爆竹、危险化学品专项整治，认真落实党政领导“一岗双责”、依法行政履责述职、安全事故问责追责、年度考核奖罚兑现等相关制度，有效解决安委会成员单位职责交叉、各自为阵、联动乏力以及安全监管中虚多实少、“禁区”、“死角”等问题。三要夯实基础，增强安全生产监管保障能力。加快全市安全生产监管指挥、应急救援中心建设，总结推广“祁阳经验”“宁远模式”，力保基层安监机构“五有到位”，着力抓好现有人员继续培训和专业人才引进，建立落实财政、企业、社会安全生产投入长效机制。四是创新机制，提升安全生产监管服务水平。完善政务公开、行政许可、服务告知、属地监管等行为规范，探索切实管用的宣传教育方式，推行企业生产安全技术“专家组”服务，严格安全生产中介机构评审程序、收费行为，解决安全生产监管中培训与收费、主责与协调、告知与处罚等问题。

对市国税局工作的意见主要是：一要加强财源建设。服务新型工业化，实行局领导分片联系挂点制度，加大财源调查和培植力度，注重发挥税收在引导产业结构升级、区域结构调整、城乡结构优化、分配结构改善等方面的积极作用，积极为政府提供参谋决策服务，避免出现预缴税款的现象。二要加强税收征管。要坚持依法行政，深入开展对偷、逃、骗、抗税及工业园区、开发区一些企业虚开增值税发票等行为的专项稽查和整治活动。细化分行业税收征管措施，解决酒类、家具销售、农产品加工等行业税收管理偏松的问题，努力做到应收尽收。三要修订《永州市房地产及建筑工程税收一体化管理实施方案》，将国税部门征管的建筑工程耗用材料增值税和房地产企业所得税一并纳入一体化管理，并全面推行。四要加强县区纳税服务大厅建设。重点改善冷水滩办税大厅硬件条件，增强业务能力，提高办理效率，使之成为服务优良、业务娴熟、更高星级的窗口单位。同时，大力优化纳税网络平台建设，大力推行网上办税，建立纳税人需求征集、分析、快速响应和投诉处理机制。五是创新宣传形式。紧扣纳税人不同需要，走“个性化”宣传路子，将集中宣传和日常宣传结合起来，进一步拓宽宣传渠道，增强宣传工作实效。

12月10—12日，市四届人大常委会第十六次会议听取和审议市人社局、市安监局、市国税局关于工作审议整改情况的报告。会议认为市人社局、市安监局、市国税局认真落实常委会的审议意见，整改工作措施有力，成效明显。市人社局强化社保扩面征缴，强化劳动执法，加强就业用工服务，深化人事制度改革；市安监局努力提高全民安全意识，增强安全保障能力，强化安全监管力度，提升安全服务水平；市国税局创新税收征管方法，积极开展专项检查和整治活动，严厉打击偷、逃、骗、抗税和虚开增值税发票等违法行为，全市纳税服务上了一个新的台阶。但整改工作还存在不足，一些短期内没有整改到位的问题需要继续整改，2014年上半年，常委会会议将听取3个部门后续整改情况的报告。

2014年审议市文广新局、旅游外事侨务局工作

2014年7月29日，市四届人大常委会第二十一次会议听取和审议市文广新局工作报告、市旅游外事侨务局工作报告。此次会议在充分肯定上述两个单位工作成绩、帮助查找分析问题的基础上，分别提出以下审议意见。

对市文广新局工作的意见主要是：一要着力破解体制机制障碍。解放思想，大胆探索，加快推进新一轮文化管理体制改革，理顺现行职能交叉、委托执法、责任难究、运行尴尬等矛盾；科学规范，主动担责，抓紧完善文化部门内部协作机制，解决不好管，不敢管、互不管、乏力管等问题；管放结合，注入活力，真正建立政府扶持、市场推进、有利于文化企事业单位发展的新模式。二要强力推进文化强市纲要实施。打造文化强市浓厚氛围，提升纲要实施工作位置，增加政府绩效考核权重，列入产业招商包装项目，列入为民办实事重要内容。按照政府主体、公办民助、市场推动的原则，形成文化事业投入与财政收入同步增长长效机制，建立文化产业发展、产业引导专项基金及其监管制度，搭建起文化无形资产抵押担保、文化产业贷款“绿色”通道、社会民间投资等市场融资平台，完善文化人才引进、培养、鼓励措施，找准文化品牌与旅游资源的结合点和切入点，真正把文化“软实力”作为各级政府及职能部门的硬任务来抓。三要切实解决公共文化设施“欠帐多”问题。尽快落实市文艺中心、市博物馆、市青少年活动中心等重点文化事业项目选址及建设启动。用与时俱进的理念，改革图书馆、文化馆的投入机制、共建模式及整合形式。按照公办民助思路，解决群艺馆、美术馆、演艺院团场所不足、设施简陋、运转困难等问题，改善城市社区公共文化设施缺失现状。加强指导服务，及时化解乡镇文化站、村农家书屋设施不适用、人员“瓜菜代”、开放不经常、管理不规范、作用不明显等矛盾。加快“户户通”和“无线覆盖提质”建设及监管，加强对广大人民群众免费收听、收看广播电视的宣传、检查和服务工作。

四要努力提高文化事业管理服务水平。一方面，纠正“弱势”部门认识上的偏差，树立有为才有位的正确理念，振奋精神，自加压力，创新管理服务方式，提高履职能力水平；另一方面，强化文化市场执法监管，始终保持网吧综合整治的高压态势，严格规范KTV、游戏厅、演艺场所经营管理，不断加强文物及非物质文化的保护力度，严厉查处侵权、盗版、造假、无照经营等违法行为，主动督促整改群众反映强烈的有线电视在播放、接收、收费、服务等中存在的问题。

对市旅游外事侨务局工作的意见主要是：一要高端规划策划。建议市人民政府请知名旅游规划设计公司，做好永州市旅游发展近期和远景规划、策划。按照知名旅游目的地、文化旅游融合发展试验区的要求和标准，对全市文化旅游进行整体规划，将文化旅游融合发展规划纳入全市经济社会发展整体规划及城乡整体规划。二要领导顶层推动。各级领导要强力推动旅游业的发展，把旅游业作为重点战略性支柱产业来抓。在领导力量摆布上，把旅游发展纳入各级“一把手”工程；在财政投入上，不断加大旅游发展的财政投入力度，用好用活用足旅游发展专项资金，简化旅游专项资金审批程序，提高专项资金使用效率；在目标考核上，结合各地资源禀赋制定更加细致的目标考核办法，加大旅游发展考核权重。三要打造龙头景区。抓好零陵古城和阳明山的“古城名山”龙头景区建设。零陵古城要显古色，加快零陵东山景区建设，创建历史文化名城；双牌阳明山要显名气，加快阳明山对台交流基地申报工作，加快景区提质扩容，积极创建国家级生态旅游示范区和旅游渡假区，以龙头效应带动全市旅游业发展。四要引进有诚意有实力的战略投资者。制定优惠政策，不断加大招商力度，吸引真正有诚意有实力的战略投资者，特别是要拿出最优惠的、让人眼红心动的政策来吸引大的知名旅游企业落户永州。五要完善基础设施。抓好旅游景区间的交通网路建设。修通广西灌阳边界至江永千家峒景区、舜皇山至新宁、金洞至阳明山景区、蓝山湘江源至九嶷山景区、九嶷山至湘源温泉、道县上关至湘源温泉等景区连接道路。抓好市旅游集散中心建设以及景区停车场建设。六要加强人才队伍建设。加大市、县区旅游部门人才培养引进力度，特别是要加大导游人才培养引进力度。七是强化外侨服务管理。加强因公出国境管理，推动外事与旅游、侨务、商贸、文化融合；规范涉外事务；进一步做好归侨侨眷、侨资企业维权工作；做好外事服务工作，为永州企业家“走出去”提供优质服务，加大为侨胞及归侨侨眷的服务力度。

2015年审议市经信委、民宗委、统计局和食药监局工作

2015年7月30日，市四届人大常委会第三十一次会议听取和审议市经信委、市民宗委、市统计局和市食药监局工作报告。此次会议在充分肯定上述4个单位工作成绩、帮助查找分析问题的基础上，分别提出以下审议意见。

对市经信委工作的意见主要是：全市经济和信息化工作坚持以新型工业化为第一

推动力，加强工业经济运行调度、工业企业项目推进、工业园区平台建设，不断推进“两化”融合，不断提升服务水平，为促进企业健康成长，加速新型工业化，作出了积极贡献。但全市工业总量小，新型工业化水平相对较低；长期依靠高投入、高消耗，发展方式粗放、结构不合理；科技创新能力不强，核心技术受制于人；产业集中度低，招商引资和园区建设重数量轻质量，招商引资成本过高。为此，建议着重加强4个方面的工作。一是进一步凝聚工业发展的合力。全力实施新型工业化大突破，进一步强化推进新型工业化领导小组及其办公室职能，建立定期会商制度，协调推进全市新型工业化工作；加大对工业的支持力度，整合使用国家、省市各项专项资金集中倾斜支持重点企业和重点项目建设；推动市新型工业化引导资金逐年按比例增加，每年列入市财政预算，专款专用；切实做到力量向工业集中、政策向工业倾斜、资源向工业配置、资金向工业投放、形成促进工业发展的强大合力；加大宣传力度，充分利用报纸、电视、广播、网络等各种媒体，宣传新型工业化发展成就、企业成功经验、创业创新典型、永州工业发展环境、国家产业政策，开辟工业发展宣传专栏，在全市营造浓厚的大兴工业的氛围，营造大众创业、万众创新的良好环境。二是进一步强化推新工作手段。要面向全球全国，立足全市，主动作为，积极发挥职能作用，当好市委、市人民政府的参谋助手。主动适应新常态，应对经济下行压力，积极跟踪国家宏观政策的变化，积极探索工业和信息化发展的新途径；高标准、高质量编制好《永州市“十三五”新型工业化发展规划》和《永州市先进装备制造业中长期发展规划》；继续抓好全市节能减排工作，强制污染物排放未达标的企业进行设备改造和更新；严格招商引资的准入标准，绝不能以牺牲绿水青山为代价来换取眼前的发展；重视投入与产出的平衡，减少浪费，解决招商引资成本过高的问题；着力打造工业园区平台，建立健全工业运行监测和园区数据采集系统，抓实园区考核，提升产业聚集度、配套完善度、管理灵活度，营造优质、高效的园区发展环境。三是进一步加大企业服务力度。深入开展“企业服务年”和“惠企政策落实年”系列活动，积极帮助企业解决项目建设、生产经营过程中的困难和问题；深入企业、项目建设现场，宣传优惠政策，指导企业开拓市场，做好规划，引进人才，搞好经营管理；借鉴学习外地先进经验，结合永州实际，制定完善相关惠企政策；突破瓶颈制约，加大要素保障，积极破解企业发展中融资、用工、用地等难题。拓宽融资渠道，创造性地为企业搭建融资服务平台；联合金融办，组织专业团队，主动帮助奔腾彩印、希尔药业等一批企业开展上市服务；创新招工方式，优化软硬环境，积极开展各类人才和用工培训，积极探索企业引进人才、留住人才的有效途径。四是进一步加大行政执法力度。理顺执法体制，建立执法机构。完善工作机制，加强与公安、电力、司法等部门沟通协调，建立联合办案机制，同时规范县区执法队伍管理，形成齐抓共管、上下联动的执法格局；强化执法手段，增强执法力度，对非法用电、搭线偷电行为要依法打击；加强执法队伍建设。一方面要选调一批品行好、业务精、工作责任心强的干部充实到执法队伍中来，另一方面要加大执法培训力度，强化对相关法律法规的学习，打造一支业务精湛、作风过硬的高素质队伍。

对市民宗委工作的意见主要是：市民宗委坚持科学发展观，积极进取，务实为民，与委员单位一起，推动民族地区经济社会快速、平稳发展；成功申报瑶族非物质文化遗产，开展民族特色村寨建设，有效传承和保护瑶族文化遗产；维护宗教领域和谐稳定，促进永州市与台湾在经济、文化、旅游等方面的交流与合作。但永州市民族地区基础设施落后，经济社会建设任务艰巨，“三林”问题比较突出，部分民族同胞生活较为困难，宗教工作执法主体地位不明确、人员偏少，这些问题都亟待解决。为此，建议着重加强 4 个方面的工作。一是加大政策宣传，不断增强民族工作合力。组织开展全市民族工作干部政策法规培训，建立县、乡（镇）、村三级民族政策法规培训机制。对在维护民族团结、推动民族地区发展、保护和传承民族文化、强化民族特色村寨建设等工作中业绩突出的单位和个人进行挖掘，加大宣传和推介，形成民族工作浓厚氛围。定期召开民族工作联席会议，加强沟通协调，争取民宗委各委员单位对民族工作重视和关心，在对口帮扶、项目优先等方面落实责任，形成工作合力。二是深入调查研究，积极争取民族优惠政策。深入民族地区调查经济建设、文化、教育、医疗卫生等方面发展现状，把民族地区发展过程中存在的困难和不足积极反映到上级部门，争取在解决“三林”问题、特色村寨建设、扶贫、移民安置等方面获得更实惠的政策支持。以贯彻落实中央、省委民族工作会议精神为契机，抢抓编制各地经济社会发展“十三五”规划机遇，推动出台符合永州实际、操作性较强的政策文件，引领民族地区各项事业发展。对各级各部门落实民族政策情况进行督促检查，确保党和国家的民族政策真正落到实处。三是加强监督管理，维护宗教领域和谐稳定。指导宗教界做好宗教场所用地、规划等依法依规呈报审批，做好相关备案管理工作。帮助宗教场所建立健全财务管理制度，加强对财务收支监督检查。认真做好教职人员备案登记，开展宗教界代表人士政策法规培训，引导宗教人士与社会主义社会相适应。加大排查力度，消除影响宗教界稳定的不良因素和宗教场所存在的安全隐患。四是主动沟通协调，提升宗教事务服务水平。加强对县区宗教工作指导，明确执法主体，推进依法行政。逐步优化中心城区宗教场所布局，满足信教群众信仰需求。关心和帮助宗教团体解决一些实际问题，缓解宗教人士后顾之患。

对市统计局工作的主要意见是：全市统计工作紧紧围绕发展大局，坚持以“三个提高”为目标，以现代化服务型统计建设为抓手，着力推进统计改革、发展与建设，依法对国民经济和社会发展情况开展统计调查、统计分析，提供统计资料和统计咨询意见，实行统计活动监督，各项工作都取得新的进步。统计工作比较客观地反映了全市经济社会发展成果，为市委、市人民政府科学决策提供了决策参考。但统计宣传力度不够，依法统计氛围不浓，统计环境不优；数据质量把关不严，部分数据失真，监管不够到位；科学统计意识淡薄，统计指标偏向，注重经济发展指标，忽视了民生改善、社会进步、生态效益等社会指标，服务时效欠缺；统计执法不严，统计基础不牢，执法手段失之于软；基层基础依然薄弱，专业人才缺乏，基层队伍不够稳定，参政设谋不够等，这些问题阻碍和制约了全市统计事业的发展。为此，建议着重加强三个方面的工作。一是加大统计法的宣传力度。突出宣传的广泛性。充分利用统计信息网站、统计公报、月报等媒介和载体进行宣传，不断拓宽统计法律法规知识普及面，扎实推进日常统计法制教育，要区分不同普法对象，通过各个层面，采取各种形式，广泛开展统计法宣传教育，进一步提高各级领导干部的统计法观念，提高广大统计人员的统计法律素质，提高全社会的统计法律意识；提高宣传的有效性。突出抓好规模工业、商贸、建筑业、服务业“四上”企业和房地产开发经营企业单位负责人、统计人员的普法教育。树立统计法的权威性，在统计法制宣传工作中，要结合典型案例以案说法，达到“宣传一案，教育一片”的目的。二是加强统计基层基础工作。推进县区统计局、乡镇街道统计站规范化达标，科学合理地配置统计机构、办公设施、统计人员等，做到统计队伍健全，统计渠道通畅，统计信息全面；加强基层统计教育培训工作，重点加强对企业、乡镇统计人员和辅助调查人员的业务培训；同时强化人才培养，建立与重点院校，统计专业知识培训基地的培训机制，有计划培养一批懂统计专业、有分析能力的人才队伍，解决专业统计人员青黄不接的问题；充实基层统计队伍，有计划地公开招录招聘一批年轻公务员和统计协管员，加强基层统计力量；要推进统计信息化建设。加强对统计信息化的投入，满足新形势下做好企业联网直报和未来统计发展的新要求；加强工作作风建设，树立良好的职业道德操守，建立科学统计评估体系，细化统计手段和依据，夯实基层统计，完善统计台账，提高统计数据质量。三是加强统计执法监督力度。严格统计执法，夯实统计基础，实行统计数据检查和统计执法工作机制，切实保证源头数据质量；强化执法队伍建设。要健全机构，配齐人员，有计划、有针对性地开展有关法律法规、统计执法实务和相关专业知识的培训，不断提高统计行政执法人员的法律素质和执法技能；加大统计执法力度。严格依法做好统计执法监督工作，经常性地开展统计执法检查工作，并坚持定期检查与经常性检查相结合、自查和抽查相结合，严格执行国家出台的《统计上严重失信企业信息公示暂行办法》，要敢于执法，善于执法，寓执法于服务之中，不断增强统计监督执法的实效，卓有成效地依法严肃查处各种统计违法案件，要有高度的责任感和使命感，坚决维护《中华人民共和国统计法》的尊严，做到执法必严，违法必究，为依法治统创造良好的环境。

对市食药监局工作的意见主要是：食药监局紧紧围绕“打造食品药品安全绿洲，

建设品质活力永州”，着力构建食药监管、指导、服务综合体系，依法履职，确保全市未发生一起源发性药害事件和较大食品安全事故，为永州经济社会又好又快发展创造良好的安全环境，发挥重要的保障作用。但食药监管工作还存在体制改革推进乏力、“实事”落实存在差距、监管服务不够到位、基础保障相对滞后等问题，特别是重审批轻监管、问责惩处既宽亦软、示范创建效果不佳、宣传教育不够，已对食品药品安全和群众身体健康构成极大的威胁。为此，建议着重加强四个方面的工作。一是突出重点抓改革。树立紧迫感，增强使命感，采取非常措施和过硬办法，切实加强对县区体制改革的组织、指导和服务，及时研究经开区食药监管体制，加快推动县区、乡镇食药监管体制改革，确保其机构、职能、人员尽快到位。发挥食药安委组织调控龙头作用，提高食药安办职级、人员配置，建立行政监管与公、检、法、司协作联动机制。二是精准发力抓监管。抓专项、净市场、赢民心，扎实抓好放心食用油和米粉工程，坚决取缔“黑作坊”“黑窝点”“黑交易”，持续打好学校食堂及周边食品市场“四打击四规范”攻坚战，严肃整治药品、保健、化妆品生产、经营中违规宣传和虚假广告欺诈推销，不断强化医院、药店、乡村卫生院（室）药品、药剂、药械日常监管；扩大食药安全电子远程监管网络覆盖率，延伸农村、社区、小区薄弱环节监管面；发挥民间行业协会作用，强化业主自律诚信意识，规范群众自办宴席安全管理，探索建立食品安全保障机制，落实投诉举报奖励制度。三是夯实基础抓保障。破解项目用地、资金配套瓶颈，加快食检中心建设；适应体制调整和职能整合需要，确保食药监管财政投入；重视人才队伍建设，着力解决检测专业技术人员不足；落实企业安检员和监管部门责任人双向互动机制，破解乡镇监管站有名无实、有责无权、有人不专难题；谋划支持医疗综合产业园区建设，重视、整合、扶持中药企业发展。四是营造氛围抓宣传。加大宣传普及力度，建立电视专栏、报纸专刊、网络专页、社区专窗、手机短信等全方位、广视角、常态化的宣传教育平台；提升学习教育层次，把食药安全法规知识列为“六五”普法内容，纳入党校、行政学院教学课程，进入党委（组）中心辅导报告，编入中小学校教学课本，增入职业教育范畴；抓好农村、社区等重点区域，广泛开展进机关、进学校、进企业、进社区、进农村、进家庭“六进”活动。

第八章　述职评议

1997 年对市人民检察院和市审计局开展述职评议

根据《湖南省县级以上人民代表大会常务委员会监督条例》的有关规定，1997 年市人大常委会对市人民检察院和市审计局开展述职评议。按照述职评议条例和实施方案，述职评议工作分四个阶段进行。

第一阶段：制定实施方案。1997 年 12 月上旬，市大常委会成立述职评议工作领导小组，设立述职评议工作办公室，明确工作的指导思想，制定述职评议的实施细则。

第二阶段：征求意见和分组调查。1998 年年初，市人大常委会和部分全国、省、市人大代表组成联合调查组，由人大常委会领导带队，分别深入各县（区）有关单位进行调查。为做好调查工作，事先与市人民检察院和市审计局进行衔接，分别向市、县（区）有关单位发出征集意见函，广泛征集意见，并确定评议发言人，写好评议稿，为评议会议作好准备。

第三阶段：进行评议。1998 年 4 月 27 日，市一届人大常委会举行第十六次会议，听取市人民检察院和市审计局主要负责人关于 1997 年度工作目标承诺书兑现情况的汇报。4 月 28 日，市人大常委会根据工作计划安排，由人大代表和人大常委会组成人员进行审议和评议，提出书面审议意见。

第四阶段：督促整改和处置措施。对会议述职评议审议意见和书面审议意见由专门委员会整理成整改交办函，交联工委形成综合整改意见交办函，经主任会议研究后，交述职人员进行整改。

此次述职评议，常委会组成人员和人大代表对赵光华及市检察院的工作作出满意评价。

此次述职评议，常委会组成人员和人大代表对宋广芬及市审计局的工作作出满意评价。认为，市审计局始终把严于律已、率先垂范作为领导班子的工作准则，把握大局，开拓进取，团结共事，民主决策，认真履行职责，严格依法行政，着力抓好勤政廉政建设，仅一年多的时间便开创了全市审计工作的新局面。1997 年度市审计局认真履行审计职能，全面完成目标任务。完成审计项目数、查处各类违纪金额及为财政增收节支数均创建局以来最好的水平。特别是财政预算执行情况审计、基建专项审计、行业审计、领导干部离任审计和县（区）审计机关管理等工作进步很快。同时，坚持依法审计的原则，执法力度明显加大。1997 年，全市审计机关认真贯彻落实审计工作规范，进一步完善审计复核制度，开展审计执法检查，有力地推进了审计工作法制化、制度化、规范化建设，全市审计工作人员法制观念和依法行政、严格审计、照章办事的意识增强，审计工作质量明显提高。1997 年，审计局采取岗位轮换、审计回访、廉政建设一票否决等制度和措施，树立了审计队伍新的形象。

常委会组成人员和人大代表在肯定市人民检察院和市审计局所取得成绩的同时，特别指出两单位存在的问题与不足，主要表现是：反腐败查办大要案的工作不平衡，查办有影响的大要案还不多，办案的质量、深度、力度以及取得的社会效果还未达到理想的要求；依法行政和公正司法存在一些问题，执法监督的力度还不够；少数干警中还存在一些执法不严，甚至滥用职权以权谋私等违法违纪问题，司法腐败现象尚未得到有效遏制；勤政廉政建设抓落实不够，思想政治工作还相对薄弱，自身建设还有待提高；有个别负责人履行不了职责，工作失职、不称职，或利用职权以权谋私，不仅害了自己，也带坏了班子和队伍，给工作和事业带来损失。

1998 年对市“一府两院”及其组成部门开展述职评议

1998 年，市人大常委会对市“一府两院”及其组成部门，在 1997 年推行的工作目标承诺制的基础上开展述职评议。常委会组成人员和人大代表认为，1997 年，市“一府两院”及其组成部门认真落实 1997 年工作目标承诺制，达到预期的目的，收到较好的效果。第一，“两院”和政府组成部门接受人大监督的自觉性逐渐增强；第二，目标任务完成较好，各项工作均有进步；第三，依法办事更加自觉，法律意识有所增强；第四，勤政廉政建设有新进展，机关作风明显改进。常委会组成人员和人大代表同时指出 1997 年各单位工作目标承诺兑现中的问题与不足。主要是：少数单位对实行目标承诺制认识不够到位；部分经济指标欠账，经济运行质量和效益亟待提高；依法行政和公正司法存在一些问题，有的还很严重；勤政廉政建设抓落实不够，有些规章制度写在纸上、挂在嘴上的多，落实到行动上的少。个别单位主要负责人履行不了职责，工作失职、不称职，有的甚至以权谋私。为此，常委会组成人员和人大代表提出，相关单位要切实提高对实行工作目标承诺书制度的认识；狠抓工作落实，确保目标任务实现；严格依法行政、公正司法，努力推进依法治市；提高领导者素质，增强驾驭全局的能力；提高思想觉悟，争当遵纪守法的模范，全心全意为人民服务。

此次评议，人大敢于讲真话、道实情，敢于面对面提意见，敢于指名道姓的指出缺点和问题，参加评议的“一府两院”的领导同志表示虚心接受意见，大力改进工作。

1999 年对市林业局开展述职评议

1999 年 4 月，市人大常委会对市林业局进行述职评议。评议内容主要为领导班子建设、工作业绩、林业行政执法、勤政廉政建设等。为确保评议质量，市人大常委会办公室提前给每位委员和与会代表发出通知，要求认真做好调查研究工作，作好评议的材料准备。市人大农经委先后到市林业局机关和新田、双牌、江华等县作了调查研究，广泛听取意见。是年 4 月 28 日，市人大常委会第二十三次会议在听取政府各组成部门和“两院”主要领导关于目标承诺兑现情况的汇报后，对市林业局局长蒋柏元进行面对面的述职评议。

常委会组成人员和人大代表对市林业局提出意见和要求：加强领导班子建设，加强思想教育，做到领导成员步调一致，完成党和人民交给的各项任务；加强队伍建设，提高干部职工的整体素质，培养一支高素质的队伍；改善执法环境，严格执法，做到有法必依、执法必严、违法必究，加大对林业犯罪行为的惩处力度；建立健全林业管理的各项规章制度；抓好勤政廉政建设，教育干部职工认真为民办事，廉洁奉公，努力做好本职工作。

2002 年对市经委、市农业局、市环境保护局、市劳动和社会保障局、市文化局、市旅游外事侨务局 6 个部门主要负责人进行述职评议

2002 年 8—10 月，市人大常委会组织对市经委、市农业局、市环境保护局、市劳动和社会保障局、市文化局、市旅游外事侨务局 6 个部门主要负责人进行述职评议。述职评议分制定方案、开展调查、代表评议、督促整改四个阶段进行。是年 10 月 30 日，市二届人大常委会第十一次会议对上述 6 个部门负责人的工作情况进行评议。

常委会组成人员和人大代表认为，市经委主任张建亮任职以来，市经委的各项经济指标完成比较好，国企改革工作成效明显，机关作风变化很大，廉政建设有成效，但工业经济总量少、发展后劲不足，国企改革力度不大，综合协调和指导服务工作不够有力等不足和问题需要高度重视和认真改进。市农业局局长周进松狠抓班子建设、坚持依法行政、注重廉洁自律，局党组凝聚力较强，业务工作成效显著，机关作风建设效果好，但要进一步加强调查研究，提高行政执法水平，加大争取上级支持的力度，提高干部队伍素质。市环保局局长邓子云坚持环保工作为经济建设服务的思想不动摇，坚持依法行政、贯彻执行环保法律法规，认真办理人大代表建议，自觉接受人大监督，注重干部队伍建设、提高队伍的整体素质，坚持廉政勤政、率先垂范，但要进一步加大环境保护基本国策的宣传贯彻力度，进一步加大执法监管力度，进一步提高环保队伍素质。市文化局局长王一冰学习认真，依法监管，在整顿文化市场秩序中具有较强的创新精神；工作勤奋，作风务实，在发展各项文化事业中具有较强的拼搏精神；接受监督，心系群众，在为基层排忧解难中具有较强的公仆意识；公道正派，廉洁自律，在团结一帮人中具有较强的民主意识。但要进一步加强学习，不断提高自身素质和领导艺术；进一步理顺内部管理体制，加强对文化市场的监管；进一步使群众文化群众化，扩大群众参与文化活动的层面；进一步完善各项制度，加强对下属单位的管理。市劳动和社会保障局局长何明玲工作思路清晰，有一定开拓精神；工作重点突出，两个确保成效明显；工作目标明确，社保体系渐趋完善；工作作风稳健，较好地做到勤政廉政。但要大力加强开展劳动和社会保障方面的法律法规和政策宣传，始终抓住两个确保不放松，逐步实现两个确保的重点向扩大再就业转移，切实加强对职业培训的管理。市旅游外事侨务局局长黄冰开拓进取，扎实工作；依法行政，规范行业行为；作风朴实，注重调查研究；接受人大监督，认真办理代表议案和意见；严于律己，廉洁奉公。但要进一步加强调查研究，为市委、市人民政府宏观决策当好参谋；进一步加强依法行政，加大行业的监管力度；进一步抓好规划的完善，切实把规划建设落到实处，要搞好班子团结，增强凝聚力和战斗力。

2003 年对交通局局长廖秋文等进行述职评议

是年 9 月，市人大常委会组织对交通局局长廖秋文、劳动和社会保障局局长何明玲、市国土资源局局长唐定奇、市文化局局长王一冰、市物价局局长吴昌高、市规划建设局局长雷细生、市中级人民法院刑一庭庭长张胜广进行述职评议。

是年 10 月，市人大常委会组织对市计划发展委员会主任李德勋、市人事局局长唐立文、市城市管理局局长龙楚元、市教育局局长刘宏来、市交通局局长廖秋文、市乡镇企业局局长唐运军 6 个政府工作部门主要负责人进行述职评议。

2004 年对市民政局等 5 个部门主要负责人进行述职评议

2004 年 9—10 月，市人大常委会组织对市民政局等 5 个部门主要负责人进行述职评议。

常委会组成人员和人大代表认为，市民政局局长高增遗宗旨意识牢，务实勤奋，为民解困和维护稳定工作卓有成效；法律意识浓，依法行政，民政工作逐步走向规范化、法制化轨道迈进；工作思路新，开拓进取，民政事业得到迅速发展；组织能力强，善于带班，班子建设和机关管理取得明显效果；清正廉洁，严格要求，机关廉政建设得到加强。常委会组成人员和人大代表建议高增遗，继续加大民政资金的筹措和管理力度，多为困难群众谋福利；不断创新民政工作的思路和方法；尽快建立慈善机构；进一步加强机关的车辆管理；敢于批评和善于批评有机结合起来。

常委会组成人员和人大代表认为，市国土资源局局长唐定奇政治坚定，法律意识较强；真抓实干，国土资源工作成效较大；工作比较扎实，作风民主；在廉政建设上，厉行节约，秉公办事。常委会组成人员和人大代表建议唐定奇，努力加强班子队伍建设，大力加强机关内部建设，努力理顺国土资源部门体制改革后的工作关系，加大对土地出让金的收缴和监管力度，高度重视，依法妥善处理好芝山区的土地管理权及上收市管期间的遗留问题。

常委会组成人员和人大代表认为，市规划建设局局长雷细生坚持依法行政，法制观念强；工作思路清晰，重点突出；自觉接受监督，认真办理人大代表建议；注重班子建设，提高队伍素质；严于律己，坚持廉洁从政。不足之处及建议：要进一步加大规划的宣传贯彻力度；要继续加大中心城市的建设力度和速度；要进一步规划建设市场，继续狠抓招投标领域的严格管理；要进一步提高工程建设项目资金的使用效率；要转变作风，优化服务，提高办事效率。

常委会组成人员和人大代表认为，市水利局局长周作生抓领导班子建设，局党组坚强有力；抓依法行政，水利工作逐步走上法制化轨道；抓履行职责，充分发挥职能作用；抓规章制度，促机关廉政建设。不足之处及建议：要进一步加大水法律法规的宣传力度；

要进一步加大行业管理力度；要进一步加大机关专业技术队伍建设的力度。

常委会组成人员和人大代表认为，市卫生局局长杨美兆认真学习宣传贯彻卫生法律法规，严格依法行政；接受人大监督，认真办理人大代表提出的议案和建议、批评、意见；作风深入务实，工作业绩突出；从严要求自己，廉洁自律。不足之处及建议：要进一步加强法律法规学习宣传，坚持严格依法行政；要进一步完善疾病预防保健体系建设及组织开展经常性的爱国卫生运动；要切实加强基层卫生院建设和私立医疗机构的管理；要加强民主集中制建设和机关内部管理。

2005 年对市科技局局长姜加军、市民族宗教事务委员会主任王明生、市林业局局长刘玉明、市物价局局长吴昌高开展述职评议

2005 年 8—10 月，市二届人大常委会组织对市科技局局长姜加军、市民族宗教事务委员会主任王明生、市林业局局长刘玉明、市物价局局长吴昌高开展述职评议。

常委会组成人员和人大代表认为，市科技局局长姜加军工作思路清晰，把致力于构建大科技格局作为主攻目标；服务意识强，把依托科技创新作为推动经济社会发展的主要手段；坚持团结共事，把坚持民主集中制，作为推动班子建设、促进工作的重要原则；坚持廉洁从政，以严于律己的作风促进机关廉政建设。建议：进一步加大科技宣传教育，不断提升全市人民群众科技素质；不断创新科技工作的思路和方法；进一步加大项目和资金的争取力度，规范资金管理；改进工作方法，加强机关管理，提高办事效率。

常委会组成人员和人大代表认为，市民族宗教事务委员会主任王明生坚持党的民族政策，促进民族团结、经济发展和社会进步；贯彻党的宗教政策，依法管理宗教事务；接受人大监督，认真办理人大代表建议；注重班子建设，坚持廉洁从政。建议：继续加大帮助少数民族地区发展经济，摆脱贫困；进一步加大《宗教事务条例》的宣传贯彻力度；进一步加强联系沟通，讲究工作方法，增强工作实效。

常委会组成人员和人大代表认为，市林业局局长刘玉明政治立场坚定，组织观念强；勤奋工作，成绩显著；依法行政，自觉接受市人大及其常委会的监督；重视干部队伍思想作风建设；为人正派，作风务实，廉洁自律。建议：坚持科学发展观，稳步推进林业生态建设；大力推进林业产业化进程，实现生态效益、经济效益和社会效益的良性互动；要努力推进林业管理和经营体制的改革，进一步规范基层林管部门的执法行为。

常委会组成人员和人大代表认为，市物价局局长吴昌高注重班子建设，自觉接受人大监督；依法行政，维护价费秩序；强化服务职能，促进经济建设：狠抓廉政建设，树立部门形象。建议：要进一步加大宣传力度；要进一步加大监管力度；要进一步加大培训力度；要进一步加大协调力度。

第九章 视 察

1996年7月1—4日，省人大常委会副主任朱东阳等一行到永州市道县、蓝山等地视察第三次村委会换届选举情况。市人大常委会副主任杨祈贵陪同视察。

1996年11月13—17日，市人大常委会组织在永州的全国人大代表和省、市人大代表开展视察活动。视察分为企业改革组和城建环保组、农村经济组、社会治安综合治理组、民族经济组、文化卫生组，分别由市人大常委会副主任谢田种和市人大各专门委员会主任委员李续荣、陈少全、周松云、赵仁秀、李友清担任组长。

1996年12月13日，市人大财经委全体人员在市人大常委会分管副主任带领下，围绕全市经济社会发展中的热点、难点问题进行视察和调查。通过视察活动了解到农民卖粮难、农资市场秩序混乱、冷水滩区曲河水厂和蔬菜基地建设滞后，跟不上城市发展步伐等问题。视察活动结束时. 与有关部门领导交换意见，提出8条建议，重大问题在第二次代表大会上作为代表的建议、批评和意见提出来。

1996年12月14—18日，市人大常委会组织开展文化、卫生视察。市人大教科文卫委全体人员与市直人大代表21人分成两个专题视察组。一组视察芝山区、冷水滩区和风凰园开发区关于文化音响市场管理情况，并深入“三区”的繁华地带及街头巷尾的19家录相放影厅、24个个体书摊、16家电子游戏室、6家舞厅；另一组视察市卫生局、芝山区卫生局、市人民医院和芝山区人民医院的医德医风和药品市场管理情况以及芝山区16家个体诊所及个体药店。视察中，代表们既肯定文化、卫生工作的成绩，同时又提出建议和意见。

1997年4月，市人大教科文卫委会同市人大农经委、市教委对双牌县茶林乡部分人大代表和学生家长联名写信，反映该乡学区乱收费的问题进行实地调查，写出调查报告，向市人大常委会领导作出汇报。对群众反映属实的乱收费问题，由双牌县人大责成有关部门进行查处，乱收部分退给学生；对应该按政策收的费，进行解释，代表和学生家长比较满意。

1997年，市人大常委会对农村中小学校收费进行专题视察。按照常委会的要求和安排，由市人大农经委组织市直单位10名市代表，于是年12月初到祁阳、东安对当年下学期农村中小学收费进行专题视察，写出视察报告，对学生人身保险，个别部门仍然搞搭车收费和经费管理中的问题提出意见和建议。

1997年3月4日，市人大常委会主任郑邦淳、副主任杨祈贵等一行到市公安局开展《湖南省县级以上人民代表大会常务委员会监督条例》学习贯彻情况的视察。

1997年4月19—20日，省人大常委会主任刘夫生一行4人到永州市视察。市委书记邹金鹫、市人大常委会主任郑邦淳、市人民政府市长王道生、市纪委书记伍华安陪同视察。刘夫生一行考察永州市烟厂、南津渡大桥、7319工厂、宋家洲水电站等地，并听取市委、市人大、市人民政府的工作汇报。

1997年7月中旬，市人大常委会副主任谢田种陪同省人大常委会副主任沈瑞庭等一行深入到江华、道县、新田等地视察代表工作。

1997年11月25日至12月5日，市人大常委会除组织代表到全市各县（区）参加视察活动外，还组织农村经济视察组、代表评议视察组、社会治安综合治理视察组、国土及城建视察组、工业财源建设视察组、重点项目视察组6个专题视察组，分别由陈少全、李友清、周松云、李续荣、曾平英、赵仁秀带领开展视察活动。

1997年12月13—18日，市人大常委会组织驻永的全国人大代表和部分省、市人大代表开展视察活动。视察活动分为6个组，即企业改革、城建环保组，农村经济组，社会治安综合治理组，民族经济组，文化卫生组，办理代表建议、批评和意见组，分别由李续荣、陈少全、周松云、赵仁秀、李友清、王本俊带领开展视察活动。

1998年2月13—15日，根据市人大常委会主任会议的安排，市人大教科文卫委组织部分市人大代表对市直卫生医药系统11个单位进行视察。

1998年3月11日，市人大常委会主任郑邦淳，副主任胡参政、杨祈贵、冯生玉、谢田种、李本道以及有关委室的主要负责人到市地税局视察工作。视察组成员实地察看市地税局服务中心和新建的办公大楼，并召开座谈会听取市地税局负责人关于地税工作的汇报。

1998年4月15—16日，省人大常委会副主任罗桂求、省人大内司委主任委员刘昆璋等一行到永州考察再就业工程、政法队伍集中教育整改和治安联防队清理等工作情况。其间，罗桂求一行听取市人大常委会、市人民政府及有关部门的工作汇报，并在市人大常委会副主任冯生玉、市人大内司委主任委员周松云的陪同下，走访视察市中级人民法院、市人民检察院、市公安局、芝山区徐家井派出所、冷水滩面粉厂、长丰集团有限责任公司等单位。

1998年6月10日，市人大常委会主任郑邦淳，副主任谢田种、吕芳村、李本道以及有关委室的主要负责人视察冷水滩虎岩粮食储备库。视察组实地视察精米加工、仓储设施等生产经营现场，听取和审议粮库负责人就生产经营、内部改革措施、贯彻粮食流通制改革的部署等情况的汇报。

1998年8月5日，市人大常委会安排分管领导带队，组织驻双牌、芝山、冷水滩、祁阳四县（区）的部分省、市、县人大代表视察双牌渠道。视察组听取双牌水库管理局的工作汇报，对反映的渠道维修改造资金短缺和水费过高两个问题，向市人民政府发出建议函，提出在继续抓好干渠维修、改造的同时，狠抓支渠、斗渠、毛渠的维修改造和隐患处理，做到科学规划，分级负责；对灌区水费过高的问题，要求市人民政府及有关部门在调查研究的基础上，制定统一的收费标准，并予以公布，把农民不合理的负担减下去。在水费的收缴、管理和使用方面要进行一次检查、清理，并发放水费收取卡，以规范收费行为。

1998 年 8 月 18 日，市人大常委会主任郑邦淳，副主任胡参政、郑纯发、冯生玉、谢田种、李本道以及有关专门委员会和常委会工作机构的负责人视察市农科所。视察组听取市农科所负责人关于科技兴农的情况汇报，实地察看水稻施肥对比、烟稻轮作、优质稻制种试验和科研猪场等科研生产基地。

1998 年 12 月 5—11 日，驻湘全国人大代表、省人大常委会代主任王克英等一行 12 人到永州市视察。视察组在市委书记邹金鸶，市人大常委会主任郑邦淳，市人大常委会副主任胡参政、郑纯发，市人民政府副市长崔永平等陪同下，先后视察冷水滩、芝山、江华、江永、宁远、道县、新田、祁阳等县区有关单位和区域，听取市人民政府和相关县区的工作汇报，并与市委、市人大、市人民政府主要领导交换意见。

1998 年 12 月 20—27 日，市人大常委会根据省人大常委会工作安排，组织驻永州市全国人大代表和省、市人大代表开展视察活动。参加视察的人员分为财贸、城建、工交、环保、农业农村、卫生医药、政法 7 个组，分别由市人大相关委室负责人李续荣、高增遗、赵仁秀、王本俊、陈少全、李友清、周松云带领开展视察。

1999 年 6 月 16 日，市人大常委会主任郑邦淳率主任会议组成人员视察冷水滩虎岩国家粮食储备库，实地察看粮库外部环境，座谈听取粮库的工作汇报。

1999 年 7 月 5—9 日，根据主任会议安排，市人大常委会副主任杨祈贵、冯生玉分别率队组织市人大代表，对芝山区、冷水滩区、市交警队、凤凰园开发区和市消防工作进行视察，听取和收集对公安工作的意见。

1999 年 9 月 29 日，市人大常委会主任郑邦淳、副主任杨祈贵等一行走访慰问永州监狱、零陵监狱、市劳教所的干警并视察有关工作情况。

1999 年 11 月 11—17 日，省人大教科文卫副主任委员蒋显礼等一行到永州市视察农业产业结构调整和村民委员会组织法贯彻实施情况。根据主任会议安排，市人大常委会联工委主任王本俊陪同视察组深入到宁远、新田、蓝山、道县、芝山等地进行视察。

1999 年 12 月 13—15 日，根据市人大常委会工作安排，市人大常委会副主任陶祖芳带队，组织 15 位省、市人大代表深入到市人民政府办、市中级人民法院、市直和冷水滩区有关单位，采取听汇报、走访选民、召开座谈会、实地察看的形式对市一届人大四次会议代表建议办理情况进行视察。

1999年12月27—30日，省人大常委会委员戴君惕、胡旭晟等一行到永州市视察。市人大常委会副主任陶祖芳、联工委主任王本俊陪同视察组先后视察长丰集团、凤凰园开发区、东安县、祁阳县等地。

1999年12月10日至2000年1月上旬，市人大常委会组织驻市的第九届全国人大代表、省第九届人大代表和市第一届人大代表开展代表专题视察活动。视察活动分为政法视察组、财政经济视察组、教科文卫视察组、农业农村视察组、民侨外事视察组、办理代表建议视察组6个组进行。市人大各专门委员会主任委员周松云、李续荣、李友清、陈少全、赵仁秀、王本俊分别担任各视察组组长。

2000年1月6—8日，省人大常委会原主任刘夫生率驻湘全国政协委员赴永州视察工作。市人大常委会主任郑邦淳出席汇报会和交换意见会议。

2000年1月10日，市人大常委会主任郑邦淳、副主任吕芳村以及有关委室负责人、部分市人大代表视察冷水滩区管辖的市四中、市八中和冷水滩区七小的教学工作。

2000年1月15日，市人大常委会主任郑邦淳、副主任杨祈贵视察冷水滩城区觅香路、零陵路等主要街道市容市貌整治情况，并看望正在执行整治任务的工作人员。

2000年3月10日，省人大常委会副主任颜永盛等一行到永州市进行地方立法调研考察。其间，市人大常委会主任郑邦淳，副主任杨祈贵、谢田种、陶祖芳等领导先后陪同参加座谈会，走访视察宋家洲电站、长丰集团、凤凰园开发区等地。

2000年4月7日，市人大常委会主任郑邦淳、副主任李本道率机关有关委室负责人到零陵九嶷山专修学院视察。专题听取和座谈九嶷山专修学院的发展历程以及2000年工作的总体设想、目标任务和当前存在的困难。

2000年6月1日，市人大常委会主任郑邦淳、副主任吕芳村等一行到市人民银行等地视察金融工作。其间，听取市人民银行、市工商银行、市农业银行、市建设银行、中国银行永州分行负责人关于全年金融工作和服务国企改革情况的汇报，并就如何利用现有政策，增加信贷资金的有效投入，加大全市国有企业的改革步伐，促进区域经济持续、健康、快速发展的问题进行座谈。

2000年6月8日，市人大常委会主任郑邦淳，副主任杨祈贵、郑纯发、冯生玉、李本道、秘书长谢承年以及委室有关负责人到市科委进行视察，并听取工作汇报。

2000年6月17—21日，省人大常委会副主任郭俊秀等一行4人到永州市视察民族工作。其间，听取市人大常委会和市人大民侨外委的工作汇报，并深入到江华、宁远、蓝山等民族乡、村进行实地考察。市人大常委会副主任冯生玉、市人大民侨外委主任委员赵仁秀陪同考察。

2000年7月15日，市人大常委会副主任冯生玉陪同省民航局局长赵龙江等一行到蔡家铺军民两用机场，视察永州机场工程质量、进度、航线等试飞的前期准备工作。

2000年11月21日至12月8日，市人大常委会组织部分省、市人大代表开展代表专题视察活动。视察活动分为5个组进行，即依法行政、公正司法和治理经济发展环境专题视察组，为国企改革服务专题视察组，重点项目建设专题视察组，代表建议、批评、意见办理情况专题视察组，芝冷两城区规划管理、市容卫生管理专题视察组。常委会副主任吕芳村、杨祈贵、谢田种、李本道、陶祖芳分别担任各专题视察组组长。

2000年11月中下旬，市人大常委会组织部分全国、省市人大代表对市直有关单位和芝冷两区开展专题视察。常委会副主任吕芳村带队视察为国企改革服务承诺落实的情况；副主任杨祈贵带队视察依法行政、公正司法和治理经济发展环境的情况；副主任谢田种、陶祖芳带队视察代表议案和建议办理的情况；副主任李本道带队视察重点项目建设的情况；秘书长谢承年带队视察城区的规划管理和市容卫生管理的情况。

2001年组织驻永全国人大、省人大代表对落实生态环保效益经济决策的主要工作进行了视察，增强了有关部门的工作责任感和紧迫感，促进了“一府两院”的工作。

2002年1月10—13日，市人大常委会组织11名人大代表组成民族文化与经济发展专题视察组，赴江华瑶族自治县、涔天河水库管理局、市交通局进行视察活动。视察组听取江华瑶族自治县人民政府、江华国有林业采育场及市交通局的工作汇报，并深入到江华瑶族自治县的大圩、小圩察看市重点建设工程1861线、江华一中及国有林业采育场。视察结束后，视察组与县委、人大、政府领导及市交通局负责人交换意见，对于存在的困难和问题，视察组提出建议。

2002年12月3—5日，市人大常委会组成人员视察湘江实验学校、九嶷山专修学院、蓝天实验学校、剑桥实验学校、市二中门口停车场、市广电中心、市科协、市科技局。视察中，常委会组成人员认真听取市教育局关于全市民办教育情况汇报，听取市人民政府办等有关部门参加的关于二中门口停车场搬迁情况汇报，听取市科协科普经费到位与使用、市科技局三项经费到位及使用情况汇报，对视察中所发现的一些较为突出的问题，以座谈的形式向有关部门交换意见。

2002年12月，市人大常委会组成重点项目视察小组，对洛湛铁路、衡枣高速公路、农网改造等重点项目建设情况和永连公路两侧违章建筑情况开展视察。视察小组听取市计委关于洛湛铁路建设和二期农网改造，市衡枣高速公路指挥部关于衡枣高速公路建设，市公安局以及宁远、道县、双牌县公路局关于国、省道两旁小城镇规划建设的情况汇报；实地察看永连公路全线两边的违法违章建筑情况以及芝山区珠山镇、道县白芒铺镇国道、省道两边的建筑情况，冷水滩区伊塘镇农网改造以及衡枣高速公路黄田铺互通和洛湛铁路冷水滩至东安县芦市镇段建筑情况，并针对存在的问题提出整改建议。

2003年5月14—17日，市人大常委会副主任赵荣率领视察组，对市直单位和芝冷两区争创文明卫生城市情况开展专题视察。视察组听取芝冷两区人民政府的情况汇报，视察芝山区屠宰场、黄古山安置市场、湘运汽车站、徐家井市场、友谊大酒店、萧山宾馆、清华源实验学校、军分区老大院、原地委老大院、芝山区体育馆、芝山三小、七层坡市场、永州三中、太平门沿河小街、零陵师范等单位，召开由社会各界人士代表参加的座谈会，走访个别群众，发现一些问题，提出批评意见和建议。

2003年6月，市人大常委会组织部分驻永各级人大代表，就防治“非典型肺炎”、建立疾病防治体系和中心城市卫生情况进行视察。市人大常委会主任会议就视察情况进行认真研究安排。针对视察中发现和群众反映的突出问题，代表们提出：市人民政府和有关部门要切实加强卫生防控体系建设，进一步增加财政投入，建立乡镇防保体系，加大整治力度。

2003年12月中旬，市人大内司委组织驻市部分市人大代表对市消防支队、芝冷两区消防中队、市石油公司、南华大酒店、零陵烟厂、芝山商业城、冷水滩桥头大市场以及城市消防设施建设进行专题视察。

2004年1月，市人大常委会组织市直单位工作的部分市人大代表52人分成6个组，分别对市发展计划委员会、市工商局、市商业行管办、市对外经济贸易合作局、市经委、市规划建设局、市国土资源局、市环保局、市城管局、市移民局、市林科所、市气象局、市移民局、市卫生局、市扶贫办、市体育局等部门以及相关的单位和县区的工作情况进行专题视察。在视察中，各视察组通过听取情况汇报，现场查看和深入群众听取意见，对被视察单位取得的成绩给予充分肯定，并针对存在的问题提出意见和建议。

2004年12月，市人大常委会组织驻市的部分省、市人大代表分7个视察组，分别对工业、农业、城市建设、社会治安、民族工作以及工业园建设进行专题视察。视察后形成交办意见，经市人大常委会第三十一次会议审议通过交市人民政府办理。

2005年11月15—20日，市人大常委会组织部分全国、省、市人大代表集中视察永州市旅游开发、建设、发展情况和问题，永州市“三林”问题（主要是林农返贫问题），关于涔天河水库扩建和建设永州火电厂的报告。

2005年12月13—14日，市人大常委会组织部分市人大代表分五个组，深入到市公安、交警、城市执法、公用事业等部门和梅湾、菱角山、肖家园等6个办事处及其下属社区，对永州市中心城市社会治安和公交秩序进行专题视察。视察组先后召开座谈会15场次，走访干部群众100多人次，实地察看零陵中路、潇湘东路、凤凰路等10多条城区道路，对视察发现和群众反映的突出问题先后3次召开主任会议专题研究，并向市人民政府提出交办意见。

2006年4月19—20日，市人大常委会组织部分全国、省、市人大代表分4个视察小组，深入到市工商局、广播电视局、永州日报社、市卫生局、东方医院、红太阳广告公司等16个单位就《中华人民共和国广告法》实施情况进行视察。视察结束后，代表们针对存在的问题提出整改建议。

2007年9月，市人大常委会组织永州部分十届全国人大代表和省十届人大代表就水库移民后期扶持政策实施后移民的反响和存在的困难与对策，作为调研课题。调研组深入冷水滩、祁阳、双牌、道县、江华、江永等县区，听取市人民政府及有关部门的情况汇报，并形成调研报告上报省、全国人大常委会。

2008年9月，市人大常委会组织全国人大代表永州小组专题调研涔天河水库改扩建工程，并形成代表专题调研报告直送全国人大，推动国家有关机关重新启动立项程序。

2008年11月，市人大常委会组织市人大代表就永连公路沿线南三县加工贸易区建设及永连公路维修改造情况视察。

2009年8月，市人大常委会组织部分全国人大代表专题调研永州境内洛湛、湘桂铁路建设情况。省人大常委会副主任谢勇及省人大常委会联工委相关负责人等参加调研活动。

2009年10月，市人大常委会对城市总体规划修改、零冷一体化规划等城市建设工作进行视察，并形成建议和意见，交市人民政府办理。

2009年11月27日，市人大常委会组织部分驻永州全国、省、市人大代表视察永州市境内高速公路建设和营运管理情况。视察组分两路，一路从江华瑶族自治县出发视察道贺高速江华段；另一路从冷水滩出发取道衡枣高速从广西全州到道县，集中视察厦蓉高速道县段和道县工业园，并于当日下午，集中听取衡枣高速运营以来的管理情况汇报、视察并听取邵永高速的建设和营运准备情况的汇报。

2009年11月，市人大常委会组织部分省代表深入凤凰园工业园、市中心医院、零陵大道、永州机场、职业技术学院、零陵工业园进行视察，提出建议和意见。

2009年11月，市人大常委会副主任程晨曦率领部分市人大常委会组成人员及市人大机关干部到广东湛江市和广西北部湾经济区北海、防城港、南宁、桂林市等地调研人大代表活动及经济社会发展情况。

2010年9月，市人大常委会就加快二广高速湘粤段建设问题，组织全国人大代表永州代表小组赴湖南宁远、蓝山和广东清远开展专题调研，开创代表跨省活动的先例。

2010年11月，市人大常委会组织省直和驻市的部分省人大代表视察永州重点工程和承接产业转移情况。是时，视察组听取市商务局、市发改委、市交通局、涔天河水库扩建指挥部的工作汇报，并深入凤凰园科技工业园、市中心医院、零陵大道、永州机场、市职业技术学院、零陵工业园视察。

2011年8月21—23日，全国人大代表永州小组成员、湖南省人大常委会副主任谢勇、永州市委书记张硕辅、市人民政府市长龚武生、江华瑶族自治县县长李祥红、长丰集团有限公司董事长李建新、湖南熙可食品公司董事长阳国秀、湖南金浩植物油有限公司总经理刘翔浩一行七人，就永州交通基础设施重点项目建设开展专题调研。调研组听取市委、市人民政府和有关部门的情况汇报，沿途深入厦蓉高速、道贺高速永州段建设工地察看有关建设情况、听取建设单位的意见和建议；沿道贺高速公路设计路线考察建设情况，并与贺州段业主见面。是年 8 月 23 日，市人大常委会在贺州市召开调研座谈会，听取贺州市人民政府市长白希、副市长毛绍烈关于道贺高速公司贺州段建设情况的介绍，并就有关问题进行交流。

2011 年 11 月 13—15 日，市人大常委会组织永州市选举的省人大代表张仁福等 16 人，就永州涔天河水库扩建工程、蓝宁道工业园承接产业转移、道贺与厦蓉高速公路建设情况进行专题调研。

2011 年 12 月 5 日，市三届人大常委会组成人员前往零陵、冷水滩两区视察中心城区“菜篮子”工程建设情况。

2012 年，市人大常委会围绕《关于扎实做好“五城”同创，努力构建和谐永州的议案》（以下简称“五城”同创议案，即创建国家历史文化名城、国家卫生城市、国家园林城市、国家森林城市、全国知名文化旅游目的地城市）的办理，制定下发《关于“五城”同创议案督办工作方案》，组织常委会组成人员和部分市人大代表开展 3 次集中视察，即 6 月集中视察创建国家园林城市和森林城市工作，8 月集中视察创建国家卫生城市工作，10 月集中视察创建国家历史文化名城和知名文化旅游目的地城市工作。

是年 6 月 27—28 日，市人大常委会全体成员及部分市人大代表就国家森林城市、国家园林城市的创建（以下简称创森、创园）工作进行集中视察。视察采取分组察看现场与集中听取汇报和评议相结合的办法，分别到两区和道县、宁远、祁阳三县实地察看城区园林、“三边”造林、园区绿化、苗木基地建设、生态公益林保护等工作情况。

8 月 30 日，市人大常委会组成人员和部分市人大代表对零陵、冷水滩、凤凰园经济开发区的创国卫工作进行分组视察。视察组实地察看城区道路设施建设、环境卫生、背街小巷、农贸市场、城中村整治等情况，集中听取创国卫工作汇报。视察指出，中心城区在成功创建省级卫生城市基础上，市委、市人民政府于 2011 年 8 月提出创建国家卫生城市的目标，成立创国卫领导班子和工作机构，制订实施方案和相关督查考评办法，积极推进创国卫工作，全面实施教育、净化、美化、绿化、序化、亮化、提质和除害八大工程。

是年 11 月 7—8 日，市人大常委会委员和部分市人大代表对全市创建国家历史文化名城、知名文化旅游目的地城市工作开展集中视察。常委会组成两个视察组，分组现场察看中心城区及有关县、乡、镇、村创建国家历史文化名城、知名文化旅游目的地城市实施情况，创建工作规划（方案）、申报、建档等资料后，集中听取市住建局、旅游局关于创建国家历史文化名城、知名文化旅游目的地城市工作汇报并对创建工作进行评议。

2013 年，市人大常委会组织常委会组成人员和人大代表对国家历史文化名城、国家卫生城市、国家园林城市、国家森林城市、全国知名文化旅游目的地城市、国家法治城市六项创建工作开展视察。

4 月 27—28 日，市人大常委会组织常委会组成人员和部分人大代表就国家森林城市、国家园林城市、历史文化名城、知名文化旅游目的地城市的创建工作进行集中视察。视察活动分三个小组，分别深入到零陵、冷水滩、祁阳、东安、道县、宁远、蓝山、江永、新田、金洞、回龙圩等县区实地察看城区绿化、“三边”造林、园区建设、苗木基地、自然生态保护、文物保护、文化旅游创建等工作情况。

8 月 29—30 日，市人大常委会议案督办领导小组办公室组织部分市人大代表对永州市中心城区创建国家卫生城市、法治先进城市（以下简称“两创”）工作进行集中视察。

2014 年 10 月 14—15 日，市人大常委会组成人员及部分专门委员会委员、市人大代表分组深入冷水滩、祁阳、宁远、新田 4 个县区，就农村土地流转服务平台建设、农村土地流转纠纷调处机构建设、农村土地承包经营权确权颁证、农村新型农业经营主体培育等工作进行集中视察，听取市人民政府关于全市农村产权制度改革工作汇报并就此开展工作评议。

2015 年 9 月，市人大常委会组织常委会组成人员和人大代表对中心城区闲置土地清理工作开展专题视察。视察由常委会主任、副主任等市级领导带队，深入十一个县（区）逐个督查督办，重点对 100 亩以上的闲置土地处置情况进行检查核实。

2016 年 5 月 23—24 日，市人大常委会组织委员和部分人大代表，分 4 个视察组对全市闲置土地清理后续处置工作进行视察。此次视察共分为 4 个小组，分别对 11 个县区进行实地视察。视察内容包括书面听取县（区）人民政府闲置土地后续处置工作汇报、随机抽查闲置宗地项目、走访相关项目业主对处置工作的意见和建议，以及听取市人民政府关于全市闲置土地后续处置工作情况报告并进行集中评议等。视察过程中，对采取“延长动工开发期限”方式处置的宗地，实地了解消除政府原因进度，宗地是否具备动工开发条件；对采取“促进动工开发建设”方式处置的宗地，实地核查，是否存在停止建设、应付检查等假动工现象；对采取“征缴土地闲置费”方式处置的宗地，实地核实是否开工建设。对征缴闲置费后超过一年，总闲置时间超过两年未动工建设的宗地，是否依法收回。

第十章 “四行”活动

第一节 永州环保世纪行

1996年9月7—10日，市人大常委会开展“三湘环保世纪行”执法检查活动，并制作《忧患与警钟》电视专题片。市人大财经委主任委员李续荣在专题片中发表讲话。《忧患与警钟》在全市范围播放，全市党员干部接受教育。

1997年，根据省人大城环委的安排，市人大常委会于5月底到6月中旬、9月底到10月初，分两次开展“1997永州环保世纪行”宣传活动。活动由市人大财经委、市委宣传部和市环保局等18家单位联合发文，组织湖南日报社、湖南电视台、环境保护报社和市直“一报两台”等组成新闻采访团，对全市环境保护全面调查采访，其中对湘江流域水污染防治情况和7个重点县（区）相关工作情况作出重点报道。当年，全市共在县以上报纸和电视台刊播各类新闻50余条，其中《湖南日报》5条、湖南卫视6条；市“一报两台”以连续报道、专栏和专题报道等形式推出一批深度调查报告，推进全市环保宣传工作，促进解决一些“老大难”环境问题；市人大常委会被省“1997三湘环保世纪行”组委会授予组织奖，所选送的新闻宣传稿件被评一等奖、二等奖、三等奖各1篇。

1998年，市人大常委会围绕“保护湘江”主题开展三湘环保世纪行活动。市人大与市委宣传部、市环保局一起组织6家新闻单位集中进行采访宣传活动。活动表扬一批保护湘江流域水资源的好典型，披露一些污染大户，促进少数严重污染问题的解决，进一步提高各级领导干部和广大人民群众的环境与资源保护意识，为永州市环境与资源保护工作营造出良好的舆论氛围。当年，全市有2件新闻作品在全省评比中分别获二等奖和优秀奖。

1999年6月15—22日，市人大常委会两次组织《湖南日报》、湖南电视台驻永州记者站等媒体记者进行集中采访活动，对5个县（区）群众关心的环保热点、难点问题，进行采访报道。湖南电视台、永州电视台、永州有线电视台、《湖南日报》、《永州日报》、永州广播电视报派出记者共集中采访各级领导50多人次、群众200人次，发出各种稿件、图片、电视新闻等共28条，其中《湖南日报》3条，湖南卫视台2条，湖南经视台1条，湖南有线台1条。宣传活动坚持正面宣传为主，大力宣传好的典型，同时对不顾国家和人民利益、破坏和污染环境的行为给予揭露和曝光。其中，是年7月9日，《湖南日报》以《黄龙吞噬母亲河》为题，报道冷水滩区岐山头部分农民在经济利益驱动下，置国家法令于不顾，采用水采水洗的办法开采锰矿，造成水土流失，环境破坏，严重污染湘江等情况；参加世纪行活动的其他“三台两报”也相继从不同角度对此予以报道，促使冷水滩区政府下大决心采取坚决措施关停该矿。是年7月14日，省人大常委会副主任高锦屏等一行5人到永州市视察，听取市人大常委会关于开展“三湘环保世纪行”工作汇报，高度评价永州市开展“三湘环保世纪行”工作所取得的成效，要求市人大常委会继续做好这项工作，把“三湘环保世纪行”工作，持久、广泛、深入地开展下去，让永州的天更蓝，永州的山更绿，永州的水更碧。

2000年，根据全国人大环资委、省人大环资委和省政府主要领导的要求，市人大常委会继续开展“三湘环保世纪行”活动，重点督促新建项目落实“三同时”制度，促进工业企业污染物达标排放；推动重点污染区域地段的治理；保护城市饮用水源；督促解决群众反映强烈的其他环境问题。是年4月29日，市人大财经委和市环保局牵头，组织召开全市工业污染物达标排放、2000年三湘环保世纪行动员大会。会后，市人大财经委牵头组织召开协调会议4次，传达上级会议精神和国家有关环保工作方针、政策；市环保局组织大型环保工作座谈会，邀请部分市级领导、市直单位和大中型企业负责人、社会各界群众参加，学习宣传环保方面法律法规；湖南日报永州记者站、湖南电视台驻永州记者站、《永州日报》、永州电视台、永州有线电视台、《永州广播电视报》等新闻媒体开辟专栏、专题，大力宣传正面典型，对达标排放麻木不仁、放任污染，对环境造成危害的，进行公开曝光，全年共刊、播环保方面的报道文章、新闻片、专题片等36篇；全市各县区，按照省、市要求，及时成立了2000年环保世纪行组委会及相关机构，并积极主动采取措施，开展形式多样的宣传活动。是年5月，市人大常委会和市人民政府联合召开湘江河道整治现场办公会，明确河道管理要按照“三统三分”的原则进行，即由市里统一规划、统一建设、统一政策；分区整治、分区管理、分区划界。根据这一指导思想，市人大常委会重点抓3个方面的工作。一是进一步加大领导力度。把涉及3起水事案件作为市人大交办的一项重要工作来抓，将此摆上工作的重要议事日程，建立严格的责任制，进一步加强领导。二是履行职能部门职责，认真进行综合治理。严禁发生新的水事违法案件，把湘江河道管理列入市、区水利部门的一项重要工作来抓，建立健全水政监察队伍，充分发挥水政监察队的监督管理职能，加强河道日常管理，确保在湘江河道内不再发生新的水事违法案件。三是加强水法规宣传。针对一些群众对水法规了解不多的现状，采取多形式、多途径加强对《中华人民共和国水法》《中华人民共和国防洪法》《河道管理条例》的宣传力度，编印小册子发到各市民手中，不断增强人民群众学法、知法、守法的自觉性。

2003年5月15日，市人大常委会召开“永州环保世纪行”动员会议，对全年开展活动的重点及要求进行安排部署。是年5月27日至6月5日，市人大城环委根据全国和省人大环资委通知精神，深入新田、宁远、蓝山、祁阳和芝、冷两区开展《大气污染防治法》（以下简称《大气污染防治法》）和《中华人民共和国固体废物污染环境防治法》执法检查，重点检查城区环卫状况和医疗废水、医疗垃圾处理情况。是年7月，“永州环保世纪行”组委会组织市直媒体开展集中采访，并对中心城区大气污染、市容市貌综合整治以及石期河流域生态环境整治等方面的正反典型进行专题报道。根据执法检查、专题调研和集中采访中发现和揭露出来的问题，组委会办公室对冷水滩区黄泥井市场综合整治、冷水滩城区珍珠路综合整治、芝山区麻园段污水处理、加强城区扬尘整治、机动车尾气治理、医院医疗废水和医疗垃圾处理、城区河段采砂整治等9个方面的重点问题进行督办。是年9月，三湘环保世纪行调研采访团到永州市开展集中调研采访活动，重点检查潇水和湘江上游综合治理情况，促进保护湘江母亲河行动不断深入开展，保护湘江水质，加速湖南经济可持续发展。其间集中调研采访湘江上游永州段及潇水沿岸工业废水、生活污水、医疗污水治理情况；湘江上游永州段及潇水沿岸封山育林、植树造林，退耕还林及植被保护情况；湘江上游永州段及潇水流域矿产资源开发利用及生态保护情况；固体废物下河影响水质整治情况；河道采砂整治情况等。

2007年，“永州环保世纪行活动”围绕“推动节能减排，促进人与自然和谐”主题，对省政府2005—2007年环境保护三年行动计划永州项目进展和完成情况，进行跟踪督查、集中采访报道和跟踪督办，较好地推动节能减排，促进人与自然和谐。是年9月，对群众反映强烈的“水上乐园”餐厅和“得月舫”游轮经营餐饮、冷水滩城区洗车场乱排污水等问题，市人大常委会专题听取调研采访活动情况汇报，并向市人民政府提出交办意见，督促市人民政府整改落实。当年，永州环保世纪行组委会荣获省三湘环保世纪行优秀组织奖，市人大常委会朱振华撰写的通讯稿《为瑶家山寨保洁——江华瑶族自治县码市镇炼铜厂捣毁侧记》获三湘环保世纪行优秀新闻作品奖。

2008年3月，市人大常委会在祁阳召开2008年“建设生态潇湘源头”主题活动启动议式。是年5月，永州环保世纪行活动组委会对中心城区饮用水源保护区集中进行调研采访。是时，永州日报社、永州电视台、永州广播电台、人大网、政府网等新闻媒体，均开辟环保世纪行专栏，共在中央、省、市级新闻媒体、刊发报道95篇，其中批评、曝光有20多篇。当年“6·5”世界环境日，“永州环保世纪行”组委会组织市环保局等有关部门上街头发放宣传资料、开展咨询，举办座谈会、演讲会、环保知识抢答赛等多种类型的活动，市教育局在中、小学校开展环保教育和创建“绿色学校”活动。

2009年6月，永州环保世纪行活动组委会在祁阳县召开2009年活动启动议式。当年6月和9月，组委会两次组织记者到政府相关部门及冷水滩、零陵、道县、江华、宁远、新田等县（区）厂矿企业和污水处理厂进行集中调研采访，通过舆论宣传和监督，促进政府及有关部门的环保责任意识和企业主的环保意识，推动全市节能减排工作。

2010年3月，永州环保世纪行活动组委会在冷水滩召开2010年活动启动仪式。此后，各县（区）环保世纪行组委会按照市活动组委会安排意见的要求，结合当地实际制定具体活动方案，明确活动主题。是年8月，组委会组织记者深入政府相关部门及冷水滩、双牌、道县、新田等县区污水处理厂以及全市规划新建的10个垃圾无害化处理场建设情况开展调研采访。是年10月，市人大常委会重点督办市人大代表《关于加强我市医疗废物管理的建议》；活动组委会开展“创建省级卫生城市”调研采访；永州电视台、“永州日报”开设创卫在行动、创卫大家谈专栏；团市委网上征求网民对永州市创卫工作建议批评意见，并组织开展“做文明市民、争当创卫先锋”为主题的大型宣传活动；市妇联组织开展小手牵大手创卫活动，组织中小学生利用假期时间宣传创卫，协助维护城市卫生和城市秩序。

2011年4月，永州环保世纪行活动组委会启动“保护湘江源头，建设绿色永州”活动，并于当月在江华、道县开展环保世纪行第一次集中采访报道活动，重点对污水处理厂运行和垃圾处理场建设情况进行采访报道。是年6月，活动组委会举行“6・5”世界环境日活动。是年8月，活动组委会开展环保世纪行第二次集中采访报道活动，重点对全市高能耗、高污染企业的治理情况进行采访报道。是年9月9日，市人大常委会承办湖南“保护母亲河・妙盛湘江行”大型漂流环保公益活动永州段活动，省人大常委会副主任蒋作斌出席永州段迎送仪式，千名环保志愿者、学生等各界人员参加。当年11月，市人大常委会对“保护湘江源头，建设绿色永州”活动进行总结表彰。

2012年，永州市环保世纪行组委会围绕“保护湘江源头，共创五城永州”主题，以保护饮用水安全为重点，配合全市创建“国家历史文化名城”“国家卫生城市”“国家园林城市”“国家森林城市”“全国知名文化旅游目的地城市”工作。当年8月，组委会组织相关媒体记者深入冷水滩区、零陵区、东安县、双牌县、道县污水处理厂和自来水取水口，以及湘江纸业等企业开展明察暗访，报道饮用水源保护区整治、污水处理设施运转、重点企业排污设施运转等情况，引起市、县（区）两级政府和相关部门高度重视，督促重点排污企业按标准排放，饮用水源保护区设立界标、警示牌、宣传标牌。当年9月，组织相关媒体记者对零陵区珠山锰矿区整治情况进行跟踪报道，督促关停污染企业，转变开采模式。

2013年，永州环保世纪行活动以“促六城同创，建和美永州”为主题，组织《永州日报》、永州电视台、永州广播电视台、永州新闻网、永州人大网、冷水滩电视台6

家新闻媒体的13名记者，赴冷水滩、零陵、祁阳、东安、宁远等县区进行采访。组委会组织记者围绕保护湘江源头、水资源保护、河道治理、城区纳污管网及污水处理、城中村养殖污染及生活垃圾整治、农村养殖污染及乡村环境整治和镇村环境综合治理等专题，开展三次集中采访，发表新闻稿件及专论专访30余篇，对依法治理污染、加强生态文明建设起到积极作用。为着力促进群众反映强烈的城中村养殖污染和城区污水直排湘江问题的解决，组委会从当年5月开始，采取市区联动、分解责任、落实措施的方式，先后3次进行跟踪报道，取得明显效果。当年，冷水滩区取缔关停5家“三无”企业，搬迁20余家影响学校教学和居民生活的畜禽养殖场；零陵区建成污水提升泵，每日可处理排入湘江的污水3万吨。

2014年，永州环保世纪行以“加强灰霾防治，建设生态永州”为主题，结合市人大常委会《大气污染防治法》执法检查，以湘江源头生态保护和《湘江污染防治第一个“三年行动计划”》《大气污染防治三年行动计划》的实施为重点，进行采访报道，曝光和批评污染环境行为，推动各级政府及部门解决影响科学发展、损害人民群众健康和人民群众关心关注的突出环境问题。是时，组委会组织采访团，多次深入湘江源头、污水处理厂、有关企业、居民家中进行采访，在深度报道的基础上，向当地政府提出明确的意见和要求，推动政府加大对污水处理厂的建设和大气、水域环境的综合整治力度。零陵、冷水滩区加强污水处理厂配套建设，提高污水处理率。东安县紫水河流域加强矿山整治和河道采沙整治，永久性封闭103个非法硐口，彻底捣毁上砂码头35处，采砂船只全部停船并岸封锁。蓝山县联合郴州市临武县开展边界污染企业集中整治专项行动，对非法造纸厂、炼油厂、选矿厂进行强制拆除。道县强制关停蚣坝镇上云坝炼油厂，解决该厂利用废旧轮胎炼制柴油严重污染问题。

2015—2016年，永州环保世纪行围绕“保护碧水蓝天、建设生态永州”主题进行。2015年4月，组委会组织召开2012—2014年永州环保世纪行总结表彰大会，对近三年环保世纪行工作进行总结，通报表彰东安县、冷水滩区、宁远县、江华县、新田县5个优秀组委会和市人大城环委、市环保局、市教育局、市广播电视台、市农业局5个先进单位以及贺晓福等30名先进个人。此次会议同时奖励“优秀新闻作品”22篇，其中《以美丽生态促江华崛起》等3篇新闻获一等奖，《网曝冷水滩现原始作坊式纸厂市区环保部门严查》等6篇新闻获二等奖，《心系环保手脚勤劳无私奉献不求回报》等13篇新闻获三等奖。

2015年10月，永州环保世纪行组委会针对整改交办情况组织媒体暗访，促进相关环境问题解决。此次活动督促冷水滩区完成杨家桥排污口截污工程，解决该区域污水直排湘江的问题；零陵区将湖南科技学院主校区的部分污水截流至过江管道，解决生活污水直排潇湘问题；宁远县筹资4800万元在湾井镇下灌村新建一座日处理生活污水

2000 吨的污水处理设施，服务范围为九嶷山乡、湾井镇，配套建设污水管网 42 千米；祁阳县制定《祁阳县畜牧场养殖污染整改方案》，启动养殖排污基础设施改造，对“雨污分离”设施、“生物垫料发酵床”饲养等技术进行推广。

2016 年 4 月，永州环保世纪行组委会联合市民俗摄影协会、县区媒体记者及摄影爱好者开展“保护碧水蓝天，建设美丽永州”摄影大赛，并在“6・5”世界环境日在市、区相关公众场所及各县巡回展出并选送优秀作品报省环保世纪行组委会。是年 7 月，围绕市人大常委会《中华人民共和国水污染防治法》（以下简称《水污染防治法》）交办意见的落实情况，组织开展第一次集中采访报道。是年 8 月，围绕市人大常委会《大气污染防治法》执法检查交办意见的落实情况，组织开展第二次集中采访报道。是年9月，围绕《水污染防治法》《大气污染防治法》执法检查中的突出问题组织开展暗访活动。

第二节 永州农产品质量安全行

1997 年，市人大常委会开展农产品质量安全行活动。首先，加大对农产品质量的宣传，增强社会各界和广大消费者的产品质量意识。《中华人民共和国产品质量法》（以下简称《产品质量法》）颁布后，永州市各地各部门把搞好该法的宣传贯彻作为一项重要的工作来抓。举办该法的宣传学习班八期，上街宣传四起，投入资金近 6 万元。在永州电视台、永州有线电视台、永州报开辟了消费者专栏，宣传产品质量法及相关法律，结合“3・15”国际消费者权益日，开展保护消费者合法权益，打击生产经销假冒伪劣商品行为的宣传活动，介绍识别假冒伪劣商品的知识，在芝山、冷水滩两区设立 5 个产（商）品质量咨询服务站，出动 7 辆彩车上街巡回宣传产品质量法，散发《产品质量法》的宣传资料 15000 份。全市 11 个县、区技术监督部门举办各种形式的学习班 38 期，上街宣传 20 余次，印发《产品质量法》单行本 50000 余册。通过学习宣传，《产品质量法》在全市得到较好地贯彻实施。这次农产品质量安全行活动，也发现农产品质量安全方面存在的问题。一是全民的法制意识、质量意识、自我保护意识还处在一个较低的水平；二是产品质量执法难度大，地方保护主义严重；三是《产品质量法》部分惩处条款难以操作，且执行得不到有效的司法保障。为促进今后永州市农产品质量的提高和更好地贯彻实施《产品质量法》，市人大常委会要求全市各级政府和有关部门着力做好四个方面的工作。一是进一步抓紧抓好产品质量法的宣传贯彻，切实提高各级领导、各个部门和广大消费者对产品质量法的认识；二是加强对农产品质量管理部门的领导；三是建议财政加大投入，加大对农产品质量在各个环节的监督管理，严格按法律规定的要求办；四是加强执法检查，严厉惩处违法违规的行为，狠狠打击严重危害人民生命财产的犯罪分子，维护社会秩序和经济秩序。

2003 年年初，市委、市人大、市人民政府研究决定，在全市范围内开展“永州农产品质量安全行”活动。是年 5 月，“永州农产品质量安全行”组委会（以下简称市组委会）成立，市委常委、市人民政府常务副市长崔永平任组委会主任，市人大常委会副主任陈益富、市人民政府副市长程晨曦任组委会副主任，市委宣传部、市农办、市农业局等 19 个单位的主要负责人为委员，组委会下设办公室，主要负责“永州农产品质量安全行”活动的日常工作。是年 6 月 4 日，市人大常委会在市人民政府举行“永州农产品质量安全行”活动启动仪式。为指导县区搞好这项工作，市组委会办公室先后下发《关于开展“永州农产品质量安全行”活动的通知》《2003 年“永州农产品质量安全行”活动的安排意见》《关于 2003 年度“永州农产品质量安全行”活动的宣传报道方案》等文件和资料，并指导祁阳县人大常委会、冷水滩区人大常委会分别作出《关于开展祁阳县农产品质量安全行活动的决议》《关于开展冷水滩区农产品质量安全行活动的决议》。市组委会另两次召开全市县（区）人大农业与农村工作联席会议，安排部署农产品质量安全行工作和总结交流经验。是年 11 月 19—21 日，组委会组织新闻记者 10 余人深入到祁阳、芝山、冷水滩、宁远四县（区）进行集中采访报道活动，督促农产品质量安全工作。各县区采取多种形式，进行广泛的宣传发动。当年，县（区）领导发表电视专题讲话 34 次，印发宣传资料 45500 份，悬挂横幅 400 多条，张贴标语 10972 张，出动宣传车辆 50 余台（次），办墙报、宣传栏 693 期（个）。

2007 年 3 月，市、县（区）两级人大、政府成立以人大分管副主任、政府分管副县（区）长为组长的农产品质量安全领导小组，出台“永州农产品质量安全行”活动实施方案，并召开年度工作电视电话会议，安排部署当年的工作。是年 8 月，组委会组织执法单位和新闻记者集中开展农产品质量安全专题采访报道活动。

2008 年 1 月，市人大常委会召开全市农产品质量安全行电视电话会议，市委常委、市人民政府副市长刘事青主持会议；4 月，“永州农产品质量安全行”组委会安排部署农业委工作和“农安行”活动；11 月，“永州农产品质量安全行”组委会召开总结表彰大会；是年 12 月，市人大常委会组织代表视察“永州农产品质量安全行”工作。

2009 年 1 月 14 日，“永州农产品质量安全行”组委会办公室在市工商局召开办公室成员会议。是年 5 月，活动组委会在冷水滩召开全市“农产品质量安全行”总结表彰会议。对市人大农业与农村委员会等 16 个先进单位、唐晓君等 32 名先进个人予以表彰。当年，专题活动就农产品质量安全工作机制和农产品质量安全检验检测体系建设、农产品质量安全监管、农产品质量安全机构和队伍建设等开展监督活动，促进全市农产品质量安全水平的进一步提高。

2010年3月，“永州农产品质量安全行”组委会召开办公室成员单位会议，围绕“公众的健康、安全高于一切”主题，部署专题活动工作。是年10月，组委会在冷水滩区、零陵区开展农产品质量安全市场准入制度和追溯制度建设情况调研。是年12月，市人大常委会组织部分市人大代表视察绿色（有机）食品原料标准化生产和绿色农业示范区建设情况。当年底，全市开展“永州农产品质量安全行”先进单位评选活动，召开“永州农产品质量安全”年度工作总结会议。

2011年3月，“永州农产品质量安全行”组委会召开办公室成员单位会议，部署当年“永州农产品质量安全行”活动的具体工作；6月，组委会配合省农安行开展农产品违法添加非食用物质和滥用添加剂的专项检查；9月，组委会在全市范围内组织开展“农产品质量安全监管月”活动，重点是组织人员对农产品生产基地、农产品批发市场、主要农（集）贸市场和大型超市的蔬菜、水果、猪肉等农产品进行质量安全抽检，并同时向新闻媒体介绍全市农产品质量安全管理工作情况；11月，组委会召开“永州农产品质量安全行”年度工作总结会议；12月，市人大常委会组织部分市人大代表对“冷水滩区、零陵区”菜篮子工程建设情况开展专题视察。

2012年，“永州农产品质量安全行”组委会组织开展农产品质量安全知识宣传。围绕“安全生产，放心消费”主题，开展放心农资下乡进村，食品安全检查，农产品生产环境监测，安全农产品农超对接等系列活动。开展农产品质量安全专项整治。协调各成员单位开展稻谷蔬菜水果茶叶禁限高毒农药、畜产品“瘦肉精”、生鲜乳违禁物质、兽药监管、水产品禁用药物和有毒有害物质、农产品生产环境等专项整治。是年9月，在全市范围内组织开展“农产品质量安全监管月”活动。全市共出动执法人员35646人次，整治重点区域1536个，查出问题305起，涉及金额303万元，责令整改285起，立案查处96起。开展农产品质量安全监管机构和农业标准建设。通过视察、调研、督促等方式，加快农产品安全监管机构和农业标准化两个体系建设。制定《2012年全市实施农业标准化工作方案》，推进农业地方标准、农产品品牌培育、农业标准化人员培训等重点工作。全市全年未发生重大农产品质量安全事件，农产品每季自检合格率为99%以上，省检全部达标。当年，省“农安行”组委会办公室向全省宣传推介“永州开展农产品质量安全行”的做法。

2013年，“永州农产品质量安全行”组委会以“安全生产、放心消费”为主题，印发永州农产品质量安全行活动组委会成员职责分工。开展无公害产品内检员、绿色食品内检员培训，培训人次1963人。举办乡镇质量监管人员培训班，培训199个乡镇300多人，对500多家规模化养殖场负责人进行畜禽水产品质量安全专题辅导。编发《农产品质量安全知识宣传手册》《畜禽水产品质量安全常识》《畜禽水产品生产操作规程》。

2014年，“永州农产品质量安全行”组委会重点开展畜禽水产品质量安全专项整治。是年3月，召开活动启动大会，对2012—2013年度“永州农产品质量安全行”活动先进单位和先进个人进行表彰，冷水滩区等6个县（区）和市人大农业与农村委员会等8个市直成员单位被评为先进单位，唐盛嫣等27人被评为先进个人。是年4月，启动检查督促。经过调查研究，市人大常委会共提出指导意见51条，推介先进典型16个，汇集调研报告21篇。是年6月，组织20余家农产品加工龙头企业，举行产品质量诚信签名活动。是年5月、9月、10月，集中开展节日市场专项整治和监管月活动。是年11月，市人大常委会召开全市农产品质量安全体系建设工作座谈会。当年，全市蔬菜、水果等主要农产品质量监测合格率保持在97%以上，畜禽水产品监测合格率为100%。生猪“瘦肉精”检出率为零，没有发生重大农产品质量安全事件。

2015年，“永州农产品质量安全行”组委会对全市农产品质量安全检测制度进行完善，扩大抽检品种，增加抽检频率，抽检农产品品种由上年的17类扩大到20类。同时，组织部分市人大常委会委员和市人大代表，对“三品一标”认证和使用管理情况进行视察，就加快认定认证、强化证后监管、加大政策扶持力度和加强体系队伍建设等方面提出建议。是年9月，“永州农产品质量安全行”组委会在全市范围内组织开展“农产品质量安全监管月”活动。当年，东安县创建成国家农产品质量安全县，冷水滩区创建成全省农产品质量安全监管示范县；国家质量监督检验检疫总局批准新田、道县、江永为国家级出口食品农产品质量安全示范区，其中新田县示范区出口产品为富硒系列农产品，道县示范区出口产品为水果、蔬菜，江永县示范区出口产品为香芋、香姜、香柚、夏橙；东安、江华、祁阳三县申报为省级出口食品农产品质量安全示范区。

2016年，“永州农产品质量安全行”组委会围绕“努力确保不发生重大农产品质量安全事件”活动目标，突出抓好农产品标准化生产、农产品质量检验检测、基层农产品质量安全监管队伍“三大体系”建设。是年3月，组委会对2014—2015年度“永州农产品质量安全行”先进单位和先进个人进行表彰，冷水滩区等6个县区和市农业委员会等6个市直成员单位为先进单位，欧日雄等28人为先进个人。是年8月，活动组委会召开全市“三大体系”建设现场经验交流会，并组织专题报导。是年9月，活动组委会集中开展“农安行”监管月活动和“两节”市场专项整治。

第三节 永州农民健康行

2000年10月，市人大常委会会同市红十字会，对芝山区的菱角塘镇、珠山镇、水口山镇3个乡镇，通过“一看”（观看农户、卫生院、村卫生室）、“二问”（询问农民、患者）、“三查”（翻查负担卡、收据、发票、处方）、“四听”（汇报、座谈）调查了解农村医疗防保工作情况、乡镇卫生院建设情况和农民医药费用负担情况。调查发现，改革开放以来，尤其是自原零陵地委、行署作出“统一认识，加强领导，增加投入，抢救卫生”的决策以来，芝山区农村卫生事业获得长足的进步，但也发现以下问题：相对递减的农村卫生投入与急剧增长的卫生支出反差加大，严重制约农村卫生事业发展；乡镇卫生院现有人才、设施、技术条件难以担负日趋繁重的农村医疗卫生工作任务；落后的卫生设施条件，不良的卫生习惯，淡薄的保健意识潜藏着重大健康隐患；部分群众因家庭经济困难、交通不便等，导致仍然存在看病难的问题。同期，市人大常委会组织部分国家、省、市人大代表深入农村调查研究，进行执法检查；市人大教科文卫委会同市所属有关单位，重点对乡、镇医疗防保中心和乡村卫生机构进行检查。

市人大常委会根据调查结果，提出整改意见。建议各级党政领导深化对卫生事业在经济发展中的地位和作用的认识，确立健康是生产力的新观念，提高新形势下农村卫生事业的地位；增加卫生资金的投入，多渠道保证乡镇卫生院人员经费按时足额到位；卫生行政部门加强对乡镇卫生院、村卫生室及农村个体诊所规范管理，形成农村卫生资源的合理布局；完善农村基础卫生设施，加强卫技队伍建设和管理。加快医疗器械设备更新的节奏，彻底改变卫生医疗诊断手段落后的现状；在农村广泛开展健康教育，改变农村不良卫生习惯的行为，提高广大群众自我保健的意识和能力；各级妇女组织和妇幼保健人员加强对妇女的宣传教育工作，提高妇女的自身素质，预防和杜绝服农药自杀的现象。

2007 年 4 月，市人大常委会在东安县组织召开永州市“三湘农民健康行”启动会议，市人大常委会副主任赵清茂讲话。是年 5 月，“永州农民健康行”组委会组织全市各主要新闻媒体开辟“三湘农民健康行”专栏，先后对新田、蓝山、宁远、祁阳、冷水滩等 10 个县（区）在开展三湘农民健康行活动中一些典型事例进行采访报道。是年 8 月和 12 月，市人大常委会就主题活动进行督查，推动农村新型合作医疗制度落实，促进乡镇卫生院、农村医疗卫生队伍建设。次年 5 月，市人大常委会召开 2007 年永州市“三湘农民健康行”总结表彰大会。

2008 年 5 月，市人大常委会组织召开永州市“三湘农民健康行”2008 年启动仪式，以“维护农民健康权益，改善农民健康状况”为主题，部署全年活动。是年 8 月至 9 月，在全市开展集中采访调研，宣传推介为农民群众办实事的先进典型，推进普及新农合医疗等政策。次年 4 月，市人大常委会召开 2008 年永州市“三湘农民健康行”总结表彰大会。

2009 年 4 月，市人大常委会召开 2009 年永州市“三湘农民健康行”启动会议，安排部署专题活动。各县（区）组委会根据市活动实施方案，制定本县（区）工作方案。8月底至9月初，组织《湖南日报》驻永州站、《永州日报》、永州电视台、《永州新报》、永州广播电台、永州新闻网等多家媒体记者对永州市中医院骨伤科和针炙科、祁阳县中医院自制中药、双牌县中医院蛇伤科、永州职院附属医院等名院、名科、名医进行集中采访。开辟“三湘农民健康行”活动宣传专版和专栏，刊发主题宣传稿件50多篇。其中，《永州中医进入发展黄金期》《中医在湖南东安乡村吃香》等3件新闻作品在《湖南日报》《大众卫生报》发表。次年4月，市人大常委会召开2009年永州市“三湘农民健康行”总结表彰大会。市卫生局等6个单位为先进单位，祁阳等5个县区组委会为优秀组织奖。

2010年4月2日，市人大常委会召开永州市2010年“三湘农民健康行”启动工作会议，下发全市“三湘农民健康行”活动实施方案，部署专题活动。是年8月，市人大常委会组织《湖南日报》驻永州站、《永州日报》、永州电视台、《永州新报》、永州新闻网等新闻媒体随送医送药医疗队赴江华水口镇和金洞管理区小金洞乡，现场采访参加活动的医生和前来就诊的瑶胞，全景式报道送医送药活动全过程。是年11月，市人大常委会配合省人大教科文卫委和省卫生厅领导深入双牌县五里牌镇中心卫生院和江村镇中心卫生院开展基层医疗卫生调研。同时，组织市、县、管理区人民医院外科、内科、儿科、妇科及疾控等15名医学专家，深入到江华县水口镇、金洞管理区小金洞乡为山区少数民族群众开展送医送药下乡活动，为1000多名偏远山区瑶寨群众开展免费义诊、健康咨询，开展医药卫生体制改革、新农合政策宣传教育。是时，共发放手足口病和计划生育等宣传资料6000多份，为患者发放药品价值达5万多元，受到当地山区群众热烈欢迎。当年，市人大常委会促成市两办出台《关于进一步加强优待工作的实施意见》，明确全市60岁以上老年人享有养老、医疗保健、生活服务、文化休闲、法律维权等方面的优待政策。

2011年8月底至9月初，市县区“三湘农民健康行”活动组委会按照“实施基本药物制度，减轻农民用药负担”主题要求，启动农民健康教育周活动，组织市中心医院、市中医院、市妇幼保健院、市疾控中心等单位的20名医学专家深入双牌县江村镇开展送医送药活动，为500多名群众进行义诊，并免费发放药品价值2万多元，发放宣传资料3000多份。当年，市人大常委会认真开展督查督办工作，督促市财政、卫生部门抓好基本药物制度实施。

2012年，市“三湘农民健康行”活动组委会根据“积极推进乡村环境卫生工作，着力改善农民健康生活条件”主题，另考虑到换届的因素，对领导成员进行调整，增加市环保、市城管等7个成员单位。当年，组委会对2011年度永州“三湘农民健康行”活动先进单位、优秀个人、组织奖进行表彰；听取市爱卫办关于《湖南省爱国卫生条例》贯彻实施情况和农村环境卫生工作情况汇报，并结合实地调研，提出加大爱国卫生法律法规宣传力度、增加农村环境卫生基础设施投入、完善农村房屋建设布局规划、发动群众积极参与、加强平时检查督促与考评机制等建议；建立定期巡回医疗下基层长效机制，制发《在全市实施定期巡回医疗下基层活动实施方案》，组建市中心医院、市中医院、市妇幼保健院、永州职业技术学院附属医院4支市级巡回医疗队，每月定期深入乡镇卫生院和偏远贫困农村开展健康教育和巡回医疗活动。其中，是年8月，组织市卫生局、市爱卫办、市疾控中心和市中西结合医院20余名医务人员，深入到零陵区邮亭圩镇岀山村开展以“环境卫生与农民健康”为主题的健康教育和送医送药活动，现场发放宣传挂图100余幅、健康资料200余本，接受健康咨询、检查600余人次，看病200余人，免费发放药品2万多元；组织永州电视台、永州日报社、永州新闻网等媒体记者，对宁远县清水桥镇胡家村、仁和镇白马村、冷水镇沙洞村以及零陵区石山脚乡井塘尾村、菱角塘镇晓桥村开展集中采访，在市级以上媒体进行报道。全年全市有50余件新闻作品在省、市级以上媒体播发。

2013年，市“三湘农民健康行”活动组委会出台《2013年永州“三湘农民健康行”活动考评办法》。是年初，启动“我行动·我健康”健康知识宣教活动，在中心城区的主要街道、乡镇农贸市场设立咨询台，发放健康知识资料宣传。组织人大代表开展《湖南省爱国卫生条例》贯彻实施情况和全市农村爱国卫生运动开展情况进行专题调研。是年10月，组织永州电视台、永州日报社、永州新闻网等媒体记者深入县（区），进行集中采访报道，在市级媒体播发30多件新闻作品，其中3篇反映主题活动的新闻作品被开辟专栏在《永州日报》连续发表。当年，全市共有60多件新闻作品在市级以上媒体刊播。

2014年，市“三湘农民健康行”活动主题定为“推动村卫生室建设，提高农村卫生服务能力”。当年，组委会组织开展“农民健康”教育周活动，重点在卫生部门尤其是乡镇卫生院和村医中间开展教育培训活动。全市开展各类培训310多期，参加培训的医护工作者达到3500多人次；组织市人大代表开展专题视察和对全市村卫生室建设情况专题调研。组委会根据调研情况，与市委组织部沟通协商，并以市委组织部的名义发文，要求各地充分利用村级党的组织建设活动室，与村卫生室共建共用共管，化解村医用房困难。市卫生局根据组委会的意见，下发整改文件，要求各地加快村卫生室建设步伐，加大培训乡村医生的力度。当年，全市新建改建村卫生室达1200个，被省“三湘农民健康行”组委会评为先进单位。

2015年，市“三湘农民健康行”活动主题继续定为“推动村卫生室建设，提高农村卫生服务能力”。当年，活动组委会督促政府加大村卫生室建设投入力度，加强乡村医生队伍建设，提高农村卫生服务水平。组织医务人员开展“送医下乡”，发放各类宣传品 10000 多件。是年 8 月至年底，市人大常委会先后两次组织市人大代表开展视察活动，深入有关单位，督促其认真办理关于村卫生室和乡村医生队伍建设方面的建议。督促财政部门落实农村卫生室建设、基本公共卫生服务经费，掌握经费安排、拨付和使用情况。组织电视台、报纸、网站等多种媒体对组委会开展的检查、督查等活动进行系列报道。全年在各种媒体刊播相关内容的报道 20 余条，《我市计划培养乡村医生 1500 名》《诊所开在家门口》《五块钱看好病》等稿件先后在《永州日报》发表。截至当年底，全市 5232 个行政村已建立村卫生室的行政村 4405 个，累计完成村卫生室标准化建设 1678 个，其中新争取村卫生室标准化建设项目 851 个，争取项目资金 4255 万元；全市完成乡村医生培训 5000 多名，完成“五年一次”在岗乡村医生再注册工作；“乡村医生本土化”工程培养学员 274 名，争取省财政支持培养学员 50 名；全市乡村医生签约服务覆盖率达 55%。

第四节　永州民族团结进步行

1996 年至 1997 年期间，市委、市人大常委会、市人民政府组织开展民族团结进步行活动，广泛宣传党的民族政策，两次召开全市民族团结进步表彰会，共表彰先进集体 97 个、先进个人 102 名；组织有关部门调处民族地区有争执的山林 2758 处，与“两广”边界地带历年遗留的纠纷 141 起，增进民族团结和睦邻友好关系。

1996 年，市委、市人大常委会、市人民政府不断推动民族教育、文化、卫生等社会事业的发展。在民族教育方面，通过多渠道筹集资金 1800 多万元，新建民族中学 2 所，建成民族寄宿制中心小学 64 所和民族寄宿制初中 5 所，改造校舍危房 1.9 万平方米，添置大量的教学仪器设备及图书，师生教学和生活条件普遍得到改善。当年，江华瑶族自治县跨入全国民族教育先进行列，双牌县上梧江瑶族乡成为全省教育先进乡。

市人大一次会议期间，市人大民族华侨外事委员会通过各种渠道帮助民族地区加快发展经济和社会事业。一是带领江华瑶族自治县和宁远县分管教育的同志到国家教委、民委和省教委、民委汇报情况，争取解决江华瑶族自治县民族中学搬迁和宁远县九嶷山瑶族乡民族中学改建中的资金困难问题。二是为江华外经外贸事业的发展，争取省财政部门代改拨资金 20 万元。三是为扩大江华优质珍珠椒生产基地，向省农业优质产品开发中心争取拨款 5 万元。四是为搞好海外侨胞和瑶胞的接待工作，争取市财政部门借款 20 万元，改造江华宾馆。五是通过牵线搭桥，争取四名港商赞助，解决了江华、江永两县四名特困生的学费（从 1997 年开始，每人每年 700 元，赞助对象直至大学为止）。六是为特困民族乡送温暖、献爱心，争取七三一九工厂和零陵烟厂各出资一万元，分别支助江华两岔河乡少数民族特困户和宁远县荒塘瑶族乡陈家湾村结核病患者特困户的生产生活。

1999 年 10 月，市人大常委会在开展“永州市民族团结进步行”活动过程中，组织举办“庆国庆 50 周年和迎中央民族工作会议召开”的文艺晚会，节目内容丰富多彩，充分展现永州市少数民族新时代的精神风貌。

1999 年至 2000 年期间，市人大常委会紧紧围绕经济建设这个中心，认真开展“民族区域自治”方面的调查研究工作。其中，市人大常委会副主任冯生玉带领调研组，先后深入江华瑶族自治县的 12 个散居民族乡，认真开展扶贫工作的调查。调查表明，永州市各级高度重视民族地区的扶贫工作，以解决贫困人口的温饱问题为重点，采取“开发式”和“造血型”的办法，把扶贫和扶“志”结合起来，组织民族地区群众开田造土，推广种植巴西旱稻，发展药材林、经济林、养牛、养羊等，使一些民族贫困乡和特困村逐步摆脱贫困。

2010 年，永州市首次开展民族团结进步行活动。当年初，组委会制定“民族团结进步行”实施方案，确定组委会成员单位职责、指导思想和主题，确立“巩固团结和谐、促进繁荣发展、保障改善民生”的活动内容。全市 11 个县区按照“分类指导、分类实施”的要求，先后启动“民族团结进步行”。是年 2 月 1 日，全市民族团结进步行组委会全体会议暨动员会在冷水滩召开。是年 8 月，组委会办公室组织永州日报、永州电视台新闻综合频道、经济频道、永州人民广播电台、永州新闻网、永州人大网等 6 家主流媒体共 10 余名记者，深入民族地区集中采访。当年，共在中央、省、市各级新闻媒体集中上稿 100 余篇，其中纪实通讯《情注大瑶山》反映市委书记黄天锡关心少数民族和民族地区的感人事迹；新闻访谈《做好民族工作，加快民族地区经济社会发展》约请市委副书记、市长龚武生畅谈市人民政府在加快民族地区经济社会发展方面的重大思路、举措和成效；市人大常委会副主任、民族团结进步行组委会主任赵荣发表专题理论文章《高举民族团结进步旗帜，扎实开展全市民族团结进步行》。次年 4 月，市人大常委会召开 2010 年全市民族团结进步行总结表彰大会，授予永州市民委、永州日报社等 7 家单位“永州市 2010 年度民族团结进步行优秀组织奖”；对《情注大瑶山》等 11 篇新闻作品分别授予好新闻特等奖和一、二等奖。

2011 年 10 月，全市民族团结进步行组委会组织永州日报、永州电视台等主流媒体记者，结合宣传市党代会精神开展新闻单位“走基层、转作风、改文风”活动，深入民族地区集中采访，先后推出《江华瑶族自治县坚持生态立县，打造神州瑶都》的主题报道，以及《江华县第一人民医院扎根瑶山 55 年，热心为少数民族群众服务》等典型报道。当年，各县区组委会自行组织，在省、市、县（区）各级新闻媒体集中上稿

70 余篇，多频段、多形式、多视角地宣传展示民族地区所取得的巨大成就，宣传学习党的民族政策理论和国家民族法律法规，宣传推介各地涌现出来的民族团结进步行模范单位及个人。

2012 年，全市民族团结进步行活动主题定为“共同团结奋斗，共同繁荣发展”。是年 5 月，组委会在新田县召开全市民族团结进步行工作会议，对学习、宣传《湖南省实施〈中华人民共和国民族区域自治法〉若干规定》进行重点部署。是年 9 月，组委会组织永州日报、永州电视台、永州新闻网等主流媒体记者，深入民族地区集中采访，推出双牌县上梧江瑶族乡、道县井塘瑶族乡鲁草坪村、东安县川岩乡川岩村六组促进民族团结进步等典型报道。当年，组委会深入实施“启聪扶贫计划”，共争取安排 22 名聋儿到湘雅附二医院进行筛查，最后确定 16 名作为手术对象；应江华瑶族自治县人民政府的邀请，组织参与叶蔚林纪念馆筹建等有关工作，完成《叶蔚林作品全集》的编辑、出版；承办全省人大民族华侨外事宗教对台工作第五次联席会议。

2013 年，全市民族团结进步行活动主题定为“抓好民族法律法规实施，促进民族地区经济社会发展”。是年 3 月，组委会在东安召开全市民族团结进步行工作会议。是年 8 月，组委会组织参加全省“中国梦、民族情”红短信征集活动，全市共有 2 件作品在全省获奖。是年 9 月，组委会在全市组织开展“民族团结进步行宣传月”活动，组织媒体集中采访，重点推出江永县源口瑶族乡产业发展、基础设施建设成就；江华县码市镇竹市村促进民族团结进步，沱江镇第一小学重视传承民族文化等典型报道。当年，组委会还继续深入实施“启聪扶贫计划”，分批输送 17 名患儿到湘雅二医院完成手术。

2014 年 3 月，组委会在冷水滩召开全市人大民侨外委第三次联席会暨“民族团结进步行”工作会议，对 2012—2013 年度全市民族团结进步行进行总结表彰，授予永州市民族宗教事务委员会、蓝山、江华、东安、江永县民族团结进步行组委会等 12 家单位民族团结进步行优秀组织奖；授予《神州瑶都风更劲》等 15 篇好新闻奖。按照省组委会组织“文化艺术永州行”的安排，当年，市组委会还开展民族团结进步行集中采访报道和“民族一家亲”艺术团慰问演出两大活动。

2014 年 9 月 15 日，省组委会邀请和组织人民日报、中国民族报、湖南日报、湖南广播电视台广播传媒中心、湖南卫视、湖南经视、三湘都市报、潇湘晨报、红网、湖南在线、省人大网、湖南工人报、今日女报、《人民之友》杂志、《民族论坛》杂志、永州日报、永州电视台、永州新闻网等 18 家媒体记者组成采访团，深入我市江华瑶族自治县和江永县进行集中采访宣传。是年 9 月 17—19 日，省民族团结进步行“民族一家亲”艺术团赴江华、江永、湖南科技学院慰问演出。慰问演出以“同一片蓝天，同一个梦想”为主题，集结省歌舞剧院 30 余名艺术家载歌载舞，以展示少数民族风情为主要内容，集声乐、器乐、舞蹈等为一体，包括川剧《变脸》、花鼓戏《刘海砍樵》及瑶族歌舞《嘞嘞嘿—远远见妹飘过来》《敲梆》《拉厢》等精彩节目。是时，江华瑶族自治县、江永县分别组织本地民族特色节目参与互动。当年，市组委会继续实施“启聪扶贫计划”，共组织18名符合条件的聋残儿童实施人工耳蜗植入手术。永州市道县横岭瑶族乡民族村、江华瑶族自治县大圩镇宝镜村、码市镇田沟村被国家民委收入“十二五”时期全国少数民族特色村寨保护与发展名录。组委会以此为契机，在全市启动最美民族特色村寨的推荐上报工作。

2015年，组委会以“促进团结、共同发展”为主题，组织新闻媒体深入民族地区，加强民族团结进步模范事迹宣传。是年3月，在冷水滩召开全市人大民侨外委第四次联席会暨“民族团结进步行”工作会议。是年9月，组织市级主流媒体赴冷水滩、零陵、宁远开展“民族团结进步行”宣传月活动。当月24日，组织市民宗委、各相关社区、街道办等相关单位，协同市广播电视台、永州日报社以及永州新闻网等新闻媒体，陪同在永州零、冷两区生活的新疆维吾尔族，甘肃回族、东乡族等伊斯兰教少数民族同胞们共同度过古尔邦节。湖南人大网、湖南省民宗委网、永州日报、永州电视台等省市10多家新闻媒体对此进行深度报道，发表新闻稿件40余篇。当年，组委会继续开展湖南省最美民族特色村寨的推荐上报工作，江永县千家峒瑶族乡刘家庄村、兰溪瑶族乡黄家村获评湖南省最美少数民族村寨，江华瑶族自治县河路口镇牛路村获评湖南省美丽少数民族村寨，其中刘家庄村被正式授牌全国少数民族特色村寨；继续实施“启聪扶贫计划”，18名患儿分批在湘雅二医院完成人工耳蜗手术。

2016年3月，组委会召开全市人大民侨外委第五次座谈会议暨民族团结进步行工作会议，对2014—2015年度民族团结进步行先进集体进行表彰。会议授予永州市民族团结进步行组委会办公室等2个单位民族团结进步行特别组织奖，东安等4个县（区）组委会民族团结进步行优秀组织奖，冷水滩等7个县（区）组委会民族团结进步行组织奖，永州日报社等4个单位民族团结进步行新闻传播贡献奖。是年9月，组委会以“少数民族特色村镇”为主题，开展民族进步行宣传月活动。当月，《永州日报》专版专题刊载了《打造民族地区小康“名片”——全市少数民族特色村镇建设纪实》一文。全年，组委会继续开展湖南省最美少数民族特色村寨的推荐上报工作，江永县下层铺镇上甘棠村、江华瑶族自治县涛圩镇香草原村进入湖南省美丽少数民族村寨行列，并入围最美少数民族特色村寨前二十。

第八篇

代表工作

第一章　代表联络与代表活动

第一节　第一届市人民代表大会代表联络与代表活动

1996 年，市人大农经委直接联系 100 名农村市人大代表，建立卡片和联系制度。先后 4 次给代表们发出信件。第一次是联系通知；第二次是调查农民负担情况提纲和表格；第三次是寄送省人民政府关于发布农民负担项目和标准的通告；第四次是春节前寄送慰问信、贺年卡和 1996 年度农民负担调查明细表。平时，农经委注重看望、走访代表，了解情况，听取意见，帮助他们解决一些力所能及的问题。对代表和群众的来信来访，农经委坚持热情接待，认真听取他们反映的问题和意见，耐心细致地做好疏导说服工作。1996 年，农经委接待来信来访 12 件次，全部进行处理。其中，向市人大报告处理结果的 3 件，调查督促处理的 1 件。对此，农民代表表示满意。

1996 年，市人大教科文卫委建立与人大代表的联系制度，制定与全市教科文卫方面的 98 名市人大代表的联系办法。是年底，市人大教科文卫委利用工作、开会和调查走访等方式共与 30 多名市人大代表进行联系，对代表提出的有关建议意见，及时进行改进工作。同时对代表提出的问题，经过调查核实及时予以答复，对代表的来访，做到热情接待，耐心听取，进一步密切同教科文卫方面代表的联系。

1996 年 10 月下旬，市人大常委会组成人员先后回到各自选区开展代表服务活动，为选区的经济建设献计献策，提出建设性的建议。市人大常委会副主任吕芳村回选区冷水滩区开展工作，了解到该区珊瑚乡鱼苗场所有权问题是一个久拖不决的老大难问题。他当即组织当地政府有关领导和当事人双方，找根据、摆事实、讲道理，使问题得到解决。市人大农经委的同志分别参加江华、江永代表小组的视察调研，视察这两个县的工农业生产和有关工作，并积极为基层服务，解决一些具体问题。

1996 年 11 月 4—9 日，市人大常委会在零陵农校举办农村市人大代表和乡镇人大主席两个培训班，市人大农经委的同志与农校老师一起研究农业法律法规的讲课教材，并提供一些典型事例。培训班从开学到结束，市人大农经委的同志吃住在农校、协助培训班工作。市人大常委会在沟通与加强代表联系方面，主要采取四种形式。一是尽可能增加对联系代表的接触。在开展调查研究时尽可能听取代表意见，代表来访时认真接待。二是以答复代表建议、批评和意见形式沟通代表联系。当年 11 月 26 日和 12 月 3 日，市人大农经委人员先后到双牌茶林乡、祁阳浯溪镇椒山村去视察农村合作基金会的发展和精神文明建设；12 月，市人大常委会统一组织市直人大代表视察，市人大农经委人员参加东安县、芝山区小组专题视察调查减轻农民负担、农业综合开发、红壤开发、乡镇企业发展工作。对视察中发现的问题，分别与县区领导交换意见、提出建议，并将视察调查报告报送市委、市人大和市人民政府领导，引起领导对“减负”和农村经济工作的进一步重视。

市一届人大二次会议上，赵翠英等 10 名代表向大会提出“关于尽快将乡镇计生办全民合同制工人工资列入县乡财政预算的建议”。此建议于 1997 年 3 月 25 日交付市人大农经委办理之后，市人大农经委与教科文卫委于 1997 年 4 月 15 日向各县区人大财经工委、教科文卫工委下发《关于督促落实零计生字〔1996〕1 号文件的函》，要求各县区人大财经工委和教科文卫工委同年 5 月份前听取县（区）计生委关于落实零计生字〔1996〕1 号文件情况的专题汇报，如未列入县乡财政预算的，建议两工委找政府有关部门协商，争取在当年下半年预算调整时解决。市人大农经委于 6 月底前将已收到的 8 个县区落实情况，给提建议的 10 名代表分别作答复。

1997 年 7 月，市人大常委会将人大代表联络活动列入重要的日常工作。市人大常委会把抓好人大代表联络活动作为优化代表工作、发挥代表作用的切入点，在指导思想上，紧密围绕党委的工作重点、国家法律法规和人大常委会决议决定的贯彻实施以及人民群众普遍关注的热点、难点问题，指导代表想大事、议大事、抓大事，积极开展与人大代表的联络活动，充分发挥代表作用；在工作方式上，采取提供服务，落实保障、建立激励机制，把代表小组活动与人大常委会的各项工作结合起来，把会外的代表活动与大会代表行使职权结合起来，促进人大及其常委会职能作用的有效发挥。

1997 年，市人大常委会组织代表评议市卫生局、医药局工作。在历时 10 个月的评议中，市人大常委会的领导和有关专门委员会，十分注重加强与代表的联系与交流，协助做好代表评议的各项工作，达到密切代表联系的目的。

1998 年初，市人大内司委参与第四次村民委员会换届选举试点工作。4 月，市人大常委会听取和审议市人民政府关于村级换届选举情况的汇报。5 月，组织两个督查组，对全市村级换届选举进行重点督查，促进村民委员会组织法的贯彻实施和农村民主政治建设。

1998 年，市人大常委会倡导开展“结穷亲，引富路”活动。全市人大代表扶帮贫困 13400 多户，提供项目 2694 个，帮助解决资金 837 万元，安排就业 2700 多人，使近 7000 户贫困户基本脱贫。

1998 年，市人大常委会在往年组织“人民选我当代表，我当代表为人民”活动的基础上，推出“创建先进代表小组，争当优秀人民代表”活动。市人大常委会制定《代表小组活动办法》，及时推介优秀人大代表和先进代表小组的典型经验，为代表工作注入新的活力。市人大常委会分市直和县（区）两个层次，组成18个视察小组，对市“一府两院”及各县（区）政府工作进行视察，提出许多有价值的意见和建议，促成一些问题的解决，代表视察工作的质量进一步提高。

1998年，根据市人大常委会通过的《代表小组活动办法（试行）》，将“人民选我当代表，我当代表为人民”活动引向深入，把活动的范围由市、县（区）两级人大代表和代表小组延伸至乡镇人大代表、代表小组和县（区）、乡镇人大工作者。并及时总结推介活动中创造的新鲜经验和涌现的先进典型，使代表活动更加规范化、经常化。

1999年，市人大常委会组织人大代表对市公安局的工作开展评议。通过自查自纠和集中整改，代表评议中反映出的83个问题，大多得到解决。通过评议，公安干警的公仆意识和接受监督的意识进一步增强，依法行政、公正执法的自觉性提高，争创人民满意单位和满意干警活动取得明显成效，对公安各项业务工作有较大促进。

1999年，市人大农经委组织人大代表开展百户农民负担问题问卷调查，深入江华、道县等地进行实地检查，了解和掌握减负政策的落实情况。并将涉农的86部法律法规汇编成《农村常用法律法规选编》印发至市县乡镇党政主要领导和全体市人大代表，促进涉农法律法规的学习与宣传。市人大财经委牵头组织县（区）人大对乡镇财政负债情况进行调查，研究探讨乡镇消赤减债的对策。市人大农经委组织人大代表对东安、道县、江华三县十多个乡镇农村经济发展状况开展调查，就调整农村产业结构，推进农业产业化进程提出意见和建议。市人大民侨外委对江华、宁远、蓝山10多个少数民族乡（镇）农民返贫问题进行调查，组织开展科技、卫生下乡活动，并争取资金近20万元，扶持少数民族地区经济发展。市人大教科文卫委在深入调查的基础上，组织召开科技兴农座谈会。市人大机关响应市委号召，继续牵头抓好双牌县马蹄村的扶贫工作，在1998年筹资70万元投入扶贫开发的基础上，1999年又筹资20万元，尽力帮助马蹄村脱贫致富。市人大常委会农经委加强联系代表工作，继续保持与建立联系制度的百名农村市人大代表的经常联系，春节期间给他们寄贺年片。下半年组织开展农民负担问卷调查，给每位市代表赠送1本《农村常用法律法规选编》，认真办理代表议案及建议、批评、意见和人民群众的来信来访；走访农民市人大代表，总结推介典型经验。加强与省人大农业与农村委员会的联系，主动汇报工作，争取上级领导支持，积极完成交办的各项任务。同时加强与县（区）人大农经工作机构和市直农口单位的联系，经常通报情况，交流信息。

1999年，市人大常委会召开市公、检、法负责人座谈会，贯彻党中央和全国人大常委会的决定，落实“两高”的通知，按照市委的安排部署，发动广大代表深入揭批“法轮功”的反动本质和严重危害，坚决维护大局稳定。市委关于深化国有企业改革实施意见出台后，国有企业的人大代表以主人翁的姿态，献计献策，身体力行，为企业改革和解困付出艰苦努力。农村的人大代表带头贯彻党在农村的方针、政策和涉农法律法规，在发展农村经济、减轻农民负担、扶贫帮困、维护稳定等方面做了大量工作。市人大常委会对188个乡镇的人大主席团主席进行集中培训。市人大民侨外委还举办民族、华侨、外事、宗教、对台法律法规培训班，以提高人大干部的素质。

2000年1月20日，市人大常委会副主任吕芳村走访慰问驻冷水滩区的市人大农民代表。在走访慰问过程中，农民代表反应当前农村普遍存在的重大问题，并提出如何重视和解决的意见。这些问题集中体现在农民负担过重、农村经济发展滞后、各种税费过多等方面。随后，市人大常委会组织市人大农村经济委员会和市人民政府有关单位开会研究，并组织各级人大代表深入各县（区）农村开展调研，进行执法检查，推进相关问题的解决。

2000年1月30日至2月1日，市人大常委会主任郑邦淳，常委会副秘书长、办公室主任高增遗等一行冒着漫天大雪，走访慰问驻新田、蓝山、宁远的市人大代表，解决部分代表存在的困难。

驻永州市全国、省人大代表联络与代表活动

1996年3月1日，永州市全国人大代表孙吉祥、黄培劲、义菊英赴京参加全国八届人大第四次会议，地委书记邹金鹭，地委副书记郑邦淳、谢朝月，零陵地区人大工委主任孔宪访、副主任胡参政、甘明俊、谢田种等领导出席欢送会并发表讲话。孙吉祥等三位全国人大代表在会上发言，决心不负全市542万人民的重托，在全国人大会议上积极参政议政，努力做好人大代表肩负的神圣职责，为中华民族的伟大复兴，作出自已最大的贡献。

1996年11月13—17日，市人大常委会组织驻永州市的全国人大代表和省、市人大代表开展视察活动。视察活动分为企业改革和城建环保组、农村经济组、社会治安综合治理组、民族经济组、文化卫生组共六个组，分别由市人大常委会副主任谢田种、市人大相关专门委员会主任委员李续荣、陈少全、周松云、赵仁秀、李友清担任组长。各级人大代表在视察活动中积极负责，发现许多问题，提出很多中肯可行的处置意见，发挥人大代表作用。

1996年12月中旬，市人大常委会组织驻永州市的全国人大代表、部分省、市人大代表集中回选举单位开展视察活动。就社会治安综合治理等问题，对市直公安、司法、劳动部门的有关工作进行视察。在肯定成绩的同时，指出存在的问题，提出整改意见

和建议。视察结束后，综合整理视察情况报告，为代表出席代表大会会议作好准备。

1997 年 5 月 15 日，市人大常委会召开人大代表评议市卫生局、市医药管理局动员大会，由李本道主持。市人大常委会主任郑邦淳就评议工作在会上讲话，市人大常委会组成人员，市人民政府副市长蒋桃生，部分全国、省、市人大代表，各县（区）人大常委会负责人以及市直有关单位副科以上的干部参加会议。

1997 年 7 月中旬，市人大常委会副主任谢田种陪同省人大常委会副主任沈瑞庭等一行深入到江华、道县、新田视察代表工作，并召开省、市人大代表座谈会，进行广泛深入地了解情况。

1997 年 12 月，根据省人大常委会办公厅、选举任免联络工作委员会《关于组织在我省选举的八届全国人大代表和省八届人大代表视察的安排意见》和市人大常委会的安排，驻永州市的 3 名全国人大代表和在市直单位工作的省、市人大代表组成 7 个视察组对冷水滩、芝山两区范围内的市直有关单位和几个县（区）开展视察。当月 13 日上午，各视察组人员在零陵宾馆集中听取市人民政府关于国民经济、社会发展计划和财政预算执行情况的汇报；下午，各组在组长的带领下，分别开展视察活动。16—18 日，视察人民银行永州市分行、零陵耐火材料厂、长丰集团有限责任公司、市水电设备厂、祁阳县有关单位，了解《人民银行法》的贯彻实施情况、企业的困难、改革情况、三菱汽车技术改进工程进展情况和冬修水利的情况。通过汇报和座谈、实地察看，代表们在肯定上述各单位工作成绩的同时也提出存在的问题和建议。

1998 年 2 月 27 日，市人大常委会举行座谈会，欢送全国人大代表王道生、武俊瑶、黄培劲、戴菊芳赴北京参加全国九届人大一次会议。会议由胡参政主持，市人大常委会主任郑邦淳发表讲话，市人大常委会副主任、秘书长以及有关委室的负责人参加会议。

1998 年 4 月 3 日，市人大常委会举行纪念《代表法》颁布实施六周年座谈会。市人大常委会主任郑邦淳就坚持和完善人民代表大会制度发表讲话，部分全国、省、市人大代表参加座谈会并发言。

1998 年，市人大常委会召开驻永全国、省、市人大代表座谈会，组织“两台一报一刊”开展《代表法》系列宣传活动，使《代表法》进一步深入人心。为进一步提高代表素质，举办全国、省人大代表和市人大代表小组长培训班，集中学习有关法律法规，交流代表工作经验，提高代表依法履行职务的能力。

1998 年 5 月 22 日至 6 月 5 日，根据常委会主任会议的安排，市人大常委会副主任郑纯发、冯生玉、李本道组织驻永全国和省、市部分人大代表到云南、广西、四川、湖北、山东、江西等地进行依法治市的学习考察活动。

1998 年 8 月 5 日，根据主任会议的安排，市人大常委会副主任郑纯发率部分省、市人大代表对双牌水库灌区进行视察，实地察看双牌渠道部分干渠和支渠的维修改造管理及运行灌溉情况，走访灌区群众，听取双牌水库管理局的工作汇报。

1998年10月16日下午，根据主任会议的安排，市人大常委会副主任胡参政、杨祈贵、冯生玉、谢田种、吕芳村、李本道以及有关委室的主要负责人，部分省、市人大代表到市技术监督局听取技监工作汇报。

1998年10月31日，市人大常委会召开人大代表评议市国土局工作会议，由市人大常委会副主任吕芳村主持。市人大常委会组成人员，市委、市人民政府有关领导以及部分全国、省、市人大代表参加评议会议。市人大常委会主任郑邦淳就评议工作作报告。

1998年12月5—11日，驻湖南全国人大代表、省人大常委会代主任王克英等一行12人视察组到永州市进行视察。视察组在市委书记邹金鶩、市人大常委会主任郑邦淳、副主任胡参政、郑纯发、市人民政府副市长崔永平等领导的陪同下，先后视察冷水滩、芝山、江华、江永、宁远、道县、新田、祁阳等县（区）有关单位和区域。期间听取市人民政府和所到县（区）的工作汇报，并与市委、市人大、市人民政府主要领导交换意见。

1998年12月20—27日，市人大常委会根据省人大常委会工作安排，组织驻永州市全国人大代表和省、市人大代表开展视察活动。视察工作分为财贸视察组、城建视察组、工交视察组、环保视察组、农业农村视察组、卫生医药视察组、政法视察组等7个组进行，李续荣、高增遗、赵仁秀、王本俊、陈少全、李友清、周松云分别担任各视察组组长。

1999年1月24日下午，市人大常委会在九嶷宾馆举行欢送出席省九届人大二次会议代表座谈会议。由郑邦淳主持，市委书记邹金鶩传达中央有关人事安排文件精神，市长王道生介绍永州市经济发展情况。

1999年4月7日，市人大常委会举行纪念《代表法》颁布实施7周年座谈会，由吕芳村主持。市人大常委会主任郑邦淳就如何深入贯彻实施《代表法》发表讲话，常委会副主任、秘书长以及各专门委员会、各工作机构主要负责人，部分驻永全国、省、市人大代表出席会议。

1999年8月10—11日，省人大常委会副主任吴运昌等领导到永州视察工作。在市人大常委会主任郑邦淳，副主任吕芳村、冯生玉、谢田种、陶祖芳，秘书长谢承年的陪同下，听取市人大常委会代表工作的汇报，并走访部分省人大代表。

1999年9月2日，市人大常委会召开人大代表评议市公安局工作大会，由杨祈贵同志主持，市人大常委会主任郑邦淳就评议工作发表讲话。常委会组成人员，市委、市人民政府有关领导，以及市直有关单位，各县（区）人大常委会分管副主任，部分全国、省人大代表参加会议。

1999年12月13—15日根据常委会工作安排，市人大常委会副主任陶祖芳带队，组织15位省、市人大代表深入到市人民政府办、市中级人民法院、市直和冷水滩区有关单位，采取听汇报、走访选民、召开座谈会、实地察看的形式对市一届人大四次会议代表建议办理情况进行视察。

第二节　第二届市人民代表大会代表联络与代表活动

永州市二届人大常委会根据《代表法》的有关规定，在市直及县区共建立35个代表活动小组。各代表小组选出了组长、副组长。许多小组在开展活动中，为当地经济建设，民主法制建设提出很多好的建议和意见，并督促有关部门解决困难和问题。同时还建立代表联络制度，加强与全国、省、市人大代表的联络，编印代表工作联络手册。并根据《代表活动暂行办法》，制定活动计划，围绕以“人民选我当代表，我当代表为人民”的主题，广泛开展“ 我为三化建言献策”的创先争优活动，以“大力推进农业产业化进程，多渠道增加农民收入，深化国有企业改革，大力推进工业化进程，加快中心城市和县城发展，大力推进城镇化进程”为基本内容，积极组织代表培训、开展代表活动。

2001年11月下旬，市人大常委会在市委党校举办市二届人大代表第一期培训班。参加培训班的有代表小组组长34名、知识份子代表45名。培训期间，代表们学习江泽民同志在建党80周年纪念大会上的重要讲话和党的十五届六中全会精神，深刻领会“三个代表”的重要思想；学习《宪法》《组织法》和《代表法》。通过学习，加强人大代表的思想作风建设，进一步强化人大代表的职务意识，激发代表自觉执行职务、履行职责的热情。此次培训还开设经济知识与科技知识讲座，促进代表们的观念转变和知识更新。

2003年5月29—30日，市人大常委会副主任陈益富率领市人大农业委及市人大代表，对双牌水库灌区维修改造和管理的情况进行视察。视察组先后察看渠首测控分站，平福头8.6km高标准渠道以及八支渠左右远动控制闸，永州罐区试验站伊溏测控分站和双牌水库管理局中控室、档案室等，听取双牌水库管理局局长的工作汇报。最后，视察组针对存在的问题，提出意见建议。

2003年6月，市人大常委会在市委党校举办市二届人大代表第二期培训班，对工人、农民、民营经济方面的市二届人大代表以及各县区人大常委会联工委负责人共计180人进行培训。培训中，结合党的十六大精神，省、市人大会议精神，学习《宪法》《组织法》《代表法》《民法通则》《经济合同法》和人民代表大会制度，以及有关经济方面的知识。通过培训，进一步提高代表的政治、法律素质和执行代表职务的能力。

2003年8月22日，市二届人大常委会第十九次会议通过《永州市人大常委会关于加强市人民代表大会代表工作的决定》。《决定》指出，加强代表工作是人大常委会的一项重要任务，必须把代表工作列入常委会的议事日程，加强和完善代表工作的组织建设和制度建设，尊重代表的民主权利、支持代表依法执行职务，进一步密切同代表的联系，认真做好代表来信来访工作，认真办理代表议案和建议、批评、意见。《决定》要求不断提高代表自身素质，为代表履行职责创造条件。要组织代表开展“人民选我当代表，我当代表为人民” 为主题的创先争优活动。代表所在单位对代表依法履行职责应给予关心和支持。代表参加人大常委会组织的有关会议和活动，要为其提供时间保障和便利条件，有工资收入的代表所在单位按正常出勤对待，并按规定报销交通、差旅费；无工资收入的代表由人大常委会给予适当误工补帖。代表活动经费列入本级财政预算。

2004年6月，市人大常委会在冷水滩举办市二届人大代表第三期培训班，对未参加培训的市二届人大代表共计80人进行培训。组织参训代表认真学习党的十六大精神，全国、省、市人大会议精神，学习《宪法》《组织法》《代表法》《监督条例》《行政许可法》和人民代表大会制度方面的知识。通过培训，进一步提高代表的政治法律素质和执行代表职务的能力。

2003—2005年，市人大常委会组织开展“我为‘三化’建言献策”活动。在活动中，市人大常委会给各县（区）人大常委会和市代表发送有关通知信件500余封，要求各代表小组围绕活动主题和内容，从人民群众最关心的问题入手，切实加强监督及协助政府和“两院”推动工作，力求为永州市的“三化”建设建言献策，推进解决实际问题。各代表小组组织代表开展调查、视察、执法检查和评议等活动，深入基层，结合实际，紧紧围绕“三化”，提出大量建议、批评和意见。2004年12月上旬，市人大常委会结合开展这次活动的实际情况，就如何搞好评选发出通知。各县（区）按照通知要求，在开展代表视察期间共选出优秀人大代表48人，先进代表小组11个。

驻永州市全国、省人大代表联络与代表活动

2002年12月，市人大常委会组织驻市的九届全国人大代表、省九届人大代表和市二届人大代表开展集中视察活动。市人大常委会组织驻市各单位的全国、省、市人大代表，分6个视察组在市直有关单位开展专题视察；县（区）人大常委会组织驻县（区）的省、市人大代表和县（区）人大代表，就地开展视察活动。通过视察活动，既为代表出席本级人民代表大会会议行使代表职权做准备，同时也密切代表同人民群众的联系，督促有关部门改进工作。

2003年4月至5月，市人大常委会组织驻永全国、省、市人大代表对全市的防“非典”建立疾病防治体系和中心城市卫生情况进行视察，督促政府整治群众反映强烈的黄泥井菜市场“脏、乱、差”问题。通过现场督办，该市场摊位乱摆乱放、任意占用消防通道、电线乱拉乱扯、安全隐患严重、设施不足、卫生状况极差等顽症得到基本控制。

2003年11月至12月下旬，市人大常委会组织驻永州市的十届全国人大代表、省十届人大代表和市二届人大代表开展集中视察活动。为了搞好视察，市人大常委会组织代表到桂林市参观学习，并组成6个视察组到市直有关单位和部分县（区）开展专题视察，并写出视察报告。

2004年12月至2005年1月，市人大常委会组织驻永州市的十届全国人大代表、省十届人大代表和市二届人大代表开展集中视察活动。驻永州市的全国人大代表和由永州市选出的部分省人大代表开展综合视察。及时与政府有关部门联系，针对永州市急需解决人民群众关注的重大问题进行视察。视察组深入祁阳、双牌、道县、东安等县（区）就农网改造，县乡镇公路建设，病险水库治理等方面进行视察，并形成综合意见上报省政府及有关部门。各县（区）人大常委会按照要求，分别组织视察活动。

第三节 第三届市人民代表大会代表联络与代表活动

2007年4月29日，市第三届人民代表大会常务委员会第三次会议通过《永州市人大常委会关于市人民代表大会代表联系原选举单位的意见》，明确市人民代表大会代表要保持与选举单位和人民群众的密切联系，听取和反映各方面的意见，认真履行职责。

2007年，根据《关于加强与市人民代表大会代表联系暂行办法》，市人大专门委员会、市人大常委会工作机构、市人民政府工作部门、市中级人民法院、市人民检察院固定联系6名以上市人大代表；市人大常委会组成人员固定联系3名以上市人大代表，市人民政府领导人员、市中级人民法院和市人民检察院负责人每人固定联系2名以上市人大代表。

2008年2月，市人大常委会改散市直代表小组，推选出与县（区）各组的联络员，并要求各代表小组制订活动计划，依法开展代表小组活动。其中，“我为富民强市建言献策履职活动”纳入代表小组活动范围。

2008年3月，市人大常委会出台市人大代表履职考核制度，对市人大代表进行履职考核，促进人大代表发挥代表作用。

2008年4月，永州市选举产生的省人大代表划分代表小组并组织开展活动。

2008年4月25日，永州市第三届人民代表大会常务委员会第十次会议通过《关于在全市推行设立人大代表收集群众意见箱的意见（试行）》，并在祁阳县、道县开展设立人大代表收集群众意见箱试点。

2009年3—11月，针对社会热点问题，市人大常委会及时组织市直代表开展“代表三个面对面”活动，即“代表与农民面对面”“代表与大学生面对面”“代表与工人面对面”。3月29日，代表小组与共青团永州市委在湖南科技学院联合主办“大学生就业创业论坛——人大代表与大学生面对面”活动。10多名大学生代表提出大学生普遍关心的就业所面临的问题，人大代表积极地耐心地回答，讲政策、举个例、现身说法，为大学生们出谋划策，引导大学生们摆正心态，正确认识当前形势，更新就业观念，寻找机会自主创业。300多名学生代表参加座谈会。是年9月27日，代表小组与市农办在祁阳县浯溪镇、东安县大庙口镇官田村开展人大代表与农民“面对面”座谈交流会。数十人参加的座谈会，农民兄弟畅谈党的农村好政策，展望新农村建设的美好未来，也就“三农”政策、农村产业发展、农村基础设施建设、农电改造、农业融资、农村社会治安、农村精神文明建设等情况直言不讳，提出当前农村带有普遍性的问题。参加座谈的省、市人大代表对农民提出的问题一一给予答复或解释，并表示要将这些意见建议进行认真梳理，精心准备议案，供党委、政府决策，共同推动永州市“三农”工作再上新台阶。是年11月19日，代表小组与市总工会在湘江纸业集团举办“代表与职工面对面”。代表们就工人就业、工资福利、保障、促进企业发展等工人普遍关心的问题，相互进行面对面的座谈交流，政府有关部门也进行解析答复。

2010年3月，中共永州市委转发市人大常委会党组《关于进一步加强和改进市人大代表工作的意见》，明确对于人民群众普遍关心、社会反响强烈的重大案件，应当有计划地邀请市人大代表旁听或列席审判委员会、检察委员会会议；涉及公众利益的市人民政府常务会议、市长办公会议、规划委员会会议，应当有计划地邀请市人大代表旁听或列席。2010年至2011年，人大代表35人次列席审判委员会、检察委员会会议，57人次到市中级人民法院“临庭听审”，零距离监督“案子”。2010年7月，《人民代表报》推介永州人大代表列席“五会”的做法，并发表时评，称永州市的这种作法是代表从“戴帽子”到“挑担子”，无缝式参与，零距离监督，丰富代表在闭会期间的履职方式，发挥代表在“一府两院”决策上的重大作用。

2008—2011年，市人大常委会组织代表开展评议和执法检查，加强监督工作。按照常委会工作安排，每年开展工作评议，向代表和县（区）有关单位征求意见信函，抽调代表参加各评议组的评议调查，并安排评议发言。

2009—2011年，市人大常委会在永州日报、永州电视台开辟“代表在线”专题栏目，每月15日、30日各宣传报道一名优秀人大代表事迹。永州新报、永州新闻网、红网、永州人大杂志、网站同步跟进宣传报道。三年的“代表在线”专题栏目共对 43 位履职能力强、履职事迹突出的优秀人大代表进行宣传报道。

驻永州市全国、省人大代表联络与代表活动

2009 年 8 月 5 日至 7 日，组织全国人大代表永州小组围绕铁道部拟将基本社会养老保险，铁路法院、铁路检察院下放属地管辖的体制改革思路，重点调研湘桂线、洛湛线永州境内的管理权问题到东安、道县、双牌、零陵专题调研。

2010 年 9 月 1 日至 3 日，组织驻湘全国人大代表对“二广高速”永州段进行专题调研。

2010 年 11 月 15 日至 17 日，组织驻永省人大代表视察永州市承接产业转移情况；永州市空港物流筹建情况；涔天河水库扩建工程开工前期准备情况；零陵大道、高速公路建设情况。

2010 年 11 月 23 日至 26 日，组织全国省人大代表综合视察涔天河水库工程扩建项目建设情况；接履桥收费站啤酒厂收费处撤销后债务处理情况；零陵机场调整飞行线路，争取省里提高补贴标准情况；提高城市防洪工程标准，落实零陵城区防洪资金情况；永州为全省生态环境建设作贡献，在全省建立生态补偿机制必要性的情况；承接产业转移，争取省里政策支持的情况。

第四节　第四届市人民代表大会代表联络与代表活动

2012 年 2 月，市人大常委会下发关于组建市四届人大代表小组和依法开展代表活动的通知，全市各县（区）和解放军代表团建立市四届人大代表小组，依法开展代表活动。

2012 年 6 月 26 日，市人大常委会组织开展代表培训，邀请省人大常委会联工委副主任符乔荫来永州市为部分市人大代表讲解《选举法》《代表法》等有关知识。

2012 年 6 月至 10 月，永州市启动县乡人大换届选举。在全国人大对《选举法》进行重大修改的背景下，市人大常委会按照市委的要求，指导县乡两级人大实施换届选举。期间，起草下发《中共永州市人大常委会党组关于全市县区、乡镇换届选举工作的意见》。是年 6 月 14 日，召开全市县乡两级人大换届选举工作座谈会，按照法律要求，结合市委意见，对各县（区）换届选举各阶段提出时间安排。各县（区）按照既定时间节点，完成换届选举任务。截至当年 9 月底，全市共有 10 个县（区）新一届人大一次会议胜利闭幕。其中宁远县因当年 9 月下旬承办全省祭舜活动，新一届人大第一次会议于当

年10月16日结束。

2012年12月27日至30日，永州市第四届人民代表大会第二次会议召开。会议选举应由永州市选举的湖南省第十二届人民代表大会代表共60名。

2013年5月21日，依照《永州市人民代表大会常务委员会关于加强与市人民代表大会代表联系的暂行办法》《关于市人民代表大会代表联系原选举单位的意见》，市四届人大常委第十一次会议通过代表双联工作实施方案，方案确定每名市人大常委会组成人员经常联系3—5名省、市人大代表，每年闭会期间至少联系2次以上，并将联系情况写入代表履职报告。

2013年5月至8月，市人大常委会开展物业管理专项工作视察。由常委会领导带队，组织代表深入中心城区70多个住宅小区展开调查，实地察看，召开座谈会，走访业主，发放近500份调查问卷。对个别不配合提供相关调查资料的部门，组织开展代表视察约见方式，向该部门负责人面对面询问情况，查阅有关原始资料，查清问题来龙去脉。是年8月28日，常委会召开专项审议大会，邀请人大代表，以及24个住宅小区业主作为公民代表参加审议，让市人大常委会组成人员、政府部门直接听取代表和群众的意见。

2014年，市人大常委会继续深化推进代表联络平台创建工作，督促指导县乡人大设立代表联系群众工作室。创建工作以东安县为试点，以点带面统筹推进。截止2014年底，全市创建平台已达113个，接待群众5000多人次，受理问题3000多个。永州市平台建设的成功经验在《中国人大》《法制日报》和《人民代表报》专题推介，引起张德江委员长办公室的高度关注，并要求永州市报送开展平台建设工作的相关经验材料。湖南省纪念人民代表大会制度60周年活动中，省人大常委会组织新华社湖南分社、湖南卫视等11家媒体进行集中采访报道。其中，东安县“十有”乡镇人大创建工作经验受到好评。“十有”乡镇人大创建工作包括：“有思路引领、有实践创新、有民情通道、有支撑载体、有丰富活动、有健全制度、有规范管理、有分类台账、有保障经费、有明显成效等10个方面。全国人大常委会机关刊物《中国人大》先后以《一个乡镇人大工作的样本》和《开展“十有”创建：人大强基固本的“东安经验”》为题向全国进行推介，称之为“东安经验”。

2014年6月至8月，市人大常委会组织相关委室和部分市人大代表成立6个调研组，分别对市中心城区103个小区的规划，办证，水、电、气、路、电梯等配套设施，消防和治安安全，环境卫生，物业公司服务等6个方面的问题，开展专题调研。在两个多月的时间里，调研组在听取政府部门工作汇报的基础上，深入到住宅小区同物业公司负责人和业主代表座谈，召开各类座谈会60余场。8月28日，市人大常委会第二十二次会议就中心城区住宅小区建设与管理工作开展专题询问。询问现场邀请部分小区业主参会，市人大常委会委员和代表现场提问，“一府两院”14个单位的负责人现场回答。

2014年12月26日，永州市第四届人民代表大会常务委员会第二十六次会议通过《永州市人大代表在代表大会期间履职评价暂行办法》。办法对代表出席代表大会及审议发言情况作出量化要求，总分为100分。其中出席代表大会基础分为40分，缺席一次全体会议扣5分，缺席一次讨论会议扣3分。审议发言基础分为40分，提出议案及建议20分，即会议期间提出符合要求的议案或建议的，撰写者每件计10分，未提议案、建议或议案、建议仅为个人谋利益的不计分；所提议案被大会采纳，确定为大会议案的撰写人每件加10分；所提建议被定为常委会重点督办建议的每件加5分。代表评价分在60分及以上的为称职，60分以下为不称职。本届内两次评价为不称职的，建议辞去代表职务；未经批准两次不出席本级人民代表大会会议的，其代表资格终止。

2015年1月，市四届人大六次会议闭幕后，市人大常委会组织全体参会代表进行为期2天的履职培训。市人大常委会副主任、巡视员程晨曦主讲《认真履行法定职责，为民代言替民监督》一课，特邀省委党校副校长吴传毅、省人大财经委副主任委员文富恒分别就学习党的十八届四中全会精神、学习新预算法等进行专题授课。

2015年4月，经市委常委会议研究同意，市人大常委会在浙江大学举办市人大代表培训，也是市人大常委会首次较大规模组织代表“走出去”培训。培训规模为64人，由常委会副主任、巡视员程晨曦、秘书长魏京萍带队。

2015年，市人大常委会继续深入推进小区整治工作。9月上旬，市人大常委会领导组织部分市人大代表，分8个小组深入到103个小区进行视察调研。10月，市人大常委会召开第三十三次会议，再次开展中心城区住宅小区建设与管理存在问题整治工作专题询问，24位代表、委员及公民向市住建局、房产局、城管局、质监局等11个部门负责人进行询问。

2016年3月9—10日，省人大常委会联工委县乡人大换届选举工作调研会在永州市召开。省人大及湘南片区衡阳、邵阳、郴州、永州四市人大常委会相关领导和联工委参加会议。2016年县乡两级人大换届面临县乡提前换届、新的政策出台、乡镇行政区划调整和大规模并村的形势。会议围绕换届工作开展交流讨论。

2016年5月5日，全市县（区）领导班子换届工作座谈会在冷水滩召开。会议安排布署市人大代表履职测评有关事项；传达省里关于换届工作有关会议精神；解读换届工作中关于中央、省文件中“九个不提名”内容。与会人员座谈交流。

2016年9月，市人大常委会下发通知，决定开展永州市第四届人大履职优秀代表评选表彰活动。活动评选范围为市四届人大代表（不含厅级干部）。按市四届人大代表总数的15%的比例确定表彰名额，市四届人大代表460名，市本级及各选举单位共评选出履职优秀代表70名。按市、县（区）提名代表数量分配优秀代表评选名额，即：市本级17名、冷水滩5名、零陵5名、祁阳8名、东安5名、双牌2名、道县6名、江永3名、江华4名、宁远7名、新田4名、蓝山3名、解放军1名。评选标准包括政治素质、履职能力、社会反响三个方面。经推荐评选，2016年12月15日，召开市四届人大履职优秀代表表彰会议，对履职优秀代表进行表彰。

2016年，市、县、乡三级人大换届选举年。市人大常委会认真贯彻落实中央和省、市委的统一部署，坚持把纪律和规矩挺在前面，深刻反思衡阳破坏选举案、南充拉票贿选案和辽宁拉票贿选案的深刻教训，努力营造风清气正的换届选举环境。科学分析、正确应对《选举法》修改后代表选举的新情况、新问题和新变化，认真开展调查研究，主动配合、积极作为，及时召开工作会议，搞好选举业务培训，拟制代表提名推荐建议方案，做好连任代表拟提名工作，市人大常委会领导多次深入县乡指导，确保代表换届选举的顺利进行和圆满完成。全市共选出市人大代表459名，县区人大代表2522名，乡镇人大代表9431名。

驻永州市全国、省人大代表联络与代表活动

2013年1月，市人大常委会组织开展驻永省代表初任培训，对由永州市选举的省十二届人大代表和市人大机关的市人大代表以及县（区）相关人员共计100余人进行培训。培训结合党的十八大精神，学习宪法、代表法、组织法、监督法等，以及对代表参会、审议、提出议案建议等会务知识进行辅导。是年6月，组织10余名省人大代表参加省人大常委会联工委开展的省代表培训和人大业务部门培训。

2013年6—7月，邀请由永州市选举的省直部门单位的省十二届人大代表，开展“联系选举单位，对接建设项目”活动。活动选择12个对接项目，实行一月一督促项目进展制度。项目对接共获得省农发行和省联通公司30余亿元贷款和资金支持。

2013年10月15—17日，组织省人大常委会副主任谢勇、中共永州市委书记陈文浩、江华瑶族自治县人民政府县长龙飞凤、湖南熙可食品有限公司董事长阳国秀、长丰集团有限责任公司党委书记李建新等6名全国人大代表永州小组成员，就将九嶷山区域纳入国家扶贫片区范围情况进行专题调研。针对该区贫困人口多，贫困程度深，脱贫难度大，贫困与民族发展问题相互交织等问题，通过调研形成专题调研报告，建议省委、省政府和省发改委、省扶贫办等相关部门从战略高度予以重视，设立湖南省九嶷山连片扶困地区项目。与广东、广西两省区相关市县区联系，将永州市九嶷山片区所在的南岭山脉区列入国家扶贫区的情况写入专题片调研报告，并将形成建议在十二届全国人大二次会议提出，切实为将南岭山脉区、九嶷山区域列入国家和省扶贫片区项目，为加快民族地区脱贫致富，造福人民群众，发挥出人大代表和人大常委会的职能作用。

2014年9月29—30日，永州市人大常委会组织永州市选举的驻省直单位省代表和

各县（区）一名省代表（是省代表的县（区）长和人大常委会主任），开展关于将永州市列为省级生态文明建设试点市的专题调研。29 日，调研组现场视察双牌水库大坝至上梧江段潇水沿江两岸生态保护、建设情况。次日上午召开座谈会，市人民政府副市长刘尤碧作专题汇报，参会代表交流发言。

2015 年 11 月 17—18 日，市人大常委会组织全国人大代表永州小组和部分省人大代表，深入冷水滩、零陵、道县、宁远、蓝山等县（区），围绕永州市水污染防治和湘江流域生态环境保护工作，推动湘江流域生态保护补偿机制建立完善，进行专题视察。

2016 年 10 月 25—26 日，市人大常委会组织全国人大代表永州小组和部分省人大代表视察调研永州铁路项目建设工作。市委书记陈文浩、副市长罗双全、湖南果秀食品公司董事长阳国秀，湖南长丰集团董事长李建新等全国人大代表和部分省人大代表参加视察调研。视察调研组先后赶赴永州站、永州东站、永州北站选址视察，听取中铁四院专家介绍项目情况，并乘 T81 次列车到江华，沿途视察洛湛铁路永州至江华段。视察调研组在江华召开座谈会，就永州铁路的现状、打造区域性铁路枢纽城市建言献策。

第二章　代表议案和建议、批评、意见

第一节　第一届市人民代表大会代表议案和建议、批评、意见

第一届市人民代表大会议案和建议、批评、意见数量一览表

表 8-1　　单位：件

	议案							建议批评意见	合计	备注
	小计	民族侨务	内务司法	财政经济	教科文卫	农业农村	其他方面			
一次会议	0	0	0	0	0	0	0	99	99	
二次会议	46	2	6	25	3	9	1	122	168	
三次会议	42	1	4	25	6	6	0	55	97	
四次会议	78	0	10	45	6	17	0	93	171	
五次会议	107	2	7	53	17	28	0	115	222	
合　计	273	5	27	148	32	60	1	484	757	

1996年4月19日，市一届人大一次会议主席团第一次会议通过关于市一届人大一次会议代表提出建议、批评和意见的处理办法。该处理办法规定，人民代表大会一次会议期间，代表有权依法提出议案，有权向本级人民代表大会提出对各方面工作的建议、批评和意见。鉴于一届市人大代表是新当选的，在召开代表大会之前，未组织视察和调查，因此，在本次人民代表大会会议期间，不要求代表提出议案。如代表对各个方面工作提出建议、批评和意见，由秘书处汇总，交有关机关认真研究处理，并在大会闭会之日起三个月内，最迟不超过五个月，将处理情况答复代表。

市一届人民代表大会一次会议期间，共收到代表建议、批评、意见99件。为使代表建议、批评、意见办理工作落实到实处，市人大常委会及时向市人民政府和有关部门进行交办，市人大常委会第五次会议，听取和审议市人民政府关于代表建议、批评、和意见办理结果的情况汇报，市人民政府和有关承办单位根据各委员会的审议意见，对办理工作进行“回头看”，在总结成绩、找出差距的同时，采取措施，作了进一步承办，并逐件作了答复。到1996年底，当年代表提出的建议、批评和意见基本办理完毕，并向大会作书面汇报。

1996年4月21日，刘理艳等代表提出的“关于要求修建冷水滩区城北路的建议”，由大会主席团交市人大常委会办理后，市人大内司委会同市人民政府有关部门研究办理。此建议是群众关心的“难点”“热点”问题，也是需要解决而又可以解决的问题，市建委接到市人民政府交办的建议后，立即组织力量进行实地察看，拿出维修方案，抢在省“八运会”召开之前，维修好整个路段，解决了群众行路难的问题。

市一届人大二次会议期间，收到议案46件，其中属于民族、侨务工作方面的2件，内务司法工作方面的6件，财政经济工作方面的25件，教育科技文化卫生工作方面的3件，农业与农村工作方面的9件，其他方面的1件。大会议案组在本次会议期间收到代表建议、批评和意见122件。其中4件议案在大会闭会期间交市人民政府及所属有关部门、市人大常委会办事机构和工作机构办理。这4件议案分别是：宁远代表团张复卿等12位代表提出的关于解决永州市城区蔬菜基地建设滞后问题的议案；江华县代表团黄金瑞等22位代表提出的关于补给欠拨我县林业退耕还粮补助款的议案；冷水滩区代表团何明玲等15位代表提出的关于冷水滩城区规划、管理的议案；双牌县代表团贺翠莲等18位代表提出的关于禁止中小学生进“三室一厅”的议案。根据《永州市人民代表大会议事规则》第二十条（二）（三）款的规定，经各专门委员会讨论，主席团研究，建议在大会闭会期间，将4件议案由有关的专门委员会研究后，会同市人民政府及其所属有关部门办理。将其他42件议案改作建议、批评和意见，由市人大常委会有关工作机构交有关机关研究处理，并将处理结果在3个月内，最迟不超过5个月答复代表。1997年底，代表提出的议案和建议、批评、意见基本办理答复完毕。

1997年4月23日，市一届人大常委会第十次会议审议冷水滩区何明玲等15名代表提出的《关于冷水滩城区规划、管理问题的议案》，决定将此议案交市人大财经委和市人民政府办理。市人民政府办理该项议案做了四项工作：一是成立城市规划管理委员会，组织有关部门通力合作，为加强规划和管理工作提供组织保证；二是调整管理体制，将园林、环卫两大部门上收市建委管理，由市建委直接抓城区的美化和净化，治理脏、乱、差；三是全面推行社会服务承诺制，接受人民群众的监督；四是狠抓城市环境的综合整治，5、6、7三个月为城市整治月。政府城建部门计划通过三至五年的努力，使永州成为全国卫生城市和环境治理优秀城市。市人大常委会认为，城市规划管理工作是一项长期的、艰苦细致的工作，必须常抓不懈，要加大这方面的监督力度，尽快使这项议案落到实处，让广大人民群众满意。

市一届人大二次会议期间，祁阳县赵翠英等10名代表提出《关于尽快将乡镇计生办全民合同制工人工资列入乡财政预算的建议》，市人大财经委和市人大教科文卫委接到此项建议后，专门到市财政局预算科进行督办，得悉市财政局按照零计生〔1996〕1号文件第3条“各级财政应按下达的编制和人事局审批的工资，负担职务工资补贴、保留工资以及各种补贴和补助，年初列入财政预算”的规定，已对各县（区）财政局明确提出列入预算的要求。他们联合向县（区）人大发出《关于督促落实零计生字1号文件的函》，要求各县（区）人大财工委和教科文卫工委听取县（区）计生委关于落实零计生字〔1996〕1号文件情况汇报，对未按零计生字〔1996〕1号文件办的县（区），建议政府有关部门协商办理，并要求各县（区）两工委于5月上报他们函告执行结果。当年，11个县（区）有东安、蓝山、新田、祁阳等4个县全部进入编制，列入预算，冷水滩、江华等2个县（区）列入预算，双牌县预算解决编制已报待批。芝山区其他全部或部分未列编、列预算的县（区）也拿出执行零计生字〔1996〕1号文件的计划。

同期，邓春林代表提出“关于修建冷普公路的建议”。此建议对发展冷水滩区经济有着重要的意义，是急需解决的问题。冷水滩区政府在办理这件建议时，加大工作力度，区委、区政府多次召开专题会议，研究方案，确定任务，明确责任，成立以区长刘宏来为组长的工程建设协调领导小组，领导小组下设两个指挥部，由交通、公路局长任指挥长。目前正集中资金加紧施工，在来年春节前，按照平原微丘三级公路标准，全线建成通车，以带动沿线乡镇经济发展。

市一届人大三次会议期间，收到议案42件，其中属于民族、侨务工作方面的1件，内务司法工作方面的4件，财政经济工作方面的25件，教育科技文化卫生工作方面的6件，农业与农村工作方面的6件。其中2件议案在大会闭会期间交市人大财政经济委员会研究办理，即冷水滩代表团李建新等15位代表提出的关于解决冷水滩城区10多万人民饮用水源水质问题的议案，江华县代表团旷美纯等12位代表提出的关于加强农技推广体系建设的议案。其他40件议案改作建议、批评和意见，由市人大常委会有关工作机构交有关机关研究处理，并将处理结果在3个月内，最迟不超过5个月答复代表。1998年底，代表提出的议案和建议、批评、意见基本办理答复完毕。

市一届人大三次会议闭幕后，大会主席团对《关于解决冷水滩城区10多万人民饮用水源水质问题的议案》进行调查研究，提出交办意见，并于1998年元月21日交市建委办理。市建委高度重视，很快确定领导班子，组织工作力量。市建委主任陶祖芳同志先后两次带领办理议案的有关人员，对荷叶岭水厂和菱角山水厂进行实地调查了解，弄清取水口水源水质受污染的主要原因和问题，分析、研究对策，提出标本兼治的措施，并得到市人民政府领导的重视和支持。是年5月8日，市人民政府副市长张维主持召开有市建委、市环保局、市市政局、市环卫处、市航管站、冷水滩区政府、冷水滩区建委、冷水滩自来水公司、冷水滩杨家桥办事处、菱角山办事处、宋家洲居委会以及市政府办政务联络科、城建科等单位参加的协调会，明确治理责任。市建委接到议案后，按照市人大交办意见，采取三个标本兼治的措施。一是明确责任，加大压力，加快曲河水厂的建设；二是狠下决心，立足治本，积极筹备荷叶岭水厂取水口迁移。市建委通过分析、论证，认为要从根本上解决冷水滩城区的饮水水源水质问题，最有效的途径是将荷叶岭水厂的取水口从河西的死水区迁移到河东的活水区。即不改变一泵房位置，延伸一泵房吸水管，横过河西，越过宋家洲，伸入河东虹吸取水；三是在上述工程措施未落实之前抓取水水域污染问题的综合治理。针对污染治理涉及到环保、环卫、市政、当地政府、居委会、有关厂矿等多家单位，市建委及时向市人民政府领导作了汇报和请示。市人民政府召开协调会，落实治理责任，组织督查小组。市人大多次到市建委进行督办，又到曲河水厂施工现场了解工程进展情况，还组织部分市人大代表进行视察。5月29日，市人大财经委听取市建委办理议案情况汇报。陶祖芳同志先后两次率领市建委和城监支队、环卫处、冷水滩自来水公司等上述单位和菱角山办事处、冷水滩运输公司的负责人研究制定解决厕所、下水道、垃圾污染和提高居民环卫意识的方案。解决网箱养鱼、挖砂船等污染的各种综合治理措施正在落实当中。本议案在市人大常委会的督办和各有关单位积极努力下，冷水滩城区10多万人民饮用水源水质的问题，基本得到解决。

市一届人大三次会议主席团交付市人大农村经济委员会审议的代表联名提出的议案一件，即江华瑶族自治县代表团旷美纯等12名代表提出的“关于加强农技推广体系建设”的议案。市人大农村经济委员会于1998年1月9日发出交办意见，于1月21日召开市人民政府办、市农委、市农业局等单位负责人参加的议案交办会议，将议案交市人民政府及其有关部门办理。随后，开展调查研究，广泛征求意见，督促政府及其有关部门认真办理。市政府办与市农委、科委、财委、农业局负责人多次研究，在深入调查研究广泛听取意见的基础上，组织起草《关于加强乡镇农技站建设的通知》，经市人民政府市长批准，作为市人民政府的文件（通知）于4月11日印发至县（区）人民政府及市直各单位。通知强调指出，各级人民政府应当采取措施，保障和改善从事农业技术推广工作的农业技术人员的工作条件和生活条件，改善他们的待遇。要有领导、有计划、有措施，分期分批在2000年前把全市已经“三定”的195个乡镇农技站建设或改造成有住宿办公、有培训场地、有农资检验器械、有经营仓库门面、有试验示范基地、有电话通讯的“六有”农技站。同时，对乡镇农技站的管理体制、农技人员的工资待遇、农技站开展经营服务、自身队伍建设、加强领导等方面作了明确规定，提出具体要求。为了落实议案办理工作，落实市人民政府《通知》精神，市农委、农业局先后两次到祁阳等县调查研究，市人民政府组织有关单位分别到11个县（区）就市人民政府《通知》的贯彻落实情况进行督查。市人大农经委先后到祁阳、东安、江永、冷水滩等县（区）作了调查。各县、区对乡镇农技站的建设给予重视，农技人员的工资待遇有的得到改善，管理体制也逐步得到理顺。祁阳县政府还纠正限制农业“三站”经营农资的问题。市人民政府及其有关部门，跟踪狠抓《通知》精神的贯彻落实，把农技站基础设施建设所需经费列入各级财政预算，把市人民政府《通知》中所明确的事项落到实处。市人大常委会于下半年听取市人民政府关于《通知》贯彻落实情况的汇报，督促市有关部门，加快乡镇农技站的建设。

市一届人大四次会议期间，共收到议案78件，其中属于内务司法工作方面的10件、财政经济工作方面的45件、教育科技文化卫生工作方面的6件、农业与农村工作方面的17件。大会议案组在本次会议期间收到代表对各方面工作提出的建议、批评和意见93件。其中3件议案在大会闭会期间交市人民政府及所属有关部门办理，其他75件议案改作建议、批评和意见，由市人大常委会有关工作机构交有关机关研究处理，并将处理结果在3个月内，最迟不超过5个月答复代表。唐于君等15位代表提出的《关于请求为发展全市非公有制经济，必须切实认真落实省委、省政府新出台的30条政策措施的议案》，陈益富等21位代表提出的《关于请求加强对湘江河流治理，防止悲剧发生的议案》交由市人大财政经济委员会研究办理；曾洁云等17位代表提出的《关于请求加强《义务教育法》的执法力度，巩固“普九”成果的议案》交由市人大教育科技文化卫生委员会研究办理。1999年底，代表提出的议案和建议、批评、意见基本办理答复完毕。

市一届人大常委会第二十八次会议上，市一届人大四次会议主席团将蓝山县代表团曾洁云等17名代表提出的《关于加强〈义务教育法〉执法力度，巩固“普九”成果》的议案交付市人大教科文卫委和民侨外委审议。两委接受议案的承办任务后，多次召开会议研究分析，拿出具体实施方案，并由分管的市人大常委会副主任李本道主持召开有市政府办和市教委等有关部门领导参加的承办议案会议。市人大常委会副主任冯生玉，市人大常委会委员、市人大教科文卫委主任委员李友清以及两委的副主任委员都参加讨论确定实施方案。根据当时存在的“普九”验收后出现的松劲情绪和“差不多”等模糊认识，农村教育附加费难收情况，尤其是贫困地区和少数民族地区出现较为严重的辍学现象、“普九”验收后的配套设施建设需要的人力、物力和财力等方面的实际问题，向市政府办提出议案办理的意见。市政府办接到两委的交办函后，及时向分管教育的政府领导曾斌汇报，曾斌批示市教委认真办理，市政府办副秘书长、市政府办主任朱厚光多次召集教委研究办理议案会议，统一认识。市教委认真对待，组织精干班子，深入到南六县进行专题调查，进一步摸清底子，并研究制订巩固“普九”成果的措施；还专题召开各县（区）的主管副县（区）长、教委主任会议，部署落实议案办理工作，促进“普九”成果巩固提高。

为加强对《关于加强〈义务教育法〉执法力度，巩固“普九”成果》议案的办理和督查，市人大教科文卫委和市人大民侨外委向东安、祁阳、蓝山、宁远、江华等县人大教科文卫工委和民侨外工委发出《关于办理（议案）调查的通知》，1999 年 11 月上旬，两委组成联合调查组，分别深入到蓝山、东安、芝山等县区进行调查，听取县区政府关于巩固“普九”成果的汇报，召开有人大代表、市县教委、财政、审计等单位以及学校负责人、教师、学生家长参加的各种类型座谈会，并写出专题调查报告。12 月 16 日，市人大常委会副主任冯生玉、李本道召集两委人员举行会议，听取市人民政府办和市教委关于议案办理情况的汇报，并进行认真审议。市人民政府办于 12 月 22 日，分别向市、县、区、场和市直有关单位，发出《关于进一步巩固“普九”成果有关问题的通知》。通知要求认真确保教育经费落实到位，各级财政要按照《中华人民共和国教育法》的要求，足额安排预算内教育经费；依法按比例征收、严格管理并合理使用城乡教育费附加；建立县级财政统筹发放教师工资，千方百计保障适龄少年儿童接受九年义务教育；建立健全乡镇长、村长、校长、家长和师长（教师）“五长”责任制，形成整个社会参与劝学的局面。全市各级各部门要认真履行职责，为教育优先发展创造良好的外部环境。严禁对学校重复查帐、检查、多头处罚。严禁任何单位借学校搭车收费和采取压制的办法发行报刊杂志。政法部门要继续加强学校治安的综合治理，创建安全文明校园，坚决打击那些冲击学校、扰乱学校正常秩序和侵害师生人身和财产安全的地痞街霸，清理整顿校园周边不健康的文化娱乐场所和违法违章经营的摊点小贩。各级政府的教育督导部门要依法正确行使监督、检查、评估、指导教育工作职权，建立并完善巩固“普九”的工作年检制度，推动“普九”工作不断向前发展。

市一届人大常委会第二十二次会议审议关于加大潇湘芝山一冷水滩沿江水环保治理的建议，并将此建议交付市人大财经委和市“一府两院”等部门具体研办。为办理好建议，解决永州市城区湘江河两岸“三乱”的严重问题，市长王道生、常务副市长蒋桃生先后作出批示。市里成立城市防洪总体规划领导小组，组织市水电局、市水电设计院有关专家和技术人员，用 2 个多月的时间，拿出对湘江险工险段治理的总体规划和具体意见；组织有关科技人员，用 45 天时间，按照 50 年一调制定《永州市总体防洪规划》和治理意见，并报省水利水电厅批准。市人民政府考虑对湘江河道治理和城市防洪工程耗资巨大，市财力难以解决，多次向省有关部门汇报，争取国家的资金支持。8 月 4 日，市人民政府常务副市长蒋桃生、市人民政府秘书长文先赵召集市水电局、市环保局、市建委、环卫处等有关部门以及芝山、冷水滩两区有关单位的现场协调会，实地察看城区湘江流域乱挖砂、乱建码头、乱倒垃圾的“三乱”现象，并专题研究拿出治理的具体意见和方案。

市一届人大五次会议期间，共收到议案 107 件，其中属于民族、侨务工作方面的 2 件，内务司法工作方面的 7 件，财政经济工作方面的 53 件，教育科技文化卫生工作方面的 17 件，农业与农村工作方面的 28 件。其中 6 件议案在大会闭会期间交市人民政府及所属有关部门、市人大常委会办事机构和工作机构办理，其他 101 件议案改作建议、批评和意见，由市人大常委会有关工作机构交有关机关研究处理，并将处理结果在 3 个月内，最迟不超过 5 个月答复代表。其中，李钢等 16 位代表提出的《关于加快住房制度改革步伐，尽快启动住房二级市场的议案》，曾平英等 11 位代表提出的《关于加快潇湘广场工程建设的议案》，吴昌球等 100 位代表提出的《关于将 207 国道双牌大山段进行改造的议案》交市人大财政经济委员会研究办理。黄大东等 45 位代表提出的《关于加快科技兴市的议案》交市人大教育科技文化卫生委员会研究办理；秦卫国等 17 位代表提出的《关于永州市河道治理和防洪的议案》，王明生等 111 位代表提出的《关于农用运输车归口农机部门管理的议案》交市人大农业与农村经济委员会研究办理。2000 年底，代表提出的议案和建议、批评、意见基本办理答复完毕。

冷水滩区政府对市一届人大五次会议第 138 号建议《关于永州市林科所国有土地被附近村民侵占，请有关部门尽快调解落实的建议》非常重视，区长刘宏来、常务副区长唐能武亲自主持召开有关部门参加的会议，由副区长黄善德牵头，组织区调纠办、区国土局、区林业局尽快落实。区政府有关部门先后四次到市林科所和伊塘镇政府的有关村组调查处理，在各部门大力协助下，使本议案得到及时、圆满的解决，市林科所干部职工和有关村民都表示满意。

市一届人大五次会议第 156 号《关于严肃查处非法转让土地安置好搬迁户一案》的建议，市人大常委会交由市人民检察院承办，市国土局协办。两单位派员对百业城土地开发的有关问题进行为期 2 个多月的调查。2000 年 8 月 3 日，市人大常委会听取调查情况的汇报。此议案在市人大常委会督促和市人民检察院、市国土局积极努力下，很快得到圆满解决。

第二节 第二届市人民代表大会代表议案和建议、批评、意见

第二届市人民代表大会议案和建议、批评、意见数量一览表

表 8–2 单位：件

	议案								建议批评意见	合计	备注
	小计	民族侨务	内务司法	财政经济	教科文卫	农业农村	城建环资	其他方面			
一次会议	155	8	10	67	24	20	25	1	152	307	
二次会议	131	2	16	66	19	20	7	1	118	249	
三次会议	78	1	12	24	12	11	18	0	76	154	
四次会议	97	1	13	43	12	15	12	1	79	176	
五次会议	94	5	9	44	9	10	17	0	51	145	
六次会议	69	0	6	29	8	7	19	0	68	137	
合 计	624	17	66	273	84	83	98	3	544	1168	

市二届人大一次会议期间，共收到代表所提议案和建议、批评、意见 307 件。为督促有关部门认真办理代表建议，市人大常委会组织市直代表分 6 个专题视察组开展督查督办。视察组重点督促有关部门解决让市民喝上“放心水”，吃上“放心肉”“放心菜”“放心食品”等突出问题，并将督办情况向市二届人大常委会第四次会议作汇报。

2002 年 3 月，市二届人大一次会议主席团交付市人大农业农村与城乡建设环境资源保护委员会审议的代表议案，是谢铁山领衔，27 名代表联名提出的《关于在全市发起保护潇湘母亲河行动的议案》。大会闭幕后，市人大农环委根据议案提出需要解决的主要问题，在学习有关法律、法规和政策的基础上，进行一些调查研究。7 月 28 日市人大农环委召开第一次全体会议，对议案的办理作了认真研究，形成书面交办意见。7 月 30 日报请市人大常委会主任会议审议通过。8 月 15 日，以交办会的形式向市人民政府提交具体办理意见。12 月 4—8 日，先后两次组织部分人大代表和市直主要承办单位负责人、市污水处理有限责任公司及有关县（区）进行检查和视察，促进办理工作的落实。12 月 25 日，市二届人大常委会第四次会议认真审议市人民政府《关于在全市发起保护潇湘母亲河行动的议案》办理情况的汇报，根据审议意见，经主任会议讨论，再次向市人民政府发出交办函。

市二届人大二次会议期间，共收到代表所提议案和建议、批评、意见 249 件。

市二届人大三次会议共收到 10 名以上代表依法联名提出议案 78 件。大会议案组在收到代表提交的议案后，根据法律法规的有关规定和本次会议关于代表议案工作的要求，及时分送各专门委员会审议并提出处理意见，建议将 78 件中的 2 件确定为议案，其余 76 件作为建议、批评和意见，交有关机关，组织研究处理，并负责答复代表。

市二届人大三次会议上，代表共提出建议、批评和意见 76 件。

市二届人大四次会议共收到 10 名以上代表依法联名提出议案 97 件。其中属于民族、侨联工作方面的 1 件，内务司法工作方面的 13 件，财政经济工作方面的 43 件，科教文卫工作方面的 12 件，农业农村工作方面的 15 件，城乡建设、环境资源保护工作方面的 12 件，办公室工作方面 1 件。大会议案组在收到代表提交的议案后，根据法律法规有关规定和本次会议关于代表议案工作的要求，及时分送各专门委员会审议并提出处理意见。建议将 2 件属于代表大会职权范围内的议案，确定为议案。其余 95 件不是属于市人民代表大会职权范围内的事项，而是对各方面工作的建议、批评和意见，建议转为代表建议、批评和意见，交有关机关、组织研究处理，并负责答复代表。经大会主席团审议，确定 05 号议案为议案，第 75 号议案转为建议、批评和意见交有关机关，组织研究处理。

市二届人大四次会议期间，共收到代表所提议案和建议、批评、意见 176 件。

2004 年，根据冯军胜等代表提出的 157 号建议《 关于大力争取办好 2004 年全省公祭舜帝陵活动的议案》，刘爱才市长多次主持会议研究祭帝工作和赴省委、省政府汇报。4 月 23 日，周伯华省长主持召开的省政府第 28 次常务会议，决定 2005 年以省里的名义公祭舜帝陵。

市财政局针对熊华清等代表提出的 10 条建议，请求市财政拨足市公交二公司老龄人乘车补贴问题，该局会同市公用事业局并邀请熊华清代表一起到市公交二公司调查了解老龄人乘车补贴的情况。随后，市财政局又派专人乘坐市内公交车进行现场跟踪调查。经调查核实，到 2004 年底，市公交二公司共发放 70 岁以上老龄人和残疾人免费乘坐市内公交车证 3419 本，实际需要财政补贴 98100 元。为此，市财政在年度预算中安排补贴资金 15 万元。使 70 岁以上老人和残疾人免票乘车这一社会福利得到落实。

2004 年 12 月，市二届人大四次会议期间，芝山区代表团徐时荣等 22 名代表联名提出的《关于加快建设永州历史文化名城的议案》经大会主席团审议，交付市人大教育科学文化卫生委员会、城市建设与环境资源保护委员会、民族华侨外事委员会共同审议。大会闭幕后，三个委员会根据“议案”提出需要解决的主要问题，在学习有关法律法规和政策的基础上，开展调查研究，先后在芝山区召开区政府及其有关部门领导座谈会，市直有关部门领导座谈会，广泛征求意见，在此基础上，形成书面交办意见，报请市人大常委会主任会议审议通过后，向市人民政府进行交办。

市二届人大五次会议期间，共收到代表所提议案和建议、批评、意见 145 件。

市二届人大五次会议共收到 10 名以上代表联名提出的议案 94 件。其中属于民族、侨务工作方面的 5 件，内务司法工作方面的 9 件，财政经济工作方面的 44 件，科教文卫工作方面的 9 件，农业与农村工作方面的 10 件，城乡建设、环境资源保护工作方面的 17 件。大会议案组在收到代表提交的议案后，根据法律法规有关规定和本次会议关于代表议案工作的要求，及时分送各专门委员会讨论，经市人大各专门委员会共同审议，建议将 001 号议案确定为议案，其余 93 件议案转为代表建议、批评和意见，交有关部门研究处理，并负责答复代表。

2005 年 10 月 31 日，市人民政府在市二届人大常委会第三十六次会议上报告关于市二届人大五次会议人大代表建议、批评和意见办理情况：市人民政府共承办人大代表建议 155 件，归类整理分别交由 34 个单位办理。各单位认真办理，办复率 100%。办复结果是：建议中所提问题已解决或基本解决的 56 件，占 36%；正在解决和列入规划逐步解决的 69 件，占 45%；因当时条件限制或政策因素暂不能解决的 25 件，占 16%。所提问题留作参考的 5 件，占 3%。从收到的反馈意见看，代表的满意率和基本满意率达到 98%。

市二届人大六次会议期间，共收到代表所提议案和建议、批评、意见 137 件。

第三节　第三届市人民代表大会代表议案和建议、批评、意见

第三届市人民代表大会议案和建议、批评、意见数量一览表

表 8-3　　单位：件

	议案								建议批评意见	合计	备注
	小计	民族侨务	内务司法	财政经济	教科文卫	农业农村	城建环资	其他方面			
一次会议	151	11	21	66	15	11	27	0	77	228	
二次会议	115	2	11	39	22	21	20	0	71	186	
三次会议	115	4	14	48	21	15	13	0	72	187	
四次会议	99	4	9	40	11	13	22	0	51	150	
五次会议	85	5	10	30	9	17	14	0	66	151	
合 计	565	26	65	223	78	77	96	0	337	902	

市三届人大一次会议期间，共收到代表所提议案和建议、批评、意见 228 件。

市三届人大一次会议主席团将宁远县代表团刘庚旺等 32 位代表联名提出的议案第 089 号《关于加快我市旅游产业发展的议案》交付市人大民族华侨外事委员会审议。2007 年 7 月，市人大民侨外委召开议案交办会，向市人民政府提出议案主办单位、协办单位和议案的具体办理意见及要求，并到宁远县、市旅游外事侨务局召开座谈会，专门听取议案办理的意见。10 月，组织部分全国、省、市人大代表先后到冷水滩、新田、祁阳、道县四县（区）就议案办理情况和永州市旅游产业发展情况进行视察。10 月 29 日，市三届人大常委会召开第六次会议，听取和审议《关于加快我市旅游产业发展的议案》办理情况审议结果的报告。会议认为，市人民政府及议案主办单位对议案办理统筹安排，责任到人，做了大量富有成效的工作，全市旅游产业进入快速发展的新阶段。但旅游业也面临一些亟待解决的问题，对旅游产业的认识不到位，旅游目标规划缺乏科学性和前瞻性，旅游投入不足，配套基础设施建设滞后。会议建议：进一步加强领导，加大宣传力度，提高认识；进一步完善旅游发展规划体系建设，高起点、高标准、高质量修订好旅游发展总体规划，编制好控制性详规；强化旅游业管理，打造优质服务品牌，做好和谐旅游文章；加大投入，搞好配套基础设施建设，特别要重点解决制约永州市旅游发展的交通瓶颈问题。

市三届人大二次会议期间，共收到代表所提议案和建议、批评和意见 186 件。

市三届人大二次会议主席团决定，将大会收到的第 082 号议案《关于贯彻〈城乡规划法〉加强中心城区规划建设管理》作为大会的唯一议案，交付市人大城乡建设与环境资源保护委员会审议。2008 年 6 月 25 日，市人大常委会第十一次会议审议通过决议，批准市人民政府关于依法制止和查处中心城区违法建筑的议案。会议认为：市人民政府采取许多措施，制定工作方案，加大舆论宣传力度，基本摸清违法建筑的底子，开展拆违行动，工作取得一定成效。但也存在领导力量没有完全到位、执法力度不大、居民点建设滞后等问题。会议建议：加强领导，加大法律政策宣传力度，形成强大的舆论氛围；启动行政问责程序；加大执法力度，依法处置违法建筑，严厉查处领导干部和执法人员违法建房和捞取补偿、牟取暴利的重大案件；加快城乡结合部居民点的规划和建设。2008 年 10 月，市三届人大常委会第十三次会议听取市人民政府《关于贯彻〈城乡规划法〉，加强中心城区规划建设管理》议案办理情况汇报并进行审议，提出 2009 年要继续加大议案的办理力度。市人大城环委对议案的继续办理进行多次督查，并深入现场进行暗访。2009 年 10 月 29—30 日，市三届人大常委会召开第二十二次会议，听取和审议《关于贯彻〈城乡规划法〉，加强中心城区规划建设管理的议案》继续办理情况汇报。会议认为，该议案历经两年办理，取得一定的进展。中心城区规划管理不断加强，建设速度不断加快，控违拆违力度不断加大，做了大量工作，取得一定成绩，还存在的主要问题是：没有形成合力，少数具体承办单位和协办单位没有按照各自职责积极开展工作；安置工作滞后，政府的承诺没有完全落实；宣传力度不大，形式不多，没有形成强大的舆论氛围；监控和拆除违法、违章建筑的效果不明显。会议建议：进一步加强组织领导，协调好各承办、协办单位切实履行各自的职责；进一步加大法律法规和政策宣传力度，提高各级干部的思想认识，增强公民的法制意识和规划建设意识，争取全社会的广泛支持；继续严格实行执法管理目标责任制，加大办理工作力度，坚决遏制违法建筑行为；进一步理顺和完善执法管理体制，充分发挥区、乡镇、街道、社区、村组在城乡建设监管中的作用。

市三届人大三次会议期间，共收到代表所提议案和建议、批评、意见187件。

《关于加强凤凰园经济开发区建设，加大承接产业转移力度的议案》由市人民政府办理。市人民政府高度重视，由市委常委、副市长张正负责主抓该项议案的办理工作，加强凤凰园经济开发区的建设，打造全市承接产业转移的核心区。2009年10月29—30日，市三届人大常委会召开第二十二次会议，听取和审议市人民政府《关于加强凤凰园经济开发区建设，加大承接产业转移力度的议案》办理情况的报告。会议认为：市人民政府高度重视本议案的办理工作，先后多次组织考察、调研，形成了理顺管理体制的基本框架。同时，开发区狠抓平台建设，承接产业转移来势较好，博时工业园、光伏项目建设先后开工。会议建议：按照科学发展观的要求做好开发区的规划，特别注重保护城区生态环境；科学决策，广泛听取专家、群众的意见，仁湾一片可作城市居住区，不宜再布置新的工业项目，工业项目应往城北区湘江下游区域发展。

市三届人大四次会议期间，共收到代表所提议案和建议、批评、意见150件。

2010年，市人大常委会创新代表建议督办方式，从代表建议中筛选出10件重点建议进行督办，并召开办理工作"面对面"汇报会。8月，由主任会议组成人员带队，组织部分市人大常委会委员开展重点建议面对面督办，督办会邀请媒体现场报导，接受社会监督。9月20日，组织召开重点办理市人大代表建议"面对面"汇报会，对全市医疗废物管理工作，代表们面对面提出意见和建议，相关职能部门倍受震动。9月25日，市环保局、市公用事业局、市卫生局有关负责人召开专题会议，研究落实办理《关于加强我市医疗废物管理的建议》，并形成会议纪要，全市医疗废弃物收集、运送、焚烧业务已步入正轨。《检察日报》专题推介永州代表建议"面对面"办理工作。

市三届人大五次会议期间，共收到代表所提议案和建议、批评、意见151件。

2011年，市人大督促市人民政府召开代表建议交办会，将151件代表建议交由各承办单位办理。8—10月，选取10件涉及人民群众生产、生活的部分建议进行重点督办，其中3件由人大常委会领导带队开展"面对面"督办，督办前组织参加督办会的代表开展调查；7件由市人大常委会联工委会同市人民政府办共同督办。

2010 年 12 月，市三届人大五次会议上，李友生等 21 位代表、王新权等 13 位代表和陈平衡等 20 位代表，分别向大会提出《关于加快我市中心城区菜篮子工程建设的议案》（01）、《关于切实加强中心城区蔬菜基地建设，确保城区蔬莱供应的议案》（第 3 号）和《加大畜禽水产菜篮子工程建设力度确保市民食品安全的议案》（第 59 号），大会主席团决定，将这 3 件议案合并，定为市三届人大五次会议 01 号议案。市人大常委会决定市三届人大五次会议 01 号议案由市人大农业委牵头督办。市人大农业委在市人大常委会副主任袁满娥的带领下，与市农业局、市蔬菜办的同志组成调研组，先后 4 次深入到两区的 5 个菜篮子工程建设基地和 2 个农贸交易市场，对涉及该议案的内容进行广泛的调查督办。

2011 年 10 月 27—28 日，市三届人大常委会召开第四十二次会议，听取和审议市人民政府《关于加快我市中心城区“菜篮子”工程建设的议案》办理情况、市人大农业委《关于加快我市中心城区“菜篮子”工程建设的议案》办理情况审议结果的报告。会议认为：市人民政府及零陵、冷水滩区人民政府对议案办理工作比较重视，采取一些措施，提出一些思路，取得一些成绩。存在的主要问题是：思想认识不到位，雷声大雨点小，部门协调配合不够；老蔬菜基地被不断蚕食，现有基地分散，规模偏小，面积不够；对基地基础设施建设投入不足，蔬菜生产的组织化程度不高，科技水平低。会议建议：科学规划中心城区蔬菜基地建设，重点扶持种菜大户和集中连片的商品菜基地；出台政策措施，整合资金，加大基础设施投入；创新体制机制，提高蔬菜生产的科学化、集约化、产业化水平；提高认识，加强协调，加大办理工作力度。会议决定，市人大常委会年内组织一次代表视察活动，并将此议案移交下一届人大常委会督办，必要时提出询问和质询。

第四节　第四届市人民代表大会代表议案和建议、批评、意见

第四届市人民代表大会议案和建议、批评、意见数量一览表

表 8–4　　单位：件

	议案								建议批评意见	合计	备注
	小计	民族侨务	内务司法	财政经济	教科文卫	农业农村	城建环资	其他方面			
一次会议	131	2	14	53	19	16	26	1	80	211	
二次会议	115	5	11	47	14	15	23	0	70	185	

续表 **8–4**

	议案								建议批评意见	合计	备注
	小计	民族侨务	内务司法	财政经济	教科文卫	农业农村	城建环资	其他方面			
三次会议	0								0	0	
四次会议	87	3	12	33	15	12	11	1	103	190	
五次会议	0								0		
六次会议	90	2	14	31	7	16	19	1	150	240	
七次会议	0								0	0	
八次会议	63	0	9	34	4	6	8	2	120	183	
合 计	486	12	60	198	59	65	87	5	523	1009	

市四届人民代表大会期间，共收到代表议案486件，其中民族华侨外事工作方面12件，内务司法工作方面的60件，财政经济工作方面的198件，教育科学文化卫生工作方面的59件，农业与农村工作方面的65件，城乡建设与环境保护工作方面的87件，法制工作方面的2件，其他方面3件。经大会议案审查委员会和专门委员会审查，其中10件代表议案交大会主席团审议后予以立案，其余476件代表议案直接转为代表建议。大会共收到代表建议、批评、意见523件，加上议案转建议的476件，共有代表建议999件，交政府、“两院”及有关部门办理并负责答复代表。

市四届人大一次会议期间，共收到代表所提议案和建议、批评、意见211件。

2011年初，市人大常委会与市人民政府共同召开交办会进行交办，并采取重点督办和委室对口督办相结合的办法，促进建议办理工作落实。常委会相关机构还专门下发通知，征求代表对建议办理答复情况的意见。常委会第八次会议听取和审议办理工作报告，并进行测评，对办理工作进行“回头看”，避免办理工作走过场，增强办理效果。

市四届人大一次会议主席团审议决定，将严俊等22位代表提出的001号《关于扎实做好“五城同创”努力构建和谐永州的议案》作为大会议案（“五城同创”即：创建国家历史文化名城、国家卫生城市、国家园林城市、国家森林城市、全国知名文化旅游目的地城市），交付市人大城环委牵头审议并督促办理。交办后，由市人大常委会领导带队，市人大城环委组织常委会部分委员和相关创建牵头单位负责人，赴广西柳州市、湖南省株洲市、岳阳市，对城市建设管理及创建工作实地学习考察，深入各项创建牵头单位开展座谈调研。制订出台《〈关于扎实做好“五城同创”，努力构建和谐永州的议案〉的督办工作方案》。组织三次集中视察：6月份集中视察创建国家园林城市和森林城市工作，8月份集中视察创建国家卫生城市工作，10月集中视察创建国家历史文化名城和知名文化旅游目的地城市工作。督促市人民政府制定发布《永州市爱国卫生管理办法》《永州市封山育林实施管理办法》《永州市中心城市绿化管理实施办法》《永州市城市绿线管理办法》《永州市古树名木保护管理办法》《永州市城市公园管理办法》等制度和规章，保障创建工作有序开展。2012年12月13日，市四届人大常委会第八次会议听取和审议议案办理情况，提出进一步加快规划编制、统筹协调、营造创建氛围、加大创建投入、加强督察督办等建议。

市四届人大二次会议期间，共收到代表所提议案和建议、批评、意见185件。

2013年，市四届人大二次会议主席团审议决定，将市人民政府提出的038号《关于加快推进"六城同创"的议案》，以及毛国忠等27位代表提出的107号《"六城同创"建设和美永州，法治应先行，管理应到位》两件议案合并作为大会议案，交由市人大城乡建设与环境资源保护委员会牵头督促办理。该议案在四届人大一次会议"五城同创"议案的基础上，将创建全国法治先进城市纳入城市创建活动内容。议案办理过程中，督促政府出台《永州市创建国家卫生城市考核奖励办法》《永州市创建国家历史文化名城考核办法》《永州市封山育林实施管理办法》《永州市城市绿线管理办法》《永州市中心城区绿荫行动实施方案》等管理办法和规章制度。9月25日，市委、市人民政府召开工作动员会，市人民政府对创建国家卫生城市及"六城同创"工作进行动员部署，成立十个专业指导推进小组，坚持一周一调度，一月一督查，着力解决重点难点问题；坚持办点示范，分类指导，促进创建活动有序开展；坚持对照标准，查遗补缺，提高创建工作质量和效率。12月12日，市四届人大常委会举行第十六次会议听取和审议市四届人大二次会议《关于加快推进"六城同创"的议案》办理情况的报告，提出统一认识、形成合力、巩固成果等建议。

市四届人大三次会议的主要任务是补选市人民政府市长，会议期间代表没有提出议案和建议、批评、意见。

市四届人大四次会议期间，共收到代表所提议案和建议、批评、意见190件。

2014年，市四届人大四次会议主席团审议决定，将市人民政府提出的001号《关于加快创建国家卫生城市的议案》、冷水滩代表团李伶春等12位代表提出的第036号《加快创建国家卫生城市步伐的议案》、零陵代表团陈萍等17位代表提出的第073号《努力推进创"国卫"工作 改善我市市政设施 方便市民生产生活的议案》三件议案合并，与零陵代表团贺晓福等11位代表提出的第074号《加大中心城区闲置土地处置，进一步推进节约集约用地的议案》共同作为大会议案。其中，创建国家卫生城市议案交由市人大教科文卫委研究办理。市人大教科文卫委起草《关于〈加快创建国家卫生城市的议案〉的交办意见》，经主任会议审议通过后，以市人大常委会议案办理工作领导小组的名义，向市人民政府进行交办。根据创卫工作的进展情况，抓住3月省级预评估、6月国家专家组暗访、9月省级验收、12月国家专家组评估等重要时间节点进行督办。12 月 25 日，市四届人大常委会第二十六次会议听取和审议市人民政府关于市四届人大四次会议《加快创建国家卫生城市议案》办理情况的报告。会议建议：进一步加大投入，进一步推进城中村和农村环境综合整治，进一步强力整治市容市貌，进一步完善长效机制，全方位巩固创卫成果，全力建设品质活力永州。闲置土地清理议案交由市人民政府办理。2014 年 5 月 16 日市人民政府常务会议和 5 月 28 日市委常委会议分别对批而未供和闲置土地清理进行专题研究。8 月 18 日全市召开推进新型城镇化工作会议，对批而未供和闲置土地清理处置工作进行动员部署。市人民政府副市长多次召开调度会和推进会，并安排多次专题督查，全力推进工作开展。2014 年 6 月 3 日，市人民政府办公室印发《永州市批而未供和闲置土地清理处置实施方案》的通知（永政办发〔2014〕32 号）；6 月 6 日，市人民政府印发《关于清理处置闲置土地的通告》（永政函〔2014〕78 号），正式启动全市批而未供和闲置土地清理处置工作。三是加强调度督查。制定专项督查方案，采取抽查或暗访的形式进行监督检查，实行一周一调度、一月一督查、一月一通报。2014 年 12 月 31 日，交办的 16 宗重大、典型闲置土地，除冷水滩区湘龙铜业项目（2 宗）、长丰置业、冷水滩区上岭桥农民文化公园、市烟草公司等 5 宗闲置土地因情况复杂，正在按处置程序依法处置之中，其余 11 宗重大、典型闲置土地已全部处置到位，涉及土地面积 903.55 亩，其中：无偿收回闲置土地 6 宗，面积 524.41 亩；协议有偿收回闲置土地 3 宗，面积 118.05 亩；收取土地闲置费 1 宗，涉及面积 90.1 亩，收取闲置费 132 万元；采取延长动工开发期限处置到位 1 宗，面积 12 亩；督促动工建设面积 158.99 亩。

市四届人大五次会议的主要任务是补选市人民政府市长，大会期间代表没有提出议案和建议、批评、意见。

2015 年，市四届人大六次会议主席团审议决定，将第 001 号《关于加快创建国家森林城市的议案》和 002 号《关于加快创建国家交通模范城市的议案》作为大会议案，交市人大内司委研究办理。关于创建国家森林城市的议案。制定《关于加快创建国家森林城市的议案》督办工作方案、关于组织《加快创建国家森林城市的议案》督办工作集中视察的方案报主任会议通过并组织实施。分别听取市林业局、园林局、公路局、交通局、城建投、经建投等创森工作主要职能部门情况汇报；5 月，组织市人大内司委组成人员赴中心城区及宁远县进行创森工作督办。6 月，组织市人大常委会组成人员及部分人大代表分组视察冷水滩、零陵、永州经开区创森工作，随后听取全市创森工作汇报并集中审议。2015 年 6 月 25 日在市四届人大常委会第三十次会议听取和审议市人民政府议案办理情况报告，会议建议：进一步增强民本意识。进一步强化规划意识。进一步强化效率意识。因地制宜，突出本土特色。坚持建设与保护并重、建设与利用并重、创森与其他创建工作兼顾。加强宣传力度，动员全民参与，提高市民对创森工作的支持率和满意率。加快项目建设进度。在严格工程质量的基础上，要倒排工期，促成各项目如期完工交付，让市民早日享受到创森成果。整章建制，巩固成果。创森工作迎接国检是近期目标，创森成果惠及全体市民是长期的，要在迎检的基础上，立足长远，建立一系列管理制度或者是通过地方立法来巩固创森成果。关于创建国家交通管理模范城市的议案。制定督办工作方案、集中视察方案，报主任会议审议通过并组织实施。市人大内司委于三月、九月先后两次组织听取市创交模办情况汇报；9月下旬，组织市人大内司委组成人员赴中心城区开展督办及现场视察；10月下旬，组织市人大常委会组成人员深入冷水滩、零陵及永州经开区开展集体视察。2015年10月22日市四届人大常委员会第三十三次会议听取和审议市人民政府议案办理情况。会议建议：进一步加大宣传力度，提升创建共识。努力提升全体市民创交模的共识，自觉争当“文明交通、和谐交通、绿色交通”的建设者、推动者和参与者。进一步加快项目进度，继续夯实基础。进一步强化专项整治，严格执法管理。相关部门根据创交模的要求和工作任务，依法依规实施各项城市交通管理措施。进一步加强督查考核，狠抓工作落实。严格实行工作目标管理责任制，加强调度、考核，从细微之处着手，强化责任落实，及时兑现奖惩，抓紧抓实抓好每项工作，如期完成创建目标。

市四届人大七次会议的主要任务是补选市人民政府市长，大会期间代表没有提出议案和建议、批评、意见。

2016年，市四届人大八次会议主席团审议决定，将雷耸等24位代表提出的第001号《关于加大宋家洲环境综合治理力度，加快开发建设的议案》作为大会议案，交由市人大城乡建设与环境资源保护委员会审议督办。大会闭会后，市人大城环委开展调查，召开全体委员会议进行讨论。市人大城环委审议认为，宋家洲地处中心城区湘江核心区，长期存在环境污染严重、违法建筑林立、城市形象较差的问题，市人民政府应引起高度重视，加大综合整治力度，为品质活力永州建设增添光彩。在听取有关部门汇报和调查研究的基础上，市人大城环委2016年3月提出议案交办意见，经主任会议审议同意后，交由市人民政府研究办理。5月5日，市委书记陈文浩主持召开宋家洲综合整治动员大会。整治领导小组前后召开60多次工作调度会和专题会议，掌握工作动态、协调解决困难和问题，安排部署工作。市委、市人民政府督查室会同市综合协调办成立市宋家洲综合整治专项督查组，对两区（冷水滩区和永州经开区）领导小组及“一办三组”和市直相关单位进行多次全面督查和考评。2016年11月22日，市四届人大常委会第四十四次会议听取和审议市人民政府议案办理情况。会议建议：加快土地房屋征收安置力度。加快处理历史遗留问题进度。进一步健全长效管理机制。继续跟踪督办。该议案经过半年多时间办理取得阶段性成效。但宋家洲情况复杂，土地房屋征收安置和历史遗留问题处理任务艰巨。市人民政府应当加大整治工作力度，继续将该议案办理圆满，市人大常委会同时跟踪督办。

第三章 代表表彰

历届市人大代表自觉坚持党的领导，模范执行市委、市人大的各项决议、决定，认真履行人大代表职责，反映人民群众的意愿和要求，积极参与永州的经济社会建设。市人大常委会为激励全体市人大代表更好地履职尽责，联系群众，参政议政，树立人大代表的良好形象；更好地遵纪守法，廉洁自律，勤俭节约，带头树立社会新风；更好地深入开展调查研究，查民情，集民智，述民意，发挥人大代表的桥梁纽带作用，适时开展先进评选表彰活动。一至四届人大期间共组织开展了7次先进评选表彰活动，共表彰优秀代表309人次，先进代表小组33个次。其中第一届人民代表大会期间共举行3次表彰活动，共表彰优秀市人大代表146人次，先进代表小组22个。第二届人民代表大会期间共举行1次表彰活动，共表彰优秀市人大代表46人次，先进代表小组11个。第三届人民代表大会期间共举行2次表彰活动，共表彰优秀市人大代表46人次，表彰人大工作先进个人26人次。第四届人民代表大会期间举行1次表彰活动，表彰履职优秀市人大代表71人次。

永州市人民代表大会历次表彰先进情况表

表8–5 单位：人，个

表彰时间	优秀市人大代表	先进代表小组	人大工作先进个人	其他	备注
1997年	50	0	0		
1998年	48	11	0		
1999年	48	11	0		
2004年	46	11	0		
2007年	0	0	26		
2009年	46	0	0		
2016年	71	0	0		
合计	309	33	26		

永州市人民代表大会受表彰优秀代表分团情况表

表8–6 单位：人

代表团名称	1997年	1998年	1999年	2003年	2009年	2016年	合计	备注
市直单位	0	0	0	0	0	18	18	
冷水滩	5	4	4	5	4	5	27	

续表 8-6

代表团名称	1997 年	1998 年	1999 年	2003 年	2009 年	2016 年	合计	备注
零陵（芝山）	5	5	5	5	5	5	30	
祁阳	6	6	6	6	6	8	38	
东安	5	5	5	4	4	5	28	
双牌	3	3	3	2	3	2	16	
道县	6	5	5	5	4	6	31	
江永	3	3	3	3	3	3	18	
江华	3	4	4	4	4	4	23	
宁远	5	5	5	5	5	7	32	
蓝山	4	3	3	3	3	3	19	
新田	4	4	4	3	4	4	23	
解放军	1	1	1	1	1	1	6	
合 计	50	48	48	46	46	71	309	

第一节　市第一届人民代表大会代表先进表彰

1996 年，市人大常委会作出深入开展“人民选我当代表，我当代表为人民”的竞赛活动的决定。在市委的领导和市人大常委会的组织下，广大市人大代表高举邓小平理论伟大旗帜，坚持以党的基本路线为指导，认真贯彻执行中共十四届六中全会和中共十五大精神，全面落实八届全国人大五次会议决议、决定，积极参加“人民选我当代表，我当代表为人民”的活动，在各自的工作岗位上，认真履行代表职责，积极开展视察、调查和评议政府部门工作的活动，密切联系选民，大力协助政府推进工作，取得显著成绩，涌现出一批积极执行代表职务、锐意改革创新、努力发展经济、带头勤劳致富、积极帮困扶贫以及化解矛盾，稳定社会的先进典型，对促进社会主义民主与法制建设，推动全市改革开放和经济建设的发展起到了积极作用。

1997 年 12 月 28 日，永州市人民代表大会常务委员会召开表彰优秀市人大代表大会，表彰朱日明等 50 名代表。受表彰人大代表名单如下（分县区，按姓氏笔划排列）：

芝山区（5 人）

朱日明　　芝山区邮亭圩镇朱家村党支部书记

刘湘萍（女）市汽车运输公司办公室干部

张春友　芝山区梳子铺乡乡长
唐于君　芝山区节能设备厂厂长
唐伍元　芝山区大庆坪乡人大主席

冷水滩区（5人）

杨　清　冷水滩区岚角山镇保方寺村党支部书记
李建新　长丰集团有限责任公司董事长、党委书记
何明伶（女）　市劳动局副局长
欧阳芳（女）　冷水滩区人民医院儿科主任、副主任医师
章升春　冷水滩区伊塘镇人大主席

东安县（5人）

邓爱翠（女）　东安县井头圩镇新开町村村主任
卢新春　东安县舜皇山国家森林公园管理局局长
李小兰（女）　东安县紫溪市镇东正街居委会党支部书记
陈明忠　东安县冶金机械有限公司董事长兼总经理
蒋菊生　市邮电局局长、党委书记

道　县（6人）

邓美兰（女）　道县白马渡镇个体户
朱克凡　道县电影公司经理
武俊瑶　零陵卷烟厂厂长、党委书记
周万月　道县电力局局长
彭致敏　道县计委主任
曾平英　中保财险公司永州分公司经理

宁远县（5人）

扬敦县　宁远县鲤溪镇三元里村鸟龙山林业股份公司董事长
李友清　市人大教科文卫委员会主任委员
陈国章（女）　宁远县仁和镇陈安村妇女主任
唐安成　宁远县种子公司经理
蒋先国　宁远县天堂镇合同制干部

江永县（3人）

李华科（瑶族）　江永县人大常委会主任
陈延许　　　　　江永县银铅锌矿矿长
谢世英（女）　　江永县一中教师

江华瑶族自治县（3人）

毛秋元　市供销社主任
苏仕华　江华县职业中专学校教务主任
鄢宗呈　江华县贝江乡党委副书记、人大主席

蓝山县（4人）

李　钢（女）　　　　市委机关事务管理局副局长
盘雪姣（女，瑶族）　蓝山县浆洞瑶族乡农民
彭忠盛　　　　　　　湘运蓝山分公司经理
蒋金生　　　　　　　蓝山县人大常委会主任

新田县（4人）

文建茂　　新田县二中校长
肖应林　　新田县枧头镇上富村党支部书记
黄乃兵　　新田县水利水电局局长
黄崇远　　新田县人大常委会主任

双牌县（3人）

邹庚来　　　　　市电业局局长
唐德恭　　　　　市规划办副主任
盘继来（瑶族）　双牌县上梧江瑶族乡乡长

祁阳县（6人）

文建宇　　祁阳县人大常委会主任
刘昌宇　　祁阳县财贸委员会副主任
许功寿　　市人大常委会委员、祁阳县浯溪镇椒山村党支部书记
李中元　　祁阳县黎家坪镇大湾村养猪专业户
周和平　　祁阳县财政局局长

雷鉴坤　　　市人大常委会选举任免联络工作委员会副主任

解放军（1 人）

何代林　　　宁远县人民武装部部长

1998 年，围绕“人民选我当代表，我当代表为人民”这一主题，市人大常委会在人大代表中广泛开展争当先进模范代表的活动。在农民代表中开展学科学，用科学；在机关单位代表中开展“建功立业”的“创先争优”活动。活动期间，市人大常委会有目的地选择一些与发展经济相关的科学知识、实用法律法规供代表学习参考，提高代表致富的本领。对代表在发展经济过程中遇到的困难，积极提供信息服务和法律服务，为代表架桥铺路，渡过难关。全市各级人大代表在改革开放和经济建设的大潮流下，努力工作，为全市的改革、发展、稳定做出贡献。据不完全统计，全市 10077 名农民代表有 6386 人成为各类专业大户，有近 3000 人创办企业，每年实现利税近亿元。同时，全市各级人大代表利用各自优势在广大群众中广泛开展“结穷亲，引富路”的活动。在调查研究的基础上，代表们积极为经济发展和扶贫帮困工作出谋划策，尽力帮助落实或解决发展、技术和项目等实际问题，有力地促进全市特别是贫困地区经济的健康发展。1999 年 1 月 6 日，永州市人民代表大会常务委员会召开表彰优秀市人大代表和先进市人大代表小组的大会，授予武俊瑶等 48 人为“优秀市人大代表”荣誉称号，芝山区城区代表小组等 11 个代表小组为“先进市人大代表小组”荣誉称号，并颁发证书，以资鼓励。

受表彰的市优秀人大代表和先进代表小组名单如下：

一、优秀市人大代表

芝山区（5 人）

唐松成　芝山区委书记

黄彬兰　市教委教科所所长

史兆良　芝山区政府办主任

朱日明　芝山区邮亭圩镇朱家村党支部书记

孙佳柱　芝山区朝阳办事处桃江村主任

冷水滩区（4 人）

朱元顺　冷水滩区水利水电局局长

宋学义　永州市二中校长

周明礼　市计生委主任

王书贵　冷水滩区杨村甸乡黄茶园村党支部书记

东安县（5 人）

张太平　　　东安县端桥铺镇人大主席
赵翠英（女）东安县川岩乡榴星村计生协会会长
胡学安　　　原东安县人大常委会主任
蒋菊生　　　市电信局局长
李小兰（女）东安县紫溪市镇东正街居委会居民

道　县（5 人）

吴昌球　　　道县人大常委会主任
武俊瑶　　　湖南零陵卷烟厂厂长
文　泉　　　道县财政局局长
何　和　　　道县民政局局长
邓美兰（女）道县白马渡镇海龙村七组农民

宁远县（5 人）

何顺佩　　　宁远县桐木漯瑶族乡大源村党支部书记
张丽芝（女）宁远县审计局副局长
赵堂秀（女）宁远县湾井镇大屋地村计生专干
唐安成　　　宁远县种子公司经理
彭小兵　　　宁远县舜陵镇党委书记

江永县（3 人）

陈延许　　　江永县铅锌矿矿长
程　伶（女）江永县电信局局长
贺梅楚　　　市中级人民法院院长

江华瑶族自治县（4 人）

毛秋元　　　市供销联社主任
甘桂英（女）江华县政协经科委副主任
任翠相　　　江华县白芒营镇人大主席
旷美纯（女）市林业局营林站工程师

蓝山县（3人）

邓宝英（女） 市人大教科文卫委副主任委员

成绍平 蓝山县毛俊镇良种猪养殖场场长

李茶生 蓝山县人大常委会副主任

新田县（4人）

黄乃兵 新田县水利水电局局长

肖德门 新田县龙泉镇柳溪芳村主任

骆满凤（女） 新田县纸箱厂厂长

文锦菊（女） 中共永州市委党校副校长

双牌县（等3人）

邹庚来 市电业局局长

毛鼎欧 双牌县五里牌镇村民

祁阳县（6人）

吴先雄 祁阳县人大常委会主任

雷鉴坤 市人大常委会联工委副主任

李仁胜 祁阳县人大常委会副主任

刘昌宇 祁阳县财委副主任

许功寿 祁阳县浯溪镇椒山村党支部书记

赵志民 祁阳县内下林场新屋场瑶族村副主任

解放军（1人）

段湘南 祁阳县人武部部长

二、先进代表小组

芝山区城区代表小组

冷水滩区第三代表小组

东安县市直代表小组

道县第二代表小组

宁远县第二代表小组

江永县第一代表小组

江华县市直代表小组

蓝山县驻县代表小组

新田县第二代表小组

双牌县市直代表小组

祁阳县农村代表小组

1999年，市人大第一届人民代表大会深入开展“创先争优”活动。代表们按照“创建先进代表小组，争当优秀人大代表”的要求，积极主动参加代表小组活动，执行代表职务，依法履行职责，支持、协助政府和“两院”推进工作，为全市深化改革，加快发展，维护稳定作出贡献。2000年3月20日，市人大常委会召开大会，对在1999年期间表现突出的市人大代表和先进市人大代表小组进行表彰，授予芝山区第二代表小组等11个代表小组为“先进市人大代表小组”，李本道等48人为“优秀市人大代表”荣誉称号。受表彰名单如下：

一、优秀市人大代表

芝山区（5人）

李本道	市人大常委会副主任
沈秀科	芝山区人大常委会主任
唐昌庭	芝山区朝阳办事处副主任
陈文兰（女）	市十一中教师
邓文波	芝山区凼底乡伏唐村党支部书记

冷水滩区（4人）

李朝巍	冷水滩区人大常委会副主任
何明玲（女）	市劳动局副局长
胡安根	冷水滩区电线电缆公司董事长
杨　清	冷水滩区岚角山镇保方寺村党支部书记

东安县（5人）

文贻宣	市外经委副主任
胡贤吉	东安县林业局局长
姚芳明	市渝州实业公司总经理
易爱香（女）	东安县民政救济会业务员
赵翠英（女，瑶族）	东安县川岩乡榴星村村民

道　县（5人）

李顺阳　　　　　　市国税局局长
吴昌球　　　　　　道县人大常委会主任
李耀德　　　　　　道县柑子园乡人大主席
王成瑞　　　　　　道县一中校长
盘卫花（女，瑶族）道县洪塘营乡中心小学教师

宁远县（5人）

王本俊　　　　市人大常委会联工委主任
沈根元（女）　市财政局局长
黄光洪　　　　宁远县人民医院院长
唐安成　　　　宁远县种子公司经理
欧阳毛山　　　宁远县中和镇企业办副主任

江永县（3人）

周明祥　　　　江永县人大常委会主任
陈解娟（女）　江永县人民医院妇产科主任
朱建柏（瑶族）江永县公安局看守所干警

江华瑶族自治县（4人）

陈少全　　　　市人大农经委主任委员
李大双（瑶族）江华县人大常委会主任
杨树林　　　　江华县第二人民医院副院长
黄金瑞（瑶族）原江华县人大常委会主任

蓝山县（3人）

孔宪访　　原地区人大工委主任
刘伟华　　蓝山县人民法院院长
李国日　　蓝山县塔峰镇花果树村村民

新田县（4人）

文建茂　　新田县教委主任
肖应林　　新田县枧头镇上富村党支部书记

骆满凤（女）　新田县纸箱厂厂长
蒋龙俊　新田县以工代赈办主任

双牌县（3人）
邹庚来　市电业局局长
谢交亮　双牌县财政局局长
唐三玲（女）　双牌县机械厂办主任

祁阳县（6人）
吴先雄　祁阳县人大常委会主任
李仁胜　祁阳县人大常委会副主任
李友生　双牌水库管理局局长
蒋仲敏　祁阳县八宝镇镇长
汪亚雄　祁阳县人民医院副院长
唐安群　祁阳县观音滩镇沿古村党支部书记

解放军（1人）
李建军　38251部队副参谋长

二、先进代表小组

芝山区第二代表小组
冷水滩区第三代表小组
东安县第三代表小组
道县第二代表小组
宁远县第二代表小组
江永县第一代表小组
江华县第二代表小组
蓝山县市直代表小组
新田县第二代表小组
双牌县第二代表小组
祁阳县直市代表小组

第二节　市第二届人民代表大会代表先进表彰

2004年2月3日，市人大常委会召开全市先进市人大代表小组和优秀市人大代表表彰大会。会上共表彰了11个先进市代表小组和46名优秀市人大代表。受表彰名单如下：

一、先进市人大代表小组11个

冷水滩区第二代表小组

芝山区第三代表小组

祁阳县第二代表小组

东安县第三代表小徂

双牌县第二代表小组

道县驻市直代表小组

江永县代表小组

江华瑶族自治县第三代表小组

宁远县乡镇农村代表小组

新田县驻市直代表小组

蓝山县代表小组

二、优秀市人大代表46人

冷水滩区（5人）：刘和生 蒋德贵 胡安根 张亚萍 陆才子

芝山区（5人）：张爱民 沈秀科 吕定智 左秋玲 张国隆

祁阳县（6人）：罗济民 陈连生 伍文化 彭新民 陈昌令 李建军

东安县（4人）：姚芳明 刘大平 钟世洪 王满元

双牌县（2人）：金颖春 蒋荣葆

道　县（5人）：乌进甫 唐卫红 盘卫花 何永清 李世旺

江永县（3人）：李一凡 王建国 周　缙

江华瑶族自治县（4人）：刘继贵 杨树林 任　涛 熊金星

宁远县（5人）：欧桂兰 谢胜民 张丽芝 张利平 孔　敏

新田县（3人）：禹满玉 文建茂 刘井庄

蓝山县（3人）：彭忠盛 罗其辉 廖仁旺

解放军（1人）：江华庆

、

第三节　市第三届人民代表大会代表先进表彰

2007年1月10日，永州市人大常委会办公室、永州市人事局联合下发了《关于表彰永州市人大工作先进个人的决定》，授予蒋龙生等26人“永州市人大工作先进个人”称号。

永州市人大工作先进个人表彰奖励名单

（排名不分先后）

蒋龙生　永州市人大城环委主任委员
文笃松　冷水滩区人大民教科文卫委主任
蒋向阳　冷水滩区蔡市镇人大主席
章　乐　冷水滩区杨家甸乡人大主席
徐时荣　零陵区人大常委会主任
陈明旺　零陵区人大常委会联工委主任
杨成凤　零陵区富家桥镇人大主席
廖　廷　祁阳县人大常委会信访室主任
黄爱荣　祁阳县人大常委会委员
唐华明　祁阳县白水镇人大主席
张一波　东安县大江口乡人大主席
邓亚元　东安县人大农环委主任
赵甫卿　双牌县江村镇人大主席
杨晓凤　道县人大常委会联工委主任
陈高视　道县人大常委会办公室副主任科员
胡上席　道县桥头乡人大主席
陈仕军　江永县人大常委会主任
王自成　江永县千家洞瑶族乡人大主席
唐志强　江华瑶族自治县人大常委会办公室主任
杨宗泽　江华瑶族自治县扶贫开发办主任
唐才玉　宁远县人大常委会副主任

卿永红　宁远县舜陵镇人大主席

李正甫　宁远县人大农环委主任

胡芳祝　新田县人大常委会副主任

何建生　新田县十字乡人大主席

李祥龙　蓝山县大麻办事处联络员

2009 年 1 月 5 日，市人大常委会决定授予王振勇等 46 位代表为“我为富民强市建言献策活动优秀市人大代表”的荣誉称号。

冷水滩区：王振勇　伍爱云（女）胡忠林　蒋德贵

零陵区：　陈明旺　张青松（女）徐时荣　唐朝晖　黄小明

祁阳县：　于红霞（女）　任志杰　肖八妹（女）　陈 瑶（女）郑绿云（女）唐华明

东安县：　王满元　申爱虎　陈利平　周象品

双牌县：　江双喜　杨迪波　蒋启文

道　县：　许永忠　张新学　周吉长　魏文美

江永县：　卢文庆（瑶）　杨迪松（瑶）　陈东平

江华县：　严　俊　陈月红（瑶）　黄世才（瑶）　蒋珍凤（女、瑶）

宁远县：　江翠娥（女）　欧桂兰（女）　欧阳楼生　胡顺华　谢胜民

新田县：　肖祥发　何昌雄　唐　龙　曾革新（女）

蓝山县：　李　群　盘晓红（女、瑶）　廖仁旺

解放军、武警部队：乐春庆

第四节　市第四届人民代表大会代表先进表彰

2016 年，经市四届人大常委会主任会议研究，决定在届末对本届履职优秀代表进行表彰。9 月，制定下发《关于评选表彰永州市人大履职优秀代表的通知》（永常办发〔2016〕25 号），启动履职优秀代表评选。此次评选范围，为厅级干部代表以外的市四届人大代表。按照分级评选，统一表彰的方式，即市人大常委会组织对市本级提名的市人大代表的评选活动，各县（区）人大常委会组织对各县（区）提名的市人大代表的评选活动，再由市人大常委会统一进行表彰。经履职考核，市及县（区）人大常委会分别推荐提名，市人大常委会主任会议研究，决定对肖八妹等 71 名市四届人大履职优秀代表进行表彰。名单如下：

市直单位（18人）

肖八妹　市供销社纪检组长
桂金玉　民进永州市委专职副主委
陈军军　永州静脉产业园党支部书记、总经理
杨金砖　湖南科技学院科技处处长
毛国忠　黄泥井市场实业有限公司法定代表人、总经理
黄爱华　市人和保安服务公司董事长
唐玲萍　市路灯管理所所长
唐良荣　永州锦络电子有限公司董事长、永州信柏科技有限公司副董事长、广州瑞晶电子材料有限公司副董事长
卿汝武　市林业局资源林政法规科科长
周　涛　市农业科学研究所纪委书记
郑安陵　湖南济人律师事务所主任
唐　翔　民革永州市委专职副主委
赵荣学　市文体广新局党组成员
伍志军　市文联副主席、省收藏家协会副会长
周重陵　湖南石油总公司永州公司党委委员、经理
陈丽萍　道县人民政府副县长
李章发　市人大城环委主任委员
刘志强　市人大财经委主任委员

冷水滩区（5人）

邓春艳　区舜德小学教师（省特级教师）
李传秒　重庆啤酒国人有限公司总经理（机械工程师）
宋跃辉　市供电公司检修公司副总经理、工会主席
屈仁宝　区梅湾街道党工委书记
熊宏贵　牛角坝镇牛角圩村党支部书记、村主任

零陵区（5人）

尹之军　区恒源商贸有限公司法人代表
杜中运　区商粮局局长
刘正云　邮亭圩镇刘家桥村六组村民
陈　萍　七里店街道神仙岭社区党工委委员兼网格员

张先腾　接履桥镇祖山铺村村民

祁阳县（8人）

文启社　县医保中心主任
甘小玲　县环保局党组书记、局长
刘汉平　湖南美星光电科技有限公司总经理
陈桂元　县龚家坪自来水厂厂长
陶宗胜　祁阳丰达机电有限公司董事长
黄海平　祁阳恒盛金店店长
蒋金元　祁阳浯溪街道椒山村党总支部书记
谭元明　县财政局党组书记、局长

东安县（5人）

邓利元　紫溪市镇塘复村党支部书记
刘端生　市安吉物业管理公司总经理
席建军　县财政局局长
唐晓淑　白牙市镇茶亭社区主任
雷　耸　万无一失防水有限公司董事长

双牌县（2人）

龚　文 县民政局党组书记、局长
周宏春 上梧江瑶族乡党委书记

道县（6人）

毛长江　县民政局党组书记、局长
刘林花　湖南仟亿药业有限公司总经理
朱江民　县发改委党组书记、主任
杨小江　县住建局党组书记、局长
周良英　县人大常委会主任
蒋建俊　市国土资源局副调研员、道县国土资源局局长

江永县（3人）

周海鹰　县财政局局长

谭宏志　县畜牧水产局局长
潘恩华　桃川洞开发区党工委书记

江华瑶族自治县（4人）
韦代喜　花江便民服务中心党委书记
周龙江　市人大农业与农村委员会主任委员
唐玲萍　白芒营平泽村
熊江萍　沱江镇豸山社区党工委书记

宁远县（7人）
叶立生　永州福嘉有色金属有限公司董事长
成兴旺　县秀泉农业开发有限公司主管
李学群　保安乡李亥村党支部书记
杨春中　中和镇坦坝村党支部书记
张尚雄　县联华汽车运输有限公司总经理
胡绵仁　东莞市弘莹灯饰有限公司董事长
黄成和　市和荣投资有限公司董事长

新田县（4人）
刘俊顺　广东惠州市顺俊鑫科技有限公司董事长
肖祥发　知市坪乡定家村党支部书记
郑　辉　县扶贫办主任
谢华丽　金陵镇下户村党支部书记

蓝山县（3人）
龙继平　新圩中心卫生院党支部书记
杨晋雄　国家三零三大队三零一工区地质勘探队董事长
谢先喜　县德晟房地产开发有限公司董事长

解放军（1人）
唐远军　湖南省宁远县人民武装部部长

第九篇

常委会日常工作

第一章　主任会议

20年来，永州市人大常委会主任会议根据宪法、地方组织法、监督法等法律的有关规定，坚持党的领导原则，坚持依法办事原则，坚持民主议事原则，围绕“提出属于市人大常委会职权范围内的议案，提出对市人民政府、市中级人民法院、市人民检察院的质询案，向市人大常委会提议组织关于特定问题的调查委员会，提名代表资格审查委员会组成人员人选，决定议案是否提交常委会全体会议审议，决定质询案答复的方式和时间，决定市人大常委会会议议程草案和日程安排，讨论、决定常委会工作机构和人大专门委员会的重要事项”等，先后召开432次主任会议，其中第一届一百一十二次、第二届一百零八次、第三届一百零四次、第四届一百零八次。

20年来，永州市人大常委会主任会议注重会议质量，形成一些议事规则。主要有：主任会议的议题事先有计划，特殊情况临时调整；有关专委会或工作机构对主任会议讨论的议题，事前组织视察、检查、调研，掌握实情，为主任会议研究处理问题提供可靠的决策依据；对主任会议听取的专题汇报、提请常委会审议的有关事项、提出的议案等，都认真把关，形成较为规范的文件草案，在会前送主任会议组成人员；在会议中，严格依法决策，充分发扬民主，广泛听取主任会议组成人员的意见，最终就研究的事项达成共识；根据会议内容需要，请“一府两院”有关人员列席主任会议，听取意见；听取“一府两院”专题汇报形成会议纪要，及时送交“一府两院”研究处理；主任会议结束后，由办事机构对会议记录进行整理，有关专委会、工作机构认真落实主任会议决定的事项，并加强对“一府两院”落实情况的跟踪督查等。这些议事规则的执行，有力地提升主任会议履行职责的水平，保证人大及其常委会依法、正确、高效行使职权。

第一节　第一届人大常委会主任会议

永州市第一届人民代表大会期间，市人大常委会召开主任会议112次，讨论、研究、决定和处理人大常委会重要日常工作。

第一次主任会议 1996年7月17—18日召开，市人大常委会主任郑邦淳主持。主要内容：听取各委室工作汇报，审议和通过永州市人大常委会《关于深入开展“人民选我当代表，我当代表为人民”活动的决定》等。

第二次主任会议 1996年8月14—15日召开，市人大常委会主任郑邦淳主持。主要内容：听取和审议市人大财经委关于1996年财政预算（草案）的审查报告；听取市人大农经委关于减轻农民负担情况的调查报告；听取市人大教科文卫委关于检查《中华人民共和国科技进步法》贯彻实施情况的汇报；审议和通过市人大各专门委员会、常委会各工作机构的工作职责；审议和通过机关有关规章制度和人事调整。

第三次主任会议 1996年9月12日召开，市人大常委会主任郑邦淳主持。主要内容：研究讨论市人大常委会向市人民政府提出关于城市建设维护费预算、《科技进步法》执法检查报告、减轻农民负担等有关问题的交办意见。

第四次主任会议 1997年1月4日召开，市人大常委会主任郑邦淳主持。主要内容：研究落实市委扩大会议精神，为修建永连公路作出决定。

第五次主任会议 1997年2月2日召开，市人大常委会主任郑邦淳主持。主要内容：研究常委会第七次会议有关事项；听取和审议关于补选市一届人大代表的情况汇报；听取和审议关于召开市一届人大二次会议的有关筹备工作汇报。

第六次主任会议 1997年2月14日召开，市人大常委会主任郑邦淳主持。主要内容：研究如何加强人大监督工作；听取和审议市一届人大二次会议议程（草案）、日程、主席团组成等有关名单和有关大会后勤、宣传、资料等筹备工作情况的汇报；关于召开市直副处以上干部会议传达贯彻全省人大工作会议精神。

第七次主任会议 1997年2月22日召开，市人大常委会主任郑邦淳主持。主要内容：审议和通过关于接受卞翠屏辞去永州市人民政府市长的决定（草案）；审议通过关于提名王道生任永州市人民政府副市长的报告；审议和通过关于提名王道生任永州市人民政府代市长的报告。

第八次主任会议 1997年3月8日召开，市人大常委会主任郑邦淳主持。主要内容：听取“夜来香”凶杀案件情况的汇报；研究常委会第八次会议和市一届人大二次会议有关筹备工作。

第九次主任会议 1997年3月23日召开，市人大常委会主任郑邦淳主持。主要内容：讨论关于发挥市人大常委会监督职能作用，要求“一府两院”向市人大常委会递交年度工作目标承诺书；研究市一届人大二次至三次会议期间常委会工作计划要点；关于评议工作与内容。

第十次主任会议 1997年4月11日召开，市人大常委会主任郑邦淳主持。主要内容：研究修改和补充市人大常委会1997年工作计划要点内容；关于机关创收和编制的有关问题。

第十一次主任会议　1997 年 4 月 21—22 日召开，市人大常委会主任郑邦淳主持。主要内容：听取市一届人大常委会第九次会议筹备工作的汇报；研究关于组织人大代表评议市卫生局、市医药管理局工作，并要求达到两个效果，一是解决卫生局、医药管理局之间的矛盾，二是解决医药市场的假药劣药问题；研究关于在道县举办全市人大机关体育运动会的有关事项；研究关于评选先进市人大代表小组和优秀市人大代表等事宜。

第十二次主任会议　1997 年 5 月 13—14 日召开，市人大常委会主任郑邦淳主持。主要内容：听取和审议市一届人大常委会第十次会议的建议议程；听取各专门委员会和各工作机构 1997 年工作计划要点的汇报；研究关于举办代表学习班有关事宜；听取和审议评议市卫生局、市医药管理局工作的实施方案；听取和审议关于机关经费包干的实施方案；听取和审议关于市人大常委会与“一府两院”的联席会议制度；听取和审议关于《永州市人大常委会审议意见交办反馈办法》；研究关于深入开展人大工作调研活动的有关事宜；听取和审议关于创办《永州人大》期刊的方案；听取 1996 年机关财务收支情况的汇报。

第十三次主任会议　1997 年 6 月 16 日召开，市人大常委会主任郑邦淳主持。主要内容：听取市一届人大常委会第十次会议筹备工作的汇报；听取关于修改《永州市人大常委会人事任免办法（试行草案）》的说明；听取关于市人大常委会向“一府两院”交办事项的反馈办法的说明；听取和审议市人大财经委关于永州市 1996 年市本级财政决算的审查报告；听取市人大教科文卫委关于中小学生受“两室三厅”危害情况的调查汇报；听取和审议市人大常委会选举联络工作委员会关于代表议案办理情况审议结果的报告；讨论市人大常委会主任、市人民政府市长、市中级人民法院院长、市人民检察院检察长联席会议制度；听取关于评议市卫生局、市医药管理局有关问题的汇报。

第十四次主任会议　1997 年 6 月 17 日召开，市人大常委会主任郑邦淳主持。主要内容：听取和审议道县人民检察院关于对严某某贪污受贿一案的立案报告；听取关于提请人事任免有关事项的汇报；听取关于省城建工作会议筹备工作的汇报；听取关于省人大《人民之友》发行会议筹备工作的汇报；讨论常委会 1997 年工作计划要点。

第十五次主任会议　1997 年 7 月 30 日召开，市人大常委会主任郑邦淳主持。主要内容：听取关于市人大代表评议市卫生局、市医药管理局工作会议筹备情况的汇报；听取关于机关搬迁工作的汇报；听取和审议市一届人大常委会第十一次会议建议议程。

第十六次主任会议　1997 年 8 月 11 日召开，市人大常委会主任郑邦淳主持。主要内容：听取市一届人大常委会第十一次会议筹备情况的汇报；听取和审议向市委汇报的材料内容；讨论关于召开评议会议的有关事项。

第十七次主任会议 1997年8月18日召开，市人大常委会主任郑邦淳主持。主要内容：听取和审议关于全市县（区）人大换届选举工作实施方案的汇报和关于推荐第九届全国人大代表候选人情况的汇报；听取讨论关于郑邦淳在评议市卫生局、市医药管理局工作会议上的讲话材料。

第十八次主任会议 1997年9月1日召开，市人大常委会主任郑邦淳主持。主要内容：研究关于人大代表评议市卫生局、市医药管理局工作中所反映问题的交办意见；听取有关委室九月份工作安排的汇报。

第十九次主任会议 1997年9月12日召开，市人大常委会主任郑邦淳主持。主要内容：传达全省人大换届选举工作会议精神；研究关于市直单位省人大代表名额的分配等事宜。

第二十次主任会议 1997年10月24日召开，市人大常委会主任郑邦淳主持。主要内容：听取和审议关于召开市一届人大三次会议的决定（草案）；听取和审议关于1997年市本级财政预算调整方案的决定（草案）；审议人事任免有关事项。

第二十一次主任会议 1997年10月27—28日召开，市人大常委会主任郑邦淳主持。主要内容：听取和审议市一届人大关于召开市一届人大三次会议筹备工作的汇报；听取和审议市一届人大常委会第十三次会议建议议程和日程安排；研究和征求1998年常委会工作计划要点。

第二十二次主任会议 1997年11月14日召开，市人大常委会主任郑邦淳主持。主要内容：讨论研究向市委汇报工作的内容；听取市人大常委会联工委关于推荐永州市出席省第九届人民代表大会代表候选人说明；听取和审议关于市人大代表安排视察的方案。

第二十三次主任会议 1997年11月17日召开，市人大常委会主任郑邦淳主持。主要内容：听取和审议关于1998年常委会工作计划要点；听取和审议关于市一届人大三次会议各工作小组工作职责的汇报；审议1997年市人大代表视察名单及内容；听取和审议市一届人大常委会第十四次会议建议议程和日程安排；审议关于贯彻实施《中华人民共和国乡镇企业法》的交办意见。

第二十四次主任会议 1998年1月12日召开，市人大常委会主任市人大常委会副主任胡参政主持。主要内容：通报交流下县区参加换届选举的情况；听取和审议机关1997年年终总结评优评先的实施方案；研究关于按市委统一意见，为陶铸纪念馆捐款5000元等事宜。

第二十五次主任会议 1998年1月27日召开，市人大常委会主任郑邦淳主持。主要内容：听取和审议关于宁远县换届选举中所出现问题的调查汇报，并通过向市委汇报的报告内容。

第二十六次主任会议 1998 年 2 月 11 日召开，市人大常委会主任郑邦淳主持。主要内容：听取常委会副主任杨祈贵传达贯彻省委书记王茂林关于全省稳定工作十点意见的精神汇报。

第二十七次主任会议 1998 年 2 月 19 日召开，市人大常委会主任郑邦淳主持。主要内容：听取和审议市一届人大常委会第十五次会议的建议议程和日程安排；常委会副主任胡参政报告向省人大常委会汇报关于宁远县在选举投票中所出现问题的处理办法以及省人大有关领导的批示；听取和审议关于市卫生局、医药管理局评议整改工作情况的汇报；听取市人民检察院、市监察局、市审计局对人大代表评议市卫生局、医药管理局有关问题办理情况的汇报。

第二十八次主任会议 1998 年 2 月 26 日召开，市人大常委会主任郑邦淳主持。主要内容：听取和审议市审计局关于市人大常委会交办的对市卫生局进行专项审计情况的汇报；听取和审议市监察局关于市人大常委会交办的对市卫生局有关问题的调查汇报；听取和审议市人民检察院关于市人大常委会交办的对罗小冲等人案件的调查情况汇报。

第二十九次主任会议 1998 年 3 月 2 日召开，市人大常委会主任郑邦淳主持。主要内容：听取和审议市一届人大常委会第十五次会议筹备工作的汇报；听取和审议市中级人民法院、市人民检察院关于提请人事任免情况的汇报。

第三十次主任会议 1998 年 3 月 13 日召开，市人大常委会主任郑邦淳主持。主要内容：听取和审议市一届人大常委会第十六次会议建议议程、日程等有关事宜；听取和审议常委会 1998 年工作计划要点安排情况的汇报；研究关于对市中级人民法院法官进行法律知识测试和办案质量抽查的事宜；听取和审议机关文印、阅文、接待、用车等制度的补充规定报告；研究关于市人大常委会机关创文明机关活动的实施方案。

第三十一次主任会议 1998 年 3 月 23 日召开，市人大常委会主任郑邦淳主持。主要内容：听取和审议常委会工作计划要点安排意见的汇报；听取和修改关于依法治市的决定（草案）；听取和审议纪念《代表法》颁布 6 周年纪念活动筹备工作的汇报；听取人大制度理论研讨会有关事项的汇报；听取和审议机关中心学习小组学习计划；研究关于筹建代表培训中心选址问题；研究关于机关创收和创收奖励办法。

第三十二次主任会议 1998 年 4 月 11 日召开，市人大常委会主任郑邦淳主持。主要内容：专题听取和审议市劳动局关于职工养老保险和实施再就业工程情况的汇报。

第三十三次主任会议 1998 年 4 月 21 日召开，市人大常委会主任郑邦淳主持。主要内容：传达贯彻王茂林同志在地州市人大常委会主任会议上的讲话精神，传达王茂林、王克英在省九届人大常委会第二次会议上的讲话精神；听取市一届人大常委会第十六次会议筹备工作情况的汇报；听取和审议关于在全市各级人大代表中开展“创先进代表小组、争当优秀人大代表”活动的实施方案；听取和审议关于举办第三期人大代表培训班的实施方案；听取有关人事任免的汇报；研究关于蓝山荆竹乡选举乡长计票和宁远县选举法院院长的问题；关于乡镇人大换届工作和全市人大机关第5届运动会举行时间调整的问题；研究有关县区人大常委会主任和机关离退休老干部外出学习考察的事宜；听取和审议常委会5月工作安排；听取机关财政预算和第一季度支出情况的汇报；听取传达全省人大城防工作会议和全省人大财经委工作会议、全省人大信访工作会议、全省人大教科文卫工作会议精神汇报。

第三十四次主任会议 1998年5月5日召开，市人大常委会主任郑邦淳主持。主要内容：听取和审议市一届人大常委会第十七次会议建议议程和日程；听取和审议关于评议市国土局工作有关问题的汇报；听取和审议关于《永州市人大常委会依法治市的决议（草案）》的汇报；听取和审议关于开展《中华人民共和国刑法》执法检查有关事项的汇报；听取和审议关于《中华人民共和国人民警察法》《中华人民共和国法官法》《中华人民共和国检察官法》《中华人民共和国监狱法》实施情况调查的汇报；听取和审议关于开展对市人民法院法官进行法律知识测试和执法情况检查实施方案的汇报；听取和审议关于举办全市人大制度理论研讨会，以及举办人大期刊有关问题的汇报；听取和审议关于市人大机关公务员过渡有关问题，一是成立领导小组，二是制定实施方案，三是职位设置方案，四是非领导职务设置方案；听取全省人大民族华侨外事委员会工作会议情况的汇报。

第三十五次主任会议 1998年6月12—13日召开，市人大常委会主任郑邦淳主持。主要内容：学习《党政领导干部选拔任用工作暂行条例》；学习湖南省委书记王茂林在全省县区人大常委会主任培训班上的讲话、省人大常委会党组关于廉洁自律，反腐治奢的若干规定；听取和审议市建委关于城市建设管理和小区规划情况的汇报；听取和审议市公安局关于全市公安干警教育整顿情况的汇报；听取常委会副主任胡参政、郑纯发、冯生玉、李本道率队赴外地学习考察的情况汇报；听取和审议市一届人大常委会第十七次会议有关事项的汇报；听取和审议关于召开评议市国土局有关问题的汇报；听取市机构编制工作会议情况的汇报；听取省人大联络工作会议精神的汇报；讨论有关代表补贴的问题。

第三十六次主任会议 1998年6月23日召开，市人大常委会主任郑邦淳主持。主要内容：专门听取市人民检察院关于市人大代表张某某涉嫌贪污一案的情况汇报。

第三十七次主任会议 1998年6月25日召开，市人大常委会主任郑邦淳主持。主要内容：审议关于批准1997年市本级财政决算的决议（草案）；审议关于批准市人民检察院关于对张某某涉嫌贪污一案进行刑事审判的请示。

第三十八次主任会议 1998年7月7日召开，市人大常委会主任郑邦淳主持。主要内容：专题听取市供销社有关工作汇报。

第三十九次主任会议　1998 年 7 月 8 日召开，市人大常委会主任郑邦淳主持。主要内容：听取和审议市一届人大常委会第十八次会议建议议程和日程；听取和审议关于全省综合治理情况执法检查的汇报；听取和审议关于全市乡镇人大换届选举准备情况以及实施方案的汇报；听取关于机关乘车、值班、司机劳保等几个问题的汇报；拟定主任会议将听取有关部门的工作情况汇报。

第四十次主任会议　1998 年 7 月 28—29 日召开，市人大常委会主任郑邦淳主持。主要内容：听取市人大各专门委员会和工作机构的工作汇报；听取市一届人大常委会第十八次会议筹备工作的汇报；听取关于召开人大理论研讨会有关事宜的汇报；听取关于扶贫工作的汇报。

第四十一次主任会议　1998 年 8 月 14 日召开，市人大常委会主任郑邦淳主持。主要内容：研究关于调整市一届人大常委会第十八次会议议程；听取和审议关于组织人大代表评议市国土局的工作安排；听取和审议关于县（区）干旱情况以及部分省、市人大代表视察双牌灌区的情况报告；研究关于对市中级人民法院法官进行法律知识测试和执法情况检查的实施意见；听取和审议机关车辆管理办法的补充规定。

第四十二次主任会议　1998 年 8 月 25 日召开，市人大常委会主任郑邦淳主持。主要内容：听取和审议关于对市中级人民法院法官进行法律知识测试和执法检查情况汇报；听取和审议拟任命人员的考察情况汇报；听取和审议关于双牌灌区管理局有关问题的汇报；关于培训中心建设的有关问题；研究人大宣传工作和有关手机费用的问题。

第四十三次主任会议　1998 年 8 月 27 日召开，市人大常委会主任郑邦淳主持。主要内容：听取和审议市人民政府关于殡葬改革的议案办理落实情况的汇报。

第四十四次主任会议　1998 年 8 月 28 日召开，市人大常委会主任郑邦淳主持。主要内容：听取和审议市人民检察院主要负责人关于干部任命的情况汇报；听取和审议市人大常委会关于对《永州市人民政府殡葬管理规定的议案》的审议意见。

第四十五次主任会议　1998 年 9 月 16 日召开，市人大常委会主任郑邦淳主持。主要内容：听取市审计局关于《中华人民共和国审计法》执法自查情况和粮食专项审计情况的汇报。

第四十六次主任会议　1998 年 9 月 17 日召开，市人大常委会主任郑邦淳主持。主要内容：听取市粮食局关于粮食顺价销售情况的汇报。调查了解关于 1997、1998 年度市财政局对粮食局的预算和粮食补贴下发基数的问题；当年 1500 万公斤粮食利息补贴的问题；1995 年以来市本级粮食亏损挂帐弥补的问题。

第四十七次主任会议　1998 年 9 月 18 日召开，市人大常委会主任郑邦淳主持。主要内容：审议全市县（区）人大常委会主任会议、乡镇人大换届选举工作会议和人大制度理论研讨会议日程以及有关事宜；研究关于合作开发潇湘山庄的有关问题。

第四十八次主任会议 1998年10月16日召开，市人大常委会副主任杨祈贵主持。主要内容：听取和审议关于全市《中华人民共和国教育法》执法检查有关情况的汇报；听取和审议关于评议市国土局准备工作情况的汇报；研究关于治理经济发展环境有关工作。

第四十九次主任会议 1998年10月19日召开，市人大常委会主任郑邦淳主持。主要内容：听取和审议市一届人大常委会第十九次会议的建议议程和日程；研究永州市人大常委会《关于实行依法治市的决议》的内容；听取和审议关于市一届人大四次会议筹备工作方案；听取和审议关于人大制度理论研讨会优秀论文汇编方案；传达市委关于加强基层民主建设的会议精神；研究1999年市人大常委会工作计划要点；审议郑邦淳在全市整治经济发展环境工作会上讲话稿的内容。

第五十次主任会议 1998年10月28日召开，市人大常委会主任郑邦淳主持。主要内容：听取和审议关于《永州市人大常委会关于依法治市的决议（草案）》的审议意见；听取和审议关于市本级1998年财政预算调整方案的审议意见；听取和审议关于市人民检察院人事任免有关问题；研究关于科技成果、农村扶贫等事宜

第五十一次主任会议 1998年10月30日召开，市人大常委会主任郑邦淳主持。主要内容：听取和审议向市委汇报人大工作的书面报告；听取和审议市人事局关于《永州市人才中心向外输出人员出现假文凭等问题的调查报告》；听取和审议关于向市人民政府交办教育附加费征收管理使用意见的函、学校收费纳入综合财政预算等问题的意见交办函和关于市人大常委会主任会议听取《教育法》执法检查情况汇报的意见和建议；听取和审议《永州市人大常委会致全市各级人大代表的公开信》；研究常委会11月主要工作安排。

第五十二次主任会议 1998年11月24日召开，市人大常委会主任郑邦淳主持。主要内容：研究机关潇湘山庄建设有关事项；听取全省联工委工作会议的情况汇报；听取全省人大教科文卫工作座谈会的情况汇报；听取赴山东考察学习的情况汇报。

第五十三次主任会议 1998年11月30日召开，市人大常委会主任郑邦淳主持。主要内容：听取和审议市体改委关于国有企业改革工作情况的汇报；听取和审议常委会12月主要工作安排；听取和审议关于对市中级人民法院法官进行法律知识测试和执法情况检查的汇报；听取和审议关于组织全国、省、市人大代表视察的工作安排。

第五十四次主任会议 1998年12月15日召开，市人大常委会主任郑邦淳主持。主要内容：听取和审议市一届人大常委会第二十次会议的建议议程、日程及有关事项；研究市一届人大四次会议的有关议案。

第五十五次主任会议 1998年12月22日召开，市人大常委会主任郑邦淳主持。

主要内容：听取和审议市人民检察院关于提请免职人员的报告。

第五十六次主任会议　1998 年 12 月 23 日召开，市人大常委会主任郑邦淳主持。主要内容：听取和审议关于《永州市人民代表大会常务委员会关于人大代表小组活动暂行办法（草案）》的修改意见；听取和审议关于《永州市第一届人民代表大会常务委员会关于召开永州市第一届人民代表大会第四次会议的决定（草案）》；听取和审议关于评选优秀市人大代表和先进代表小组的有关事项。

第五十七次主任会议　1998 年 12 月 25 日召开，市人大常委会主任郑邦淳主持。主要内容：学习江泽民同志关于打击走私和反腐败问题的重要讲话及有关文件；听取和审议市一届人大常委会第二十一次会议建议议程；听取和审议常委会 1999 年工作计划要点（草案）；听取和审议市人大常委会 1999 年工作报告提纲；听取和审议 1998 年度机关年终总结实施方案。

第五十八次主任会议　1999 年 1 月 6 日召开，市人大常委会主任郑邦淳主持。主要内容：民主推荐市人大常委会党组副书记；听取和审议关于参加省九届人大二次会议有关具体问题的意见；研究常委会与“一府两院”联席会议有关事宜；听取和审议关于减轻农民负担有关问题的审议意见；研究关于党组民主生活会会前征求“一府两院”及机关各支部意见的事宜。

第五十九次主任会议　1999 年 1 月 12 日召开，市人大常委会主任郑邦淳主持。主要内容：听取和审议市交通规费征稽处关于永州市交通规费征收工作情况的汇报；听取和审议市房产局关于建局以来主要工作情况和 1999 年工作计划的汇报。

第六十次主任会议　1999 年 1 月 14 日召开，市人大常委会主任郑邦淳主持。主要内容：研究关于市一届人大四次会议秘书长侯选人的事宜；研究关于市一届人大四次会议代表补选、另选侯选人，市人大常委会委员以及主席台就坐人员等事宜；审议关于省人大代表赴长沙开会前的有关具体工作的安排；听取机关用车、电话费用等情况的汇报；听取和审议 1998 年度年终考核评先评优情况的汇报。

第六十一次主任会议　1999 年 2 月 8 日召开，郑邦淳主持。主要内容：审议和修改市一届人大四次会议常委会工作报告；讨论关于第四次人代会筹备工作有关事项；研究常委会 1999 年工作计划要点；讨论常委会 2 月重要工作安排；听取关于机关用车制度、电话费用、团拜会等工作安排的汇报；听取和审议市教委、市广播电视局工作情况的汇报。

第六十二次主任会议　1999 年 2 月 24 日召开，市人大常委会主任郑邦淳主持。主要内容：听取和审议关于《永州市人民代表大会常务委员会关于表彰优秀市人大代表和先进人大代表小组的决定》；听取和审议市一届人大常委会第二十一次会议建议议程和日程安排；听取和审议关于市一届人大四次会议建议日程安排；审议和通过关于接受胡参政、徐肇玲辞去市人大常委会有关职务的报告及说明。

第六十三次主任会议 1999年4月13日召开，市人大常委会主任郑邦淳主持。主要内容：听取和审议市人民政府、市监察局、市审计局关于人大代表评议市国土局有关意见交办函办理情况的汇报；听取市人大财经委关于对张某某案件调查情况的汇报；研究市一届人大常委会第二十三次会议的有关事项；听取和审议1999年常委会工作计划逐月安排情况的汇报；听取传达省“三讲”教育工作会议精神。

第六十四次主任会议 1999年5月12日召开，市人大常委会主任郑邦淳主持。主要内容：学习中央、中央组织部、省委关于调整党政机关汽车配备、乡镇机关事业单位人员分流、加强农村基层组织建设、进一步做好全心全意依靠工人阶级根本制度的指导方针等文件；听取和审议市民政局关于全市第四次村委会换届选举前段工作情况的汇报；听取和审议市一届人大常委会第二十四次会议建议议程；听取和审议市人大内司委关于评议市公安局工作方案的汇报；听取市人大农经委关于全省人大农委工作会议情况的汇报；听取市人大常委会办公室关于全省新闻宣传工作会议情况的汇报；听取1999年度老干工作计划的汇报；听取机关财政收支与节支情况的汇报。

第六十五次主任会议 1999年6月3—4日召开，市人大常委会主任郑邦淳主持。主要内容：听取机关小车经费、公用经费、专项经费的开支情况汇报，研究节约开支的有关事宜；听取和审议关于向市委汇报工作与全市人大工作会议的建议内容；听取和审议市湘运公司关于客运情况的汇报；研究机关委室外出考察的有关事宜。

第六十六次主任会议 1999年6月15日召开，市人大常委会主任郑邦淳主持。主要内容：听取和审议市一届人大常委会第二十四次会议的建议议程与有关筹备工作的汇报；听取和审议市审计局关于1998年永州市本级财政预算执行情况的审计报告；审议关于永州市1998年财政总决算的报告；听取全省人大联络工作座谈会议精神的汇报；听取和审议有关人事任免以及关于补任市一届人大常委会代表资格审查委员会主任委员与委员的说明。

第六十七次主任会议 1999年6月18日召开，市人大常委会主任郑邦淳主持。主要内容：根据市委的提名，研究有关人事任免问题；学习省委、市委关于依法治省的通知以及市农村改革试点领导小组、永连公路建设指挥部领导小组、政府机关保留企业若干规定等8个文件。

第六十八次主任会议 1999年6月25日召开，市人大常委会主任郑邦淳主持。主要内容：听取市人大财经委关于在常委会第二十四次会议中审议和批准财政决算几个问题的衔接汇报；听取市人大财经委关于城建规划的调查汇报；研究关于市国土局评议总结的有关事宜。

第六十九次主任会议 1999年6月29日召开，市人大常委会主任郑邦淳主持。主要内容：听取和审议市人大财经委关于批准1998年市本级财政决算的决议（草案）及说明；听取和审议市人大常委会联工委关于代表资格审查委员会补任名单（草案）及说明；听取和审议市人大内司委关于对市人民检察院检察官进行法律知识测试和办案质量抽查的实施意见。

第七十次主任会议　1999年7月21日召开，市人大常委会主任郑邦淳主持。主要内容：听取和审议市人大内司委关于市中级人民法院案件执行情况的汇报；听取全省人大内司委第九次联席会议的情况汇报；传达中央14、30号关于邪教组织紧急会议的文件通知；听取和审议关于《行政诉讼法》和《行政处罚法》执法检查实施方案的汇报；听取和审议关于《税收征管法》执法检查实施方案的汇报；听取市人大财经委关于虎岩粮库几个问题调查情况的汇报。

第七十一次主任会议　1999年8月13日召开，市人大常委会主任郑邦淳主持。主要内容：听取和审议市一届人大常委会第二十五次会议建议议程与日程安排；听取和审议市人大常委会联工委关于检查督促市一届人大四次会议代表建议办理情况的汇报；听取和审议市人大常委会联工委有关人事任免事项。

第七十二次主任会议　1999年9月6—7日召开，市人大常委会主任郑邦淳主持。主要内容：听取和审议市一届人大常委会第二十六次会议建议议程和日程安排；听取和审议关于《中华人民共和国行政处罚法》执法检查方案的汇报；听取和审议常委会第二十五次会议有关交办事项内容的汇报；听取市人大内司委关于评议市公安局有关交办事项的汇报；研究召开县（区）人大主任会议、全市人大机关体育运动会有关事项；听取和审议市人大常委会联工委关于补选市一届人民代表大会代表的意见汇报；听取和审议市人大常委会联工委关于补选省九届人民代表大会代表的请示报告。

第七十三次主任会议　1999年10月9日召开，市人大常委会主任郑邦淳主持。主要内容：研究市一届人大五次会议有关筹备工作和常委会下一段工作及机关“三讲”教育有关工作。

第七十四次主任会议　1999年11月3日召开，市人大常委会主任郑邦淳主持。主要内容：学习贯彻全国人大常委会和“两院”关于取缔邪教组织，防范及惩治邪教活动的决定；学习杨正午同志关于揭批邪教组织的批示和胡彪同志的讲话，以及省人大常委会传真通知；听取和审议市公安局关于永州市邪教组织活动情况的汇报。

第七十五次主任会议　1999年11月9日召开，市人大常委会主任郑邦淳主持。主要内容：听取市一届人大常委会第二十七次会议有关交办事项几个问题的汇报；听取和审议市一届人大常委会第二十八次会议建议议程和日程安排；讨论市一届人大五次会议筹备工作方案；听取和审议市人大常委会联工委关于代表视察工作方案的汇报，以及有关代表工作情况的汇报；听取和审议市人大教科文卫委关于《广播电视管理条例》

执法检查情况的汇报；听取和审议市人大民侨外委关于发展少数民族地区与社会事业优惠政策落实检查情况的汇报；研究 11 月有关重要工作安排。

第七十六次主任会议 1999 年 12 月 1—2 日召开，市人大常委会主任郑邦淳主持。主要内容：学习李鹏同志在省、市人大常委会主任座谈会上的讲话；听取和审议关于向市委汇报工作的材料；研究 2000 年常委会工作，包括主任会议工作计划提纲；听取和审议市人大财经委关于农村电网改造情况汇报的审议意见；研究 12 月份常委会有关工作安排。

第七十七次主任会议 1999 年 12 月 13 日召开，市人大常委会主任郑邦淳主持。主要内容：研究市一届人大五次会议有关筹备工作；研究 2000 年常委会主要工作思路；研究 2000 年人大代表评议工作有关事宜；听取和审议市人大常委会联工委关于走访人大代表工作方案的汇报。

第七十八次主任会议 1999 年 12 月 21 日召开，市人大常委会主任郑邦淳主持。主要内容：传达贯彻全省州市人大主任座谈会议精神；学习讨论省九届人大三次会议常委会工作报告（草案），以及省九届人大三次会议至四次会议期间常委会工作计划要点；听取和审议关于贯彻落实全省州市人大常委会主任座谈会精神的安排意见；听取和审议市人大常委会工作报告内容提纲；听取市人大常委会联工委关于市一届人大五次会议代表意见和建议的调查汇报；听取和审议市一届人大常委会第二十八次会议建议议程与日程安排；听取和审议关于李某某被轮奸一案的情况汇报。

第七十九次主任会议 1999 年 12 月 28 日召开，市人大常委会主任郑邦淳主持。主要内容：听取和审议市人大财经委关于对市产权交易中心请求制止市国土局非法拍卖报告的调查报告；关于向省人民检察院推荐市人民检察院为先进单位等事宜。

第八十次主任会议 1999 年 12 月 29 日召开，市人大常委会主任郑邦淳主持。主要内容：研究 2000 年元月份工作安排；听取和审议信访科有关信访案件情况的汇报；听取和审议市一届人大五次会议有关筹备工作方案的汇报。

第八十一次主任会议 2000 年 1 月 3—4 日召开，市人大常委会主任郑邦淳主持。主要内容：研究市一届人大常委会第二十八次会议有关交办意见；听取和审议市一届人大常委会第二十九次会议建议议程；听取和审议市一届人大五次会议常委会工作报告基本框架；听取和审议关于参加省九届人大三次会议的组织工作安排；研究 1999 年度年终机关工作总结有关事项；审议常委会机关信访处理办法；听取和审议潇湘山庄建设工程有关事项的汇报；研究 2000 年常委会重要工作安排）；研究关于厂务公开、村务公开上下联动的实施方案；研究关于监督市人民法院解决执行难有关问题；审议关于“一府两院”为国企改革服务承诺事宜决定；听取和审议关于监督《中华人民共和国投标法》贯彻实施情况的检查方案；研究关于开展依法行政、公正司法的有关事宜；

厂务公开、村务公开、投标法检查、依法行政、公正司法、为国企服务承诺等项工作分别由吕芳村、杨祈贵、郑纯发、谢田种、李本道、谢承年负责。

第八十二次主任会议　2000 年 1 月 14 日召开，市人大常委会主任郑邦淳主持。主要内容：听取和审议市一届人大常委会第二十九次会议、市一届人大五次会议有关筹备工作的汇报；研究元月下旬的工作安排以及走访代表的事宜。

第八十三次主任会议　2000 年 2 月 2 日召开，市人大常委会主任郑邦淳主持。主要内容：专题听取和审议市房地产管理局的工作汇报。

第八十四次主任会议　2000 年 2 月 13—14 日召开，市人大常委会主任郑邦淳主持。主要内容：研究向市委汇报人大工作的有关内容；讨论修改常委会工作报告内容；研究常委会 2000 年工作重点；听取和审议市人大常委会联工委关于市一届人大五次会议有关代表思想动态、议案、列席人员等情况的汇报；听取和审议常委会机关信访处理办法。

第八十五次主任会议　2000 年 2 月 22 日召开，市人大常委会主任郑邦淳主持。主要内容：专题听取冷水滩区人大常委会关于人大代表评议任命干部有关问题的汇报。

第八十六次主任会议　2000 年 3 月 6—7 日召开，市人大常委会主任郑邦淳主持。主要内容：研究市一届人大常委会第二十九次会议有关交办事项；听取和审议市一届人大常委会第三十次会议建议议程；听取和审议关于召开优秀市人大代表、先进代表小组表彰会议有关情况的汇报；听取和审议市一届人大五次会议有关议案准备情况的汇报；研究关于治理经济发展环境执法检查的工作方案；听取和审议市一届人大五次会议筹备工作的汇报；听取和审议市人大财经委关于对市房产局发证等几个问题的调查汇报；听取和审议潇湘山庄建设有关问题的汇报；听取和审议有关信访案件的汇报。

第八十七次主任会议　2000 年 4 月 18—19 日召开，市人大常委会主任郑邦淳主持。主要内容：听取和审议市一届人大常委会第三十次会议建议议程和日程安排；研究关于整治经济发展环境上下联动等有关事宜；听取全省民主法治宣传工作会议精神的汇报；听取各专门委员会关于对市中级人民法院、市人民检察院以及市人民政府组成部门为国企改革服务承诺书的审议意见；听取市人大内司委、市人大财经委关于对“一府两院”依法行政、公正司法议案审议意见的汇报；听取市委、市人民政府有关工作会议的汇报。

第八十八次主任会议　2000 年 4 月 28 日召开，市人大常委会主任郑邦淳主持。主要内容：研究和讨论关于开展治理经济发展环境综合执法检查、解决人民法院执行难问题与村务公开“三项专题”活动的实施方案，以及如何开展“三项专题”活动，切实增强人大监督实效。

第八十九次主任会议　2000 年 5 月 11—12 日召开，市人大常委会主任郑邦淳主持。

主要内容：听取和审议市一届人大常委会第三十一次会议建议议程；听取各专门委员会关于对两院和政府组成部门为国企改革服务承诺书审议情况的汇报；听取和审议市人大财经委关于市建工局依法行政试点工作情况的汇报；审议并通过市人民政府关于依法行政、市中级人民法院和市人民检察院关于公正司法的若干规定；研究市一届人大五次会议至二届人大一次会议期间常委会工作计划要点；听取和审议关于依法规范村务公开专项活动实施方案的汇报；研究5月份重要工作安排；审议和修改常委会信访处理办法；研究2000年人大新闻宣传工作要点和开办《民主与法制》专版专栏、电视专题片工作的安排；听取和审议2000年机关中心小组理论学习计划；听取潇湘山庄建设有关情况的汇报。

第九十次主任会议 2000年5月29日召开，市人大常委会主任郑邦淳主持。主要内容：听取和审议市人民政府关于三年建成卫生城市情况的汇报；听取和审议市人大各专门委员会关于交办事项落实情况的汇报；听取和审议关于开展“双联”活动实施方案的汇报；听取和审议机关信访处理意见与重要个案情况的汇报；听取市人大教科文卫委关于药品食品“打假”准备工作的汇报；听取市人大财经委关于全省市州人大财经工作联席会议筹备工作的汇报；成立治理经济发展环境督查组，由常委会副主任吕芳村带队，开展治理经济发展环境督查工作；研究6月常委会重要工作安排。

第九十一次主任会议 2000年6月13日召开，市人大常委会主任郑邦淳主持。主要内容：学习江泽民关于“三个代表”重要思想的论述；听取教科文卫委关于药品、食品打假情况的汇报；听取和审议各专门委员会关于政府组成部门、“两院”为国企改革服务情况的汇报；听取和审议各专门委员会关于常委会成立以来交办事项办理情况及落实反馈意见的汇报；听取和审议市一届人大常委会第三十一次会议筹备情况的汇报。

第九十二次主任会议 2000年6月23日召开，市人大常委会主任郑邦淳主持。主要内容：听取和审议有关潇湘山庄建设情况的汇报；听取市一届人大常委会第三十一次会议有关人事任免和殡葬改革管理的决议（草案）情况的汇报；听取市人大常委会办公室有关财务支出等问题的汇报。

第九十三次主任会议 2000年7月3日召开，市人大常委会主任郑邦淳主持。主要内容：听取和审议市一届人大常委会第三十二次会议建议议程；审议市人民政府关于《永州市殡葬管理规定（草案）》；听取和审议依法行政和公正司法、整治经济发展环境、为国企改革服务承诺实施情况“三个专项”检查的实施方案；听取市人大农经委关于江华采育场职工养老保险工作调查情况的汇报；研究全省第十次市州人大内务司法工作联席会议筹备方案；听取颁发任命书大会有关事项的汇报。

第九十四次主任会议 2000年7月18日召开，市人大常委会主任郑邦淳主持。主要内容：听取市计委、市经委、市农委、市教委、市科委、市外经委、市财政局、市交通局、市农业局、市林业局、市水电局、市卫生局、市民委、市乡经委、市工商局、市粮食局、市农业开发办、市广电局、市电业局、市邮电局、市扶贫办 21 个单位关于贯彻落实市委〔1997〕11 号文件《关于发展我市少数民族和民族地区经济和社会事业优惠政策的通知》的情况汇报。

第九十五次主任会议 2000 年 8 月 2—3 日召开，市人大常委会主任郑邦淳主持。主要内容：听取和审议关于开展依法行政和公正司法、治理经济发展环境、为国企改革服务等三个方面的综合检查情况的汇报；听取和审议常委会 8 月工作预安排；审议关于开办民主与法制专版专栏宣传工作的有关事项；研究关于全国、省人大工作会议调研课题；听取和审议关于市区财政在划分入库范围问题上意见分歧情况的调查汇报；决定推荐市人大民侨外委为市民族团结进步模范集体；听取和审议关于贯彻实施《中华人民共和国村民委员会组织法》执法检查情况的汇报；听取和审议关于潇湘山庄合资建设合同和潇湘山庄承包经营合同的汇报。

第九十六次主任会议 2000 年 8 月 18 日召开，市人大常委会主任郑邦淳主持。主要内容：听取和审议市财政局关于永州市 1999 年财政决算的报告；听取和审议市审计局关于 1999 年财政预算执行情况的报告；学习贯彻湘发〔2000〕16 号《关于改进干部作风的几项规定》的文件和邹金鷟同志在全市县（区）委书记会议上的讲话；审议市一届人大常委会第三十二次会议新增加议程内容和日程安排；研究市人民政府关于依法行政工作情况汇报的主要内容；听取市人大常委会联工委关于代表议案和建议、批评、意见办理情况的汇报；听取和审议有关人事任免情况的汇报；研究关于举办全市人大机关第 7 届体育运动会的有关事项。

第九十七次主任会议 2000 年 9 月 1 日召开，市人大常委会主任郑邦淳主持。主要内容：听取和审议市一届人大常委会第三十三次会议建议议程；研究市一届人大常委会第三十二次会议有关交办意见；常委会有关领导到省党校学习期间的工作临时调整；听取和审议 9 月常委会工作预安排；研究机关干部职工医疗保险有关问题；听取关于常委会非驻会委员外出考察和走访市人大代表建议方案的汇报；听取各委室关于进村入户开展调查研究安排情况的汇报。

第九十八次主任会议 2000 年 9 月 25 日召开，市人大常委会主任郑邦淳主持。主要内容：听取和审议市人民政府关于潇湘广场工程建设情况的汇报；研究全市县（区）人大常委会主任会议主要内容和日程安排；听取和审议市中级人民法院关于加强人民法庭、调整法庭配置实施方案以及各县（区）人民法庭设置方案的汇报；听取和审议市中级人民法院关于对道县人民法院熊某虚设案件、报假办案数的调查和处理情况的汇报；听取各委室进村入户调查研究情况的汇报。

第九十九次主任会议 2000年9月日28—29日召开，市人大常委会主任郑邦淳主持。主要内容：听取和审议各县（区）人大常委会关于开展治理经济发展环境综合执法检查、支持人民法院解决执行难、依法规范村务公开“三个专项活动”上下联动情况的汇报；讨论和交流“三个专项活动”中存在的问题，需要解决的难点以及下一段“三个专项活动”的重点；听取市人大各专门委员会、常委会各工作机构通报和安排下一段工作；就当年前9个月市县（区）两级人大主要工作作总结回顾，对下一段人大工作提出具体要求。

第一百次主任会议 2000年10月13日召开，市人大常委会主任郑邦淳主持。主要内容：听取和审议市规划局关于锦绣潇湘总体规划方案的汇报；听取和审议市人民政府关于创建卫生城市实施方案的汇报；听取和审议市财政局关于2000年市本级财政预算调整情况的汇报；听取和审议市一届人大常委会第三十三次会议建议议程和日程安排、人事任免等有关会议筹备工作情况的汇报；听取和审议市人大常委会联工委关于全面走访市一届人大代表安排意见的汇报；研究关于常委会非驻会委员外出考察事宜；研究关于建立由人大常委会选举任命干部政绩档案的方案。

第一百零一次主任会议 2000年10月23日召开，市人大常委会主任郑邦淳主持。主要内容：听取市一届人大常委会第三十三次会议筹备情况的汇报；听取和审议市财政局2000年财政预算调整情况审议意见的汇报；审议有关人事任免事项。

第一百零二次主任会议 2000年11月2日召开，市人大常委会主任郑邦淳主持。主要内容：研究市一届人大常委会第三十三次会议有关交办事项；听取和审议市一届人大常委会第三十四次会议建议议程；听取和审议常委会11月工作预安排；确定治理经济发展环境需要交办的重点案件；研究支持人民法院解决执行难问题重点案件交办事项；听取和审议信访个案的汇报；研究关于召开驻市中央、省属单位座谈会的方案。

第一百零三次主任会议 2000年11月15日召开，市人大常委会副主任吕芳村主持。主要内容：听取和审议市建委关于锦绣潇湘详细规划情况的汇报；听取和审议市人大常委会联工委关于组织在永全国和永州市选举的省九届人大代表集中视察安排意见的汇报；听取和审议市人大常委会联工委关于组织市直和两区部分全国与省市人大代表开展专题视察安排意见的汇报；传达和贯彻中共十五届五中全会精神。

第一百零四次主任会议 2000年12月8日召开，市人大常委会主任郑邦淳主持。主要内容：听取常委会副主任吕芳村传达全省州市人大常委会主任座谈会议精神；听取和审议重点工程项目、为国企改革服务、依法行政、公正司法和治理经济发展环境，代表建议、批评和意见办理情况，芝冷两城区城市规划管理、市容卫生管理等专项视察组视察情况的汇报；听取和审议市人大常委会联工委关于第二届人民代表大会代表名额的安排与换届选举工作方案的汇报，以及市人大机关推荐市二届人大代表方案的汇报；研究向省九届人大四次会议提出的有关议案；研究机关有关工作。

第一百零五次主任会议 2000年12月15日召开，市人大常委会主任郑邦淳主持。主要内容：听取和审议市规划局关于绵绣潇湘总体规划方案的汇报；听取和审议市一届人大常委会第三十四次会议建议议程、日程和有关筹备工作的汇报；听取和审议市人大常委会联工委关于驻永州市省人大代表赴长沙参加省九届人大四次会议有关具体问题安排意见的汇报；听取关于确定参加“新世纪长跑竞赛活动”安排意见的汇报。

第一百零六次主任会议 2001年2月28日召开，市人大常委会主任郑邦淳主持。主要内容：听取和审议市人民政府2001年市本级财政预算初步意见的汇报；听取和审议农村电网改造情况的汇报；听取和审议“两院”人事任免的报告。

第一百零七次主任会议 2001年4月25—27日召开，市人大常委会主任郑邦淳主持。主要内容：听取和审议市人民政府关于冷水滩西区土地清理情况的汇报；听取和审议市人民政府关于1997年以来涉农案件处理情况的汇报；听取和审议市人民政府关于发展高新技术产业情况的汇报；听取和审议市人民政府贯彻落实市人大常委会《关于创建卫生城市的决议》情况的汇报；听取和审议市公安局关于“打黑除恶”情况的汇报；听取和审议主任会议关于市一届人大常委会在二届一次人代会上的工作报告；听取和审议主任会议关于市一届人大常委会换届前的工作计划要点和换届后的工作计划建议；决定人事任免。

第一百零八次主任会议 2001年5月24日召开，市人大常委会主任郑邦淳主持。主要内容：听取和审议市人民政府关于全市机构改革情况的汇报；听取和审议市人民政府关于整顿和规范市场经济秩序情况的汇报；听取和审议“一府两院”关于对市人大常委会第三十五次会议交办事项落实情况的汇报；审议通过主任会议《关于召开永州市第二届人民代表大会第一次会议的决定（草案）》；人事任免事项。

第一百零九次主任会议 2001年5月30日召开，市人大常委会主任郑邦淳主持。主要内容：研究市人大常委会第三十八次会议议程和日程；研究三十八次例会联欢问题；研究二届一次代表会议日程；研究二届一次代表大会选举办法（草案）；研究二届一次代表大会主席团等有关名单；研究二届一次代表大会筹备组各组职责划分；研究三十八次例会、二届人大一次会议纪念品问题；大会各筹备组需要提出研究的有关问题；研究常委会6月份主要工作预安排。

第一百一十次主任会议 2001年6月5日召开，市人大常委会主任郑邦淳主持。主要内容：听取市财政局关于永州市2000年财政预算执行情况和2001年市财政预算草案的报告；二届人大代表资格初审；研究向市委汇报二届人大一次会议所有筹备工作报告；研究三十六次例会交办事项；研究三十八次例会有关事宜。

第一百一十一次主任会议 2001年6月14日召开，市人大常委会主任郑邦淳主持。

主要内容：审议和原则通过永州市第二届人民代表大会第一次会议选举办法（草案）；原则通过永州市第二届人民代表大会第一次会议主席团等有关名单；审议和通过市人大常委会代表资格审查委员会关于永州市第二届人民代表大会代表资格审查的报告；审议和原则通过永州市第二届人民代表大会会议日程。

第一百一十二次主任会议 2001年6月18日召开，市人大常委会主任郑邦淳主持，主要内容：传达党组会议的有关精神，讨论主任会议如何根据党组和党委意图来实现这些意图。

第二节 第二届人大常委会主任会议

永州市第二届人民代表大会期间，市人大常委会召开主任会议108次，讨论、研究、决定和处理人大常委会重要日常工作。

第一次主任会议 2001年7月24日召开，市人大常委会主任谢朝月主持。主要内容：听取永州市规划局关于城市总体规划调整方案的报告。

第二次主任会议 2001年7月30日召开，市人大常委会主任谢朝月主持。主要内容：研究市人大常委会第二次会议议程；八月份主要工作预安排；代表培训方案；听取市人大环资委关于加强保护潇湘河议案的意见；机关有关工作汇报。

第三次主任会议 2001年8月9日召开，市人大常委会主任谢朝月主持。主要内容：关于对市人民政府工作机构负责人推迟任命的请示；市人大常委会办公室有关工作汇报；信访方案汇报。

第四次主任会议 2001年8月20日召开，市人大常委会主任谢朝月主持。主要内容：研究市人大常委会第二次会议筹备工作。市人大财经委汇报会议准备情况。市审计局汇报对2000年财政预算审计情况；市人大常委会联工委汇报人事任免工作准备情况；市人大常委会办公室汇报二次会议筹备情况，办公室汇报有关工作，常委会工作分月安排；新办《永州人大》期刊；全市人大办公室工作会议打算；市人大常委会办公室安排；老委室主任学习考察事宜；机关制度问题等。

第五次主任会议 2001年8月28日召开，市人大常委会主任谢朝月主持。主要内容：干部问题。

第六次主任会议 2001年9月10日召开，市人大常委会主任谢朝月主持。主要内容：听取市本级财政预算资金管理和2001年上半年经济形势的调整情况汇报；听取市人大财经委关于检查《预算法》和《乡镇财政管理条例》情况的意见安排；听取市人大常委会办公室关于清收欠款情况的汇报，听取关于评选推荐市先进人大工作者的情况汇报；研究常委会9月份主要工作预安排。

第七次主任会议　2001年9月16日召开，市人大常委会主任谢朝月主持。主要内容：研究市人大常委会第二次会议审议意见交办事项；研究市二届人大常委会第三次会议议程（草案）；研究颁发任命书大会有关事项；研究市人大常委会办公室有关工作事项。

第八次主任会议　2001年10月17日召开，市人大常委会主任谢朝月主持。主要内容：听取关于市人大常委会第三次会议准备情况的汇报；传达全省联络工作会议精神；研究10月工作预安排；讨论山庄建设结算问题；听取考察电站情况汇报；研究有关老委室主任退休事项。

第九次主任会议　2001年11月6日召开，市人大常委会主任谢朝月主持。主要内容：听取关于市人大常委会第三次会议审议情况汇报；研究常委会第四次会议议程；研究常委会主要工作预安排；研究机关上月事宜；听取市人大常委会办公室关于评选人大先进个人情况汇报；传达有关会议精神。

第十次主任会议　2001年11月21日召开，市人大常委会主任谢朝月主持。主要内容：主要是因为潇湘山庄找到一个合作伙伴，对之后相关的合作事宜进行敲定。

第十一次主任会议　2001年12月10日召开，市人大常委会主任谢朝月主持。主要内容：研究市人大常委会第四次例会有关事宜；研究代表视察方案；研究增补代表事项；传达有关会议精神；研究信访个案。

第十二次主任会议　2001年12月30日召开，市人大常委会主任谢朝月主持。主要内容：听取关于市人大常委会第四次会议审议情况的综合汇报；听取市人大农业委、市人大常委会联工委关于办理代表议案建议交办意见的汇报；讨论常委会机关机构改革方案；研究召开县（区）人大常委会主任会议有关筹备事项；听取市财政局关于2001年年终砍帐情况汇报；其他。

第十三次主任会议　2002年1月4日召开，市人大常委会主任谢朝月主持。主要内容：学习杨正午在省八届党代会上的工作报告及在全省经济工作会上的讲话；传达有关会议精神；研究常委会第五次会议；研究出席省九届人大五次会议准备工作方案及人大党组关于加强自身建设的决定；听取市人大科教文卫委有关情况汇报等。

第十四次主任会议　2002年1月15日召开，市人大常委会主任谢朝月主持。主要内容：听取各委室关于市二届人大二次会议至三次会议期间工作计划要点的汇报；研究调整市人大常委会第五次会议议程；讨论全市县（区）人大常委会主任会议工作报告；研究市二届人大二次会议至三次会议期间的常委会工作计划要点；研究机关年终考核评比方案及常委会有关规章制度等。

第十五次主任会议　2002年1月18日召开，市人大常委会主任谢朝月主持。主要内容：专题研究讨论投资江华办水电站事宜。

第十六次主任会议 2002 年 2 月 4 日召开，市人大常委会主任谢朝月主持。主要内容：听取市人民政府有关部门关于饮水和肉菜卫生情况的汇报；听取市人大常委会联工委关于市人大代表专题视察情况的综合汇报；研究市人大常委会向市委汇报的准备工作；讨论市人大各委室的工作职责；讨论春节前几项具体工作。

第十七次主任会议 2002 年 2 月 21 日召开，市人大常委会主任谢朝月主持。主要内容：研究市人大常委会第五次会议的准备工作，研究二届人大二次会议筹备工作，讨论永州市第二届人民代表大会第二次会议选举办法（草案）。

第十八次主任会议 2002 年 3 月 1 日召开，市人大常委会主任谢朝月主持。主要内容：研究主任会议交办案件工作。

第十九次主任会议 2002 年 3 月 17—19 日召开，市人大常委会主任谢朝月主持。主要内容：传达有关会议精神；研究市人大常委会第六、七次会议议程；研究市人大常委会 3 月工作安排；听取二届二次代表大会筹备组各组情况汇报；听取市财政局财政预算报告；听取市人大财经委关于财政预算的审查报告；研究优化经济发展环境的决定等。

第二十次主任会议 2002 年 4 月 8 日召开，市人大常委会主任谢朝月主持。主要内容：传达市委有关会议精神，研究市人大常委会第七次会议有关事项。

第二十一次主任会议 2002 年 4 月 28 日召开，市人大常委会主任谢朝月主持。主要内容：报告关于市人大有关人事安排的说明，研究市人大常委会第七次会议有关事项；听取市人大财经委关于开展优化经济环境执法检查的汇报；听取市人大常委会“四法”执法检查方案的汇报；研究市人大财经委关于部门预算审查监督工作计划；研究市人大常委会办公室有关事宜。

第二十二次主任会议 2002 年 5 月 10 日召开，市人大常委会主任谢朝月主持。主要内容：听取市民政局关于全市第五次村民委员会换届选举情况汇报；研究市人大二次至三次会议期间常委会工作计划要点；研究市人大常委会第八次会议议程；听取市人大城环委关于“永州环保世纪行”活动总结表彰会有关事项；听取市人大常委会联工委关于对蓝山县公安干警有关问题情况的汇报。

第二十三次主任会议 2002 年 5 月 29—30 日召开，市人大常委会主任谢朝月主持。主要内容：听取市人大各检查组关于优化经济环境执法检查情况汇报；听取市人大常委会联工委关于石某某贿选举事件的调查汇报和关于对市人民政府工作部门主要负责人及两院副职培训方案汇报；研究市人大常委会 6 月工作预安排。

第二十四次主任会议 2002 年 6 月 10 日召开，市人大常委会主任谢朝月主持。主要内容：听取执法检查办公室关于优化经济环境执法检查情况的汇报；听取市人大常委会办公室关于常委会第八次会议有关情况的汇报；听取市人大常委会办公室关于机关有关财务制度修改情况的汇报；听取市人大内司委、科教文卫委、城环委关于向市人民政府交办市二届人大二次会议议案的交办意见的汇报。

第二十五次主任会议　2002 年 6 月 24 日召开，市人大常委会副主任吕芳村主持。主要内容：讨论推荐市人民政府秘书长人选。

第二十六次主任会议　2002 年 7 月 5 日召开，市人大常委会副主任吕芳村主持。主要内容：听取市人大常委会第八次会议审议意见综合情况的汇报；研究市人大常委会第九次会议建议议程；审议关于优化经济环境执法情况有关事项的交办函；听取市人大科教文卫委关于《中华人民共和国传染病防治法》执法检查实施方案的汇报；确定市人大各专门委员会对口联系市直有关单位；研究市人大常委会 7 月份工作安排。

第二十七次主任会议　2002 年 7 月 15 日召开，市人大常委会主任谢朝月主持。主要内容：听取市人民政府市长刘爱才汇报《永州市经济社会发展情况汇报》；研究市人大常委会第九次会议有关事项。

第二十八次主任会议　2002 年 8 月 1 日召开，市人大常委会主任谢朝月主持。主要内容：听取和审议市人民政府关于 2002 年上半年全市国民经济和社会发展计划执行情况报告；听取和审议市人民政府关于 2001 年市本级财政决算，2002 年上半年财政预算执行情况的报告；审查和批准市人民政府关于 2001 年市本级财政决算；听取和审议市审计局关于 2001 年市本级财政预算执行及其他财政收支审计报告；审议并原则通过 6 个部门负责人述职评议；代表资格审查；接受蒋吉秀辞呈。

第二十九次主任会议　2002 年 8 月 15 日召开，市人大常委会主任谢朝月主持。主要内容：听取市财政局关于 2001 年市本级财政决算及 2002 年上半年财政预算执行情况的报告；听取市人大财经委关于市本级财政决算和审计情况的汇报。

第三十次主任会议　2002 年 8 月 30 日召开，市人大常委会主任谢朝月主持。主要内容：听取市人大常委会办公室关于市人大常委会十次例会意见综合情况汇报；研究十一次例会议程；研究九月份工作预安排；研究述职评议动员会和法律知识培训等有关事项；研究优化经济环境综合执法检查下段工作；听取市人大科教文卫委关于《中华人民共和国母婴保健法》执法检查情况的汇报。

第三十一次主任会议　2002 年 9 月 10 日召开，市人大常委会副主任吕芳村主持。主要内容：研究市人大常委会关于市人民政府城市建设投资公司向国家银行申请城市建设打捆项目贷款的函复。

第三十二次主任会议　2002 年 9 月 24 日召开，市人大常委会主任谢朝月主持。主要内容：听取市人民政府、市工商局、市公安局关于市人大常委会优化经济环境交办函办理情况的汇报；听取市人大内司委关于优化经济环境监督办理情况的汇报；研究市人大常委会向市委汇报有关事项；传达全省县（区）人大换届工作会议精神；听取市人大常委会办公室有关工作汇报。

第三十三次主任会议 2002年10月9日召开，市人大常委会主任谢朝月主持。主要内容：听取各评议小组调查报告；听取市人大常委会联工委关于罢免史兆永市人大代表的汇报；听取市人大常委会办公室关于全市人大系统体育运动会筹备工作情况汇报；征求《中华人民共和国监督法》修改意见；听取十一次例会筹备工作情况汇报。

第三十四次主任会议 2002年10月17日召开，市人大常委会主任谢朝月主持。主要内容：学习讨论市委关于清房、清车、出国出境的通知；听取市财政局关于市本级2002年预算调整情况的汇报；听取市财政局关于市本级2002年预算调整方案的情况报告；听取市人大常委会办公室关于十一次例会日程安排；讨论市人大常委会主任会议关于城市基础项目打捆申贷情况的说明；听取调查组关于市工商局任意查处市电力系统农网改造案的调查情况汇报；听取市人大常委会联工委关于省人大代表名额分配情况的汇报。

第三十五次主任会议 2002年11月1日召开，市人大常委会主任谢朝月主持。主要内容：听取市人大常委会办公室关于常委会十一次会议审议情况的综合汇报；研究市人大常委会十二次会议建议议程；听取市人大农业委关于《中华人民共和国动物防疫法》执法检查情况的汇报；听取市人大常委会联工委关于省十届人大代表名额分配及经费分配意见的汇报；研究市人大常委会机关11月份工作安排。

第三十六次主任会议 2002年11月27日召开，市人大常委会主任谢朝月主持。主要内容：传达全省市州人大常委会主任座谈会精神；听取市人大常委会办公室关于十二次例会议程、日程等有关事项汇报；听取市人大常委会联工委有关情况汇报；讨论重大事项决定；通报省人大代表候选人推荐名单；研究市人大三次会议筹备工作方案；听取市人大常委会办公室关于潇湘山庄清算情况的汇报。

第三十七次主任会议 2002年12月6日召开，市人大常委会主任谢朝月主持。主要内容：听取市人大常委会办公室关于常委会十二次会议审议情况的综合汇报；研究市人大常委会十三次会议建议议程、日程，研究市二届人大三次会议至四次会议期间常委会工作计划要点；研究人大机关12月工作安排；研究市人民政府关于凤凰园开发区改革与发展的报告；听取关于祁阳晒北滩“11·4”事件的情况汇报。

第三十八次主任会议 2002年12月24日召开，市人大常委会主任谢朝月主持。主要内容：听取市财政局2003年市本级财政预算安排情况的汇报；听取市人大财经委关于2002年市本级财政预算执行情况与2003年全市及市本级预算草案的审查报告；听取市人大常委会联工委关于十三次例会有关情况的汇报；听取各组关于三次人代会筹备工作情况汇报。

第三十九次主任会议　2003 年 1 月 27 日召开，市人大常委会主任谢朝月主持。主要内容：传达市委常委会精神，研究县（区）四大班子中共十六大培训班有关事项等。

第四十次主任会议　2003 年 2 月 14 日召开，市人大常委会主任谢朝月主持。主要内容：听取市人大常委会办公室关于十五次例会准备情况的汇报；听取市人大常委会联工委关于全国人大代表赴会准备工作的汇报；讨论市人大机关关于招商引资工作意见；听取关于县（区）人大主任会议日程安排的汇报；听取市中级人民法院关于市人大交办函办理情况的汇报等事项。

第四十一次主任会议　2003 年 4 月 15 日召开，市人大常委会主任谢朝月主持。主要内容：听取市人大常委会办公室关于第十六次例会审议意见综合汇报；听取市人大有关委室关于第十七次例会筹备情况的汇报；讨论新闻报道规程；讨论全市首届人大知识竞赛工作方案；讨论招聘司机和机关车辆使用管理意见；听取招商引资办公室关于招商引资情况汇报。

第四十二次主任会议　2003 年 5 月 6 日召开，市人大常委会主任谢朝月主持。主要内容：听取市人大常委会办公室关于常委会第十七次会议审议情况的汇报；听取市人大常委会办公室关于市人大机关防治“非典”工作情况的汇报；研究市人大常委会第十八次会议建议议程；研究关于组织人大代表视察防治“非典”工作的安排意见；传达全省人大农业委法制培训班暨联席会议精神。

第四十三次主任会议　2003 年 5 月 12 日召开，市人大常委会主任谢朝月主持。主要内容：关于组织人大代表视察防治“非典”和城市卫生工作的方案（草案）；听取招商引资工作情况汇报。

第四十四次主任会议　2003 年 6 月 16 日召开，市人大常委会主任谢朝月主持。主要内容：听取市人民政府关于迎接省人大常委会义务教育执法检查准备情况的汇报；听取市人大教科文卫委关于义务教育执法检查有关情况的汇报；听取市人大常委会办公室关于十八次例会筹备情况的汇报；听取市人大常委会办公室关于人大代表视察“非典”和城市卫生工作的综合汇报；听取市人大常委会办公室关于加强和改进常委会审议工作的规定；听取执法检查组关于开展《中华人民共和国公路法》《湖南省实施〈公路法〉办法》《湖南省高等级公路管理条例》执法检查情况的汇报。

第四十五次主任会议　2003 年 7 月 8 日召开，市人大常委会主任谢朝月主持。主要内容：听取市人民政府关于义务教育实施情况的汇报；听取义务教育执法检查各小组检查情况的汇报；听取市人大常委会办公室关于市二届人大常委会第十八次会议审议意见综合情况的汇报；听取市人大常委会办公室关于组织人大代表视察城市卫生工作情况的交办意见；研究市二届人大常委会第十九次会议议程；传达全市民营企业会仪精神；研究市人大机关中心组成员 2003 第三期学习安排；研究常委会 7 月份重要工作安排。

第四十六次主任会议 2003年7月25日召开，市人大常委会主任谢朝月主持。主要内容：听取市畜牧水产局关于全市动物及其产品质量安全情况汇报；讨论全市义务教育执法检查综合情况报告；听取市人大常委会办公室关于人大宣传工作奖励办法的汇报和关于成立机关人大代表活动中心有关事项的汇报；听取市人大常委会联工委关于杨某某、刘某某案件的情况汇报；听取市人大常委会办公室关于李某某上访个案调查情况汇报。

第四十七次主任会议 2003年8月6日召开，市人大常委会主任谢朝月主持。主要内容：听取和审议市审计局关于2002年市本级预算和其他收支的审计工作报告；听取市人大常委会办公室关于常委会第十九次会议有关事项的汇报；听取和审议市人大常委会联工委关于永州市人民代表大会常务委员会关于加强代表工作的决定议案的汇报；听取和审议义务教育执法检查办公室关于义务教育执法检查交办意见的汇报；听取市人大内司委关于收容遣送站有关情况的汇报；听取市人大城环委关于2003年永州环保世纪行督办事项的汇报和办公室有关工作的汇报。

第四十八次主任会议 2003年8月19日召开，市人大常委会主任谢朝月主持。主要内容：听取和审议市财政局局长刘尤碧关于2002年市本级财政总决算和2003年上半年全市财政预算执行情况的报告；听取和审议市人大财经委关于2002年市本级财政决算草案的审查报告；听取市人大民侨外委关于《宗教活动场所管理条例》等执法检查情况汇报；听取市人大常委会联工委关于对市计委等6个政府工作部门主要负责人进行述职评议实施方案。

第四十九次主任会议 2003年8月27日召开，市人大常委会副主任吕芳村主持。主要内容：听取和审议市人民政府《关于尽快解决冷水滩区零陵南路路灯亮化问题的交办函》办理情况的报告；听取市民政局关于地名更改情况的汇报；听取市民政局关于救助管理办法情况的汇报；听取市人大常委会办公室关于市二届人大常委会第十九次会议审议综合情况的汇报；听取市人大常委会办公室关于市二届人大常委会第二十次会议建议议程；听取市人大常委会办公室关于常委会9月工作安排；听取市人大常委会联工委关于述职评议有关事项的汇报。

第五十次主任会议 2003年9月10日召开，市人大常委会主任谢朝月主持。主要内容：听取市城管局关于污水处理厂工程建设情况的汇报；研究迎接省义务教育执法检查组日程安排等有关事项；听取全市义务教育执法检查有关问题整改意见的汇报；听取市人大常委会办公室关于十九次例会审议意见综合情况汇报；听取市人大民侨外委关于提请增加2名兼职委员的报告；听取市人大常委会联工委关于对市人民政府6个部门述职评议有关工作汇报；听取关于增加二十次例会议程有关情况的汇报；“三湘环保世纪行”有关情况的汇报；讨论 2013 年度招商引资工作目标管理考核及奖励实施细则。

第五十一次主任会议　2003 年 9 月 25 日召开，市人大常委会主任谢朝月主持。主要内容：研究义务教育执法检查有关问题；研究常委会第二十次会议有关事项；听取市人大常委会办公室工作汇报。

第五十二次主任会议　2003 年 10 月 10 日召开，市人大常委会主任谢朝月主持。主要内容：听取市人大常委会联工委和办公室关于常委会第二十次会议情况汇报；听取市人大常委会联工委关于补充有关专门委员会兼职委员候选人名单的汇报；听取市人大财经委关于《中华人民共和国电力法》执法检查情况的汇报；听取市人大内司委关于回复冷水滩区人大常委会有关永州商业广场问题请示的汇报；听取市人大常委会办公室关于道县白石塘电站签订协议情况的汇报；研究机关 10 月工作安排；听取市人大常委会办公室关于体育运动会情况的汇报。

第五十三次主任会议　2003 年 10 月 27 日召开，市人大常委会主任谢朝月主持。主要内容：听取武警永州消防支队关于全市消防工作的汇报；听取市财政局关于市本级预算调整情况的报告；听取市人民检察院关于李某某上访议案交办函办理情况的汇报；研究各评议小组有关评议材料；听取关于市人大常委会第二十次会议有关情况的汇报；听取市人大常委会办公室关于省人大信访处交办信访案件办理情况的汇报。

第五十四次主任会议　2003 年 10 月 17 日召开，市人大常委会主任谢朝月主持。主要内容：听取关于市人大常委会第二十次会议审议意见综合情况的汇报；研究市人大常委会第二十一至二十二次会议议程；研究市人大常委会 11 月至 12 月工作预安排；研究市人大常委会联工委关于代表视察的安排意见；听取市人大内司委关于两院办案质量抽查情况的汇报；讨论通过市人大常委会机关保密委员会成员名单；听取市人大常委会办公室关于 2004 年机关报刊征订意见的汇报。

第五十五次主任会议　2003 年 11 月 23 日召开，市人大常委会主任谢朝月主持。主要内容：研究市人大向市委的工作汇报材料，听取述职评议办公室关于述职评议交办函的汇报；听取市人大常委会联工委关于代表视察方案的汇报，听取市人大常委会办公室关于 2003 年机关报刊杂志征订意见的汇报。

第五十六次主任会议　2003 年 12 月 12 日召开，市人大常委会主任谢朝月主持。主要内容：传达全省州市人大主任座谈会和市委二届五次会议精神；研究市人大常委会向市委的工作汇报材料；听取市人大常委会办公室、联工委关于市人大常委会第二十二次会议有关筹备工作的汇报，听取市人大常委会办公室关于工资普调、调整有关情况的汇报，听取市人民政府关于教育打捆项目申请贷款的汇报；听取市统计局关于统计工作情况的汇报。

第五十七次主任会议 2003年12月16—17日召开，市人大常委会副主任吕芳村主持。主要内容：听取各县（区）人大工作汇报；讨论谢朝月的讲话材料。

第五十八次主任会议 2003年12月25日召开，市人大常委会主任谢朝月主持。主要内容：听取省人大环资工作座谈会精神汇报；听取市人大常委会办公室关于市二届人大四次会议工作日程和会议日程的汇报；听取市人大常委会办公室、联工委关于市二届人大常委会第二十二次会议有关情况的汇报；听取市人大常委会联工委关于先进人大代表小组和优秀市人大代表表彰大会的实施意见；听取市人民政府关于办理《关于代表视察城市卫生有关问题的交办函》的报告；研究市人大常委会工作报告。

第五十九次主任会议 2003年12月31日召开，市人大常委会主任谢朝月主持。主要内容：传达省人大座谈会精神；传达中央，省、市“两节”期间通知精神；听取市二届人大四次会议秘书处议案组关于大会议案提出截止时间等情况的汇报；听取市人大常委会办公室关于2003年年终总结工作方案的汇报；听取市人大常委会办公室关于全国人大交办信访案件的汇报；听取市人大常委会联工委关于评选先进市人大代表小组和优秀代表情况汇报。

第六十次主任会议 2004年1月16日召开，市人大常委会主任谢朝月主持。主要内容：听取市人民政府关于城市打捆贷款的汇报；听取市人大常委会办公室关于常委会第二十二次会议审议情况的汇报；听取市人大常委会联工委关于代表视察综合情况、先进人大代表小组和优秀人大代表表彰决定的有关情况汇报；研究春节值班安排；听取大会秘书处关于人代会筹备工作情况汇报，听取招商办关于评选2003年度招商引资功臣的汇报；听取市人大常委会联工委关于市人大代表黄世尧所反映几个问题的调查情况汇报；传达全省人防工作会议精神。

第六十一次主任会议 2004年1月30日召开，市人大常委会主任谢朝月主持。主要内容：讨论市二届人大四次会议关于大力推进工业化进程的决议；听取市人大财经委和市财政局关于计划和财政预算情况的汇报，研究市人大常委会第二十三次会议议程及时间安排；听取市人大常委会联工委关于江华县人代会另选一名市人大代表的汇报；研究优秀人大代表表彰大会发言材料；传达全省人防工作会议精神；听取市人大常委会办公室关于加强县（区）人大常委会机关信息化建设情况的汇报。

第六十二次主任会议 2004年2月5日召开，市人大常委会副主任文先赵主持。主要内容：协调潇湘山庄西南端修建员工宿舍楼事宜。

第六十三次主任会议 2004年2月17日召开，市人大常委会主任谢朝月主持。主要内容：听取市人大教科文卫委和市卫生局关于中心医院建设调查意见的汇报；听取市二届人大四次会议至五次会议期间常委会工作计划要点的汇报；听取市人大常委会联工委关于各县区召开人代会情况的汇报；研究市人大常委会宣传工作及信访工作等。

第六十四次主任会议 2004年3月1日召开，市人大常委会副主任吕芳村主持。主要内容：听取市人大常委会办公室关于二十四次例会审议情况汇报；听取关于市二届人大四次会议公民旁听综合意见汇报；研究二十五次例会的议程；听取市人大教科文卫委关于加快永州历史文化名城建设议案交办意见的汇报；研究市人大机关各委室召开联席会地点。

第六十五次主任会议 2004年4月14日召开，市人大常委会主任谢朝月主持。主要内容：听取市人大常委会办公室关于常委会第二十五次会议有关事项的汇报；听取市人大常委会办公室关于4月工作安排的汇报；听取市人大财经委关于配合省人大财经委税收执法检查方案的汇报。

第六十六次主任会议 2004年5月9日召开，市人大常委会主任谢朝月主持。主要内容：研究第二十六次会议议程；听取《代表风采》画册编辑方案的汇报；传达贯彻加强机关效能建设情况的汇报。

第六十七次主任会议 2004年5月24日召开，市人大常委会主任谢朝月主持。主要内容：研究《中华人民共和国农业法》执法检查实施方案；听取第二十五次常委会议审议意见摘报；研究市人大常委会机关6月工作安排。

第六十八次主任会议 2004年6月14日召开，市人大常委会主任谢朝月主持。主要内容：听取市电业局执法情况汇报；听取第二十六次常委会议筹备工作情况汇报；听取关于市人大代表曾小玲挪用公款问题的汇报；听取市人大常委会办公室关于市人大机关效能建设工作实施方案的汇报；听取关于开展《中华人民共和国土地管理法》和湖南省《基本农田保护条例》执法检查方案的汇报。

第六十九次主任会议 2004年7月28日召开，市人大常委会副主任吕芳村主持。主要内容：研究史某某免职案。

第七十次主任会议 2004年8月13日召开，市人大常委会主任谢朝月主持。主要内容：听取市人民政府关于人口与计划生育执法检查整改情况的汇报；听取市人大常委会办公室关于常委会第二十七次会议有关筹备工作的汇报；听取市人大常委会办公室关于常委会八月份工作预安排情况汇报；听取市人大城环委关于《中华人民共和国土地管理法》执法检查情况汇报；讨论《农业法》执法检查情况的报告；听取有关会议精神的汇报。

第七十一次主任会议 2004年9月2日召开，市人大常委会主任谢朝月主持。主要内容：研究市人大常委会第二十八次会议议程；听取市人大常委会办公室关于9月常委会工作预安排情况的汇报；听取市人大民侨外委关于庆祝民族区域自治法颁布20周年座谈会有关情况的汇报；听取《中华人民共和国国土法》执法检查交办意见。

第七十二次主任会议 2004年9月20日召开，市人大常委会主任谢朝月主持。主要内容：学习中共十六届四中全会精神；听取市审计局关于城市基础设施建设打捆贷款资金使用和管理情况的汇报；听取市人大常委会办公室关于“以人为本，贴近百姓”调研情况的综合汇报；听取市人大常委会办公室关于3名副市长书面述职评议有关问题的汇报；研究国庆值班安排。

第七十三次主任会议 2004年10月8日召开，市人大常委会主任谢朝月主持。主要内容：听取市人民政府关于市人民政府驻海口办事处赔偿案情况的汇报；听取市人大常委会办公室关于承办三省周边六市人大工作联系会议意见的汇报。

第七十四次主任会议 2004年10月20日召开，市人大常委会主任谢朝月主持。主要内容：听取市人大常委会办公室关于常委会第二十八次会议有关筹备工作的汇报；听取市人大常委会联工委关于全省人大联工委联系会有关述职评议工作的情况汇报；听取关于党总支换届选举意见的汇报；讨论述职评议材料。

第七十五次主任会议 2004年11月26日召开，市人大常委会主任谢朝月主持。主要内容：听取关于市人民政府三名副市长述职评议整改交办意见的汇报；讨论市人大常委会关于加强与市人大代表联系暂行办法；讨论市人大常委会关于接待人民代表来信来访暂行办法；讨论市人大常委会关于市人大代表定期回原选举单位述职的意见。

第七十六次主任会议 2004年12月9日召开，市人大常委会主任谢朝月主持。主要内容：听取市人大城环委关于冷水滩区蔡市镇部分村非法采锰情况的调查汇报；听取市人大财经委督促市人民政府办理结果向主任会议汇报；听取全省党风廉政建设责任制电视电话会精神汇报。

第七十七次主任会议 2004年12月16日召开，市人大常委会主任谢朝月主持。主要内容：听取关于补选代表名单的汇报；听取关于2005年述职评议对象的汇报；研究人代会筹备工作。

第七十八次主任会议 2004年12月27日召开，市人大常委会主任谢朝月主持。主要内容：传达全省人大工作会议精神；传达全省人大常委会主任会议精神；研究市人大常委会三十次会议议程；听取市二届人大五次会议主席团组成人员等有关名单汇报；研究市二届五次人代会议程、日程。

第七十九次主任会议 2005年1月6日召开，市人大常委会主任谢朝月主持。主要内容：听取各视察组关于代表视察情况的汇报；研究常委会第三十一次会议议程、日程安排意见；听取大会秘书处关于人代会筹备工作情况的汇报；研究市委人大工作会议上的典型发言。

第八十次主任会议 2005年2月2日召开，市人大常委会主任谢朝月主持。主要内容：传达省十届人大三次会议精神；听取市人大常委会办公室关于常委会第三十二次会议议程的汇报；研究市人大机关保先教育活动工作方案；研究2005年农村建整扶贫抽调人员；讨论全市人大工作会议材料。

第八十一次主任会议　2005 年 3 月 8 日召开，市人大常委会主任谢朝月主持。主要内容：研究市人大常委会第三十三次会议议程；听取市人大常委会办公室关于市二届人大五次会议至市三届人大一次会议期间常委会工作计划要点情况的汇报；听取市人大财经委关于市二届人大五次会议代表议案交办意见的汇报。

第八十二次主任会议　2005 年 7 月 21 日召开，市人大常委会主任谢朝月主持。主要内容：听取劳动法执法检查办公室关于执法检查情况汇报；听取市人大民侨外委关于民族区域自治法执法检查情况汇报；听取市人大常委会第三十四次会议审议意见综合情况；听取市人大常委会办公室关于全省祭舜会议精神汇报。

第八十三次主任会议　2005 年 8 月 5 月召开，市人大常委会主任谢朝月主持。主要内容：听取市人大常委会办公室、联工委关于常委会第三十五次会议筹备工作情况汇报；听取市人大常委会联工委关于常委会开展“一府两院”述职评议实施方案情况汇报；听取市人大民侨外委关于开展全市旅游规划实施情况专题视察安排情况汇报。

第八十四次主任会议　2005 年 8 月 16 日召开，市人大常委会主任谢朝月主持。主要内容：听取和审议市财政局关于 2005 年全市及市本级预算执行情况及 2004 年市本级财政决算情况的汇报。

第八十五次主任会议　2005 年 8 月 25 日召开，市人大常委会主任谢朝月主持。主要内容：听取市人大常委会办公室关于常委会第三十六次会议议程安排情况汇报；听取市人大常委会联工委关于述职评议动员会安排情况汇报；听取市人大常委会执法检查办公室关于劳动法执法检查整改交办意见的汇报；听取市人大内司委关于江某某信访案的汇报；听取市人大常委会办公室关于人大宣传工作的汇报。

第八十六次主任会议　2005 年 9 月 29 日召开，市人大常委会主任谢朝月主持。主要内容：研究市人大常委会第三十五次会议议程；听取市人大常委会执法检查组关于省人大常委会《中华人民共和国劳动法》执法检查组交换意见情况的汇报；研究市人大常委会《中华人民共和国动法》执法检查组向市委的报告和向市人民政府的交办意见；听取市人大常委会办公室关于常委会机关 10 月工作预安排情况汇报。

第八十七次主任会议　2005 年 10 月 24 日召开，市人大常委会主任谢朝月主持。主要内容：听取各述职评议调查小组情况汇报；听取市人大常委会办公室关于第三十六次常委会日程等有关筹备工作汇报；研究《永州市人大常委会机关信访工作若干暂行规定》；听取市人大常委会办公室关于常委会机关 11 月工作预安排情况汇报。

第八十八次主任会议　2005 年 12 月 21 日召开，市人大常委会主任谢朝月主持。主要内容：研究述职评议整改交办意见；听取市人大常委会联工委关于书面述职评议工作安排意见的汇报；研究市人大常委会第三十六次会议审议意见综合情况；听取市人大常委会办公室关于常委会第三十七次会议议程安排情况的汇报。

第八十九次主任会议 2006年1月6日召开，市人大常委会主任谢朝月主持。主要内容：研究市人大常委会第三十七次会议审议情况综合及书面述职评议整改意见；研究市人大常委会第三十八次会议议程；研究市二届人大六次会议筹备工作方案；讨论市人大二届六次会议至市三届人大一次会议期间常委会工作计划要点；听取市人大常委会办公室关于请求恢复《永州人大》杂志的汇报；讨论2005年机关年终总结评比方案。

第九十次主任会议 2006年1月23日召开，市人大常委会主任谢朝月主持。主要内容：研究书面述职评议整改交办意见；听取市二届人大六次会议筹备工作情况汇报；听取市人大常委会办公室关于常委会第三十八次会议筹备工作情况汇报；听取市人大内司委、城环委关于社会治安、公交秩序交办意见督办情况汇报；听取市人大常委会办公室关于常委会机关2006年2月工作安排情况汇报；听取市人大常委会办公室2005年招商引资情况汇报。

第九十一次主任会议 2006年2月14日召开，市人大常委会主任谢朝月主持。主要内容：听取市人大常委会办公室关于常委会第三十九次会议筹备工作情况的汇报；听取市人大常委会办公室关于常委会2006年3月份工作安排情况的汇报。

第九十二次主任会议 2006年2月28日召开，市人大常委会主任谢朝月主持。主要内容：听取市人大常委会办公室关于市二届人大常委会第四十次会议议程；传达有关会议精神。

第九十三次主任会议 2006年3月29日召开，市人大常委会主任谢朝月主持。主要内容：听取市人大常委会办公室、联工委关于常委会第四十次会议筹备工作情况汇报；研究市人大常委会第三十九次会议审议意见综合材料；听取市人大财经委关于整治非法、虚假广告视察活动安排方案的汇报；听取市人大常委会联工委关于全省市州人大联工委联系会议筹备工作意见的汇报；听取市人大民侨外委关于配合省人大常委会办公厅组织开展侨务执法检查安排方案的汇报；听取市人大常委会办公室关于市二届人大常委重要资料汇编方案的汇报。

第九十四次主任会议 2006年4月12日召开，市人大常委会主任谢朝月主持。主要内容：听取市人大常委会办公室、联工委关于常委会第四十次会议筹备工作情况的汇报；听取市人大常委会办公室关于常委会机关5月工作安排情况的汇报；听取市人大城环委关于环保法执法检查方案的汇报；听取市人防办关于人防工作的汇报。

第九十五次主任会议 2006年5月16日召开，市人大常委会主任谢朝月主持。主要内容：研究市人大常委会第四十次会议审议意见综合材料；听取各评议调查组关于4

名副市长书面述职评议交办意见情况的汇报；听取市人大常委会办公室关于常委会第四十一次会议建议议程的汇报；听取市人大城环委关于全省市州人大城建环资工作第十四次联系会筹备工作方案的汇报；听取市人大民侨外委关于“一法两办法”执法检查情况的汇报；听取市人大科教文卫委关于传染病防治法执法检查情况的汇报；听取关于全省人大评选人大工作先进个人等动员会议精神汇报；听取市妇联工作汇报。

第九十六次主任会议　2006 年 6 月 16 日召开，市人大常委会主任谢朝月主持。主要内容：听取市人大常委会办公室关于常委会第四十一次会议筹备工作情况的汇报；研究《关于评选表彰人大工作先进个人的意见的通知》；研究各县（区）推荐省人大代表活动积极分子名单；听取市人大常委会联工委关于有关人事事项的汇报和关于组织市人大常委会组成人员学习考察安排方案的汇报、关于王淑玲代表反映情况的调查的汇报；听取市人大民侨外委关于《中华人民共和国民族区域自治法》执法检查方案的汇报；听取市人大内司委关于全省市州人大内务司法工作联系会议精神的汇报。

第九十七次主任会议　2006 年 6 月 23 日召开，市人大常委会主任谢朝月主持。主要内容：听取市人大常委会联工委关于市三届人大常委会组成人员名额请示报告的汇报；听取市人大常委会联工委关于省人大代表活动积极分子评选工作情况的汇报；听取市人大常委会办公室关于常委会四十一次会议议程、日程安排意见的汇报；听取市人大城环委关于《中华人民共和国环境保护法》执法检查分组安排意见的汇报，听取市人大常委会办公室关于常委会 7 月工作预安排的汇报。

第九十八次主任会议　2006 年 7 月 6 日召开，市人大常委会主任谢朝月主持。主要内容：听取市人大常委会办公室关于市二届人大常委会工作总结的汇报；听取市人大常委会办公室关于市人大常委会第四十一次会议审议综合情况的汇报；听取市人大常委会办公室关于市人大常委会第四十二次会议议程的汇报。

第九十九次主任会议　2006 年 7 月 21 日召开，市人大常委会主任谢朝月主持。主要内容：听取各检查组关于《中华人民共和国环境保护法》执法检查情况的汇报；讨论市一、二届人大重要文件资料汇编目录。

第一百次主任会议　2006 年 8 月 3 日召开，市人大常委会主任谢朝月主持。主要内容：听取执法检查办公室关于《中华人民共和国环境保护法》执法检查情况汇报；听取市人大常委会办公室关于常委会四十二次会议议程、日程安排情况汇报；听取市人大常委会办公室关于常委会 8 月份工作预安排情况汇报；听取市人大常委会联工委关于常委会组成人员外出学习考察安排情况汇报。

第一百零一次主任会议　2006 年 8 月 25 日召开，市人大常委会主任谢朝月主持。主要内容：听取市财政局关于 2005 年市本级财政决算汇报；听取市审计局关于 2005 年市本级财政预算执行情况和其他财政收支情况审计工作汇报；听取《中华人民共和国民族区域自治法》执法检查情况汇报；听取市人大常委会联工委关于常委会第四十二次会议有关情况汇报。

第一百零二次主任会议 2006年9月18日召开，市人大常委会主任谢朝月主持。主要内容：听取市人大常委会办公室关于常委会第四十三次会议议程安排情况汇报；听取市人大常委会办公室关于常委会第四十二次会议审议意见综合情况汇报和关于常委会9月工作预安排情况汇报。

第一百零三次主任会议 2006年9月30日召开，市人大常委会主任谢朝月主持。主要内容：听取市人大常委会办公室关于全省人大系统老干工作联席会和全省人大系统第十二届夕阳红杯门球赛筹备工作情况汇报；听取市人大常委会联工委关于检查督促市二届人大六次会议人大代表建议办理工作方案的情况汇报；听取市人大常委会办公室关于10月工作安排情况汇报。

第一百零四次主任会议 2006年10月9日召开，市人大常委会主任谢朝月主持。主要内容：听取和审议市人大常委会联工委关于对市二届人大六次会议部分代表建议办理情况进行检查督办的方案；听取和审议市人大民侨外委关于对全市实施《中华人民共和国民族区域自治法》情况执法检查的意见和建议的交办函；听取和审议关于《中华人民共和国环境保护法》及相关法律法规执法检查情况审议意见的交办函。

第一百零五次主任会议 2006年10月20日召开，市人大常委会主任谢朝月主持。主要内容：听取市人大常委会办公室、联工委关于市人大常委会第四十五次会议有关筹备情况的汇报；听取市人大常委会办公室关于举办全市人大系统体育运动会筹备工作方案的汇报；听取市人大常委会联工委关于换届选举工作方案的汇报。

第一百零六次主任会议 2006年11月9日召开，市人大常委会主任谢朝月主持。主要内容：听取市人大常委会办公室关于市人大常委会第四十六次会议议程汇报；听取市人大常委会联工委关于换届选举工作方案的汇报；听取市人大常委会办公室关于11月工作安排情况汇报；研究全省人大工作先进个人名单。

第一百零七次主任会议 2006年12月1日召开，市人大常委会主任谢朝月主持。主要内容：研究市三届人大一次会议筹备工作方案；确定常委会第四十六次会议议程；研究12月工作安排；听取市交警支队工作情况汇报。

第一百零八次主任会议 2006年12月15日召开，市人大常委会主任谢朝月主持。主要内容：听取市人民政府关于永州历史文化名城规划方案的汇报；听取市人大常委会办公室关于常委会第四十六次会议议程、日程安排情况的汇报；听取市人大常委会办公室关于市三届人大一次会议筹备工作方案和工作日程安排情况的汇报；研究市人大常委会工作报告；听取市人大常委会办公室关于兑现2006年人大理论研究和新闻宣传奖励资金的意见汇报；研究市三届人大一次会议选举办法。

第三节 第三届人大常委会主任会议

永州市第三届人民代表大会期间，市人大常委会根据实际工作需要，适时召开主任会议 104 次，讨论、研究、决定和处理人大常委会重要日常工作。

第一次主任会议 2007 年 1 月 5 日召开，市人大常委会主任李良铁主持。主要内容：研究关于向市委汇报人代会的意见、关于表彰永州市人大工作先进个人的决定。

第二次主任会议 2007 年 2 月 12 日召开，市人大常委会主任李良铁主持。主要内容：讨论市三届人大一次会议至二次会议期间常务委员会工作计划要点和审查《永州市人民代表大会常务委员会组成人员守则》。

第三次主任会议 2007 年 3 月 13 日召开，市人大常委会主任李良铁主持。主要内容：听取市人大常委会研究室关于市三届人大一次会议至二次会议期间常委会分月安排情况的汇报、市人大农业委关于全省市州人大农业与农村工作第九次联席会筹备情况的汇报、市人大常委会办公室关于领导信访日及双月领导下访实施意见的汇报。

第四次主任会议 2007 年 4 月 23 日召开，市人大常委会主任李良铁主持。主要内容：听取市财政局关于《湖南省非税收入管理条例》执行情况和市人大财经委关于《湖南省非税收入管理条例》执法检查方案（草案）的汇报。

第五次主任会议 2007 年 5 月 14 日召开，市人大常委会主任李良铁主持。主要内容：听取市人大常委会联工委关于全省县乡人大换届选举工作学习班精神及贯彻意见的汇报、市人大常委会办公室关于市三届人大常委会第四次会议建议议程的汇报和市人大城环委关于“永州环保世纪行”宣传活动方案的汇报。

第六次主任会议 2007 年 6 月 18 日召开，市人大常委会主任李良铁主持。主要内容：听取市人大财经委关于《湖南省非税收入管理条例》执法检查情况和市人大常委会办公室关于《永州市人大常委会信访工作暂行规定》的汇报，学习中共永州市委批转市纪委关于《关于认真学习贯彻〈中共中央纪委关于严格禁止利用职务上的便利谋取不正当利益的若干规定〉的意见》的通知。

第七次主任会议 2007 年 6 月 25 日召开，市人大常委会主任李良铁主持。主要内容：听取市人大财经委关于《湖南省非税收入管理条例》执法检查各检查组交办意见核实综合情况的汇报；市人大常委会研究室关于《永州人大》（内刊）复刊方案的汇报。

第八次主任会议 2007 年 7 月 30 日召开，市人大常委会主任李良铁主持。主要内容：听取市人民政府关于永州市 2007 年上半年经济形势分析报告；听取市人大教科文卫委关于永州职业技术学院院本部及实习基地建设项目申请国家开发银行贷款有关情况的调查汇报和关于市教育局《关于变更中心城区中小学校名称并予公告的请示》的汇报。

第九次主任会议 2007年8月6日召开，市人大常委会主任李良铁主持。主要内容：听取市财政局关于2006年市本级财政决算草案和2007年上半年预算执行情况的报告和关于财政债务及债务风险控制情况的初步汇报；听取市审计局关于2006年市本级预算执行和其他财政收支情况的审计报告，市人民政府关于《永州市职业技术学院院本部及实习基地建设项目国家开发银行贷款资金管理办法》的汇报，市人大财经委关于《中华人民共和国中小企业促进法》《湖南省实施〈中小企业促进法〉办法》执法检查实施方案的汇报。

第十次主任会议 2007年8月10日召开，市人大常委会主任李良铁主持。主要内容：听取市人民政府关于永连高速、厦成高速建设，湘桂铁路改造情况和关于规范市本级津补贴情况的汇报。

第十一次主任会议 2007年8月30日召开，市人大常委会主任李良铁主持。主要内容：听取市物价局关于物价情况的汇报；传达全省市州人大常委会换届选举工作碰头会议精神。

第十二次主任会议 2007年9月7日召开，市人大常委会主任李良铁主持。主要内容：听取市人民政府关于中心城市重点工程项目建设情况和关于滨江广场建设及资金管理和使用情况的汇报及市移民局关于移民工作情况的汇报；市人大常委会研究室关于市三届人大常委会第五次会议审议意见综合情况的汇报、市人大内司委关于《中华人民共和国妇女权益保障法》《湖南省实施〈妇女权益保障法〉办法》执法检查情况的汇报。

第十三次主任会议 2007年9月26日召开，市人大常委会主任李良铁主持。主要内容：听取市人民政府关于中心城市违章建筑情况的汇报，市人大教科文卫委关于《红十字会法》执法检查情况的汇报、市人大城环委关于《永州环保世纪行》调研采访情况的汇报、市人大常委会联工委关于县区两级人大换届选举情况的通报。

第十四次主任会议 2007年10月17日召开，市人大常委会主任李良铁主持。主要内容：学习中共十七大会议精神、传达有关会议精神；听取市旅游局关于全市旅游产业发展情况、市人大常委会联工委关于市三届常委会人大代表资格审查情况的汇报、关于市三届人大一次会议以来代表建议、批评、意见办理和督办情况的汇报、关于组织市人大代表视察实施方案的汇报。

第十五次主任会议 2007年10月29日召开，市人大常委会主任李良铁主持。主要内容：学习贯彻中共十七大精神，传达省“国际食博会”会议精神；听取市财政局关于全市债权债务情况的汇报。

第十六次主任会议　2007 年 11 月 19 日召开，市人大常委会主任李良铁主持。主要内容：听取市财政局关于市本级预算调整情况的汇报；听取市人民政府关于通乡通村公路改造、出省跨境公路建设情况和市安监局关于全市安全生产监督工作情况的汇报；听取市人大常委会研究室关于市三届人大常委会第六次会议审议意见综合情况和市人大常委会联工委关于第七次常委会会议有关人事事项与另选市人大代表情况的汇报。

第十七次主任会议　2007 年 12 月 4 日召开，市人大常委会主任李良铁主持。主要内容：传达有关会议精神；听取市人大常委会研究室关于市三届人大常委会第七次会议审议意见综合情况和关于市三届人大二次会议筹备工作方案的汇报，研究市人大常委会工作报告（草拟稿）。

第十八次主任会议　2008 年 1 月 31 日召开，市人大常委会主任李良铁主持。主要内容：传达有关会议精神；听取市人大常委会研究室关于市三届人大二次会议至三次会议期间常务委员会工作计划要点（草案）修改情况及分月安排（草案）的汇报。

第十九次主任会议　2008 年 2 月 15 日召开，市人大常委会主任李良铁主持。主要内容：听取市人大常委会联工委关于对市公安局、市卫生局、市林业局、市工商局进行工作评议实施方案的汇报；听取关于市三届人大常委会委员第二次学习考察安排情况的汇报；听取市人大常委会办公室关于 2007 年度机关考核评比方案的汇报。

第二十次主任会议　2008 年 2 月 25 日召开，市人大常委会主任李良铁主持。主要内容：听取市财政局关于 2008 年部门及基金预算情况的汇报，市人大常委会联工委、研究室关于修改《永州市人民代表大会常务委员会人事任免办法》的决定（草案）、《永州市人民代表大会常务委员会工作规程》的决定（草案）和《永州市人民代表大会常务委员会关于讨论决定重大事项的规定》的决定（草案）及说明的情况汇报。

第二十一次主任会议　2008 年 3 月 3 日召开，市人大常委会主任李良铁主持。主要内容：听取市人大常委会研究室关于市三届人大常委会第九次会议审议意见综合情况的汇报；听取市人大常委会办公室关于机关年度经费包干使用情况和关于机关聘用用工制度的汇报。

第二十二次主任会议　2008 年 4 月 1 日召开，市人大常委会主任李良铁主持。主要内容：听取市人大财经委关于非税收入执法检查实施方案的汇报。

第二十三次主任会议　2008 年 4 月 17 日召开，市人大常委会主任李良铁主持。主要内容：听取市财政局关于2008年市本级社会保险金收支计划和基本建设、教育费附加、科技三项费用预算草案情况和关于安排湘江水道治理及湘江西路北段建设工程项目专项补贴资金的情况汇报；听取市人大常委会联工委关于在全市推行设立人大代表收集群众意见箱意见的汇报；听取市人大工作评议办公室关于工作评议动员大会筹备情况的汇报；听取市人大常委会办公室关于信访案件约访情况的汇报。

第二十四次主任会议　2008年4月29日召开，市人大常委会主任李良铁主持。主要内容：听取市人大常委会研究室关于市三届人大常委会第十次会议审议意见综合情况的汇报；听取市人大财经委关于配合省人大开展《中华人民共和国中小企业促进法》执法检查实施方案的汇报；听取市人大常委会联工委关于组织常委会组成人员学习考察安排情况的汇报

第二十五次主任会议　2008年5月30日召开，市人大常委会主任李良铁主持。主要内容：听取市人大财经委关于非税收入执法检查分组及培训情况和市人大常委会联工委关于工作评议分组情况的汇报；听取市人大常委会办公室关于2008年—2012年常委会会议法律法规学习计划安排情况的汇报；听取关于《永州市人民代表大会常务委员会信访工作暂行办法（草案）》修改情况的汇报；听取市人大农业委、教科文卫委关于配合省人大常委会开展林业“一法一条例”、体育“一法一条例”执法检查方案的汇报。

第二十六次主任会议　2008年6月10日召开，市人大常委会主任李良铁主持。主要内容：听取市人民政府关于依法制止和查处中心城区违法建筑议案的汇报；听取市人大内司委关于《永州市规范性文件备案审查办法（草案）》的汇报；听取市人大常委会办公室关于《永州市人大常委会预约接访暂行办法（草案）》的汇报、关于信访约访案件情况的汇报。

第二十七次主任会议　2008年6月24日召开，市人大常委会主任李良铁主持。主要内容：听取市人大常委会联工委关于补选市人大代表的代表资格审查情况汇报和市人大农业委关于林业“一法一条例”执法检查情况的汇报。

第二十八次主任会议　2008年7月1日召开，市人大常委会主任李良铁主持。主要内容：传达全省市州人大联络工作联席会议和省十一届人大代表履职培训班精神；听取市人大常委会研究室关于市三届人大常委会第十一次会议审议意见综合情况的汇报；听取市人大常委会联工委关于驻永全国人大代表2008年专题调研方案的汇报。

第二十九次主任会议　2008年7月23日召开，市人大常委会主任李良铁主持。主要内容：听取市人民政府关于长丰工业园区路网工程项目建设贷款还贷资金列入财政预算的汇报；听取市人大财经委关于非税收入执法检查综合情况的汇报；听取市人大常委会办公室关于信访约访案件和关于市人大接访工作安排的汇报。

第三十次主任会议　2008年8月19日召开，市人大常委会主任李良铁主持。主要内容：听取市财政局关于2007年市本级财政决算草案和2008年上半年财政预算执行情况的汇报；听取市审计局关于2007年市本级预算执行和其他财政收支情况的审计工作汇报；听取市人民政府关于强力推进承接产业转移工作议案的汇报；听取关于坦塘垃圾处理经管转让情况的汇报；听取市人大常委会联工委关于市人民检察院对市残联

理事长禹某某立案侦查情况和关于全国人大代表永州小组视察涔天河水库筹建工作综合情况的汇报；听取市人大财经委关于2008年上半年全市经济运行情况的汇报；听取市人大常委会办公室关于信访约访案件的汇报；听取市人大常委会承办粤湘赣三省周边6个市和15个省（市、区）32个地区（市）人大工作联席会议的汇报。

第三十一次主任会议　2008年9月1日召开，市人大常委会主任李良铁主持。主要内容：传达学习有关会议精神和文件；听取市人大常委会研究室关于市三届人大常委会第十二次会议审议意见综合情况的汇报；听取市人大财经委关于2007年市本级财政决算草案的决议（草案）和关于推进承接产业转移工作的决议（草案）修改情况的汇报；听取各代表评议组关于整改交办意见情况的汇报；听取市人大常委会办公室关于举办15省（市、区）32地区（市）人大工作联席会议第二十一次会议的安排意见。

第三十二次主任会议　2008年10月17日召开，市人大常委会主任李良铁主持。主要内容：听取市人民政府关于2008年全市国民经济和社会发展计划执行、市本级预算调整方案情况的汇报；听取关于农民工培训示范基地建设项目申请国家开发银行贷款情况的汇报；听取市人大常委会办公室关于《永州市人民代表大会常务委员会预约接访暂行办法（草案·二审稿）》修改情况的汇报和关于“人达宾馆”有关情况的汇报、市人大常委会研究室关于《永州市人民代表大会常务委员会关于实行人民代表大会常务委员会会议审议票决制的规定〈试行〉（草案·二审稿）》修改情况的汇报、市人大常委会联工委关于2009年度听取与审议“一府两院”专项工作的建议意见。

第三十三次主任会议　2008年10月29日召开，市人大常委会主任李良铁主持。主要内容：学习中共十七届三中全会精神，听取市人大常委会联工委关于市三届人大常委会第十三次会议人事事项的情况汇报；听取市人大城环委关于成立“得月舫”特定问题调查委员会议案的情况汇报；听取市人大财经委关于批准2008全市国民经济和社会发展计划部分调整的决议（草案）的汇报；听取市人大常委会联工委关于2008年全国、省、市人大代表视察建议方案和关于2008年度市人大代表履职考核和评先评优安排意见的汇报。

第三十四次主任会议　2008年11月3日召开，市人大常委会主任李良铁主持。主要内容：听取市人大常委会研究室关于市三届人大常委会第十三次会议审议意见综合情况的汇报；听取市人大常委会办公室关于15省（市、区）32地区（市）人大工作联席会第二十一次会议筹备工作情况的汇报。

第三十五次主任会议　2008年12月12日召开，市人大常委会主任李良铁主持。主要内容：学习贯彻中央经济工作会议精神；听取市住房公积金管理中心关于住房公积金标准有关情况的汇报;听取市人大常委会联工委关于代表专题视察综合情况的汇报。

第三十六次主任会议　2008年12月25日召开，市人大常委会主任李良铁主持。

主要内容：听取市“一府两院”征求各项工作报告的意见和市人民政府关于修改永州市城市总体规划（草案）的汇报；研究对市公安局、市林业局、市卫生局、市工商局整改情况报告和中心发言材料；听取市人大常委会联工委关于市三届人大常委会第十五次会议人事事项有关情况的汇报。

第三十七次主任会议 2009 年 1 月 19 日召开，市人大常委会主任李良铁主持。主要内容：听取市人大常委会研究室关于市三届人大三次会议至四次会议期间常务委员会工作计划要点安排情况和特定调查委员会关于“得月舫”问题情况的汇报；听取市人大常委会联工委关于 2009 年对市规划建设局、市国土资源局、市城管执法局、市公用事业局、市房产局开展专项工作审议的实施方案（草案）。

第三十八次主任会议 2009 年 2 月 1 日召开，市人大常委会主任李良铁主持。主要内容：听取市人大常委会办公室关于主任信访约访案件有关情况和关于 2009 年全市县区人大常委会主任联席会市人大常委会机关各委室联席会全市人大系统体育运动会时间、地点统一安排情况的汇报；听取关于市人大代表参加民主评选优化经济环境工作满意不满意单位和领导活动实施方案的汇报。

第三十九次主任会议 2009 年 2 月 16 日召开，市人大常委会主任李良铁主持。主要内容：听取市人大常委会联工委关于对市国土资源局、市规划建设局、市城市管理行政执法局、市公用事业管理局、市房产局工作进行专题审议的实施方案（草案）及动员会方案的汇报；听取关于特定问题调查的决议（草案），市人大财经委关于开展全市医疗收费执法检查的实施方案（草案）及动员会方案的汇报；听取市人大常委会办公室关于 2008 年度年终考核评比方案和关于信访交办案件办理情况的汇报。

第四十次主任会议 2009 年 3 月 6 日召开，市人大常委会主任李良铁主持。主要内容：听取市人民政府关于提请将联城工业园基础设施建设工程项目还贷资金列入财政预算情况的汇报；听取市人大常委会研究室关于市三届人大常委会第十七次会议审议意见的汇报；听取市人大常委会联工委关于在市级新闻媒体开展宣传市人大代表履职专题活动的实施方案（草案）和关于补选市人大代表情况的汇报。

第四十一次主任会议 2009 年 3 月 27 日召开，市人大常委会主任李良铁主持。主要内容：听取市人大常委会办公室关于县（区）人大常委会主任联系会方案的汇报；听取关于开展学习实践科学发展观活动实施方案（草案）的汇报；听取市人大常委会联工委关于对市人大常委会任命人员进行履职考核实施方案（讨论稿）的汇报。

第四十二次主任会议 2009 年 4 月 24 日召开，市人大常委会主任李良铁主持。主要内容：传达省人大常委会党组书记、副主任戚和平到永州视察调研讲话精神；听取市人大内司委关于《永州市人大常委会关于开展刑法、刑事诉讼法执法检查实施方案（草案）》的汇报；听取市人大常委会办公室关于 2 月信访约访会议纪要和 4 月份信访约访案件情况的汇报。

第四十三次主任会议 2009年5月25日召开，市人大常委会主任李良铁主持。主要内容：听取市人大常委会研究室关于市三届人大常委会第十八次会议审议意见的汇报；听取市人大常委会办公室关于代表培训中心资产整合情况和关于老干部外出学习考察情况的汇报。

第四十四次主任会议 2009年6月12日召开，市人大常委会主任李良铁主持。主要内容：听取市人民检察院、市公安局关于唐某某上访案办理情况的汇报；审核市人大财经委关于全市医疗收费执法检查情况的报告；听取办公室关于6月份主任会议约访案件有关情况的汇报。

第四十五次主任会议 2009年6月26日召开，市人大常委会主任李良铁主持。主要内容：听取市人民检察院关于职务犯罪案件审查逮捕制度改革情况的汇报；听取市广播电视局关于数字化有线电视有关情况的汇报；听取机关学习实践办公室关于《市人大常委会党组深入学习实践科学发展观分析检查报告》的汇报。

第四十六次主任会议 2009年7月13日召开，市人大常委会主任李良铁主持。主要内容：听取市人民政府关于发行市城市建设投资开发公司企业债券工作情况的汇报；听取市人大常委会研究室关于市三届人大常委会第十九会议审议意见的汇报；听取各工作审议小组关于工作审议发言材料的汇报；听取市人大常委会办公室、联工委关于市三届人大常委会第二十次会议建议议程及人事事项有关情况的汇报，传达《关于加强公务用车管理使用的通知》（永纪联发〔2009〕2号）文件精神。

第四十七次主任会议 2009年7月22日召开，市人大常委会主任李良铁主持。主要内容：听取市人大常委会联工委关于《对市国土局、市规划建设局、市城市管理行政执法局、市公用事业管理局、市房产局开展工作审议大会筹备方案（草案）》的汇报；听取机关学习实践办公室关于《市人大常委会党组深入学习实践科学发展观整改落实方案》的汇报；听取市人大常委会办公室关于粤湘赣三省周边六市人大工作联系会筹备工作方案的汇报；听取市人大常委会研究室关于纪念中华人民共和国成立60周年、地方人大常委会成立30周年暨成立永州市人大制度研究会的工作方案的汇报。

第四十八次主任会议 2009年8月3日召开，市人大常委会主任李良铁主持。主要内容：听取市人大各专门委员会调查组关于工作审议整改问题交办意见的汇报；听取市人大内司委关于全市《中华人民共和国刑法》《中华人民共和国刑诉法》执法检查情况的汇报、市人大常委会办公室关于约访案件情况的汇报。

第四十九次主任会议 2009年8月18日召开，市人大常委会主任李良铁主持。主要内容：听取市发改委关于2009年上半年国民经济和社会发展计划执行情况的汇报；听取市财政局关于2008年市本级财政决算草案和2009年上半年全市财政预算执行情况的汇报；听取市人大财经委关于2008年市本级财政决算草案和2009年上半年全市财政预算执行情况审查意见的汇报；听取市审计局关于2008年市本级预算执行和其他财政收支情况的审计工作汇报；听取市人大教科文卫委关于人口与计划生育执法检查情况的汇报；听取市人大常委会研究室关于《市人大常委会关于常务委员会会议审议意见办理程序的规定》的汇报。

第五十次主任会议 2009年8月31日召开，市人大常委会主任李良铁主持。主要内容：听取市人大常委会研究室关于常委会第21次会议审议意见情况的汇报；听取市人大常委会联工委关于市三届人大三次会议代表建议重点督办情况和关于进一步加强和改进市人大代表工作意见的情况汇报；听取市人大民侨外委关于宗教事务条例执法检查情况的汇报。

第五十一次主任会议 2009年9月30日召开，市人大常委会主任李良铁主持。主要内容：听取市人大常委会办公室关于全市人大系统第十六届体育运动会筹备情况的汇报；听取市人大教科文卫委关于食品安全法执法检查情况的汇报；听取市人大城环委关于总体规划修改、零冷一体化规划及人大代表建议办理工作的活动方案。

第五十二次主任会议 2009年11月2日召开，市人大常委会主任李良铁主持。主要内容：听取市人大常委会研究室关于常委会第二十二次会议审议意见综合情况的汇报；听取市人大常委会办公室关于全市县（区）人大常委会主任第六次联系会及主任会议组成人员视察高速公路建设筹备情况的汇报；听取市人大常委会联工委关于组织驻市全国、省人大代表和市人大代表集中视察方案的汇报。

第五十三次主任会议 2009年11月18日召开，市人大常委会主任李良铁主持。主要内容：听取市人大常委会办公室关于信访约访案件的汇报；研究2010年工作重点。

第五十四次主任会议 2009年12月3日召开，李良铁主持。主要内容：听取市人大常委会联工委关于市三届人大四次会议有关事项（草案）情况的汇报。

第五十五次主任会议 2009年12月22日召开，市人大常委会主任李良铁主持。主要内容：通报个别市人大代表辞去代表职务的情况；听取各工作审议调查组关于工作审议整改阶段情况的调查汇报；研究市三届人大四次会议有关筹备工作。

第五十六次主任会议 2009年12月30日召开，市人大常委会主任李良铁主持。主要内容：听取市财政局关于市本级财政执行情况的汇报。

第五十七次主任会议 2010年1月5日召开，市人大常委会主任李良铁主持。主要内容：听取市三届人大四次会议秘书处各组工作调度情况汇报。

第五十八次主任会议 2010年1月19日召开，市人大常委会主任李良铁主持。主要内容：听取市人大常委会研究室关于市三届人大四次会议至五次会议期间常委会工作计划要点及分月安排情况的汇报；听取市人大常委会联工委关于永州代表团出席省十一届人大三次会议有关事项的安排意见，市人大常委会办公室关于机关年终考核评比方案情况的汇报。

第五十九次主任会议 2010年2月5日召开，市人大常委会主任李良铁主持。主要内容：听取市人大常委会研究室关于市三届人大常委会第二十四次会议审议意见的汇报；听取市人大常委会联工委关于《永州市人大常委会关于对市教育局、民政局、商务局、计生委、质量技术监督局开展工作审议的实施方案（草案）》的汇报.

第六十次主任会议 2010年2月20日召开，市人大常委会主任李良铁主持。主要内容：传达市委常委会议精神，安排部署2010年工作。

第六十一次主任会议 2010年3月1日召开，市人大常委会主任李良铁主持。主要内容：传达市纪委三届七次全会暨全市反腐败工作会议精神，听取市人大常委会联工委关于召开工作审议动员会实施方案的汇报。

第六十二次主任会议 2010年4月7日召开，市人大常委会主任李良铁主持。主要内容：听取市人大内司委关于开展《刑法、刑事诉讼法与治安管理处罚法执法检查实施方案》的汇报；听取市人大常委会办公室关于2009年机关财务开支及2010年财务包干情况的汇报。

第六十三次主任会议 2010年4月16日召开，市人大常委会主任李良铁主持。主要内容：传达全省人大城建环资工作座谈会暨三湘环保世纪行活动总结表彰会精神；听取市人大常委会联工委关于代表补选、另选情况的汇报；听取市人大常委会办公室关于信访约访案件情况的汇报；听取市人大机关工会关于登山活动安排意见。

第六十四次主任会议 2010年4月29日召开，市人大常委会主任李良铁主持。主要内容：听取市人大常委会研究室关于市三届人大常委会第二十五次会议审议意见的汇报；听取市人大常委会办公室关于常委会5月工作预安排和“五一”值班安排的汇报。

第六十五次主任会议 2010年5月7日召开，市人大常委会主任李良铁主持。主要内容：听取市人大教科文卫委关于科技“一法一条例”执法检查情况的汇报；听取市人大常委会联工委关于代表补选情况的汇报；听取市人大常委会研究室关于市人民政府2010年政府主要工作目标任务分解情况的汇报。

第六十六次主任会议 2010年5月21日召开，市人大常委会主任李良铁主持。主要内容：听取市编办关于《市人民政府机构改革方案》和《县区政府机构改革意见》的汇报。

第六十七次主任会议 2010年5月31日召开，市人大常委会主任李良铁主持。主要内容：讨论《永州市文化强市战略实施纲要（征求意见稿）》《永州市文化产业振兴实施规划（征求意见稿）》；听取市人大常委会联工委关于组织市人大代表赴北戴河、上海培训的实施方案的汇报；听取市人大常委会办公室关于《永州市人大常委会机关党的基层组织和党员深入开展创先争优活动的实施方案》的汇报。

第六十八次主任会议 2010年6月18日召开，市人大常委会主任李良铁主持。主要内容：听取各工作审议调查组关于工作审议发言材料的汇报；听取市人大常委会研究室关于考察团赴广西考察情况的汇报；听取市人大城环委城市规划修编视察方案。

第六十九次主任会议 2010年7月5日召开，市人大常委会主任李良铁主持。主要内容：听取市人大常委会联工委关于工作审议大会筹备方案的汇报；听取市人大常委会研究室关于市三届人大常委会第二十七次会议审议意见的汇报；听取市人大机关创先争优办关于开展读书活动有关情况的汇报。

第七十次主任会议 2010年7月20日召开，市人大常委会主任李良铁主持。主要内容：书面审议市三届人大常委会第二十八次会议发言材料；听取市人大常委会联工委关于建立常委会会议书面审议发言制度的汇报；听取市人大常委会办公室关于开展“5+X”反腐倡廉制度执行情况专项检查活动的实施方案（草案）和永州市人大常委会规范权力运行制度建设工作方案（草案）的汇报；听取关于设立老干科有关情况的汇报、关于聘用司机签订劳动合同事宜的汇报。

第七十一次主任会议 2010年8月2日召开，市人大常委会主任李良铁主持。主要内容：研究市三届人大常委会第二十八次会议审议意见；听取市人大联工委关于重点督办代表建议工作方案的汇报；听取关于全国人大代表永州小组2010年专题调研方案的汇报。

第七十二次主任会议 2010年8月16日召开，市人大常委会主任李良铁主持。主要内容：听取市发改委关于永州市上半年国民经济和社会发展计划执行情况的汇报；听取市财政局关于永州市2009年市本级财政决算草案和2010年上半年全市财政预算执行情况的汇报；听取关于“省直管县”财政体制改革有关情况的汇报；听取市审计局关于永州市2009年市本级预算执行和其他财政收支的审计工作情况的汇报；听取市人大内司委关于《中华人民共和国刑法》《中华人民共和国刑事诉讼法》与《中华人民共和国治安管理处罚法》执法检查情况的汇报；听取机关创先争优办关于创先争优有关事项的汇报。

第七十三次主任会议 2010年9月30日召开，市人大常委会主任李良铁主持。主要内容:听取市人民政府关于加快对接东盟工作议案的汇报;听取市人大财经委关于《永州市人大常委会关于加快对接东盟工作的决议（草案）》的汇报；听取市财政局关于2010年永州市地方政府债券资金安排及市本级预算调整（草案）的汇报。

第七十四次主任会议 2010年10月15日召开，市人大常委会主任李良铁主持。主要内容：听取市人大常委会联工委关于人事事项的汇报；听取市人大常委会办公室关于机关财务有关情况的汇报。

第七十五次主任会议　2010年11月8日召开，市人大常委会主任李良铁主持。主要内容：学习中共十七届五中全会公报；听取市住房和城乡规划建设局关于永州城市总体规划有关问题的汇报；市人大常委会研究室关于市三届人大常委会第三十次会议审议意见的汇报。

第七十六次主任会议　2010年11月29日召开，市人大常委会主任李良铁主持。主要内容：听取市人大常委会办公室关于信访约访案件和方案的汇报、关于市三届人大五次会议筹备工作方案（草案）的汇报，市人大常委会联工委关于补选市人大代表有关情况的汇报。

第七十七次主任会议　2010年12月6日召开，市人大常委会主任李良铁主持。主要内容：听取市人大常委会研究室关于市三届人大常委会第三十一次会议审议意见的汇报；听取各工作审议调查组关于工作审议整改情况审议发言材料的汇报，研究市三届人大五次会议秘书处各工作组职责。

第七十八次主任会议　2010年12月16日召开，市人大常委会主任李良铁主持。主要内容：传达中纪委、中组部关于坚决刹住用人上的不正之风——关于12起违规违纪用人典型案件的通报；听取市人大常委会研究室关于市三届人大常委会第三十三次会议审议意见的汇报；听取各工作审议调查组关于对五个局工作审议测评情况通报的汇报；听取市人大常委会办公室关于常委会委员履职考核安排情况的汇报；讨论研究市三届人大五次会议有关筹备工作。

第七十九次主任会议　2010年12月27日召开，市人大常委会主任李良铁主持。主要内容：听取市财政局关于2010年预算超收收入安排情况和2011年市本级预算草案的汇报；研究向市委汇报全省市州人大常委会主任座谈会精神材料、市三届人大五次会议有关名单（草案）、工作审议测评通报情况。

第八十次主任会议　2010年12月29日召开，市人大常委会主任李良铁主持。主要内容：讨论市中级人民法院和市人民检察院工作报告、市人大常委会工作报告；讨论研究市三届人大五次会议至市四届人大一次会议期间常委会工作计划要点（草案）。

第八十一次主任会议　2011年1月27日召开，市人大常委会主任李良铁主持。主要内容：听取市人大常委会研究室关于市三届人大常委会第二十四次会议审议意见的汇报，市人大常委会联工委关于《永州市人大常委会关于对市教育局、民政局、商务局、计生委、质量技术监督局开展工作审议的实施方案（草案）》的汇报；听取关于参加第十一届全国人民代表大会第三次会议准备工作情况的汇报。

第八十二次主任会议　2011年2月9日召开，市人大常委会主任李良铁主持。主要内容：听取市人大常委会办公室关于全市人大系统有关联系（席）会议安排情况的汇报；讨论研究市三届人大五次会议至市四届人大一次会议期间常委会工作计划要点

（草案）。

第八十三次主任会议 2011 年 2 月 12 日召开，市人大常委会主任李良铁主持。主要内容：研究 2010 年度优秀公务员、优秀共产党员、优秀工作者人选及成立市人大机关摄影协会有关事宜。

第八十四次主任会议 2011 年 2 月 25 日召开，市人大常委会主任李良铁主持。主要内容：听取市人大常委会研究室关于市三届人大常委会第三十五次会议审议意见的汇报；听取市人大常委会联工委关于工作审议动员会方案的汇报、关于参加第十一届全国人民代表大会第四次会议准备工作情况的汇报；研究经费包干管理办法。

第八十五次主任会议 2011 年 3 月 15 日召开，市人大常委会主任李良铁主持。主要内容：研究 5 月在阳明山召开机关摄影协会成立大会相关事宜、在东安县增开一次县（区）人大常委会主任联系会；听取市人大常委会联工委关于市人大代表名额安排有关情况的汇报；听取市人大常委会办公室关于老干工作有关情况的汇报。

第八十六次主任会议 2011 年 3 月 25 日召开，市人大常委会主任李良铁主持。主要内容：传达十一届全国人大四次会议精神；学习中办、国办关于党政机关公务用车配备使用管理办法的通知；听取市人大常委会办公室关于联系村植树造林方案的汇报。

第八十七次主任会议 2011 年 4 月 7 日召开，市人大常委会主任李良铁主持。主要内容：听取市财政局关于 2011 年社保基金预算方案的汇报；听取市人大财经委关于 2011 年社保基金预算审查报告；听取市人民政府关于大力开展植树造林、积极建设绿色永州的议案及说明，市人大农业委关于大力开展植树造林、积极建设绿色永州的决议的汇报；听取市人大内司委关于治安管理处罚法、行政复议法和湖南省信访条例执法检查方案的汇报和市人大教科文卫委关于在全市开展食品安全法执法检查方案的汇报。

第八十八次主任会议 2011 年 4 月 25 日召开，市人大常委会主任李良铁主持。主要内容：听取市人大内司委关于治安管理处罚法、行政复议法、湖南省信访条例执法检查分组名单的汇报；听取市人大常委会办公室关于人达宾馆挂牌出让情况的汇报；听取市人大常委会联工委关于市人大常委会组成人员外出学习考察方案的汇报、关于人事事项的汇报。

第八十九次主任会议 2011 年 5 月 6 日召开，市人大常委会主任李良铁主持。主要内容：传达学习中共中央中发〔2011〕4 号《关于做好全国县乡两级人民代表大会换届选举工作的意见》的通知、中办发〔2011〕13 号《关于进一步做好党政机关厉行节约工作的通知》和《关于做好全国市、县、乡人大、政府和市、县政协换届选举有关工作的通知》；听取市人大常委会办公室关于党务公开工作的汇报；听取关于常委会主任会议约访案件的汇报；听取市人大常委会研究室关于市三届人大常委会第三十六次会议审议意见的汇报；听取市人大教科文卫委关于食品安全法执法检查情况的汇报；

听取市人大常委会联工委关于市本级换届选举方案的汇报。

第九十次主任会议　2011 年 5 月 24 日召开，市人大常委会主任李良铁主持。主要内容：听取市人大常委会办公室关于成立机关保密工作领导小组和建立信息公开保密审查制度、机关内部信息交流制度的汇报；听取关于创建市级文明单位工作方案的汇报。

第九十一次主任会议　2011 年 6 月 10 日召开，市人大常委会主任李良铁主持。主要内容：听取市人大常委会办公室关于创建市级文明单位方案的汇报；听取市人大内司委关于《中华人民共和国老年人权益保障法》和《湖南省实施老年人权益保障法实施办法》执法检查情况的汇报；听取对市交通运输局、市水利局、市农业局、市环境保护局、市畜牧水产局工作审议情况的汇报；听取市人大常委会联工委关于人事工作情况汇报。

第九十二次主任会议　2011 年 6 月 30 日召开，市人大常委会主任李良铁主持。主要内容：听取市人大常委会研究室关于市三届人大常委会第三十七次会议审议意见的汇报；听取各工作审议调查组关于工作审议发言材料的汇报。

第九十三次主任会议　2011 年 7 月 6 日召开，市人大常委会主任李良铁主持。主要内容: 传达市委关于开展中共永州市第四届党代会工作报告起草工作调研的通知精神; 听取市人民政府关于涔天河水库扩建项目、市人民政府与北控集团和中交集团合作、关于以 BT 形式建设湘江西路、城南大桥、濂溪山庄酒店和关于生态体育公园等情况汇报。

第九十四次主任会议　2011 年 7 月 25 日召开，市人大常委会主任李良铁主持。主要内容：通报市委、人大、政府、政协、检察院班子拟新提名人选考察对象；听取市人大常委会办公室关于机关开展“排忧解难服务月”活动实施方案的汇报。

第九十五次主任会议　2011 年 8 月 8 日召开，市人大常委会主任李良铁主持。主要内容：听取市人民政府关于创建国家级卫生城市工作情况汇报；研究市三届人大常委会第三十八次会议审议意见。

第九十六次主任会议　2011 年 8 月 24 日召开，市人大常委会主任李良铁主持。主要内容：听取和审议市人民政府关于 2011 年上半年全市国民经济和社会发展计划执行情况的报告；听取关于 2010 年全市及市本级财政决算草案和 2011 年上半年全市财政预算执行情况的报告；听取关于 2011 年永州市地方政府债券资金安排及市本级预算调整方案（草案）的报告；听取关于 2010 年度市级预算执行和其他财政收支的审计工作报告；听取市人大财经委关于 2010 年市本级财政决算草案的审查报告和关于 2011 年市本级财政预算调整方案草案的审查报告；研究确定参加市委党校培训人员名单。

第九十七次主任会议　2011 年 9 月 5 日召开，市人大常委会主任李良铁主持。主要内容：听取市人大常委会研究室关于市三届人大常委会第三十九次会议审议意见的汇报；听取市人大常委会办公室关于常委会机关 2011 年上半年财务分析情况的汇报；

研究市人大常委会年度民主生活会方案。

第九十八次主任会议 2011年9月28日召开，市人大常委会主任李良铁主持。主要内容：听取市人大常委会联工委关于人事事项的汇报。

第九十九次主任会议 2011年10月31日召开，市人大常委会主任李良铁主持。主要内容：听取市人大常委会研究室关于市三届人大常委会第四十二次会议审议意见的汇报；听取市人大常委会办公室关于换届前重要会议预安排的汇报、关于主任会议约访案件的汇报；听取关于落实市第四次党代会重大决定事项的意见的汇报。

第一百次主任会议 2011年11月22日召开，市人大常委会主任李良铁主持。主要内容：听取市人大常委会办公室关于主任会议成员集体约见信访人会议纪要的汇报；听取市人大常委会研究室关于市三届人大常委会第四十三次会议审议意见的汇报；听取关于市三届人大常委会邮册编印情况的汇报。

第一百零一次主任会议 2011年11月29日召开，市人大常委会主任李良铁主持。主要内容：传达贯彻中共湖南省十届一次党代会精神；听取市人大常委会联工委关于走访市三届人大代表方案的汇报。

第一百零二次主任会议 2011年12月15日召开，市人大常委会主任李良铁主持。主要内容：听取市人大常委会研究室关于市三届人大常委会第四十四次会议审议意见及视察意见的汇报；听取市人大常委会办公室关于市四届人大一次会议筹备工作方案的汇报；听取市人大常委会联工委关于市直代表分配安排情况的汇报；听取关于筹备参加省十一届人大六次会议情况的汇报，各专门委员会工作总结的汇报。

第一百零三次主任会议 2011年12月20日召开，市人大常委会主任李良铁主持。主要内容：听取市人民政府工作报告、计划报告和财政报告、市人大常委会工作报告；讨论市四届人大一次会议选举办法（草案）、市四届人大一次会议主席团等各类名单（草案）；听取市人大常委会办公室关于机关离退休人员工作管理办法的汇报。

第一百零四次主任会议 2011年12月27日召开，市人大常委会主任李良铁主持。主要内容：听取市人大常委会联工委关于人事事项的汇报；听取市人大常委会办公室关于2011年人大机关考核评比方案的汇报。

第四节 第四届人大常委会主任会议

永州市第四届人民代表大会期间，市人大常委会共召开主任会议108次，讨论、研究、决定和处理人大常委会重要日常工作。

第一次主任会议　2012 年 1 月 7 日召开，主要内容：听取市人大常委会办公室关于市四届人大常委会第一次会议建议议程、日程安排的汇报；听取市人大常委会联工委关于人事事项的汇报。

第二次主任会议　2012 年 1 月 19 日召开，主要内容：传达省十一届人大六次会议精神；研究春节前后工作安排；听取关于市四届人大常委会第二次会议建议议程的汇报。

第三次主任会议　2012 年 2 月 3 日召开，主要内容：研究主任会议组成人员分工。

第四次主任会议　2012 年 2 月 9 日召开，主要内容：通报主任会议组成人员分工；传达市委常委会议精神；听取市人大常委会研究室关于市四届人大一次会议至二次会议期间常委会工作计划要点（草案）的汇报；听取市人大常委会办公室关于常委会 2 月份工作预安排的汇报；听取市人大内司委关于全省市州人大内务司法工作第二十二次联席会议筹备方案的汇报；听取市人大常委会办公室关于市四届人大常委会第二次会议建议议程和日程安排的汇报；听取市人大常委会联工委关于市人大常委会任命市人民政府组成人员会议方案的汇报；听取市人大常委会办公室、研究室关于机关“四深入、两结对、一测评”活动方案的汇报；听取市人大常委会办公室关于机关党委换届方案的汇报。

第五次主任会议　2012 年 3 月 5 日召开，主要内容：传达市委常委会议、全省市州人大教科文卫工作会议等有关会议精神；听取市人大常委会研究室关于市四届人大一次会议至二次会议期间常委会工作计划要点及分月安排的汇报；听取市人大常委会办公室关于常委会 3 月工作预安排的汇报；听取市人大常委会办公室关于机关党委换届有关情况汇报；研究市人大机关作风建设事宜；研究《永州市人大常委会机关休假、请假及考勤制度（征求意见稿）》；听取市人大常委会联工委关于市四届人大常委会代表资格审查委员会建议名单的汇报；研究机关经费包干事宜。

第六次主任会议　2012 年 3 月 27 日召开，主要内容：传达市委常委会议、全省人大城建环资工作座谈会暨三湘环保世纪行总结表彰会等有关会议精神；听取市人大常委会联工委关于人事事项的汇报；听取市人大常委会办公室关于常委会 4 月工作预安排和清明节值班安排的汇报；听取市人大常委会办公室关于市四届人大常委会第三次会议建议议程的汇报；听取市人大常委会办公室关于各专门委员会对口联系的市直单位调整建议的汇报。

第七次主任会议　2012 年 4 月 17 日召开，主要内容：听取市人大常委会办公室关于市四届人大常委会第三次会议日程安排（草案）汇报；听取市人大常委会联工委关于工作审议实施方案和工作审议动员会方案的汇报；听取市人大教科文卫委关于食品安全法执法检查方案和执法检查动员会方案的汇报；听取市人大常委会办公室关于机关作风建设和党委换届有关事宜汇报。

第八次主任会议 2012年4月28日召开，主要内容：传达全省人大联工委培训班主要精神；听取市人大常委会办公室关于全市县（区）人大常委会主任联席会有关事宜汇报；听取市人大常委会办公室关于5月工作预安排情况的汇报；听取市人大常委会办公室关于“五一”节值班安排情况汇报；听取市人大常委会办公室关于市四届人大常委会第四次会议建议议程的汇报。

第九次主任会议 2012年5月14日召开，主要内容：传达市委常委会议精神；听取市人大常委会联工委关于常委会组成人员外出学习考察安排意见的汇报；听取市人大常委会研究室关于市四届人大常委会第三次会议审议意见的汇报；听取市人大城环委关于“五城同创”议案督办方案的汇报；听取市人大常委会办公室关于创建市文明单位方案的汇报；听取市人大常委会办公室关于增加市人大常委会机关工作人员的方案的汇报。

第十次主任会议 2012年6月5日召开，主要内容：传达中共省党代表会议、省十一届人大常委会第二十九次会议、全省市州人大联络工作第三十三次联席会议、全省市州人大财经委、预算工委第八次联席会议等有关会议精神；听取市人大常委会办公室关于市四届人大常委会第四次会议日程安排（草案）的汇报；听取市人大常委会办公室关于常委会机关6月工作预安排的汇报；听取市人大常委会联工委关于市人大代表辞职及补选情况的汇报；听取市人大常委会联工委关于《中共永州市人大常委会党组关于市委管理的干部因工作变动辞去市人大代表职务的意见（草案）》《中共永州市人大常委会党组关于全市县乡两级人大换届选举工作的实施方案（送审稿）》的汇报；听取市人大农业委关于全省人大农业与农村工作第九次联席会筹备方案的汇报；听取市人大城环委关于对创建国家森林城市、国家园林城市工作进行集中视察的方案（草案）的汇报。

第十一次主任会议 2012年6月18日召开，主要内容：听取市人大常委会联工委关于市人民检察院提请任免人事事项情况的汇报；听取市人大城环委关于对创建国家森林城市、国家园林城市工作进行集中视察的方案（草案）的汇报；听取市人大常委会办公室关于端午节值班安排（草案）的汇报。

第十二次主任会议 2012年7月5日召开，主要内容：传达全省市州人大常委会机关工作联系会议、全省县乡两级人大换届选举工作碰头会等有关会议精神；听取市人大常委会办公室关于市四届人大常委会第五次会议建议议程和会议日程安排（草案）的汇报；听取各委室关于工作审议情况的汇报；听取市人大常委会办公室关于常委会机关7月份工作预安排（草案）的汇报；听取市人大常委会研究室关于市四届人大常委会第四次会议审议意见的汇报。

第十三次主任会议 2012年7月30日召开，主要内容：传达省十一届人大常委会第三十次会议、全市县（区）换届工作会议等有关会议精神；听取市人大常委会办公室关于常委会机关8月工作预安排（草案）的汇报；听取市人大常委会办公室关于市四届人大常委会第六次会议建议议程（草案）和会议日程（草案）的汇报；听取市人大常委会办公室关于全市县（区）人大常委会主任联系会有关事宜的汇报；听取市人大常委会办公室关于2012年上半年机关财务情况的汇报；研究市四届人大常委会第五次会议审议意见。

第十四次主任会议　2012年8月10日召开，主要内容：传达《人民之友》办刊工作座谈会精神；研究市四届人大常委会第五次会议审议意见；听取市人大常委会联工委关于县乡人大换届工作调研建议意见的汇报。

第十五次主任会议　2012年8月28日召开，主要内容：传达全省人大城建环资第二十次联席会议精神；听取市人大常委会办公室关于常委会机关9月份工作预安排（草案）的汇报；听取市人大常委会联工委关于人事事项情况的汇报；听取市人大民侨外委关于全省人大民族华侨外事宗教对台工作第五次联席会议暨"民族团结进步行"实践与创新研讨会实施方案（草案）的汇报；听取市人大城环委关于对创建国家卫生城市工作进行集中视察方案（草案）的汇报。

第十六次主任会议　2012年9月21日召开，主要内容：听取市人大常委会办公室关于常委会机关10月工作预安排（草案）和中秋、国庆节值班安排的汇报；听取市人大常委会办公室关于市四届人大常委会第七次会议议程（草案）和日程安排（草案）的汇报；听取市人大常委会研究室关于市四届人大常委会第六次会议审议意见的汇报；听取市人大城环委关于市人大代表集中视察创建国家卫生城市工作情况报告的汇报。

第十七次主任会议　2012年10月23日召开，主要内容：传达湖南省第十二届人民代表大会代表选举工作会议精神；听取市财政局关于2012年永州市本级财政预算调整方案（草案）有关情况的汇报；听取市人大常委会联工委关于人事事项情况的汇报；听取市人大教科文卫委关于《中华人民共和国食品安全法》执法检查情况报告的汇报；听取市人大常委会办公室关于常委会机关11月份工作预安排（草案）的汇报；听取市人大常委会办公室关于市四届人大常委会第八次会议议程（草案）和日程安排（草案）的汇报；听取市人大农业委关于加快中心城区"菜篮子"工程建设一号议案跟踪督查情况的汇报；听取市人大城环委关于组织视察创建国家历史文化名城、知名旅游目的地城市工作方案的汇报。

第十八次主任会议　2012年11月9日召开，主要内容：听取市人大常委会研究室关于市四届人大常委会第七次会议审议意见的汇报；听取市人大常委会办公室关于市四届人大常委会第八次会议议程（草案）和日程安排（草案）的汇报；听取市人大常委会办公室关于机关2013年度党报党刊订阅意见（草案）的汇报。

第十九次主任会议 2012年11月19日召开，主要内容：传达全省市州人大常委会换届选举工作市州人大常委会办公室负责人碰头会精神；听取市人大常委会办公室关于市四届人大二次会议筹备工作方案（草案）的汇报；听取市人大常委会办公室关于市四届人大二次会议建议议程（草案）和日程安排（草案）的汇报；讨论市四届人大二次会议主席团等各类名单（草案）；听取市人大常委会联工委关于人事事项的汇报；听取市人大常委会办公室关于常委会机关12月份工作预安排（草案）的汇报。

第二十次主任会议 2012年11月27日召开，主要内容：讨论市四届人大第二次会议至第三次会议期间常委会工作计划；讨论市四届人大二次会议选举办法（草案）；听取市人大常委会联工委关于人事事项的汇报。

第二十一次主任会议 2012年12月6日召开，主要内容：传达省十一届人大常委会第三十二次会议、市委常委会等有关会议精神；讨论市人大常委会工作报告；听取市人大常委会办公室关于常委会第八次会议议程调整情况的汇报。

第二十二次主任会议 2013年1月6日召开，主要内容：听取市人大常委会办公室关于常委会机关1月份工作预安排（草案）的汇报；听取市人大常委会办公室关于市四届人大常委会第九次会议建议议程（草案）的汇报；听取市人大常委会研究室关于市四届人大常委会第八次会议审议意见的汇报；听取市人大城环委关于《永州市历史文化名城保护规划（2006年至2020年）（2011年修改）》审议意见的汇报；听取市人民政府关于冷水滩河东城市综合体项目情况的汇报；听取市人大常委会联工委关于省人大代表培训方案的汇报。

第二十三次主任会议 2013年2月5日召开，主要内容：传达省第十二届人大一次会议精神；听取市人大常委会办公室关于2013年“春节”期间值班安排（草案）和常委会机关2月工作预安排（草案）的汇报；听取市人大常委会办公室关于市四届人大常委会第九次会议日程（草案）的汇报；听取市人大常委会研究室关于永州市第四届人民代表大会第二次会议至第三次会议期间常务委员会工作计划要点及分月安排（草案）。

第二十四次主任会议 2013年2月16日召开，主要内容：传达2012年度市直“四深入两结对一测评”作风建设活动和优化经济环境、机关效能建设工作“满意不满意单位”市级领导测评会议精神；安排部署2013年工作。

第二十五次主任会议 2013年2月25日召开，主要内容：传达永州市第四届纪委第三次全会暨全市反腐败工作会议精神；听取市人民政府关于提请恢复设立永州市凤凰园经济开发区县级金库的议案的汇报；听取市人大常委会办公室关于常委会机关3月份工作预安排（草案）的汇报；听取市人大常委会联工委关于人事事项的汇报；听取市人大常委会联工委关于《永州市人大常委会关于对市人社局、市安监局、市国税局工作开展审议的实施方案（草案）》的汇报；听取市人大常委会研究室关于《永州市第四届人民代表大会第二次会议至第三次会议期间常务委员会工作计划要点及分月安排（草案）》的汇报；听取市人大教科文卫委关于《市人大常委会食品安全法执法检查跟踪督查方案（草案）》的汇报。

第二十六次主任会议 2013 年 3 月 19 日召开，主要内容：传达市委常委会、市委工作会议等有关会议精神；学习于来山在十二届全国人大一次会议期间接受媒体专访时的讲话要点；听取市人大常委会办公室关于市四届人大常委会第十次会议建议议程和日程（草案）的汇报；听取市人大常委会办公室关于常委会机关 4 月工作预安排（草案）的汇报。

第二十七次主任会议 2013 年 4 月 15 日召开，主要内容：传达省十二届人大常委会第一次会议精神；听取市人大常委会办公室关于市四届人大常委会第十次会议议程（草案）调整情况的汇报；听取市人大常委会办公室关于市四届人大三次会议筹备工作方案（草案）的汇报；听取市人大常委会联工委关于市四届人大常委会第十次会议人事事项的汇报；听取市人大常委会联工委关于市四届人大三次会议各类名单（草案）的汇报。

第二十八次主任会议 2013 年 5 月 2 日召开，主要内容：传达市委常委会、经济形势分析会等有关会议精神；听取市人大常委会办公室关于常委会机关 5 月工作预安排（草案）的汇报；听取市人大常委会办公室关于市四届人大常委会第十一次、第十二次会议建议议程和日程（草案）的汇报；听取市人大常委会办公室关于市四届人大三次会议日程（草案）调整情况的汇报；听取市人大常委会办公室关于改进工作作风密切联系群众的落实办法（草案）的汇报；听取市人大常委会联工委关于市四届人大三次会议列席人员名单（草案）和特邀人员名单（草案）的汇报；听取市人大常委会研究室关于市四届人大常委会第十次会议审议意见的汇报。

第二十九次主任会议 2013 年 5 月 20 日召开，主要内容：传达市委常委会精神；听取市人大常委会办公室关于常委会机关 6 月份工作预安排（草案）的汇报；听取市人大常委会办公室关于市四届人大三次会议议程和日程（草案）调整情况的汇报；听取市人大常委会联工委关于市四届人大三次会议应邀在主席台就座人员名单（草案）的汇报；听取市人大常委会联工委关于《市人大常委会 2013 年“双联”工作方案（草案）》的汇报；听取市人大常委会联工委关于人事事项的汇报。

第三十次主任会议 2013 年 6 月 7 日召开，主要内容：听取市人大常委会办公室关于市四届人大常委会第十三次会议议程和日程（草案）的汇报；听取市人大常委会办公室关于端午节期间值班安排（草案）的汇报。

第三十一次主任会议 2013 年 6 月 21 日召开，主要内容：听取市人大常委会办公室关于常委会机关 7 月工作预安排（草案）的汇报；听取市人大常委会联工委关于《永州市人大常委会组成人员联系市人大代表的意见（草案）》《永州市人大代表联系原选举单位和人民群众的意见（草案）》的汇报；听取市人大常委会联工委关于《市人大常委会重点督办代表建议安排方案（草案）》的汇报；听取市人大常委会联工委关于《邀请省人大代表开展“项目对接”活动的方案（草案）》的汇报。

第三十二次主任会议 2013年7月8日召开，主要内容：传达市委常委会精神；听取相关委室关于市人社局、市安监局、市国税局工作审议情况的汇报；听取市人大常委会办公室关于市四届人大常委会第十四次会议建议议程（草案）和日程（草案）的汇报。

第三十三次主任会议 2013年7月30日召开，主要内容：传达全市市直招商小分队工作动员暨培训大会精神；听取市人大常委会办公室关于常委会机关8月份工作预安排（草案）的汇报；听取市四届人大常委会第十二次会议审议意见的汇报；听取市人大常委会联工委关于《市人大常委会关于市中心城区住宅小区物业管理和有线电视收费与服务情况调查安排方案（草案）》《市人大专门委员会重点督办代表建议的方案（草案）》汇报。

第三十四次主任会议 2013年8月13日召开，主要内容：听取市人大常委会研究室关于市四届人大常委会第十三次会议审议意见的汇报；听取市人大城环委关于创建国家卫生城市、法治先进城市集中视察有关工作的汇报；听取市人大常委会办公室关于县（区）人大常委会主任评先评优有关情况的汇报。

第三十五次主任会议 2013年8月23日召开，主要内容：传达市委常委会精神；听取市人大常委会办公室关于市四届人大常委会第十四次会议议程及日程调整情况的汇报；听取市人大常委会办公室关于常委会机关9月份工作预安排（草案）的汇报；听取和审议市人民政府关于搬迁永州机场的议案及说明；听取和审议市人民政府关于2013年上半年全市国民经济和社会发展计划执行情况的报告；听取和审议市人民政府关于2012年全市及市本级财政决算草案和2013年上半年全市及市级财政预算执行情况的报告；听取和审议市人民政府关于2012年市本级预算执行和其他财政收支的审计工作报告；听取市人大财经委关于2012年永州市本级财政决算草案的审查报告（送审稿）的汇报；听取相关委室关于中心城区住宅小区物业管理情况、有线电视网络收费与服务情况的调查报告。

第三十六次主任会议 2013年9月9日召开，主要内容：传达市委常委会精神；听取市人大常委会办公室关于市四届人大常委会第十五次会议议程及日程（草案）的汇报；听取市人大常委会办公室关于中秋节期间值班安排（草案）的汇报；听取市人大常委会办公室《关于做好全市党政领导干部基本理论知识任职资格考试工作的通知》有关精神的汇报；听取市人大常委会办公室《关于坚决纠正“四风”严格遵守节日期间廉洁自律规定的通知》有关精神的汇报；听取市人大常委会研究室关于市四届人大常委会第十四次会议审议意见的汇报。

第三十七次主任会议 2013 年 9 月 24 日召开，听取市人大常委会办公室关于“国庆节”期间值班安排（草案）的汇报；听取市人大常委会办公室关于常委会机关 10 月份工作预安排（草案）的汇报；听取市人大常委会联工委关于组织驻市全国人大代表开展专题调研实施方案的汇报。

第三十八次主任会议 2013 年 10 月 10 日召开，主要内容：听取市人大常委会办公室关于市四届人大常委会第十六次会议议程及日程（草案）的汇报；听取市人大常委会联工委关于人事事项的汇报；听取市人大教科文卫委关于《中华人民共和国食品安全法》执法检查跟踪督查情况的汇报。

第三十九次主任会议 2013 年 10 月 25 日召开，主要内容：听取市人大常委会办公室关于常委会机关 11 月份工作预安排（草案）的汇报；听取市人大常委会联工委关于代表有关事宜的汇报；听取市人大常委会联工委关于《市人大常委会关于市人民政府中心城区住宅小区物业管理工作专项审议整改督查安排方案（草案）》的汇报。

第四十次主任会议 2013 年 11 月 7 日召开，主要内容：传达市委常委会精神；听取市人大常委会办公室关于市四届人大常委会第十六次会议建议议程及日程（草案）的汇报；听取市人大常委会办公室关于机关 2014 年度党报党刊订阅意见（草案）的汇报；听取市人大常委会研究室关于市四届人大常委会第十五次会议审议意见的汇报。

第四十一次主任会议 2013 年 11 月 25 日召开，主要内容：传达全省市州人大常委会联工委负责人座谈会精神；听取市人大常委会办公室关于常委会机关 12 月份工作预安排（草案）的汇报；听取市人大常委会办公室关于调整永州市第四届人民代表大会第四次会议召开时间的汇报；听取市人民政府关于《中华人民共和国城乡规划法》审议意见整改情况的报告。

第四十二次主任会议 2013 年 12 月 2 日召开，主要内容：传达市委常委会、省十二届人大常委会第五次会议等有关会议精神；听取市人大常委会办公室关于市四届人大四次会议筹备工作方案（草案）的汇报；听取市人大常委会办公室关于市四届人大四次会议建议议程（草案）和日程（草案）的汇报；听取市人大常委会研究室关于市人大常委会工作报告（草案）的汇报；听取市人大常委会联工委关于市四届人大四次会议主席团等各类名单和文件（草案）及有关事项的汇报；听取市人大常委会联工委关于人事事项的汇报；听取市人大相关委室关于市人社局、市国税局、市安监局工作审议整改情况的调查情况的汇报；听取市人大财经委关于中心城区有线电视网络收费与服务审议整改情况的调查情况的汇报。

第四十三次主任会议 2013 年 12 月 26 日召开，主要内容：传达市委常委会、全省人大内务司法工作专题座谈会等有关会议精神；听取市人大常委会研究室关于市四届人大常委会第十六次会议审议意见的汇报；听取市人大常委会办公室关于常委会机关 1 月工作预安排（草案）的汇报；听取市人大常委会联工委关于人事事项的汇报。

第四十四次主任会议 2014 年 1 月 8 日召开，主要内容：传达市委常委会精神；听取代表资格审查委员会关于市人大代表的代表资格审查报告的汇报；听取市人大常委会办公室关于市四届人大常委会第十七次会议建议议程及日程（草案）的汇报。

第四十五次主任会议 2014 年 1 月 26 日召开，主要内容：传达市委常委会精神；听取市人大常委会办公室关于市四届人大常委会第十八次会议建议议程及日程（草案）的汇报；听取市人大常委会办公室关于 2014 年“春节”期间值班安排（草案）和常委会机关 2 月工作预安排（草案）的汇报；听取市人大常委会办公室关于市人大机关 2013 年度考核评比方案（草案）；听取市人大常委会研究室关于《永州市第四届人民代表大会第四次会议至第五次会议期间常务委员会工作计划要点（草案）》的汇报；听取市人大常委会联工委关于《永州市人大常委会关于对市文广新局、市粮食局、市食品药品监督管理局工作开展审议的实施方案（草案）》的汇报；听取市人大常委会联工委关于人事事项的汇报；听取市人大常委会联工委关于代表工作有关事项的汇报。

第四十六次主任会议 2014 年 2 月 18 日召开，主要内容：传达省十二届人大三次会议精神；听取市人大常委会办公室关于市四届人大常委会第十八次会议日程调整情况和常委会机关 3 月工作预安排（草案）的汇报；听取市人大常委会研究室关于《市四届人大四次会议至五次会议期间常务委员会工作计划要点及分月安排（草案）》的汇报；听取市人大内司委《关于归口向司法机关转交涉诉事项的若干规定及说明（草案）》的汇报；听取市人大常委会联工委关于《永州市人大常委会关于对市文广新局、市旅游局工作开展审议的实施方案（草案）》的汇报。

第四十七次主任会议 2014 年 3 月 21 日召开，主要内容：传达全市纪委反腐败工作会议精神；听取市人大常委会办公室关于常委会机关 4 月份工作预安排（草案）的汇报；听取市人大常委会办公室关于市四届人大常委会第十九次会议建议议程及日程（草案）的汇报；听取市人大教科文卫委关于加快创建国家卫生城市的议案督办工作方案（草案）的汇报；听取市人大城环委关于《大气污染防治法》执法检查方案（草案）的汇报；听取机关党的群众路线教育实践活动有关工作的汇报；市人大机关各委室向市人大常委会主任递交《党风廉政建设和反腐败工作责任状》。

第四十八次主任会议 2014 年 3 月 31 日召开，主要内容：传达省十二届人大常委会第八次会议、市委常委会等会议精神；听取市人大常委会机关党的群众路线教育实践活动市级领导联系帮扶城中村安排（草案）的汇报。

第四十九次主任会议 2014 年 4 月 24 日召开，主要内容：传达市委常委会精神；

听取市人大教科文卫委关于《加快创建国家卫生城市议案》督办工作集中视察方案（草案）的汇报；听取市人大民侨外委关于全省民族团结进步行会议主要精神及需要落实的工作情况的汇报；听取市人大常委会办公室关于市四届人大常委会第二十次会议建议议程及日程（草案）的汇报；听取市人大常委会办公室关于常委会机关5月工作预安排（草案）和“五一”期间值班安排（草案）的汇报；听取市人大常委会办公室关于机关2013年财务收支情况、2014年度经费包干管理办法（征求意见稿）的汇报。

第五十次主任会议　2014年5月12日召开，主要内容：传达市委常委会、全市教育实践活动工作推进会等有关会议精神；听取市人大常委会研究室关于市四届人大常委会第十九次会议审议意见的汇报；听取市人大常委会联工委关于《市人大常委会重点督办的10件代表建议（送审稿）》的汇报；听取市人大教科文卫委关于《加快创建国家卫生城市议案》督办工作集中视察意见的汇报。

第五十一次主任会议　2014年5月22日召开，主要内容：传达全省各市（州）、部分县（市、区）人大常委会主任座谈会精神；听取市人大常委会办公室关于机关6月份工作预安排（草案）及端午节期间值班安排（草案）的汇报；听取市人大常委会办公室关于市四届人大常委会第二十一次会议建议议程及日程（草案）的汇报。

第五十二次主任会议　2014年6月4日召开，主要内容：传达省人大常委会第九次会议、市委常委会、全市“四风”突出问题专项整治工作推进会等有关会议精神；听取市人大常委会联工委关于常委会重点督办的市四届人大四次会议8件代表建议有关情况的汇报；听取市人大常委会联工委关于人事事项的汇报；听取市人大常委会联工委关于开展中心城区住宅小区建设与管理专题询问初步方案的汇报。

第五十三次主任会议　2014年6月20日召开，主要内容：传达市委常委会精神；听取市人大常委会办公室关于市四届人大五次会议建议议程和日程（草案）、筹备工作方案（草案）的汇报；听取市人大常委会办公室关于市四届人大常委会第二十次会议建议议程及日程（草案）调整情况的汇报；听取市人大常委会办公室关于机关7月份工作预安排（草案）的汇报；听取市人大常委会联工委关于市四届人大常委会第二十次会议人事事项的汇报；听取市人大常委会联工委关于市四届人大五次会议各类名单（草案）和补选办法（草案）的汇报；听取市人大民侨外委关于2014年湖南省民族团结进步行“文化艺术永州行”活动实施方案（草案）的汇报。

第五十四次主任会议　2014年7月7日召开，主要内容：传达市委常委会精神；听取市人民政府关于贯彻实施《中华人民共和国大气污染防治法》自查自纠情况的报告；听取市人大常委会办公室关于市四届人大常委会第二十二次会议建议议程及日程（草案）的汇报；听取市人大城环委关于中心城区城市道路绿化调研报告的汇报。

第五十五次主任会议　2014年7月28日召开，主要内容：听取市人民政府关于提请将湘江西岸棚户区改造项目回购款列入财政预算的议案的汇报；传达市委常委会、省人大常委会联工委关于创建代表联系群众工作平台座谈会等有关会议精神；听取市人大常委会办公室关于常委会机关8月份工作预安排（草案）的汇报；听取市人大常委会研究室关于市四届人大常委会第二十次会议审议意见的汇报；听取市人大常委会各工作审议调查组关于市文广新局、市旅游外事侨务局工作审议的调查报告的汇报；听取市人大常委会联工委关于代表有关事宜的汇报。

第五十六次主任会议 2014年8月11日召开，主要内容：传达省人大常委会第十一次会议、市委常委会等有关会议精神；听取执法检查组关于《中华人民共和国大气污染防治法》执法检查情况的汇报。

第五十七次主任会议 2014年8月21日召开，主要内容：传达市委常委会精神；听取市人民政府关于《湖南省大中型水库移民条例》贯彻实施情况的汇报；听取市人民政府关于2014年上半年全市国民经济和社会发展计划执行情况的报告；听取市人民政府关于全市“十二五”规划中期实施情况报告；听取市人民政府关于2013年全市及市本级财政决算草案和2014年上半年全市财政预算执行情况的报告；听取市人大财经委关于2013年市本级财政决算草案的审查报告；听取市人民政府关于2013年市本级预算执行和其他财政收支的审计工作报告；听取市人大常委会办公室关于常委会机关9月工作预安排（草案）及中秋节值班安排（草案）的汇报；听取市人大常委会第二十一次会议审议意见的汇报；听取市人大常委会联工委关于市中心城区住宅小区建设与管理工作专题询问有关事项的汇报；听取市人大常委会联工委关于人事事项的汇报；听取市人大农业委关于组织市人大代表开展全市农村土地流转平台建设集中视察有关工作的汇报。

第五十八次主任会议 2014年9月18日召开，主要内容：传达省会各界纪念湖南省人民代表大会成立60周年大会、省人大学习贯彻习近平同志“9·5”重要讲话精神暨庆祝全国人民代表大会成立60周年理论研讨会、市委常委会等有关会议精神；听取市人大常委会办公室关于市四届人大常委会第二十三次会议议程及日程（草案）的汇报；听取市人大常委会办公室关于常委会机关10月工作预安排（草案）及国庆节期间值班安排（草案）的汇报；听取市四届人大常委会第二十二次会议审议意见的汇报；听取市人大常委会办公室关于《永州市人大常委会机关2014年度综合绩效评估实施方案（草案）》的汇报；听取市人大常委会联工委关于省人大代表调研方案（草案）的汇报；听取《市人大常委会委员履职考核暂行规定》等14项制度的汇报。

第五十九次主任会议 2014年10月20日召开，主要内容：传达省人大常委会第十二次会议、市委常委会有关会议精神；听取市人民政府关于中心城区学位建设情况的汇报；听取市人大常委会办公室关于市四届人大常委会第二十四次会议议程及日程

（草案）的汇报；听取市人大常委会办公室关于常委会机关 11 月工作预安排（草案）的汇报；听取市财政局关于 2014 年永州市地方政府债券资金安排及市本级预算调整草案的汇报；听取市人大教科文卫委关于全市实施国家基本公共卫生服务项目情况调查报告的汇报；听取市人大常委会联工委关于开展代表评议建议办理工作实施方案（草案）的汇报；听取市人大常委会联工委关于代表培训有关情况的汇报；听取市人大常委会联工委关于人事事项的汇报。

第六十次主任会议 2014 年 11 月 7 日召开，主要内容：传达市委常委会精神；听取市人大常委会办公室关于市四届人大六次会议召开时间及建议议程安排（草案）的汇报；听取市人大常委会办公室关于市人大常委会机关 2014 年公开遴选公务员面试工作实施方案（草案）的汇报；听取市人大常委会办公室关于市人大常委会机关 2015 年度党报党刊订阅意见（草案）的汇报；听取市人大常委会联工委关于市中心城区住宅小区建设与管理工作代表专题视察的实施方案（草案）的汇报；听取市人大常委会联工委关于组织市人大代表学习培训的实施方案（草案）的汇报；听取市人大农业委关于全市农村产权制度改革集中视察报告的汇报。

第六十一次主任会议 2014 年 11 月 17 日召开，主要内容：传达市委常委会、全省规范性文件备案审查工作座谈会等有关会议精神；听取市人大常委会办公室关于市四届人大常委会第二十五次会议建议议程和日程安排（草案）的汇报；听取市人大常委会办公室关于市四届人大常委会机关 12 月工作预安排（草案）的汇报；听取市人大常委会联工委关于《组织全国人大代表永州小组开展专题调研的实施方案（草案）》的汇报；听取市四届人大常委会第二十三次会议审议意见的汇报；听取市人大内司委关于民行检察工作整改情况的汇报；听取市人大农业委关于涔天河水利工程建设视察方案（草案）的汇报；听取市人大城环委关于《中华人民共和国大气污染防治法》执法检查审议意见后续整改情况的汇报；研究《市人大常委会组成人员履职考核暂行办法（草案）》等制度草案。

第六十二次主任会议 2014 年 12 月 5 日召开，主要内容：传达省十二届人大常委会第十三次会议、市委常委会等有关会议及文件精神；听取市人大常委会研究室关于 2014 年市人大常委会工作报告起草方案的汇报；听取市人大常委会联工委关于人事事项的汇报；听取市人大城环委关于市人大常委会领导分片督办《加快中心城区闲置土地处置力度，进一步推进节约用地的议案》的安排意见（草案）的汇报；研究《市人大常委会组成人员履职评价暂行办法（草案）》等制度草案。

第六十三次主任会议 2014 年 12 月 19 日召开，主要内容：传达全省人大系统执法检查工作研讨会、信访工作培训会、省人大常委会联工委关于代表联系群众平台建设推进会、省人大农业与农村委员会工作会、市委常委会等有关会议精神；听取市人大常委会办公室关于市四届人大六次会议筹备工作情况的汇报；听取市人大常委会办公室关于市四届人大常委会机关2015年1月工作预安排（草案）的汇报；听取市人大常委会研究室关于市人大常委会工作报告（草案）的汇报；听取市人大常委会联工委关于市四届人大六次会议主席团等各类名单和文件（草案）及有关事项的汇报；听取市人大民侨外委关于《全市少数民族群众生产生活困难情况调查报告》的汇报；听取市人大教科文卫委关于《加快创建国家卫生城市议案》办理情况审议结果的报告（草案）的汇报；听取相关委室关于《市人大常委会组成人员履职评价暂行办法（草案）》等制度草案修改情况的汇报。

第六十四次主任会议 2015年1月13日召开，主要内容：传达全省人大民族华侨外事宗教对台港澳工作会议、市委常委会等有关会议精神；听取市人大常委会办公室关于市四届人大六次会议日程调整方案（草案）的汇报；听取市人大常委会办公室关于市四届人大常委会第二十七次会议建议议程及日程（草案）的汇报；听取市人大常委会联工委关于市人大代表培训方案（草案）的汇报；听取市人大常委会联工委关于人事事项的汇报。

第六十五次主任会议 2015年2月5日召开，主要内容：传达省十二届人大四次会议精神、市委常委会等有关会议精神；听取市人大常委会办公室关于市四届人大常委会第二十八次会议建议议程及日程（草案）的汇报；听取市人大常委会办公室关于2015年春节期间值班安排（草案）和常委会机关2月份工作预安排（草案）的汇报；听取市人大常委会办公室关于市人大机关2014年度考核评议方案（草案）的汇报；听取市人大常委会研究室关于《永州市第四届人民代表大会第六次会议至第七次会议期间常务委员会工作计划要点（草案）》的汇报。

第六十六次主任会议 2015年2月27日召开，主要内容：传达省人大内务司法工作座谈会、市委常委会等有关会议精神；听取市人民政府关于将香樟和杜鹃确定为永州市市树和市花的议案及说明的汇报；听取市人大常委会办公室关于常委会机关3月工作预安排（草案）的汇报；听取市人大常委会联工委关于《永州市人大常委会关于对市发改委、市财政局、市审计局工作开展审议的实施方案（草案）》的汇报；听取市人大常委会联工委关于对市人民政府有关国家机关工作人员进行履职测评有关问题的汇报；听取市人大常委会研究室关于《永州市第四届人民代表大会第六次会议至第七次会议期间常务委员会工作计划要点及工作分月安排（草案）》的汇报。

第六十七次主任会议 2015年3月27日召开，主要内容：传达省人大城建环资工作座谈会、全市教育实践活动整改落实工作推进会等有关会议精神；听取市人大常委会办公室关于市四届人大常委会第二十九次会议建议议程及日程（草案）的报告；听取市人大常委会办公室关于2015年清明节期间值班安排（草案）和常委会机关4月份工作预安排（草案）的汇报；听取市人大常委会办公室关于机关 2014 年财务收支情况、2015 年度经费包干管理办法（讨论稿）的汇报；听取市人大常委会办公室关于成立机关公务用车制度改革领导小组有关情况的汇报；听取市人大常委会联工委关于市人大系统干部和代表培训计划的汇报；听取市人大城环委关于《中华人民共和国水污染防治法》执法检查方案的汇报；听取机关党委关于《永州市人大常委会机关 2014 年先进党支部、优秀共产党员评选方案》。

第六十八次主任会议　2015 年 4 月 9 日召开，主要内容：传达省十二届人大常委会第十五次会议、全省落实党风廉政建设主体责任监督责任和责任追究电视电话会、市委常委会等有关会议精神；听取市人大内司委关于加快创建国家森林城市的议案、加快创建国家交通管理模范城市的议案督办工作方案（草案）的汇报；听取市人大常委会联工委关于市人大系统干部和代表培训有关情况的汇报；听取市人大常委会联工委关于有关国家机关工作人员人事任免事项的汇报。

第六十九次主任会议　2015 年 4 月 21 日召开，主要内容：传达全省人大财经工作座谈会会议精神；听取市人大常委会办公室关于市四届人大常委会第二十九次会议议程及日程（草案）调整情况的汇报；听取市人大常委会办公室关于 2015 年“五一”期间值班安排（草案）和常委会机关 5 月工作预安排（草案）的汇报；听取市人大常委会联工委关于人事事项的汇报；听取市人大常委会联工委关于市人大系统干部和代表培训情况的汇报；听取市人民政府关于湘江西岸和湘江东岸及逸云路城中村等棚户区改造项目按旧城改造项目备案的情况汇报；听取市人民政府关于将国家开发银行及工商银行贷款纳入财政预算的议案的汇报。

第七十次主任会议　2015 年 5 月 25 日召开，主要内容：传达全省市州、县区人大常委会主任学习贯彻中共四中全会精神、全面推进法治湖南建设研讨班、全省市州人大常委会秘书长会议、市委常委会等有关会议精神；听取市人大常委会办公室关于市四届人大常委会第三十次会议建议议程及日程（草案）的汇报；听取市人大常委会办公室关于常委会机关 6 月工作预安排（草案）的汇报；听取市人大常委会联工委关于《2015 年市人大常委会重点督办的代表建议方案》的汇报；听取市人大内司委关于《加快创建国家森林城市议案》督办集中视察方案（草案）的汇报。

第七十一次主任会议　2015 年 6 月 19 日召开，主要内容：传达全省市州人大常委会机关工作座谈会、全省人大系统信息化建设工作会议、市委常委会、中心城区国家公职人员违规参与房地产开发清查工作动员大会等有关会议精神；听取市人大常委会办公室关于市四届人大常委会第三十一次会议建议议程及日程（草案）的汇报；听取市人大常委会办公室关于市人大机关贯彻落实中共十八届四中全会决定重要举措 2015 年工作计划（草案）的汇报；听取市人大常委会办公室关于 2015 年端午节期间值班安排（草案）和常委会机关7月工作预安排（草案）的汇报；听取市人大城环委关于《中华人民共和国水污染防治法》执法检查情况的汇报；听取市人大内司委关于立法筹备工作方案（草案）的汇报；听取市人大常委会联工委关于市人大代表建议督办方案（草案）的汇报。

第七十二次主任会议 2015年6月24日召开，主要内容：传达市委常委会精神，研究相关人事事项。

第七十三次主任会议 2015年7月20日召开，主要内容：传达全省设区的市行使地方立法权工作联系会议精神；听取市人大常委会办公室关于市四届人大常委会第三十一次会议议程及日程调整情况的汇报；听取市人大常委会办公室关于市四届人大常委会第三十二次会议建议议程及日程（草案）的汇报；听取市人大常委会办公室关于常委会机关8月工作预安排（草案）的汇报；听取市四届人大常委会第三十次会议审议意见（草案）的汇报；听取有关委室关于市经信委、市民宗委、市统计局、市食品药品监督管理局工作审议调查报告的汇报；听取市人大教科文卫委关于滨江小学与潇湘技师学院老校区置换问题调研报告的汇报；听取市人大城环委关于对中心城区闲置土地清理处置工作进行集中视察的方案（草案）的汇报；听取市人大常委会办公室关于党风廉政建设有关情况的汇报；听取市人大常委会办公室关于机关会议室、市人大常委会办公室室内装修方案（草案）的汇报；听取市人大常委会办公室关于机关征文活动实施方案（草案）的汇报；听取市人大常委会办公室关于机关工作制度制定建议的汇报；听取市人大常委会办公室关于机关公文传阅有关情况的汇报。

第七十四次主任会议 2015年7月27日召开，主要内容：听取市人大常委会办公室关于市四届人大常委会第三十一次会议建议议程及日程调整情况的汇报；听取市人大常委会办公室关于市四届人大七次会议建议议程和日程（草案）、筹备工作方案（草案）的汇报；听取市人大常委会联工委关于市四届人大七次会议各类名单（草案）和补选办法（草案）的汇报。

第七十五次主任会议 2015年8月21日召开，主要内容：传达省人大常委会第十七次会议、市委常委会会议等有关会议精神；听取市人民政府关于2015年上半年全市国民经济和社会发展计划执行情况的报告，听取市人民政府关于2014年全市及市本级财政决算草案和2015年上半年全市财政预算执行情况的报告；听取市人大财经委关于2014年市本级财政决算草案的审查报告；听取市人民政府关于2014年市本级预算执行、部门预算执行和其他财政收支的审计工作报告；听取市人民政府关于出资置换两区信用联社不良贷款的议案的汇报；听取市人大常委会办公室关于市四届人大常委会第三十二次会议建议议程及日程调整情况的汇报；听取市人大常委会办公室关于常委会机关9月工作预安排（草案）及“中国人民抗日战争暨世界反法西斯战争胜利70

周年纪念日”调休放假值班安排（草案）的汇报；学习《中共中央关于转发〈中共全国人大常委会党组关于加强县乡人大工作和建设的若干意见〉的通知》；听取市人大常委会联工委关于人事事项的汇报；听取市人大常委会联工委关于各委室督办代表建议安排表（草案）的汇报；听取市四届人大常委会第三十一次会议审议意见的汇报；听取市人大常委会办公室关于各委室提出专题询问议题情况的汇报。

第七十六次主任会议 2015年9月7日召开，主要内容：传达市委常委会会议精神；听取市人大常委会办公室关于市四届人大常委会第三十三次会议建议议程及日程（草案）的汇报；听取市人大常委会联工委关于中心城区103个小区整治工作视察督办方案（草案）的汇报；听取人事事项的汇报。

第七十七次主任会议 2015年9月11日召开，主要内容：听取中心城区控制性详细规划编制情况的汇报。

第七十八次主任会议 2015年9月22日召开，主要内容：传达市委常委会、全省设区的市行使地方立法权工作会、全省三严三实专题教育“一进二访”活动动员部署视频会议和市委民主法制领域改革专项小组第二次会议等有关会议精神；听取市人大常委会办公室关于市四届人大常委会第三十三次会议建议议程及日程（草案）调整情况的汇报；听取市人大常委会办公室关于常委会机关10月工作预安排（草案）及2015年中秋节、国庆节期间值班安排（草案）的汇报；听取市四届人大常委会第三十二次会议审议意见的汇报；听取市人大常委会联工委关于《市人民代表大会及常委会选举任免人员就职宣誓方案（草案）》的汇报；听取市人大常委会联工委关于全国人大代表永州小组和部分省人大代表视察调研方案（草案）的汇报；听取市人大常委会联工委关于中心城区住宅小区建设与管理存在问题整治工作专题询问方案（草案）的汇报；听取市人大城环委关于城环委系统代表培训方案（草案）的汇报。

第七十九次主任会议 2015年10月13日召开，主要内容：学习传达市委常委会、省人大常委会第十八次会议等有关会议和文件精神；听取2015年市本级财政预算调整方案（草案）的汇报；听取市人大财经委关于2015年市本级预算调整方案的审查报告的汇报；听取市人大常委会办公室关于常委会机关11月工作预安排（草案）的汇报；听取市人大常委会办公室关于市四届人大常委会第三十四次会议议程及日程（草案）的汇报；听取市人大常委会联工委关于中心城区住宅小区建设与管理存在问题整治工作专题询问有关事项的汇报。

第八十次主任会议 2015年11月6日召开，主要内容：学习和传达市委常委会、中共湖南省委办公厅湖南省人民政府办公厅关于重申和严明党政机关公务接待有关纪律规定的通知、传达学习张德江委员长讲话精神暨湖南省设区的市行使地方立法权第四次会议等有关文件会议精神；听取市人大常委会办公室关于市四届人大八次会议召开时间及建议议程安排（草案）的汇报；听取市人大常委会联工委关于全国人大代表永州小组、部分省人大代表视察调研方案（草案）和对重点建议承办单位办理代表建议情况进行测评的实施方案（草案）的汇报；听取市人大城环委关于《中华人民共和国水污染防治法》执法检查整改情况的审议意见的汇报；听取市人大常委会联工委关于人事事项的汇报。

第八十一次主任会议 2015 年 11 月 18 日召开，主要内容：学习传达市委常委会会议精神；学习《中国共产党廉洁自律准则》《中国共产党纪律处分条例》；听取市人大常委会办公室关于市四届人大八次会议筹备工作方案（草案）的汇报；听取市人大常委会办公室关于市四届人大常委会第三十五次会议建议议程及日程(草案)的汇报；听取市人大常委会办公室关于机关财务报账工作有关情况的汇报；听取市人大内司委关于《加快创建国家交通管理模范城市的议案》办理情况、人民检察院查办和预防职务犯罪工作情况审议意见的汇报；听取市人大常委会研究室关于 2015 年市人大常委会工作报告起草筹备工作的汇报；听取市人大城环委关于《中心城区闲置土地处置议案》督办情况的报告；听取市人大常委会联工委关于人事事项的汇报。

第八十二次主任会议 2015 年 12 月 10 日召开，主要内容：传达学习市委常委会、省人大常委会第十九次会议等有关文件会议精神；听取市人大常委会办公室关于市四届人大八次会议筹备工作方案（草案）的汇报；听取市人大常委会联工委关于市四届人大八次会议各类名单及补选办法（草案）的汇报；听取市人大常委会办公室关于市人大常委会机关 2016 年度党报党刊订阅意见（草案）的汇报；听取市人大常委会联工委关于市人大代表出缺及拟补选情况和公安机关提请对个别市人大代表采取强制措施情况的汇报；听取市人大城环委《关于加快中心城区闲置土地处置力度，进一步推进节约集约用地的议案》办理情况的审议意见的汇报；听取立法筹备工作和市人大常委会办公室关于《永州市人大常委会立法咨询专家库管理办法（草案）》及专家库人员建议名单的汇报。

第八十三次主任会议 2015 年 12 月 21 日召开，主要内容：传达市委常委会、全省市县两级人大选举任免工作培训会等有关会议精神；听取市发改委关于永州市 2015 年国民经济和社会发展计划执行情况与 2016 年计划草案的报告、永州市国民经济与发展第十三个五年规划纲要（草案）及说明的汇报；听取市财政局关于 2015 年全市财政预算执行情况与 2016 年市本级财政预算（草案）的报告的汇报；听取市审计局关于 2014 年度审计工作报告指出问题纠正情况和处理结果的报告（草案）的汇报；听取市人大常委会办公室关于常委会机关 2016 年 1 月份工作预安排（草案）的汇报；听取永州市人大常委会工作报告（草案）的汇报；听取市人大城环委关于《关于加强宋家洲环境治理力度，加快开发建设的议案》的汇报；听取市人大常委会联工委关于人事事项的汇报。

第八十四次主任会议 2016年1月4日召开，主要内容：传达学习市委常委会、市纪委市监察局关于7起发生在群众身边的“四风”和腐败问题典型案例的通报等有关文件会议精神；听取市人大常委会办公室关于市四届人大八次会议议程及日程(草案)调整情况的汇报；听取市人大常委会办公室关于市人大机关第二次遴选公务员面试有关事项的汇报；听取市人大常委会联工委关于人事事项的汇报；听取市人大财经委关于“十三五”规划纲要草案、计划和预算草案的审查报告的汇报。

第八十五次主任会议 2016年2月4日召开，主要内容：传达学习省十二届人大第五次会议、市委常委会、市委办、市人民政府办关于做好2016年元旦、春节期间有关工作的通知等有关文件会议精神；听取市人大常委会办公室关于市四届人大常委会第三十七次会议建议议程及日程（草案）的汇报；听取市人大常委会办公室关于常委会机关2月份工作预安排（草案）及2016年春节期间值班安排（草案）的汇报；听取市人大常委会办公室关于机关财务管理办法（修改稿）及公务接待管理细则（修改稿）的汇报；听取市人大常委会研究室关于《永州市第四届人民代表大会第八次会议至永州市第五届人民代表大会第一次会议期间常务委员会工作计划要点（草案）》、机关宣传工作方案（草案）的汇报；听取市人大法制委关于2016年立法计划预安排（草案）的汇报；听取市人大机关工会关于2016年机关工会活动方案（草案）的汇报。

第八十六次主任会议 2016年2月19日召开，主要内容：听取市人大常委会办公室关于市人大机关2015年度考核评议方案（草案）的汇报；听取市人大常委会办公室关于常委会机关3月工作预安排（草案）的汇报；听取市人大常委会联工委关于《永州市人大常委会关于对市发改委、市财政局、市审计局、市国资委工作开展审议的实施方案（草案）》的汇报；听取市人大常委会联工委关于人事事项的汇报；听取市人大常委会研究室关于《永州市第四届人民代表大会第八次会议至永州市第五届人民代表大会第一次会议期间常务委员会工作计划要点（修改稿）及工作分月安排（草案）》的汇报。

第八十七次主任会议 2016年3月4日召开，主要内容：传达市委常委会、市委精准扶贫暨全面建成小康社会推进工作会、全省人大内务司法工作座谈会等有关会议精神；听取市人大常委会办公室关于做好养老保险和职业年金征缴工作的汇报；听取市人大常委会办公室关于《市人大常委会机关市人大常委会办公室内务检查评比方案（草案）》的汇报；听取市人大城环委关于《关于加大宋家洲环境综合治理力度，加快开发建设的议案》交办意见的汇报。

第八十八次主任会议 2016年3月25日召开，主要内容：传达市委常委会、全省人大城建环资工作座谈会、全省人大立法工作座谈会、全市组织部长统战部长会等有关会议精神；听取市人大常委会办公室关于常委会机关4月工作预安排（草案）及

2016年清明节期间值班安排（草案）的汇报；听取市人大常委会办公室关于市四届人大常委会第三十八次会议建议议程及日程（草案）的汇报；听取市人大财经委关于《〈永州市市级预算审查监督暂行办法〉的工作方案》的汇报；听取市人大常委会研究室《关于加强“永州人大网”建设的工作方案》（草案）的汇报；听取市人大常委会办公室关于市人大机关2015年财务收支情况的汇报；听取市人大机关参加全市工间操比赛方案的汇报。

第八十九次主任会议 2016年4月8日召开，主要内容：传达省十二届人大常委会第二十一次会议、市委常委会、全省市县领导班子换届工作会议暨业务培训会、全省市州教科文卫委工作座谈会等有关会议精神；听取市人大常委会办公室关于2016年立法计划（草案）有关情况的汇报；听取机关党委关于《评选优秀党员的工作方案（草案）》的汇报；听取市人大常委会办公室关于《永州市人大常委会机关创建文明标兵单位工作方案（草案）》的汇报；听取市人大机关工会关于《永州市人大常委会机关创建模范职工之家工作方案（草案）》的汇报。

第九十次主任会议 2016年4月22日召开，主要内容：传达市委常委会、全省立法工作会、全省民族团结进步行工作座谈会暨民族区域自治“一法两规定”执法检查动员会、全省人大理论研究工作座谈会、全市“雁过拔毛”式腐败问题和“纠‘四风’、治陋习”专题整治暨加强换届风气监督工作电视电话会议等有关会议精神；听取市人大常委会办公室关于常委会机关5月工作预安排（草案）及2016年“五一”期间值班安排（草案）的汇报；听取市人大法制委关于《永州市地方立法工作规程（草案）》《永州市地方立法技术规范（草案）》的汇报；听取市人大教科文卫委关于食品安全执法检查方案（草案）的汇报；听取市人大常委会办公室关于建立签订保密承诺书制度有关情况的汇报。

第九十一次主任会议 2016年5月13日召开，主要内容：传达全国人大常委会《中华人民共和国立法法》培训省委人大工作会议全省县乡两级人大换届选举工作学习班、市委常委会、市委常委会关于省委、省政府督查问题的整改意见等有关会议和培训精神；听取市人大常委会联工委关于确定常委会重点督办建议的建议方案汇报；听取市人大城环委关于组织部分人大代表对闲置土地处理情况进行集中视察方案（草案）的汇报；听取市人大常委会办公室关于市人大常委会机关开展“两学一做”学习教育实施方案（草案）的汇报；听取市人大常委会办公室关于市人大常委会机关养老保险和职业年金银行代扣代缴有关情况的汇报。

第九十二次主任会议 2016年5月26日召开，主要内容：传达市委常委会会议精神；听取市人大常委会研究室关于省委人大工作会议精神的汇报；听取市人大农业委关于全省稳定和完善农村土地承包关系工作经验交流会有关情况的汇报；听取市人大法工委关于永州市人大常委会立法咨询专家库管理办法（草案）和市人大常委会立法咨询专家候选人建议名单的汇报；听取市人大常委会办公室关于市四届人大常委会第三十九次会议建议议程及日程（草案）的汇报；听取市人大常委会办公室关于常委会机关 6 月工作预安排（草案）及 2016 年端午节期间值班安排（草案）的汇报。

第九十三次主任会议　2016 年 6 月 24 日召开，主要内容：传达学习市委常委会精神；学习《中共永州市委市人大常委会办公室关于进一步加强和规范领导干部外出请示报告等 10 个事项的通知》；听取市人大常委会办公室关于市四届人大常委会第四十次会议建议议程及日程（草案）的汇报；听取市人大常委会办公室关于机关 7 月份工作预安排（草案）的汇报；听取市人大法制委关于《永州市地方立法论证办法（草案）》《永州市地方立法听证办法（草案）》有关情况的汇报；听取市人大常委会办公室关于《永州市人民代表大会志》编修实施方案（草案）的汇报；听取市人大常委会办公室关于进一步规范 2016 年市人大常委会组成人员，各专门委员会、工作机构外出调研考察有关事项的汇报；听取市人大常委会办公室关于市人大常委会机关办公室室内装修改造新增项目的汇报。

第九十四次主任会议　2016 年 7 月 8 日召开，主要内容：传达学习市委常委会、学习《部分人大代表、政协委员涉法涉罪问题问责情况及其教训的通报》等有关会议、文件精神；听取市城建投关于城市投融资及建设情况的汇报；听取有关委室关于市发改委、市审计局工作审议调查报告的汇报；听取市人大城环委关于中心城区 2015 年规划实施情况审议意见的汇报；听取市人大常委会联工委关于永州市县乡两级人大换届选举工作时间安排的意见的汇报；听取市人大常委会联工委关于人事事项的汇报。

第九十五次主任会议　2016 年 7 月 15 日召开，主要内容：传达市委常委会会议精神；听取市人大常委会办公室关于市四届人大常委会第四十一次会议建议议程及日程（草案）的汇报；听取市人大常委会办公室关于机关 8 月工作预安排（草案）的汇报；听取市人大内司委关于市财政局工作审议调查报告的汇报；听取内司委关于《行政诉讼法》贯彻实施情况审议意见的汇报；听取市人大财经委关于永州市贯彻实施《中华人民共和国预算法》执法检查情况的汇报；听取市人大法制委关于《永州市地方立法条例（草案）》的汇报。

第九十六次主任会议　2016 年 8 月 18 日召开，主要内容：传达学习省人大常委会第二十三次会议、全省市县乡人大代表、市县政协委员推荐提名工作推进会、市委常委会等有关会议精神；关于 2016 年上半年全市国民经济和社会发展计划执行情况的报告；关于 2015 年度市本级预算执行和其他财政收支的审计工作报告；关于 2015 年全市及市本级财政决算草案和 2016 年上半年全市财政预算执行情况的报告；关于 2015 年市本级财政决算草案的审查报告；听取市人大常委会办公室关于常委会机关 9 月份工作预安排（草案）的汇报；听取市人大常委会联工委关于全市县乡两级人大换届选举工作进展情况的汇报；听取市四届人大常委会第四十次会议审议意见的汇报；听取市人大常委会执法检查组关于食品安全“一法一条例”执法检查情况的汇报；听取市人大法制委关于《永州市人民代表大会及其常务委员会立法条例（草案）》的起草说明；听取2016年机关党风廉政建设上半年工作总结及下半年工作计划的汇报；听取市人大常委会办公室关于公车改革有关情况的的汇报。

第九十七次主任会议 2016年8月25日召开，主要内容：听取市人大常委会办公室关于公车改革有关情况的汇报；听取市人民政府关于《永州市公园广场管理条例（草案）》的议案及说明的汇报；听取市人大常委会联工委关于市四届人大代表闭会期间履职评价方案的汇报。

第九十八次主任会议 2016年9月13日召开，主要内容：传达市委常委会会议精神；听取市人大常委会办公室关于市四届人大常委会第四十二次、第四十三次会议建议议程及日程（草案）的汇报；听取市人大常委会办公室关于2016年中秋节期间值班安排（草案）的汇报；听取市人大常委会办公室关于评选省人大工作先进个人的方案（草案）的汇报；听取市人大常委会联工委关于评选市人大工作先进个人等方案（草案）的汇报；听取市人大常委会联工委关于连任市人大代表建议人选方案（草案）的汇报；听取市人大常委会联工委关于人事事项的汇报；听取市人大财经委关于《永州市市级预算审查监督暂行办法（征求意见稿）》的汇报；听取市人大财经委、城环委、教科文卫委关于市四届人大常委会第四十一次会议审议意见的汇报。

第九十九次主任会议 2016年9月23日召开，主要内容：开展关于辽宁拉票贿选案教训警示学习，学习传达2016年度《人民之友》办刊工作座谈会、市委常委会等有关会议精神；听取市人大常委会办公室关于常委会机关10月工作预安排（草案）的汇报；听取市人大常委会办公室关于2016年国庆期间值班安排（草案）的汇报；听取市人大常委会联工委关于人事事项的汇报；听取市人大常委会联工委关于全国人大代表永州小组和部分省人大代表视察调研方案（草案）的汇报；听取市人大法制委关于永州市人大常委会2017年立法计划（草案）的汇报。

第一百次主任会议 2016年10月14日召开，主要内容：学习传达全省市县乡人大换届选举工作座谈会、市委常委会等有关会议精神；听取市人大常委会办公室关于省人大工作先进个人推荐人选有关事项的汇报；听取市人大常委会办公室关于市四届人大常委会第四十四次会议建议议程及日程（草案）的汇报；听取市人大常委会联工委关于人事事项的汇报；听取市人大财经委关于《永州市人大常委会关于加强市级预算审查监督工作的若干意见（草案）》的汇报。

第一百零一次主任会议 2016年10月21日召开，主要内容：听取市人大常委会办公室关于常委会机关11月工作预安排（草案）的汇报；听取市人大法制委关于《永州市公园广场管理条例（草案）》修改情况的汇报；听取市人大常委会联工委关于市人大代表连任初步建议人选的汇报。

第一百零二次主任会议　2016 年 11 月 3 日召开，主要内容：传达市委常委会会议精神；听取市人大常委会办公室关于市四届人大常委会第四十五次会议建议议程及日程（草案）的汇报；听取市人大常委会办公室关于市人大常委会机关 2017 年度党报党刊订阅意见（草案）的汇报；听取市人大内司委关于深化检务公开、规范执法行为工作情况审议意见的汇报；听取市人大内司委关于《加快创建国家交通管理模范城市议案》办理情况审议意见的汇报。

第一百零三次主任会议　2016 年 11 月 18 日召开，主要内容：传达全省立法工作座谈会、市委常委会有关会议精神；听取市人大常委会办公室关于市五届人大一次会议筹备工作方案（草案）及大会日程（草案）的汇报；听取市人大常委会办公室关于常委会机关 12 月份工作预安排（草案）的汇报；听取市人大常委会办公室关于市人大常委会领导指导县（区）人民代表大会建议安排表的汇报；听取市人大常委会联工委关于市五届人大一次会议选举办法及各类名单（草案）的汇报；听取市人大财经委《关于建立和完善审计查出问题整改情况向市人大常委会报告机制的意见（草案）》的汇报；听取市财政局关于 2016 年市本级预算调整方案（草案）的汇报；听取市人大财经委关于 2016 年市本级预算调整方案审查报告的汇报；听取市人大城环委关于《关于加大宋家洲环境综合治理力度加快开发建设的议案》办理情况审议结果的汇报；听取市人大法制委关于《永州市公园广场管理条例（草案・三审稿）》的汇报。

第一百零四次主任会议　2016 年 11 月 21 日召开，主要内容：研究市五届人大一次会议相关工作。

第一百零五次主任会议　2016 年 11 月 30 日召开，主要内容：传达市委常委会会议精神；听取市人民政府关于将湘江西岸将军岭片区棚户区改造安置小区等项目政府购买服务资金纳入财政预算的议案的汇报；听取市人大常委会办公室关于调整市五届人大一次会议召开日期的情况汇报；听取市人大城环委关于《关于加大宋家洲环境综合治理力度加快开发建设的议案》办理情况审议意见的汇报。

第一百零六次主任会议　2016 年 12 月 8 日召开，主要内容：听取市人民政府关于将永州市棚户区改造等项目政府购买服务资金纳入财政预算的议案的汇报；听取市人民政府关于永州市零陵区徐家井等五片控制性详细规划备案的汇报。

第一百零七次主任会议　2016 年 12 月 12 日召开，主要内容：传达省十二届人大常委会第二十六次会议精神；听取市人大常委会联工委关于临时增开一次市四届人大常委会会议情况的汇报；听取市人大常委会办公室关于市五届人大一次会议议程、日程和工作日程表（草案）等的汇报；听取市五届人大一次会议选举办法等及各类名单（草案）的汇报；听取市人大常委会联工委关于市人大代表培训和表彰等各类方案（草案）的汇报；听取市人大教科文卫委《关于在全市城区推进学位建设三年攻坚行动的议案》的汇报；听取市五届人大一次会议秘书处各组工作方案及需请示明确的问题的汇报；听取市人大常委会研究室关于市人大常委会工作报告（草案）的汇报。

第一百零八次主任会议 2016 年 12 月 23 日召开，主要内容：传达市委常委会会议精神；听取市审计局关于 2015 年度审计工作报告指出问题纠正情况和处理结果的报告（草案）的汇报；听取市人大常委会办公室关于 2017 年元旦期间值班安排（草案）的汇报；听取市人大常委会办公室关于常委会机关 2017 年 1 月工作预安排（草案）的汇报；听取市人大常委会联工委关于确认补选的市人大代表资格，补选省人大代表有关事项的汇报；听取市人大常委会联工委关于永州市第五届人民代表大会各专门委员会主任委员、副主任委员、委员名单（草案）的汇报；听取市人大常委会办公室关于《市人大常委会党组关于召开 2016 年度党员领导干部民主生活会的方案（草案）》的汇报；书面报告永州市 2016 年国民经济和社会发展计划执行情况与 2017 年国民经济和社会发展计划草案；永州市 2016 年预算执行情况与 2017 年市本级预算草案。

第二章 理论研究与宣传

第一节 理论研究

1996 年，永州市人大常委会成立，当年常委会把理论研究列入工作日程。市一届人大会议期间，人大理论研究工作主要由市人大常委会办公室承担。市二届人大会议以后，市人大常委会成立政策研究办公室（后更名为市人大常委会研究室），理论研究工作即由政策研究办公室专门承担。

20 年来，市人大常委会着眼人大制度、人大工作的实践和发展，推进人大理论研究创新发展，产生新价值，富有生命力。永州市第一届人民代表大会至第五届人民代表大会期间，市委、市人大、市政协和市“一府两院”等部门单位负责人和各机构工作人员，围绕经济建设中心，服务社会大局，探讨新时期发展的理论，写下大量高水准、高质量，符合新时代、新形势理论研究的论文，开创了永州市在理论研究工作方面新局面。

20 年来的永州市人大理论研究工作主要工作经验是：一是坚持正确的政治方向。始终高举中国特色社会主义伟大旗帜，坚持党的领导、人民当家做主、依法治国有机统一，始终把党的基本理论、基本路线、基本纲领、基本经验、基本要求作为人大理论研究工作的出发点和落脚点，坚定道路自信、理论自信、制度自信。坚持用发展着的马克思主义武装头脑、指导实践、推动工作，运用科学理论指导和推动人大理论研究工作，做到思想上始终清醒、政治上始终坚定，沿着正确的道路开展人大理论研究。二是始终坚持理论联系实际。注重面向实际、面向实践，坚持问题导向，站在全局角度，用战略眼光和前瞻思维，抓住人大工作中迫切需要回答的重大理论和实践问题，深入调查研究，加强理论分析，作出正确的回答，形成高质量、有价值的研究成果，并及时做好转化应用，用理论研究的新成果，指导人大工作的新实践。三是始终坚持科学的理论研究方法。注重运用历史思维方法，对有利于坚持和完善人民代表大会制度，充分发挥国家权力机关作用，以及被实践证明是成熟的经验和有益的做法，从理论层面的技术性、细节性上进行总结提炼，使人大工作实践多一些丰厚的理论滋养，不断增强理论研究的针对性、指导性与实效性。同时，大胆运用网络平台、大数据应用等新的适合时代特点的研究方式，力求数据分析精准、问题剖析深入、建议更加科学，使人大理论研究更具实践特色和时代特色。四是始终坚持围绕中心、服务大局。紧紧围绕常委会的中心任务，在促进改革发展稳定、保障和改善民生等重点难点问题上下功夫，为常委会充分了解情况、有的放矢地解决人大工作存在的问题提供决策参考。

1996 年 8 月，市人大常委会加强人大理论研究工作，组织撰写理论文章。

1998 年，市人大常委会举办首次人大制度理论研讨活动，14 名市级领导、116 名处级干部参加研讨，市、县、区共撰写论文 1000 余篇。

1998 年 9 月 22 日，市人大常委会举办全市人大制度理论研讨会，由李本道主持。省人大常委会副主任郭俊秀、市人大常委会主任郑邦淳、市委副书记谢朝月到会讲话。研讨会收集论文 168 篇，评出一等奖 5 篇、二等奖 10 篇、三等奖 15 篇、优秀奖 37 篇、纪念奖 87 篇、特别奖 14 篇。其中获得一等奖的 5 篇文章分别是：蓝山县人大财工委副主任王福林撰写的《试论党领导人大工作行为规范化》，蓝山县人大常委会副主任黄永翔撰写的《对地方人大选举任免几个问题的思考》，祁阳县人大常委会主任吴先雄撰写的《关于县级人大及其常委会决定权行使的思考》，市人大常委会副秘书长高增遗撰写的《加强人大信访工作支持人民当家做主》和市委宣传部陶桂莲、吴秋元撰写的《加强人大监督力度，优化经济发展环境》。

1999 年 9 月 10 日，永州市人大常委会召开第二次理论文章研讨会。经评委反复商讨，经主任会议认可，研讨会共评出一等奖 5 篇、二等奖 10、三等奖 15 篇和优秀论文 30 篇，并择优选出 14 篇优稿向主任会议推荐作为大会论文宣读。

2000 年，市人大常委会把加强人大理论研究工作提高到树立人大权威、增强全社会对人大工作认识的高度，要求市人大常委会机关工作人员不断提高写作水平和理论水平，增强人大工作活力，开创人大工作新局面，构建常委会办公室、研究室牵头，各委室共同参与，形成领导重视、互相配合、多方支持的良好格局；进一步办好《永州人大》和《人大工作简报》，及时推介市人大常委会机关理论研究成果和开拓性实践经验，摘发报刊发表的人大理论研究的新成果；建立激励机制，对市人大常委会机关工作人员在新闻媒体发表人大理论研究的稿件、在内部简报上刊发的文章或在省级以上（含省级）获奖的论文予以奖励。

2004—2005 年，全市人大理论研究工作不断进步。市人大办公室、研究室配合常委会领导调查撰写的《调整林业政策，维护林农权益，促进林区发展》的调查报告，市委常委听取了汇报，并进行“三林”问题专题研究。该项调研成果引起省人大常委会的关注；《让政策阳光普照瑶家山寨》的调查报告，市人民政府领导专门听取调研意见，省《民族论坛》杂志刊发了全文；《关于工业园区建设的调查与思考》在《永州通讯》发表后被评为《中国世纪情》理论研讨优秀论文。

2006 年 1 月 1 日，市人大常委会出台《关于加强机关新闻宣传和理论研究工作的意见》，建立通报评比机制，对全市人大理论研究工作产生重要的推动作用。当年，全省人大系统理论研讨会围绕“坚持和完善人民代表大会制度，促进和谐社会建设”的主题，开展了论文交流和理论研讨活动。通过评委会认真评选，共评出特别奖 10 篇，一等奖 6 篇，二等奖 11 篇，三等奖 16 篇。其中，市人大常委会主任谢朝月撰写的论文《充分发挥职能作用，努力构建和谐永州》获特别奖；市人大常委会副秘书长，研究室主任王先文撰写的论文《表象代表性与实质代表性的博弈》获一等奖。

市第二届人大会议期间，人大常委会领导以及各委室负责人每年深入基层调查研究，并撰写许多有水平、有深度、高质量的调研理论文章，主要有：《加强领导 与时俱进 努力做好新时期人大宣传工作》（谢朝月）、《充分发挥职能作用 努力构建和谐永州》（谢朝月）、《关于进一步加强乡镇人大工作的调查与思考》（市人大常委会办公室、市人大常委会联工委）、《把“二次移民”作为促进双牌水库淹没区经济社会发展的“民心工程”来抓》（吕芳村 陈益富）、《关于加快建设工业园区的调查与思考》（吕芳村）、《关于加强我市农民就医难和农村疾病防治体系建设的调查与思考》（钱荣棠）、《关于农民增收情况的调查与思考》（陈益富）、《实施“四地”战略 争当优秀配角》（邓荣卿）、《依法治理 营造良好的经济发展环境》（李续荣）、《关于加强地方人大监督的几点思考》（文先赵）、《让政策阳光朗照瑶家山寨》（赵荣）、《发挥参谋作用 加强制度建设 积极主动为常委会依法行使职权服务》（谢承年）、《关于构建农民增收长效机制的调查与思考》（农业委 市农办）、《调整林业产业结构 促进民族地区经济发展》（蒋柏元）、《关于农民增收情况的调查报告》（农业委）、《我省耕地质量的调查与思考》（余华生）、《关于对新型农村合作医疗情况的调查》（李笃学）、

《抓住三个环节增强监督实效》（蒋新华）、《个案监督体会点滴》（林遵槐）、《关于代表资源调查摸底工作的几点做法》（联工委）、《完善乡镇人代会列席制度》（张昌林）、《坚持以人为本加强城环监督》（蒋龙生）、《涉黑腐败的现象、成因及防治对策》（内司委）、《浅析地方国家权力机关对垂直管理部门的监督》（财经委）。

2009 年 7 月 22 日，永州市人大制度研究会成立。是年，市人大常委会开展调查研究活动 36 项，撰写调研报告 28 篇，一些群众关注的重大问题得到党委、政府的重视，部分问题得到较好的解决。其中，关于乡镇人大建设的调查报告获得省人大常委会理论研讨三等奖。

2010 年，市人大常委会配合省人大开展民主立法调研，在调研中帮助蓝山县荆竹瑶族乡 5 个少数民族行政村维护 54300 亩生态公益林的权益，促进民族地区的和谐稳定。市人大内司委配合省人大开展立法调研，组织有关方面对《湖南省募捐条例（草案）》，《湖南省军事设施保护条例（草案）》，关于加强人民检察院对诉讼活动，法律监督工作的决议草案建言献策 90 多条，有 30 多条意见得到采纳。市人大教科文卫委针对医药卫生体制改革热点问题开展专题调研，指出医改试点存在的问题，提出建议和意见，引起省调研组的高度重视。人大农业委围绕“三农”，对全市农业产业化经营、小型农田水利建设、集体林权制度改革、被征地农民社会保障等工作开展深入细致的调研，其中有关村镇银行发展的调查论文，在第三届湖湘三农论坛上荣获三等奖；关于全市农业发展方式转变情况的调查报告被《经济信息网络杂志》采用，得到了省人大领导和市委领导的充分肯定。市人大城环委对全市耕地占补平衡、住房公积金归集管理使用、保障性住房建设等工作进行调研，提出切实可行的意见和建议，撰写的调查报告得到常委会组成人员的赞赏。市人大财经委开展《湖南省新型墙体材料推广应用条例》《湖南省民用运输机场管理条例》执法调研和《湖南省邮政条例（修订草案）》立法调研，均获得较好的效果。

市四届人大会议期间，市人大常委会以一年一度的湖南省人大系统理论研讨会为契机，组织全市各级人大代表、人大工作者、相关部门及专家学者，深入开展调查研究和理论研讨，撰写一批高质量理论研讨论文。2012 年，《完善基层人大代表选举程序的思考》获三等奖；2013 年，《地方人大决定权的瓶颈与破解》获一等奖，《关于地方人大创新的几个问题》获二等奖；2014 年，《创新形式，推动履职行权》获特等奖，《也谈“特定问题调查”这个人大监督重武器》获一等奖；2015 年，《也谈人大零距离司法监督》获二等奖；2016 年，《地方人大开展专题询问的现实困境与对策研究》获一等奖；《积极解决县乡人大工作中的困难和问题，大力推进基层民主政治建设》获三等奖。

2013 年 10 月，市人大常委会组织全国人大代表永州小组深入九嶷山片区开展专题调研，向全国人大办公厅和省委、省政府提交《关于南岭山区纳入国家连片扶贫开发的调查报告》。报告引起上级领导和部门的重视和关注。

2015年，市人大常委会围绕市委重大改革和发展课题，开展“推动永州百万外出务工人员返乡创新创业”专题调研。常委会主要领导带头深入各县(区)和市直相关单位，并赴江西、贵州等地调研。召开专题座谈会21次，实地走访创新创业典型85名，调查了解外出务工人员返乡创新创业情况，总结经验，查找不足，从资金制约、技术瓶颈、用工掣肘、政策支持乏力等方面深入剖析原因，并结合永州实际，有针对性提出营造双创氛围、落实扶持政策、搭建发展平台和优化政府服务等一系列对策建议。

第二节　宣传

1996年永州市人大常委会建立以后，注意舆论导向作用，紧紧抓住撤区建市的有利时机，运用各种宣传工具，采取多种形式，大力宣传人大及其常委会的性质、地位和作用，宣传社会主义民主政治，宣传各级人大代表在履行职务和“两个文明”建设中的优秀事迹，宣传人大工作的典型经验，为开展人大工作创造和谐的舆论氛围。为扩大宣传范围，增强宣传实效，市人大常委会召开市直各新闻单位座谈会，建立人大重要会议、重大活动必报制度，新闻发布会制度和宣传人民代表大会制度好新闻评选等制度，为广泛深入宣传人大制度奠定一个好的基础。市人大机关创办《永州市人大工作》简报，通报和交流人大工作的情况和经验。

市人大常委会在人大制度宣传方面，突出重点抓宣传。即重点宣传人大制度的优越性，提高全民的主人翁意识；宣传人民当家作主的重要性和必要性。抓好重要活动的宣传。对每年一度的人民代表大会、每个月一次的常委会例会、以及一些重要活动，大力开展宣传报道。市人大常委会成立以来，坚持每年召开一次人大宣传工作会议，与各宣传媒体共同制定年度宣传计划。凡任命干部都召开颁发任命书大会，对任职人员提出要求，同时阐述人大制度和人大职能，使国家机关工作人员增强人大意识，自觉接受监督。由于领导重视，部门配合，人大宣传工作力度不断加大，全社会的人大意识逐步增强，为地方人大工作的发展和深化创造较好的社会环境。

为加强法治宣传教育，不断提高广大干部群众的法律意识和法制观念，市一届人大常委会第四次会议听取和审议市人民政府关于“二五”普法宣传教育规划实施情况的汇报，作出《永州市人大常委会关于继续开展法制宣传教育的决议》，对巩固“二五”普法成果，推进“三五”普法宣传教育，加强永州市社会主义法治建设，已经和正在产生积极的作用。《湖南省县级以上地方各级人大常委会监督条例》颁发以后，市人大常委会专门下发通知，要求“一府两院”和有关部门认真组织学习和宣传贯彻。市人大常委会对市建委、公安局组织学习和宣传贯彻“监督条例“进行现场视察，在肯定成绩的同时，对进一步学习、宣传和贯彻提出新要求，为广泛深入贯彻实施这一条例开了一个好头。

1996年8月，市人大常委会加大对人大制度的研究和宣传力度，积极组织撰写理论文章和有关人大工作的宣传报道。市人大常委会办公室创办期刊《永州人大工作》和《永州联络动态》。这两个期刊发行后，在社会上引起极大的反响，促进人大工作的宣传实效。同时，市人大常委会对《人民之友》杂志的发行工作十分重视，要求各县（区）人大常委会把人大的宣传工作和《人民之友》杂志的发行工作作为一件大事，认真抓好落实；要求各位委员和市人大代表带头加强对人大制度的宣传，并尽可能订阅《人民之友》等宣传人大制度的杂志。

1996年，市人大常委会加大人大工作宣传的力度，全市各级人大在宣传人大制度、报道人大工作方面做了大量工作，取得明显的成效，宣传报道阵地得到巩固和拓展。各县（区）人大常委会在办好内部工作刊物的同时，加强与各新闻单位的联系，市、县两级的电视台、广播站、报刊发行等新闻单位注重对人民代表大会制度和人大工作的宣传，干部群众的人大意识、民主意识与法治观念不断增强。当年，全市各级人大新闻和理论研究等方面的上稿量比上年有所增加，而且上了一些有一定影响的稿件。是年，为了提高各级领导和全民的民主法律意识，增强法治观念，推动民族法律法规和政策的贯彻落实，促进民族地区经济社会的发展，市人大常委会敦促市人大民侨外委开展两次较大规模的宣传人大工作活动。一是1996年5月，组织全市各县（区）人大民族工委（或教科文卫工委）和市直有关单位十三个代表队，在潇湘宾馆大会堂举行一场别开生面的“人大代表为少数民族地区经济社会发展作贡献演讲会”。市人大常委会主任郑邦淳、副主任杨祈贵，市人大各委室负责人，市人民政府有关委室负责人出席演讲会，近200多人观看演讲比赛。演讲节目和内容丰富多彩，极具时代特色，再现永州市人大代表勇于开拓，积极参政议政，在改革开放和现代化建设中乐于为民族地区的经济社会发展做贡献的先进事迹，谱写出“人民选我当代表，我为人民作贡献”的曲曲壮歌。二是1996年9月，组织开展民族法律法规研讨会。研讨会紧紧围绕加强民族法制建设，推动民族地区经济社会发展这一主题，展开认真的研究和探讨，11名作者以满腔的热情宣读自己的论文。论文各抒已见、有观点、有内容、有见解、有措施，具有较强的思想性。

1997年，市人大常委会开展普法宣传教育，增强全民法律意识。常委会重点抓《湖南省县级以上人民代表大会常务委员会监督条例》的学习贯彻，并对市建委、市公安局的学习贯彻情况进行视察，推动监督条例的贯彻实施。代表法颁布五周年之际，常委会组织召开座谈会、发表电视讲话，深入宣传人大制度和代表的权利义务。各专门委员会根据各自的职能特点，积极组织参与普法宣传活动。市人大民侨委、教科文卫委分别举办民族法律法规、红十字会法知识竞赛。当年，市人大常委会狠抓人大工作宣传，好的宣传作品不断涌现。在上报参评人大工作宣传的作品中，有一件获全省“宣传人民代表大会制度好新闻”二等奖，两件作品获三等奖。《人民之友》组织的优稿评选中，永州市有两件作品分别获二、三等奖。

1998 年，在省人大工作先进个人的表彰大会上，市人大常委会秘书长谢承年和东安县人大常委会副主任杨传海分别被记一等功，祁阳县人大常委会办公室秘书朱振华和江永县源口瑶族乡人大主席田胜全分别被记二等功。

1999 年，人大常委会为进一步加强人大工作的宣传力度，制定人大宣传工作方案。方案明确人大宣传工作以邓小平理论和中共十五大关于人大工作的重要论述为指针，以民主法制建设为根本任务，加强国家的根本政治制度、宪法和法律赋予人大的职权、依法治市的宣传，促进人大工作的开展和整体水平的提高。宣传内容主要突出三个方面，即：①人大“三会”即市人民代表大会、市人大常委会会议、市人大常委会主任会议的宣传报道；②市人大重要活动，包括领导活动（如领导参加重要活动，到市直视察指导工作，下基层调查研究等）、代表评议、执法检查、个案监督、依法治市、基层民主政治建设、人大理论研讨的宣传报道；③代表工作如代表视察、代表依法履行职务、代表先进典型、办理代表议案以及建议、批评、意见等的宣传报道。宣传形式主要有五种，即：①市“一报两台”宣传报道。《永州日报》、永州电视台、永州有线台除对人大“三会”和人大工作重要活动按规定进行正常宣传报道外，开辟“依法治市”和“代表风采”专栏报道，每月报道两次。②市级以上杂志宣传报道。力争在《永州通讯》《潇湘论坛》上发表文章 4 篇以上，《永州人大》复刊后每季发行一期；《永州人大工作简报》全年编发 12 期以上；省级以上报纸杂志发表文章 4 篇以上。③标牌宣传。善始善终抓好“依法治市”标牌宣传，年内完成芝山区标牌宣传任务。④建立人大工作新闻发布会。每半年举行一次，邀请市“一报两台”、《湖南日报》永州记者站、湖南电视台永州记者站以及部分人大代表、人民群众参加，重点对市人大常委会向“一府两院”交办事项（包括个案监督）进行新闻发布。⑤运用多种艺术形式，开展人大宣传工作。方案还明确四个方面的工作要求，即：①领导要重视。市人大常委会明确一名副主任分管人大宣传工作，办公室确定 1 名副主任抓，综合科具体承办。市人大办公室每年召开一次宣传工作座谈会，通报年度人大宣传工作安排部署情况，各新闻媒体负责人要提高认识，自觉从国家的根本政治制度，支持人民当家做主的高度重视人大宣传工作。将人大宣传工作纳入各自年度宣传计划，及时、准确、全面搞好宣传报道。同时要注意突出重点，宣传工作要有针对性、系统性和艺术性。在报道规格中，要按照省级报刊、电台的规格办事。对专题进行系统报道。②人大代表工作是人大宣传工作的重点，各新闻媒体要在提高质量、多出精品力作上下功夫。③纪律要严肃，宣传工作人员接通知后，要求准时到达报道地点，工作期间不得随意离开岗位，报道文稿自拟并及时送市人大办公室分管领导审阅。④建立激励机制。每年组织一次全市宣传人大制度好新闻评选活动。同时，对在省级以上刊物发表有关人大工作文章的予以奖励。

2000年，市人大成立人大宣传工作领导小组，下设办公室，在主任会议的领导下开展宣传人大工作，定期或不定期邀请市委宣传部和“一报两台”有关人员一起研究人大宣传工作。是年，市人大常委会立足于自身工作特点，积极组织开展富有人大工作宣传特色的活动。主要活动有七个方面。一是为了适应社会主义市场经济发展的需要，组织市科委、科协到道县审章塘瑶族乡和江华贝江乡，开展科技下乡服务活动，向少数民族群众进行“以市场为导向，以科技为先导，大力发展民族地区种、养、加方面的科普知识讲座”2场次，听众达500多人，赠送农业科技知识读本资料1800多册。二是组织市卫生局、市第二人民医院、市中医院的医务人员，到道县井塘瑶族乡开展义务医诊活动，为群众看病315人次，送药达3500多元，深受当地群众的好评。三是会同市民委、司法局、普法办公室、法制局等单位，组织对市直1000多名干部进行《中华人民共和国民族区域自治法》的法律知识测试，提高法律意识，推动民族法律法规在全市的进一步贯彻实施。四是与市民委在永州会堂联合主办“庆国庆50周年和迎中央民族工作会议召开文艺晚会”，节目内容丰富多彩，充分展现少数民族新时代的精神风貌。五是举办全市民族、华侨、外事、宗教、对台工作法律法规培训班，参加人员有各县（区）人大常委会分管副主任以及市直有关单位负责同志共32人，进一步提高全市人大民族、华侨、外事、宗教、对台工作干部的法律和工作水平。六是组织各界人士召开座谈会，愤怒声讨和谴责以美国为首的北约集团侵犯我国神圣主权，并通过全国人大外事委向以美国为首的北约集团转发抗议书。与此同时，市人大常委会还组织声讨以李登辉为首的台独分子分裂祖国的罪恶行径，进一步对干部群众加强爱国主义教育，激发爱国热情。七是组织各县（区）人大常委会分管副主任或民侨外工委主任，赴上海、江浙等地考察学习，让他们开阔眼界，更新观念，增长见识，提高工作能力。

2001年，市人大常委换届后，新的常委会领导班子对人大新闻宣传工作非常重视。当年8月，常委会召开主任会议，专门研究讨论市人大的宣传工作方案，并对市人大常委会新闻宣传工作作出新的安排部署。成立市二届人大宣传工作领导小组。由市人大常委会分管办公室的副主任文先赵任组长，秘书长谢承年任副组长，成员有办公室主任蒋龙生、办公室副主任王先文、调研员滕斌3人，具体工作由办公室负责落实。常委会机关设立通讯组，组员有办公室综合科科长、各专门委员会综合科科长等。市人大常委会决定每年度召开一次主任会议，专门研究讨论宣传工作；每年召开一次全市性人大宣传工作会议，加强和促进全市的人大宣传工作。建立人大宣传工作网络。各县（区）人大配备专兼职宣传人员22名。每年在全市人大宣传工作会议上总结交流经验，互相学习，取长补短。加强与新闻宣传媒体的联系。每年召开一次市级新闻宣传媒体单位负责人座谈会，共同研究人大宣传工作。人大遇有重要活动重大事情，由市人大常委会及时通知报社、电台、电视台等新闻单位进行宣传报道。市人大常委会办公室与永州电视台、永州人民广播电台、永州日报社联合开展民主与法制专题专版专栏宣传。创办宣传阵地。永州市人大常委会继续办好《永州人大》杂志，定期编发《永州人大工作简报》，由办公室主抓，各专门委员会配合。加强与省人大及省内外地市人大的联系与交往，展开信息交流，刊物互赠及考察学习等。抓好全国人大、省人大的报刊发行工作，加强对县（区）人大的工作，确保任务的完成，加强人大宣传影响的效果和力度。

2003年，市人大建立宣传工作队伍和人大系统内部网络。市人大常委会主任和分管办公室的副主任挂帅，一名副秘书长专抓，以市人大常委会研究室为主体，各委室一人为宣传员。各县（区）人大常委会一名分管领导、主管领导、1~3名同志和各乡镇人大主席为通讯员。全市人大系统共有宣传人员227人。当年，市人大常委会举办全市的人大知识电视竞赛和报刊答题赛，并编印《人大知识500问》一书，取得良好的社会效果。

2003年7月23日，市人大常委会制定《关于加强机关新闻宣传和理论研究工作的意见》，明确十项要求。一是市人大常委会机关各级领导和全体工作人员，都要高度重视人大新闻宣传与理论研究工作。要把加强人大新闻宣传工作提高到树立人大权威，增强全社会的人大意识的高度来认识。通过强化人大新闻宣传和理论研究工作，不断提高市人大常委会机关工作人员写作水平和理论水平，增强人大工作活力，开创人大工作新局面。二是市人大新闻宣传和理论研究工作要在常委会主任会议领导下，由市人大常委会办公室、研究室牵头，各委室共同参与，形成领导重视、互相配合、多方支持的良好格局。三是加强机关通讯员队伍建设，各委室指定一人担任市人大常委会机关新闻宣传通讯员。通讯员要加强政治和业务学习，努力提高写作水平。要求通讯员每2个月写稿或组稿2篇以上，全年不少于6篇。写稿和组稿情况由办公室、研究室每季度通报一次。四是机关各级领导和各委室，要大力支持机关通讯员采写新闻稿件，多安排他们列席有关会议，了解有关情况，帮助他们把握报道的重点和要点。各委员会开展的执法检查、视察、办理议案、个案监督等重要活动以及信访部门来信来访中的热点、难点问题，所在委、室的通讯员要及时组织宣传报道。五是加强同市直“一报二台”（《永州日报》、永州电视台、永州人民广播电台）新闻媒体的联系，适时邀请中央驻湘和省级新闻单位采访、报道永州市民主法治建设和人大工作情况，主动介绍有关情况，提供背景材料。六是进一步办好《永州人大》和《人大工作简报》，刊发全市人大常委会机关理论研究成果和开拓性实践经验，摘发报刊发表的人大理论研究的新成果。用人大理论研究成果指导全市人大工作实践。七是建立激励机制。对市人大常委会机关工作人员在省级以上（含省级）新闻媒体发表人大新闻宣传、理论研究的稿件，在省级以上（含省级）获奖的新闻作品、论文予以奖励。具体标准为：在中央、省级新闻媒体上公开发表的稿件，分别按稿酬的3倍、2倍奖励；在内部简报上刊发的文章，中央、省级分别按每篇300、200元标准奖励；一稿多家转载和一稿多投的稿件，按最高的奖励一次；在国家、省级获奖的新闻作品、论文，按所获奖金的3倍、2倍奖励；每年评选一次"永州市宣传人大制度好新闻奖"，奖励获奖作品；适时召开人大新闻宣传工作会议，表彰优秀通讯员。八是新闻宣传和理论研究的奖励经费在市人大常委会机关经费中列支。九是机关工作人员在新闻宣传、理论研究、材料综合方面做出突出贡献的，作为年终评优评奖的依据之一。十是通讯员持采用稿件的原报原刊和稿费汇款通知单到办公室、研究室登记。办公室、研究室负责上稿和稿酬情况的登记及汇总，提出奖励意见。

2003年9月10日，市人大常委会办公室印发《永州市人民代表大会会议新闻报道规程》《永州市人大常委会主任会议新闻报道规程》，分别传送给《永州日报》、永州电视台、永州人民广播电台。

2003年12月12日，市人大常委会官方网站开通。网站设7个横向栏目，分别是人大新闻、领导言论、执法监督、工作研究、法规选登、人大知识、外地信息；设7个纵向栏目，分别是人大简介、组织机构、组成人员、人大代表、代表大会、常委会会议、公告公报，首页还设工作动态、人大论坛、百姓话题、代表风采4个栏目。为方便人民群众通过互联网向市人大反映情况，网站还开设主任信箱。永州人大网开通后，《永州人大》杂志暂时停办。

2004年1月，《永州人大》杂志创办电子版；永州人大网与永州市委、市人民政府网站及全国、全省以及部分市人大网站连接。

2005年，市人大常委会筹集资金，购置电脑40台，并聘请网络管理员1名。市人大常委会下发关于加强网络建设的通知，并进一步完善办公局域网，改版永州人大网，通过网络全方位多角度宣传人民代表大会制度和市县（区）人大工作。当年，市人大在《永州通讯》开设民主与法制专栏，由市人大和各县（区）人大轮流组稿。永州人大网一些有深度的通讯报道和人大工作消息被《人民代表报》《人民之友》《人大新闻动态》刊用。

2001—2005年，市人大常委会两次下发关于加强人大新闻宣传工作的通知，常委会办公室制定理论宣传工作具体奖励措施。凡是机关工作人员在永州人大网刊发的作品，都给予奖励。

2005年，市、县区两级人大常委会举行人大制度建立50周年纪念活动。市人大常委会在电视媒体开设纪念人大制度建立50周年宣传专栏，编辑《民族的丰碑一永州市纪念人民代表大会制度建立50周年画册》。

2006年1月，《永州人大》杂志复刊。由市人大办研究室承办，按季刊发行。

2001—2006年间，市二届人大常委会机关工作人员在省以上报刊发表关于人大制度，人大工作的新闻作品170多篇，其中多篇在全国，全省宣传人大制度好新闻评选中获一、二等奖。

2007年9月，市人大常委会研究室组织开展永州市第8届“宣传人民代表大会制度好新闻”评选活动，共评出一等奖3名、二等奖6名、三等奖10名、组织奖1名。

2008年10月，经市人大常委会主任会议研究决定，恢复《永州人大》内刊。内刊为季刊，16开，48页，每期印数2000册；免费赠送市人大代表，以及与各级人大常委会交流。同年9月，市人大常委会研究室组织开展永州市第9届“宣传人民代表大会制度好新闻”评选活动，共评出一等奖3名、二等奖6名、三等奖10名，组织奖1名。

2009年2月至2010年12月，市人大常委会在市级新闻媒体开展宣传优秀市人大代表履职专题活动。《永州日报》、永州电视台、永州人民广播电台、永州新闻网、永州人大网等宣传媒体开设“代表在线”专题栏目，集中报道“我为富民强市建言献策”履职活动的先进代表典型，承接产业转移、促进社会主义新农村建设的先进代表典型，代表议案、建议、批评和意见办理落实工作好的典型，代表小组活动开展好的典型以及代表述职活动和闭会期间参加人大常委会组织开展的代表视察、执法检查、专题活动以及履职出色的代表典型。当年，共刊播了23位优秀人大代表典型。

2009年9月22日，市委召开庆祝中华人民共和国成立60周年和地方人大常委会设立30周年座谈会。会上，市人大常委会主任李良铁作《践行以人为本理念，充分发挥地方国家权力机关作用》主题报告，回顾全市人大工作，总结实践经验，明确努力方向。市委书记黄天锡、市中级人民法院院长熊春明、市人民检察院检察长王蓟零分别作了讲话，与会的部分县（区）人大常委会主任和市人民政府工作部门的主要负责人作了发言。

2009年12月，市人大常委会研究室组织开展永州市第10届“宣传人民代表大会制度好新闻”评选活动，共评出一等奖3名、二等奖6名、三等奖10名、组织奖1名。

2010年4月，市三届人大常委会在《永州日报》，永州电视台开辟“代表在线”专栏，宣传报道代表优秀事迹。同时，红网、《永州新报》、永州新闻网、《永州人大》杂志和网站同步跟进宣传报道，推介代表的履职经验，宣传人大制度。

2012年，市人大常委会研究室组织开展永州市第11届“宣传人民代表大会制度好新闻”评选活动，共评出一等奖3名、二等奖6名、三等奖10名、组织奖1名。

2014年，市人大常委会举行第12届“宣传人民代表大会制度好新闻”评选活动。《永州人大以晒“差”倒逼作风升级》《走基层、走代表、走选民》《三湘农民健康行系列报道》获一等奖；《请民意进会堂》《人大代表述职 接受选民“打分”》《一问一答总关“情”》《一头“联”着代表 一头“联”着人民》获二等奖；《道县 13 个部门主要负责人作履职承诺》《建言兴交通 天堑变通途》《守护一泓清水 保障饮水安全》《为了瑶家兄弟的安宁》《为了共饮清澈高岩水》获三等奖。

2015 年，市人大常委会举行第 13 届“宣传人民代表大会制度好新闻”评选活动。《一个乡镇人大工作的样本》《道县：在线监督打造“阳光财政”》获一等奖；《阳光问政——剑指住宅小区乱象》《建议办理“面对面” 让代表满意》《守护紫水河的美丽——东安县紫水河保护管理专题询问侧记》获二等奖；《市人大开展防治大气污染执法检查》《从源头上治理污染》《“勤俭之风就像春风扑面”——东安县十六届人大二次会议厉行节约侧记》《水上明珠卜家村》《大海里的一朵浪花》《“脸红汗出”，对照检查剖得“深”》获三等奖。

2016 年 3 月，启动永州人大网改版工作。

2016 年 5 月 25 日，永州人大网新版上线运行。网站改版后与湖南红网新闻网络传播有限责任公司永州分站（简称红网永州站）合作，将数据存放于红网服务器，并委托其进行开发维护。网站英文域名按网信部门相关要求进行规范，修改为 http://www.yzrdw.gov.cn/。

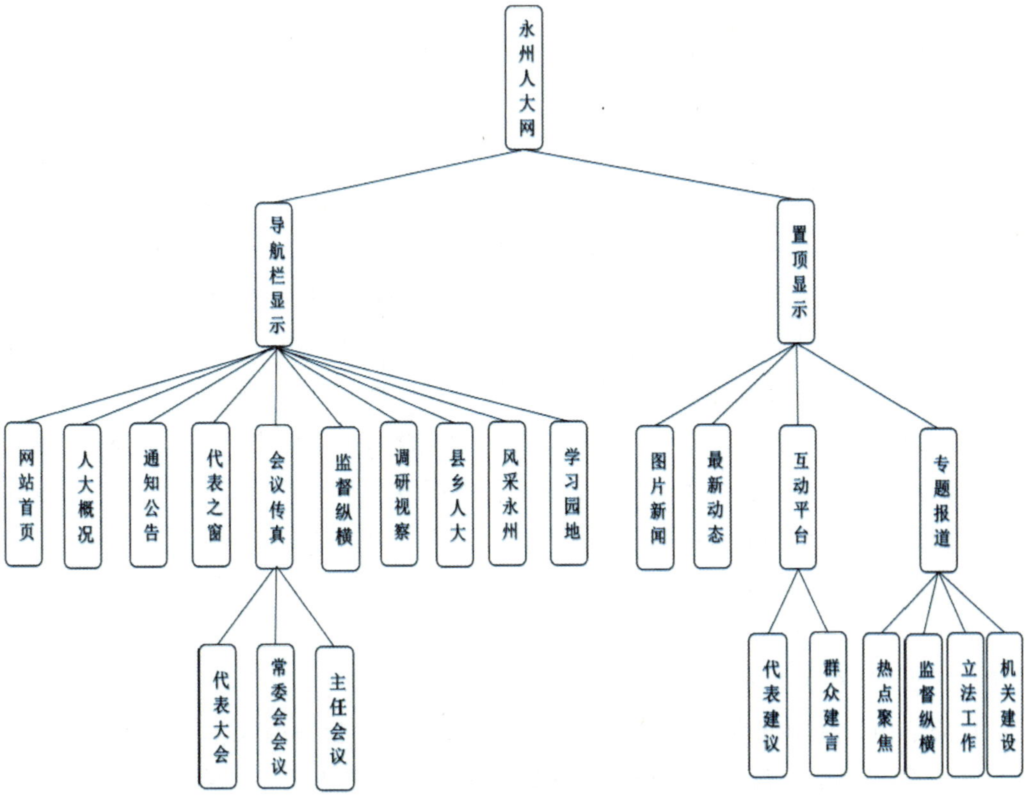

永州人大网组织结构图

2016年，市人大机关新闻作品不再参加评选。是年，市人大常委会举行第14届“宣传人民代表大会制度好新闻”评选活动。《永州市人大专题询问中心城区住宅小区建设和管理工作》《受选民监督，应履职大考》获一等奖；《“问出真情，问出辣味”——宁远县人大常委会开展教育专题询问》《打通天堑筑“天路”，谱写民族团结发展“中国梦”》《你承诺，我验收》《走近张四玲》获二等奖；《宁远：主任督办“不含糊”》《宁远县人大常委会着力推动代表建议真办实办》《永州各地积极整改，水环境保护初见成效》《双牌人大：落实“一线办理法”，促进提升执行力》《守护美丽紫水，共建绿色家园》《加快瑶族地区脱贫步伐》获三等奖。

第三章 信访

第一节 信访制度

1996年，市人大常委会建立机关信访工作制度和机关信访处理制度。

机关信访工作制度：机关信访工作坚持实事求是、依法办事的原则，维护人民群众的合法权益，维护安定团结，为市人大常委会行使职权服务，为改革开放服务，为人民服务的办事工作机制；市人大常委会机关主要受理范围为群众来信来访：机关信访工作，由办公室信访科归口管理；市人大常委会主任会议组成人员信访接待，采取接待、走访、现场办公等形式，直接处理来信来访重要事宜；主任会议每半年听取一次信访工作情况汇报，对重大信访案件专门听取汇报，并组织力量进行查处；所有来信来访都要严格按规定要求，认真做好登记、接访、拆阅信件、转办、督办、催办、反馈、结案、归档等工作，做到件件有着落；严禁将群众来信来访内容和处理情况向无关人员泄露。不准将检举揭发信件转给被检举揭发的单位或个人。对群众来信来访及处理过程中形成的材料，必须妥善保管，按规定及时整理归档；建立来信来访重要情况摘报制度；信访工作人员要认真学习法律法规和党的有关方针政策，努力钻研信访业务；接待群众来访，认真负责，热情服务，坚持原则，依法办事。这些信访制度的建立，使人大机关办理信访案件有章可循。

机关信访处理制度有九大方面的要求。一是处理人民群众来信来访应坚持党的领导、不直接办案、代行审判权和检察权、事后监督、实事求是、集体行使监督权。二是原则做到事事有回音，件件有着落，切实维护信访人的合法权益。市人大常委会领导，各委室主要负责人应阅批重要群众来信，接待重要来访，研究解决重要问题。三是建立人大、政府、法院、检察院、公安信访工作联席会议制度，适时通报信访情况，分析信访工作形势，协调处理重大疑难信访问题。四是主任会议信访工作职权：听取信访工作情况汇报；决定重大信访事项的交办事宜；决定召开全市人大信访工作会议，决定就重要信访事项开展执法检查、视察和工作评议。五是办公室信访工作职责：接待和办理人民群众向市人大常委会及其办公室的来信来访；向市人大常委会领导及时呈报重要信访事项和信访工作情况；对需提请主任会议研究决定的有关信访工作和重大信访问题提出处理建议；办理主任会议交办和市人大常委会主任批办的信访事项，并负责督促落实，反馈办理结果。六是各委员会信访工作职责：接待和办理与本委员会工作相关的群众来信来访；向市人大常委会领导及时呈报重要信访议案和重大信访问题提出处理建议；办理主任会议交办和市人大常委会主任、副主任批办的信访事项，并负责督促落实，反馈办理结果。全国人大代表、省人大代表、市人大代表的来信来访由任免联络工作委员会负责办理。七是严格信访工作程序。（一）登记处理：各委室对所接待的群众来信来访及与信访有关的转办件必须进行登记管理，区别情况，及时转请有关职能部门处理，不得疏漏和积压。重要的信访事项由各委室填写呈阅件报分管该项工作的常委会副主任阅批。必要时，由分管副主任呈主任批示，一般的信访事项由各委室转案件职能部门办理。主任会议归口决定由有关单位交办信访事项。市人大常委会主任、副主任直接批办的信访事项，由相关科室办理，市人大常委会主任可根据情况直接向有关单位批办。属市人大常委会职权范围内的问题，由市人大及有关委室直接办理；有争议的，由市人大常委会主任或主持机关工作的常委会副主任与分管相关委室的副主任商洽决定。属市人民政府及其职能部门、市中级人民法院、市人民检察院职权范围内的信访件，应及时转请有关部门查清依章依法处理。市人大常委会处理亦可视情况转请本级有关职能部门依法处理，或者建议下一级人大常委会依法监督处理。属上级人大常委会监督的信访事项，应将处理结果报告上级人大常委会。不宜分流或下转的，要按保密、区别对待的原则慎重处理。对可能影响社会稳定的重大、紧急来访事项，应立即报告并采取果断措施，以防止事态的扩大。及时通知有关人员及来者所在县（区）有关部门派员配合，妥善处理。对所反映的问题已经解决仍坚持不合理要求的缠诉户进行法制教育，对有过激行为、妨碍信访秩序的人员，通知公安机关或保卫部门依法处理。（二）督办落实：对主任会议决定交办的信访事项，有关委室应及时制作协办文书，履行交办手续。各委室原则上负责督办各自转办信访事项的落实情况。主任会议研究决定的重大信访事项，由主任会议指定督办单位。主任会议没有明确的或工作中需要联合督办的，由常委会主任或主持机关日常工作的常委会副主任与分管相关委室的副主任决定督办单位。（三）答复反馈：对来信来访群众要求答复的，属市人大常委会职责范围内的，由有关委室给予口头或书面答复；不属市人大常委会职责范围内的，交市人民政府有关部门负责办理。（四）提供信息：对来信来访的重要信息、动态，各地信访工作情况，应当及时进行综合分析，报送常委会组成人员和有关部门参阅。八是对市人大常委会发出的交办函的重大信访事项，承办的法定职能部门必须在规定时间内报告处理结果，并直接答复信访人。不能按期办结的，应及时书面说明原因，并报告办理进度。九是信访工作人员必须遵守国家法律法规，执行党的政策，严守工作纪律，保守信访秘密，秉公办事，不谋私利。

1997年，市人大常委会建立健全主任信访接待日制度，集体研究处理重要信访案件，受理人民群众的申诉和控告。

2001年6月，市二届人大一次会议期间，彭俊卿代表领衔提出的关于建立市中级人民法院、市人民检察院与人大代表联系制度的建议和建立人民检察院对重大案件向同级人大常委会报告制度的建议，得到两院的重视和采纳。市中级人民法院为此专门出台《关于加强与人大代表联络工作的决定》《永州市中级人民法院办理人大代表来信暂行规定》《关于人民法院接受人大及其常委会监督的若干意见》3个规范性文件。当年，市人大常委会制定信访工作和信访处理制度，印制专用的来信转办信访笺、来访介绍信访笺、领导批示信访件交办函、回复函等，信访文书和信访档案工作走上制度化、规范化的轨道。

2002年7月26日，市二届人大常委会制定机关信访工作制度和市人大信访工作联系会议制度。

机关信访工作制度主要明确五个方面的内容。一是明确人大常委会机关设立信访工作领导小组；负责研究、协调重大的信访事项及讨论、决定重大信访案件。二是明确信访工作遵循”重大问题集体行使职权，分级负责、归口办理、监督办理、不直接处理问题”的原则。三明确来信来访办理程序，即：（一）对人民群众的日常来信来访，由信访工作机构负责接待办理；（二）对全国、省、市人大代表的来信来访，先由信访工作机构登记，提出处理意见，呈送分管负责人审定后转交承办单位办理；（三）凡需交办的信访件，原则上由信访工作机构提交信访领导小组提出意见，讨论决定；（四）对上级人大常委会及其办事机构批转交办的信访事项，由信访工作机构登记转交承办单位办理；（五）属于市人大各专门委员会及工作机构职权范围内的信访件，原则上由相关委室负责接待处理；（六）市人大常委会主任会议及上级机关交由委室办理的信访案件，由相关委室负责处理，并汇报处理结果；（七）涉及市人大常委会几个委室的信访案件，由市人大常委会机关信访领导小组协调处理，由牵头委室负责协调处理，并汇报处理结果。四是明确作为重要案件督办的信访案件，即：（一）主任会议交办的信访案件；（二）市人大常委会领导和信访领导小组批示要求报告结果的案件；（三）上级人大常委会要求报告结果的案件；（四）市级以上人大代表反映的重要信访案件；（五）其他需要求督办的重点案件。五是明确承办单位应在收到督办函后三个月内办理完毕，答复上访人，并报告办理结果。需要调阅有关案件案卷的，须经信访领导小组同意。

市人大信访工作联系会议制度主要明确四个方面的内容。一是明确联系会议成员由市人大常委会信访领导小组成员，信访局局长，市中级人民法院，市人民检察院，市公安局各一名负责同志组成。市人民政府有关部门和市直其他机关信访工作机构的负责人，根据信访工作需要列席会议。二是明确联系会议由市人大常委会信访工作领导小组负责召集。三是明确联席会每季度召开一次，如有特殊情况，根据需要可临时召开。四是明确联系会议的主要任务，共五项，即：（一）通报人大信访工作的有关情况，分析信访工作动态；（二）研究协调各成员单位之间信访工作的联系，配合工作；（三）研究协商由人大受理的并涉及到两个以上部门的重大集体上访、重大疑难上访和重大异常上访案件的办理意见；（四）组织开展与人大信访工作有关的法律性和政策性问题的调查研究；（五）听取市人大常委会交市人民政府，市中级人民法院，市人民检察院，市公安局办理的重要信访件的情况汇报。

第二节　信访处理

1996 年，市人大常委会采用转办、疏导劝解等方式共处理上访案件 210 件，约占全案的 80%；发信访便函，要求做一般督促落实，其中，交县、区人大法工委及人大办信访室过问的 5 件；重、特大案件发交办函 14 件，占上访案件的 57%。当年，市人大内司委直接督办的信访案件 16 件，其中 11 件案件在当年内了结。典型案例：（一）芝山区四小教师蒋某某与宋某某房屋产权纠纷案，蒋某某从 1984 年开始就向法院提起诉讼，经两级法院多次审理，蒋某某一直不服，先后到区、市、省里直至北京上访申诉达百次之多。1995 年，原地区人大工委一处接待蒋某某的上访后，觉得此案非同一般，应予严肃对待。于是确定专人，用两星期时间，查阅了 8 本、上千页的案卷，认为该案法院受理不当，且案件事实不清，证据不足，建议中院进行调查和复查。经主任会议两次研究，同意这一意见，但由于多方原因，案件仍然悬而未决。时间推延到 1996 年，内司委支持申诉人的请求，继续把该案作为重点督办，并向省人大内司委作了汇报。经过长期反复周折，省高院将案件提审后，于 1996 年 11 月作出行政裁定：蒋某某依法有权主张自己的合法产权，第一、二审法院受理此案违反了法定程序，撤销原地区中院和原永州市法院的行政判决。案件终于得到审结。（二）东安县电影公司与广西五建职工李某某建筑工程承包合同纠纷案，一审法院审理后，电影公司、县有关部门和一些市人大代表均不服，一边向中院提起上诉，一边向市人大常委会反映。内司委数次听取有关情况汇报，详细查阅案卷材料，认为一审法院判决有误，上诉方有理。于是，内司委向中院提出意见和建议，并进行催办。中院于1996年底开庭审理，适当作了改判，有效地维护了当事人的合法权益，双方表示满意。（三）从长沙来芝山开店的个体老板周某诉徐家井派出所案，市人大内司委听到反映后，配合区人大法工委到派出所和街道，向有关当事人和知情人作了调查，认为情况基本属实。于是，建议市区两级公安部门严肃查处。经过督办、催办，区公安分局作出行政处理，赔偿周某的经济损失，并追究有关干警的责任。从而，为受害人讨回公道，维护司法机关的形象，受到群众的好评。

1997年，市人大常委会把信访监督作为监督工作的重要组成部分，依法督促办理有关案件。全年共受理人民群众来信930件，接待群众来访1500多人次，督办重要案件64件，督促查处有法不依、执法不严、违法不究等重要信访114件。典型案例：东安县芦洪市镇伍家桥中学三用礼堂工程承包结算纠纷一案，镇政府不服县法院一审判决，多次到县人大和县委上访。要求人大督促司法机关依法审理，予以改判。县人大组织代表对此进行专题调查，认为原判决事实不清，证据不足，判决有误。市人大内司委与县人大的负责人员研究后，一方面支持镇政府上诉，另一方面召集有东安县人大、芦洪市镇政府和市中级人民法院民事庭负责人参加的联席会议，分析案情，找出疑点，提出依法审理的意见：市中院办案人员按照联席会议的要求，深入实地调查，认真细致阅卷，并经审委会讨论，二审适当作了改判，使镇政府减少8万多元损失，维护当事人的合法权益。

1998年，市人大常委会共接待信访640件、来访1800人次，转办400件，疏导140件次，直接办理68件，向有关部门交办11件。其中，对23件典型信访案件进行交办、督办。经过检查督促，当年办结的18件。典型案例：李某、彭某某抢劫案，一审法院作了判决，受害人不服，向内司委申诉，要求人大为民作主，督促审判机关重新改判。内司委通过询问当事人、查阅案卷和走访有关县人大内司工委、县法院，认为一审对该案的判决某些事实不清，适用法律不当，量刑偏轻。于是向市中级人民法院进行交办，并多次与中院领导和有关人员商量，提出依法审理的意见、建议。市中院审查后，采纳了意见，通过审判监督程序，一审法院重新作了改判，将二罪犯的刑期由原来的3年、1年分别改判为6年、4年，并适当增加民事赔偿部分。又如唐某与于某某房屋产权纠纷案，从1987年以来，经过一审、二审、再审，均依法进行了判决，但是未执行，唐某一直奔走申诉，成了上访老户，曾多次找市人大领导和内司委，要求权力机关督促法院依法执行，市人大内司委向市中级人民法院进行交办。通过审判机关反复做工作，终于长达 11 年的难案得到圆满了结，原告非常高兴。还有 5 件反映司法干警违法办案的信访案件，市人大内司委进行交办、督办，均得到妥善的处理。

1999 年，市人大常委会注重加强个案监督，全年受理人民群众来信 800 余件次，接待来访 2300 余人次，依法转办 440 件，督办 49 件，交办 28 件，对 12 件个案进行重点监督。对一般的信访案件，都作了说服解释和登记、转办，对 55 件重要信访案件（其中省人大内司委交办 2 件、市人大领导批示的 28 件、内司委直接受理的 25 件），向有关部门进行了信函交办或重点交办，催办、督办。典型案例：冷水滩曾某某、曾某某诉陕西咸阳市公安局秦都分局人身损害赔偿一案。1991 年 5 月，二人与咸阳纺机商场发生货款纠纷，秦都公安分局以二人涉嫌诈骗为由，对其关押二年零七个月。正当国家赔偿法实施前夕的 1994 年底，秦都检察院认定二人诈骗罪不成立，建议撤案，秦都分局据此撤案放人。二人被释放回家后，即向冷水滩区法院提起行政诉讼，要求赔偿。秦都分局拒不应诉，致使难以开庭。二人无奈，于 1995 年 9 月至 1996 年 8 月先后向咸阳司法机关提出赔偿请求、赔偿复议、赔偿申请，而咸阳市检察院、法院的复议决定书、赔偿通知书均未提及二人有重新犯罪线索又被再次逮捕的情况。1999 年 6 月 7 日，秦都公安分局派员持 1995 年 8 月的逮捕证来冷水滩逮捕二人。曾某某重新被捕的情况引起冷水滩区人大和区司法机关的高度重视，并很快反映到市人大内司委。为慎重起见，内司委正、副主任委员事先查阅了现有材料，并于 6 月 9 日主持召开有市人大办公室信访的人员和冷水滩区人大、公安、法院负责人参加的联席会议。通过认真分析情况，研究已掌握的材料，一致认为秦都公安分局将二人从 1991 年 5 月关押至 1994 年 12 月 29 日，既不侦查终结，又不交付审判，也未办理延长手续，属严重违法行为。这次重新逮捕更是无事实和法律依据。会议商定，将曾某某羁押于冷水滩看守所，暂不交给秦都警方带走，并立即向上级有关部门反映。当全国和省人大信访部门及最高人民检察院过问此案时，秦都公安分局又电传冷水滩公安分局，要求将曾某某移交秦都方羁押。经研究，市人大用文字明确通知冷水滩分局，坚决不移交，待全国人大明确意见后再办。 1994 年 8 月，秦都检察院终于撤销对曾某某的逮捕决定。市人大常委会及时召集市区两级法院研究恢复对曾广武诉秦都公安分局的行政审判，并邀集新闻界和律师参加座谈会，通报主要案情与人大依法监督的经过，在社会上引起好的反响，受害者特地给市人大送来大型镜匾，表示感谢。

2001 年，市人大常委会登记处理各类群众来信 812 件，其中，联名来信 387 件，占来信的 46%，；接待群众来访 1010 批、计 1628 人次。1999—2001 年间，群众来信年平均为 758 件，年均增幅 9.2%；群众来访批次年均 877 批，年增幅 12.6%；来访人次平均 1420 人次，年均增幅 12%。联名信主要来自农村和困难企业。典型案例：2001 年 7 月，江永县桃川镇大地坪村小神湾的 282 名群众联名来信，反映县总商会引进外地不法私营业主在当地私自土法炼砷，致使大面积生态环境遭到破坏，水源受到污染威胁，直接危及到人畜安全，接信后，信访科人员立即转请市环保局依法查实处理。市环保局及时派员到现场进行调查处理，查明来信反映情况属实后，要求县政府迅速行动，依法取缔该土法炼砷厂，并炸毁土窑和生产设备。同时，县政府还责成总商会化工厂，妥善处理废渣，消除隐患，防止污染事故的发生，由县环保局对该厂作出行政处罚。

2002 年，市人大常委会受理群众来信 302 件，接待来访 368 人次。依法转办 120 件，其中，重点督办 26 件，函办 6 件，交办 1 件。尤其是二届人大一次会议期间代表提出的有关政法方面的 18 件批评、意见、建议，均依法交有关部门办理并办结。典型案例：永州市凤凰园创发物业有限责任公司（以下简称创发公司）与邵东县工程公司（以下简称邵东公司）工程款纠纷一案。1996 年 7 月 27 日，创发公司将创发商贸城基建工程承包给邵东公司承建。因主体工程质量不合格发生纠纷，1998 年 3 月 26 日邵东公司向法院提起诉讼，要求创发公司支付工程欠款，标的为 60 万元。永州市中级人民法院受理后以〔1998〕永中民初字第 4 号，省高级人民法院以〔1999〕湘民终字第 34 号分别作出判决：创发公司支付邵东公司欠款 106 万元。对此，创发公司不服，上访到省人大。省人大主要领导及内司委要求永州市人大予以监督，后双方在法院的主持下，于 1999 年 9 月 1 日签订执行和解协议。创发公司当即支付现金 10 万元，并将价值达 170 多万元的两本房屋产权证交给法院，法院于 1999 年 9 月 15 日组织双方协调履约，并于当日解除对创发公司的财产查封。之后邵东公司反悔，又重新向法院申请执行湘民终字第 34 号判决，并追加被执行人。市中级人民法院据此作出〔2001〕永中执字第 15 号民事裁定书，将王某某等 5 人追加为被执行人，冻结王某某的股票交易账号。对此，创发公司和王某某等人要求依法撤销该裁定书并按原来的和解协议执结此案。市委副书记邓三龙在市委常委领导接待日接待了这起上访案件，并指定该案由市人大内司委和市信访办负责督办，事后，内司委和市信访办多次找市中院有关人员了解询问案件办理情况，督办中发现，市中院有关人员没按领导接待日答复的意见办理，为尽快依法公正处理此案，经商量决定内司委专门从市中院调来案卷认真审阅。并就该案存在的一些问题写出综合材料上报。省人大内司委、省高院有关领导就此案作了专题研究，并达成共识，认为此案已基本执结，不存在重新执行的问题。市信访办就该案督办情况，向市人大常委会主任会议作了汇报。主任会议研究决定，将此案作为个案依法重点监督，据此，内司委于以永人内交字〔2001〕1 号交办函，向市中院进行交办，责成市中院组织专人对该案进行全面审查和调查，并将办理情况和处理意见限期向省人大常委会主任会议汇报。

2003 年，市人大常委会共受理群众来信 289 件，接待来访 200 余人次，依法转办 120 件。典型案例：蓝山梁某文与梁某生人身损害赔偿一案。该案经蓝山县人民法院 1995 年判决后，至 1999 法院再审判决，原审被告梁某文一直不服，认为法院认定事实错误，要求市人大予以监督。市人大内司委根据主任会议意见，牵头组织调查组赴实地调查，根据调查的情况和主任会议意见，进行交办。经市中院审委会研究，已撤销原一、二审和再审，发回蓝山县人民法院重审。又如对金洞林场“11·4”事件复查处理一案。祁阳县晒北滩瑶族乡大源里村村民方某某，因偷树木被该乡派出所留置于金洞林场公安分局，因看守人员擅自离岗，导致方某某自缢于留置室。事件发生后，尽管已作出法医鉴定结论，也签订补偿协议，但死者亲属仍对死因不服。邻近的晒北滩、新田县门楼下，常宁市的踏山、桂阳县的杨柳四个瑶族乡的一百多村民要集体到市里上访。内司委根据市委、市人大领导的意见，及时派员到村里作安抚解释工作。并牵头组织专案组开展调查和协调处理。从整个调查过程看，没有发现公安或其他人员对方某某进行殴打，侮辱等刑讯逼供现象，第二次尸检结论为方某某自缢死亡。由于工作比较细，化解不少矛盾，消除集体上访的重大隐患。同时对擅离岗位的看守人员，工作未尽责的派出所长、公安分局主要领导分别给予党纪、政纪以及其它行政处理。并从死者家庭的实际困难出发，追加 1.7 万元补偿费。

2004 年，市人大常委会实行三个信访工作新举措。一是发挥各级人大代表在信访中的作用。市人大常委会从拓宽代表联系选民渠道入手，设立“人大代表收集群众意见箱”，主动收集选民对行政区域内国家机关和工作人员的意见和建议，再由各级人大出面向有关机关交办，并督促在三个月内办理反馈，各级人大代表成了特殊信访员。祁阳、道县开展的试点成效明显。两个县设立 90 个人大代表收集群众意见箱，共收到 467 件群众来信，通过交办督办有 280 多件得到解决或基本解决。如祁阳县人大常委会针对代表收集的意见，10 多个镇的群众一致反映全县退耕还林存在地类面积不准，农民补偿不足等问题。专项调查后，祁阳县人大常委会会议专题听取汇报，并向县政府发出整改交办函，县政府非常重视，成立整顿工作领导小组，下发整顿规范退耕还林工作实施方案，全县共核减坡耕地抵作退耕还林面积 3109 亩，每年增加农民土地补偿款 300 多万元。二是抓涉法信访。针对人大信访案件 80% 属涉法信访的情况，市人大常委会利用联席会议制度，召开公、检、法、信访局及 11 个县（区）人大领导参加的联系会议，将重要的涉法案件现场会商、讨论。为提高信访质量和效率，常委会 2005 年聘请 2 位律师作为信访法律顾问，每次集中接访都请他们参加，对一切复杂凝难案件进行法律解释，提出建议和意见。领导信访接待日，“两院”领导参与接访，共同分析研究处理信访案件，职责内的信访件，对口接待办理，提高信访的办结率。三是抓下访回访。实行接访领导回访制度，回访领导下基层走访上访人和有关单位，协调解决上访问题。

2005年，市人大常委会共接待来信162件，来访520人次，开展重点个案监督4件。典型案例：（一）永州商业广场合作开发纠纷案。省高院判决生效后，当事人一方不服，阻碍执行。后省高院决定立案再审，矛盾更加尖锐。问题反映到常委会后，经多次反复研究，向省人大汇报，促使省人大内司委启动监督程序，督促省、市两级法院达成共识，成立协调机构，矛盾得到缓解，工程建设继续进行。（二）道县粮油购销总公司与道县农行借款合同纠纷案进入执行程序，执行标的为656万元，已执行135万元。法院再次裁定变更道县粮食局为下属一改制企业的部分门面。道县人大常委会向市人大请示，提供粮油购销总公司系独立法人，且没有歇业的证据，认为法院变更被执行主体不妥，且该纠纷案涉及的债务是由于政策性亏损造成的，具有特殊历史原因，县、市粮食部门向省，中央请示汇报，转请求市人大内司委监督市中院撤销变更道县粮食局为被执行主体的裁定，并建议暂缓执行判决内容。内司委向主任会议汇报后，形成交办意见，建议市中院撤销变更执行主体的裁定，纠正错误查封，中止执行，有效化解了矛盾。（三）罗某某与王某某纠纷案。罗某某反映芝山区法院规避管辖权受理案件，违法扣划、冻结存款，引起区、市、省三级领导的高度重视。省人大领导多次批示，省人大内司委向市内司委发函交办，主任委员亲自督办，在市人大内司委的监督下，案件已移交市中级人民法院审理。四是吴某某、蔡某某诉永州市人民政府驻海口办事处、永州市人民政府赔偿纠纷案。蔡某某被原零陵地区驻海口办事处原副主任钟某某诈骗48万元，钟已被判十五年徒刑后，蔡转而直接诉永州市人民政府驻海口办事处和永州市人民政府。一审判决永州市人民政府承担赔偿责任。永州市人民政府认为该判决认定事实不清，主体不适，适用法律错误，特向市人大常委会报告，请求协调海口市人大常委会在二审给予监督。经主任会议研究，市人大内司委为常委会起草请求海口市人大常委会予以监督的函，在常委会副主任带领下，派员到海口市人大常委会进行衔接，协调关系，请求海口市人大常委会依法监督海口市中级人民法院在二审中公正判决，得到海口市人大的支持，引起高度重视。

2006年，市人大常委会共收到来信192件，接待来访680多人次，对每一件来信和每一次来访均做到热情接待，认真处理，并从中筛选出一些重点案件予以司法监督。典型案例：广东省某某空调设备公司反映永州市人民检察院在办理一起个人涉嫌贪污贿赂案件中，错误扣划该公司货款30万元，几经交涉，历经4年没有返还，要求人大监督纠正。市人大内司委接到信访函后，立即到检察院了解情况，听取汇报，及时与该院负责同志交换意见。认为广东省某某空调设备公司的个别同志在检察院办案过程中不仅不予配合，甚至干扰正常办案，其行为是违法的。但检察院对此违法行为没有处罚，转而以此为由扣划该公司货款的行为缺乏法律依据，应当纠正。检察院接受监督意见，立即将扣划的 30 万元全额返还，当事人表示满意。又如江华县沱江镇村民伍某（残疾人）反映江华县公安局交警大队某中队长文某在扣留其三轮摩托车后，伍某多次找文某处理未果，为此双方发生争执，住院治疗，特向人大内司委反映，内司委及时将此信访件转到市公安局，要求调查核实，依法依纪处理。对此，市公安局领导高度重视，决定由市公安局纪委牵头，与市公安局交警支队纪委、江华县委政法委、江华县公安局纪委组成联合调查组，对此事进行认真调查，调查认为，文某虽然是在依法履行职务过程中扣车，但在处理过程中工作方法粗暴，不依法办事，又在非工作时间内与其发生争吵，致伍某人身伤害。建议由江华县委、政法委组织双方进行调解，由江华县公安局交警大队先行垫付伍某的医疗费、生活补助费等相关费用；由文某向伍某赔礼道歉；江华县公安局免去文某中队长职务，并给予其行政纪律处分；同时江华县公安局以此作为反面典型，在全局开展执法为民教育。2007 年，市人大常委会切实加强信访工作网络建设。在领导层，常委会主任亲自抓，分管副主任负责抓，主任会议组成人员人人参与。信访工作机构得到健全。换届后，市人大常委会增加一名副秘书长专管信访工作、办公室一名负责人员协管信访工作，信访科由 1 人增加至 2 人，各委室综合科长兼任信访联络员。在基层，各县（区）设立人大信访工作领导小组，设立信访室和信访专干，其中祁阳、东安等县信访室为正科级机构。各乡镇人大主席团确定具体人员抓信访工作。据统计，全市人大系统共有专兼职信访人员 213 人，初步建立一支素质较高、上下联动、反应快捷的人大信访工作队伍。建立市人大常委会与“一府两院”、各县（区）信访工作联席会议制度。由市人大信访领导小组牵头，定期召开部分政府组成单位，各县（区）及法院、检察院分管信访的领导和信访工作负责人参加的联席会议，共同商讨重大信访案件，分析信访工作形势，推进信访工作。

2007 年，市人大常委会在祁阳和道县的乡镇所在地，设立人大代表收集群众意见箱，确定代表负责收集、整理，由人大常委会向有关部门交办，并督办处理结果，取得良好成效。2008 年，在全市城乡铺开这项活动，使之成为联系群众、了解民情的直通车。2008—2011 年，共收集群众来信 15928 件，通过梳理、分析，对有具体诉求的信件进行交办督办，使 4356 件来信得到解决或基本解决，进一步密切国家机关与人民群众的血肉联系。如祁阳阳光水电开发公司与某公司工程施工合同发生纠纷，不服法院一审判决，几番上访。常委会经过认真接访，认为案情重大，立即进行交办，加强监督。经公安机关调查，发现工程施工单位与阳光公司项目负责人串通，抬高工程单价和多报工程量骗取工程款的事实，促使该案重审，使之得到公正处理，为阳光公司挽回经济损失 7000 余万元，保护了投资商的正当权益，维护了经济发展秩序。

2007 年 12 月，市人大常委会针对信访中干部群众反映强烈的命案不破、公交混乱、供水紧张等问题开展代表视察。

2007 年下半年，市人大常委会开展主任会议成员集体约见信访人活动。约访由常委会主任会议成员轮流主持，邀请人大代表、律师和有关人员参加，现场听取信访人陈述事实与理由，现场听取承办单位对案件事实及法律适用情况的报告，现场开展辩论，现场对办理结果进行表决。当年，《创建约访机制 破解信访难题——永州市人大常委会主任会议成员集体约访的做法与体会》得到全国人大办公厅、省人大常委会的肯定和推介。

2008 年，市人大常委会机关实行网上受理信访。永州人大网公布受理网上信访公告，明确网上受理信访的范围、途径、机构及答复形式，颁布《受理网上信访工作程序》。永州人大网设主任信箱和信访专栏两个栏目受理。一些带全局性、重大性的案件，由市人大主要领导亲自答复，一般性案件经信访小组每月 15 日、30 日集体研究后予以答复。当年，共接到网上信访 478 人次，每件信访按照法律咨询、提供办理渠道、交办督办等几个层次给予回复，其中督促解决重点信访案 16 个。

2008 年 12 月 5 日，依据宪法、法律和《湖南省信访条例》，结合永州市实际，第三届人大常委会举行第十四次会议通过《永州市人民代表大会常务委员会信访工作暂行办法》，共 6 章 30 条，明确永州市人大常委会对人民群众来信来访的受理、分析、交办、督办，约访等各个环节的工作。2009 年，市人大常委会共接待群众来信 625 件，来访 2210 人次，解决处理实际问题 230 多个，纠正错案 6 起。2010 年，市人大常委会接访 1760 批次，处理来信 1167 件，领导接访 128 批次，办理交办案件 48 件，共为群众解决具体问题 94 个。市人大常委会主任会议成员集体解决信访难题的做法得到省人大和市委的表扬。

2007—2011 年，市人大常委会共接访 8786 批次，处理来信 5188 件，共交办督办信访事项 2160 件，为群众解决问题 659 个，维护信访群众的合法权益。

2014 年，市人大常委会共接待群众来访 467 批、810 人次，接收处理群众来信 156 件。其中常委会领导 46 次参加市级领导信访接访活动，接待来访群众 90 批、100 人次；全年对 6 件全国人大、省人大信访办和领导批示案件进行转交办，做到件件有着落、事事有回音。2015 年，市人大常委会共受理人大代表和人民群众来信来访 315 件、605 人次。坚持用中共十八大精神统领信访工作。对来信来人反映和各项问题，及时按规定向有关部门进行转、交、督、催办，主动做好理顺群众情绪、化解群众矛盾的工作，妥善调处一批重点信访案件。

2012—2016 年，市人大常委会围绕促进社会和谐稳定，强化涉法涉诉信访工作，加大信访案件督办力度，重点督办 43 件群众关切、影响重大的案件。

第四章　机关建设

第一节　人员编制

1996 年，根据市编办关于永州市人大机关机构的有关规定的要求，市人大机关核定编制 60 人，其中，行政编制 49 人，事业编制 11 人。

1998 年，根据市编办关于永州市人大机关机构的有关规定的要求，市人大机关核定行政编制 65 人，各工作岗位结构为：市人大常委会设正副主任 8 名；市人大常委会秘书长 1 名；副秘书长 2 名（其中 1 名由市人大办公室主任兼任）。市人大常委会办公室人员 3 名，其中办公室主任 1 名（由市人大常委会副秘书长兼任），副主任 2 名；纪检组长 1 名；调研员 1 名，助理调研员 1 名；秘书科 3 名，其中科长 1 名，副科长 1 名，科员 1 名；信访科 2 名，其中科长 1 名，科员 1 名（副科级）；政工科 1 名（副主任科员）；政工老干科 2 名，其中科长 1 名，副科长 1 名；行政科 17 名，其中科长 1 名，主任科员 1 名，工作人员 15 名。选举任免联络工作委员会 4 名，其中主任 1 名、副主任 1 名、选举任免科科长 1 名、代表联络科副科长 1 名。市人大内务司法委员会、财政经济委员会、教育科学文化卫生委员会、农村经济委员会、民族华侨外事委员会 5 个专门委员会共 18 名，其中内务司法委员会主任委员 1 名，副主任委员 1 名，综合科科长 1 名，主任科员 1 名；财政经济委员会主任委员 1 名，副主任委员 1 名，预算科科长 1 名，综合科科长 1 名；教育科学文化卫生委员会主任委员 1 名，副主任委员 2 名；农村经济委员会主任委员 1 名，副主任委员 1 名，综合科科长 1 名；民族华侨外事委员会主任委员 1 名，副主任委员 1 名，综合科科长 1 名。

1999 年，全市各级人大代表 13772 名，其中全国人大代表 5 名，省人大代表 55 名，市人大代表 453 名，县区人大代表，乡镇人大代表 10863 名。市人大常委会有委员 35 名，其中正副主任 9 名，兼职委员 19 名。人大机关定编干部职工 74 人，其中，在职 61 名，离退休 13 名。

2001 年，市二届人大常委会第二次会议以后，先后增设城乡建设与环境资源保护委员会、研究室。根据市编办关于永州市人大机关机构的有关规定的要求，市人大机关核定行政编制 65 名。各工作岗位结构为：市人大常委会设正、副主任 8 名；市常委会秘书长1名，副秘书长2名（其中1名由市人大办公室主任兼任）。市人大常委会办公室人员3名，其中办公室主任1名（由市人大常委会副秘书长兼任），副主任2名；纪检组长1名；调研员1名，助理调研员1名；秘书科3名，其中，科长1名，副科长1名，科员1名；信访科2名，其中科长1名，科员1名（副科级）；政工科1名（副主任科员）；政工老干科2名，其中科长1名，副科长1名；行政科17名，其中科长1名，主任科员1名，工作人员15名。选举任免联络工作委员会4名，其中主任1名、副主任1名、选举任免科科长1名、代表联络科副科长1名。市人大内务司法委员会、财政经济委员会、教育科学文化卫生委员会、农村经济委员会、民族华侨外事委员会5个专门委员会共18名，其中内务司法委员会主任委员1名，副主任委员1名，综合科科长1名，主任科员1名；财政经济委员会主任委员1名，副主任委员1名，预算科科长1名，综合科科长1名；教育科学文化卫生委员会主任委员1名，副主任委员2名；农村经济委员会主任委员1名，副主任委员1名，综合科科长1名；民族华侨外事委员会主任委员1名，副主任委员1名，综合科科长1名。城乡建设与环境资源保护委员会主任委员1名、副主任委员2名。

2001年7月5日，市人大常委会机关内设7个委室，即人大内司委、财经委、教科文卫委、农经委、民侨外委5个专门委员会和常委会办公室、联工委2个工作机构。机关定编65名，其中职位设置方案为：市人大常委会正、副主任8名，正副秘书长3名，其中1名副秘书长兼任办公室主任，各委室正、副主任17名，正副科长17名，设调研员1名，助理调研员2名，主任科员1名，副主任科员2名。

2002年1月22日，按照市委组织部批准的“三定”方案和《永州市机构改革中国家公务员职位设置工作实施办法》，市人大常委会机关共设行政编制40名（市级领导同志编制单列），其中：秘书长兼办公室主任1名，副秘书长1名，办公室副主任2名，副处级纪检员1名；选举任免联络工作委员会和6个专门委员会各设主任1名，副主任1名，正副科长领导职数16名。离退休人员管理服务编制1名。政策研究办公室主任1名、副主任1~2名、工作人员若干名。

2015年，根据市编办发《关于市人大法制机构设置等有关事项的批复》，同意设置市人大法制委员会、市人大常委会法制工作委员会，合署办公，正处级，列入市人大专门委员会序列，计入专门委员会个数。核定市人大法制委主任委员兼法工委主任职数1名，（正处级），副主任委员兼副主任职数1名（副处级）。市人大法制委员会（市人大常委会法制工作委员会）内设综合科（加挂规范性文件备案审查科牌子）、立法科，各配科长职数1名。撤销原在市人大内务司法委员会设立的规范性文件备案审查科，其正科级领导职数1名予以核销，规范性文件备案审查职能相应划转到市人大法制委员会（市人大常委会法制工作委员会）。核定法制委员会（市人大常委会法制工作委员会）行政编制 7 名，其中从市级编制库存量编制中调剂安排 4 名，其余 3 名由市人大常委会办公室从机关内部调剂解决。编制调整后，市人大机关行政编制为 50 名。

2016 年 12 月，市人大常委会机关核定编制 62 名（8 名厅级干部编制单列，不计入机关编制），其中，行政编制 50 名，事业编制 12 名。

第二节　机关党建

1996 年 8 月 21 日，市人大常委会党组集中学习江泽民同志《领导干部一定要讲政治》和《关于讲政治》两篇文章。参加学习的代表在深刻领会江泽民同志讲话精神实质的基础上，紧密联系人大工作的实际，就人大如何坚持讲政治展开讨论。

1997 年 9 月，市人大常委会党组中心学习组建立。市人大常委会党组把搞好机关政治理论和法律学习，提高干部政治素质和法制水平作为切实搞好机关自身建设的重要一环，常抓不懈。当年，人大党组建立机关政治学习制度，确定领导分管；制定学习规划，合理安排学习内容；坚持每月集中学习一次以上，保证学习时间。特别是人大党组中心学习组建立以后，人大常委会党组就搞好中心组学习问题作了认真研究，机关党总支根据党组的意见，制定学习中共十五大文件的具体方案，明确辅导内容和主讲人。同时，还对全市人大系统如何深入学习和贯彻落实十五大精神作了安排部署。

1999 年 10 月 8 日至 12 月 3 日，市人大常委会领导班子和领导干部开展“讲学习、讲政治、讲正气”（以下简称“三讲”）教育活动。活动依次经历思想发动，学习提高；自我剖析，听取意见；交流思想；开展批评与自我批评等四个阶段。活动全过程，市人大常委会党组周密安排，统一部署，认真整改，有序工作。是年 11 月 22—23 日召开民主生活会。会议由党组书记郑邦淳主持，全体班子成员参加会议，省委巡视组有关人员到会指导。经过大家的共同努力，民主生活会开得严肃认真，气氛和谐，基本上达到预期目的。

2000 年，市人大常委会组织机关干部职工开展“增强党性观念，增强群众观念，增强发展观念，创建先进班子”的思想教育活动，要求大家坚持以邓小平理论和“三个代表”重要思想为指导，深入贯彻落实中共十六大精神，结合新形势和新任务的要求，以建设高素质人大干部队伍为目标，以思想政治建设与执政能力建设为重点，以加强社会主义政治文明建设为职责，认真履行宪法与法律赋予的各项职权，使机关委室领导干部真正成为带头贯彻“三个代表”重要思想的组织者、推动者和实践者。通过教育活动，市人大的干部职工认为要全面建设小康永州就要增强党性观念，要坚持用马克思列宁主义、毛泽东思想、邓小平理论和“三个代表”重要思想武装头脑，用中共十六大精神统一思想。

2000 年 6 月，省委、省政府下发了《关于改进干部作风的几项规定》（16 号）文件，是年 8 月 8 日，市人大常委会党组就贯彻省委文件和市委会议精神进行专题研究，市人大常委会会议作出具体安排，党组成员及机关各委室，按照文件精神要求开展调查研究。

2003 年 5 月，市人大常委会制定《永州市人大常委会机关关于开展“增强党性观念，增强群众观念，增强发展观念，创建先进班子”活动的实施方案》，深入贯彻落实中共十六大精神和”三个代表”重要思想，全面推进党的建设新的伟大工程。

2003 年 7 月 7—11 日，市人大机关党组中心组举办第三期学习班，集中学习讨论“三个代表”重要思想学习纲要、中发〔2003〕8 号《中共中央关于在全党兴起学习贯彻“三个代表” 重要思想新高潮的通知》、胡锦涛同志在西柏坡学习考察时的讲话和胡锦涛同志关于深入学习郑培民先进事迹的重要批示。

2003 年 8—10 月，市人大常委会机关组织党员干部开展“艰苦奋斗、廉洁从政”主题教育活动。此项活动在人大常委会党组领导下进行，成立教育活动领导小组，由文先赵任组长，谢承年任副组长，蒋新华、林遵槐、王先文、姜雄华、王群路为成员。活动分组织学、看、讲、评四个步骤进行。

2007 年，市人大常委会以创建 “四型机关”为目标，按照 “ 五坚持、五反对”的要求，深入开展队伍思想建设，推进学习型机关建设。当年，市人大常委会认真组织开展多层次的学习活动，学习政治理论，用中国特色社会主义理论武装头脑；组织开展常委会会前集中学法，提高法律素养；建立学习交流平台，带任务到外地学习取经，提高思想觉悟和工作水平。

2009 年 3—8 月，市人大常委会开展学习科学发展观活动。活动期间，常委会主要领导带头讲党课，干部职工开展调研活动 38 次，撰写各类笔记、调研报告 61 万字；机关干部积极参加“两万干部下基层，排忧解难促发展”活动，帮助项目单位和基层群众解决实际问题与困难 210 多个。

2010 年 4—12 月，市人大常委会机关党委组织开展创先争优活动。机关党委和各支部制定开展创先争优活动的年度工作目标，具体标准及贯彻落实科学发展观、关心服务群众、提高工作效率等方面承诺。党员干部作出承诺，并予以公布。通过自评、互评、群众评议和领导点评相结合的方式，机关党委、各党支部和党员认真查找差距，明确努力方向，制定跟进、赶超的具体措施，形成比、学、赶、帮、超的生动局面。此次机关创先争优活动得到了市委活动领导小组办公室的好评，机关政工老干科荣获全省老干部工作先进单位称号。

2012 年，市人大常委会根据市委统一安排，扎实开展“四深入两结对一测评”活动。是年 2 月，市人大常委会主任会议讨论通过活动实施方案和考核办法，并成立领导小组与工作机构。当年，市人大常委会机关干部走访群众 420 余户，发放征求意见表 1680 份，结对帮扶困难户 60 余户，为联系的村、社筹集资金，帮助企业、项目业主和群众解决实际问题 130 多个。

2013 年，为认真贯彻落实中共中央、省委、市委关于进一步改进工作作风、密切联系群众的有关规定精神，市人大常委会组织开展“转作风、解难题、抓关键、见实效”专题活动。是年 5 月，市人大常委会主任会议讨论通过《永州市人大常委会机关关于改进工作作风密切联系群众的落实办法》，对改进调查研究、改进文风会风、改进联系方式、厉行勤俭节约、加强督查检查 5 个方面作出规具体定。当年，市人大常委会主任会议成员深入基层和群众，联系村、社区、企业、项目 130 多个，结对帮困 50 多人，帮助解决困难及问题 60 多个。

2014 年，按照中央和省、市委的统一部署，市人大常委会机关开展以为民务实清廉为主要内容的党的群众路线教育实践活动。是时，常委会党组高度重视，制定活动实施方案和活动安排表，明确活动的指导思想、目标任务与方法步骤。活动过程中，邀请市纪委有关负责人和市委党校教师分别作《切实规避与防范利益冲突，始终做到廉洁从政》和《坚持摒弃“四风”陋习，做人民群众的贴心人》两个专题报告，常委会主要领导作了题为《弘扬焦裕禄精神，开展好党的群众路线教育实践活动》的党课辅导报告，机关各支部组织党员学习《中国共产党章程》、中共十八大、十八届三中全中精神和习近平总书记重要讲话精神，中央八项规定和省、市委关于改进作风密切联系群众相关规定，中央和省、市委教育实践活动有关会议和文件精神，以及省、市委主要负责人的重要讲话精神。同时，开展批评和自我批评，着力整改存在的突出问题，并建立作风建设长效机制，巩固教育实践活动成果。当年，常委会领导下基层调研自觉做到轻车简从，杜绝迎来送往；人大业务工作联系会，基本上改在市里召开，减轻基层负担；公车管理进一步加强，全年车辆运行费用同比下降 28.56%；公务接待进一步规范，机关公务接待开支同比减少 39%；采取合署办公等方式，清理整改办公用房 31 间等；出台或修订《永州市人大代表在代表大会期间履职评价暂行办法》《永州市人大常委会组成人员履职评价暂行办法》《机关公务接待管理实施细则》等长效机制 16 项。

2015 年，市人大常委会以“三严三实”专题教育为契机，持续推进机关思想建设，转变机关作风。活动中，常委会主要领导带头上党课，组织全体党员深入开展主题学习大讨论，参观蒋先云故居，缅怀革命先烈，增强党的宗旨观念，始终保持政治上的清醒和坚定，严守政治纪律与政治规矩；狠抓党风廉政建设，认真贯彻执行中央八项规定、省委九项规定和市委十项规定，严格工作纪律，严格加强机关经费、接待、物资和车辆使用管理，降低机关运行成本；常委会领导带头“一进二访”，深入联系村访贫问苦“结穷亲”，机关副处级以上干部主动与贫困户“结对子”，支持帮助困难群众脱贫致富。

2016年，市人大常委会机关深入开展“学党章党规、学系列讲话，做合格党员”的“两学一做”学习教育活动。机关党员干部按照活动要求，深入学习党章、党规和习近平总书记系列重要讲话，并分支部分阶段开展学习讨论，强化理论武装，提高人大常委会围绕中心、服务大局的能力与水平。

第三节　组织建设

1996年4月，根据省委文件精神和市委的安排意见，市人大常委会机关党组制定先锋工程实施方案，并向市委作出书面报告。当时，市人大常委会机关共有党员43名，成立党总支，分设4个党支部。党总支根据党组的实施方案，制定1996年的工作计划。每个支部每月坚持学习一天，党总支给每个党员发学习心得笔记本。老干支部每月发工资之日集中学习，市委规定要学的文件基本上都学习一次，向市委写出学习情况汇报。市委主要领导为此专门作出批示，在《市委通报》第15期上刊发，并加了很长一段按语。党总支组织全体党员每月集中学习四次，主要学习《中华人民共和国组织法》《中华人民共和国代表法》《中华人民共和国监督条例》等有关法律法规和江泽民同志“七一”前《努力建设高素质干部队伍在纪念中国共产党成立七十五周年座谈会上的讲话》的重要讲话。

1996年期间，市人大常委会狠抓了机关建章立制工作，先后制订党组织工作制度、政治理论学习制度、党组成员信访接待制度，以及会议、文秘、财务、车辆、物资财产管理、干部外出学习开会出差、接待等10个方面的制度，使机关各个方面的工作有章可循。

1996年7月，市人大常委会党组用2天时间召开民主生活会，从以经济建设为中心，执行政令、团结协调、执行纪律4个方面进行严肃认真的对照检查，并向市委写出书面报告；是年9月，就思想、作风、纪律整顿进行回顾检查，向市委写出书面报告。整改中，对一名党组成员外出开会未与单位保持联系提出严肃批评；规定以后开会和其他活动一律不发纪念品。

1998年，机关党总支在市人大常委会党组和市直工委的领导下，认真贯彻落实中共十五大精神，紧密结合人大工作实际，以理论学习为先导，以组织建设为基础，以勤政廉政为重点，认真组织实施省委提出的党建“先锋工程”和“先导工程”，组织开展市委倡导的“一加强三整顿”“两讲一创”“三增强两改进”活动，切实加强机关党组织的思想、组织、作风建设，围绕市人大常委会各项工作的开展，充分发挥党支部的战斗堡垒作用与党员的先锋模范作用，促进机关各方面工作的顺利开展及各项任务的圆满完成。当年，老干党支部被评为基层先进党组织。

1999 年，市人大常委会机关党总支和各党支部换届。选举高增遗、姜雄华、杨根连三人组成市人大常委会机关第一党支部委员会，高增遗为书记，姜雄华为纪检、组织委员，杨根连为宣传委员；选举陈少全、周辉秀、谭红一 3 人组成市人大常委会机关第二党支部委员会，陈少全为书记，周辉秀为纪检、组织委员，谭红一为宣传委员；选举李友清、王生权、王群路 3 人组成市人大常委会机关第三党支部委员会，李友清为书记，王生权为纪检、组织委员，王群路为宣传委员。选举谢克平、文景恩、秦汉 3 人组成市人大常委会机关第四党支部委员会，谢克平为书记，文景恩为纪检、组织委员，秦汉为宣传委员。

2000 年，市人大常委会党组狠抓机关干部政治思想教育，认真组织学习邓小平理论、中共十五大精神、有关法律法规和党章党规、市场经济和法制建设基本知识，学习中央和省、市委一系列新的指示精神，基本做到有计划、有安排、有制度，形式多样。除按期进行集中学习讨论以外，还组织一些同志作中心发言，参加直工委组织的邓小平关于党的建设理论学习座谈会，学习邓小平理论经验交流会，中共十五大报告知识抢答赛等学习研讨活动，组织全体党员参加党纪党规等方面的知识考试，组织开展机关庆七一、庆祝香港回归等活动。

2001 年底，机关党员发展至 65 名，机关党支部发展成 4 个。

2000 年人大机关党组织设置情况表

表 9-1

<table>
<tr><th>组织名称</th><th>机构成立（调整）时间</th><th>书记</th><th>副书记</th><th>下设党支部</th></tr>
<tr><td rowspan="2">中共永州市人大常委会机关总支部委员会</td><td>1996 年</td><td>郑邦淳</td><td>胡参政　谢田种</td><td rowspan="2">办公室、联工委、法工委、财工委、教科文卫委、农工委、民侨工委、老干</td></tr>
<tr><td>1999 年</td><td>谢田种</td><td></td></tr>
<tr><td rowspan="4">中共永州市人大常委会机关委员会</td><td>1999 年</td><td>高增遗</td><td></td><td>一支部委员会</td></tr>
<tr><td>1999 年</td><td>陈少金</td><td></td><td>二支部委员会</td></tr>
<tr><td>1999 年</td><td>李友清</td><td></td><td rowspan="2">三支部委员会
四支部委员会</td></tr>
<tr><td>1999 年</td><td>谢克平</td><td></td></tr>
</table>

2001 年 10 月 17 日，市人大常委会党组就切实加强常委会党组自身建设作出决定。

2004 年 4—12 月，市人大常委会机关党组织在党员干部中开展以“提高执政能力，促进贴心为民，促进求真务实，促进勤政清廉”为主要内容的“一提高三促进”活动。

2004 年 10 月 29 日，市直属机关工作委员会发出永直组发〔2004〕40 号《关于成立中共永州市人大常委会机关委员会的批复》，决定撤销中共永州市人大常委会党总支部委员会，同时成立中共永州市人大常委会机关委员会，下设 4 个党支部；成立中共永州市人大常委会机关委员会的筹备和选举工作由原机关党总支负责，待机关党委正式成立后，党总支的工作自行终止；机关党委班子由 9 人组成，同意王生权、王先文、王群路、李四清、何先云、张小惠、严兴朝、周辉秀、雷鉴坤、谭红一 10 人为候选人，机关党委委员实行差额选举；按照党章和党内选举的有关规定，及时召开党员大会，选举产生机关党委。是年 12 月 16 日上午，市人大常委会机关党委成立及选举大会召开。大会应到正式党代表 77 人，实到 64 人（事假 5 人，病假 5 人，公差 3 人）。大会发出选票 64 张，收回 64 张。按被选举人获得的赞成票超过实到会有选举权的人数的一半和得票多者当选的规定，中共永州市人大常委会机关委员会委员由王生权、王先文、王群路、李四清、何先云、张小惠、周辉秀、雷鉴坤、谭红一 9 人组成，王先文任书记、周辉秀任副书记、李四清任组织委员、张小惠任纪检委员、王群路任宣传委员、王生权任学习委员、谭红一任群工委员、雷鉴坤任保密委员、何先云任生活委员。

2005 年 1 月 27 日，市人大常委会机关成立“保持共产党员先进性教育活动”领导小组，组长为谢朝月，副组长为吕芳村、杨祈贵，成员为陈益富、邓荣卿、文先赵、李续荣、赵 荣、谢承年。领导小组负责市人大常委会机关先进性教育活动的重大事项、重要决策向市委提出建议；对先进性教育活动作出具体安排，提出具体要求；督促检查先进性教育活动措施的落实情况及其效果；对先进性教育活动进行全面总结。领导小组下设办公室、综合秘书组、宣传信息组、培训辅导组、条件保障组。保持共产党员先进性教育活动从当年 1 月开始，至当年 6 月结束。

2005 年 2 月 1 日，市人大常委会机关 4 个党支部分别召开党员大会进行换届选举，产生新一届党支部班子。是时，市人大常委会党组织机构如下图所示：

永州市人大常委会党组情况表

表 9–2

党组书记	谢朝月
党组副书记	吕芳村 杨祈贵
党组成员	陈益富 邓荣卿 文先赵 李续荣 赵 荣 谢承年

2005年中共永州市人大常委会机关委员会情况一览表

表 9-3

党委书记	王先文		
党委副书记	周辉秀		
党委委员	王群路 雷鉴坤 李四清 张小惠 王生权 谭红一 何先云		
第一党支部	第二党支部	第三党支部	第四党支部
书　记：姜雄华 副书记：吴庚辛 委　员：章　莉 严兴朝 梁　军	书　记：张昌林 副书记：王群路 委　员：唐　龙 彭俊卿 江新才	书　记：张小惠 副书记：谭红一 委　员：严　俊 骆方方 吴小伟	书　记：胡参政 副书记：谢田种 委　员：李友清 冯生玉 陈少全

注明：党员总数:78人，在职50人，退养3人，离退休25人

2005年6月17日，市人大常委会机关召开保持共产党员先进性教育活动总结暨群众测评大会。会议由市人大常委会副主任、党组副书记吕芳村主持。市人大常委会主任、党组书记谢朝月做总结讲话。市委保持共产党员先进性教育活动督导组组长唐先秋作讲评发言。5名市人大机关的就这次教育活动开展情况和取得的实效进行评价发言。市人大常委会常委会副主任、党组副书记杨祈贵，市人大常委会副主任钱荣棠、陈益富、文先赵、李续荣、赵荣，秘书长谢承年出席大会，市人大常委会机关全体党员参加大会。全体党员对这次教育活动进行书面测评，100%的党员对这次教育活动表示满意。

2005年8月，根据永先发《关于认真做好第一批先进性教育活动，巩固和扩大整改成果工作并进行“回头看” 的通知》精神，市人大常委会党组对开展保持共产党员先进性教育活动进行“回头看”，自查整改和建立长效机制的情况。

2005年1月——2016年中共永州市人大常委会机关委员会换届选举情况表

表 9-4

届别	职务	姓名
2005年1月—2007年6月 2007年6月—2012年6月	机关党委书记	周作生
	机关党委副书记	王巨明
	一支部书记	张小惠
	二支部书记	林遵槐
	三支部书记	李友生
2012年6月—2016年6月	机关党委书记	魏京萍
	机关党委副书记	张小惠
	一支部书记	杨胜贮
	二支部书记	谭红一（2012—2013年） 沈京生（2013—2016年）
	三支部书记	刘志强（2012—2013年） 秦建莉（2013—2016年）

2016年，中共永州市人大常委会学习《习近平总书记的重要讲话》精神，推进“两学一做”学习常态化制度化，全年召开党员干部座谈会25次，走访困难党员和群众及服务对象60余人次，召开党支部会研究党建工作10次，开展“道德讲堂活动”“学雷锋自愿服务活动”“文明劝导活动”“党员义务奉献日”等活动；组织全体党员走出机关开展体验或党日活动，先后到永州植物园和东安老山界，祭祀、诵读、党章、重温入党誓词、重走红军路、知识竞赛等活动，检验党员学习《中国共产党廉洁自律准则》《中国共产党纪律处分条例》、十九大精神的学习情况。

第四节　制度建设

1996年，市人大常委会在继续坚持并不断总结完善代表联系制度的基础上，制定《代表小组活动办法》，建立各专门委员会和相关代表联系制度，进一步密切与代表的联系，代表联系工作日趋制度化、规范化、经常化。

1996年，市人大常委会根据《中华人民共和国选举法》的规定，参照湖南省有关地级市人大代表构成的情况，作出《永州市第一届人民代表大会代表选举产生的有关决定》。“决定”规定代表名额确定、代表构成、代表名额分配、代表选举、代表资格审查等方面工作应遵照执行的具体内容。一部规范市人大代表选举产生应遵循的地方性法规。

1996年4月25日，市人大常委会为适应新形势和新任务的要求，确保市人大常委会组成人员更好地履行宪法与法律赋予的职权，根据宪法、法律、法规的有关规定和工作实际，作出《关于加强自身建设的决定》。内容主要有六个方面。一是坚持党的基本路线，坚持四项基本原则，坚持和维护党的领导，坚定不移地贯彻执行党的路线、方针和政策，认真贯彻党的主张；坚持以经济建设为中心，服从于服务于经济建设这个大局，积极支持政府推进改革开放和现代化建设，促进全市经济发展与社会全面进步。二是坚持人民代表大会制度，全面履行宪法和法律赋予的职权，既要敢于监督，敢于碰硬，又要善于监督，注重实效，切实维护法律的严肃性和权威性，致力于社会主义民主与法治建设。三是切实加强同人大代表和人民群众的密切联系，认真听取代表和群众的呼声和要求，自觉接受代表和群众的监督，努力改进工作，全心全意为人民服务。四是认真学习邓小平建设有中国特色社会主义理论，学习党的方针、政策，刻苦钻研人大工作的业务知识，不断提高政治思想理论水平、依法办事的自觉性；坚持民主集中制的原则，切实尊重代表和常务委员会委员的民主权利，依照法定程序办事。五是坚持实事求是，一切从实际出发，敢为人民群众讲真话、讲实话；发扬艰苦奋斗精神，努力改进工作作风，经常深入实际，加强调查研究，勇于探索。六、模范遵守党纪国法，加强政治组织纪律性，严守机密，廉洁自律，勤政为民，公道正派在群众中树立起良好的形象；勇于开展批评和自我批评，正确对待自己，正确对待同志，正确对待组织，以诚相见，力争把人大常委会建设成团结协作、步调一致、富有战斗力和凝聚力的领导集体。

1996 年 4 月，市人大常委会按照《中国共产党章程》和《中国共产党地方委员会工作条例》的有关规定，结合工作实际，制定《永州市人大常委会党组议事规则》（以下简称《议事规则》）。《议事规则》的主要内容是：市人大常委会党组在中共永州市委领导下开展工作。党组会议主要是传达学习党的路线、方针、政策及中央、省、市委重要会议和文件精神，研究部署贯彻落实的具体措施；讨论研究需要向市委请示报告的重大事项；研究确定市人大常委会党组领导班子成员分工；研究拟向市委提请的常委会机关处级干部任免事项，研究机关内部机构设置，向市委及有关部门提出建议；研究以常委会党组名义发出的重要文件及其他重要文稿；对党组会议召集人、参加人员、列席人员、会议召开方式、表决方式、会议文件签发程序等内容作了相关规定。

1996 年，市人大常委会建立机关学习制度。该制度规定学习的主要内容、机关学习的层次、机关学习的方式方法、对机关所有工作人员参加学习的要求等具体内容。市人大常委会要求大家在学习中，牢牢把握邓小平理论的精髓，深刻认识社会主义初级阶段的特点，深刻领会党中央对社会主义法制建设的要求和目标。这一学习制度从 1997 年 9 月 1 日正式执行。

1996 年，市人大常委会建立机关信访工作制度。这一制度明确市人大常委会各工作机构的分工，规定接待和处置群众来信来访工作的方式、方法和应注意的办事原则，自 1996 年 9 月 1 日起实施。

1997 年，市人大常委会制定《市人大常委会委室主任联席会议制度》（以下简称《联席会议制度》）。《联席会议制度》规定，委室主任联席会议由分管机关工作的常委会副主任、秘书长、副秘书长、常委会工作机构主要负责人组成；会议主要研究、安排和检查常委会会议、主任会议的有关准备工作；研究办理、落实常委会会议和主任会议布置的有关事项；研究布置机关重要工作；研究、协调机关管理的有关问题。联席会议一般每月召开一次，必要时可临时召开。对会议召集人、议题确定程序、会议服务职责等作出规定。

1998 年 5 月，为了维护职工之家活动秩序，满足机关职工群众健身需要，促进精神文明建设，市人大常委会制定机关工会职工之家管理制度。

1999 年，为加强机关工会财务管理，管好用好工会经费，活跃机关工会工作，市人大常委会特制定机关工会财务管理制度。该项制度的建立，为市人大机关工会活动有序开展和机关工作的顺利进行，提供可靠的依据。机关工会财务管理遵循依照《中华人民共和国工会法》治财的原则，严格执行《中华人民共和国工会法》规定的财经纪律；归口统一管理的原则，机关工会经费的一切收支由机关财务管理；民主理财的管理原则，机关工会经费的开支，实行经济民主，年终公布；勤俭节约的原则，办事要精打细算，力求用较少的钱办较多的事；量入而出的原则，做到一切开支事前有计划，确保收支平衡，做到略有节余。

1999年，市人大常委会制定秘书长办公会议制度。制度规定，秘书长办公会议由市人大常委会秘书长、副秘书长组成。会议内容主要是研究贯彻落实常委会党组和主任会议决定事项的具体实施方案；讨论向常委会党组、主任会议提出的重要建议；讨论拟订机关重要活动的工作方案；讨论决定机关各委室提请秘书长办公会议研究的重要事项。制度同时对会议主持人、会议内容确定、会议召开条件及会议服务责任作出具体规定。

1999年，市人大常委会制定常委会机关综合治理工作制度。制度规定，机关综合治理领导小组由一名副秘书长任组长，各委室一名副主任为成员；办公室机关事务管理科负责机关综合治理的具体工作；制度还对安全保卫责任、办公楼设施设备检查办法、机关宿舍区管理作出具体规定。

2000年，市人大常委会制定常委会主任工作例会制度。常委会主任工作例会由常委会主任会议成员、党组成员组成，各委室主要负责人列席每月最后一次工作例会。工作例会主要讨论各委室报告的有关事项、机关建设管理方面的有关事项、各委室当月工作落实情况和下月工作安排。

2001年，市人大常委会对市人大常委会机关事务管理委员会会议制度进行修订。制度规定机关事务管理委员会由分管机关工作的常委会副主任、秘书长、副秘书长、办公室副主任、副处级纪检员和代表大会各专门委员会及常委会各工作机构主要负责人组成。会议主要讨论决定机关事务管理方面的重大事项；讨论决定机关重点建设、重大维修有关事项；讨论协调常委会主任会议、秘书长办公会议涉及机关管理的有关事项。

2001年10月30日，市人大常委会制定《关于实行法官、检察官任前公示的暂行规定》（市第二届人民代表大会常务委员会第三次会议通过）。

2002年11月29日，市人大常委会制定《关于讨论决定重大事项的规定》（市第二届人民代表大会常务委员会第十二次会议通过）。

2003年2月26日，市人大常委会制定《关于公民旁听市人民代表大会及其常务委员会会议的暂行规定》（市第二届人民代表大会常务委员会第十五次会议通过）。

2003 年 8 月 22 日，市人大常委会作出《关于加强市人民代表大会代表工作的决定》（市第二届人民代表大会常务委员会第十九次会议通过）。

2004 年 12 月 15 日，市人大常委会制定《关于接待人民代表大会代表来信来访暂行办法》（市第二届人民代表大会常务委员会第二十九次会议通过）。

2007 年 4 月 29 日， 永州市三届人大常委会第三次会议原则通过《永州市人大常委会关于市人大代表大会代表联系原选举单位的意见》。

2008 年 4 月 25 日， 永州市三届人大常委会第十次会议通过《永州市人大常委会关于在全市推行设立人大代表收集群众意见箱的意见》（试行）

2008 年 2 月 27 日， 永州市三届人大常委会第九次会议原则通过《永州市人大常委会关于实行人民代表大会常务委员会会议审议票决制的规定》。

2008 年 12 月 5 日 ，永州市三届人大常委会第十四次会议原则通过《永州市人大常委会关于实行人民代表大会常务委员会会议审议票决制的规定》《永州市人大常委会规范性文件备案审查办法》

2010 年 8 月 30 日，市三届人民代表大会常务委会第八十四次会议原则通过《永州市人大常委会机关公文处理细则》。

第十篇

县（区）人民代表大会

第一章　冷水滩区人民代表大会

冷水滩原为零陵县潇湘镇。西汉元鼎六年（公元前111年）置零陵郡，冷水滩随属之。隋朝，开皇九年（589）改零陵郡为永州总管府，冷水滩先后随属之，唐朝至1949年中华人民共和国成立之前，冷水滩一直属零陵县所辖区域。民国时期，曾设立滩市镇。1960年2月19日，中共湖南省委批准设立冷水滩市。1962年10月撤市复镇，仍属零陵县管辖。1984年6月，经国务院批准，撤销零陵县，同时设立县级永州市和冷水滩市，原零陵县黄阳司、普利桥、冷水滩、楚江圩四个区和邮亭圩区的白塘乡划归为冷水滩市辖地。1995年11月，经国务院批准，撤销冷水滩市，设立永州市冷水滩区。1996年3月18日，永州市冷水滩区挂牌。

1984年12月27日，冷水滩市第一届人民代表大会召开，其代表237名由原零陵县冷水滩片的组成。从第二届一次人民代表大会起，代表由全市选民直选产生，选举为差额选举。第二、三、四届人民代表大会代表分别以若干个选区为单位进行选举产生。从第五届起，每个乡镇（办事处）为一个选区，市直属单位为一个选区，选举前根据省人大常委会核定的人大代表总数为准，并将代表名额分配到各个选区。在充分发挥民主的基础上，以选区为单位提名推荐代表候选人，再经选区小组反复酝酿，确定正式代表候选人。最后，在法定时间内，各选区按照差额和无记名投票的方式选举产生正式代表，并张榜公布。

1984—1995年，冷水滩市历经4届人民代表大会，共召开人民代表大会会议8次，大体是每届召开3次，共选举市长5人次，副市长34人次，市人民法院院长、市人民检察院检察长8人次。共收到代表议案387件，进行立案的主要有《全面治理杨家桥》《关于建立冷水滩消费者协会维护消费者权益》和《关于认真整顿监督管理文化市场确保学校教学秩序》等。

1996年，撤销冷水滩市设立永州市冷水滩区，冷水滩市人民代表大会第四届四次会议顺延为冷水滩区人民代表大会第四届四次会议。此后，区人民代表大会代表每届任期5年，每年召开1次代表大会。1996年3月至2016年12月，人民代表大会共跨6届，共召开人民代表大会会议22次；共选举区长10人次，副区长41人次，区人民法院院长、区人民检察院检察长12人次；共收到代表议案763件，进行立案的主要有《要求尽快修好冷普公路，改善普里桥片的交通环境，促进经济发展》《关于打好创建国家交通管理模范城市决胜战的议案》和《关于加强生态环境建设，创建国家园林城市的议案》等。

第一节　冷水滩区各届人民代表大会

第四届人民代表大会

第四届四次会议　1996年3月25—30日在冷水滩区祁剧院召开，应到代表253人，实到代表228人，大会补选周晓为冷水滩区人大常委会副主任，刘宏来为冷水滩区区长，唐德顺为冷水滩区副区长，朱刚为冷水滩区人民检察院检察长。会议共收到代表提出的议案46件，决定对议案《要求尽快修好冷普公路，改善普里桥片的交通环境，促进经济发展》立案。

第四届五次会议　1997年3月10—14日在冷水滩区祁剧院召开，应到代表254人，实到代表249人，大会共收到代表提出的议案33件，决定对议案《全区13个乡镇开通多路微波电视网络》立案。

第五届人民代表大会

第五届人民代表大会一次会议　1998年1月4—9日在冷水滩区祁剧院召开，应到代表209人，实到代表207人。大会共收到代表提出的议案44件。决定对议案《全面查禁赌博行为，保持社会稳定》立案。选举周进盛为冷水滩区人大常委会主任，唐德顺、童清明（女）、周晓、李朝巍、郭庚生、黄连英（女）（兼）为副主任；选举刘宏来为冷水滩区区长，周国生、唐翻身、黄邦文、王莉君（女）、文善林、黄善德、谢景林、潘天勇、周小驹、袁火林为副区长；选举蒋满云为冷水滩区人民法院院长、朱刚为冷水滩区人民检察院检察长。选举20人为永州市人大代表。

第五届二次会议　1999年3月8—11日在冷水滩区祁剧院召开，会议应到代表209人，实到代表208人。大会共收到代表提出的议案25件，决定对议案《切实加强农电管理，降低电价，确保用户权益》立案。

第五届三次会议　2000年3月8—11日在冷水滩区祁剧院召开，应到代表209人，实到代表208人。大会共收到代表提出的议案30件，决定对议案《加强农电“两改一同价”工作领导将区五届人大二次会议的议案完全落实到实处》和《加强牲畜统一防疫制度的落实 促进农村经济稳步增长》两议案立案。

第五届四次会议　2001 年 5 月 29 日至 6 月 2 日在冷水滩区祁剧院召开，应到代表 213 人，实到代表 213 人，大会补选邹剑华、胡安根、刘柱明为冷水滩区人大常委会委员，共收到代表提出的议案 44 件，决定对议案《进一步整治全区中小学校校内及学校附近违章摊贩》立案。

第五届五次会议　2002 年 3 月 13—17 日在冷水滩区梅湾电影院召开，应到代表 212 人，实到代表 212 人。大会通过《永州市冷水滩区人大常委会关于办理常委会审议主任会议交办函的若干规定的决议》。补选袁满娥（女）为冷水滩区区长，朱继雅、邓剑平为冷水滩区人大常委会委员。共收到代表提出的议案 43 件，决定对《关于增加退耕还林计划面积》和《关于改造易黄公路》两议案立案。

第六届人民代表大会

第六届人民代表大会一次会议　2002 年 12 月 27 日至 2003 年 1 月 1 日在冷水滩区梅湾电影院召开，应到代表 207 人，实到代表 205 人。大会共收到代表提出的议案 59 件。决定对议案《加强保护湘江母亲河》立案。选举马伯良为冷水滩区人大常委会主任，李朝巍、郭庚生、郭銮（女）、李光智、邹剑华、黄连英（女）（兼）为副主任；选举袁满娥（女）为冷水滩区区长，周小驹、谢景林、潘天勇、袁火林、周权生、肖幸福、齐爱社为副区长；选举黄绍祯为冷水滩区人民法院院长、刘宁波为冷水滩区人民检察院检察长。选举 20 人为永州市人大代表。

2002 年 12 月 28 日冷水滩区人大一次会议开幕

第六届二次会议　2004 年 3 月 2—5 日在冷水滩区梅湾电影院召开，会议应到代表 211 人，实到代表 211 人。大会共收到代表提出的议案 32 件，决定对议案《关于加强农村公路建设的议案》立案。

第六届三次会议　2005 年 1 月 21—24 日在冷水滩区梅湾电影院召开，应到代表 213 人，实到代表 213 人。大会共收到代表提出的议案 32 件，决定对议案《关于加快乡村建设的议案》立案。

第六届四次会议　2006 年 2 月 21—24 日在冷水滩区政府新行政中心五楼会议室召开，应到代表 213 人，实到代表 213 人。共收到代表提出的议案 44 件。

第六届五次会议 2006年12月29日至2007年1月1日在冷水滩区南华大酒店召开，应到代表213人，实到代表211人。共收到代表提出的议案16件，决定对《关于2007年全区通畅通达公路达到200公里的议案》立案。

第七届人民代表大会

第七届人民代表大会一次会议 2007年11月19—23日，在冷水滩区南华大酒店召开，应到代表228人，实到代表226人。大会共收到代表提出的议案54件。决定对议案《关于加强农村水利建设的议案》立案。选举王新权为区人大常委会主任，邹剑华、曾跃进、黄连英（女）、刘洪波、胡柏艳（女）为副主任；选举魏湘江为冷水滩区区长，秦功智、齐爱社、袁火林、苏小康、卢毅、黄燕玲（女）、刘勇会为副区长；选举李卫林为冷水滩区人民法院院长、章陵邵为冷水滩区人民检察院检察长。选举20人为永州市人大代表。

第七届二次会议 2008年12月29日至2009年1月1日在冷水滩区南华大酒店召开，会议应到代表229人，实到代表227人。大会共收到代表提出的议案27件，补选杨军元为冷水滩区区长，补选周进草、秦少义为冷水滩区人大常委会委员，决定对《关于加强农村治安综合治理的议案》和《关于加强以娱乐城、网吧为重点的学校周边娱乐场所综合治理的议案》《关于彻底整治城市环境卫生的议案》立案。

第七届三次会议 2010年2月2—5日在冷水滩区南华大酒店召开，应到代表229人，实到代表229人。大会共收到代表提出的议案43件，补选何冲龙为冷水滩区区长，补选刘宁波为冷水滩区副区长，补选雷武军为冷水滩区人大常委会委员，继续将七届人大一次会议已确定的《关于加强农村水利建设的议案》立案。

第七届四次会议 2011年1月4—7日在冷水滩区南华大酒店召开，应到代表229人，实到代表225人。大会补选屈晓燕（女）、贺玲玲（女）为冷水滩区人大常委会委员。共收到代表提出的议案38件，决定对议案《关于加快高科技工业园平台建设，加大园区重大项目引进和投入力度的议案》立案。

第七届五次会议 2011年12月20—23日在冷水滩区南华大酒店召开，应到代表228人，实到代表227人。共收到代表提出的议案24件，决定对《关于巩固省级卫生城市创建成果，争创国家卫生城市的议案》立案。

第八届人民代表大会

第八届人民代表大会一次会议 2012年9月25—27日在冷水滩区南华大酒店召开，

应到代表224人，实到代表221人。大会共收到代表提出的议案20件，决定对《关于加快冷水滩区承接产业结构示范区建设步伐的议案》立案。选举肖惠黎为冷水滩区人大常委会主任，曾跃进、刘洪波、胡柏艳（女）、孙纲要、吴春华为副主任；选举何冲龙为冷水滩区区长；刘勇会、陈莉（女）、黄燕玲（女）、伍玉生、文声禄、蒋剑青、周亮为副区长；选举李卫林为冷水滩区人民法院院长、朱跃陆为冷水滩区人民检察院检察长。选举20人为永州市人大代表。

第八届二次会议　2013年12月31日至2014年1月3日，在冷水滩区南华大酒店召开，会议应到代表227人，实到代表227人。大会共收到代表提出的议案17件，决定对《关于加快创建国家级卫生城市的议案》立案。会议补选朱卫国、欧日雄、胡席、胡建国为区人大常委会委员。

第八届三次会议　2014年4月14—17日在冷水滩区南华大酒店召开，应到代表226人，实到代表226人。大会共收到代表提出的议案18件。会议补选唐满平为冷水滩区区长、唐康丰为副区长。

第八届四次会议　2015年1月14—17日在冷水滩区南华大酒店召开，应到代表223人，实到代表221人。共收到代表提出的议案10件，决定对《关于打好创建国家森林城市攻坚战的议案》立案。

第八届五次会议　2016年1月16—19日在冷水滩区南华大酒店召开，应到代表224人，实到代表222人。，共收到代表提出的议案10件。大会补选傅芳萍（女）为冷水滩区人民法院院长，补选唐盛嫣（女）为冷水滩区人大常委会委员。决定对《关于打好创建国家交通管理模范城市决胜战的议案》立案。

第九届人民代表大会

第九届人民代表大会第一次会议　2016年11月25—29日在冷水滩区南华大酒店召开，大会应到代表229人，实到代表229人。大会共收到代表议案44件，决定对《关于加强生态环境建设，创建国家园林城市的议案》立案。选举徐志华为冷水滩区第九届人民代表大会常务委员会主任，胡柏艳（女）、孙纲要、唐英波、蒋剑青、龙国文为副主任；选举桂砺锋为冷水滩区区长，蔡富强、郑航、汤丽娟（女）、吴春华、蒋建辉、张文风、朱昌锋为副区长；选举傅芳萍（女）为冷水滩区人民法院院长、胡华清为冷水滩区人民检察院检察长，选举29人为第九届人民代表大会常务委员会委员。会议表决通过关于设立冷水滩区第九届人民代表大会法制委员会、财政经济委员会的决定，唐泰为法制委员会主任委员、唐小平为财政经济委员会主任委员。

第二节 冷水滩市（区）人民代表大会常务委员会

冷水滩市（区）历届人民代表大会第一次会议都选举产生本届人大常委会，为常设机构。第一、二届人大常委会下设办公室、法制组、文教组、财经组，第三、四、五届人大常委会下设办公室、法工委、联工委、财工委、教工委，2002 年增设农环委，第六、七、八届人大常委会下设办公室、内司工委、联工委、财工委、教工委、农环委，2015 年设城环工委。2016 年 11 月，冷水滩区第九届人民代表大会第一次会议设立法制委员会、财政经济委员会。

根据法律规定冷水滩市（区）人大常委会每两个月召开一次全体会议，第一届至第八届人大常委会共召开常委会议 229 次，听取“一府两院”专项工作报告 354 个。到 2016 年，共作出决议决定 220 余项。根据有关法律法规和人事任免办法，共任免国家机关工作人员 1794 人次。常委会开展执法检查，每年走访人大代表，了解代表工作、生活情况，听取意见，通过走访收集各方面意见、建议 1556 条，并认真整改代表们提出的问题。

第一届人大常委会（1984—1986 年）

第一届人大常委会 共召开常委会议 14 次，根据有关法律法规和人事任免办法，任命国家机关工作人员 109 人，免去国家机关工作人员 2 人。听取“一府两院”关于城市建设、法律法规、城市规划、市政建设等专项报告 18 个。作出《关于冷水滩城市总体规划的决议》《关于城市蔬菜产销工作有关问题的决议》和《关于全市公民普及法律常识的决议》。

第二届人大常委会（1987—1989 年）

第二届人大常委会 共召开常委会议 19 次，根据有关法律法规和人事任免办法，任命国家机关工作人员 96 人，免去国家机关工作人员 15 人。听取“一府两院”关于乡镇企业发展、企业合法权益、城市建设等专项报告 28 个。作出《关于保护乡镇、街道企业合法权益，促进乡镇、街道企业发展的决议》《关于更改乡镇人民代表大会届次的决议》《关于市、乡（镇）两级人大换届选举的决议》《关于设立选举、任免、联络工作委员会的决议》《关于坚持自力更生开展生产自救的决议》。

第三届人大常委会（1990—1992年）

第三届人大常委会 共召开常委会议17次，根据有关法律法规和人事任免办法，任命国家机关工作人员195人，免去国家机关工作人员21人。听取“一府两院”关于科技、环保、教育、绿化等专项报告23个。作出《关于开展封山育林护林加速绿化全市的决议》《关于冷水滩市实现九年义务教育规划的决议》和《关于市、乡（镇）两级换届选举的决议》。

第四届人大常委会（1993—1997年）

第四届人大常委会 共召开常委会议31次，根据有关法律法规和人事任免办法，任命国家机关工作人员303人，免去国家机关工作人员66人。听取“一府两院”关于执行《文化市场管理条例》、九年义务教育、潇湘水利水电枢纽工程建设等专项报告35个。作出《关于授予市人民政府办公室等四个部门“先进单位”和周晓等四位同志“人民好公仆”荣誉称号的决议》《关于同意接受李德旗同志辞去冷水滩市人民政府市长职务的决议》和《关于冷水滩市城市总体规划第二次修编的决议》《关于撤区并乡建镇行政区划变更及街道办事处更名的决议》《关于在全区公民中开展第三个五年法制宣传教育的决议》《关于加强预算外资金管理的决议》《关于在永州市冷水滩区财政体制调整后1996年调整预算安排意见的报告的决议》《关于冷水滩区公路建设五年规划的决议》《关于撤销杨村甸乡五届人大四次会议（关于选举林昭武为乡人民政府副乡长的决议）的决议》。

第五届人大常委会（1998—2002年）

第五届人大常委会 共召开常委会议31次，根据有关法律法规和人事任免办法，任命国家机关工作人员279人，免去国家机关工作人员92人。听取“一府两院”关于农业产业结构调整、国有企业改革、退耕还林、劳动就业、小城镇建设、工业园建设等专项报告36个。作出《关于加快外国松基地建设保护森林资源的决议》《关于批准永州市冷水滩区人民政府对湖南省潇湘综合开发有

1998年4月冷水滩区五届人大常委会举行颁发任命书暨接受承诺书仪式

限公司借 5000 万元财政债务的决议》和《关于实行依法治区的决议》。

第六届人大常委会（2003—2007 年）

第六届人大常委会 共召开常委会议 37 次，依法任免国家机关工作人员 251 人次。听取和审议“一府两院”关于执行《湖南省生猪屠宰管理条例》《中华人民共和国劳动法》《湖南省宗教事务管理条例》等法律法规、民办教育、计划生育、国民经济、优化经济发展环境、农村卫生建设、公路建设等专项报告 46 个。作出《关于加强预算外资金管理的决议》和《关于继续深入开展法制宣传教育的决议》。常委会先后对农业法、国土法、人口与计划生育法、传染病防治法、科技进步法、非税收入管理条例等 20 多部法律、法规在冷水滩区的贯彻实施情况进行执法检查。

第七届人大常委会（2008—2012 年）

第七届人大常委会 共召开常委会议 44 次，听取和审议“一府两院”专项工作报告 107 个，作出决议、决定 88 项，开展执法检查 19 次，对 20 个政府组成部门进行工作审（评）议，依法任免国家机关工作人员 215 人次。作出《关于创建省级卫生城市的决议》《关于继续深入开展法制宣传教育的决议》。常委会先后对农业法、中小企业促进法、森林法、体育法、刑法、刑诉法、人口与计划生育法、科技进步法、妇女权益保障法、治安管理处罚法、行政复议法、国务院宗教事务条例等 40 余部法律、法规的贯彻实施情况进行检查。

第八届人大常委会（2013 年—2016 年）

第八届人大常委会 共召开常委会议 36 次，主任会议 82 次，听取和审议“一府两院”专项工作报告 61 个，作出决议决定 22 项，开展执法检查 14 次，组织视察调研活动 52 次，对 12 个政府工作部门进行工作审议，依法任免国家机关工作人员 228 人次。作出关于高科园建设、精准扶贫、项目融资等决议决定 12 项，常委会先后对食品安全法、预算法、大气污染防治法、水污染防治法等 6 部法律开展执法检查。

2016 年 3 月 11 日冷水滩区八届人大常委会第三十一次会议召开

1984—2016 年冷水滩市（区）历届人民代表大会常务委员会主任、副主任、办公室主任名录一览表

表 10-1

届次	主任	副主任	办公室主任	备注
第一届人大常委会	廖立志	王本河、尹建喜、罗竹花（女）、祝祖国、唐建云、黄太平	莫学飞	
第二届人大常委会	李润泉	尹建喜、吴丁华、黄太平、童清明（女）	莫学飞	
第三届人大常委会	郑学德	王本河、尹建喜、吴丁华、黄太平、童清明（女）、卢祖建（兼）	唐存正	
第四届人大常委会	尹建喜	王本河、吴丁华、黄太平、童清明（女）、卢祖建（兼）	唐存正	
第五届人大常委会	周进盛	唐德顺、童清明（女）、周晓、李朝巍、郭庚生、黄连英（女、兼）	陈劲风	
第六届人大常委会	马伯良	李朝巍、郭庚生、郭銮（女）、李光智、邹剑华、黄连英（女、兼）	朱继雅	
第七届人大常委会	王新权	邹剑华、曾跃进、黄连英（女）、刘洪波、胡柏艳（女）	周新华 赵国平	
第八届人大常委会	肖惠黎	曾跃进、刘洪波、胡柏艳（女）、孙纲要、吴春华	赵国平	

第二章 零陵区人民代表大会

零陵因舜“南巡狩，崩于苍梧之野，葬于江南九疑，是为零陵”而得名，是中国夏以前出现的34处重要的古地名之一，历史极为悠久。秦始皇嬴政二十六年(前221年)，秦始皇统一中国，实行郡县制，始置零陵县（归长沙郡管辖）。历代以来，其辖地分合频繁，建置和地名多次变更，零陵、永州、芝山，三名一地，一地三名。

1949年10月，中华人民共和国成立，成立永州专区。1950年5月，改称零陵专区，零陵县为其辖区。1952年，衡阳、零陵、郴州三个专区合并，设立湘南行政区，零陵县属湘南行政区。1954年，撤销湘南行政区，改设衡阳、郴州两个专区，零陵县属衡阳专区。1962年底，恢复零陵专区，零陵县改属零陵专区。1968年9月，成立零陵地区革命委员会，1979年改为零陵地区行政公署，零陵县为其辖区。1979年，划出1个镇2个乡，成立永州镇，归零陵地区直辖。

1982年1月23日，国务院批准设立县级永州市，以零陵地区直属的永州镇和零陵县的朝阳、七里店2个公社，以及天字地公社的建设桥大队，零陵县原种场及所属的茆江桥大队为永州市的行政区划，永州市属零陵地区。1984年6月22日，国务院批准撤销零陵县恢复冷水滩市，将零陵县的邮亭圩、菱角塘、黄田铺、富家桥、珠山、水口山6个区的40个公社和楚江圩区的接履桥公社划归永州市管辖，永州市属零陵地区。1995年，国务院以《关于同意湖南省撤销零陵地区设立地级市永州市的批复》国函〔1995〕110号文件批准县级永州市改设为芝山区，以原永州市的行政区域为芝山区的行政区域，芝山区隶属地级永州市。2005年，芝山区更名为零陵区，其行政区域和及归属同芝山区。

第一节 零陵县各界人民代表会议

零陵县从1950年3月至1954年3月，先后召开过4届15次人民代表会议，讨论征粮支前、减租反霸、肃清匪特、土地改革、抗美援朝和发展工业、农业生产等一系列重大事项，对恢复国民经济、巩固人民政权、加强治安管理、保障人民财产的安全起了极大的作用。

第一届一次会议 1950年3月12日举行，出席代表232人。会议主要内容：讨论决议征粮支前、剿匪反霸、减租减息、生产备荒，开展经济建设和文化教育等工作。

第一届二次会议 1950年7月18—19日举行，出席代表180人。会议的主要内容：贯彻征粮、支前、剿匪3大任务；选举出席湖南省各界人民代表会议代表；讨论决议防旱、防灾、渡夏荒的具体工作。

第一届三次会议 1950年9月28日举行，出席代表185人。会议主要内容：讨论通过《农业税征收决议（草案）》及土改决议。

第一届四次会议 1950年11月27—29日举行，出席代表174人。会议主要内容：讨论通过零陵县土改方案及恢复发展农业生产、商业及合作计划。

第一届五次会议 1951年6月2—5日举行，出席代表174人。会议主要内容：总结前段土改工作及准备开展第二批土改工作；镇压反革命；采取措施夺取农业大丰收。

第一届六次会议 1951年7月举行，出席代表444人。会议的主要内容：讨论镇压反革命和清理积案工作。

第一届七次会议 1951年8月7—9日举行，出席代表368人。会议主要内容：讨论推行爱国公约，做好优抚工作；决议捐献钱财物，购买飞机大炮，支援抗美援朝。

第一届八次会议 1951年10月16—19日举行，出席代表186人。会议主要内容：更换出席省各界人民代表会议代表；讨论秋征、冬耕和文教工作。

第二届一次会议 1952年5月30日至6月1日举行，出席代表303人。会议主要内容：讨论生产渡荒、划分小乡、“三反五反”、卫生防疫4项工作。

第二届二次会议 1952年10月13—15日举行，出席代表1021人。会议主要内容：讨论通过《查田定产工作草案》及秋征农业税和冬季生产工作（注：二届二次会议原定代表334名，后因与全县农民代表会议合并举行，故代表人数显著增加）。

第三届一次会议 1952年12月5—7日举行，出席代表405人。会议主要内容：讨论冬耕生产与春耕生产及结束土地改革工作；选举出席湖南省各界人民代表会议代表。

第三届二次会议 1953年3月26—28日举行，出席代表302人。会议主要内容：讨论春耕生产工作；贯彻执行《婚姻法》和搞好普选工作。

第三届三次会议 1953年8月19—21日举行，出席代表278人。会议主要内容：部署秋冬生产，收购粮食等工作。

第三届四次会议 1953年10月2—5日举行，出席代表239人。会议主要内容：贯彻执行依章计征、依法减免的政策和税征工作。

第四届一次会议 1954年3月6日举行，出席代表235人。会议主要内容：讨论迎接普选和救灾工作。

第二节　零陵县人民代表大会

第一届人民代表大会

一届人大一次会议　1954 年 6 月 30 日至 7 月 3 日举行，应到代表 415 人，出席代表 351 人，列席代表 2 人。会议听取审议《关于半年来工作总结及今后工作意见的报告》；通过《关于学习、宣传中华人民共和国宪法（草案）的决议》及《关于以互助合作为中心环节，开展农业生产运动的决议》；选举周年政、高顺江、匡鸾秀（女）、罗子武、李震林为出席湖南省一届人大代表。这次会议是经过普选产生代表的首届人民代表大会。

一届人大二次会议　1955 年 4 月 11—13 日举行，应到代表 403 人，出席代表 308 人。会议传达省一届人大二次会议精神；讨论通过《关于以互助合作为中心的农业生产和大力开展 1955 年春耕生产运动的报告》，通过关于拥护《中华人民共和国兵役法（修改草案）》的决议；选举县长、副县长、人民法院院长及 21 名县人民委员会组成人员。

第二届人民代表大会

二届人大一次会议　1956 年 12 月 9—11 日举行，出席代表 451 人。会议审议上届县人民委员会的工作报告；讨论通过冬春农业生产安排；选举县长、副县长及 27 名县人民委员会组成人员。

二届人大二次会议　1957 年 6 月 29 日至 7 月 2 日举行，出席代表 352 人，列席代表 41 人。会议审议通过《政府工作报告》《财政工作报告》《财政预决算报告》《文教卫生工作报告》《法院工作报告》，提出全县人民之后的任务是：在农业生产上切实贯彻落实以生产粮食为主，开展农、林、渔、牧、副业多种经营的方针，调动一切积极因素，教育和发动全县人民，为实现 1957 年全面大丰收而积极努力。大会收到代表提案 365 件。

第三届人民代表大会

三届人大一次会议　1958 年 5 月 10—14 日举行，应到代表 449 人，出席代表 326 人。

会议审议通过《政府工作报告》《法院工作报告》《财政预决算报告》；选举于明涛、罗子武、李震林、陈雁谷、蒋德玟、匡莺秀（女）为出席湖南省二届人民代表大会代表，选举县长、副县长及23名县人民委员会组成人员。

第四届人民代表大会

四届人大一次会议 1960年12月6—8日举行，出席代表449人。会议审议通过《政府工作报告》《司法工作报告》《财政预决算报告》；选举县长、副县长、人民法院院长及25名县人民委员会组成人员，选举于明涛、蒋德玟、陈雁谷、李震林、刘永清、邓满银（女）为出席湖南省二届三次人民代表大会代表。

四届人大二次会议 1962年7月16—20日举行，应到代表338人，出席代表285人，列席代表92人。会议审议通过《政府工作报告》《法院工作报告》《财政预决算安排意见的决议》。

第五届人民代表大会

五届人大一次会议 1964年8月28—31日举行，应到代表450人，出席代表319人，列席代表45人。会议审议通过《政府工作报告》《法院工作报告》《财政预决算报告》；选举县长、副县长、人民法院院长及23名县人民委员会组成人员，选举陈自禄、皮三秀、邓满银（女）、杜一夫、刘大梓、陈雁谷、张子福为出席湖南省三届人民代表大会代表。

第六届人民代表大会

第六届人大会议 因“文化大革命”的冲击而无法召开。根据1975年《中华人民共和国宪法》关于“地方各级革命委员会又是地方各级代表大会的常设机关”的规定，将1968年9月10日举行的零陵县革命委员会成立大会称为零陵县第六届人民代表大会。

第七届人民代表大会

七届人大一次会议 1978年1月3—7日举行，应到代表999人，出席代表942人。会议审议通过《县革命委员会工作报告》和县革委会《关于认真改进作风的决定》，选举县革委会主任、县人民法院院长及39名县革委会组成人员。

第八届人民代表大会

八届人大一次会议 1980 年 12 月 23—29 日举行，应到代表 385 人，出席代表 369 人。会议审议《县革委会工作报告》《财政预决算报告》《法院工作报告》《检察院工作报告》；决定撤销零陵县革命委员会，恢复县人民政府。选举零陵县人民代表大会常务委员会主任、副主任及 17 名委员，成立零陵县人民代表大会常务委员会；选举县长、副县长、县人民法院院长、县人民检察院检察长。

八届人大二次会议 1981 年 12 月 28—31 日举行，应到代表 385 人，出席代表 342 人。会议审议《政府工作报告》《县人大常务委员会工作报告》《财政预决算报告》《法院工作报告》《检察院工作报告》；通过《关于保护森林、发展林业的决定》及《关于保护农村社队公共财产若干问题的决定》；增选 2 名副县长、2 名县人大常委会副主任。

八届人大三次会议 1983 年 3 月 17—20 日召开，应到代表 327 人，实到会代表 276 人。会议审议《代表资格审查报告》《人大常委会工作报告》《政府工作报告》《财政预决算报告》《法院工作报告》《检察院工作报告》《提案审查报告》；通过《关于保护国家资财的决定》；选举冯长平、纪照青、羊丁秋、华国栋、李润泉、向敏（女）、陈雁谷、郑书城、唐美云（女）、唐修品、廖芳柱为出席湖南省六届人民代表大会代表。

第九届人民代表大会

九届人大一次会议 1984 年 4 月 5—9 日召开，应到代表 426 人，实到会代表 411 人。会议审议《政府工作报告》《财政预决算报告》《县人大常委会工作报告》《法院工作报告》《检察院工作报告》《议案试行办法和提案审查报告》；选举县人大常委会主任、副主任及 19 名县人大常委会组成人员；选举了县长、副县长、县人民法院院长、县人民检察院检察长；通过《零陵县第九届人民代表大会议案试行办法》《关于支持保护和发展专业户、重点户的决定》；建立人民代表片组 1 3 个，人民代表小组 83 个。

第三节 零陵区（县级永州市、芝山区）人民代表大会

第一届人民代表大会

一届人大一次会议 1982 年 6 月 29 日至 7 月 3 日举行，出席代表 74 人。会议选

举蒋先启为（县级永州市）市人大常委会主任，田国齐、魏素华（女）为市人大常委会副主任，选举王春芳等8人为市人大常委会委员；选举滕名瑜为（县级永州市）市长，傅铁荣、沈泗海、胡会元、王远全为副市长；选举祝祖德为（县级永州市）市人民法院院长；选举刘世作为（县级永州市）市人民检察院检察长。会议收到代表提案144件。

一届人大二次会议 1983年1月23—27日举行，出席代表83人。会议选举蒋先启、张秋銮、肖运春、吕保桐为省六届人大代表，选举郑云柏为（县级永州市）市一届人大常委会委员，通过《关于促进全市社会风气进一步好转的决议》。

第二届人民代表大会

二届人大一次会议 1984年4月11—16日举行，出席代表169人。会议选举滕名瑜为（县级永州市）市人大常委会主任，田国齐、王远全、王治树、刘茂时为市人大常委会副主任，刘天秀等10人为市人大常委会委员；选举朱泽民为（县级永州市）市长，选举傅铁荣、沈泗海、蒋福生、胡会元、刘运全为副市长；选举祝祖德为（县级永州市）市人民法院院长；选举刘世作为（县级永州市）市人民检察院检察长。会议收到代表提案258件。

二届人大二次会议 1985年5月27—31日举行，出席代表325人。会议同意滕名瑜辞去（县级永州市）市人大常委会主任职务，同意朱泽民辞去（县级永州市）市长职务，同意刘运全、傅铁荣辞去副市长职务；补选唐卯明为（县级永州市）市人大常委会主任，选举李于峦、蒋炳生为市人大常委会委员；补选卞翠屏为（县级永州市）市长，补选李安纯、钟佩章为副市长。会议收到代表提案276件，分别交"一府两院"和有关部门办理。

二届人大三次会议 1986年3月21—26日举行，出席代表362人。会议同意唐卯明辞去（县级永州市）市人大常委会主任职务；补选李润泉为（县级永州市）市人大常委会主任，补选陈凤英（女）为副主任；补选沈泗海为（县级永州市）市长。会议收到代表提案133件，批评、建议102件，经大会提案审查委员会审查，立案109件，同批评和建议一起交有关部门办理。

第三届人民代表大会

三届人大一次会议 1987年2月23日至3月1日举行，出席代表294人。会议选举唐卯明为（县级永州市）市人大常委会主任，王治树、陈凤英（女）、王远全、雷述光为市人大常委会副主任，选举吕琢等10人为市人大常委会委员；选举沈泗海为（县级永州市）市长，选举胡会元、吕玉朝、李邦述、李安纯为副市长；选举彭剑为（县级永州市)市人民法院院长; 选举祝祖德为(县级永州市)市人民检察院检察长; 批准《永州市国民经济和社会发展第七个五年计划》。会议收到代表提案243件，经大会提案审查委员会审查，立案219件，交“一府两院”和有关部门办理。

三届人大二次会议 1988年1月5—6日举行，出席代表241人。会议选举省第七届人民代表大会代表7人。

三届人大三次会议 1988年3月17—21日举行，出席代表241人。会议补选祝祖国为（县级永州市）市人大常委会副主任，补选奉辉、黄衡为（县级永州市）副市长。罢免彭剑（县级永州市）市人民法院院长职务。

三届人大四次会议 1989年4月15—19日举行，出席代表291人。会议补选（县级永州市）市人民法院院长。

第四届人民代表大会

四届人大一次会议 1990年2月24日至3月2日举行，出席代表283人。会议选举（县级永州市）市人大常委会主任、副主任、委员，市长、副市长，市人民法院院长、市人民检察院检察长。

四届人大二次会议 1991年3月10—14日举行，出席代表273人。会议补选雷述光为（县级永州市）市人大常委会副主任，通过《关于九年义务教育规划》《关于切实减轻农民负担》等决议。

四届人大三次会议 1992年3月15—19日举行，出席代表283人。会议听取和审查（县级永州市）市人民政府、市人大常委会、市人民法院、市人民检察院工作报告并作出相应决议；审查和批准国民经济和社会发展计划报告、财政预算报告；同意陈志国辞去（县级永州市）市人大常委会副主任职务；补选夏开前为（县级永州市）市人大常委会副主任。会议收到代表议案32件，建议、批评和意见98件，经大会提案审查委员会审查，全部作为建议、批评和意见交“一府两院”和有关部门办理。

第五届人民代表大会

五届人大一次会议 1992年12月29日至1993年1月3日举行，出席代表284人。会议选举（县级永州市）市人大常委会主任、副主任、委员，市长、副市长，市人民法院院长、市人民检察院检察长，选举湖南省第八届人大代表。

五届人大二次会议 1994年3月20—25日举行，出席代表284人。会议选举胡冬春为（县级永州市）副市长。

五届人大三次会议　1995年3月13—17日举行，出席代表284人。会议听取和审查（县级永州市）市人民政府、市人大常委会、市人民法院和市人民检察院工作报告并作出相应决议；审查和批准国民经济和社会发展计划报告、财政预算报告；补选杨秋林为市长。会议收到代表议案38件，建议、批评和意见105件，经大会提案审查委员会审查，立案2件，其他全部作为建议、批评和意见交“一府两院”与有关部门办理。

五届人大四次会议　1996年3月25—30日举行，出席代表288人。会议选举陈顺仁为（芝山区）副区长，审议通过《永州市更名为芝山区的决定》。

五届人大五次会议　1997年4月13—17日举行，出席代表287人。会议听取和审查（芝山区）区人民政府、区人大常委会、区人民法院、区人民检察院工作报告并作出相应决议；审查和批准国民经济和社会发展计划报告、财政预算报告；补选唐定为区长；补选张少文为区人民检察院检察长。会议收到代表议案14件，建议、批评和意见37件，经大会提案审查委员会审查，全部作为建议、批评和意见交“一府两院”与有关部门办理。

第六届人民代表大会

六届人大一次会议　1998年1月3—8日举行，出席代表231人。会议听取和审查（芝山区）区人民政府、区人大常委会、区人民法院、区人民检察院工作报告并作出相应决议；审查和批准国民经济和社会发展计划报告、财政预算报告；选举沈秀科为芝山区人大常委会主任，选举王和恒、李安纯、肖美英（女）、陈顺仁、唐颂之、彭顺生为区人大常委会副主任，选举邓水玉等9人为区人大常委会委员；选举唐定为芝山区区长，选举杨雪生、张国峰、张德光、金和群、唐厚忠为副区长；选举谭青峰为芝山区人民法院院长；选举张少文为芝山区人民检察院检察长；选举沈秀科为永州市一届人大代表。会议收到代表议案45件，建议、批评和意见60件，经大会提案审查委员会审查，其中2件作为议案处理，其他全部作为建议、批评和意见交“一府两院”与有关部门办理。

六届人大二次会议　1999年3月15—18日举行，出席代表231人。会议听取和审查（芝山区）区人民政府、区人大常委会、区人民法院、区人民检察院工作报告并作出相应决议；审查和批准国民经济和社会发展计划报告、财政预算报告。

六届人大三次会议　2000年3月13—17日举行，出席代表231人。会议听取和审查（芝山区）区人民政府、区人大常委会、区人民法院、区人民检察院工作报告并作出相应决议；审查和批准国民经济和社会发展计划报告、财政预算报告；同意张少文辞去芝山区人民检察院检察长职务；补选邓忠新为芝山区人民检察院检察长。会议收到代表议案22件，建议、批评和意见36件，经大会提案审查委员会审查，全部作为建议、批评和意见交“一府两院”与有关部门办理。

六届人大四次会议 2001年5月26—30日举行，出席代表236人。会议补选熊春明为（芝山区）区长。会议听取和审查区长熊春明所作的（芝山区）区人民政府工作报告、区人大常委会主任沈秀科所作的区人大常委会工作报告、区法院院长谭青峰所作的区人民法院工作报告和邓忠新所作的区人民检察院工作报告并作出相应决议；审查和批准国民经济和社会发展计划报告、财政预算报告。

六届人大五次会议 2002年3月11—14日举行，出席代表236人。会议听取和审查区长熊春明所作的（芝山区）区人民政府工作报告、区人大常委会主任沈秀科所作的区人大常委会工作报告、区法院院长谭青峰所作的区人民法院工作报告和区检察院检察长邓忠新所作的区人民检察院工作报告并作出相应决议；审查和批准国民经济和社会发展计划报告、财政预算报告。会议收到代表议案25件，建议、批评和意见52件，经大会提案审查委员会审查，全部作为建议、批评和意见交"一府两院"与有关部门办理。

第七届人民代表大会

七届人大一次会议 2002年12月27日至2003年1月1日举行，出席代表221人。会议听取和审查区长熊春明所作的（芝山区）区人民政府工作报告、区人大常委会主任沈秀科所作的区人大常委会工作报告、区法院院长杨爱民所作的区人民法院工作报告和区检察院检察长滕购新所作的区人民检察院工作报告并作出相应决议；审查和批准国民经济和社会发展计划报告、财政预算报告；选举徐时荣为芝山区人大常委会主任，选举肖双光、肖美英（女）、卿镇平、唐颂之、唐海波、盘汉平为区人大常委会副主任；选举徐时荣为永州市人大代表；选举熊春明为芝山区区长，选举吕斌、吴国政、金和群、唐荣成、唐厚忠、蒋蒲英（女）为副区长；选举杨爱民为芝山区人民法院院长；选举滕购新为芝山区人民检察院检察长；选举万永平等11人为区人大常委会委员。

2004年8月芝山区第七届人大代表视察萍岛旅游开发

七届人大二次会议 2004年2月25—28日举行，出席代表227人。会议听取和审查区长熊春明所作的（芝山区）区人民政府工作报告、区人大常委会主任徐时荣所作的区人大常委会工作报告、区法院院长杨爱民所作的区人民法院工作报告和区检察院检察长滕购新所作的区人民检察院工作报告并作出相应决议；审查和批准国民经济和社会发展计划报告、财政预算算报告；补选邓华礼为区人大常委会委员；审议通过《永州市芝山区第七届人民代表大会常务委员会关于讨论决定重大事项的规定》。

七届人大三次会议 2005年1月20—24日举行，出席代表227人。会议听取和审查区长熊春明所作的（芝山区）区人民政府工作报告、区人大常委会主任徐时荣所作的区人大常委会工作报告、区法院院长杨爱民所作的区人民法院工作报告、区检察院检察长滕购新所作的区人民检察院工作报告并作出相应决议；审查和批准国民经济和社会发展计划报告、财政预算报告；补选唐顺甲为区人大常委会副主任。

七届人大四次会议 2006年2月21—25日举行，出席代表233人。会议听取和审查区人大常委会主任徐时荣所作的区人大常委会工作报告、区法院院长杨爱民所作的区人民法院工作报告、区检察院检察长滕购新所作的区人民检察院工作报告并作出相应决议；审查和批准国民经济和社会发展计划报告、财政预算报告；补选黄小明为芝山区区长；补选高小东、陈凌云为区人大常委会委员。

七届人大五次会议 2006年12月28日至2007年1月2日举行，出席代表235人。会议听取和审查区长黄小明所作的（芝山区）区人民政府工作报告、区人大常委会主任徐时荣所作的区人大常委会工作报告、区法院院长杨爱民所作的区人民法院工作报告、区检察院检察长滕购新所作的区人民检察院工作报告并作出相应决议；审查和批准国民经济和社会发展计划报告、财政预算报告；选举吕芳村等44人为永州市三届人大代表。

第八届人民代表大会

八届人大一次会议 2007年11月7—11日举行，出席代表229人。会议听取和审查区长石艳萍所作的区人民政府工作报告、区人大常委会主任徐时荣所作的区人大常委会工作报告、区法院院长杨爱民所作的区人民法院工作报告、区检察院检察长滕购新所作的区人民检察院工作报告并作出相应决议；审查和批准国民经济和社会发展计划报告、财政预算报告；选举徐时荣为零陵区人大常委会主任，肖双光、卿镇平、唐顺甲、唐海波、崔永琴（女）为区人大常委会副主任，选举文正国等13人为区人大常委会委员；选举石艳萍（女）为零陵区区长，文锡亮、吕斌、伍佑伦、徐志华、唐荣成、唐满平、蒋志刚为副区长；选举杨爱民为零陵区人民法院院长；选举滕购新为零陵区人民检察院检察长；选举石艳萍（女）为永州市三届人大代表。

八届人大二次会议 2008年12月29日至2009年1月1日举行，出席代表230人。会议听取和审查区长石艳萍所作的零陵区人民政府工作报告、区人大常委会主任徐时荣所作的区人大常委会工作报告、区法院院长郑和生所作的区人民法院工作报告、区检察院检察长冯湘琳所作的区人民检察院工作报告并作出相应决议；审查和批准国民经济和社会发展计划报告、财政预算报告；补选尹艳为零陵区人大常委会委员；补选郑和生为零陵区人民法院院长；补选冯湘琳为零陵区人民检察院检察长。

八届人大三次会议 2010年1月6—9日举行，出席代表230人。会议听取和审查区长石艳萍所作的零陵区人民政府工作报告、区人大常委会主任徐时荣所作的区人大常委会工作报告、区法院院长郑和生所作的区人民法院工作报告、区检察院检察长冯湘琳所作的区人民检察院工作报告并作出相应决议；审查和批准国民经济和社会发展计划报告、财政预算报告；审查区人民政府关于办理创建省级卫生城市议案进展情况的报告;审查和票决区人民政府关于办理区八届人大二次会议代表提出的5个重点建议、批评、意见情况的报告；补选张造杞为区人大常委会委员。

八届人大四次会议 2010年12月27—31日举行，出席代表230人。会议听取和审查区长石艳萍所作的零陵区人民政府工作报告、区人大常委会主任徐时荣所作的区人大常委会工作报告、区法院院长郑和生所作的区人民法院工作报告、区检察院检察长冯湘琳所作的区人民检察院工作报告并作出相应决议；审查和批准国民经济和社会发展计划报告、财政预算报告；审查和批准零陵区国民经济和社会发展第十二个五年规划纲要；审查和票决区人民政府关于办理区八届人大三次会议代表提出的三个重点建议、批评、意见情况的报告；听取区人民政府关于创建省级卫生城市情况的报告；补选杨善玉、周中立为区人大常委会委员。

八届人大五次会议 2011年7月13—16日举行，出席代表214人。会议补选尹玉林、蒋映群（女）、蒋蒲英（女）为零陵区副区长。

八届人大六次会议 2011年12月20—23日举行，出席代表232人。会议听取和审查区长石艳萍所作的零陵区人民政府工作报告、区人大常委会主任徐时荣所作的区人大常委会工作报告、区法院院长郑和生所作的区人民法院工作报告、区检察院检察长冯湘琳所作的区人民检察院工作报告并作出相应决议；审查和批准国民经济和社会发展计划报告、财政预算报告；审查区人民政府关于办理区八届人民代表大会四次会议代表提出的建议、批评、意见情况和区八届人民代表大会二次、三次会议代表提出重点建议、批评、意见情况的报告；审查和票决区人民政府关于办理区八届人民代表大会四次会议代表提出的重点建议、批评、意见的情况的报告；选举吕爱华等42人为市四届人大代表；补选唐荣成、汤安权为区人大常委会委员；同意石艳萍（女）辞去零陵区区长职务。

八届人大七次会议 2012年6月25—28日举行，出席代表229人。会议补选唐烨为零陵区区长，补选姚如男（女）、唐富荣为副区长。

第九届人民代表大会

九届人大一次会议　2012年9月25—30日举行，出席代表225人。会议听取和审查区长唐烨所作的零陵区人民政府工作报告、区人大常委会主任徐时荣所作的区人大常委会工作报告、区法院院长郑和生所作的区人民法院工作报告、区检察院检察长冯湘琳所作的区人民检察院工作报告并作出相应决议；审查和批准国民经济和社会发展计划报告、财政预算报告；选举唐荣成为零陵区人大常委会主任，选举汤安权、胡乃湘、徐海英（女）、卿镇平为区人大常委会副主任，选举韦士玲（女）等12人为区人大常委会委员；选举唐烨为零陵区区长，选举王小会、文锡亮、龙亮、姚如男（女）、唐富荣、蒋映群（女）、蒋蒲英（女）为副区长；选举郑和生为零陵区人民法院院长；选举冯湘琳为零陵区人民检察院检察长。

2012年9月30日零陵区九届人大常委会主任唐荣成

九届人大二次会议　2013年3月24—28日举行，出席代表230人。会议补选唐美娥（女）、蒋春农为区人大常委会委员；听取和审查区人民政府关于2012年财政预算执行变化情况的报告；听取和审查并票决区人民政府关于办理区八届人大六次会议代表提出的重点建议情况的报告。

九届人大三次会议　2013年12月24—27日举行，出席代表230人。会议听取和审查区长唐烨所作的区人民政府工作报告、区人大常委会主任唐荣成所作的区人大常委会工作报告、区法院院长郑和生所作的区人民法院工作报告、区检察院检察长冯湘琳所作的区人民检察院工作报告并作出相应决议；审查和批准国民经济和社会发展计划报告、财政预算报告；听取和审查零陵区人民政府关于办理区九届人大一次会议、九届人大二次会议代表提出的建议、批评、意见情况以及区八届人大六次会议代表提出的重点建议情况的报告。

九届人大四次会议　2015年3月2—4日举行，出席代表234人。会议听取和审查区长唐烨所作的区人民政府工作报告、区人大常委会主任唐荣成所作的区人大常委会工作报告、区法院院长郑和生所作的区人民法院工作报告、区检察院检察长冯湘琳所作的区人民检察院工作报告并作出相应决议；审查和批准国民经济和社会发展计划报告、财政预算报告；听取和审议零陵区人民政府关于区第九届人民代表大会第三次会议期间代表提出的建议、批评、意见和重点建议、批评、意见的办理情况的报告。

九届人大五次会议 2016年1月16—19日举行，出席代表230人。会议听取和审查区长唐烨所作的区人民政府工作报告、区人大常委会主任唐荣成所作的区人大常委会工作报告、区法院院长何小春所作的区人民法院工作报告、区检察院检察长冯湘琳所作的区人民检察院工作报告并作出相应决议；审查和批准国民经济和社会发展计划报告、财政预算报告；听取和审查永州市零陵区国民经济和社会发展第十三个五年规划纲要（草案）的编制说明；审查和批准永州市零陵区国民经济和社会发展第十三个五年规划纲要；听取和审查永州市零陵区人民政府关于办理区第九届人民代表大会第四次会议期间代表提出的建议、批评、意见与九届人大常委会第五次会议继续交办、区九届人大三次会议代表提出的重点建议情况的报告；审查并票决区人民政府关于办理区九届人大常委会第五次会议继续交办、区九届人大三次会议代表提出的重点建议；补选何小春为零陵区人民法院院长。

第十届人民代表大会

十届人大一次会议 2016年11月25—29日举行，出席代表223人。会议听取和审查区长吴恢才所作的区人民政府工作报告、区人大常委会主任唐荣成所作的区人大常委会工作报告、区法院院长何小春所作的区人民法院工作报告、区检察院检察长杨建国所作的区人民检察院工作报告并作出相应决议；审查和批准国民经济和社会发展计划报告、财政预算报告；听取和审议区人民政府关于办理区九届人大五次会议期间代表提出的建议、批评、意见情况的报告；通过零陵区第十届人民代表大会关于设立法制委员会、财政经济委员会的决定；选举唐荣成为零陵区人大常委会主任，胡乃湘、徐海英（女）、邓建国、胡自力、金长青为区人大常委会副主任，吕祝庆等15人为区人大常委会委员；选举吴恢才为零陵区区长，龙军、姚如男（女）、王小会、汤安权、何锋、彭定国、张恒为副区长；选举何小春为零陵区人民法院院长；选举杨建国为零陵区人民检察院检察长；选举刘志强等43人为永州市五届人大代表。

第四节 零陵区（县级永州市、芝山区）人民代表大会常务委员会

零陵县各界人民代表会议常务委员会

1950年11月25日，首届四次各界人民代表会议选举15名代表组成常务委员会，

并召开首次会议，研究确定常委会的工作和委员的分工。由于委员均系兼职，仅建立书信联络制度。1952 年 3 月，设专职常委 1 人驻会办公。每次常委会前，商定会议的议程，与各界代表联络交换意见，处理代表来信来访。到 1954 年第一届人民代表大会召开前，县各界人民代表会议常务委员会开会 8 次，处理来信 58 件。

一次会议 1950 年 12 月 25 日举行，出席委员 15 人。研究常委会工作及委员分工。

二次会议 1951 年 5 月 31 日举行，出席委员 15 人。研究首届五次代表会议的准备工作；改选个别常委委员。

三次会议 1951 年 7 月 20 日举行，出席委员 15 人。讨论首届六次会议的准备工作。

四次会议 1952 年 10 月 11 日举行，出席委员 8 人。讨论召开第三届会议的筹备工作及之后的中心议题、规模及大会主席团成员。

五次会议 1952 年 11 月 15 日举行，出席委员 8 人。商定各界代表名额；通过召开三届一次代表会议代行人民代表大会职权计划草案；讨论民主建政的准备工作。

六次会议 1952 年 11 月 29 日举行，出席委员 9 人。商定第三届一次人民代表大会筹备委员会的人选问题。

七次会议 1952 年 12 月 6 日举行，出席委员 15 人。讨论常委委员分工问题。

八次会议 1953 年 8 月 18 日举行，出席委员 15 人。讨论第三届三次会议的准备工作。

零陵县人民代表大会常务委员会

一至七届县人民代表大会均未设常务委员会。1980 年 12 月召开的第八届人民代表大会，根据《中华人民共和国地方各级人民代表大会和地方各级人民政府组织法》关于“县级以上各级人民代表大会设立常务委员会”的规定，选举成立县人大常务委员会。人大常委会在人民代表大会闭会期间，受代表大会的委托，代行人民代表大会职权。第八、九两届人大常委会举行了 19 次会议，听取审议政府有关部门工作汇报 12 次，人民法院、人民检察院工作报告 8 次，人大工作报告 7 次；会议还讨论通过一些重大决议。届内开展视察调查、处理提案、任免国家机关工作人员等活动。

零陵区（县级永州市、芝山区）人民代表大会常务委员会

一届人大常委会 共举行会议 10 次。第七次常委会会议听取和审议市人民代表大会关于打击刑事犯罪活动的汇报后，作出《立即行动起来，积极参加打击刑事犯罪活动斗争的决定》，并向全市发出《致市人大代表和全市人民的一封信》。常委会于 1982 年视察 54 个单位和文明卫生一条街，1983 年春节视察市场物资供应和物价执行

情况，对在视察中存在的问题都及时转交政府各有关部门，并督促采取措施，加以解决。常委会对代表提出的276条建议，归纳整理成39条，选出重点建议由常委会领导分工负责重点督办，其余31件由常委会各办委对口督办，办公室和联工委综合督办、总结、交流办理工作情况，使代表提出的议案、建议、批评、意见办理得到较好落实。

二届人大常委会 共举行会议20次，作出决议决定19个。1986年2月，第十一次常委会会议在听取（县级永州市）市人民检察院纠正黄某某错案进展情况的汇报后，常委会组成人员对（县级永州市）市人民检察院工作上的严重错误当面提出质询，并授权人大常委会主任会议于2月底再次听取汇报。3月初，主任会议听取市人民检察院检察长刘世作对办案人员的处理决定的情况汇报后表示满意。1988年2月，二届人大常委会依法撤销彭某（县级永州市）市人民法院院长职务，并决定提请三届人民代表大会第三次会议主席团罢免彭某（县级永州市）市人民法院院长职务。

三届人大常委会 共举行会议21次。1988年—1989年5月，常委会在执法检查时发现市人民政府的发文中，有12个文件不符合法律规定，提出处理意见，政府及时作出纠正。

四届人大常委会 共举行会议18次。针对市场物价涨幅、国有企业深化改革和减轻农民、企业负担等方面存在的问题，组织常委会委员和人大代表深入基层开展视察、调查，听取汇报18次。1990年3月，常委会组织省、市、乡三级人大代表联合视察南津渡电站和凼底乡农业开发时，发现修建南津渡电站淹没了凼底乡羊公滩村水田2.533公顷，旱土5.533公顷，将群众要求政府核减该村的粮食定购任务的情况及时转告政府，政府作出决定，核减该村粮食定购任务1.8万斤。第四届人大常委会开始开展代表评议工作。1991年，首先在朝阳乡进行试点，整个评议工作分准备、调查、评议、整改四个阶段进行。制订评议方案，确定评议内容和乡政府、卫生等13个受评单位。1991年，常委会还组织2181名人大代表评议384个单位，评出信任单位174个，基本信任的194个，不信任的单位16个。

五届人大常委会 共举行会议33次，作出决议决定36个，组织调查和视察15次，形成调查报告13个。常委会听取和审议"一府两院"关于执行《湖南省计划生育条例》、从严治警加强公安队伍建设、农业开发、科技兴农、农业总体战、工业总体战、推进医德医风建设、廉政勤政建设、查处国家工作人员违法犯罪、行政审判、交通工作、广播电视、文明卫生城市的创建、减轻农民负担、城镇劳动力就业等工作报告124次。1993年10月，组织全市减轻农民负担工作的视察调查，针对一些部门滥发文、乱摊派、乱集资、乱罚款问题，建议"一府两院"采取措施制止"三乱"。1993年、1994年和1996年，常委会分别组织区、乡两级人大代表对教育、工商、建委、卫生、交通、民政、农业、粮食等部门的工作进行评议，共收集社会各界人民群众意见建议5510条。1997

年 5 月，第二十九次常委会会议撤销蔡某芝山区法院审判员的职务。常委会督促的 645 件代表建议、批评、意见 100%得到办理，其中全部落实的 299 件，占总数的 46．4%；列入计划逐步解决的 153 件，占总数的 23。7%；受条件限制暂不能解决的 140 件，占总数的 21．7%；不能解决的 53 件，占总数的 8．2%。常委会共受理代表和群众来信来访 814 人次。

第一、二、三、四届人大常委会听取和审议“一府两院”关于工业生产、城市建设、食品卫生、物价管理、办理代表建议、文物保护、抵制精神污染、普法工作、社会治安、打击流氓犯罪和严重经济犯罪工作情况报 231 次；督促办理区人大代表在大会期间提出的议案（包括建议、批评、意见）1742 件；处理人大代表和群众来信 700 余件，接待来访 812 人次。第一、二、三届人大常委会组织开展对物价、文物保护、滥砍乱伐林木、农村、农业、农资、乡镇企业等方面的专题调查 176 次，并写出调查报告，针对存在的问题提出建议、批评和意见，督促整改落实。

六届人大常委会　共举行会议 35 次，作出决议决定 37 个，听取和审议“一府两院”工作情况报告 155 项，依法任免干部 271 人次，督促办理代表议案、建议、批评、意见 467 件，接待来信来访 4160 余人次，组织专题调查、执法检查、评议视察 240 场次。届内听取和审议关于农业、林业、水利、畜牧水产、农机、供销、农业综合开发、乡镇企业、小城镇建设、减轻农民负担、农村电网改造、农业生态项目建设、企业职工养老保险、国有企业改革等工作情况汇报。开展对刑法、刑事诉讼法、法官法、检察官法、人民警察法、律师法、税收征管法、人口与计划生育法、义务教育法、教师法、预算法、价格法、会计法、妇女权益保障法、食品卫生法、治安管理处罚条例、科技进步条例等 70 余部法律法规的执法检查。

2001 年 11 月芝山区第六届人大常委会组成人员

七届人大常委会　共举行会议 37 次，听取和审议“一府两院”工作情况报告 180 项，依法任免干部 206 人次，督促办理代表议案、建议 485 件，接待来信来访 6350 余人次，组织专题调查、执法检查、评议视察 350 多场次。作出关于芝山区更名为零陵区、南津路改造等城市建设重点工程实施、“五五”普法、城市建设资金贷款等重大决议决定 72 项。共跟踪督办“关于加强市民素质教育，提高城市文明水平”“关于加大零陵历史文化名城保护与建设力度”“关于加强社会主义新农村建设”“关于加强城乡客运市场管理”4个议案，督促办理“关于拉通羊角山路交通瓶颈”“关于城区背街小巷改造”等480件建议、批评和意见。开展关于计划生育、环境保护及矿山整治、非典防治、财政预算外资金管理、财政预算执行、卫生防疫、教育、社会养老保险和低保、农产品安全、城区建设与管理、消防、安全生产、学校危房改造、文化建设与文物保护等50余项工作的专题调查。组织和配合省、市人大对刑法、刑事诉讼法、行政复议法、公路法、电力法、税收征管法、国防教育法、法官法、检察官法、人民警察法、人口与计划生育法、义务教育法、教师法、预算法、价格法、妇女权益保障法、食品卫生法、治安管理处罚条例、治安管理处罚法、非税收入管理条例等80余部法律法规的执法检查。采取各种形式，加强对司法机关的工作监督，督促他们加强队伍建设，提高执法水平，加大打击刑事犯罪力度，确保社会稳定。如2003年5月发生的幼女被奸杀案（即“5·31”案），区人大常委会首次成立“特别问题调查委员会”，对案件进行跟踪督办，促成该案犯罪嫌疑人落网，受到相应的法律制裁。

八届人大常委会 共举行会议33次，听取和审议“一府两院”专项工作报告62个，依法任免干部240人次，督促办理代表议案、建议490件，接待来信来访8300余人次，组织专题调查、执法检查、审议视察320多场次。对172件规范性文件进行备案审查。开展对中小企业促进法、行政复议法、食品安全法、森林法、刑法、刑事诉讼法、宗教事务条例、湖南省非税收入管理条例、湖南省人口与计划生育条例、体育法、湖南省林业条例、湖南省信访条例、湖南省全民体育健身条例等20余部法律法规的执法检查。作出关于城市防洪暨河东沿江大道项目建设、潇水西路建设资金贷款、潇湘大道项目向国家开发银行申请贷款、永州市工商职业中专利用葡萄牙政府贷款、国道322线零陵段改线工程项目代建投资承揽、采取融资租赁方式购置总价值共计730万元的环卫设备、部分项目建设贷款还款资金列入财政预算、“十二五”规划纲要等重大决议决定23项。

2016年6月29日零陵区第九届人大常委会召开第三十六次会议，依法任免政府工作部门负责人29人次

九届人大常委会 共举行会议41次，开展各类视察、调研180余次，跟踪督办代表重点建议8个，开展和配合开展执法检查19次，依法任免国家机关工作人员171人次。作出关于城区基础设施建设、重点项目安排、发行中期票据、申请银行贷款、债券资金使用、棚户区

改造、城中村改造、易地扶贫搬迁、潇水河防洪综合治理、农商行组建、乡镇行政区划调整、零陵古城配套基础设施建设、设立旅游产业促进基金等重大决议决定36个。听取和审议关于新农合资金收支审计情况、医疗保险（职工医保）工作、社会抚养费征收管理与使用情况、农业专项资金的使用及绩效情况、“三农”工作、城建工作、“一事一议”财政奖补资金的管理和使用情况、社会救助工作、公共餐具消毒工作、城区义务教育阶段就近入学情况、水库禁止投肥养鱼专项整治工作等90个专项工作报告。对286件规范性文件做好受理登记和备案审查，向市人大报备规范性文件28件，对2008年以来区人大常委会作出的决议、决定进行全面清理，对19件规范性文件进行合法性审查。积极探索改进工作审议的方式方法，从人代会批准的“一府两院”工作报告和代表提出的重点建议中选取重点工作，开展工作审议。改变过去只审议区直部门的做法，对区人民政府分管副区长和法、检“两长”落实工作报告的履职情况进行审议。对于工作审议评定为不满意的，采取责令整改、作出检查、直至依法启动质询、特定问题调查等刚性监督措施，取得较好的监督效果。该创新做法被《人民之友》刊载，并向全省各级人大推介。

1982—2016 年永州市零陵区（芝山区）历届人民代表大会常务委员会主任、副主任、办公室主任名录一览表

表 10–2

届次	选举时间	主 任	副主任	办公室主任	备注
一届一次	1982.6.29	蒋先启	田国齐 魏素华（女）	陈 健	
二届一次	1984.4.11	滕名瑜	田国齐 王远全 王治树 刘茂时	吕 琢	
二届二次	1985.5.27	唐卯明	田国齐 王远全 王治树 刘茂时	吕 琢	
二届三次	1986.3.21	李润泉	田国齐 王远全 王治树 陈凤英（女）	吕 琢	
三届一次	1987.2.23	唐卯明	王治树 王远全 陈凤英（女） 雷述光	吕 琢	
三届三次	1988.3.17	唐卯明	王治树 王远全 陈凤英（女） 祝祖国 雷述光	唐继柳	
四届一次	1990.2.24	唐卯明	李甫成 王远全 陈凤英（女） 李开俊 陈志国	唐继柳	
五届一次	1992.12.29	欧阳天和	陈凤英（女） 李开俊 李安纯 樊建群 雷述光	唐继柳	
六届一次	1998.1.3	沈秀科	陈顺仁 王和恒 李安纯 肖美英（女） 彭顺生 唐颂之	唐正忠	芝山区
七届一次	2002.12.27	徐时荣	肖美英（女） 肖双光 唐海波 卿镇平 盘汉平 唐颂之	蒋东林	芝山区
八届一次	2007.11.10	徐时荣	肖双光 卿镇平 唐顺甲 唐海波 崔永琴（女）	文正国	零陵区
九届一次	2012.9.29	唐荣成	卿镇平 柏 菁 胡乃湘 汤安权 徐海英（女）	韦士玲	零陵区
十届一次	2016.11.28	唐荣成	胡乃湘 徐海英（女） 邓建国 胡自力 金长青	盘汉星	零陵区

第三章 祁阳县人民代表大会

祁阳县位于湖南省南部，湘江中上游，永州市东北部。东接常宁市，南临桂阳县、新田县，西抵冷水滩区，北连祁东县。全县总面积2538平方公里，辖3个街道办事处、19个镇。

1949年10月9日，祁阳全境解放。是月23日，祁阳县人民政府挂牌成立。祁阳县于1949年12月9日召开全县首届各界人民代表会议，代行人民代表大会职权。1954年县人民政府按照《全国人民代表大会及地方各级人民代表大会选举法》的有关规定，在普选的基层召开人民代表大会的基础上，召开全县首届人民代表大会第一次会议，建立了人民代表大会制度。到2016年12月，祁阳县人民代表大会走过了63个年头。

第一节 祁阳县各界人民代表会议

1949年12月9日召开，至1953年12月，历经2届，先后举行13次会议。

第一届各界人民代表会议

第一次会议 1949年12月9日在县城召开。会议出席代表375人。会议主要内容是:解决征粮与剿匪的问题；选举杨光为主席，王振武为副主席，张振东为秘书长。

第二次会议 （资料缺失）

第三次会议 1950年7月18—20日在县城召开。会议出席代表374人。会议主要内容是：紧急动员起来，投入抗旱灭虫工作；解决土特产销路，救济失业工人。

第四次会议 1950年9月24—26日在县城召开。会议出席代表398人。会议主要内容是：听取县委书记杨光所作的关于国内外形势的报告；听取和审议县长姜振华所作的关于一年来工作情况以及当前工作的报告，并作出相应决议；会议选举产生该届人民代表会议常务委员会主席、副主席、秘书长、委员和出席湖南省各界人民代表会议代表7人。

第五次会议 （资料缺失）

第六次会议 （资料缺失）

第七次会议 1951 年 7 月 27—30 日在县城召开。会议出席代表 399 人。会议主要内容是：讨论并决定行政区划为 14 个区；听取和审议县长姜振华所作的关于半年来的施政工作报告和县公安局局长陆明所作的关于镇压反革命中几个问题的报告，并对上述报告作出相应决议；会议审议通过《关于拥护抗美援朝总会的号召，年底前捐献飞机三架的决议》《八一前开展群众性优抚活动的决议》《关于确定教育经费，提高教师社会地位的决议》；宣读祁阳县首届各界人民代表会议第七次会议提案答复书；会议选举杨光为常务委员会主席，姜振华为副主席，高大谟为秘书长，常务委员 18 人。

第八次会议 1951 年 10 月 31 日至 11 月 2 日在县城召开。会议出席代表 364 人。会议主要内容是：听取和审议县人民政府县长姜振华所作的关于 3 个月以来的施政工作情况及之后工作意见的报告，并作出相应决议；重点讨论开展抗美援朝、土地改革和镇压反革命三大运动；选举出席湖南省各界人民代表会议代表 12 人。

第九次会议 1952 年 1 月 21—25 日在县城召开。会议出席代表 427 人。会议听取和审议县人民政府县长姜振华所作的 1951 年的施政工作及 1952 年工作方针的报告，高大谟委员传达湖南省首届第二次各界人民代表会议精神并作县各界人民代表会议常务委员会工作报告，并作出相应决议。

（注：第一届二、五、六三次会议资料缺失，多次派员赴衡阳市、永州市档案馆查找无果。）

第二届各界人民代表会议

第一次会议 1952 年 11 月 28 日至 12 月 3 日在重华中学召开。会议出席代表 422 人。会议听取和审议县人委会工作报告和县各界人民代表会议常务委员会会务工作报告，并作出相应决议；审查通过 1953 年财政预算；讨论决议土改复查、冬季生产、民主建设和优抚等工作。选举姜振华为祁阳县县长，刘保中为第一副县长，高化民为第二副县长，县人民委员会委员 21 人。选举常务委员会组成人员，选举出席湖南省各界人民代表会议代表 7 人。

第二次会议 1953 年 4 月 7—9 日在县城召开。会议出席代表 374 人。会议听取和审议县人民政府 4 个月来的工作报告和县各界人民代表会议常务委员会四个月来的会务工作报告，并对上述报告作出决议；协商产生祁阳县第二届二次各界人民代表会议常务委员会主席姜振华，副主席高化民、唐厚载（兼驻会委员），委员 13 人。

第三次会议 1953 年 10 月 3—5 日在县城召开。会议出席代表 295 人。会议听取和审议县人民政府5个月来的工作报告，县财委副主任张济民所作的关于收购粮食的专题发言和县各界人民代表会议常务委员会会务工作的报告，并对上述报告作出决议。

第四次会议 1954年3月7—9日在县城召开。会议出席代表235人。会议听取和审议县人民政府5个月来的工作报告，县各界人民代表会议常务委员会的会务工作报告，并作出相应决议；会议还听取县委宣传部部长王少庚关于国家过渡时期总路线的专题发言，副县长张涛关于普选的专题发言。

第二节 祁阳县人民代表大会

1954年7月，祁阳县人民委员会在普选的基础上召开第一届人民代表大会第一次会议。1966年“文化大革命”爆发，人民代表大会活动被迫停止。1977年9月，祁阳县委根据湖南省委、省革命委员会的部署，选举产生祁阳县第七届人民代表大会代表。1980年进行县、社两级人民代表大会代表的直接选举，并于12月28日举行祁阳县第八届人民代表大会第一次会议，依法成立并选举产生祁阳县人民代表大会常务委员会。至2016年12月，全县人民代表大会共历时17届，累计举行历届各次会议50次，共听取和审议“一府两院”工作报告243项；作出决定259件；选举地方国家机关领导人员615人次，选举市人大代表328人次。在会议的召集、组织原则和程序等方面，严格按照有关法律、法规的规定，依法办事。

第一届人民代表大会

第一次会议 1954年7月2—6日在县城召开。会议出席代表409人。会议听取和审议县人民政府工作报告，县委书记作的宪法草案的传达报告和提案审查报告，并对上述报告作出相应决议；会议选举县长、副县长、县人民委员会委员、县人民法院院长；选举出席省第一届人民代表大会代表6人。

第二次会议 1954年12月19—21日在县城召开。会议应出席代表445人，实到代表227人。会议听取和审议县人民政府施政工作情况及之后工作意见的报告，并作出决议；会议还通过《关于互助合作的决议》《关于优抚工作的决议》；会议选举贺天祥为祁阳县县长，江焘、周明卿为副县长。会议共收到代表提案237件，经提案审查委员会审查，交县人委会有关部门办理落实，并函复代表。

第三次会议 1955年4月13—15日在县城召开。会议出席代表297人。会议传达了湖南省首届人民代表大会第二次会议精神；听取和审议县人民政府3个月来的工作报告并作出相应决议；学习讨论《中华人民共和国兵役法（修正草案）》和征求意见稿；会议选举了县长、副县长、县人民委员会委员和县人民法院院长。

第二届人民代表大会

第一次会议 1956年12月6—9日在县城召开。会议出席代表324人。会议听取和审议县人民委员会关于一届人大三次会议以来的施政情况与之后工作任务的报告并作出相应决议；会议选举了县长、副县长、人民委员会委员、人民法院院长。

第二次会议 1957年5月25—27日在县城召开。会议出席代表人数不详。会议传达湖南省第一届人民代表大会第四次会议精神；听取和审议县人委会关于巩固农业社、争取1957年农业生产大丰收的报告、1956年财政预算执行情况和1957年财政预算的意见的报告；听取县长贺天祥关于正确处理人民内部矛盾问题的发言。会议讨论通过《关于加强各方面工作争取1957年农业大丰收的决议》《关于1956年财政预算执行情况和1957年财政预算意见的报告的决议》《关于加强对干部群众的政治思想教育的决议》和《关于建立县人民代表大会代表对政府工作加强监督的暂行办法的决议》。

第三届人民代表大会

第一次会议 1958年5月11—13日在县城召开。会议出席代表297人。会议听取和审议县人民政府工作报告并作出相应决议；会议选举县长、副县长、人民委员会委员、人民法院院长，选举出席湖南省第二届人民代表大会代表6人。

第四届人民代表大会

第一次会议 1960年12月9—11日在县城召开。会议出席代表423人。会议听取和审议县长李丽君作的关于“高举总路线、‘大跃进’、人民公社的光辉旗帜胜利前进”的施政报告，县财政局1959年财政决算和1960年财政预算执行情况的报告，县人民法院工作报告并作出相应决议；会议选举了县长、副县长、县人民委员会委员、人民法院院长，选举出席湖南省人民代表大会代表1人。

第二次会议 1962年3月25—27日在县城召开。会议应到代表423人，实到代表237人。会议听取和审议副县长蒋金志所作的县人民政府工作报告，县1960年、1961年财政决算和1962年财政预算的报告，县人民法院工作报告并作出相应决议；会议补选李建唐、赵文珠、赵健为县人民委员会委员，选举出席湖南省人民代表大会代表7人。

第五届人民代表大会

第一次会议 1964年8月21—23日在县城召开。会议实到代表449人，列席代表21人。会议听取和审议县人民政府工作报告、县1963年财政决算和1964年财政预算的报告、县人民法院工作报告并作出相应决议；会议选举县长、副县长、县人民委员会委员、县人民法院院长，选举出席湖南省人民代表大会代表7人。

第六届人民代表大会

第六届人民代表大会因处在“文化大革命”期间，没有举行过人民代表大会会议。1968年9月14日，经湖南省革命委员会批准，成立祁阳县革命委员会，于10月4—17日，举行县革命委员会全体委员（扩大）会议，参加会议的代表1845人。会议主要内容是：认真学习毛泽东主席一系列最近指示，贯彻七三布告和七二四布告；传达省革命委员会全体会议精神，批判资产阶级的“多中心即无中心论”；研究抓革命促生产，认真搞好斗、批、改。会议选举陈海云为祁阳县革命委员会主任，张廷、唐名信等9人为副主任，颜子文、崔同禄等7人为常委，委员47人。革命委员会集党、政、财、文于一身，取代各级人民代表大会和各级人民委员会的职权。祁阳县革命委员会该称谓先后沿用13年。根据1975年第四届全国人大第一次会议通过的宪法第22条规定，列为祁阳县第六届人民代表大会。

第七届人民代表大会

第一次会议 1978年1月31日至2月2日在县城召开。会议出席代表394人。会议学习中共十一大文件、1978年元旦社论；听取和审议县革命委员会周传雨所作的工作报告并作出相关决议；选举产生祁阳县革命委员会正、副主任、委员（42人），选举出席湖南省人民代表大会代表5人。

第八届人民代表大会

第一次会议 1980年12月15—20日在县城召开。会议出席代表349人。会议听取和审议县革命委员会的政府工作报告、县1980年财政决算（草案）和1981年财政预算的报告、县人民法院工作报告和县人民检察院工作报告并对上述报告作出相应决议；撤销祁阳县革命委员会，恢复祁阳县人民政府，设立祁阳县第八届人民代表大会常务委员会。会议选举了祁阳县第八届人民代表大会常务委员会主任、副主任、委员，县长、副县长，县人民法院院长、县人民检察院检察长。

第二次会议 1982 年 1 月 13—17 日在县城召开。会议出席代表 331 人。会议听取和审议县人民政府当前的经济形势和 1982 年经济工作的任务报告、县 1981 年财政预算执行情况和 1982 年财政预算的报告、县人大常委会工作报告、县人民法院工作报告、县人民检察院工作报告和副县长李才锦作关于全县林业生产情况的报告并作出相应决议。

第三次会议 1983 年 3 月 19—24 日在县城召开。会议出席代表 340 人。会议听取和审议县人民政府工作报告、县 1982 年财政决算和 1983 年财政预算的报告、县人大常委会工作报告、县人民法院工作报告和县人民检察院工作报告并作出相应决议；会议选举县人民检察院检察长；选举出席湖南省人民代表大会代表 10 人。

第九届人民代表大会

第一次会议 1984 年 4 月 12—16 日在县城召开。会议出席代表 429 人。会议听取和审议县人民政府工作报告、县 1983 年财政预算执行情况与 1984 年财政预算（草案）的报告、县人大常委会工作报告、县人民法院工作报告和县人民检察院工作报告，并作出相应决议；会议选举第九届人大常委会主任、副主任、委员，县长、副县长，县人民法院院长和县人民检察院检察长。

第二次会议 1985 年 5 月 12—17 日在县城召开。会议出席代表 392 人。会议听取和审议县人民政府工作报告、县 1985 年国民经济和社会发展计划（草案）的工作报告、县 1984 年财政决算和 1985 年财政预算（草案）的工作报告、县人大常委会工作报告、县人民法院工作报告和县人民检察院工作报告并作出相应决议；会议通过《祁阳县第九届人民代表大会第二次会议关于在全县公民中普及法律常识的决议》；会议补选县人大常委会副主任 1 人、县人民政府副县长 1 人。从该次会议起，将代表提案改为代表建议、批评和意见。

第三次会议 1986 年 3 月 22—26 日在县城召开。会议出席代表 387 名。会议听取和审议县人民政府工作报告、县 1985 年财政决算和 1986 年财政预算（草案）的报告、县人大常委会工作报告、县人民法院工作报告和县人民检察院工作报告并作出相应决议；会议通过《祁阳县第九届人民代表大会第三次会议关于坚决制止向农民乱摊派、乱收费、乱罚款的决议》；补选县人民政府副县长 1 名。

第十届人民代表大会

第一次会议 1987 年 3 月 5—9 日在县城召开。会议出席代表 349 人。会议听取和审议县人民政府工作报告、县国民经济和社会发展第七个五年计划的报告、县 1986 年财政决算和 1987 年财政预算（草案）的报告、县人大常委会工作报告、县人民法院工作报告与县人民检察院工作报告并作出相应决议；会议选举了县第十届人大常委会主任、副主任、委员，县长、副县长，县人民法院院长、县人民检察院检察长。

第二次会议 1988 年 1 月 6—10 日在县城影剧院召开，会期 5 天。会议出席代表 335 人。会议听取和审议县人民政府工作报告、县 1988 年国民经济与社会发展计划的报告、县 1987 年财政预算执行情况和 1988 年财政预算（草案）的报告、县人大常委会工作报告、县人民法院工作报告和县人民检察院工作报告并作出相应决议；会议选举湖南省第七届人民代表大会代表 10 名。

第三次会议 1989 年 3 月 23—26 日在县城影剧院召开，会期 4 天。会议出席代表 332 人。会议听取和审议县人民政府工作报告、县 1988 年财政预算执行情况和 1989 年财政预算（草案）的报告、县人大常委会工作报告、县人民法院工作报告与县人民检察院工作报告并作出相应决议。

第十一届人民代表大会

第一次会议 1990 年 2 月 15—20 日在县城召开。会议出席代表 356 人。会议听取和审议县人民政府工作报告、县 1990 年国民经济和社会发展计划（草案）的报告、县 1989 年财政预算执行情况和 1990 年财政预算（草案）的报告、县人大常委会工作报告、县人民法院工作报告和县人民检察院工作报告并作出相应决议；审议通过《关于加快建设内下电站大坝工程建设的决议》；会议选举县第十一届人大常委会主任、副主任、委员，选举县长、副县长，选举县人民法院院长、县人民检察院检察长。

第二次会议 1991 年 3 月 11—14 日在县城召开。会议出席代表 343 人。会议听取和审议县人民政府工作报告、县 1990 年国民经济和社会发展计划执行情况及 1991 年国民经济和社会发展计划（草案）的报告、县 1990 年财政预算执行情况和 1991 年财政预算（草案）的报告、县人大常委会工作报告、县人民法院工作报告与县人民检察院工作报告并作出相应决议；讨论通过《关于减轻农民负担的决议》《关于在全县公民中开展第二个五年法制宣传教育的决议》；补选县人大常委会副主任、县人民政府副县长。

第三次会议 1992年3月15—18日在县城召开。本次会议出席代表340人。会议听取和审议县人民政府工作报告、县1991年国民经济和社会发展计划执行情况及1992年国民经济和社会发展计划（草案）的报告、县1991年财政预算执行情况和1992年财政预算（草案）的报告、县人大常委会工作报告、县人民法院工作报告与县人民检察院工作报告并作出相应决议；审议通过《关于在全县推行土地使用制度改革的决议》和《关于深化农村改革若干问题的决议》；补选县长、副县长。

第十二届人民代表大会

第一次会议 1992年12月29日至1993年1月3日在县城召开。会议出席代表353人。会议听取和审议县人民政府工作报告、县1992年国民经济和社会发展计划执行情况及1993年国民经济和社会发展计划（草案）的报告、县1992年财政预算执行情况和1993年财政预算（草案）的报告、县人大常委会工作报告、县人民法院工作报告和县人民检察院工作报告并作出相应决议；会议选举县第十二届人大常委会主任、副主任、委员，选举湖南省八届人民代表大会代表，选举县长、副县长，选举县人民法院院长、县人民检察院检察长。

第二次会议 1994年3月16—20日在县城召开。会议出席代表353人。会议听取和审议县政府工作报告、县1993年国民经济和社会发展计划执行情况及1994年国民经济和社会发展计划（草案）的报告、县1993年财政预算执行情况和1994年财政预算（草案）的报告、县人大常委会工作报告、县人民法院工作报告和县人民检察院工作报告并作出相应决议。

第三次会议 1995年3月8—12日在县城召开。会议出席代表345人。会议听取和审议县人民政府工作报告、县1994年国民经济和社会发展计划执行情况及1995年国民经济和社会发展计划（草案）的报告、县1994年财政预算执行情况和1995年财政预算（草案）的报告、县人大常委会工作报告、县人民法院工作报告与县人民检察院工作报告并作出相应决议。

第四次会议 1996年3月14—18日在县城召开。会议出席代表356人。会议听取和审议县国民经济和社会发展"九五"计划和2010年远景目标纲要（草案）的报告、县1995年国民经济和社会发展计划执行情况与1996年国民经济和社会发展计划（草案）的报告、县1995年财政预算执行情况和1996年财政预算（草案）的报告、县人大常委会工作报告、县人民法院工作报告与县人民检察院工作报告并作出相应决议；审议通过《祁阳县第十二届人民代表大会第四次会议选举办法草案》；补选县长，增选县人大常委会副主任、县人民政府副县长、县人大常委会委员，选举永州市第一届人大代表。

第五次会议　1997 年 3 月 11—14 日在县城召开。会议出席代表 350 人。会议听取和审议县人民政府工作报告、县 1996 年国民经济和社会发展计划执行情况与 1997 年国民经济和社会发展计划（草案）的报告、县 1996 年财政预算执行情况和 1997 年财政预算（草案）的报告、县人大常委会工作报告、县人民法院工作报告和县人民检察院工作报告并作出相应决议；补选县人民法院院长、县人民检察院检察长。

第十三届人民代表大会

第一次会议　1998 年 1 月 4—8 日在县城召开。会议出席代表 306 人。会议听取和审议县人民政府工作报告、县 1997 年国民经济和社会发展计划执行情况与 1998 年国民经济和社会发展计划（草案）的报告、县 1997 年财政预算执行情况与 1998 年财政预算（草案）的报告、县人大常委会工作报告、县人民法院工作报告和县人民检察院工作报告并作出相应决议；会议选举县十三届人大常委会主任、副主任、委员，选举县长、副县长，选举县人民法院院长、县人民检察院检察长；增选永州市人大代表。

第二次会议　1999 年 3 月 15—18 日在县城召开。会议出席代表 306 人。会议听取和审议县人民政府工作报告、县 1998 年国民经济和社会发展计划执行情况与 1999 年国民经济和社会发展计划（草案）的报告、县 1998 年财政预算执行情况和 1999 年财政预算（草案）的报告、县人大常委会工作报告、县人民法院工作报告和县人民检察院工作报告并作出相应决议。

第三次会议　2000 年 2 月 26—29 日在县城召开。会议出席代表 308 人。会议听取和审议县人民政府工作报告、县 1999 年国民经济和社会发展计划执行情况与 2000 年国民经济和社会发展计划（草案）的报告、县 1999 年财政预算执行情况和 2000 年财政预算（草案）的报告、县人大常委会工作报告、县人民法院工作报告和县人民检察院工作报告并作出相应决议。

第四次会议　2001 年 5 月 31 日至 6 月 3 日在县城召开。会议出席代表 304 人。会议听取和审议县国民经济和社会发展第十个五年计划纲要的报告、县 2000 年国民经济和社会发展计划执行情况与 2001 年国民经济和社会发展计划（草案）的报告、县 2000 年财政预算执行情况和 2001 年财政预算（草案）的报告、县人大常委会工作报告、县人民法院工作报告与县人民检察院工作报告并作出相应决议；会议选举永州市第二届人民代表大会代表。

第五次会议　2002 年 3 月 12—15 日在县城召开。会议出席代表 283 人。会议听取和审议县人民政府工作报告、县 2001 年国民经济和社会发展计划执行情况与 2002 年国民经济和社会发展计划（草案）的报告、县 2001 年财政预算执行情况与 2002 年财政预算（草案）的报告、县人大常委会工作报告、县人民法院工作报告、县人民检察院工作报告并作出相应决议；会议补选县长、副县长。

第十四届人民代表大会

第一次会议 2002年12月28日至2003年1月1日在县城召开。会议出席代表306人。会议听取和审议县人民政府工作报告、县2002年国民经济和社会发展计划执行情况与2003年国民经济和社会发展计划（草案）的报告、县2002年财政预算执行情况和2003年财政预算（草案）的报告、县人大常委会工作报告、县人民法院工作报告和县人民检察院工作报告并作出相应决议；会议选举县十四届人大常委会主任、副主任、委员，选举县长、副县长，选举县人民法院院长、县人民检察院检察长；补选出席永州市第二届人民代表大会代表。

2002年12月29日祁阳县第十四届人大第一次会议召开

第二次会议 2004年2月13—16日在县城召开。会议出席代表307人。会议听取和审议县人民政府工作报告、县2003年国民经济和社会发展计划执行情况与2004年国民经济和社会发展计划（草案）的报告、县2003年财政预算执行情况和2004年财政预算（草案）的报告、县人大常委会工作报告、县人民法院工作报告和县人民检察院工作报告并作出相应决议；审议通过《关于强化祁阳县城中心区域城市综合治理的决定》《关于进一步扩大招商引资加速工业化进程的决议》。

2004年7月26日祁阳县人大代表视察县城网吧

第三次会议 2005年1月22—25日在县城召开。会议出席代表312人。会议听取和审议县政府工作报告、县2004年国民经济和社会发展计划执行情况与2005年国民经济和社会发展计划（草案）的报告、县2004年财政预算执行情况和2005年财政预算（草案）的报告、县人大常委会工作报告、县人民法院工作报告和县人民检察院工作报告并作出相应决议；补选县第十四届人大常委会委员 4 人。

第四次会议　2006 年 2 月 20—22 日在县城召开。会议出席代表 311 人。会议听取和审议县国民经济和社会发展第十一个五年规划纲要的报告、县 2005 年国民经济和社会发展计划执行情况与 2006 年国民经济和社会发展计划（草案）的报告、县 2005 年财政预算执行情况和 2006 年财政预算（草案）的报告、县人大常委会工作报告、县人民法院工作报告、县人民检察院工作报告并作出相应决议。

第五次会议　2006 年 12 月 30 日至 2007 年 1 月 2 日在县城召开。会议出席代表 307 人。会议听取和审议县人民政府工作报告、县 2006 年国民经济和社会发展计划执行情况与 2007 年国民经济和社会发展计划（草案）的报告、县 2006 年财政预算执行情况和 2007 年财政预算（草案）的报告、县人大常委会工作报告、县人民法院工作报告和县人民检察院工作报告并作出相应决议；会议通过《关于加快推进祁阳工业园区新区建设的决议》。

第十五届人民代表大会

第一次会议　2007 年 11 月 16—19 日在县城召开。会议出席代表 321 人。会议听取和审议县人民政府工作报告、县 2007 年国民经济和社会发展计划执行情况与 2008 年国民经济和社会发展计划（草案）的报告、县 2007 年财政预算执行情况和 2008 年财政预算（草案）的报告、县人大常委会工作报告、县人民法院工作报告和县人民检察院工作报告并作出相应决议；会议选举县十五届人大常委会主任、副主任、委员，选举县长、副县长，选举县人民法院院长、人民检察院检察长；另选永州市第三届人民代表大会代表。

第二次会议　2008 年 12 月 29 日至 2009 年 1 月 1 日在县城召开。本次会议出席代表 324 人。会议听取和审议县人民政府工作报告、县 2008 年国民经济和社会发展计划执行情况与 2009 年国民经济和社会发展计划（草案）的报告、县 2008 年财政预算执行情况和 2009 年财政预算（草案）的报告、县人大常委会工作报告、县人民法院工作报告和县人民检察院工作报告并作出相应决议；补选县第十五届人大常委会委员 4 人。

第三次会议　2010 年 4 月 26—28 日在县城召开。本次会议出席代表 324 人。会议听取和审议县人民政府工作报告、县 2008 年国民经济和社会发展计划执行情况与 2009 年国民经济和社会发展计划（草案）的报告、县 2008 年财政预算执行情况和 2009 年财政预算（草案）的报告、县人大常委会工作报告、县人民法院工作报告和县人民检察院工作报告并作出相应决议；会议补选县第十五届人大常委会委员 4 人。

第四次会议　2010 年 6 月 12—13 日在县城召开。会议出席代表 322 人。会议听取审议县人民政府半年工作报告；依法补选吴巨培为县长。

第五次会议 2011 年 1 月 4—8 日在县城召开。会议出席代表 326 人。会议听取和审查县人民政府工作报告，审查并批准县国民经济和社会发展第十二个五年规划纲要，审查和批准县 2010 年国民经济和社会发展计划执行情况与 2011 年国民经济和社会发展计划（草案）的报告，审查和批准县 2010 年财政预算执行情况和 2011 年财政预算（草案）的报告，听取和审查县人大常委会工作报告，听取和审查县人民法院工作报告，听取和审查县人民检察院工作报告并做出相应决议；补选县第十五届人大常委会委员 3 人。

第六次会议 2011 年 7 月 10—12 日在县城召开。会议出席代表 325 人。会议依法选举副县长 4 名。

第七次会议 2011 年 12 月 19—23 日在县城召开。会议出席代表 327 人。会议听取和审查县人民政府工作报告，审查和批准县 2011 年国民经济和社会发展计划执行情况与 2012 年国民经济和社会发展计划（草案）的报告，审查和批准县 2011 年财政预算执行情况和 2012 年财政预算（草案）的报告，听取和审查县人大常委会工作报告；听取和审查县人民法院工作报告，听取和审查县人民检察院工作报告；会议依法选举县长；补选县十五届人大常委会委员；选举产生永州市四届人大代表。

第十六届人民代表大会

第一次会议 2012 年 9 月 22—27 日在县城召开。会议出席代表 318 人。会议听取和审查县人民政府工作报告，审查县 2012 年国民经济和社会发展计划执行情况与 2013 年国民经济和社会发展计划（草案）的报告，审查县 2012 年财政预算执行情况和 2013 年财政预算（草案）的报告，听取和审查县人大常委会工作报告，听取和审查县人民法院工作报告，听取和审查县人民检察院工作报告；选举。

第二次会议 2014 年 3 月 1—5 日在县城召开。会议出席代表 324 人。会议听取和审查县人民政府工作报告，审查和批准县 2013 年国民经济和社会发展计划执行情况与 2014 年计划（草案）的报告，批准县 2014 年国民经济和社会发展计划；审查和批准县 2013 年财政预算执行情况和 2014 年预算（草案）的报告，批准县 2014 年财政预算；听取和审查县人大常委会工作报告，听取和审查县人民法院工作报告，听取和审查县人民检察院工作报告；选举。

第三次会议 2015 年 2 月 28 日至 3 月 4 日在县城召开。会议出席代表 316 人。会议听取和审查县人民政府工作报告，审查和批准县 2014 年国民经济和社会发展计划执行情况与 2015 年国民经济和社会发展计划（草案）的报告，批准县 2015 年国民经济和社会发展计划；审查和批准县 2014 年财政预算执行情况和 2015 年财政预算（草案）

的报告，批准县 2015 年财政预算；听取和审查县人大常委会工作报告，听取和审查县人民法院工作报告，听取和审查县人民检察院工作报告。

第四次会议 2016 年 2 月 25—28 日在县城召开。会议出席代表 305 人。会议听取和审查县人民政府工作报告，审查和批准县国民经济和社会发展第十三个五年规划纲要；审查和批准县 2015 年国民经济和社会发展计划执行情况与 2016 年国民经济和社会发展计划（草案）的报告，批准县 2016 年国民经济和社会发展计划；审查和批准县 2015 年财政预算执行情况与 2016 年财政预算（草案）的报告，批准县 2016 年财政预算；听取和审查县人大常委会工作报告，听取和审查县人民法院工作报告，听取和审查县人民检察院工作报告；选举。

第十七届人民代表大会

第一次会议 2016 年 11 月 24—29 日在县城召开。会议出席代表 307 人。会议听取和审查县人民政府工作报告，审查和批准县 2016 年国民经济和社会发展计划执行情况的报告，审查和批准县 2016 年财政预算执行情况的报告，听取和审查县人大常委会工作报告，听取和审查县人民法院工作报告，听取和审查县人民检察院工作报告；选举应由祁阳县选举的永州市第五届人民代表大会代表；选举县第十七届人民代表大会常务委员会主任、副主任、委员，县长、副县长，县人民法院院长、县人民检察院检察长；审议通过关于设立祁阳县第十七届人民代表大会专门委员会的决定，通过祁阳县第十七届人民代表大会各专门委员会主任委员、副主任委员、委员名单。

2016 年 11 月 29 日祁阳县十七届人大常委会主任邓晓阳在第十七届人民代表大会第一次会议上讲话

第三节 祁阳县人民代表大会常务委员会

从 1980 年 12 月至 2016 年 12 月的 36 年间，县人大常委会先后举行 246 次常委会会议，听取和审议“一府两院”655项工作报告，作出223项决议、决定，任免和批准任免1936名地方国家机关工作人员，未通过任免的12人次，撤职6人，为促进全县社会主义现代化建设和民主法制建设，做了大量的工作。

第八届人大常委会

从1980年12月至1984年4月，共举行21次会议。会议听取和审议“一府两院”工作报告31项；作出决定决议18个；任免国家机关工作人员128人次，撤职2名。届内听取和审议人大代表提案办理工作情况、国民经济计划、财政预算情况、社会治安情况、关于金洞少数民族政策贯彻落实情况、关于全县林业生产情况和意见、环保工作、安全生产情况、司法审判情况、全县小水电工作情况、全县总体规划情况、食品卫生工作、文物保护工作、内下电站工程建设情况、工业生产情况、文化队伍清除精神污染情况、加强学习思想政治工作、打击流氓犯罪活动情况的报告。作出《关于进一步整顿社会治安的决议》《关于坚持社会主义道路，争取今年农业更大发展的决定》《关于加强环境保护工作的决议》《关于批准祁阳县人民法院在白水先行民事诉讼法的报告的决议》《关于加强安全工作的决议》《关于加强农村中小学教育工作的决议》《关于批准祁阳县人民法院关于审理民事案件征收诉讼费用暂行办法的决定》《关于认真学习和宣传宪法、保证宪法实施的决议》《关于提高小水电的经济效益，开创小水电建设新局面的决定》《关于祁阳县县城总体规划的决议》《关于认真贯彻执行〈食品卫生法〉（试行）的决议》《关于加强文物保护管理工作的决议》《关于提高经济效益，努力完成今年我县工业生产计划的决议》《关于加快内下电站工程进展的决议》。

第九届人大常委会

从1984年4月至1987年3月，共举行20次会议，听取和审议“一府两院”工作报告43项；作出决定决议13个；任免国家机关工作人员169人次。届内听取和审议人大代表提案办理情况、民桥民渡建设情况、农业技术推广普及工作、污水防治工作、贯彻〈食品卫生法〉情况、恢复建设人民广场情况、财贸战线经济体制改革情况、小水电工作、五保户生活供养情况、教育工作、普及法律常识规划情况、全县经济体制改革情况、财政预算执行情况、县城总体规划执行情况、打击经济犯罪活动情况、城乡建房占用耕地情况、物价工作、贯彻执行经济合同法、贯彻药品管理法、乡镇企业经营管理情况、农业生产工作、公安干警执法情况、卫生工作、审计工作、二轻企业经营管理工作、民事审判工作、县乡两级人大换届选举工作的报告。作出《关于加强民桥民渡建设的决定》《关于认真实施〈中华人民共和国水污染防治法〉的决议》《关于恢复、建设人民广场的决定》《关于加强全县五保户供养工作的决议》《关于在全县公民中开展普及法律常识的决议》《关于撤销〈关于批准祁阳县人民法院审理民事案件征收诉讼费用的暂行办法的决定〉的决定》《关于进一步贯彻落实县人大〈关于进一步普及法律常识的决议〉的意见》《关于进一步加强教育经费管理的决议》《关于加强审计工作的决议》。审议通过《关于提请县九届人大三次会议审议表决的〈关于坚决制止向农民乱摊派、乱收费、乱罚款的决议〉的议案》。将人大常委会科教文卫组、财政组、法制组，分别改为人大常委会科教文卫工作委员会、财政经济工作委员会、法制工作委员会。指导乡镇人大工作开展，指导乡镇人大换届选举工作顺利进行。

第十届人大常委会

从 1987 年 3 月至 1990 年 2 月，共举行 20 次常委会会议，听取和审议“一府两院”工作报告 41 项；作出决定决议 10 个；任免国家机关工作人员 153 人次。听取和审议人大代表提案办理情况、双增双节运动开展情况、农业生产资料供应情况、农村经济合同执行情况、全县中小学危房修缮改造情况、普及法律常识工作情况、开展法纪检察工作情况、科技工作为农业生产服务情况、乡镇企业财务管理工作情况、关于计量法、民法通则、土地管理法实施情况、财政预算工作、农资商品组织供应情况、实施新治安管理处罚条例情况、征收教育事业附加费情况、科技工作情况、贯彻实施婚姻法情况、县城总体规划修编情况、农业开发情况、环境保护工作、刑事经济案件执行情况、打击严重经济犯罪情况、农业升温措施落实情况、计划生育工作、物价工作情况、教育经费管理使用情况、农贸市场管理情况、开展巡回办案情况、廉政建设情况的报告。审议通过《关于加强农村中小学危房修缮改造的决议》《祁阳县人大常委会关于依法任免国家机关工作人员几个具体问题的意见》《关于搬迁人民广场的议案》《关于设立祁阳县人大常委会选举任免联络工作委员会的决议》《关于祁阳县县城总体规划修编的决议》《祁阳县人大常委会议事规则》《祁阳县人大常委会人事任免规则》《祁阳县人大常委会主任会议议事规则》《祁阳县人大常委会 1989 年工作要点》《关于进一步贯彻执行〈国土法〉的决议》。

第十一届人大常委会

从 1990 年 2 月至 1992 年 12 月，共举行 19 次常委会会议，听取和审议“一府两院”工作报告 53 项；作出决定决议 15 个；任免国家机关工作人员 220 人次，撤职 1

名。听取和审议人大代表提案办理情况、农业生产资料供应情况、普法考核验收情况、贯彻实施《湖南省计划生育条例》情况、从严治警情况、关于贯彻执行《中华人民共和国义务教育法》情况、科技兴农工作情况、清理整顿公司情况、审判工作情况、深化改革情况、推进医德医风建设情况、查处国家机关工作人员违法犯罪情况、农业综合开发情况、贯彻执行森林法情况、城镇劳动就业情况、农业总体战行动情况、减轻农民负担情况、廉政建设情况、贯彻实施标准化法情况、财政预算工作、治安综合治理工作、老龄工作、广播电视工作、执法检查情况、商业工作、交通工作、工商工作、贯彻实施统计法情况、计划生育工作、刑事法律法规监督工作、调整农业产业结构情况、国营工业企业深化改革转换机制情况、乡镇企业发展情况、司法行政工作、贯彻散居少数民族工作条例情况、贯彻全民所有制工业企业法情况、反贪污贿赂工作情况、加强公安队伍建设情况的报告。审议通过《关于认真贯彻实施〈湖南省计划生育条例〉的决议（草案）的议案》《关于进一步搞好农业综合开发的决议（草案）的议案》《1991年祁阳县国民经济和社会发展计划》《1991年祁阳县财政预算》《祁阳县九年义务教育实施规划》的决定》《关于加强人民法院工作的决议》《关于批准祁阳县城2000年环境保护规划的决定》《关于加强社会治安综合治理的决议》《关于加强老龄工作的决定》《祁阳县人民代表大会常务委员会监督本级人民法院、人民检察院工作的规定》《祁阳县各级人大代表评议县直部门驻区（镇）基层单位工作暂行办法》《关于加强基层民主政治建设的决定》《关于加快乡镇企业发展步伐的决议（草案）的议案》。

第十二届人大常委会

从1993年1月至1998年1月，共举行32次常委会会议，听取和审议“一府两院”工作报告79项；作出决定决议34个；任免国家机关工作人员369人次，撤职1名。听取和审议人大代表提案办理情况、水利建设情况、中小学收费情况、社会治安情况、减轻农民负担情况、个体私营经济发展发展情况、卫生工作、贯彻实施矿产资源法情况、财政预算执行情况、经济审判工作、打假治劣情况、评议公检法司工作开展情况、保护公民民主权利和人身权利、城镇建设情况、发展乡镇企业执法检查情况、乡镇企业发展情况、整治农村社会治安情况、贯彻实施林业法情况、抗灾救灾情况、普及九年义务教育情况、电气化建设情况、金融工作、发展农业生产情况、企业改革情况、《中华人民共和国道路交通管理条例》贯彻实施情况、祁阳县撤区并乡建镇行政区划调整工作情况、人事工作情况、保护耕地情况、乡镇工业小区情况、国有工矿企业扭亏增盈情况、城市总体规划修编工作情况、文化市场管理情况、外贸经济发展情况、计划生育工作、贯彻执行审计法情况、科技工作情况、二轻工业情况的报告。审议《关于县人大代表评议公检法司工作的议案》《关于建立部门执法责任制议案》《关于祁阳县（改市）城市总体规划的议案》《关于进一步加强基本农田保护的议案》《祁阳县九年义务教育实施规划》《关于在全县继续开展法制宣传教育的议案》《祁阳县星火技术密集区建设总体发展规划（草案）》。

第十三届人大常委会

从1998年1月至2002年12月，共举行32次常委会会议，听取和审议“一府两院”工作报告94项；作出决定决议37个；任免国家机关工作人员380人次。听取和审议人大代表提案办理情况、水利建设管理情况、广播电视工作、惩治贪污腐败情况、社会治安情况、素质教育情况、公路建设情况、财政金融工作、妇幼保健工作、矿产资源法执行情况、财政预算执行情况、企业改革情况、渎职犯罪侦查情况、环保执法情况、城镇建设管理情况、计划生育工作、农业基地建设情况、财政预算执行情况、科技发展情况、审判监督工作情况、非公有制经济发展情况、森林法贯彻实施情况、社会养老保险情况、贯彻执行乡镇企业法情况、招商引资情况、文明卫生县城创建工作情况、推行村务公开情况、巩固“普九”成果深化教育体制改革情况、农网改造情况、国有工业改革情况、国民经济和社会发展“九五”计划部分指标变更、打击刑事犯罪情况、市场管理服务工作情况、广播电视工作情况、村民委员会换届选举工作情况、二轻工业发展情况、农业综合开发工作情况、公路建设情况、卫生防疫工作情况、乡镇人大换届选举工作情况、农业产业化结构调整情况、监察工作情况、国土管理工作情况、退耕还林工程工作情况、事业单位保险工作情况的报告。增设人大常委会农业农村与城建环保工作委员会。审议《关于推进依法治县决议的议案》《祁阳县城市管理暂行办法》。审议县人民政府关于祁阳县1998年财政预算部分指标变更的议案、国民经济和社会发展“九五”计划部分指标变更（草案）的议案。关于实施新一轮乡镇财政管理体制方案的议案，关于在全县进一步开展法制宣传教育决议（草案），同意因政策性原因调整农业税、农业特产税、耕地占用税及其他各项收入指数。

第十四届人大常委会

从2003年1月至2007年11月，共举行38次常委会会议，听取和审议“一府两院”工作报告217项；作出决定决议23个；任免国家机关工作人员194人次。届内听取和审议人大代表提案办理情况、财政预算执行情况、计划生育工作情况、农业产业结构调整情况、预防和控制非典型肺炎工作情况、水利建设情况、“打黑除恶”专项斗争工作情况、企业改革解困工作情况、打击和预防职务犯罪工作情况、重点项目建设情况、旅游工作情况、关于取保候审执法检查整改办理情况、文化市场管理工作情况、“四五”普法工作情况、农村电网和县城电网改造情况、人事制度改革和人才市场建设情况、卫生工作及医疗事故查处情况、城市管理与文明创建工作情况、退耕还林工程实施情况、招商引资工作情况、科技普及工作情况、禁毒工作情况、地税征管情况、县城区中小学发展情况、县城规划工作情况、道路交通安全管理情况、安全生产监督管理工作情况、体育工作情况、刑事审判工作情况、工业发展情况、“十五”计划执行情况及“十一五”规划编制情况、残疾人就业及权益保障工作情况、县城供水工作情况、低保工作情况、农业机械装备现代化工作推进情况、教育工作、全县专项资金管理使用情况 37 项报告，听取中华人民共和国预防未成年人犯罪法、湖南省非税收入管理条例、动物防疫法、审计法、义务教育法、人口与计划生育法、中小企业促进法、行政诉讼法等法律法规和条例的贯彻落实情况的汇报。作出《关于整顿县城公共客运市场秩序的决定》，审议通过《祁阳县人民代表大会常务委员会工作规程（试行）》《祁阳县人民代表大会常务委员会向“一府两院”交办事项的反馈办法（修正（草案）》《祁阳县人民代表大会常务委员会人事任免办法（修正（草案））》《祁阳县人民代表大会常务委员会关于法官、检察官、人民警察违法办案责任追究监督办法》《祁阳县人民代表大会常务委员会预算审查监督办法》《祁阳县人民代表大会常务委员会关于人大代表小组活动办法》《祁阳县人民代表大会常务委员会个案监督办法》《祁阳县人民代表大会常务委员会述职评议办法》《关于祁阳县 2002 年财政总决算的决议》《关于祁阳县 2003 年到部门到单位到科目财政预算的决议》《关于县财政对祁阳开元城建开发有限责任公司申请国家开发银行城市基础设施打捆项目贷款承诺财政兜底担保的决定》《祁阳县人民代表大会常务委员会关于公民旁听县人民代表大会及其常务委员会会议的暂行规定》《祁阳县人民代表大会常务委员会关于加强和改进会议审议工作的规定》《关于充分发挥县人大常委会工作委员会作用的若干意见》《祁阳县人民代表大会代表议案处理办法》《祁阳县人民代表大会代表建议、批评和意见处理办法》《关于废止祁阳县人大常委会关于法官、检察官、人民警察违法办案责任追究监督办法》《祁阳县人大常委会关于个案监督办法》《祁阳县人大常委会关于述职评议工作办法》19 项规章制度和办法草案，审议县人民政府关于提请审议县城西区建设项目申请县建行转贷 1500 万元的议案。

第十五届人大常委会

从 2007 年 11 月至 2012 年 10 月，共举行 38 次常委会会议，听取和审议“一府两

2009 年 7 月 14 日祁阳县第十五届人大常委会第 13 次会议

院”工作报告 72 项；作出决定决议 31 个；任免国家机关工作人员 88 人次。届内听取代表法和监督法知识讲座，听取和审议财政、社会发展、新农村建设、多项法律和条例实施情况、全县城乡规划执行情况、新型农村合作医疗情况、环境保护情况等报告。审议通过《祁阳县人民代表大会常务委员会工作规程（修订案）》《祁阳县人民代表大会常务委员会议事规则》等 14 部法规条例的修正案，审议决定撤销内下林场设立内下乡、撤销浯溪镇建制设立街道办事处，作出《关于对祁阳县第十五届人民代表大会议案和重点建议进行测评的决定》，审议通过《祁阳县人大常委会规范性文件备案审查办法》《祁阳县人常委会关于财政预算超收收入使用审查监督办法》《祁阳县人大常委会关于对县人民代表大会常务委员会任命人员进行履职考核的实施意见》。

第十六届人大常委会

从 2012 年 11 月至 2016 年 11 月，共举行 30 次常委会会议，听取和审议“一府两院”工作报告 22 项；作出决定决议 42 个；任免国家机关工作人员 235 人次。届内听取《〈祁阳县城市总体规划（2001—2020）〉2012 年修改情况》的报告、廉租房、公租房建设管理情况、新型城镇化情况的汇报，听取和审议财政、农业、社保、工作审议意见办理情况、农村合作医疗情况、城乡环境和规划情况、执法检查情况、新型工业化推进情况、新农村建设情况等报告。审议通过《祁阳县人民代表大会常务委员会工作规程（修正案草案）》等 8 项规章制度。

第十七届人大常委会

第十七届人民代表大会常务委员会 2016 年 12 月已举行 1 次常委会会议，审议通过设立祁阳县第十七届人民代表大会常务委员会代表资格审查委员会的决定（草案），表决通过代表资格审查委员会组成人员名单（草案），补选个别永州市人大代表。

1980—2016 年祁阳县历届人民代表大会常务委员会主任、副主任、办公室主任名录一览表

表 10-3

届次	主 任	副主任	办公室主任	备注
八届人大常委会	唐名信	罗锡伟 张永翠（女） 李俊焕 赵 芳	郑德桥	
九届人大常委会	唐名信	蒋金志 刘敦云 倪鼎 李俊焕 张永翠（女） 段兴发 唐世卿	郑德桥	
十届人大常委会	唐名信	倪 鼎 蒋金志 张永翠（女） 李仁胜 单德清（女、兼职）	郑德桥 申腊生 罗振荣	
十一届人大常委会	倪 鼎	文建宇 张永翠（女） 李仁胜 郑德桥 李常明 单德清（女、兼职）	罗振荣	
十二届人大常委会	文建宇	李仁胜 李常明 单德清（女、兼职） 桂兹桥 罗伯桥	罗振荣 桂兹桥	
十三届人大常委会	吴先雄	李仁胜 桂兹桥 罗伯桥 申海河 李忠诚 单德清（女、兼职）	桂兹桥 颜 静 朱新德	
十四届人大常委会	陈运祥	邓安生 罗伯桥 李忠诚 熊一雄 聂中阳 宋晓春（女、兼职）	朱新德 赵文玲	
十五届人大常委会	段湘南	尹显乾 柏曼红（女） 杨迎春 毛学标 蒋忠朝	赵文玲 雷卓明	
十六届人大常委会	黄春华	尹显乾 柏曼红（女） 蒋忠朝 李建民 刘晓春	雷卓明	
十七届人大常委会	邓晓阳	刘晓春 谢铁山 桂富生 刘双顺 唐江（女）	雷卓明 何志刚	

第四章　东安县人民代表大会

第一节　东安县各界人民代表会议

1949 年 12 月至 1954 年 3 月，东安县各界人民代表会议历经 2 届，先后举行 14 次会议。

第一届代表会议

第一次会议　1949 年 12 月 5 日举行，出席代表 100 人。会议主要内容：听取县委书记杨国庆代表县委、县人民政府所作的关于“东安县今后各项方针与任务的报告”；听取县长刘永清作的总结报告；会议设立社会治安、生产建设、文教、财政、民运和提案研究 6 个小组。

第二次会议　1950 年 3 月 12 日举行，出席代表 136 人。会议主要内容：讨论制定 1950 年东安县剿匪、反霸减租减息和反封建运动三大任务的政策和措施；对政府少数工作人员的打骂作风提出批评和意见；决定在全县建立人民法庭，县设人民法庭，区设分庭。

第三次会议　1950 年 7 月 18—19 日举行，出席代表 132 人。会议主要内容：总结检查上半年工作，严厉批评干部队伍中存在的贪污腐化现象；研究下半年工作，提出会后工作以抗虫灾、病灾、旱灾“三灾”为主；选举刘永清、祝青、蒋炳昆为湖南省第一届各届人民代表会议代表。

第四次会议　1950 年 9 月 23—25 日举行，出席代表 170 人。会议主要内容：县委书记杨国庆传达贯彻中共湖南省第二次党员代表大会精神；县长刘永清作总结报告；研究讨论东安县土地改革问题，决定成立东安县土地改革委员会；决定设立东安县各界人民代表会常务委员会，建立各界人民代表会委员住会制度；讨论建设东安至新宁、东安至邵阳、冷水滩至牛头寨 3 条公路，建一家 300~500 亩的农场。

第五次会议　1950 年 11 月 20 日举行，出席代表 181 人。会议主要内容：讨论和研究“工运”和建军问题；选举产生东安县首届各界人民代表会议常务委员会，选举杨国庆为主席、文巍林为副主席、彭绍安为兼职秘书和委员 13 名；要求代表响应国家号召，积极发动群众，踊跃参加中国人民志愿军，大力支持抗美援朝，保家卫国。

第六次会议 1951 年 3 月 29—31 日举行，出席代表 161 人。会议主要内容：听取县长刘永清所作的关于开展镇压反革命、生产、抗美援朝三大运动的报告；要求代表广泛发动群众，检举、揭发和捉拿反革命分子，配合国家专政机关坚决镇压反革命；大力开展爱国生产运动，支持抗美援朝。

第七次会议 1951 年 6 月 28—30 日举行，出席代表 151 人。会议主要内容：坚决镇压反革命、清理积案、生产渡荒、为抗美援朝捐献飞机大炮；决定为抗美援朝捐献一架“东安号”飞机。

第八次会议 1951 年 9 月 12—15 日举行，出席代表 149 人。会议主要内容：总结 1951 年上半年工作；听取赴朝慰问团代表唐乾山关于赴朝鲜慰问中国人民志愿军情况的报告；决定认真贯彻国家抗美援朝总会发出的“六一”号召，进一步做好抗美援朝和查田定产“秋征”工作。

第九次会议 1951 年 10 月 31 日至 11 月 2 日举行，出席代表 182 人。会议主要内容：听取县长刘永清所作的政府工作报告；要求继续深入开展支援抗美援朝运动，彻底完成全县土地改革及土地改革复查任务，大力开展爱国增产、恢复和发展文化教育事业的运动；学习传达全国公安工作会议关于镇压反革命的指示精神和《中华人民共和国婚姻法》；选举刘国栋、丁桂芬、唐开业、邓家发、易世富、张福元 6 人为湖南省第二届各界人民代表会议代表。

第二届代表会议

第一次会议 1952 年 12 月 1—5 日举行，出席代表 260 人。会议主要内容：听取政府工作报告，总结东安解放三年来的生产情况和经验；决定在 1952 年冬至 1953 年春全面结束土地改革复查工作；通过东安县各界人民代表会议选举办法和东安县人民政府组织条例；选举刘国栋为县长、吴晓明为副县长和 19 名政府委员；选举产生东安县第二届各界人民代表会常务委员会，杨国庆为主席、刘国栋为副主席和委员 4 人。

第二次会议 1953 年 3 月 31 日至 4 月 2 日举行，出席代表 176 人。会议主要内容：听取政府工作报告，作出关于春耕生产、取缔邪教、贯彻落实婚姻法等决议；学习宣传人民代表大会的性质、意义、作用和权利。

第三次会议 1953 年 8 月 29—31 日举行，出席代表 190 人。会议主要内容：部署全县秋收、秋征工作。

第四次会议　1953 年 11 月 23—25 日举行，出席代表 123 人。会议主要内容：听取政府工作报告，着重宣传党在过渡时期的总路线和总任务，统一代表对国家实行粮食计划统购统销的意义与重要性的认识。会议共收到提案 40 件。

第五次会议　1954 年 3 月 4—6 日举行，出席代表 207 人。会议主要内容：宣传贯彻国家过渡时期的总路线、总任务，开展社会主义教育，深化代表对国家实行粮食统购统销意义的认识；研究春耕生产工作，制定粮食在 1953 年的基础上增产 7.3% 的规划；讨论在全县开展普选工作。

第二节　东安县人民代表大会

1954 年 6 月至 2016 年 12 月，东安县人民代表大会共历时 17 届，累计举行会议 46 次。东安县第六届人民代表大会因处于“文化大革命”期间，履职情况不详，档案资料缺失。

第一届人民代表大会

第一次会议　1954 年 6 月 27—30 日举行，出席代表 261 人。会议主要内容：听取县长李忠诚所作的《一年来的工作和今后工作任务意见》的报告；学习宪法草案；根据中央指示精神，没有选举县长和县人民政府委员；听取县委委员、县公安局局长贾玉林所作的会议结论报告。大会设立代表提案审查委员会和提案处理组，共收到代表提案 126 件。

第二次会议　1955 年 4 月 13—15 日举行，出席代表 225 人。会议主要内容：学习传达湖南省第一届人民代表大会第二次会议精神；听取和审议政府工作报告；听取关于以互助合作为中心的农业生产、大力开展春耕生产运动的报告；选举王戊元为东安县人民委员会县长，选举产生县人民委员会委员 16 人，选举吴贤琢为东安县人民法院院长；通过《关于春耕生产的决议》《关于增加粮食生产、节约粮食、支援国家工业化、支援解放台湾的决议》等决定。

第三次会议　1955 年 12 月 20—22 日举行，出席代表人数不详。会议主要内容：通过《关于一定要把合作社办得又多又好的决议》；批准李越之、李忠诚 2 人辞去省人大代表职务；补选王戊元、张安南 2 人为湖南省第一届人民代表大会代表。

第二届人民代表大会

第一次会议 1956年12月9—11日举行，出席代表269人。会议主要内容：听取东安县1956年选举工作情况报告和关于农村工作报告；听取和审议《关于一年来的政府工作报告》《关于东安县1955年财政决算和1956年财政预算执行情况的报告》《关于1955年到1956年法院工作报告》；选举陈典斗为东安县人民委员会县长，周芳通、文巍林为副县长和县人民委员会委员16人；通过《关于大力动员广大群众和干部进一步开展生产自救、节约渡荒的决议》和《关于巩固提高农业社、发展生产、战胜灾荒、争取明年实现丰收的决议》。会议共收到代表提案63件。

第二次会议 1957年5月31日至6月2日举行，出席代表202人。会议主要内容：学习传达湖南省二届人大四次会议精神；听取县委书记崔树峰所作的关于正确认识和处理农业社内部矛盾，密切党与非党人士、领导与群众之间的关系的报告；听取和审议《东安县1956年财政预算执行情况和1957年财政预算安排情况报告》。

第三届人民代表大会

第一次会议 1958年5月18—23日举行，出席代表241人。会议主要内容：听取和审议《当前生产工作报告》《政府工作报告》《关于开展夏季整社工作的报告》；通过《关于进一步掀起夏季生产高潮整顿合作社，力争全面工作大跃进的决议》；选举王宝英为东安县人民委员会县长、文巍林为副县长、17名县人民委员会委员和5名湖南省第三届人民代表大会代表。

第四届人民代表大会

第一次会议 1960年12月4—7日举行，出席代表271人。会议主要内容：听取和审议《政府工作报告》和《关于1958年—1960年法院工作情况的报告》；审查上届人民委员会的工作，研究讨论人民群众当前生产生活中迫切需要解决的问题；选举谢建华为东安县人民委员会县长、荣平波为副县长、16名县人民委员会委员和3名湖南省第四届人民代表大会代表。

第五届人民代表大会

第一次会议 1964年9月6日举行，出席代表人数不详。会议主要内容：选举程伍云为东安县人民委员会县长，崔绍先、唐春艳、孟仲德、荣平波为副县长，16 名县人民委员会委员和 5 名湖南省第五届人民代表大会代表。

第二次会议　1965 年 9 月 3 日举行。（档案资料缺失）

第三次会议　1966 年 1 月 13 日举行。（档案资料缺失）

第六届人民代表大会

东安县第六届人民代表大会因处于“文化大革命”期间，档案资料缺失，履职情况不详。

第七届人民代表大会

第一次会议　1977 年 12 月 27—30 日举行，出席代表 750 人。会议主要内容：听取和审议《东安县革命委员会工作报告》，并通过相应决议；选举符德训为东安县革命委员会主任，郁山、胥义和、陈典章为副主任和县革命委员会委员 29 人。

第八届人民代表大会

第一次会议　1980 年 12 月 22—27 日举行，出席代表 237 人。会议主要内容：听取和审议《政府工作报告》《关于财政预决算的报告》《东安县人民法院工作报告》《东安县人民检察院工作报告》并通过相应决议决定；选举胥义和为东安县第八届人民代表大会常务委员会主任，唐善林、陈华春（女）、周芳双、邓祥喜、梅英杰为副主任，委员 13 人；选举刘章珠为东安县县长，毛治湘、周芳通、胡学安、陈常德为副县长，蒋荣林为县人民法院院长，谢先荣为县人民检察院检察长。会议共收到代表提案 625 件。

第二次会议　1981 年 12 月 27—30 日举行，出席代表 212 人。会议主要内容：听取和审议《政府工作报告》《关于 1980 年财政决算和 1981 年财政预算执行情况的报告》《东安县人民代表大会常务委员会工作报告》《法院工作报告》《检察院工作报告》，并通过相应决议决定；听取提案审查工作报告；会议增选蒋光燕、梅英杰为东安县第八届人民代表大会常务委员会副主任。会议共收到代表提案 289 件。

第三次会议　1983 年 3 月 8—11 日举行，出席代表 203 人。会议主要内容：听取和审议《政府工作报告》《关于 1982 年国民经济计划执行情况和 1983 年国民经济和社会发展计划的报告》《关于 1982 年财政决算和 1983 年财政预算安排意见的报告》《东安县人民代表大会常务委员会 1982 年的工作报告》《东安县人民法院 1982 年工作报告》

《东安县人民检察院1982年工作报告》并通过相应决议决定；选举车文仪、马贻绪、胥义和、肖声、施和平、邓芳芳、盘银富7人为湖南省第六届人民代表大会代表。会议共收到代表提案182件。

第九届人民代表大会

第一次会议 1984年5月16—20日举行，出席代表347人。会议主要内容：听取和审议《政府工作报告》《关于三年来财政计划执行情况和1984年财政预算安排的报告》《东安县第八届人民代表大会常务委员会工作报告》《东安县人民法院工作报告》《东安县人民检察院工作报告》并通过相应决议决定；选举刘章珠为东安县第九届人民代表大会常务委员会主任，唐善林、蒋光燕、胡学安、陈华春（女）、邓祥喜、梅英杰为副主任，委员11人；选举李笃学为东安县县长，周芳通、陈常德、唐建基为副县长，吴启毛为东安县人民法院院长，谢先荣为东安县人民检察院检察长。会议共收到代表提案462件。

第二次会议 1985年5月27—30日举行，出席代表318人。会议主要内容：听取和审议《政府工作报告》《1984年财政决算和1985年财政预算的报告》《东安县人民代表大会常务委员会工作报告》《东安县人民法院工作报告》《东安县人民检察院工作报告》并通过相应决议决定；审议县九届人大一次会议代表提案办理情况的书面报告、关于1984年财政决算和1985年财政预算报告的书面审查报告与关于县九届人大二次会议代表建议、批评、意见的审查报告。会议审议和批准李笃学辞去东安县县长职务，周芳通辞去副县长职务，谢先荣辞去人民检察院检察长职务。会议选举周建国为东安县县长，李天开、张龙发、蒋宗海为副县长，王焕云为东安县人民检察院检察长；增选田民芳为东安县第九届人大常委会副主任，增选委员1人。会议共收到代表建议、批评和意见314条。

第三次会议 1986年3月27—30日举行，出席代表335人。会议主要内容：听取和审议《政府工作报告》《关于国民经济和社会发展第七个五年计划（草案）的报告》《1985年财政决算和1986年财政预算的报告》《东安县人民代表大会常务委员会工作报告》《县人民法院工作报告》和《县人民检察院工作报告》并通过相应决议决定；听取和审议关于县九届人大二次会议代表建议、批评和意见办理情况的报告和关于县九届人大三次会议代表提案的审查报告；会议组织部分代表分组向县人大常委会、县人民政府、县人民法院、县人民检察院面对面提意见；审议批准李天开、唐建基辞去东安县副县长职务，唐助人、蒋新莲、赵君华3人辞去东安县第九届人民代表大会常务委员会委员职务。会议共收到代表提案454条。

第十届人民代表大会

第一次会议 1987年2月24—28日举行，出席代表278人。会议主要内容：听取和审议《政府工作报告》《关于国民经济和社会发展中长期规划的报告》《东安县三年来财政收支计划执行情况和1987年财政预算的报告》《东安县第九届人民代表大会常务委员会工作报告》《东安县人民法院工作报告》《东安县人民检察院工作报告》《关于九届人大代表建议、批评和意见办理情况的报告》并通过相应决议决定；讨论通过《东安县第十届人民代表大会第一次会议选举和通过决议的办法》；选举刘章珠为东安县第十届人民代表大会常务委员会主任，田民芳、周琼、胡学安、唐善林为副主任，委员12人；选举李笃学为东安县县长，张龙发、钟佩章、罗绍昌、蒋宗海、周建达为副县长，唐正笃为东安县人民法院院长，王焕云为东安县人民检察院检察长。会议共收到代表建议、批评和意见525条；

第二次会议 1988年1月10—13日举行，出席代表267人。会议主要内容：听取和审议《政府工作报告》《东安县1987年财政预算执行情况和1988年财政预算的报告》《关于1987年计划执行情况和1988年国民经济和社会发展计划的报告》《东安县人民代表大会常务委员会工作报告》《东安县法院工作报告》《东安县检察院工作报告》《关于县十届人大一次会议代表建议、批评和意见办理情况的报告》并通过相应决议决定；会议选举刘子秀、刘章珠、陈石森、周巳元、唐之享为湖南省第七届人民代表大会代表；批准王昭球辞去东安县第十届人大常委会委员职务，补选委员1人。会共收到代表建议、批评和意见275条。

第三次会议 1989年4月11—14日举行。会议主要内容：听取和审议《政府工作报告》《东安县1988年财政决算和1989年财政预算的报告》《关于1988年计划执行情况和1989年国民经济和社会发展计划安排意见的报告》《东安县人民代表大会常务委员会工作报告》《东安县人民法院工作报告》《东安县人民检察院工作报告》《关于县十届人大二次会议代表建议、批评和意见办理情况的报告》并通过相应决议决定；会议作出《关于搞好封山育林、加速我县国土绿化的决定》；会议批准李笃学辞去东安县县长职务，选举张龙发为东安县县长，增选东安县第十届人大常委会委员1人。会议共收到代表建议、批评和意见263条。

第十一届人民代表大会

第一次会议 1990年2月23—28日举行，出席代表人数不详。会议主要内容：听取和审议人大、政府、财政、计划、法院、检察院6个工作报告并通过相应决议决定；会议选举刘章珠为东安县人大常委会主任，田民芳、周琼、王云青（女）为副主任，委员12名；选举张龙发为东安县县长，钟佩章、罗绍昌、蒋宗海、蒋东友、史向东为副县长，唐正笃为东安县人民法院院长，王焕云为东安县人民检察院检察长。会议共收到议案38件，建议350件。

第二次会议 1991年3月28日至4月1日举行，出席代表269人。会议主要内容：听取和审议《东安县1991年普及九年义务教育规划的报告》《关于在全县公民中开展法制宣传教育的第二个五年规划的报告》并通过相关决议决定；会议补选蒋明生、杨传海、李万里为东安县人大常委会副主任，选举文先赵为东安县县长，唐庚荣为副县长。会议共收到议案46件、建议198件。

第三次会议 1992年3月14—18日举行，出席代表272人。会议主要内容：听取和审议《关于动员全县人民建设高岩水库电站的报告》并通过决议。会议补选唐定奇为东安县副县长。会议共收到议案27件、建议211件。

第十二届人民代表大会

第一次会议 1992年12月28日至1993年1月2日举行，出席代表282人。会议主要内容：听取和审议人大、政府、财政、计划、法院、检察院6个工作报告，并通过相关决议决定；听取和审议《关于加强社会治安综合治理的报告》并通过决议。会议选举胡学安为东安县人大常委会主任，吴启毛、蒋明生、李万里、李仕昭、刘子秀为副主任，委员11名；选举文先赵为东安县县长，蒋东友、周进盛、唐定奇、钱国平、沈生国、魏松林为副县长（含科技副县长1名），唐寿生为东安县人民法院院长，杨传海为东安县人民检察院检察长。会议共收到议案63件，建议310件。

第二次会议 1994年3月10—14日举行，出席代表267人。会议主要内容：听取和审议人大、政府、财政、计划、法院、检察院6个工作报告并通过相关决议决定；会议补选唐荣兴为东安县人大常委会副主任，陈意生、唐剑标为东安县副县长。会议共收到议案33件，建议181件。

第三次会议 1995年3月6—10日举行，出席代表271人。会议主要内容：听取和审议人大、政府、财政、计划、法院、检察院6个工作报告，并通过相关决议决定；听取和审议《关于在全县禁止赌博的报告》并通过决定；会议补选蒋忠念为东安县人大常委会副主任。会议共收到代表议案建议207件。

第四次会议 1996年3月13—18日举行，出席代表270人。会议主要内容：听取和审议人大、政府、财政、计划、法院、检察院6个工作报告，并通过相关决议决定；

听取和审议《关于修编后的〈东安县县城总体规划〉的报告》并通过决议；会议补选夏茂成为县人大常委会委员，选举参加永州市人民代表大会代表 44 名。会议共收到议案 36 件，建议 62 件。

第五次会议　1997 年 3 月 28 日至 4 月 2 日举行，出席代表 269 人。会议主要内容：听取和审议人大、政府、财政、计划、法院、检察院 6 个工作报告并通过相关决议决定；听取和审议《关于实施“在全县公民中开展法制宣传教育的第三个五年规划”的报告》，并通过决议。会议补选唐定奇为东安县县长，谭春桃为东安县人民法院院长。会议共收到议案 18 件，建议 45 件。

第十三届人民代表大会

第一次会议　1998 年 1 月 3—8 日举行，出席代表 224 人。会议主要内容：听取和审议人大、政府、财政、计划、法院、检察院 6 个工作报告并通过相关决议决定；会议选举刘仲炬为东安县人大常委会主任，杨传海、蒋明生、唐昌天、唐凤秀（女）、胡息东、邓经见为副主任，委员 14 名；选举唐定奇为东安县县长，陈意生、黄良智、周晓明、伍彩金为副县长，蒋崇和为东安县人民法院院长，李翼龙为东安县人民检察院检察长，补选刘仲炬为永州市第一届人大代表。会议共收到议案 34 件，建议 41 件。

第二次会议　1999 年 3 月 14—16 日举行，出席代表 213 人。会议主要内容：听取和审议人大、政府、财政、计划、法院、检察院六个工作报告并通过相关决议决定；会议共收到议案 23 件，建议 25 件。

第三次会议　2000 年 3 月 13—15 日举行，出席代表 219 人。会议主要内容：听取和审议人大、政府、财政、计划、法院、检察院 6 个工作报告并通过相关决议决定；会议共收到议案 31 件，建议 131 件。

第四次会议　2001 年 5 月 27—31 日举行，出席代表 211 人。会议主要内容：听取和审议人大、政府、财政、计划、法院、检察院 6 个工作报告并通过相关决议决定；会议补选县人大常委会委员 1 人，选举永州市第二届人大代表 43 名。会议共收到议案 48 件，建议 76 件。

第五次会议　2002 年 3 月 11—15 日举行，出席代表 212 人。会议主要内容：听取和审议人大、政府、财政、计划、法院、检察院 6 个工作报告并通过相关决议决定；会议补选唐能武为东安县县长，补选万爱平、康锦贵为永州市第二届人大代表。会议共收到议案 40 件，建议 84 件。

第十四届人民代表大会

第一次会议 2002年12月27日至2003年1月1日举行，出席代表216人。会议主要内容：听取和审议人大、政府、财政、计划、法院、检察院6个工作报告并通过相关决议决定。会议选举邓厚汉为东安县人大常委会主任，陈意生、唐凤秀（女）、胡息东、黄良智、邓明良、邓经见为副主任，委员14人；选举唐能武为东安县县长，唐满平、涂春林、管湘衡、汤荣石、陈军、李谋韬为副县长，李卫林为东安县人民法院院长，屈春苟为东安县人民检察院检察长。会议共收到议案70件，建议77件。

第二次会议 2004年3月1—6日举行，出席代表205人。会议主要内容：听取和审议人大、政府、财政、计划、法院、检察院6个工作报告并通过相关决议决定；补选县人大常委会委员3人；听取和审议《关于通过县人民政府加快推进东安工业化进程议案的报告》，并通过决议。会议共收到议案74件，建议71件。

第三次会议 2005年3月1—6日举行，出席代表215人。会议主要内容：听取和审议人大、政府、财政、计划、法院、检察院6个工作报告并通过相关决议决定；补选县人大常委会委员1人。会议共收到代表议案建议148件。

第四次会议 2006年2月20—23日举行，出席代表208人。会议主要内容：听取和审议人大、政府、财政、计划、法院、检察院6个工作报告并通过相关决议决定；会议共收到代表议案建议127件。

第五次会议 2006年12月28—31日举行，出席代表212人。会议主要内容：听取和审议人大、政府、财政、计划、法院、检察院6个工作报告并通过相关决议决定；会议共收到代表议案建议116件。

第十五届人民代表大会

第一次会议 2007年11月16—20日举行，出席代表240人。会议主要内容：听取和审议人大、政府、财政、计划、法院、检察院6个工作报告并通过相关决议决定；选举李谋献为东安县第十五届人民代表大会常务委员会主任，胡息东、伍彩金（女）、邓明良、宁苏君（女）、胡贤吉为副主任，委员19人；选举谢景林为东安县县长，陈宇荣、庚庐山、管湘衡、陈军、于剑辉 、李晓宁、文德为副县长，谢开军为东安县人民法院院长，屈春苟为东安县人民检察院检察长。会议共收到代表议案建议192件。

第二次会议 2008年3月27—28日举行，出席代表242人。会议主要内容：听取和审议人大、政府、财政、计划、法院、检察院6个工作报告并通过相关决议决定；审议关于县十五届人大一次会议代表议案办理情况的书面报告，关于县十五届人大二次会议代表建议、批评和意见的审查报告。会议共收到代表议案建议 18 件。

第三次会议　2009 年 2 月 25—28 日举行，出席代表 241 人。会议主要内容：听取和审议人大、政府、财政、计划、法院、检察院 6 个工作报告并通过相关决议决定；会议共收到代表议案建议 151 件。

第四次会议　2010 年 3 月 2—6 日举行，出席代表 240 人。会议主要内容：听取和审议人大、政府、财政、计划、法院、检察院 6 个工作报告并通过相关决议决定；会议补选县人大常委会委员 3 人。会议共收到代表议案建议 161 件。

第十六届人民代表大会

第一次会议　2012 年 9 月 25—30 日举行，出席代表 245 人。会议主要内容：听取和审议《政府工作报告》《东安县 2012 年 1—8 月财政预算执行情况的报告》（书面）、《东安县 2012 年 1—8 月国民经济和社会发展计划执行情况的报告》（书面）、《东安县第十六届人民代表大会常务委员会工作报告》《东安县人民法院工作报告》《东安县人民检察院工作报告》并通过相关决议决定；选举文高平为东安县第十六届人民代表大会常务委员会主任，宁苏君（女）、胡贤吉、唐新柱、胡慧川、蒋永辉为副主任，委员 21 人；选举陈宇荣为东安县县长，刘红安、李晓宁、苏建华、郑航、唐振宇、涂世国、李瑞霞为副县长，谢开军为东安县人民法院院长，刘繁荣为东安县人民检察院检察长。会议共收到代表议案建议 114 件。

第二次会议　2014 年 2 月 21—24 日举行，出席代表 239 人。会议主要内容：听取和审议《政府工作报告》《东安县 2013 年国民经济和社会发展计划执行情况与 2014 年国民经济和社会发展计划（草案）的报告》（书面）、《东安县 2013 年财政预算执行情况和 2014 年财政预算（草案）的报告》（书面）、《东安县人民代表大会常务委员会工作报告》《东安县人民法院工作报告》《东安县人民检察院工作报告》并通过相关决议决定；审议县十六届人大一次会议代表议案办理情况的书面报告，关于县十六届人大二次会议代表建议、批评和意见的审查报告。会议批准漆长军辞去东安县第十六届人大常委会委员职务，补选县人大常委会委员 1 人。会议共收到代表议案建议 119 件。

第三次会议　2015 年 3 月 1—4 日举行，出席代表 238 人。会议主要内容：听取和审议《政府工作报告》《东安县 2014 年国民经济和社会发展计划执行情况与 2015 年国民经济和社会发展计划草案的报告》（书面）、《东安县 2014 年财政预算执行情况和 2015 年财政预算草案的报告》（书面）、《东安县人民代表大会常务委员会工作报告》《东安县人民法院工作报告》《东安县人民检察院工作报告》《关于县十六届人大二次会议代表建议、批评和意见办理情况的报告》《关于县十六届人大三次会议代表议案建议的审查报告》并通过相关决议决定。会议组织部分代表进行对口讨论，共收到代表议案建议 161 件。

第四次会议 2016 年 2 月 24—27 日举行，出席代表 238 人。会议主要内容：听取和审议《政府工作报告》《东安县 2015 年国民经济和社会发展计划执行情况与 2016 年计划草案的报告》（书面）《东安县 2015 年财政预算执行情况和 2016 年财政预算草案国民经济和社会发展的报告》（书面）《东安县人民代表大会常务委员会工作报告》《东安县人民法院工作报告》《东安县人民检察院工作报告》《关于县十六届人大三次会议代表建议、批评和意见办理情况的报告》《关于县十六届人大四次会议代表议案建议的审查报告》并通过相关决议决定；会议补选祝群为东安县人民法院院长。会议共收到代表议案建议 75 件。

第十七届人民代表大会

第一次会议 2016 年 11 月 26—30 日举行，出席代表 236 人。会议主要内容：听取和审议《政府工作报告》《东安县 2016 年 1—10 月财政预算执行情况的报告》（书面）《东安县 2016 年 1—10 月国民经济和社会发展计划执行情况的报告》（书面）《东安县人民代表大会常务委员会工作报告》《东安县人民法院工作报告》《东安县人民检察院工作报告》并通过相关决议决定；会议选举张波（女）为东安县第十七届人民代表大会常务委员会主任，唐新柱、胡慧川、蒋永辉、黄敏（女）、刘劼为副主任，委员 26 人；选举龙向洋为东安县县长，蒋华、何锋、宋志雄、李瑞霞、张静、邹礼春、张一波为副县长，蒋江陵为东安县人民法院院长，唐小辉为东安县人民检察院检察长。会议共收到代表议案建议 150 件。

2016 年 11 月 27 日东安县十七届人大一次会议举行开幕式

第三节 东安县人民代表大会常务委员会

根据 1979 年 7 月 1 日第五届全国人民代表大会第二次会议通过的《中华人民共和

国地方各级人民代表大会和地方各级人民政府组织法》第二条“县级以上的地方各级人民代表大会设立常务委员会”之规定，东安县第八届人民代表大会第一次会议于1980年12月22—27日在县城召开，选举产生东安县第八届人民代表大会常务委员会。东安县第八届人民代表大会常务委员会机关只设1个办事机构（县人大常委会办公室）。随着人民代表大会制度的不断巩固完善，至2016年12月31日，东安县第十七届人大常委会机关设1个办事机构（县人大常委会办公室），2个专门委员会（县人民代表大会法制委员会和县人民代表大会财政经济委员会），5个工作机构（县人大常委会选举任免联络工作委员会、县人大常委会内务司法工作委员会、县人大常委会民族教育科学文化卫生工作委员会、县人大常委会农业农村工作委员会和县人大常委会城乡建设与环境资源保护工作委员会）。东安县人大常委会共举行会议268次，历经三十六年，始终坚持以马克思列宁主义、毛泽东思想、邓小平理论、“三个代表”重要思想、科学发展观、习近平新时代中国特色社会主义思想为指导，坚持党的领导、坚持民主集中制、坚持与时俱进，依法行使职权，为保证宪法、法律、行政法规和上级人大及其常委会决定决议的遵守、执行发挥了重要作用。依法行使决定权。常务委员会紧紧围绕全县的政治、经济、教育、科学、文化、卫生、环境资源保护、民政、民族等工作的重大事项，针对人民群众反映强烈的热点、难点、焦点问题组织开展调查研究，共作出决定决议174项。如2000年12月25日，县十三届人大常委会第二十次会议在听取和审议县人大常委会特定问题调查委员会关于对县旧城改造指挥部特定问题调查情况的报告后，认真开展讨论，依法作出《关于认真落实对旧城改造指挥部特定问题调查情况的决定》，责成“一府两院”和执法执纪部门追回经济损失、追究个人责任、维护群众利益、吸取经验教训，从而为国家挽回直接经济损失105余万元。同时，执法执纪部门以涉嫌渎职罪和受贿罪批捕1人，立案侦查1人，依法起诉5人，党纪政纪处分3人。依法行使监督权。常务委员会采取听取和审议工作报告，审查和批准财政决算，组织开展代表评议、述职评议、工作审议、执法检查、代表视察、规范性文件备案审查、专题询问、特定问题调查等多种形式，依法对“一府两院”及其部门单位进行监督，促进“一府两院”依法行政、公正司法等工作特别是民本民生工作。如在加强东安人民的“母亲河”紫水河保护管理的监督中，历届人大常委会尤其是十四届以来的人大常委会积极顺应紫水河沿线广大群众的呼声，将紫水河流域的保护管理作为人大常委会监督工作的重头戏，先后打出提出审议意见和议案交办、开展评议和视察督办、专题询问促办、成立特定问题调查委员会查办等一系列“组合拳”，全力保护紫水河的生态环境，督促县人民政府及其相关部门出重拳进行专项整治，为保障紫水河流域沿线群众的生产生活用水安全，为东安紫水国家湿地公园成功进入国家试点，为整个湘江流域治理、构筑“绿色湖南”生态屏障做出了应有的贡献。依法行使选举任免权。常务委员会坚持党管干部和人大依法任免干部的有机统一，切实做好“任前民意调查、任中进行询问、任后建档监督”这篇文章，严肃材料报送、法律知识测试、任前调研、任前发言、颁发任命书、向宪法宣誓等环节，依法规范做好人事任免事项的资格初审、任前公示、法律考试、任前考察或调研了解、任职发言、审议、投票表决、颁发任命书、向宪法宣誓、公布任免职人员名单等人事任免工作，共任免国家机关工作人员 1388 人次；根据组织的提名人选，依照法定程序，补选出缺的上一级人民代表大会代表 35 人次。同时，在指导乡镇人大工作上主动作为。着重指导乡镇人大组织召开乡镇人民代表大会、上下联动开展代表活动等，特别是 2013 年以来，县十六届、十七届人大常委会指导开展的以“有思路引领、有实践创新、有民情通道、有支撑载体、有丰富活动、有健全制度、有规范管理、有分类台账、有保障经费、有明显成效”为主要内容的“十有乡镇人大”创建工作，把全县乡镇人大工作提高到新的水平，被全国、省、市人大称之为“东安经验”，并在《中国人大》《人民代表报》《人民之友》等新闻媒体上，以《一个乡镇人大工作的样本》《“十有”乡镇人大创建，人大工作强基固本的东安经验》为题向全国进行推介。

八届人大常委会

1980 年 12 月至 1984 年 4 月，共举行会议 23 次。会议主要内容：组织学习《中华人民共和国地方各级人民代表大会和地方各级人民政府组织法》；学习传达彭真同志 1980 年 4 月在各省、市、自治区人大常委会负责人座谈会上讲话纪要，省委、省人大常委会、省政府领导毛致用、万达、孙国治同志在全省林业工作会议上的重要讲话，省六届人大一次会议和全省换届选举工作会议精神；讨论研究召开人大会议有关事项、人大常委会工作报告、换届选举工作、成立东安县选举委员会和人大常委会年度工作要点等重要事项；听取和审议“一府两院”关于社会治安、财经、教育、山林定权发证试点、城镇集体企业的发展和待业人员就业安置、白牙市镇发展集体个体经济、紫溪市公社山林定权发证试点、逮捕破坏森林犯罪分子文某、植树造林、林业生产责任制、城镇建设总体规划、财政预算、科学技术特别是农业科学技术的普及和推广、人大代表提案办理、农业生产计划落实、全县村镇建设、小城镇建设和县八届人大代表石某某贪污犯罪等各项工作报告 52 项，作出决定决议 16 个；补选湖南省第五届人民代表大会代表 3 名，任免国家机关工作人员 81 人次。

九届人大常委会

1984 年 5 月至 1987 年 2 月，共举行会议 17 次。会议主要内容：组织学习《中华人民共和国地方各级人民代表大会和地方各级人民政府组织法》的有关章节；学习传达彭真同志在省、自治区、直辖市人大常委会负责人员座谈会上的讲话要点，《中共中央组织部关于任免国家机关和其他行政领导职务必须按照法律程序和有关规定办理的通知》，省长刘正作的《政府工作报告》，省人大常委会副主任李田耕作的《人大常委会工作报告》，省六届人大会议，中共中央关于经济体制改革的决定，省人大召开的地（州）市县人大工作经验交流会议，地区人大联络处召开的工作会议，中共中央〔1985〕1号文件，中共中央〔1985〕19号文件，中国共产党第十二届中央委员会第四、五次全体会议公报，全国人民代表大会的重要文件，中央领导的有关讲话，赴辽宁等地参观学习的基本情况与外地开展人大工作的一些好的经验，中央宣传部《关于认真学习和宣传六届全国人大四次会议文件，深入进行形势政策教育的通知》，六届全国人大四次会议和中共中央《关于全党必须坚决维护社会主义法制的通知》精神；讨论研究召开人大会议有关事项、县人大常委会年度工作要点和县人大常委会工作报告等重要事项；听取和审议“一府两院”关于食品卫生、白牙市镇总体规划、商业和供销系统体制改革、财政预算执行、县人民法院和人民检察院工作、工业生产、乡镇企业发展、林业生产、法制宣传、社会治安、依法办案、教育、财贸、调整农村产业结构、普及九年制义务教育、追加1986年财政支出预算指标、普法、土地管理、卫生、植树造林和荒山承包、农业生产、城乡非法占用耕地建房、《中华人民共和国森林法》《城乡集市贸易管理办法》《中华人民共和国统计法》贯彻实施情况等各项工作报告31项，作出决定决议6个；任免国家机关工作人员167人次。

十届人大常委会

1987年2月至1990年2月，共举行会议21次。会议主要内容：学习传达省六届人大五次会议、省七届人大常委会第四次会议，邓小平、江泽民在中国共产党十三届四中全会上的讲话、讨论研究召开人大会议有关事项、人大常委会工作报告、换届选举工作、人大常委会年度工作要点、设立东安县人民代表大会常务委员会选举任免联络工作委员会、通过县人大常委会有关制度等重要事项；听取和审议“一府两院”关于财政管理、财政预算、工业生产、老龄、集贸市场管理、交通运输管理、广播事业、林业、小水电管理、物价、计划生育、打击经济领域犯罪活动、蔬菜生产、春耕生产备耕、企业民主管理、农业自然资源综合开发利用、东安县城建设第二期工程方案、县人民法院执法、县人民检察院执法、县公安局执法、普法教育和依法办事、教育、劳动就业、市场管理、县人大代表议案和建议办理、“三查至整顿”工作、对由县人大常委会任命的“一府两院”负责人工作人员考评、制止乱收费和乱摊派、科技为农业服务、乡镇企业发展、税收征管、以冬修水利为主的农田基本建设和城镇建设规划、《全国人大常委会关于加强法制教育维护安定团结的决定》《中华人民共和国企业法》《中华人民共和国食品卫生法》贯彻实施情况等各项工作报告54项，作出决定决议3个；任免国家机关工作人员126人次，并对任命干部进行民主评议。

十一届人大常委会

1990年2月至1993年1月，共举行会议17次。会议主要内容：组织学习《中华人民共和国地方各级人民代表大会和地方各级人民政府组织法》；学习传达中共中央文件精神；讨论研究召开人大会议有关事项、人大常委会工作报告、换届选举工作、人大常委会年度工作要点等重要事项；审议通过《东安县全民国防教育暂行办法》《湖南省东安县县城环境保护规划》《东安县人民代表大会常务委员会监督县人民法院、县人民检察院、县公安局、县司法局工作的实施办法》《东安县人大常委会人事任免办法》《东安县人大常委会联系人民代表制度》；听取和审议县人大常委会执法检查组关于“五项”执法检查、《中华人民共和国食品卫生法》执行情况的报告；听取和审议“一府两院”关于春耕生产、全县开展除“六害”“扫黄”、检查司法机关执法、财政预算执行、减轻农民负担、税收财务物价大检查、人大代表议案和建议办理、工业生产和技术监督、国家机关廉政建设、农业统一管水、各种判决裁决调解意见执行、工业企业开展“质量品种效益年”活动、社会治安综合治理、卫生执法和改革、房改、诉讼法执行、“三五”普法规划执行、高岩电站筹建、科技兴县、乡镇企业发展、执法检查、开展司法评议、消灭宜林荒山以及《中华人民共和国义务教育法》《中华人民共和国食品卫生法》《湖南省计划生育条例》贯彻实施情况等各项工作报告24项，作出决议决定8个；任免国家机关工作人员119人次。

十二届人大常委会

1993年1月至1998年1月，共举行会议33次。会议主要内容：组织学习有关法律法规；讨论研究召开人大会议有关事项、人大常委会工作报告、“一府两院”及财政、计划工作报告、换届选举工作、人大常委会年度工作要点、代表选举、评议工作、人大代表资格审查委员会组成人员、人大代表资格审查、表彰先进人大主席团和代表活动积极分子、在人大代表中开展“为民办实事，带头奔小康”活动等重要事项；对县建委、林业局、卫生局、水电局、人民法院、粮食局、文化局、广播电视局、交通局、工商局、教育局等25家单位的工作情况进行评议；对县经委、农业局和计生委主要领导进行述职审议；审议通过《东安县人大常委会组成人员守则》《东安县人民代表大会议事规则》《关于在县人大代表中开展“人民好代表”和在县人大选举和人大常委会任命的“一府两院”领导及政府组成人员中开展“人民好公仆”活动的评比条件》《乡镇人大主席团目标管理方案》《评议工作方案》；听取和审议“一府两院”关于财政决算和财政预算、财政预算执行和预算变更、预算外资金管理使用、农业产业结构调整、减轻农民负担、加强社会治安综合治理、农村社会治安整治、企业产权制度改革、人大代表议案和建议办理、个体私营经济发展和1994年个体私营经济受灾、公检法司机关办案质量情况、审计、市场管理和市场物价、支援农业生产、“二五”普法、撤区并乡乡镇财务审计、“八五”计划执行和“九五”计划及2010年远景目标、春耕生产、取缔一切带有赌博性质的有关电子游戏活动、乡镇企业、经济审判、反贪工作和检察监督工作、“扫黄打非”、农业生产准备、中小学校收费、工业生产、“九五”计划执行、减轻农民负担、“三五”普法以及《全民所有制工业企业转换经营机制条例》《中华人民共和国药品管理法》《中华人民共和国土地管理法》《湖南省文化市场管理条例》《中华人民共和国农业法》《中华人民共和国农业技术推广法》《中华人民共和国义务教育法》《中华人民共和国教师法》《中华人民共和国审计法》《中华人民共和国环保法》《中华人民共和国预算法》《湖南省预算外资金管理条例》《中华人民共和国城市规划法》《中华人民共和国劳动法》《湖南省计划生育条例》《中华人民共和国国家赔偿法》《中华人民共和国国土法》《中华人民共和国消费者权益保护法》《中华人民共和国国家赔偿法》贯彻实施情况等各项工作报告68项，作出决议决定19个；任免国家机关工作人员226人次。

十三届人大常委会

1998年1月至2003年1月，共举行会议33次。会议主要内容：学习传达《县人大常委会议事规则》、省九届人大会议、全省市州人大主任座谈会、市二届人大一次会议、永州市乡镇人大换届选举工作会议精神及有关法律法规；讨论研究召开人大会议有关事项、人大常委会工作报告、人大常委会年度工作要点、换届选举工作、人大代表资格审查、市县人大代表补选和辞去代表职务、县人大代表选举、乡镇人民代表大会代表名额、乡镇人大换届选举委员会成员名单、表彰先进乡镇人大主席团和先进县人大代表小组及优秀县人大代表等重要事项；对县建委、县公安局、县水电局3个单位的工作进行评议，对县政府办主任唐伯平进行述职评议；听取县人大常委会特定问题调查委员会关于县旧城改造指挥部有关问题调查情况的报告；听取和审议县人大常委会执法检查组关于检查《中华人民共和国价格法》《湖南省服务行业价格管理条例》《中华人民共和国刑事诉讼法》《中华人民共和国药品管理法》《中华人民共和国执业医师法》执行情况的报告；审议通过《常委会会议议程安排》《东安县人大常委会人事任免办法》《关于办理常委会或主任会议审议意见、交办函及代表视察意见的若干规定》《县人大常委会关于对县政府办、县农业局、县审计局主要负责人进行述职评议的实施方案》《关于依法治县的议案》《关于组织特定问题调查委员会对旧城改造指挥部有关问题进行调查的议案》《关于提请审议更改建设西路街道红线宽度的议案》；听取和审议“一府两院”关于财政决算、财政预算、农业备耕生产、工业企业改革及其生产、人大代表议案和建议办理、“一府两院”及政府组成部门主要负责人年度工作目标承诺兑现、乡镇企业改革、保险、村民委员会换届、“九五”计划和社会发展规划、深化国有集体工业企业改革和发展民营经济、农业开发和农业产业结构调整、依法规范村务公开、打击贪污贿赂等经济犯罪、“三五”普法、“九五”计划执行和“十五”计划编制、医疗保险制度改革、优化经济环境、退耕还林、农村电网改造、县人大常委会审议意见和主任会议交办函及代表视察意见办理、打击黑恶势力、农村税费改革、2002 年 30 件实事落实以及《东安县人大常委会关于依法治县决议》《关于认真处理县旧城改造指挥部有关问题的决定》《中华人民共和国农业法》《中华人民共和国公路法》《中华人民共和国电力法》《湖南省计划生育条例》《中华人民共和国刑法》《中华人民共和国刑事诉讼法》《中华人民共和国乡镇企业法》《中华人民共和国工会法》《中华人民共和国森林法》《中华人民共和国农业技术推广法》《中华人民共和国保险法》《中华人民共和国村民委员会组织法》《中华人民共和国审计法》《中华人民共和国科技进步法》《中华人民共和国动物防疫法》《中华人民共和国招标投标法》《建设工程质量管理条例》《中华人民共和国义务教育法》《中华人民共和国森林法》《中华人民共和国律师法》贯彻实施情况等各项工作报告 69 项，作出决议决定 15 项；任免国家机关工作人员 177 人次，罢免永州市人大代表 1 名，补选永州市人大代表 3 名。

十四届人大常委会

2003 年 1 月至 2007 年 11 月，共举行会议 43 次。会议主要内容：组织学习《中华人民共和国社会治安管理处罚法》《中华人民共和国消费者权益保护法》《中华人民共和国环境保护法》《中华人民共和国公务员法》《基本农田保护条例》《中华人民共和国各级人民代表大会常务委员会监督法》《湖南省非税收入管理条例》；学习传达省市人大会议、省市人大换届选举工作会议、人大常委会议事规则、温家宝总理关于环境保护有关讲话和批示、中共十七大会议精神及有关法律法规；讨论研究召开人大会议有关事项、人大常委会工作报告、人大常委会年度工作要点、县乡人大换届

2004 年 5 月东安县人大常委会视察监督全县矿山整治工作

选举工作、述职评议工作、人大代表资格审查、人大常委会组成人员名额、人大常委会委员辞职、先进县人大代表小组和优秀县人大代表表彰名单、市县人大代表补选和辞去代表职务等重要事项；对县监察局、发改委等 16 个政府工作部门主要负责人及县人民检察院 4 名副检察长进行会议述职评议，对县人民政府唐满平、陈军等 5 名副县长和县人民检察院检察长屈春苟进行书面述职评议；听取和审议县人大常委会执法检查组关于检查《中华人民共和国环境保护法》《中华人民共和国安全生产法》执行情况的报告；审议通过《东安县人民代表大会常务委员会人事任免办法》《关于推进湘江电站体制改革决定的议案》《关于东安县城市管理暂行办法的议案》《关于加强龙溪河及其两岸街道管理规定的议案》《东安县人大常委会讨论、决定重大事项的规定》《东安县人大代表约谈日制度（试行）》《公民旁听县人民代表大会及其常委会关于进一步学习和贯彻宪法的意见》《东安县人大常委会关于人民代表大会成立 50 周年纪念活动的方案》《工作目标承诺书兑现情况评议办法》《县人大常委会述职评议工作方案》《关于取消县城区客运三轮摩托车和禁止未经批准的社会车辆载客营运的规定》《东安县紫水河流域保护管理办法》《东安县人大常委会关于加强和规范人大代表活动的若干意见》《东安县人大常委会机关信访工作若干规定》《〈东安县人大常委会会议审议意见和主任会议交办函办理办法〉修正案》《关于对“一府两院”会议述职评议人员整改情况进行无记名投票测评的规定》《东安县县、乡（镇）人民代表大会代表行为规范》《东安县人大常委会代表议案和建议办理办法》《关于将 S216、S217 两条公路自筹资金列入 2007 年财政预算的议案》《关于进一步加强法制宣传教育的决议》《东安县人大代表经费管理办法》《关于设立东安县农村公路建设补贴专项资金的议案》《关于实施农村公路建设项目的议案》《东安县人大常委会关于县乡换届选举工作方案》《关于废止〈东安县人大常委会关于对述职评议人员整改情况进行测评及处理的规定（试行）〉的决定》《关于在全县各级人大代表中开展“我为富民强县建言献策”活动实施意见》《县人大代表小组活动办法》；听取和审议“一府两院”关于财政预算、财政决算、有关议案、人大代表议案和建议办理、人大常委会审议意见和主任会议交办函及代表视察意见落实、人大相关决议决定落实、“一府两院”及政府组成部门主要负责

2004 年 10 月 25 日东安县十四届人大常委会第十五次会议召开

人年度工作目标承诺兑现、文化市场管理、网吧和电游整治、打击地下“六合彩”、“十一五”规划编制、述职评议整改、养老保险资金收缴管理使用、十件实事落实、审计、新型农村合作医疗、人民法院执行难、道路客运市场管理、“东安环保世纪行”活动、“农产品质量安全行”活动、《东安县国民经济和社会发展“十五”计划》《中华人民共和国种子法》《中华人民共和国婚姻法》《中华人民共和国水法》《中华人民共和国税收征收管理法》《中华人民共和国农业法》《失业保险条例》《中华人民共和国人口与计划生育法》《东安县殡葬管理规定》《中华人民共和国产品质量法》《中华人民共和国公路法》《中华人民共和国道路交通安全法》《广播电视管理条例》《中华人民共和国母婴保健法》《中华人民共和国消费者权益保护法》《基本农田保护条例》贯彻实施情况等各项工作报告 167 项，作出决议决定 39 项；任免国家机关工作人员 171 人次。

十五届人大常委会

2007 年 11 月至 2012 年 9 月，共举行会议 47 次。会议主要内容：组织学习《中华人民共和国价格法》《中华人民共和国各级人民代表大会常务委员会监督法》《中华人民共和国地方各级人民代表大会和地方各级人民政府组织法》等法律法规；学习传达省市人大会议精神；讨论研究召开人大会议有关事项、人大常委会工作报告、人大常委会年度工作要点、县乡人大换届选举工作、述职评议工作、人大代表资格审查、人大常委会委员述职、人大工作先进单位和先进个人、市县人大代表补选和辞去委员代表职务、学生平安保险调研工作等重要事项；组织开展工作审议；听取和审议县人大常委会执法检查组关于检查《中华人民共和国城乡规划法》《农业综合开发条例》《湖南省散居少数民族工作条例》《中华人民共和国农业法》《湖南省药品和医疗器械流通监督管理条例》《中华人民共和国义务教育法》《中华人民共和国治安管理处罚法》《中华人民共和国公路法》《中华人民共和国食品安全法》贯彻实施情况的报告；审议通过《东安县人大常委会工作规程等相关制度》《东安县人大常委会预算审查监督办法》《东安县人大常委会工作评议办法》《2008 年度工作评议方案》《东安县十五届人大二次会议至三次会议期间县人大代表活动方案》《2008 年人大代表联谊活动工作计划》《人大代表收集群众意见箱实施方案（试行）》《东安县高岩水库水资源保护管理办法》《关于做好高岩流域水资源保护的议案》《关于调整锦豪花园规划的议案》《关于推进承接产业转移工作的议案》《关于推进产业转移优惠政策 16 条的议案》《关于向建行申请流动资金贷款的议案》《东安县医疗收费执法检查实施方案》《工作审议实施方案》《县人大常委会委员述职报告制度》《对县人大常委会任命人员进行履职考核实施方案》《庆祝地方人大常委会成立三十周年实施方案》《关于进一步加强和改进县人大代表工作的意见》《县人民政府将东安站站前路网建设工程项目贷款还贷本息列入财政预算并将此收益权用作贷款质押的议案》《关于向省农发行申请垃圾处理工程设备采购和安装回购款并将其列入财政预算的议案》《关于调整白牙市工业园部分规划用地性质的议案》；听取和审议“一府两院”关于为民办十件实事、人大代表议案和建议办理、人大常委会审议意见和主任会议交办函及代表视察意见落实、落实人大相关决议决定、“一府两院”及政府组成部门主要负责人年度工作目标承诺兑现、财政预算执行、财政预算编制、其他财政收支、财政决算、2008 年抗冰救灾救助专项资金和物资筹集管理使用、村委会换届选举、计划生育保“省优”创“国优”、知识产权、廉租房经济适用房、贯彻落实“六大方针”、国土管理、城乡规划、旅游、广播电视、网吧整治、“十一五”规划实施和“十二五”规划编制、“五五”普法、电力费附加征收管理使用、粮食工作、国有土地出让金征收管理、“六五”普法以及《中华人民共和国价格法》《中华人民共和国行政诉讼法》《中华人民共和国档案法》《中华人民共和国就业促进法》《中华人民共和国执业医师法》《中华人民共和国森林法》《中华人民共和国劳动法》《东安县高岩水库水源保护管理暂行办法》贯彻实施情况等各项工作报告 154 项，作出决议决定 42 项；任免国家机关工作人员 182 人次，补选 1 名永州市第三届人民代表大会代表。

十六届人大常委会

2012 年 9 月至 2016 年 11 月，共举行会议 34 次。会议主要内容：组织学习有关法律法规；学习传达省市人大会议精神；讨论研究召开人大会议有关事项、人大常委会工作报告、人大常委会年度工作要点、县乡人大换届选举工作、县人大常委会各项规章制度、人大代表资格审查和表彰工作等重要事项；对食品安全开展专题询问；对 16 个部门开展工作审议和专项审议；听取和审议县人大常委会执法检查组关于检查《中华人民共和国食品安全法》贯彻实施情况的报告；听取和审议紫水河流域特定问题调查情况报告；审议通过《关于进一步严肃县人民代表大会及其常委会有关会议会风的规定》《会议询问规定》《工作审议实施方案》《关于资金用于转换县信用联社不良贷款的议案》《东安县人民代表大会代表履职评价暂行办法》《东安县人民代表大会各乡镇代表小组工作考评办法》《“两院”及政府工作部门行政主要负责人工作目标承诺兑现情况评议办法（修订案）》《东安县人民代表大会常务委员会会议询问规定（修订案）》《湖南东安舜皇山国家级自然保护区管理办法》《工作审议、专项审议和议案督办工作方案》《县人大常委会建立专家人才库工作方案》《县人大常委会预算审查监督办法（修订案）》《关于永东城际快线一期工程建设款列入财政预算的议案》《黄金洞省级森林公园保护管理办法》《东安县城总体规划（2006—2020）》《关于提请审议东芦公路工程建设政府购买服务资金列入财政预算的议案》；听取和审议“一府两院”关于财政预算决算、部门预算编制、财政预决算执行、财政预算调整、其他财政收支、人大代表议案和建议办理、人大常委会审议意见和主任会议交办函及代表视察意见落实、落实人大相关决议决定、“一府两院”及政府组成部门主要负责人年度工作目标承诺兑现、“六五”普法中期工作、学位建设、规划建设、村民委员会换届选举、反贪污贿赂、选举委员会人员调整、紫水河流域保护管理、乡镇合并、《中华人民共和国水土保持法》《湖南省新型墙体材料推广应用条例》《中华人民共和国母婴保健法》《东安县紫水河流域保护管理办法（修订案）》《中华人民共和国动物防疫法》《中华人民共和国预算法》贯彻实施情况等各项工作报告 48 项，作出决议决定 26 项；任免国家机关工作人员 139 人次。

十七届人大常委会

截至 2016 年底，第十七届人大常委会未召开人大常委会会议。

2016 年 11 月 30 日东安县第十七届人大常委会主任会议成员合影

1980—2016年东安县历届人民代表大会常务委员会主任、副主任、办公室主任名录一览表

表10–4

届次	主任	副主任	办公室主任	备注
八届人大常委会	胥义和	邓祥喜 陈华春（女） 周芳双 唐善林 蒋光燕 梅英杰（党外人士）	荣平波	
九届人大常委会	刘章珠	邓祥喜 田民芳 陈华春（女） 胡学安 唐善林 蒋光燕 梅英杰（党外人士）	周道明	
十届人大常委会	刘章珠	田民芳 周 琼 胡学安 唐善林	蒋龙生	
十一届人大常委会	刘章珠	王云青（女） 田民芳 李万里（党外人士） 杨传海 周 琼 蒋明生	杨世诚	
十二届人大常委会	胡学安	刘子秀 李万里（党外人士） 李仕昭 吴启毛 唐荣兴 蒋明生	胡贤吉 夏茂成	
十三届人大常委会	刘仲炬	邓经见（党外人士） 邓明良 杨传海 胡息东 唐凤秀（女） 唐昌天 蒋明生	文卫平	
十四届人大常委会	邓厚汉	邓经见（党外人士） 邓明良 李谋献 陈意生 胡息东 唐凤秀（女） 黄良智	卿仁东	
十五届人大常委会	李谋献	邓明良 宁苏君（女） 伍彩金（女，党外人士） 胡贤吉 胡息东	卿仁东	
十六届人大常委会	文高平	宁苏君（女） 胡贤吉 胡慧川 唐新柱 蒋永辉（党外人士）	唐小军 唐垂辉	
十七届人大常委会	张 波（女）	刘 劼 胡慧川 唐新柱 黄 敏（女） 蒋永辉（党外人士）	唐垂辉	

第五章　双牌县人民代表大会

第一节　双牌县各界人民代表会议

双牌县各界人民代表会议历经 2 届，共召开 2 次会议。

第一届代表会议

潇水林区管理局革命委员会第一次全体委员（扩大）会议，1968 年 10 月 5 日举行，出席代表 212 人。会议主要内容：学习毛泽东主席一系列最新指示，传达湖南省革命委员会全体会议精神。

第二届代表会议

双牌县革命委员会全体委员（扩大）会议，1977 年 12 月 22 日举行，出席代表 350 人。会议主要内容：听取和审议双牌县革命委员会工作报告，以无记名投票方式选举产生双牌县革命委员会主任唐治邦，副主任吴克均、王建文、魏素华、李开松；选举管声凤为双牌县人民法院院长；通过《双牌县革命委员会实现思想革命化的决议》；会议选举唐治邦、盘美云、唐玉桂、魏继仁为湖南省第五届人民代表大会代表。该次会议将 1968 年 10 月 5—20 日召开的潇水林区管理局革委会第一次全体委员（扩大）会议定为双牌县第一届人民代表大会第一次会议，该次会议为双牌县第二届人民代表大会第一次会议。

第二节　双牌县人民代表大会

双牌县人民代表大会历经 10 届，共召开 39 次会议。

第三届人民代表大会

第一次会议 1980 年 12 月 1 日举行，出席代表 133 人。会议主要内容：听取和审议双牌县委书记、双牌县革委会主任唐治邦所作的《继续前进，为建设繁荣富裕的新双牌而奋斗》工作报告与双牌县人民法院、双牌县人民检察院工作报告，听取和审议双牌县财政预算报告并作出相应决议；选举产生双牌县人民代表大会常务委员会主任吴克均（简称县人大常委会），副主任钟太彦、王秀、盘继连、何卷珠和委员 8 名；选举王建文为双牌县县长，李开松、龙端周、唐心云、何永志为双牌县副县长；选举管声凤为双牌县人民法院院长、何儒生为双牌县人民检察院检察长。

第二次会议 1981 年 12 月 29 日举行，出席代表 118 人。会议主要内容：听取和审议双牌县人民政府、双牌县人大常委会、双牌县人民法院和双牌县人民检察院工作报告、双牌县财政预算报告并作出相应决议；审议通过《关于保护社队农村集体财产的决定》和《关于大力造林护林振兴林业的决定》；补选贺洋为双牌县三届人大常委会副主任。

第三次会议 1983 年 3 月 19 日举行，出席代表 119 人。会议主要内容：听取和审议双牌县人民政府、双牌县人大常委会、双牌县人民法院和双牌县人民检察院工作报告、双牌县财政预算报告并作出相应决议；选举吴克均、吴东元、盘美云、陈怀义为湖南省第六届人民代表大会代表。

第四届人民代表大会

第一次会议 1984 年 4 月 11 日举行，出席代表 180 人。会议主要内容：听取和审议双牌县人民政府、双牌县人大常委会、双牌县人民法院、双牌县人民检察院工作报告、双牌县财政预算报告并作出相应决议；通过《关于保护专业户、重点户和经济联合体合法权益的决议》和《关于延长土地承包期，保护农民生产积极性的决议》；选举产生双牌县人民代表大会常务委员会主任吴克均，副主任钟太彦、李相华、贺洋、盘继连、何卷珠、黄新元和委员 10 名；选举唐如皎为双牌县县长，李开松、刘锦祥、吴东元、曾凡云为双牌县副县长；选举袁新甫为双牌县人民法院院长、周运淮为双牌县人民检察院检察长。

第二次会议 1985 年 5 月 26 日举行，出席代表 194 人。会议主要内容：听取和审议双牌县人民政府、双牌县人大常委会、双牌县人民法院、双牌县人民检察院工作报告、双牌县财政预算报告并作出相应决议；通过双牌县人大常委会主任吴克均和双牌县县长唐如皎的辞职报告申请；选举周光保为双牌县人大常委会主任，何永志为双牌县县长，刘庆义、唐绩祚为双牌县副县长；通过《关于罢免何卷珠双牌县人大代表资格和副主任职务的决定》和《关于加强法制宣传教育普及法律常识的决议》。

第三次会议 1986年3月18日举行，出席代表195人。会议主要内容：讨论决定双牌县1986年的工作及“七五”经济建设计划；听取和审议双牌县人民政府、双牌县人大常委会、双牌县人民法院、双牌县人民检察院工作报告、双牌县财政预算报告并作出相应决议；通过撤销四届二次会议《关于罢免何卷珠双牌县人大代表资格和副主任职务的决定》，恢复何卷珠双牌县人大代表资格和双牌县人大常委会副主任职务；通过《关于加强城乡集贸市场管理的决议》。

第五届人民代表大会

第一次会议 1987年3月4日举行，出席代表160人。会议主要内容：听取和审议双牌县人民政府、双牌县人大常委会、双牌县人民法院、双牌县人民检察院工作报告、双牌县财政预算报告并作出相应决议；选举产生双牌县人民代表大会常务委员会主任周光保，副主任李相华、贺洋、何卷珠和委员10名；选举何永志为双牌县县长，刘庆义、吴东元、唐任松、唐绩祚、曾凡云为双牌县副县长；选举袁新甫为双牌县人民法院院长、刘高庆为双牌县人民检察院检察长；会议通过《关于保护森林、发展林业的决定》。

第二次会议 1988年1月8日举行，出席代表163人。会议主要内容：听取和审议双牌县人民政府、双牌县人大常委会、双牌县人民法院、双牌县人民检察院工作报告、双牌县财政预算报告并作出相应决议；补选盘继连、王建华为双牌县五届人大常委会副主任；选举周光保、赵清茂、何莲凤、欧阳明为湖南省第七届人民代表大会代表。

第三次会议 1989年3月22日举行，出席代表164人。会议主要内容：听取和审议双牌县人民政府、双牌县人大常委会、双牌县人民法院、双牌县人民检察院工作报告、双牌县财政预算报告并作出相应决议；审议通过《关于全面开展封山育林的决定》。

第六届人民代表大会

第一次会议 1990年2月16日举行，出席代表162人。会议主要内容：听取和审议双牌县人民政府、双牌县人大常委会、双牌县人民法院、双牌县人民检察院工作报告、双牌县财政预算报告并作出相应决议；选举产生双牌县人民代表大会常务委员会主任周光保，副主任王建华、吴东元、何卷珠、贺洋、贺翠莲和委员 11 名；选举产生刘庆义为双牌县县长，秦燕、邓国文、唐绩祚、盘新花、曾凡云为双牌县副县长；选举张浩松为双牌县人民法院院长、刘高庆为双牌县人民检察院检察长；审议通过《关于贯彻执行〈湖南省计划生育条例〉的决定》和《关于搞好科技兴农，加强农业科学技术工作的决议》。

第二次会议　1991 年 3 月 1 日举行，出席代表 162 人。会议主要内容：听取和审议双牌县县长刘庆义所作的《关于双牌县国民经济和社会发展第七个五年计划执行情况和第八个五年计划安排》的报告，双牌县人民政府、双牌县人大常委会、双牌县人民法院、双牌县人民检察院工作报告、双牌县财政预算报告并作出相应决议；通过《关于实施第二个五年普法规划的决议》。

第三次会议　1992 年 4 月 14 日举行，出席代表 164 人。会议主要内容：听取和审议双牌县人民政府、双牌县人大常委会、双牌县人民法院、双牌县人民检察院工作报告、双牌县 1992 年国民经济和社会发展计划（草案）的报告与双牌县 1992 年财政预算报告并作出相应决议；会议接受刘庆义辞去双牌县县长职务的报告；补选唐绩祚为双牌县县长；会议通过《关于表彰贺翠莲等 26 名县优秀人大代表的决定》和《把握机遇，大胆改革开放，加快双牌经济发展决议》。

第七届人民代表大会

第一次会议　1992 年 12 月 28 日举行，出席代表 163 人。会议主要内容：听取和审议双牌县人民政府、双牌县人大常委会、双牌县人民法院、双牌县人民检察院工作报告、双牌县 1993 年国民经济和社会发展计划（草案）的报告与双牌县 1993 年财政预算（概算）的报告并作出相应决议；选举产生双牌县人民代表大会常务委员会主任吴东元，副主任曾凡云、李镇通、卜辉华、唐安雄、贺萃莲和委员 12 名；选举唐绩祚为双牌县县长，刘于生、蒋伍林、刘锦坤、赵清茂、陶世华为双牌县副县长；选举张浩松为双牌县人民法院院长、秦政为双牌县人民检察院检察长；收集代表议案和意见 19 件。

第二次会议　1994 年 3 月 20 日举行，出席代表 165 人。会议主要内容：听取和审议双牌县人民政府、双牌县人大常委会、双牌县人民法院、双牌县人民检察院工作报告、双牌县 1994 年国民经济和社会发展计划草案的报告与双牌县 1994 年财政预算（草案）报告并作出相应决议；会议通过《关于加强行政性收费、罚没收入和预算外资金管理的决议》等决议决定 7 个；补选王甫林、邓远授、唐亚辉为双牌县人大常委会委员；会议收集代表议案、建议、批评和意见 67 件。

第三次会议　1995 年 3 月 13 日举行，出席代表 167 人。会议主要内容：听取和审议双牌县人民政府、双牌县人大常委会、双牌县人民法院、双牌县人民检察院工作报告、双牌县 1995 年国民经济和社会发展计划（草案）的报告与双牌县 1995 年财政预算（草案）报告并作出相应决议；补选双牌县人大代表 3 名；通过关于“实施教育改革和发展纲要”“确保县内初级卫生保健达标”和“开展争创全国体育先进县”3 个议案的说明；收集代表议案、批评和意见 58 件。

第四次会议　1996 年 3 月 14 日举行，出席代表 162 人。会议主要内容：听取和审议双牌县人民政府、双牌县人大常委会、双牌县人民法院、双牌县人民检察院工作报告和双牌县人民政府关于双牌县第九个五年计划和 2010 年规划纲要（草案）及说明，听取和审议双牌县 1996 年国民经济和社会发展计划（草案）的报告与双牌县 1996 年财政预算（草案）报告并作出相应决议；补选魏贤金为双牌县副县长，向上进为双牌县人大常委会委员；选举出席永州市第一届人民代表大会代表 22 名；审议通过“三五”普法、财源建设规划、创建公园式县城、207 国道双牌段改建等 9 个决议；收集代表议案、建议、批评和意见 51 件。

第五次会议　1997 年 3 月 6 日举行，出席代表 161 人。会议主要内容：听取和审议双牌县人民政府、双牌县人大常委会、双牌县人民法院、双牌县人民检察院工作报告、双牌县 1997 年国民经济和社会发展计划（草案）的报告与双牌县 1997 年财政预算（草案）报告并作出相应决议；会议接受双牌县副县长赵清茂、双牌县人民法院院长张浩松、双牌县人民检察院检察长秦政的辞职报告，补选谢承军为双牌县人民法院院长，补选全跃进为双牌县人民检察院检察长；审议通过《双牌县 1996 年农民负担情况报告》和《1996 年双牌县内育林基金使用情况的审计报告》，《“九五”期间和 2010 年科技发展规划》议案的说明报告，作出决议决定 7 个；收集代表议案、建议、批评和意见 52 件。

第八届人民代表大会

第一次会议　1998 年 1 月 3 日举行，出席代表 149 人。会议主要内容：听取和审议双牌县人民政府、双牌县人大常委会、双牌县人民法院、双牌县人民检察院工作报告、双牌县 1997 年国民经济和社会发展计划执行情况及双牌县 1998 年国民经济和社会发展计划（草案）报告、双牌县 1997 年财政预算执行情况和双牌县 1998 年财政预算（草案）报告并作出相应决议；选举产生双牌县人民代表大会常务委员会主任蒋伍林，副主任魏贤金、唐安雄、蒋崇虎、唐善清、谢晓玲、聂才兴和委员 15 名；选举杨海河为双牌县县长，李明清、熊吉庆、贺翠莲、何世平、盘晓波为双牌县副县长；选举谢承军为双牌县人民法院院长，选举全跃进为双牌县人民检察院检察长；收集代表议案、建议、批评和意见 77 件。

第二次会议 1999 年 3 月 9 日举行，出席代表 153 人。会议主要内容：听取和审议双牌县人民政府、双牌县人大常委会、双牌县人民法院、双牌县人民检察院工作报告、双牌县 1999 年国民经济和社会发展计划（草案）的报告与双牌县 1999 年财政预算（草案）报告并作出相应决议；会议审议通过《关于改善投资环境、促进经济发展的决议》，《关于加快城建开发步伐的决议》；补选潘振仕为双牌县人民检察院检察长；会议作出《调整经济结构，全面实施山区综合开发，加快双牌小集镇建设，推动双牌经济发展》等决议决定 9 个；收集代表议案、建议、批评和意见 59 件。

第三次会议 2000 年 2 月 27 日举行，出席代表 154 人。会议主要内容：听取和审议双牌县人民政府、双牌县人大常委会、双牌县人民法院、双牌县人民检察院工作报告、双牌县 2000 年国民经济和社会发展计划（草案）的报告与双牌县 2000 年财政预算（草案）报告并作出相应决议；会议补选盘继松为双牌县人大常委会副主任；审议通过《进一步落实义务教育法，巩固普九成果》《认真实施科教兴县和开放带动两大战略，围绕农民增收，做好山、水、电、城四篇文章》和《突出林竹药果，调整农业结构》等决议决定 7 个；收集代表议案、建议、批评和意见 50 件。

第四次会议 2001 年 5 月 27 日举行，出席代表 148 人。会议主要内容：听取和审议双牌县人民政府、双牌县人大常委会、双牌县人民法院、双牌县人民检察院工作报告、双牌县 2001 年国民经济和社会发展计划（草案）报告与双牌县 2001 年财政预算（草案）报告并作出相应决议；补选刘清君为双牌县副县长，补选 2 名双牌县人大常委会委员；作出《双牌县国民经济和社会发展“十五”计划基本思路》和《全面实施林业强县，工贸富县，旅游活县，科教兴县战略》等决议决定 7 个；选举出席永州市第二届人大代表 23 名；收集代表议案、建议、批评和意见 50 件。

第五次会议 2002 年 3 月 6 日举行，出席代表 153 人。会议主要内容：听取和审议双牌县人民政府、双牌县人大常委会、双牌县人民法院、双牌县人民检察院工作报告、双牌县 2002 年国民经济和社会发展计划（草案）的报告与双牌县 2002 年财政预算（草案）报告并作出相应决议；补选张智勇为双牌县县长；审议通过《关于进一步加强文物保护》等决议决定 7 个；收集代表议案、建议、批评和意见 60 件。

第九届人民代表大会

第一次会议 2002 年 12 月 28 日举行，出席代表 157 人。会议主要内容：听取和审议县双牌人民政府、双牌县人大常委会、双牌县人民法院、双牌县人民检察院工作报告、双牌县 2003 年国民经济和社会发展计划（草案）的报告和双牌县 2003 年财政预算（草案）报告并作出相应决议；选举产生双牌县人民代表大会常务委员会主任严俊寿，副主任魏贤金、唐善清、全建国、邓美英和委员12名；选举张智勇为双牌县县长，段灵利、胡好贤、唐伯平、唐彦、石艳萍、蒋陆阳为双牌县副县长；选举刘伟华为双牌县人民法院院长、刘明为双牌县人民检察院检察长；增选永州市二届人大代表1名；收集建议意见84件。

第二次会议 2004年2月28日举行，出席代表154名。会议主要内容：听取和审议双牌县人民政府、双牌县人大常委会、双牌县人民法院、双牌县人民检察院工作报告并作出相应决议；听取和审议关于双牌县2003年国民经济和社会发展计划执行情况与双牌县2004年国民经济和社会发展计划（草案）的报告，关于双牌县2003年财政预算执行情况和双牌县2004年财政预算（草案）的报告，审查和批准双牌县2004年国民经济和社会发展计划，双牌县2004年财政预算（草案）；补选聂鸿章、曾武清为双牌县人大常委会副主任；审议通过《关于加快推进工业化进程的决议》；收集代表议案建议74件，立案2件。

2004年2月28日双牌县九届人大二次会议召开

2004年11月县人大常委会组织人大代表对县建设局工作进行评议

第三次会议 2005年3月4日举行，出席代表154名。会议主要内容：听取和审议双牌县人民政府、双牌县人大常委会、双牌县人民法院、双牌县人民检察院工作报告并作出相应决议；听取和审议关于双牌县2004年国民经济和社会发展计划执行情况与双牌县2005年国民经济和社会发展计划（草案）的报告，关于双牌县2004年财政预算执行情况和双牌县2005年财政预算（草案）的报告，审查和批准双牌县2005年国民经济和社会发展计划（草案），双牌县2005年财政预算（草案）；审议通过《关于加强阳明山系野生动物资源保护的决议》；补选欧小辉、罗怀科、赵甫卿为双牌县人大常委会委员；收集代表议案建议77件，立案3件。

第四次会议 2006年2月22日举行，出席代表150名。会议主要内容：听取和审议双牌县人民政府、双牌县人大常委会、双牌县人民法院、双牌县人民检察院工作报告并作出相应决议；听取和审议双牌县人民政府关于双牌县国民经济和社会发展第十一个五年规划纲要的报告，审查和批准双牌县国民经济和社会发展第十一个五年规划纲要；听取和审议关于双牌县2005年国民经济和社会发展计划执行情况与双牌县2006年计划（草案）的报告；关于双牌县2005年财政预算执行情况和2006年双牌县财政预算（草案）的报告；审查和批准双牌县2006年国民经济和社会发展计划（草案），双牌县2006年财政预算（草案）；收集代表议案建议77件。

第五次会议 2006年12月29日举行，出席代表149名。会议主要内容：听取和审议双牌县人民政府、双牌县人大常委会、双牌县人民法院、双牌县人民检察院工作报告并作出相应决议；听取和审议关于双牌县2006年国民经济和社会发展计划执行情况与双牌县2007年国民经济和社会发展计划（草案）的报告与关于双牌县2006年财政预算执行情况与双牌县2007年财政预算（草案）的报告；审查和批准双牌县2007年国民经济和社会发展计划和财政预算；审议通过《关于进一步加强法制宣传教育的决议》；补选唐清才为双牌县人大常委会副主任；选举24名永州市第三届人民代表大会代表；收集代表议案建议52件。

第十届人民代表大会

第一次会议 2007年11月22日举行，出席代表158名。会议主要内容：听取和审议双牌县人民政府、双牌县人大常委会、双牌县人民法院、双牌县人民检察院工作报告并作出相应决议；听取和审议关于双牌县2007年国民经济和社会发展计划执行情况和双牌县2008年国民经济和社会发展计划（草案）的报告，双牌县2007年财政预算执行情况和双牌县2008年财政预算（草案）的报告，审查和批准双牌县2007年国民经济和社会发展计划执行情况的报告和双牌县2008年国民经济和社会发展计划，双牌县2007年财政预算执行情况的报告和双牌县2008年财政预算；听取和审议县九届人大五次会议代表议案、建议、批评和意见办理情况的报告；选举产生双牌县人民代表大会常务委员会主任唐清才，副主任全建国、莫伯良、邓美英、王岳良、袁小爱和委员16名；选举蒋千红为双牌县县长，肖波、周新华、胡好贤、唐彦、蒋陆阳、熊爱华为双牌县副县长；傅芳萍为双牌县人民法院院长、刘明为双牌县人民检察院检察长；

选举蒋千红为永州市三届人大代表；收集代表议案、建议、批评和意见 101 件，其中，于求华、蒋国龙等代表提出的《关于调整县城总体规划、实施县城北扩战略，建设山水园林城市》的议案予以立案。

第二次会议 2008 年 12 月 30 日举行，出席代表 159 名。会议主要内容：听取和审议双牌县人民政府、双牌县人大常委会、双牌县人民法院、双牌县人民检察院工作报告并作出相应决议；听取和审议双牌县 2008 年国民经济和社会发展计划执行情况与双牌县 2009 年国民经济和社会发展计划（草案）的报告，双牌县 2008 年财政收支预算完成情况和双牌县 2009 年财政预算（草案）的报告，审查和批准双牌县 2009 年国民经济和社会发展计划（草案）的报告、双牌县 2009 年财政预算；听取和审议双牌县人民政府关于双牌县十届人大一次会议代表议案、建议、批评和意见办理情况的报告；补选周丽、蒋勇为双牌县人大常委会委员；收集代表建议 93 件。

第三次会议 2010 年 3 月 11 日举行，出席代表 158 名。会议主要内容：听取和审议双牌县人民政府、双牌县人大常委会、双牌县人民法院、双牌县人民检察院工作报告并作出相应决议；听取和审议双牌县人民政府关于双牌县十届人大二次会议代表建议办理情况的报告；听取和审议双牌县 2009 年国民经济和社会发展计划执行情况与双牌县 2010 年国民经济和社会发展计划（草案）的报告，双牌县 2009 年财政收支完成情况和双牌县 2010 年财政预算（草案）的报告，审查和批准双牌县 2010 年国民经济和社会发展计划（草案）的报告、双牌县 2010 年财政预算；补选宋振平、陈丽为双牌县副县长，邓绍斌、唐瑞才为双牌县人大常委会委员；收集代表议案、建议、批评和意见 90 件，其中傅德盛等代表提出的《关于加强潇水河治理和保护的议案》予以立案。

第四次会议 2011 年 1 月 5 日举行，出席代表 161 名。会议主要内容：听取和审议双牌县人民政府、双牌县人大常委会、双牌县人民法院、双牌县人民检察院工作报告并作出相应决议；听取和审议双牌县人民政府关于双牌县十届人大三次会议代表议案、建议、批评和意见办理情况的报告；听取和审议双牌县 2010 年国民经济和社会发展计划执行情况与双牌县 2011 年国民经济和社会发展计划（草案）的报告，双牌县 2010 年财政收支完成情况与双牌县 2011 年财政预算（草案）的报告，审查和批准双牌县 2011 年国民经济和社会发展计划（草案）的报告、双牌县 2011 年财政预算；听取双牌县第十二个五年规划纲要（草案）编制说明，审查和批准双牌县国民经济和社会发展第十二个五年规划纲要，补选吕新陵为双牌县人民检察院检察长，补选谢辉为双牌县人大常委会委员；收集代表建议 58 件。

第五次会议 2011 年 12 月 20 日举行，出席代表 161 名。会议主要内容：听取和审议双牌县人民政府、双牌县人大常委会、双牌县人民法院、双牌县人民检察院工作报告并作出相应决议；听取和审议双牌县人民政府关于双牌县十届人大四次会议代表建议办理情况的报告；听取和审议双牌县2011年国民经济和社会发展计划执行情况与双牌县2012年国民经济和社会发展计划（草案）的报告、双牌县2011年财政预算执行情况和双牌县2012年财政预算（草案）的报告，审查和批准双牌县2012年国民经济和社会发展计划、双牌县2012年财政预算；选举杨海河、何银国、郑安陵、郑柏顺、卿汝武、黄青柳、蔡松云、邓娥英、吕保和、朱元生、江双喜、花明、周宏春、唐杰、唐顺球、唐清才、龚文、蒋千红、傅芳萍、吕新陵20人为永州市第四届人民代表大会代表；收集代表建议50件。

第十一届人民代表大会

第一次会议　2012年9月26日举行，出席代表160名。会议主要内容：听取和审议双牌县人民政府、双牌县人大常委会、双牌县人民法院、双牌县人民检察院工作报告并作出相应决议；听取和审议双牌县人民政府关于县十届人大一次会议以来代表议案、建议、批评和意见办理情况的报告；书面审查双牌县2012年1—8月国民经济和社会发展计划执行情况的报告，双牌县2012年1—8月财政预算执行情况的报告；选举产生双牌县人民代表大会常务委员会主任唐冬华，副主任袁小爱、邓美英、邓明义、吕保和、姜国文和委员16名；选举蒋千红为双牌县县长，陈丽、李长于、付康成、周新华、夏红兵、蒋爱先、熊爱华为双牌县副县长；选举傅芳萍为双牌县人民法院院长、杨建国为双牌县人民检察院检察长；收集代表议案、建议、批评和意见92件，其中蒋波、刘国华代表分别领衔的《关于加速推进双牌至零陵融城公路建设》的两个议案合并为一个议案予以立案。

第二次会议　2013年7月29日举行，出席代表159名。会议主要内容：听取和审议双牌县人民政府工作报告并作出相应决议。会议听取和审查双牌县2012年财政预算执行情况与双牌县2013年县本级预算（草案）的报告，审查和批准双牌县2013年县本级财政预算与部门预算，听取和审议双牌县人民政府关于双牌县十一届人大一次会议代表议案，建议、批评与意见办理情况的报告，书面审查双牌县人民法院、双牌县人民检察院工作报告，双牌县2012年国民经济和社会发展计划执行情况和双牌县2013年国民经济和社会发展计划（草案）的报告，审查和批准双牌县2013年全县国民经济和社会发展计划。会议补选魏和胜为双牌县县长，补选彭永胜为双牌县人大常委会委员。

第三次会议　2014年3月13日举行，出席代表156名。会议主要内容：听取和审议双牌县人民政府、双牌县人大常委会、双牌县人民法院、双牌县人民检察院工作报告并作出相应决议；听取和审议双牌县2013年国民经济和社会发展计划执行情况和双牌县2014年国民经济和社会发展计划（草案）的报告，双牌县2013年财政预算执行情况和双牌县2014年县本级财政预算（草案）的报告，审查和批准双牌县2014年国民经济和社会发展计划、双牌县2014年县本级财政预算和部门预算；听取和审议双牌县人民政府关于县十一届人大一次会议以来代表议案、建议、批评和意见办理情况的报告；补选张云娥为双牌县人大常委会委员；收集代表建议78件。

第四次会议 2015年3月10日举行，出席代表160名。会议主要内容：听取和审议双牌县人民政府、双牌县人大常委会、双牌县人民法院、双牌县人民检察院工作报告并作出相应决议；听取双牌县人民政府关于双牌县十一届人大三次会议以来代表议案、建议、批评和意见办理情况的报告，听取和审议双牌县2014年财政预算执行情况与2015年县本级财政预算（草案）的报告，审查和批准双牌县2015年县本级财政预算与部门预算；书面审查双牌县2014年国民经济和社会发展计划执行情况和双牌县2015年国民经济和社会发展计划（草案）的报告，审查和批准双牌县2015年国民经济和社会发展计划；收集代表建议74件。

第五次会议 2016年3月4日举行，出席代表154名。会议主要内容：听取和审议双牌县人民政府、双牌县人大常委会、双牌县人民法院、双牌县人民检察院工作报告并作出相应决议；审查和批准双牌县国民经济和社会发展第十三个五年规划纲要，审查和批准双牌县2015年国民经济和社会发展计划执行情况与双牌县2016年国民经济和社会发展计划（草案）的报告，双牌县2015年预算执行情况与双牌县2016年县本级预算（草案）；听取双牌县人政府关于双牌县十一届人大四次会议以来代表议案、建议、批评和意见办理情况的报告；会议选举黄文德为双牌县人民法院院长；收集代表建议44件。

2016年3月4日双牌县第十一届人民代表大会第五次会议召开

第十二届人民代表大会

第一次会议 2016年11月27日举行，出席代表154名。会议主要内容：听取和审议双牌县人民政府、双牌县人大常委会、双牌县人民法院、双牌县人民检察院工作报告并作出相应决议；书面审查双牌县2016年国民经济和社会发展计划执行情况与双牌县2017年国民经济和社会发展计划（草案）的报告，审查和批准双牌县2017年国民经济和社会发展计划、双牌县2016年预算执行情况与双牌县2017年县本级预算（草案）；听取双牌县人民政府关于双牌县十一届人大一次会议以来代表议案、建议、批评和意见办理情况的报告；会议表决通过关于设立双牌县第十二届人民代表大会法制委员会、财政经济委员会的决定；选举产生双牌县人民代表大会常务委员会主任唐冬华，副主任蒋昌智、邓美英、吕保和、张云娥、刘世春和委员20名；选举肖质彬为双牌县县长，秦小国、付康成、蒋爱先、唐俊、何彩玲、廖卫平、罗轩为双牌县副县长；选举黄文德为双牌县人民法院院长、周涛为双牌县人民检察院检察长；选举李志军为双牌县十二届人大财政经济委员会主任委员，廖红旺为副主任委员，万克兰、文军、刘国华为委员；收集代表建议85件。

第三节　双牌县人民代表大会常务委员会

双牌县人大常委会会议历经11届、共举行240次会议。1980年12月，双牌县第三届人民代表大会第一次会议选举产生双牌县人大常委会，为双牌县人民代表大会常设机构，下设办公室。1984年4月，增设法制组、财政经济组、科教文卫组。1985年7月，将法制组、财政经济组、科教文卫组分别改为法制工作委员会、财政经济工作委员会和科教文卫工作委员会。1989年3月，又增设选举任免联络工作委员会。1990年2月，调整为“一办四委”（办公室、选举任免联络工作委员会、科学教育文化卫生民族工作委员会、法制工作委员会、财政经济工作委员会）。1992年12月，法制工作委员会改为内务司法工作委员会。2013年，增设城乡建设和环境资源保护工作委员会。2016年11月，增设农业农村工作委员会，城乡建设和环境资源保护工作委员会更名为环境资源保护城乡建设工作委员会，选举任免联络工作委员会更名为代表联络工作委员会，科教文卫民族工委更名为教育科学文化卫生工作委员会。

三届人大常委会

1980年12月至1984年4月，共举行会议21次。会议主要内容：听取和审议“一府两院”工作情况报告40项，主要涉及经济计划、财政、工农业生产、教育、城建、社会治安、学习讨论修改宪法草案等；作出《关于收取民事诉讼费用暂行办法》《关于严肃财政纪律堵塞财政漏洞的决议》《严禁赌博、迷信和纠纷械斗的决议》；依法任免国家机关工作人员 29 人次，其中，政府及其组成部门工作人员 22 人次，法院检察院 7 人次。

四届人大常委会

1984 年 4 月至 1987 年 3 月，共举行会议 20 次。会议主要内容：听取和审议“一府两院”工作情况报告 37 项，涉及全县商业、供销体制改革、财税、食品卫生、教科文卫、妇女儿童权益维护等；作出《关于全县民办教师报酬和进一步集资办学的决定》《关于维护妇女儿童合法权益的决定》；依法任免国家机关工作人员 77 人次，其中，人大常委会机关 7 人次，政府及其组成部门工作人员 26 人次，法院检察院 44 人次；对食品卫生法、兵役法、组织法等法律法规进行执法检查。

五届人大常委会

1987 年 3 月至 1990 年 2 月，共举行会议 18 次。会议主要内容：听取和审议“一府两院”工作情况报告 39 项，主要涉及财政经济、林业、法制宣传教育、水淹区、乡镇人大工作等。在党员干部中开展“两清两查”和社教运动；依法任免国家机关工作人员 38 人次，其中，人大常委会机关 6 人次，政府及其组成部门工作人员 15 人次，法院检察院 17 人次。

六届人大常委会

1990 年 2 月至 1992 年 12 月，共举行会议 18 次。会议主要内容：听取和审议“一府两院”工作情况报告 42 项，主要涉及阳明山开发、农业生产和产业结构调整、城市建设及规划、“二五普法”检查、督促本级司法机关工作和两院独立行使职权等；依法任免国家机关工作人员 27 人次，其中，人大常委会机关 5 人次，政府及其组成部门工作人员 12 人次，法院检察院 10 人次；对会计法、企业法、企业管理条例、工商行政管理条例等法律法规进行执法检查。

七届人大常委会

1992 年 12 月至 1998 年 1 月，共举行会议 34 次。会议主要内容：听取和审议“一府两院”工作情况报告53项，主要涉及公路交通建设、高效农林业、公安严打整治、减轻农民负担、教育两基达标及收费集资摊派等；对行政处罚法、老年人权益保障法、湖南省老年人保护条例、村民委员会组织法、居民委员会组织法等法律法规进行执法检查；依法任免国家机关工作人员116人次，其中，人大常委会机关4人次，政府及其组成部门工作人员36人次，法院检察院76人次；作出《关于评议司法工作和建立部门执法责任制的决定》，对政府组成部门开展评议；组织开展《宪法》颁布十周年、人民代表大会成立40周年系列纪念活动，举办双文明竞赛、97年迎香港回归康福杯门球邀请赛和“三讲教育活动”。

八届人大常委会

1998年1月至2002年12月，共举行会议30次。会议主要内容：听取和审议“一府两院”工作情况报告75项，主要涉及依法治县、县乡机构改革、优化经济环境、退耕还林、山区综合开发、农村税费改革、乡镇企业发展、国有工业改革和民营工业发展等；对工会法、文物保护法、代表法、失业养老医疗保险等11部法律法规进行执法检查。作出《关于撤销双牌县上梧江等三个人民法庭和打鼓坪等二个林业法庭的决定》；依法任免国家机关工作人员68人次，其中人大常委会机关14人次，政府及其组成部门工作人员33人次，法院检察院21人次；组织开展政府部门民意测评和工作评议，加强任后监督。

九届人大常委会

2002年12月至2007年12月，共举行会议32次。会议主要内容：听取和审议“一府两院”工作情况报告120项，主要涉及财政审计、农林业、工业、科教文卫、旅游、城建、社会治安等，交办20件；制定出台《关于加强专项资金使用监督暂行办法》《关于讨论决定重大事项的规定》《关于加强人大代表议案、建议、批评和意见办理工作的决议》《双牌县城市管理暂行办法》《关于法官、检察官、人民警察违法办案责任追究监督办法》《双牌县国家开发银行政府信用贷款偿债专项资金管理办法》；依法任免国家机关工作人员148人次，其中，人大常委会机关18人次，政府及其组成部门工作人员52人次，法院检察院78人次，有1名拟任人员未获通过；依照《湖南省县级以上人大常委会述职评议工作条例》，加强对人大常委会任命的国家机关工作人员的任中任后监督；开展“环保世纪行”“农产品质量安全行”“三湘农民健康行”等专项活动。

十届人大常委会

2007 年 12 月至 2012 年 12 月，共举行会议 31 次。会议主要内容：听取和审议“一府两院” 工作情况报告 88 项，交办审议意见 109 件，涉及具体问题 487 个；作出《关于建设绿色双牌的决议》《关于双牌县工业园总体规划的决议》《关于进一步加强法制宣传教育推进法治建设的决议》和《关于同意设立双牌县打鼓坪乡、五星岭乡的决定》；分别对 15 个单位和部门开展工作审议；备案审查县人民政府及其工作部门报送的规范性文件 39 件；对刑法、刑事诉讼法、土地管理法、食品安全法等 23 部法律法规进行执法检查；依法任免国家机关工作人员 181 人次，其中接受县人大常委会组成人员辞职 1 人次，任免人大常委会机关委室正副主任 16 人次，政府及其组成部门工作人员 78 人次，县人民法院法官 41 人次，人民陪审员 22 人次，县人民检察院检察官 23 人次；制定《关于对县人大常委会任免人员实行履职考核的实施办法》，每年对政府组成部门负责人进行一次年度履职考核测评，制定并修改完善《双牌县人大常委会议事规则》；开展“环保世纪行”、“农产品质量安全行”、“三湘农民健康行”、“ 民族团结进步行”等专项活动；2010 年，县人大常委会被省委政法委、省高院授予“集中清理执行积案先进集体”荣誉称号。

十一届人大常委会

2012 年 12 月至 2016 年 11 月，共举行会议 36 次。会议主要内容：听取和审议“一府两院”工作报告 106 项，主要涉及工业、农林业、城建、环保、教育、医疗卫生、生态旅游、精准扶贫、优化环境、创文创卫创森等工作；作出《关于同意〈双牌县乡镇区划调整改革部分乡镇行政区划调整方案〉的决定》《关于确认县树县花的决定》《关于批准〈双牌县森林资源保护管理办法（草案）〉的决议》等决议决定 46 项；任免国家机关工作人员 211 人次，其中，任免副县长 9 人次，任

2016 年 7 月 27 日双牌县第十一届人大常委会三十二次会议召开

免政府工作部门主要负责人 61 人次，任命法官 13 人次、人民陪审员 42 人次，任命检察官 7 人次，任免其他人事事项 79 人次；水污染防治法、大气污染防治法、道路交通安全法、食品安全法、城乡规划法、环境保护法等 9 部法律法规进行执法检查。督办代表议案 1 件，建议、批评和意见 264 件，其中，重点督办件 23 件。对县人社局、县民政局、县住建局、县公安局、县经信委、县教育局等 10 个单位进行工作审议；备案审查县人民政府及其工作部门报送的规范性文件 96 件；开展“环保世纪行”“农产品质量安全行”“三湘农民健康行”“ 民族团结进步行”“司法公正双牌行”活动；在全市率先采用专题询问方式开展监督，对日月湖湿地公园建设与保护问题开展专题询问，受到全国人大常委会办公厅《联络动态》2016 年第 20 期的大力推介；开通“双牌人大之声” 微信公众平台，加强人大工作宣传力度。

1977—2016 年双牌县历届人民代表大会常务委员会主任、副主任、办公室主任名录一览表

表 10–5

届 次	主 任	副主任	办公室主任
二届人大常委会	唐治邦	吴克均 王建文 魏素华 李开松	王建文
三届人大常委会	吴克均	钟太彦 王　秀 盘继连 何卷珠 贺　洋	郑大德
四届人大常委会	吴克均 周光保	钟太彦 李相华 贺　洋 盘继连 何卷珠 黄新元	曾庆金
五届人大常委会	周光保	李相华 贺　洋 何卷珠 盘继连 王建华	唐善清
六届人大常委会	周光保	王建华 吴东元 何卷珠 贺　洋 贺翠莲	唐善清
七届人大常委会	吴东元	曾凡云 李镇通 卜辉华 唐安雄 贺萃莲	唐善清
八届人大常委会	蒋伍林	魏贤金 唐安雄 蒋崇虎 唐善清 谢晓玲 聂才兴 盘继松	吴仲朝
九届人大常委会	严俊寿	魏贤金 唐善清 全建国 邓美英 聂鸿章 曾武清 唐清才	蒋昌智
十届人大常委会	唐清才	全建国 莫伯良 邓美英 王岳良 袁小爱	李润欧 邓绍斌
十一届人大常委会	唐冬华	袁小爱 邓美英 邓明义 吕保和 姜国文	邓绍斌
十二届人大常委会	唐冬华	蒋昌智 邓美英 吕保和 张云娥 刘世春	蒋绣程 邓美林

第六章　道县人民代表大会

第一节　道县各界人民代表会议

解放初期，中共道县县委（以下简称县委）、县人民政府根据《中华人民政治协商会议共同纲领》规定，于1950年至1954年召开13次各界人民代表会议，代行人民代表大会职权。县人民代表大会制度始于1954年5月，至1964年9月，召开5届8次人民代表大会，第六届人民代表大会因“文化大革命”而中断。1978年1月，召开道县第七届人民代表大会第一次会议，从此，道县人民代表大会制度得以恢复。

第一次会议　1950年2月25—27日在县城举行，出席代表103人。会议审议政府工作报告，提出征粮支前、接管旧政权、接受学校、剿匪为首要任务。通过坚决肃清匪特，巩固革命秩序；反霸、减租减息，消灭封建剥削；开展增产节约，救灾备荒；稳定金融贸易，安定人民生活四项施政方针。

第二次会议　1950年7月19—20日在县城举行，出席代表200人，会议总结首次各界人民代表会议通过的四项施政工作执行情况。通过以抗旱、灭虫为生产重点，领导群众度过夏荒；整顿好农民队伍，建立乡、村政权；准备土地改革（以下简称土改）；整顿公私关系，劳资关系；完成工商税和农业税征收任务五项施政工作方针。选举出席湖南省第二届各界人民代表会议代表4人。

第三次会议　1950年9月23—27日在县城举行，出席代表429人。会议总结解放后10个月的工作；作出关于征粮入库、土改准备工作、建立民兵组织的决议。

第四次会议　1950年12月4—6日在县城举行，出席代表185人。会议听取并通过秋收总结和土地改革报告，选举产生第四次各界人民代表会议常务委员会（常驻），作出关于土地改革，反霸斗争，扩大县、区武装，生产工作四项决议。

第五次会议　1951年6月4—6日在县城举行，出席代表199人。会议以生产度荒、粮食价格为中心议题。要求政府取缔奸商，管好粮食市场，稳定粮价，安排好群众生活。

第六次会议　1951年7月13—16日在县城举行，出席代表163人。会议中心议题是：关于镇压反革命、抗美援朝、抗旱灭虫和粮棉生产。

第七次会议　1951年10月26—29日在县城举行，出席代表242人。会议总结前段工作；作出关于土地改革、镇压反革命、抗美援朝、农业生产、文教卫生以及财经工作等内容的决议。

第八次会议 1952年5月29日至6月1日在县城举行，出席代表205人。会议作出关于继续加强抗美援朝，反对帝国主义进行细菌战和普遍开展增产节约与思想改造运动，争取1952年农业大丰收，实现民主建设，巩固人民民主专政。

第九次会议 1952年10月28—30日在县城举行，出席代表208人。会议决议作好1952年冬1953年春的生产准备工作，开展互助合作运动，反对美帝国主义细菌战，搞好司法改革。

第十次会议 1953年4月9—13日在县城举行，出席代表198人。会议商讨发展农业生产，争取丰收，加强抗美援朝，活跃城乡经济，做好文教卫生工作，广泛宣传各级人民代表大会的选举法，做好全县普选准备工作等任务。

第十一次会议 1953年7月11—12日在县城举行，出席代表172人。会议审议三个月来的施政工作及之后任务的报告；商讨防旱抗旱，争取农业大丰收，防止奸商米贩囤积粮食、制造粮荒的问题。

第十二次会议 1953年11月25—29日在县城举行，与劳模会合并召开，出席代表244人，其中，正式代表143人，特邀代表101人。会议主要贯彻国家过度时期总路线和总任务以及中共中央解决粮食问题的四项措施（统购、统销、禁止私商自由经营、中共中央与地方分工负责）。

第十三次会议 1954年3月11—14日在县城举行，出席代表191人，其中正式代表118人，列席代表73人。会议审议4个月来的施政工作及之后工作任务的报告；商讨发展农业、副业生产和普选工作。

1950—1954年道县历次各界人民代表会议代表基本情况表

表10-6 单位：人

次别	与会总人数	出席代表																			特邀代表	列席代表
		共产党	政府机关	工人	农民	妇女	教育界	工商界	军队	学生	青年	少数民族	开明士绅	军烈属	医生	转复军人	劳动模范	民主人士	干部	宗教		
1	103	1	11	10	36	2	5	5	4		4	4	6									
2	200	5	13	10	103	20	9	9	3	8	8	2	5									
3	209	5	13	8	96	20	11	11	3	7		3	9									220
4	185	4	11	10	91	17	7	7	4	4	5	3	11									
5	199	5	12	12	104	16	7	7	4	4	5	4	5									
6	163	4	12	11	69	17	7	7	4	4	4	3	11		3							

续表 **10-6** 单位：人

次别	与会总人数	出席代表																			特邀代表	列席代表
		共产党	政府机关	工人	农民	妇女	教育界	工商界	军队	学生	青年	少数民族	开明士绅	军烈属	医生	转复军人	劳动模范	民主人士	干部	宗教		
7	242	5	14	10	123	8	18	18	5	6	6	9	8	10	4							
8	205	1	10	10	114	7	17	17	3	6	1	6	6	10	4							
9	208	4	7	12	99	5	13	13	2	10	10	3	5	5	3	5	9			1		
10	198	5	12	8	65	16	12	12	2	3	13	1		7	2	4	9	4	20			
11	172	6	11	7	71	7	6	6	1		4	1		9	2	5	8	4	18	1		
12	143	1	6	7	77	11	7	7	1	2	2	1		2		5		4		1	101	
13	118	3	5	8	62	1	6	6		2	1	1		4	2	2	5	4		1		73
合计	2345	49	137	123	1110	147	125	125	36	56	63	41	66	47	21	21	31	16	43	4	101	293

第二节 道县人民代表大会

第一届人民代表大会

第一次会议 1954 年 6 月 26—30 日在县城举行，出席代表 274 人（缺席 20 人）。会议审议政府工作报告，作出继续开展以互助合作为中心的农业增产运动，争取农业丰收，作好农村各项经济工作的决议；讨论《中华人民共和国宪法（草案）》；选举胡云初、高保忠、粟志生、黄熙为出席湖南省第一届人民代表大会代表。

第二次会议 1954 年 12 月 16—18 日在县城举行，出席代表 287 人。会议审议县人民政府一年来的施政工作情况及之后工作任务的报告，作出六项决议：一是继续深入广泛地开展互助合作运动，巩固和提高现有的农业生产合作社；二是完成 52.66 万亩冬种计划；三是开展造林护林运动；四是搞好生产自救；五是做好优抚代耕工作；六是做好油茶统购工作。

第三次会议 1955 年 4 月 11—14 日在县城举行，出席代表 218 人，缺席 86 人。会议传达贯彻湖南省首届人民代表大会第二次会议精神；讨论开展以互助合作为中心的春耕生产运动以及护林防火工作；讨论《兵役法（草案）》；宣布改道县人民政府为道县人民委员会，选出 1 名县长和 1 名副县长、17 名委员，组成县人民委员会；选举县人民法院院长；补选湖南省人民代表大会代表。

第二届人民代表大会

第一次会议 1957年2月7—9日在县城举行，出席代表274人，缺席66人。会议传达湖南省第一届人民代表大会第四次会议精神；总结检查1956年施政工作；商讨巩固农业生产合作社，全面发展生产，开展增产节约运动，克服旱灾困难等任务；选举1名县长、2名副县长、18名委员，组成县人民委员会。

第二次会议 1958年1月16—20日在县城举行，出席代表333人，缺席8人。会议传达贯彻湖南省第一届人民代表大会第五次会议精神，讨论全面开展整风运动，组织农业生产大跃进；审议县人民委员会及县人民法院工作报告，财政预决算报告；补选县长，罢免1名县人民委员会委员。

第三届人民代表大会

第一次会议 1958年5月20—22日在县城举行，出席代表257人。会议讨论以农业生产为中心的全面“大跃进”，提出农业生产目标；选出1名县长、2名副县长、18名委员，组成县人民委员会；选举县人民法院院长，选出田新甫、刘儒栋、蒋先仕、赵月姣、刘寿祺为出席湖南省第二届人民代表大会代表。

第四届人民代表大会

第一次会议 1960年12月7—9日在县城举行，应出席代表352人，实到226人。会议审议县人民委员会两年施政工作情况及之后工作任务的报告，县人民法院两年来工作情况的报告，财政预决算报告；作出开展大办粮食的全民运动，领导群众度过夏荒，清理“一平二调”（平均主义、统一调动各公社劳力和钱、粮、物），纠正共产风，改善干部作风的决议；选出1名县长、2名副县长、22名委员，组成县人民委员会；选举县人民法院院长。

第五届人民代表大会

第一次会议 1964年9月6—8日在县城举行，应出席代表376人，实到288人。会议审议县人民委员会工作报告，县人民法院工作报告，全县1961—1963年财政决算和 1964 年财政预算的报告；会议按照中共八届十中全会指示和《中共中央关于目前农村工作中若干问题的决定（草案）》以及《中共中央关于农村社会主义教育运动中一些具体政策的规定（修正草案）》精神，部署城乡社会主义教育运动；讨论 1964—1970 年道县发展国民经济远景规划及 1964 年冬 1965 年春工作任务；选出 1 名县长、4 名副县长、19 名委员，组成县人民委员会；选举县人民法院院长；选出黄义大、刘儒栋、彭致苏、刘寿祺、陶懋刚、胡会元为出席湖南省第三届人民代表大会代表。

第六届人民代表大会

因“文化大革命”运动干扰，未举行。

第七届人民代表大会

第一次会议　1978 年 1 月 2—4 日在县城举行，出席代表 869 人，缺席 11 人。会议讨论通过县革命委员会工作报告；提出高速发展农业，1980 年把道县建成大寨县的奋斗目标；选出 1 名主任、3 名副主任、15 名委员，组成县革命委员会（原县革命委员会的军代表和群众代表全部退出）；选举县人民法院院长。

第八届人民代表大会

第一次会议　1980 年 12 月 16—22 日在县城举行，出席代表 290 人。会议审议县革命委员会工作报告，县人民法院和县人民检察院院工作报告，财政预决算报告，通过有关决议和关于议案的审查报告；确定继续贯彻执行调整方针，集中力量把国民经济搞上去为全县中心任务；选出道县第八届人民代表大会常务委员会（简称县人大常委会）组成人员；选出县人民政府 1 名县长、4 名副县长；选举县人民法院院长、县人民检察院检察长各 1 名。同时，撤销道县革命委员会，恢复道县人民政府及其办公室，与县委分署办公。从此，县人大常委会成为人民代表大会闭会期间行使人民代表大会职权的常设机构；县人民法院、县人民检察院列为县人大常委会的工作部门。县级实现党政分开和行政机关与权力机关分开。

第二次会议　1981 年 12 月 31 日至 1982 年 1 月 2 日在县城举行，出席代表 259 人，缺席 31 人。会议审议县人民政府工作报告，县人大常委会工作报告，县人民法院和县人民检察院工作报告，财政预决算报告（以下简称各项工作报告）；增选 3 名县人大常委会副主任；总结检查第一次会议以来的各项工作；作出发展农村经济，保持工业生产增长速度，搞活财贸工作，发展科技、教育、文化、体育、广播事业，做好计划生育工作，在发展生产的基础上逐步改善人民生活，搞好政权建设等决议。

第三次会议 1983年3月20—24日在县城举行，出席代表290人。会议审议批准各项工作报告；贯彻执行中共十二大和全国第五届人民代表大会第五次会议精神；作出继续解放思想，清除“左”的影响，组织好工农业生产和财贸工作，发展教育和科学事业，严格控制人口增长，继续改善人民生活，抓好“两个文明”（精神文明、物质文明）建设等决议；选出王宜捷、唐盛世、吴功清、张志荣、石解英、汤剑雄、李从、杨正仲为出席湖南省第六届人民代表大会代表；补选县县长1名，县人民检察院检察长1名。

第九届人民代表大会

第一次会议 1984年4月11—15日在县城举行，出席代表369人。会议审议批准各项工作报告；作出集中力量发展农业，促进农业由自给半自给经济向较大规模商品生产经济转化，发展工业和交通事业，疏理流通渠道，加强社会服务，做好计划生育工作，发展科学、教育、文化、卫生等事业，在发展生产的基础上，逐步改善人民生活等决议；选举县人大常委会组成人员；选出1名县长、5名副县长及县人民法院院长、县人民检察院检察长各1名。

第二次会议 1985年5月13—16日在县城举行，出席代表363人。会议审议批准各项工作报告；作出搞好城乡改革，抓好开放引进搞活经济，抓好能源交通建设，发展科学、教育、文化、卫生、体育、广播事业等决议；补选县人大常委会副主任、委员各1人，副县长2人。

第三次会议 1986年3月17—20日在县城举行，出席代表362人。会议学习宪法和法律；审议批准各项工作报告。通过县人民政府提出的1986年全县国民经济发展和社会发展计划，作出进一步调整农村产业结构，发展商品生产，继续贯彻中共中央关于改革教育体制和科技体制的决定，重视发展科学、教育、文化、卫生、体育事业等决议。

第十届人民代表大会

第一次会议 1987年3月2—7日在县城举行，应出席代表299人（选举后调离1人），实到287人。会议学习宪法和有关法律；审议批准各项工作报告，县计划委员会关于“七五”规划和社会发展计划（草案）报告，并作出相应决议；要求坚持四项基本原则，反对资产阶级自由化，坚持改革、开放、搞活，把经济建设推向一个新阶段；开展增产节约、增收节支运动；抓紧精神文明建设；选举县人大常委会组成人员；选出1名县长、5名副县长及县人民法院院长、县人民检察院检察长各1名。

第二次会议 1988年1月6—9日在县城举行，出席代表299人。会议审议批准各项工作报告；要求全县各族人民齐心协力，同舟共济，完成1988年各项任务，加快改革和经济建设的步伐。

第三次会议 1989年3月19—21日在县城举行，出席代表297人。会议审议批准各项工作报告、县人民政府关于办理第十届人民代表大会第二次会议代表议案、建议、批评和意见的报告。作出抓好治理整顿；加强基础建设，大办农业；提高经济效益，稳步发展工业，整顿流通秩序，搞活财政金融；大胆试验探索，进一步深化改革；加强精神文明建设，切实抓好社会治安等决议。

第十一届人民代表大会

第一次会议 1990年2月17—21日在县城举行，出席代表297人。会议审议批准各项工作报告；通过《政府工作报告》提出的之后三年和1990年的任务和目标。作出进一步抓好治理整顿工作；深化对农业基础地位的认识，努力夺取农业全面丰收；挖掘潜力，深化管理，将工业生产转到以提高经济效益为中心的轨道上来；搞活商品流通，逐步完善市场体系，保证财政收支基本平衡；加强能源、交通、通信、城镇基础设施建设；在努力建设物质文明的同时，切实抓好精神文明建设等决议。选举县第十一届人大常委会组成人员，1名县长、6名副县长（含1名科技副县长），县人民法院院长、县人民检察院检察长各1名。

第二次会议 1991年3月21—25日在县城举行，出席代表297人。会议审议和批准各项工作报告，作出关于贯彻执行《湖南省禁止向农民乱收费乱派款的规定》和关于切实加强社会治安综合治理等决议，依法增选县人大常委会副主任1名。

第三次会议 1992年3月16—20日在县城举行，出席代表295人。会议审议和批准各项工作报告，作出深化农村改革，调整产业结构；深化企业改革，转换企业机制；加强基础设施建设等决议。依法补选县长1名、副县长1名。

第十二届人民代表大会

自第十二届起，每届任期由原来的3年改为5年。该届人民代表大会共举行5次会议。

第一次会议 1992年12月28日至1993年1月2日在县城举行，出席代表294名。会议以阔步改革、经济转轨、大兴科技、重视人才为基调，审议通过各项工作报告和决议，推动各项事业全面发展。会议选举产生县十二届人大常委会组成人员19名，其中主任1名、副主任5名、委员13名；选举产生县长1名、副县长5名，县人民法院院长和县人民检察院检察长各1名；选举出席湖南省八届人大代表7名。

第二次会议 1994年3月11日—14日在县城举行，出席代表297人。会议审议批准各项工作报告，并作出关于认真抓好第二期农业综合开发、关于加快发展城镇建设、关于认真实施《湖南省行政事业性收费管理条例》，坚决制止乱收费、乱罚款、乱摊派等决议；接受县长李晓坤，副县长唐庆生、李牛华，县十二届人大常委会委员何鸾昌等的辞职请求；选举产生县长1名、副县长1名、县十二届人大常委会委员1名。

第三次会议 1995年1月20—23日在县城举行，出席代表297名。会议审议和批准各项工作报告并作出相应决议；会议还通过关于切实加强预算外资金管理的决议。会议要求，全县上下要认真贯彻落实中共十四届四中全会精神，进一步解放思想、转变观念、抓住时机，发挥优势，紧紧围绕经济建设中心，切实抓好改革、发展、稳定、党建四件大事，按照全县的经济发展战略，实施大郊区、大市场、大产业的构想，全面完成和超额完成“八五”计划，为“九五”计划腾飞打下坚实的基础。

第四次会议 1996年3月14—18日在县城举行，出席代表297人。会议审议和批准各项工作报告并作出相应决议；会议要求，要贯彻执行中共十四届五中全会精神，积极推进两个根本性转变，加速道县改革和建设事业的发展，迈好“九五”计划第一步。选举出席永州市一届人大代表46名，选举产生副县长1名。

第五次会议 1997年3月7—11日在县城举行，出席代表291人。会议审议通过各项工作报告作出相关决议；接受李机生辞去副县长职务的请求，选举产生县人民法院院长、县人民检察院检察长各1名。

第十三届人民代表大会

第一次会议 1997年12月21—25日在县城举行，出席代表245人。会议审议通过大会各项工作报告，作出《关于加快道县普及九年义务教育若干问题的决议》；依法选举产生县十三届人大常委会组成人员21名，其中，主任1名、副主任6名、委员14名，县长1名、副县长6名、县人民法院院长1名、县人民检察院检察长1名；增选永州市一届人大代表1名。

第二次会议 1999年3月16—19日在县城举行，出席代表249人。会议例行审议通过各项工作报告并作出相应决议。

第三次会议 2000年3月28—31日在县城举行，出席代表249人。会议在审议通过各项工作报告的基础上，作出关于洛湛铁路道县段建设和道县湘源温泉开发建设的决议，听取和审议6名副县长的述职报告。

第四次会议 2001年5月27—30日在县城举行，出席代表246人。会议审议批准道县国民经济和社会发展“十五”计划纲要等各项报告并通过相应决议。依法选举产生市二届人大代表45名，补选县人民法院院长1名。

第五次会议 2002年3月4—7日在县城举行，出席代表241人。会议审议通过各项工作报告和相应决议；作出关于设立人才培养基金的决议；补选县人民政府县长1名。

第十四届人民代表大会

第一次会议 2002年12月27日至2003年1月1日在县城举行，出席代表246人。会议审议通过大会各项工作报告；作出《关于加强玉蟾岩遗址保护利用的决议》；选举产生县十四届人大常委会组成人员21名，其中主任1名、副主任6名、委员14名，县长1名、副县长6名、县人民法院院长1名、县人民检察院检察长1名；增选永州市二届人大代表2名。

第二次会议 2004年2月24—27日在县城举行，出席代表246人。会议在审议通过各项工作报告的同时，还审议通过县人民政府提出的《关于大力招商引资推动道县经济社会快速发展的议案》，补选县十四届人大常委会委员3名。

第三次会议 2005年1月21—24日在县城举行，出席代表246人。会议审议通过各项工作报告和县人民政府提出的《关于加速道县工业发展的议案》，补选县十四届人大常委会委员2名。

第四次会议 2006年2月22—25日在县城举行，出席代表246人。会议审查批准《道县国民经济和社会发展“十一五”规划纲要》，审议通过《关于在全县开展禁毒禁赌创建平安道州的议案》和《关于修建营江路口路段的议案》，补选县人大常委会委员2名。

第五次会议 2006年12月30日至2007年1月2日在县城举行，出席代表242人。会议除例行审议通过各项工作报告并作出相应决议外，还选举产生永州市三届人大代表45名。

第十五届人民代表大会

第一次会议 2007年11月17—21日在县城举行，出席代表250人。会议审议通过大会各项工作报告，审查通过《关于加强土地和矿产资源管理的议案》；依法进行换届选举，选举产生县十五届人大常委会组成人员27名，其中主任1名、副主任5名、委员21名；选举产生县长1名、副县长6名、县人民法院院长1名、县人民检察院检察长1名。增选永州市三届人大代表1名。

第二次会议 2008年12月29日至2009年1月1日在县城举行，出席代表259人。会议审议通过大会各项工作报告并作出相应决议；审查通过代表提出的《关于加强城市管理的议案》；依法补选县十五届人大常委会委员3名。

第三次会议 2010年3月24—27日在县城举行，出席代表252人。会议审议通过大会各项工作报告并作出相应决议；依法补选县长1名和县十五届人大常委会委员1名。

第四次会议 2010年7月1—2日在县城举行，出席代表251人。会议审议通过大会各项工作报告并作出相应决议；依法补选县十五届人大常委会副主任2名、副县长5名。

第五次会议 2011年1月5—8日在县城举行，出席代表252人。会议审议通过大会各项工作报告并作出相应决议；审查通过《关于严厉打击非法交易土地和违法建房的议案》；依法补选县十五届人大常委会委员4名。

第六次会议 2011年12月20—23日在县城举行，出席代表259人。会议审议通过大会各项工作报告并作出相应决议；审查通过县人民政府提出的《道县人民政府关于加快绿色道州建设和实施城乡清洁工程的议案》；依法选举产生50名永州市第四届人大代表。

第七次会议 2012年5月28—30日在县城举行，出席代表259人。会议审议通过大会各项工作报告并作出相应决议；依法选举县长1名、副县长3名。

第十六届人民代表大会

第一次会议 2012年9月23—27日在县城举行，出席代表270人。会议审议通过大会各项工作报告；依法进行换届选举，选举产生县十六届人大常委会组成人员27名，其中主任1名、副主任5名、委员21名；选举产生县长1名、副县长7名、县人民法院院长1名、县人民检察院检察长1名。

第二次会议 2013年12月30日至2014年1月1日在县城举行，出席代表270人。会议审议通过大会各项工作报告并作出相应决议；依法补选县十六届人大常委会委员4名。

第三次会议 2014年12月28日至2015年1月1日在县城举行，出席代表270人。会议审议通过大会各项工作报告并作出相应决议；依法补选县人民政府县长1名。

第四次会议　2016年1月31日至2016年2月2日在县城举行，出席代表270人。会议审议通过大会各项工作报告并作出相应决议；审查通过道县人民政府《关于推进精准扶贫的议案》。

第三节　道县人民代表大会常务委员会

1980年12月22日，道县八届人大一次会议上，与会的270名代表，根据五届全国人大二次会议修订的宪法和地方组织法规定，选举产生道县第八届人民代表大会常务委员会。2016年道县人大常务会下设法制委员会、财政经济委员会、办公室、选举任免联络工作委员会、内务司法工作委员会、教育科学文化卫生工作委员会、环境资源保护城乡建设工作委员会、农业农村工作委员会共8个委室机构。

八届人大常委会

1980年12月至1984年4月，共召开常委会会议20次。分别听取和审议“一府两院”工作报告21项，作出15项决议、决定。任命县人民政府代县长1人、副县长4人，委、办、科局长33人，县人民法院审判员和县人民检察院检察员以上干部20人。接待来访687人次，受理来信1177件，件件有答复，处理有结果。常委会召开2次县代表小组长会议，下基层召开代表小组座谈会217次，走访和联系代表879人次，印发工作简报29期，会议公报13期。在全县开展“两争一帮”活动，涌现县劳模95人。

九届人大常委会

1984年4月至1987年3月，共召开常委会会议21次。听取和审议“一府两院”工作报告23项，作出11项决议、决定。任命副县长2人，办委主任7人，科局长25人；任命县人大常委会办委主任3人、副主任2人；任命和批准任命县人民法院副院长3人，审判委员会委员、审判员30人；县人民检察院副检察长3人，检察委员会委员、检察员25人。免职12人。办理县人大代表议案6件，建议、批评和意见523件。接待和受理来信来访951人次。走访县代表985人次，召开各种座谈会134次，收集意见415条。1984年4月，县人大常委会机关增设了法制组、财政经济组和科教文卫组，1986年1月将组改为工作委员会，机关人员由原来的17人增加到26人。

十届人大常委会

1987年3月至1990年2月，共召开常委会会议21次。听取和审议“一府两院”及其所属部门工作报告54项，作出6项决议、决定。任免国家机关工作人员101人次，其中，任命87人，免职14人。任命的国家机关工作人员中，任命副县长2人，办委主任12人，科局长30人，县人民法院副院长1人、庭长9人、副庭长13人、审判员3人，县人民检察院副检察长1人、检察员7人，县人大常委会办委正、副主任9人。办理县人大代表议案18件，建议、批评和意见490件。常委会共接待和处理来信457件、来访318人次。常委会参与制定修改计量法、环保法、水法、统计法实施细则、选举法实施细则等13个法律法规征求意见工作，组织召开座谈会23次，收集修改意见45条。常委会先后召开县代表小组座谈会176次，走访代表875人次，收集代表意见456条。1989年6月，县人大常委会增设选举任免联络工作委员会，增加人员编制。

十一届人大常委会

1990年2月至1992年12月，共召开常委会会议17次。听取和审议“一府两院”工作报告55项，作出13项决议、决定，提出综合性建议、批评和意见483条。任免国家机关工作人员165人次，其中，任命124人，免职41人。任命的国家机关工作人员中，任命副县长1人，办委主任15人，科局长33人，县人大常委会办委正副主任11人，县人民法院副院长1人、正副庭长26人、审判委员会委员2人、审判员18人，县人民检察院副检察长1人、检察委员会委员3人、检察员13人。办理县人大代表议案9件，建议、批评和意见371件，接待和处理来信934件、来访659人次。组织对刑法、民事诉讼法、义务教育法、水法、矿管法、企业法、食品卫生法、治安管理处罚条例等法律法规开展执法检查。常委会召开县代表小组座谈会168次，走访代表980人次，收集代表意见530余条。组织县乡两级人大代表开展“人民选我当代表，我为人民办实事”和“为民办实事，为党争光辉”活动。县乡人大代表走访群众16.5万人次，收集意见929条，为群众办好事实事10730件次。组织省、县和乡（镇）三级人大代表开展评议活动，评议县直单位15个，县直机关驻区、乡（镇）单位和乡镇职能单位238个，评为信任单位118个，基本信任单位118个，不信任单位17个，代表提出建议与意见1329条，办理落实925条。常委会13次会议通过《关于组织人大代表评议基层职能部门工作的意见》。常委会组织乡镇人大主席和区人大联络组长集中培训3次，召开区人大联络组长和乡镇人大主席会议12次。1991年7月，成立区人大工作联络组。

十二届人大常委会

1992年12月至1997年12月，共召开常委会会议27次。听取和审议“一府两院”工作报告81项，作出18个决议、决定，提出综合性建议、批评和意见496条。任免国家机关工作人员222人次、免职2人。任命代县长1人，县政府组成人员72人，县人大常委会工作人员12人，县人民法院审判员和审判委员会委员55人，县人民检察院检察员和检察委员会委员17人。办理县人大代表议案9件，建议、批评和意见366件。接待和受理来信2865件、来访3500人次。开展国土法、城市规划法、药品管理法、食品卫生法、农业法、科技进步法、预算法、环境保护法、代表法、预算外资金管理条例等法律法规执法检查。1994年以来，连续两年组织人大代表对全县54个单位进行“最佳、最差服务单位”评议，评出群众满意单位10个、不满意单位4个。加强乡镇人大工作，举办2次乡镇人大主席、副主席培训班。

十三届人大常委会

1997年12月至2002年12月，共召开常委会会议28次。听取和审议“一府两院”工作报告129项。任命国家机关工作人员242人，撤职1人，其中，县人大常委会16人，县政府及组成部门91人，“两院”136人。办理县人大代表议案12件，建议、批评和意见258件。常委会制定《道县城市管理暂行办法》，对城市规划法、农业法、义务教育法、药品管理法等38部法律法规开展执法检查，开展“三湘环保世纪行”活动，增强全民环保意识。2000年，常委会专门设立信访室，制定《信访工作制度》，接待和受理来信2168件、来访2866人次。加强乡镇人大组织建设，全县23个乡镇配备专职人大主席，并担任同级党委副书记，3个农林场都明确1名副书记兼任人大联络员，进行2次乡镇人大换届，先后选出人大主席46人次，人大副主席48人次；乡镇长46人次、副乡镇长125人次。常委会修订《县人大常委会议事规划》等18项规则、制度、办法。组织2次对7名副县长和22个政府职能部门主要负责人开展述职评议工作，先后12次组织部分省、市、县人大代表对全县国民经济发展、财政预算执行、教科文卫、环境保护、社会治安、城市建设管理等开展视察活动。

十四届人大常委会

2002年12月至2007年11月，共召开常委会会议35次。听取和审议“一府两院”

2003 年 6 月 17 日道县十四届人大常委会第三次会议召开

2004 年 12 月 9 日道县人大常委会 2004 年度代表评议大会召开

工作报告 140 项，任免国家机关工作人员 185 人次。办理县人大代表议案 4 件，建议、批评和意见 362 件。研究制定《道县财政预决算审查监督办法》。先后对劳动法、农业法、义务教育法、人口与计划生育法、农产品质量安全法、环保法、传染病防治法、民族区域自治法、工会法、国土法等 80 多部法律法规开展执法检查，开展“三湘环保世纪行”和“三湘农产品质量安全行”“三湘农民健康行”活动。接待和处理来信来访 3100 余件次。常委会组织举办人民代表大会成立 50 周年暨地方人大常委会设立 25 周年纪念大会及人大制度理论研讨会等活动。2006 年，常委会编辑出版《道县第十四届人大代表风采录》。届内，连续 4 年组织开展述职评议工作，共对 39 名“一府两院”组成人员进行会议述职评议。

十五届人大常委会

2007 年 11 月至 2012 年 9 月，共召开常委会会议 36 次。听取和审议“一府两院”工作报告 128 项，提出并交办审议意见 510 余条，作出 49 项决议、决定。办理县人大代表议案、建议、批评与意见 447 件。任免国家机关工作人员 176 人次。组织代表视察活动 26 次。制定出台《道县人民代表大会常务委员会规范性文件备案审查暂行办法》，共对 70 件规范性文件进行备案审查。对人口与计划生育法、刑法、刑诉法、治安管理处罚法等法律法规开展执法检查，开展“道县民族团结进步行”“道县农产品质量安全行”“道县环保世纪行”“道县农民健康行”等“四行”活动。接待来信来访 5223 人次，处理信访案件 1972 件。听取和审议县人民政府 32 个工作部门主要负责人任前承诺报告。开通道县人大网站，共有 1260 余篇人大新闻宣传和理论文章在市级以上媒体发表，并在省人大理论调研文章评选活动中获三等奖。

十六届人大常委会

2012 年 9 月至 2016 年，共召开常委会会议 31 次。听取和审议“一府两院”专项工作报告 117 项，组织省、市、县人大代表视察活动 19 次。任免国家机关工作人员 167 人次，其中，任命 131 人，免职 35 人，撤职 1 人。办理县人大代表议案、建议、批评和意见 386 件。备案审查规范性文件 139 件。接待来信来访 1029 人（件）次。共支持审计部门审计项目 177 项，提出审计建议 331 条，整改落实 327 条。积极开展“农民健康行”“农产品质量安全行”“环保世纪行”“民族团结进步行”的“四行”活动。在全县 22 个乡镇、街道建立县人大代表联系群众工作室。开展优秀代表、优秀建议评选活动，评选出优秀县人大代表 47 人、优秀代表建议 10 件。共有 1100 余篇人大宣传和理论文章被市级以上媒体采用或受到省、市表彰奖励，其中，在省人大系统获奖 3 篇、市党政系统获奖 1 篇、市人大系统获奖 4 篇。县人大常委会主任周良英参加全国人大组织的县区人大常委会主任学习培训班并作典型发言。在全市预算法知识竞赛中道县代表队取得第一名。

1980—2016 年道县历届人民代表大会常务委员会主任、副主任、办公室主任名录一览表

表 10-7

届 次	主 任	副主任	办公室主任
八届人大常委会	邓继德	于凤鸣 刘保安 杨开枝 张志荣 张映龙 盘月星 康炳昆	黄来生
九届人大常委会	熊礼衡	张仁达 杨开枝 张志荣 张映龙 胡式辉 康炳昆 蒋贤经	黄来生
十届人大常委会	贺永明	张仁达 杨开枝 张志荣 张映龙 胡式辉 蒋贤经	蒋米田
十一届人大常委会	贺永明	张志荣 何振保 胡式辉 蒋良彩 廖明永	蒋米田
十二届人大常委会	贺永明	王国章 吴有和 张志荣 蒋米田 蒋良彩	杨荣兆
十三届人大常委会	吴昌球	姚胜志 柏承明 唐连甫 蒋小文 杨日运 蒋玉新	周绍兵
十四届人大常委会	李牛华	陈荣信 姚胜志 柏承明 赵献云 蒋小文 蒋玉新	何月军
十五届人大常委会	李牛华	陈荣信 蒋小文 杨建国 赵献云（2007.11–2010.6） 蒋玉新（2007.11–2010.6） 何雨桂（2010.6–2012.9） 何清安（2010.6–2012.9）	朱江民
十六届人大常委会	周良英	王福忠 陈 一 吴志教 何雨桂 何清安 杨建国 周小平 蒋小文	杨先萍

第七章　江永县人民代表大会

第一节　永明县各界人民代表会议

1950年2月至1954年3月，永明县各界人民代表会议，历时5届，共召开会议16次。

第一届各界人民代表会议

第一次会议　1950年2月10—13日举行，出席代表72人。会议主要内容：组织征粮支前，发动群众减租减息退押。

第二次会议　1950年5月12—15日举行，出席代表88人。会议主要内容：发展生产，做好备荒工作。

第二届各界人民代表会议

第一次会议　1950年7月18—20日举行，出席代表97人。会议主要内容：清匪反霸，发展生产。

第二次会议　1950年9月28—30日举行，出席代表95人。会议主要内容：部署征粮工作。

第三届各界人民代表会议

第一次会议　1951年4月8—10日举行，出席代表108人。会议主要内容：大力宣传和支持抗美援朝，发动群众开展大生产，夺取丰收。会议共收提案51件。

第二次会议　1951年5月21—23日举行，出席代表115人。会议主要内容：发动生产度荒，鼓励种植棉花、花生等经济作物，兴修水利。会议共收提案58件，并按有关政策研究作了适当的答复。

第四届各界人民代表会议

第一次会议 1951年6月27—30日举行，出席代表142人。会议主要内容：镇压反革命分子，清理积案。

第二次会议 1951年10月10—14日举行，出席代表105人。会议主要内容：部署全县征粮、土改工作，继续支持抗美援朝。会议共收提案33件。

第五届各界人民代表会议

第一次会议 1952年6月26—30日举行，出席代表177人。会议主要内容：开展爱国增产运动，加强卫生防疫；修建水利，防旱抗旱。会议共收提案137件。

第二次会议 1952年10月16—18日举行，出席代表175人。会议主要内容：部署查田定产，生产救灾工作，加强爱国卫生防疫。

第三次会议 1952年11月21—25日举行，出席代表136人。会议主要内容：大力发展生产，积极征粮。会议共收提案83件。

第四次会议 1953年3月13—17日举行，出席代表136人。会议主要内容：组织春耕生产，克服困难度荒。会议共收提案59件。

第五次会议 1953年4月17—20日举行，出席代表101人。会议主要内容：贯彻婚姻法，巩固发展互助运动、解决生产困难，开展厉行节约运动。

第六次会议 1953年7月11—13日举行，出席代表118人。会议主要内容：部署兴修水利工作，发动群众治虫减蝗，加强农村治安工作。

第七次会议 1953年11月22—25日举行，出席代表129人。会议主要内容：贯彻总路线，组织粮食统购统销，冬季生产，生产救灾。

第八次会议 1954年3月9—12日举行，出席代表132人。会议主要内容：部署普选工作、农业生产、水利建设、互助合作。

第二节 江永县（永明县）人民代表大会

1954年4月，通过各乡镇人民代表大会选举产生县第一届人民代表大会代表，并于6月27—30召开永明县第一届人民代表大会第一次会议。1954年6月至2016年12

月，江永县（永明县）人民代表大会历时16届，每年召开一次，共召开53次会议，大会收到提案、议案、建议5695件，其中有10件议案被列入大会议程并作出决议和决定。县人民代表大会会议主要听取和审议县人大常委会、县人民政府、县人民法院、县人民检察院工作报告，审查和批准计划、财政报告，通过有关决议，选举产生县人大常委会组成人员、县长、副县长、县人民法院院长、县人民检察院检察长以及出席上级人民代表大会的代表；对行政区域内的重大事项作出决议和决定。人民代表大会每届任期时间，根据宪法的修改，经历几次变化。1954年宪法规定县人民代表大会每届任期2年。1975年宪法规定县人民代表大会每届任期为3年。1993年八届全国人大一次会议修改宪法时，将县级人民代表大会的任期由3年改为5年。

第一届人民代表大会

一届人大一次会议　1954年6月27日至7月1日举行，出席代表155人。会议听取和审议县人民委员会工作报告，学习讨论宪法（草案），决定开展社会主义三大改造；通过《关于拥护中华人民共和国宪法的决议》；将江永县人民政府更名为江永县人民委员会；选举谢竹峰、王绍义、唐定衡、徐炳耀为湖南省人大代表。会议收到提案64件。

一届人大二次会议　1955年4月11—13日举行，出席代表127人。会议听取和审议县人民委员会工作报告，学习讨论《中华人民共和国兵役法（修正草案）》，讨论开展互助合作和春耕生产运动；选举胡天善为江永县县长，黄来来为副县长；欧阳世德为江永县人民法院院长。会议收到代表提案41件。

一届人大三次会议　1956年1月29—31日举行，出席代表263人（其中江华县划入88人）。会议听取和审议县人民委员会工作报告，传达省人代会会议精神；作出《关于大力开展农业合作化和增产运动的决议》《关于加快地方交通邮电建设的决议》。会议收到代表提案81件。

第二届人民代表大会

二届人大一次会议　1956年12月9—13日举行，出席代表173人。会议听取和审议县人民委员会工作报告，县人民法院工作报告；审查批准计划和财政报告；讨论巩固农业社，生产自救，节约度荒等工作；选举胡天善为江永县县长，郭清陌、潘庆云、邱荣先为副县长；选举王绍义、徐炳耀、谢竹峰、曾诚意为湖南省人大代表。会议收到代表提案82件。

二届人大二次会议　1957年5月2—4日举行，出席代表135人。会议传达贯彻湖南省人代会会议精神，讨论巩固农业社，全面发展生产，开展增产节约运动等工作。会议收到代表提案171件。

二届人大三次会议 1958年1月8—12日举行，出席代表106人。会议听取和审议县人民委员会工作报告，县人民法院工作报告；审查批准财政报告；通过《关于深入开展全民整风运动，组织农业生产大跃进的决议》《1956—1967江永县农业发展规划纲要》；讨论宣布少数民族成份问题。会议收到代表提案210件。

第三届人民代表大会

三届人大一次会议 1958年5月12—15日举行，出席代表185人。会议听取和审议县人民委员会工作报告，县人民法院工作报告；审查批准计划和财政报告；通过《进一步巩固工农业生产，实现全面大跃进，支援社会主义建设的决议》；选举胡天善为江永县县长，潘庆云、王绍义为副县长；选举王绍义、徐炳耀、谢竹峰、曾诚意为湖南省人大代表。会议收到代表提案80件。

第四届人民代表大会

四届人大一次会议 1960年12月3—6日举行，出席代表83人。会议听取和审议县人民委员会工作报告，县人民法院工作报告；审查和批准三年来国民经济计划执行情况报告，审查和批准1958年和1959年财政决算及1960年财政预算报告；通过《关于继续开展“以粮为纲”为中心的增产节约运动的决议》；选举胡天善为江永县县长，潘庆云、邱荣先为副县长；潘贵福为江永县人民法院院长；选举陈艺、胡天善、李国姣为湖南省人大代表。

四届人大二次会议 1962年7月15—17日举行，出席代表96人。会议传达第二届全国人民代表大会会议精神；讨论发展农业生产，财经贸易，精简机构，压缩城镇人口，开展战备等工作。

第五届人民代表大会

五届人大一次会议 1964年8月29—31日举行，出席代表128人。会议听取和审议县人民委员会工作报告，县人民法院工作报告；审查和批准计划、财政报告；讨论在全县城乡开展社教工作；选举胡天善为江永县县长，杨胜、刘祖益、潘庆云、邱荣先为副县长；谢万瑶为江永县法院院长；选举胡天善、周美姣、谢竹峰、郑书成为湖南省人大代表。会议收到代表提案 149 件。

第六届人民代表大会

六届人大一次会议 1968 年 2 月 23 日至 3 月 6 日举行，出席代表 1500 人。成立江永县革命委员会（根据有关规定，为了不割断历史，依序视为第六届人民代表大会），决定深入开展“无产阶级文化大革命”。

第七届人民代表大会

七届人大一次会议 1977 年 12 月 23—26 日举行，出席代表 580 人。会议传达华国锋同志在全国四届人大第四次会议上的讲话精神；通过县革委会工作报告；选举县革委会组成人员：其中，潘小芳为江永县革委会主任，聂盛辉、胡天善、汪绪美、杜名泗、杨益善为副主任，厉良泼等 29 人为委员。

第八届人民代表大会

八届人大一次会议 1980 年 5 月 25—29 日举行，出席代表 344 人。会议听取和审议县政府、县人民法院、县人民检察院、县财政预算报告并作出决议；讨论加快农业发展；撤销县革命委员会，恢复县人民政府；会议选举李满成为江永县人大常委会主任，陈嘉文、田永珍、刘恒生为副主任，邹云鹏等 8 人为委员；胡天善为江永县县长，欧阳锡盛、谭继才、杨益善、杜名泗为副县长；周惠珍为江永县人民法院院长；阎维胜为江永县人民检察院检察长；潘小芳、刘石经、徐肇玲、胡天善为湖南省五届人大代表。会议收到代表提案 332 件。

八届人大二次会议 1981 年 6 月 26—29 日举行，出席代表 294 人。会议听取和审议县人大常委会、县人民政府、县人民法院、县人民检察院工作报告并作出决议；审查和批准财政预算报告；补选胡天善为江永县人大常委会主任，杨辛安为副主任；欧阳锡盛为江永县县长，何祥麟、阎维胜、谭政为副县长；唐孔芳为江永县人民检察院检察长。会议收到代表提案 260 件。

八届人大三次会议 1983 年 2 月 21—24 日举行，出席代表 332 人。会议听取和审议县人大常委会、县人民政府、县人民法院、县人民检察院工作报告并作出决议；审查和批准国民经济和社会发展计划报告、财政预算报告；选举胡天善、刘石经、邹业谦、黄月凤为湖南省六届人大代表。会议收到代表提案 236 件。

第九届人民代表大会

九届人大一次会议 1984年4月3—7日举行，出席代表252人。会议听取和审议县人大常委会、县人民政府、县人民法院、县人民检察院工作报告并作出决议；审查和批准国民经济和社会发展计划报告、财政预算报告；通过《关于制止乱砍滥伐、保护森林、振兴林业的决定》《关于加速农村两个文明建设，搞好社会治安的决议》《关于干部、职工计划生育若干规定的决议》《关于加强普及初等教育工作的决议》；选举胡天善为江永县人大常委会主任，杨益善、杜名泗、杨辛安（女）、王鸣久、李发科、刘恒生为副主任，欧阳世德等10人为委员；欧阳锡盛为江永县县长，何祥麟、胡祖科、邓昇、于乐清为副县长；周惠珍为江永县人民法院院长，何修仁为江永县人民检察院检察长。

九届人大二次会议 1985年5月14—17日举行，出席代表219人。会议听取和审议县人大常委会、县人民政府、县人民法院、县人民检察院工作报告并作出决议；审查和批准财政预算报告；通过《关于加强法制宣传教育的决议》《关于发展水电事业的决议》；补选龙显博、欧阳顺林为江永县副县长。会议收到代表议案5件，建议187件，其中，2件议案列入大会议程，其他转作建议办理。

九届人大三次会议 1986年3月16—19日举行，出席代表256人。会议听取和审议县人大常委会、县人民政府、县人民法院、县人民检察院工作报告并作出决议；审查批准国民经济和社会发展“七五”计划；审查和批准国民经济和社会发展计划报告、财政预算报告；通过《关于干部、职工计划生育若干规定的决议（修订）》。会议收到代表议案3件，建议198件，其中，1件议案列入大会议程，其他转作建议办理。

第十届人民代表大会

十届人大一次会议 1987年3月1—5日举行，出席代表228人。会议听取和审议县人大常委会、县人民政府、县人民法院、县人民检察院工作报告并作出相应决议；审查和批准国民经济和社会发展计划报告、财政预算报告；选举李发科为江永县人大常委会主任，杨益善、王鸣久、杜名泗、刘恒生为副主任，谢万瑶等9人为委员；谭政为江永县县长，于乐清、龙显博、廖景东、左东林、胡祖科为副县长；周惠珍为江永县人民法院院长；何修仁为江永县人民检察院检察长。会议收到代表议案47件、建议302件，议案均转作建议办理。

十届人大二次会议 1988年1月7—10日举行，出席代表231人。会议听取和审议县人大常委会、县人民政府、县人民法院、县人民检察院工作报告并作出相应决议；审查和批准财政预算报告；选举李华科、何中全、张昌平、崔宏琪为湖南省七届人大代表。会议收到代表议案32件、建议143件，议案均转作建议办理。

十届人大三次会议　1989年3月17—19日举行，出席代表202人。会议听取和审议县人大常委会、县人民政府、县人民法院、县人民检察院工作报告并作出相应决议；审查和批准财政预算报告。会议收到代表议案16件、建议112件，议案均转作建议办理。

第十一届人民代表大会

十一届人大一次会议　1990年2月18—22日举行，出席代表222人。会议听取和审议县人大常委会、县人民政府、县人民法院、县人民检察院工作报告并作出相应决议；审查和批准1989年财政决算和1990年财政预算报告；会议通过《关于在全县开展科技兴农活动的决议》《关于动员全县人民加速绿化江永的决议》；选举李发科为江永县人大常委会主任，杨益善、杜名泗、陈同翠（女）、黄义大、邓昇为副主任，刘名山等9人为委员；唐际绍为江永县县长，廖景东、左东林、龙显博、黄国荣、胡祖科为副县长；杨尚志为江永县人民法院院长，何修仁为江永县人民检察院检察长。会议收到代表议案50件，建议192件，其中2件议案列入大会议程，其余转作建议办理。

十一届人大二次会议　1991年4月10—14日举行，出席代表223人。会议听取和审议县人大常委会、县人民政府、县法院、县检察院工作报告并作出相应决议；审查批准国民经济和社会发展“八五”计划；审查和批准国民经济和社会发展计划报告、财政预算报告；补选曹小华为县人大常委会副主任，邱元煦、雷德宇为委员；补选伍美构、唐日光为副县长，王庭福为科技副县长；通过《关于加强社会治安的决议》《关于在全县公民中继续普及法律常识的决议》。会议收到代表议案38件、建议99件，其中2件议案列入大会议程，其余转作建议办理。

十一届人大三次会议　1992年3月16—19日举行，出席代表220人。会议听取和审议县人大常委会、县人民政府、县人民法院、县人民检察院工作报告并作出相应决议；审查和批准国民经济和社会发展计划报告、财政预算报告；补选左东林为江永县县长。

第十二届人民代表大会

十二届人大一次会议　1992年12月29日至1993年1月2日举行，出席代表224人。会议听取和审议县人大常委会、县人民政府、县人民法院、县人民检察院工作报告并作出相应决议；审查和批准1990年至1992年县国民经济和社会发展计划执行情况及1993年至1995年县国民经济和社会发展计划的报告，审查和批准1992年财政预算执行情况和1993年财政预算的报告；会议通过《关于治理整顿治安秩序，维护社会稳定的决议》；选举李发科为江永县人大常委会主任，陈同翠（女）、陈家旷、肖鑫海、伍美构为副主任，田梓凤等10人为委员；左东林为江永县县长，何建民、罗功明、唐定、曹小华、张松为副县长，王庭福为科技副县长；杨尚志为江永县人民法院院长，黄先觉为江永县人民检察院检察长；选举李华科、王明湘、唐小生、崔宏琪为湖南省八届人大代表。会议收到代表议案40件，建议136件，其中1件议案列入大会议程，其余转作建议办理。

十二届人大二次会议 1994年3月14—17日举行，出席代表223人。会议听取和审议县人大常委会、县人民政府、县人民法院、县人民检察院工作报告并作出相应决议；审查和批准国民经济和社会发展计划报告、财政预算报告；通过《关于普及九年义务教育的决议》《关于加强预算外资金管理的决议》《关于动员全县人民出力出资修建古宅水库的决议》；补选蒋朝东为江永县副县长。会议收到代表议案28件、建议56件，其中3件议案列入大会议程，其余转作建议办理。

十二届人大三次会议 1995年3月29日至4月1日举行，出席代表224人。会议听取和审议县人大常委会、县人民政府、县人民法院、县人民检察院工作报告并作出相应决议；审查和批准国民经济和社会发展计划报告、财政预算报告；补选莫明甫为江永县县长，何绍云为副县长；补选刘俊林为县人大常委会委员。会议收到代表议案8件、建议69件，议案均转作建议办理。

十二届人大四次会议 1996年3月25—28日举行，出席代表226人。会议听取和审议县人大常委会、县人民政府、县人民法院、县人民检察院工作报告并作出相应决议；审查和批准县国民经济和社会发展“九五”计划和2010年远景目标纲要；审查和批准国民经济和社会发展计划报告、财政预算报告；通过《关于一九九六年基本普及义务教育和基本扫除青壮年文盲的决议》。补选罗功明为江永县人大常委会副主任，张福堂为江永县副县长；刘自部、何永忠为江永县人大常委会委员；选举永州市一届人大代表26人。会议收到代表议案25件、建议53件，其中1件议案列入大会议程，其余转作建议办理。

十二届人大五次会议 1997年3月9—12日举行，出席代表225人。会议听取和审议县人大常委会、县人民政府、县人民法院、县人民检察院工作报告并作出相应决议；审查和批准国民经济和社会发展计划报告、财政预算报告；补选陈改生为江永县人民法院院长；表彰优秀人大代表21人。会议收到代表议案28件、建议34件，议案均转作建议办理。

第十三届人民代表大会

十三届人大一次会议　1998年1月5—9日举行，出席代表176人。会议听取和审议县人大常委会、县人民政府、县人民法院、县人民检察院工作报告并作出相应决议；审查和批准国民经济和社会发展计划报告、财政预算报告；选举周明祥为江永县人大常委会主任，邓茂兰、陈家旷、陈自富、刘俊林、曹小华（女）、胡祖科为副主任，何坤明等10人为委员；谢高进为江永县县长，伍军、蒋团生、盘湘华、盘德跃、罗建华为副县长，龙国民为江永县人民法院院长，黄先觉为江永县人民检察院检察长；周明祥为市一届人大代表。会议收到代表议案36件、建议75件，议案均转作建议办理。

1998年1月8日江永县十三届人大一次会议投票选举

十三届人大二次会议　1999年3月29—31日举行，出席代表175人。会议听取和审议县人大常委会、县人民政府、县人民法院、县人民检察院工作报告并作出相应决议；审查和批准国民经济和社会发展计划报告、财政预算报告。会议收到代表议案24件、建议29件，议案均转作建议办理。

十三届人大三次会议　2000年3月10—12日举行，出席代表176人。会议听取和审议县人大常委会、县人民政府、县人民法院、县人民检察院工作报告并作出相应决议；审查和批准国民经济和社会发展计划报告、财政预算报告；补选张爱国为江永县县长，黄军莲为县人大常委会委员。会议收到代表议案25件、建议60件，议案均转作建议办理。

十三届人大四次会议　2001年5月28—30日举行，出席代表173人。会议听取和审议县人大常委会、县人民政府、县人民法院、县人民检察院工作报告并作出相应决议；审查和批准县国民经济和社会发展“十五”计划纲要；审查和批准国民经济和社会发展计划报告、财政预算报告；补选伍军为江永县县长；选举永州市二届人大代表28人。会议收到代表议案38件、建议38件，议案均转作建议办理。

十三届人大五次会议　2002年3月12—14日举行，出席代表170人。会议听取和审议县人大常委会、县人民政府、县人民法院、县人民检察院工作报告并作出相应决议；审查和批准国民经济和社会发展计划报告、财政预算报告。会议收到代表议案34件、建议24件，议案均转作建议办理。

第十四届人民代表大会

十四届人大一次会议 2002年12月28日至2003年1月1日举行，出席代表176人。会议听取和审议县人大常委会、县人民政府、县人民法院、县人民检察院工作报告并作出相应决议；审查和批准国民经济和社会发展计划报告、财政预算报告；选举陈仕军为江永县人大常委会主任，雷统夏、蒋团生、何永湘、田芳清、何积勇、谢世萍（女）为副主任，邓善福等10人为委员；伍军为江永县县长，唐早君、陈继红、杨复权、李社光、刘润生、黎锦秀为副县长；谢开军为江永县人民法院院长、蒋大文为江永县人民检察院检察长。会议收到代表议案85件、建议53件，议案均转作建议办理。

十四届人大二次会议 2004年2月23—25日举行，出席代表176人。会议听取和审议县人大常委会、县人民政府、县人民法院、县人民检察院工作报告并作出相应决议；审查和批准国民经济和社会发展计划报告、财政预算报告；会议表彰优秀代表小组3个，优秀人大代表21人。会议收到代表议案58件、建议18件，议案均转作建议办理。

十四届人大三次会议 2005年1月23—24日举行，出席代表173人。会议听取和审议县人大常委会、县人民政府、县人民法院、县人民检察院工作报告并作出相应决议；审查和批准国民经济和社会发展计划报告、财政预算报告。会议收到代表议案58件、建议18件，议案均转作建议办理。

十四届人大四次会议 2006年2月24—25日举行，出席代表175人。会议听取和审议县人大常委会、县人民政府、县人民法院、县人民检察院工作报告并作出相应决议；审查和批准县国民经济和社会发展"十一五"规划纲要；审查和批准国民经济和社会发展计划报告、财政预算报告。会议收到代表议案56件、建议15件，议案均转作建议办理。

十四届人大五次会议 2006年12月29—31日举行，出席代表170人。会议听取和审议县人大常委会、县人民政府、县人民法院、县人民检察院工作报告并作出相应决议；审查和批准国民经济和社会发展计划报告、财政预算报告；补选陈景茂为江永县县长，选举永州市三届人大代表28人。会议收到代表议案29件，议案均转作建议办理。

第十五届人民代表大会

十五届人大一次会议 2007年11月21—23日举行，出席代表178人。会议听取和审议县人大常委会、县人民政府、县人民法院、县人民检察院工作报告并作出相应决议；审查和批准国民经济和社会发展计划报告、财政预算报告；选举李太福为江永县人大常委会主任，田芳清、唐涌、蒋团生、何积勇、谢世萍（女）为副主任，呼增远等 13 人为委员；陈景茂为江永县县长，唐早君、张跃斌、刘润生、黎锦秀、唐晓波、陈小平为副县长；何小春为江永县人民法院院长、吕新陵为江永县人民检察院检察长。会议收到代表议案 54 件、建议 17 件，议案均转作建议办理。

十五届人大二次会议　2008 年 12 月 27—29 日举行，出席代表 173 人。会议听取和审议县人大常委会、县人民政府、县人民法院、县人民检察院工作报告并作出相应决议；审查和批准国民经济和社会发展计划报告、财政预算报告；另选李太福等 3 人为市三届人大代表。会议收到代表议案 49 件、建议 6 件，议案均转作建议办理。

十五届人大三次会议　2010 年 1 月 6—8 日举行，出席代表 178 人。会议听取和审议县人大常委会、县人民政府、县人民法院、县人民检察院工作报告并作出相应决议；审查和批准国民经济和社会发展计划报告、财政预算报告；补选王转平为江永县人大常委会主任。会议收到代表议案 63 件、建议 3 件，议案均转作建议办理。

十五届人大四次会议　2010 年 7 月 3—4 日举行，出席代表 175 人。会议听取县政府半年来工作情况报告，补选刘志强、秦远林为江永县副县长。

十五届人大五次会议　2011 年 1 月 16—18 日举行，出席代表 177 人。会议听取和审议县人大常委会、县人民政府、县人民法院、县人民检察院工作报告并作出相应决议；审查批准国民经济和社会发展"十二五"规划；审查和批准国民经济和社会发展计划报告、财政预算报告；补选胡远陵为江永县人民检察院检察长；选举莫统旺为江永县人大常委会委员。会议收到代表议案 、建议 29 件，其中议案均转作建议办理。

十五届人大六次会议　2011 年 12 月 22—24 日举行，出席代表 176 人。会议听取和审议县人大常委会、县人民政府、县人民法院、县人民检察院工作报告并作出相应决议；审查和批准国民经济和社会发展计划报告、财政预算报告；选举黄智亮为江永县人大常委会委员，选举永州市四届人大代表 24 人；表彰 3 个优秀代表小组，20 名优秀人大代表。会议收到代表议案 44 件、建议 17 件，其中议案均转作建议办理。

十五届人大七次会议　2012 年 5 月 30—31 日举行，出席代表 165 人。会议补选唐满平为江永县县长，杨复权、秦远林为副县长；周辉为江永县人民检察院检察长。

第十六届人民代表大会

十六届人大一次会议　2012 年 9 月 26—28 日举行，出席代表 184 人。会议听取和审议县人大常委会、县人民政府、县人民法院、县人民检察院工作报告并作出相应决议；审查和批准国民经济和社会发展计划报告、财政预算报告；选举黄智亮为江永县人大常委会主任，唐家和、李忠英、何勉才、欧阳小泉、欧阳萍（女）为副主任，于波等17人为委员；唐满平为江永县县长，杨复权、秦远林、刘志强、杨迪松、刘建能、谭美池、盘成军为副县长；何小春为江永县人民法院院长、周辉为江永县人民检察院检察长。会议收到代表议案40件、建议19件，议案均转作建议办理。

十六届人大二次会议 2013年3月28—29日举行，出席代表183人。会议听取和审议县人大常委会、县人民政府、县人民法院、县人民检察院工作报告并作出相应决议；审查和批准国民经济和社会发展计划报告、财政预算报告。会议收到代表议案、建议14件，其中议案均转作建议办理。

十六届人大三次会议 2014年2月27日至3月2日举行，出席代表181人。会议听取和审议县人大常委会、县人民政府、县人民法院、县人民检察院工作报告并作出相应决议；审查和批准国民经济和社会发展计划报告、财政预算报告；补选唐德荣为江永县县长，周海鹰为永州市四届人大代表。会议收到代表议案、建议61件，其中议案均转作建议办理。

十六届人大四次会议 2015年2月7—9日举行，出席代表182人。会议听取和审议县人大常委会、县人民政府、县人民法院、县人民检察院工作报告并作出相应决议；审查和批准国民经济和社会发展计划报告、财政预算报告。会议收到代表议案、建议102件，其中议案均转作建议办理。

十六届人大五次会议 2016年1月17—19日举行，出席代表181人。会议听取和审议县人大常委会、县人民政府、县人民法院、县人民检察院工作报告并作出相应决议；审查和批准县国民经济和社会发展“十三五”规划纲要；审查和批准国民经济和社会发展计划报告、财政预算报告；补选唐英为江永县人民法院院长，沈阳为江永县人民检察院检察长。会议收到代表议案、建议103件，其中议案均转作建议办理。

第十七届人民代表大会

十七届人大一次会议 2016年11月28—30日举行，出席代表184人。会议听取和审议县人大常委会、县人民政府、县人民法院、县人民检察院工作报告并作出相应决议；审查和批准国民经济和社会发展计划报告、财政预算报告；选举黄智亮为江永县人大常委会主任，李忠英、何勉才、欧阳小泉、欧阳萍（女）、陈德义为副主任，苏永江等23人为委员；唐德荣为江永县县长，蒋俊善、杨迪松、盘成军、邬双飞、何福明、何娟为副县长；唐英为江永县人民法院院长、欧阳旭勇为江永县人民检察院检察长。会议收到代表议案40件，建议19件，议案均转作建议办理。

第三节　江永县人民代表大会常务委员会

1~7届县人民代表大会均未设常务委员会。1980年5月召开的第八届人民代表大会，依法选举成立县人民代表大会常务委员会，并设办公室。1984年县人大常委会增设法制组、财政经济组、科教文卫组、少数民族事务组。1985年9月，改组为工作委员会。1989年3月，增设选举任免联络工作委员会。2002年5月机构改革后，县人大常委会设办公室和选举任免联络、内务司法、财政经济农业农村城建环保、民族教育科学文化卫生工作委员会，共有5个机构。2016年8月全市统一规范县区人大及常委会机构设置后，县人民代表大会设法制、财政经济2个委员会；县人大常委会设办公室和内务司法、教育科学文化卫生、环境资源保护城乡建设、农业农村、代表联络工作委员会，共6个机构。

八届人大常委会

共举行会议21次，听取和审议"一府两院"涉及农业、工业、林业、财贸、科技、社会治安、工商管理、职工工资调整、劳动就业、物价政策、少数民族事务、文化、教育、卫生、城建、环境保护、民政等工作报告31项，作出决议和决定14项；任免国家机关工作人员96人次；组织代表开展视察工作；重视法律学习和宣传，对婚姻法等法律的贯彻执行进行检查；作出《关于禁止赌博，打击经济领域犯罪活动的决议》；建立健全县人大常委会办公、会议、工作联系、代表视察等制度，推进人大常委会工作的顺利开展。

九届人大常委会

共召开会议18次，听取和审议"一府两院"工作报告29项，作出决议与决定6项；任免国家机关工作人员147人次；对供销系统经济体制改革、减轻农民负担、扶贫工作、乡镇企业、市场管理、食品卫生、社会治安、民族地区生产生活、教育、卫生、耕地乱占滥用情况等进行专项调查；对食品卫生法、统计法、计量法等16部法律法规开展执法检查；建立与政府、法院、检察院的工作联系制度，学习法律和法律基本知识制度，不断完善县人大常委会各项工作制度。

十届人大常委会

共召开会议21次，听取和审议“一府两院”涉及国土、农业开发、企业改革、物价管理、审计、教育、工商、边境贸易、林果业、民事审判等29项工作报告，作出决议和决定7项；任免国家机关工作人员101人次；对义务教育法、土地管理法、民法通则等15部法律法规进行执法检查；组织代表视察农业生产、“星火计划”实施、双增双节、农村卫生体改、村规民约等工作；督办代表建议625件；作出《江永县城总体规划的决议》，制定县人大常委会《关于采用无记名投票方式进行人事任免的决定》；加强乡镇人大工作指导。

十一届人大常委会

共举行会议18次，听取和审议“一府两院”关于工业、农业、乡镇企业、计划生育、审计、税务、监察、社会治安、商业、房改、林业、城建等33项工作报告，作出决议和决定6项；任免国家机关工作人员154人次；组织代表开展刑法、治安管理处罚条例、食品卫生法等14部法律法规的执法检查；按信任、基本信任、不信任三类，组织人大代表评议全县“双管”单位（县直单位派驻乡镇的单位）208个，提出批评、意见建议1846条，进一步促进“双管”单位工作作风的改进。

十二届人大常委会

共举行会议29次，听取和审议“一府两院”关于工业、农业、乡镇企业、财贸、国土、民政、民族、教育、卫生等32项工作报告，作出决议和决定15项；任免国家机关工作人员237人次；对经济的、刑事的、民事的40多部法律法规进行执法检查，提出意见、建议168条，纠正违法案（事）例86件次；组织人大代表对公、检、法、司和教育、工商、水电等单位进行评议，收集和交办意见、建议526条；组织代表开展视察、调研活动30多次。

十三届人大常委会

共举行会议31次，听取和审议“一府两院”54项工作报告，作出决议和决定46项；任免国家机关工作人员229人次；届内听取和审议关于国民经济发展、城市规划、生态环境保护、劳动法实施、国企改革，经济环境治理、村委换届、民族工作、科技兴农、文化等工作报告；对森林法等48部法律法规进行执法检查；对政府工作部门负责人和“两院”主要负责人推行目标责任承诺制，进行述职评议；组织代表开展视察24次，督办代表批评、意见、建议389件；作出《关于保护天然林，不断改善生态环境的决议》。

十四届人大常委会

2004年11月5日江永县十四届人大常委会第十二次会议

共召开32次会议，听取和审议“一府两院”工作报告93项，作出决议和决定16项；任免国家机关工作人员223人次；对3名副县长、11名主任（局长）、6名法官、1名检察官进行了述职评议；组织人大代表对县地税局、环保局、城管大队、交警大队进行评议；对老年人权益法、工会法、民族区域自治法、水资源法等法律法规进行执法检查；实行县人大常委会会议审议终结票决制，不断提高会议审议质量；组织代表视察、调研15次；督办建议407件；2次集中县人大代表培训，学习贯彻代表法、中央九号文件精神；重视人大宣传工作，编印《县乡人大工作手册》与《开拓创新的五年》人大工作画册；兴建人大办公楼，改善办公条件。

十五届人大常委会

共召开41次会议，听取和审议“一府两院”工作报告33项，作出决议和决定28项，交办审议意见122条；任免国家机关工作人员122人次；督办建议319件；对政府工作部门和“两院”负责人实行年度履职考核；对12个政府工作部门、5个政府管理单位、2个市管单位进行工作审议，提出整改意见106条；对县城市容市貌管理、高寒山区扶贫情况、水利建设、国土、城乡规划等14项工作进行视察、调研，推动农村非法占用土地建房及非法买卖土地整治工作等；对环境保护、食品安全等方面的18部法律法规开展执法检查，督促县政府打击和取缔废旧轮胎非法练油企业24家。

十六届人大常委会

共召开34次会议，听取和审议“一府两院”工作报告61项，作出决议和决定32项，交办审议意见145条；任免国家机关工作人员105人次；落实新任职人员宪法宣誓制度，宣誓34人次；督办建议349件；对经信委等16个政府工作部门进行工作审议；对湖南省散居少数民族工作条例等13部法律法规开展执法检查和调研，运用人大常委会和代表平台，积极向上级反映民众呼声与争取上级支持，有力推动全县各民族考生高考加分等民族政策的落实；视察和调研县人民医院新建、柑橘黄龙病防控、县城学校扩容、县城供水等23项民生工作，力促民生问题的解决；作出《关于〈江永县城管理的决议》；完善和修订县人大常委会及机关各项工作制度并编印成册，出台《县人大常委会机关绩效考核办法》；成功承办全国瑶族自治县人大常委会第十四次联系会议和省人大“湖南省民族团结一家亲（江永）大型演出活动。

1980—2016年江永县历届人民代表大会常务委员会主任、副主任、办公室主任名录一览表

表 10-8

届次	主任	副主任	办公室主任
八届人大常委会	李满成	陈嘉文 田永珍 刘恒生	袁道君
九届人大常委会	胡天善	杨益善 杜名泗 杨辛安（女） 王鸣久 李发科 刘恒生	袁道君 陈福元 陈家旷
十届人大常委会	李发科	杨益善 王鸣久 杜名泗 刘恒生	陈家旷
十一届人大常委会	李发科	杨益善 杜名泗 陈同翠（女） 黄义大 邓 昇	陈家旷
十二届人大常委会	李发科	陈同翠（女） 胡祖科 陈家旷 肖鑫海 伍美构	陈家旷（兼） 刘俊林
十三届人大常委会	周明祥	邓茂兰 陈家旷 陈自富 刘俊林 曹小华（女） 胡祖科	何坤明
十四届人大常委会	陈仕军	雷统夏 蒋团生 何永湘 田芳清 何积勇 谢世萍（女）	邓善福
十五届人大常委会	李太福 王转平	田芳清 唐 涌 蒋团生 何积勇 谢世萍（女）	邓善福
十六届人大常委会	黄智亮	唐家和 李忠英 何勉才 欧阳小泉 欧阳萍（女）	呼增远 李练军
十七届人大常委会	黄智亮	李忠英 何勉才 欧阳小泉 欧阳萍（女） 陈德义	苏永江 朱英敏

第八章 江华瑶族自治县人民代表大会

江华县，古称冯乘，唐武德四年（621年）析冯乘县置江华县，1955年成立瑶族自治县。

第一节 江华县各界人民代表会议

江华县各界人民代表会议在1949年12月至1953年3月，共召开3届13次会议。参加会议的代表，是由中共江华县委与工会、农会、青年团、妇联、工商联等团体民主协商名额，再由各界基层单位用简单提名表决的方式产生。为了保证代表的群众性、广泛性，少数民族代表由各区选送，报请县人民政府邀请出席。出席各届人民代表会议的代表在会议期间，各抒己见，献计献策。在当时的历史条件下，各界人民代表会议起着向人民代表大会制度的过渡作用

第一届第一次会议 1949年12月18—20日在县城沱江举行，出席代表85人。会议主要内容：听取南下工作团进入地区的工作情况报告；通过“以征粮为当前的主要工作”和“结合剿匪，发展生产，安定社会秩序”的决议。

第一届第二次会议 1950年3月10—12日在县城沱江举行，出席代表49人。会议主要内容：听取政府工作情况报告和关于三大任务（剿匪反霸、减租退押、生产渡荒）的报告；通过“以三大任务（剿匪反霸、减租退押、生产渡荒）为当前的工作中心”的决议。

第一届第三次会议 1950年5月15—17日在县城沱江举行，出席代表156人。会议主要内容：听取政府工作情况报告；通过“以生产渡荒为中心，结合肃清土匪，查租清公产”的决议。会议共收到代表提案37件。

第一届第四次会议 1950年7月20—22日在县城沱江举行，出席代表156人。会议主要内容：听取生产渡荒和剿匪工作情况报告；贯彻建政（乡政权）计划和征粮准备工作；选举高士选、杨永桂、赵自现为出席湖南省首届各界人民代表会议代表。会议共收到代表提案18件。

第一届第五次会议 1950年10月6—8日在县城沱江举行，出席代表155人。会

议主要内容：听取政府工作情况报告；讨论关于征粮、山林处理、土地改革等问题；通过《关于山林管理暂行办法（草案）》《关于土地改革问题》两项决议。会议共收到代表提案 32 件。

第二届第一次会议 1951 年 6 月 23—26 日在县城沱江举行，出席代表 175 人。会议主要内容：讨论、决定土地改革、抗美援朝、镇压反革命、生产救灾和修路等问题。

第二届第二次会议 1951 年 10 月 14—16 日在县城沱江举行，出席代表 155 人。会议主要内容：听取政府工作情况报告；选举赵自现、蒋仕湘、方明、孙龙贵、李少白、盘生柳为出席湖南省首届各界人民代表会议第二次会议代表。会议共收到代表提案 13 件。

第三届第一次会议 1952 年 6 月 7—10 日在县城沱江举行，出席代表 187 人。会议主要内容：听取政府工作情况报告；通过《关于深入开展爱国主义增产运动的决议（草案）》《关于加强国家税收工作的决议（草案）》《关于加强乡级政权建设的决议（草案）》《关于开展爱国卫生防疫运动，反对美帝细菌战的决议（草案）》。会议共收到代表提案 196 件。

第三届第二次会议 1952 年 10 月 17—21 日在县城沱江举行，出席代表 224 人。会议主要内容：讨论查田定产、土改复查、民主建政、司法改革、冬耕生产、劳动就业、物资交流等工作；通过《关于发展农业生产的决议》。

第三届第三次会议 1952 年 11 月 23—27 日在县城沱江举行，出席代表 217 人。会议主要内容：选举凤引妹、盘添才、刘邦全、宋见福、卢承禄、孟宪和为出席湖南省首届各界人民代表会议第三次会议代表。

第三届第四次会议 1953 年 4 月 16—20 日在县城沱江举行，出席代表 174 人。会议主要内容：听取政府工作情况报告；通过《关于开展爱国增产运动的决议（草案）》《关于加强国家税收工作的决议（草案）》《关于迎接普选，实行各级人民代表大会制度的决议（草案）》《关于处理山界问题的决议（草案）》。会议共收到代表提案 367 件。

第三届第五次会议 1953 年 11 月 22—26 日在县城沱江举行，出席代表 165 人。会议主要内容：听取政府工作情况报告；通过大张旗鼓地向全县人民宣传国家在过渡时期的总路线，坚决贯彻执行中央粮食计划收购计划供应的政策，开展增产节约运动，搞好冬季生产和救灾工作 4 项决议。会议共收到代表提案 185 件。

第三届第六次会议 1954 年 3 月 6—9 日在县城沱江举行，出席代表 156 人。会议主要内容：听取政府工作情况报告；明确当年的农业生产任务和要求：即以互助合作为中心开展爱国增产运动，在灾区贯彻以生产救灾为中心，领导灾民恢复发展生产，林区以发展林业生产为主，加强对山区杂粮生产的领导。

第二节　江华瑶族自治县人民代表大会

第一届人民代表大会

江华瑶族自治县人民代表大会自1954年至2016年12月共召开17届49次大会。其中，1954年至1965年召开了5届10次大会，作出了一些决议和决定，在地方政权中发挥了重要作用。1966年至1976年10年期间，由于“文化大革命”运动，人民代表大会被停止活动，被集党、政、军、审判、检察权于一身的“革命委员会”所取代。1977年12月22日召开七届人大一次会议，贯彻党中央提出的拨乱反正、抓纲治国的战略决策。1980年到2016年年底共召开10届37次大会。县八届人大至十一届人大任期为3年，县十二届人大至十五届人大任期为5年，县十六届人大提前换届，任期4年。县十七届人大于2016年11月召开第一次会议。

一届人大一次会议　1954年6月26—30日在县城沱江举行，出席代表202人。会议主要内容：听取和审议《江华县1954年上半年施政工作及下半年工作任务的报告》；通过《广泛开展宪法草案的宣传与讨论》《继续深入广泛的开展以互助合作为中心内容的爱国增产竞赛运动》《积极慎重地处理山林，以促进林业合作化，发展林业生产》《关于加强农村经济工作》4项决议；选举朱凡、张希印、赵自现、赵壬娥、岑生鸿为出席湖南省第一届人民代表大会代表。会议共收到代表提案367件。

一届人大二次会议　1955年4月12—14日在县城沱江举行，出席代表163人。会议主要内容：听取和审议《关于湖南省第一届人民代表大会第二次会议基本精神的传达和江华县第一届人民代表大会第一次会议决议执行情况的报告》和《大力开展以互助合作为中心的春耕生产运动，为实现1955年增产任务而奋斗的报告》；通过《关于贯彻湖南省第一届人民代表大会第二次会议基本精神和政府半年来施政工作报告的决议》《关于开展以互助合作为中心的生产运动的决议》《关于反对美帝国主义侵略集团干涉我国内政，坚决解放台湾的决议》《关于拥护〈中华人民共和国民役法草案〉的决议》；选举白辅明为江华县县长，赵自现为副县长，左一和等15人为江华县人民委员会委员，李兴胜为县人民法院院长。会议共收到代表提案49件。

一届人大三次会议　1955年11月22—25日在新县城水口举行，出席代表105人。会议主要内容：听取和审议《江华县六年多来的工作情况及今后工作意见的报告》；通过《关于江华县六年来的工作情况和今后工作意见的报告的决议》《关于大力开展合作化运动的决议》《关于加强护林防火的决议》《继续加强民族团结的决议》；通过《江华瑶族自治县人民代表大会和人民委员会组织条例》；选举赵自现为江华瑶族自治县县长，张庆龄、周国藻为副县长，李文高等 14 人为江华瑶族自治县人民委员会委员，李兴胜为江华瑶族自治县人民法院院长。会议共收到代表提案 45 件。

第二届人民代表大会

二届人大一次会议　1956 年 12 月 3—5 日在县城水口举行，出席代表 111 人。会议主要内容：听取和审议《县人民委员会施政工作情况和今后工作意见的报告》；通过《关于江华瑶族自治县一年来的工作情况和今后工作意见的决议》《关于巩固提高林农业合作社的决议》《关于进一步发动群众开发林农业生产运动的决议》《关于加强护林防火工作的决议》《关于逐步发展文教卫生事业的决议》《关于巩固和增进民族团结的决议》；选举赵自现为江华瑶族自治县县长，张庆龄、李兴胜为副县长，王兴汉等 16 人为江华瑶族自治县人民委员会委员，赵德发为江华瑶族自治县人民法院院长。会议共收到代表提案 96 件。

二届人大二次会议　1957 年 9 月 12—14 日在县城水口举行，出席代表 93 人。会议主要内容：听取和审议《县人民委员会关于一年来的政府工作报告》《关于 1956 年财政决算及 1957 年财政预算情况的报告》《县人民法院关于 1957 年 1 月至 8 月的工作及当前审判工作情况的报告》；通过《关于一年来政府工作情况报告的决议》《关于批准 1956 年财政决算及 1957 年财政预算情况的报告的决议》《关于县人民法院工作报告的决议》《关于加强护林防火工作的决议》。会议共收到代表提案 99 件。

第三届人民代表大会

三届人大一次会议　1958 年 4 月 23—25 日在县城水口举行，出席代表 118 人。会议主要内容：听取和审议《县人民委员会关于半年来政府工作情况和今后工作任务的报告》《法院半年来工作情况的报告》；通过《关于发展文教卫生事业的决议》《关于同意半年来的政府工作情况及今后工作任务的报告的决议》《关于批准 1957 年财政决算执行情况及 1958 年财政预算情况的报告的决议》《关于批准法院工作报告的决议》《关于进一步加强民族团结的决议》；选举赵自现为江华瑶族自治县县长，张庆龄、周国藻、李兴胜为副县长，史新华等 15 人为江华瑶族自治县人民委员会委员，赵德发为江华瑶族自治县人民法院院长；选举朱凡、武兆基、赵自现、赵桂英、罗树勋为出席湖南省第二届人民代表大会代表。会议共收到代表提案 153 件。

第四届人民代表大会

四届人大一次会议 1960年12月7—9日在县城水口举行，出席代表182人。会议主要内容：听取和审议《县人民委员会关于两年来政府工作情况和今后工作意见的报告》《1960年财政决算和1961年财政预算的报告》《法院工作情况的报告》；通过《关于批准两年来政府工作情况及今后工作意见的报告的决议》《关于批准一九六〇年财政决算和一九六一年财政预算的报告的决议》《关于批准县人民法院工作报告的决议》《关于大办农业，大办粮食的决议》；选举赵自现为江华瑶族自治县县长，周国藻、李兴胜为副县长，史新华等18人为江华瑶族自治县人民委员会委员，盘兰玉为江华瑶族自治县人民法院院长；补选张泰昆为湖南省第二届人民代表大会代表。会议共收到代表提案169件。

四届人大二次会议 1962年8月2—5日在县城水口举行，出席代表122人。会议主要内容：听取和审查《政府工作报告》《一九六一年财政决算和一九六二年财政预算的报告》《法院工作报告》；通过《关于政府工作报告的决议》《关于切实加强农业生产的领导，千方百计争取今年农业丰收的决议》《关于护林防火的决议》《关于批准法院工作报告的决议》《关于批准一九六二年财政预算报告的决议》；补选田志明、曲贵民、赵成蛟为江华瑶族自治县副县长。会议共收到代表提案206件。

第五届人民代表大会

五届人大一次会议 1964年8月28—31日在县城水口举行，出席代表181人。会议主要内容：听取和审议《两年来政府工作报告》《一九六二年、一九六三年财政决算和一九六四年财政预算的报告》《两年来法院工作报告》；通过《关于政府工作报告的决议》《关于批准一九六二年财政决算和一九六三年财政预算及一九六四年财政预算报告的决议》《关于批准县人民法院工作报告的决议》；选举赵自现为江华瑶族自治县县长，田志明、李金旺、李兴胜为副县长，邓有志等19人为江华瑶族自治县人民委员会委员，盘兰玉为江华瑶族自治县人民法院院长；选举赵自现、唐秀英、张泰昆、樊远贻、石家秀为湖南省第三届人民代表大会代表。会议共收到代表提案265件。

五届人大二次会议 1965年11月21—25日在县城水口举行，出席代表170人。会议主要内容：听取和审查《政府工作报告》《一九六四年财政决算和一九六五年财政预算的报告》《法院工作报告》；通过《关于建县十年来政府工作报告的决议》《关于一九六四年财政决算和一九六五年财政预算报告的决议》《关于县人民法院工作报告的决议》《关于加强战备工作的决议》。会议共收到代表提案 275 件。

第六届人民代表大会
（革命委员会）

1966 年 5 月到 1976 年 10 月，全国进行“文化大革命”，人民代表大会停止了正常的职能活动。1968 年 2 月 27 日，经湖南省革命委员会筹备小组批准，成立江华瑶族自治县革命委员会筹备小组。5 月 5 日，经湖南省革命委员会批准，成立江华瑶族自治县革命委员会，徐俊熙为主任委员，田永生、张其生、邓有志、唐世凤、张穆英任副主任委员，邓群等 7 人为常务委员，下设政工组、生产指挥组、人保组和办事组，取代县委、县人民委员会职能。

第七届人民代表大会

七届人大一次会议　1977 年 12 月 22—25 日在县城水口举行，出席代表 760 人。会议主要内容：听取和审议《县革命委员会工作报告》；通过《关于县革命委员会工作报告的决议》；选举李儒志为江华瑶族自治县革命委员会主任，盘进魁、李金旺、蒋国武、曾广生为副主任，贾春等 31 人为委员，郭晓斋为江华瑶族自治县人民法院院长。

第八届人民代表大会

八届人大一次会议　1980 年 11 月 18—23 日在县城水口举行，出席代表 220 人。会议主要内容：听取和审议《政府工作报告》《关于 1979 年财政决算和 1980 年财政预算（草案）的报告》《法院工作报告》《检察院工作报告》，表决通过四个工作报告的决议；设立江华瑶族自治县人民代表大会常务委员会；选举周国藻为江华瑶族自治县第八届人民代表大会常务委员会主任，仇作义、石瑞英、李兴胜为副主任，毛明德等 10 人为委员；选举冯生玉为江华瑶族自治县县长，龙彪、李金旺、赵成蛟、黄复忠为副县长；石家发为江华瑶族自治县人民法院院长；金定先为江华瑶族自治县人民检察院检察长；会议共收到代表提案 499 件。

八届人大二次会议　1981 年 12 月 20—23 日在县城水口举行，出席代表 200 人。会议主要内容：听取和审议《县人大常委会工作报告》《政府工作报告》《关于 1980 年财政决算和 1981 年财政预算执行情况报告》《法院工作报告》《检察院工作报告》，表决通过 5 个工作报告的决议；通过《关于保护森林资源发展林业生产的决议》；补选金定先为县第八届人大常委会副主任，增选杨大威为县第八届人大常委会委员，增选李兴胜、张德高为副县长，补选刘体禄为江华瑶族自治县人民检察院检察长。会议共收到代表提案 229 件。

八届人大三次会议 1983 年 1 月 24—28 日在县城水口举行，出席代表 172 人。会议主要内容：听取和审议《县人大常委会工作报告》《政府工作报告》《关于 1982 年财政预算执行情况和 1983 年财政预算（草案）的报告》《法院工作报告》《检察院工作报告》，表决通过 5 个工作报告的决议；增选吴丁华为江华瑶族自治县副县长；选举周国藻、赵凤姣、唐盛兴、罗理万为湖南省第六届人民代表大会代表。会议共收到代表提案 206 件。

第九届人民代表大会

九届人大一次会议 1984 年 4 月 9—13 日在县城水口举行，出席代表 285 人。会议主要内容：听取和审议《县人大常委会工作报告》《政府工作报告》《关于 1983 年财政预算执行情况和 1984 年财政预算（草案）的报告》《法院工作报告》《检察院工作报告》，表决通过 5 个工作报告的决议；通过《关于保护妇女和儿童的合法权益的决议》；选举周国藻为江华瑶族自治县第九届人民代表大会常务委员会主任，龙彪、杨家聪、赵成蛟、黄复忠为副主任，韦代英等 10 人为委员；冯生玉为江华瑶族自治县县长，邓国文、吴丁华、李兴胜、李进清、傅安辉、蔡德才为副县长；石家发为江华瑶族自治县人民法院院长；刘体禄为江华瑶族自治县人民检察院检察长；会议共收到代表议案、建议、批评和意见 237 件。

九届人大二次会议 1985 年 5 月 21—24 日在县城水口举行，出席代表 217 人。会议主要内容：听取和审议《县人大常委会工作报告》《政府工作报告》《关于 1984 年财政预算执行情况和 1985 年财政预算（草案）的报告》《法院工作报告》《检察院工作报告》，表决通过 5 个工作报告的决议；通过《关于向全县公民普及法律常识的决议》；增选金定先、石瑞英为江华瑶族自治县九届人大常委会副主任，补选李宏为江华瑶族自治县副县长。会议共收到代表议案、建议、批评和意见 154 件。

九届人大三次会议 1986 年 3 月 16—19 日在新县城沱江举行，出席代表 221 人。会议主要内容：听取和审议《县人大常委会工作报告》《政府工作报告》《关于 1986 年国民经济和社会发展计划（草案）的报告》《关于 1985 年财政决算和 1986 年财政预算（草案）的报告》《法院工作报告》《检察院工作报告》，表决通过 6 个工作报告的决议。会议共收到代表议案、建议、批评和意见 166 件。

第十届人民代表大会

十届人大一次会议 1987年3月15—22日在县城沱江举行，出席代表244人。会议主要内容：听取和审议《县人大常委会工作报告》《政府工作报告》《关于“七五”计划草案的说明及1987年国民经济和社会发展计划（草案）的报告》《关于1986年财政决算和1987年财政预算（草案）的报告》《法院工作报告》《检察院工作报告》，表决通过6个工作报告的决议；选举莫明甫为江华瑶族自治县第十届人民代表大会常务委员会主任，石瑞英、李进清、黎明为副主任，贝贤科等9人为委员；冯生玉为江华瑶族自治县县长，王健均、李宏、彭越超、蔡德才、蒋崇献为副县长；石家发为江华瑶族自治县人民法院院长；刘体禄为江华瑶族自治县人民检察院检察长；会议共收到代表议案、建议、批评和意见265件。

十届人大二次会议 1988年1月5—9日在县城沱江举行，出席代表219人。会议主要内容：听取和审议《县人大常委会工作报告》《政府工作报告》《关于1987年国民经济和社会发展计划执行情况和1988年国民经济和社会发展计划（草案）的报告》《关于1987年财政预算执行情况和1988年财政预算（草案）的报告》《法院工作报告》《检察院工作报告》，表决通过6个工作报告的决议；补选龙彪，蒋贵国为县十届人大常委会副主任；选举莫明甫、韦明坤、李俊鼎、罗理万、赵继莲为湖南省第七届人民代表大会代表。会议共收到代表议案、建议、批评和意见253件。

十届人大三次会议 1989年1月21—24日在县城沱江举行，出席代表219人。会议主要内容：听取和审议《县人大常委会工作报告》《政府工作报告》《关于1988年国民经济和社会发展计划执行情况和1989年国民经济和社会发展计划（草案）的报告》《关于1988年财政预算执行情况和1989年财政预算（草案）的报告》《法院工作报告》《检察院工作报告》，表决通过6个工作报告的决议；审议通过《湖南省江华瑶族自治县自治条例》并作出《关于通过〈湖南省江华瑶族自治县自治条例〉的决议》。会议共收到代表议案、建议、批评和意见239件。

第十一届人民代表大会

十一届人大一次会议 1990年2月19—24日在县城沱江举行，出席代表256人。会议主要内容：听取和审议《县人大常委会工作报告》《政府工作报告》《关于1987至1989年国民经济和社会发展计划执行情况及1990年计划（草案）的报告》《关于1989年财政决算和1990年财政预算（草案）的报告》《法院工作报告》《检察院工作报告》，表决通过6个工作报告的决议；选举莫明甫为江华瑶族自治县第十一届人民代表大会常务委员会主任，石瑞英、李进清、唐兆田、蒋贵国、黎明为副主任，王明生等11人为委员；冯生玉为江华瑶族自治县县长，韦代忠、李宏、刘海军、苏必忠、赵荣、彭越超为江华瑶族自治副县长；石家发为江华瑶族自治县人民法院院长；蒋联英为江华瑶族自治县人民检察院检察长。会议共收到代表议案、建议、批评和意见300件。

十一届人大二次会议 1991年3月10—15日在县城沱江举行，出席代表255人。会议主要内容：听取和审议《县人大常委会工作报告》《政府工作报告》《关于1990年国民经济和社会发展计划执行情况和“八五”计划安排意见的报告》《关于1990年财政决算和1991年财政预算（草案）的报告》《法院工作报告》《检察院工作报告》，表决通过6个工作报告的决议；通过《江华瑶族自治县人民代表大会议事规则》《关于严厉打击拐卖妇女儿童犯罪活动的决议》《关于贯彻落实省人大常委会〈关于切实贯彻执行湖南省禁止向农民乱收费乱派款的规定的决议〉的决议》《关于封山育林的决议》。会议共收到代表议案、建议、批评和意见152件。

十一届人大三次会议 1992年1月9—14日在县城沱江举行，出席代表251人。会议主要内容：听取和审议《县人大常委会工作报告》《政府工作报告》《关于1991年国民经济和社会发展计划执行情况和1992年国民经济和社会发展计划（草案）报告》《关于1991年财政决算和1992年财政预算（草案）的报告》《法院工作报告》《检察院工作报告》，表决通过6个工作报告的决议。会议共收到代表议案、建议、批评和意见190件。

第十二届人民代表大会

十二届人大一次会议 1992年12月29日至1993年1月3日在县城沱江举行，出席代表259人。会议主要内容：听取和审议《县人大常委会工作报告》《政府工作报告》《关于1992年国民经济和社会发展计划执行情况和1993年国民经济和社会发展计划（草案）报告》《关于1992年财政决算和1993年财政预算（草案）的报告》《法院工作报告》《检察院工作报告》，表决通过6个工作报告的决议；选举黄金瑞为江华瑶族自治县第十二届人民代表大会常务委员会主任，蒋贵国、李进清、何文意、李娥英、唐兆田为副主任，贝贤科等11人为委员；李宏为江华瑶族自治县县长，王侃、韦代忠、周善明、程仕经、黎明为江华瑶族自治副县长；谭湘林为江华瑶族自治县人民法院院长；蒋联英为江华瑶族自治县人民检察院检察长；选举江云等5位为湖南省第八届人大代表。会议共收到代表议案、建议、批评和意见255件。

十二届人大二次会议 1994年3月12—16日在县城沱江举行，出席代表245名。

会议主要内容：听取和审议《县人大常委会工作报告》《政府工作报告》《关于 1993 年国民经济和社会发展计划执行情况和 1994 年国民经济和社会发展计划（草案）报告》《关于 1993 年财政决算和 1994 年财政预算（草案）的报告》《法院工作报告》《检察院工作报告》，表决通过 6 个工作报告的决议；通过《关于修改〈湖南省江华瑶族自治县自治条例〉的决定》《关于维护稳定大局促进改革发展的决定》；补选李国芳、余华生为江华瑶族自治县副县长。会议共收到代表议案、建议、批评和意见 155 件。

十二届人大三次会议　1995 年 1 月 15—19 日在县城沱江举行，出席代表 247 名。会议主要内容：听取和审议《县人大常委会工作报告》《政府工作报告》《关于 1994 年国民经济和社会发展计划执行情况和 1995 年国民经济和社会发展计划（草案）报告》《关于 1994 年财政决算和 1995 年财政预算（草案）的报告》《法院工作报告》《检察院工作报告》，表决通过 6 个工作报告的决议。会议共收到代表议案、建议、批评和意见 118 件。

十二届人大四次会议　1996 年 3 月 14—19 日在县城沱江举行，出席代表 234 名。会议主要内容：听取和审议《县人大常委会工作报告》《政府工作报告》《关于 1995 年国民经济和社会发展计划执行情况及"九五"计划和 1996 年计划（草案）报告》《关于 1995 年财政决算和 1996 年财政预算（草案）的报告》《法院工作报告》《检察院工作报告》；审查《江华瑶族自治县国民经济和社会发展"九五"计划及 2010 年远景目标纲要》，表决通过 6 个工作报告和"九五"计划《纲要》的决议；通过《关于修改〈江华瑶族自治县人民代表大会议事规则〉的决定》；增选黄登华为江华瑶族自治县副县长；选举冯生玉等 37 人为永州市第一届人民代表大会代表。会议共收到代表议案、建议、批评和意见 77 件。

十二届人大五次会议　1997 年 3 月 11—14 日在县城沱江举行，出席代表 229 名。会议主要内容：听取和审议《县人大常委会工作报告》《政府工作报告》《关于 1996 年国民经济和社会发展计划执行情况和 1997 年国民经济和社会发展计划（草案）报告》《关于 1996 年财政决算和 1997 年财政预算（草案）的报告》《法院工作报告》《检察院工作报告》，表决通过 6 个工作报告的决议；通过《江华瑶族自治县林业管理条例》补选黄仁甫为江华瑶族自治县人民检察院检察长。会议共收到代表议案、建议、批评和意见 48 件。

第十三届人民代表大会

十三届人大一次会议　1998 年 1 月 2—8 日在县城沱江举行，出席代表 201 人。会议主要内容：听取和审议《县人大常委会工作报告》《政府工作报告》《关于 1997 年国民经济和社会发展计划执行情况和 1998 年国民经济和社会发展计划（草案）报告》《关于 1997 年财政决算和 1998 年财政预算（草案）的报告》《法院工作报告》《检察院

1998 年 1 月 7 日江华瑶族自治县第十三届人民代表大会代表合影

工作报告》，表决通过 6 个工作报告的决议；选举李大双为江华瑶族自治县第十三届人民代表大会常务委员会主任，蒋贵国、邓沛合、黎明、李国芳、江云、唐兆田等 6 人为常委会副主任；王剑虹等 14 人为常委会委员；赵荣为江华瑶族自治县县长，陆汉平、李娥英、余华生、沈秋林、赵辛保、黎世民等 6 人为副县长；谭湘林为江华瑶族自治县人民法院院长；黄仁甫为江华瑶族自治县人民检察院检察长；增选李大双为永州市第一届人民代表大会代表。会议共收到代表议案、建议、批评和意见 173 件。

十三届人大二次会议 1999 年 3 月 7—10 日在县城沱江举行，出席代表 202 名。会议主要内容：听取和审议《县人大常委会工作报告》《政府工作报告》《关于 1998 年国民经济和社会发展计划执行情况和 1999 年国民经济和社会发展计划（草案）报告》《关于 1998 年财政决算和 1999 年财政预算（草案）的报告》《法院工作报告》《检察院工作报告》，表决通过 6 个工作报告的决议；通过《关于加快水电开发的决议》。会议共收到代表议案、建议、批评和意见 96 件。

十三届人大三次会议 2000 年 2 月 13—17 日在县城沱江举行，出席代表 194 名。会议主要内容：听取和审议《县人大常委会工作报告》《政府工作报告》《关于 1999 年国民经济和社会发展计划执行情况和 2000 年国民经济和社会发展计划（草案）报告》《关于 1999 年财政决算和 2000 年财政预算（草案）的报告》《法院工作报告》《检察院工作报告》，表决通过 6 个工作报告的决议；通过《关于五年封造“三难地”，十年实现森林化的决议》；补选伍少平、盘登仁为江华瑶族自治县十三届人大常委会委员。会议共收到代表议案、建议、批评和意见 98 件。

十三届人大四次会议 2001 年 5 月 26—31 日在县城沱江举行，出席代表 186 名。

会议主要内容：听取和审议《县人大常委会工作报告》《关于国民经济和社会发展“十五”计划纲要的报告》《关于 2000 年国民经济和社会发展计划执行情况和 2001 年国民经济和社会发展计划（草案）报告》《关于 2000 年财政决算和 2001 年财政预算（草案）的报告》《法院工作报告》《检察院工作报告》，表决通过 6 个工作报告的决议；补选李卫林为江华瑶族自治县人民法院院长，陈永宝、莫庆屏为江华瑶族自治县十三届人大常委会委员；选举冯生玉等 36 人为永州市第二届人民代表大会代表。会议共收到代表议案、建议、批评和意见 123 件。

十三届人大五次会议　2002 年 3 月 10—15 日在县城沱江举行，出席代表 196 名。会议主要内容：听取和审议《县人大常委会工作报告》《政府工作报告》《关于 2001 年国民经济和社会发展计划执行情况和 2002 年国民经济和社会发展计划（草案）报告》《关于 2001 年财政决算和 2002 年财政预算（草案）的报告》《法院工作报告》《检察院工作报告》，表决通过 6 个工作报告的决议；补选李俊湘为江华瑶族自治县县长。会议共收到代表议案、建议、批评和意见 139 件。

第十四届人民代表大会

十四届人大一次会议　2002 年 12 月 26 日至 2003 年 1 月 1 日在县城沱江举行，出席代表 213 人。会议主要内容：听取和审议《县人大常委会工作报告》《政府工作报告》《关于 2002 年国民经济和社会发展计划执行情况和 2003 年国民经济和社会发展计划（草案）报告》《关于 2002 年财政决算和 2003 年财政预算（草案）的报告》《法院工作报告》《检察院工作报告》，表决通过 6 个工作报告的决议；选举邓沛合为江华瑶族自治县

2002 年 12 月 26 日江华瑶族自治县第十四届人民代表大会第一次会议召开

第十四届人民代表大会常务委员会主任，李娥英、江云、盘登仁、赵德明、王孟义等 5 人为常委会副主任，唐志强等 14 人为常委会委员；李俊湘为江华瑶族自治县县长，伍少平、李祥红、李家登、何长生、何月姣、黄志坚等 6 人为副县长；高文为江华瑶族自治县人民法院院长；朱跃陆为江华瑶族自治县人民检察院检察长；选举邓沛合为永州市第二届人民代表大会代表。会议共收到代表议案、建议、批评和意见 195 件。

十四届人大二次会议 2004 年 2 月 22—26 日在县城沱江举行，出席代表 202 名。会议主要内容：听取和审议《县人大常委会工作报告》《政府工作报告》《关于 2003 年国民经济和社会发展计划执行情况和 2004 年国民经济和社会发展计划（草案）报告》《关于 2003 年财政决算和 2004 年财政预算（草案）的报告》《法院工作报告》《检察院工作报告》，表决通过 6 个工作报告的决议；通过《关于综合开发码市水库的议案的决议》；选举周小驹为永州市二届人大代表。会议共收到代表议案、建议、批评和意见 123 件。

十四届人大三次会议 2005 年 3 月 19—23 日在县城沱江举行，出席代表 204 名。会议主要内容：听取和审议《县人大常委会工作报告》《政府工作报告》《关于 2004 年国民经济和社会发展计划执行情况和 2005 年国民经济和社会发展计划（草案）报告》《关于 2004 年财政决算和 2005 年财政预算（草案）的报告》《法院工作报告》《检察院工作报告》，表决通过 6 个工作报告的决议；通过《关于〈江华瑶族自治县自治条例修正案〉的决定》；选举李祥军为江华瑶族自治县十四届人大常委会副主任，补选王斌、吴昌益为江华瑶族自治县人大常委会委员。会议共收到代表议案、建议、批评和意见 112 件。

十四届人大四次会议 2006 年 2 月 21—25 日在县城沱江举行，出席代表 166 名。会议主要内容：听取和审议《县人大常委会工作报告》《关于江华瑶族自治县国民经济和社会发展“十一五”规划纲要的报告》《关于 2005 年国民经济和社会发展计划执行情况和 2006 年国民经济和社会发展计划（草案）报告》《关于 2005 年财政决算和 2006 年财政预算（草案）的报告》《法院工作报告》《检察院工作报告》，表决通过 6 个工作报告的决议；补选黎省林为江华瑶族自治县十四届人大常委会委员。会议共收到代表议案、建议、批评和意见 50 件。

十四届人大五次会议 2006 年 12 月 28—31 日在县城沱江举行，出席代表 201 名。会议主要内容：听取和审议《县人大常委会工作报告》《政府工作报告》《关于 2006 年国民经济和社会发展计划执行情况和 2007 年国民经济和社会发展计划（草案）报告》《关于 2006 年财政决算和 2007 年财政预算（草案）的报告》《法院工作报告》《检察院工作报告》，表决通过 6 个工作报告的决议；选举 36 名永州市第三届人民代表大会代表。会议共收到代表议案、建议、批评和意见 46 件。

第十五届人民代表大会

十五届人大一次会议　2007年11月19—24日在县城沱江举行，出席代表212人。会议主要内容：听取和审议《县人大常委会工作报告》《政府工作报告》《关于2007年国民经济和社会发展计划执行情况和2008年国民经济和社会发展计划（草案）报告》《关于2007年财政决算和2008年财政预算（草案）的报告》《法院工作报告》《检察院工作报告》，表决通过6个工作报告的决议；选举周生来为江华瑶族自治县第十五届人民代表大会常务委员会主任，刘维刚、李祥军、屈晓玲、黄启发、蒙业宏等5人为副主任，唐志强等15人为委员；李祥红当选为江华瑶族自治县县长，唐烨、龙飞凤、何月姣、赵德明、徐明华、陈槐权等6人当选为副县长；唐小辉为江华瑶族自治县人民法院院长；蒋大文为江华瑶族自治县人民检察院检察长；选举周生来为永州市第三届人民代表大会代表。会议共收到代表议案、建议、批评和意见126件。

十五届人大二次会议　2008年12月28日至2009年1月1日在县城沱江举行，出席代表206名。会议主要内容：听取和审议《县人大常委会工作报告》《政府工作报告》《关于2008年国民经济和社会发展计划执行情况和2009年国民经济和社会发展计划（草案）报告》《关于2008年财政决算和2009年财政预算（草案）的报告》《法院工作报告》《检察院工作报告》，表决通过6个工作报告的决议；补选刘江明为县十五届人大常委会副主任。会议共收到代表议案、建议、批评和意见116件。

十五届人大三次会议　2010年1月6—9日在县城沱江举行，出席代表210名。会议主要内容：听取和审议《县人大常委会工作报告》《政府工作报告》《关于2009年国民经济和社会发展计划执行情况和2010年国民经济和社会发展计划（草案）报告》《关于2009年财政决算和2010年财政预算（草案）的报告》《法院工作报告》《检察院工作报告》，表决通过6个工作报告的决议。会议共收到代表议案、建议、批评和意见74件。

十五届人大四次会议　2011年1月5—9日在县城沱江举行，出席代表203名。会议主要内容：听取和审议《县人大常委会工作报告》《政府工作报告》《关于2010年国民经济和社会发展计划执行情况和2011年国民经济和社会发展计划（草案）报告》《关于2010年财政决算和2011年财政预算（草案）的报告》《法院工作报告》《检察院工作报告》，表决通过6个工作报告的决议；补选黎省林为江华瑶族自治县十五届人大常委会副主任，杨积龙、赵新胜、蒋红艳为江华瑶族自治县十五届人大常委会委员。会议共收到代表议案、建议、批评和意见78件。

十五届人大五次会议　2011年12月19—23日在县城沱江举行，出席代表200名。会议主要内容：听取和审议《县人大常委会工作报告》《政府工作报告》《关于2011

年国民经济和社会发展计划执行情况和2012年国民经济和社会发展计划（草案）报告》《关于2011年财政决算和2012年财政预算（草案）的报告》《法院工作报告》《检察院工作报告》，表决通过6个工作报告的决议；选举周生来等36名永州市第四届人民代表大会代表。会议共收到代表议案、建议、批评和意见79件。

第十六届人民代表大会

十六届人大一次会议 2012年9月25—30日在县城沱江举行，出席代表228人。会议主要内容：听取和审议《县人大常委会工作报告》《政府工作报告》《关于2012年1至8月国民经济和社会发展计划执行情况的报告》《关于2012年财政预算执行情况的报告》《法院工作报告》《检察院工作报告》，表决通过6个工作报告的决议；选举陈槐权为江华瑶族自治县第十六届人民代表大会常务委员会主任，刘江明、黎省林、廖家益、杨敏、贝小义等5人为副主任，刘雯等19人为委员；龙飞凤当选为江华瑶族自治县县长，吴恢才、龙国庆、李勇东、易恢节、陈志标、伍继承、黎氢等7人当选为副县长；王臣波为江华瑶族自治县人民法院院长；胡华清为江华瑶族自治县人民检察院检察长。会议共收到代表议案、建议、批评和意见141件。

十六届人大二次会议 2013年12月28—31日在县城沱江举行，出席代表228名。会议主要内容：听取和审议《县人大常委会工作报告》《政府工作报告》《关于2013年国民经济和社会发展计划执行情况和2014年国民经济和社会发展计划（草案）报告》《关于2013年财政决算和2014年财政预算（草案）的报告》《法院工作报告》《检察院工作报告》，表决通过6个工作报告的决议；补选黄曙明为江华瑶族自治县十六届人大常委会委员。会议共收到代表议案、建议、批评和意见99件。

十六届人大三次会议 2014年12月29日至2015年1月1日在县城沱江举行，出席代表226名。会议主要内容：听取和审议《县人大常委会工作报告》《政府工作报告》《关于2014年国民经济和社会发展计划执行情况和2015年国民经济和社会发展计划（草案）报告》《关于2014年财政决算和2015年财政预算（草案）的报告》《法院工作报告》《检察院工作报告》，表决通过6个工作报告的决议。会议共收到代表议案、建议、批评和意见68件。

十六届人大四次会议 2016年1月7—10日在县城沱江举行，出席代表222名。会议主要内容：听取和审议《县人大常委会工作报告》《关于江华瑶族自治县国民经济和社会发展第十三个五年规划纲要的报告》《关于2015年国民经济和社会发展计划执行情况和2016年国民经济和社会发展计划（草案）报告》《关于2015年财政决算和2016年财政预算（草案）的报告》《法院工作报告》《检察院工作报告》，表决通过6个工作报告的决议；补选甘秀椿、李维群、陈涵、蒋平为江华瑶族自治县十六届人大常委会委员。会议共收到代表议案、建议、批评和意见90件。

第十七届人民代表大会

十七届人大一次会议　2016年11月25—30日在县城沱江举行，出席代表226人。会议主要内容：听取和审议《县人大常委会工作报告》《政府工作报告》《关于2016年国民经济和社会发展计划执行情况和2017年国民经济和社会发展计划（草案）报告》《关于2016年财政决算和2017年财政预算（草案）的报告》《法院工作报告》《检察院工作报告》，表决通过6个工作报告的决议；设立第十七届人民代表大会法制委员会、财政经济委员会；选举黄志坚为江华瑶族自治县第十七届人民代表大会常务委员会主任，刘江明、廖家益、贝小义、蒋平、安青5人为副主任，刘雯等27人为委员；龙飞凤当选为江华瑶族自治县县长，胡勇刚、李勇东、黎氢、文嵩、黄守平、何永亮6人当选为副县长；唐建新为江华瑶族自治县人民法院院长；程晖为江华瑶族自治县人民检察院检察长；通过吴淑红为第十七届人民代表大会法制委员会主任委员，任吉票为副主任委员，齐雅敏等3人为委员；周康甲为第十七届人民代表大会财政经济委员会主任委员，黄榆娣为副主任委员，李胜久等3人为委员。会议共收到代表议案、建议、批评和意见99件。

第三节　江华瑶族自治县人民代表大会常务委员会

江华瑶族自治县人民代表大会常务委员会于1980年11月22日经县第八届人民代表大会第一次会议选举产生，为县级人民代表大会的常设机构，对县级人民代表大会负责并报告工作。江华瑶族自治县人民代表大会常务委员会成立之后，办事机构逐步健全，从1980年成立之初只设立办公室，到2016年已设立办公室、内务司法工作委员会、教育科学文化卫生工作委员会、环境资源保护城乡建设工作委员会、农业农村工作委员会、代表联络工作委员会、民族工作委员会、法制工作委员会8个委室，正常地开展各项工作，行使自己的职权。自1980年12月至2016年11月，共召开九届245次常委会会议。

2016年4月29日江华瑶族自治县第十六届人大常委会第二十八次会议召开

1980—2016 年江华瑶族自治县八届至十六届人大常委会会议概况一览表

表 10-9

届　次	概　　况
八届人大常委会	共举行常委会会议 19 次。听取和审议“一府两院”工作报告 18 项，任免国家机关工作人员 61 人次，作出决议决定 5 项。
九届人大常委会	共举行常委会会议 18 次。听取和审议“一府两院”工作报告 7 项，任免国家机关工作人员 129 人次，作出决议决定 4 项。
十届人大常委会	共举行常委会会议 19 次。听取和审议“一府两院”工作报告 29 项，任免国家机关工作人员 113 人次，作出决议决定 5 项。
十一届人大常委会	共举行常委会会议 17 次。听取和审议“一府两院”工作报告 36 项，任免国家机关工作人员 124 人次，作出决议决定 18 项。
十二届人大常委会	共举行常委会会议 36 次。听取和审议“一府两院”工作报告 42 项，任免国家机关工作人员 302 人次，作出决议决定 25 项。
十三届人大常委会	共举行常委会会议 36 次。听取和审议“一府两院”工作报告 47 项，任免国家机关工作人员 179 人次，作出决议决定 6 项。
十四届人大常委会	共举行常委会会议 32 次。听取和审议“一府两院”工作报告 41 项，任免国家机关工作人员 191 人次，作出决议决定 19 项。
十五届人大常委会	共举行常委会会议 33 次。听取和审议“一府两院”工作报告 55 项，任免国家机关工作人员 162 人次，作出决议决定 12 项。
十六届人大常委会	共举行常委会会议 35 次。听取和审议“一府两院”工作报告 46 项，任免国家机关工作人员 80 人次，作出决议决定 11 项。

1980—2016 年江华瑶族自治县历届人民代表大会常务委员会主任、副主任、办公室主任名录一览表

表 10-10

届次	主任	副主任	办公室主任	备注
一届人大常委会	资料缺失	资料缺失	资料缺失	
八届人大常委会	周国藻（瑶）	仇作义　石瑞英（壮）　李兴胜（瑶）　金定先		未明确办公室主任
九届人大常委会	周国藻（瑶）	赵成蛟（瑶）　黄复忠　龙　彪　杨家聪　石瑞英（壮）　金定先		未明确办公室主任
十届人大常委会	莫明甫（瑶）	石瑞英（壮）　李进清（瑶）　黎明（女、瑶）　蒋贵国（瑶）　龙　彪		未明确办公室主任
十一届人大常委会	莫明甫（瑶）	石瑞英（壮）　李进清（瑶）　黎明（女、瑶）　蒋贵国（瑶）　唐兆田	黎兴无（瑶）	
十二届人大常委会	黄金瑞（瑶）	蒋贵国（瑶）　李进清（瑶）　何文意　李娥英（女、瑶）　唐兆田	贝贤科（壮）	
十三届人大常委会	李大双（瑶）	蒋贵国（瑶）　邓沛合（瑶）　黎明（女、瑶）　李国芳（瑶）　江　云（女、壮）　唐兆田	石祥进（壮） 盘登仁（瑶）	
十四届人大常委会	邓沛合（瑶）	李娥英（女、瑶）　江云（女、壮）　盘登仁（瑶）　赵德明（瑶）　李祥军（瑶）　王孟义	唐志强（瑶）	
十五届人大常委会	周生来（瑶）	刘维刚　李祥军（瑶）　屈晓玲（女、瑶）　黄启发（瑶）　蒙业宏（壮）　刘江明（瑶）　黎省林（瑶）	唐志强（瑶）	
十六届人大常委会	陈槐权（瑶）	刘江明（瑶）　黎省林（瑶）　廖家益（瑶）　杨　敏（女、壮）　贝小义（瑶）	刘雯（女）	
十七届人大常委会	黄志坚（瑶）	刘江明（瑶）　廖家益（瑶）　贝小义（瑶）　蒋　平（瑶）　安　青（女、瑶）	刘雯（女）	

第九章　宁远县人民代表大会

第一节　宁远县各界人民代表会议

1950 年 3 月至 1954 年 3 月，宁远县各界人民代表会议共 2 届，召开 17 次会议。1954 年 6 月各界人民代表会议完成历史使命。首届第五次会议布置进一步深入开展抗美援朝及捐献运动，大张旗鼓地宣传镇压反革命，进行土地改革和爱国生产运动。

第一届代表会议

第一次会议　1950 年 3 月 13—15 日举行，到会代表 160 名。会议主要内容：发动群众生产度荒、剿匪反霸和减租退押等工作。

第二次会议　1950 年 7 月 18 日举行，到会代表 173 名。会议主要内容：号召代表认真宣传土改法，带领群众开塘筑坝、开源抗旱、夺取农业丰收。

第三次会议　1950 年 9 月 19 日举行，到会代表 133 名。会议主要内容：布置秋征任务。县委书记柳博祯到会作报告，宣讲土改法，布置整风和粮食征收。

第四次会议　1950 年 11 月 27—29 日举行，到会代表 235 名。会议主要内容：部署土地改革运动，进一步宣传土地改革的意义、路线、政策和步骤。

第五次会议　1951 年 6 月 26—28 日举行，到会代表 206 名。会议主要内容：总结四次会议以来的工作，布置进一步深入开展抗美援朝及捐献运动，大张旗鼓地宣传镇压反革命，进行土地改革和爱国生产运动。

第六次会议　1951 年 8 月 10 日举行，会议主要内容：总结、部署镇压反革命和土改工作。

第七次会议　1951 年 10 月 9 日举行，到会代表 175 人。会议主要内容：发扬人民民主，行使民主权利；发动群众，准备冬耕生产；检查修订爱国公约；贯彻执行新婚姻法；搞好粮食征收工作。作出关于撤换省各界人民代表会议协商委员会委员李雪溪、工人代表蒋俊忠、农民代表杨春保等人的湖南省各界人民代表会议协商委员会委员与代表资格的决议。选举产生出席湖南省各界人民代表会议的农民代表黄连生、工人代表陈家祥，教员代表王文达、少数民族代表赵明凤。

第八次会议 1952 年 1 月 21—23 日举行，到会代表 196 名。会议主要内容：传达省一届二次各界人民代表会议精神，县长杨文正作抗美援朝、增产节约、优抚等方面的工作报告，妇联主任郭秀英作宣传执行婚姻法的报告。

第九次会议 1952 年 5 月 28 日至 6 月 1 日举行，到会代表 205 名。会议的主要内容是：以讨论生产为主，结合研究划小乡与开展爱国卫生防疫运动的问题，同时检查优抚工作、夏荒问题及贯彻执行婚姻法情况。

第十次会议 1952 年 8 月 22—26 日举行，出席会议的代表共 175 名。会议的主要内容是部署查田定产工作。县长杨文正在会上作《关于查田定产工作的开展及定产的方案在人民代表会议上的报告》。

第二届代表会议

第一次会议 1952 年 11 月 20—24 日举行，代表分配名额 300 名，实际与会代表 273 名。会议主要内容：听取并审查县人民政府三年来的工作报告；选举宁远县人民政府委员 23 名，杨文正任宁远县县长，谭永祯任副县长；选举湖南省二届二次各界人民代表大会代表 9 名。

第二次会议 1953 年 4 月 1—4 日举行，到会代表 175 名。会议主要内容：会议听取审议县长谭永祯关于开展爱国生产运动、贯彻婚姻法和作好准备迎接普选等问题的工作报告。县委第二书记杨文正到会讲话，就农村工作情况、解决瑶汉山村纠纷和会议精神的贯彻等问题发言。

第三次会议 1953 年 7 月 12—13 日举行，到会代表 159 名。会议主要内容：听取审议副县长霍铭璋《关于当前生产问题的报告》。着重强调防旱工作、生产度荒、粮食问题、优抚工作、处理纠纷、加强农村治安等问题。

第四次会议 1953 年 8 月 29—31 日举行，到会代表 141 名。会议主要内容：秋收秋种、粮食收购、生产救灾。副县长霍铭璋在会上先后作《关于当前生产工作的报告》和《关于当前生产工作的结论》的工作报告。

第五次会议 1953 年 11 月 24—29 日举行，到会代表 145 名。会议主要内容：粮食统购统销和扩大再生产力量。副县长霍铭璋在会上作《关于过渡时期总路线总任务和粮食统购统销、增产节约》的报告。

第六次会议 1954 年 1 月 23—28 日举行。会议主要内容：听取县人民政府关于粮食统购统销和全年农业生产计划的报告。

第七次会议 1954年3月9日举行。会议主要内容：县长霍铭璋在会上作《关于生产与普选的报告》。会后全县开展普选，6月结束。全县416235人中，有选举权的225443人，实际参加选举的179048人，选举县人大代表331名。

第二节 宁远县人民代表大会

1954年6月27日召开第一届人民代表大会第一次会议，至2016年1月召开十六届人民代表大会第五次会议，共举行48次会议。“文化大革命”期间人民代表大会制度被迫中断，第六届人民代表大会未能如期举行，1968年3月召开万人群众大会作为第六届人民代表大会，宣布成立宁远县革命委员会，县革命委员会代替县人代会的职能。八届人大一次会议撤销县革命委员会，恢复县人民政府，县委、县人大常委会、县人民政府正式分开办公。从第八届人民代表大会开始选举产生县人大常务委员会，每届任期3年。从县第十二届人民代表大会开始每届任期5年。十三届以来重视旅游业发展，每届都作出与旅游相关的决议决定。十六届持续关注教育发展，对教育工作作出两个大会决议，进行三次专题调研和一次教育专题询问；重视环境建设，作出在县城主城区禁止燃放烟花爆竹的决议，推动创建全国卫生县城；创新代表议案及建议办理机制，实行“三个面对面”办理，经验在全省推介；重视信息化建设，创建“宁远县人大网”。

第一届人民代表大会

第一次会议 1954年6月27—30日举行，出席会议代表273人。会议主要内容：会议学习《中华人民共和国宪法（草案）》；审查批准副县长蒋仕合所作的县人民政府工作报告，听取通过县政府秘书代表县政府作的《关于半年来工作总结及今后工作意见的报告》，并形成相应的决议；选举周志余等6人为湖南省人大代表。

第二次会议 1955年4月9—11日举行，到会代表226名。会议主要内容：大会遵照《地方组织法》，决定将宁远县人民政府改为宁远县人民委员会。会议选举县人委委员17名和县人民法院院长，李庆祥为宁远县县长，黄申乾为副县长；通过《关于大力开展以互助合作为中心的春耕生产运动》《关于学习和讨论中华人民共和国兵役法（修正草案）》的决议。

第二届人民代表大会

第一次会议 1956年12月6—8日举行，到会代表327名。会议主要内容：会议审查通过县人民委员会工作报告；巩固农业社，发展生产，厉行节约，战胜灾荒；选举宁远县人民委员会委员17名，吕和为宁远县县长，黄申乾、张光铁、姜酉祥为副县长，王克昌为宁远县人民法院院长。选举刘东安、苏华等9人为湖南省人大代表。

第二次会议 1958年1月26—29日举行，到会代表327名。会议主要内容：会议听取和讨论县人民委员会工作报告；讨论通过宁远县1958年至1967年农业发展规划（草案）；审查批准关于财政预决算的报告。

第三届人民代表大会

第一次会议 1958年4月17—19日举行。出席代表334名。会议主要内容：会议听取并审查宁远县第二届人民委员会的工作报告；讨论和决定“关于进一步动员全县人民奋发图强，快马加鞭，干劲加钻劲，大胆设想，大胆创造，大胆革新，全面跃进，为两年改变宁远面貌，三年实现四十条而奋斗”的问题。选举宁远县第三届人民委员会委员18名，苏华为宁远县县长，黄申乾、姜酉祥为副县长，王克昌为宁远县人民法院院长；选举杨春华、紫彩林等6人为湖南省人大代表，通过《宁远县1956—1957年农业发展纲要》。

第四届人民代表大会

第一次会议 1960年12月13—15日举行，出席会议代表336名。会议主要内容：会议听取并审查宁远县第三届人民委员会工作报告；讨论和决定之后工作任务。选举宁远县人民委员会委员17名，苏华为宁远县县长，黄申乾、姜酉祥、巩尚仁为副县长，骆启霏为宁远县人民法院院长；选举田树德、王显彬为湖南省人大代表。

第五届人民代表大会

第一次会议 1964年8月29—31日举行，实有代表350名，出席会议代表292名。会议主要内容：会议听取并审查县人民委员会的施政工作报告和县法院工作报告；讨论并决定之后工作任务。选举宁远县人民委员会委员21名，杨春华为宁远县县长，黄申乾、符翠娥、姜酉祥为副县长，王克昌为宁远县人民法院院长，会议还选举张祖采、袁家祥等6人为湖南省人大代表。

第六届人民代表大会

第六届人民代表大会因处在“文化大革命”期间，没有按期举行。

1968年3月18日，在城关第一完小召开万人群众大会作为第六届人民代表大会，宣布成立宁远县革命委员会，从此，宁远县革命委员会代替县人委会的职能。由吴凤林、刘伟、马天会等47人组成宁远县革命委员会，由吴凤林、刘伟等15人组成宁远县革命委员会常务委员会，吴凤林任主任委员，马天会、胥义和、彭雪保、周保山等任副主任委员。

第七届人民代表大会

第一次会议 1977年12月26—29日举行，全县共选出代表950名，到会代表923名。会议主要内容：大会讨论通过宁远县革命委员会的工作报告，选举县革命委员会委员32名，周曦为主任，张祖彩、陈吉义、邓能发、蒋仕合、蒋年旺为副主任。任命冯人全为宁远县人民法院院长。

第八届人民代表大会

第一次会议 1980年12月15—20日举行，实有代表300名，参会代表282人。会议的主要内容：会议听取并审议通过县革委会工作报告、1979年财政决算和1980年财政预算执行情况的报告、县人民法院的工作报告、县人民检察院的工作报告。会议选举宁远县八届人大常务委员会组成人员16人，郑智峰任主任，吕玉元、周华荣（女）、黄申乾、郑国栋为副主任；选举郭清陌为宁远县县长，邓能发、欧阳国斌、蒋仕合、蒋年旺为副县长；选举冯人全为宁远县人民法院院长；宁永恒为宁远县人民检察院检察长。会议决定撤销县革命委员会，恢复县人民政府，各委、办、局名称前均不冠以“革命委员会”。会后，相继成立县人大常委会办公室、县人民政府办公室、县委、县人大常委会、县人民政府正式分开办公。

第二次会议 1981年12月28—31日举行。出席代表301人。会议的主要内容：审议县人民政府、县计委、县财政局和县人大常委会、县人民法院、县人民检察院的工作报告。着重讨论研究宁远县经济工作，作出《关于保护森林发展林业的决定》和《关于计划生育若干问题的决定》。选举李国民为宁远县人大常委会副主任，黄申乾为副县长，肖求仁为宁远县人民法院院长。

第三次会议 1983 年 3 月 17—21 日举行，应到代表 293 人，实到 253 人。会议的主要内容：审议县政府、县计委、县财政局和人大常委会、县人民法院、县人民检察院等 6 个工作报告并作出相应的决议，选举湖南省六届人大代表 8 名：罗茅、王益之、郑智峰、钱成德、冯知秀、李运林、郑光龙、欧全秀。讨论和通过《关于制止滥占耕地建房的决议》。

第九届人民代表大会

第一次会议 1984 年 4 月 2—7 日举行。出席代表 398 人。会议的主要内容：听取并审议县人大常委会工作报告、县政府工作报告和县计委、县财政局、县人民法院、县人民检察院等单位的工作报告；通过《关于发展和保护专业户、重点户的决议》《关于加强和发展教育，开展集资办学的决定》；选举宁远县第九届人民代表大会常委委员会组成人员 18 人，郑智峰为主任，周华荣、李国民、黄少成、郑国栋为副主任；选举周嗣海为宁远县县长，蒋年旺、李汉民、彭咸钧、蒋崇献为副县长；选举刘友成为宁远县人民法院院长、宁永恒为宁远县人民检察院检察长。

第二次会议 1985 年 4 月 27 日至 5 月 1 日举行，出席代表 402 人。会议的主要内容：听取和审议县人大常委会、县人民政府、县计委、县人民法院、县人民检察院的工作报告和县财政预决算报告；讨论通过《关于加强民主与法制宣传教育的决定》和《关于大力开展荒山造林和“四旁”绿化的决定》；选举李永祥为宁远县人大常委会副主任，奉汉林为人大常委会委员，卢恒华为宁远县县长，王志中、陈开学为副县长，乐才明为宁远县人民检察院检察长。

第三次会议 1986 年 3 月 5—7 日。出席代表 399 人。会议的主要内容：听取和审议县人大常委会、县人民政府、县人民法院、县人民检察院的工作报告以及县财政局《关于 1984 年财政决算、1985 年财政预算执行情况和 1986 年财政预算的报告》。通过《关于加快普及初等教育步伐，确保今冬验收合格的决定》和《关于在全体公民中基本普及法律常识的决定》。大会增选冯人全为宁远县人大常委会副主任，陈建国为人大常委会委员。

第十届人民代表大会

第一次会议 1987 年 3 月 5—11 日举行，出席代表 317 名。会议的主要内容：听取和审议县人大常委会、县政府、县人民法院、县人民检察院的工作报告和县财政预决算报告。通过《关于大力发展乡镇企业和加强城镇建设的决议》。选举产生宁远县十届人大常务委员会委员 15 人，选举郑智峰为县人大常委会主任，冯人全、李永祥、周华荣（女）、黄少成为副主任；选举卢恒华为宁远县县长，邓能发、陈开学、李绍秋、单萍为副县长；选举刘友成为宁远县人民法院院长、罗石恩为宁远县人民检察院检察长。

第二次会议 1988 年 1 月 7—10 日举行，出席代表 319 人。会议的主要内容：听取和审议县人大常委会、县人民政府、县计委、县财政局、县人民法院、县人民检察院的工作报告，选举产生省人大代表 7 名：王益之、卢恒华、刘平娥、何宝凤、郑智峰、赵兴富、欧阳良军。县委书记王财富到会讲话。

第三次会议 1989 年 4 月 10—13 日举行，出席代表 318 名。会议的主要内容：听取和审议县人大常委会、县人民政府和县人民法院、县人民检察院、县财政局的工作报告，并通过相应的决议，增选李绍秋为宁远县人大常委会副主任，杨振汉为宁远县副县长。

第十一届人民代表大会

第一次会议 1990 年 2 月 19—23 日举行，出席代表 316 名。会议的主要内容：听取和审议县人民政府工作报告、县计委关于 1989 年国民经济计划执行情况及 1990 年国民经济和社会发展计划（草案）的报告、县财政局关于 1988 年财政决算、1989 年财政预算执行情况及 1990 年财政预算的报告、县人大常委会工作报告、县人民法院和县人民检察院工作报告，通过有关决议、决定。大会选举产生宁远县十一届人大常委会组成人员 17 人，选举欧阳国斌为宁远县人大常委会主任，李绍秋、聂盛辉、周杰明、陈建国、刘平娥（女）为副主任；选举周建达为宁远县县长，何明伶（女）、李晓坤、李广德、杨振汉、单萍、陈开学为副县长；选举刘友成为宁远县人民法院院长、杨东万为宁远县人民检察院检察长。

第二次会议 1991 年 3 月 15—20 日举行，出席代表 316 名。会议的主要内容：审议县人民政府、县计委、县财政局和人大常委会、县人民法院、县人民检察院 6 个工作报告。补选唐永正、冯军胜为宁远县人大常委会副主任，补选常务委员会委员 1 人。通过《宁远县国民经济和社会发展十年规划及“八五”计划的决议》《关于实施普及九年义务教育规划的决议》和《关于拓宽五里沟段公路的决议》。

第三次会议 1992 年 3 月 16—19 日举行，应到代表 308 名，实到代表 289 名。会议的主要内容：审议县人民政府、县计委、县财政局和县人大常委会、县人民法院、县人民检察院 6 个工作报告并作出相应的决议。同时还依照《中华人民共和国组织法》和《中华人民共和国选举法》的规定，选举张复卿为宁远县县长，补选县人大常委会委员 3 人。

第十二届人民代表大会

第一次会议　1992 年 12 月 28 日至 1993 年 1 月 4 日举行，应到代表 316 名，实到 312 名。会议的主要内容：欧阳国斌代表宁远县第十一届人大常委会作工作报告。选举产生宁远县十二届人大常委会组成人员 19 人。选举欧阳国斌为县人大常委会主任，聂盛辉、李绍秋、周杰明、唐永正、邓丽华为副主任；选举张复卿为宁远县县长，龙显博、邱长清、张智勇、欧利生、单萍为副县长；选举刘友成为宁远县人民法院院长、杨东万为宁远县人民检察院检察长。通过《关于加快实现全面绿化的决定》。

第二次会议　1994 年 3 月 11—15 日举行，出席代表 315 名。会议的主要内容：听取和审议县长张复卿代表县人民政府向大会作的《政府工作报告》、人大常委会主任欧阳国斌作的《县人大常委会工作报告》，同时还对计划、财政、法院、检察 4 个报告进行审议。依照《中华人民共和国地方各级人民代表大会和地方各级人民政府组织法》和《中华人民共和国选举法》的规定，并根据中发〔1990〕2 号文件《关于地方党委向地方国家机关推荐领导干部的若干规定》的精神，补选文美林、陈建国为宁远县副县长。

第三次会议　1995 年 3 月 3—6 日举行。应到代表 316 名，到会代表 308 名。会议的主要内容；听取和审议县人民政府、县人大常委会、县人民法院和县人民检察院的工作报告并作出相应的决议。审查和批准 1994 年国民经济和社会发展计划执行情况及 1995 年国民经济和社会发展计划（草案）的报告、1994 年财政预算执行情况和 1995 年财政预算（草案）的报告。通过《关于加速发展乡镇企业的决定》。会议收到代表议案 15 件，建议、批评和意见 117 件，其中议案立案 2 件，其余转作建议、批评和意见办理。

第四次会议　1996 年 3 月 14—18 日举行。出席代表 315 人。会议的主要内容：听取和审议县人民政府、县人大常委会、县人民法院和县人民检察院的工作报告并作出相应的决议。审查和批准宁远县国民经济和社会发展“九五”计划及 2010 年中长期发展规划（草案）、1995 年国民经济和社会发展计划执行情况及 1996 年国民经济和社会发展计划（草案）的报告、1995 年财政预算执行情况和 1996 年财政预算（草案）的报告。会议接受张复卿辞去宁远县县长职务，补选李德勋为宁远县县长。选举产生了永州市第一届人民代表大会代表 52 名。通过《关于加强电力建设的决议》。会议收到代表议案 30 件，建议、批评和意见 82 件，其中议案立案 2 件，其余转作建议、批评和意见办理。

第五次会议　1997 年 3 月 8—12 日举行。出席代表 311 人。会议的主要内容：听取和审议县人民政府、县人大常委会、县人民法院和县人民检察院的工作报告并作出相应的决议。审查和批准宁远县 1996 年国民经济和社会发展计划执行情况及 1997 年国民经济和社会发展计划（草案）的报告、1996 年财政预算执行情况和 1997 年财政预算（草案）的报告。会议补选欧守冬为宁远县人民法院院长、滕购新为宁远县人民检察院检察长。通过《关于坚决制止“三乱”，减轻农民负担的决议》《关于加大“普九”力度，确保宁远一九九八年“双基”验收合格的决定》。会议收到代表议案40件，建议、批评和意见75件，其中议案立案1件，其余转作建议、批评和意见办理。

第十三届人民代表大会

第一次会议 1998年1月3—8日举行，出席代表262名。会议的主要内容；听取和审议县人民政府、县人大常委会、县人民法院和县人民检察院的工作报告并作出相应的决议。审查和批准宁远县1997年国民经济和社会发展计划执行情况及1998年国民经济和社会发展计划（草案）和十年规划、“九五”计划调整意见的报告、1997年财政预算执行情况和1998年财政预算（草案）的报告。大会选举产生宁远县十三届人大常委会委员12人，选举欧阳国斌为宁远县人大常委会主任，欧学实、李绍秋、周杰明、唐永正、邱长清、冯军胜为副主任；选举李德勋为宁远县县长，张智勇、欧阳维西为副县长。会议收到代表议案38件，建议、批评和意见138件，其中议案立案3件，其余转作建议、批评和意见办理。

第二次会议 1999年3月14—18日举行，出席代表267名。会议的主要内容：听取和审议县人民政府、县人大常委会、县人民法院和县人民检察院的工作报告并作出相应的决议。审查和批准宁远县1998年国民经济和社会发展计划执行情况及1999年国民经济和社会发展计划（草案）的报告、1998年财政预算执行情况和1999年财政预算（草案）的报告。补选蒋志勇、邓尧忠为宁远县副县长，黄绍祯为宁远县人民法院院长，周伟平为宁远县人民检察院检察长。通过《关于依法完成乡镇统筹、村提留任务的决议》《关于巩固提高“两基”成果、规范学校收费的决议》《关于切实改善社会治安环境的决议》《关于加强交通秩序管理，进一步整治县城脏乱差的决议》。会议收到代表议案30件，建议、批评和意见88件，其中议案立案4件，其余转作建议、批评和意见办理。

第三次会议 2000年2月25—29日举行，出席代表268名。会议的主要内容：听取和审议县人民政府、县人大常委会、县人民法院和县人民检察院的工作报告并作出相应的决议。审查和批准宁远县1999年国民经济和社会发展计划执行情况及2000年国民经济和社会发展计划（草案）的报告、1999年财政预算执行情况和2000年财政预算（草案）的报告。补选樊顺林、何成德、钟胜平为县人大常委会委员。通过《关于加快水、电、路、讯基础设施建设，促进全县经济发展的决议》《关于以祭舜为契机、整顿市容市貌，加快城镇建设步伐的决议》。会议收到代表议案37件，建议、批评和意见 48 件，其中议案立案 3 件，其余转作建议、批评和意见办理。

第四次会议　2001 年 5 月 27—31 日举行，出席代表 265 人。会议的主要内容：听取和审议县人民政府、县人大常委会、县人民法院和县人民检察院的工作报告并作出相应的决议。审查和批准宁远县 2000 年国民经济和社会发展计划执行情况及 2001 年国民经济和社会发展计划（草案）的报告、2000 年财政预算执行情况和 2001 年财政预算（草案）的报告。通过《关于加大打黑除恶力度，确保社会稳定，促进经济发展的决议》《关于进一步加强城市建设和管理，创建文明卫生县城的决议》。补选叶兴旺、杨见苟为县人大常委会委员。选举产生永州市第二届人民代表大会代表 50 名。会议收到代表议案 31 件，建议、批评和意见 50 件，其中议案立案 2 件，其余转作建议、批评和意见办理。

第五次会议　2002 年 3 月 1—4 日举行，出席代表 260 名。会议的主要内容：听取和审议县人民政府、县人大常委会、县人民法院和县人民检察院的工作报告并作出相应的决议。审查和批准宁远县 2001 年国民经济和社会发展计划执行情况及 2002 年国民经济和社会发展计划（草案）的报告、2001 年财政预算执行情况和 2002 年财政预算（草案）的报告。补选李光富为宁远县县长。通过《关于加大土地执法力度，切实保护耕地的决议》。会议收到代表议案 30 件，建议、批评和意见 50 件，其中议案立案 2 件，其余转作建议、批评和意见办理。

第十四届人民代表大会

第一次会议　2002 年 12 月 27—31 日举行，出席代表 266 名。会议的主要内容：听取和审议县人民政府、县人大常委会、县人民法院和县人民检察院的工作报告并作出相应的决议。审查和批准宁远县 2002 年国民经济和社会发展计划执行情况及 2003 年国民经济和社会发展计划（草案）的报告、2002 年财政预算执行情况和 2003 年财政预算（草案）的报告。大会选举丁树南等 14 人为宁远县十四届人大常委会委员，选举乐才明为宁远县人大常委会主任，唐才玉、欧阳学斌、何德仁、杨丢清、郑福章、欧阳德群为副主任。选举李光富为宁远县县长，刘卫华、蒋志勇、周克利、冯军胜、张明贵、唐慧云为副县长。何国雄为宁远县人民法院院长、刘繁荣为宁远县人民检察院检察长。补选乐才明为永州市第二届人民代表大会代表。通过《关于整治泠江河及加大水利设施整修力度的决议》《关于加强县乡（镇）路网建设的决议》《关于加大农业税及附加征收力度的决议》。会议收到代表议案 42 件，建议、批评和意见 110 件，其中议案立案 3 件，其余转作建议、批评和意见办理。

第二次会议　2003 年 12 月 28—31 日举行，出席代表 266 名。会议的主要内容：听取和审议县人民政府、县人大常委会、县人民法院和县人民检察院的工作报告并作出相应的决议。审查和批准宁远县 2003 年国民经济和社会发展计划执行情况及 2004 年国民经济和社会发展计划（草案）的报告、2003 年财政预算执行情况和 2004 年财政预算（草案）的报告。补选唐淑娥为永州市第二届人民代表大会代表。通过《关于整顿县城交通秩序，规范三轮车营运，开通县城公共客运车的决议》《关于进一步优化经济发展环境，促进我县经济快速健康发展的决议》。会议收到代表议案 29 件，建议、批评和意见 65 件，其中议案立案 2 件，其余转作建议、批评和意见办理。

第三次会议 2005 年 1 月 11—14 日在举行，出席代表 261 名。会议的主要内容：听取和审查县政府、县人大常委会、县人民法院和县人民检察院的工作报告并作出相应的决议。审查和批准宁远县 2004 年国民经济和社会发展计划执行情况及 2005 年国民经济和社会发展计划（草案）的报告、2004 年县本级财政预算执行情况和 2005 年县本级财政预算（草案）的报告。补选宁远县十四届人大常委会委员 1 人。通过《关于加强城市管理，提高市民素质的决议》。会议收到代表议案 39 件，建议、批评和意见 58 件，其中议案立案 1 件，其余转作建议、批评和意见办理。

第四次会议 2006 年 3 月 2—5 日举行，出席代表 263 名。会议的主要内容：听取和审议县政府、县人大常委会、县人民法院和县人民检察院的工作报告并作出相应的决议。审查和批准宁远县国民经济和社会发展第十一个五年规划纲要的报告、2005 年国民经济和社会发展计划执行情况及 2006 年国民经济和社会发展计划（草案）的报告、2005 年财政预算执行情况和 2006 年财政预算（草案）的报告。补选宁远县人大常委会委员 1 人。通过《关于宁远县国民经济和社会发展第十一个五年规划纲要及关于纲要报告的决议》《关于多方筹资筹劳，加快乡村道路建设的决议》。会议收到代表议案 39 件，建议、批评和意见 69 件，其中议案立案 1 件，其余转作建议、批评和意见办理。

第五次会议 2006 年 12 月 30 日至 2007 年 1 月 2 日举行，出席代表 260 名。会议的主要内容：听取和审议县人民政府、县人大常委会、县人民法院和县人民检察院的工作报告并作出相应的决议。审查和批准宁远县 2006 年国民经济和社会发展计划执行情况及 2007 年国民经济和社会发展计划（草案）的报告、2006 年财政预算执行情况和 2007 年财政预算（草案）的报告。选举产生永州市第三届人民代表大会代表 49 名。通过《关于加强旅游生态环境保护的决议》。会议收到代表议案 25 件，建议、批评和意见 62 件，其中议案立案 1 件，其余转作建议、批评和意见办理。

第十五届人民代表大会

第一次会议 2007 年 11 月 21—25 日举行，出席代表 280 名。会议的主要内容：听取和审议县人民政府、县人大常委会、县人民法院和县人民检察院的工作报告并作出相应的决议。审查和批准宁远县2007年国民经济和社会发展计划执行情况及2008年国民经济和社会发展计划（草案）的报告、2007年财政预算执行情况和2008年财政预算（草案）的报告。会议选举曹辉正等21人为宁远县十五届人大常委会委员，选举邓丽华为宁远县人大常委会主任，冯东旺、何德仁、欧阳学斌、郑福章（女）、唐才玉为副主任；选举罗建华为宁远县县长，王佑生、刘卫华、刘惠兰（女）、张明贵、欧阳德群、周克利为副县长；选举何国雄为宁远县人民法院院长、刘繁荣为宁远县人民检察院检察长。补选罗建华为永州市第三届人大代表。通过《关于加强护林防火，保护发展生态资源的决议》《关于整顿客运市场，规范营运秩序的决议》。会议收到代表议案65件，建议、批评和意见142件，其中议案立案3件，其余转作建议、批评和意见办理。

第二次会议　2008年12月30日至2009年1月2日举行，出席代表279人。会议的主要内容：听取和审议县人民政府、县人大常委会、县人民法院、县人民检察院的工作报告并作出相应的决议。审查和批准宁远县2008年国民经济和社会发展计划执行情况及2009年国民经济和社会发展计划（草案）的报告、2008年财政预算执行情况和2009年财政预算（草案）的报告。补选赵吉永为宁远县人大常委会副主任、李小春为宁远县人大常委会委员。通过《关于优化学校发展环境，促进教育和谐发展的决议》《关于实施拯救泠江河行动的决议》。会议收到代表议案50件，建议、批评和意见73件，其中议案立案2件，其余转作建议、批评和意见办理。

第三次会议　2010年4月26—29日举行，应到代表278人，实到267人。会议的主要内容：听取和审议县人民政府、县人大常委会、县人民法院、县人民检察院的工作报告并作出相应的决议。审查和批准宁远县2009年国民经济和社会发展计划执行情况及2010年国民经济和社会发展计划（草案）的报告、2009年财政预算执行情况和2010年财政预算（草案）的报告。补选张俊杰为永州市第三届人民代表大会代表。通过《关于加强城市建设与管理，努力创建文明、卫生、生态、旅游城市的决议》。会议收到代表议案33件，建议、批评和意见58件，其中议案立案2件，其余转作建议、批评和意见办理。

第四次会议　2010年8月5—6日举行，出席代表281名。会议的主要内容：听取宁远县2010年上半年经济社会发展报告。补选曹辉正、胡昕若为宁远县副县长，何为民、雷绪旭为宁远县第十五届人大常委会委员。

第五次会议　2011年1月4—7日举行，出席代表276名。会议的主要内容：听取和审议县人民政府、县人大常委会、县人民法院、县人民检察院的工作报告并作出相应的决议。审查和批准宁远县2010年国民经济和社会发展计划执行情况及2011年国民经济和社会发展计划（草案）的报告、2010年财政预算执行情况和2011年财政预算（草案）的报告。通过《关于宁远县国民经济和社会发展第十二个五年规划纲要的决议》《关于贯彻〈发展纲要〉，实施立县战略，做强宁远教育，促进教育发展的决议》《关于夯实卫生基础，加强医药管理，提高医疗水平，减轻就医负担的决议》。会议收到代表议案 42 件，建议、批评和意见 47 件，其中议案立案 2 件，其余转作建议、批评和意见办理。

第六次会议 2011 年 5 月 18—19 日举行，出席代表 277 人。会议的主要内容：听取宁远县 2011 年 1—4 月经济社会发展报告。补选刘卫华为宁远县县长，黄胜洪、何凤英、何开银、刘京山为宁远县第十五届人大常委会委员。

第七次会议 2011 年 6 月 27—28 日举行，出席代表 280 人。会议的主要内容：补选周方为宁远县第十五届人大常委会副主任，欧阳学斌、唐慧云为宁远县副县长。

第八次会议 2011 年 12 月 20—23 日举行，出席代表 279 人。会议的主要内容：听取和审议县人民政府、县人大常委会、县人民法院、县人民检察院的工作报告并作出相应的决议。审查和批准宁远县 2011 年国民经济和社会发展计划执行情况及 2012 年国民经济和社会发展计划（草案）的报告、2011 年财政预算执行情况和 2012 年财政预算（草案）的报告。选举产生永州市第四届人民代表大会代表 54 名。通过《关于全面推进城乡整洁行动，争创全国卫生县城的决议》《关于努力推进文化强县建设，争创文化先进县的决议》。会议收到代表议案 34 件，建议、批评和意见 17 件，其中议案立案 2 件，其余转作建议、批评和意见办理。

第十六届人民代表大会

第一次会议 2012 年 10 月 13—17 日举行，出席代表 292 人。会议的主要内容：听取和审议县人民政府、县人大常委会、县人民法院和县人民检察院的工作报告并作出相应的决议。审查和批准宁远县 2012 年国民经济和社会发展计划执行情况及 2013 年国民经济和社会发展计划（草案）的报告、2012 年财政预算执行情况和 2013 年财政预算（草案）的报告。会议选举于文敬等 21 人为宁远县十六届人大常委会委员，选举张明贵为宁远县人大常委会主任，周方、赵吉永、眭晓棠、何为民、欧红杰为副主任；选举刘卫华为宁远县县长，刘庚旺、唐慧云、欧阳学斌、刘惠兰、胡昕若、雷鸣、宋志雄、陈梗为副县长；选举唐小辉为宁远县人民法院院长，蒋大文为宁远县人民检察院检察长。通过《关于积极发展旅游业，全力创建国家级旅游目的地的决议》。会议收到代表议案 38 件，建议、批评和意见 85 件，其中议案立案 1 件，其余转作建议、批评和意见办理。

第二次会议 2013 年 12 月 25—28 日举行，出席代表 293 人。会议的主要内容：听取和审议县人民政府、县人大常委会、县人民法院和县人民检察院的工作报告并作出相应的决议。审查和批准宁远县 2013 年国民经济和社会发展计划执行情况及 2014 年国民经济和社会发展计划（草案）的报告、2013 年财政预算执行情况和 2014 年财政预算（草案）的报告。补选李国燕为宁远县第十六届人大常委会委员。通过《关于举全县之力，用三到五年解决城区义务教育学位紧缺问题的决议》《关于加大招商引资力度，狠抓工业项目建设，全力推进我县新型工业化进程的决议》。会议收到代表议案 53 件，建议、批评和意见 142 件，（其中有 5 件不符合要求，退还代表本人），其中议案立案 2 件，其余转作建议、批评和意见办理。

第三次会议　2014 年 4 月 8—9 日举行，出席代表 293 人。会议的主要内容：补选桂砺锋为宁远县县长。

第四次会议　2015 年 2 月 25—28 日举行，出席代表 290 人。会议的主要内容：听取和审议县人民政府、县人大常委会、县人民法院和县人民检察院的工作报告并作出相应的决议。审查和批准宁远县 2014 年国民经济和社会发展计划执行情况及 2015 年国民经济和社会发展计划（草案）的报告、2014 年财政预算执行情况和 2015 年财政预算（草案）的报告。通过《关于禁伐限伐，全面封山育林的决议》《关于全力提高教学质量，重振宁远教育雄风的决议》《关于在县城主城区禁止燃放烟花爆竹的决议》。会议收到代表议案 38 件，建议、批评和意见 131 件，其中议案立案 3 件，其余转作建议、批评和意见办理。

第五次会议　2016 年 1 月 7—10 日举行，出席代表 295 人。会议的主要内容：听取和审议县人民政府、县人大常委会、县人民法院和县人民检察院的工作报告并作出相应的决议。审查和批准宁远县 2015 年国民经济和社会发展计划执行情况及 2016 年国民经济和社会发展计划（草案）的报告、2015 年财政预算执行情况和 2016 年财政预算（草案）的报告。补选周辉为宁远县人民检察院检察长，郑福章为宁远县十六届人大常委会委员。通过《关于积极开展农村“五化”行动，全面推进美丽乡村建设的决议》。会议收到代表议案 29 件，建议、批评和意见 100 件，其中议案立案 1 件，其余转作建议、批评和意见办理。

第三节　宁远县人民代表大会常务委员会

宁远县人民代表大会常务委员会于 1980 年 12 月由县第八届人民代表大会第一次会议选举产生。办事机构 1980 年只设立办公室。1984 年 4 月，增设法制、财政经济、科教文卫 3 个工作组，1985 年 5 月，分别更名为法制、财政经济、科教文卫三个工作委员会。1986、1988、1998 年分别增设民族、选举任免联络、农村经济 3 个工作委员会。2002 年 3 月机构改革，人大常委会工作机构设“一办五委”：办公室、选举任免联络工作委员会、内务司法工作委员会、财政经济工作委员会、民族教科文卫工作委员会、农业农村与城市建设环保工作委员会。2015 年将农业农村与城市建设环保工作委员会分设为农业和农村工作委员会、城市建设与环境资源保护工作委员会。2016 年 8 月县人民代表大会及其常务委员会机构设置为：县人民代表大会设法制委员会、财政经济委员会 2 个专门委员会。县人民代表大会常务委员会内设“一办五委”：办公室、代表联络工作委员会（选举任免联络工作委员会）、内务司法工作委员会、教育科学文化卫生工作委员会、农业农村工作委员会、环境资源保护城乡建设工作委员会。

八届人大常委会

共举行会议 19 次，听取和审议“一府两院”工作报告 26 项，作出决议决定 8 项，任免国家机关工作人员 203 人次。届内听取和审议全县国民经济计划、财政决算和预算、代表提案办理落实情况、整顿社会治安情况和之后工作意见、城镇建设总体规划、县供销体制改革、自然灾害和抗灾工作情况、优抚工作、教育工作、物价工作、计划生育、少数民族工作、农房建设等项工作报告。作出《关于组织全县人民讨论〈中华人民共和国宪法修改草案〉的决议》《关于进一步整顿社会治安的决议》《关于稳定市场物价的决议》《关于进一步动员全县人民，把严厉打击刑事犯罪活动的斗争进行到底的决议》《关于撤销宁远县选举委员会的决定》。开展执行宪法、法律和打击刑事犯罪活动的情况调查。集中学习宪法、地方组织法等法律。

九届人大常委会

共举行会议 20 次，听取和审议“一府两院”工作报告 39 项，作出决议决定 6 项，任免国家机关工作人员 96 人次。届内听取和审议财政决算和预算、代表走访、意见建议办理、少数民族工作情况、打击刑事犯罪活动、林业工作、经济体制改革、商业体制改革、工交体制改革、卫生改革、物价、乡镇企业发展、审计、城乡建设环境保护、普法等项工作报告。作出《关于加强审计工作的决定》《关于对县人大选任的干部进行行政绩效考察的决议》。集中学习兵役法、组织法等。研究县乡人大换届选举工作，确保县乡人大工作顺利开展。

十届人大常委会

共举行会议 20 次，听取和审议“一府两院”工作报告 25 项，作出决议决定 11 项，任免国家机关工作人员 113 人次。届内听取和审议普法工作、瑶族乡生产生活情况、农村改革、双层经营、土地管理法实施情况、清理整顿公司等工作报告。作出《关于人事任免表决方式的决定》《关于开发九疑山风景名胜区的建设项目的决定》《关于维护水库水淹区移民合法权益的决议》等决议决定，通过《人大常委会议事规则》等 3 项制度。组织学习地方组织法、民法通则等法律法规。

十一届人大常委会

共举行会议 18 次，听取和审议“一府两院”工作报告 49 项，作出决议决定 11 项，任免国家机关工作人员 160 人次。届内听取和审议科技兴农、社会治安、严打、城市规划、农村五保供养、烤烟生产等专项工作报告。作出《关于批准宁远县经济开发区规划的决议》《关于加强社会治安综合治理的决定》等决议决定。对义务教育法、水法等法律法规的执行情况开展执法检查。对全县水果生产、烤烟管理、蓄水管水和乡镇企业情况进行视察。

十二届人大常委会

共举行会议 31 次，听取和审议“一府两院”工作报告 98 项，作出决议决定 16 项，任免国家机关工作人员 299 人次。届内听取和审议税收征管、瑶族乡生产生活情况、工业、农业、支农工作、环境保护、清理“四乱”、反腐败斗争、乡镇企业等工作报告，对司法部门的工作进行评议。作出《关于建立县政府组成部门和乡镇政府行政执法责任制的决定》《关于加强预算外资金管理的决议》《关于加强土地管理，依法保护耕地的决议》《关于继续深入开展法制宣传教育，积极推进依法治理的决议》《关于同意宁远县撤区并乡建镇方案的决议》等决议决定。对企业法、转换企业经营机制条例、国土法、劳动法等法律法规的执行情况开展执法检查。对减轻农民负担、工业生产、农村发展种养大户建立商品经济基地、中小学危房改造、国土管理和农田保护等工作进行视察和专题调研。

十三届人大常委会

共举行会议 31 次，听取和审议“一府两院”工作报告 89 项，作出决议决定 23 项，任免国家机关工作人员 239 人次。督促办理代表议案 14 件、代表建议 532 件。届内听取和审议社会治安、烤烟生产、社会力量办学、电力建设、清理整顿文化市场、城镇规划实施等专项工作报告。对档案法、人民警察法、治安管理处罚条例、传染病防治法、动物防疫法等法律法规贯彻实施情况进行执法检查。对舜帝陵建设、中小学校“减负”、县一中创省重点中学、治理县城脏乱差、工业品批发市场及工业小区建设等工作进行视察。出台《宁远县人大常委会工作条例》。

十四届人大常委会

共举行会议31次，听取和审议“一府两院”工作报告52项，作出决议决定15项，任免国家机关工作人员221人次。督促办理代表议案8件，代表建议499件；届内听取和审议财政、法院、检察院、林业、招商引资、优化经济发展环境、县城规划建设、社会治安、重点项目建设、扶贫移民和农业开发、中小学危房改造、教师队伍建设、中小学校布局调整、乡村公路建设、打击“两抢一盗”和对“两所”监管等项工作报告。组织对环境保护法等法律法规的实施进行执法检查。作出《关于筹集县城建设项目资金的决议》《关于加强县、乡镇人民代表大会代表工作的决定》《关于进一步加强法制宣传教育的决议》等决议决定。审议和通过《宁远县人大常委会关于讨论决定重大事项的规定》和《舜帝陵总体规划设计方案》。

2002年12月30日宁远县第十三、十四届人大常委会组成人员合影

2002年12月31日宁远县人大常委会组织人大代表向选民述职测评大会

十五届人大常委会

共举行会议36次，听取和审议“一府两院”工作报告67项，对工业经济发展、城市扩容提质、旅游开发等重点工作适时作出决议决定22项，任免国家机关工作人员

159 人次。届内听取和审议库区移民后扶工作、抗冰灾、医保、承接沿海产业转移、基层法庭建设等专项工作报告。督促办理代表议案 11 件和建议 550 件。组织对县城管理、泠江河治理、廉租房建设、医疗收费、刑法贯彻实施等方面开展 65 次执法检查和专项视察、调研活动。先后对法院、财政局、移民局、烟草局等 20 个单位开展工作评议。重视自身建设，开展“我为富民强县建言献策”履职活动，成功创建为市级文明卫生单位。重视人大宣传调研工作，在市级以上媒体发表宣传报道 320 余篇。

十六届人大常委会

共举行会议 38 次，听取和审议“一府两院”工作报告 87 项，作出决议决定 46 项，任免国家机关工作人员 279 人次。实行“三个面对面”（面对面交办、面对面答复、面对面反馈）代表议案及建议办理机制，督促办理代表议案 7 件和建议 623 件，组织 39 次执法检查和专项视察、调研活动。届内听取和审议城市规划建设、人民防空、县医药卫生体制改革、文化遗产保护与利用、文化强县、执行工作、教育、旅游总体规划等专项工作报告。对食品安全法、水污染防治法、农产品质量安全法、档案法、气象法、公务员法、行政诉讼法、道路交通安全法等法律法规贯彻执行情况进行执法检查，先后对旅游产业发展、新农村建设、农村集贸市场建设、城区学位建设、全县金融现状、税收征管工作、少数民族政策落实、房地产现状、混凝土市场等 17 个专题进行调研。作出《关于撤销舜陵镇建制设立三个街道的决定》《关于撤销保安乡设立保安镇的决定》《关于加强我县农村集贸市场建设的决议》和《关于开展教育专题询问的决定》等决议决定。持续关注教育发展，对教育工作进行三次专题调研，一次教育专题询问。视察宁远县规模养殖和烟叶发展工作。先后对县交通运输局、县移动公司、县电力公司等 10 个单位进行工作审议。加强自身建设，安装无线电子表决系统，制定完善《关于进一步加强和改进人大工作的意见》《人大代表述职测评制度》等一系列工作制度，有序开展代表述职评议工作。加强信息化建设，创建“宁远县人大网”，在市以上媒体发表稿件670多篇，《受选民监督 应履职“大考”》等多篇稿件在省、市获奖。

2015 年 10 月 20 日宁远县人大常委会组织开展教育专题询问

1980—2016 年宁远县历届人民代表大会常务委员会主任、副主任、办公室主任名录一览表

表 10–11

届次	主任	副主任	办公室主任	备注
八届人大常委会	郑智峰	吕玉元 周华荣（女） 黄申乾 郑国栋	胡友鸿	
九届人大常委会	郑智峰	周华荣（女） 李国民 黄少成 郑国栋 李永祥 冯人全	胡友鸿	李永祥于第二次会议补选；冯人全于第三次会议补选。
十届人大常委会	郑智峰	冯人全 李永祥 周华荣（女） 黄少成 李绍秋	陈建国	李绍秋于第三次会议补选。
十一届人大常委会	欧阳国斌	李绍秋 聂盛辉 周杰明 陈建国 刘平娥（女） 唐永正 冯军胜	陈建国 郑泽辉	唐永正、冯军胜于第二次会议补选。
十二届人大常委会	欧阳国斌	聂盛辉 李绍秋 周杰明 唐永正 邓丽华（女）	周本瑞	
十三届人大常委会	欧阳国斌	欧学实 李绍秋 周杰明 唐永正 邱长清 冯军胜	郑仲康	
十四届人大常委会	乐才明	唐才玉 欧阳学斌 何德仁 杨丢清 郑福章（女） 欧阳德群	刘向阳	
十五届人大常委会	邓丽华（女）	冯东旺 何德仁 欧阳学斌 郑福章（女） 唐才玉 赵吉永 周方	陈小清 黄胜洪	赵吉永于第二次会议补选；周方于第七次会议补选。
十六届人大常委会	张明贵	周 方 赵吉永 眭晓棠 何为民 欧红杰（女）	于文敬 李国燕	

第十章 新田县人民代表大会

第一节 新田县各界人民代表会议

新田县各界人民代表会议，从1950年1月至1954年3月，共召开15次会议。

第一次会议 1950年1月12—14日在县城举行，出席代表134人。会议主要内容：听取会议筹备工作和代表产生情况报告；听取县长牛树芬《关于目前国内外形势和征粮、清匪政策的报告》。会议认真分析当时新田匪情，议定工作目标，作出“减租减息、清匪反霸”决议，成立“新田县剿匪指挥部”。

第二次会议 1950年4月12—22日在县城举行，出席代表129人。会议主要内容：总结第一次会议以来开展减租、减息、反霸斗争情况，针对工作的不平衡和地方干部存在的顾虑，明确减租、反霸对支持农民翻身的重大意义，掌握政策与方法。会后，全县发动群众斗争恶霸454人。

第三次会议 1950年7月21—23日在县城举行，出席代表135人。会议主要内容：听取县人民政府关于3个月来的工作报告和县委书记宁生讲话。提出兴修公路、成立门楼下瑶族乡、发放贷款发展工商业、实行学校资金统筹统发4件议案。对当时抗旱、整队、查租、建政、肃反等项工作作出部署。以等额举手表决方式选举刘开正、肖德正、李秀山为湖南省首届一次各界人民代表会议代表。

第四次会议 1950年10月16—18日在县城举行，出席代表110人。会议主要内容：总结土地改革试点工作经验，组织代表学习国家土地改革法和划分阶级政策，讨论全县第一期土改、划分阶级成分、镇压反革命、抗美援朝等工作。选举成立新田县各界人民代表会议常务委员会组成人员14人，选举宁生为主席，郑振声为副主席，刘弥坚为秘书长，牛树芬等11人为委员。

第五次会议 1951年3月中旬在县城举行，出席代表199人。会议主要内容：讨论生产和镇压反革命等项工作。

第六次会议 1951年6月下旬在县城举行，出席代表240人。会议主要内容：听取各界人民代表会议常务委员会和县人民政府工作报告，听取县委宣传部作的目前形势报告；讨论抗美援朝、修订爱国公约、优属代耕、土地改革、镇压反革命、冬耕生产、修建公路、评模、建立合作社等重大事项。

第七次会议 1951年9月27—30日在县城举行，出席代表162人。会议主要内容：听取县人民政府工作报告。讨论征粮、抗美援朝、土地改革、镇压反革命、冬季生产等项工作。听取县委宣传部部长郑民关于朝鲜战争和谈的报告。作出《关于开展抗美援朝运动的决议》。选举杨明为新田县各界人民代表会议常务委员会主席，孟昭鹤为副主席。

第八次会议 1951年11月24—27日在县城举行，出席代表124人。会议主要内容：听取新田县县长冯永进关于生产与文教工作报告，关于土地改革与复查报告，关于贯彻新婚姻法的报告，传达访苏、访德的情况报告，关于成立中苏友好协会报告。提出兴建学校及生产贷款发放时间、对象的工作建议。作出关于《在城内建立幼稚园的决议》。选举陆仕宏、谢自玉、罗能明、张孝恩、杨伯杰为湖南省首届各界人民代表会议第二次会议代表。

第九次会议 1952年1月12—24日在县城举行，出席代表102人。会议主要内容：听取新田县县长冯永进关于军队转业和增产节约报告；听取县公安局关于备荒、反贪污、反浪费、反官僚主义和镇压反革命工作报告。作出《抓好转业军人安置工作的决议》和《加强防旱抗旱工作的决议》。

第十次会议 1952年6月3—6日在县城举行，出席代表155人。会议主要内容：听取新田县县长冯永进关于当前生产和划乡建政工作报告；听取新田县县委宣传部部长郑民关于防疫卫生工作报告。作出划小乡和加强卫生防疫工作2个决议。

第十一次会议 1952年9月26—28日在县城举行，出席代表121人。会议主要内容：听取新田县副县长孟昭鹤关于一年来工作报告；围绕秋征、土地改革复查、司法改革等中心议题展开讨论。本次会议开始向代表分发提案表，收集代表提案18件，其中对冬耕、兴修水利、互助合作、开展婚姻法宣传、兴建学校、保护森林、做好优抚工作、调剂瑶族地区的田土等立案办理6件。通过刘开正委员离职申请报告。选举产生新田县各界人民代表会议常务委员会组成人员，选举杨明为主席，孟昭鹤为副主席，刘建勋为秘书长，郑振声等12人为委员，选举杨明、孟昭鹤、陆仕鸿、罗能明、程德秀、赵生富为湖南省二届一次各界人民代表会议代表。

第十二次会议 1953年1月30日至2月2日在县城举行，出席代表171人。会议主要内容：听取审议新田县县长孟昭鹤关于施政方针及山林问题处理的报告；县民政局民政工作报告；县财委财政工作报告；文教科文教工作报告；县各界人民代表会议常务委员会三年来工作报告。决定活跃市场经济、建立义仓、处理山林纠纷等事项。会议期间处理山林、水利纠纷104起。

第十三次会议 1953年4月3—7日在县城举行，出席代表138人。会议主要内容：

听取审议县人民政府关于宣传贯彻《中华人民共和国婚姻法》情况报告和当前春耕生产、宣传贯彻《中华人民共和国选举法》的报告。

第十四次会议　1953 年 11 月 25—29 日在县城举行，出席代表 176 人。会议主要内容：听取和审议新田县县长任明瑞作的工作报告；学习过渡时期的总路线、总任务；讨论粮食统购统销、兴修水利等问题。

第十五次会议　1954 年 3 月 5—7 日在县城举行，出席代表 150 人。会议主要内容：听取和审议县各界人民代表会议常务委员会和县人民政府工作报告；通过“互助合作”“生产救灾”“普选”3 项决议；成立由 11 人组成的新田县选举委员会；决定成立城关、枧头、新圩 3 个普选法庭。部署全县的普选工作。

第二节　新田县人民代表大会

新田县人民代表大会于 1954 年 6 月 27 日举行首届一次会议，至 2016 年 11 月 24 日举行第十七届一次会议，历时 62 年，历经 17 届，期间共召开人民代表大会 60 次。

第一届人民代表大会

一次会议　1954 年 6 月 27—30 日在县城举行，出席代表 164 人。会议主要内容：听取和审议县长任明瑞所作的关于前段工作检查、提案交办和之后工作的报告；围绕总路线贯彻执行情况、建立粮食市场和粮食计划供应、生产救灾等问题进行讨论并作出相应决议。选举李聪甫、孟昭鹤、夏辰生、杨静贞为湖南省第一届人大代表。会议收到代表提案 175 件。

二次会议　1954 年 12 月 28—30 日在县城举行，出席代表 118 人。会议主要内容：检查县人民政府前段工作执行情况；讨论与制定 1955 年农业生产计划；作出关于掀起互助合作为主体的生产运动的决议。会议收到代表提案 82 件。

三次会议　1955 年 4 月 7—9 日在县城举行，出席代表 138 人。会议主要内容：根据上级指示由大会主席团宣布新田县人民政府更名为新田县人民委员会。选举盘祥根为新田县县长，陆顺源为副县长，王川飞等 15 人为委员，骆忠勇为新田县人民法院院长。会议讨论以互助合作为中心的农业生产运动和粮食“三定”工作。会议收到代表提案 212 件。

四次会议　1955 年 12 月 16—18 日在县城举行，出席代表 105 人。会议主要内容：

听取和审议县人民政府关于半年工作及之后方针、任务的报告，围绕迎接合作化高潮，兴修水利，做好春耕生产准备，修好新桂公路等问题展开讨论。补选盘祥根为湖南省一届人大代表。

五次会议 1956 年 5 月 6—7 日在县城举行，出席代表 118 人。会议主要内容：听取和审议县长盘祥根《关于撤区并乡的报告》，会议根据全县当时行政区划的小乡制已不能适应农业合作化运动迅速发展的需要，决定将全县原有 86 个乡按交通地域、民族关系、群众习惯调整为 18 个乡。大会通过《关于撤区并乡的报告》的决议。

第二届人民代表大会

一次会议 1956 年 11 月 27—29 日在县城举行，出席代表 141 人。会议主要内容：听取和审议县人民委员会工作报告，总结全县社会主义改造和建设成绩和存在的问题。大会通过成立门楼下瑶族乡的决议。选举盘祥根为新田县县长，陆顺源、李天民为副县长，王川飞等 14 人为委员，骆忠勇为新田县人民法院院长。会议收到代表提案 88 件。

二次会议 1957 年 4 月 25—27 日在县城举行，出席代表 138 人。会议主要内容：传达湖南省第一届人大四次会议精神，听取县人民委员会关于全面发展生产，巩固农业社，克服旱灾困难，为完成 1957 年增产任务而奋斗的工作报告。作出《发展生产、巩固农业社》和《县人民委员会联系代表、代表联系选民》2 项决议。会议收到代表提案 128 件。

三次会议 1957 年 11 月 13—14 日在县城举行，出席代表 125 人。会议主要内容：听取和审议县人民委员会关于 1958 年农业生产计划安排的报告，通过 1958 年农业生产规划。号召全县人民行动起来，开展以兴修水利为中心的冬季生产高潮，为胜利完成 1958 年农业生产任务而努力奋斗。会议收到代表提案 148 件。

第三届人民代表大会

一次会议 1958 年 6 月 19—22 日在县城举行，出席代表 199 人。会议主要内容：听取审议县人民委员会工作报告。选举盘祥根为新田县县长，陆顺源、李天民为副县长，王永善等 14 人为委员，刘斗辰为新田县人民法院院长。选举李聪甫、盘祥根、杨静贞、张德隆为湖南省第二届人民代表大会代表。

二次会议 1959 年 12 月 6—8 日在桂阳县城举行，是桂阳、新田合县后第一次人大会议，出席代表 374 名。会议主要内容：听取和审议县人民委员会工作报告、县人民法院工作报告、县财政决算和 1960 年财政预算报告。提出全县在提前完成第二个五年计划主要指标基础上，1960 年实现亩产千斤粮、万斤薯，实现 80 万头牲猪生产指标的工作任务。作出《关于新田、桂阳两县合并为桂阳县的决议》。选举周建伦为桂阳县县长，陈尔茂、李天民、刘典璠、鹿子敬为副县长。

第四届人民代表大会

四届人大共召开 1 次会议。会议于 1960 年 12 月 10—12 日在桂阳县城举行，出席代表 418 名。会议主要内容：听取和审议县人民委员会工作报告，财政预、决算报告，县人民法院工作报告。讨论总结“五风”（共产风、浮夸风、生产瞎指挥风、强迫命令风、干部特殊化风）危害。学习大办农业、大办粮食有关精神和中共中央 12 条指示、省委十大政策。决定允许社员划自留地和借地种粮，允许社员打猎、捕鱼，改善群众生活。退赔征调社员的房屋、农具、家畜等，纠正“五风”错误。选举周建伦为桂阳县人民委员会县长，陈尔茂、李天明、刘典潘为副县长，马志宏等 24 人为委员，黄图贤为桂阳县人民法院院长。

第五届人民代表大会

五届人大共召开 1 次会议，是 1961 年 7 月恢复新田县建制后召开的人民代表大会。会议于 1964 年 8 月 28—31 日在新田县城举行，出席代表 215 人。会议主要内容：讨论审议县人民委员会、县人民法院工作报告，讨论贯彻《农村人民公社工作条例》（以下简称《六十条》）和社会主义教育问题。选举张明琏为新田县县长，李天明、谢昌秋、王勤为副县长，王永善等 12 人为委员，马志为新田县人民法院院长。选举张明琏、黎仁德、刘灶发、张志勤、刘佩兰（女）为湖南省三届人大代表。会议收到代表提案 150 件。

第六届人民代表大会

1966 年 5 月开始“文化大革命”运动，人民代表大会制度及其活动被迫中止。1968 年 2 月 29 日，在县城疑麓山广场召开全县万人群众大会，成立由军队代表、地方干部和群众“三结合”的县革命委员会，取代县人民代表大会职权。为了不割断历史，根据有关规定，该次会议成立的革命委员会依序被列为县第六届人民代表大会。

第七届人民代表大会

七届人大共召开 1 次会议。会议于 1977 年 12 月 26—29 日在县城举行，出席代表

554人。会议主要内容：总结两条路线斗争，特别是与林彪、江青反革命集团斗争的经验，提出坚持继续革命，抓纲治县，力争1980年把新田建成高标准大寨县的任务。选举唐志先为新田县革命委员会主任，林祥胜、谢田种、凌作云、刘守堂、郑大知为副主任，王晓娟等28人为委员。选举罗质素、郑大知、蒋先楠、刘佩兰（女）、邓土元为湖南省第五届人大代表。

第八届人民代表大会

一次会议 1980年12月26—29日在县城举行，出席代表201人。会议主要内容：学习贯彻全国五届人大三次会议精神，学习贯彻中国共产党第十一届三中全会制定的路线、方针、政策，拨乱反正，清除“左”的影响，把工作重点转到以经济建设为中心的轨道上来。会议听取和审议县革命委员会、县人民法院、县人民检察院工作报告。决定撤销新田县革命委员会，设立新田县人民代表大会常务委员会，恢复县人民政府。按照新选举法和组织法，选举产生新田县第八届人大常委会，欧阳应雄为主任，邓成忠、刘宗发、刘佩芳（女）、李天民为副主任，朱志翔等8人为委员，选举谢田种为新田县县长；刘仁昭、邓远礼、任岳凡、谢荣仙为副县长；选举谢芳光为新田县人民法院院长、吴孔儒为新田县人民检察院检察长。会议收到代表提案297件。

二次会议 1981年12月31日至1982年1月3日在县城举行，出席代表198人。会议主要内容：听取和审议县人大常委会、县人民政府、县人民法院、县人民检察院工作报告；审查批准县1980年财政决算及1981年财政预算执行情况和1982年财政预算报告。作出《关于坚持和维护社会基本生产资料公有制的决议》《关于计划生育工作的决议》。会议收到代表提案246件。

三次会议 1983年3月14—18日在县城举行，出席代表200人。会议主要内容：学习中共中央1号文件和新宪法；听取和审议县人大常委会、“一府两院”工作报告；审查批准全县1983年国民经济和社会发展计划（草案）；审查批准县1982年财政预算执行情况和1983年财政预算报告。补选刘宗朴为新田县人大常委会副主任，选举欧阳应雄、陆国材、赵春香、蒋桂英为湖南省人大代表。

第九届人民代表大会

一次会议 1984年4月5—11日在县城举行，出席代表278人。会议主要内容：听取和审议县人大常委会和“一府两院”工作报告；审查批准全县1983年国民经济和社会发展计划执行情况和1984年国民经济和社会发展计划（草案）；审查批准县1983

年财政预算执行情况和 1984 年财政预算（草案）报告。作出《关于制止乱砍滥伐森林发展林业》《关于制止滥占耕地建房》《关于加强计划生育工作领导》《进一步严厉打击刑事犯罪活动，严惩危害社会治安的犯罪分子》4 项决议。选举产生新田县第九届人大常委会，黄义大为主任，邓成忠、刘宗朴、刘佩芳（女）、黄思文为副主任，刘再善等 10 人为委员；选举郭德法为新田县县长，刘国器、曹联旺、谢五龙、廖友鹄为副县长；选举邓作长为新田县人民法院院长、骆龙才为新田县人民检察院检察长。大会收到议案 1 件，立案 1 件；收到代表提案 263 件。

二次会议 1985 年 5 月 15—18 日在县城举行，出席代表 270 人。会议主要内容：听取和审议县人大常委会、“一府两院”工作报告；审查批准县 1984 年国民经济计划执行情况和 1985 年国民经济和社会发展计划（草案）；审查批准县 1984 年财政预算执行情况和 1985 年财政预算（草案）。作出《向全县公民普及法律常识的决议》。补选廖友鹄、邓永伦为新田县人大常委会副主任。会议收到代表提案 158 件。

三次会议 1986 年 3 月 2—5 日在县城举行，出席代表 272 人。会议主要内容：听取和审议县人大常委会和“一府两院”工作报告；审查批准 1985 年国民经济计划执行情况和 1986 年国民经济和社会发展计划（草案）；审查批准县 1985 年财政预算执行情况和 1986 年财政预算（草案）。讨论加强商品管理，抓好粮食生产和牲猪定购等项工作。补选人大常委会委员 1 名。

第十届人民代表大会

一次会议 1987 年 3 月 3—9 日在县城举行，出席代表 280 人。会议主要内容：听取和审议县人大常委会、“一府两院”工作报告；听取关于“七五”计划说明；审查批准县国民经济和社会发展第七个五年计划；审查批准 1986 年国民经济和社会发展计划执行情况及 1987 年国民经济和社会发展计划（草案）；审查批准县 1986 年财政预算执行情况和 1987 年财政预算（草案）。会议作出《关于发展电力事业的决议》。选举产生新田县第十届人大常委会，欧阳国斌为主任，廖友鹄、刘宗朴、邓永伦、郭友旺、梁明庄（女）为副主任、刘卓孝等 10 人为委员；选举郭德法为新田县县长、胡火生、张海深、刘运武、刘庆龙为副县长，选举邓作长为新田县人民法院院长、骆龙才为新田县人民检察院检察长。会议预备会议通过《关于署名案的提出和办理程序》《关于询问的办理程序》《关于质询案的办理程序》《关于议案的提出和办理程序》4 个地方文件。

二次会议 1988 年 1 月 5—10 日在县城举行，出席代表 240 人。会议主要内容：听取和审议县人大常委会、“一府两院”工作报告；审查批准县 1987 年国民经济和社会发展计划执行情况及1988年国民经济和社会发展计划（草案）；审查批准县1987年财政预算执行情况和1988年财政预算（草案）。补选曾平英、廖经才为新田县副县长；选举张树海、欧阳国斌、高加顺、郭祖玉、黄井翠（女）为湖南省第七届人大代表。第十届人大一次会议开始将代表“提案”改为“议案”，该次会议收到议案3件，立案3件，收到代表建议、批评和意见123件。

三次会议 1989年4月10—14日在县城举行，出席代表242人。会议主要内容：听取和审议县人大常委会、“一府两院”工作报告；审查批准县1988年国民经济和社会发展计划执行情况及1989年国民经济和社会发展计划（草案）；审查批准县1988年财政预算执行情况和1989年财政预算（草案）。作出《关于严禁宗派械斗维护安定团结决议》。选举曾平英为新田县县长。会议收到议案7件，立案7件，收到代表建议、批评和意见145件。

第十一届人民代表大会

一次会议 1990年2月22—27日在县城举行，出席代表242人。会议主要内容：听取和审议县人大常委会和“一府两院”工作报告；审查批准县1989年国民经济和社会发展计划执行情况及1990年国民经济和社会发展计划（草案）；审查批准县1989年财政预算执行情况和1990年财政预算（草案）。选举产生新田县第十一届人大常委会，廖友鹄为主任，邓永伦、何泽春、李茂嵩、郭友旺、梁明庄（女）为副主任，朱道旭等8人为委员；选举曾平英为新田县县长，欧道明、陈福渊、刘庆龙、雷土明、杨连山为副县长。选举邓作长为新田县人民法院院长、郑枝福为新田县人民检察院检察长。会议收到议案8件，立案8件，收到代表建议、批评和意见166件。

二次会议 1991年3月27—31日在县城举行，出席代表233人。会议主要内容：听取和审议县人大常委会、“一府两院”工作报告；听取“八五”计划说明；审查批准县1990年国民经济和社会发展计划执行情况及1991年国民经济和社会发展计划（草案）；审查批准县1990年财政预算执行情况和1991年财政预算（草案）。补选刘良玉为新田县人大常委会副主任，补选崔湘兴为新田县科技副县长，增选县人大常委会委员3名。作出《关于加强水利管理，保护水利设施的决议》。会议收到议案41件，立案7件，其余转为建议，收到代表建议、批评和意见合计160件。

三次会议 1992年3月19—22日在县城举行，出席代表244人。会议主要内容：听取和审议县人大常委会、“一府两院”工作报告；审查批准县1991年国民经济和社会发展计划执行情况及1992年国民经济和社会发展计划（草案）；审查批准县1991年财政预算执行情况和1992年财政预算（草案）。作出《组织人大代表评议政府和各职能部门工作的决议》。会议收到议案 10 件，立案 10 件，收到代表建议、批评和意见 120 件。

第十二届人民代表大会

一次会议　1992 年 12 月 29 日至 1993 年 1 月 4 日在县城举行，出席代表 244 人。会议主要内容：听取和审议县人大常委会、“一府两院”工作报告；审查批准县 1992 年国民经济和社会发展计划执行情况及 1993 年国民经济和社会发展计划（草案）；审查批准县 1992 年财政预算执行情况和 1993 年财政预算（草案）。选举产生新田县十二届人大常委会，黄崇远为主任，廖友德、朱道旭、陈福渊、黄水旺为副主任，文杰贤等 11 人为委员；选举欧道明为新田县县长，李良铁、何泽春、雷土明、郑日生、黄鲜剑（挂职）、郑柏顺为副县长。选举廖诗祉为新田县人民法院院长、郑枝福为新田县人民检察院检察长；选举赵培义、李凯华、张华（女）、黄崇远、谢恩福为湖南省八届人大代表。会议收到议案 70 件，立案 12 件，其余 58 件转为建议，收到代表建议、批评和意见合计 191 件。

二次会议　1994 年 3 月 18—22 日在县城举行，到会代表 232 人。会议主要内容：听取和审议县人大常委会、“一府两院”工作报告；审查批准县 1993 年国民经济和社会发展计划执行情况及 1994 年国民经济和社会发展计划（草案）；审查批准县 1992 年财政决算及 1993 年财政预算执行情况和 1994 年财政预算（草案）。补选陈益富为新田县县长；补选县人大常委会委员 1 名。会议收到议案 3 件，立案 3 件。

三次会议　1995 年 1 月 15—18 日在县城举行，出席代表 246 名。会议主要内容：听取和审议县人大常委会、“一府两院”工作报告；审查批准县 1994 年国民经济和社会发展计划执行情况及 1995 年国民经济和社会发展计划（草案）；审查批准县 1994 年财政预算执行情况和 1995 年财政预算（草案）。作出《关于加强社会治安综合治理的决议》《关于加强财源建设严格财政管理的决定》。会议收到议案 36 件，立案 1 件，其余转为代表建议，收到代表建议、批评和意见合计 84 件。

四次会议　1996 年 3 月 27—31 日在县城举行，出席代表 232 人。会议主要内容：听取和审议县人大常委会和“一府两院”工作报告；审查批准县 1995 年国民经济和社会发展计划执行情况及 1996 年国民经济和社会发展计划（草案）；审查批准县 1995 年财政预算执行情况和 1996 年财政预算（草案）。补选肖晓星（女）为新田县人大常委会副主任，补选杨怀康为新田县县长，何动伟为副县长（挂职）；选举王生权等 34 人为永州市第一届人大代表。会议收到议案 42 件，立案 3 件，其余转为代表建议，收到代表建议、批评和意见合计 122 件。

五次会议 1997年3月5—8日在县城举行，出席代表226名。会议主要内容：听取和审议县人大常委会、“一府两院”工作报告；审查批准县1996年国民经济和社会发展计划执行情况及1997年国民经济和社会发展计划（草案）；审查批准县1996年财政预算执行情况和1997年财政预算（草案）。补选赵荣义为新田县人民检察院检察长。增选永州市第一届人大代表1名。会议收到议案1件。

第十三届人民代表大会

一次会议 1998年1月3—8日在县城举行，出席代表186名。会议主要内容：听取和审议县人大常委会、“一府两院”工作报告；审查批准县1997年国民经济和社会发展计划执行情况及1998年国民经济和社会发展计划（草案）；审查批准县1997年财政预算执行情况和1998年财政预算（草案）。选举产生新田县十三届人大常委会，黄崇远为主任，黄水旺、顾锋（女）、谢新柳、文杰贤、朱道坤、邓土德为副主任；选举杨怀康为新田县县长，郑柏顺、朱达、黄少军、张小波、肖晓星（女）为副县长；选举廖诗祉为新田县人民法院院长、赵荣义为新田县人民检察院检察长。会议收到议案32件，立案3件，其余转为建议，收到代表建议、批评和意见合计162件。

二次会议 1999年2月25日至3月1日在县城举行，出席代表193名。会议主要内容：听取和审议县人大常委会、“一府两院”工作报告；审查批准县1998年国民经济和社会发展计划执行情况及1999年国民经济和社会发展计划（草案）；审查批准县1998年财政预算执行情况和1999年财政预算（草案）。补选欧阳群亮为新田县人民检察院检察长。补选永州市第一届人大代表1名。补选县人大常委会委员4名。会议收到议案49件，立案2件，其余转为建议，收到代表建议、批评和意见合计89件。

三次会议 2000年2月13—17日在县城举行，出席代表194名。会议主要内容：听取和审议县人大常委会、“一府两院”工作报告；审查批准县1999年国民经济和社会发展计划执行情况及2000年国民经济和社会发展计划（草案）；审查批准县1999年财政预算执行情况和2000年财政预算（草案）。补选史立忠为新田县人大常委会副主任。会议收到议案36件，立案3件，其余转为建议，收到代表建议、批评和意见合计78件。

四次会议 2001年5月27—31日在县城举行，出席代表182名。会议主要内容：听取和审查县人大常委会、“一府两院”工作报告；听取县人民政府关于《新田县国民经济和社会发展第十个五年计划纲要的说明》；审查批准县2000年国民经济和社会发展计划执行情况及2001年国民经济和社会发展计划（草案）；审查批准县2000年财政预算执行情况和2001年财政预算（草案）。作出《新田县国民经济和社会发展第十个五年计划纲要的决议》。选举王生权等 34 人为永州市第二届人大代表。会议收到议案 31 件，立案 2 件，其余转为建议，收到代表建议、批评和意见合计 77 件。

五次会议 2002 年 3 月 4—8 日在县城举行，出席代表 181 名。会议主要内容：听取和审查县人大常委会、“一府两院”工作报告；审查批准县 2001 年国民经济和社会发展计划执行情况及 2002 年国民经济和社会发展计划（草案）；审查批准县 2001 年财政预算执行情况和 2002 年财政预算（草案）。补选郑柏顺为新田县县长。会议收到议案 30 件，立案 2 件，其余转为建议，收到代表建议、批评和意见合计 53 件。

第十四届人民代表大会

一次会议 2002 年 12 月 27 日至 2003 年 1 月 1 日在县城举行，出席代表 184 名。会议主要内容：听取和审查县人大常委会、“一府两院”工作报告；审查批准县 2002 年国民经济和社会发展计划执行情况及 2003 年国民经济和社会发展计划（草案）；审查批准县 2002 年财政预算执行情况和 2003 年财政预算（草案）。选举产生新田县第十四届人大常委会，郑日生为主任，胡芳祝、刘承根、陈金国、胡大旺、罗泽成、史立忠为副主任，尹林斌等 11 人为委员；选举郑柏顺为新田县县长，宋可福、黄少军、张小波、肖晓星（女）、王小波、夏建平为副县长。选举尧红旗为新田县人民法院院长、黄仁甫为新田县人民检察院检察长。会议收到议案 61 件，立案 2 件，其余转为建议，收到代表建议、批评和意见合计 109 件。

2002 年 12 月 27 日新田县第十四届人民代表大会第一次会议召开

二次会议 2004 年 2 月 19—22 日在县城举行，出席代表 187 名。会议主要内容：听取和审查县人大常委会、“一府两院”工作报告；审查批准县 2003 年国民经济和社会发展计划执行情况及 2004 年国民经济和社会发展计划（草案）；审查批准县 2003 年财政预算执行情况和 2004 年财政预算（草案）。补选县十四届人大常委会委员 1 人。

会议收到议案 2 件，立案 2 件，收到代表建议、批评和意见 96 件。

三次会议 2005 年 1 月 21—24 日在县城举行，出席代表 188 名。会议听取和审查县人大常委会和“一府两院”工作报告；审查批准县 2004 年国民经济和社会发展计划执行情况及 2005 年国民经济和社会发展计划（草案）；审查批准县 2004 年财政预算执行情况和 2005 年财政预算（草案）。补选县十四届人大常委会委员 3 名。会议收到议案 42 件，立案 1 件，其余转为建议，收到代表建议、批评和意见合计 77 件。

四次会议 2006 年 2 月 22—25 日在县城举行，出席代表 188 名。会议主要内容：听取和审查县人大常委会、“一府两院”工作报告；听取和审查县国民经济和社会发展“十一五”规划纲要；审查批准县 2005 年国民经济和社会发展计划执行情况及 2006 年国民经济和社会发展计划（草案）；审查批准县 2005 年财政预算执行情况和 2006 年财政预算（草案）。会议收到议案 29 件，立案 1 件，其余转为建议，收到代表建议、批评和意见合计 65 件。

五次会议 2006 年 12 月 28 日至 2007 年 1 月 1 日在县城举行，出席代表 190 名。会议听取和审查县人大常委会、“一府两院”工作报告；审查批准县 2006 年国民经济和社会发展计划执行情况及 2007 年国民经济和社会发展计划（草案）；审查批准县 2006 年财政预算执行情况和 2007 年财政预算（草案）。补选邓成胜为县十四届人大常委会副主任。选举唐烨等 34 人为永州市第三届人大代表。会议收到议案 32 件，全部转为建议，收到代表建议、批评和意见合计 44 件。

第十五届人民代表大会

一次会议 2007 年 11 月 22—26 日在县城举行，出席代表 190 名。会议主要内容：听取和审查县人大常委会、“一府两院”工作报告；审查批准县 2007 年国民经济和社会发展计划执行情况及 2008 年国民经济和社会发展计划（草案）；审查批准县 2007 年财政预算执行情况和 2008 年财政预算（草案）。选举产生新田县第十五届人大常委会，邓成胜为主任，胡芳祝、刘承根、罗泽成、史立忠、郑智新为副主任，刘友田等 15 人为委员；选举新田县县长，选举王小波、顾小姣（女）、贺建壬、廖土才、欧阳涛、肖龙斌为副县长。选举尧红旗为新田县人民法院院长、蒋长春为新田县人民检察院检察长。会议收到议案 20 件，立案 2 件，其余转为建议，收到代表建议、批评和意见合计 122 件。

二次会议 2008 年 12 月 30 日至 2009 年 1 月 2 日在县城举行，出席代表 186 名。会议主要内容：听取和审查县人大常委会、“一府两院”工作报告；审查批准县 2008 年国民经济和社会发展计划执行情况及 2009 年国民经济和社会发展计划（草案）；审查批准县 2008 年财政预算执行情况及 2009 年财政预算（草案）。补选刘小平为新田县人大常委会副主任。会议收到议案 32 件，立案 3 件，收到代表建议、批评和意见合计 127 件。

三次会议 2009 年 7 月 7—9 日在县城举行，出席代表 186 名。会议主要内容：听取 2009 年上半年政府工作报告。选举唐烨为新田县县长，补选县人大常委会委员 3 名。会议收到议案 3 件，均未立案，全部转为建议。收到代表建议、批评和意见合计 99 件。

四次会议 2010 年 1 月 5—7 日在县城举行，出席代表 184 名。会议主要内容：听取和审查县人大常委会、“一府两院”工作报告；审查批准县 2009 年国民经济和社会发展计划执行情况及 2010 年国民经济和社会发展计划（草案），审查批准县 2009 年财政预算执行情况和 2010 年财政预算（草案）。会议收到议案 17 件，立案 1 件，其余转为建议，收到代表建议、批评和意见合计 81 件。

五次会议 2011 年 1 月 5—8 日在县城举行，出席代表 195 名。会议主要内容：听取和审查县人大常委会、“一府两院”工作报告；审查批准县国民经济和社会发展“十二五”规划纲要；审查批准县 2010 年国民经济和社会发展计划执行情况及 2011 年国民经济和社会发展计划（草案）；审查批准县 2010 年财政预算执行情况和 2011 年财政预算（草案）。补选县人大常委会委员 3 名。会议收到议案 23 件，均未立案，全部转为建议，收到代表建议、批评和意见合计 117 件。

六次会议 2011 年 12 月 20—23 日在县城举行，出席代表 194 名。会议主要内容：听取和审查县人大常委会、“一府两院”工作报告；审查批准县 2011 年国民经济和社会发展计划执行情况及 2012 年国民经济和社会发展计划（草案）；审查批准县 2011 年财政预算执行情况和 2012 年财政预算（草案）。审议县人民政府关于加强全县农村土地管理、乡村规划和环境卫生工作议案。通过《新田县人民政府关于加强全县农村土地管理、乡村规划和环境卫生工作议案的决议》。补选县十五届人大常委会委员 1 名。选举唐烨等 32 人为永州市第四届人大代表。会议收到议案 2 件，均未立案，全部转为建议，收到代表建议、批评和意见合计 78 件。

七次会议 2012 年 5 月 25—27 日在县城举行，出席代表 189 名。会议主要内容：听取县人民政府 2012 年上半年政府工作报告。选举唐军（女）为新田县县长，刘玉林、李祥佐为副县长。

第十六届人民代表大会

一次会议 2012 年 9 月 23—27 日举行，出席代表 190 名。会议主要内容：听取和审查县政府、县人大常委会、县法院和县检察院工作报告并作出相应决议；会议选举曹桂秀（女）为新田县人大常委会主任，郑智新、史立忠、刘小平、贺安祥、陈学军为副主任，周红霞（女）等15人为委员；唐军（女）为新田县县长，刘玉林、彭俊卿、欧阳涛、刘大兵、李祥佐、蒋纯铁、付海兵为副县长。欧阳韶勇为新田县人民法院院长、蒋长春为新田县人民检察院检察长。

二次会议 2014年2月22—25日举行，出席代表198名。会议主要内容：听取和审查县人大常委会、“一府两院”工作报告；审查批准县2013年国民经济和社会发展计划执行情况及2014年国民经济和社会发展计划（草案）；审查批准县2013年财政预算执行情况和2014年财政预算（草案）。选举秦山成为新田县县长，补选县人大常委会委员2名。会议收到代表议案31件，立案4件，其余转作建议，收到建议、批评和意见合计111件。

三次会议 2015年1月14—17日举行，出席代表200名。会议主要内容：听取和审查县人大常委会、“一府两院”工作报告；审查批准县2014年国民经济和社会发展计划执行情况及2015年国民经济和社会发展计划（草案）；审查批准县2014年财政预算执行情况和2015年财政预算（草案）。表彰2014年度办理代表建议先进单位和2014年度撰写议案、建议先进个人。会议补选县人大常委会委员2名；会议收到代表议案18件，立案3件，其余转作建议，收到建议、批评和意见合计137件。

四次会议 2016年2月24—27日举行，出席代表190名。会议主要内容：听取和审查县人大常委会、“一府两院”工作报告；审查批准县2015年国民经济和社会发展计划执行情况及2016年国民经济和社会发展计划（草案）；审查批准县2015年财政预算执行情况和2016年财政预算（草案）。补选胡剑涛为新田县人民法院院长。会议收到代表议案30件，立案3件，其余转为建议，收到建议、批评和意见合计98件。

2016年2月24日新田县第十六届人民代表大会第四次会议召开

第十七届人民代表大会

十七届人大一次会议 2016年11月24—28日在县城举行，出席代表198名。会议主要内容：听取和审查县人大常委会、“一府两院”工作报告；听取和审查新田县2016年1—10月份国民经济和社会发展计划执行情况与2017年计划（草案）报告；听取和审查新田县2016年1—10月财政预算执行情况和2017年财政预算（草案）报告。通过《新田县第十七届人民代表大会第一次会议关于设立新田县第十七届人民代表大会专门委员会的决定（草案）》。选举产生新田县第十七届人大常委会，欧阳涛为主任，郑智新、毛群联（女）、贺安祥、刘志斌、周艳芳（女）为副主任，周红霞（女）等29人为委员；选举秦山成为新田县县长，王名扬、吴新波、刘大兵、周平、杨柳青（女）、彭晓军、李勖川为副县长。选举胡剑涛为新田县人民法院院长、朱诺为新田县人民检察院检察长；选举王再兴等32人为永州市第五届人民代表大会代表。会议收到议案20件，立案3件，其余转为建议，收到代表建议、批评和意见合计111件。

第三节 新田县人民代表大会常务委员会

新田县人民代表大会常务委员会，于1980年12月第八届人民代表大会第一次会议设立，至2017年12月，历时37年，历经10届，期间共召开会议256次。十六届人大常委会创新对干部的任后监督，连续3年对政府部门的主要负责人和“两院”副职开展年度述职测评，被省市人大宣传推介。

八届人大常委会

1980年12月至1984年4月，共举行会议24次。会议主要内容：听取和审议县人民政府及其部门、县人民法院、县人民检察院工作报告33项；审查批准年度财政决算；作出《关于支持陶岭乡林场、千山茶场、潭田大队制订乡规民约的决定》《关于人民法院民事诉讼收费标准暂行规定的决定》；讨论制定《县人大常委会学习制度》《县人大常委会主任办公会议制度》《县人大常委会议事制度》《人大代表小组活动制度》《县人大常委会联系代表制度》《请示汇报制度》；任免国家机关工作人员58人次。届内听取和审议关于提案办理、国民经济计划、财政收支、教育、社会治安整顿、物价、民政、林业局财务检查、科技、工业生产、陶岭林场、千山茶场、潭田大队制定乡规民约等工作报告。

九届人大常委会

1984年4月至1987年3月，共召开会议19次。会议主要内容：听取和审议“一府两院”、政府部门工作报告48项；审查批准年度财政决算；作出《关于进一步实施食品卫生法的决议》《关于批准新田县城总体规划方案的决议》《关于加强教育工作的决议》《关于枧头乡第九届人民代表大会第三次会议选举无效的决定》《关于进一步发动群众集资办学的决定》；任免国家机关工作人员101人次。届内听取和审议关于提案办理、国民经济计划、财政收支、计划生育、制止乱砍滥伐、食品卫生、民政救灾、教育教学、社会治安、制止乱占耕地、人事、劳动工资、待业安置、春耕生产、乡镇企业、科技、制定推行乡规民约、集资办学、普法、物价、烤烟生产、双扶工作、统计法实施、爱国卫生、工商行政管理、公安工作、卫生工作、义务教育、工业生产、换届选举、农田水利建设等工作报告。

十届人大常委会

1987年3月至1990年2月，共召开会议20次。会议主要内容：听取和审议“一府两院”、政府部门工作报告56项；审查批准年度财政决算；作出《关于坚决依法打击拐卖妇女儿童犯罪活动决定》《批准县人民法院设置执行庭、行政庭的决定》《批准县人民检察院设置申诉检察股的决定》；修订《人大常委会议事制度》《人大常委会联系代表制度（试行）》，制定《人大常委会人事任免工作制度（试行）》《人大常委会与本级政府、法院、检察院工作联系制度（试行）》；任免国家机关工作人员88人次。届内听取和审议关于提案办理、国民经济和社会发展计划、财政预算执行情况和财政“双增双节”、代表建议批评意见办理、实施土地管理法、公安工作、教育工作、贯彻落实森林法、物价、市场管理、乡镇企业、打击拐卖妇女儿童犯罪活动、农业生产资料供应、扫盲、婚姻登记、文化工作、普法、粮食生产、广播电视、政府系统执法检查、检察院法院执法情况自查、义务教育法执行情况、工业技改、“一府两院”执法检查整改、职业技术教育、检察院法院打击经济犯罪、体育工作、清理整顿公司、实施药品管理法、工业企业内部经营管理、农业技术推广、抗灾救灾等工作报告。

十一届人大常委会

1990年2月至1992年12月，共召开会议21次。会议主要内容：听取和审议“一府两院”、政府部门工作报告46项；审查批准年度财政决算；作出《审查同意新田县城规划总体修编的决议》《关于新田县普及九年义务教育规划草案的决议》《关于进一步加强乡镇卫生院建设、搞好农村卫生工作的决议》；制定《关于评议政府及其职能部门工作暂行办法》《关于严格控制超财政预算支出的规定》。修订《新田县人大常委会人事任免制度》；通过关于整治立新水库议案；任免国家机关工作人员98人次。届内听取和审议关于提案办理、国民经济和社会发展计划、财政预算执行情况、扫除“六害”斗争和开展依法严惩报复基层干部违法犯罪专项斗争、农业生产资料供应、养殖业生产、中小学思想品德教育、县城总体规划修编、农业综合开发、农贷发放、落实县十届人大三次会议《关于严禁宗派械斗，维护安定团结决议》、统一管水和防旱抗旱、清理“三乱”、九年义务制教育规划、加强水利管理和保护水利设施、贯彻执行企业法和工会法、乡镇财政审计、乡镇医院建设、整治立新水库等工作报告。

十二届人大常委会

1992年12月至1998年1月，共召开会议33次。会议主要内容：听取和审议“一府两院”、政府部门工作报告62项；审查批准年度财政决算；通过关于组织全县人大代表评议有关涉农单位工作的安排意见；作出《关于减轻农民负担的决议》《关于人大代表评议公检法司工作和建立执法责任制的决定》《关于县城总体规划修编和加快扩城建设步伐的决议》《关于并乡建镇变更行政区划的决定》《关于认真贯彻执行湖南省基本农田保护条例的决议》《关于实施第三个五年普法规划的决定》《关于实施县城青云公园建设的决议》《关于新田县科技发展“九五”计划及2010年规划的决议》《关于通过调整国民经济部分发展计划的决定》；制定《新田县人大常委会信访工作制度》，任免国家机关工作人员262人次。届内听取和审议关于提案办理、国民经济和社会发展计划、财政预算执行情况、减轻农民负担、贯彻文化市场管理条例、县城总体规划修编和加快扩城建设、乡镇企业、建立行政执法责任制、科技兴县和科技进步法贯彻实施、廉政建设、公检法司评议整改、教师法和职业教育条例贯彻实施、社会治安综合治理、城区道路扩宽、贯彻执行妇女权益保障法、贯彻执行药品管理法、扶贫贷款投放与管理、执行土地管理法、执行消费者权益保护法、加强财源建设和严格财政管理、实行“分税制”、法制宣传教育、贯彻实施警察法、贯彻实施检察官法、贯彻实施农田保护法、贯彻执行新刑诉法、门楼下瑶族乡扶贫和脱贫工作等工作报告。

十三届人大常委会

1998年1月至2002年12月，共召开会议32次。会议主要内容：听取和审议“一府两院”、政府部门工作报告39项；审查批准年度财政决算；作出《关于调整县城总体规划中下车至三里亭区域道路的决定》《关于实行依法治县的决定》；通过《新田县人大常委会人事任免规则》，制定《县人大常委会主任、副主任接待日制度》；任免国家机关工作人员196人次。届内听取和审议关于提案办理、国民经济和社会发展计划、财政预算执行情况、扶贫资金管理使用、宣传贯彻湖南省广播电台条例、贯彻执行农业技术推广法、反腐倡廉、抗旱救灾、公检法司严肃执法热情服务和年度工作、普法、税收征管法执法、农业产业结构调整、本级财政预算执行和财政收支审计、执行刑事诉讼法、维护诉讼权利确保司法公正、贯彻实施义务教育法和教师法、贯彻实施传染病防治法等工作报告。

十四届人大常委会

2002年12月至2007年11月，共召开会议32次。会议主要内容：听取和审议“一府两院”、政府部门工作报告64项；审查批准年度财政决算；作出《关于批准新田县域城镇体系规划（2001—2020）和新田县城总体规划（2001—2020）的决议》《关于进一步加强法制宣传教育的决议》《关于增加财政预算对农副产品加工园建设项目支出额度的决议》；修改《新田县人大常委会人事任免办法》；任免国家机关工作人员211人次。届内听取和审议关于提案办理、国民经济和社会发展计划、财政预算执行情况、县域城镇体系规划和新田县城城市总体规划修编、防治非典型肺炎、义务教育法执法、医疗及失业和养老保险费基金管理与使用、公检法司工作情况、财政预算执行和其他财政收支情况审计、贯彻执行农业法及相关法规、扶贫资金使用、以工代赈、农业综合开发、优化经济发展环境、招商引资、新型农村合作医疗、传染病防治法执行情况、禁毒、计划生育、土地整理、社会治安、网吧管理、贯彻实施湖南省非税收入管理条例等工作报告。

十五届人大常委会

2007年11月至2012年9月，共召开会议30次。会议主要内容：听取和审议“一府两院”、政府部门工作报告95项；审查批准年度财政决算；制定《县人大常委会组成人员守则》《县人大常委会工作规程》《县人大常委会议事规则》《县人大常委会关于加强规范代表活动若干意见》《县人大常委会关于办理代表建议、批评和意见规定》《县人大常委会审查监督财政预决算暂行办法》；任免国家机关工作人员193人次。届内听取和审议关于提案办理、国民经济和社会发展计划、财政预算及执行情况、部门预算编制、道路交通安全管理、法院检察院完善监督机制、加强文化遗产保护议案落实、农村产业化及新农村建设、国土局和信用联社人大代表评议自查自纠和整改、重点建设项目工作实施、公安局、检检察、法院、司法局年度工作、加强法制宣传教育决议落实、乡镇卫生院基础设施及专项经费管理与使用、日西河木材市场火灾事故处理、合格学校建设、扶贫资金使用、反贪污贿赂工作、刑事侦查专项工作、甲流感防控、低保工作、城镇职工基本医疗保险、网吧经营管理、瑞华学校建设、职业教育发展、土地市场清理和落实新增投资项目、“十一五”规划执行和“十二五”规划编制、旅游工作、网络建设和广告业务、交通运输、医改、农业、农机、畜牧水产、农村规划建设及环境卫生与耕地保护、妇幼保健、民族工作、财政预算执行及其他财政收支情况审计、县规划局、城管局、水利局、房产局工作审议整改、县教育局、民政局、质监局、商务局、计生委的工作审议及整改情况的工作报告。

十六届人大常委会

2012年9月至2016年11月，共召开会议37次。会议主要内容：听取和审议“一府两院”、政府部门工作报告66项；审查批准年度财政决算；制定、修改《人事任免办法》《常委会议事规则》《常委委员工作规程》《关于讨论决定重大事项的规定》《审查监督财政预决算暂行办法》《关于加强和规范县人大代表活动的若干意见》《规范性文件备案审查办法》《向“一府两院”交办事项的交办及反馈办法》《常务委员会组成人员守则》9项规章制度；作出《关于批准〈对县城市建设投资公司申请国家开发银行贷款的议案〉的决定》《关于批准〈授权县财政回购莲花乡砷潭治理工程BT模式建设项目的议案〉的决定》《关于建设美丽新田的决议》《关于批准县人民政府整顿和规范城区交通秩序的决定》《关于批准〈新田县人民政府与湖南新天地投资控股集团有限公司投资建设县城基础设施项目的议案〉的决定》《关于批准〈关于以人民医院和中医院设备为载体开展融资租赁方案的议案〉的决定》《关于同意〈新田县人民政府关于依托国土资源部定点扶贫，加快扶贫开发工作的议案〉的决定》《关于同意〈县人民政府提请审议南新城学校招商方案的议案〉的决定》《关于同意〈县人民政府提请审议关于实行封山育林、保护森林资源的意见的议案〉的决定》《关于批准〈新田县人民政府关于中国中部家居博览城项目的决定〉》《关于批准〈新田县人民政府关于新田县城市供水项目的议案〉的决定》《关于批准〈新田县人民政府关于与省建工集团合作的议案〉的决定》《关于批准〈新田县人民政府关于审议新田县富硒农产品加工产业园项目贷款的资本金列入我县同期年度财政预算的议案〉的决定》《关于同意〈新田县人民政府提请和审议新田县部分乡镇行政区划调整方案的议案〉的决定》《关于批准〈新田县人民政府关于追加新田县农村商业银行股份有限公司入股资金预算的议案〉的决定》《关于批准〈新田县人民政府关于调整2015年财政预算的报告〉

的决议》《关于批准〈新田县人民政府关于审议新田俊毅创新创业园有限公司标准化厂房建设项目的议案〉的决定》《关于依托国土资源部定点扶贫，加快扶贫开发工作的决定》《关于同意〈新田县人民政府提请审议撤销十字乡设立十字镇的议案〉的决定》《关于县人民政府〈关于提请审议将中江信托集合资金信托计划还款资金列入同期年度财政预算议案〉的决议》《关于同意〈新田县人民政府提请审议撤销大坪塘乡设立大坪塘镇的议案〉的决定》《关于同意县人民政府出资置换信用联社不良贷款的决定》《关于同意〈新田县人民政府提请审议两江口水库建设有限公司向银行贷款的还款资金纳入财政预算的议案〉的决定》《关于批准〈新田县人民政府关于提请审议向建设银行新田支行融资贷款用于新田县大道开发建设及土地整理项目的议案〉的决定》《关于批准〈新田县人民政府提请审议新田县综合商贸物流中心建设项目的议案〉的决定》《关于批准〈新田县人民政府关于将长沙银行贷款偿还资金纳入财政预算的议案〉的决定》《关于批准〈新田县人民政府关于提请新田县城市基础设施建设环城连接主干道网提质工程政府购买服务资金列入财政预算的议案〉的决定》《关于批准〈新田县人民政府提请审议新田县环城东、南路建设项目购买服务金列入财政预算的议案〉的决定》《关于批准〈新田县人民政府关于提请国家开发银行应急贷款还贷资金列入财政预算的议案〉的决定》《关于重新确定部分镇的人民代表大会代表名额的决定》《关于批准〈新田县人民政府提请审议新田县工业集中区综合路网建设项目政府购买服务金列入财政预算的议案〉的决议》《关于批准〈新田县人民政府提请审议新田县工业园道路及配套设施建设项目向华融赣南和华融湘江银行贷款其政府购买服务金列入财政预算的议案〉的决议》《关于〈新田县人民政府提请审议新田县工业园道路及配套设施建设项目向中江国际信托股份有限公司贷款其政府购买服务金列入财政预算的议案〉的决议》《关于批准〈新田县人民政府关于将长沙银行贷款偿还资金纳入财政预算的议案〉的决议》《关于批准县人民政府提请审议贫困村项目的决议》《关于批准〈县人民政府提请审议新田县城市防洪工程政府购买服务金列入财政预算的议案〉的决定》《关于批准〈新田县人民政府提请审议“十三五”时期异地扶贫搬迁建设项目政府服务金列入财政预算的议案〉的决定》《关于批准〈新田县人民政府提请审议新田县日西河、里下河防洪工程建设项目政府购买服务金列入财政预算的议案〉的决定》《关于南部新城学校招商方案的决定》；任免国家机关工作人员206人次。届内听取和审议县财政预算执行情况、国民经济及社会发展计划执行情况、农村土地管理、乡村规划和环境卫生、建设美丽新田、代表议案和建议批评意见办理、网吧经营管理、卫生防疫、社会保险基金管理与使用、住房公积金管理与使用、案件执行、反贪污贿赂、“十二五”规划执行情况和“十三五”规划编制、县人大常委会审议决定的政府性投融资重大项目实施、律师队伍建设管理、禁毒工作、新刑诉法贯彻执行、打击“三非”、清理闲置土地、不良贷款清收、落实教育强县、环境保护、全县精准扶贫、城投融资建设、行政审判工作、公诉情况、“六五”普法工作、劳动监察工作、环保工作、法院、检察院、公安局、司法局工作等工作报告。

十七届人大常委会

2016 年 11 月至 2017 年 12 月，共召开会议 8 次。会议主要内容：听取和审议“一府两院”、政府部门工作报告 15 项；审查批准年度财政决算；制定《新田县人大常委会组成人员联系人大代表工作制度》；通过《人事任免办法修正案》《议案及建议批评意见的处理办法修正案》；作出《关于批准县人民政府将县城投集团向湖南省信托公司融资 1.98 亿元偿还资金列入财政预算〉的决议》《关于批准〈新田县人民政府将老工业园区搬迁提质改造项目政府购买服务资金列入财政预算〉的决议》《关于批准〈新田县人民政府改善农村人居环境建设项目政府购买服务资金列入财政预算的议案〉的决定》《关于批准〈新田县人民政府将标准化厂房建设项目购买服务资金列入财政预算〉的决议》《关于批准〈新田县人民政府将工业南园旧道路提质改造及配套设施建设项目政府购买服务资金列入财政预算〉的决议》《关于批准〈新田县人民政府将民营企业服务中心大楼及综合配套设施项目购买资金列入财政预算〉的决议》《关于批准〈新田县人民政府关于将农村综合服务平台建设项目购买资金列入财政预算〉的决议》《2017 年棚户区改造项目政府购买资金列入财政预算的决议》《关于批准〈新田县人民政府关于提请审议将 2017 年棚户区改造项目专项规划和实施范围列入我县 2017 年国民经济和社会发展计划的议案〉的决议》《关于批准〈新田县人民政府关于提请审议湘南现代化农旅文化小镇项目的议案〉的决定》《关于批准〈新田县县城总体规划（2009—2030）（2016 年修订）成果的议案〉的决议》《关于批准县城投集团企业债券发行工作的决议》；任免国家机关工作人员 54 人次。届内听取和审议部门预算、财政预算执行情况和其他财政收支情况的审计工作、审计查出问题整改、国民经济和社会发展计划执行、代表议案和建议批评意见办理、法院、检察院、公安局、司法局工作、全县环境状况和环境保护目标完成、县城总体规划实施情况等工作报告。

1980—2016 年新田县历届人民代表大会常务委员会主任、副主任、办公室主任名录一览表

表 10–12

届次	主任	副主任	办公室主任
八届人大常委会	欧阳应雄	邓成忠 刘宗发 刘佩芳（女） 李天民（党外） 刘宗朴	卢大贵
九届人大常委会	黄义大	邓成忠 刘宗朴 刘佩芳（女） 黄思文 廖友鹄 邓永伦	唐永正
十届人大常委会	欧阳国斌	廖友鹄 刘宗朴 邓永伦 郭友旺 梁明庄（女，党外）	唐永正 何富礼
十一届人大常委会	廖友鹄	邓永伦 何泽春 李茂嵩 郭友旺 梁明庄（女，党外） 刘良玉	何富礼 陈金龙
十二届人大常委会	黄崇远	廖有德 朱道旭 陈湖渊 黄水旺 肖晓星（女，党外）	陈金龙 文柏佑
十三届人大常委会	黄崇远	黄水旺 顾 锋（女） 谢新柳 文杰贤 朱道坤 邓土德 史立忠（党外）	文柏佑 罗泽成 谢一平
十四届人大常委会	郑日生	胡芳祝 刘承根 陈金国 胡大旺 罗泽成 史立忠（党外） 邓成胜	谢一平 沈志英
十五届人大常委会	邓成胜	胡芳祝 刘承根 罗泽成 史立忠（党外） 郑智新 刘小平	沈志英 郑 程
十六届人大常委会	曹桂秀（女）	郑智新 史立忠（党外） 刘小平 贺安祥 陈学军	郑 程 周红霞（女）
十七届人大常委会	欧阳涛	郑智新 贺安祥 毛群联（女，党外） 刘志斌 周艳芳（女）	周红霞（女）

第十一章　蓝山县人民代表大会

第一节　蓝山县各界人民代表会议

第一届各界人民代表会议

第一届各界人民代表会议从 1950 年到 1952 年，共召开 6 次会议。

第一次会议　1950 年 7 月 25—27 日举行，出席代表 170 人。会议的主要内容：听取和讨论政府工作报告，选举产生出席湖南省首届各界人民代表会议代表。

第二次会议　1950 年 10 月 2—4 日举行，出席代表 171 人。会议的主要内容：讨论秋征公粮工作。

第三次会议　1951 年 8 月 8—12 日举行，出席代表 186 人。会议的主要内容：进行以抗美援朝为中心内容的爱国主义教育，号召以实际行动捐献飞机大炮支援前线；报告镇压反革命及土地改革工作情况；检查布置拥军优属工作；成立县各界人民代表会议常务委员会。

第四次会议　1951 年 10 月 15—18 日举行，出席代表 148 人。会议的主要内容：讨论秋征公粮工作；布置冬耕生产；学习贯彻新《中华人民共和国婚姻法》。

第五次会议　1951 年 11 月 27—30 日举行，出席代表 129 人。会议的主要内容：讨论土地改革工作；检查拥军优属工作；布置冬耕冬种工作。

第六次会议　1952 年 1 月 1—4 日举行，会议邀请一批有影响的劳动模范和区乡村土地改革工作骨干参加，出席会议总人数 351 人。会议的主要内容：学习贯彻省首届各界人民代表会议第二次会议精神；做好军人转业工作，加强抗美援朝；响应毛泽东主席的号召，开展增产节约运动。

第二届各界人民代表会议

第二届各界人民代表会议从 1952 年到 1954 年，共召开 5 次会议。

第一次会议　1952 年 11 月 25—28 日举行，出席代表 194 人。会议的主要内容：商讨与动员全县各阶层群众支援和完成土地改革复查；选举产生湖南省第二届各界人民代表会议代表；选举产生蓝山县第二届各界人民代表会议常务委员会委员。

第二次会议 1953 年 3 月 18—21 日举行，出席代表 190 人。会议的主要内容：商讨生产问题；研究贯彻《中华人民共和国婚姻法》。

第三次会议 1953 年 6 月 2—5 日举行，出席代表 179 人。会议的主要内容：开展爱国增产运动；继续加强抗美援朝工作。

第四次会议 1953 年 11 月 27—30 日举行，出席代表数不详。会议的主要内容：讨论粮食统购统销和增产节约问题。

第五次会议 1954 年 3 月 6—9 日举行，出席代表 144 人。会议的主要内容：讨论生产和普选工作；总结粮食统购统销工作。

第二节 蓝山县人民代表大会

第一届人民代表大会

第一届人民代表会议从 1954 年到 1956 年，共召开 5 次会议。

一次会议 1954 年 6 月 29 日至 7 月 1 日举行，出席代表 175 人。会议的主要内容：总结基层普法工作，选举陈诚钜、鲁爱德、王盛期、张振汉为县出席湖南省首届人民代表大会的代表；讨论和决定之后工作任务；学习讨论《中华人民共和国宪法（草案）》。会议共收到代表提案 147 件。

二次会议 1955 年 4 月 9—10 日举行，出席代表 146 人。会议主要内容：传达省第一届人民代表大会第二次会议精神；报告与讨论政府工作和大力开展以互助合作为中心的农业生产运动事项；选举黄克良为蓝山县县长，盘进魁为副县长，李兆瑞等 13 人为县人民委员会委员，汤达斌为蓝山县县人民法院院长。会议共收到代表提案 29 件。

三次会议 1955 年 12 月 15 日举行，出席代表 105 人。会议的主要内容：讨论和研究办好农业合作社的问题；补选盘进魁为湖南省一届人大代表。

四次会议 1956 年 3 月 14—16 日举行，出席代表 174 人。会议的主要内容：传达省首届人大第三次会议精神；总结 1955 年政府工作；审议通过以农村合作社为中心的县第一个五年计划；审议通过 1955 年县财政决算和 1956 年县财政预算。会议共收到代表提案 47 件。

五次会议 1956 年 5 月 9—11 日举行，应到代表 204 人，出席代表 140 人。会议的主要内容：决定并乡撤区事项，作出《关于并乡撤区的决议》，将全县原 97 个乡 1

个镇，合并为 23 个乡 1 个镇（实施中增加 2 个乡）。

第二届人民代表大会

第二届人民代表会议从 1956 年到 1957 年，共召开 3 次会议。

一次会议　1956 年 12 月 28—31 日举行，出席代表 161 人。会议的主要内容：传达省一届人大四次会议精神；总结第一届政府施政工作，讨论研究之后的工作任务；选举盘进魁为蓝山县县长，刘大本等 14 人为县人民委员会委员。会议共收到代表提案 212 件。

二次会议　1957 年 3 月 26—27 日举行，出席代表 143 人。会议主要内容：讨论夺取 1957 年农业大丰收的问题。

三次会议　1957 年 9 月 2—4 日举行，出席代表 139 人。会议的主要内容：以生产为中心，突出搞好粮食征购和粮食分配工作，继续开展社会主义再教育。会议共收到代表提案 104 件。

第三届人民代表大会

第三届人民代表会议从 1958 年到 1960 年，共召开 2 次会议。

一次会议　1958 年 5 月 22—24 日举行，出席代表 164 人。列席人员 6 人。会议的主要内容：总结和检查县二届人大以来的政府工作，讨论组织工农业生产大跃进事项；选举盘进魁为蓝山县县长，高福祯为副县长，刘大本等 15 人为县人民委员会委员，汤达斌为蓝山县人民法院院长，鲁爱德、彭寿人、盘进魁、熊任华为湖南省二届人大代表。会议共收到代表提案 34 件。

二次会议　1960 年 1 月 22—24 日举行，出席代表 172 人。会议的主要内容：总结两年来大跃进的成就，讨论和审定是年生产规划的主要指标；选举盘进魁为蓝嘉县县长（1959 年 3 月 22 日，国务院批准蓝山与嘉禾两县合并为蓝嘉县），周高议为蓝嘉县人民法院院长。会议共收到代表提案 73 件。

第四届人民代表大会

第四届人民代表会议从 1960—1961 年，只召开了 1 次会议。1961 年 7 月国务院批准蓝山、嘉禾两县分设，再未举行过会议。

一次会议　1960 年 12 月 4—5 日举行，出席代表 284 人。会议的主要内容：根据中央和省委“关于大办农业，大办粮食”的指示精神，总结政府一年来的工作，讨论安排群众生活，度过困难，争取来年农业丰收；选举盘进魁为蓝山县县长，靳小山、黄侠为副县长，刘大本等18人为县人民委员会委员，改选李本成为湖南省二届人大代表。

第五届人民代表大会

第五届人民代表大会只召开了1次会议。

一次会议 1964年7月28—30日举行，出席代表170人。会议的主要内容：听取和讨论政府工作报告、法院工作报告、财政工作报告；审查1964年县财政预算执行情况；选举盘进魁为蓝山县县长，陈书璧、靳小山、段精诚为副县长，李兆瑞等15人为县人民委员会委员，武万义为蓝山县人民法院院长，李前义、盘进魁、熊任华、彭寿人为湖南省三届人大代表。会议共收到代表提案104件。

第六届人民代表大会

1968年9月17日，县革命委员会宣布成立，期间没有举行过人民代表大会。按上级统一规定，1968年9月至1977年末的“革命委员会”作为一届代表大会序列排列。

根据1979年7月五届全国人大二次会议通过的《中华人民共和国地方组织法》的有关规定，县革命委员会名称沿用至1980年12月县八届人大一次会议成立县人大常委会，恢复县人民政府时止。

第七届人民代表大会

第七届人民代表大会只召开一次会议。这次会议是在结束“文化大革命”十年动乱之后，根据省第四次党代会和省五届人大一次会议精神，恢复人民代表大会制度的需要而召开的。

一次会议 1977年12月28—31日举行，出席代表495人。会议的主要内容：回顾总结县革委会建立九年多来的工作，讨论全县当前和之后一段时期的任务；根据老中青三结合的原则，选举孔宪访为蓝山县革委会主任，黄仕友、刘正云、蒋金生、彭良法为副主任，张朝志等28人为县革委会委员。

第八届人民代表大会

第八届人民代表大会从1980年到1983年，共召开6次会议。

一次会议 1980年12月1—7日举行，出席代表173人。会议的主要内容：审议政府、法院、检察院工作报告，讨论研究全县四化建设大计；选举黄仕友为蓝山县人大常委会主任，王桂宝、雷渊治、陈书璧、林重英为副主任，李至佳等8人为委员；选举蒋金生为蓝山县县长，龚茂均、唐合时、姜申喜、黄春荣为副县长，选举杨志坚为蓝山县人民法院院长，李恪愿为蓝山县人民检察院检察长。会议共收到代表提案444件。

二次会议 1981年10月26—30日举行，出席代表160人。会议的主要内容：讨论研究保护森林资源，发展林业生产的政策和措施，尽快把林业生产搞上去。

三次会议 1981年12月26—30日举行，出席代表167人。会议的主要内容：听取和审议政府、人大常委会、法院、检察院工作报告，讨论研究经济工作；补选和增选吴自安、莫运绥、彭良法为蓝山县八届人大常委会副主任，胡颂德、赵金宏为常委会委员。会议共收到代表提案269件。

四次会议 1982年8月24—26日举行，出席代表166人。会议的主要内容：讨论制止乱占滥用耕地建房。

五次会议 1983年3月14—19日举行，出席代表157人。会议的主要内容：贯彻落实中共中央〔1983〕1号关于印发《当前农村经济政策的若干问题》文件精神，突出改革，突出经济建设，加快全县两个文明建设进程；选举王英诚、冯生富、黄仕友、黄胜利为湖南省六届人大代表。会议共收到代表提案195件。

六次会议 1983年9月3—4日举行，出席代表165人。会议的主要内容：研究如何继续深入开展打击刑事犯罪活动的问题。

第九届人民代表大会

第九届人民代表大会从1984年到1986年，共召开4次会议。

一次会议 1984年3月28日至4月3日举行，出席代表263人。会议的主要内容：听取和审查县人大常委会、县人民政府、县人民法院、县人民检察院工作报告并作出相关决议；选举龚茂均为蓝山县人大常委会主任，陈书璧、林重英（女）、吴自安、陈斌、莫运绥、赵永兴为副主任，胡颂德等10人为委员；选举蒋金生为蓝山县县长，陈泽林、姜申喜、郭燕蓉、邝允江、邹华享为副县长，选举杨志坚为蓝山县人民法院院长、李恪愿为蓝山县人民检察院检察长。会议共收到代表提案395件。

二次会议 1984年10月30—31日举行，出席代表233人。会议的主要内容：学习森林法，作出《关于学习实施〈中华人民共和国森林法〉的决议》。

三次会议 1985年5月24—28日举行，出席代表250人。会议的主要内容：听取和审查县人大常委会、县人民政府、县人民法院、县人民检察院工作报告并作出相关决议；审议通过《关于二十五度以上坡耕地退耕还林、还牧的决议》及《关于开展“教师节”活动的决议》；补选蒋金生为蓝山县人大常委会主任，刘树俊为副主任，陈年旺为委员；补选李续荣为蓝山县县长，增选蒋年旺、张光栋为副县长，补选曾长安为蓝山县人民法院院长。会议共收到议案 2 件，提案 238 件。

四次会议 1986 年 3 月 19—22 日举行，出席代表 246 人。会议的主要内容：听取和审查县人大常委会、县人民政府、县人民法院、县人民检察院工作报告并作出相关决议。会议共收到代表提案 260 件。

第十届人民代表大会

第十届人民代表大会从 1987 年到 1989 年，共召开 3 次会议。

一次会议 1987 年 2 月 28 日至 3 月 5 日举行，出席代表 233 人。会议的主要内容：听取和审查县人大常委会、县人民政府、县人民法院、县人民检察院工作报告并作出相关决议；审查批准县财政预决算、“七五”计划以及经济社会和科技中长期发展总体规划；选举蒋金生为蓝山县人大常委会主任，吴自安、陈年旺、刘树俊、赵永兴、曾洁云（女）为副主任，刘良集等 9 人为委员；选举李续荣为蓝山县县长，蒋年旺、陈泽林、杨仕吉、梁满赐为副县长，选举曾长安为蓝山县人民法院院长、李恪愿为蓝山县人民检察院检察长。会议共收到代表提出议案 13 件，代表建议、批评和意见 285 件。

二次会议 1988 年 1 月 6—11 日举行，出席代表 232 人。会议的主要内容：听取和审查县人大常委会、县人民政府、县人民法院、县人民检察院工作报告并作出相关决议；审查批准县财政预决算；通过《关于制止婚丧喜庆大操大办铺张浪费的决议》；选举胡德增、蒋金生、陈模煌、赵贵金为湖南省七届人大代表，增选唐抚夷为县人大常委会委员。会议共收到代表提出议案 11 件，代表建议、批评和意见 255 件。

三次会议 1989 年 3 月 1—6 日举行，出席代表 228 人。会议的主要内容：听取和审查县人大常委会、县人民政府、县人民法院、县人民检察院工作报告并作出相关决议；审查批准县财政预决算；通过《关于维护农民利益的决议》《关于加强县人大代表工作，发挥县人大代表作用的决议》。会议共收到代表议案 1 件，代表建议、批评和意见 172 件。

第十一届人民代表大会

第十一届人民代表大会从 1990 年到 1992 年，共召开 3 次会议。

一次会议 1990 年 2 月 22—28 日举行，出席代表 233 人。会议的主要内容：听取和审查县人大常委会、县人民政府、县人民法院、县人民检察院工作报告并作出相关决议；审查批准县财政预决算；审议通过《蓝山县人民代表大会议事规则》；审议通过《关于认真贯彻实施〈湖南省计划生育条例〉的决议》；选举蒋金生为蓝山县人大常委会主任，吴自安、陈年旺、李茶生、陈模煌为副主任，邝金保等 10 人为委员；选举李续荣为蓝山县县长，梁满赐、陈泽林、谢五龙、杨仕吉、黄楚政、周一鸣、张彬为副县长，选举李建社为蓝山县人民法院院长、李安昌为蓝山县人民检察院检察长。会议共收到代表议案 11 件，代表建议、批评和意见 249 件。

二次会议　1991 年 3 月 7—12 日举行，出席代表 224 人。会议的主要内容：听取和审查县人大常委会、县人民政府、县人民法院、县人民检察院工作报告并作出相关决议；审查批准县 1990 年计划、预算执行情况和 1991 年计划、预算安排；审查县“八五”计划；审议通过《关于切实纠正截留挪用农业税灾情减免款的决议》；增选朱宣武、谭代良为县人大常委会委员。会议共收到代表议案 5 件，代表建议、批评和意见 140 件。

三次会议　1992 年 3 月 1—7 日举行，出席代表 231 人。会议的主要内容：听取和审查县人大常委会、县人民政府、县人民法院、县人民检察院工作报告并作出相关决议；审查批准县 1991 年计划、预算执行情况和 1992 年计划、预算安排；审议通过《蓝山县各级人大代表评议国家机关职能部门工作暂行办法》。会议期间收到代表议案 2 件，代表建议、批评和意见 95 件。

第十二届人民代表大会

第十二届人民代表大会从 1992 年到 1997 年，共召开 5 次会议。

一次会议　1992 年 12 月 28 日至 1993 年 1 月 4 日举行，出席代表 237 人。会议的主要内容：听取和审查县人大常委会、县人民政府、县人民法院、县人民检察院工作报告并作出相关决议；审查批准县 1992 年计划、预算执行情况和 1993 年计划、预算安排；审议通过《蓝山县各级人大代表评议国家机关职能部门工作暂行办法（修正案）》；选举蒋金生为蓝山县人大常委会主任，李茶生、张光栋、陈模煌（女）、唐抚夷、李享祯为副主任，王寿诚等 11 人为委员；选举谢五龙为蓝山县县长，梁久旺、陈泽林、黄楚政、颜永柱、罗华成为副县长，选举蒋火旺为蓝山县人民法院院长、李安昌为蓝山县人民检察院检察长；选举蒋金生、李志辉、李见妹、许德华为湖南省八届人大代表。会议期间收到代表议案 2 件，建议、批评和意见 271 件。

二次会议　1994 年 3 月 10—15 日举行，出席代表 221 人。会议的主要内容：听取和审查县人大常委会、县人民政府、县人民法院、县人民检察院工作报告并作出相关决议；审查批准县 1993 年计划、预算执行情况和 1994 年计划、预算安排；审议通过《关于保护和发展国有、集体林场的决议》；增选唐运军为蓝山县副县长。会议期间收到代表议案10件，代表建议、批评和意见123件。

三次会议 1995年3月1—6日举行，出席代表230人。会议的主要内容：听取和审查县人大常委会、县人民政府、县人民法院、县人民检察院工作报告并作出相关决议；审查批准县1994年计划、预算执行情况和1995年计划、预算安排。会议期间收到代表议案12件，代表建议、批评和意见97件。

四次会议 1996年3月14—19日举行，出席代表231人。会议的主要内容：听取和审查县人大常委会、县人民政府、县人民法院、县人民检察院工作报告并作出相关决议；审查批准关于制定蓝山县“九五”计划和2010年远景目标纲要（草案）；审查批准蓝山县1995年国民经济和社会发展计划执行情况与1996年国民经济和社会发展计划的报告，以及1995年财政预算执行情况与1996年财政预算的报告；选举出席永州市第一届人民代表大会代表；审议通过《关于修改蓝山县人民代表大会议事规则的决定（草案）》；审议通过《关于切实保护耕地的决议（草案）》。会议期间收到代表议案15件，代表建议、批评和意见109件。大会对县财政报告审议后，于3月19日经代表全体会议举手表决，结果48人赞成，125人反对，58人弃权，未予通过；大会决定授予县人大常委会立案另行审查县财政预决算。

五次会议 1997年3月26—31日举行，出席代表232人。会议的主要内容：听取和审查县人大常委会、县人民政府、县人民法院、县人民检察院工作报告并作出相关决议；审查批准蓝山县1996年国民经济和社会发展计划执行情况与1997年国民经济和社会发展计划的报告，以及1996年财政预算执行情况与1997年财政预算的报告；补选唐运军为蓝山县县长，刘伟华为蓝山县人民法院院长、郑枝福为蓝山县人民检察院检察长。会议期间收到代表议案10件，代表建议、批评和意见79件。

第十三届人民代表大会

第十三届人民代表大会从1998年到2002年，共召开5次会议。

一次会议 1998年1月3—9日举行，出席代表185人。会议的主要内容：听取和审查县人大常委会、县人民政府、县人民法院、县人民检察院工作报告并作出相关决议；审查和批准国民经济和社会发展计划报告、财政预算报告；选举李茶生、陈模煌（女）、黄永翔、梁仁林、雷问送、颜永柱为蓝山县人大常委会副主任（主任职位暂缺），王吉文等12人为委员；选举唐运军为蓝山县县长，王国强、陈孔仁、罗华成、黄器兰、雷纯涛为副县长，选举刘伟华为蓝山县人民法院院长、郑枝福为蓝山县人民检察院检察长。会议期间收到代表议案、建议、批评和意见137件。

二次会议 1999年3月16—19日举行，出席代表184人。会议的主要内容：听取和审查县人大常委会、县人民政府、县人民法院、县人民检察院工作报告并作出相关决议；审查和批准国民经济和社会发展计划报告、财政预算报告；选举李茶生为县人大常委会主任；表彰 1998 年度先进县代表小组和优秀县人大代表。会议期间收到代表议案 43 件，代表建议、批评和意见 71 件。

三次会议　2000 年 3 月 1—4 日举行，出席代表 179 人。会议的主要内容：听取和审查县人大常委会、县人民政府、县人民法院、县人民检察院工作报告并作出相关决议；审查和批准国民经济和社会发展计划报告、财政预算报告；补选罗武松为蓝山县人大常委会副主任，盘运贵、曾喜庆为委员；表彰 1999 年度先进县代表小组、优秀县人大代表、优秀议案和优秀建议。会议期间收到代表议案 26 件，代表建议、批评和意见 46 件。

四次会议　2001 年 5 月 27—31 日举行，出席代表 184 人。会议的主要内容：听取和审查县人大常委会、县人民政府、县人民法院、县人民检察院工作报告并作出相关决议；审查和批准国民经济和社会发展计划报告、财政预算报告、县国民经济和社会发展第十个五年计划纲要；补选刘事青为蓝山县县长；补选王黎明、雷丰标为蓝山县人大常委会委员；选举出席永州市第二届人民代表大会代表 31 人。会议期间收到代表议案 20 件，代表建议、批评和意见 36 件。

五次会议　2002 年 3 月 11—14 日举行，出席代表 188 人。会议的主要内容：听取和审查县人大常委会、县人民政府、县人民法院、县人民检察院工作报告并作出相关决议；审查和批准国民经济和社会发展计划报告、财政预算报告；补选张兆湘为蓝山县县长。会议期间收到代表议案 19 件，代表建议、批评和意见 68 件。

第十四届人民代表大会

第十四届人民代表大会从 2002 年到 2006 年，共召开 5 次会议。

一次会议　2002 年 12 月 27 日至 2003 年 1 月 1 日举行，出席代表 185 人。会议的主要内容：听取和审查县人大常委会、县人民政府、县人民法院和县人民检察院工作报告并作出相关决议；审查和批准国民经济和社会发展计划报告、财政预算报告；选举李年友为蓝山县人大常委会主任，龙宗社、乐乔生、陈泽卿、罗武松、唐发运、雷丰玉为县人大常委会副主任，王黎明等 12 人为委员；选举张兆湘为蓝山县县长，陈孔仁、唐国琼、唐清峰、黄柳姮、盘德平为副县长，选举宾登军为蓝山县人民法院院长、选举县人民检察院检察长；另行选举李年友为永州市二届人大代表。会议期间收到代表议案 32 件，代表建议、批评和意见 60 件。

二次会议　2004 年 2 月 20—23 日举行，出席代表 183 人。会议的主要内容：听取和审查县人大常委会、县人民政府、县人民法院和县人民检察院工作报告并作出相关

2004年3月蓝山县十四届人大二次会议组织代表视察县城东方大道建设

决议；审查和批准国民经济和社会发展计划报告、财政预算报告；审议通过《关于实施民营立县战略，大力发展外向型加工贸易的决议》《关于着力解决我县供电"瓶颈"的决议》。会议期间收到代表议案26件，代表建议、批评和意见30件。

三次会议 2005年1月21—24日举行，出席代表184人。会议的主要内容：听取和审查县人大常委会、县人民政府、县人民法院、县人民检察院工作报告并作出相关决议；审查和批准国民经济和社会发展计划报告、财政预算报告；审议通过《关于进一步加强县城社会治安、交通管理、环境卫生的决议》；表彰2004年度先进代表小组和优秀代表。会议期间收到代表议案26件，代表建议、批评和意见30件。

四次会议 2006年3月6—9日举行，出席代表183人。会议的主要内容：听取和审查县人大常委会、县人民政府、县人民法院、县人民检察院工作报告并作出相关决议；审查和批准县国民经济和社会发展计划报告、财政预算报告、县国民经济和社会发展计划第十一个五年规划纲要；审议通过《关于进一步加强县城社会治安、交通管理、环境卫生的决议》；表彰2005年度优秀代表。会议期间收到代表提出的议案、建议、批评和意见62件。

五次会议 2006年12月31日至2017年1月3日举行，出席代表181人。会议的主要内容：听取和审查县人大常委会、县人民政府、县人民法院、县人民检察院工作报告并作出相关决议；审查和批准县国民经济和社会发展计划报告、财政预算报告；补选严兴德为蓝山县人民政府县长；选举蓝山县出席永州市第三届人民代表大会代表；表彰2006年度优秀代表。会议期间收到代表提出的议案、建议、批评和意见77件。

第十五届人民代表大会

第十五届人民代表大会从2007年到2012年，共召开5次会议。

一次会议 2007年11月21—26日举行，出席代表195人。会议的主要内容：听取和审查县人大常委会、县人民政府、县人民法院、县人民检察院工作报告并作出相关决议；审查和批准国民经济和社会发展计划报告、财政预算报告；审议通过《关于着力保护环境，构建生态蓝山的决议》；选举李年友为蓝山县人大常委会主任，唐发运、黄柳姮、龙宗社、陈泽卿为县人大常委会副主任，厉良亮等 17 人为委员；选举严兴德为蓝山县县长，唐国琼、盘德平、陈海潮、郭晓武、唐志雄、赵七秀为副县长，选举柏国平为蓝山县人民法院院长、唐筱勇为蓝山县人民检察院检察长。会议期间收到代表提出的议案、建议、批评和意见 100 件。

二次会议 2008 年 12 月 28—31 日举行，出席代表 193 人。会议的主要内容：听取和审查县人大常委会、县人民政府、县人民法院、县人民检察院工作报告并作出相关决议；审查和批准国民经济和社会发展计划报告、财政预算报告；补选黄礼伟、蔡万和为县人大常委会委员；另选蒋双生为永州市第三届人大代表；表彰 2008 年度优秀代表和优秀代表建议。会议期间收到代表提出的议案、建议、批评和意见 53 件。

三次会议 2010 年 2 月 1—4 日举行，出席代表 196 人。会议的主要内容：听取和审查县人大常委会、县人民政府、县人民法院、县人民检察院工作报告并作出相关决议；审查和批准国民经济和社会发展计划报告、财政预算报告；审议通过《关于加强铁锰矿资源开发利用、促进县域经济快速发展的决议》；补选冯德校为蓝山县县长、唐小明为副县长；另选胡松旺为蓝山县人大常委会副主任；表彰 2009 年度优秀代表和优秀代表建议。会议期间收到代表议案 25 件，代表建议、批评和意见 47 件。

四次会议 2011 年 1 月 4—7 日举行，出席代表 197 人。会议的主要内容：听取和审查县人大常委会、县人民政府、县人民法院、县人民检察院工作报告并作出相关决议；审查和批准县国民经济和社会发展计划报告、财政预算报告、县国民经济和社会发展计划第十二个五年规划纲要；补选陈扬新为蓝山县人大常委会副主任、彭继学、谭陆忠为委员；表彰 2010 年度优秀代表和优秀代表建议。会议期间收到代表议案 44 件，代表建议、批评和意见 37 件。

五次会议 2011 年 12 月 21—24 日举行，出席代表 196 人。会议的主要内容：听取和审查县人大常委会、县人民政府、县人民法院、县人民检察院工作报告并作出相关决议；审查和批准国民经济和社会发展计划报告、财政预算报告；审议通过《关于开展土地清理整顿，规范土地市场秩序的决议》《关于加强全县医疗卫生工作，努力提高人民健康水平的决议》；选举蓝山县出席永州市第四届人民代表大会代表；表彰 2011 年度优秀代表和优秀代表建议。会议期间收到代表提出的议案、建议、批评和意见 71 件。

第十六届人民代表大会

第十六届人民代表大会从 2012 年到 2016 年，共召开 5 次会议。

一次会议 2012 年 9 月 24—27 日举行，出席代表 193 人。会议的主要内容：听取和审查县人大常委会、县人民政府、县人民法院、县人民检察院工作报告并作出相关决议；审查和批准国民经济和社会发展计划报告、财政预算报告；选举县人大常委会主任，选举郭晓武、钟芝莉（女）、陈扬新、邓泽干、梁有余为县人大常委会副主任，王文明等17人为委员；选举冯德校为蓝山县县长，唐小明、唐志雄、赵七秀、吴新波、赵忠辉、黄小兵、曾海波为副县长，选举柏国平为蓝山县人民法院院长、吕新陵为蓝山县人民检察院检察长。会议期间收到代表议案、建议、批评和意见共108件。

二次会议 2013年12月31日至2014年1月3日举行，出席代表196人。会议的主要内容：听取和审查县人大常委会、县人民政府、县人民法院、县人民检察院工作报告并作出相关决议；审查和批准国民经济和社会发展计划报告、财政预算报告；审议通过《关于加快农村土地经营权流转，推进农业产业化的决议》；补选陈玖彬为蓝山县人大常委会委员；表彰2013年度优秀代表和优秀代表建议。会议期间收到代表议案58件，代表建议、批评和意见50件。

三次会议 2014年12月18—19日举行，出席代表192人。会议的主要内容：补选秦志军为县长。

四次会议 2015年3月10—13日举行，出席代表192人。会议的主要内容：听取和审查县人大常委会、县人民政府、县人民法院、县人民检察院工作报告并作出相关决议；审查和批准国民经济和社会发展计划报告、财政预算报告；表彰2014年度优秀代表和优秀代表建议。会议期间收到代表议案、建议、批评和意见共93件。

五次会议 2016年1月18—20日举行，出席代表197人。会议的主要内容：听取和审查县人大常委会、县人民政府、县人民法院、县人民检察院工作报告并作出相关决议；审查和批准县国民经济和社会发展计划报告、财政预算报告、县国民经济和社会发展计划第十三个五年规划纲要；表彰2015年度优秀代表和优秀代表建议。会议期间收到代表议案、建议、批评和意见共84件，全部作代表建议向一府两院交办。

第十七届人民代表大会

第十七届人民代表大会从2016年开始，截至2016年底共召开1次会议。

一次会议 2016年11月26—30日举行，出席代表193人。会议的主要内容：听取和审查县人大常委会、县人民政府、县人民法院、县人民检察院工作报告并作出相关决议；审查和批准国民经济和社会发展计划报告、财政预算报告；审议通过《关于举全县之力建设毛俊水库的决议》《关于在县城主城区禁止燃放烟花爆竹的决议》《关于设立蓝山县第十七届人民代表大会法制委员会、财政经济委员会的决定》《蓝山县第十七届人民代表大会法制委员会、财政经济委员会主任委员、副主任委员名单》；选举县人大常委会主任，选举郭晓武、刘惠明、梁有余、袁凤（女）、彭继学为蓝山县人大常委会副主任，王幼萍等22人为委员；选举魏和胜为蓝山县县长，聂朝飞、李勇、陈毅强、周晓芬、杨康、黄正军为副县长，选举吴昭明为蓝山县人民法院院长、曲军为蓝山县人民检察院检察长；选举蓝山出席永州市第五届人民代表大会代表。会议期间收到代表议案、建议、批评和意见120件。

第三节　蓝山县人民代表大会常务委员会

1980年12月7日，蓝山县第八届人民代表大会第一次会议选举产生县八届人大常委会，工作机构只设办公室。1984年4月，决定增设法制组、财政经济组、科教文卫组，1986年8月，更名为法制、财政经济、教科文卫3个工作委员会。1989年1月，增设选举任免联络工作委员会。1997年，法制工委更名为内务司法工作委员会。2013年11月，增设城建环保工作委员会；2016年10月，增设农业农村工作委员会；2016年11月，蓝山县第十七届人民代表大会第一次会议设立法制委员会、财政经济委员会。

第八届人大常委会

共举行会议23次，听取和审议“一府两院”工作报告27项，作出决议决定16项，任免国家机关工作人员65人次。届内听取和审议国民经济计划、财政收支预算、人大代表提案办理、整顿社会治安、信访工作、城乡卫生管理、教育工作、少数民族工作、打击经济领域违法犯罪、供销工作、城镇规划、畜牧生产、狠刹宗派械斗歪风工作等多项工作情况报告。作出《关于蓝山县城总体规划的决议》《关于大力发展畜牧生产的决议》《关于坚决贯彻实施〈中华人民共和国宪法〉的决议》《关于加强供销工作，疏通商品流通渠道的决议》《关于坚决打击经济领域违法犯罪活动的决定》《关于加强教育工作，全面提高教学质量的决议》《关于认真学习和贯彻执行党的十一届六中全会文件的决议》《关于进一步整顿社会治安的决议》等决议决定。先后开展烤烟生产、企业管理、少数民族发展、物价管理、教师报酬等情况的视察。指导乡镇人大工作开展，指导乡镇人大换届选举顺利进行。

第九届人大常委会

共举行会议20次，听取和审议“一府两院”工作报告27项，作出决议决定8项，任免国家机关工作人员 114 人次。届内听取和审议国民经济计划、财政收支预算、人大代表提案办理、少数民族地区小学教育、“两户一体”发展、打击刑事犯罪活动、区划调整、小水电发展计划、法制宣传教育工作、物价工作、林业发展、教育工作、乡镇企业发展、农村产业、审计工作、土地管理、计划生育等多项工作情况报告。作出《关于制止农村建房乱占滥用耕地的决议》《关于加强法制宣传教育，普及法律常识的决议》《关于支持“两户一体”发展，维护“两户一体”合法权益的决议》等决议决定。先后开展高塘坪电站工程建设、“教师节”活动、物价管理、食品卫生法和药品管理法贯彻情况等视察。开展 29 项专项调查，探索个案监督，指导乡镇开好人大会议，领导县乡两级人大换届选举。

第十届人大常委会

共举行会议 21 次，听取和审议“一府两院”工作报告 33 项，作出决议决定 9 项。听取和审议国民经济计划、财政收支预算、人大代表提案办理、普法工作、制止乱砍滥伐、中心小学建设、工业项目建设、法纪检察、县城建设总体规划部分变更、移民安置、经济审判、粮食生产、《湖南省散居少数民族工作条例》执行情况、物价管理、农村生产经营合同管理、科技工作、土地管理执法、扶贫工作和农村五保户供养等多项工作情况报告。作出《关于认真开展尊师重教活动的决议》《关于封山育林的决议》等决议决定。1987 年开始实施颁发任命书、考核被任命人员，届内共任免国家机关工作人员 91 人次。先后开展出口企业生产、农业开发、封山育林、小水电管理、科技工作、食品卫生管理、学校乱收费等情况视察。开展刑法、刑事诉讼法、森林法、土地管理法、食品卫生法、环境保护法、治安管理处罚条例等执法检查。加强自身建设，制定《蓝山县人大常委会工作简则》《蓝山县人大代表持证进行视察试行办法》等工作制度，指导乡镇开好人大会议，领导县乡两级人大换届选举。

第十一届人大常委会

共举行会议 20 次，听取和审议“一府两院”工作报告 28 项，作出决议决定 5 项，任免国家机关工作人员 126 人次。听取和审议国民经济计划、财政收支预算、人大代表提案办理、普法工作、农业生产、维护农民利益、建设投资项目、反贪污贿赂、文化市场管理、《封山育林决议》执行情况、纠正截留挪用农业税减免款问题、支农物资供应情况、社会治安综合治理、工业企业扭亏增盈情况、少数民族地区发展情况、县城总体规划修编等多项工作情况报告。先后开展出口企业生产、农业开发、封山育林、小水电管理、科技工作、食品卫生管理、学校乱收费等情况视察。开展刑法、刑事诉讼法、森林法、土地管理法、食品卫生法、环境保护法、治安管理处罚条例等执法检查。完善各项工作制度，制定人大常委会议事规则、监督办法、任免办法等工作制度；围绕群英水泵站左干渠质量低劣问题、供销社整改工作、农技站修缮更新等问题开展视察询问活动；组织代表评议县公安局、县邮电局、县粮食局、县卫生局、县计生委、县水电局、县教委等单位；加强对乡镇人大的指导，建立乡镇人大工作考核评比机制。

第十二届人大常委会

共举行会议31次，听取和审议“一府两院”工作报告36项，作出《关于实行部门执法责任制的决定》《关于扶助少数民族乡、村脱贫致富的决议》等决议决定9项，任免国家机关工作人员101人次。听取和审议国民经济计划、财政收支预算、人大代表提案办理、普法工作、减少农民负担、乡镇集体发展、个体私营企业发展、打击经济犯罪和反腐败斗争、少数民族乡扶贫、社会综合治理、耕地保护、农村社会养老保险等多项工作情况报告。先后开展药品管理、河堤治理、烟草生产、整顿木材采伐和经营秩序、治理县城“脏乱差”等情况视察。把执法检查与评议工作和建立部门执法责任制有机结合，开展对公检法司机关的“一条龙”执法检查工作。加强人大制度宣传，制定奖励办法，成立宣传报道写作班子，组织“人民选我当代表，我当代表为人民”竞赛活动。

第十三届人大常委会

共举行会议32次，听取和审议“一府两院”工作报告87项，任免国家机关工作人员214人次。听取和审议国民经济计划、财政收支预算、人大代表提案办理、退耕还林、起诉工作、农业产业、环境保护、农村费改税、科技执法、招商引资、国土执法等多项工作情况报告。作出《关于依法治县的决议》《关于整治县城市容环境和创建文明卫生城市的决议》《关于进一步扶助少数民族乡村脱贫致富的决议》《关于进一步加强法制宣传教育的决议》等决议决定12项。先后对30余部法律法规开展执法检查，对环境保护、农村电网改造、自来水厂建设、人寿保险、重点工程建设、乡镇企业、民营经济、农业结构调整、爱国卫生、永连公路蓝山段建设、烤烟生产等工作开展视察。举办2期县直执法单位主要负责人法制培训班，对县邮电系统、县公安局、县民政局、县工商局、县质监局、县烤烟办、县农开办、县教委开展代表评议，对县检察长、县政府办主任、县卫生局局长、县水电局局长、副县长开展述职评议。

第十四届人大常委会

共举行会议33次，听取和审议“一府两院”工作报告98项，任免国家机关工作人员199人次。听取和审议国民经济计划、财政收支预算、优化经济环境、义务教育、环境保护、民营企业发展、农业产业、行政执法、住房公积金、保险资金运行、县城总体规划修编、国企改革、非典防治等多项工作情况报告。先后开展“蓝山环保世纪行”“蓝山农产品质量安全行”“三湘农民健康行”专项活动，对土地管理法、传染病防治法、工会法、农业法等40余部法律法规开展执法检查，对环境保护、招商引资、烤烟生产、计划生育、税收征管、优化发展环境、饮用水源保护等工作开展视察。先后对县人民政府8位副县长进行书面述职评议，对法院、检察院副职和政府工作部门主要负责人共24人进行会议述职评议。强化制度建设，建立健全各项规章制度，编纂《人大工作手册》，2007年被评为省人大系统机关作风建设先进单位。

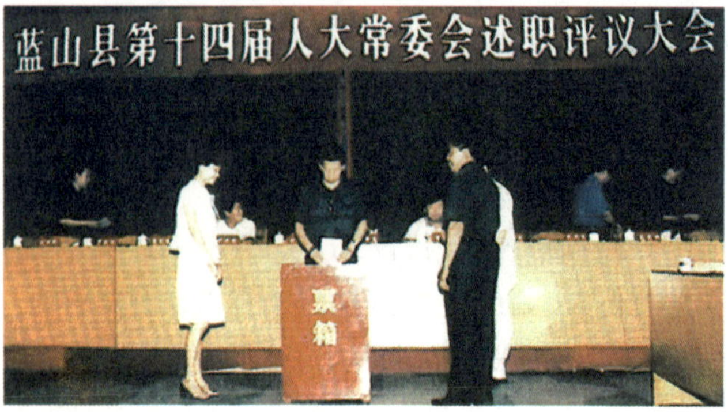

2005年9月28日蓝山县十四届人大常委会述职评议大会召开

第十五届人大常委会

共举行会议30次，听取和审议“一府两院”工作报告115项，作出《关于加快承接产业转移、促进经济又好又快发展的决议》《关于进一步加强救灾补损、重建家园求发展的决议》等决议决定30项，任免国家机关工作人员316人次。听取和审议国民经济计划、财政收支预算、新农村建设、生态蓝山建设、重点工程建设、广播电视、药品监督、质量监督、社会保险、医疗卫生、劳动就业等多项工作情况报告。先后开展“蓝山环保世纪行”“蓝山农产品质量安全行”“三湘农民健康行”“蓝山民族团结进步行”等专项活动，对土地管理法、义务教育法、劳动合同法等18部法律法规开展执法检查。对公安局、林业局、卫生局、工商局等4个单位进行代表评议；对国土局、水利局、农业局等11个单位进行专项工作审议。

第十六届人大常委会

共举行会议33次，听取和审议“一府两院”工作报告56项，任免国家机关工作人员181人次。听取和审议财政收支预算、乡镇区划调整、县城总体规划修编、文化古迹保护、城市建设管理等多项工作情况报告，作出《关于加强饮用水源地保护的决议》等决议决定35项。先后开展“蓝山环保世纪行”“蓝山农产品质量安全行”“三湘农民健康行”“蓝山民族团结进步行”等专项活动，对传染病防治法、义务教育法、食品安全法、环境保护法等12部法律法规开展执法检查。对安监局、教育局、水利局等13个单位进行专项工作审议。2016年1月1日开始实施《蓝山县实施宪法宣誓制度办法》，围绕“人民代表大会制度建立60周年”主题开展座谈会、征文大赛、书画摄影作品展和登山比赛等系列活动。指导县乡人大换届选举，确保“城乡同比”“两升一降”落实到位。

2013年6月7日蓝山县人大代表开展视察活动

2016年4月22日蓝山县人大常委会召开执法检查动员会

1980—2016 年蓝山县历届人民代表大会常务委员会主任、副主任、办公室主任名录一览表

表 10-13

届次	主任	副主任	办公室主任
八届人大常委会	黄仕友	王桂宝 雷渊治 陈书壁 林重英（女）	胡德颂
九届人大常委会	龚茂均（1984.4—1985.5） 蒋金生（1985.5—1987.2）	陈书壁 林重英（女） 吴自安 陈 斌 莫运馁 赵永兴（瑶族） 刘树俊	陈年旺
十届人大常委会	蒋金生	吴自安 陈年旺 刘树俊 赵永兴（瑶族） 曾洁云（女）	唐抚夷
十一届人大常委会	蒋金生	吴自安 陈年旺 李茶生（瑶族） 陈模煌（女）	李之鼎
十二届人大常委会	蒋金生	李茶生（瑶族） 张光栋 陈模煌（女） 唐抚夷 李享祯	谭代良（1993.2—1995.1） 李世禧（1995.1—1997.12） 雷统生（1997.12—1998.1）
十三届人大常委会	李茶生（瑶族）	陈模煌（女） 黄永翔 梁仁林 雷问送 颜永柱	雷统生
十四届人大常委会	李年友	龙宗社 乐乔生 陈泽卿 唐发运 雷丰玉 罗武松	雷统生
十五届人大常委会	李年友	唐运发 龙宗社 黄柳姮（女） 陈泽卿	雷统生（2007.12—2010.9） 李志强（2010.9—2012.10）
十六届人大常委会	谭平玉	郭晓武 陈扬新 钟芝莉（女） 邓泽干 梁有余	李志强（2012.10—2012.11） 陈玖彬（2012.11—2016.9） 唐建宏（2016.9—2016.10）
十七届人大常委会	谭平玉（2016.10）	郭晓武 刘惠明 梁有余 袁 凤（女，瑶族） 彭继学	唐建宏

人 物

历届市人大常委会主任、副主任、秘书长简介

（按任职时间先后排序，连续多届任职只列一次）

郑邦淳 男，汉族，湖南邵东县人，1941 年 7 月出生，1959 年 12 月入伍，1962 年 5 月入党，中专学历。1959 年 12 月至 1970 年 9 月，先后任解放军某部队战士、班长、教员、参谋。1970 年 10 月至 1974 年 1 月，先后任解放军某师某团某营、某团某营副营长。1974 年 1 月至 1981 年 8 月，先后任广州军区军政干校、桂林步校教员。1981 年 8 月至 1983 年 5 月，任桂林陆军学校训练部科研处处长。1983 年 5 月至 1986 年 5 月，任桂林陆军学校训练部副部长。1986 年 5 月至 1990 年 9 月，任零陵地区行署副专员。1990 年 9 月至 1993 年 4 月，任中共零陵地委委员、地纪委书记、省纪委委员。1993 年 4 月至 1996 年 3 月，任中共零陵地委副书记。1996 年 4 月至 2001 年 4 月，任永州市人大常委会主任、党组书记。中共永州市委委员。

胡参政 男，汉族，湖南双牌县人，1938 年 5 月出生，1966 年 2 月加入中国共产党。1956 年 3 月，被零陵县委组织部吸收为国家干部，派到高溪市供销社工作。1958 年双牌电站工程指挥部工作，任秘书和石工营营长。1961 年秋，到湖南财贸学院学习经济管理。1962 年零陵地区供销社工作。1969 年 5 月，零陵地委组织部工作，先后任秘书、副科长、科长（副处级）。1981 年 10 月，任地委党校副校长（正处级）。1983 年 12 月，任道县县委副书记（正县级）。1987 年 7 月，任零陵地区劳动局局长、党组书记。1989 年 11 月，任新田县委书记。1991 年 4 月，任零陵地委组织部常务副部长。1994 年 2 月，任副厅级干部，在人大工委负责代表工作和筹备撤区建市工作。1996 年 4 月，任市人大常委会常务副主任、党组副书记。1999 年 4 月退休。2000 年 5 月，任省委巡视组组长，派往郴州汝城巡视领导班子建设。2000 年 7 月至 2016 年 12 月，任市人大机关离退休老干党支部书记。

杨祈贵 男，汉族，湖南祁东县人，1944 年 4 月出生，1965 年 1 月加入中国共产党，1960 年 8 月参加工作，解放军南京高级步兵学校军事专业毕业，中专文化。曾任祁东

县归阳镇、区公所通讯员，县民警队战士，衡阳公安大队通信员、副班长，湖南公安总队教导大队学员、班长。1965年2月后任湖南某师直属连排长、直属二营参谋、司令部军务科参谋。1969年8月后，任广西军区某师司令部作训科参谋、副科长、某团副参谋长。1976年7月，任广西某训练处副处长。1978年2月在解放军南京高级步兵学校学习。1979年7月，任广西某部民兵训练处处长。1983年5月，任广西桂林市军分区司令员、正师职部长。1987年2月，任中共零陵地委政法委书记。1994年6月任中共零陵地委委员、政法委书记。1996年4月后，历任永州市第一届、二届人大常委会副主任、党组成员，第二届人大常委会党组副书记。中共永州市第一次代表大会代表，永州市第一届、二届、三届人大代表。

郑纯发 男，汉族，湖南祁阳县人，1942年10月出生，1964年8月入党，高中学历。1958年8月至1960年12月，任祁阳县铁厂工人。1961年1月至1963年2月，任祁阳县人民委员会工交科干事。1963年3月至1965年7月，任祁阳县委办干事。1965年8月至1969年8月，任衡阳地委办干事。1969年9月至1975年2月，先后任衡阳地区革委会企工组、衡阳地委组织部副科长。1975年3月至1983年10月，任祁阳县县委副书记。1983年11月至1985年12月，任金洞林场党委书记、祁阳县委副书记。1986年1月至1992年11月，任祁阳县委书记。1992年12月至1996年4月，任零陵地区行署副专员。1996年4月至退休，任永州市人大常委会副主任。

冯生玉 男，瑶族，湖南江华瑶族自治县人，1943年3月出生，1962年8月参加工作，1965年6月入党，中专文化。1962—1963年，任江华瑶族自治县湘江公社庙子庙小学教师。1963—1964年，任江华瑶族自治县湘江完小副校长。1964—1965年，任江华瑶族自治县高滩公社党委副书记。1966—1969年，任江华瑶族自治县民族一中副校长。1970—1972年，任江华瑶族自治县大夕公社党委书记。1972年2月至1972年9月，任江华瑶族自治县县委办副主任。1972年10月至1973年2月，任江华瑶族自治县贝江区区委副书记。1973年3月至1973年7月，任中共江华瑶族自治县委常委、共青团江华县委书记。1973年7月至1975年2月，任江华瑶族自治县革委会副主任。1975年2月至1980年11月，任江华瑶族自治县委副书记。1986年至1993年9月，任江华瑶族自治县人民政府县长。1992年9月至1995年3月，任零陵地区政协副主席。1996年4月至退休，任永州市人大常委会副主任。

谢田种 男，汉族，湖南新田县人，1940年3月出生。1964年入党。1951年下期考入新田城关完小。1954年5月加入共青团。1954年下半学期考入新田一中。1957年在家劳动一年。1958年下半学期考入郴州地区农校。1961年7月，农校毕业后先后在新田县农业局、林业局工作。1968年到1973年3月在新田县生产指挥组工作，任计划组组长、农业组组长、大组副组长。1973年4月，任新田县石羊公社党委书记。1980

年 12 月，当选为新田县人民政府县长。1984 年任江华瑶族自治县县委书记。1991 年，任零陵地区计委副主任、党组副书记。1995 年 7 月，任零陵地区人大联工委副主任。1996 年 4 月，任永州市人大常委会副主任。2001 年 8 月退休。工作期间，1974 年 4—6 月参加零陵地委党校学习，1976 年 3—5 月、1979 年 3—6 月参加湖南省委党校县级领导干部培训学习，1982 年 2 月至 1983 年 1 月参加省委党校第二期中青干部培训班学习，1980 年 6 月至 1981 年 1 月参加农业部在华中农学院举办的干部培训班学习，2000 年 5 月参加全国人大在北戴河举办的干部培训班学习。

吕芳村 男，汉族，永州市冷水滩区人，1945 年 2 月出生，中共党员。1970 年 8 月毕业于湖南财贸学院（湖南大学）。1970 年 8 月至 1973 年 11 月在零陵县农产品公司工作。1973 年 11 月至 1974 年 12 月在零陵县计委工作。1975 年至 1976 年 9 月在零陵县香花坝公社任革委会副主任、党委组织委员、党委副书记。1976 年 9 月至 1977 年 3 月在零陵县水口桥公社任党委书记。1977 年 3 月至 1978 年，任零陵县邮亭圩区委书记。1979—1980 年，任零陵县林业局局长。1981—1983 年，任零陵县水口山区区委书记（82 年在省委党校青干班学习一年）。1984 年 4 月，任中共零陵县委常委、常务副县长。1984 年 5 月，任中共冷水滩市委常委、常务副市长。1985 年 1 月，任中共双牌县委常委、常务副县长。1986 年 1 月，任中共冷水滩市委副书记。1989 年 8 月，任中共双牌县委书记。1994 年 9 月，任零陵地区经委主任，党组书记。1996 年 4 月，任永州市第一届人大常委会副主任、党组成员、党组副书记。2001 年 6 月，任永州市第二届人大常委会副主任、党组副书记。1975 年被评为零陵县优秀共产党员、零陵地区优秀共产党员，1980 年被评为零陵县先进工作者，1988 年被评为湖南省普法先进工作者，1990 年被评为广州军区“人武之星”，1992 年被评为零陵地区优秀党务工作者。

李本道 男，汉族，永州市冷水滩区人，1942 年 11 月出生，中共党员，大学本科学历。1963 年在零陵四中高中毕业，考入湖南师范学院中文系。在师大就读期间，被省里安排参加在湘潭县荣恩寺乡开展的农村社会主义教育运动。1967 年大学毕业后，留校待分配一年。1968 年被分配到道县红岩中学任教。1969 年调入道县教改办工作。1973 年调入道县农村办工作。1976 年加入中国共产党。1978 年被提拔为正科级干部。1982 年调入道县县委办工作，任县委办副主任。1984 年 3 月，任道县人民政府县长。1987 年县人民政府换届选举，再次当选为县长。1985—1986 年，带职参加国防科技大学湖南系统工程研究班学习 8 个月。1989 年底至 1992 年 8 月，任道县县委书记。1992 年 9 月任零陵地区财委主任。1996 年 4 月，当选为永州市第一届人大常委会副主任。2003 年退休。

陶祖芳 男，汉族，永州市零陵区人，1943 年 9 月出生，中共党员，大学文化，1962 年 3 月参加工作，1971 年 5 月入党。1962 年 3 月至 1963 年 5 月，任零陵县福田公社干事。1963 年 5 月至 1965 年 5 月，任零陵县邮亭圩公社财会辅导员。1965 年 5 月至 1972 年 1 月，任零陵县梅溪公社团委书记。1972 年 1 月至 1976 年 10 月，任零陵县邮亭圩区团委书记。1976 年 10 月至 1981 年 1 月，任零陵县梅溪公社党委书记。1981 年 1 月至 1984 年 9 月，任零陵县人民政府副县长。1984 年 9 月至 1986 年 6 月，在零陵地委党校大专班学习。1986 年 6 月至 1990 年 2 月，任冷水滩市人民政府副市长。1990 年 2 月至 1990 年 6 月，任冷水滩市市委常委、常务副市长。1990 年 6 月至 1996 年 3 月，任零陵地区建委主任、党组书记。1996 年 4 月至 1998 年 11 月，任永州市建委主任、党组书记。1998 年 11 月至 1999 年 12 月，任永州市人大常委会副主任、党组成员，市建委主任、党组书记。1999 年 12 月至 2001 年 6 月，任永州市人大常委会副主任、党组成员。2001 年 7 月至 2003 年 9 月，任永州市人大常委会党组成员。

曹小华 女，汉族，湖南长沙市人，1948 年 12 月出生，1964 年 9 月参加工作，无党派。湖南农学院茶叶专业大学普通班毕业，农艺师。曾任江永县消江公社下放知青、湖南农学院学生。1976 年 8 月，任江永县农业局技术员、副站长。1990 年 4 月，任江永县科委副主任。1991 年 4 月，任江永县人大常委会副主任。1993 年 1 月，任江永县人民政府副县长。1996 年 4 月，任永州市人大常委会兼职副主任、江永县政府副县长。1998 年 1 月后，历任永州市人大常委会副主任、江永县人大常委会副主任。2001 年 6 月后，历任永州市政协二届、三届政协副主席。2009 年 10 月退休。

谢承年 男，汉族，湖南新田县人，1944 年 10 月出生，1966 年 7 月加入中国共产党。1964 年新田一中高中毕业。1964—1966 年，参加宁远县、道县农村“四清”运动。1967—1969 年在新田县莲花供销社工作。1969 年 11 月至 1975 年 4 月，任新田县革命委员会宣传组干事、县党委办公室副组长。1975 年 5 月至 1988 年 9 月，任零陵地委办公室干事、秘书科科长、综合科科长，零陵地区信访办公室副主任。1988 年 10 月至 1991 年 10 月，任零陵地区行政公署副秘书长。1991 年 10 月至 1996 年 4 月，任零陵地区人大联络工作委员会办公室主任。1996 年 4 月至 2006 年 12 月，任市一、二届人大代表，市一、二届人大常委会秘书长。2003 年 3 月，任永州市人大常委会副巡视员。2007 年 1 月退休。2007 年 1 月至 2012 年 1 月任永州市第三届人大代表。

谢朝月 女，汉族，湖南省津市人，1945 年 8 月出生，1970 年 2 月加入中国共产党，大学文化，1968 年 9 参加工作。1964 年 9 月至 1968 年 11 月在湖南师范大学生物系学习。1968 年 12 月至 1970 年 3 月在湖南沅江 0645 部队军垦农场锻炼。1970 年 4 月至 1973 年 6 月，先后任蓝山县革委会通讯组、宣传组、群工组干事。1973 年 7 月至 1979 年 7 月，先后任蓝山县妇联干事、副主任。1979 年 8 月至 1979 年 12 月，任蓝山县委组织部主办干事。1980 年 1 月至 1983 年 4 月，任蓝山县人事局副局长、中共蓝山县委组织部部务会成员。1983 年 5 月至 1983 年 6 月，任零陵地区妇联主任。1983 年 6 月至 1996 年

2月，任零陵地委委员、地区妇联主任。1985年5—7月在湖南省委党校厅干班学习。1992年9—11月在全国妇女干部学校学习。1993年3—5月在湖南省委党校厅干班学习。1995年8月出席在北京召开的第四届世界妇女代表大会。1996年2月至1996年3月，任中共零陵地委副书记。1996年3月至2001年5月，任中共永州市市委副书记、市委党校第一校长。1997年2—7月在中央党校厅干班学习。2001年6月至2007年1月，任永州市人大常委会主任、党组书记。2002年7月在北戴河全国人大培训基地学习。2008年3月退休。全国十届人大代表，第五届、第六届、第七届全国妇女代表大会代表，湖南省第五次党代会代表，湖南省十届人大代表，中共永州市第一次、二次、五次代表大会代表，永州市第一、二、三届人大代表。

钱荣棠 男，汉族，浙江省余姚市人，1943年10月出生，民盟成员。1968年从上海复旦大学药学院毕业后，在双牌县人民医院药剂科工作。1984年，任双牌县人民医院副院长兼双牌县第一届政协副主席。1987年，任零陵地区人民医院副院长。1990年9月在湖南省委党校中青班学习。1994年，任零陵地区行署专员助理。1995年12月，加入中国民主同盟。1996年4月当选为永州市人民政府副市长、永州市第一届民盟主委、湖南省民盟第十届常委。1996年9月在湖南省委党校地厅班学习。2001年6月，任永州市第二届人大常委会副主任、永州市第二届民盟主委。2003年2月在湖南省委党校厅干班学习。2007年3月退休。湖南省第六、七、八、九届政协委员。

陈益富 男，汉族，湖南道县人，1946年1月出生，1968年毕业于湖南财贸学院。大学毕业后到青海省格尔木市某工厂工作，曾任工人、车间统计员、化验员、政治处干事、车间教导员。1980年调回道县工作，先后任宣传部干事、党校支部书记、计委副主任、财政局长、县政府副县长、县委常委、常务副县长、县委副书记。1994年，任新田县县长、县委书记。1997年，任冷水滩区委书记。2001年6月，任永州市人大常委会副主任。2006年退休。2013年逝世。

文先赵 男，汉族，湖南省东安县水岭乡人，1948年10月出生，中共党员，大专学历。1968年高中毕业后，农村务农，任大队团支部副书记、民办教师。1971年参加工作，在东安县文化馆任创作员。1976年调县委办工作。1977年4月至1987年3月，任共青团东安县委副书记，东安县委办秘书，东安县政府办副主任、主任。1987年3月至1990年2月，任中共东安县委常委、县委办主任。1990年2月至1991年4月，任中共东安县委副书记。1991年4月，任东安县人民政府县长。1997年3月，调任永州市人民政府办公室党组书记、市人民政府秘书长，市人民政府党组成员。2001年6月至2006年10月，任永州市人大常委会副主任。2006年10月至2008年11月，任永州市人大常委会巡视员。中共永州市第一次、第二次代表大会代表，永州市第一届、二届、三届人大代表。

李续荣 男，汉族，安徽省潜山县人，1947 年 3 月出生，1980 年 10 月入党。1964 年 9 月至 1970 年 8 月，中南矿冶学院（现中南大学）学生。1970 年 8 月至 1972 年 3 月，任湖南省蓝山县铅锌矿工人。1972 年 3 月至 1983 年 12 月，任湖南省蓝山县太平铅锌矿技术员、副矿长、矿长。1984 年 1 月至 1984 年 9 月，任蓝山县经委主任。1984 年 10 月至 1985 年 3 月，任蓝山县人民政府副县长。1985 年 3 月至 1992 年 10 月，任蓝山县人民政府县长。1992 年 10 月至 1996 年 5 月，任零陵地区乡经委副主任。1996 年 5 月至 2001 年 4 月，任永州市人大财政经济委员会主任委员。2001 年 4 月至 2007 年 2 月，任永州市人大常委会副主任。2007 年 3 月退休。

赵　荣 男，瑶族，湖南江华瑶族自治县人，1954 年 1 月出生，1973 年 1 月加入中国共产党，1971 年 5 月入伍，中央民族学院行政管理专业毕业，大专学历。曾任江华瑶族自治县小圩公社开源水库生产指挥员、县委农业学大寨三门口大队工作组组长。1977 年 12 任江华瑶族自治县小鲁桂公社党委副书记、革委会副主任。1980 年 8 月，任江华县濠江公社党委副书记、管委会主任、书记。1985 年 5 月，任江华瑶族自治县贝江乡党委书记。1987 年 5 月在中央民族学院学习。1987 年 6 月，任江华瑶族自治县湘江乡党委书记。1988 年 8 月，任江华瑶族自治县水口区党委书记。1990 年 2 月，任江华瑶族自治县人民政府副县长。1994 年 6 月，挂职广州市白云区政府区长助理。1995 年 1 月，任江华瑶族自治县县委副书记、代县长。1998 年 2 月，任江华瑶族自治县县委副书记、县长。1998 年 11 月，挂职国家税务总局政策法规司综合处副处长。2001 年 6 月，任永州市人大常委会副主任。2011 年 9 月，任永州市正厅级干部。2014 年 4 月退休。中共永州市第一次、二次代表大会代表，永州市第二、三届人大代表，第七、第九届全国人大代表。

李良铁 男，汉族，永州市冷水滩区人，1952 年 3 月出生，大专学历。1973 年 2 月参加工作。1981 年 6 月加入中国共产党。1973 年 2 月至 1976 年 10 月，任零陵县岭口水库工程指挥部技术员。1976 年 10 月至 1978 年 8 月，湖南省水电学校电力专业学生。1978 年 8 月至 1979 年 5 月，任零陵县岭口水库管理所职工。1979 年 5 月至 1981 年 10 月，任零陵县水电局干部。1981 年 10 月至 1984 年 1 月，任零陵县水电设备厂副厂长。1984 年 1 月至 1984 年 9 月，任零陵县普利桥区区长。1984 年 9 月至 1985 年 9 月，任冷水滩市普利桥区区长。1985 年 9 月至 1987 年 6 月，华中农业大学农业管理专业学员。1987 年 6 月至 1988 年 12 月，任冷水滩市普利桥区区委书记。1988 年 12 月至 1992 年 9 月，任冷水滩市建委党组书记、主任。1992 年 9 月至 1993 年 1 月，为新田县政府副县长候选人。1993 年 1 月至 1994 年 2 月，任新田县政府副县长。1994 年 2 月至 1995 年 6 月，任新田县委常委、县政府常务副县长。1995 年 6 月至 1996 年 3 月，任冷水滩市委副书记、凤凰园开发区党委书记。1996 年 3 月至 1997 年 8 月，任永州市冷水滩区委副书记、凤凰园开发区党委书记。1997 年 8 月至 2001 年 5 月，任祁阳县委书记。2001 年 5 月至 2002 年 10 月，任永州市委常委、祁阳县委书记。2002 年 10 月至 2006 年 10 月，任永州市委常委、宣传部长。2006 年 10 月至 2006 年 12 月，任永州市人大常委会党组副书记。2007 年 1 月至 2012 年 1 月，任永州市人大常委会党组书记、主任。2012 年 8 月退休。中共永州市第一次、第二次、第三次、第四次、第五次代表大会代表。永州市第一届、第二届、第三届、第四届人民代表大会代表。湖南省第十届、第十一届人民代表大会代表。

程晨曦 男，汉族，湖北黄冈人，1956 年 4 月出生，1984 年 12 月加入中国共产党，1975 年 4 月参加工作，湘潭大学政治经济学专业毕业，大学学历，经济学学士。下放江永县夏层铺乡洞美大队锻炼。1978 年 2 月考入湘潭大学学习，1982 年 1 月毕业后任零陵地区计委干事。1984 年 8 月后，历任零陵地区计委工业计划科副科长，县级永州市计委副主任、菱角塘区副区长。1987 年 4 月后，历任零陵地区计委信息科科长、中长期规划科科长。1988 年 12 月，任零陵地区计委副主任。1992 年 12 月，任冷水滩市委副书记、市人民政府常务副市长。1995 年 7 月，任零陵地区物价局局长、党组书记，永州市物价局局长、党组书记。1997 年 10 月，任新田县委书记。2001 年 7 月，任永州市人民政府副市长、党组成员。2006 年 10 月，任永州市人民政府副市长、永州市人大常委会巡视员。2007 年 1 月，任永州市人大常委会副主任、巡视员。2012 年 1 月，任永州市人大常委会副主任。中共永州市第二、三、四次代表大会代表，市二届委员会委员。永州市第二、三、四届人大代表。

赵清茂 男，汉族，湖南双牌县人，大学学历，1955 年 3 月出生。1962 年上小学，1969 年读初中，1972 年高中毕业后，回乡务农。1975 年 10 月，参与筹建马蹄“五七”中学，并负责教学工作。1976 年 10 月，进入中南林学院林学系林学专业学习。1979 年 7 月大学毕业后在双牌县林业局工作。1984 年 3 月，任双牌县林业局副局长。1985 年，林业部聘为“林业政策研究员”。1988 年，当选为湖南省第七届人大代表。1990 年，完成《双牌县紫金山系区域系统开发综合治理发展规划》课题研究，获国家林业部科技进步三等奖。1991 年 4 月，任双牌县人民政府副县长。1996 年 4 月，任永州市政协副主席。1996 年 8 月，任永州市工商联（永州市总商会）会长。2001 年 1 月，任永州市人民政府副市长。2007 年 1 月，任永州市人大常委会副主任。2011 年 9 月，任永州市正厅级干部。2012 年 11 月工作关系转回永州市人民政府，协助市长抓创建国家卫生城市工作，负责抓湖南潇湘技师学院（九嶷山职业技术学院）新校区建设，退休前完成竣工。2015 年 6 月退休，退休后任永州市老年大学校长。

杨怀康 男，汉族，湖南零陵人，1952 年 8 月出生，中央党校研究生毕业，1970 年 9 月入党，1971 年 6 月参加工作。1971 年 6 月至 1971 年 12 月，任零陵地区零陵县朝阳公社“批改斗”工作组组长。1971 年 12 月至 1976 年 5 月，任零陵地区零陵县楚江圩区团委书记。1976 年 5 月至 1979 年 8 月，任零陵地区零陵县岐山头公社党委书记。1979 年 8 月至 1981 年 2 月，任西藏自治区墨脱县旁兴区区委书记。1981 年 2 月至 1983 年 3 月，任共青团零陵地委常委、宣传部长。1983 年 3 月至 1984 年 6 月，任零陵地区永州市团市委书记。1984 年 6 月至 1987 年 6 月，任零陵地区永州市总工会主席，其间 1985 年 9 月至 1987 年 7 月，在零陵地委党校行政管理专业学习。1987 年 6 月至 1990 年 10 月，任零陵地区永州市委统战部副部长。1990 年 10 月至 1994 年 4 月，任零陵地区国土局法制科科长、办公室主任。1994 年 4 月至 1995 年 9 月，任新田县委副书记。1995 年 9 月至 1996 年 3 月，任新田县委副书记、县人民政府副县长。1996 年 3 月至 2001 年 10 月，任永州市新田县委副书记、县长，其间 1996 年 12 月在湖南大学工业工程管理专业学习。2001 年 10 月至 2007 年 1 月，任永州市新田县县委书记，其间 2004 年 9 月至 2006 年 7 月在中央党校在职研究生院社会学专业学习。2007 年 1 月至 2007 年 4 月，任永州市人大常委会副主任、新田县县委书记。2007 年 4 月至 2012 年 1 月，任永州市总工会主席、市人大常委会副主任。2012 年 1 月至 2012 年 9 月，任永州市人大常委会原副主任。

杨海河 男，汉族，湖南零陵人，1959 年 10 月出生，1985 年 1 月加入中国共产党，1981 年 8 月参加工作，中央党校研究生院经济管理专业毕业，研究生学历。零陵师范学校毕业后曾任县级永州市七里店乡中学教师。1982 年 7 月，任县级永州市一中团委书记。1984 年 5 月后，历任县级永州市团委副书记、中国青年政治学院学员。1987 年 8 月任共青团零陵地委书记、党组书记。1994 年 2 月，任双牌县委副书记，其间曾挂职任湖南省机械工业厅生产处副处长。1997 年 3 月后，历任双牌县委副书记、代县长，县长。2001 年 8 月，任双牌县委书记、县长。2001 年 10 月，任双牌县委书记。2007 年 1 月，任永州市人大常委会副主任、双牌县委书记。2007 年 4 月，任永州市人大常委会副主任。2012 年 1 月，任永州市人大常委会副主任、党组副书记。中共湖南省第八、九次代表大会代表。中共永州市第一、二、三次代表大会代表，市二届委员会委员。永州市第二、三、四届人大代表。

唐建国 男，汉族，湖南零陵人，1953 年 6 月出生，1972 年 12 月参加工作，1974 年 5 月加入中国共产党，国防科大政治学院法律专业毕业，大学学历。曾任部队战士、文书、班长、排长、营部书记、连指导员、师政治部组织干事。1984 年 5 月任广西军区某团组织股副营级副股长（主持工作）、团党委纪委委员。1986 年 12 月，任冷水滩市委组织部副科级干事、主办干事。1990 年 5 月，任冷水滩市委组织部副部长兼人事局党组副书记、副局长。1995 年 6 月，任冷水滩市委常委、组织部部长。1997 年 8 月，任永州市委组织部副部长。2000 年 5 月，任永州市委组织部副部长、正处级组织员。2007 年 1 月，当选为永州市人大常委会副主任，2013 年 6 月退休。中共永州市第一次代表大会代表，中共永州市第二届纪委委员。永州市第二届、三届人大代表，市第二届人大常务委员会委员。

袁满娥 女，汉族，湖南双牌人，1956年5月出生，1976年10月加入中国共产党，1976年10月参加工作，湖南省委党校法律专业毕业，大学学历。曾任零陵县石岩头公社干部、零陵县平福头公社团委书记、县级永州市富家桥区团委书记、县级永州市富家桥区妇联主任。1988年9月，任县级永州市妇联副主任。1990年5月，任县级永州市妇联主任。1995年6月，任永州市芝山区南津渡办事处党委书记。1997年8月，任东安县纪委第一副书记。1997年10月，任东安县县委常委、纪委书记。2000年9月，任冷水滩区委副书记、副区长。2001年10月，任冷水滩区委副书记、代区长。2002年3月，任冷水滩区委副书记、区人民政府区长。2007年1月任永州市人大常委会副主任。湖南省第十届人大代表。中共永州市第二、三次代表大会代表。永州市第三、四届人大代表。

周作生 男，汉族，湖南蓝山县人，1953年1月出生，1970年11月参加工作，1972年4月加入中国共产党，湖南大学工业管理工程专业毕业，大学学历。1970年入伍，曾任零陵军分区机关警通排战士。1973年11月，任零陵军分区机关警通排排长。1976年11月，任零陵军分区独立一连连长。1980年1月，任零陵军分区司令部作训科正连、副营职参谋。1983年9月，任零陵军分区司令部作训科科长（副团职）。1985年1月，任双牌县人武部副部长。1986年3月，任双牌县人武部部长。1986年11月，任双牌县委常委、人武部部长，1990年8月，任县级永州市人武部政委。1991年2月，任县级永州市委常委、人武部政委。1992年11月，任县级永州市委副书记。1996年3月，任地改市永州市芝山区委副书记。1997年8月，任永州市建委副主任、党组副书记，市委建设工程部副部长。1999年6月至2006年12月，任永州市水利局局长、党组书记。2007年1月，任永州市三届人大常委会党组成员、秘书长。中共永州市第一次、二次、三次代表大会代表，中共永州市委第三届委员会委员。永州市第三届人大代表，永州市第三届人大常委会委员。永州市第三届人民代表大会常务委员会副主任差额候选人。

周小驹 男，汉族，湖南衡阳人，1965年2月出生，1992年10月加入中国共产党，1982年9月参加工作，湖南师范大学自考汉语言文学专业毕业，大学学历。曾任江永县公安局治安大队队员。1985年8月零陵地区技工学校毕业后在道县广播局工作。1987年9月至1989年9月在湘潭大学学习，毕业后任县级永州市人民政府办干部、秘书。1992年8月，任县级永州市人民政府办副局级秘书、外事办副主任。1993年3月，任县级永州市驻海南办事处主任。1995年1月后，历任县级永州市房产局局长，芝山区房产局局长。1996年12月，任永州市房产局交易所负责人。1997年5月，任永州市房产局副局长，其间曾挂职任湖南省建委房地产管理处副处长。2000年7月，任永州市公路局局长、党委书记。2001 年 10 月，任冷水滩区委副书记、副区长。2003 年 12 月，任江华瑶族自治县县委书记。2010 年 1 月，任永州市人大常委会副主任，江华瑶族自治县县委书记。2011 年 4 月，任永州市人大常委会副主任。中共永州市第二、三次代表大会代表，市三届委员会委员。永州市第二、三、四届人大代表。

袁火林 男，汉族，湖南双牌人，1964 年 1 月出生，2000 年 11 月加入中国民主同盟，1984 年 8 月参加工作，中南财经大学函授财税专业毕业，大学学历。衡阳财会学校毕业后曾任零陵地区财政局预算科科员。1993 年 2 月，任零陵地区财政局预算科副科长。1995 年 2 月，任零陵地区（永州市）财政局预算科科长。1997 年 4 月，任永州市财政局副局长。2000 年 9 月，任永州市政协经科委主任。2001 年 4 月，任永州市政协经科委主任、民盟永州市委副主委（兼）。2001 年 6 月，任永州市政协副主席（兼）、市政协经科委主任、民盟永州市委副主委（兼）。2001 年 10 月，任永州市政协副主席（兼）、冷水滩区副区长、民盟永州市委副主委（兼）。2006 年 7 月，任永州市政协副主席（兼）、冷水滩区副区长、民盟永州市委主委（兼）。2012 年 1 月，任永州市人大常委会副主任。政协湖南省第九、十届委员会委员。政协永州市第二、三届委员会委员。永州市第四届人大代表。

郑柏顺 男，汉族，湖南新田人，1957 年 3 月出生，1984 年 2 月加入中国共产党，1975 年 3 月参加工作，湖南省委党校函授学院法律专业毕业，大学学历。曾下放新田县石羊茶场锻炼。1977 年 12 月，任新田县物资局计划统计员。1984 年 7 月，任新田县统计局副局长（主持工作），其间于 1985 年 9 月至 1987 年 7 月在中南财经大学学习。1987 年 9 月，任新田县计委副主任、党组副书记（主持工作）。1988 年 11 月，任新田县计委主任、党组书记。1993 年 1 月，任新田县人民政府党组成员、副县长，其间曾挂职任长沙县县长助理。1997 年 11 月，任新田县委常委、常务副县长。2001 年 10 月，任新田县委副书记、代县长。2002 年 3 月，任新田县委副书记、县长，其间曾挂职任国家烟草专卖局发展计划司司长助理。2007 年 4 月，任双牌县委书记。2012 年 1 月，任永州市人大常委会副主任。中共湖南省第十次代表大会代表。湖南省第十届人大代表。中共永州市第三、四次代表大会代表，市三届委员会委员。永州市第三、四届人大代表。

李俊湘 男，瑶族，湖南江华瑶族自治县人，1957 年 2 月出生，1975 年 10 月加入中国共产党，1979 年 3 月参加工作，零陵地委党校党政专业毕业，大专学历。曾任江华瑶族自治县县委组织部干部。1984 年 2 月，任江华瑶族自治县团县委副书记（主持工作）。1984 年 11 月，任江华瑶族自治县县委组织部组织员。1985 年 3 月后，历任江华瑶族自治县涛圩区委副书记、县调处纠纷办副主任。1992 年 1 月后，历任江华瑶族自治县档案局局长、政法委副书记、县委办副主任兼信访办主任。1999 年 6 月，任江华瑶族自治县委常委、宣传部部长。2001 年 10 月，任江华瑶族自治县县委副书记。

2002年2月，任江华瑶族自治县县委副书记、代县长。2002年3月，任江华瑶族自治县县委副书记、县人民政府县长。2007年11月，任永州市委、市人民政府农村工作办公室主任、党组书记。2009年6月，任永州市委农村工作部部长、市人民政府农村工作办公室主任、党组书记。2012年1月，任永州市人大常委会副主任。第十届全国人大代表。中共永州市第三、四次代表大会代表，市三届委员会委员。永州市第三、四届人大代表。

魏京萍 女，汉族，湖南宁远人，1957年8月出生，1975年8月加入中国共产党，1974年9月参加工作，中央党校函授学院经济管理专业毕业，大学学历。曾任宁远县梅岗公社桂里源大队民办教师、党支部副书记，县农业学大寨工作组副组长。1976年6月后，历任宁远县梅岗公社党委副书记、零陵地委办秘书科干事。1985年1月后，历任零陵地委办秘书科副科长、综合科副科长、督查室副主任，共间于1986年9月至1988年6月在零陵地委党校学习。1992年4月，任零陵地委办督查室副主任（正科级）。1993年7月，任零陵地委办副处级督查员。1994年9月，任零陵地委办助理调研员。1995年2月，任零陵地委办助理调研员兼督查室主任。1995年4月，任双牌县委副书记。1997年8月，任冷水滩区委副书记，其间曾挂职任湖南省广播电视厅总编室副主任。2000年9月，任永州市直属机关工委书记。2012年1月，任永州市人大常委会秘书长、党组成员，办公室主任。中共湖南省第九、十次代表大会代表。中共永州市第二、三、四次代表大会代表，市二届委员会候补委员、市三、四届委员会委员。永州市第四届人民代表大会代表。

蒋千红 男，汉族，湖南道县人，1962年11月出生，1983年8月加入中国共产党，1982年8月参加工作，中央党校函授学院法律专业毕业，大学学历。零陵农校毕业后曾历任道县祥霖铺区团委书记、团县委干事，县供销社干事，县农委干事。1991年1月后，历任道县农委副科级干部、党组成员、副主任（主持工作）。1993年11月后，历任道县寿雁区委书记，县委办副主任，县建委党委书记、主任，县委办主任。1997年10月，任中共道县县委常委、县委办主任（其间于1999年2月至2000年1月挂职任湖南省委督查室副主任）。2000年12月，任中共道县县委副书记。2004年2月，任永州市公用事业管理局党组副书记、副局长。2005年6月，任永州市公用事业管理局党组书记、局长。2007年3月，任永州市经济委员会党组书记、主任。2007年11月，任中共双牌县委副书记、县长。2013年6月，任永州市人民政府副秘书长、政府办党组成员。2015年4月，任永州市人大常委会党组成员、办公室主任。2015年8月，任永州市人大常委会秘书长、党组成员，办公室主任。中共永州市第三、四届委员会委员。中共永州市第二、三、四、五次代表大会代表。永州市第三、四届人民代表大会代表。

附　录

零陵地区人大工作委员会

机　构

一、地区级机构

零陵专署（行署）属省政府派出机构，解放前未设议会，新中国成立后亦未设人民代表大会机构。1950 年至 1979 年间，全区各界人民代表选举和各级人民代表大会代表选举工作，由地委组织部代管。1980 年，中共零陵地委决定由副书记高臣唐分管全区人大工作，并安排一名专职人大工作联络员。1981 年，中共零陵地委办设立秘书二科，配备专职干部两名，负责人大联络工作。1983 年 9 月，省人大常委会决定设立零陵地区人大工作联络处；1984 年 9 月，下设办公室，编制 7 人。1990 年 3 月，地区人大联络处升格为零陵地区人大联络工作委员会，属正厅级机构。8 月，中共零陵地委决定，地区人大联工委下设一室两处，即办公室、一处、二处。1995 年 8 月，湖南省人大常委会决定，零陵地区人大联络工作委员会改为零陵地区人大工作委员会，其内设机构依然是“一室两处”。1996 年 4 月随着零陵地区建置撤销，地级永州市设立，零陵地区人大工作委员会亦被撤销，选举成立永州市人民代表大会及其常务委员会。

1983—1996 年 4 月零陵地区人大联工委正副主任名录一览表

表 1-1

名称	届别	职务	姓名	任职起止时间	备注
人大联络处	1983.9—1990.2	处长	胡德增		
人大联工委（工委）	1990.4—1992.10	主任	谢克平	1990.4—1992.10	
		副主任	葛忠志	1990.3—1994.1	
			胡德增	1990.3—1991.2	

续表 1-1

名称	届别	职务	姓名	任职起止时间	备注
人大联工委（工委）	1990.4—1992.10	副主任	唐治邦	1990.3—1992.5	
			秦　汉	1990.3—1993.2	
			潘小芳	1991.7—1992.6	
			肖志中	1992.5—1994.1	
			周兴忠	1992.5—1994.1	
	1992.11—1996.4	主　任	孔宪访	1992.12—1996.4	
		副主任	文景恩	1993.2—1996.4	
			胡参政	1994.1—1996.4	
			甘明俊	1994.1—1996.4	
			刘庆义	1994.1—1996.4	
			谢田种	1995.7—1996.4	

二、县市级机构

民国初期，区内所辖零陵、东安、祁阳、江华、永明、道县、宁远、新田、蓝山等县均设有议会组织。民国 3 年（1914），袁世凯下令废黜议会，区内各县议会解散。民国 9 年（1920），谭延闿推行“地方自治”，区内各县议会恢复。民国 15 年（1926 年）7 月，北伐军占领零陵，议会制结束。

民国 26 年（1937），全区各县开始第一次国大代表选举。根据《国民大会代表选举法》和《国民代表大会总事务所组织条例》规定，各县均成立选举事务所。抗日战争期间，区内各县先后设立“县参议会”，县参议会是县级民意机构，一切重大政务，概由参议会代议，交政府参照办理。参议会设议长、副议长及参议员若干人。其人员产生，多系“举荐制”，也有上级指令担任的。民国 34 年（1945 年）8 月，日本投降。9 月，国民政府宣布“行宪”，公布《国民大会代表选举法》。是年 12 月，根据《湖南省政府限期成立各县（市）民意机关实施办法》，区内各县选出县参议员。翌年，全区各县均成立县参议会。同年，全区各县选举省参议员 9 名：刘焯、唐圃、刘兴、蒋鹏翥、何明珍、席楚林、蒋树镛、邱企藩、何子吟。民国 36 年（1947），区内各县进行第二次“国大”代表选举。同年，成立选举事务所，各县选出正式代表 10 名，候补代表 3 名。

中华人民共和国成立后，1949 年 12 月 18—20 日，江华县在全区率先召开各界人民代表会议。1950 年 2 月至 7 月，江永、零陵、宁远、祁阳、东安、道县、新田、蓝山等县先后召开各界人民代表会议，采取“民主协商”的方式，选举产生各届人民代表会议常务委员会主席、副主席、委员和出席省各界人民代表会议的代表。到 1954 年 3 月，全区各县先后召开 2~5 届各界人民代表会议，选举产生 2~5 届各界人民代表会议常委会。

1954 年 5 月，全区各县进行第一次普选。是年 6 月至 7 月，各县先后召开首届县人民代表大会，选举产生县人大常务委员会成员，推举 1 至 2 名驻会委员处理日常事务。至 1964 年，各县均召开过 5 届县人民代表大会，选举产生 5 届县人民委员会成员。1966 年至 1976 年“文化大革命”期间，各县人民代表大会活动中断。1968 年 9 月，各县召开群众组织代表会议（后被列为第 6 次代表会议）和 1978 年 1—2 月各县召开的第 7 届人民代表大会第一次会议，都是选举产生县革命委员会成员。

1979 年 7 月，第五届全国人民代表大会第二次会议，作出关于在地方县级以上人民代表大会设立常务委员会的规定。1980 年 5 月，江永县作为全区的试点，选举产生县人大常委会。到 1981 年 3 月，其他各县相继选举产生县人大常委会。县人大常委会组成人员为 17~19 人，设正副主任 5~7 人；下设办公室，配备 8~9 名专职工作人员。1982 年 2 月，设置永州市（县级市）；6 月，召开永州市第一届人民代表大会，选举产生永州市第一届人民代表大会常务委员会。1984 年，各县人大常委会增设法制、财政经济、教文卫组织。1984 年 6 月，撤销零陵县，恢复冷水滩市；12 月，召开冷水滩市第一届人民代表大会，选举产生冷水滩市第一届人民代表大会常务委员会。1985 年，县、市人大内设机构由组改为委员会，人员编制增至 18~25 人。1990 年，各县、市人大内设机构为“一办四委”或“五委”，人员由 1980 年的 115 人增至 1990 年的 353 人。1993 年，各县人民代表大会每届任期改为 5 年。1993—1994 年，全区各县（市）普遍召开人民代表大会，选举县（市）人大常委会组成人员。

三、乡镇机构

1984 年，全区 9 个县 2 个市共 376 个乡镇（其中，2 个民族乡，21 个建制镇），通过选民直接选举产生乡、镇人民代表大会代表，再由代表选举产生正、副乡镇长，建立乡、镇人民政府。

1987 年，全区乡、镇人大换届选举，产生乡、镇人大主席团。主席团由 5~7 人组成，设常务主席 1 人，主持主席团会议，受主席团委托负责日常工作。1995 年，全区撤区并乡建镇，188 个乡镇人大进行换届选举。根据乡镇人口多少，每个乡镇除设专职主席 1 人外，一般增设专职副主席 1~2 人，还另配 1 名专职人大工作干部。

活 动

一、视察、调查

1982年5月前，各县根据省人大常委会安排自行组织人大代表视察和调查，地区未统一组织人大代表的活动。1982年6月，驻零陵、双牌、东安、永州的省人大代表组队，由地委副书记王益之率领，到全区各县听取社会各界、各阶层对宪法修改草案的意见。1985年3月，根据省人大常委会的安排，在区内的省人大代表60人组队对全区工业生产、农业结构调整、财政收支、教育等项工作进行视察，听取11个县市和21个部门的汇报，对解决全区经济建设中存在的问题提出意见与建议。12月，以省人大常委会副主任徐天贵为组长、省人大常委会委员王益之为副组长的视察组，对永州、冷水滩、双牌、道县、蓝山、江永等县市进行视察，主要内容是：领导干部学法执法的情况；国家机关的工作人员严重违宪违法案件处理情况；乱摊派、乱收费、加重农民负担和滥用耕地的情况。1986年3月26日至4月5日，驻区内的4名全国人大代表和68名省人大代表，对祁阳、东安、新田、蓝山4个县和行署有关部门单位进行视察，听取社会各界的反映，并就群众反映强烈的问题，向地委、行署提出建议。1990年2月，地区人大联络处组织区内部分全国人大代表、省人大代表对全区惩治腐败、清理整顿公司和廉政建设、基层政权建设情况进行视察，历时25天，向地委行署提出建议174条。

1991年1月5—12日，地区人大联工委组织区内全国人大代表小组长和省人大代表小组长以经济建设和改革开放为主线进行视察，建议国家把开发湘南继续列入“八五“计划，把宁远、新田、蓝山3县列入贫困县，得到中央和省有关领导的重视。

1992年1月上旬，地区人大联工委组织区内的全国人大代表和省人大代表，对全区干旱死角治理、农业综合开发等事项进行重点视察，察看13个重点单位和重点工程，召开各种座谈会97次。

1993—1994年，地区人大联工委和各县市人大常委会，对关系到区内经济命脉的粮食、烤烟、林业、水果等生产中的突出问题，以及人民群众反映强烈的其他问题，组织各级人大代表进行专题调查，22758名代表共走访干部群众10余万人（次），写出调查报告356份，提出建议、意见100余条。

1995年12月5—10日，地区人大联工委组织区内的全国人大代表和省人大代表分为11个小组，对各县市国民经济和社会发展计划执行情况与财政预、决算的执行情况；农业法、教育法、税收征收管理法的执行情况以及“米袋子”“菜蓝子”，社会治安等“热点”问题进行交叉视察。

二、换届选举

1980 年，区内恢复和重建县人大及常委会。同年，县、乡实行直接选举；中共零陵地委成立换届选举工作领导小组，在江永县试点。1981 年，换届选举在全区各县铺开。1982年7月15—18日，地委在蓝山县召开人大工作座谈会，明确在县市人大常委会设立“一办三组”的办事机构。1984 年 1 月，根据中共零陵地委《关于当前换届选举工作几个问题的紧急通知》，地区人大工作联络处分片召开各县市人大常委会副主任会议。全区 11 个县市共登记选民 272.8 万人，占总人口的 57.3%；参加投票选举的有 257 万人，占选民总数的 94.1%；直接选出县市人大代表 340 人，在选举县、乡两级领导班子中，内定候选人落选 7 人。1987 年县（市）、乡人大换届选举，地区人大联络处决定从宁远县开始，然后全区铺开。县市人大常委会主任的选举，除宁远、新田、蓝山三县实行等额选举，其余县市均为差额选举；县市人大常委会副主任均实行差额选举；县市长选举，除江华、宁远两县实行等额选举，其他县市均实行差额选举。1990 年县（市）人大换届选举，地区人大联络处根据全国人大有关规定，部署实行党委推荐与代表联名提名的选举办法。

1992 年 9 月 13—14 日，中共零陵地委召开全区换届选举工作会议，地县共抽调 1.3 万名干部参加组织选举工作，并实行县级干部包区、乡，区、乡干部包村，村干部包组的负责制。全区共登记选民 336.7 万多人，参加选举的 301 万多人，占选民总数的 90.12%，其中直接参加投票的有 253.4 万多人，直投率为 80.6%。

1995 年 8 月中旬，在中共零陵地委的直接领导下，全区乡镇人大换届选举开始，全区县市抽调干部 543 名，组织 188 个指导小组，深人乡镇具体帮助指导。全区共登记选民 312.49 万人，参加投票选举的 287.12 万人，参选率 98.8%；共推荐代表候选人 27645 人，是应选代表的 2.55 倍：其中，选民 10 人以上联名推荐的候选人 21194 人，占推荐总数的 76.7%，共选出代表 10841 名。

三、人大日常活动

1980 年，全区各县人民代表大会均设立常务委员会。1982 年新宪法颁布后，各县人大常务委员会，举办各种类型的学习班 138 期，参加学习的人达 4.9 万人次。1985 年，各县人大常务委员会作出普及法律常识教育的决议。“一五”普法期间，全区共审议和听取政府普法工作汇报 98 次，作出普法工作的决议、决定 27 个，参与各种类型的普法试点 41 个，全区 353 万名普法对象有 314 万名参加学法，占普法对象的 89%。

1987 年 8 月，地区人大联络处就提高县市人大常委会例会质量，邀请各县市人大负责人进行座谈。1988年，永州市人大第十一次会议上，委员们对擅自增加年度财政预算的做法提出批评，市人民政府及时召开常务会议，取消和压缩8个工程项目。1989年8月，地区人大联络处在双牌县首次召开全区乡镇人大工作经验交流会。1991年7月，地区人大联工委举办全区首次区乡镇人大干部培训班，参加学习的共42人；8月，召开全区乡镇人大工作经验交流会，表彰32个先进乡镇人大主席团和87名先进人大工作者。

1980年至1990年，全区各县、市人大常委会制定民族自治条例1个，召开例会671次，听取和审议本级政府、法院、检察院的工作汇报1370次，办理、督促办理代表议案、批评、意见与建议22879件，接待人民代表和人民群众来信来访38327人（件）；写出调查报告1464份、专题报告1342份，作出决议决定410个；任免国家机关工作人员3529名，撤销县级领导3人；督促政府和两院纠正违法案件1286起，撤销县市、乡镇人大和政府不适当的决议、决定45个。

1992年1月18日，零陵地委召开全区人大工作会议，学习山东招远县和湖南汝城县经验，部署在全区全面开展组织代表评议乡镇政府和基层“双管”单位的工作。是年，全区有14338名各级人大代表走访28.72万名选民，召开各种座谈会4948次，收集各种批评、建议、意见9744条，参加评议的代表共666人。东安县组织人大代表评议基层“双管”单位的工作共评出信任单位31个，基本信任单位92个，不信任单位4个。

人大代表开展集中调查和视察活动。全区各级人大代表6735人参加调查走访。1995年5月7—12日，各县、市人大常委会在发动代表个别走访的基础上，组织全区811多人次；集中调查视察单位183个，召开各类座谈会216次，参加座谈的领导和群众1781人；收集各种意见1132条，其中属于表扬的292条，批评的624条，建议性的215条。地区工商局对注册登记工作进行回顾检查，对已经登记而不符合公司法的180家企业作出处理。地区中级人民法院对自查出来的问题和征求到的591条意见，归纳整理为8个方面共70条，逐个进行分析，落实解决措施。

零陵地区出席全国历届人民代表大会代表名单

第一届（1954年9月至1959年4月）

赵自现（瑶族）

第二届（1959年4月至1964年12月）

赵自现（瑶族）

第三届（1964年12月至1974年12月）

皮三秀 李聪甫 赵自现（瑶族） 柴彩林
第四届（1975 年 1 月至 1978 年 2 月）
何明清 盘代乾（瑶族） 屈智富 王方寿
第五届（1978 年 2 月至 1983 年 6 月）
邓昌明 陈雁谷 林祥胜 盘代乾（瑶族）
盘美云（瑶族） 屈智富 唐玉桂（女） 王方寿
第六届（1983 年 3 月至 1988 年 5 月）
黄金瑞（瑶族） 高子曼 李光智 春明桂（女）
第七届（1988 年 5 月至 1992 年 12 月）
谭志先 赵 荣（瑶） 李培生
第八届（1993 年 1 月至 1998 年 3 月）
颜永盛（1993 年 8 月调衡阳市委工作） 黄培劲 孙吉祥 义菊英（女）

零陵地区出席湖南省第五至八届人民代表大会正式代表名单

湖南省第五届人民代表大会代表（零陵地区）

邓有志 杨兆元 熊炳恩 白受伍 周年政 宋长荣 欧朝乾 李金田 陈土贵
唐治邦 潘小芳 周兴忠 张祖彩 罗质素 唐宜佑 高国山 邓昌明
杨志义（女） 扶爱平（女） 李德兆 廖桂生 唐金芽 邹庚来 魏德彪 李明球
罗贤其 吕芳森 屈智富 何福帅 周基远 朱坦明 袁佳祥 郑大知 唐基山 邓光裕
吕六秀（女） 唐元英（女） 唐荣连 盘美金 李来位 唐本令 唐秋兰（女）
盘美云（女） 唐玉桂（女） 张子爱（女） 周德才 王龙贵 何明清 刘石经
余德明 唐盛兴 刘月玉（女） 盘代乾 游炳德 冯知秀（女） 蒋先楠 邓土元
曾满云（女） 黄建设 周清元（女） 徐肇玲（女） 肖运春 荣云龙 郑朝耀
钱承德 魏继仁 欧阳新竹（女） 郑书城 陈雁谷 樊远诒 刘佩兰（女）

湖南省第六届人民代表大会代表（零陵地区）

冯长平 向 敏（女） 羊丁秋 纪照青 华国栋 李润泉 陈雁谷 郑书成 唐美云（女）
廖修品 廖芳柱 马贻绪 车文仪 邓芳芳（女） 肖 馨 胥义和 施和平 盘银富

王宜捷 石解英（女） 汤剑雄 李 从 杨正仲 吴功清 张志荣（女） 唐盛世
王益之 冯知秀（女） 李运林 罗 茅 郑兴龙 郑智峰 欧全秀（女） 钱承德
刘石经 胡天善 黄月凤（女） 岑新德 周国藻 罗理万 赵凤姣（女） 唐盛兴
王英诚（女） 冯生富 黄仕女 黄胜利（女） 陆国才 赵春相 蒋桂英（女）
欧阳应雄 吴东元 陈怀义 吴克均 盘美云（女） 吕保桐 肖运春 张秋鸾（女）
蒋先启

湖南省第七届人民代表大会代表（零陵地区）

王向天 朱光钧 武俊瑶 罗建南 唐卯明 龚秀华（女） 谢奥文（女） 杨 彬
周魁柏 屈美英（女） 屈绍林 胡冬秀（女） 胡凌轩 刘子秀（女） 刘章珠
陈石森 周纪元 唐之享 唐陶香 李神发 周珍玉（女） 贺永明 徐政敏 郭正义
梁永岳（女） 熊克升 王益之 卢恒华 刘平娥（女） 何宝凤（女） 欧阳良军
郑智峰 赵新富 李华科 何中全 张昌平 崔宏琪（女） 韦明坤 李俊鼎 罗理万
赵继莲（女） 莫明甫 陈模煌（女） 赵贵金 胡德增 蒋金生 张树海 欧阳国斌
高家顺 郭祖玉 黄井翠（女） 何莲凤（女） 欧阳振 周光保 赵清茂 毛顺良
李满珠 吴海森 邹小曼（女） 汪立康 陈建国 周秋莲（女） 赵开成 唐际绍
谢交美

湖南省第八届人民代表大会代表（零陵地区）

王恩琴（女） 杜方智 武俊瑶 欧阳禹 欧阳天和 焦 如 雷述光 尹建喜 杨绪腾
周进录 郑安陵（女） 屈绍林 卢新春 胡学安 蒋忠念 蒋金凤（女） 谭梦龙
魏善安 王克英 孔宪访 冯军胜（瑶族） 刘成仁 刘丽娟（女） 欧阳国斌 彭玉平
王明湘 李华科（瑶族） 唐小生（瑶族） 崔宏琪（女） 江 云（女，壮族）
李俊鼎（瑶族） 邱 明 黄金瑞（瑶族） 黎世忠（瑶族） 许德华
李见妹（女，瑶族） 李志辉 蒋金生 李凯华 张 华 赵培义 黄崇远 谢恩福
刘孟莲（女） 李国英（女） 吴东元 唐福元 毛顺良 卞翠屏 文件宇 刘新普
李玉华（女） 张美华（女） 陈建国 赵开成（瑶族） 陶 敏 谢交美

永州市出席全国历届人民代表大会代表名单

（以姓氏笔画排序）

永州市出席全国第九届人民代表大会正式代表名单
（5人）

王道生 武俊瑶 赵 荣（瑶族） 黄培劲 戴菊芳（女）

永州市出席全国第十届人民代表大会正式代表名单
（5人）

李建新 李俊湘（瑶族） 黄培劲 谢朝月 戴菊芳(女)

永州市出席全国第十一届人民代表大会正式代表名单
（6人）

刘翔浩 阳国秀（女） 李建新 李祥红（瑶族） 陈光正 龚武生

永州市出席全国第十二届人民代表大会正式代表名单
（8人）

龙飞凤（女 瑶族） 刘翔浩 阳国秀（女） 李建新 陈文浩 罗双全（女） 谢 勇 潘桂妹（女）

永州市人大常委会工作报告

关于永州市第一届人民代表大会第一次会议筹备工作情况的报告

永州市人大筹备工作委员会副主任　胡参政

（1996 年 4 月 20 日）

一、全面部署，周密安排，切实加强对筹备工作的组织领导

为进一步提高我区城市化水平，促进经济社会全面发展，地委、行署根据我区经济社会发展实际，于 1992 年年初向省委、省政府写出撤区建市专题报告。经过几年的努力，在省委、省政府和民政部的关心支持下，国务院于 1995 年 11 月 21 日作出了《关于同意湖南省撤销零陵地区设立地级永州市的批复》。这是全市人民盼望已久的政治生活中的一件大事。为了贯彻落实国务院的批复和省委、省人大常委会对零陵撤区建市的指示精神，切实把这件大事办好，写好建立地级永州市的开篇第一章，市委和原地委高度重视，提出了筹备工作“时间要抓紧，步子要稳妥，工作要做细，效果要良好”和会议要“隆重、热烈、安全、节省、圆满成功”的总要求。为确保永州市第一届人民代表大会第一次会议顺利召开，市人大筹备工作委员会和原地区人大工作委员会按照市委和原地委的总体要求，进行了全面部署、周密安排，认真做好大会思想和组织准备工作。元月 10 日，原地区人大工作委员会和地委组织部领导就市人大筹备工作专程到省人大常委会作了汇报。元月 23 日，召开全区代表选举工作会议，对市人大代表选举工作作了安排。2 月底，成立“永州市第一届人民代表大会筹备工作委员会”，由郑邦淳同志任主任，孔宪访、胡参政同志任副主任，杨祈贵、郑纯发、甘明俊、刘庆义、谢田种、冯生玉、吕芳村、李本道、曹小华、谢承年同志为委员，胡参政同志兼任秘书长。筹备工作委员会下设会务组、组织组、宣传组、资料组、生活组、保卫组 6 个工作机构。筹委会成立后，先后四次召开会议，制定筹备工作实施方案，明确主要任务和工作职责；研究确定市人大代表分配方案，听取提名推荐、酝酿协商代表候选人的情况汇报；讨论人代会召开的日期、议程和日程安排以及大会的主要文件。本次代表大会会议召开前，筹委会对各项筹备工作进行全面检查落实。

二、充分发扬民主，严格依法办事，认真做好市人大代表选举工作

选举产生市第一届人民代表大会代表，是召开市人大一届一次会议的前提和基础。筹委会为选好市人大代表，做了大量工作。

首先，依法确定代表名额。根据《中华人民共和国全国人民代表大会和地方各级人民代表大会选举法》第九条关于“设区的市、自治州的代表名额基数为二百四十名，每二万五千人可增加一名代表”的规定，按 1995 年年末全区人口总数 543.56 万人计算，永州市第一届人民代表大会代表名额为 457 名，原地区人大工作委员会依照法律规定的程序，向省人大常委会写出专题报告。2 月 1 日，经省八届人大常委会第 20 次会议作出决定，予以确认。

其次，制定代表名额分配方案。按照省人大常委会确认的代表总数，考虑届期内的人事变动，经筹委会决定，预留 10 名代表名额，实际安排选举的代表名额为 447 名。根据《选举法》第十三条关于“直辖市、市、市辖区的农村每一名代表所代表的人口数，应多于市区每一名代表所代表的人口数”的规定，安排选举的 447 名代表中，127 名作为市直代表（含中央、省在本市区域内的企业事业单位）；9 名分配给驻市解放军（含县武装部 2 名）；110 名按每个县区 10 名基数分配到县区，201 名按人口分配到县区。为尽量做到各民族、各方面都有适当数量的代表，根据《选举法》有关规定，参照选举省人大代表的构成比例以及我省其他地级市人大代表构成的比例要求。同时根据《代表法》规定的代表权力和义务，从代表能够较好地执行代表职务的角度，提出基本素质要求。筹委会下发《关于永州市第一届人民代表大会代表选举工作的通知》，就代表的产生办法、程序、资格审查以及组织领导等事宜作出具体规定。

第三，精心指导代表选举工作。为了确保代表选举工作圆满成功，3 月 2 日和 3 日，分别召开地直各战线主要负责人和县区人大主任会议，对切实搞好代表选举工作作出进一步的部署。3 月 11 日，筹委会对各县区和地直各战线推荐的代表候选人，在考察了解的基础上进行认真审查，批复到各选举单位进行选举。从 3 月 14 日到 3 月底止，全市 11 个县区相继召开人民代表大会会议，军队 5 个选举单位也相继召开军人大会和军人代表会议，选举出市人大代表。全市 16 个选举单位，共选举产生永州市第一届人民代表大会代表 446 名。鉴于原地区人大工作委员会是一级权力机关，没有代表资格审查委员会，经省人大常委会同意，市第一届人民代表大会代表资格的审查，11 个县区选举的代表，委托县区人大常委会代表资格审查委员会进行审查。经审查确认，地方和部队选举产生的 446 名市人大代表的资格全部有效，并已在《零陵日报》公布。这里还要向各位代表说明，全区 16 个选举单位共安排选举市人大代表 447 名，由于江

永有 1 名市人大代表没有选出，解放军某部选出的 1 名代表已调离本市，现在实有市人大代表 445 名。

三、密切配合，积极工作，确保大会顺利召开

为确保大会顺利召开，筹委会坚持高标准、严要求，动员各方面力量，做好各项准备工作。一是加大宣传力度。印发宣传提纲和有关法律法规选编，组织干部群众进行学习。《零陵日报》、永州电视台、永州有线电视台和各县区新闻单位对市第一届人民代表大会第一次会议的召开，进行较为广泛的宣传。对会议期间的宣传报道，市委宣传部和大会宣传组也作出具体安排。二是根据会议议程做好会议文件和有关资料的准备。三是大会所需的各种标证、物品以及大会会场、代表食宿、安全保卫、文娱活动等都已作好安排，各项筹备工作已经就绪。

各位代表，在市委的领导下，通过各级各部门的共同努力，永州市第一届人民代表大会第一次会议的筹备工作，已完成思想上、组织上和物资上的各项准备。我相信，本次代表大会会议在市委的领导下，在大会主席团的主持下，通过全体代表的共同努力，一定会开成一个团结的大会、民主的大会、鼓劲的大会、乘胜前进的大会。

永州市人民代表大会常务委员会工作报告

——2001年6月26日在永州市第二届人民代表大会第一次会议上

郑邦淳

1996年4月，永州市第一届人民代表大会第一次会议以来，市人大常委会认真贯彻中共十五大精神，以邓小平理论和党的基本路线为指针，坚持和依靠党的领导，坚持以经济建设为中心，坚持依法办事，坚持民主集中制，坚持为人民群众办实事，讲学习、讲政治、讲正气，学习和实践江泽民同志“三个代表”重要思想，在中共永州市委的领导下，围绕经济建设和社会发展这个主题，把加强社会主义民主法制建设，推进依法治市作为根本任务，认真行使宪法和法律赋予的职权，实现了积极探索，勇于开拓，起好步，开好局，打好基础的工作目标，为促进全市两个文明建设，保障“九五”计划的顺利实施，发挥了一定作用。

一、依法实施法律监督，逐步推进依法治市

加强民主法制建设保障宪法和法律在本行政区域的贯彻实施，为全市经济和社会发展创造良好的治理环境，是人大工作的主要任务。

*以执法检查为主要手段，促进法律法规的贯彻实施。*五年来，市人大常委会履行法律监督职能，对15部法律法规开展执法检查。市人大各专门委员会就30部法律法规进行执法检查，还配合省人大常委会和省人大各专门委员会开展20多部法律法规的执法检查。通过一系列的执法检查，发现和解决存在的一些突出问题。1996年开展的科技“一法四条例”执法检查，较好地解决科技三项经费严重不足的问题，从1998年起，市本级财政预算每年安排科技三项经费由80万元增加到165万元，并较好地保证专款专用，县区的科技三项经费也有不同程度的增加。1997年的《刑法》执法检查，较好地解决新旧《刑法》之间的衔接，公检法部门职能交叉等矛盾和问题。1999年，省人大常委会与市人大常委会上下联动开展的《水法》《水土保持法》《森林法》执法检查，使全市的河道治理和城市防洪工作引起省有关部门的重视把湘江上游的治理纳入全省大江大河治理规划，水电厅拨款200万元，用于永州市城市防洪堤建设。1999年，通过开展税收法律法规执法检查，增强了全社会特别是行政事业单位法人代表依法纳税

的意识，提高了税务部门依法征收和文明执法的水平，化解了税务部门与公安税侦部门的一些矛盾。2000年，以支持人民法院解决执行难为主要内容的执法检查专项活动，在市、县两级人大的大力支持下，全市两级法院共执结积案2434件，执行标的5905万元，新的积案明显下降。1998年以来，市人大常委会配合省人大常委会以执法检查为主要形式，连续三年开展"三湘环保世纪行"活动，增强各级各部门和全市人民的环保意识，为治理湘江源头水污染解决了一些突出问题。

*以依法治市为主线，推动依法行政和公正司法。*1996年，市人大常委会成立之初，就提出依法治市的主张。1997年，市人大常委会作出《关于继续深入开展法制宣传教育的决议》，通过《决议》的贯彻落实，"三五"普法成效显著，提高了全市人民特别是各级领导干部的法制观念和法律意识，为依法治市奠定了基础。1998年10月，继市委作出依法治市决定之后，市人大常委会第19次会议作出《关于依法治市的决议》，依法治市工作在全市全面启动。1999年，市人大常委会审查通过"一府两院"依法治市的具体实施方案。1999年底至2000年3月，市人大常委会牵头，在市建工局进行依法行政试点。2000年4月，在总结试点经验的基础上，"一府两院"分别向市人大常委会提交关于依法行政、公正司法的议案。常委会第30次会议审查通过"一府两院"的议案，并作出《关于全面推进依法行政和公正司法的决定》。决定出台之后，市人大常委会先后两次组织督查组，督促《决定》的落实，并专题听取和审议"一府两院"贯彻落实决定的情况汇报。通过几年的扎实工作，全市依法治市工作从基本框架到操作程序逐步形成，正在向各个层面深入推进。以个案监督为突破口，加强执法和司法监督。五年来，市人大常委会始终重视人大信访工作，充实力量，健全制度，共接待来信4000余件、来访5000余人次，督促解决具体问题1200多个。在个案监督中，市人大常委会始终遵循不直接办案，不代行审判权、检察权的原则；事后监督的原则；集体行使职权的原则；按程序办事的原则；只对重大案件进行监督的原则；坚持党的领导的原则，结合永州市实际，确定个案监督的筛选、认定、办理程序，凡主任会议和常委会会议确定的重点个案，采取定任务、定领导、定主办单位和协办单位、定时间、定要求的"五定"责任制，跟踪问效，一抓到底。如1998年，市人大常委会对"曾某某、曾某某人身权利被侵害"一案的个案监督，通过三个多月的艰苦努力，终于使这件历时五年，跨越两省，曾氏兄弟被非法关押三年零七个月的案件得到解决，全市各界反响强烈。1998年，东安县农民王某被社会恶势力砍了97刀重伤致残。受害人对一审判决不服，多次到有关部门上访，历时三年，今年，此案在市人大常委会与东安县人大常委会的监督下东安法院依法再审，使犯罪主犯得到应有的惩处。五年来，市人大常委会共实施个案监督37件，绝大部分得到解决，较好地维护了人民群众的合法权益。

二、积极开展工作监督，着力促进全市经济发展和社会进步

发展是硬理，是时代的主题。五年来，市人大常委会紧紧围绕经济建设这个中心，认真开展工作监督，努力促进全市经济持续、快速、健康发展和社会全面进步。

认真听取和审议“一府两院”工作汇报，加大对经济和社会发展的督促力度。五年来，共召开38次市人大常委会会议，听取和审议“一府两院”120多个议题的情况汇报。市人大常委会主任会议先后听取了20多个部门30多个议题的工作情况汇报。在听取和审议各项工作汇报中，既注意听取和审议法律规定的计划、财政等方面的情况汇报，依法履行法律手续，又根据全市改革、发展、稳定中的重大问题和人民群众关心的热点难点问题，有针对性地听取和审议情况汇报。对其中的突出问题如财政问题、农民负担、城市规划与管理等方面的问题，多次听取汇报。在此基础上，主任会议根据市人大常委会组成人员的意见，再次深人探索审议，抓住热点、难点、重点事件，及时向“一府两院”发出“交办函”或“审议意见”，督促“一府两院”改进工作，履行职责。如1996年，全市农村农民负担问题反映突出，市人大常委会在进行大量调查研究的基础上，听取了市人民政府关于农民负担问题的情况汇报，经过多次慎重审议，向市人民政府发出“交办函”，要求年内妥善处理好涉及农民负担的6个具体案件。市人民政府十分重视，及时派出调查组与所在县区政府配合，严肃依法妥善处理。其中，新田县14个乡镇挪用乡统筹村提留款112万元的问题，新田县政府作出了严肃处理。东安县井头圩镇在农民正常负担外，向农民集资114万元用于修建“井冷”公路的问题，经调查核实，由井头圩镇人民代表大会通过，除留下28万元用于维修镇内两条“断头路”外，其余80多万元如数退给农民。又如今年2月，市人大常委会第35次会议听取和审议市人民政府关于发展市本级经济的情况汇报，经过审议，市人大常委会向市人民政府发出交办函，要求市人民政府切实转变观念，制定发展市本级经济的整体规划；以城建为龙头，拉动市本级经济发展；抓住重点项目上马机遇，加快发展第三产业；注重发展高新技术产业，提升改造传统工业，使市本级经济的规模和效益有大的发展，以增强对全市经济的调控力和影响力。这些意见引起了市人民政府的高度重视，政府常务会议认真研究，制订落实措施。

围绕热点难点问题开展专题调查，抓住重大问题依法作出决定决议。五年来，市人大常委会、市人大各专门委员会围绕人民群众关注的热点难点问题，先后就农民增收减负、民族地区返贫、市本级经济”十五”规划、乡镇财政问题等20多个专题开展调查研究，掌握大量的第一手资料，使工作监督更具针对性，更富有实际效果。如乡镇财政负债问题，1997年市人大常委会及市人大财经委组织较为全面的调查，初步掌

握全市188个乡镇财政的负债情况。1998年召开乡镇消赤减债研讨会，督促市人民政府重视乡镇财政问题，促进全市乡镇消赤减债工作，并向省人大常委会提出关于加强乡镇财政管理的立法建议。又如，提请本次大会审议的“十五”规划草案，市人大常委会第35次会议之前，市人大常委会组成人员分成5个组深入部分农村、企业、机关开展为期10多天的专题调查，比较全面深入地了解和掌握情况，在常委会第35次会议上，市人大常委会组成人员就14个方面提出意见70多条，提出修改建议近百条，大部分被采纳，使规划草案更加切合永州实际。在深入开展调查研究、提高审议质量的同时，市人大常委会还注重运用调查和审议成果，依法行使决定权，就重大问题作出决定决议，使调研和审议成果通过法定程序上升为国家意志。1996年以来，除了法律规定必须作出的决定决议以外，分别就耕地保护、永连公路建设、“九五”规划、永州市城市总体规划、凤凰园城市总体规划、开展普法教育、依法治市、依法行政和公正司法、创建卫生城市、殡葬改革和管理等重大问题作出了决定决议。这些决定决议的作出和实施，为促进永州市经济和社会发展发挥了重要作用。

积极参与经济工作，把监督与支持有机结合起来，在监督中予以支持。参与经济工作，服务经济工作，实现在参与中监督，在监督中支持，把监督与支持有机地辩证地统一起来的良性循环运转，达成支持主动，监督有力，成为推动经济和社会发展的动力之一的方式，是人大义不容辞的职责。五年来，市人大常委会根据市委的统一分工，积极参与推进农业产业化、财源建设、重点项目建设、治理经济发展环境、建整扶贫、双联帮困等各项经济工作实践，做了不少工作，如在治理经济发展环境专项活动中，市人大常委会主要负责人发表讲话，机关抽调得力干部参加整治工作，并根据人大职能特点开展相应活动。1998年，市人大常委会向全体市人大代表发出公开信，征求对治理经济发展环境的意见，并在电视台开展“人大代表话经济环境”专题报道。1999年，市人大常委会主任会议组成人员深入市直10多个部门视察治理情况，督办具体案件。2000年，省、市、县三级人大常委会上下联动，开展治理经济发展环境综合执法检查。通过执法检查，市、县两级行政职能部门清理各类收费文件760个，取消不合理收费215项，规范收费74项，查处“四乱”案件212起，依法依规处理146人。在双牌县理家坪乡马蹄村的建整扶贫中，与其他后盾单位共同努力，三年共投入资金近100万元，兴办开发性项目10多个，使该村农民收入有了较大幅度的提高，为该村群众致富奔小康奠定了一个好的基础。

五年来，在依法开展法律监督和工作监督的过程中，市人大常委会十分注重监督形式与内容的有机统一，一手抓规范，一手抓创新，使监督力度不断加大，监督实效不断增强。在工作实践中探索推行了以下几种监督形式：（1）工作目标承诺制。每年人代会结束之后，要求市人民政府组成部门、“两院”主要负责人，就人代会通过的各项工作报告的主要工作进行量化、细化、分解，按照工作目标任务、依法办事、勤政廉政三个部分制定工作目标承诺书，经市人大对口联系的专门委员会审查后，向常委会递交承诺书。市人大常委会依据承诺事项进行督促检查、调查视察。每年底，承诺单位主要负责人向常委会汇报兑现情况，接受审议。并由此而确定述职评议的单位和个人，并与受评单位“一把手”是否称职挂起钩来。2000 年，市人大常委会在总结全面承诺形式的基础上，对“一府两院”为国企改革与发展服务实行专项承诺监督，收到较好的效果。（2）法律知识测试和办案质量抽查。这种监督形式分别于 1998 年和 1999 年在“两院”实施。凡是由人大任命法律职务的法官、检察官，都参加由市人大常委会组织的法律知识测试。考试结束后，市人大常委会组织力量，对“两院”办案质量进行抽查。实践证明，这种监督形式，有力地促进了司法公正。（3）交办和反馈相结合的监督形式。即根据市人大常委会的审议意见，将其中必须解决的重要问题，依法向“一府两院”交办，并实行反馈报告制度，跟踪问效。如 2000 年 9 月，陕西房建一公司承建永州市潇湘广场，因债务问题受到法院、税务部门追究而到市人大上访，市人大常委会主要领导接待后，召集主任会议听取了市人民政府关于潇湘广场建设情况的汇报，并依法向市人民政府交办。主管副市长立即召集有关部门进行协调，很快解决了问题，并亲自到市人大汇报办理结果，外地客商反映很好。据统计，1996 年以来，市人大常委会先后发出“交办函”31 件，绝大部分得到解决和落实。（4）领办制。即对有些人民群众反映强烈、“一府两院”未能引起重视或久拖不决的问题，由市人大常委会牵头，组织“一府两院”有关职能部门加以解决，并现场督办。如 2000 年 6 月，市商校向市人大反映，该校 1992 年以来存在的民房搬迁和用水两大难题，曾经有关部门多次协调，一直未能解决，严重影响学校正常的教学秩序。市人大常委会采取现场督办的形式，很快解决了问题，并为学校节省资金 20 多万元。

三、依法做好干部任免工作，增强国家工作人员的公仆意识

依法任免国家机关工作人员，加强对所任命干部的监督，是人大工作的重要组成部分。市人大常委会始终坚持党管干部的原则，认真贯彻党委意图，充分发扬民主，严格依法做好任免工作。五年来，共任免干部 330 人次，其中市人大机关 25 人次，市人民政府及其组成部门 67 人次，“两院”238 人次，较好地实现了党委意图与人民意志和法律规定的有机统一。在干部任免过程中，市人大常委会严格按《任免办法》办事，推出任前法律知识测试、离任审计、从政发言、颁发任命书等制度和做法，严格把好任命关，充分反映人民意志。在做好任免工作的同时，市人大常委会十分重视任命后的监督工作，连续三年对“一府两院”主要负责人实行工作目标承诺制监督；对所任命的干部全部建立监督档案：适时组织述职评议，本届组织了对市审计局、市检察院、市林业局等单位主要负责人的述职评议；在“两院”法官、检察官中开展法律知识考试和办案质量抽查等等。通过采取这些措施，加强对干部任命后的监督，使国家机关工作人员不断增强公仆意识和接受监督的自觉性。

四、认真组织代表活动，注重发挥代表的主体作用

人大代表是国家权力机关的组成人员，是人大工作的主体。组织代表活动，支持代表依法履行职责维护代表的合法权益，是人民当家作主的具体体现。

五年来，市人大常委会一直十分重视代表工作，注重提高代表素质，积极发挥代表作用。1996 年，市人大成立之初，市人大常委会分行业组织了对工人、农民代表的培训。1998 年，又组织代表小组组长培训。1999 年以来，建立和实施邀请代表列席市人大常委会会议制度。市人大常委会还督促“一府两院”经常向代表寄送政情资料，重大决策出台之前，召开代表座谈会听取意见。建立和实施市人大各专门委员会和市人大常委会各工作机构，闭会期间，对口联系代表制度。通过采取这些措施，加强党对代表工作的领导，提高代表的党性观念，拓宽代表的知情知政面，增强代表依法执行职务的能力。在每年一次的代表视察中，代表们以高度的责任感，深入开展调查研究，积极提出意见建议，促进“一府两院”转变作风，改进工作。

*精心安排部署，组织开展“人民选我当代表，我当代表为人民”系列活动。*围绕这个主题，1996 年，市人大常委会在全市各级人大代表中开展“结穷亲、引富路”活动，把代表组织起来，与困难户结成对子，共同脱贫致富奔小康，共为 1.34 万户贫困户提供技术、信息 2694 条，帮助解决资金 837 万元。1998 年，市人大常委会研究制定《代表小组活动暂行办法》，组织开展“创建先进代表小组，争当优秀人大代表”活动，并在此后的几年不断深化内涵，拓宽外延，使“创先争优”活动开展得有声有色。为了加强对代表活动的引导，1997 年以来，市人大常委会每年召开一次先进代表小组和优秀人大代表表彰大会，鼓励先进，推介典型，共表彰先进代表小组 44 个次、优秀人大代表 195 人次，促进了代表活动的深入开展。五年来，市人大常委会每年都召开《代表法》颁布实施周年纪念座谈会，开展系列宣传活动，不断提高全社会对人民代表大会制度、人大代表的地位和作用的认识，为人大工作的开展创造良好的社会环境。

*抓好督办落实，认真办理代表议案和建议批评意见。*本届人大 5 次代表大会会议，共提出议案 15 件，建议批评意见 833 件，大部分得到较好的解决和落实，人大代表对办理工作的满意率逐年上升。去年，市人大常委会还组织力量对本届人大成立以来的议案和建议批评意见的办理情况进行全面清理，先后两次进行专题督查，力求给代表

一个负责任的交代。今年4月，市人大常委会与市人民政府联合召开办理工作表彰大会，表彰办理工作先进集体22个，先进个人32人。通过五年的工作，初步建立起办理的工作机制、督办机制和奖惩机制，积累了一些办理经验。实践表明，办理工作抓得好，不仅可以调动和增强代表当家作主的积极性和主动性，还能切实解决一些人民群众关心的热点难点问题。如1997年，代表大会确定荷叶岭水厂取水口水源水质问题的议案之后，市人民政府对此十分重视，当年组织动工实施，次年完工，共投入资金200多万元，解决了取水口污染问题。又如，2000年市一届人大五次会议上代表建议提出，芝山城北自来水供应紧张，3万多居民用水十分困难，1995年以来居民多次反映有关部门一直议而未决。市人大常委会对此十分重视先后两次进行重点督查，促成市人民政府于去年5月动工，投资400多万元，对城北39公里自来水管道全面扩容提压，使这一“老大难”问题最终得到解决。

根据人民群众的要求，有针对性地开展代表评议。1997年以来，市人大常委会根据人大代表和人民群众的要求，先后组织市人大代表评议了市卫生局、市医药管理局、市国土局、市公安局的工作，收到了明显的效果。通过对卫生、医药两个局的评议，使人民群众反映强烈的个体诊所泛滥、假劣药品充斥市场的问题得到明显遏制，医德医风建设有了明显改进。特别是通过规范进药渠道，可为市、县两级财政每年增收近千万元。通过对国土局的工作评议，使国土管理比较混乱的状况明显改观，规范了土地二，三级交易市场，盘活了一批闲置土地，解决了一批遗留问题，增加了财政收入，促进了全市国土管理工作规范化、法制化。通过对市公安局工作的评议，使代表反映的近百个问题大多数得到了较好解决，公安干警的公仆意识和接受监督的意识进一步增强，依法行政、公正执法的自觉性进一步提高。

查处侵权事件，维护代表的合法权益。五年来，市人大常委会按照《代表法》的要求，对8起涉及代表权利的事件及时作出处理，维护代表的权益，提高代表执行职务、当家作主的积极性。同时，市人大常委会还注重加强对代表的教育与管理，对个别犯有错误或违法犯罪的代表依法罢免其代表资格，维护人大代表的崇高形象。在做好代表工作的同时，市人大常委会注重加强上下级人大之间的联系与指导。主任会议组成人员轮流列席省人大常委会会议，学习借鉴上级人大的工作经验。紧密配合省人大常委会、省人大各专门委员会的各种视察、调查和执法检查，保持工作协调。在监督工作中遇到疑难问题，及时向省人大常委会请示，增强监督的合法性和有效性。市人大常委会先后承办了全省各市州人大财经、城建、内司工作联席会议，增进相互之间的横向联系与工作交流。市人大常委会每年至少召开两次县区人大常委会主任会议，加强工作联系与指导。五年间，市人大常委会在指导县区、乡镇人大工作和换届选举等方面做了大量工作，在执法检查、代表评议等重大活动中，实行上下联动，形成工作合力增强监督实效。市人大常委会还召开了首届全市人大制度理论研讨会，并邀请党委、政府的领导同志参与，对各级各部门特别是各级领导加深对人大性质地位和作用的认识，增强民主法制意识，起到了很好的作用。各专委会和工作机构根据工作需要，适时召开县区人大对口委室工作联系会议，共同研究探讨人大工作中的新情况新问题，努力提高全市人大工作的整体水平。

五、注重抓好自身建设，努力提高工作水平

五年来，市人大常委会立足于首届人大工作起好头、开好局的目标，始终把加强自身建设作为基础工程来抓，不断提高工作水平、增强工作实效。

*加强学习教育，全面提高队伍素质。*在思想政治方面，坚持不懈地抓好党的基本路线和邓小平理论的学习，认真开展三讲教育，学习和实践江泽民同志”三个代表”重要思想，始终在思想上政治上与党中央保持高度一致，始终保持较强的政治敏锐性和政治鉴别力，始终把人大工作作为党的工作的重要组成部分，置于同级党委的领导之下。在行使职权方面，把法律知识的学习摆在十分重要的位置，坚持并不断完善会前学法制度，开展多种形式的法律学习活动，不断提高法律素质，做到严格依法按程序办事。在工作业务方面，不仅人大机关开展经常性的业务学习与培训，还推行主任会议组成人员轮流办会，机关干部竞争上岗和岗位轮换，在实践中熟悉掌握人大工作的基本方法，同时，积极参加全国、省人大组织的各种业务培训，认真学习借鉴外地的经验，不断拓宽市人大常委会工作的视野和思路，改进工作作风，努力为人民群众办实事。市人大常会成立以来，把作风建没作为基本功来抓，倡导求真务实的思想作风，深入基层、深人群众调查研究的工作作风，清正廉洁的良好风气。每次例会均提前一个月发出预告通知，要求市人大常委会组成人员围绕建议议程进行调查研究，重要议题还组织有关委室和人大代表开展专题调查视察，充分了解民情，广泛集中民智，敢于和善于为民代言。在改进作风的过程中，市人大常委会把为民排忧解难、办好事实事作为重要工作来抓，以为民办事的实效来检验改进作风的成果。

*加强制度建设，严格依法按程序办事。*制度建设是市人大常委会自身建设的重要组成部分。五年来，在职权行使方面，市人大常委会建立了《工作规则》《人事任免办法》《向“一府两院”交办事项的反馈办法》《信访处理制度》等规章；在机关内部管理方面，明确了市人大各专门委员会、市人大常委会办事机构工作范围和职责，建立了政治理论业务学习和会议办理制度，文书办理和处理制度，车辆管理、后勤接待、财务管理和离退休人员服务、管理等制度。这些规章制度建立之后，一方面认真抓好落实，自上至下严格遵守执行；另一方面针对情况变化，及时修订、完善，有些一年一修订，

使市人大常委会和机关各项工作初步走上了制度化、规范化的轨道，也为下一届人大常委会开展工作奠定了基础。市人大常委会从成立到现在，已经有五年多一点时间。总体讲，市人大的工作开局是好的，是有成效的。这个好的工作局面，是市委正确领导和省人大常委会精心指导的结果，是市人大常委会组成人员和市人大代表共同努力的结果，是全市人民、各级各部门关心和支持的结果。回顾五年的工作，我们有以下体会：

做好人大工作，必须坚持和依靠党的领导。人民代表大会制度作为我国的根本政治制度，是在中国共产党的领导下建立起来的，是党领导人民当家作主的根本途径。人大工作是党的工作的重要组成部分。过去五年来，市人大常委会对这一根本性、全局性的问题，思想认识始终是十分明确的。市人大常委会的工作任务就是将党的主张经过法定程序上升为国家意志，并使之成为全市人民的自觉行动。因此，在这几年的工作实践中，市人大常委会自觉坚持把讲学习、讲政治、讲正气摆在首位，用“三个代表”重要思想总揽人大工作全局，并贯穿于工作的全过程。人大的重要工作，人大工作中的重大问题，坚持做到及时向市委请示汇报，在市委的领导下开展工作，并充分发挥人大党组的核心作用，自觉把人大工作置于党的领导之下。同时，根据人大推进民主法制建设这一根本任务，以及人大工作法律性、程序性很强的特点，把坚持党的领导与充分发扬民主、严格依法办事有机统一起来，确保党的主张和意图在人大工作中得到体现和落实。

做好人大工作，必须紧密围绕经济建设中心。经济建设是党的工作中心，也是人大工作的中心。发展是硬道理，是解决前进中各种矛盾和困难的根本途径。基于这一认识，过去五年来，市人大常委会始终把服从和服务于经济建设这个中心、加快永州发展步伐摆在突出位置，无论是总体工作部署，还是日常工作；无论是监督权、决定权、任免权的行使，还是代表活动的开展，都始终围绕和体现了这一主旨。五年来，市人大常委会作出的决定决议，听取和审议的情况汇报，开展的执法检查，提出的交办或审议意见，组织的视察调查，绝大部分与经济工作直接相关。对其中的重要问题，市人大常委会不断加大监督力度，坚持跟踪问效，一抓到底，为全市经济的持续、快速、健康发展，发挥了应有的作用。

做好人大工作，必须坚持严格依法办事。人大既是立法又是执法监督的权力机关，推进民主法制建设是人大工作的根本任务。依法办事，是人大工作的准绳。作为负有监督宪法和法律法规在本行政区域贯彻实施神圣职责的地方国家权力机关，首先自己要高举法律旗帜，做到严格依法办事，几年的工作实践，使我们深刻认识到：无论是监督者自身职权的行使，还是对被监督者履行职责缺位.到位、越位与否的判定，都必须以法律为尺度。因此，市人大常委会始终把加强法律学习，掌握法律知识强化法律意识，建立健全依法行使职权的各项工作制度，严格依法按程序办事，作为行使职权的基础来抓，并创造和积累了一些经验。回顾五年的人大工作，一条十分鲜明的主线，就是致力于推进依法治市，以期为全市经济和社会发展创造一个良好的法制环境，以期建立起人民依法监督人大，人大依法监督“一府两院”“一府两院”依法行政、公正司法的工作机制。

做好人大工作，必须加强与人大代表和人民群众的联系。人大代表是人大工作的主体，人民群众是人大工作的基石。依靠人大代表，植根于人民群众，是人大工作拾级而上，并充满生机活力的关键所在。五年来，市人大常委会十分重视与人大代表、人民群众的密切联系。市人大常委会建立和实施了主任会议组成人员联系人大代表制度，各专门委员会也建立了对口联系基层人大代表制度，重大决策听取代表意见，重要活动邀请代表参加，始终保持市人大常委会机关与代表之间的热线联系。与此同时，市人大常委会发动组成人员和组织代表，经常深入基层，深入群众，进村入户开展调查研究，倾听人民群众的呼声，关注人民群众的冷暖，了解民情，反映民意，集中民智，为民代言，为民办事，使人民群众切身感受到，人大及其常委会是代表他们根本利益，为他们服务，维护他们合法权益的国家权力机关。

五年来，市人大常委会在市委的领导下，高举宪法和法律的旗帜，团结一致，开拓进取，做了一些工作，取得了一定成绩。但是，由于市人大常委会组成人员大多是新手，工作上有一个由不熟悉到熟悉、由不相适应到逐步适应的转变过程，加上本届市人大是第一届，可供借鉴的经验不多，因而工作中还存在不少问题与不足。主要是对民主法制建设中的一些重大问题缺乏深入研究，工作重点不够突出，依法监督的力度不够，监督的成效与人民群众的要求还有较大差距。在依法行使决定权方面探索不够，决定权的行使缺乏规范，还处于被动状态。个案监督还缺乏法律规范，监督较为被动等等。这些问题与不足，请代表们批评、指正，以利于市二届人大提高工作整体水平。

永州市第三届人民代表大会常务委员会工作报告

——2007年1月21日在永州市第三届人民代表大会第一次会议上

永州市人大常委会主任　谢朝月

2001年6月，永州市第二届人民代表大会第一次会议以来，市人大常委会在市委的领导和省人大常委会的指导下，坚持以邓小平理论和“三个代表”重要思想为指导，全面贯彻落实中共十六大精神，树立和落实科学发展观，努力构建和谐社会，以经济建设为中心，以推进社会主义民主法制和民主政治建设为己任，围绕全市工作大局，依法履行职责，较好地完成了预定的各项工作任务，为全市物质文明、精神文明、政治文明、社会文明的协调发展做出了应有贡献。

一、依法行使监督权，切实增强监督实效

监督权，是宪法和法律赋予人大及其常委会的一项重要职权。本届以来，市人大常委会依法行使监督职权，注重增强监督实效，加强对“一府两院”的法律监督和工作监督，保障宪法和法律在本行政区域内的贯彻实施，促进依法行政和公正司法，促进了全市经济社会发展。

认真听取工作汇报，促进经济社会发展。本届以来，依法召开常委会会议47次，除听取和审议法定的国民经济和社会发展计划、财政预决算等工作报告，市人大常委会《讨论决定重大事项若干规定》明确要求听取的各项工作报告外，还听取和审议“一府两院”关于推进工业化进程、加快城镇化步伐、建立和实施行政执法责任制、违法审判追究制和错案追究制等各类工作汇报200多项。根据审议意见，依法向“一府两院”交办30多件，并通过督办制、领办制等形式，增强监督实效。如2001年10月，市人大常委会会议听取市本级上年度财政决算报告之后，向市人民政府提出审议意见，要求政府从调整和优化经济结构入手，着力解决全市财政收入结构不合理的问题。在随后的几年里，市人大常委会一直高度关注这一问题，全力支持政府推进工业化和城镇化进程，加强财源建设，加大预算改革与管理力度。通过几年的跟踪监督，使税收收入占财政收入的比重逐年上升，财政收入结构逐步优化。为进一步加强财政预算监督，深化人大预算监督工作，市人大有关专门委员会支持财政部门逐步推行部门预算，并

加大审查力度，增强政府及财政部门对预算资金的监控能力，增强部门节支观念，规范资金使用管理，提高了资金使用效益。在听取汇报的过程中，为提高审议质量，增强监督实效，2002 年 12 月，市人大常委会审议通过了《关于加强和改进常委会会议审议工作的意见》，对会前调查、会中审议、会后督办做了具体的规定，特别是《意见》出台关于常委会会议实行审议票决制的规定，进一步增强了人大监督的刚性效果。

*认真开展执法检查，保障宪法法律实施。*本届以来，配合省人大常委会开展《义务教育法》《劳动法》《农业法》《土地管理法》《环保法》执法检查，各专门委员会配合省人大各专门委员会开展《民族区域自治法》《城市规划法》《水法》等 20 多部法律法规的执法检查。市人大常委会开展《土地管理法》《传染病防治法》《公路法》执法检查。各专门委员会开展《工会法》《电力法》《大气污染防治法》等 40 多部法律法规的执法检查。对检查中发现的问题，提出整改意见，有的进行交办，解决了不少突出问题。如 2002 年，配合省人大常委会开展优化经济发展环境综合执法检查时，发现一批影响经济发展环境的突出问题，并依法进行交办。其中对市工商局违规查处市电力部门农网改造案进行重点监督，通过不懈努力，使案件得到公正审判。与此同时，在省人代会期间，向大会提出了《关于规范行政执法行为，促进全省农网改造工作的议案》；全国人代会期间，驻市的全国人大代表直陈实情，反映民意，积极呼吁，为促成国家启动第二期农网改造完善工程做出了贡献。又如 2003 年，市人大常委会开展《公路法》执法检查后，对永连公路沿线违法建房现象突出，严重影响公路畅通和通行安全等问题，向市人民政府进行交办、督办，市人大常委会会议先后两次听取整改情况汇报，通过督促整改，拆除一批违章建筑，处理一批违法违纪人员，使问题得到了较好解决。与此同时，市人大常委会还配合省人大法律委员会，对《湖南省县级以上人民代表大会常务委员会预算审查监督条例》《湖南省〈防洪法〉实施办法》《湖南省预防未成年人违法犯罪条例》等 30 多部法律法规进行立法调研，结合永州市实际，提出修改建议。

*认真开展专项活动，着力解决突出问题。*本届以来，“永州环保世纪行”活动，以保护潇湘母亲河为主线，加强全市水资源和环境保护工作监督。如道县泡水河流域，受湘源锡矿采矿严重污染数十年之久，严重影响沿河两岸近 10 万人民群众的生产生活。通过督促整改，实现全面禁采，污染问题得到整治。2005 年，针对零陵、冷水滩部分乡镇非法采锰，造成植被破坏、水质严重污染等问题，主任会议召开采锰区综合整治督办会，明确提出整改要求和目标任务，并向市人民政府进行交办。市人民政府对此高度重视，责成零陵和冷水滩两区政府限期整顿。“两区”政府采取果断措施，关闭近千台非法机组，处理一批违法人员，取得阶段性成效。“永州农产品质量安全行”活动，突出抓了建立和完善检验检测体系、无公害农产品基地建设、农产品质量

安全行政执法等工作，促进了全市农产品质量安全，提升了全市农产品的市场竞争力。2006年启动的“永州农民健康行”活动，从调查农村缺医少药入手，大力宣传为农民健康服务的先进典型，促进全市疾病防控体系建设，促进新型农村合作医疗制度的试点和扩面，受到广大农民群众的普遍欢迎。

认真做好信访工作，努力维护公平正义。做好信访工作，是联系人民群众的重要渠道，是维护公民、法人和其它社会组织合法权益的重要途径，也是维护社会稳定的客观需要。本届以来，市人大常委会十分重视信访工作，配强信访工作班子，聘请3名律师担任信访法律咨询员，实行信访联席会议制度和主任信访接待日制度。为适应信息化社会的需要，利用永州人大网站平台，开通网上信访。本届以来，共接待群众来信3853件，来访6535人次，依法转办案件1505件，督办1801件，督促解决各类具体问题1100多个，并对群众反映强烈、久拖未决的案件实行了信访回访、跟踪督办，维护了公民、法人和其他社会组织的合法权益，促进了社会稳定。又如2003年，蔡某被原零陵地区驻海口办事处钟某诈骗48万元，钟某被依法判刑后，蔡某诉市人民政府驻海口办事处和市人民政府，要求承担连带赔偿责任。一审判决市人民政府承担赔偿责任。市人民政府认为该判决事实不清，主体不适，适用法律不当，遂将案情向市人大常委会专题汇报，请求协调海口市人大常委会对二审审判给予监督。市人大常委会认真研究后，向海口市人大常委会发出了商请函，并由市人大常委会一名副主任带领有关委室负责人到海口市人大常委会衔接协调，随后又商请省人大内司委领导赴琼协调，得到海南省和海口市人大常委会的高度重视和大力支持。二审撤销了原一审判决，驳回相关诉讼请求，为永州市避免此案及相关案件可能导致的经济损失1700余万元。几年来，市人大常委会还十分重视从宏观层面强化司法监督，先后三次组织对“两院”办案质量抽查，促进了司法公正。

二、依法行使决定权，切实推进民主科学决策

依法讨论决定本行政区域内的重大事项，是宪法和法律赋予地方人大及其常委会重要的职权。依法行使决定权，对于广泛集中民智，增强决策民主性；对于尊重和顺应客观规律，增强决策的科学性；对于凝聚民心，形成统一意志，同心同德谋发展，具有十分重要的意义。

依法规范，使决定权的行使有章可循。为进一步促进决定权行使的规范化、制度化，市人大常委会组织专门班子，外出考察借鉴经验，本地调研听取意见，经主任会议反复讨论并报市委同意，2002年10月，市人大常委会审议通过了《关于讨论决定重大事项的若干规定》《规定》对永州市人大常委会行使重大事项决定权的范围、内容、

提出程序和处置措施等作了明确的界定和具体的规定，为市人大常委会依法有序行使决定权奠定了基础。

紧扣中心，使决定权的行使符合民意。发展是党执政兴国的第一要务，也是人大工作必须一以贯之的主题。本届以来，市人大常委会除对法律有明确规定的重大事项依法行使决定权外，还依法就进一步加强法制宣传教育、永州市城市总体规划、永州市旅游发展总体规划等10多项重大事项做出了决议、决定。特别是市二届人大做出的《关于优化经济发展环境的决议》《关于加快发展开放型经济的决议》《关于大力推进工业化进程的决议》《关于创建卫生文明城市的决议》，对于推进全市改革开放，促进经济发展，构建和谐永州发挥了重要作用。如市二届人大四次会议做出《关于大力推进工业化进程的决议》后，市人大常委会及时跟踪监督，组织代表视察工业园区和重点企业，并向市人民政府提出审议意见，促进了国企改革和工业发展。同时，市人大常委会还对《规定》明确要求应向市人大常委会会议报告的事项，进行认真审议，有的依法做出决议、决定，有的进行监督检查，成效明显。如对全市住房资金管理问题进行的交办，促进了住房资金的规范管理，维护了干部职工的合法利益。

三、依法行使任免权，切实促进勤政廉政建设

依法任免国家机关工作人员，加强任后监督，是人大工作的重要组成部分。

坚持党管干部，依法进行人事任免。市人大常委会把坚持党的领导、充分发扬民主与严格依法办事结合起来，依法做好任免工作。本届以来，共依法任免国家机关工作人员545人次，其中，市人大机关30人次，市人民政府及其工作部门54人次，“两院”461人次。在人事任免中，市人大常委会坚持任前法律考试，法官、检察官任前公示，拟任人员从政发言，颁发任命书等制度和做法，严格把好任命关。本届以来，2名公示期间反映有问题的人员依法暂缓任命，1名拟任人员未通过任命。

坚持任后监督，依法开展述职评议。本届以来，市人大常委会依照《湖南省县级以上人民代表大会常务委员会述职评议工作条例》，对市经委、市旅游局、市交通局等21个政府工作部门及“两院”2名副职和2名庭处主要负责人进行了会议述职评议，对7名副市长、7名政府工作部门主要负责人和3名“两院”副职进行了书面述职评议。通过调查走访、会议评议、信任投票和整改交办，增强了评议对象的公仆意识、法律意识，促进了依法行政、公正司法和勤政廉政建设。如2002年在评议市旅游局主要负责人的过程中，评议调查组对该局领导班子不团结的情况进行了全面调查，并将情况向市委汇报，市委派员核实后，对该局班子进行了适当调整。又如2004年在对市国土局主要负责人评议时，针对该局政务中心管理混乱、办事效率低等群众反映强烈的问

题，及时进行交办，并将有关情况向政府反馈。通过整改，国土局政务中心精简人员，简化了程序，提高办事效率。

四、依法开展代表工作，切实发挥代表的主体作用

人大代表是国家权力机关组成人员，代表工作是人大工作的主体。组织代表活动，发挥代表作用，维护代表权益，是实现人民当家作主的必然要求。

夯实工作基础，提升代表素质。本届以来，通过办班培训、以会代训等形式，培训代表900多人次，为市人大代表订阅《中国人大》《人民之友》刊物，寄送市人大常委会公报等资料2.5万余份，畅通了代表知情知政渠道。市人大常委会出台了关于加强代表工作的决定，建立了常委会领导联系代表机制，促进了人大机关与人大代表的良性互动。中央9号文件下发以后，市人大采取多种形式，宣传贯彻文件精神。在市委的重视下，代表工作和制度建设有了新的起色，市人大代表活动经费和市人大常委会组成人员工作经费也得到了较好解决。这些措施为提升代表素质，发挥代表作用创造了条件。

改进工作方式，解决难点问题。本届以来，市人大常委会通过交办会、协调会、视察调查等方式，对市二届人大一次会议以来的9件议案和568件建议批评意见，依法向“一府两院”交办，并及时进行督办，绝大部分按期办结、效果较好，解决了不少问题。如对市二届人大四次会议提出的《关于加快建设永州历史文化名城的议案》，市人大教科文卫委、城环委、民侨外委等专门委员会联合进行了不间断督办，两次向代表大会报告办理结果。通过督办，政府及有关部门完成了永州历史文化名城保护建设规划，加强了对永州历史文化核心街区的保护控制工作，启动了永州历史文化名城建设。市人大代表连续多年提出的永州二中门前停车场严重影响教学秩序，危及师生安全的问题，通过代表视察，现场督办，得到彻底解决。本届以来，市人大常委会针对社会关注的热点、难点问题，组织开展永州道路交通基础设施建设、中心城市背街小巷改造、整治中心城市非法虚假广告、中心城市社会治安和公交秩序等专题视察，督促解决一些困扰永州发展，民众反映强烈的问题。2003年11月，组织部分全国、省、市人大代表，深入有关县区开展出省跨境公路专题视察，向省政府及省交通厅发出建议函，并在随后召开的省人代会上强烈呼吁，引起省政府领导的高度重视。时任省长周伯华率省直有关部门主要负责人到永州现场办公，使永州市出省跨境公路改造得到省政府的大力支持，推动了全市交通基础设施的改善。又如2005年12月，市人大常委会针对干部群众反映强烈的中心城市社会治安和公交秩序问题进行了专题视察，向市委写出专题报告，向市人民政府发出交办函，引起市委的高度重视。市人民政府及

有关部门精心组织，周密部署，迅速行动，成效明显。通过集中整治，中心城市破获一批命案，遏制了刑事犯罪上升势头，组建治安联防队，强化单位内保，亮化背街小巷，社会治安秩序好转，人民群众安全感增强。在公交秩序方面，撤销城区收费站，拆除影响交通的街心花坛、占道门面，在繁华路段设置了警示标牌，调整公交线路，取缔4000多台非法营运三轮摩托车，新投放的士200台，中心城市公交秩序有所好转，人居环境有所改善，人民群众反映很好。

*发挥代表作用，维护代表权益。*在代表工作中，我们通过多种途径，采取多种形式发挥代表在四个文明建设中的重要作用，动员和组织他们立足岗位，建功立业。我们每年选择一个主题，持续深入开展“人民选我当代表，我当代表为人民”系列活动，涌现了一大批发家致富的带头人，扶贫帮困的热心人，化解矛盾的明白人。如2005年，在祁阳、道县开展的“人大代表收集群众意见箱”试点活动，两县共设置人大代表收集群众意见箱70个，共收到群众来信396件，已解决或基本解决的292件，成功地化解一批矛盾和问题，促进了社会稳定。市人大常委会在支持代表执行职务，发挥作用的同时，也十分注重维护代表的合法权益。如2003年6月，蓝山县发生一起严重侵犯省、市人大代表合法权益的事件，在市委的统一领导和组织下，市人大常委会联工委与市纪委、政法委等部门联合调查、认真督办，使案件得到依法处理。2006年，祁阳县一名市人大代表，因反映计生工作存在的问题而受到压制，市人大常委会派员进行调查，主任会议专题研究，督促政府及有关部门认真解决，较好地维护了代表的合法权益。与此同时，市人大常委会还十分重视对代表的教育管理，本届以来，依照法定程序，罢免了4名有严重问题或长期不履行代表职务的人大代表的代表资格。

五、坚持与时俱进，切实加强自身建设

本届以来，市人大常委会始终注重加强自身建设，不断提高履职能力和水平。

*抓好学习教育活动。*市人大常委会党组成员积极参加市委中心组学习。市人大常委会组成人员和机关工作人员积极参加会前学法活动，经常组织政治和业务学习，有计划安排外出学习考察，提高了政治素质和业务素质。人大机关认真开展“三个代表”重要思想学习教育、保持共产党员先进性教育活动、创建学习型机关系列活动，促进了机关效能建设和勤政廉政建设。

*深入开展调查研究。*本届以来，常委会机关开展“三林”问题、全市旅游业发展、乡镇人大工作、构建农民增收长效机制等专题调查32项。如2005年，组织常委会组成人员和机关副处以上干部开展“以人为本，贴近百姓”调研活动，围绕民族地区经济社会发展、社会治安、非公有制经济发展、农民增收、农民就医和农村疾病防控体

系建设、中心城市卫生和管理等问题进行深入调查，密切了人大机关与群众的联系，增强了代表的民本意识，敦促有关部门解决了一些群众反映迫切的问题。32个高质量的调研报告在市以上报刊发表。其中，关于“三林”问题的专题调查报告引起了国务院、省政府的重视，被全国人大《联络动态》、省政府《工作参考》全文刊发；在全省人大系统理论研讨会论文评选中获特等奖2篇、一等奖2篇、二等奖4篇。

注重人大宣传工作。本届以来，市人大常委会机关注重加强新闻宣传工作，实效明显。市人大常委会主要领导每年到市委党校讲授人民代表大会制度，宣传人大工作。2003年，市人大常委会举办了全市性的人大知识电视竞赛和报刊答题赛，并编印《人大知识500问》一书，取得了良好的社会效果。本届以来，市人大常委会机关工作人员在省以上报刊发表关于人大制度、人大工作的新闻作品170多篇，其中多篇在全国、全省宣传人大制度好新闻评选中获一、二等奖。组织公民旁听人民代表大会，促进了公民有序的政治参与。创建永州人大网站，组织开展全市宣传人大制度好新闻评选活动，编印《民主的丰碑——永州市纪念人民代表大会制度建立50周年画册》，编辑《市一届、二届人大重要文献资料汇编》，在《永州通讯》开辟了“民主与法制”宣传专栏，为开展人大工作创造了良好的社会环境。

坚持在支持中监督。市人大常委会在工作实践中，既注重依法监督，又注重大力支持，积极参与中心工作，探索在支持中监督的方法与途径。按照市委安排，认真做好市人大常委会领导联县联村联企业工作。市人大常委会领导参与联系的国企改革顺利推进；市人大常委会领导联系的永连公路、衡枣高速、邵永高速等重点工程建设完成了既定任务；市人大办牵头的建整扶贫和新农村建设联系点，共筹措资金200多万元，在改善农村水利、交通基础设施、兴办水果基地、发展集体经济、促进新农村建设方面成效显著。此外，参与防治非典、抗洪抢险、抗旱救灾、招商引资、小城镇建设等工作也取得可喜成绩。

加强上下联系指导。加强与全国兄弟市州人大联系，积极参与或承办省际和省内人大工作联席会，宣传推介永州，交流人大工作经验，增进了相互之间的友谊。注重对县区人大工作的指导。在换届之初对县区人大正副主任进行系统的业务培训。举办全市乡镇人大主席及各县区人大联工委负责人培训班。每年召开县区人大常委会主任座谈会，各委室每年分别召开全市县区人大对口联系会议，交流工作经验，促进人大工作。坚持常委会领导定期不定期到各县区人大调查研究、巡回指导，促进县区人大工作的平衡发展。

各位代表，市二届人大常委会成立以来，较好地发挥了职能作用，较好地开创了人大工作的新局面。这个良好局面的形成，得益于市委的领导和省人大常委会的指导，得益于各级领导的重视，得益于人民群众的支持，得益于市一届人大留下了一个好的工作基础，也得益于市人大代表的共同努力。在此，我谨代表市二届人大常委会，向大家表示衷心的感谢和崇高的敬意！

回顾本届以来的人大工作，我们深切地体会到：坚持和依靠党的领导，是做好人大工作的根本保证。紧扣发展这个第一要务，始终围绕经济建设这个中心，是做好人大工作必须一以贯之的主题。严格依法监督，积极推进依法治市是人大工作的重中之重。植根于人民群众，密切与人大代表的联系，是做好人大工作的源头之水和不竭动力。切实加强自身建设，不断提升监督水平，是做好人大工作的基础和前提。过来的人大工作实践，也使我们深切体会到，做好人大工作不仅要始终坚持并牢牢把握以上这些大的原则，而且还要在以下几个方面下功夫：

第一，做好人大工作，必须在实效上下功夫。结果是过程的诠释，实效是工作的最终反映。人大工作既要重程序，更要重实效。人大不直接处理问题，不等于人大不能解决问题。几年来，我们紧紧围绕市委决策的重大问题，社会关注的热点问题，人民群众反映强烈的难点问题，有针对性地开展调查视察、听取汇报、执法检查，并在此基础上依法交办、督促整改、跟踪问效，解决不少突出问题，取得实实在在的效果，受到人民群众的普遍好评。这充分表明，人大工作不是无所作为，而是大有作为。一切从实际出发，突出针对性、注重实效性是做好人大工作的关键所在。

第二，做好人大工作，必须在民生上下功夫。民心可畏而不可违。人大代表来自于人民，人大机关授命于人民、听命于人民，人民的利益高于一切。几年来，我们在市委的领导下，积极主动深入基层、深入群众，广泛开展调查研究，体察人民群众的疾苦，感知人民群众的冷暖，勤于了解民情，善于集中民智，敢于维护民利，充分发挥监督职能，有计划、有步骤地促成解决了一些事关人民群众切身利益的问题，得到了人民群众的认同和赞誉。这充分表明，人民群众赞成不赞成，满意不满意，高兴不高兴是检验人大工作的最终标尺，也是做好人大工作的根本所在。

第三，做好人大工作，必须在创新上下功夫。创新是民族的灵魂。创新是发展的原动力。人民代表大会作为我国的根本政治制度，既需要旗帜鲜明地始终坚持，也需要不断完善创新。几年来，我们围绕宪法赋予地方人大的三项职权，在市一届人大的工作基础上，从机制体制、方法措施、规程制度等诸多方面进行了一系列探索和创新，收效明显。实践表明，大胆探索、敢于创新是人大工作彰显活力、不断发展的精髓所在。

本届以来，市人大常委会的各项工作虽然取得了一定成绩，但与宪法和法律要求，与党与人民群众期望还有不少差距。主要是如何正确处理敢于监督与善于监督的关系；如何改进监督方法，加大监督力度，增强监督实效；如何提高代表素质，充分发挥代表的主体作用；如何提高常委会会议质量等方面有待进一步改进与加强。希望下届人大常委会注意研究解决这些问题，更好地发挥人大的职能作用。

各位代表，市二届人大常委会的历史使命已经完成，新一届人大常委会的工作即将展开。为此，我们建议：

市三届人大一次会议至二次会议期间，市人大常委会要继续坚持以邓小平理论、“三个代表”重要思想和科学发展观为指导，紧紧围绕经济社会发展与和谐社会建设两大主题，以推进民主法制建设和民主政治建设为主要任务，依法行使宪法和法律赋予的职权，为实现富民强市的宏伟目标做出新的贡献。

在依法监督方面，以实施《监督法》为契机，围绕全市工作大局，突出工业化和工业园区建设、“三农”问题和新农村建设、城乡基础设施建设三个重点，加强法律监督和工作监督。市人大常委会精心选择一部法律法规开展执法检查，配合省人大常委会搞好执法检查，积极探索增强检查实效的方法与途径；本着少而精的原则，有计划、有针对性地听取和审议“一府两院”的工作汇报，依法促成一些突出问题的解决；继续开展永州环保世纪行、永州农产品质量安全行、永州农民健康行等专项活动，注重活动实效；认真做好信访工作，努力提高新形势下司法监督的能力和水平。

在依法讨论决定重大事项方面，按照《关于讨论决定重大事项的若干规定》有序行使决定权，并根据新的形势和任务及时修订完善相关规定。在按照党委意图讨论决定重大事项的同时，主动开展调查研究，针对人民群众反映强烈的突出问题，从维护人民群众的根本利益出发，依照法定程序行使决定权。

在人事任免方面，把坚持党的领导，充分发扬民主，严格依法办事结合起来，努力实现党委意图和人民意志的有机统一。按照《监督法》的要求，加强对干部的任后监督。有计划、有步骤地开展工作评议，促进“一府两院”国家机关工作人员依法行政、公正司法和勤政廉政建设。

在代表工作方面，加强代表培训，提高代表素质；采取多种形式，畅通代表知情知政渠道；进一步完善工作机制，密切代表与市人大常委会及人大机关的联系；切实抓好议案和建议批评意见的办理，提高办结率和满意度；围绕发展与和谐这个主题，深入开展代表活动；维护代表权益，加强对代表的教育管理。

在自身建设方面，坚持不懈地抓好政治和业务学习，不断提高履职水平；落实中央9号文件精神，加强制度建设；围绕中心，广泛深入开展调查研究；积极开拓创新，不断加强人大理论研究和宣传工作；按照市委统一部署，参与中心工作；采取有力措施，加强与兄弟市州人大的联系，加强对县区人大工作的指导，促进全市人大工作整体水平的不断提高。

我们坚信，在市委的正确领导和省人大常委会的精心指导下，经过全体代表和三届人大常委会的共同努力，全市人大工作一定能够不断开创新的局面！

永州市人民代表大会常务委员会工作报告

——2012年1月5日在永州市第四届人民代表大会第一次会议上

永州市人大常委会主任 李良铁

工作及成效

2007年1月以来，市人大常委会在市委的领导和省人大常委会的指导下，坚持以邓小平理论、“三个代表”重要思想为指导，深入贯彻落实科学发展观，深入推进民主法治建设，紧跟核心，紧扣中心，紧贴民心，认真履行法定职责，较好地完成了各项目标任务，为全市经济社会又好又快发展做出了积极贡献。

（一）过去五年是依法行使决定任免权推动发展的五年。五年来，市人大常委会坚持以人为本，坚持以发展为第一要务，坚持抓大事、议大事，勤勉负责，扎实工作，共召开主任会议117次，常委会会议46次，做出重大事项决议决定55项。

1、*依法决定重大事项，推动经济社会又好又快发展。*市人大常委会认真贯彻市委重大决策和重要工作部署，审时度势，及时作出决定，努力克服国际金融危机和自然灾害带来的不利影响，为全市改革、发展、稳定提供强力支撑。2008年，面对全球和沿海产业转移的良好机遇，市人大常委会作出关于推进承接产业转移工作的决议，推动永州开放型经济发展，凤凰园经济开发区、蓝宁道新加工贸易走廊等园区招商引资成效显著，永州市被确定为国家级承接产业转移示范区。2009年，为实现“弯道超车、科学跨越”目标，市人大常委会广聚民意，集中民智，审议通过关于加快中心城市建设的议案，先后批准市人民政府贷款13亿元，申报发行企业债券10亿元，加快中心城市建设步伐。针对中心城区违法建筑蔓延的问题，市人大常委会及时通过相关决议，督促和支持政府开展清理整治专项行动，遏制了违法建筑蔓延势头，促进城市管理，成功创建省级卫生城市。2010年，抢抓中国—东盟自由贸易区正式启动机遇，市人大常委会作出关于加快对接东盟工作的决议，助推永州建设对接东盟桥头堡，加快开放开发步伐，广汽、海螺、华新、五矿、神华、北控水务等行业巨头落户永州，一批企业成功进入东盟、欧美等海外市场。2011年，市人大常委会认真贯彻省委建设“绿色湖南、创新型湖南、数字湖南、法治湖南”的重大决策，着眼于永州的可持续发展，作出积极建设绿色永州的决议，掀起全民植树造林的热潮。

2、依法召集人民代表大会会议，推进民主政治建设。组织法规定，地方各级人民代表大会会议由本级人民代表大会常务委员会召集。五年来，市人大常委会尽职尽责，精心筹备和召集五次代表大会，依法提出会议议程草案，提出主席团和秘书长名单草案，决定列席会议人员名单，组织代表团，审查代表资格，同时，做好文件、会务准备等各项工作，保证了大会圆满成功。在代表大会上，审查通过各项国家机关工作报告，批准国民经济和社会发展计划，批准财政预算，选举国家机关重要领导人，提出议案及建议、批评和意见，充分集中了全市人民的智慧和力量，实现了人民当家做主。此外，市人大常委会根据职责，精心组织，周密部署，认真抓好市人大代表的换届选举工作，为四届人大一次会议的顺利召开奠定了坚实的基础。

3、依法任免重要干部，为改革发展稳定提供组织保障。市人大常委会坚持党管干部原则，充分发扬民主，严格依法办事，认真开展任免工作。在任前调查了解、经济责任审计、法律知识考试、任前发言和审议询问等方面把好关口，依法作出人事任免决定24项，依法任免人事事项296人次。其中，接受市人大常委会组成人员辞职10人次，决定任免市人大常委会工作机构工作人员、专门委员会组成人员53人次；决定任免市人民政府工作人员85人次，任免市中级人民法院法官90人次；任免市人民检察院检察官32人次，批准县区人民检察院检察长任免职务26人次，一批德才兼备的干部走上国家机关领导岗位，实现了党委意图与人民意志的有机统一，促进了公务员队伍建设。

（二）过去五年是加强监督成效明显的五年。五年来，市人大常委会以深入实施监督法为主线，突出监督重点，创新监督方式，增强监督实效，推动“一府两院”工作全面开展。

一是开展工作审议，促进政府部门依法行政。市人大常委会按照监督法的要求，从2008年开始，每年选择几个群众意见反映集中的政府部门，采取依法审议、开门审议、集中审议和跟踪审议的办法，通过动员、调查、审议、整改、测评5个阶段，共对19个市直部门开展专项工作审议。审议动员广泛深入，开展调查全面细致，集中审议客观深刻，部门整改扎实到位，87大类、354个具体问题得以解决，达到了“评工作、议问题、促发展”的目的。如中心城区义务教育阶段学位紧张、街道卫生脏乱差、农村违法占地、公墓价格过高、城区养殖污染等问题，通过整改，基本得到解决，群众比较满意；尤其是公安工作经审议整改，加强打击犯罪力度，打黑除恶、网上追逃工作成效明显，命案侦破连续四年名列全省第一，民意调查由全省后三名跃入全省第二名。工作审议深入人心，已经成为人大监督工作的一个亮点。

二是听取审议专项工作报告，推动代表大会决议落到实处。市人大常委会坚持统筹兼顾、突出重点，先后听取和审议“一府两院”专项工作报告84个，涉及经济建设、社会事业、司法监督等各个方面。围绕改革发展，听取审议全市经济社会发展计划执行、全市土地利用总体规划修编、土地年度使用计划和执行、交通基础设施建设、节能减排、生态新城筹建、少数民族地区经济社会发展等工作报告，推动经济平稳快速增长；围绕民生民本，听取审议全市抗冰救灾资金及物资安排使用、全市惠农政策落实、新型农村合作医疗、城镇居民基本医疗保险、中心城区环境卫生管理、中心城区保障性住房建设等工作报告，推动社会事业进步；围绕司法公正，听取和审议市人民检察院关于侦查、诉讼监督，市中级人民法院关于民商事、行政审判等工作报告，促进社会公平正义。努力提高审议质量，向“一府两院”交办审议意见共40件，涉及具体问题216个，并跟踪督办，推动交办问题的整改落实，确保代表大会确定的目标任务落到实处。

*三是加强财政预决算监督，加快公共财政建设。*市人大常委会以建设公共财政为目标，创新预决算审查方式，强化监督手段，为人民管好“钱袋子”。首先，全面推行部门预算。按照建设公共财政的要求，从2008年开始，在市直全额预算单位全面推行部门预算，基本做到了“一个部门，一本预算”，预算安排不断细化和透明。加强预算审查，突出民生民本，确保新增财力80%用于公共产品。积极控制部门预算规模，压缩10%公务费用支出，实现“三公”经费零增长，提高了财政公共服务能力。其次，强化决算审查。把人大监督与审计监督相结合，充分运用审计成果。每年审查财政决算时，结合听取审计工作报告，认真审查惠民资金、重点支出、项目资金绩效、预算超收收入安排和使用等情况，确保一般转移支付70%用于改善民生。同时，创新审查方式，开展专题询问。对决算报告和报表中内容不够明细的地方，会前列出问题、开展调查，会上进行询问，财政及其他有关部门的主要负责人当场答复，并对答复进行满意度测评。市人大常委会还要求审计部门加强跟踪督办，督促有关部门整改落实审计出来的问题，增强决算审查效果。再次，加强专项资金监督。严格审查地方政府债券资金的管理和使用，确保资金重点用在廉租房建设配套、病险水库除险加固、医疗卫生、教育文化等方面，充分发挥资金效益，防范债务风险。加强对专项转移支付的监督，由市人大专门委员会对口调查核实，督促资金到位，未到位的依法进行交办。此外，强化对科技三项费用、教育费附加、城市维护费、国有土地出让资金、政府性基金和社会保险基金等专项资金的监督，监督资金到单位、到项目，监管有制度，支出有标准，确保专款专用。

*四是开展执法检查，保障宪法和法律的实施。*关注社会热点，市人大常委会共开展刑法、刑诉法、治安管理处罚法、行政复议法、土地管理法、人民防空法、人口与计划生育法、食品安全法、农产品质量安全法、科学技术进步法、森林法、档案法等25部法律实施情况的检查，保证宪法和法律在本行政区域得到遵守和执行。2008—2010年，连续三年开展《湖南省非税收入管理条例》执法检查，对市直单位和县区进行重点检查，进一步规范了政府审批、执收执罚行为，为健全公共财政体制起到了积

极作用。2009年开展全市医疗收费情况执法检查，督促有关部门查处超差率销售药品、自立收费项目、提高收费标准等问题，一定程度上缓解了“看病贵”的问题。同时，配合省人大开展中小企业促进法、民族区域自治法、妇女权益保障法、预防未成年人犯罪法、湖南省全民健身条例、湖南省湘江管理条例、湖南省散装水泥条例等55项执法检查和立法调研活动，推动了地方立法，促进了法律法规的贯彻实施。

五是进行规范性文件备案审查，促进决策与法制的统一。市人大常委会审议通过规范性文件备案审查办法，修订完善备案审查操作程序，并增设专门机构，确定专职人员，依法开展备案审查工作。五年来，共备案审查市人民政府及其办公室、各县（区）人民代表大会及其常务委员会报送的规范性文件196件，对开展助残募捐活动的永办〔2007〕15号文件，认定其增加公民义务，及时与发文单位交换意见，发文单位自行审查后修改了文件内容。同时，市人大常委会规范性文件按规定全部报送省人大常委会审查备案。

六是组织特定问题调查，解决社会普遍关注的重大问题。市人大常委会对一些群众和代表反映强烈的突出问题，强化监督手段，启动刚性措施，一抓到底，直至问题解决、群众满意。2008年10月，市人大常委会第十三次会议听取和审议“得月舫”游轮整改情况的报告，会议对整改工作不满意，决定组织特定问题调查委员会，对潇湘平湖“得月舫”游轮有关问题进行调查。特定问题调查委员会依法查明“得月舫”游轮变身餐饮船的前因后果，形成内容翔实的特调报告。2009年2月，市人大常委会第十七次会议作出《关于“得月舫”游轮问题的调查报告的决议》，要求市人民政府依法采取果断措施，尽快处理。市人民政府按照决议要求，加大工作力度，采取过硬措施，依法取缔“得月舫”，使“得月舫”“水上乐园”等几个水上餐厅污染问题得到彻底解决。依法开展特定问题调查，永州在全省首开先河，引起社会强烈关注，赢得群众广泛赞誉。

七是推进专项活动，扩大人大监督的社会效果。市人大常委会加大综合监督力度，把人大监督与新闻监督结合起来，连续四年开展“四行”专项活动，推动实际问题的解决。“永州环保世纪行”活动，以“建设生态潇湘源头”为主题，以湘江流域永州段水污染综合整治为重点，通过集中视察、集中采访、调查研究、上下联动等形式，充分发挥新闻的监督和引导作用，促成了一批典型案件的查处和重大问题的解决。“永州农产品质量安全行”活动，以“公众的健康、安全高于一切”为主题，以农产品质量安全监管为重点，深入开展监督活动，促进了全市农产品质量安全水平的进一步提高。“永州农民健康行”活动，以“维护农民健康权益，改善农民健康状况”为主题，每年确定一个重点，把专项视察与集中采访报道结合起来，工作有序推进，为全市农民群众和农村医药卫生事业解决了一大批问题。“永州民族团结进步行”活动，以“巩固团结和谐、促进繁荣发展、保障改善民生”为主题，开展集中宣传、专题调研、督促检查等活动，为推动民族团结进步事业顺利发展，发挥了积极作用。

（三）过去五年是代表工作探索创新的五年。五年来，市人大常委会坚持代表的主体地位，积极拓宽代表知情渠道，创新代表活动方式，努力为代表依法履职创造条件，充分发挥了代表作用。

*首先，视察方式探索创新。*对重点工程和重大项目建设，市人大常委会组织开展各级代表联动视察活动，驻永全国人大代表、省人大代表先后两次视察涔天河水库扩改工程，写出视察报告，引起国家有关部委重视，促使该项目去年11月胜利奠基。对跨区域的重大工程建设，如二广、厦蓉、道贺高速公路建设，市人大常委会组织全国人大代表永州小组进行专题调研，两次前往广东、广西视察，推动他们提前一年多开工建设，开创了以市县人大为平台，开展代表跨省视察的先例。

*其次，活动平台探索创新。*针对社会热点问题，市人大常委会及时组织市直代表小组，开展代表与大学生、代表与农民、代表与工人“面对面”活动，现场为群众释疑解惑，真诚答复群众意见。三个“面对面”活动经电视播出后，引起强烈的社会反响。2010年，市人大常委会制定办法，规定对于人民群众普遍关心、社会反响强烈的重大案件，应当有计划地邀请市人大代表旁听或列席审判委员会、检察委员会会议；涉及公众利益的市人民政府常务会议、市长办公会议、规划委员会会议，应当有计划地邀请市人大代表旁听或列席。两年来，人大代表35人次列席审判委员会、检察委员会会议，57人次到市中级人民法院“临庭听审”，零距离监督“案子”。这不仅为人大代表开展活动提供了崭新平台，还有力地监督了司法工作，提高了司法机关的公信力。

*再次，建议办理探索创新。*市人大常委会建立代表建议督办台帐，及时对大会期间收到的代表建议、批评和意见进行交办，并不断完善代表建议督办工作，形成了市人大常委会重点督办、办事机构全程督办、代表广泛参与督办的新机制，代表建议办理质量得到提高。从2010年开始，每年从代表建议中筛选出10件重点建议进行督办，并召开办理工作“面对面”汇报会。市人大常委会还听取和审议督办报告，责成办理效果不佳的承办单位继续办理，增强了办理工作实效。五年来，市人大常委会共收到代表建议1011件，所有建议均按要求办理完毕并逐件答复代表，其中已经解决或部分解决的920件，占91%。

（四）过去五年是信访工作取得成果的五年。五年来，市人大常委会认真办理群众信访，维护社会公平正义，为构建和谐社会做出了不懈努力。

*一是广辟信访渠道，沟通群众与政府的联系。*2007年，市人大常委会在祁阳和道县的乡镇所在地，设立人大代表收集群众意见箱，确定代表负责收集、整理，由市人大常委会向有关部门交办，并督办处理结果，取得良好成效。2008年，在全市城乡铺开这项活动，使之成为联系群众、了解民情的直通车。据统计，五年来，共收集群众

来信15928件，通过梳理、分析，对有具体诉求的信件进行交办督办，使4356件得到解决或基本解决，进一步密切了国家机关与人民群众的血肉联系。

二是主任会议集体约访，形成新的监督机制。为提高信访工作实效，从2007年下半年起，市人大常委会开展主任会议成员集体约见信访人活动。约访由市人大常委会主任会议成员轮流主持，邀请人大代表、律师和有关人员参加，现场听取信访人陈述事实和理由，现场听取承办单位对案件事实和法律适用情况的报告，现场开展辩论，现场对办理结果进行满意不满意表决。市人大常委会及时总结约访的成功做法，第十四次会议通过信访工作暂行办法，实现信访、约访的无缝连接，增强了信访监督效果。四年共约访16次，约访案件48个，解决重大疑难信访问题45个。这种做法，得到了全国人大办公厅、省人大常委会的肯定和推介。

三是及时交办督办信访案件，促进社会和谐稳定。市人大常委会加强处信处访工作，对一般信访案件以批转有关部门办理为主，对无理信访以说服教育规劝息访为主，对重大信访案件及时进行交办，并督办处理结果，对督办仍无结果的，进行主任会议约访。五年来，共接访8786批次，处理来信5188件，共交办督办信访事项2160件，为群众解决问题659个，维护了信访群众的合法权益。如祁阳阳光水电开发公司与某公司工程施工合同发生纠纷，不服法院一审判决，几番上访。市人大常委会经过认真接访，认为案情重大，立即进行交办，加强监督。经公安机关调查，发现工程施工单位与阳光公司项目负责人串通，抬高工程单价和多报工程量骗取工程款的事实，促使该案重审，使之得到公正处理，为阳光公司挽回经济损失7000余万元，保护了投资商的正当权益，维护了经济发展秩序。

（五）过去五年是自身建设不断加强的五年。五年来，市人大常委会以主任会议和党组成员为核心，以市人大常委会组成人员为主体，以创建“四型机关”为目标，不断加强先进性建设，全面提高科学、民主、依法履职能力。

第一，不断加强履职能力建设。坚持会前集中学法制度，提高市人大常委会组成人员的法律素养。举办监督法等人大业务学习班，开展解放思想大讨论，选派人员到党校培训，组织委员到外地学习考察，不断提高市人大常委会组成人员的业务水平。试行市人大常委会组成人员履职考核制度，全体委员根据履职情况写出书面报告，接受代表监督。不断优化工作机构、专门委员会组成人员知识结构和年龄结构，一大批优秀干部走上领导岗位。加强工作交流，成功举办全国32个地市人大工作联系会、湘粤赣三省周边六市人大工作联席会和全省性工作联系会。加强对县区、乡镇人大工作的指导，确保了县区、乡镇换届选举工作和两次村（居）民委员会换届工作的顺利进行。

第二，不断加强制度建设。市人大常委会根据贯彻实施监督法的要求，建立和完善相关制度。2008年，先后修改制定市人大常委会工作规程、市人大常委会人事任免办法、市人大常委会讨论决定重大事项规定、市人大常委会规范性文件备案审查办法、市人大常委会会议审议事项票决制等六项制度，促进市人大常委会工作的规范化、制度化。为规范工作运行，整理编印《永州市人大常委会制度汇编》，修订完善机关公文处理细则、档案管理办法和保密工作规定，加强学习、教育和执行，推进人大机关的精细化管理。

第三，不断加强作风建设。按照市委的统一部署，认真开展学习实践科学发展观和创先争优主题活动，加强机关党组织和党员先进性建设，突出解决人大机关不适应、不符合科学发展观和党性、党风、党纪方面存在的突出问题。市人大常委会机关主题活动的经验做法，得到市委和省委、中央检查组的好评。通过开展主题活动，机关干部职工不断加强学习，改进作风，推动各项工作取得新成效。据统计，五年共开展大型调研活动 45 次，撰写调研报告 180 余篇。市人大常委会领导班子成员分头负责项目和联系县区的工作，都取得了较好成绩，得到市委的肯定。机关干部积极参加“两万干部下基层，排忧解难促发展”活动，帮助基层解决实际问题和困难，受到群众欢迎。市人大常委会机关驻东安县开展建整扶贫工作，加强基层组织建设，兴修水利、道路，改善基础设施，调整产业结构，获得当地群众好评和市委的表彰。

第四，不断加强党风廉政建设。市人大常委会把党风廉政建设摆到重要位置，通过抓责任制的层层分解落实，形成齐抓共管的局面。突出抓好机关干部队伍的廉政教育，加强作风整顿，防患于未然。突出开展批评与自我批评，开好民主生活会，增强党员干部的反腐意识，提高拒腐防变能力。突出抓好领导干部的廉洁自律，认真贯彻落实领导干部廉政准则，经常开展对照检查和自查自纠活动。结合人大机关实际，建立经费包干制度，完善机关财务、小车、接待制度，加强内部管理，堵塞漏洞，从源头上预防消极腐败现象的发生，确保人大机关廉洁高效运行。

各位代表，市三届人大常委会取得的每一项成绩，都是在市委的正确领导下，市人大常委会组成人员、专门委员会、工作机构和广大代表共同努力的结果，是市人民政府、法院、检察院和各县区人大密切配合的结果，是全市人民积极支持的结果。在此，我谨代表市三届人大常委会，对所有关心和支持人大工作的同志和各界人士，表示衷心的感谢！

差距和体会

各位代表，宪法和组织法明确规定，市人大常委会是人民代表大会的常设机构，应当向本级人民代表大会报告工作，接受人民代表大会和人大代表的监督。对于过去五年的工作，我们不仅要报告取得的成绩，而且要报告存在的差距。对照宪法和法律的规定，对照新的形势和新的任务，对照党和人民的期盼，市人大常委会的一些工作亟待改进和加强。**一是调查研究有待进一步深入。**调查研究是成事之道，对市人大常委会依法决定、加强监督意义重大。在每次会议审议前，市人大常委会围绕会议议题，对调查研究作出安排，取得了较好成效。但是，由于各种原因，市人大常委会组成人员中，仍存在不重视、不善于调查研究的问题。有的走不出“文山会海”，强调工作忙，很少下去调研。有的满足于看材料、听汇报，不深入实际生活。有的自认为熟悉本地情况，对层出不穷的新情况新问题反映不敏锐，对形势发展变化提出的新课题新挑战研究不透彻。有的调研走过场，只看“盆景式”典型，满足于听听、转转、看看，蜻蜓点水、浅尝辄止。凡此种种，影响了市人大常委会摸实情、议大事的能力。**二是审议质量有待进一步提升。**审议是人大及其常委会依法履职的重要手段。本届以来，市人大常委会十分重视审议质量问题，采取行之有效的办法，鼓励会议审议发言，审议质量正在不断提高。但是，仍然存在“短板”现象，有的草率应付、隔靴搔痒，有的泛泛而谈、面面俱到，有的择善而言、就事论事，有的三言两语、一言不发，不敢揭短、不愿较真、不想碰硬，这不仅使会议审议质量受到影响，也使市人大常委会的职能作用难以充分发挥。**三是执法检查的方式有待进一步探索。**执法检查是人大常委会开展工作监督的重要方式。本届开展执法检查的次数多、规模大、持续时间长，效果还比较理想。但是，在实践中，执法检查只限于听报告、看现场、走访了解等方式，程式化有余，创新性不足，加之少数部门存在应付人大监督的现象，导致检查不够深入，一些深层次问题难以发现和解决，执法检查的效果打了折扣。**四是代表视察实效有待进一步增强。**视察是闭会期间代表履职的一种主要形式。市人大常委会通过组织代表视察，了解了一些情况，督促解决了一些问题，推动了一些工作。但是，仍然存在了解事物不够全面、分析现状不够深入、提出建议不够到位的情况。加之市人大常委会组成人员和代表的知识结构不尽合理，尤其缺乏专业人才，使视察容易变成走马观花、雾里看花，效果有时不够理想。**五是批评、意见和建议办理有待进一步落实。**代表建议的办理，不仅关系到代表履职的实效，也直接影响到代表履职的积极性。市人大常委会采取了一些措施，使办理效果一年比一年好。但是，有的部门在办理过程中行文积极、办事消极，只见文来文往，不见事情落实，办理的效果与代表的期望还有一定差距。有的建议办理协调不够，几个部门互相扯皮，特别是少数建议反复提、久拖不决，代表感到不满意。这些问题，是发展中的瑕疵，是进步中的不足，也是今后工作努力的方向，希望引起下届人大常委会的高度重视，认真加以解决。

五年来，市人大常委会在实践中不断探索，在探索中不断创新，在创新中不断发展，积累了一些经验和体会。这些经验和体会来之不易，弥足珍贵。

一是倍加努力坚持人大制度。人民代表大会制度是最适合我国国情、最能够把人民的意志和力量凝聚起来的根本政治制度，集中体现了我国社会主义民主政治的特点和优势，是实现人民当家做主的主要形式，具有强大的生命力和巨大的优越性。实践充分证明，在我国，离开人民代表大会去谈民主，就会失去依托、陷于空谈；离开人民代表大会去谈法治，就会失去源头、陷于被动；离开人民代表大会去谈联系民众，就会失去桥梁、陷于盲从。我们必须坚持不懈地推进人大制度建设，努力使全市上下进一步认识人大的性质、地位和作用，增强人大意识，更加自觉地维护人大制度，推进民主法治建设。

二是倍加努力创新人大工作。创新是一个民族进步的灵魂，也是人大工作永葆生机与活力的源泉。人大工作虽然法律性、程序性很强，但仍需以创新为动力，推动工作发展。实践充分证明，只有与时俱进，大胆探索，才能使我们始终保持思想上的敏锐、行动上的自觉，切实肩负起宪法和法律规定的职责，完成好党和人民赋予的重任。我们必须强化创新意识，鼓足创新勇气，提高创新能力，全面把握形势发展的新要求和人民群众的新期待，大力推进观念创新、制度创新和工作创新，使人大工作更加体现时代性，把握规律性，富于创造性。

三是倍加努力营造工作氛围。良好的工作氛围是干事创业的重要保障。市人大常委会要有所作为，离不开党委的正确领导、“一府两院”的积极配合和人民群众的大力支持。实践充分证明，坚持党的领导，是做好人大工作的核心保证；构建人大与“一府两院”健康和谐的工作关系，是提升人大工作实效的重要基础；人民群众满意不满意，是衡量人大工作优劣的根本标准。我们必须牢固树立党的观念，贯彻党的主张，维护党的领导地位。时刻牢记对人民负责，受人民监督，切实集中民智、反映民意、维护民利。在监督上，做到尽职不失职、到位不越位、督办不代办，在支持上做到多沟通、多理解、多促进，坚持在监督中蕴含支持，在支持中体现监督。

四是倍加努力提高履职能力。打铁全靠本身硬。市人大常委会组成人员能力素质如何，直接关系到市人大常委会依法履职水平，决定着市人大常委会职能作用的发挥，影响到人民利益的维护和实现。实践充分证明，市人大常委会不仅要清楚“干什么”，更要明白“怎么干”，做到领先一步、技高一筹，才能站得高、看得远、把得准、做得实，更好地开展各项工作。我们必须切实增强学习意识、责任意识、使命意识、法律意识和大局意识，牢固树立政治观念、民主观念、群众观念和法治观念，努力培养审议能力、视察检查能力和调查研究能力，不断提高市人大常委会整体工作水平。

展望与建议

各位代表，人民代表大会的性质是国家权力机关，人大制度的根本原则是“一切权力属于人民”，人民代表大会在法律上，在整个国家权力的纵向体系中，处于最高一级。人民代表大会首先是个立法机关，它把人民的意志变成法律，通过依法办事，从而在根本上实现人民当家做主。人民代表大会又是一个监督机关，它产生其他国家机关，同时又监督这些机关按照宪法和法律行事，从而保证人民的意志在国家管理活动中的真正实现。人民代表大会还是个民意机关，它能最广泛地联系人民群众，了解民情民意，通过人民代表大会这个途径，反映人民的意见和要求，沟通政府与人民的联系，使政府更好地为人民办事。所以说，人民代表大会是实现我国社会主义民主的根本途径，是国家机关产生的合法根据和政权运行的力量源泉，是维护国家统一、民族团结的有效组织形式，是联系群众、反映民意的重要渠道，是保证国家长治久安的重要机制。坚持和完善人民代表大会制度，是建设现代文明和谐富裕国家的需要，是实现我国民主政治的必由之路。当前，我们正处于全面建设小康社会的新阶段，祖国的发展前景灿烂辉煌，改革开放的伟大事业催人奋进。展望未来，社会主义民主政治建设的道路将更加宽阔，依法治国方略的实施将更加深入，人大工作的前程将更加美好。

今后的五年，新一届人大常委会要高举中国特色社会主义伟大旗帜，深入贯彻落实科学发展观，围绕市委提出的奋斗目标，大力发展社会主义民主政治，大力加强政治文明建设，大力推进依法治市进程，全面履行宪法和法律赋予的各项职权，不断开创人大工作的新局面。

一是要围绕经济建设这个中心。牢固树立大局意识和发展意识，坚持以经济建设为中心不动摇，深入贯彻省委、省政府“四化两型”战略部署，全面落实市第四次党代会精神，找准与经济建设的结合点，以建设承接产业转移示范区为总抓手，围绕“强基础、兴产业、建新城、重环保、惠民生”，统筹安排各项工作，全面有效行使各项职权，推动经济社会又好又快发展。

二是要突出落实科学发展观、构建和谐社会两大主题。以科学发展观为指导，坚持统筹发展、和谐发展、绿色发展，力促经济与社会发展相适应，人与资源、环境相协调，为推动永州科学发展，提供良好的法制环境和制度保障。坚持以人为本，高度关注民生，大力改善民生，推动社会管理创新，促进和谐稳定，加强民主法制，维护公平正义，努力建设和谐永州。

三是要坚持党的领导、人民当家作主和严格依法办事三者有机统一。自觉把人大工作置于党的领导之下，坚决贯彻执行党的路线方针政策，认真落实中央、省、市委的重大决策和工作部署，坚持人大工作重要情况和重大问题向党委请示汇报制度，善于使党的意图通过法定程序成为国家意志和全市人民的自觉行动。切实保障群众的知情权、参与权、表达权、监督权，充分保障人民的选举权和被选举权，健全民主制度，丰富民主形式，扩大公民的有序政治参与；充分反映好、落实好人民群众的意见，监督好国家机关按人民意志办事；扩大基层民主，依法保证人民实现民主选举、民主决策、民主管理和民主监督。严格遵循宪法、法律的规定和各项工作规范，坚持依法办事，集体行使职权，保证宪法和法律在本行政区域的有效实施。

四是要抓好任免工作、监督工作、代表工作、自身建设四个重点。严格遵守党管干部原则，始终坚持党委意图、人民选择和依法任免的有机统一，进一步完善人事任免制度，依法做好人事任免工作。深入实施监督法，把监督工作的重点放在关系改革发展稳定大局和人民群众切身利益、社会普遍关注的突出问题上，强化监督措施，提高监督水平。认真做好代表工作，加强代表培训，丰富和规范代表闭会期间的活动，加强和完善代表议案和建议办理工作，提高办理实效。切实加强市人大常委会自身的思想建设、组织建设和作风建设，不断提高依法履职能力，抓好人大机关干部队伍建设，加强对县区人大的联系与指导，整体提高市人大常委会工作水平。

五是要实现“工作有为、任免有序、监督有效、服务有责、队伍有素”五有目标。坚持务实创新，开拓工作思路，增强工作的实效性和针对性，以实际作为树立人大威信。以建设一支高素质的国家机关工作队伍为目标，依法有序任免国家机关工作人员。把对人的监督与对事的监督有机结合起来，工作监督与法律监督有机结合起来，创新监督方式，增强监督实效。牢固树立服务意识，着力打造学习型、创新型、高效型、廉政型人大机关，提高干部队伍综合素质，在推动全市科学发展、和谐发展中发挥作用，贡献力量。

各位代表，回顾过去，我们豪情满怀；展望未来，我们信心百倍。站在新的历史节点，坚持和完善人民代表大会制度前景广阔，使命光荣，责任重大。让我们在中共永州市委的坚强领导下，团结一心，奋力拼搏，励精图治，开拓创新，扎实推进社会主义民主政治建设，为全市人民生活更加幸福、更有尊严而努力奋斗！

永州市人民代表大会常务委员会工作报告（摘要）

——2017 年 1 月 7 日在永州市第五届人民代表大会第一次会议上

一、过去五年的工作回顾

过去的五年，是永州经济社会发展取得辉煌成就的五年，也是永州民主法治建设和人大工作取得重大进展的五年。五年来，市人大常委会在中共永州市委的正确领导下，以中国特色社会主义理论体系为指导，深入贯彻“四个全面”战略布局和“五大发展理念”，紧紧围绕市委“四个三”工作部署，依法履行各项职责，为推动全市经济社会发展作出了积极贡献。

（一）围绕中心、服务大局，大力推动品质活力永州建设。市人大常委会紧紧围绕全市中心工作，坚持议大事、督大事，认真履职、积极作为，大力推动全市经济社会跨越发展。

1. 坚持党的领导，确保市委决策部署贯彻落实。市人大常委会始终坚持党的领导，严格履行宪法和法律赋予的各项职权，确保市委重大决策部署落地见效。

依法决定重大事项。五年来，市人大常委会共召开常委会会议 46 次，审议议题 265 项，作出决议决定 38 项。2013 年，为实现中心城市长远发展，作出《关于永州机场搬迁的决定》，推进机场搬迁工作；为提升中心城市品位和形象，作出《关于创建国家卫生城市的决定》，有重点的推进“六城同创”。2014 年，为落实中心城区三年扩容提质战略，作出《关于同意市人民政府将湘江西岸棚户区改造项目回购款列入财政预算的决定》，推动中心城市建设与发展。2015 年，为支持政府加快组建本土商业银行，作出《关于政府出资置换两区信用联社不良贷款的决议》，积极促进本地金融业健康发展；为加快新型城镇化进程，作出《关于同意祁阳县、道县撤县设市的决议》，推动县域经济蓬勃发展。

依法召集代表大会。五年来，市人大常委会精心筹备和召集八次代表大会，保证了每次大会的圆满成功。在代表大会上，审查通过国家机关各项工作报告，批准计划和财政预算，提出议案和建议、批评、意见，依法选举湖南省第十二届人大代表，依法选举和补选市人大常委会组成人员、“一府两院”领导人员。历次会议都紧扣主题，民主求实，团结奋进，形成的重要成果，体现了党的主张和人民意志的高度统一，凝聚了各方面智慧和力量，对推动市委重大决策部署的贯彻实施，动员全市人民发挥主人翁精神投身永州经济、政治、文化、社会和生态文明建设起到了重要作用。

依法任免国家机关工作人员。五年来，市人大常委会坚持党管干部原则与人大依法任免的有机统一，建立健全人事任免制度，修订完善《永州市人民代表大会常务委员会人事任免办法》，制定出台《永州市人民代表大会常务委员会关于组织实施宪法宣誓制度的办法》，严格规范任免工作程序。共任免国家机关工作人员 328 人次，其中，任免市人大专门委员会、市人大常委会工作机构人员 36 人次，决定任免市人民政府组成人员 87 人次，任免市中级人民法院法官 126 人次，任免市人民检察院检察官 52 人次，批准任免县区人民检察院检察长 27 人次，为永州市改革发展提供了坚实的组织保障。加强任后监督，出台《对“一府两院”有关国家机关工作人员任后履职测评暂行办法》，听取任后干部和法官、检察官年度履职情况报告，并进行满意度测评，督促国家机关工作人员依法履职，尽责作为。

2. 强化议案督办，提升中心城市发展品质。市人大常委会围绕中心城区三年提质扩容计划，积极组织代表提出议案并加强督办，着力提升城市发展品质，增强城市辐射带动能力。

扎实督办宋家洲综合整治议案。宋家洲位于中心城区的核心区域，由于历史原因，各种矛盾交织，问题丛生，严重影响居民生产生活和城市整体形象，综合整治迫在眉睫。2016 年 1 月，在市四届人大八次会议上，大会主席团将《关于加大宋家洲环境综合治理力度，加快开发建设的建议》确定为 1 号议案。市委高度重视，由市长任综合整治领导小组组长、市人大常委会主要领导任常务副组长，积极推动议案办理工作。市人大常委会迎难而上，敢于较真碰硬，坚持一月一督办，一月一调度，综合运用多种监督手段，督促政府加大办理力度，尽最大的努力拿下这块 23 年都没啃下的硬骨头，将宋家洲打造成湘江上游靓丽的“橘子洲”。截至 2016 年底，全部拆除河道网箱 26.5 万 m^2，清除外河垃圾及漂浮物 3280 吨；完成土地及房屋征收听证等基础性工作，征收工作进入实质操作阶段；对 2012 年以后兴建的 37 栋违法建筑，下达了行政处罚决定书，责令限期拆除并已做好相关应急预案；其他历史遗留问题的处置正在依法有序推进，宋家洲综合整治工作取得阶段性成效。

持续督办闲置土地清理处置议案。中心城区闲置土地清理，事关经济发展和城市建设，利益牵涉面广，矛盾错综复杂，推进难度很大，群众十分关注。市人大常委会站在永州发展全局的高度，顶着压力，知难而进，以钉子精神，连续 3 年倾力督促议案办理。市人大常委会主要领导作为督办工作的领导者，亲临一线，身体力行，定期召开调度会，周密安排部署，实地督查督办。市人大常委会三次组织代表集中视察，力促市、县（区）政府全力推进闲置土地处置工作。截至 2016 年底，全市核实闲置土地624宗15026.14亩，已依法处置621宗14954.52亩，占应处置面积的99.52%，其中，依法收回107宗5350.73亩，促进动工建设381宗5872.93亩。湘龙铜业、长丰置业和新田循环经济工业园等一批重大典型闲置土地案件取得突破。永州市清理闲置土地的做法得到国土资源部、省政府和省委第七巡视组的充分肯定，并在全国推介。

全力督办“国字号”城市创建议案。认真督办《加快创建国家卫生城市的议案》，推进创卫工作深入开展。通过不懈努力，2014年创国家卫生城市一举成功。创新方式督办《加快创建国家森林城市的议案》，采取集中视察与经常性督办相结合，形成良好的创建局面，有力推动了创森工作开展。2015年11月，永州市荣获“国家森林城市”称号。积极督办《加快创建国家历史文化名城的议案》，认真审查永州历史文化名城保护规划，组织开展专题调研和集中视察，大力推进创建工作，2016年12月，永州市成功获批国家历史文化名城。着力督办《加快创建国家交通管理模范城市的议案》，始终坚持高位推动，增强创建工作执行力，开展“五车”集中整治专项视察，深入现场督办，力促各项工作扎实推进。永州市创交模工作顺利通过D类城市二等管理水平初评，为成功创建国家交通管理模范城市奠定了基础。

3. 加强财经监督，助推经济平稳健康发展。市人大常委会加强对经济运行和财政工作的监督，促进全市经济平稳健康发展和财政持续增长。

加强经济运行监督。市人大常委会把“十二五”规划纲要及年度计划执行情况作为监督的重要内容，每年在听取和审议全市上半年、年度计划执行情况的基础上，组织委员、代表深入县区和市直有关单位及企业项目，调研计划执行和经济运行情况，分析制约影响因素，加强对重点经济指标和重点建设项目的跟踪监督，推动年度计划的顺利完成和“十二五”规划纲要的实施。在“十三五”规划编制审查工作中，市人大常委会提前介入，深入开展调查研究，选取“十三五”总体规划和6个重点专项规划作为调研对象，视察规划重点项目，广泛听取各方意见。组织市人大代表专题听取市人民政府关于“十三五”规划编制情况报告，督促政府根据永州发展的阶段特征，完善规划纲要编制工作，引领永州在新的历史起点上实现更高水平发展。

严格财政预决算监督。认真实施新修订的《预算法》，深入开展《预算法》执法检查，制定出台《关于加强市级预算审查监督工作的若干意见》，促进预算监督科学化、规范化和制度化。加强全口径预决算监督，督促政府完整编制一般公共预算、政府性基金预算、社会保障基金预算和国有资本经营预算，提高预决算监督的全面性、系统性和实效性。实行预算编制、执行、调整到决算全过程监督，推动政府加快盘活、统筹使用财政存量资金，提高财政资金使用效益。突出专项资金、政府采购、地方政府性债务等重点监督，规定500万元以上的财政专项资金必须出台专门管理办法，保证资金合理、规范使用。推进财政信息公开，积极打造“阳光财政”，实现所有预算单位部门预算及“三公”经费全面公开。完善审查规程，支持政府依法依规筹措建设资金，保障公益性项目建设需求。加强地方政府性债务监管，严格审查年度预算调整方案及新增转贷债券资金支出安排，听取审议政府融资平台公司投融资情况的报告，督促政府加强融资项目管理，切实防范债务风险。

叠加审计监督效果。坚持人大监督与审计监督相结合，充分发挥审计监督作用，在审查财政决算报告时，听取和审议审计工作报告，切实提高审查质量。对审计中发现的问题，特别是重大问题，要求政府及有关监管部门加大整改力度，对带有共性的问题，从体制、机制上采取措施，加强防范；对屡审屡犯的问题，进行跟踪监督，一抓到底。市人大常委会出台《关于建立和完善审计查出问题整改情况向市人大常委会报告机制的意见》，年终听取政府审计查出问题整改情况的报告并进行满意度测评，对测评不满意、整改不到位的单位，再次提出交办意见，并要求整改单位限期报告整改情况，推动审计查出问题整改落实。

4. 着眼“三农”工作，推动城乡协调发展。立足统筹城乡发展，将事关“三农”的重要事项及时列入常委会审议议题和视察检查内容。先后听取和审议市人民政府扶贫开发、精准扶贫工作的报告，深入新田等5个国（省）扶贫县、20个扶贫开发点和市县相关部门，了解全市扶贫工作情况，提出基础设施建设、产业发展、驻村帮扶等方面的问题及建议，向政府进行交办，推动农村脱贫和全面小康建设。注重农产品质量安全监督，开展县级农产品质检站建设运行情况、“三品一标”认证管理情况检查，推动农产品质量安全检验检测体系建设和农业标准化生产工作。围绕涉农热点难点问题，组织委员和代表对中心城区菜篮子工程建设、永州国家农业科技园建设、农村产权制度改革、国有林场改革、美丽乡村建设等情况，进行专题调研和集中视察，及时向政府反馈调研、视察意见，提出需要解决的问题和工作建议，并跟踪监督问效，促进农村经济社会全面进步。

（二）关怀民生、维护民利，竭力推动幸福永州建设。民生是人民幸福之基、社会和谐之本。市人大常委会紧紧抓住群众关心、社会关注的重点民生问题，精准监督、持续发力，吃得苦、耐得劳、厌得烦，努力以自己的辛苦指数换取永州人民的幸福指数。

1. 聚焦小区整治，打造宜居宜业家园。城市住宅小区连着千家万户，市人大常委会扛着责任，顶着压力，连续四年紧盯不放，打出监督组合拳，推进103个小区整治工作。2013年，市人大常委会专项审议小区建设与管理工作，扭住住宅小区在规划、土地、水电、安全、办证、房屋质量、物管收费等方面存在的问题，督促政府及相关部门认真整改，一批事关群众切身利益的问题初步得到解决。2014年，市人大常委会首次开展专题询问，剑指问题小区。会上，委员、代表和特邀公民向14个单位的负责人进行了询问，电视台全程录播，公开亮出突出问题与部门承诺。专题询问后，市人大常委会立即将6

个方面的1123个问题，向市人民政府及相关部门进行了面对面交办，明确整改责任单位、责任人和整改时限。2015年，市人大常委会再次开展专题询问，跟踪监督小区中尚未整改到位的问题，力督各类问题解决。2016年，市人大常委会继续紧盯不放，坚持老问题抓化解，新问题抓规范，积极推动示范小区创建，以“党建+”工程推动小区建设管理科学化、规范化。经过四年坚持不懈的努力，小区整治工作取得了明显成效：共办理分户房产证54127套，土地分户证52410套，用电、消防、电梯、房屋质量等一大批安全隐患得以集中消除，供水、供气等民生问题得到集中改善，新增停车位5541个、绿化面积3.1万m^2，拆除违法建筑4816㎡，依法追究不法开发商30人，追缴各类税费5.08亿元。多年来群众反映强烈的小区建设管理乱象得到遏制，小区人居环境明显改善。

2. 助推学位建设，缓解中心城区就学压力。教育是发展的基石，事关国家兴旺、民族未来和人民福祉。市人大常委会始终坚持教育优先，高度重视义务教育阶段学位建设工作。2013年，市人大常委会专项审议中心城区义务教育学位建设工作，通过调查发现，义务教育学位缺口达16334个，存在学校学生超规模、生均占地面积小、大班额现象严重、教育资源配置不均衡等突出问题，市人大常委会形成审议意见及时向政府进行了交办。2014年，市人大常委会推动市人民政府出台《关于进一步加强中心城区义务教育学位建设工作的实施意见》，加快实施中心城区学位建设三年行动计划。2015年，市人大常委会又推动市人民政府出台《中心城区中小学校幼儿园建设项目专项规划》，将中心城区学位建设纳入全市“1511重点投资计划”的“百个重大项目”，进行严格考核评估。市人大常委会连续三年紧盯促改，组织教育、财政、国土、住建等部门，深入中心城区各新建、改建、扩建学校施工现场，逐个督查，狠抓实施进度，确保行动计划落地见效。截止2016年底，共完成投资3.5亿元，新建改扩建学校28所，新增学位2.8万个，基本实现学位建设“三年行动计划”的预期目标。

3. 发力食品监管，确保舌尖上的安全。“民以食为天，食以安为重”。市人大常委会抓住群众普遍关注的食品安全问题，持续跟踪监督。2012年、2016年两次开展《食品安全法》执法检查，2013—2015年三年持续跟踪督办，在全市打响了一场横向到边、纵向到底、不留死角的食品安全持久战和攻坚战。通过听取报告、明察暗访、实地调研、集中检查和代表视察等多种监督形式，加大监督力度，督促政府改进食品安全监管工作。高度关注对重点领域和薄弱环节的监管，督促政府开展学校食堂及周边小超市、餐饮店和食品加工厂的专项整治，提出了健全监管机制、落实监管责任、强化源头管控、实施责任追究、提高餐厨废弃物处理水平和加快检测检验体系建设等一系列意见和建议，要求政府及相关部门认真整改落实。市人民政府根据市人大常委会审议意见，将放心米粉和食用油工程作为六件惠民实事之一，扎实推进。市人大常委会加强跟踪监督，支持政府通过严格标准、整合扶持等措施，促进米粉生产企业发展，在冷水滩、零陵两区创建100家放心米粉店。在全市积极推行食品安全示范县、示范街、示范学校食堂、示范酒店、示范餐饮店等创建活动。推动严管重罚，加大对违法食品生产经营者的打击力度，形成食品监管高压态势。五年来，全市食品安全状况得到明显好转，没有发生重大食品安全事故。

4. 开展“四行”活动，推动实际问题解决。永州环保世纪行，以“加强水气防治，建设生态永州”为主题，加大对矿山整治和大气、水污染防治的宣传力度，加强湘江源头生态保护，促进了全市生态文明建设。永州农产品质量安全行，以“畜禽水产品质量安全”为主题，举行农产品质量诚信签名活动，集中开展节假日市场专项整治和农产品质量安全监管月活动，确保了全市无重大农产品质量安全事故发生。永州农民健康行，以“提高农村卫生服务能力”为主题，大力推动村卫生室建设，在全省率先实行乡村医生本土化培养，促进了农村医疗卫生事业发展。永州民族团结进步行，以“共同团结奋斗，共同繁荣发展”为主题，集中开展民族团结进步创建活动和民族团结进步宣传月活动，落实“启聪扶贫计划”，推动民族文化传承保护，改善民族地区基础设施，促进了全市民族地区经济社会发展。

（三）呵护环境、水气同治，强力推动生态永州建设。环境保护功在当代、利在千秋。市人大常委会始终坚持生态优先、绿色发展理念，综合运用多种方式，强监督、求实效，努力促进水气同治，建设天蓝地绿、山川秀美的锦绣潇湘。

1. 严督大气污染防治，共护蓝天白云。市人大常委会顺应群众呼声，认真执行大气污染防治三年行动计划，深入开展《大气污染防治法》执法检查，组织4个检查组赴全市11个县区和永州经开区开展检查，形成执法检查报告，并向市人民政府交办审议意见。强调铁腕治污、铁面问责，持续跟踪监督，听取整改落实情况报告，努力促进全市空气质量进一步好转。位于城区的湘江纸业公司成功关停并转，中大特种水泥停产并筹备搬迁，中心城区五个$PM_{2.5}$自动监测站建成并发布空气质量信息，全市万元工业增加值二氧化硫和氮氧化物排放强度明显下降，超额完成省定目标任务。2016年，中心城区环境空气质量优良天数达315天，优良率89.2%，永州市大气环境质量得到明显改善。

2. 力督水污染防治，共守碧水清流。为确保群众喝上干净水，市人大常委会以推进湘江保护和治理第一个“三年行动计划”实施为重点，积极开展《水污染防治法》执法检查，对湘江、潇水干流及主要支流水污染防治和饮用水水源保护情况进行了检查，并对中心城区潇湘干流两岸直排口截污，湘江沿线禽畜养殖退出、十五小（重点是小造纸、小冶炼）企业治理和污水处理厂、垃圾填埋场运转情况开展了暗访。及时向市人民政府交办了5个方面共30个问题，并对其中10个问题进行了重点交办，要求市人民政府采取更加严厉的防治措施，推动城乡共治、流域联防，促进全市水环境质量整体改善。注重连续跟踪问效，督促政府切实整改，多次组织永州电视台、永州日报、永州新闻网等媒体对交办的重点问题整改情况进行跟踪督办和暗访。在市、县（区）两级人大上下联动、各级政府高度重视下，执法检查成效显著。截至2016年12月底，向市人民政府交办的30个问题，按进度已有27个问题得到基本解决，全市水环境质量进一步改善。全市地表水断面水质达标率100%，湘江出境断面全部考核因子均达到Ⅱ类标准。

3. 深督绿色发展，共建生态家园。市人大常委会牢固树立绿色发展理念，持续督促政府转变经济发展方式，积极推进生态文明建设。2014年，组织全国人大永州小组代表和部分省、市代表，深入开展专题调研，听取市人民政府相关情况汇报，并视察了双牌水库潇水两岸生态公益林保护情况，写出专题调研报告，向全国和省人大提出了《关于将永州市列为省级生态文明建设试点市的建议》。2015年，组织部分全国、省人大代表，对境内湘江流域生态环境治理与保护情况进行集中视察，促进湘江母亲河保护，向省人大提出了《关于建立湘江上游生态补偿机制的建议》。高度重视涔天河水库改扩建工程，专题听取政府及部门工作汇报，组织部分委员、代表到涔天河水库扩建工程现场视察，推动永州市湘江源头生态环境保护。2016年，督促政府全面启动国家生态文明建设示范市创建工作，并开展国家、省级生态乡镇和市级生态村创建工作。目前，永州市双牌等7个县成功获批“国家主体功能区重点建设示范县”，蓝山等3个县列入首批国家生态文明先行示范区建设名单。

（四）*法治引领、规范行权，着力推动法治永州建设。*法治是治国理政的基本方式，是发展的可靠保障。市人大常委会始终坚持依法履职、规范行权，监督和支持“一府两院”严格执法、公正司法，确保宪法和法律在本行政区域正确实施。

1. 健全立法机制，稳步推进地方立法。法律是治国之重器，良法是善治之前提。新修改的《立法法》赋予了设区的市人大及其常委会在城乡建设与管理、环境保护、历史文化保护等方面地方立法权。市委高度重视立法工作，成立了书记任组长的筹备领导小组，市人大常委会成立主任任组长的工作小组，市人大及其常委会成立了法制委员会和常委会法制工作委员会，配备工作人员，及时开展立法筹备工作，为稳步推进地方立法奠定了良好基础。2016年3月，永州市顺利通过省人大常委会组织的立法条件评估，被正式赋予地方立法权。随即，市人大常委会启动了永州市首部地方性法规——《永州市公园广场管理条例》的制定工作。在法规制定过程中，市人大常委会充分发挥主导作用，紧紧抓住提升立法质量这个关键，大力拓展公民有序参与立法的形式和途径，共召开立法听证会、论证会、座谈会50余次，并多次赴各县区公园和广场进行实地调研，听取群众意见和建议。通过广集民意、广纳民智，使《条例》充分体现了全市人民的共同意志。2016年11月，在市四届人大常委会第四十四次会议上，《永州市公园广场管理条例（草案）》三审通过，经省人大常委会批准后，即可付诸实施。

同时，市人大常委会依法加强备案审查工作，做到有件必备、有备必审、有错必纠，维护国家法制统一。五年来，共备案审查市人民政府及其办公室报送的规范性文件 226 件，各县（区）人民代表大会及其常务委员会报送的规范性文件 312 件。

2. 强化工作监督，深入推进严格执法。法律的生命力在于实施，法律的权威也在于实施。市人大常委会突出监督重点，强化监督实效，着力推动政府依法行政、严格执法。按照《监督法》的要求，市人大常委会从 2012 年开始，每年选择几个政府部门，采取依法审议、开门审议、集中审议和跟踪审议的办法，通过动员、调查、审议、整改、测评 5 个阶段，共对 17 个市直部门开展工作审议。审议动员广泛深入，开展调查全面细致，集中审议客观深刻，部门整改扎实到位，共 78 大类、317 个具体问题得以解决，达到了“评工作、议问题、促发展”的目的。如燃气开户乱收费、学校周边食品不安全、税收征管不规范等问题，通过整改，基本得到解决，群众比较满意。市人大常委会按照统筹兼顾、突出重点的原则，先后听取和审议政府专项工作报告 57 个。突出城乡规划监督，通过听取和审议城乡规划年度计划实施情况、城市投融资平台建设等工作报告，促进城乡规划编制工作，实现中心城区专项规划和片区控制性详规全覆盖，确保一张蓝图绘到底，推动中心城市建设与发展；突出民生问题监督，通过听取和审议基本公共卫生服务、中心城区学位建设、中心城区保障性住房建设、住房公积金管理、社会救助、环境状况和环境保护目标完成情况等工作报告，推动社会进步和民生改善。同时，努力提高审议质量，向政府及相关部门交办审议意见 44 件，涉及具体问题 227 个，强化跟踪督办，推动交办问题整改落实到位。

3. 加强司法监督，积极推进公正司法。围绕增强人民群众安全感，三次组织代表集中视察公安工作，督促公安机关加大刑事犯罪打击力度，提高社会治安管理水平。围绕维护司法公正、促进社会公平正义，每年确定一个主题，听取和审议市中级人民法院关于执行、司法公开、行诉法贯彻实施、人民陪审员工作情况等专项工作报告，市人民检察院关于反渎职侵权、监所管理、民行检察、检务公开、查办和预防职务犯罪等专项工作报告，督促“两院”不断提升司法公信力，为经济社会发展提供司法保障。围绕提高全民法治意识，督促政府开展“六五”普法宣传教育，营造尊法学法守法良好氛围，推动法治社会建设。围绕促进社会和谐稳定，强化涉法涉诉信访工作，加大信访案件督办力度，重点督办了 43 件群众关切、影响重大的案件，取得了较好的法律效果和社会效果。诸如，银华公司申请执行案、中铁十五局与罗某合同纠纷案、市国土局 2 号土地上网拍卖效力确认案等等，通过人大督办，实现案结事了，有力维护了群众合法权益。

（五）严实为范、创先争优，全力加强人大自身建设。市人大常委会从严从实抓班子、带队伍，提素质、树形象，着力打造一支忠诚、干净、担当的人大队伍，不断提升履职能力与工作水平。

1.加强和改进代表工作，发挥代表主体作用。市人大常委会紧紧依靠代表开展工作，支持和规范代表依法执行职务，较好地发挥了代表在人大工作中的主体作用。

切实增强代表建议办理质效。市人大常委会始终把督办代表建议作为代表工作的重要内容，不断创新建议督办方式，建立“常委会领导领办、各专委会对口办、代表参与办”的“大督办”格局。出台《永州市人民代表大会建议、批评和意见提出与办理办法》，对代表建议办理及测评工作作出详细规定，凡测评不满意的承办单位，市人大常委会继续跟踪督办，对连续两年测评不满意的，依法启动质询、撤职等刚性程序进行追责问效。五年来，共收到代表建议 1048 件，办复率 100%，代表满意率 94.7%。为推动一些重大问题的解决，市人大常委会每年从代表建议中筛选 8 至 10 件作为重点建议，由常委会正、副主任督办，五年来共督办重点建议 44 件，一批事关民本民生的重点难点问题得以解决，受到代表和人民群众一致好评。如，通过对《关于进一步加快推进农村土地流转，提高农村土地综合效益的建议》的督办落实，使永州市在全省率先全面推开并完成土地确权工作，为全市农业与农村长远发展奠定了坚实基础。

不断优化代表服务工作。为增强代表履职能力，每年组织全体代表集中培训，分批组织 200 多名代表到长沙、浙江大学和全国人大培训基地学习培训，深化代表对人民代表大会制度和人大工作的理解与认识，提升依法履职水平。拓宽代表知情知政渠道，五年来，共安排 180 名代表列席常委会会议，邀请代表 500 人次参加常委会的调研、视察和执法检查等活动。做好全国、省人大代表履职服务工作，配合省人大代表在省人代会上提出质询案，推动省政府将衡道高速公路项目重新列入“十三五”规划。积极探索委员联系代表、代表联系群众的新机制、新方法，畅通社情民意表达渠道，全市共创建代表联系平台 120 多个，永州市平台建设的成功经验在《中国人大》专题推介，引起张德江委员长办公室的高度关注，全国各地人大近 40 批次来永州市学习考察。建立健全代表履职激励约束机制，出台《永州市人大代表在代表大会期间履职评价暂行办法》，严格代表履职考核和评价，开展优秀代表评选推荐工作，评选出优秀市人大代表 71 名。启动代表退出机制，7 名市人大代表因违法违纪或不能正常履行职务被终止代表资格。

精心组织指导代表换届选举工作。在 2016 年的市县乡三级人大代表换届选举中，市人大常委会认真贯彻落实中央和省、市委的统一部署，坚持把纪律和规矩挺在前面，深刻反思衡阳破坏选举案、南充拉票贿选案和辽宁拉票贿选案的深刻教训，努力营造风清气正的换届选举环境。科学分析、正确应对《选举法》修改后代表选举的新情况、新问题和新变化，认真开展调查研究，主动配合、积极作为，及时召开工作会议，切实搞好选举业务培训，拟制代表提名推荐建议方案，做好连任代表拟提名工作，市人大常委会领导多次深入县乡指导，确保了代表换届选举的顺利进行和圆满完成。全市共选出市人大代表459名，县区人大代表2522名，乡镇人大代表9431名。依法选举产生的新一届市人大代表，代表结构得到优化，代表素质进一步提高，为开好市五届人大一次会议奠定了良好基础。

2. 加强市人大常委会自身建设，提高依法履职水平。市人大常委会主动适应新形势、新任务、新要求，加强组成人员履职管理，制定出台《永州市人大常委会组成人员履职评价暂行办法》，按百分制精细化考核组成人员的履职活动，对评价为不称职的进行通报，届内两次评价为不称职的，建议辞去委员职务。严肃会风会纪，规范请假报告制度，会议期间与会人员关闭手机，会后及时通报出席会议和审议发言情况。加强会前调研，组成人员围绕审议议题，深入基层和群众，共形成综合调研报告128个、专题报告67个，其中涔天河水库扩建工程移民安置、少数民族生产生活困难情况、返乡务工人员创新创业等调研报告，得到省人大常委会和市委的高度重视与充分肯定。切实加强审议意见办理，创新审议意见交办方式，变以前“文来文往”的交办为“面对面”交办，明确办理时限和具体要求，加强跟踪问效，及时听取审议意见办理情况报告，督促“一府两院”及其部门在整改落实上下功夫。

3. 加强人大机关建设，提升服务保障能力。始终将思想政治建设摆在首位，扎实开展群众路线教育实践、“三严三实”“两学一做”等主题活动，深入查摆与纠正“四风”和“不严不实”方面存在的问题。认真贯彻执行中央八项规定、省委九项规定和市委十项规定，加强制度建设，坚持用制度管人管事管钱，完善机关经费、接待、物资和车辆使用管理，杜绝铺张浪费，切实促进干部转变作风，提高执行力。以学习贯彻《党章》《廉洁自律准则》和《党纪处分条例》为重点，以建设为民、务实、清廉人大机关为目标，深入开展党风廉政建设，从严落实党组主体责任和纪检组监督责任。五年来，人大机关正风肃纪成效明显。努力改进人大新闻宣传工作，永州人大网、《永州人大》杂志的宣传效果持续增强，联合省、市媒体推出一批监督民生问题解决的深度报道，提高全市人大工作的透明度和影响力。积极参与精准扶贫工作，驻村联系点扶贫工作喜见成效，主任会议成员带头“一进二访”，深入联系村访贫问苦“结穷亲”，机关副处级以上干部主动与120多户贫困家庭“结对子”。积极开展文明创建活动，荣获市文明单位称号。机关干部团结干事、争先创优氛围愈加浓厚，人大机关的社会形象和群众认可度显著提升。

各位代表，五年来的履职实践，让我们对坚持和完善人民代表大会制度，做好新形势下全市人大工作，有了更加深刻的认识和体会：

必须牢固树立政治意识。我们始终坚持党的领导这个核心不动摇，坚持党的领导、充分发扬民主和严格依法办事的有机统一，主动向市委请示报告重要事项，积极落实市委决策部署，自觉通过法定程序把党的主张、人民意愿转化为国家意志；始终坚持在市委领导下开展工作，将中央、省委和市委的要求贯穿于行使职权的全过程，落实到依法履职的各层面，确保人大工作正确的政治方向。

必须牢固树立大局意识。我们始终坚持在全局工作中定好位、服好务，正确把握与“一府两院”的关系，寓支持于监督之中，既监督“一府两院”依法行政、公正司法，又对政府推进发展、深化改革、改善民生、维护稳定以及“两院”公正司法、司法改革等工作予以大力支持，有力保障行政和司法机关依法行使职权，同下一盘棋，共谱协奏曲，让人民代表大会制度的优越性得到充分发挥。

必须牢固树立担当意识。我们始终坚持深度融入全市改革发展的壮丽进程，积极履职、勇于担当，以迎难而上、敢打硬仗的胆略和气魄，保障深化改革，促进经济社会全面健康发展，特别是在城市小区整治、闲置土地清理、生态环境治理、食品安全整顿等工作中，不推诿、不懈怠，深入一线直面问题，以负责任的态度依法行使职权，体现了地方国家权力机关的地位和权威。

必须牢固树立主体意识。我们始终坚持人大代表的主体地位，把加强和改进代表工作作为坚持和完善人民代表大会制度的重要内容，通过制定“双联”、议案和建议办理、代表履职评价等制度，着力增强代表履职意识，提升代表履职能力。通过组织代表视察调研、邀请代表列席常委会、参加立法和监督等工作，支持代表依法履职，确保代表作用得到充分发挥。

必须牢固树立创新意识。我们始终坚持在务实中创新，在创新中务实，大力推进观念创新、工作创新和制度创新，在强化监督实效、提高会议审议质量、加强代表议案和建议办理、激励委员和代表履职等方面，积极探索一系列行之有效的新做法，以创新的思维推进各项工作，保持人大工作的生机与活力，切实担负起宪法和法律赋予的职责。

回顾五年来的工作，我们也清醒地看到，市人大常委会工作与党的要求和人民群众的期望相比，还存在一定差距，主要表现在：调查研究有待进一步深入，会议审议质量有待进一步提高，监督方式方法有待进一步拓展，代表建议办理实效有待进一步增强。这些问题和不足，需要在今后的工作中认真研究，切实加以改进。

二、今后工作的建议

中共十八大，十八届三中、四中、五中、六中全会和习近平总书记系列重要讲话，对新的历史条件下推进中国特色社会主义事业作出了全面部署，为党和国家事业进一步指明了发展方向，也对加强和改进人大工作提出了新的明确要求。市第五次党代会谋划新蓝图，制定了全面建设品质活力永州的奋斗目标和总体部署。站在新的历史节点，新一届人大常委会肩负着新的时代重任。我们要切实把握新形势，主动适应新常态，以勇于担当的精神，依法行使地方国家权力机关职权，以改革创新的勇气，推动切合永州特点的实践创新，以奋发有为的作风，按照党中央和省委、市委要求，积极履职，扎实工作，努力开创人大工作新局面。

（一）铭记使命，有力拓展人大工作的经度和纬度。市第五次党代会作出了鼓足信心，奋勇争先，为全面建设品质活力永州而努力奋斗的决策部署，会议通过的《报告》是今后一个时期全市推进各项工作的纲领性文件。市人大常委会要切实把思想和行动统一到市党代会精神上来，紧紧围绕市委的决策部署，统筹安排立法、监督、重大事项决定、人事任免等各项工作和重要活动，将市委的决策部署贯彻于人大工作的各个层面和全过程，以勇于担当的责任使命，踏石留印、抓铁有痕的作风和干劲，为全面建设品质活力永州服好务、办好事，切实发挥好地方国家权力机关的职能作用。

（二）树牢理念，深入推进科学立法和民主立法。牢固树立“立良法、行善治”的理念，始终把提高立法质量作为重中之重，尊重立法的客观规律，切实增强地方性法规的科学性、特色性、实效性，使法规制度立得住、行得通、切实管用。主动适应新形势新任务的需要，统筹立法资源，加强立法调研，充分释放立法红利，使立法更好地为地方经济社会发展服务。2017 年，要开展城市综合管理等重点领域立法，保障和巩固城市创建工作成果。建立和完善科学立法、民主立法机制，健全立法机关主导、社会各方和公民有序参与的途径和方式，使立法工作真正实现坚持正确政治方向和体现人民意志的高度统一，切实做到良法善治，以法治之力保障改革事业行稳致远。

（三）精准发力，不断增强监督的针对性和实效性。监督是人大常委会经常性重要工作，要从政治的高度着眼，从全局的大势定位，从监督的实效发力，敢于监督，善于监督，勤于监督，坚持问题导向，通过监督更好地支持“一府两院”工作，形成推进全市工作的合力。要突出监督重点，围绕党委重视、政府关注、群众关切、人大可为的事项，督在关键处、督出实效来。2017 年，要在重大项目建设、城乡环境治理、国家文明城市创建、精准扶贫等方面开展好监督工作。要正确处理监督方式的传承与创新，传承经常性的人大监督手段，切实做好监督工作的“家常菜”。根据当前人大工作的新特点，创新监督举措，不断注入监督工作的“源头活水”，努力提高监督的质量和实效。

（四）优化服务，充分发挥代表履职的积极性和主动性。加强对新一届人大代表的学习培训，增强代表的责任感和使命感，增强代表联系群众和解决问题的能力，增强代表发挥主体作用的主观能动性。坚持和完善市人大常委会组成人员联系代表和代表联系选民、邀请代表列席常委会会议、向代表通报情况、组织代表调研视察、向代表公开征集常委会监督议题等制度，保证代表的知情知政权，充分调动代表履职的积极性。健全代表议案建议办理机制，提高办理质量，提升答复率、办结率和满意率，激发代表履职活力。健全代表履职评价和激励机制，表彰先进代表，弘扬优秀代表典型，增强代表的凝聚力和向心力。

（五）与时俱进，努力提升人大队伍的决断力和行动力。认真贯彻全面从严治党的新部署，牢记作风建设永远在路上的新要求，面对新形势下党的建设新征程，要进一步扎实推进人大干部队伍的思想建设、组织建设、作风建设、反腐倡廉建设和制度建设，保持定力，激发活力。坚持民主集中制毫不动摇，进一步完善民主决策机制；坚持务实精神不打折扣，服务经济社会发展，关切民生民本；坚持调查研究毫不懈怠，了解民意，集中民智；坚持持之以恒、久久为功，努力提高人大干部的整体素质和工作水平；坚持与时俱进，务实创新，不断铸就人大工作新格局。

各位代表、同志们，新时期最壮阔的改革画卷正徐徐铺展，“中国号”巨轮正朝着中国梦破浪前行。让我们紧密团结在以习近平同志为核心的党中央周围，高举中国特色社会主义伟大旗帜，在中共永州市委的坚强领导下，解放思想，真抓实干，凝心聚力，奋发有为，为全面建设品质活力永州做出新的更大的贡献！

后 记

编纂《永州市人民代表大会志（1996 — 2016）》（以下简称《人大志》）是学习贯彻习近平新时代中国特色社会主义思想，坚持和落实我国人民代表大会制度的具体体现，对加快建设创新开放新高地、品质活力新永州，进一步宣传人民代表大会制度具有重要的现实意义和深远的历史意义。

本志的编纂工作，在市第五届人大常委会的直接领导下，由常委会办公室牵头负责，采取包干方式委托专门人员具体实施。

2017 年 4 月 27 日，市人大常委会办公室根据五届人大常委会第八次主任会议的决定和市两办印发《永州市志编修实施方案》，向机关各委室发出通知，就采取包干方式组织人员撰写《人大志》一事，提出具体实施意见。是年 5 月，办公室确定撰写工作由邓海波牵头，组团包干承担《人大志》撰写工作。5 月底，《人大志》编纂部成立。邓海波为主编，朱振华为副主编，邓军、段可杭、张斌为责编。同月，经口头协商，周新华、艾德华、张雄拟参与编写工作。6 月 26 日，《人大志》编纂部起草《关于人大志编纂原则体例及纲目的说明》。7—12 月，由于邓海波调离市人大常委会，编纂工作暂停。12 月，常委会主任会议授权贺永景组织相关人员继续推进《人大志》编撰工作。

2018 年 1 月，因邓军考入省发改委、周新华和张雄被派驻扶贫村工作，艾德华自愿退出，原编撰部班子解散。是年 1 月 7 日，市人大常委会研究室以劳务外包形式，聘请曾湘林、宋金林、张斌、刘怡丹、黄荣等人与朱振华、段可杭一起组成工作组收集资料。8 月，志书形成长篇资料稿，共计 156 万字（含图片）。9 月初，因对市史志办文件理解上的偏差等原因，编撰工作暂停，编纂工作班子解散。2018 年 9 月 14 日，五届人大常委会第三十一次主任会议听取办公室关于完善《人大志》编纂工作方案的情况汇报，同意《人大志》由原定的简志（20 万字）形式变更为部门志（扩大到县区人大），总篇幅控制在 90 万字左右（不超过 100 万字）；由贺永景负责，另行组织人员开展编写工作。9 月 23 日，贺永景与王一武、曾湘林、刘怡丹等人签订《人大志》编写工作劳务合同，将编写工作整体发包给王一武等人。12 月中旬，《人大志》形成约 120 万字的初稿；12 月底，《人大志》初稿向市人大常委会主任会议成员、各委室主任、市人大机关退休老同志征求意见。

2019年1月23日，编写组在市人大机关前栋二楼会议室组织召开《人大志》征求意见座谈会。各委室相关同志以及市史志办高波、唐嘉婕等人参加。是年2月，修改后的《人大志》征求意见稿，呈送编纂委员会成员、有关史志编纂专家、市人大常委会部分退休老领导等再次征求意见。3—4月，编写组根据征求到的意见对《人大志》稿进行了修改完善。5—10月，根据具体情况的变化，编写组对《人大志》送审稿进行再修改、再完善。12月底，《人大志》送审稿经市史志办专家审核通过。

2020年4月3日，市五届人大常委会第六十二次主任会议听取了市人大常委会办公室关于《人大志》编纂工作情况的汇报，认为《人大志》编写工作已经基本完成并经市史志办审核通过，可以召开评议会。是年5月24日，市人大常委会组织召开《人大志》评议会。7月底，《人大志》送方志出版社编辑出版。7月至12月上旬，永州市人大常委会办公室又组织相关人员进行6次反复校稿及补充完善。2020年12月中下旬和2021年2月下旬永州市人大常委会办公室按照方志出版社的审稿意见和《永州市志》总编室提出的指导意见分别进行了充实完善。

本志编纂过程中，市人大常委会各委室的同志大力支持、积极参与，离退休老干部、老同志给予热心指导和帮助，常委会主任会议成员认真审查把关。本志编纂工作还得到了湖南省人大常委会和中共永州市委组织部、永州市委办公室、永州市档案局、永州市地方志编纂室、永州日报以及全市各县区人大常委会等部门和单位的大力支持。在此，谨向所有支持本志编纂工作的领导、专家和同志们、朋友们致以诚挚的感谢！

本志编纂过程中，全体同仁自始至终严谨工作，付出了艰辛劳动。但由于本志内容繁多，年代相对久远，部门档案资料不全，加之时间仓促、编写人员浅闻薄识，疏漏和不妥之处难免有之，敬请读者批评指正！

编纂委员会办公室

2021年1月

索 引

说明：本索引中章节目名称按第一个字的汉语拼音首字母顺序排列。

C

D

F

G

H

J

L

N

Q

R

S

T

X

Y

Z